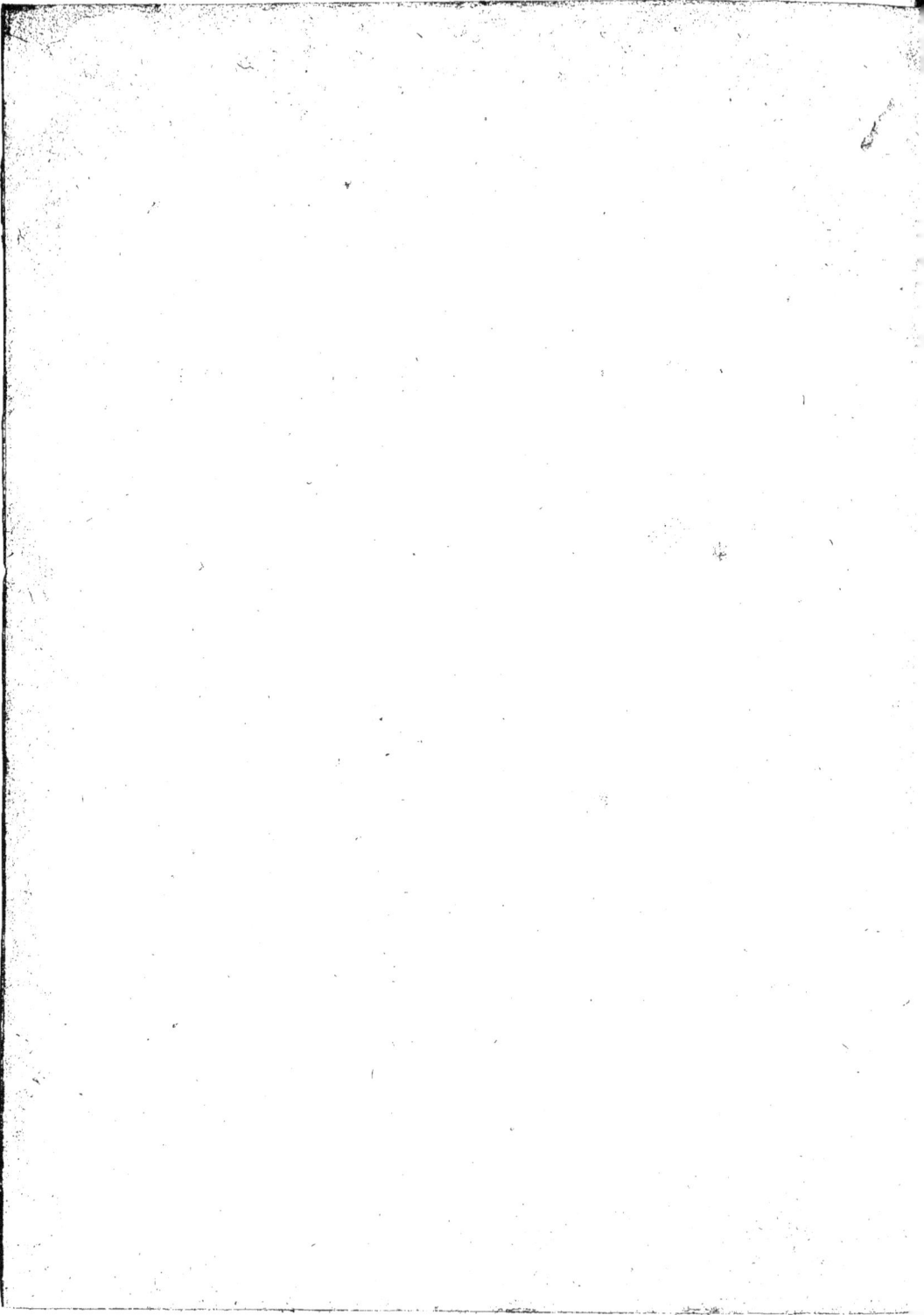

CODE DE L'HUMANITÉ,

OU

LA LÉGISLATION UNIVERSELLE,

NATURELLE, CIVILE ET POLITIQUE.

TOME XI.

POD --- QUO.

CODE
DE L'HUMANITÉ,

OU

LA LÉGISLATION UNIVERSELLE,

NATURELLE, CIVILE ET POLITIQUE,

AVEC

L'HISTOIRE LITTÉRAIRE DES PLUS GRANDS HOMMES
QUI ONT CONTRIBUÉ A LA PERFECTION DE CE CODE.

COMPOSÉ PAR UNE SOCIÉTÉ DE GENS DE LETTRES,
INDIQUÉS À LA PAGE SUIVANTE.

Le tout revu & mis en ordre alphabétique par M. DE FELICE.

Quid deceat, quid non : Quò virtus, quò ferat error.   HORAT.

TOME XI.

YVERDON,
DANS L'IMPRIMERIE DE M. DE FELICE.

M. DCC. LXXVIII.

Les auteurs de ce CODE *font les fuivans, rangés felon l'ordre alphabétique de leurs marques.*

(B.) *M.* BOUCHAUD, *de l'Académie des Infcriptions & Belles - lettres de Paris, Profeffeur royal en droit, &c.*

(B. C.) *M.* BERTRAND, *ci-devant Pafteur de l'Eglife françoife à Berne, membre des principales Académies de l'Europe, confeiller privé de Sa Majefté le roi de Pologne, &c. &c.*

(D'A.) *M.* TSCHARNER, *ancien Seigneur Baillif d'Aubonne.*

(D. F.) *M.* DE FÉLICE.

(D. G.) *M.* ANDRIÉ, *Baron* DE GORGIER.

(D. J.) *M. le Chevalier* DE JAUCOURT.

(D. L.) *M.* DE LA LANDE, *de l'Académie des fciences de Paris, Profeffeur royal d'aftronomie, Avocat au Parlement, &c.*

(D. M.) *M.* DURAND DE MAILLANE, *auteur du grand Dictionnaire de droit canon, Avocat au Parlement d'Aix, &c.*

(G. M.) *M.* MINGARD DE BEAU-LIEU.

(M.) *M.* MACLAINE, *Pafteur de l'Eglife Vallone à la Haye.*

(M. L.) *M.* MOLÉ, *Avocat au Parlement de Paris.*

(F.)
(H. M.)
(M.D.B.)
(P. O.)
(R.)
Les articles qui finiffent par ces cinq marques appartiennent à des co-laborateurs qui n'ont pas trouvé à-propos d'être connus. Plufieurs de ce Code font fans marques; ils appartiennent cependant à l'un ou à l'autre de ces auteurs qui ont eu des raifons pour ne pas les figner.

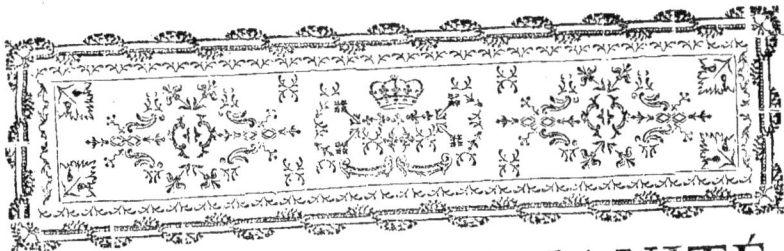

CODE DE L'HUMANITÉ,

OU

LA LÉGISLATION UNIVERSELLE,

NATURELLE, CIVILE ET POLITIQUE.

POD

P ODESTAT, f. m., *Droit public*, magiftrat, officier de juftice & de police dans une ville libre.

Ce mot eft italien, *podefta*, & fe dit fpécialement des magiftrats de Genes & de Venife, dont la fonction eft d'adminiftrer la juftice.

Cette charge répond à celle de préteur à Rome : il y a appel de leurs fentences aux auditeurs nouveaux, ou à la garantie civile nouvelle.

POINT D'HONNEUR, f. m., *Mor. & Droit civil :* ce font certaines maximes, fouvent fondées fur de faux préjugés, que les hommes, & fur-tout la nobleffe, a imaginées pour régler la conduite qu'on doit tenir à fon égard. Y manquer, c'eft une offenfe ; la fouffrir, eft un déshonneur.

Il y a un *point d'honneur* vrai, appuyé fur la raifon ; & il y en a un faux, qui n'a pour fondement que la bifarrerie de l'efprit humain.

Tome XI.

POI

Le premier confifte dans un louable defir d'acquérir de la gloire en s'acquittant plus exactement qu'aucun autre de tous fes devoirs, en fervant bien & fidelement Dieu, fon prince, l'Etat, & en rendant à un chacun les égards qui lui font dûs. Les regles du vrai *point d'honneur* font écrites dans nos cœurs & dans les loix qui nous gouvernent ; ainfi obéir exactement à ces loix, eft encore une partie du vrai *point d'honneur.*

Le faux *point d'honneur* eft précifément le contraire de tout ce que nous venons de dire : c'eft un amour déréglé de foi-même, un oubli formé de ce que nous devons à nos devoirs d'homme chrétien & d'homme civil, pour fuivre aveuglement le langage des paffions les plus effrénées dans le defir de les satisfaire avec fureur, & dans la crainte de s'attirer le blâme de ceux qui nous reffemblent.

A

Tout le mérite d'un homme guidé par le faux *point d'honneur*, consiste souvent à mettre toutes ses vertus à la pointe de son épée, à en faire apprentissage dans une salle d'armes, à braver insolemment Dieu, les loix & l'humanité, à chercher témérairement la mort dans les occasions où le précipitent sa brutale fureur & sa sotte vanité, se manquant souvent à soi-même lorsqu'il est question du service de l'Etat ou de sa propre défense.

Pour arrêter les désordres que peut produire le faux *point d'honneur*, on a fait en France des loix, on a établi un tribunal pour les faire exécuter, & ce tribunal est celui de MM. les maréchaux de France ; il connoît du *point d'honneur* entre gentilshommes & ceux qui font profession des armes ; le tribunal se tient à Paris chez le doyen de MM. les maréchaux ; ils ont dans les provinces des lieutenants qui y font les mêmes fonctions que le tribunal à Paris.

Lorsqu'en province il arrive quelque différend entre gentilshommes, les lieutenants en avertissent MM. les maréchaux de France pour travailler à l'accommodement, & cependant ils prennent sur le champ & provisoirement les mesures convenables pour arrêter les désordres que pourroit produire le différend. S'il y a des procédés dont on puisse craindre des voies de fait, les lieutenants envoient des gardes de la connétablie auprès des parties pour y rester, & à leurs dépens, jusqu'à ce qu'elles puissent comparoître devant eux.

Quand les parties font de différens départemens, le lieutenant qui prend connoissance le premier de l'affaire, en demeure juge exclusivement à l'autre par prévention ; & en cas d'absence de l'un, celui du département le plus proche qui en est le premier informé, connoît du différend à l'exclusion des autres.

Les insultes, les duels font souvent les suites funestes d'un propos mal entendu, d'un démenti, d'un geste indiscret, d'un soufflet, & autres semblables excès ; les loix du vrai honneur, jointes à celles du christianisme, ne permettent pas d'y opposer d'autre vengeance que le mépris, l'oubli & le pardon ; elles ne défendent pas à la vérité une légitime défense contre un téméraire aggresseur, mais elles défendent sur-tout le duel, de le proposer & de l'accepter. Tout le monde connoît la sévérité des loix contre les duellistes, il est inutile de les rappeler ; il sera plus à propos de mettre sous les yeux les sages tempéramens que le prince a imaginés pour arrêter, autant qu'il seroit possible, la fureur des duels, soit en assurant à l'offensé les réparations convenables, soit en infligeant de sévères peines aux aggresseurs. Tel est l'esprit de la déclaration du roi de France du 12 Avril 1723 ; elle comprend quatre articles que nous rapporterons ici.

1°. Dans les offenses faites sans sujet par paroles injurieuses, comme celles de sot, lâche, traître, & autres semblables, si elles n'ont pas été repoussées par des réparties plus atroces, celui qui aura proféré de telles injures sera condamné à six mois de prison, & à demander pardon, avant d'y entrer, à l'offensé en la forme marquée par le réglement de 1653.

2°. Si l'offensé a repliqué par injures pareilles, ou plus fortes, il sera condamné en trois mois de prison, sans qu'il lui soit demandé pardon par l'aggresseur, qui n'en sera pas moins condamné à six mois de prison.

3°. Les démentis & menaces de coups de main ou de bâton, par paroles ou geftes, feront punis de deux ans de prifon; & l'aggreffeur, avant d'y entrer, demandera pardon à l'offenfé.

4°. En cas que les démentis ou menaces de coups ayent été repouffées par coups de main ou de bâton, celui qui aura donné le démenti ou fait les menaces, fera condamné comme aggreffeur, à deux ans de prifon; & celui qui aura frappé, fera puni des peines portées par l'édit du mois de Février 1723. (R.)

POITOU, le, *Droit publ.*, province de France, bornée au nord par la Bretagne & l'Anjou; au midi, par l'Angoumois & la Saintonge; au levant, par la Touraine, le Berri & la Marche; au couchant, par la mer de Gafcogne. Elle a 45 lieues du levant au couchant, & 25 du midi au nord.

Du tems de Céfar le *Poitou* étoit habité par les Pictones ou *Pictavii*, dont il a retenu le nom: & fous Honorius il faifoit partie de l'Aquitanique feconde. De la domination des Romains il paffa fous celle des Wifigoths, puis des François, & fit partie, fous Charlemagne, du royaume d'Aquitaine divifé par ce prince en comtés, auxquels il prépofa des gouverneurs qui s'y rendirent bientôt indépendans. Dans la fuite ce pays avint à la maifon de Guyenne, & échut aux Anglois par le mariage d'Eléonore, fille & héritiere du dernier duc, avec le roi Henri II. Philippe-Augufte le confifqua fur Jean-Sans-Terre, & Henri III. le céda à la France en 1259. Il devint dès lors l'apanage de plufieurs princes de la maifon, entr'autres d'Alphonfe, frere de S. Louis, qui le poffeda jufqu'à fa mort arrivée en 1271. Mais les Anglois s'en emparerent de nouveau, & ce fut de-

puis le théatre de plufieurs guerres fanglantes entre les deux nations. Charles V. le reconquit enfin: les ennemis le ravagerent encore plufieurs fois fous le regne de fon fils; mais en 1436, il fut inféparablement réuni à la couronne.

Pour le gouvernement ecoléfiaftique, on compte en *Poitou* deux évèchés, l'un à Poitiers, l'autre à Luçon, quantité d'abbayes, de chapitres, de prieurés fimples & conventuels, &c. & il eft peu de provinces dans le royaume où l'on ait été plus libéral envers l'églife que dans celle-ci. Pour le civil, il y a un préfidial établi à Poitiers; cinq fénéchauffées royales; trois fieges royaux; fix prévôtés-royales, &c. Le tout reffortiffant au parlement de Paris, dont ces différens tribunaux fuivent la coutume. Pour le militaire enfin l'on y trouve un gouverneur-général, deux lieutenants-généraux, deux lieutenant de roi de la province; fept lieutenants des maréchaux de France, un prévôt-général de maréchauffée, &c. (D. G.)

POLÉMARQUE, f. m., *Dr. des Grecs*, magiftrat d'Athenes. C'étoit le troifieme des neuf archontes, & fon département étoit le militaire fur-tout pendant la guerre, ce qui n'empêchoit pas qu'il ne connût auffi des affaires civiles avec fes autres collegues. On lui donnoit auffi le titre d'*archiftrateque* ou de *généraliffime* dans les guerres importantes. Dans celles de moindre conféquence, on fe contentoit de créer dix ftrateques ou généraux, autant qu'il y avoit de tribus à Athenes. Le *polémarque* devoit confulter ces ftrateques. Il avoit outre cela fous lui deux hipparques ou généraux de la cavalerie, & dix phylarques qui en étoient comme les meftres de camp, dix taxiarques ou colonels qui commandoient l'infanterie. Dans la fuite, le *polémarque* devint un magiftrat purement civil, dont les fonctions furent renfermées dans le barreau. Chez les Etoliens on donnoit ce nom à celui qui avoit la garde des portes de la ville.

POLICE, f. f., *Droit pol. & civil.* Ce mot vient de πόλις, *ville*, dont les Grecs ont fait πολιτεία, & nous *police*. Il a différentes acceptions qui demandent quelque détail pour être bien entendues. La vie commode & tranquille fut le premier objet des fociétés : mais les erreurs étant plus communes peut-être, l'amour propre plus rafiné, les paffions, finon plus violentes, du-moins plus étendues dans les hommes raffemblés que dans les hommes épars, il eft prefque arrivé le contraire de ce qu'on s'étoit propofé ; & celui qui n'entendant que la valeur des mots, tâcheroit, fur celui de *fociété*, de fe former une idée de la chofe, devineroit exactement le contraire de ce que c'eft. On a cherché des remedes à ce terrible inconvénient, & l'on a fait les loix. Les loix font des regles de conduite tirées de la droite raifon & de l'équité naturelle que les bons fuivent volontairement, & auxquelles la force contraint les méchans de fe foumettre, du-moins en apparence. Entre les loix, les unes tendent au bien général de la fociété ; les autres ont pour but le bien des particuliers. La connoiffance des premieres eft ce qu'on entend par la fcience du droit public. La fcience du droit privé a pour objet la connoiffance des fecondes.

Les Grecs donnoient le nom de *police* à la premiere branche : leur πολιτεία s'étendoit donc à toutes les formes différentes de gouvernement : on pouvoit même dire en ce fens la *police* du monde, monarchique ici, ariftocratique ailleurs, &c. & c'étoit l'art de procurer à tous les habitans de la terre une vie commode & tranquille en toute fûreté. En reftreignant ce terme à un feul Etat, à une feule fociété, la *police* étoit l'art de procurer les mêmes avantages à un Etat, à une ville, &c.

On voit évidemment que la *police* a dû varier chez les différens peuples. Quoique fon objet fût le même partout, la commodité & la tranquillité de la vie ; c'eft le génie des peuples, la nature des lieux qu'ils habitoient, les conjonctures dans lefquelles ils fe trouvoient, &c. qui ont décidé des moyens propres à obtenir ces avantages.

Les Hébreux, les premiers peuples de la terre, ont été les premiers policés. Qu'on ouvre les livres de Moyfe, on y verra des loix contre l'idolâtrie, le blafphème, l'impureté ; des ordonnances fur la fanctification du jour du repos & des jours de fêtes ; les devoirs réciproques des peres, des meres, des enfans, des maîtres & des ferviteurs fixés, des décrets fomptuaires en faveur de la modeftie & de la frugalité ; le luxe, l'intempérance, la débauche, les proftitutions, &c. profcrites : en un mot, un corps de loix qui tendent à entretenir le bon ordre dans les Etats eccléfiaftiques, civils & militaires, à conferver la religion & les mœurs ; à faire fleurir le commerce & les arts ; à procurer la fanté & la fûreté ; à entretenir les édifices ; à fubftenter les pauvres, & à favorifer l'hofpitalité.

Chez les Grecs, la *police* avoit pour objet la confervation, la bonté, & les agrémens de la vie. Ils entendirent par la confervation de la vie ce qui concerne la naiffance, la fanté & les vivres. Ils travailloient à augmenter le nombre des citoyens, à les avoir fains, un air falubre, des eaux pures, de bons alimens, des remedes bien conditionnés,

& des médecins habiles & honnêtes gens.

Les Romains, en 312, envoyerent des ambassadeurs en Grece chercher les loix & la sagesse. De-là vient que leur *police* suivit à-peu-près la même division que celle des Athéniens.

La plupart des habitans actuels de l'Europe ont puisé leur *police* chez les anciens. Avec cette différence, qu'ils ont donné à la religion une attention beaucoup plus étendue. Les jeux & les spectacles étoient chez les Grecs & les Romains une partie importante de la *police* : son but étoit d'en augmenter la fréquence & la somptuosité ; chez nous elle ne tend qu'à en corriger les abus & à en empêcher le tumulte.

Les objets particuliers de la *police* sont la religion, les mœurs, la santé, les vivres, la sûreté, la tranquillité, la voirie, les sciences & arts libéraux ; le commerce ; les manufactures & arts méchaniques, les domestiques, manœuvres & pauvres.

Nous venons de voir quels étoient les objets de la *police* chez les différens peuples, passons aux moyens dont ils ont usé pour la faire.

L'an 2904 du monde, Menès partagea l'Egypte en trois parties, chaque partie en dix provinces ou dynasties, & chaque dynastie en trois préfectures. Chaque préfecture fut composée de dix juges, tous choisis entre les prêtres ; c'étoit la noblesse du pays. On appelloit de la sentence d'une préfecture à celle d'un nomos, ou de la jurisdiction ou parlement d'une des trois grandes parties.

Hermès Trismegiste, sécrétaire de Menès, divisa les Egyptiens en trois classes ; le roi, les prêtres, & le peuple : & le peuple en trois conditions ; le soldat, le laboureur, & l'artisan. Les no-

bles ou les prêtres pouvoient seuls entrer au nombre des ministres de la justice & des officiers du roi. Il falloit qu'ils eussent au moins vingt ans, & des mœurs irréprochables. Les enfans étoient tenus de suivre la profession de leurs peres. Le reste de la *police* des Egyptiens étoit renfermée dans les loix suivantes. Premiere loi, les parjures seront punis de mort. Seconde loi, si l'on tue ou maltraite un homme en votre présence, vous le secourrez si vous pouvez, à peine de mort : sinon, vous dénoncerez le malfaiteur. Troisieme loi, l'accusateur calomnieux subira la peine du talion. Quatrieme loi, chacun ira chez le magistrat déclarer son nom, sa profession : celui qui vivra d'un mauvais commerce, ou fera une fausse déclaration, sera puni de mort. Cinquieme loi, si un maître tue son serviteur, il mourra ; la peine devant se regler, non sur la condition de l'homme, mais sur la nature de l'action. Sixieme loi, le pere ou la mere qui tuera son enfant, sera condamné à en tenir entre ses bras le cadavre pendant trois jours & trois nuits. Septieme loi, le parricide sera percé dans tous les membres de roseaux pointus, couché nud sur un tas d'épines, & brûlé vif. Huitieme loi, le supplice de la femme enceinte sera différé jusqu'après son accouchement : en agir autrement, ce seroit punir deux innocens, le pere & l'enfant. Neuvieme loi, la lâcheté & la désobéissance du soldat seront punies à l'ordinaire : cette punition consistoit à être exposé trois jours de suite en habit de femme, rayé du nombre des citoyens, & renvoyé à la culture des terres. Dixieme loi, celui qui révélera à l'ennemi les secrets de l'Etat, aura la langue coupée. Onzieme loi, quiconque altérera la monnoie, ou en fabriquera de fausse, aura les poings coupés. Douzieme loi, l'amputation du membre viril fera la punition du viol. Treizieme loi, l'homme adultere fera battu de verges, & la femme aura le nez coupé. Quatorzieme loi, celui qui niera une dette dont il n'y aura point de titre écrit, fera pris à fon ferment. Quinzieme loi, s'il y a titre écrit, le débiteur payera; mais le créancier ne pourra faire excéder les intérêts au double du principal. Seizieme loi, le débiteur infolvable ne fera point contraint par corps : la fociété partageroit la peine qu'il mérite. Dix-feptieme loi, quiconque embraffera la profeffion de voleur, ira fe faire infcrire chez le chef des voleurs qui tiendra régiftre des chofes volées & qui les reftituera à ceux qui les réclameront, en retenant un quart pour fon droit & celui de fes compagnons. Le vol ne pouvant être aboli, il vaut mieux en faire un état, & conferver une partie que de perdre le tout.

Nous avons rapporté ces regles de la *police* des Egyptiens, parce qu'elles font en petit nombre, & qu'elles peuvent donner une idée de la juftice de ces peuples. Il ne fera pas poffible d'entrer dans le même détail fur la *police* des Hébreux. Mais nous aurons ici ce qui nous manque d'un autre côté; je veux dire une connoiffance affez exacte des miniftres à qui l'exécution des loix fut confiée.

Moïfe, fur les avis de Jéthro fon beau-pere, reconnoiffant, malgré l'étendue de fes lumieres & fa capacité, fon infuffifance pour l'exercice entier de la *police*, confia une partie de fon autorité à un certain nombre d'hommes craignant Dieu, ennemis du menfonge & de l'avarice; partagea le peuple en tribus de 1000 familles chacune, chaque tribu en départemens de 100 familles, chaque département en quartiers de 50, & chaque quartier en portions de 10; & créa un officier intendant d'une tribu entiere, avec d'autres fubalternes pour les départemens & leurs divifions. Cet intendant s'appella *fara alaphem*, ou préfet, ou intendant de tribu; fes fubalternes, *fara meot*, préfet de 100 familles, *fara hhamifchein*, préfet de 100 familles; *fara hazaroth*, préfet de 10 familles.

Il forma de plus un confeil de foixante-dix perfonnes, appellées, de leur âge & de leur autorité, *zekemni*, *feniores & magiftri populi*. Ce confeil étoit nommé le *fanhedrin*. Le grand-prêtre y préfidoit. On y connoiffoit de toutes les matieres de religion. Il veilloit à l'obfervation des loix. Il jugeoit feul des crimes capitaux; & on y portoit appel des jurifdictions inférieures.

Au-deffous du fanhedrin, il y avoit deux autres confeils où les matieres civiles & criminelles étoient portées en premiere inftance : ces tribunaux fubalternes étoient compofés chacun de fept juges entre lefquels il y avoit toujours deux lévites.

Tel fut le gouvernement & la *police* du peuple dans le défert : mais lorfque les Hébreux furent fixés, l'Etat des *fare* changea; ils ne veillerent plus fur des familles, mais fur des quartiers ou portions de ville, & s'appellerent *fare pelakim*, le *kireiah*.

Jérufalem qui fervit de modele à toutes les autres villes de la Judée, fut diftribuée en quatre régions appellées *pelek bethakaram*, ou le quartier de la maifon de la vigne; *pelek bethfur*, le quartier de la maifon de force; *pelek malpha*, le quartier de la guérite; *pelek ceila*, le quartier de la divifion. Il y eut pour chaque quartier deux officiers chargés du foin de la *police* & du bien public ; l'un supérieur qui avoit l'intendance de tout le quartier, on l'appelloit *fare pelek*, préfet du quartier. Le *farahhtfi pelek*, l'officier subalterne, n'avoit inspection que sur une portion du quartier. C'étoit à-peu-près comme le commissaire ancien & les nouveaux commissaires parmi nous ; & leurs fonctions étoient, à ce qu'il paroît, entierement les mêmes. Voilà en général ce qui concerne la *police* & le gouvernement des Hébreux.

Ce fut aussi chez les Grecs la maxime de partager l'autorité de la magistrature entre plusieurs personnes. Les Athéniens formoient un sénat annuel de cinq cents de leurs principaux citoyens. Chacun présidoit à son tour, & les autres membres de cette assemblée servoient de conseil au président.

Ces cinq cents juges se distribuoient en dix classes qu'on appelloit *prytanes* ; & l'année étant lunaire & se partageant aussi chez eux en dix parties, chaque prytane gouvernoit & faisoit la *police* pendant 35 jours ; les quatre jours restans étoient distribués entre les quatre premiers prytanes qui avoient commencé l'année.

Entre les cinquante juges qui étoient de mois, on en élisoit dix toutes les semaines, qu'on nommoit *présidens*, *proeres* ; & entre ces dix on en tiroit sept au sort, qui partageoient entr'eux les jours de la semaine ; celui qui étoit de jour s'appelloit l'*archai*. Voilà pour la *police* de la ville.

Voici pour l'administration de la république. Entre les dix prytanes ils en prenoient une pour ces fonctions. Les neuf autres leur fournissoient chacune un magistrat, qu'on appelloit *archonte*. De ces neuf archontes, trois étoient employés à rendre au peuple la justice pendant le mois : l'un avoit en partage les affaires ordinaires & civiles, avec la *police* de la ville ; on le nommoit *poliarque*, préfet ou *gouverneur de la ville* : l'autre, les affaires de religion, & s'appelloit *basileus*, le roi : le troisieme, les affaires étrangeres & militaires, d'où il tiroit le nom de *polemarque* ou *commandant des armées*. Les six autres archontes formoient les conseils du poliarque, du roi & du polemarque. Ils examinoient en corps les nouvelles loix, & ils en faisoient au peuple le rapport ; ce qui les fit nommer du nom générique de *thefmotetes*.

Tous ces officiers étoient amovibles & annuels. Mais il y avoit un tribunal toujours composé des mêmes personnes, c'étoit l'aréopage. C'étoit une assemblée formée de citoyens qui avoient passé par l'une des trois grandes magistratures, & toutes les autres jurisdictions leur étoient subordonnées. Mais ce n'étoient pas là les seuls officiers ni du gouvernement, ni de la *police* ; les Grecs avoient conçu qu'il n'étoit guere possible d'obvier aux inconvéniens qu'à force de subdivisions ; aussi avoient-ils leurs *dæfifmates* ou *exploratores*, leurs *panepifcopes* ou *infpectores omnium rerum*, leurs *chorefifcopes* ou *infpectores regionum urbis*. Les Lacédémoniens comprenoient tous ces officiers sous le nom commun de *monophulaques*, dépositaires & gardiens de l'exécution des loix.

Les autres villes de la Grece étoient pareillement divisées en quartiers, les petites en deux, les moyennes en trois, & les grandes en quatre. On appelloit les premieres *dipolis*, les secondes *tripolis*, & les troisiemes *tetrapolis*. Dans Athenes, chaque quartier avoit son sophronifte, & dans Lacédémone, son armofin, ou inspecteur de la religion & des mœurs ; un gunaiconome, ou inspecteur de la décence & des habits des femmes ; un opsinome, ou inspecteur des festins ; un astunome, ou inspecteur de la tranquillité & commodité publique ; un agoranome, ou inspecteur des vivres, marchés & commerce ; un métronome, ou inspecteur des poids & mesures. Tels furent les officiers de l'ordre de la *police* des Grecs.

Les Romains eurent la leur, mais qui ne fut pas toujours la même : voyons ce qu'elle fut sous les rois & ce qu'elle devint sous les consuls & les empereurs. Les Romains renfermés dans une petite ville qui n'avoit que mille maisons & douze cents pas de circuit, n'avoient pas besoin d'un grand nombre d'officiers de *police* ; leur fondateur suffisoit, & dans son absence un vice-gérent, qu'il nommoit sous le titre de préfet, *præfectus urbis.*

Il n'y avoit que les matieres criminelles qui fussent exceptées de la jurisdiction du souverain ou du préfet de la ville ; les rois qui se réserverent la distribution des graces, renvoyoient au peuple la punition des crimes ; alors le peuple s'assembloit ou nommoit des rapporteurs.

Il n'y avoit encore d'autre juge de *police* que le souverain & son préfet, car le sénateur n'étoit qu'un citoyen du premier des trois ordres, dans lesquels Romulus avoit divisé le peuple romain ; mais la ville s'agrandissant, & le peuple devenant nombreux, on ne tarda pas à sentir la nécessité d'en créer d'autres. On institua donc deux officiers pour la recherche des crimes, sous le nom de *questeurs ;* voilà tout ce qui se fit sous les rois, soit jalousie de leur part, soit peu de besoin d'un plus grand partage de l'autorité.

Tarquin fut chassé & on lui substitua deux consuls. Les consuls tinrent la place du souverain, & créerent, à son exem-

ple, un préfet de la ville, en cas d'absence. Les choses demeurerent cent seize ans dans cet état ; mais le peuple las de ne donner aucun magistrat à l'Etat, fit des efforts pour sortir de cet avilissement. Il demanda des tribuns tirés de son ordre ; il étoit le plus fort, & on lui en accorda deux. Les tribuns demanderent des aides, & les édiles furent créés : les tribuns veilloient à la conservation des droits du peuple, & les édiles à celle des édifices.

Cependant les consuls étoient toujours les seuls législateurs de l'Etat. Le peuple exigea, par la bouche des tribuns, des loix écrites auxquelles il pût se conformer. Il fallut encore ceder & envoyer en Grece des députés, pour en obtenir de ces peuples policés.

Les députés séjournerent trois ans dans la Grece, & en apporterent un recueil de ce qu'ils avoient observé de plus sage. On en forma dix tables, auxquelles deux autres furent ajoûtées dans la suite, & l'on eut la loi des douze tables.

Cependant Rome s'étendoit, & les officiers se multiplioient au point que deux consuls n'y suffisoient plus. On créa donc deux nouveaux officiers sous le nom de *censeurs.* L'emploi des censeurs étoit de faire tous les cinq ans le dénombrement du peuple, de veiller aux édifices considérables, au parc, à la propreté des rues, aux réparations des grands chemins, aux aqueducs, au recouvrement des revenus publics, à leur emploi, & à tout ce qui concerne les mœurs & la discipline des citoyens.

Ce district étoit étendu, & les censeurs se choisirent des édiles comme ils en avoient le droit, sur lesquels ils déchargerent du soin des rues & du parc. On fut si content de ces officiers qu'on ajoûta à leur intendance, celle

des

des vivres, des jeux & des fpectacles, & leur emploi fut le premier degré aux grandes charges de la république. Ils prirent le titre de *curatores urbis*, celui d'édiles ne leur convenant plus.

Les édiles étoient tirés de l'ordre plébeïen ; l'importance de leur charge excita la jaloufie des fénateurs, qui profiterent d'une demande du peuple, pour leur ravir une partie de cet avantage. Le peuple demandoit qu'il y eût un conful de l'ordre plébeïen, & les fénateurs en revanche demanderent des édiles de l'ordre patricien. Le peuple fut étonné de cette démarche du fénat ; mais les édiles fe trouvant alors dans l'impoffibilité de donner au peuple les grands jeux dont la dépenfe excédoit leurs moyens, la jeune nobléffe s'offrit à en faire les fraix, à condition de partager la dignité. On accepta cette propofition, & il y eut un conful plébeïen & deux édiles patriciens ou curules ; ils tenoient ce nom d'un petit fiege d'ivoire qu'ils faifoient porter dans leur char.

L'autorité des confuls fe bornoit à la réprimande, *ignominia* : lorfque la fentence des juges confirmoit cette reprimande, la perte entiere de la réputation, où l'infamie, *infamia*, s'enfuivoit.

L'accroiffement des affaires occafionna une nouvelle création d'officiers. On fépara les affaires de la république & du gouvernement de celles de la *police* & de la jurifdiction contentieufe, & il y eut un préteur ; ce magiftrat rendit la juftice, & fit pour les confuls ce que les rois avoient fait par eux-mêmes pendant deux cents quarante ans, & les confuls pendant cent quarante-quatre.

Le préteur devint donc, pour ainfi dire, collegue des confuls, & fut diftingué par les mêmes marques de dignité,

Tome XI.

& eut droit, ainfi que les quefteurs, de fe donner des aides ; les édiles lui furent fubordonnés, & n'agirent jamais que par fes ordres & comme fes commis.

Les loix s'accumulerent néceffairement à mefure que le nombre des magiftrats différens augmenta. Il fallut du tems pour s'en inftruire, & plus de favoir qu'un feul homme n'en pouvoit acquérir : ce fut par cette raifon que le préteur créa les centumvirs, de cinq hommes pris dans chacune des trente-cinq tribus. Il avoit recours à ce confeil dans les affaires de droit. Il fe nommoit dans celles de fait tels affeffeurs qu'il jugeoit à propos : quant aux matieres criminelles, c'étoit l'affaire des quefteurs d'en informer le peuple à qui il avoit appartenu de tout tems d'en juger.

Mais l'inconvénient d'affembler le peuple dans toute occafion capitale, donna lieu à la création des quefteurs perpétuels, & au renvoi de la plainte des quefteurs, au tribunal du préteur, qui fit par conféquent la *police* pour le civil & pour le criminel. Les quefteurs qui jufqu'alors avoient dépendu du peuple, commencerent donc à être foumis au préteur, qui eut fous lui les édiles & les quefteurs.

On donna aux édiles des aides au nombre de dix, fous le nom de *décemvirs* ; ces aides fans titres trouverent de la difficulté dans l'exercice de leurs fonctions, & ils obtinrent celui d'édiles, mais reftraints aux incendies, *ædiles incendiorum extinguendorum*. Jules-Céfar en créa dans la fuite deux pour les vivres, *ædiles cereales* : il y eut donc feize édiles, deux plébeïens, deux curules, dix *incendiorum extinguendorum*, & deux *cereales* ; mais tous furent foumis au préteur, ils agirent feulement *delegatione & vice prætoris.*

B

Ces officiers firent dans la suite quelques tentatives pour se soustraire à cette jurisdiction & former un corps indépendant; ils réussirent au point de jouir du droit de publier en leur nom collectif, un édit sous le titre d'*ediɛtum ædilium*; mais ce désordre dura peu: ils rentrerent dans leur devoir; & pour les empêcher dorénavant d'en sortir, on écrivit dans les loix que, *ediɛta ædilium funt pars juris prætorii*; mais que *ediɛta prætorum habent vim legis*.

Ce fut ainsi que l'autorité du préteur se conserva pleine & entiere jusqu'au tems où des factions se proposant la ruine de la république, & s'appercevant quel obstacle faisoit à leurs desseins la puissance de ce magistrat, se proposerent de l'affoiblir d'abord, puis de l'anéantir entierement en la divisant. Le préteur de Rome avoit un collegue pour les affaires étrangeres, sous le titre de *prætor peregrinus*. Les mécontens parvinrent à lui faire donner six adjoints pour les affaires criminelles. Ces adjoints furent pris du nombre des préteurs désignés pour les provinces, sous prétexte qu'ils avoient besoin d'instruction. On ajoûta encore dans la suite deux préteurs pour les vivres; enfin le partage fut poussé si loin que sous le triumvirat, qui acheva la ruine de la *police* & du bon ordre, on comptoit jusqu'à soixante-quatre préteurs, qui tous avoient leurs tribunaux; ce fut alors que recommencerent les attentats des édiles, & comme si l'on eût eu peur que ce fût sans succès, on continua d'affoiblir les préteurs en les multipliant.

Tel étoit l'état des choses lorsqu'Auguste parvint à l'empire. Il commença la reforme par la réduction du nombre des préteurs à seize, dont il fixa la compétence aux seules matieres civiles en premiere instance. Il les subordonna à un préfet de la ville, dont la jurisdiction s'étendoit sur Rome & sur son territoire jusqu'à cinquante stades aux environs, ce qui revient à trente-cinq de nos lieues. Il fut le seul magistrat de *police*, & cette préfecture, qui avoit toutes les prérogatives de notre lieutenance de *police*, fut un poste si important qu'Auguste en pourvut, pour la premiere fois, son gendre Agrippa, qui eut pour successeurs Mécene, Messala, Corvinus, Statilius Taurus, &c.

Le nouveau magistrat fut chargé de tout ce qui concerne l'utilité publique & la tranquillité des citoyens, des vivres, des ventes, des achats, des poids & mesures, des arts, des spectacles, de l'importation des bleds, des greniers publics, des jeux, des bâtimens, du parc, de la réparation des rues & grands chemins, &c.

Auguste attaqua ensuite le corps remuant des édiles; il en retrancha dix, & ôta à la jurisdiction de ceux qui restoient, ce qu'ils avoient usurpé sur le dernier préteur, qu'il supprima. Il substitua aux préteurs & aux édiles quatorze *curatores urbis*, inspecteurs de ville, ou commissaires, qui servirent d'aides au préfet de la ville, *adjutores præfecti urbis*. Il institua autant de quartiers dans Rome qu'il avoit créé de commissaires; chaque commissaire eut un quartier pour son district.

L'innovation d'Auguste entraîna, sous Constantin, la suppression des édiles. Les quatorze commissaires étoient plébéïens. Ce nombre fut doublé par Alexandre Sévere, qui en choisit quatorze autres dans l'ordre patricien, ce qui fait présumer que Rome fut subdivisée en quatorze autres quartiers.

Les Romains convaincus de la nécessité d'entretenir soigneusement les greniers publics, avoient créé, fous Jules Céfar, deux préteurs & deux édiles, pour veiller à l'achat, au tranfport, au dépôt & à la diftribution des grains. Augufte fupprima ces quatre officiers, & renvoya toute cette intendance au préfet de la ville, à qui il donna pour foulagement un fubdélégué, qu'il nomma *præfectus annonæ*, le préfet des provifions; cet officier fut tiré de l'ordre des chevaliers.

La fûreté de la ville pendant la nuit fut confiée à trois officiers qu'on appelloit *triumvirs nocturnes*. Ils faifoient leurs rondes, & s'affuroient fi les plébéïens chargés du guet étoient à leur devoir. Les édiles fuccederent à ces triumvirs nocturnes, & pour cet effet leur nombre fut augmenté de dix, qu'Augufte fupprima, comme nous avons dit. Il préfera à ce fervice celui de mille hommes d'élite dont il fit fept cohortes, qui eurent chacune leur tribun. Une cohorte avoit par conféquent la garde de deux quartiers; tous ces tribuns obéïffoient à un commandant en chef appellé *præfectus vigilum*, commandant du guet, cet officier étoit fubordonné au préfet de la ville. Il ajoûta à ces officiers fubordonnés au préfet de Rome, un commiffaire des canaux & autres ouvrages conftruits, foit pour la conduite, foit pour la confervation des eaux, un commiffaire du canal ou lit du Tibre & des cloaques; quant à la cenfure, il s'en réferva l'autorité, confiant feulement à un officier qui portoit le titre de *magifter cenfûs*, le foin de taxer les citoyens & de recouvrer les deniers publics. Il créa un commiffaire des grands ouvrages, un commiffaire des moindres édifices, un commiffaire des ftatues, un infpecteur des rues & de leur nettoyement, appellé *præfectus rerum nitentium*.

Pour que les commiffaires de quartiers fuffent bien inftruits, il leur fubordonna trois fortes d'officiers, des dénonciateurs, des vicomaires, & des ftationnaires. Les dénonciateurs au nombre de dix pour chaque quartier inftruifoient les commiffaires des défordres; pour favoir ce que c'étoit que les vicomaires, il faut obferver que chaque quartier étoit fubdivifé en départemens; quatre officiers annuels avoient l'infpection de chaque département. Ils marchoient armés & prêtoient main forte aux commiffaires : tel étoit l'emploi des vicomaires. Il y avoit à Rome quatre quartiers; chaque quartier fe fubdivifoit en quatre cents vingt-quatre départemens, *vici*. Il y avoit donc pour maintenir l'ordre & la tranquillité publique & faire la *police* dans cette étendue, foixante & dix-huit commiffaires, vingt-huit dénonciateurs, & mille fix cents quatre-vingt-feize vicomaires. Les ftationnaires occupoient des poftes fixés dans la ville, & leur fonction étoit d'appaifer les féditions.

Voilà pour la *police* de Rome, mais quelle fut celle du refte de l'empire? Les Romains maîtres du monde, poferent pour premier principe d'un fûr & folide gouvernement, cette maxime cenfée, *omnes civitates debent fequi confuetudinem urbis Romæ*. Ils envoyerent donc dans toutes les provinces fubjuguées un proconful; ce magiftrat avoit dans la province l'autorité & les fonctions du préfet de Rome, & du conful. Mais c'en étoit trop pour un feul homme; on le foulagea donc par un député du proconful, *legatus proconfulis*. Le proconful faifoit la *police* & rendoit la juftice. Mais dans la fuite on jugea à-propos, pour l'exactitude de la *police*, qui demande une préfence & une vigilance non-interrompues, de fixer dans chaque ville principale des députés du proconful, fous le titre de *fervatores loco-rum*. Augufte ne toucha point à cet établissement, il fongea feulement à le perfectionner, en divifant les lieux dont les députés du proconful étoient les confervateurs, en des départemens plus petits, & en augmentant le nombre de ces officiers.

Les Gaules furent partagées en dix-fept provinces, en trois cents cinq peuples ou cités, & chaque peuple en plufieurs départemens particuliers. Chaque peuple avoit fa capitale, & la capitale du premier peuple d'une province s'appella la *métropole de la province*. On répandit des juges dans toutes les villes. Le magiftrat dont la jurifdiction comprenoit une des dix-fept provinces entieres, s'appella *préfident* ou *proconful*, felon que la province étoit du partage de l'empereur ou du fénat. Les autres juges n'avoient d'autres titres que celui de juges ordinaires, *judices ordinarii*, dans les grandes villes; de juges pedanés, *judices pedanei*, dans les villes moyennes; & de maires des bourgs ou villages, *magiftri pagorum*, dans les plus petits endroits. Les affaires fe portoient des maires aux juges ordinaires de la capitale, de la capitale à la métropole, & de la métropole à la primatie, & de la primatie quelquefois à l'empereur. La primatie fut une jurifdiction établie dans chacune des quatre plus anciennes villes des Gaules, à laquelle la jurifdiction des métropoles étoit fubordonnée.

Mais tous ces appels ne pouvoient manquer de jetter les peuples dans de grands frais. Pour obvier à ces inconvéniens, Conftantin foumit tous ces tribunaux à celui d'un préfet du prétoire des Gaules, où les affaires étoient décidées en dernier reffort, fans fortir de la province.

Les juges Romains conferverent leurs anciens noms jufqu'au tems d'Adrien; ce fut fous le regne de cet empereur qu'ils prirent ceux de ducs & de comtes: voici à quelle occafion. Les empereurs commencerent alors à fe former un confeil; les membres de ce confeil avoient le titre de comtes, *comites*. Ils en furent tellement jaloux, que quand ils pafferent du confeil de l'empereur à d'autres emplois, ils jugerent à propos de le conferver, ajoutant feulement le nom de la province où ils étoient envoyés; mais il y avoit des provinces de deux fortes; les unes pacifiques, & les autres militaires. Ceux qu'on envoyoit dans les provinces militaires, étoient ordinairement les généraux des troupes qui y réfidoient; ce qui leur fit prendre le titre de ducs, *duces*.

Il y avoit peu de chofe à reprocher à la police de Rome; mais celle des provinces étoit bien imparfaite. Il étoit trop difficile, pour ne pas dire impoffible, à des étrangers de connoître affez bien le génie des peuples, leurs mœurs, leurs coûtumes, les lieux, une infinité d'autres chofes effentielles, qui demandent une expérience confommée, & de ne pas faire un grand nombre de fautes confidérables. Auffi cela arriva-t-il; ce qui détermina l'empereur Augufte, ou un autre, car la date de cette innovation n'eft pas certaine, à ordonner que les députés des confuls & les confervateurs des lieux feroient tirer du corps même des habitans, un certain nombre d'aides qui les éclaireroient dans leurs fonctions. Le choix de ces aides fut d'abord à la difcretion des préfidens ou premiers magiftrats des provinces; mais ils en abuferent au point qu'on fut obligé de le transférer à l'assemblée des évèques, de leur clergé, des magistrats, & des principaux citoyens. Le préfet du prétoire confirmoit cette élection. Dans la suite les empereurs se réserverent le droit de nommer à ces emplois.

Ces aides eurent différens noms; ils s'appellerent comme à Rome, *curatores urbis*, commissaires; *servatores locorum*, défenseurs des lieux; *vicarii magistratuum*, vice-gérens des magistrats; *parentes plebis*, peres du peuple; *defensores disciplinæ*, *inquisitores*, *discussores*; & dans les provinces grecques, *irenarchi*, modérateurs & pacificateurs. Leurs fonctions étoient très-étendues, & afin qu'ils l'exerçassent sûrement, on leur donna des huissiers : les huissiers des barrieres, *apparitores stationarii*, avoient aussi ordre de leur obéir.

Il y eut entre ces nouveaux officiers de *police*, & les officiers Romains, des démêlés qui auroient eu des suites fâcheuses, si les empereurs ne les eussent prévenues, en ordonnant que les aides des députés des consuls & des conservateurs des lieux seroient pris entre les principaux habitans, ce qui écarta d'eux le mépris qu'en faisoient les officiers Romains. *

* On voit par ces détails historiques que la *police* est une loi, qui a une extension & une puissance non arbitraires sur tous les membres d'une société. Elle dut varier, ainsi que les loix. Quoique son objet fût le même par-tout, la commodité & la tranquillité de la vie, c'est néanmoins le génie des peuples, la nature des lieux qu'ils habitoient, les situations dans lesquelles ils se trouvoient, qui ont décidé les moyens propres à obtenir ces grands avantages. Dans l'ordre politique, sans considérer les loix qui doivent être dans l'homme & qui

sont essentielles à son bonheur particulier, la *police* en renferme une multiplicité, qui tendent à entretenir le bon ordre dans l'Etat, à conserver, à restaurer les mœurs, si elles ont reçu quelques atteintes, à faire fleurir le commerce & les arts, à procurer la santé & la sureté, à substanter l'indigence & à favoriser l'hospitalité. La plupart des habitans actuels de l'Europe ont puisé leur *police* chez les anciens, avec cette différence, qu'ils ont donné à différens objets essentiels une attention beaucoup plus étendue. Il est utile de rappeller les idées des différens peuples sur ce point: on peut s'en convaincre en parcourant leurs histoires. Contentons-nous de démontrer la conséquence d'une *police* sage & réservée, & de compter parmi les inconséquences d'une nation, les abus qui s'y succedent : on est toutefois bien éloigné de penser qu'elle soit dans un état d'imperfection. Mais ce n'est pas assez que d'avoir connu les désordres, que d'en avoir imaginé les remedes; il faut encore veiller à ce que ces remedes soient appliqués, & c'est la partie d'un problème, opposé pour une bonne *police*, qu'il semble qu'on ait toujours négligé : cependant, sans elle, les autres ne font rien. Mais ce remede, le seul bon, est peut-être encore impraticable ; cependant une expérience que chacun est à portée de faire, & qui démontre combien la *police* est encore imparfaite, c'est la difficulté que tout homme de sens rencontre à remédier d'une maniere solide & durable au moindre inconvénient qui survient. Il est facile de publier une loi, mais quand il s'agit d'en assurer l'exécution, sans augmenter les inconvéniens, on trouve qu'il faut presque tout bouleverser de fond en comble. L'autorité en fait de *police*, est plus qu'exigible; elle conferve les droits, & doit affoiblir les fyftèmes qui les attaquent, en divifant les privileges, & en donnant une extenfion fucceffive & délicate aux prérogatives, dont l'arbitraire eft toujours dangereufe pour les puiffances.

Indépendamment des moyens émanés d'une autorité fupérieure & éclairée pour procurer le bien général, il faut auffi que la *police* fache prévenir les cas fortuits & autres accidens, qu'elle empèche les violences, qu'elle foutienne les obligations & la foi des traités dans le commerce, qu'elle y détruife le defpotifme, qui eft fi ordinaire, qu'elle fupprime les abus qui fe fuccedent & qui deviennent bientôt généraux par l'ufage.

Nous ne nous étendrons point fur le commerce envifagé comme général, nous nous contenterons de paffer rapidement fur les vues de commerce des matieres premieres, celui des grains, qui eft le levier de tous enfemble & qui entre pour beaucoup dans l'objet de *police*. L'inégalité des faifons & celle des récoltes font les fondemens trop connus & trop certains de la crainte qu'on doit avoir des difettes de grains, & des chertés qui ne manquent jamais d'en ètre la fuite. Le remede général eft indiqué par la nature mème & par fes viciffitudes; elle a voulu que dans une période à-peu-près égale, il fe trouvât des années abondantes, des années médiocres, des années difetteufes; elle a voulu que le fol & le climat fuffent différens, que les divers pays fuffent tous les ans, & à l'alternative, les uns très-riches, les autres très-pauvres en grains, les autres dans un jufte milieu. Conferver dans les bonnes années le grain qui furabonde pour les befoins des années futures; tranfporter d'une province très-riche dans une autre très-pauvre le

bled, il eft évident que c'eft le remede. Ces deux opérations fi néceffaires, de conferver & de tranfporter, peuvent-elles ètre faites par l'autorité publique aux frais du fouverain? Doivent-elles l'ètre par un commerce abfolument libre, abfolument affranchi de toutes gènes, de toutes contraintes, exactions & prohibitions quelconques? Voilà les opinions partagées. On fait l'inconvénient d'abandonner au gouvernement le commerce des grains; on fait que les plus audacieux des monopoleurs titrés n'ont jamais ofé produire fur cet objet que des idées qui devoient fe détruire par les réfultats; on fait que marchant fourdement au but de détruire l'abondance, en la montrant dans toute fon identité, ils avoient grand foin de la cacher aux peuples, aux tribunaux, au gouvernement lui-mème; d'où l'on peut conclure que tout fyftème oppofé devoit démontrer fon évidence. C'eft donc au feul commerce libre des particuliers, que doit s'occuper une *police* amie de l'ordre & du peuple, qui en eft le foutien quand il a fa fubfiftance premiere. En effet, qu'eft-ce qui peut encourager le plus clairement, le plus efficacement, un homme négociant à prévenir les befoins de fon pays? C'eft l'affurance d'ètre le maitre abfolu de fa denrée, de fes démarches dans la maniere qu'il employe pour la débiter, de n'avoir aucune gène, aucun impôt à redouter. S'il eft certain qu'on refpectera fa propriété, fa liberté, qu'on lui laiffera fon franc arbitre, qu'il n'aura rien à payer, il fe livre inceffamment à ce commerce néceffaire de confervateur & d'importateur de grains furabondans pour le foulagement des peuples affligés périodiquement de difettes locales, par une fuite néceffaire de l'intempérie des faifons.

Propriété, liberté, exemption d'impôt: qu'eft-ce que les hommes doivent défirer de mieux pour condition fondamentale d'un grand commerce? Qui que ce foit qui conferve, fermier, propriétaire ou marchand, il faut qu'il trouve la compenfation de fes avances, de fes rifques, de fes peines: mais un fait certain, c'eft que les détails de ce commerce de confervation feront d'autant mieux faits, à proportion que les confervateurs feront plus riches, plus habiles, plus honnêtes.

Quant à l'importation, qui doit fuppléer à ce premier commerce de confervation locale, il eft évident qu'elle ne peut être faite que par des marchands. Tout bon & honnête négociant en grains n'a pas befoin de defirer les années médiocres & les mauvaifes, elles ne font que trop infaillibles, & fon état doit être fondé fur cette néceffité; le but de cet état eft d'en prévenir les fuites, & pour lui & enfemble pour tous les citoyens. Ici on s'écrie fur le monopole qui en peut réfulter: mais nous allons y répondre. Qu'eft-ce que le monopole, & comment peut-il s'exercer? Le monopole naît du commerce par privilege exclufif; il doit détruire la concurrence, & occafionner la difette; il émane auffi de tout ce qui gêne & rebute les négocians: & par la raifon des contraires, tout ce qui peut rappeller le négociant, lui donner de l'émulation & de l'efpoir, eft antipathique au monopole. C'eft confondre la chofe, le but & les moyens, que d'appeller monopole un commerce lucratif & très lucratif pour celui qui le fait. Ce n'eft pas le profit confidérable du marchand qui le conftitue monopoleur, ce font fes manœuvres pour exclure les autres marchands, & fe rendre, autant qu'il peut, feul vendeur

& feul acheteur; & rien n'écarte plus fûrement & plus promptement toute concurrence. Le commerce des grains étant libre & parfaitement immune, il ne peut fe faire de monopole; & dans cet état de liberté, d'immunité parfaite, qui eft le plus grand des encouragemens poffibles, il y aura beaucoup de vendeurs & beaucoup d'acheteurs: les propriétaires & les fermiers, qui feront affurés de vendre quand ils voudront dans leurs greniers, feront tentés de garder l'excédent de leurs bleds dans les années d'abondance, lorfque les grains feront de bonne nature. Ceux qui feront riches & commodément bâtis, feront cette fpéculation; car un fermier, un propriétaire, qui garde ainfi, prend la place d'un négociant, il fait une vraie fpéculation de commerce. Les commerçans moins riches, qui font le plus grand nombre, qui favent fe contenter de la modicité des profits, favent prefque toujours retenir la majeure partie du commerce de détail; ils iront acheter dans la campagne, pour vendre dans les villes, & porteront d'une ville voifine à une autre, quand ils y trouveront le moindre intérêt. Il y aura auffi des négocians qui feront venir en gros des fournitures confidérables du dehors, en cas de befoin urgent. Par ces différentes difpofitions, vous verrez s'évanouir un ufage établi qui affiche ouvertement un monopole décidé. C'eft le tranfport & l'arrivée des grains en farine, fyftème devenu néceffaire, trop ufité, qui ouvrit, fi l'on veut un débouché à la denrée devenue furabondante, en occafionnant une falfification évidente dans la denrée même. Les propriétaires, les fermiers, les négocians nationaux, les importateurs étrangers, jouiffant de toute liberté, feront la meilleure *police*

qu'on puiffe oppofer à de pareils monopoles.

A l'égard du prix des grains, nous
difons que la liberté du commerce éga-
liferoit mieux le prix du bled ; qu'elle
les rapprocheroit plus du prix moyen ;
que cette égalifation, ce rapprochement
du prix moyen feroit également avantageux pour le producteur qui vend,
& pour le confommateur qui achete ;
que le défaut de liberté occafionne des
inégalités incroyables dans les prix ;
que ces inégalités font très-préjudicia-
bles aux vendeurs & aux acheteurs :
il eft tout naturel que la liberté générale égalife les prix dans tous les tems ; les
grains quoique très-abondans, ne tombent pas en non-valeur ; le prix fe foutient plus près de l'état mitoyen. Par
les mêmes caufes, dans les années très-
mauvaifes, quoique les récoltes foient
moins abondantes, le renchériffement
des grains eft beaucoup moindre. Telle
eft la balance qui doit s'établir quand
le commerce fera parfaitement libre &
parfaitement immune. Une *police* fage
doit veiller à ce fond primitif qui intéreffe le citoyen & la nation, & ne pas
croire que c'eft le commerce, ou le
trafic établi fur l'induftrie, qui doit
apporter l'or & l'argent dans l'Etat ;
elle doit confidérer qu'un pays qui
peut produire abondamment toutes
les matieres de premier befoin, ne
doit acheter de l'étranger que des marchandifes de luxe. Le trafic mutuel entre les nations eft néceffaire pour entretenir le commerce ; mais on s'eft
attaché principalement à la fabrication
& au commerce des denrées qu'on ne
pouvoit tirer de l'étranger, & par un
commerce de concurrence trop recherché, on a voulu nuire à fes voifins &
les priver du profit qu'ils retireroient
par la vente de leurs marchandifes ; on

a arrêté les productions de l'agriculture & diminué les revenus des terres,
pour favorifer des manufactures préjudiciables au commerce qu'elle entraîne. Ces manufactures ont plongé la nation qui les poffede, dans un luxe défordonné, qui s'eft un peu étendu parmi les autres nations, & qui a excité
leur émulation ; elle les a furpaffées par
fon induftrie : mais cet avantage a été
principalement foutenu par fa propre
confommation. La confommation qui
fe fait par les fujets, eft la fource des
revenus du fouverain, & la vente du
fuperflu à l'étranger augmente les richeffes des fujets : la profpérité de l'Etat
dépend du concours de ces deux avantages, & la confommation entretenue
par le luxe eft trop bornée. Elle ne
peut fe foutenir que par l'opulence :
les hommes peu favorifés de la fortune, ne peuvent s'y livrer qu'à leur préjudice & au défavantage de l'Etat. Mais
un miniftere éclairé fait que la confommation qui peut procurer de grands
revenus au fouverain & qui fait le bonheur de fes fujets, eft cette confommation générale qui fatisfait aux befoins de la vie. Ces raifons feules démontrent les caufes de la dégradation
de l'agriculture & les moyens de la rétablir. Ces moyens ne vont-ils pas directement au but ? Que leur manque-
t-il pour opérer l'effet que l'on doit
defirer ? Le foulagement du peuple,
opéré par la plus fage adminiftration.
(F.)

POLITESSE, f. f., *Morale :* c'eft l'habitude de montrer aux perfonnes avec
qui nous vivons les fentimens & les
égards que nous leur devons.

L'homme ne naît pas poli, il le devient par l'éducation, par les préceptes, par l'exemple, par fa propre expérience, par fes réflexions fur les caracteres

racteres des hommes, en un mot par l'ufage du monde : tout lui prouve que pour être heureux il faut plaire; il s'apperçoit bientôt que pour y parvenir il faut fe conformer aux idées, aux conventions de ceux avec qui l'on vit, ménager leur amour propre ou leur vanité toujours active, leur montrer de l'eftime, ou du moins des égards. Tout homme s'aimant & s'eftimant lui-même, veut voir ces fentimens adoptés par les autres; c'eft fur ces prétentions bien ou mal fondées, qu'ils jugent des êtres avec lefquels ils ont des rapports.

La *politeffe* a été très - bien définie par un moralifte moderne „ l'expreffion „ ou l'imitation des vertus fociales. „ C'en eft, dit - il, l'expreffion fi elle „ eft fauffe. Les vertus fociales font „ celles qui nous rendent utiles & agréa- „ bles à ceux avec qui nous avons à „ vivre ; un homme qui les poffédéroit „ toutes auroit néceffairement la *poli-* „ *teffe* au fouverain degré.”

Quelques penfeurs chagrins confondent la *politeffe* vraie avec la fauffe ; ou bien , la faifant uniquement confifter dans des formalités incommodes & minutieufes , dans des fignes d'attachement ou d'eftime équivoques & peu finceres , dans des expreffions hyperboliques introduites par l'ufage, ils l'ont profcrite injuftement , & lui ont préféré une rudeffe groffiere & fauvage, qu'ils ont qualifiée de franchife : mais dans la vie fociale la *politeffe* eft une qualité néceffaire, puifqu'elle fert à rappeller aux hommes les fentimens qu'ils fe doivent, les ménagemens avec lefquels, pour leurs intérêts mutuels, font obligés de fe traiter des êtres qui ont un befoin continuel de converfer enfemble.

Gardons-nous donc de blâmer imprudemment des ufages , des formules , des conventions , des fignes toujours utiles, *Tome XI.*

dès qu'ils retracent à notre mémoire ce que nous devons à nos femblables, & ce qui peut nous concilier leur bienveillance : conformons - nous à ces coutumes lorfqu'elles ne choquent point la probité : foumettons - nous à des pratiques que l'on ne peut violer fans indécence , & dont l'omiffion nous feroit accufer de vanité , de rufticité, de fingularité , & nous rendroit déplaifants ou ridicules.

Le mépris des regles de la *politeffe* & des ufages du monde annonce en effet un fot orgueil , toujours fait pour bleffer. Le refus de fe foumettre à des coutumes adoptées par la fociété, eft une révolte impertinente & digne d'être blâmée. Chaque homme eft en droit de penfer comme il voudra; mais il ne peut, fans manquer à fes affociés, s'exempter des regles impofées par tous, & fe fouftraire à l'autorité publique quand elle ne prefcrit rien de contraire aux bonnes mœurs. Refpectons le public, fuivons fes ufages, craignons de lui déplaire en négligeant les fignes extérieurs auxquels on eft convenu d'attacher les idées de bienveillance, d'attachement, d'eftime, de refpect, ou , fi l'on veut , d'indulgence & d'humanité , que nous devons même aux foibleffes de nos femblables.

Si nous devons des égards à tous les êtres de notre efpece, la *politeffe* n'eft qu'un acte de juftice & d'humanité. L'inconnu , l'étranger eft en droit d'attendre de nous des marques de la bienveillance univerfelle qui eft dûe à tous les hommes, puifque , fi le hazard nous transportoit à notre tour dans un pays inconnu, nous fouhaiterions de trouver dans fes habitans des fignes de bienveillance, d'hofpitalité, d'humanité. Cependant bien des perfonnes, qui paffent même pour polies & bien élevées, fem-

C

blent oublier ou méconnoître ces principes ; les inconnus leur paroiffent n'avoir aucun droit à leurs égards. Dans les fpectacles, les promenades, les fêtes, les lieux publics, on voit bien des gens fe conduire avec une rudeffe, une impoliteffe, une groffiéreté, très-déplaifantes, & dont on a fouvent lieu de fe repentir par les querelles & les conféquences quelquefois très-funeftes qu'elles entraînent. On ne doit ni négliger ni méprifer les fignes dont les hommes font convenus pour marquer la bienveillance & les attentions qui font dûes à tout le monde ; fi ces fortes de fignes ne font pas toujours fincères, ils prouvent au moins qu'il exifte dans toutes les nations civilifées des idées de ce que les êtres de la même efpece fe doivent les uns aux autres, même lorfqu'ils ne font pas intimement liés.

La *politeffe* franche & vraie eft celle qui part des fentimens d'attachement, de confidération, de refpect, qu'excitent en nous les qualités éminentes que nous trouvons dans les perfonnes à qui nous les marquons. Nous ne pouvons, il eft vrai, éprouver ces fentimens pour tout le monde, mais nous devons à tout le monde de la bienveillance, de la bonté, de l'humanité. Nous fommes quelquefois forcés de montrer du refpect même à la méchanceté puiffante, parce que notre confervation veut que nous évitions de bleffer ceux qui pourroient nous nuire ; alors les égards que nous leur montrons font des effets de la crainte, & celle-ci exclut l'amour.

L'eftime eft un fentiment favorable fondé fur des qualités que nous jugeons utiles & louables ; & d'après lefquelles nous attachons du prix à ceux qui les poffedent ; c'eft une difpofition à les aimer, à nous lier avec eux. Le mépris eft un fentiment d'averfion fondé fur des

qualités inutiles & peu louables. Le mépris eft infupportable à ceux qui s'en trouvent les objets, parce qu'il femble en quelque forte les exclure de la fociété comme inutiles. On peut être eftimé fans être aimé, mais on ne peut être aimé folidement fans être eftimé. Les attachemens les plus durables font ceux dont l'eftime eft la bafe. Voyez ces articles.

La confidération eft un fentiment d'eftime mêlé de refpect, excité par des qualités peu communes, par des actions grandes & nobles, par des talens rares & fublimes : confidérer quelqu'un, c'eft lui témoigner une attention marquée en faveur des qualités qui le diftinguent des autres. D'où l'on voit que la confidération n'eft dûe qu'à la grandeur d'ame, aux grands talens, à la vertu.

Il y a, nous dit-on, de la fauffeté à marquer de la *politeffe*, de l'eftime, de la confidération à des hommes à qui ces fentimens ne font point dûs. Mais nous devons des ménagemens & des égards à tous ceux que la fociété s'accorde à refpecter ; nous ne fommes point leurs juges : il feroit imprudent de montrer du mépris à la méchanceté, quand elle a le pouvoir de nuire ; il faut éviter autant qu'on peut les méchants, mais, quand le hazard ou la néceffité nous les préfente, il ne faut point les provoquer par fa conduite, il faut les craindre ; & lorfque nous plions devant eux, notre conduite n'eft que l'expreffion de notre crainte. Il n'y a que l'homme de bien qui ait droit de prétendre aux hommages du cœur, à l'affection fincère, à l'eftime & à la confidération véritable ; les méchans en pouvoir doivent fe contenter d'en recevoir les fignes extérieurs. Le mépris eft infupportable aux hommes les plus méprifables. Plus les méchans ont la confcience du mépris qu'ils méritent, plus ils font irrités de celui qu'on leur montre.

Les fignes du refpeĉt font dûs à la puiffance ; les égards que la crainte, ou les conventions de la fociété, ou notre devoir, nous obligent d'avoir pour nos fupérieurs, ou pour les perfonnes qui exercent fur nous une autorité bien ou mal fondée, fe nomment *refpeĉt*. Un fils doit refpeĉter fon pere, même lorfqu'il eft injufte. Un citoyen refpeĉte les princes, les grands, les gens en place, lors même qu'ils font méchans, parce qu'il s'expoferoit par une fotte vanité aux effets de leurs reffentimens. Le refpeĉt, étant mêlé de crainte, coûte toujours beaucoup à l'amour propre des hommes, communément bleffés ou gênés par la fupériorité des autres. Si les fignes du refpeĉt font flatteurs pour celui qui les reçoit, parce qu'ils lui rappellent fa puiffance & fa grandeur, ils déplaifent à celui qui les donne, parce qu'ils lui rappellent fa foibleffe & fon infériorité. Voilà pourquoi rien de plus rare que des inférieurs fincérement attachés à leurs fupérieurs ; ceux-ci font communément fentir à leurs protégés toute la diftance que mettent entr'eux le rang & la puiffance.

Les égards que nous montrons à nos égaux fe nomment *politeffe*, *bons procédés*, lors même que nous n'éprouvons pas pour eux les fentimens d'un attachement véritable ; c'eft une monnoie courante, que chacun donne & reçoit pour ce qu'elle vaut. La vie fociale demande que l'on ait de bons procédés pour les indifférents ; & d'ailleurs nous en exigeons même des perfonnes avec lefquelles nous fommes peu liés : d'où l'on voit que cette conduite eft fondée en juftice.

Les fignes de confidération font dûs au mérite, aux talens rares & utiles, aux vertus. Les fignes de la tendreffe font dûs à l'amitié. Les égards que nous avons pour nos inférieurs s'appellent *bonté*, *affabilité*. Nous devons leur en donner des marques, parce que c'eft le moyen de nous concilier leur affeĉtion, qui jamais ne peut être indifférente à l'homme de bien ; il rougiroit de ne devoir qu'à la crainte les refpeĉts & les hommages qu'il veut obtenir du cœur. Les fignes de la bienveillance univerfelle font dûs à tous les hommes, parce qu'ils font nos femblables. Enfin pour un cœur fenfible, il n'eft rien de plus digne de ménagement & de refpeĉt que la mifere, c'eft une forte de confolation que nous devons aux malheureux.

En faluant un inférieur, un homme du peuple, un malheureux, les riches ou les grands lui annoncent qu'ils ont de l'humanité, qu'ils ne le dédaignent pas, qu'ils le comptent pour quelque chofe, qu'ils lui veulent du bien. Rien ne feroit plus conforme à la faine morale que d'apprendre aux enfans nés dans l'opulence, à ne jamais montrer du mépris à leurs inférieurs ; ils fe rendroient par-là plus dignes de leur amour ; ils affoibliroient la haine ou l'envie que l'indigence doit naturellement concevoir contre les heureux : fentimens que l'orgueil ne peut qu'envenimer. N'eft-ce donc pas affez que des hommes foient miférables, fans encore le leur faire fentir à tout moment ?

L'éducation devroit encore garantir les grands de cette *politeffe* hautaine & dédaigneufe, qui, bien loin d'infpirer de l'amour & de la confiance à ceux qui l'effuient, femble les écarter, les repouffer, leur annoncer la diftance à laquelle l'orgueil veut les tenir : la *politeffe* de ce genre eft fouvent plus révoltante qu'une infulte avérée. „ Les grands,

,, dit un moderne, qui écartent les
,, hommes à force de *politesse* sans bon-
,, té, ne font bons qu'à être écartés
,, eux-mêmes à force de respect sans
,, attachement,... La *politesse* des grands
,, doit être l'humanité ; celle des infé-
,, rieurs de la reconnoissance, si les
,, grands le méritent ; celle des égaux
,, de l'estime & des services mutuels."

Les habitans de la cour sont d'ordinaire les plus polis des hommes, parce
qu'ils sont accoutumés à craindre de
blesser l'amour propre de tous ceux qui
peuvent les servir ou les desservir dans
leurs projets divers : ils savent que quelquefois l'homme le plus abject peut mettre des obstacles à leurs desirs. D'un autre côté les grands sont communément
très-polis, afin d'être eux-mêmes plus res-
pectés, ou pour avertir leurs inférieurs
de la soumission qu'ils en attendent.

Le desir d'obliger doit être mis au
rang des qualités les plus propres à
nous concilier l'affection dans la vie
sociale. Cette disposition est visiblement
émanée de la bienveillance & des secours que nous devons aux êtres de
notre espece. Rendre service à quelqu'un, c'est exercer envers lui la bienfaisance. Ainsi l'homme obligeant acquiert des droits sur l'affection des autres & sur sa propre estime. Celui qui
se sert de son crédit pour faire sortir
de l'oubli le mérite ignoré, pour réparer les injustices du sort, pour fournir
des secours à la vertu, est un vrai bienfaiteur digne de la reconnoissance de
tout bon citoyen. Sans produire toujours des effets si marqués, le desir d'o-
bliger est toujours agréable dans le commerce de la vie ; il part de la complaisance & de la *politesse*, qui nous portent à nous prêter gaiement aux vœux
de ceux à qui nous voulons plaire. Ainsi
que la bienfaisance, l'humeur obligean-

te ne doit jamais s'exercer aux dépens
de la vertu. C'est nuire à la société, &
souvent à soi-même, que d'obliger les
méchans. C'est faire du mal aux vicieux,
que de les servir dans leurs déréglemens.
C'est se rendre coupable, que de prêter
ses secours à l'iniquité. On est un lâche, un flatteur, quand on a la foiblesse
de servir ou d'obliger des gens inutiles
ou nuisibles. Une *politesse* excessive, une
complaisance bannale, un desir aveugle
d'obliger, produisent souvent autant de
maux dans la vie de ce monde que l'im-
politesse & la brutalité.

Dans quelque familiarité que les
hommes vivent entr'eux, la *politesse* ne
devroit jamais être totalement bannie :
l'amour-propre est si prompt à s'allarmer, la vanité est si facile à irriter, que
l'on devroit toujours craindre de les réveiller. Nos amis nous dispensent volontiers des formalités incommodes &
bannales de la *politesse* & de l'étiquette ;
mais nos amis ne peuvent jamais con-
sentir à se voir méprisés. Rien de plus
cruel que le mépris de la part de ceux
que l'on aime, & dont on voudroit
être aimé. Ainsi l'amitié, en bannissant
les complimens ou les signes extérieurs
de la *politesse*, ne peut cesser d'exiger
les sentimens réels dont ces marques
sont les annonces. Les railleries piquan-
tes, les discours peu mesurés, que la
familiarité semble souvent autoriser,
sont les causes les plus communes des
ruptures & des brouilleries qu'on voit
dans la société.

L'amour-propre, qui toujours flatté,
& l'étourderie qui ne voit guere les
choses telles qu'elles sont, font que bien
des gens présument trop de l'amitié des
personnes qu'ils fréquentent, & ne savent pas mesurer jusqu'où l'on peut
aller avec elles. On suppose assez souvent que l'on peut tout se permettre

avec ceux que l'on croit fes intimes amis, tandis que très-fouvent ces prétendus amis intimes n'ont pour nous que les fentimens très - foibles d'une bienveillance générale, que l'on ne doit pas confondre avec la véritable amitié. Le monde eft rempli de mal - adroits préfomptueux, qui fe rendent défagréables à ceux dont ils n'ont pas fuffifamment approfondi les difpofitions. *Je ne favois pas être fi fort de vos amis*, difoit un homme à un indifcret qui préfumoit trop de fon attachement : *faites un peu de façon*, difoit un autre à quelqu'un qui en ufoit avec lui d'une façon trop familiere. Un peu de réflexion ne devroit-il pas nous montrer, qu'il eft des pofitions où l'ami le plus cher peut devenir incommode à fon ami ?

L'union conjugale même, pour être maintenue dans toute fa force, ne difpenfe pas les époux de ces attentions qui annoncent l'eftime & le defir de plaire. En public des époux raifonnables refpecteront leur amour - propre, ou ne négligeront pas les égards mutuels faits pour annoncer qu'ils ont les fentimens convenables à des êtres qui s'aiment. Il eft des gens affez mal-avifés pour refufer tout figne de bienveillance & d'attachement aux perfonnes dont ils ont le plus d'intérêt d'entretenir l'affection. La fociété eft remplie d'époux qui ne fe diftinguent que par leurs mauvaifes manieres, de peres qui traitent leurs enfans fans aucuns ménagemens, d'amis qui croient que tout leur eft permis avec leurs amis, enfin de maîtres qui ne peuvent parler avec bonté ou de fang froid à leurs domeftiques. C'eft ainfi que les hommes qui vivent le plus familierement finiffent très-fouvent par fe détefter.

Les égards & les bonnes manieres ne font jamais ni déplacés ni perdus ; les différentes façons de les exprimer, par fa conduite & fes difcours, fervent à nourrir dans les cœurs des hommes les difpofitions néceffaires à leur contentement réciproque. Jamais nous ne fommes contents de ceux qui nous montrent qu'ils n'ont pas pour nous les fentimens que nous en exigeons.

Nous devons certains égards même aux perfonnes qui nous font totalement inconnues. Un être vraiment fociable doit s'abftenir d'offenfer ceux même qu'un pur hafard vient offrir à fa vue. Cet inconnu peut être un homme d'un mérite rare ou d'un rang diftingué, l'on peut fe repentir de ne lui avoir pas montré les fentimens qu'il a droit d'exiger. Il n'eft perfonne qui ne rougiffe d'avoir traité d'une façon trop légere ou peu refpectueufe un inconnu, lorfqu'on vient à découvrir par la fuite que ce même inconnu eft un perfonnage confidérable. D'ailleurs l'homme de bien, toujours animé du fentiment de la bienveillance univerfelle, defire de la témoigner même à ceux qu'il ne voit qu'en paffant.

Ainfi les égards dûs à la fociété nous prefcrivent des ménagemens & de la *politeffe* pour les perfonnes même avec lefquelles nous n'avons point eu, ou nous n'aurons jamais de liaifon particuliere. Rien de plus impoli ni de plus impertinent que ces regards curieux, effrontés, embarraffants, que des hommes, qui fe croient bien élevés, jettent fouvent fur des femmes dans les promenades ou dans les lieux où fe rend le public. Une bonne éducation, ainfi que la bienféance, devroit fans doute nous apprendre, que nos regards font faits pour ménager la délicateffe & la pudeur d'un fexe que le nôtre doit refpecter, ou du moins ne point obliger de rougir.

En général l'homme bien né contrac-
tera l'habitude de ne bleffer perfonne.
Faute de faire attention à cette regle fi
fimple, à combien d'inconvénients fâcheux une foule d'imprudents ne fe
trouve-t-elle pas à tout moment expofée? En voyant la façon dont bien des
gens fe comportent en public avec ceux
que le fort leur préfente, on croiroit
que tout inconnu eft pour eux un ennemi, avec lequel ils veulent entrer en
guerre. Delà naiffent mille rencontres
imprévues, dont les fuites font fouvent
très - férieufes entre des perfonnes peu
difpofées à fouffrir, foit les regards in-
fultants, foit les manieres peu mefurées
de ceux qui fe trouvent fur leur chemin. Eh! quoi! tous les hommes, tous
les habitans d'une même ville ne de-
vroient-ils pas fe donner des fignes de
bienveillance? A-t-on à rougir des égards
que l'on montre à fes concitoyens?

Le moyen le plus fûr de bien vivre
avec les hommes eft de leur témoigner,
autant qu'il eft poffible, que nous avons
pour eux les fentimens & l'opinion
qu'ils veulent trouver en nous: nous
ne fommes point blâmables de leur facrifier fouvent une portion de notre
amour-propre; il vaut mieux, en général, pécher par le trop, que par le trop
peu, dans les égards que nous leur té-
moignons. Mais la vanité de l'homme
eft fi chétive & fi pauvre, qu'elle craint
de fe priver elle-même de tout ce qu'elle accorde aux autres; fous prétexte
d'éviter la baffeffe & la flatterie, on fe
refufe fouvent à des condefcendances
innocentes pour les foibleffes humaines, auxquelles une grandeur d'ame
véritable fe prêteroit fans répugnance.
On n'eft point bas pour montrer de
l'indulgence; elle eft au contraire une
marque de grandeur, quand il ne réfulte aucun mal de fa facilité. Il y a de

la raifon à céder à la force; il y a de la
générofité à faire plier fon amour - propre fous celui d'un homme de mérite
d'ailleurs, fous celui d'un ami, qui
peut avoir de légers défauts, compen-
fés par un grand nombre de qualités
louables. Si dans le commerce de la vie
on s'obftinoit à ne mettre jamais les
hommes qu'à leur vraie place, on fe
verroit bientôt brouillé avec tout le
monde.

Bien des gens fe font un point d'honneur de mettre dans le commerce de la
vie une roideur qui les rend défagréables, fans les faire eftimer. Ils difent
qu'ils font francs, qu'ils ne font point
flatteurs, tandis que dans le fond ils
ne font que vains, groffiers, remplis
de petiteffe, de malice & d'envie. *La
vertu*, dit Horace, *tient le milieu entre
ces deux vices oppofés, & en eft également
éloignée.* En effet, une ame vraiment
noble & généreufe ne craint pas de s'a-
vilir par fa facilité; elle ne rougit même pas de rendre aux autres plus qu'ils
n'ont droit d'exiger. Il n'y a qu'une
vanité inquiete fur fes propres prétentions, fouvent fufpectes pour elle-même, qui faffe tenir fans ceffe la balance
pour pefer à toute rigueur ce qu'elle
veut accorder ou refufer. Tout facrifice de l'amour-propre coûte infiniment
aux petits efprits; ils n'attachent de
l'importance qu'à des bagatelles; par
la crainte d'être trop polis, ils fe rendent impertinents.

Delà ce conflit perpétuel des vanités
que nous voyons à tout moment en
guerre dans la fociété. Des hommes
vains craignent toujours d'en trop faire, & de fe dégrader par l'indulgence
qu'ils montreroient aux autres. Les
grands affectent du mépris pour le favant ou l'homme de lettres, dont ils
veulent bien s'amufer, fans jamais con-

fentir que leurs talens divers les mettent trop à leur niveau ; l'homme de
qualité prétend que l'homme de mérite
fans naiſſance ſe tienne toujours à ſa
place. Le commerce qui s'établit aſſez
ſouvent entre la nobleſſe indigente & la
bourgeoiſie opulente , n'eſt ordinairement qu'un combat de deux vanités
également ridicules. Le financier, ainſi
que l'homme de lettres , ont quelquefois la vanité de fréquenter les grands
qui les mépriſent : ils penſent s'illuſtrer
par une liaiſon qui les dégrade ; & ces
grands , dont ils ont la folie de ſe croire les amis , ne les regardent que comme des protégés, des inférieurs qu'ils
daignent honorer par leur condeſcen-
dance. *Les grands*, diſoit Diogene ,
*ſont comme le feu , dont il ne faut ni trop
s'éloigner , ni s'approcher de trop près.*

Rien de plus ſenſé ni de plus avantageux dans la vie que de reſter dans ſa
ſphere. Un Arabe a dit très-ſagement ,
*ne va point au marché pour n'y vendre
qu'à perte.* Le commerce des grands ne
peut être que déſavantageux aux petits.
Tous les talents de l'eſprit & du cœur
ne ſont rien aux yeux d'un homme de
qualité qui ne connoît rien de compa-
rable à la naiſſance : la vertu paroît
très-inutile au courtiſan qui ne fait cas
que de ce qui mene à la fortune : le
mérite perd tout ſon prix auprès de ceux
qui n'en ont pas : l'homme de génie
n'eſt qu'un ſot auprès d'un ſot titré :
l'homme à talens doit être bas s'il veut
plaire à la grandeur. La fréquentation
des grands ôte communément à l'eſprit
cette noble fierté , ce courage , cette
liberté , qui le rendroient capable de faire des choſes utiles & grandes.

L'homme dont la fortune eſt médiocre , ne gagne dans la fréquentation de
l'opulence que le deſir de s'enrichir ,
le goût du luxe , l'amour de la dépenſe ,
la tentation de ſe ruiner pour ne le
point céder à celui dont le faſte l'éblouit:
l'homme ſage ne devroit point ſortir de
ſon état , c'eſt le moyen d'éviter les dé-
goûts que produiroient en lui les hauteurs , les prétentions , la vanité des
autres. La manie des grands eſt une
ſource de ruine pour les indigens ou
les perſonnes dont la fortune eſt bornée. Il ſeroit plus prudent de reſter
plutôt en-deçà , que de vouloir aller au-
delà de ſes facultés.

En général il ne peut y avoir d'agrémens réciproques & durables dans les
méſalliances de ſociété , ou dans les
liaiſons entre des perſonnes qui différent trop , ſoit par le rang, l'état , la
fortune , ſoit par les talens , l'eſprit &
le caractere. Ceux qui ſentent leur ſupériorité , en quelque genre que ce
ſoit , ne tardent pas communément à
s'en prévaloir contre leurs inférieurs ;
de-là naiſſent des diſcordes & des haines , fruits néceſſaires des hauteurs ,
des mépris , des railleries que l'on fait
communément éprouver à ceux qu'on
voit au-deſſous de ſoi. Les petits n'ont
à gagner que des mépris avec les grands;
les perſonnes d'un eſprit médiocre ſont
bientôt dédaignées par ceux qui ont
quelqu'avantage de ce côté.

On trouve des gens qui , par une
ſotte ambition, veulent primer dans
les ſociétés qu'ils fréquentent ; pour y
réuſſir , vous les verrez quelquefois
préférer le commerce de leurs inférieurs,
à celui de leurs égaux , qui ne leur laiſ-
ſeroient pas prendre les mêmes avantages. C'eſt ainſi que les gens d'eſprit ont
quelquefois la foibleſſe de fuir leurs pareils , & de ſe plaire avec des ſots qu'ils
peuvent impunément dominer : pouvoir peu glorieux , ſans doute , que
celui qu'on exerce ſur des hommes foibles & mépriſables ! Il n'y a qu'une

vanité bien puérile qui puiſſe être flat-
tée des hommages de ceux mêmes qu'elle mépriſe.

Quels que ſoient les motifs, il y a
de la baſſeſſe, de la lâcheté, de la ſot-
tiſe à fréquenter ceux qu'on ne peut ni
aimer ni eſtimer. Rien n'eſt plus vil
que la conduite de ces grands qui vont
piquer la table d'un parvenu pour avoir
l'occaſion de rire à ſes dépens. L'homme dont le cœur eſt bien placé s'abſ-
tient de voir familierement des perſonnes dépourvues de qualités aimables.
Il n'ira point chez l'homme vain, parce qu'il auroit à ſouffrir de ſa vanité;
perſonne n'eſt en effet plus ſujet à s'oublier qu'un ſot qui s'eſt enrichi. Rien
de plus inſolent que lui, lorſqu'il ſe
voit entouré de ſes flatteurs & paraſi-
tes. L'homme de bien ne fréquente-
ra point le prodigue, parce qu'il rougiroit de contribuer à ſa ruine ou de
tirer parti de ſa folie. Enfin, il ne fré-
quentera point des perſonnes décriées
ou dignes de mépris, parce qu'il ſe reſ-
pecte lui-même & craint de ſe déſho-
norer aux yeux des autres.

Le monde eſt plein de gens que l'on
ne peut fréquenter ſans apologie, ou
ſans ſe croire obligé d'expliquer les
motifs des liaiſons qu'on forme avec
eux. Il ne faut, autant qu'on peut,
ſe lier qu'avec des perſonnes eſtimables
dont on n'ait point à rougir; & pour
lors il n'y aura ni apologie à faire, ni
explications à donner. Le hazard, nos
circonſtances, nos beſoins, peuvent
nous forcer de rencontrer quelquefois
des perſonnes peu dignes de notre attachement vrai, de notre eſtime ſince-
re; mais il y a de la baſſeſſe & de la
fauſſeté à vivre dans l'intimité avec des
gens pour qui l'on ne peut éprouver
aucun ſentiment favorable. Le bas flatteur eſt le ſeul qui puiſſe ſe ſoumettre

à une pareille contrainte; l'homme vil
peut ſeul conſentir à vivre long-tems
ſous le maſque.

Quelque parti que l'on ſuive, celui
qui veut vivre dans le monde, doit ſe
prêter, autant qu'il peut, à l'amour
propre bien ou mal fondé de ceux qu'il
fréquente; s'il n'en a pas le courage,
qu'il s'abſtienne d'un commerce qui ne
lui convient pas. Le miſantrope eſt toujours un orgueilleux, ou bien un en-
vieux, dont la vanité & l'envie ſont
irritées de tout. Vivre avec des hommes, c'eſt vivre avec des êtres remplis
d'amour-propre & de préjugés, auſ-
quels il faut ſouſcrire, ou ſe condamner à vivre en ſolitaire. Notre amour-
propre doit nous apprendre que nous
devons fermer les yeux ſur celui des
autres; l'homme prudent & ſociable eſt
toujours occupé à réprimer le ſien. Il
y a de la force, de la grandeur, de la
nobleſſe à vaincre ſes propres foibleſſes
& à ſupporter celles des autres. Le
grand art de vivre eſt d'exiger fort peu
& d'accorder beaucoup. Pour être content de tout le monde, il faut rendre
les perſonnes avec qui nous vivons
contentes & d'elles-mêmes & de nous;
cet objet mérite aſſurément qu'on lui
ſacrifie quelque choſe.

Pour le bien de la paix, il eſt bon de
conſentir quelquefois à être dupe, &
de ne point tirer parti de ſa propre ſupériorité. Les hommes ſont perpétuellement en guerre, non parce qu'ils ont de la
grandeur d'ame, mais parce qu'ils n'ont
pas le courage de céder. Les corps,
comme les individus, ſe haïſſent ou ſe
mépriſent, parce qu'ils n'ont pas les mêmes paſſions, les mêmes goûts, les
mêmes façons de voir, les mêmes préjugés. Un courtiſan ambitieux, un prince, un conquérant, regardent avec mépris les ſpéculations d'un philoſophe,

qui

qui contrarient leurs goûts & leurs préjugés : de son côté le sage regarde leurs folies en pitié , & trouve qu'un esprit élevé ne voit rien de grand sur la terre que la vertu : les cedres ne paroissent que des herbes à l'aigle qui plane au haut des airs.

Mais pour vivre avec les hommes il faut se prêter à leurs opinions, sous peine d'en être détesté; ivre de son amour-propre & de ses propres idées, chacun oublie l'amour - propre des autres, & refuse de se conformer à l'opinion qu'ils ont d'eux - mêmes ; telle est la source d'où l'on voit perpétuellement découler tous les désagrémens de la vie. Le monde est une assemblée dans laquelle chacun se montre à son avantage ; pour bien jouer son rôle il est utile de laisser chacun jouer le sien. Le rôle de l'homme de bien est d'être patient, indulgent , généreux, & de contenir au fond de son cœur les mouvemens de colere qui , sans corriger personne, ne seroient que de le rendre malheureux. L'humeur noire ne feroit que porter le trouble au-dedans de nous-mêmes, & nous faire haïr de ceux avec qui nous sommes destinés à vivre en paix.

Il n'y a point dans les folies des hommes , dequoi se brouiller sans retour avec l'espece humaine. Le sage en rit intérieurement , mais il se prête quelquefois aux jeux enfantins de ces êtres en qui la raison ne s'est pas encore montrée : il sait qu'une censure amere ne peut rien contre le torrent de la mode & des préjugés. Soumis aux conventions honnêtes de la société, dont nous ne sommes ni les arbitres ni les réformateurs, en attendant que l'esprit humain se développe & se dégage des bandelettes du préjugé , laissons à chacun le rang que l'opinion lui décerne; pleins d'égards pour nos semblables , ne les

Tome XI.

affligeons point par une conduite arrogante, qui rendroit inutiles les leçons de la sagesse. Que le philosophe , sincere dans ses écrits , présente la vérité sans nuages , parce qu'elle est utile à la société ; mais s'il vit dans le monde, qu'il épargne la foiblesse des individus ; indulgent pour ses concitoyens, qu'il n'entre point en guerre avec leurs prétentions ; poli avec ses égaux, respectueux pour ses supérieurs, affable pour ceux qu'il voit au - dessous de lui, qu'il ne s'arroge pas le droit de choquer les personnes que le hazard lui fait rencontrer; qu'il fréquente le monde, & n'attache aucun mérite à le fuir; qu'il ne vive dans l'intimité qu'avec des personnes choisies , dont les dispositions, les idées & les mœurs , sont à l'unisson des siennes : c'est là qu'il peut ouvrir son cœur & se plaindre des travers & des tristes folies dont sa patrie est souvent la victime ; il déplore avec eux les opinions insensées auxquelles tant de gens attachent follement leur bien - être; mais il sait que le cynisme, la misanthropie, l'humeur , la singularité , ne sont aucunement propres à détromper les hommes.

Ne frappez pas, dit Pythagore, *indifféremment dans la main de tout le monde.* Ce précepte si sage paroît totalement ignoré dans les assemblages bigarrés que l'on rencontre par - tout. Quoique l'homme sociable ne se croie pas en droit de jouer dans la société le rôle d'improbateur , il évitera néanmoins le commerce des méchans , parmi lesquels il seroit totalement déplacé. Un des inconvéniens les plus fâcheux des villes opulentes & peuplées vient du mélange des compagnies: l'on y trouve à tout moment les personnes les plus estimables indignement confondues avec les hommes les plus décriés & les plus

D

méprifables. Que dis-je! ceux-ci font quelquefois non-feulement tolérés, mais encore recherchés pour des qualités amufantes ou des talens aimables, que trop fouvent on préfere aux qualités du cœur. Au défaut d'une cenfure publique, qui devroit flétrir tous les pervers, les honnêtes gens feroient très-bien de fe liguer pour exclure de leurs cercles ces hommes notés, qui, parce que les loix ont oublié de les punir, fe préfentent effrontément dans la bonne compagnie.

Rien de plus étrange, & même de plus dangereux, que la facilité avec laquelle des perfonnages méprifables, des joueurs, des aventuriers, des frippons, des efcrocs, trouvent fouvent le moyen de pénétrer dans ce qu'on appelle la bonne compagnie; elle fe trouve fréquemment forcée de rougir des membres dont elle s'eft compofée. On y voit quelquefois admettre des hommes les plus décriés. Les gens du monde, peu difficiles dans leurs liaifons, perpétuellement ennuyés, ne cherchant qu'à paffer le tems, femblent dire de la plupart de ceux qui les fréquentent „ ce font „ des frippons, de mal-honnêtes gens, „ on le fait, mais il faut bien s'amu- „ fer. ”

En général on pardonne très-aifément aux méchans le mal qu'ils font aux autres; dans le tumulte du monde on ne craint pas affez les gens fans mœurs & fans vertu. On écoute avec plaifir celui qui dit des méchancetés, des calomnies, des médifances fur le compte des autres, pourvu qu'il ait le foin de les débiter avec efprit & gayeté. C'eft ainfi que l'homme du plus mauvais cœur paffe quelquefois pour charmant. L'amour propre des auditeurs leur perfuade, que le méchant qui les amufe changera pour eux de ton, de caractere,

& n'ofera jamais les traiter eux-mêmes comme il traite les autres. C'eft néanmoins ce qui arrive affez fouvent; & pour lors l'homme charmant devient un monftre abominable.

Chacun connoît le danger des liaifons en théorie, & l'oublie dans la pratique. Rien de moins agréable & de moins fûr que les maifons ouvertes, pour ainfi dire, à tous ceux qui s'y préfentent. Tant de gens, dont la vanité fe repait de l'idée de recevoir beaucoup de monde, devroient naturellement s'attendre à voir fouvent chez eux des perfonnes fufpectes & dangereufes. Quand on ne reçoit un homme que fur fon nom, fon titre, fon efprit, fon état, fes talens agréables, & quelquefois fon habit, on rifque de fe répentir un jour de l'avoir admis chez foi. C'eft les qualités du cœur & le caractere d'un homme qu'il faudroit s'efforcer de connoître avant de fe lier avec lui. Mais on diroit que les gens du monde s'embarraffent fort peu des honnêtes gens, qui fouvent les ennuient: affez femblables aux enfans, ils fe foucient fort peu du commerce des perfonnes fenfées, qu'ils ne croyent propres qu'à les troubler dans leurs vains amufemens.

C'eft un inconvénient, affez commun dans le monde, que la légereté avec laquelle les hommes fe préfentent les uns les autres dans les fociétés. Les perfonnes fenfées ne veulent pas admettre indifféremment tout le monde; & tout homme qui penfe devroit fe défendre de préfenter, même à fes amis intimes, des perfonnes qu'il ne connoît que foiblement, ou qui n'ont rien de conforme aux goûts, au caractere, aux mœurs de ceux à qui il les préfente. On fe trompe très-fréquemment en ce genre; chacun s'imagine que l'homme qui lui plait a les qualités requifes pour plaire à tout le monde, tandis que fort fouvent les endroits mêmes par lefquels un homme nous plait, le rendent défagréable pour d'autres. Le talent d'affortir les hommes eft très-rare, cependant il contribue beaucoup à l'agrément de la fociété, & répandroit bien plus de plaifirs fur le commerce de la vie. (F.)

POLITIQUE, f. f., *Morale.* La *politique* en général eft l'art de parvenir à fon but. Le bonheur eft le but où tendent les humains. Pour atteindre le bonheur, l'homme doit diriger fes actions de maniere qu'elles foient juftes, décentes & utiles. Le droit naturel & la morale ou l'éthique nous enfeignent ce qui eft jufte & décent. La *politique* nous fournit quelques regles pour ce qui eft utile. Comme les objets ou les buts différens que les hommes fe propofent dans la carriere de cette vie, font divers, & que les différentes fituations dans lefquelles ils peuvent fe trouver, varient à l'infini, il eft impoffible de prévoir tous les cas & de fournir des regles de détail. La *politique* fe contente de rechercher les principales fituations de la vie dont l'homme eft fufceptible, & de lui fournir les principes dont il peut faire une application heureufe à tous les cas de détail pour fe conduire fagement. Ciceron, dans fon traité des devoirs, *de Officiis*, en a fourni un grand nombre de préceptes admirables. Il paroît qu'il a très-bien faifi la diftinction du jufte, du décent & de l'utile, en infiftant fans ceffe fur ce qu'il nomme *honeftum*, *decorum & utile*; mais il n'a pas traité fa matiere affez fyftématiquement, & il eft comme tous les anciens, tantôt fublime & tantôt plat. Ce font toujours des éclairs très-brillans & très-lumineux qui fortent d'une nue très-obfcure.

Le lecteur verra fans peine par ce qui vient d'être dit, que la *politique* générale n'eft au fond que la prudence commune dans le cours de la vie, l'art de fe conduire & de diriger fes actions, de maniere qu'il en réfulte une jufte utilité, & l'on y peut ajoûter encore, qu'elles obtiennent l'approbation des fages. C'eft un champ immenfe dont on peut tracer les principales divifions, mais non pas les limites.

Dans chaque action nous avons à confidérer quatre objets. 1°. Le but qu'on s'y propofe; 2°. les facultés ou les difpofitions naturelles de chaque homme en particulier pour atteindre ce but; 3°. les moyens pour y parvenir; 4°. les obftacles foit naturels, foit acceffoires que l'on rencontre & qu'il faut tâcher de lever. Les traités de *politique* développent ces objets, & prefcrivent à cet égard les regles générales qu'il convient d'obferver. Et comme dans la plupart des actions de la vie, nous avons befoin du fecours d'autrui pour parvenir à notre but, elle nous indique les moyens pour reconnoître dans les autres hommes s'ils ont des difpofitions à concourir à nos vues. C'eft ainfi qu'elle nous enfeigne à bien démêler leurs vues, leurs talens, leurs caracteres, leur humeur, leurs inclinations ou penchans, leur habileté, leurs vertus & même leurs vices; afin de nous mettre en état d'en tirer parti & d'employer non-feulement ce qu'ils ont de bon, mais même de mauvais ou de défectueux en eux à notre utilité. Ce n'eft pas là une des moindres parties de la politique.

Après ces confidérations générales la *politique* examine quels font les principaux états de la vie dans lefquels l'homme peut fe trouver, & où il a befoin d'employer une prudence ou *politique* particuliere. C'eft ainfi que tout homme, dès qu'il a ceffé d'être enfant, paffe

D 2

à l'état de la jeuneffe, où fa raifon commençe à fe développer, & où il parvient à agir fur fes propres idées. C'eft-là où fon inclination ou fes difpofitions naturelles doivent le déterminer à fe fixer pour un état ou métier dans la vie; c'eft-là qu'il doit jetter les fondemens de fon aptitude à cet état, qu'il doit faire des études qui y concourent, ou fe mettre à l'apprentiffage de ce métier. La *politique* lui fournit des inftructions falutaires à cet effet, comment il doit fe conduire pour parvenir à fon but aux écoles, académies & univerfités, dans fes voyages, dans la fociété en général, avec des fupérieurs & des inférieurs, avec des perfonnes de l'un & de l'autre fexe, dans le commerce ordinaire de la vie, à la cour, à l'armée, dans l'état du facerdoce, dans celui de commerçant, d'homme de lettres, d'artifte, d'artifan, &c. comme magiftrat ou citoyen, comme pere de famille, ou en qualité de membre d'une famille, comme maître ou comme ferviteur, dans l'état du mariage ou hors du mariage; comme miniftre ou employé au gouvernement, ou comme fujet obéiffant au gouvernement, & ainfi du refte. Enfin, la *politique* ne finit point lorfqu'elle entre dans le détail des divers états de la vie, & qu'elle prefcrit des maximes de fageffe pour chacun en particulier.

Elle n'envifage pas feulement l'homme dans un état encore indécis, où il n'a point pris fon parti, & où il eft encore en pleine liberté de fe déterminer pour une action quelconque; elle le confidere auffi dans l'état où il s'eft déterminé, où il a pris un parti qui n'a pas été dicté par la fageffe. Elle lui apprend les moyens de redreffer fes fautes & fes torts, de les tourner de maniere qu'il lui en réfulte le moindre dé-

favantage poffible, & quelquefois même à fon plus grand avantage; de fe conduire enfin politiquement dans la profpérité auffi bien que dans l'adverfité & le malheur. Outre cela elle lui enfeigne encore non-feulement les moyens généraux & ceux de détail pour atteindre chaque but qu'il fe propofe, mais auffi pour écarter adroitement les obftacles qui peuvent s'oppofer à fes fuccès. Enfin, elle lui apprend ce que c'eft que le ridicule, la facilité avec laquelle l'homme peut y tomber s'il n'eft pas conftamment fur fes gardes, les écueils qu'il faut éviter à cet égard, les dangers qu'on court & les fuites funeftes qui réfultent du ridicule, pires fouvent que celles des vices mêmes.

Le confeil eft encore un objet très-important de la *politique* générale. Nous n'entendons pas ici ce confeil que l'homme fage fe donne chaque fois à foi-même pour fe conduire dans la vie; mais celui qu'il donne à fes amis, à fes concitoyens, à tous les hommes enfin qui le confultent & qu'il doit envifager comme fes freres. Elle lui fournit des maximes pour la candeur & la bonne foi qu'il doit y admettre, pour la prudence, la précaution, la circonfpection qu'il faut y employer, pour la fituation dans laquelle fe trouve la perfonne qui requiert le confeil, pour les circonftances qui accompagnent le cas embarraffant & qu'il faut pefer, & pour tous les objets qui font rélatifs à cette importante matiere. Enfin la *politique* générale eft une théorie raifonnée, un cours complet pour la conduite utile de la vie, qui nous enfeigne à bien conduire notre barque fur une mer toujours agitée & fouvent orageufe, & à diriger notre pérégrination fur la terre, de maniere que nous puiffions vivre dans le monde fûrement, juftement, honnètement, réligieusement & agréablement, en attendant la vraie félicité que la miséricorde divine nous prépare dans l'éternité.

La *politique* des Etats est cette science qui fournit des regles à ceux qui gouvernent les Etats, pour atteindre les différens buts qu'ils doivent naturellement se proposer, ou pour dire la chose en d'autres mots, que ce soit la science du gouvernement, l'art de régner, &c.

Le but de chaque Etat, de chaque nation, de chaque corps *politique* est naturellement 1°. sa conservation ou sa durée, & la félicité de tous ceux qui en font membres. La plus grande perfection dans la constitution d'un Etat consiste sans doute en ce qu'elle peut produire sa longue durée, & pendant cette durée procurer à ses citoyens tous les biens dont ils font susceptibles, & éloigner d'eux tous les maux dont ils peuvent ètre atteints.

Pour parvenir à ce double but, l'Etat doit se proposer cinq objets capitaux ou fondamentaux, qui font : 1°. il faut polir la nation qu'on doit gouverner. 2°. Il faut introduire un bon ordre dans l'Etat, y entretenir la société, & y faire observer les loix. 3°. Il faut établir dans l'Etat une bonne & exacte police. 4°. Il faut faire fleurir l'Etat & le rendre opulent. 5°. Il faut rendre l'Etat formidable en lui-mème & respectable à ses voisins. De ces cinq objets découlent comme d'autant de principes féconds, toutes les regles de détail que la politique enseigne & dont la réunion forme la science du gouvernement.

Un corps ou peuple de barbares, quelque nombreux qu'il puisse ètre, ne fut jamais heureux, jamais formidable long-tems. Toutes les nations sauvages, sans mœurs, sans police, sans politesse ont été subjuguées sans exception, par les nations policées. Si les Tartares ne le font pas encore entierement, c'est qu'ils ne valent pas la peine d'ètre conquis, domptés & assujettis plus qu'ils ne le font par les Turcs & les Russes. La férocité qui est une suite absolue du barbarisme, ne sauroit jamais produire un bonheur raisonnable, la vraie félicité, à moins que ce ne soit dans le cerveau de quelques visionnaires, qui empruntant le nom de philosophes, s'imaginent qu'il y a un grand mérite à produire des paradoxes & se donnent la ridicule torture pour les soutenir.

Pour polir une nation, il faut commencer par prendre les plus grands soins de l'éducation de la jeunesse, par le moyen des écoles, académies & universités publiques ; & l'invention de toutes sortes d'établissemens instructifs, & capables de cultiver l'esprit de la jeunesse, & à lui donner des talens non-seulement pour les sciences & les arts libéraux, mais aussi pour les arts utiles, les métiers, les fabriques, &c. Il faut introduire & entretenir ensuite dans l'Etat l'urbanité, les mœurs douces, la politesse, y établir des imprimeries, permettre & encourager même les voyages, chercher à introduire le luxe raisonnable, entretenir une cour brillante, des spectacles décens, donner des fètes publiques, avoir des promenades agréables, réprimer l'abus des liqueurs, de la débauche, de la crapule, & bannir la férocité & la brutalité.

Toutes les parties d'un corps *politique* ou d'un Etat, toutes les branches du gouvernement doivent ètre dans une harmonie perpétuelle, sans se heurter mutuellement, se choquer ou se confondre, & c'est ce qu'on nomme le *bon ordre.* Tous les hommes ont entr'eux une société générale qui leur impose les devoirs de l'humanité ; mais les hommes qui font partie d'une même nation, vivent dans une liaison beaucoup plus étroite, dont il résulte des rapports qu'on comprend sous le nom de *société* ; & les devoirs qui en découlent des devoirs de la société. C'est ce bon ordre, ce sont ces rapports de la société, que le souverain doit entretenir dans son Etat. C'est ici que la *politique* examine la différence des conditions & l'utilité qu'elle en peut tirer. C'est ici qu'elle établit pour première regle que la prospérité d'un Etat dérive de sa population, c'est-à-dire du grand nombre d'hommes dans toutes les conditions ou classes de ses citoyens. Elle fournit des maximes pour l'encouragement de cette population & la conservation des citoyens. Elle traite des maisons d'orphelins, des hôpitaux, des établissemens charitables, des colonies, des sénats de santé & de médecine, des précautions contre les maladies épidémiques, &c. Enfin elle parle de la religion, de l'incrédulité, de la superstition, de la tolérance, des mœurs, des établissemens utiles, de la communication entre la capitale, les villes & les provinces, des postes, des coches, des barques, des grands-chemins, & enfin des divers départemens à établir dans l'Etat pour la régie des affaires, & dont la réunion forme tout le gouvernement.

De-là elle passe à l'important article des loix & de la législation. Comme le salut de l'Etat dépend uniquement de la bonté de ses loix, elle indique les moyens de faire des loix justes & utiles. Elle traite en même-tems du pouvoir législatif & coactif en matieres spirituelles, civiles, militaires, publiques & particulieres. Elle montre la division

des loix, elle fait une digression sur la frivolité & la nuisibilité des fiefs & des loix féodales ; elle donne des regles pour la confection & le style des loix, elle parle de la jurisprudence, des tribunaux, des juges, des exécuteurs de la justice, des sentences, des peines, des chatimens.

La police des villes & de la campagne est un objet fort vaste & fort important dans l'Etat. La *politique* en prescrit les regles qui portent sur la sureté, la netteté & le bon marché que les citoyens ont droit de prétendre pour la conservation de leur vie & de leur santé, de leur honneur & de leurs biens ; d'où naît leur tranquillité & le moyen de s'acquitter de leurs fonctions, de leurs métiers & de leurs devoirs dans la société sans trouble & sans obstacle.

La *politique* porte ensuite ses vues sur l'opulence de l'Etat & de ses membres. Elle en démontre la nécessité & indique les moyens les plus efficaces pour l'acquérir. Elle développe en même-tems en quoi consiste proprement la vraie opulence ou les richesses d'un Etat. C'est ici où elle traite des métaux précieux & de la monnoie, des représentations des métaux précieux & monnoyés, ou des lettres de change, obligations, &c. des fonds publics, des banques ; de l'agriculture & de tout ce qui en dépend ; des productions naturelles d'un pays dans tous les troisregnes de la nature, & de la maniere d'en tirer parti ; de l'industrie ou des fabriques & manufactures ; du commerce général & particulier, de la navigation marchande, &c. Enfin, elle examine comment cette opulence générale des membres de l'Etat, peut être rendue utile au corps de l'Etat même par le moyen des contributions ou subsides que les citoyens fournissent pour l'entretien de l'Etat. C'eſt ici que s'examine la matiere des finances, le département des finances; la maniere dont il doit être compoſé; quels doivent être ſes principes fondamentaux, les contributions réelles ou perſonnelles, les taxes naturelles & invariables ou arbitraires, les impôts ſur les denrées, & mille objets pareils que nous avons détaillés à leurs articles.

Pour qu'un Etat ſoit formidable, il faut qu'il ait encore outre ſes reſſources pécuniaires des forces réelles, c'eſt-à-dire une armée & une marine. La *politique* cherche & trouve des regles pour déterminer la force ou la grandeur proportionnelle de l'armée & de la marine ſur la grandeur & l'opulence reſpective de l'Etat.

Juſqu'ici la *politique* n'a conſidéré l'Etat que par rapport à lui-même & à ſa propre conſtitution. Dans la ſeconde partie elle l'enviſage ſous un autre point de vue; c'eſt-à-dire, occupant une place ſur la terre, faiſant partie du genre humain, & ayant des liaiſons avec d'autres peuples, d'autres nations, d'autres Etats, ſoit voiſins, ſoit lointains, ſoit amis, ſoit ennemis. C'eſt donc ſous ce point de vue qu'elle commence par preſcrire des regles utiles, 1°. pour la conduite politique des ſouverains en général; 2°. pour la formation des conſeils; 3°. pour le choix des miniſtres; 4°. pour l'arrangement du département des affaires étrangeres, &c. Elle examine enſuite, 5°. la puiſſance relative des Etats en comparaiſon des autres; elle traite 6°. du ſyſtème particulier des Etats; 7°. des engagemens réciproques des ſouverains en général; 8°. des traités & des alliances en particulier & de leur utilité ou inutilité; 9°. de la guerre & de la paix; 10°. des négociations en général; 11°.

des miniſtres publics; 12°. des inſtructions, lettres de créance, récréditifs & autres pieces d'écriture néceſſaires à la négociation; 13°. des perſonnes qui compoſent la ſuite d'un miniſtre public, & de ſa maiſon; 14°. de la conduite *politique* d'un miniſtre public; 15°. des congrès; 16°. du cérémonial, & de diverſes choſes ſemblables qui ont du rapport à la ſituation extérieure des corps *politiques*.

Tous les ſiecles peuvent fournir des modeles ou des exemples pour aſſeoir des maximes générales; les nations les moins policées ont laiſſé échapper des chefs-d'œuvre de ſageſſe *politique*, & quelques ſiecles encore ont produit des hommes dont les maximes ſuffiſoient à régir les plus grands Etats. Mais il y a une grande erreur qui domine dans la *politique* moderne, c'eſt celle d'affoiblir les rapports de la nation avec le ſouverain, d'ôter la confiance aux peuples, & de détourner ceux qui les gouvernent de la connoiſſance de leur ſituation. Le ſyſtème *politique* des Etats devoit être fondé ſur celui de l'équité naturelle, qui eſt d'établir une influence réciproque entre le ſouverain & les peuples, un équilibre d'induſtrie & de puiſſance, qui doit procurer l'utilité générale & répandre des lumieres ſur les nations en leur laiſſant la faculté de connoître leurs avantages & leurs droits. Ici la juſtice eſt l'expreſſion de l'intérêt général: les baſſins de la balance *politique* ne ſeroient jamais dans un parfait équilibre, ni aſſez juſtes pour déterminer les degrés de puiſſance avec une exacte préciſion. Peut-être même ce ſyſtème d'égalité n'eſt-il qu'une chimere; la balance ne peut s'établir que par des traités, & les traités n'ont aucune ſolidité tant qu'ils ne ſont faits qu'entre des ſouverains abſolus, & non entre des nations: Ces actes doivent subfister entre des peuples, parce qu'ils ont pour objet la paix & la sûreté, qui font leurs plus grands biens ; mais un despote facrifie toujours fes fujets à fon inquiétude, & fes engagemens à fon ambition. En ce cas, on ne fauroit trop avertir les peuples de reprendre toutes leurs forces, & d'employer les reffources que leur offrent le climat & le fol qu'ils habitent, pour acquérir l'indépendance nationale & individuelle où ils font nés.

Cela pofé, cherchons dans les loix & dans leur effence, ce qui peut être effentiel à l'homme focial. Il eft évident qu'il n'y a que le légiflateur qui puiffe abroger une loi qu'il a portée. Une loi n'eft telle & n'a de force, que la force que le peuple lui a donnée en la recevant. Les loix qui gouvernent un peuple, font donc à lui ; il eft donc le même, tant que ces loix font les mêmes; il eft donc modifié, quand fes loix font changées. On peut remarquer que c'eft dans le gouvernement où ces loix peuvent fouffrir le plus de modifications, qu'elles peuvent être anéanties plutôt, & que par conféquent ce feront les loix moins intimes entr'elles & moins néceffaires qui feront plus fujettes aux révolutions. Si les hommes étoient gouvernés feulement par les loix de la fociabilité, la fociété feroit détruite, fi l'exécution des loix qui la forment étoit fufpendue. D'où l'on peut conclure, que lorfqu'une loi peut être abolie fans bouleverfer le gouvernement, que ce gouvernement eft lâche & foible ; que fi elle peut être abolie fans y produire un grand effet, que ce gouvernement eft monftrueux & inconféquent. Les recherches qui nous conduiroient à découvrir dans quel état les loix fondamentales peuvent être détruites par d'autres loix

ou par le changement des mœurs, ne peuvent être mifes en balance avec leur effet. On ajoutera feulement que lorfque les mœurs ne découlent pas des loix, qu'alors on peut frapper les loix ; & que, lorfqu'elles en découlent, c'eft la corruption des mœurs occafionnée par un vice effentiel dans le gouvernement qui les change. Il réfulte de ceci qu'il eft abfurde de dire qu'un feul homme, par fon feul caprice, puiffe faire une loi ; qu'il eft dangereux d'en faire de nouvelles, plus dangereux encore d'arrêter l'exécution des anciennes, à moins que les difpofitions générales en établiffent l'indifférence ; car le pouvoir le plus effrayant eft celui de l'homme qui revêt l'iniquité du fceau de la juftice. Les defpotes n'en peuvent pas venir à ce point, auffi certains déclamateurs contre les defpotes ont bien fervi les tyrans.

Jettons ici un regard attentif fur les malheurs & fur le bien que peuvent produire les loix, & les inconvéniens qu'elles entraînent après elles. Les loix font en rapport des principes qui meuvent les gouvernemens ; l'amour de l'égalité qui produit la liberté des républiques, exclut toutes les autres difpofitions, & comme la vertu qui en eft le principe, eft étroitement liée à l'amour de la liberté, ces gouvernemens ne compofent qu'une feule loi, qui eft celle de convenance ; elle eft jufte, puifqu'elle eft unanime & de l'aveu public : dans cet Etat, tous les ordres qui le compofent, tendent vers le même bien, & les malheurs qui peuvent en renverfer l'édifice font en très-petit nombre ; puifque chaque homme eft forcé de fuivre la marche de l'honneur, il dénatureroit fon effence, s'il cherchoit à corrompre, ou à fe laiffer féduire, en proftituant fa bonne foi & fa trop grande facilité. Il
eft

eſt certain que rien n'eſt plus capable de porter l'homme au bien, que de réfléchir ſur lui-même, & d'enviſager ſon exiſtence comme néceſſaire & utile à ſes ſemblables ; mais s'il porte plus loin ſes regards & qu'il veuille conſidérer ſon être comme ſoumis à des influences dont il eſt la premiere cauſe, la triſteſſe s'empare de ſon ame, il gémit de ſon état.

Il eſt inconteſtable que c'eſt la conſidération du vice qui a fait recourir aux loix que l'homme s'eſt impoſé lui-même : mais n'a-t-il pas été l'artiſan de ſon malheur par ce procédé ? Il eſt vrai de dire que c'eſt la ſageſſe & les avantages qui devoient en réſulter, qui ont établi des loix ; mais on doit auſſi convenir que l'impoſture les a ſouvent confondu ; c'eſt ce qui fait qu'on conſulte les loix, mais qu'il eſt quelquefois très-déſavantageux de les ſuivre : elles ont fait naître le préjugé de la gloire & des honneurs, & par conſéquent détruiſent l'égalité parmi les hommes. Eſt-ce un mal, ou eſt-ce un bien ? C'eſt ce qu'il faut démèler. Les loix ſont de toute néceſſité dans l'état actuel des gouvernemens *politiques*, leur déciſion deſpotique établit le pouvoir ſur les fondemens les plus ſolides, elles ſont un frein pour le crime. Mais ſi l'homme vertueux eſt eſclave des loix, il l'eſt auſſi de la tyrannie : combien de fois n'avons-nous pas vu enfreindre les droits les plus ſacrés de l'humanité, abuſer même des devoirs de l'honnèteté, pour forcer les hommes à ſe ſoumettre à la déciſion du légiſlateur, ſans conſidérer ſi les principes en ſont raiſonnables ? La loi commande, ou plie ſous le joug de l'autorité, & on devient inſenſiblement eſclave du préjugé reçu qui dégrade la raiſon & révolte la nature. Une grande préſomption que nous devons avoir contre les loix, c'eſt le ſentiment dans lequel nous ſommes qu'elles engendrent les plus grandes vertus, comme les plus grands vices dans la perſonne du ſouverain. S'ils étoient plus inſtruits des devoirs de l'homme, ils établiroient leur bonheur ſur celui de leurs peuples ; mais on y porte un obſtacle réel en flattant leurs foibleſſes, & leurs diſpoſitions naturelles, modifiées par les louanges & la lâche flatterie, les aveuglent ſur un préjugé qui les égare. Les mèmes qualités, comme les mèmes vices, répandent des influences néceſſaires ſur ceux qui entourent les ſouverains, & la moindre impulſion reçue détermine l'ordre ou le déſordre. L'alternative ne peut être que très-déſavantageuſe, puiſque la vertu ne peut ſe flatter d'une réalité phyſique. Quoique la convenance morale ne puiſſe jamais devenir une raiſon phyſique, quoique la liberté ſoit dans notre propre nature, il eſt certain cependant qu'après elle, il n'eſt point d'exiſtence plus douce que celle dont on jouit ſous un regne vertueux. Si l'homme eut toujours joui de ſa liberté, & qu'il fût reſté dans l'état d'égalité qui caractériſe le bonheur, il n'eût pas eu beſoin de loix ; la nature les lui eût dictées, il ſe feroit ſoumis à ſes douces influences, ainſi que le reſte des êtres qui compoſent l'univers.

Nous ne rapporterons pas les différens avantages que l'homme auroit pû tirer de ſa nouvelle exiſtence, nous nous contenterons de laiſſer à conſidérer laquelle des deux eût été plus avantageuſe à l'homme, d'après le bien & le mal qu'il éprouve ſans ceſſe. Plus il ſe rapprochera de la nature, plus il perfectionnera la ſomme de ſon bonheur : il y a bien des loix qui s'en éloignent : l'homme eſt forcé de s'y ſoumettre, malgré l'effort de ſa raiſon ; ſon bonheur.

moral dépend de leur exécution, & en s'en écartant il cimente en lui une infinité de maux. Voilà la fatalité & fes décrets éternels ! tel eft l'état de l'homme, né pour être efclave, exiftant pour végéter, & ceffant de vivre fans avoir connu la réalité de l'exiftence ; tel eft l'homme en général, tel eft l'être malheureux.

Ecartons des idées qui nous affligent, & rapprochons-nous des objets qui font effentiels à la fituation actuelle de l'homme focial & à fon amélioration. Dans le fyftème des gouvernemens *politiques*, les moyens établis pour les intérêts des hommes ont éprouvé tant de révolutions, & les mœurs ont été expofées à des événemens fi bifarres, qu'il eft prefqu'impoffible d'affeoir un jugement fondé & évident fur ce qui doit conftituer les grands avantages rélatifs à l'efpece humaine civilifée, dans quelque condition qu'elle fe trouve. Il exifte cependant une probabilité morale qui devroit, finon affurer le bonheur des peuples, du moins le fonder fur diverfes circonftances & difpofitions de la part de ceux qui les gouvernent. Le bien d'un Etat provient de la faculté phyfique de jouir de diverfes prérogatives, liées aux différentes conditions : il n'eft poiut d'honneur fans diftinctions, & moyennant cela il faut que les diftinctions fuivent la marche de l'honneur. En effet, fi elles le dénaturent, le gouvernement fera bouleverfé : les diftinctions renferment toutes les graces poffibles, les biens, les charges qui en rapportent, & auxquelles font joints des honneurs, les places de l'Etat & les marques honorables fans biens. Tant que le luxe n'aura point corrompu les ames, l'aifance fera générale, fans prérogatives marquées, au moins il y aura une portion établie dans la fortune des par-

ticuliers ; alors les hommes auront encore cette force élaftique qui les fera remonter où ils étoient avant d'être pliés. Le luxe, quoiqu'il foit entré comme le principal objet de la *politique* moderne, doit néceffairement tendre à la ruine d'un Etat, puifqu'il en déracine infenfiblement les différentes tiges. Si l'illufion s'eft perpétuée pendant un fiecle, & femble annoncer une prépondérance continuelle parmi les nations où il eft pouffé aux derniers excès, le danger du mal eft trop voifin pour qu'il ne confonde tout & n'ébranle la machine dans le moment où on la croit le plus fermement établie. Le luxe proftitue les honneurs à ceux qui les dégradent, il fait par mille détours s'emparer de toutes les facultés des hommes, & pénétrer dans l'Etat fous l'apparence de réformer les défordres qu'il y a gliffés, il fait abufer de l'autorité encore précaire du fouverain, il protefte contre le pouvoir le plus légitime pour fe foumettre à l'Etat & la nation.

Quand on raifonne fur des matieres fi délicates, on fonge trop au mal que peut faire en général le chef d'un Etat égaré par fon propre cœur ou par celui de fes miniftres ; on ne penfe pas affez au bien qu'il peut faire, lorfqu'il eft bon & que rien ne l'empêche de l'être ; c'eft pourquoi ceux qui ont voulu s'étendre fur ces matieres, ont toujours trop accordé à leur prévention, rien à la poffibilité du fuccès. Chaque gouvernement a fes loix, fans lefquelles il ne peut fubfifter ; c'eft fur elles qu'il établit fes façons d'agir, & fes moyens généraux pour en former une balance plus ou moins exacte, toujours foumife aux événemens. Une *politique* fage doit émaner des loix qui la caractérifent, affurer les intérêts des peuples, leur fortune & le bien de la nation, d'où doit réfulter le bien de l'Etat. Un fouverain vraiment *politique* doit avoir pour objet l'abondance & les befoins de l'Etat qu'il gouverne; il ne multiplie point avec trépidation les traités, les négociations & les engagemens; il ne fe lie point avec des puiffances foibles ou épuifées; il ne contracte point d'engagemens offenfifs, qu'il n'ait préparé en même tems les moyens de réuffir, & ceux de pouvoir revenir fur fes pas; il proportionne les engagemens à la poffibilité de leur exécution; il affure la tranquillité de l'Etat, par des alliances capables d'en impofer à fes ennemis. Il n'en eft point comme à la guerre, où une fimple pofition avantageufe fuffit pour reprendre une fupériorité perdue: dans l'ordre *politique* l'on ne varie point fes pofitions à volonté; une pofition d'intérèts mal conçue en fait prendre une autre, qui fait que de part & d'autre on ne s'entend plus & que l'on fuit de faux fyftèmes. Il y a une infinité de connoiffances néceffaires au gouvernement *politique*, qui fe réduifent à des calculs du nombre des hommes, de la quantité de nourriture qu'ils doivent confommer, du travail qu'ils peuvent faire, du tems qu'ils ont à vivre, de la fertilité des terres, de la quantité des naufrages dans les navigations. Il eft certain qu'un miniftre habile peut tirer de ces fortes de connoiffances & de beaucoup d'autres pareilles, lorfqu'elles font acquifes par l'expérience, des conféquences utiles, & des moyens pour la perfection de l'agriculture, pour les progrès du commerce, tant intérieur qu'extérieur, pour les colonies, pour les cours de l'argent, &c. mais il faudroit qu'il paffât par les combinaifons & par les fuites des nombres, à moins qu'un grand génie naturel ne le difpenfât d'une marche fi lente & fi pénible. Un grand point de la *politique* confifte encore à empêcher que l'oifiveté ne foit tolérée dans les hommes nés pour travailler; tels font les mendians & différens ordres de l'Etat, dont le métier s'exerce dans des familles, à titre d'héritages; cette efpece d'hommes inutiles refte dans fon premier état, ou forme par la fuite un corps de brigands, qui peut s'étendre & occafionner un défordre néceffaire à l'oifiveté. Voyez ces articles.

Telle doit être la *politique* d'un Etat, & celle du fouverain, quand il veut l'être; tels font fes intérèts, tels font ceux des peuples qu'il gouverne. Son efprit doit acquérir & poffèder l'art de féduire & d'émouvoir, l'art de convaincre, de perfuader: il doit avoir en lui ce principe de fenfibilité & de droiture, qui fait concevoir & produire avec force les vérités dont on fe pénetre; ce principe de nobleffe & d'élévation, qui excite en nous l'enthoufiafme de la vertu, & qui feul embraffe tous les poffibles dans l'art d'intéreffer pour elle. Il faudroit auffi qu'un miniftre, auffi ferme qu'éclairé, ofât appeller au tribunal de la vérité, des jugemens que la flatterie & l'intérèt ont prononcés dans quelques fiecles; car rien n'eft plus commun que les vices & les vertus contraires mis au même rang, la modération d'un roi jufte, & l'ambition effrénée d'un ufurpateur. Or, un fouverain *politique* feroit capable de diftinguer la vérité de l'opinion, le droit de l'autorité, le devoir de l'intérèt, la vertu de la gloire elle-même, en un mot, de réduire l'homme, quel qu'il fût, à la condition de citoyen; condition qui eft la bafe des loix, la regle des mœurs, dont aucun homme en fociété n'eut jamais droit de s'affranchir.

E 2

Finiffons par quelques remarques. Si l'homme d'Etat placé au timon des affaires, n'étoit doué d'un efprit jufte & d'une ame ferme, il fuccomberoit fous la critique qu'on fait ordinairement de fa conduite *politique*. Toutes les vieilles femmes empietent fur les droits des médecins, & prétendent guerir les malades par des fimples ou des remedes fpécifiques ; tous les vieillards chagrins frondent le gouvernement & voudroient réformer l'Etat, Mille adeptes, mille charlatans *politiques* fe préfentent tous les jours, & voudroient nous perfuader qu'ils poffedent des fecrets merveilleux pour les finances, le commerce, la police, &c. Ils font quelquefois écoutés & dérangent les plus beaux projets d'un miniftre habile, qui s'eft formé un fyftème fage d'adminiftration, & qui fait concourir chaque branche du gouvernement à fon but général, comme des rayons d'une roue qui aboutiffent à un centre commun. Quelquefois même ce miniftre eft déplacé, démis de fes emplois au milieu de fa carriere, au moment qu'il alloit voir fon plan réuffir, & le fucceffeur acheve de le déranger pour en commencer un nouveau. C'eft un des plus grands maux qui puiffent arriver dans un Etat. Ceux qui vivent dans un pays condamnent fouvent le gouvernement, parce qu'ils en font trop près. Semblables à ces fpectateurs qui dans un opéra fe tiennent derriere les couliffes, qui découvrent chaque petite faute, qui voient les roues, les poulies & les cordages, chaque reffort qui manque, chaque machine qui ne joue pas bien, chaque acteur qui fait la plus légere faute. Ils blâment, ils critiquent, tandis que le fpectateur placé à une jufte diftance, ne voit que le tout enfemble, trouve que la piece eft divinement

bien exécutée, l'envifage comme un chef - d'œuvre & fait éclater fa jufte admiration. *v.* MINISTRE *d'Etat.* (D. F.)

POLLICITATION, f. f., *Jurifpr.*, fimple promeffe de faire quelque chofe. *Pollicitatio eft offerentis folius promiffum*, dit la loi.

La *pollicitation* eft une donation imparfaite qui n'a point lieu parmi nous, où il n'y a que deux manieres de difpofer, favoir entre - vifs & par teftamens.

Il y a eu néanmoins des cas où une *pollicitation* faite pour l'avantage du public & pour un objet intéreffant, a été regardée comme obligatoire à caufe de la faveur de la caufe. La *pollicitation* feroit encore efficace fi celui qui l'a faite avoit commencé d'exécuter fa promeffe.

On peut confulter fur cet article le *recueil de jurifprudence*, par de Lacombe.

POLOGNE, *Droit public*, grand royaume d'Europe, borné au nord, par la mer Baltique qui le fépare de la Suede ; à l'orient, par la Tartarie & la Mofcovie ; au midi, par le Pont - Euxin, la Valachie, la Moldavie, la Tranfylvanie & la Hongrie, à l'occident, par la Poméranie, le Brandebourg, la Siléfie & la Moravie.

Ce royaume étoit autrefois plus vafte ; car il occupoit encore la Siléfie, la Livonie, les duchés de Smolensko, de Séverie, de Czernichovie, le palatinat de Kiow, &c. il eft malgré cela trèsétendu ; fa longueur depuis l'extrèmité du Margraviat de Brandebourg, jufqu'aux frontieres de Mofcovie, eft de 210 lieues polonoifes. Sa largeur depuis le fond de la Pokucie jufqu'au Parnau, en Livonie, eft de près de 200 lieues du même pays ; c'eft en grande partie ce qu'on appelloit autrefois *Sarmatie.*

Ce vaste Etat se divise en trois parties principales, la grande *Pologne* au nord, la petite *Pologne* au milieu, & le grand duché de Lithuanie, au sud-est ; ces trois parties contenoient vingt-sept palatinats.

Le partage de la *Pologne*, ou d'une partie considérable de ce vaste royaume, a apporté de grands changemens dans son état politique, dans ses revenus, dans sa géographie, dans ses relations, dans sa puissance. Les starosties, rendues héréditaires dans la famille du roi régnant, changent encore la situation de ce qui reste à la république, si affoiblie par tant de révolutions.

Quelques écrivains politiques avant ces démembremens ne comptoient que 7 millions d'habitans dans ce grand royaume. Busching a fait monter sa population à 15 millions ; ce qui est peut-être exagéré, autant que l'autre estimation étoit diminuée. Ce qui paroît montrer que cette population étoit trop diminuée, c'est le dénombrement fait dans la portion dont la maison d'Autriche - Lorraine s'est emparée, on y a compté 19 cents mille ames. Le lot que le roi de Prusse a pris pour lui, comprend au moins autant d'habitans. La nouvelle Prusse, ou Prusse polonoise est certainement plus fertile & plus peuplée que l'ancienne, qui n'a que 600 mille habitans. Le lot de l'impératrice de toutes les Russies est moins avantageux pour la population, quoique plus étendu pour la surface. Les portions enlevées par ces trois puissances à la république, formoient un quart de toute l'étendue des domaines de ce royaume, & plus d'un tiers de ses revenus, & si le revenu suit la population,

la *Pologne* auroit perdu un tiers de ses habitans. Les Juifs, qui ont envahi une grande partie du commerce de la *Pologne*, montent encore par les dénombremens faits, à 800 mille. Il n'est aucun pays, où cette nation se soit autant propagée.

Le royaume de Ludomirie & de Galicie que l'Autriche a pris, comprend les palatinats de Sendomir, de Cracovie, la Russie rouge, ou petite *Pologne*, & la Pokutie.

La portion de la Russie est comprise dans la Russie blanche, jusqu'au palatinat de Polosk.

Le roi de Prusse a pris la Prusse occidentale, & une partie de la grande *Pologne*. Tels ont été l'effet & la suite de la longue anarchie de la *Pologne*.

L'histoire des royaumes héréditaires & absolus, ne produit pas ordinairement le grand intérêt que nous cherchons dans les Etats libres. La monotonie d'obéissance passive, salutaire si le monarque est bon, ruineuse s'il est méchant, ne met guere sur le théâtre de l'histoire, que des acteurs qui n'agissent qu'au gré du premier acteur ; & quand ce premier acteur est sans crainte, il n'a pas le pouvoir lui-même de nous intéresser vivement.

Il n'en est pas ainsi d'un pays dont le roi est électif ; ou ses vertus le portent sur le trône, ou c'est la force qui l'y place. S'il s'éleve par ses vertus, le spectacle est touchant ; si c'est par la force, il attire encore les regards en triomphant des obstacles ; & lorsqu'il est au faîte de la puissance, il a un besoin continuel de conseil & d'action pour s'y maintenir. Le roi, la loi, & la nation, trois forces qui pesent sans cesse l'une sur l'autre, équilibre difficile. La nation sous le bouclier de la loi, pense, parle, agit avec cette liberté qui convient à des hommes. Le roi, en suivant ou en violant la loi, est approuvé ou contredit, obéi ou désobéi, paisible ou agité.

Les Polonois avant le sixieme siecle, lorsqu'ils étoient encore Sarmates, n'avoient point de rois. Ils vivoient libres dans les montagnes & les forèts, sans autres maisons que des chariots, toujours méditant quelque nouvelle invasion ; mauvaises troupes pour se battre à pied, excellentes à cheval. Il est assez étonnant qu'un peuple barbare, sans chef & sans loix, ait étendu son empire depuis le Tanaïs jusqu'à la Vistule, & du Pont-Euxin à la mer Baltique ; limites prodigieusement distantes, qu'ils reculerent encore en occupant la Boheme, la Moravie, la Silésie, la Lusace, la Misnie, le Mecklenbourg, la Poméranie & les Marches Brandebourgeoises. Les Romains qui soumettoient tout, n'allerent point affronter les Sarmates.

Ce paradoxe historique montre ce que peuvent la force du corps, une vie dure, l'amour naturel de la liberté, & un instinct sauvage qui sert de loix & de rois. Les nations policées appelloient les Sarmates des *brigands*, sans faire attention qu'elles avoient commencé elles-mèmes par le brigandage.

Il s'en faut beaucoup que les Polonois, qui prirent ce nom au milieu du sixieme siecle, ayent conservé tout l'héritage de leurs peres. Il y a long-tems qu'ils ont perdu la Silésie, la Lusace, une grande partie de la Poméranie, la Boheme, & tout ce qu'ils possédoient dans la Germanie. D'autres siecles ont encore amené de nouvelles pertes ; la Livonie, la Podolie, la Volhinie, & les vastes campagnes de l'Ukraine ont passé à d'autres puissances ; c'est ainsi que tant de grands empires se sont bri-

sés sous leur propre poids. Aujourd'hui encore ils essuyent de nouveaux démembremens dont le terme & les limites ne sont pas encore entierement fixés.

Vers l'an 550, Leck s'avisa de civiliser les Sarmates ; Sarmate lui-même, il coupa des arbres, & s'en fit une maison. D'autres cabanes s'éleverent autour du modele. La nation jusqu'alors errante se fixa ; & Gnesne, la premiere ville de *Pologne*, prit la place d'une forêt. Les Sarmates apparemment connoissoient mal les aigles ; ils en trouverent, dit-on, plusieurs nids en abattant des arbres ; c'est delà que l'aigle a passé dans les enseignes polonoises. Ces fiers oiseaux font leurs aires sur les plus hauts rochers, & Gnesne est dans une plaine. Leck attira les regards de ses égaux sur lui, & déployant des talens pour commander autant que pour agir, il devint leur maître, sous le nom de *duc*, pouvant prendre également celui de *roi*.

Depuis ce chef de la nation jusqu'à nos jours, la *Pologne* a eu d'autres ducs, des vaivodes, aujourd'hui palatins, des rois, des reines, des régentes & des interregnes. Les interregnes ont été presqu'autant d'anarchies ; les régentes se font fait haïr, les reines en petit nombre n'ont pas eu le tems de se montrer ; les vaivodes ne furent que des oppresseurs. Parmi les ducs & les rois, quelques-uns ont été de grands princes ; les autres ne furent que guerriers ou tyrans. Tel sera toujours à-peu-près le sort de tous les peuples du monde, parce que ce sont des hommes & non des loix qui gouvernent !

Dans cette longue suite de siecles, la *Pologne* compte quatre classes de souverains ; Leck, Piast, Jagellon, voilà les chefs des trois premieres races.

La quatrieme qui commence à Henri de Valois, forme une claſſe à part, parce que la couronne y a paſſé d'une maiſon à une autre, ſans ſe fixer dans aucune.

La ſucceſſion dans les quatre claſſes montre des ſingularités, dont quelques-unes méritent d'être connues.

L'an 750 les Polonois n'avoient pas encore examiné ſi une femme pouvoit commander à des hommes ; il y avoit long-tems que l'orient avoit décidé que la femme eſt née pour obéir. Venda regna pourtant & avec aſſez de gloire ; la loi ou l'uſage ſalique de la France fut enſuite adopté par la *Pologne* ; car les deux reines qu'on y a vûes depuis Venda, ſavoir, Hedwige en 1382 & Anne Jagellon en 1575, ne monterent ſur le trône, qu'en acceptant les époux qu'on leur déſigna pour les ſoutenir dans un poſte ſi élevé. Anne Jagellon avoit ſoixante ans, lorſqu'elle fut élue. Etienne Battori, qui l'épouſa pour regner, penſa qu'une reine étoit toujours jeune.

Des ſiecles antérieurs avoient ouvert d'autres chemins à la ſouveraineté. En 804, les Polonois furent embarraſſés pour le choix d'un maître ; ils propoſerent leur couronne à la courſe : pratique autrefois connue dans la Grece, & qui ne leur parut pas plus ſinguliere que de la donner à la naiſſance. Un jeune homme nourri dans l'obſcurité, la gagna, & il prit le nom de *Lesko II*. Les chroniques du tems nous apprennent qu'il conſerva ſous la pourpre, la modeſtie & la douceur de ſa premiere fortune ; fier ſeulement & plein d'audace lorſqu'il avoit les armes à la main.

Preſque tous les Polonois ſoutiennent que leur royaume fut toujours électif : cette queſtion les intéreſſe peu, puiſqu'ils jouiſſent. Si on vouloit la décider par une ſuite de faits pendant ſix ou ſept ſiecles, on la décideroit contr'eux, en montrant que la couronne dans les deux premieres claſſes, a paſſé conſtamment des peres aux enfans ; excepté dans les cas d'une entiere extinction de la maiſon regnante. Si les Polonois alors avoient pû choiſir leurs princes, ils auroient pris parmi leurs palatins des ſages tout décidés.

Les eût-on vu aller chercher un moine dans le fond d'un cloître, pour le porter ſur le trône, uniquement parce qu'il étoit du ſang de Piaſt ? Ce fut Caſimir I. fils d'un pere déteſté, Miecislaw II. & d'une mere encore plus exécrable. Veuve & régente, elle avoit fui avec ſon fils ; on le chercha cinq ans après pour le couronner : la France l'avoit reçu. Les ambaſſadeurs Polonois le trouverent ſous le froc dans l'abbaye de Clugny, où il étoit profès & diacre. Cette vue les tint d'abord en ſuſpens : ils craignirent que ſon ame ne fût flétrie ſous le cilice ; mais faiſant réflexion qu'il étoit du ſang royal, & qu'un roi quelconque étoit préférable à l'interregne qui les déſoloit, ils remplirent leur ambaſſade. Un obſtacle arrêtoit ; Caſimir étoit lié par des vœux & par les ordres ſacrés ; le pape Clément II. trancha le nœud, & le cénobite fut roi. Ce n'eſt qu'à la fin de la ſeconde claſſe, que le droit héréditaire périt pour faire place à l'élection.

Le gouvernement a eu auſſi ſes révolutions : il fut d'abord abſolu entre les mains de Leck, peut-être trop : la nation ſentit ſes forces, & ſecoua le joug d'un ſeul ; elle partagea l'autorité entre des vaivodes ou généraux d'armée, dans le deſſein de l'affoiblir. Ces vaivodes aſſis ſur les débris du trône, les raſſemblerent pour en former douze, qui venant à ſe heurter les uns les autres, ébranlerent l'Etat juſques dans ſes fondemens. Ce ne fut plus dans cette arif-tocratie oligarchique que révoltes, fac-tions, oppreffion, violence. L'Etat dans ces terribles fecouffes, regretta le gou-vernement d'un feul, fans trop penfer à ce qu'il en avoit fouffert : mais les plus fenfés chercherent un homme qui fût regner fur un peuple libre, en écar-tant la licence. Cet homme fe trouva dans la perfonne de Cracus, qui donna fon nom à la ville de Cracovie, en la fondant au commencement du feptieme fiecle.

L'extinction de fa poftérité dès la pre-miere génération, remit le fceptre en-tre les mains de la nation, qui ne fa-chant à qui le confier, recourut aux vaivodes qu'elle avoit profcrits. Ceux-ci comblerent les défordres des pre-miers; & cette ariftocratie mal confti-tuée ne montra que du trouble & de la foibleffe.

Au milieu de cette confufion, un homme fans nom & fans crédit, pen-foit à fauver fa patrie : il attira les Hon-grois dans un défilé où ils périrent pref-que tous. Przémislas (c'eft ainfi qu'on le nommoit) devint en un jour l'idole du peuple; & ce peuple fauvage qui ne connoiffoit encore d'autres titres à la couronne que les vertus, la plaça fur la tète de fon libérateur, qui la foutint avec autant de bonheur que de gloire, fous le nom de *Lesko I.* dans le huitieme fiecle.

Ce rétabliffement du pouvoir abfolu ne dura pas long-tems, fans éprouver une nouvelle fecouffe. Popiel II. le qua-trieme duc depuis Przémislas, mérita par fes crimes d'ètre le dernier de la race; l'anarchie fucceda, & les con-currens au trône s'affemblerent à Kruf-wic, bourgade dans la Cujavie. Un habitant du lieu les reçut dans une mai-fon ruftique, leur fervit un repas fru-

gal, leur montra un jugement fain, un cœur droit & compatiffant, des lumie-res au-deffus de fa condition, une ame ferme, un amour de la patrie, que ces furieux ne connoiffoint pas. Des am-bitieux qui defefperent de commander, aiment mieux fe foumettre à un tiers qui n'a rien difputé, que d'obéir à un rival. Ils fe déterminerent pour la vertu; & par-là ils réparerent en quelque forte tous les maux qu'ils avoient faits pour parvenir au trône; Piaft regna donc au neuvieme fiecle.

Les princes de fa maifon, en fe fuc-cédant les uns aux autres, affermiffoient leur autorité; elle parut mème devenir plus abfolue entre les mains de Bolef-las I. dans le dixieme fiecle. Jufqu'à lui les fouverains de *Pologne*, n'avoient eu que le titre de duc : deux puiffan-ces fe difputoient alors le pouvoir de faire des rois, l'empereur & le pape. A examiner l'indépendance des nations les unes des autres, ce n'eft qu'à elles-mèmes à tirer leurs chefs. Le pape échoua dans fa prétention : ce fut l'em-pereur Othon III. qui touché des ver-tus de Boleflas, le revètit de la royauté, en traverfant la *Pologne.*

On n'auroit jamais cru qu'avec cet inftrument du pouvoir arbitraire, un diplôme de royauté, donné par un étran-ger, le premier roi de *Pologne* eût jetté les premieres femences du gouverne-ment républicain. Cependant ce héros, après avoir eu l'honneur de fe fignaler par des conquêtes, & la gloire bien plus grande d'en gémir, femblable à Servius Tullius, eut le courage de bor-ner lui-mème fon pouvoir, en établiffant un confeil de douze fénateurs, qui pût l'empècher d'être injufte.

La nation qui avoit toujours obéi en regardant du côté de la liberté, en ap-perçut avec plaifir la premiere image :

ce

ce conseil pouvoit devenir un sénat. Nous avons vu que dès les commencemens elle avoit quitté le gouvernement d'un seul pour se confier à douze vaivodes. Cette idée passagere de république ne l'avoit jamais abandonnée; & quoique ses princes, après son retour à sa premiere constitution, se succédassent les uns aux autres par le droit du sang, elle restoit toujours persuadée qu'il étoit des cas où elle pouvoit reprendre sa couronne. Elle essaya son pouvoir sur Miecislaw III. prince cruel, fourbe, avare, inventeur de nouveaux impôts : elle le déposa. Ces dépositions se renouvellerent plus d'une fois; Uladislas Laskonogi, Uladislas Loketek, se virent forcés à descendre du trône, & Casimir IV. auroit eu le même sort, s'il n'eût fléchi sous les remontrances de ses sujets. Poussés à bout par la tyrannie de Boleslas II. dans le treizieme siecle, ils s'en délivrerent en le chassant.

Une nation qui est parvenue à déposer ses rois, n'a plus qu'à choisir les pierres pour élever l'édifice de sa liberté, & le tems amene tout. Casimir le grand, au quatorzieme siecle, pressé de finir une longue guerre, fit un traité de paix, dont ses ennemis exigerent la ratification par tous les ordres du royaume. Les ordres convoqués refuserent de ratifier; & ils sentirent dès ce moment qu'il n'étoit pas impossible d'établir une république en conservant un roi.

Les fondemens en furent jettés avant la mort même de Casimir; il n'avoit point de fils pour lui succéder; il proposa son neveu Louis, roi de Hongrie. Les Polonois y consentirent; mais à des conditions qui mettoient des entraves au pouvoir absolu : ils avoient tenté plus d'une fois de le diminuer par

Tome XI.

des révoltes; ici c'est avec des traités. Le nouveau maître les déchargeoit presque de toute contribution; il y avoit un usage établi, de défrayer la cour dans ses voyages; il y renonçoit. Il s'engageoit pareillement à rembourser à ses sujets les dépenses qu'il seroit contraint de faire, & les dommages même qu'ils auroient à souffrir dans les guerres qu'il entreprendroit contre les puissances voisines : rien ne coûte pour arriver au trône.

Louis y parvint, & les sujets obtinrent encore que les charges & les emplois publics seroient désormais donnés à vie aux citoyens, à l'exclusion de tout étranger, & que la garde des forts & des châteaux ne seroit plus confiée à des seigneurs supérieurs au reste de la noblesse, par une naissance qui leur donnoit trop de crédit. Louis possesseur de deux royaumes, préféroit le séjour de la Hongrie, où il commandoit en maître, à celui de la *Pologne*, où l'on travailloit à faire des loix. Il envoya le duc d'Oppellen pour y gouverner en son nom : la nation en fut extrêmement choquée, & le roi fut obligé de lui substituer trois seigneurs Polonois agréables au peuple : Louis mourut sans être regretté.

Ce n'étoit pas assez à l'esprit républicain, d'avoir mitigé la royauté; il frappa un autre grand coup, en abolissant la succession; & la couronne fut déférée à la fille cadette de Louis, à condition qu'elle n'accepteroit un époux que de la main de l'Etat. Parmi les concurrens qui se présenterent, Jagellon fit briller la couronne de Lithuanie, qu'il promit d'incorporer à celle de *Pologne*. C'étoit beaucoup : mais ce n'étoit rien, s'il n'avoit souscrit à la forme républicaine. C'est à ce prix qu'il épousa Hedwige, & qu'il fut roi.

F

Il y eut donc une république compofée de trois ordres : le roi, le fénat,
l'ordre équeftre qui comprend tout le
refte de la nobleffe, & qui donna bientôt des tribuns fous la dénomination de
nonces. Ces nonces repréfentent tout
l'ordre équeftre dans les affemblées générales de la nation qu'on nomme *dietes*, & dont ils arrêtent l'activité, quand
ils veulent, par l'ufage du *veto*. La république romaine n'avoit point de roi :
mais dans fes trois ordres, elle comptoit les plébéïens, qui partageoient la
fouveraineté avec le fénat & l'ordre
équeftre ; & jamais peuple ne fut ni plus
vertueux, ni plus grand. La *Pologne*,
différente dans fes principes, n'a compté fon peuple qu'avec le bétail de fes
terres. Voilà une des fources de fes malheurs. Le fénat qui tient la balance entre le roi & la liberté, voit fans émotion la fervitude de cinq millions d'hommes, autrefois plus heureux lorfqu'ils
étoient Sarmates.

La république polonoife étant encore
dans fon enfance, Jagellon parut oublier à quel prix il regnoit : un acte
émané du trône fe trouva contraire à
ce qu'il avoit juré ; les nouveaux républicains fous fes yeux même, mirent
l'acte en piece avec leurs fabres.

Les rois, qui avant la révolution dé-
cidoient de la guerre ou de la paix, faifoient les loix, changeoient les coutumes, abrogeoient les conftitutions, établiffoient des impôts, difpofoient du
tréfor public, virent paffer tous ces refforts de puiffance dans les mains de la
nobleffe ; & ils s'accoûtumerent à être
contredits. Mais ce fut fous Sigifmond
Augufte, au feizieme fiecle, que la fierté
républicaine fe monta fur le plus haut
ton.

Ce prince étant mort fans enfans, en
1573, on penfa encore à élever de nou-

veaux remparts à la liberté, on exami-
na les loix anciennes. Les unes furent
reftraintes, les autres plus étendues,
quelques-unes abolies ; & après bien
des difcuffions, on fit un decret qui portoit que les rois nommés par la nation,
ne tenteroient aucune voie pour fe
donner un fucceffeur ; & que conféquemment ils ne prendroient jamais la
qualité d'héritiers du royaume ; qu'il y
auroit toujours auprès de leur perfonne feize fénateurs pour leur fervir de
confeil ; & que fans leur aveu, ils ne
pourroient ni recevoir des miniftres
étrangers, ni en envoyer chez d'autres
princes ; qu'ils ne leveroient point de
nouvelles troupes, & qu'ils n'ordonneroient point à la nobleffe de monter à
cheval fans l'aveu de tous les ordres de
la république ; qu'ils n'admettroient
aucun étranger au confeil de la nation ;
& qu'ils ne leur conféreroient ni charges, ni dignités, ni ftarofties ; & qu'enfin ils ne pourroient point fe marier,
s'ils n'en avoient auparavant obtenu
la permiffion du fénat & de l'ordre
équeftre.

Tout l'interregne fe paffa à fe prému-
nir contre ce qu'on appelloit *les attentats du trône*. Henri de Valois fut ré-
volté à fon arrivée de ce langage républicain qui dominoit dans toutes les
affemblées de l'Etat. La religion proteftante étoit entrée dans le royaume fous
Sigifmond I. & fes progrès augmen-
toient à proportion des violences qu'on
exerçoit contr'elle. Lorfque Henri arriva à Cracovie, on y favoit que Charles IX. fon frere venoit d'affaffiner une
partie de fes fujets pour en convertir
une autre. On craignoit qu'un prince
élevé dans une cour fanatique & violente, n'en apportât l'efprit : on voulut l'obliger à jurer une capitulation
qu'il avoit déja jurée en France en pré-

fence des ambassadeurs de la république, & sur tout l'article de la tolérance, qu'il n'avoit juré que d'une façon vague & équivoque. Sans l'éloquent Pibrac, on ne sait s'il eût été couronné; mais quelques mois après, le castellan de Sendomir Ossolenski, fut chargé lui sixieme, de déclarer à Henri sa prochaine déposition, s'il ne remplissoit plus exactement les devoirs du trône. Sa fuite précipitée termina les plaintes de la nation, & son regne.

C'est par tous ces coups de force, frappés en différens tems, que la *Pologne* s'est conservé des rois sans les craindre. Un roi de *Pologne* à son sacre même, & en jurant les *pacta conventa*, dispense les sujets du serment d'obéissance, en cas qu'il viole les loix de la république.

La puissance législative réside essentiellement dans la diete qui se tient dans l'ancien château de Varsovie, & que le roi doit convoquer tous les deux ans. S'il y manquoit, la république a le pouvoir de s'assembler d'elle-même: les diétines de chaque palatinat, précedent toûjours la diete. On y prepare les matieres qui doivent se traiter dans l'assemblée générale, & on y choisit les représentans de l'ordre équestre: c'est ce qui forme la chambre des nonces. Ces nonces ou ces tribuns sont si sacrés, que sous le regne d'Auguste II. un colonel Saxon en ayant blessé un légerement, pour venger une insulte qu'il en avoit reçue, fut condamné à mort & exécuté, malgré toute la protection du roi: on lui fit seulement grace du bourreau; il passa par les armes. *v.* DIETE.

Pour connoître le sénat, qui est l'ame de la diete, il faut jetter les yeux sur les évèques, les palatins & les castellans. Ces deux dernieres dignités

ne sont pas aussi connues que l'épiscopat: un palatin est le chef de la noblesse dans son palatinat. Il préside à ses assemblées; il la mene au champ électoral pour faire ses rois, & à la guerre lorsqu'on assemble la pospolite ou l'arriere ban. Il a aussi le droit de fixer le prix des denrées, & de regler les poids & mesures; c'est un gouvernement de province. Un castellan jouit des mêmes prérogatives dans son district, qui fait toujours partie d'un palatinat & il représente le palatin dans son absence. Les castellans autrefois étoient gouverneurs des châteaux forts, & des villes royales. Ces gouvernemens ont passé aux starostes qui exercent aussi la justice par eux-mêmes, ou par ceux qu'ils commettent. Une bonne institution, c'est un registre dont ils sont dépositaires: tous les biens du district libres ou engagés, y sont consignés: quiconque veut acquérir, achete en toute sûreté.

On ne voit qu'un staroste dans le sénat, celui de Samogitie; mais on y compte deux archevèques, quinze évèques, trente-trois palatins & quatre-vingt-cinq castellans; en tout cent trente-six sénateurs.

Les ministres ont place au sénat sans être sénateurs; ils sont au nombre de dix, en se répétant dans l'union des deux Etats.

Le grand maréchal de la couronne.
Le grand maréchal de Lithuanie.
Le grand chancelier de la couronne.
Le grand chancelier de Lithuanie.
Le vice-chancelier de la couronne.
Le vice-chancelier de Lithuanie.
Le grand trésorier de la couronne.
Le grand trésorier de Lithuanie.
Le maréchal de la cour de *Pologne*.
Le maréchal de la cour de Lithuanie.
Le grand maréchal est le troisieme personnage de la *Pologne*. Il ne voit

que le primat & le roi au-deffus de lui. Maître du palais, c'eft de lui que les ambaffadeurs prennent jour pour les audiences. Son pouvoir eft prefqu'illimité à la cour & à trois lieues de circonférence. Il y veille à la fureté du roi & au maintien de l'ordre. Il y connoît de tous les crimes, & il juge fans appel. La nation feule peut réformer fes jugemens. C'eft lui encore qui convoque le fénat, & qui réprime ceux qui voudroient le troubler. Il a toujours des troupes à fes ordres.

Le maréchal de la cour n'a aucun exercice de jurifdiction que dans l'abfence du grand maréchal.

Le grand chancelier tient les grands fceaux; le vice-chancelier les petits. L'un des deux eft évêque, pour connoître des affaires eccléfiaftiques. L'un ou l'autre doit répondre au nom du roi en polonois ou en latin, felon l'occafion. C'eft une chofe finguliere que la langue des Romains, qui ne pénétrerent jamais en *Pologne*, fe parle aujourd'hui affez communément dans cet Etat. Tout y parle latin jufqu'aux domeftiques; mais quel latin?

Le grand tréforier eft dépofitaire des finances de la république. Cet argent, que les Romains appelloient le *tréfor du peuple*, *ærarium populi*, la *Pologne* fe garde bien de le laiffer à la direction des rois. C'eft la nation affemblée, ou du moins un fénatus-confulte qui décide de l'emploi; & le grand tréforier ne doit compte qu'à la nation.

Tous ces miniftres ne reffemblent point à ceux des autres cours. Le roi les crée; mais la république feule peut les détruire. Cependant, comme ils tiennent au trône, la fource des graces, & qu'ils font hommes, la république n'a pas voulu leur accorder voix délibérative dans le fénat.

On donne aux fénateurs le titre d'*excellence*, & de *monfeigneur*.

Le chef du fénat eft l'archevêque de Gnefne, qu'on nomme plus communément *primat*, & dont nous ferons un article à part : c'eft affez de dire en paffant qu'il eft auffi chef de l'églife, dignité éminente qui donne à ce miniftre de l'humble chriftianifme tout le fafte du trône, & quelquefois toute fa puiffance.

Le fénat hors de la diete, remue les refforts du gouvernement fous les yeux du roi : mais le roi ne peut violenter les fuffrages. La liberté fe montre jufques dans les formes extérieures. Les fénateurs ont le fauteuil, & on les voit fe couvrir dès que le roi fe couvre. Cependant le fénat hors de la diete, ne décide que provifionnellement. Dans la diete, il devient légiflateur conjointement avec le roi & la chambre des nonces.

Cette chambre reffembleroit à celle des communes en Angleterre, fi, au lieu de ne repréfenter que la nobleffe, elle repréfentoit le peuple. On voit à fa tête un officier d'un grand poids, mais dont l'office n'eft que paffager. Il a ordinairement beaucoup d'influence dans les avis de la chambre. C'eft lui qui les porte au fénat, & qui rapporte ceux des fénateurs. On le nomme *maréchal de la diete* ou *maréchal des nonces*. Il eft à Varfovie, ce qu'étoit le tribun du peuple à Rome; & comme le patricien à Rome ne pouvoit pas être tribun, celui qui étoit le tribun des tribuns doit être pris dans l'ordre équeftre, & non dans le fénat.

Lorfque la diete eft affemblée, tout eft ouvert, parce que c'eft le bien public dont on y traite. Ceux qui n'y portent que de la curiofité font frappés de la grandeur du fpectacle. Le roi furun trône élevé, dont les marches ſont décorées des grands officiers de la cour ; le primat diſputant preſque toujours de ſplendeur avec le roi ; les ſénateurs formant deux lignes auguſtes ; les miniſtres en face du roi, les nonces en plus grand nombre que les ſénateurs, répandus autour d'eux, & ſe tenant de bout : les ambaſſadeurs & le nonce du pape y ont auſſi des places marquées, ſauf à la diete à les faire retirer, lorſqu'elle le juge à-propos.

Le premier acte de la diete, c'eſt toujours la lecture des *pacta conventa* qui renferment les obligations que le roi a contractées avec ſon peuple ; & s'il y a manqué, chaque membre de l'aſſemblée a droit d'en demander l'obſervation.

Les autres ſéances pendant ſix ſemaines, durée ordinaire de la diete, amenent tous les intérêts de la nation ; la nomination aux dignités vacantes, la diſpoſition des biens royaux en faveur des militaires qui ont ſervi avec diſtinction, les comptes du grand tréſorier, la diminution ou l'augmentation des impôts ſelon la conjoncture, les négociations dont les ambaſſadeurs de la république ont été chargés, & la maniere dont ils s'en ſont acquittés, les alliances à rompre ou à former, la paix ou la guerre, l'abrogation ou la ſanction d'une loi, l'affermiſſement de la liberté, enfin tout l'ordre public.

Les cinq derniers jours qu'on appelle *les grands jours*, ſont deſtinés à réunir les ſuffrages. Une déciſion pour avoir force de loi, doit être approuvée par les trois ordres d'un conſentement unanime. L'oppoſition d'un ſeul nonce arrête tout.

Ce privilege de nonces eſt une preuve frappante des révolutions de l'eſprit humain. Il n'exiſtoit pas en 1652, lorſ-

que Sicinski, nonce d'Upita, en fit le premier uſage. Chargé de malédictions, il échappa avec peine aux coups de ſabre ; & ce même privilege contre lequel tout le monde s'éleva pour lors, eſt aujourd'hui ce qu'il y a de plus ſacré dans la république. Un moyen ſûr d'être mis en pieces, ſeroit d'en propoſer l'abolition.

On eſt obligé de convenir que, s'il produit quelquefois le bien, il fait encore plus de mal. Un nonce peut nonſeulement anéantir une bonne déciſion ; mais s'il s'en prend à toutes, il n'a qu'à proteſter & diſparoître : la diete eſt rompue. Il arrive même qu'on n'attend pas qu'elle ſoit formée pour penſer à la diſſoudre. Le prétexte le plus frivole devient un inſtrument tranchant. En 1752, les nonces du palatinat de Kiovie avoient dans leurs inſtructions d'exiger du roi, avant tout, l'extirpation des francs-maçons, ſociété qui n'effraie que les imbécilles & qui ne faiſoit aucune ſenſation en *Pologne*.

Le remede aux dietes rompues, c'eſt une confédération dans laquelle on décide à la pluralité des voix, ſans avoir égard aux proteſtations des nonces ; & ſouvent une confédération s'éleve contre l'autre. C'eſt enſuite aux dietes générales à confirmer ou à caſſer les actes de ces confédérations. Tout cela produit de grandes convulſions dans l'Etat, ſurtout ſi les armes viennent à s'en mêler. *v.* CONFÉDÉRATION.

Les affaires des particuliers ſont mieux jugées. C'eſt toujours la pluralité qui décide ; mais point de juges permanens. La nobleſſe en crée chaque année pour former deux tribunaux ſouverains : l'un à Petrikow pour la grande *Pologne*, l'autre à Lublin pour la petite. Le grand duché de Lithuanie a auſſi ſon tribunal. La juſtice s'y rend ſommairement : comme en Afie. Point de procureurs, ni de procédures : quelques avocats feulement qu'on appelle *juriftes*, ou bien on plaide fa caufe foi-même. Une meilleure difpofition encore, c'eft que la juftice fe rendant gratuitement, le pauvre peut l'obtenir. Ces tribunaux font vraiment fouverains; car le roi ne peut ni les prévenir par évocation, ni caffer leurs arrêts.

Puifque j'en fuis fur la maniere dont la juftice s'exerce en *Pologne*, j'ajoûterai qu'elle fe rend felon les ftatuts du royaume, que Sigifmond Augufte fit rédiger en un corps en 1520; c'eft ce qu'on appelle *droit polonois*. Et quand il arrive certains cas qui n'y font pas compris, on fe fert du droit faxon. Les jugemens fe rendent dans trois tribunaux fupérieurs, à la pluralité des voix, & on peut en appeller au roi. Ces tribunaux jugent toutes les affaires civiles de la nobleffe. Pour les criminelles, un gentilhomme ne peut être emprifonné, ni jugé que par le roi & le fénat.

Il n'y a point de confifcation, & la profcription n'a lieu que pour les crimes capitaux au premier chef, qui font les meurtres, les affaffinats, & la conjuration contre l'Etat. Si le criminel n'eft point arrêté prifonnier dans l'action, il n'eft pas befoin d'envoyer des foldats pour l'aller inveftir; on le cite pour fubir le jugement du roi & du fénat. S'il ne comparoît pas, on le déclare infâme & convaincu; par-là il eft profcrit, & tout le monde peut le tuer en le rencontrant. Chaque ftaroftie a fa jurifdiction dans l'étendue de fon territoire. On appelle des magiftrats des villes au chancelier, & la diete en décide quand l'affaire eft importante.

Les crimes de léze-majefté ou d'Etat, font jugés en diete. La maxime que l'églife abhorre le fang, ne regarde point les évêques Polonois. Une bulle de Clément VIII. leur permet de confeiller la guerre, d'opiner à la mort & d'en figner les decrets.

Une chofe encore qu'on ne voit guere ailleurs, c'eft que les mêmes hommes qui déliberent au fénat, qui font des loix en diete, qui jugent dans les tribunaux, marchent à l'ennemi. On apperçoit par-là qu'en *Pologne* la robe n'eft point féparée de l'épée.

La nobleffe ayant faifi les rênes du gouvernement, les honneurs & tous les avantages de l'Etat, a penfé que c'étoit à elle feule à le défendre, en laiffant aux terres tout le refte de la nation. C'eft aujourd'hui le feul pays où l'on voie une cavalerie toute compofée de gentilshommes, dont le grand-duché de Lithuanie fournit un quart, & la *Pologne* le refte.

L'armée qui en réfulte, ou plutôt ces deux armées polonoife & lithuanienne, ont chacune leur grand général indépendant l'un de l'autre. Nous avons dit que la charge de grand maréchal, après la primatie, eft la premiere en dignité : le grand général eft fupérieur en pouvoir. Il ne connoît prefque d'autres bornes que celles qu'il fe prefcrit lui-même. A l'ouverture de la campagne, le roi tient confeil avec les fénateurs & les chefs de l'armée fur les opérations à faire; & dès ce moment le grand général exécute arbitrairement. Il affemble les troupes, il regle les marches, il décide des batailles, il diftribue les récompenfes & les punitions, il éleve, il caffe, il fait couper des têtes, le tout fans rendre compte qu'à la république dans la diete. Les anciens connétables de France qui ont porté ombrage au trône, n'étoient pas fi abfolus. Cette grande autorité n'eft fufpendue que dans le cas où le roi commande en perfonne.

Les deux armées ont auffi refpective-ment un général de campagne, qui fe nomme *petit général*. Celui-ci n'a d'au-torité que celle que le grand général veut lui laiffer; & il la remplit en fon abfence. Un autre perfonnage, c'eft le ftragénik qui commande l'avant-garde.

La *Pologne* entretient encore un troi-fieme corps d'armée, infanterie & dra-gons. L'emploi n'en eft pas ancien. C'eft ce qu'on appelle l'*armée étrangere*, pref-qu'entierement compofée d'Allemands. Lorfque tout eft complet, ce qui arrive rarement, la garde ordinaire de la *Polo-gne* eft de quarante-huit mille hommes.

Une quatrieme armée, la plus nom-breufe & la plus inutile, c'eft la pofpo-lite ou l'arriere-ban. On verroit un befoin plus de cent mille gentils-hommes monter à cheval, pour ne con-noître que la difcipline qui leur con-viendroit; pour fe révolter, fi on vou-loit les retenir au-delà de quinze jours dans le lieu de l'affemblée, fans les faire marcher; & pour refufer le fervice, s'il falloit paffer les frontieres.

Quoique les Polonois reffemblent moins aux Sarmates, leurs ancêtres, que les Tartares aux leurs, ils en con-fervent pourtant quelques traits. Ils font francs & fiers. La fierté eft affez naturelle à un gentilhomme qui élit fon roi, & qui peut être roi lui même. Ils font emportés. Leurs repréfentans, dans les affemblées de la nation, décident fou-vent les affaires le fabre à la main. Ils font apprendre la langue latine à leurs enfans; & la plupart des nobles, outre la langue efclavonne, qui leur eft na-turelle, parlent allemand, françois & italien. La langue polonoife eft un dia-lecte de l'efclavonne; mais elle eft mê-lée de plufieurs mots allemands.

Ils ont oublié la fimplicité & la fruga-lité des Sarmates, leurs ancêtres. Juf-qu'à la fin du regne de Sobieski, quel-ques chaifes de bois, une peau d'ours, une paire de piftolets, deux planches couvertes d'un matelas, meubloit un noble d'une fortune honnête. Aujour-d'hui les vêtemens des gentils-hommes font riches: ils portent pour la plupart des bottines couleur de foufre, qui ont le talon ferré, un bonnet fourré, & des veftes doublées de zibeline, qui leur vont jufqu'à mi-jambe; c'eft ainfi qu'ils paroiffent dans les dietes ou dans les fê-tes de cérémonies. D'autres objets de luxe fe font introduits en *Pologne* fous Augufte II. & les modes françoifes déja reçues en Allemagne, fe font mêlées à la magnificence orientale, qui montre plus de richeffe que de goût. Leur fafte eft monté fi haut, qu'une femme de qua-lité ne fort guere qu'en caroffe à fix che-vaux. Quand un grand feigneur voya-ge d'une province à une autre, c'eft avec deux cents chevaux & autant d'hom-mes. Point d'hôtelleries; il porte tout avec lui; mais il déloge les plébéïens qui ne regardent cette haute nobleffe que comme un fléau; elle eft de bonne heure endurcie au froid & à la fatigue; parce que tous les gentils-hommes fe lavent le vifage & le cou avec de l'eau froide, quelque tems qu'il faffe. Ils bai-gnent auffi les enfans dans l'eau froi-de de très-bonne heure, ce qui endurcit leurs corps à l'âpreté des hyvers dès la plus tendre jeuneffe.

Un ufage excellent des feigneurs, c'eft qu'ils paffent la plus grande partie de l'année dans leurs terres. Ils fe rendent par-là plus indépendans de la cour, qui n'oublie rien pour les corrompre, & ils vivifient les campagnes par la dépenfe qu'ils y font.

Ces campagnes feroient peuplées & floriffantes, fi elles étoient cultivées par un peuple libre. Les ferfs de *Pologne* font attachés à la glebe; tandis qu'en Afie même on n'a point d'autres efclaves que ceux qu'on achete & qu'on a pris à la guerre : ce font des étrangers. La *Pologne* frappe fes propres enfans. Chaque feigneur eft obligé de loger fon ferf. C'eft dans une très-pauvre cabane, où des enfans nuds fous la rigueur d'un climat glacé, pêle-mêle avec le bétail, femblent reprocher à la nature de ne les avoir pris habillés de même. L'efclave qui leur a donné le jour verroit tranquillement brûler fa chaumiere, parce que rien n'eft à lui. Il ne fauroit dire mon champ, mes enfans, ma femme ; tout appartient au feigneur, qui peut vendre également le laboureur & le bœuf. Il eft rare de vendre des femmes, parce que ce font elles qui multiplient le troupeau ; population miférable: le froid en tue une grande partie.

Envain le pape Alexandre III. profcrivit dans un concile la fervitude au XIIᵉ fiecle, la *Pologne* s'eft endurcie à cet égard plus que le refte du chriftianifme: malheur au ferf fi un feigneur ivre s'emporte contre lui. On diroit que ce que la nature a refufé à de certains peuples, c'eft précifément ce qu'ils aiment avec le plus de fureur. L'excès du vin & des liqueurs fortes font de grands ravages dans la république. Les cafuiftes paffent légerement fur l'ivrognerie, comme une fuite du climat; & d'ailleurs les affaires publiques ne s'arrangent que le verre à la main.

Les femmes difputent aux hommes les jeux d'exercice, la chaffe & les plaifirs de la table. Moins délicates & plus hardies que les beautés du midi, on les voit faire fur la neige cent lieues en traineau, fans craindre ni les mauvais gîtes, ni les difficultés des chemins.

Les voyageurs éprouvent en *Pologne* que les bonnes mœurs fuppléent aux mauvaifes loix. La quantité des forêts, l'éloignement des habitations, la coûtume de voyager de nuit comme de jour, l'indifférence des ftaroftes pour la fûreté des routes, tout favorife le vol & l'affaffinat ; dix ans en montrent à peine un exemple.

La *Pologne* avoit déja cette partie des bonnes mœurs avant que de recévoir le chriftianifme. Elle fut idolâtre plus long-tems que le refte de l'Europe. Elle avoit adopté les dieux grecs qu'elle défigura, parce qu'ignorant les lettres & ne fe doutant pas de l'exiftence d'Homere, ni d'Héfiode, elle n'avoit jamais ouvert les archives de l'idolâtrie ; elle marchoit au crépufcule d'une tradition confufe.

Vers le milieu du Xᵉ fiecle, le duc Miéciflaw, premier du nom, cédant aux follicitations de la belle Dambrowka fa femme, née chrétienne, embraffa la foi, & entreprit de la répandre. Dieu fe fert de tout, adorable en tout. Ce font des femmes fur le trône, qui en engageant leurs maris à fe faire baptifer, ont converti la moitié de l'Europe ; Gifelle, la Hongrie ; la fœur d'un empereur Grec, la Ruffie ; la fille de Childebert, l'Angleterre ; Clotilde, la France.

Cependant fi le chriftianifme, en s'établiffant avoit été par-tout auffi violent qu'en *Pologne*, il manqueroit de deux caracteres de vérité qui le faifoient triompher dans les trois premiers fiecles, la douceur & la perfuafion. L'évêque de Merfebourg, qui vivoit au tems de Miéciflaw, nous apprend qu'on arrachoit les dents à ceux qui avoient mangé de la viande en carème; qu'on fufpendoit un adultere ou un fornicateur à un clou par l'inftrument de fon crime.

crime, & qu'on mettoit un rafoir auprès de lui, avec la liberté de s'en fervir pour fe dégager ou de mourir dans
cette torture. On voyoit d'un autre
côté des peres tuer leurs enfans imparfaits, & des enfans dénaturés affom-
mer leurs peres décrépits ; coûtume
barbare des anciens Sarmates, que les
Polonois n'ont quittée qu'au XIIIe fiecle. Le terrible chrétien Miéciflaw
avoit répudié fept femmes payennes
pour s'unir à Dambrowka, & lorfqu'il
l'eut perdue, il finit, fi l'on en croit
Baronius & Dithmar, par époufer une
religieufe, qui n'oublia rien pour étendre la foi.

Son fils & fon fucceffeur, Boleflas I.
étouffa fans violence les reftes de l'idolâtrie. Humain, acceffible, familier,
il traita fes fujets comme des malades.
Les armes qu'il employa contre leurs
préjugés, furent la raifon & la man-
fuétude ; le pere leur avoit ordonné
d'être chrétiens, le fils le leur per-
fuada.

Cet efprit de paix & de douceur
dans les rois paffa à la nation. Elle
prit fort peu de part à toutes les guerres de religion qui défolerent l'Europe
aux XVIe & XVIIe fiecles. Elle n'a eu
dans fon fein ni confpiration des pou-
dres, ni S. Barthélemi, ni fénat égor-
gé, ni rois affaffinés, ni des freres armés contre des freres ; & c'eft le pays
où l'on a brûlé moins de monde pour
s'être trompé dans le dogme. C'eft vers
la fin du fiecle paffé & dans celui-ci,
que l'efprit d'intolérance a pénétré en
Pologne. La *Pologne* cependant a été
barbare plus long-tems que l'Efpagne,
la France, l'Angleterre & l'Allemagne ;
ce qui prouve qu'une demi-fcience eft
plus orageufe que la groffiere ignorance ; & lorfque la *Pologne* a commencé
à difcourir, un de fes rois, Sigifmond
Tome XI.

I. prononça la peine de mort contre la
religion proteftante.

Un paradoxe bien étrange, c'eft que
tandis qu'il pourfuivoit avec le fer, des
hommes qui conteftoient la préfence de
Jefus-Chrift fur les autels, il laiffoit
en paix les Juifs qui en nioient la divinité. Le fang couloit, & devoit cou-
ler encore plus ; mais la république fta-
tua que déformais, les rois en montant fur le trône, jureroient la tolérance de toutes les religions.

On voit effectivement en *Pologne* des
calviniftes, des luthériens, des grecs
fchifmatiques, des mahométans & des
juifs. Ceux-ci jouiffent depuis long-
tems des privileges que Cafimir le grand
leur accorda en faveur de fa concubine,
la Juive Efther. Plus riches par le trafic que les naturels du pays, ils multiplient davantage. Cracovie feul en
compte plus de vingt mille, qu'on trouve dans tous les befoins de l'Etat ; &
la *Pologne* qui tolere près de trois cents
fynagogues, s'appelle encore aujour-
d'hui le *paradis des Juifs* : c'eft-là qu'ils
femblent revenus au regne d'Affuérus,
fous la protection de Mardochée.

Il n'eft peut-être aucun pays où les
rites de la religion romaine foient ob-
fervés plus ftrictement. Les Polonois,
dès les premiers tems, ne trouverent
point ces rites affez aufteres, & commencerent le carême à la feptuagéfime ;
ce fut le pape Innocent IV. qui abrogea
cette furérogation rigoureufe, en récompenfe des contributions qu'ils lui
avoient fournies pour faire la guerre à
un empereur chrétien, Ferdinand II.
A l'abftinence ordinaire du vendredi &
du famedi, ils ont ajoûté celle du mercredi.

Les confréries fanglantes de flagel-
lans font auffi communes dans cette
partie du nord que vers le midi ; c'eft

G

peut-être de-là que le roi de France Henri III. en rapporta le goût.

Aucune hiftoire, dans la même étendue de fiecles, ne cite autant de miracles. On voit à cinq milles de Cracovie les falines de Bochnia ; c'eft fainte Cunegonde, femme de Bolelas le chafte, difent toutes les chroniques, qui les a tranfportées de Hongrie en *Pologne*. Comme l'étude de la nature y eft moins avancée que dans tout le refte du nord, le merveilleux, qui fut toujours la raifon du peuple, y conferve encore plus d'empire qu'ailleurs.

Leur refpect pour les papes s'eft fait remarquer dans tous les tems. Lorfque Clément II. releva de fes vœux le moine Cafimir, pour le porter du cloître fur le trône en 1041, il impofa aux Polonois des conditions finguliéres, qui furent obfervées très-religieufement. Il les obligea à porter déformais les cheveux en forme de couronne monachale, à payer par tête tous les ans à perpétuité, une fomme d'argent pour l'entretien d'une lampe très-chere dans la bafilique de S. Pierre ; & il voulut qu'aux grandes fêtes durant le tems du facrifice, tous les nobles euffent au cou une étole de lin pareille à celle des prêtres : la premiere condition fe remplit encore aujourd'hui.

Ce dévouement outré pour les decrets de Rome, fe déborda jufqu'à engloutir la royauté. Bolelas I. avoit reçu le titre de roi de l'empereur Othon, l'an 1001. Rome s'en fouvint lorfque Bolelas II. verfa le fang de l'évêque Staniflas. Dans ce tems-là Hildebrand, qui avoit paffé de la boutique d'un charron fur la chaire de faint Pierre, fous le nom de Grégoire VII. fe rendoit redoutable à tous les fouverains. Il venoit d'excommunier l'empereur Henri IV. dont il avoit été précepteur. Il lança fes foudres fur

Bolelas, excommunication, dégradation, interdit fur tout le royaume, difpenfe du ferment de fidélité, & défenfe aux évêques de *Pologne* de couronner jamais aucun roi fans le confentement exprès du faint fiege. On ne fait ce qui étonne le plus, la défenfe du pontife, ou l'obéiffance aveugle des Polonois. Pas un évêque n'ofa facrer le fucceffeur, & cette crainte fuperftitieufe dura pendant deux fiecles, dans les fujets comme dans les princes, jufqu'à Przémiflas, qui affembla une diete générale à Gnefne, s'y fit facrer, & reprit le titre de roi, fans prendre les aufpices de Rome.

Aujourd'hui les papes ne tenteroient pas ce qu'ils ont exécuté alors ; mais il eft encore vrai que leur puiffance eft plus refpectée en *Pologne* que dans la plupart des Etats catholiques. Une nation qui a pris fur elle de faire fes rois, n'a pas ofé les proclamer fans la permiffion du pape. C'eft une bulle de Sixte V. qui a donné ce pouvoir au primat. On voit conftamment à Varfovie un nonce apoftolique avec une étendue de puiffance qu'on ne fouffre point ailleurs. Il n'en a pourtant pas affez pour foutenir l'indiffolubilité du mariage. Il n'eft pas rare en *Pologne* d'entendre dire à des maris, ma femme qui n'eft plus ma femme. Les évêques témoins & juges de ces divorces, s'en confolent avec leurs revenus. Les fimples prêtres paroiffent très-refpectueux pour les faints canons, & ils ont plufieurs bénéfices à charge d'ames.

La *Pologne*, telle qu'elle étoit il y a 15 ans, dans le moral & dans le phyfique, préfente des contraftes bien frappans, la dignité royale avec le nom de république ; des loix avec l'anarchie féodale ; des traits informes de la république romaine avec la barbarie gothique; l'abondance & la pauvreté.

La nature a mis dans cet État tout ce qu'il faut pour vivre, grains, miel, cire, poiſſon, gibier; & tout ce qu'il faut pour l'enrichir, bleds, pâturages, beſtiaux, laines, cuirs, ſalines, métaux, minéraux; cependant l'Europe n'a point de peuple plus pauvre; la plus grande ſource de l'argent qui roule en *Pologne*, c'eſt la vente de la royauté.

La terre & l'eau, tout y appelle un grand commerce, & le commerce ne s'y montre pas. Tant de rivieres & de beaux fleuves, la Duna, le Bog, le Nieſter, la Viſtule, le Niemen, le Boryſthene, ne ſervent qu'à figurer dans les cartes géographiques. On a remarqué depuis long-tems, qu'il ſeroit aiſé de joindre par des canaux l'Océan ſeptentrional & la mer Noire, pour embraſſer le commerce de l'orient & de l'occident; mais loin de conſtruire des vaiſſeaux marchands, la *Pologne*, qui a été inſultée pluſieurs fois par des flottes, n'a pas même penſé à une petite marine guerriere.

Cet État, plus grand que la France, ne compte que cinq millions d'habitans, & laiſſe la quatrieme partie de ſes terres en friche; terres excellentes, perte d'autant plus déplorable.

Cet État large de deux cents de nos lieues, & long de quatre cents, auroit beſoin d'armées nombreuſes pour garder ſes vaſtes frontieres; il peut à peine ſoudoyer quarante mille hommes. Un roi qui l'a gouverné quelque tems, & qui nous montre dans une province de France ce qu'il auroit pû exécuter dans un royaume; ce prince fait pour écrire & pour agir, nous dit qu'il y a des villes en Europe dont le tréſor eſt plus opulent que celui de la *Pologne*, & il nous fait entendre que deux ou

trois commerçans d'Amſterdam, de Londres, de Hambourg, négocient pour des ſommes plus conſidérables pour leur compte, que n'en rapporte tout le domaine de la république.

Le luxe, cette pauvreté artificielle, eſt entré dans les maiſons de *Pologne*, & les villes ſont dégoutantes par des boues affreuſes; Varſovie n'eſt pavée que depuis peu d'années.

Le comble de l'eſclavage & l'excès de la liberté ſemblent diſputer à qui détruira la *Pologne*; la nobleſſe peut tout ce qu'elle veut. Le corps de la nation eſt dans la ſervitude. Un noble polonois, quelque crime qu'il ait commis, ne peut être arrêté qu'après avoir été condamné dans l'aſſemblée des ordres : c'eſt lui ouvrir toutes les portes pour ſe ſauver. Il y avoit une loi plus affreuſe que l'homicide même qu'elle vouloit réprimer. Ce noble qui avoit tué un de ſes ſerfs mettoit quinze livres ſur la foſſe, & ſi le payſan appartenoit à un autre noble, la loi de l'honneur l'obligeoit ſeulement à en rendre un; c'eſt un bœuf pour un bœuf. Tous les hommes ſont nés égaux, c'eſt une vérité qu'on n'arrachera jamais du cœur humain; & ſi l'inégalité des conditions eſt devenue néceſſaire, il faut du moins l'adoucir par la liberté naturelle & par l'égalité des loix. Ces loix barbares ont été changées ſous le regne de Staniſlas-Auguſte.

Le *liberum veto* donne plus de force à un ſeul noble qu'à la république. Il enchaîne par un mot les volontés unanimes de la nation; & s'il part de l'endroit où ſe tient la diete, il faut qu'elle ſe ſépare. C'étoit le droit des tribuns romains; mais Rome n'en avoit qu'un petit nombre, & ce furent des magiſtrats pour protéger le peuple. Dans une diete polonoiſe on voit trois ou

G 2

quatre cents tribuns qui l'oppriment. *v.* DIETE.

La république a pris, autant qu'elle a pû, toutes les précautions pour conferver l'égalité dans la nobleffe, & c'eft pour cela qu'elle ne tient pas compte des décorations du faint empire qui feme l'Europe de princes. Il n'y avoit de princes reconnus pour tels par les lettres d'union de la Lithuanie, que les Czartoriski, les Sangusko, & quelques autres, & encore le titre d'alteffe ne les tire pas de l'égalité; les charges feules peuvent donner des préféances. On en a établi fous ce regne quelques nouveaux. Le moindre caftellan précede le prince fans charge, pour apprendre à refpecter la république, plus que les titres & la naiffance : malgré tout cela, rien de fi rampant que la petite nobleffe devant la grande.

Puifque le royaume eft électif, il femble que le peuple, qui eft la partie la plus nombreufe & la plus néceffaire, devroit avoir part à l'élection : pas la moindre. Il prend le roi que la nobleffe lui donne ; trop heureux s'il ne portoit pas des fers dans le fein de la liberté. Tout ce qui n'eft pas noble vit fans confidération dans les villes, ou efclave dans les campagnes ; & l'on fait que tout eft perdu dans un État, lorfque le plébéïen ne peut s'élever que par un bouleverfement général. Auffi la *Pologne* n'a-t-elle qu'un petit nombre d'ouvriers & de marchands, encore font-ils allemands, juifs, ou françois.

Dans fes guerres, elle a recours à des ingénieurs étrangers. Elle n'a point d'école de peinture ; l'architecture y eft dans l'enfance ; l'hiftoire y eft traitée fans goût, les mathématiques peu cultivées ; la faine philofophie prefque ignorée, nul monument, nulle grande ville.

Tandis qu'une trentaine de palatins, une centaine de caftellans & ftaroftes, les évèques & les grands officiers de la couronne jouent les fatrapes afiatiques, cent mille petits nobles cherchent le néceffaire comme ils peuvent. L'hiftoire eft obligée d'infifter fur la nobleffe polonoife, puifque le peuple n'eft pas compté. Le droit d'élire fes rois eft celui qui la flatte le plus, & qui la fert le moins. Elle vend ordinairement fa couronne au candidat qui a le plus d'argent, ou elle le reçoit de la main de fes voifins ; elle crie dans le champ électoral qu'elle veut des princes qui gouvernent avec fageffe ; & depuis le regne de Cafimir le grand, elle a cherché en Hongrie, en Tranfilvanie, en France & en Allemagne, des étrangers qui n'ont aucune connoiffance de fes mœurs, de fes préjugés, de fa langue, de fes intérèts, de fes loix, de fes ufages.

Qui verroit un roi de *Pologne* dans la pompe de la majefté royale, le croiroit le monarque le plus riche & le plus abfolu : ni l'un ni l'autre. La république ne lui donne que fix cents mille écus pour l'entretien de fa maifon ; & dans toute conteftation, les Polonois jugent toujours que le roi a tort. Comme c'eft lui qui préfide aux confeils & qui publie les decrets, ils l'appellent *la bouche*, & non *l'ame* de la république. Ils le gardent à vue dans l'adminiftration : quatre fénateurs doivent l'obferver par-tout, fous peine d'une amande pécuniaire. Son chancelier lui refufe le fceau pour les chofes qu'il ne croit pas juftes. Son grand chambellan a droit de le fouiller ; auffi ne donne-t-il cette charge qu'à un favori.

Ce roi, tel qu'il eft, joue pourtant un beau rôle s'il fait fe contenter de faire du bien, fans tenter de nuire. Il difpofe non-feulement, comme les autres souverains, de toutes les grandes charges du royaume & de la cour, des évèchés & des abbayes, qui font presque toutes en commande, car la république n'a pas voulu que des moines qui ont renoncé aux richesses & à l'état de citoyen, possédassent au-delà du nécessaire ; il a encore un autre trésor qui ne s'épuise pas. Un tiers de ce grand royaume est en biens royaux, tenures, advocaties, starosties, depuis sept mille livres de revenu jusqu'à cent mille ; ces biens royaux, le roi ne pouvant se les approprier, est obligé de les distribuer ; & ils ne passent point du pere au fils aux dépens du mérite. Cette importante loi est une de celles qui contribuent le plus au soutien de la république. Si cette république n'est pas encore détruite, elle ne le doit qu'à ses loix : c'est une belle chose que les loix ! Un Etat qui en a & qui ne les enfreint point, peut bien éprouver des secousses ; mais c'est la terre qui tremble entre les chaînes de rochers qui l'empêchent de se dissoudre.

Résumons à présent les traits frappans du tableau de la *Pologne*, que nous avons dessiné dans tout le cours de cet article.

Cette monarchie a commencé l'an 550, dans la personne de Leck, qui en fut le premier duc. Au neuvieme siecle, l'anarchie qui déchiroit l'Etat finit par couronner un simple particulier qui n'avoit qu'une raison droite & des vertus. C'est Piast qui donna une nouvelle race de souverains qui tinrent long-tems le sceptre. Quelques-uns abuserent de l'autorité, ils furent déposés. On vit alors la nation, qui avoit toujours obéi, s'avancer par degrés vers la liberté, mettre habilement les révolutions à profit, & se montrer prête à favoriser le prétendant qui relâcheroit davantage les

chaînes. Ainsi parvenue peu-à-peu à donner une forme républicaine à l'administration, elle la cimenta, lorsque sur la fin du XIVᵉ siecle, ses nobles firent acheter à Jagellon, duc de Lithuanie, l'éclat de la couronne par le sacrifice de sa puissance.

Le christianisme ne monta sur le trône de *Pologne* que dans le Xᵉ siecle, & il y monta avec cruauté. Cette auguste religion y a repris finalement l'esprit de douceur qui la caractérise : elle tolere dans l'Etat des sectes que mal-à-propos elle avoit bannies de son sein ; mais en même tems la *Pologne* est restée superstitieusement soumise aux decrets du pontife de Rome, dont le nonce à Varsovie a un pouvoir très-étendu. Un archevêque, celui de Gnesne, est le chef du sénat comme de l'église ; les autres prélats polonois munis comme lui du privilege d'un pape, ont par ce privilege le droit de teindre leurs mains pacifiques du sang de leurs enfans, en les condamnant à la mort. Il n'y a dans toute la *Pologne* que trois ou quatre villes qui puissent posséder des terres ; & quoiqu'on soit accoutumé à voir dans l'histoire de ce pays le malheureux sort des paysans, on frémit toujours en contemplant cette dégradation de l'humanité, qui n'a pas encore cédé au christianisme mal épuré de ce royaume.

La puissance souveraine réside dans la noblesse ; elle est représentée par ses nonces ou députés dans les dietes générales. Les loix se portent dans les assemblées, & obligent le roi-même.

Dans l'intervalle de ces parlemens de la nation, le sénat veille à l'exécution des loix. Dix ministres du roi, qui sont les premiers officiers de la couronne, ont place dans ce conseil, mais n'y ont point de voix. Les rois de *Pologne* en nommant à toutes les charges, peuvent faire beaucoup de bien, &, pour ainſi dire, point de mal.

Le gouvernement eſt en même tems monarchique, ariſtocratique & démocratique. Le roi, le ſénat & la nobleſſe, forment le corps de la république. Les évêques, qui ſont au nombre de quinze ſous deux archevêques, tiennent le ſecond rang, & ont la préféance au ſénat.

On voit dans ce royaume des grands partageant la puiſſance du monarque, & vendant leurs ſuffrages pour ſon élection & pour ſoutenir leur pompe faſtueuſe. On ne voit en même tems point d'argent dans le tréſor public pour ſoudoyer les armées, peu d'artillerie, peu ou point de moyens pour entretenir les ſubſides ; une foible infanterie, preſqu'aucun commerce : on y voit en un mot une image blafarde des mœurs & du gouvernement des Goths.

En vain la *Pologne* ſe vante d'une nobleſſe belliqueuſe, qui peut monter à cheval au nombre de cent mille hommes : on a vu dix mille Ruſſes, après l'élection du roi Staniſlas, diſperſer toute la nobleſſe polonoiſe aſſemblée en faveur de ce prince, & lui donner un autre roi. On a vu dans d'autres occaſions cette armée nombreuſe monter à cheval, s'aſſembler, ſe révolter, ſe donner quelques coups de ſabre, & ſe ſéparer tout de ſuite.

L'indépendance de chaque gentilhomme eſt l'objet des loix de ce pays ; & ce qui en réſulte par leur *liberum veto*, eſt l'oppreſſion de tous, & l'eſclavage de tous ſous la puiſſance de leurs voiſins.

Enfin ce royaume du nord de l'Europe uſe ſi mal de ſa liberté & du droit qu'il a d'élire ſes rois, qu'il ſemble vouloir conſoler par-là les peuples ſes voiſins, qui ont perdu l'un & l'autre de ces avantages. Il lui arrive ce qui devoit avoir lieu ſans force au dedans,

les troubles intérieurs devoient inviter leurs voiſins à les opprimer.

Pour achever complettement le tableau de la *Pologne*, il ne nous reſte qu'à crayonner les principaux d'entr'eux, qui l'ont gouvernée depuis le VIe ſiecle juſqu'à ce jour. Dans ce long eſpace de tems elle compte des chefs intelligens, actifs & laborieux, plus qu'aucun autre Etat ; & ce n'eſt pas le haſard qui lui a donné cet avantage, c'eſt la nature de ſa conſtitution. Dès le XIVe ſiecle elle a fait ſes rois : ce ne ſont pas des enfans qui naiſſent avec la couronne avant que d'avoir des vertus, & qui dans la maturité de l'âge peuvent encore ſommeiller ſur le trône. Un roi de *Pologne* doit payer de ſa perſonne dans le ſénat, dans les dietes, & à la tête des armées. Si l'on n'admire que les vertus guerrieres, la *Pologne* peut ſe vanter d'avoir eu de grands princes ; mais ſi l'on ne veut compter que ceux qui ont voulu la rendre plus heureuſe qu'elle ne l'eſt, il y a beaucoup à rabattre.

Leck la tira des forêts & de la vie errante, pour la fixer & la civiliſer. L'hiſtoire ne nous a pas conſervé ſon caractere, mais on ſait en général que les fondateurs des empires ont tous eu de la tête & de l'exécution.

Cracus, dans le VIIe ſiecle, leur donna les premieres idées de la juſtice, en établiſſant des tribunaux pour décider les différends des particuliers. L'ordre régna où la licence diminuoit. Cracovie idolâtre honora long-tems ſon tombeau : c'étoit ſon *palladium*.

Au IXe ſiecle, Piaſt enſeigna la vertu en la montrant dans lui-même : ce qu'il ne pouvoit obtenir par la force du commandement, il le perſuadoit par la raiſon & par l'exemple. Son regne s'écoula dans la paix, & des barbares commencerent à devenir citoyens.

Dans le Xe. siecle, Boleslas Chrobri, plein d'entrailles, les accoutuma à regarder leur souverain comme leur pere, & l'obéissance ne leur coûta rien.

Casimir I. fit entrevoir les sciences & les lettres dans cette terre sauvage, où elles n'étoient jamais entrées. La culture grossiere qu'on leur donna attendoit des siecles plus favorables pour produire des fruits : ces fruits sont encore bien âpres ; mais le tems qui mûrit tout, achevera peut-être un jour en *Pologne* ce qu'il a perfectionné en d'autres climats.

Dans le siecle suivant, Casimir II. qui ne fut nommé *le juste* qu'après l'avoir mérité, commença à protéger les gens de la campagne contre la tyrannie de la noblesse.

Au XIV. siecle, Casimir III. ou Casimir le grand, qu'on appelloit aussi le *roi des paysans*, voulut les mettre en liberté ; & n'ayant pu y réussir, il demandoit à ces bonnes gens lorsqu'ils venoient se plaindre, s'il n'y avoit chez eux ni pierres ni bâtons pour se défendre. Casimir eut les plus grands succès dans toutes les autres parties du gouvernement. Sous son regne, des villes nouvelles parurent, & servirent de modeles pour rebâtir les anciennes. C'est à lui que la *Pologne* doit le nouveau corps de loi qui la regle encore à présent. Il fut le dernier des Piast, race qui a régné 528 ans.

Jagellon fit tout ce qu'il voulut avec une nation d'autant plus difficile à gouverner, que sa liberté naissante étoit toujours en garde contre les entreprises de la royauté. Il est étonnant que le trône toujours électif dans sa race, n'en soit pas sorti pendant près de 400 ans ; tandis qu'ailleurs des couronnes héréditaires passoient à des familles étrangeres. Cela montre combien les événemens trompent la sagesse humaine.

Le fils de Jagellon, Uladislas n'avoit que 10 ans, lorsqu'on l'éleva au trône, chose bien singuliere dans une nation qui pouvoit donner sa couronne à un héros tout formé ; c'est qu'on en appercevoit déja l'ame à travers les nuages de l'enfance. La république nomma autant de régens qu'il y avoit de provinces, & des Burrhus se chargerent d'instruire l'homme de la nation. Il prit les rênes de l'Etat à 18 ans ; & en deux ans de regne il égala les grands rois. Il triompha des forces de la maison d'Autriche ; il se fit couronner roi de Hongrie ; il fut le premier roi de *Pologne* qui osa lutter contre la fortune de l'empire Ottoman. Cette hardiesse lui fut fatale ; il périt à la bataille de Varne, à peine avoit-il 20 ans ; & la *Pologne* regrettant également l'avenir & le passé, ne versa jamais de pleurs plus amers.

Elle n'essuya bien ses larmes que dans le XVIe. siecle, sous le regne de Sigismond I. Ce prince eut un bonheur rare dans la diete d'élection ; il fut nommé *roi* par acclamation, sans division de suffrages. Une autre faveur de la fortune lui arriva, parce que les grands hommes savent la fixer. Il abattit la puissance d'un homme religieux qui défoloit la *Pologne* depuis trois siecles ; je parle des chevaliers teutoniques. Sigismond étoit doué d'une force extraordinaire, qui le faisoit passer pour l'Hercule de son tems ; il brisoit les métaux les plus durs, & il avoit l'ame aussi forte que le corps. Il a vécu 82 ans, presque toujours victorieux, respecté & ménagé par tous les souverains, par Soliman même, qui ne ménageoit rien. Il a peut-être été supérieur à François I. en ce que plus jaloux du bonheur de fes peuples que de fa gloire, il s'appliqua conftamment à rendre la nation plus équitable que fes loix, les mœurs plus fociables, les villes plus floriffantes, les campagnes plus cultivées, les arts & les fciences plus honorés, la religion même plus épurée.

Perfonne ne lui reffembla plus parmi fes fucceffeurs, qu'Etienne Battori, prince de Tranfilvanie, à qui la *Pologne* donna fa couronne, après la fuite d'Henri de Valois. Il fe fit une loi de ne diftribuer les honneurs & les emplois qu'au mérite; il réforma les abus qui s'étoient accumulés dans l'adminiftration de la juftice; il entretint le calme au-dedans & au-dehors. Il regna dix-ans; c'étoit affez pour fa gloire, pas affez pour la république.

Sigifmond III. prince de Suede, lui fuccéda fans le remplacer; il n'eut ni les mêmes qualités ni le même bonheur; il perdit un royaume héréditaire pour gagner une couronne élective; il laiffa enlever à la *Pologne*, par Guftave Adolphe, l'une de fes plus belles provinces, la Livonie. Il avoit deux défauts qui caufent ordinairement de grands malheurs; il étoit borné & obftiné.

Cafimir V. (Jean) fut le dernier de la race des Jagellons. Rien de plus varié que la fortune de ce prince. Né fils de roi, il ne put réfifter à l'envie d'ètre religieux, efpece de maladie qui attaque la jeuneffe, dit l'abbé de Saint-Pierre, & qu'il appelle la *petite vérole de l'efprit*. Le pape l'en guérit en le faifant cardinal. Le cardinal fe changea en roi; & après avoir gouverné un royaume, il alla en France pour gouverner des moines. Les deux abbayes que Louis XIV. lui donna, celle de S. Germain-des-Prés & celle de S. Martin de Nevers, devinrent pour lui une fubfiftance néceffaire, car la *Pologne* lui

refufoit la penfion dont elle étoit convenue; & pendant ce tems-là il y avoit en France des murmures contre un étranger qui venoit ôter le pain aux enfans de la maifon. Il voyoit fouvent Marie Mignot, cette blanchiffeufe que le caprice de la fortune avoit d'abord placée dans le lit d'un confeiller du parlement de Grenoble, & enfuite dans celui du maréchal de l'Hôpital. Cette femme finguliere, deux fois veuve, foutenoit à Gourville qu'elle avoit époufé fecretement le roi Cafimir. Elle étoit avec lui à Nevers lorfqu'il y tomba malade & qu'il y finit fes jours en 1672.

Michel Wiecnoviecki fut élu roi de *Pologne* en 1669, après l'abdication de Cafimir. Jamais roi n'eut plus befoin d'être gouverné; & en pareil cas ce ne font pas toujours les plus éclairés & les mieux intentionnés qui gouvernent. Au bout de quelques années il fe forma une ligue pour le détrôner. Les Polonois ont pour maxime que tout peuple qui peut faire un roi, peut le défaire. Ainfi ce qu'on appelleroit ailleurs *conjuration*, ils le nomment l'*exercice d'un droit national*. Cependant les feigneurs ligués ne poufferent pas plus loin leur projet, par la crainte de l'empereur, & en confidération de la miférable fanté du roi, qui finit fes jours l'année fuivante fans poftérité, à l'âge de 35 ans, après quatre ans de troubles & d'agitations. Si le fceptre peut rendre un mortel heureux, c'eft feulement celui qui le fait porter. L'incapacité du roi Michel fit fon malheur & celui de l'Etat; fes yeux fe fermerent en 1673 la veille de la victoire de Choczin.

Jean Sobieski, qui remporta cette victoire, fut nommé roi de *Pologne* l'année fuivante, & fe montra un des grands guerriers du dernier fiecle. Il

mourut

mourut à Varfovie dans la 66ᵉ année de fon âge.

Frédéric Augufte I. électeur de Saxe, devint roi de *Pologne* au moyen de fon abjuration du luthéranifme, & de l'argent qu'il répandit. Il fe ligua en 1700 avec le roi de Danemarck & le czar, contre Charles XII. Il fe propofoit par cette ligue d'affujettir la *Pologne*, en fe rendant plus puiffant par la conquête de la Livonie; mais les Polonois le dépoferent en 1704, & élurent en fa place Stanislas Lefczinski, palatin de Pofnanie, âgé de 26 ans. Les Saxons ayant été battus par ce prince & par le roi de Suede, Augufte fe vit obligé de figner un traité de renonciation à la couronne polonoife. La perte de la bataille de Pultowa en 1709, fut le terme des profpérités de Charles XII. Ce revers entraîna la chûte de fon parti. Augufte rentra dans la *Pologne*, & le czar victorieux l'y fuivit pour l'y maintenir. Le roi Stanislas ne pouvant réfifter à tant de forces réunies, fe rendit à Bender auprès du roi de Suede.

Les événemens de la vie du roi Stanislas font bien remarquables. Son pere Raphaël Lefczinski avoit été grand général de la *Pologne*, & ne craignit jamais de déplaire à la cour pour fervir la république. Grand par lui-même, plus grand encore dans fon fils, dont Louis XV. eft devenu le gendre; les Polonois temoins de fa valeur, & charmés de la fageffe & de la douceur de fon gouvernement, pendant le court efpace qu'avoit duré fon regne, l'élurent une feconde fois après la mort d'Augufte, en 1733. Cette élection n'eut pas lieu, par l'oppofition de Charles VI. que foutenoient fes armes, & par celles de la Ruffie. Le fils de l'électeur de Saxe qui avoit époufé une niece de l'empereur, l'emporta de force fur fon concurrent;

Tome XI.

mais Stanislas confervant toujours de l'aveu de l'Europe le titre de roi, dont il étoit fi digne, fut fait duc de Lorraine, & vint rendre heureux de nouveaux fujets qui fe fouviendront longtems de lui.

Stanislas Augufte, né comte Poniatowski, a fuccédé en 1764 à Augufte II. Appellé par fes rares talens à cette place, il y fut porté par les armes de la Ruffie. Les premieres années de fon regne faifoient tout efpérer de fes vertus & de fes lumieres. Mais les jaloufies, l'efprit de parti, la défunion des grands, l'intérêt perfonnel ont rendu inutiles les fages intentions du monarque. La confédération de 1767 qui donna lieu à la diete de 1768 & aux confédérations qui ont fuivi, ont jetté ce malheureux pays dans l'anarchie & les plus affreux défordres, augmentés encore par les troupes étrangeres. On a fini par le démembrement de cette république. Heureux encore les Polonois fi réunis entr'eux & prenant une forme fage de gouvernement, ils cherchoient à vivre dans la paix & la fûreté, dans les provinces qu'on leur a laiffées!

On a établi un confeil permanent, dont les pouvoirs font toujours conteftés, & les Polonois n'ont pas encore été inftruits par leur malheur de cette grande vérité, que l'union feule fait la vraie force d'un Etat.

L'hiftoire juge les princes fur le bien qu'ils font. Si jamais la *Pologne* a quelque grand roi fur le trône pour la rétablir, ce fera celui-là feul, comme le dit M. l'abbé Coyer, ,, qui regar- ,, dant autour de lui une terre fécon- ,, de, de beaux fleuves, la mer Balti- ,, que & la mer Noire, donnera des ,, vaiffeaux, des manufactures, du com- ,, merce, des finances & des hommes

H

„ à ce royaume ; celui qui abolira la
„ puiſſance tribunitienne, le *liberum*
„ *veto*, pour gouverner la nation par
„ la pluralité des ſuffrages ; celui qui
„ apprendra aux nobles que les ſerfs
„ qui les nourriſſent, iſſus des Sarma-
„ tes leurs ancètres communs, ſont
„ des hommes ; & qui, à l'exemple d'un
„ roi de France plus grand que Clovis
„ & Charlemagne, bannira la ſervi-
„ tude, cette peſte civile qui tue l'é-
„ mulation, l'induſtrie, les arts, les
„ ſciences, l'honneur & la proſpérité :
„ c'eſt alors que chaque polonois pour-
„ ra dire :

　„ *Namque erit ille mihi ſemper deus* ".

POLTRONERIE, ſ. f. , *Morale*,
diſpoſition à s'intimider, à s'effrayer,
& à faire tout ce qui peut nous éloigner des objets qui nous paroiſſent formidables. Nous avons parlé de la PEUR,
& en finiſſant cet article, nous avons
renvoyé à celui-ci, en diſant que la
poltronerie eſt une peur habituelle. On
peut avoir peur dans quelques cas,
ſans être poltron, ſoit parce qu'en effet ces cas ſont allarmans, ſoit parce
qu'on ſe trouve dans quelque état de
corps ou d'eſprit, qui altere les forces
& obſcurcit le jugement. Il y a des
peurs réfléchies qui n'ont rien de bla-
mâble : elles ſont l'effet de la prudence
& l'antidote de la témérité. Mais un
poltron a toujours peur, il s'effraye ſans
ſavoir de quoi, ou pourquoi : à plus
forte raiſon, s'il ſe préſente quelque
objet dont il puiſſe recevoir quelque
dommage ; les ſymptômes de la peur
ſont proportionnés au fond de *poltronerie* d'où elle procéde.

　Le reproche de *poltronerie* n'eſt fondé qu'à l'égard des perſonnes qui ſeroient capables de prévenir le danger
ou de s'y oppoſer. Un homme ne doit
pas avoir les vaines terreurs d'un en-

fant : un vigoureux manant peut joû-
ter avec un porte-faix, ſans redouter
ſes coups, comme le feroit un marquis
fluet, un valétudinaire cacochyme,
un vieillard infirme. La force du corps
eſt le grand principe du courage : on
peut être poltron avec une armure of-
fenſive & défenſive complette, ſi les
bras & les jarrets manquent de vigueur. Quiconque ſent qu'avec un coup
de poing, il terraſſera le premier qui
oſera l'attaquer, marche avec confiance & mépriſe tous les aggreſſeurs. C'eſt
ce que le maréchal de Saxe fit voir à
Londres ; & cela lui valut les accla-
mations de la populace, auxquelles il
fut peut-être plus ſenſible qu'aux tro-
phées d'une victoire ; ayant rencon-
tré dans les rues de cette capitale un
boueur, qui le défia ſuivant l'uſage un
peu barbare des inſulaires d'Albion ; il
le prit par le chignon du col, & le plongea dans ſon tombereau rempli de
boue. Tels étoient les héros d'Homere,
leurs exploits avoient une exacte proportion avec leur force : l'adreſſe n'y
entroit pas pour beaucoup, & le haſard
pour rien.

　Aujourd'hui la pyrotechnie a changé la face des choſes ; & hors le cas
des déroutes, il eſt difficile de diſtinguer dans le cours des actions militaires, le courageux du poltron. Charger & décharger, c'eſt la manœuvre
commune ; & l'on en vient rarement
aux armes blanches. En attendant la
bale, le boulet, la bombe, atteignent
les héros comme les goujats ; & les
premiers ſont étendus ſur la pouſſiere,
ſans avoir pu prévoir ni parer l'atteinte
mortelle. La perfidie, la trahiſon, trouvent auſſi leur compte à l'uſage de ces
moyens, comme en fait foi la mort de
Guſtave Adolphe, à laquelle on prétend aujourd'hui joindre celle de Char-

les XII. Plus on multipliera ces inventions, plus le courage deviendra inutile. Des mines font fauter les bataillons entiers ; la machine infernale n'auroit fait de S. Malo qu'un monceau de cendres. Auffi des princes généreux & amis de l'humanité ont-ils réfufé d'apprendre des fecrets qui auroient encheri fur l'état actuel de l'art de tuer.

Le courage de raifon ne peut pas rendre les mêmes fervices réels que la force du corps ; mais il peut être plus généralement & plus conftamment utile, & c'eft à mon avis le vrai fpécifique contre la *poltronerie*. On peut acquérir ce courage de deux manieres. La premiere eft dùe à l'éducation ; & l'on eft fort heureux quand on a des parens fenfés capables de la procurer. En raifonnant avec les enfans, dès qu'ils commencent à en être capables, on leur explique la nature & les propriétés des chofes, les liaifons des caufes avec leurs effets, & la conduite qu'ils doivent tenir en conformité de ces connoiffances. On avertira un enfant de ne pas toucher à un fufil chargé, en lui montrant comment il pourroit fe bleffer ou les autres ; mais on lui prouvera qu'il ne doit pas s'effrayer de la vue d'une épée nue, du bruit d'une décharge d'artillerie, &c. parce qu'il ne peut en recevoir aucun dommage. Une maniere fur-tout prompte & efficace de guérir les enfans de plufieurs frayeurs, eft de les mener droit aux objets qui les caufent, de les leur faire envifager, manier, & de les convaincre qu'ils ne font aucun mal.

L'autre principe du courage de raifon qui opere plus lentement, mais qui peut conduire jufqu'à l'intrépidité, fe trouve dans l'expérience jointe à la réflexion. Quand, pendant long-tems & à plufieurs reprifes, on a fortement craint des chofes qui ne le méritoient

pas ; quand on a eu fouvent occafion de dire : n'eft-ce que cela ? on s'aguerrit & l'on acquiert une efpece d'imperturbabilité. Comme l'idée de la mort eft le principal épouvantail de bien des gens, & le triomphe, pour ainfi dire, de léur *poltronerie*, il faut fe familiarifer avec elle, envifager tout ce qui peut la repréfenter, bleffés, mourans, cadavres, funérailles, jufqu'à ce qu'à la fin ces objets ne faffent aucune impreffion ; il faut auffi faire attention aux états par lefquels on a paffé, maladies dangereufes, évanouiffemens, & autres images de la mort, pour fe convaincre que le dernier pas ne fera ni plus pénible, ni plus terrible. Montaigne dit d'excellentes chofes là-deffus. (F.)

POLYANDRIE, f. m., *Mor. & Dr. polit.* Ce mot indique l'état d'une femme qui a plufieurs maris.

L'hiftoire, tant ancienne que moderne, nous fournit des exemples de peuples chez qui il étoit permis aux femmes de prendre plufieurs époux. Quelques auteurs qui ont écrit fur le droit naturel, ont cru que la *polyandrie* n'avoit rien de contraire aux loix de la nature ; mais pour peu que l'on y fâffe attention, on s'appercevra aifément que rien n'eft plus oppofé aux vûes du mariage. En effet, pour la propagation de l'efpece, une femme n'a befoin que d'un mari, puifque communément elle ne met au monde qu'un enfant à-la-fois : d'ailleurs la multiplicité des maris doit anéantir ou diminuer leur amour pour les enfans, dont les peres feront toujours incertains. La *polyandrie* eft donc une coutume encore plus impardonnable que la polygamie ; elle ne peut avoir d'autre motif qu'une lubricité très-indécente de la part des femmes, à laquelle les légiflateurs n'ont

H 2

point dû avoir égard ; rien n'est plus propre à rompre ou du-moins à relâcher les liens qui doivent unir les époux ; enfin cette coutume est propre à détruire l'amour mutuel des parens & des enfans.

POLYGAMIE, f. f., *Droit nat. & polit.*, mariage d'un seul homme avec plusieurs femmes.

Ce mot est composé du grec πολυς, *plusieurs*, & γαμος, *mariage*.

On distingue deux sortes de *polygamie* ; l'une *simultanée* & l'autre *successive*. La *polygamie* simultanée est lorsqu'un homme a tout-à-la-fois plusieurs femmes. La *polygamie* successive est lorsqu'un homme épouse plusieurs femmes l'une après l'autre, après la mort de la premiere, de la seconde, &c. ou qu'il convole à de secondes, troisiemes, quatriemes nôces. *v.* MARIAGE.

La pluralité des hommes pour une seule femme est quelque chose de mauvais en foi ; elle est contraire par elle-même à l'effet principal du mariage, qui est la génération des enfans : aussi voit-on par l'histoire qu'il a toujours été défendu aux femmes d'avoir plusieurs maris. Il faut raisonner tout autrement de la *polygamie* simultanée par rapport aux hommes ; par elle-même elle n'est point opposée au droit naturel, ni à la premiere fin du mariage. Comme nous verrons plus bas.

Cette espece de *polygamie* étoit tolérée parmi les Hébreux, & autorisée par l'exemple des patriarches. On ne la voit établie par aucune loi, & l'Ecriture qui nous donne le nom du premier bigame (Lamech) & de ses deux femmes, semble insinuer que son action ne fut pas approuvée des gens de bien, & qu'il en craignoit les suites.

Les rabbins soutiennent que la *polygamie* étoit en usage dès le commencement du monde, & qu'avant le déluge chaque homme avoit deux femmes. Tertulien croit au contraire que ce fut Lamech, qu'il appelle un *homme maudit*, qui pervertit le premier ordre établi de Dieu. Le pape Nicolas I. accuse Lamech d'adultere à cause de sa *polygamie* ; & le pape Innocent III. *cap. gaudemus extra. de divortio*, s'avisa de décider qu'il n'a jamais été permis d'avoir plusieurs femmes à la fois, sans une permission & une révélation particuliere de Dieu.

C'est par cette raison qu'on justifie la *polygamie* des patriarches. On croit que Dieu la leur permit, ou du moins qu'il la toléra pour des vûes supérieures.

Les loix de Moïse supposent manifestement cet usage, & ne le condamnent point. Les rabbins permettent au roi jusqu'à dix-huit femmes, à l'exemple de Roboam, roi de Juda, qui en avoit autant ; & ils permettent aux Israëlites d'en épouser autant qu'ils en peuvent nourrir. Toutefois les exemples de *polygamie* parmi les particuliers, n'étoient pas trop communs, les plus sages en voyoient trop les inconvéniens. Mais au lieu de femmes on prenoit des concubines, c'est-à-dire, d'un second rang, ce qui n'étoit pas sujet aux mêmes désordres. On met cette différence entre une femme & une concubine, selon les rabbins, qu'une femme étoit épousée par contrat, & qu'on lui donnoit sa dot ; au lieu que les autres se prenoient sans contrat, qu'elles demeuroient dans la soumission & la dépendance de la mere de famille, comme Agar envers Sara, & que les enfans des concubines n'héritoient pas des biens fonds, mais d'un présent que leur faisoit leur pere.

Jesus-Christ a rétabli le mariage dans son premier & légitime état, en révoquant la permiſſion qui toléroit la *poly-gamie* & le divorce. Il ne permet aux chrétiens qu'une ſeule femme, ſelon ces paroles de la Geneſe : *Dieu créa au com-mencement l'homme mâle & la femelle ; l'homme s'attachera à ſa femme, & ils ne feront enſemble qu'une ſeule chair.*

La *polygamie* n'eſt plus permiſe à-pré-ſent aux Juifs, ni en Orient, ni en Oc-cident. Les empereurs Théodoſe, Ar-cade & Honorius, la leur défendirent par leurs reſcrits de l'an 393. Les Ma-hométans qui ne ſe refuſent pas cette liberté, ne l'accordent point aux Juifs dans leur empire. Les Samaritains fort attachés aux loix de Moïſe, n'épouſent qu'une ſeule femme, & font un crime aux Juifs de leur *polygamie* ſecrete en Orient.

La *polygamie* ſucceſſive eſt autoriſée par les loix civiles, & tolérée dans l'égli-ſe, quoiqu'avec aſſez de répugnance, les conciles & les peres ayant ſouvent té-moigné qu'ils ne louoient pas les ſecon-des noces, & les canons ne recevant pas dans les ordres ſacrés les bigames, à moins qu'ils n'ayent diſpenſe. On lit dans Athénagore, que les ſecondes no-ces font un adultere honorable, *adul-terium decorum ;* & dans S. Baſile, qu'el-les font une fornication mitigée, *caſti-gatam fornicationem,* expreſſions trop fortes. Les montaniſtes & les novatiens condamnoient auſſi les ſecondes noces. Je declare hautement, dit S. Jérôme, *epiſt. xxx. ad Pammach.* qu'on ne da-mne pas dans l'égliſe ceux qui ſe ma-rient deux, trois, quatre, cinq & ſix fois, & même davantage ; mais ſi on ne proſcrit pas cette répétition, on ne la loue pas.

S. Jérôme ſemble plus modéré que les autres peres. Si le mariage eſt préférable au célibat, lorſque les hommes ne peu-vent pas vivre dans la continence, les

ſecondes & les troiſiemes noces ſont en-core plus néceſſaires que les premieres, dans ce point de vue ; car il eſt bien plus difficile de ſe contenir après l'habitude d'une femme, que lorſqu'on n'a jamais été marié.

La pluralité des femmes fut pareille-ment en uſage chez les Perſes, chez les Athéniens, les Parthes, les Thracès ; on peut même dire qu'elle l'a été preſque par tout le monde, & elle l'eſt encore chez pluſieurs nations.

Les Romains, ſéveres dans leurs mœurs, ne pratiquoient point d'abord la *polygamie* ſimultanée, mais elle étoit commune parmi les nations de l'orient. Les empereurs Théodoſe, Honorius & Arcadius la défendirent par une loi ex-preſſe l'an 393.

L'empereur Valentinien I. fit un édit par lequel il permit à tous les ſujets de l'empire d'épouſer pluſieurs femmes. On ne remarque point dans l'hiſtoire ecclé-ſiaſtique que les évêques ſe ſoient recriés contre cette loi en faveur de la *polyga-mie ;* mais elle ne fut pas obſervée.

Saint Germain, évêque d'Auxerre, excommunia Cherebert fils de Lothai-re, pour avoir épouſé en même tems deux femmes, & même qui étoient ſœurs ; il ne voulut pourtant pas les quitter, mais celle qu'il avoit épouſée en ſecond lieu mourut peu de tems après.

Charlemagne ordonna que celui qui épouſeroit une ſeconde femme du vi-vant de la premiere, ſeroit puni com-me adultere.

Athalaric, roi des Goths, fit auſſi un édit contre la *polygamie.*

Il y a chez les Ruſſiens un canon de Jean, leur métropolitain, qui eſt ho-noré chez eux comme un prophete, par lequel celui qui quitteroit une femme, pour en épouſer une autre, doit être retranché de la communion.

Il ne paroît pas à la rigueur que la *polygamie* foit une chofe abfolument mauvaife de fa nature, ou que l'on puiffe prouver qu'elle foit directement contraire au droit naturel.

L'effet principal qu'on attend du mariage eft d'avoir des enfans, dont on foit affuré d'être le pere, & le but effentiel de cette forte union, eft d'avoir une compagne en qui l'on trouve un fecours mutuel ; or tout cela peut auffi-bien avoir lieu quand on a plufieurs femmes, que lorfqu'on n'en a qu'une. En vain, objecte-t-on, que de cette maniere les perfonnes mariées ne fe gardent pas mutuellement la foi, qu'elles fe font données. Ce n'eft là qu'une vaine déclamation : car la fidelité réciproque ne confifte pas à s'acquitter d'un engagement qui foit précifément égal de part & d'autre. Et l'effet principal du mariage régulier ne demande pas néceffairement, que, comme la femme ne doit pas accorder fes faveurs à d'autre homme qu'à fon mari, le mari ne puiffe pas non plus avoir commerce avec une autre femme ; puifque la raifon qui défend aux femmes d'avoir plus d'un mari à la fois, je veux dire, la difficulté de favoir qui feroit le pere des enfans qu'elles mettroient au monde, n'a point lieu, quand un homme prend plufieurs femmes. Il fuffit que le mari entre dans l'engagement de fecourir fa femme & de lui rendre le devoir conjugal. Or plufieurs hommes font bien capables de le rendre à plufieurs femmes ; & en cas contraire ils doivent fe contenter d'une ; car la *polygamie* n'eft pas une obligation, mais un droit auquel on pourroit renoncer lorfqu'il deviendroit à charge. Les femmes d'ailleurs auroient tort de fe plaindre, car où la *polygamie* eft établie, les maris ne leur font aucun tort en partageant le devoir con-

jugal avec les autres femmes ; puifque, par le contract de mariage, elles n'y ont droit que pour leur quote part. Aucune d'entr'elles donc n'auroit droit de fe plaindre que dans le cas où le mari, laiffant fes propres terres en friche, va labourer & femer dans le champ d'autrui.

Puis donc que la *polygamie* ne fait point de tort à l'effet principal du mariage qui eft d'avoir des enfans qui puiffent connoître leur pere ; ni aux femmes, avec qui on ftipule feulement une partie des devoirs que le mari peut rendre, & les conditions du contract en fixent la nature ; il s'enfuit qu'elle n'eft nullement défendue par le droit naturel. Ce que l'on dit de la jaloufie des femmes, des diffenfions domeftiques, de la haine de maratre que chaque femme conçoit pour les enfans des autres femmes de fon mari, des animofités qui fe perpétuent entre les enfans eux-mêmes ; tout cela ne prouve rien contre le filence du droit naturel ; ces raifons montrent feulement que la *polygamie* eft fujette à quelques inconvéniens domeftiques : & n'y en a-t-il pas dans les fecondes noces, & dans tout mariage, quel qu'il foit ? D'ailleurs on ne comprend pas que ces inconvéniens ne fauroient avoir lieu que dans les pays où l'ufage n'en eft pas établi, & dans ceux où les femmes font hautaines & les maris efclaves : mais la *polygamie* une fois établie changeroit l'œconomie domeftique. Et après tout, il n'eft pas difficile à un homme prudent & fage, d'entretenir la paix dans fa famille, même parmi plufieurs femmes.

Mais examinons la *polygamie* du côté de fon utilité, ou de fes défavantages politiques. En ce fens plufieurs écrivains l'ont rejettée comme une condefcendance fuperflue, ou même dangereufe pour les paffions. ,, L'auteur de ,, l'*Efprit des loix* dit qu'elle n'eft point ,, utile au genre humain, ni à aucun ,, des fexes, foit à celui qui abufe, foit ,, à celui dont on abufe." *Lib. XVI. c.*6. D'autres ont été plus loin. Ils ont prétendu que la défenfe de multiplier les femmes, pour le fervice d'un feul homme, étoit plus favorable à la population, que la liberté contraire. Ils n'ont pas craint de foutenir qu'en fanctifiant l'union conjugale, elle la rendoit plus avantageufe à la fociété, & que la maniere la plus fûre d'engager un homme à fe donner un grand nombre de fucceffeurs; c'étoit de le fixer jufqu'à la mort auprès d'une feule femme.

Pour le prouver, ils ont jetté les yeux fur l'Afie. Ils ont effrayé l'imagination par le fpectacle des ferrails, des eunuques qui couvrent & défigurent cette partie du monde. Ils ont parlé de ces lieux, où la nature efclave ou mutilée ne fubfifte dans un feul objet, que pour le malheur de tous ceux qui l'entourent, où la mort regne avec un empire fur des charmes faits pour donner la vie, où la privation eft un fujet de defefpoir, & la jouiffance un acte de defpotifme, ou de fervitude.

En cela ils ont raifon. La *polygamie* ainfi dégradée devient réellement deftructive; mais ce n'eft point par ellemême qu'elle produit cet effet funefte; c'eft par les acceffoires odieux qu'y ajoute le raffinement des paffions. Ce n'eft point parce qu'un Mufulman a plufieurs femmes, que l'Afie fe dépeuple; c'eft à caufe du cortege qu'il croit devoir leur donner pour fa tranquillité, pour mettre à couvert ce qu'il appelle fon *honneur*, & qui n'eft en effet que fon impuiffance. Voilà ce qui fait à la population un tort réel & irréparable. En vain le poffeffeur d'un ferrail

fait tous fes efforts pour fe donner une poftérité nombreufe. L'hommage impérieux qu'il y rend à la beauté, ne repare point les injuftices qu'il y fait à la nature. Tant d'efclaves des deux fexes condamnés à une ftérilité perpétuelle; tant d'hommes réduits à n'être plus fur la terre que des ombres effrayantes: tant de filles confacrées à partager l'efclavage de leurs maîtreffes, fans avoir jamais l'efpérance d'en partager le foible prix: voilà le véritable écueil de la population en Afie; voilà ce qui fait qu'elle trouve fon tombeau dans ces harems voluptueux où le bonheur ne fe montre jamais que fous l'air de la contrainte, où les plaifirs font une dette pour celles qui les donnent, & fouvent un embarras pour ceux qui les reçoivent.

Dans les premiers tems au contraire la *polygamie* n'étoit ni une occafion de gène pour les unes, ni un fardeau accablant pour les autres. On ne connoiffoit pas encore ces précautions odieufes, qui font de fa fidélité une vertu forcée, & qui en impofant des devoirs pénibles ne laiffent pas même le mérite qu'il y auroit à les remplir. Les femmes devenoient pour un mari des compagnes auffi chaftes que foumifes. Elles partageoient avec lui les travaux domeftiques & l'éducation de la famille. Toute leur ambition fe bornoit à la gouverner & à l'augmenter. Elles n'avoient pas befoin pour cela de recourir à des fecours étrangers. D'un côté, quoiqu'elles fuffent plufieurs, leur nombre n'étoit jamais exceffif. De l'autre, une vie frugale, laborieufe, prolongeoit prefque jufqu'à la décrépitude la jeuneffe des hommes: ils confervoient par conféquent toujours dans l'efprit de leurs femmes la puiffance & l'autorité qui leur étoit dûe. Ils n'étoient jamais tentés d'employer des moyens violens pour s'en faire refpecter.

L'auteur de l'*Efprit des loix*, penfe que dans les pays où regne la *polygamie*, „ au „ lieu de préceptes il faut des verroux… „ L'ordre domeftique le demande ainfi. „ Un débiteur infolvable cherche à fe „ mettre à couvert des pourfuites de „ fes créanciers." La plaifanterie fans doute eft excellente : mais eft-elle fondée ? N'eft-elle pas démentie par la nature & l'expérience ? Les hiftoires anciennes & modernes ne font-elles pas remplies de créancieres affez indulgentes, affez défintéreffées, non-feulement pour accorder du tems à leur débiteur, mais pour faire même gratuitement le tranfport de la dette en d'autres mains ? On voit dans la Genefe que les femmes des patriarches faifoient avec plaifir de leurs fervantes leurs rivales. Celles-ci devenoient meres à la follicitation de leurs propres maîtreffes, qui les préfentoient elles-mêmes à leurs maris. Les époufes ftériles, & fouvent celles qui ne l'étoient pas, fe réjouiffoient de la fécondité de leurs efclaves : elles s'empreffoient d'en profiter : elles s'en approprioient les fruits. Regardant le confentement qu'elles donnoient à leur naiffance, comme une image très-reffemblante de la tendreffe maternelle, elles ne mettoient aucune différence entr'eux & ceux qui avoient été conçus dans leur propre fein. Elles fe croyoient dédommagées par les careffes innocentes de ces enfans, de celles dont elles avoient fait le facrifice pour leur procurer la vie.

Ce ne font pas feulement les femmes des patriarches qui ont été capables de cette force d'efprit. Au rapport de nos voyageurs, l'exemple s'en renouvelle encore tous les jours dans un grand empire. Les chinoifes ne font pas moins maîtreffes d'elles-mêmes, & de leurs fen-

timens dans un cas pareil. On peut dire même qu'il y a de leur part plus de courage, plus de grandeur d'ame à adopter ainfi les enfans de leurs fervantes, à fouffrir qu'on leur épargne les préliminaires de la maternité, dont on ne leur laiffe que les honneurs. Les rivales fubalternes qu'on admet à les fubftituer dans des fonctions fi intéreffantes, ne font pas de leur choix. Elles en feroient par conféquent plus autorifées à fe plaindre de cette infidélité de leurs maris ; elles en auroient plus de droit de regarder leur inconftance comme un libertinage odieux. C'eft cependant ce qu'elles ne font pas. Elles reçoivent fans repugnance des mains de la loi les enfans que la nature ne leur a point donnés. Elles chériffent en eux le pere, à qui elles font liées par un ferment folemnel. Elles mettent leur orgueil & leur plaifir à fe voir à la tête d'une nombreufe famille. Au lieu d'éclater avec amertume contre une ufurpation qui choque leurs droits effectifs, elles fe contentent de la punir en s'en refervant les fruits, comme ces propriétaires fages, qui laiffent paifiblement un étranger bâtir fur leurs fonds, fachant bien que l'édifice quand il fera fini, ne peut manquer de leur être adjugé.

Cette façon de penfer & d'agir, fi contraire au langage ordinaire des paffions, eft plus facile à introduire qu'on ne le croit. Si la coutume a pu amener les femmes à fe brûler volontairement fur le cadavre d'un mari mort, feroit-il donc impoffible de les engager à tolerer fans aigreur le partage d'un mari vivant ? Elles font en général plus fufceptibles que les hommes des impreffions qu'on veut leur donner. Elles font plus attachées à leurs devoirs, même à ceux que l'opinion leur a faits. Que l'opinion donc leur perfuade qu'elles

les ne font pas deftinées à jouir feules des careffes d'un époux, & on les verra fouffrir en paix la concurrence de plufieurs rivales. C'eft aux mœurs, il eft vrai, à operer ce prodige. Il ne peut avoir lieu que dans une nation généralement vertueufe. Il n'eft poffible que chez un peuple laborieux, occupé, où l'oifiveté foit profcrite pour les deux fexes, où la molleffe ne foit pas un titre de diftinction, où l'on ne voye point la jeuneffe la plus qualifiée, ne fe livrer qu'à des amufemens frivoles, ou à une activité coupable, fe faire un jeu de féduire la vertu, & une gloire de corrompre l'innocence; où la premiere leçon qu'on donne aux femmes foit, non de chercher les plaifirs bruyans & publics qui ne les honorent pas, & en néceffitent bientôt de plus fecrets qui les deshonorent; mais de fe plaire dans la retraite, d'y cacher fans regret des charmes faits pour l'embellir, & qui ne peuvent être loués innocemment que par un mari; d'y faire confifter leur bonheur à bien regler l'intérieur de la famille, à recevoir les marques de l'amour du pere, & du tendre refpect des enfans, à entretenir la paix dans cette petite monarchie, à être perpétuellement les médiatrices entre le maître & les fujets; enfin à y jouir fans remords de l'empire le plus étendu que puiffe donner la beauté & la reconnoiffance.

Chez un peuple ainfi conftitué qu'on ne craigne pas que la *polygamie* puiffe devenir dangereufe. Malgré le phyfique du climat, fans grille ni verroux, on y verroit l'union fubfifter dans les menages les plus confidérables. On y verroit des créancieres affez généreufes, fi non pour renoncer entiérement à leur titre primitif, au moins pour en voir fans peine réduire les intérêts. Le débi-

Tome XI.

teur toujours maître de fixer le terme des payemens, ne craindroit jamais de fe voir réduit à l'infolvabilité: d'une part il confulteroit fes fonds avant que de contracter de nouveaux engagemens; de l'autre trouvant toujours des créancieres de facile compofition, il n'auroit pas befoin de prendre des précautions pour fe garantir de leurs pourfuites.

Concluons donc avec S. Auguftin, ,, que fi la *polygamie* eft aujourd'hui ,, criminelle, c'eft que l'ufage en eft ,, aboli. Il y a différentes fortes de pé-,, chés, continue-t-il; il y en a contre ,, la nature, il y en a contre les ufages & ,, coutumes, & il y en a contre les loix. ,, Cela pofé, quel crime peut-on donc ,, faire au faint homme Jacob d'avoir eu ,, plufieurs femmes? Si vous conful-,, tez la nature, il s'eft fervi de ces fem-,, mes pour avoir des enfans, & non ,, pour contenter fa paffion. Si vous ,, avez égard à la coutume, la coutu-,, me autorifoit la *polygamie*. Si vous ,, écoutez la loi, nulle loi ne lui défen-,, doit la pluralité des femmes. Pourquoi ,, donc la *polygamie* eft elle aujourd'hui ,, un péché? c'eft qu'elle eft contraire ,, à la loi & à la coutume. (D. F.)

POMERANIE, POMERANIA, POMMERN, *Droit public*, Etat proteftant d'Allemagne, poffédé à titre de duché par la Suede, & par la Pruffe, & fitué dans le cercle de haute-Saxe, entre le Meckelbourg, le Brandebourg, la Pologne, la Pruffe & la mer Baltique: il comprend les ifles de Rugen, d'Ufedom, de Wollin, & d'autres moins confidérables. Il borde la Baltique en fe courbant, & pénétre la haute-Saxe en fe rétréciffant.

Sa longueur, prife felon qu'elle cotoye la mer, eft de 60, & fa largeur de 8 jufqu'à 13 milles géographiques. Son

I

étendue étoit bien plus confidérable anciennement, qu'elle ne l'eft aujourd'hui; elle confinoit au levant jufqu'à la Viftule, enforte que de ce côté-là elle comprenoit la Pomérellie, & entroit encore bien-avant dans la grande Pologne; une partie de la nouvelle Marche & de la Marche Uckérane en dépendoit encore vers le midi, & elle renfermoit vers le couchant le pays de Stargard & une partie de celui de Mecklenbourg.

La navigation & le commerce de cette province tirent des avantages infinis de la mer Baltique, qui la cotoye; toutefois eft-il très-dangereux d'en fuivre les bords du côté de la *Poméranie*, furtout vers l'embouchure de l'Oder, & il eft effentiel de bien enfiler un des deux ports, qui font celui de Swine & celui de Colberg. C'eft par cette raifon que quantité de bateaux font annuellement naufrage fur les côtes de cette province. Le droit de varech, établi autrefois fur cette même côte, fut aboli par Bogislas X. abolition qui eut pareillement lieu dans la *Poméranie* pruffienne en 1743, enforte que tous les effets naufragés font rendus à leurs propriétaires fans aucune difficulté en payant néanmoins une certaine rétribution pour le repêchement des marchandifes. La mer Baltique rejette de côté & d'autre de l'ambre jaune de fon fein fur le rivage de la *Poméranie* ultérieure, mais en moindre quantité cependant qu'elle ne le fait en Pruffe.

Tout le duché de *Poméranie* contient foixante-huit villes, qui font divifées en immédiates & en médiates; les premieres dépendent du fiege de juftice fupérieur de la province; elles élifent elles-mêmes leurs magiftrats, & ceux des trois villes, qui ont le droit de préféance, ont entrée aux Etats, où ils ont coutume d'être convoqués. Les villes médiates au contraire font du reffort foit des bailliages royaux, foit des feigneuriaux; elles prètent ferment de fidélité à leurs feigneurs & patrons, dont elles fubiffent le degré de juftice, & fe pourvoient en feconde inftance au fiege de juftice, du bailliage ou du château. Les prépofés de ces villes font à la nomination des feigneurs, & doivent être confirmés par la régence provinciale. Les deniers que les villes immédiates font tenues de payer à leur fouverain pour raifon de droit de jurifdiction, font nommés *Ohrbor* ou *Orbeede*; plufieurs villes médiates n'en ont point été exemptes autrefois; elles étoient obligées d'acquitter le même droit aux feigneurs qui habitoient dans les châteaux; témoin la ville de Rummelsbourg, qui le paya à la famille de Maffow fous le nom de l'écu du gentilhomme, en allemand *Junkerthaler*.

Le nombre des morts s'eft monté réguliérement dans les derniers tems à 1000 perfonnes par an, lorfqu'il n'y a point eu d'épidémie; d'où l'on peut conclure, que toute la *Poméranie* contient environ 460000 ames. Les habitans de cette province font principalement Allemands & Venedes d'origine. Il paroît par un diplôme du duc Bogislas I. que des moines allemands du couvent de Colbatz amenerent déja dans le douzieme fiecle des laboureurs de leur nation dans cette province; mais d'autres titres de l'année 1240 prouvent, que ce ne fut qu'à cette époque environ, que des familles nobles s'y établirent. Ce qu'il y a de fûr, eft que les couvents y attirerent un grand nombre d'Allemands; les ducs firent conftruire des villes & des villages, qu'ils leur abandonnerent pour s'y établir; ils y ajouterent même de grands privileges, que les Venedes leur envierent. La majeure partie de ces étrangers y étoit venue des pays de Brunfwic ; mais quoique ces Allemands n'y euffent été que tolérés dans le principe, ils détruifirent cependant fucceffivement les anciens habitans, en leur refufant tout droit de bourgeoifie dans leurs nouvelles villes, & tout accès dans leurs corps de métiers, & en s'établiffant de force dans celles des Venedes, ufant même de violence à cet effet ; ce qui ne contribue pas peu à l'entiere oppreffion des Venedes, fut le violent tribut, auquel ils étoient impofés, & à peine le langage allemand eût-il été adopté par la cour, que celui des Venedes tomba fucceffivement en défuétude. Il fe trouve encore des Caffubiens mèlés avec les Allemands dans le cercle de Stolpe & dans les feigneuries de Lauenbourg & de Bütow ; leur langage a à-peu-près le même rapport avec le bon langage Polonois, qu'a le plat allemand avec le bon, & c'eft par cette raifon que les Caffubiens comprennent aifément les fermons qui leur font faits dans l'idiôme épuré de la Pologne. Les étrangers fe font établis en grande quantité depuis quelque tems dans la *Poméranie* pruffienne, tellement que depuis 1746 il y fut conftruit cinquante-neuf nouveaux villages & nouvelles cenfes, dans lefquels le roi Frédéric II. plaça huit cents feptante-fix familles étrangeres, & en tranfplanta deux cents quatre-vingt anciennes dans d'autres villages qu'il fit aggrandir. La nobleffe eft nombreufe en *Poméranie*, & elle y eft en grande confidération depuis un tems affez confidérable. Ceux d'entre les nobles de la *Poméranie* ultérieure, qui font domiciliés dans des châteaux, font les Flemming, les Bork, les Wedel, les Dewitz, les Often, les Manteufel & les Blücher. Les nobles de cette derniere efpece ne jouiffent plus d'aucune préférence

dans la *Poméranie* fuédoife. Les fujets des feigneurs font leurs ferfs en tant qu'ils font tenus à des corvées perfonnelles & à des corvées de chariots, & qu'en cas d'évafion ils doivent leur être rendus, s'ils peuvent être découverts ; au cas contraire, le feigneur difpofe en faveur d'un autre de la cour ou de la métairie du fugitif, & lui fournit les chevaux, les vaches, les porcs, les moutons & les bleds, dont il peut avoir befoin pour fon emmenagement & pour fa fubfiftance ; s'il arrive par la fuite, que le feigneur en foit mécontent, il lui eft libre de l'en expulfer, ainfi que fa femme & fes enfans. Les laboureurs établis à Rugen, à Barth & le long du Tollenfée ; ceux qui font domiciliés auprès de Pyritz & de Rugenwald, & la plupart de ceux qui dépendent des villes, font traités beaucoup plus favorablement ; ils font tenus à des corvées moins onéreufes, & leurs métairies font héréditaires ; ils peuvent même acquérir celles des autres avec le confentement des feigneurs, à charge néanmoins par le vendeur de lui payer le dixieme denier du prix de la vente, & d'une autre redevance en argent de la part de l'acquéreur.

Les prélats, la nobleffe & les villes compofent les Etats de la province. Les prélats de la *Poméranie* pruffienne font le grand-chapitre de Camin, l'abbaye de fainte Marie de Colberg & les deux abbayes établies à Stettin. La famille de Somnitz poffede la charge de chambellan héréditaire du duché de *Poméranie* & de la principauté de Camin.

La majeure partie des habitants profeffent la religion luthérienne depuis 1534 & 1535, époque à laquelle remonte fon établiffement public. Il fe trouve néanmoins de côté & d'autre des calviniftes & des catholiques. Les commu-

I 2

nautés luthériennes font foumifes à l'infpection des prévôtés, qui elles mêmes
dépendent des furintendances générales.
Les livres fymboliques de ces églifes
font l'inaltérée confeffion d'Augsbourg,
fon apologie, & le grand & le petit ca-
téchifme de Luther. La province a produit continuellement des gens, qui ont
cultivé les fciences; on y trouve outre
les écoles latines ordinaires un college
à Stralfund & un autre à Stargard. L'u-
niverfité eft établie à Greifswalde.

Plufieurs villes, & notamment celles
de Stettin, de Stargard, de Colberg, de
Cöslin & de Cörlin contiennent des manufactures & des fabriques de plufieurs
fortes. On voit fur les terres de Maffow, tout près de Rummelsbourg, une
manufacture de futaine, & il s'y fait
une grande quantité de toile dans le
diftrict de Rügenwalde, où le lin croît
en abondance. Les villes fituées le long
des fleuves navigables & vers le rivage de
la mer Baltique entretiennent un commerce très étendu, mais principalement
celles de Stettin & de Stralfund; on peut
juger de celui de la premiere de ces deux
villes par l'énumération des marchandifes, qui y ont été fabriquées & exportées en 1756 pour la Hollande,
l'Angleterre, la France, l'Efpagne, le
Danemarck, la Norwege, la Suede, la
Ruffie, la Pruffe, les villes de Dantzig,
de Mecklenbourg, Lubeck & Hambourg, favoir, 10,089 livres pefant
d'amidon, qui cependant n'avoit point
été fabriqué dans le pays, mais qui y
avoit été importé; 72,240 livres d'an-
timoine, 1171 quintaux d'arfenic, 106
quintaux de fer blanc, 106 pieces d'é-
tamine, 251 pieces de flanelle, 107 tonnes de calamines, 6,649 caiffes de verres, pour la valeur de 17,608 rixdales
de verres d'Hollande, plufieurs efpeces
de bois, favoir 33,186 toifes de bois de

chauffage, pour la valeur de 130,960
rixdales de bois de conftruction, 1401
fchocks, mefure du pays, de bois de
gayac, 2598 fchocks de bois dit Klap-
pholz, 30 mâts, 5,179 planches, pour
la valeur de 8,916 rixdales de bois propre à la conftruction des bateaux, pour
celle de 22,526 rixdales de mercerie, 24
caiffes de marchandifes de lin, 436,960
briques, 639 quintaux de laiton, 147
tonnes de potaffe, 408 quintaux de ga-
rance, 233 tonnes de favon, 1830
quintaux de faux, 5812 quintaux de
tabac, 3, 448 pieces de drap, 775
quintaux de laine de Pologne. Toutes ces fortes de marchandifes ont été
chargées & exportées fur 1671 bâtimens, outre lefquels il en eft forti encore du port 97 autres chargés de left.

Les Sueves & les Vandales occupoient autrefois cette contrée, parmi
lefquels étoient compris les Goths,
les Rugiens, les Lemoviens & encore
d'autres peuples. Les premiers s'étei-
gnirent vers le milieu du fixieme fiecle,
& furent remplacés par les Slaves ou
Venedes, qui, reçus dans le pays, s'y
maintinrent de plus en plus, & s'y étendirent fucceffivement; mais ce qui eft
digne de remarque, eft que les noms
des peuples, qui demeurerent entre l'O-
der & la Viftule, aient été auffi inconnus avant l'onzieme fiecle, que ne le
fut celui du pays. Adam de Bremen eft
le premier, qui dans fon *Hiftoire eccléfiaftique* ait nommé *Poméraniens* les Slaves, qui occuperent cette partie de la
province; Helmold l'imita en ceci;
mais ni l'un ni l'autre n'appella ce pays
Poméranie; ce nom fe trouve pour la
premiere fois dans la bulle de confirmation que donna le pape Innocent au
fujet de l'érection de l'évêché de *Poméranie*, & dont la date remonte à l'année 1140. Il y a toute apparence que

l'étymologie de ce nom dérive de la langue flavonne, & qu'il eft compofé de *Po marski*, qui fignifie *fitué fur le bord de la mer*; le pays fitué au couchant de l'Oder prit le même nom à la fuite des tems. Les peuples, qui demeurerent entre l'Oder & Varnow, furent les Vilfes, qui s'appellent auffi *Welatabres* & *Lutices*. Ces peuples fe diviferent en Rhéteriens, ainfi nommés de *Rhétere*, leur ville capitale; en Tollenfiens, de la riviere de Tollenfe; en Circipéniens de celle de Peene; & en Kiffiniens, nom qu'ils avoient pris de celui de la ville de *Kiffin*. Les Rugiens habiterent l'ifle de Rugen, que forme la mer Baltique.

Le prince Suantibor I. fut la fouche des ducs de *Poméranie*. Il mourut en 1107, & fes quatre fils partagerent fa fucceffion de façon, que Wartislas & Ratibor I. eurent la *Pomeranie antérieure*, c'eft-à-dire, le pays fitué entre la Warnow près de Roftock & la Perfante, ainfi que celui qui forme aujourd'hui la nouvelle Marche; Bogislas & Suantipolk eurent la *Poméranie ultérieure*, qui comprenoit la contrée, qui fe trouve entre la Perfante, la Brahe & la Viftule, ainfi qu'une partie des diftricts polonois dépendans de Pofen & de Kalifch, & qui s'étendent jufqu'à la Netze & la Warte; les uns & les autres tranfmirent même à leur poftérité les parties, qu'ils avoient héritées, à l'exception néanmoins de ce que les Polonois conquirent par la fuite fur les deux derniers de ces quatre fils, & de ce que les marggraves de Brandebourg enleverent aux deux premiers par la force des armes. Les limites entre ces deux branches principales furent par ce moyen la riviere de Perfante & le Chollenberg, qui néanmoins ne furent point auffi certaines

qu'elles ne fuffent un fujet prefque continuel de difpute entre les deux maifons; la chatellenie de Belgard fut la partie cependant, qui occafionna le plus de conteftations entr'elles; les princes de la *Poméranie antérieure* ne cefferent point de la réclamer; les autres au contraire foutinrent conftamment, que la Perfante formoit la limite naturelle de leurs poffeffions d'un bout à l'autre. La branche de la *Poméranie ultérieure* s'éteignit dès l'année 1295 par la mort du duc Meftovin II. époque à laquelle elle avoit déja perdu toute la partie qu'on nomme la *Pomerellie*. Ce dernier duc avoit inftitué le royaume de Pologne pour héritier de fes Etats, & ce pour complaire à fes fujets, qui l'avoient defiré; mais la branche de la *Poméranie antérieure* s'en empara pour la plus grande partie.

Cafimir & Bogislas, freres & ducs de cette même *Poméranie antérieure*, offrirent ce duché tant à l'empereur qu'à l'empire d'Allemagne, pour le tenir d'eux en nature de fief; l'effet de cette oblation fut, qu'ils furent nommés l'un & l'autre princes de l'empire en 1181 par l'empereur Fréderic I. & que par la fucceffion des tems toute la *Poméranie* devint fief de l'empire. Le duc Barnim I. fe rendit maître de la *Poméranie ultérieure*, à l'exception de la feule ville de Stolpe. Bogislas IV. & Otton I. fes deux fils, partagerent entr'eux fes Etats; le premier fut la fouche de la branche de Wolgaft, & le fecond de celle de Stettin, qui s'éteignit en 1464 par la mort d'Otton III. Les biens de cette branche échurent dès-lors à la première, biens auxquels l'électeur de Brandebourg forma des prétentions réfultantes d'un pacte de famille conclu avec le duc Barnim le grand, mais dont l'électeur fut obligé de fe défifter moyennant l'expectative qu'il obtint à la fucceffion de la branche de Wolgaft, arrivant le cas de fon entiere extinction. Cette même branche hérita pendant le regne de Wartislas IV. de l'isle de Rugen, qui jufqu'alors étoit gouvernée par fes princes particuliers; elle hérita auffi d'une partie de la *Pomeranie ultérieure*, favoir du duché de Vandalie, & en prenant poffeffion de l'isle de Rugen, elle eut en mème-tems l'office de grand veneur de l'empire. Barnim IV. & Bogislas V. diviferent entr'eux les Etats de Wartislas, leur pere; Wolgaft échut au premier, & la Vandalie au fecond, dont les petits-fils terminerent la lignée; celle du premier ne s'éteignit qu'en 1637 par la mort du duc Bogislas XIV. qui fut le dernier de tous les ducs de *Pomeranie*. Toute cette province devoit dèslors appartenir à l'électeur de Brandebourg, en vertu de l'expectative, dont il vient d'être parlé; mais les chofes furent décidées différemment lors du traité de paix de Weftphalie; nonfeulement la *Pomeranie antérieure* & la principauté de Rugen, mais auffi les villes de Stettin, de Garz, de Dam, de Golnau, dépendantes de la *Pomeranie ultérieure*, & l'isle de Wollin furent cédées à la couronne de Suede, ainfi que l'Oder & le lac nommé *frifche Haff* avec fes trois embouchures; l'électeur de Brandebourg fut obligé de fe contenter par ce moyen du furplus de la *Pomeranie ultérieure*, à laquelle on ajouta l'évêché de Camin, que l'on convertit en une principauté féculiere; non content d'un démembrement auffi confidérable, on accorda encore à la couronne de Suede l'expectative fur la partie de *Pomeranie*, que l'électeur de Brandebourg venoit d'obtenir pour la poffeder en totalité, arrivant le cas, que

tous les mâles de cette maifon vinffent à s'éteindre. Le traité de paix conclu à Stockolm en 1720 à la fuite de la guerre du nord enleva depuis à la couronne de Suede la plus grande partie de la *Poméranie* antérieure; elle s'en démit à perpétuité en faveur de Fréderic Guillaume, roi de Pruffe, fa maifon & fes defcendans; elle fe démit auffi à fon profit de la ville de Stettin, & de toute cette contrée fituée entre l'Oder & la Peene; de l'isle de Wollin & de celle d'Ufedom; des embouchures de la Swine & de Diveno; du lac appellé *frifche Haff*, & de l'Oder jufqu'à l'endroit, où perdant fon nom, elle fe jette dans la Peene; il fut en outre convenu que cette riviere de Peene feroit & demeureroit à l'avenir la limite commune entre les deux puiffances, à l'exception néanmoins dans les endroits, où l'une des deux poffederoit les deux rives. Ce qui eft encore digne de remarque, eft que la couronne de Suede n'a pu parvenir qu'en 1754 à obtenir l'inveftiture impériale pour raifon de la *Poméranie*.

Le roi de Suede & celui de Pruffe ont chacun une voix aux dietes de l'empire & aux affemblées circulaires de la haute Saxe, l'un en qualité de duc de la *Poméranie* antérieure, & l'autre comme, duc de la *Poméranie* ultérieure. Le premier s'eft chargé de payer 123 rixdales 12 & $\frac{2}{3}$ de kr. pour l'entretien de la chambre, & l'autre 270 rixdales 49 & $\frac{1}{2}$ kr.

L'une & l'autre de ces deux couronnes font en droit, fuivant le traité de paix de Weftphalie, de prendre le titre & les armes de toute la *Poméranie* en général, mais non point de la principauté de Rugen; ce droit eft réfervé au feul roi de Suede, qui, quoiqu'il foit qualifié dans les dietes de duc de *Poméra-*

nie & de prince de Rugen, ne prend cependant ni le titre, ni les armes de la *Poméranie*. Le roi de Pruſſe en revanche prend la qualité de *duc de Stettin, de Poméranie, des Caſſubes & des Venedes*, ainſi qu'il a été obſervé dans la deſcription de la Marche de Brandebourg. Les anciens ducs de *Poméranie* furent *grands-veneurs du St. empire Romain*, à cauſe de la principauté de Rugen, ſituée en-deçà du détroit; d'autres princes furent revêtus de cette même dignité de grand-veneur, mais dans des diſtricts limités de l'empire.

Le roi de Suede établit un gouverneur général dans la partie qui lui appartient dans la *Poméranie* antérieure, & c'eſt à Stralſund qu'eſt fixée ſa réſidence; cette même ville eſt auſſi le ſiege d'une régence royale & encore d'une autre ſorte de juſtice, par-devant laquelle ſont portées les affaires, qui intéreſſent l'état militaire. Il ſe trouve à Greifſwalde une cour royale de juſtice & un conſiſtoire provincial, & à Wiſmar eſt le tribunal ſuprème, auquel ſont portés tous les appels des jugemens, qui ſe rendent dans la *Poméranie* ſuédoiſe.

La régence royale pruſſienne tant de la *Poméranie* antérieure que de l'ultérieure eſt établie à vieux-Stettin, où ſe trouvent auſſi le tréſor de la guerre & du domaine, la cour de juſtice de la *Poméranie* antérieure, le conſeil criminel de l'échevinage de *Poméranie*, qui y eſt joint, & finalement le conſiſtoire, dont l'inſpection n'eſt confiée qu'au préſident ſeul de la régence. La *Poméranie* ultérieure releve d'une autre cour royale de juſtice & d'un autre conſiſtoire, qui ſont établis à Cœslin, mais dont la premiere n'eſt regardée que ſur le pied d'un college ſubordonné à la régence de Stettin dans les affaires qui intéreſſent ſoit le public, ſoit la province entiere.

Les revenus généraux, que le roi de Suede perçut de la *Poméranie* antérieure en 1753, ſe monterent à 124,000 rixdales. Les biens domaniaux ſe trouverent chargés de 514,079 rixdales de dettes, dont les intérêts furent payés à cinq pour cent. Les canons des biens donnés en engagement ſe porterent annuellement à 53,952 rixdales, & ceux des autres biens non engagés à 42,754 rixdales. Les Etats de Suede ſupplierent le roi en 1766 de faire vendre au plus offrant & dernier enchériſſeur les biens domaniaux, lorſque les tems de la ferme & de celui des engagemens ſeroient écoulés, ainſi que celui qui avoit été pratiqué nouvellement à l'occaſion du bailliage de Neukloſter. La *Poméranie* pruſſienne rapporte annuellement près de 800,000 rixdales. Les ſources d'où ces revenus découlent, ſont: 1°. Les bailliages domaniaux; 2°. les droits qui ſe perçoivent ſur les terres labourables, à quel effet toutes celles des gens de qualité & des villes furent converties en cantons de trente arpens, appellés en allemand *Hufen*. Ces cantons ſont diviſés en 3 claſſes, ſelon la qualité des terres; que l'année ſoit bonne ou mauvaiſe, chacun de ces cantons ne paye ni plus ni moins qu'une rixdale par mois; 3°. l'acciſe établie ſur les villes; 4°. les droits impoſés ſur les pignons; 5°. les poſtes; 6°. l'uſtenſile, que payent les villes; 7°. le droit de protection, que les Juifs ſont tenus d'acquitter; 8°. les péages ſur les fleuves & rivieres, lequel droit eſt d'un produit conſidérable à Swinemünde; 9°. les forèts; 10°. les droits féodaux à payer par les nobles; chaque cheval que l'on fut obligé ci-devant de fournir, eſt taxé à 18 rixdales; 11°. le débit du fel de Halle, dont chaque ménage eft obligé de prendre annuellement une quantité déterminée ; 12°. le papier timbré; 13°. les fourages ou l'impôt établi fur le pays plat pour l'entretien de la cavalerie, dont néanmoins les cours nobles font exemptes. Ce qu'un laboureur eft obligé de payer par an pour cet objet, fe monte approchant à 2 rixdales 16 gros. Les biens nobles, qui n'ont point ceffé de l'être depuis leur origine, font francs des contributions.

La divifion de la *Poméranie* en *Poméranie* antérieure & ultérieure n'a point toujours été la même. On appelloit dans le douzieme fiecle *Poméranie antérieure* le pays qui fe trouve entre la Warnow dans le duché actuel de Mecklenbourg & la Perfante; & on nommoit *Poméranie ultérieure* celui qu'entourent la Perfante, la Brahe & la Viftule. La *Poméranie* antérieure ne s'étendoit point depuis la Reckenitz jufqu'à l'Oder dans le XVIIᵉ fiecle ; car s'agiffant de céder cette province à la couronne de Suede lors du traité de paix de Weftphalie, on envifagea les villes de Stettin & de Garz, fituées au couchant de l'Oder, comme faifant partie de la *Poméranie* ultérieure, quoique l'une & l'autre lui ait néanmoins été cédée pour-lors. On nomme aujourd'hui *Poméranie antérieure*, *Pomerania citerior*, le pays fitué entre la Reckenitz & l'Oder, & *Poméranie ultérieure*, *Pomerania ulterior*, celui qui fe trouve entre l'Oder & la Pomérellie, enforte que l'Oder doit être regardée comme limite entre ces deux provinces. Toutefois les cartes géographiques ne font-elles point encore diftinguées felon cette nouvelle divifion, puifqu'elles comprennent dans la *Poméranie* antérieure la partie du duché de Stettin, qui eft fituée entre l'Oder &

l'Ihna. Le duché de *Poméranie* confifte, proprement parlant, dans le pays fitué entre l'Ihna & la Lebe, lequel eft pareillement divifé en antérieur & en ultérieur ; celui fitué entre l'Ihna & la Wipper, qui contient le duché de Caffubie, & ne forme plus une province particuliere, a pris cette même dénomination ; elle s'eft étendue enfin auffi fur la principauté de Cammin, dont les limites font incertaines, & de laquelle on eftime que le pays, qui fe trouve entre la Wipper & la Lebe, & conféquemment le duché de Vandalie, font partie. En adoptant l'Oder pour limite entre les *Poméranies* antérieure & ultérieure, voici lquelles en font les dépendances : la *Poméranie* antérieure comprend les isles de Rugen, d'Ufedom, & de Wollin, avec les provinces de Stralfund, de Barth, de Gutzk, de Wolgaft, & une partie du duché de Stettin. L'ultérieure comprend le refte du duché de Stettin, la principauté de Cammin, la Caffubie, le diftrict de Rugenwalde, les provinces de Schlawe, & de Stolpe, avec les feigneuries de Lauenbourg & de Butow. L'ultérieure appartient en entier à la Pruffe, & l'antérieure fe partage entre cette puiffance & la Suede, de façon que la riviere de Peene en fépare les portions refpectives.

Les feigneuries de Lauenbourg & de Butow appartenoient autrefois à la couronne de Pologne. Le roi Cafimir les abandonna en 1455 à Eric, duc de *Poméranie*, fans aucune preftation de devoirs féodaux ; mais depuis 1460 les ducs de *Poméranie* les pofféderent comme francs-fiefs de la couronne de Pologne. Cette derniere tenta dans la fuite de les obliger à des preftations féodales ; mais ceux-ci s'étant oppofés à cette prétention, on convint en 1526, que les ducs de *Poméranie* conferveroient ces feigneuries

feigneuries fur le pied d'un fief héréditaire, fans en acquitter aucun droit, avec cette referve cependant, qu'à chaque mutation de regne ils feroient tenus d'obtenir de nouvelles inveftitures en Pologne, mais fans en payer aucune rétribution. Bogislas XIV. étant décédé, la couronne de Pologne fe les appropria comme fief vacant ; elle obligea même les fujets à lui prêter ferment de fidélité ; mais par le traité de Welau 1657, confirmé à Bromberg ou Ridgoft, l'une & l'autre de ces feigneuries furent cédées à la maifon électorale de Brandebourg, avec cette claufe expreffe, que cette maifon les poffederoit fur le pied d'un franc-fief, & tel que les avoient poffédé les ducs de Poméranie, & que l'inveftiture lui en feroit accordée fans être tenu de prêter ferment de fidélité. Quoique j'aie parlé ici de ces deux feigneuries par la raifon qu'elles font poffédées par la maifon électorale de Brandebourg, il ne s'enfuit point de-là, qu'elles faffent partie du duché de Poméranie. Elles ont au contraire leurs cours de juftice particulieres, qui toutes deux font établies à Lauenbourg ; l'une, nommée grande cour de juftice, Grodgericht, forme la premiere inftance, de laquelle les appels font portés au tribunal fupérieur, & de-là à Berlin. Ces deux feigneuries ne dépendent point non plus d'aucun confiftoire de Poméranie; mais elles font foumifes aux feules décifions du fynode, qui de tems à autre tient fes affemblées à Lauenbourg. Ces deux feigneuries d'ailleurs ne payent point les mêmes impôts, qui font en ufage en Poméranie, & jouiffent de quelques privileges qui leur font particuliers. Il y demeure encore quantité de Caffubiens, & c'eft par cette raifon qu'on prêche dans les églifes, tant en allemand qu'en langue polonoife.

Tome XI.

Stralfund eft la capitale de la Poméranie fuédoife, & Stettin eft celle de la Poméranie pruffienne. (D. G.)

PONTIFICAL, f. m., Droit canon. On appelle ainfi le livre où font prefcrites toutes les fonctions épifcopales. C'eft le rituel des évêques. Dans l'affemblée de 1650, l'évêque de Comminges fe plaignit de deux changemens confidérables faits dans le pontifical romain, imprimé à Rome en 1645. Le premier concerne l'ordination des réguliers, & confifte dans un formulaire de ferment particulier pour les prêtres réguliers, lequel n'étoit point dans les autres pontificaux, où il n'y a qu'un même formulaire, tant pour les réguliers que pour les féculiers, quand ils font ordonnés prêtres. Il fut arrêté fur cet article, qu'on écriroit au pape pour l'en avertir, & aux prélats pour ne pas s'en fervir. L'autre addition regarde la bénédiction des abbeffes. Elle confifte dans un formulaire particulier pour les abbeffes exemptes de la jurifdiction de l'ordinaire, au lieu que dans les éditions précédentes, il n'y avoit qu'un même formulaire pour toutes. Cette matiere fut encore agitée dans l'affemblée de 1670. Mém. du clergé, tome V. p. 466. jufqu'à 474. (D.M)

PONTIFICAT, f. m., Droit rom. & can., étoit chez les Romains la dignité dont étoient revêtus les chefs de l'ordre facerdotal. Ils régloient les affaires de la religion, les difputes qui naiffoient à fon occafion, le culte, les cérémonies, & les myfteres. Ils avoient à leur tête un pontife, qui portoit le nom de pontifex maximus, fouverain pontife.

On nomme auffi pontificat la dignité papale. v. PAPE.

POPULAIRE, adj., Droit polit. L'état populaire eft celui où le peuple en

K

corps a la souveraine puissance ; on l'appelle autrement *démocratie*. *v.* DÉMOCRATIE.

POPULARITÉ, s. f., *Morale & Droit polit.*, attention à se rendre agréable au peuple. On nomme *populaires* ceux qui cherchent à s'attirer la bienveillance du peuple. La *popularité* est une chose bonne ou mauvaise, selon le caractere de l'homme populaire & ses vues. Dans tous les Etats libres, on s'est toujours défié des hommes trop populaires ; nous voyons que dans les tems de la république Romaine, plusieurs citoyens illustres ont été punis pour s'être rendus trop agréables au peuple. Ce traitement paroîtra sans doute injuste, ou trop rigoureux ; mais, si l'on y fait attention, on sentira que dans un Etat républicain, toute distinction doit faire ombrage ; qu'il est dangereux de montrer au peuple un chef à qui il puisse s'adresser dans ses mécontentemens ; enfin, que comme le peuple n'est point aimable, il faut supposer des vûes secretes à ceux qui le caressent. Cesar n'asservit sa patrie, qu'après avoir épuisé son patrimoine en largesses, & en spectacles donnés aux Romains. Les tyrans les plus odieux qui ont opprimé Rome, ne manquoient pas de se rendre populaires, par les amusemens qu'ils procuroient à un peuple qui leur pardonnoit tous leurs excès, pourvu qu'il eût du pain & des spectacles, *panem & circenses.*

POPULATION, s. f., *Droit polit. & Mor.* Ce mot est abstrait, pris dans l'acception la plus étendue, il exprime le produit de tous les êtres multipliés par la génération ; car la terre est peuplée non-seulement d'hommes, mais aussi des animaux de toutes especes qui l'habitent avec eux. La reproduction de son semblable est dans chaque indi-vidu le fruit de la puissance d'engendrer ; la *population* en est le résultat. Mais cette expression s'applique plus particulierement à l'espece humaine ; & dans ce sens particulier, elle désigne le rapport des hommes au terrein qu'ils occupent, en raison directe de leur nombre & inverse de l'espace.

L'espece humaine, comme toutes les autres, tend par les propres loix de sa nature, à se perpétuer & à se multiplier. Quelquefois les causes physiques destructrices, telles que les inondations, les tremblemens de terre, les éruptions des volcans, les exhalaisons empestées, &c. diminuent la *population*, les maladies contagieuses qui se communiquent de nation en nation, les guerres, l'activité même de l'industrie, qui donne lieu aux naufrages, aux maladies qui naissent des longues navigations, & de l'air mal-sain que l'on respire dans le sein de la terre & dans les mines, sont d'autres causes qui détruisent une grande partie des vivans. Mais dans le cours ordinaire des choses, l'espece humaine tend à se multiplier d'une maniere prodigieuse, c'est ce qui a été mis dans le plus grand jour par ceux qui se sont attachés à approfondir cette matiere. Dans tout Etat où la *population* n'augmente pas, ou n'augmente qu'avec lenteur, & n'est point proportionnée à la fécondité naturelle de l'espece, on est en droit d'affirmer qu'il y a un défaut d'autant plus grand, que l'on remarque une grande différence entre ce qu'est la *population* actuelle, & ce qu'elle devroit être ; à moins que cette dépopulation n'ait, comme nous avons dit que cela pourroit être, une cause extraordinaire & connue. L'habitude tient l'homme si fortement attaché au sol qui l'a vu naître, qu'il faut qu'il éprouve des maux bien grands, pour se déterminer à l'abandonner; & l'état du mariage est si attrayant, qu'à moins d'une impossibilité absolue de fournir aux besoins qu'il fait naître, tout citoyen s'y trouve entraîné naturellement.

Il n'est personne qui ne comprenne aisément, qu'on doit juger de la force d'un État, par le nombre des habitans qu'il entretient dans le bien-être, & que plus un pays est peuplé, plus est considérable la consommation intérieure; plus est grande cette consommation, plus doit être active la reproduction : ce sera donc d'après l'accroissement ou la diminution du nombre des habitans, qu'on pourra juger de l'accroissement ou de la diminution de la reproduction annuelle; cette multiplication des habitans étant une preuve de l'aisance & de la sûreté dont les hommes jouissent dans un pays; & tout cela dans une nation civilisée étant inséparable de l'activité, de l'industrie & de la rapidité de la circulation des marchandises, soit particulieres, soit universelles ; je dis en conséquence que c'est d'après l'accroissement de la *population*, qu'on peut juger de l'accroissement de la reproduction, qui plus que l'exportation annuelle, est la mesure de la force & de la prospérité d'un Etat.

La mesure de la force & de la prospérité d'un Etat n'est point comme il le paroit d'abord, l'augmentation du travail qui se fait; puisque la reproduction n'est pas toujours proportionnée au travail ; car dans une nation où les instrumens de l'agriculture & des arts seroient grossiers & imparfaits, le travail seroit plus grand sans doute, mais la puissance & la richesse n'en seroient pas pour cela plus considérables. Le problème de l'économie politique est celui-ci, procurer avec le moins de travail possible la plus gran-

de reproduction. Je dis aussi que l'exportation annuelle est une mesure fort équivoque de la force & de la félicité d'un État, parce qu'il seroit possible que l'on fit l'acquisition d'un nombre considérable de nouveaux habitans, qui d'abord par la consommation qu'ils feroient, diminueroient nécessairement l'exportation annuelle, au moins dans le commencement; ainsi il seroit possible que le nombre des habitans venant à s'augmenter, diminuât pour quelques années l'exportation. Il est vrai que cette acquisition de nouveaux consommateurs ne seroit pas une richesse solide pour le pays, s'ils ne se hâtoient pas à leur tour de contribuer à la reproduction, & de coopérer à accroître l'exportation. Il pourroit arriver aussi par un cas contraire, qu'ensuite de quelque accident, la *population* venant à diminuer, l'exportation annuelle fût pour quelque tems au moins plus considérable. La seule exportation n'est donc pas une regle sûre pour juger de l'Etat de la reproduction.

Mais la grande question est de savoir si la grande *population* est utile au bonheur du genre humain? Non, quand on la fera servir à faire des soldats, créés pour détruire ou pour être détruits ; des esclaves, pour les abandonner à des passions & des goûts qui ne feront d'aucune utilité, & pour les éloigner de l'esprit de patriotisme, qui est si nécessaire dans l'homme social; des moines oisifs, inutiles, dangereux à l'Etat & à la société ; des hommes du peuple, que le besoin & le malêtre détourneront de toute envie du bien & qui deviendront mal honnêtes ; des hommes plus aisés, qui, plongés dans le luxe & dans l'oisiveté, connoîtront la débauche avant l'amour, éteindront leur postérité avant l'âge où elle devra fleurir, trahiront l'honneur & le devoir dans toutes les conditions, & établiront leur fortune fur les débris de celles qu'ils auront détruites. Des milliers d'hommes de cette espece rendront-ils le produit de ce que valent un moindre nombre d'hommes qui feroient heureux & honnêtes ? Le bonheur de l'espece humaine ne consiste point dans la multiplication des êtres qui la composent ; il suffit de rendre heureux les hommes pour qu'ils se multiplient ; car vouloir encourager la *population* sous de spécieux prétextes, pour faire des esclaves ou des brigands, c'est le comble de l'inconséquence & de la tyrannie.

Si la *population* est nécessaire à l'Etat, c'est à l'Etat à la favoriser, par la promesse & par l'exemple des bienfaits : diminuer les taxes, récompenser l'industrie, encourager le commerce, faire fleurir les arts, favoriser les sciences, détruire la superstition, en rendant hommage à la vertu, voilà les mobiles de la restauration des mœurs, des intérêts des peuples & de leur soulagement. Par une telle conduite, le souverain doit réunir les cœurs, & partager la satisfaction générale ; mais il doit obscurcir sa gloire, s'il ne fait usage de son autorité que pour soutenir ses seuls droits ; car une politique établie sur l'asservissement & la ruine des peuples, doit occasionner par la suite les plus grands maux.

On demande encore s'il vaut mieux que le même nombre d'hommes soit répandu sur une vaste étendue de pays, où ils soient clair-semés, que d'être resserré dans un espace plus petit de terrein, où ils soient rapprochés les uns des autres ? Je réponds, que si ce même nombre d'hommes est répandu sur une trop grande surface de terre, le com-

merce intérieur de l'Etat sera fort borné, parce que plus la distance d'un village ou d'une ville à l'autre sera grande, & plus la communication entre les habitans sera difficile, les ventes par conféquent seront moins fréquentes, la circulation en souffrira, le commerce n'aura lieu que dans ces cas passagers, où la différence du prix d'un lieu à un autre, sera fort considérable, & les hommes se trouvant ainsi éloignés les uns des autres, & pour ainsi dire isolés, l'industrie n'aura que très - peu d'activité, & la réproduction annuelle se bornera à peu de chose près, à ce qui sera nécessaire pour satisfaire aux besoins de premiere nécessité : si au contraire, la *population* se trouve réduite & resserrée dans un trop petit espace, la circulation sera des plus rapides, & la reproduction annuelle la plus grande possible. Mais la terre ne suffisant pas pour reproduire la quantité de denrées nécessaires à la consommation, le peuple sera forcé de tourner son industrie sur les manufactures, dont la valeur purement arbitraire & sujette à changer avec les circonstances, parce qu'elle dépend de l'opinion, sera toujours plus incertaine & plus précaire que celle des productions du sol & de ces denrées qui servent à l'entretien de la vie. Cette *population* condensée, si je puis m'exprimer ainsi, aura donc la plus grande reproduction annuelle possible ; mais ce sera une reproduction de richesses moins sûres pour fournir à ses besoins physiques & naturels. Une *population* placée dans ces circonstances, où les besoins extrèmes forcent l'industrie à la plus grande activité, pourra former & effectuer les entreprises les plus hardies ; mais si cette industrie & la rapidité de la circulation se rallentissent un instant, si elle cesse d'être soutenue & gouvernée par la fageffe des loix & des mœurs, tout changera bientôt de face, & il ne reftera dans le pays que le nombre d'habitans que le fol peut entretenir.

Un Etat pour profpérer, doit tenir le milieu entre ces deux extrèmes, c'eft-à-dire, ne pas occuper un fi grand efpace de terrein que fes habitans ne puiffent facilement fe communiquer, ni être tellement refferrés, qu'ils foient obligés d'aller chercher leur fubfiftance hors de leur patrie.

Les villes font dans une province ce que les places de marché font dans une ville, c'eft-à-dire, le point de réunion des vendeurs & des acheteurs. La capitale eft aux villes, ce que les villes font à la province.

Une troifieme queftion eft de favoir fi le bien d'une nation exige, que la *population* foit plus grande dans les villes & particulierement dans la capitale, que dans les campagnes; ou s'il eft plus avantageux de favorifer la *population* de la campagne, préférablement à celle des villes?

La mortalité eft plus grande dans les villes qu'à la campagne, non pas précifément parce que celles-là font plus peuplées, mais parce qu'évidemment la vie y eft plus courte; on doit ajouter à cela une réflexion bien naturelle, c'eft que le payfan contribue certainement beaucoup plus à la réproduction annuelle que la plupart des habitans des villes. Il paroit donc qu'on devroit s'attacher plutôt à multiplier le nombre de cultivateurs, & que la *population* de la campagne eft très-préférable à celle des villes.

Mais on doit réfléchir fur le principe que nous venons de pofer il n'y a qu'un inftant, que plus les hommes font refferrés, & plus l'induftrie augmente par le moyen d'une circulation plus rapide. Les villes, & particulierement les plus grandes & les plus peuplées font un centre de réunion, d'où partent les impulfions qui excitent & mettent en mouvement l'induftrie dans les campagnes, où on la verroit languir fans ce fecours, parce que les befoins de ceux qui les habitent font en petit nombre, & parlà même, la circulation très-petite. Une grande multitude d'hommes réunis doit néceffairement répandre fur toutes les terres qui l'environnent une très-grande activité, afin de pouvoir en retirer ce qui eft néceffaire à fa propre confommation. Le feul objet des commodités de la vie dans les villes bien peuplées, entretient un grand nombre d'ouvriers. C'eft-là feulement qu'on voit les arts & les manufactures même les plus difficiles atteindre la perfection. Qu'on diftribue la même *population* dans la campagne, & qu'on ne laiffe fubfifter aucune ville un peu confidérable par le nombre de fes habitans, très-fûrement l'induftrie & la circulation n'auront pas à beaucoup près le même degré de vigueur, & on verra fenfiblement diminuer la reproduction annuelle. Tout le monde fait par expérience, que les dépenfes qu'on fait à la campagne font beaucoup moindres que celles qu'on fait dans les villes, & que les achats qu'on eft obligé de faire quand on habite les grandes villes, font beaucoup plus confidérables que ceux qu'on fait dans les petites. Il eft donc conftant que l'induftrie & la circulation n'auront pas toute l'activité néceffaire dans un Etat, fi la *population* eft trop éparfe, & qu'en refferrant cette même *population*, elle leur imprimera un mouvement plus rapide; & comme le degré de leur action décide de la reproduction annuelle, celle-ci fera d'autant plus grande, qu'il y aura plus de villes dans un Etat, & qu'elles feront plus peuplées.

Dans quelqu'Etat que ce puiſſe ètre, il doit y avoir une certaine proportion entre la *population* de la campagne & celle des villes.

Dans un Etat militaire qui eſt dans le cas ou de craindre des invaſions, ou de méditer des conquètes, on doit favoriſer la *population* de la campagne & mettre quelqu'obſtacle à l'envie de venir habiter dans les villes, afin de muʼtiplier le nombre des cultivateurs, claſſe d'hommes plus propres que toute autre à fournir de bons ſoldats; il eſt d'ailleurs plus difficile à l'ennemi de s'emparer d'un pays dont le peuple eſt épars ſur une plus grande étendue de terrein. Dans un Etat, au contraire qui n'aſpire point à faire des conquètes, qui n'a pas à craindre d'invaſion de la part de ſes voiſins, la multitude & la *population* des villes y eſt un bien, parce que c'eſt la conſommation des villes qui détermine la reproduction, en faiſant naître l'émulation parmi les cultivateurs, ce qui les porte à faire rendre à la terre à proportion de ce qui ſe conſume, pourvu que la nature même du ſol n'y mette pas obſtacle. Un brin d'herbe commun cueilli dans un pré, n'eſt qu'une chétive piece, matiere inutile & ſans efficace, tant que ce brin reſte ſeul, ou au moins tant qu'on n'en fait qu'un petit amas; mais lorſqu'on forme des amas conſidérables, qu'on en fait de grands tas, on voit cette herbe fermenter, s'échauffer enſuite, s'enflammer enfin & éclairer tout l'horiſon. Une grappe de raiſin foulée ſéparément ou avec un petit nombre d'autres, ne donne qu'une liqueur dégoutante; mais ſi on les aſſemble en grande quantité & qu'on dépoſe la liqueur qu'on en tire, dans un grand vaſe, le choc mutuel de ce nombre preſqu'infini de parties volatiles qu'elle renferme, en agite toute la maſſe, y porte

de tout côté l'efferveſcence & la chaleur, & on en tire enfin une liqueur qui exhale dans l'air des eſprits pénétrans & actifs, & qui porte la joie, la vigueur & la vie dans le cœur de ceux qui en boivent. Tel eſt le tableau du genre humain : l'homme livré à lui même & compl@etement iſolé, eſt timide, ignorant & ſauvage; réuni dans une ſociété peu nombreuſe & diſperſée, il ſait & il fait peu de choſe, ou peut-être rien du tout; mais s'il tient à une ſociété extrèmement multipliée & reſſerrée dans un petit eſpace, il s'anime, il devient actif, il ſe perfectionne & répand ſur tout ce qui l'environne l'activité, la reproduction & la vie.

Revenons à notre ſujet principal. L'accroiſſement de la *population* eſt donc la marque la plus ſûre de l'accroiſſement de la reproduction annuelle; mais pour bien vérifier ce fait, il eſt certaines conſidérations à faire. Quelquefois la *population* peut paroître avoir augmenté ou diminué dans un Etat, uniquement par le plus ou moins d'attention & d'exactitude qu'on a mis dans les recherches qu'on a faites à ce ſujet. Les régiſtres des eccléſiaſtiques font ordinairement les plus fideles; mais ſi on les compare avec d'autres régiſtres moins exacts, la différence des deux termes de la comparaiſon ne ſera point une preuve de l'état actuel de la *population* réelle. On ne doit pas négliger dans la pratique ces conſidérations, quoique minutieuſes en apparence, parce que pour tirer une conſéquence juſte & ſolide dans le cas préſent, il faut que la fidélité & l'exactitude des différentes années qu'on compare, ſoient autant égales qu'il eſt poſſible.

Il ſeroit de même facile de prouver, ou que la *population* a augmenté, ou qu'elle a diminué chez quelque nation

que ce puiſſe être, en choiſiſſant indiſtinctement une année parmi les précédentes, pour la comparer avec la préſente. Il peut arriver aiſément qu'a-
près une peſte, après les ravages d'une
guerre, un Etat ſoit plus dépeuplé
qu'il ne l'eſt aujourd'hui, quoique la
population aille actuellement en décroiſ-
ſant. Dans un calcul de cette nature, la
comparaiſon & la différence de deux extrèmes ne ſuffiſent pas; il faut néceſſairement comparer pluſieurs années qui ſe
ſuivent immédiatement. Dans une ſuite
de ſix ou huit années conſécutives, on
découvre quel eſt le mouvement que
prend la *population*. On n'a plus enſuite
qu'à former une moyenne proportionel-
le de ce nombre d'années, & on connoî-
tra au juſte ſi l'état actuel de cette même
population eſt au-deſſus ou au-deſſous
de quelque état précédent également
connu, & c'eſt du réſultat de ce calcul
de la *population*, que l'on peut tirer la
conſéquence la plus juſte & la mieux
prouvée, pour déterminer ſi la réproduction annuelle augmente ou diminue.
v. DÉPOPULATION, ESPECE HUMAINE,
cauſes de la dégradation de l'.

Moyens d'augmenter la population
dans un Etat. La nature a donné à
chaque eſpece d'animaux la faculté de
ſe multiplier, à proportion de leur état,
de leur deſtination, & de la durée plus
ou moins grande de leur vie. C'eſt ce
qu'on remarque dans tous les animaux
en général. Ceux dont la vie eſt longue, à qui il faut beaucoup d'alimens,
ou dont les alimens ne ſont pas aiſés
à ſe procurer, ſont d'ordinaire peu féconds, & ſont expoſés à tant de cauſes
particulieres, qui en détruiſent la majeure partie, que la nature en retranche, pour ainſi dire, le ſuperflu, afin
qu'il y ait toujours une eſpece de rapport & de proportion entre les diffé-

rens genres, & que les uns n'antici-
pent pas trop ſur les autres.

C'eſt une regle qu'on obſerve dans
toutes les eſpeces d'animaux carnaciers,
qui font leur nourriture de la chair
des autres. Ils ſont moins communs,
ſoit qu'ils ſoient moins féconds, ſoit
que leur humeur féroce les expoſe davantage à des combats qui en détruiſent beaucoup. La jalouſie, l'envie &
l'intérèt de leur appétit les acharnent
continuellement contre les autres, &
ſouvent contre leurs ſemblables; les
plus forts donnent la chaſſe aux plus
foibles, & s'ils ſe trouvent égaux en
force, ils ſe livrent de ſanglans combats qui en font périr une partie.

Tels ſont les requins, les brochets &
d'autres poiſſons de mer & de riviére.
Les lions, les léopards, les tigres, les
loups, les chiens mêmes ſe font des
guerres continuelles qui les détruiſent,
de mème par leur voracité les animaux
d'un caractere plus doux. Il en eſt de
mème des oiſeaux de proie: l'aigle ſupérieur à tous, leur donne la chaſſe,
& ceux-ci à leur tour lui livrent de
rudes combats. L'homme placé au milieu & au-deſſus d'eux tous, ſeul raiſonnable & le plus induſtrieux, s'il
n'eſt pas le plus fort, les ſoumet tous
à ſa puiſſance, & maintient la balance
de la nature en faiſant la chaſſe aux
uns, & défendant ou nourriſſant les
autres.

Si les eſpeces carnacieres détruiſent
elles-mèmes leur nombre à meſure du
plus ou du moins de leur férocité, de
leur force, de leur adreſſe, elles ſont
auſſi à proportion moins favoriſées de
la faculté de ſe multiplier. Les requins,
par exemple, & les brochets dans les
eaux ne pullulent point tant que les
harengs, les carpes & autres poiſſons
d'une nature foible & tranquille. Les

aigles, les vautours, les faucons ne font pas fi féconds que les colombes, les perdrix, &c. qui ne vivent que de graines. Il en est de même des quadrupedes: les lions, les tigres & tous les animaux féroces qui vivent de la chair des autres, n'ont pas la même fécondité que les pourceaux, les brebis, les lapins, & en général les animaux qui broutent ou qui ne tirent leur subsistance que des plantes.

On remarque encore que ceux d'entre les animaux voraces, qui ont une vie plus longue, de même que les especes qui font une grande confommation d'alimens; tels que les bœufs, les chevaux, les cerfs, &c. font moins nombreux que les moutons, les pourceaux, les chevreuils, & tant d'autres animaux moins gros & de moindre dépense. Ainfi la nature a tout compenfé, eu égard aux inclinations des animaux, à la durée plus ou moins longue de la vie de chaque efpece, & à la quantité plus ou moins grande d'alimens qui leur eft néceffaire: enforte que ces différentes chofes concourent à maintenir entre les animaux une proportion qui doit en perpétuer toutes les efpeces jufqu'à la fin des fiecles.

Ces obfervations connues de tout le monde, nous feront fentir au premier coup d'œil, que les productions de la nature en général ont leurs bornes comme leurs regles; que la terre & les autres élémens ont aussi les leurs, & que le Créateur a proportionné chaque genre, chaque corps organifé à la caufe plus ou moins abondante, qui fert à l'entretien de ces individus. Sur ce principe il eft facile de comprendre, que la terre ne produit, tant en plantes qu'en animaux, que rélativement à l'étendue de fes facultés, qu'il n'y a qu'une certaine quantité de matiere, deftinée à la nutrition ou à la végétation des corps organifés; que cette matiere paffe fucceffivement des uns aux autres, qu'elle eft continuellement mife en action par les élémens qui en font les véhicules, & que par-tout où elle fe trouve, elle fert de nourriture à tout ce qui refpire ou végéte, ou qu'elle eft employée dans les météores qui la diftribuent & la difperfent, pour opérer cette circulation néceffaire à entretenir tout dans l'ordre naturel.

Il fuit encore de ce principe, que, s'il y a des contrées plus favorifées de ces difpofitions naturelles à la fécondité, il en eft d'autres en même tems qui en font dépourvues; que toutes ne font pas également propres à retenir ou fixer les particules nutritives, que les élémens charrient de tous côtés; que là où fe trouve l'heureufe conformité des molécules de la terre avec ces particules organiques & végétatives, la fertilité & la production y font plus grandes; parce qu'elles y font arrêtées & transformées enfuite dans les différentes efpeces d'animaux & de plantes à qui elles fervent de nourriture; tandis qu'elles laiffent de vaftes étendues de pays privées de leurs vertus productrices. Ce qui arrive plus ou moins, en raifon des qualités des molécules terreftres, qui leur fervent de dépôts & comme de matrices, pour leur faciliter à s'infinuer dans les pores des racines des plantes difpofés comme autant de bouches pour les recevoir & les transformer dans leurs propres fubftances.

Ici la nature feule opere: mais fi l'art fe joint à la nature pour l'aider à opérer plus facilement, il y aura à proportion un produit plus confidérable & plus certain. Cette augmentation ne fe fera néanmoins qu'au préjudice des

productions

productions générales. En effet, tous les naturalistes ont observé, qu'à mesure que des pays se sont peuplés par l'industrie des habitans, qui en ont augmenté les productions avec le secours de l'agriculture & du commerce ; d'autres régions en même tems ont perdu leur fécondité ordinaire, &, de tems immémorial, on ne voit pas que l'espece humaine ait sensiblement augmenté dans le général.

Si de vastes empires ont été détruits, il s'en est formé de nouveaux de leurs débris. S'il y a eu des pays autrefois si fertiles & si peuplés, qui ne sont plus aujourd'hui que des déferts stériles, il y en a d'autres qui se sont fertilisés & remplis d'habitans aux dépens des premiers. C'est ainsi que l'Asie & l'Afrique ont perdu une partie de leurs habitans & de leurs richesses, tandis que l'Europe & les régions du Nord ont vu augmenter les leurs. L'Espagne, le Portugal & même la France ont été plus peuplés qu'ils ne sont aujourd'hui; mais les vastes contrées que chacun de ces Etats possedent en Amérique & dans les isles, le font davantage. L'augmentation n'arrive donc point dans un endroit, qu'il n'y ait une diminution équivalente dans d'autres parties. Cette regle que la nature semble s'être faite, en bornant ainsi ses opérations, a lieu pour les productions de la terre, comme pour la multiplication des animaux. Tout le monde sait, par exemple, que l'agriculture tire l'efficacité de ses opérations, des influences des météores, & de l'art de préparer les terres, pour y fixer les matieres propres à leur fécondité, que l'air & les eaux voiturent par-tout. Si l'art est négligé, il arrive que la terre n'étant pas bien disposée pour recevoir ces principes végétaux, ils ne s'arrêtent que où ils trouvent plus

Tome XI.

de disposition à être transformés en plantes ; & le surplus passe ailleurs. Mais si par le moyen de l'art on met les terres dans l'état le plus propre à recevoir & à retenir ces précieuses influences, il n'est pas douteux qu'elles produiront dans ce même lieu où elles n'avoient pu se fixer; & ainsi elles n'iront point produire ailleurs, ne pouvant pas être par-tout en même tems.

Allons plus loin : il faut nécessairement que, tandis qu'on fixera dans un pays ces particules végétatives, pour y être transformées en plantes par l'agriculture, & ensuite en animaux par la consommation de ces plantes ou denrées sur les mêmes lieux, les contrées qui en auroient pu profiter, se sentent de leur absence, dans le nombre de leurs plantes & de leurs animaux. D'où il s'ensuit que l'agriculture étant le premier moyen pour fertiliser un pays, c'est aussi le plus efficace pour y augmenter la *population*, en y faisant abonder tout ce qui est nécessaire à la nourriture des hommes & des animaux. D'ailleurs comme la culture des terres est un travail pénible & fatiguant, elle ne réussit qu'à proportion du plus grand nombre d'hommes & d'animaux qui s'y occupent. De sorte que l'abondance des productions de la terre produit la multiplication des hommes & des animaux, de même que celle-ci est nécessaire à la première. Elles sont inséparables, & ne peuvent augmenter ou diminuer l'une sans l'autre.

Mais si une nation, au lieu de consommer ses denrées chez elle & par ses habitans, les donne en échange pour des choses inutiles à la vie ; telles que les métaux & les mineraux précieux, elle travaillera en pure perte pour la production des animaux & de l'espece

L

humaine. Elle ira toujours en diminuant de nombre, à mesure qu'elle se dégarnira de ses provisions. Au contraire, plus une nation attirera chez elle par le commerce, des denrées & des marchandises provenant des animaux & des végétaux, plus elle sera sure d'augmenter dans son pays la production de ces genres. Si d'ailleurs elle s'applique essentiellement à cultiver ses terres, & à les disposer favorablement pour recevoir avec les influences ordinaires, les corpuscules de toutes les matieres étrangeres qui se consommeront chez elle, elle verra ses productions se multiplier de même que ses hommes & ses animaux, au détriment des autres pays avec lesquels elle sera en commerce.

C'est ainsi que la Hollande s'est peuplée, & se soutient aujourd'hui, malgré la mauvaise disposition de son sol. Sa principale ressource est dans son commerce avec l'étranger. Si elle n'a pas le même avantage que ses voisins pour exercer l'agriculture, elle a du moins celui que ses canaux, ses rivieres, & la mer lui procurent, dont elle fait tirer un grand parti. Ces eaux, entr'autres avantages, lui fournissent une abondance de poissons & de volatiles de toute espece, qui lui font un genre de nourriture, dont elle trafique encore avec d'autres nations. Elle se sert aussi de ces eaux & des sels végétaux des fumiers pour améliorer le peu de terrein qu'elle possede. Elle en tire par ce moyen les pâturages les plus excellens pour la nourriture des bestiaux : ensorte que ce pays, quoique peu étendu & incapable de culture, produit cependant du poisson, de la viande, du beurre, du fromage, assez pour les nourrir tous, si l'homme pouvoit vivre avec le secours de ses alimens seuls.

Mais leur industrie pour la navigation, le commerce & toutes sortes de fabriques, leur attachement au travail, leur vie sobre & œconome leur procurent d'ailleurs tout ce qu'ils ne peuvent recueillir chez eux. Ils le trouvent chez leurs voisins en échange de leurs ouvrages, & chez des peuples plus éloignés, en échange des marchandises de leurs voisins. Ils ont ainsi une abondance si grande de toutes choses, qu'ils en font part à leur tour aux autres nations, & les revendent fort cher même à ceux de qui ils les ont d'abord achetées. Cette abondance produite par l'industrie des habitans, a fait de la Hollande la partie de l'Europe la plus peuplée. Ajoutez que leurs loix & la qualité de leur climat leur ont formé des mœurs plus favorables à la propagation, que ne le font les coutumes & la température des pays méridionaux.

Cette observation & beaucoup d'autres semblables, prouvent que la *population* dépend du plus ou du moins d'inclination que les hommes ont, 1°. pour la culture des terres ; 2°. pour les arts ; 3°. pour le commerce : car il est évident que plus un peuple s'appliquera à faire valoir ses terres, plus il se procurera les aisances & les douceurs de la vie, qui contribuent le plus à la *population*. Il s'ensuivra delà une plus grande quantité de matieres & d'ouvrages, pour exercer dans les arts une grande partie de la nation, qui trouvant plus de facilités à subsister, peuplera aussi davantage. L'autre partie par le moyen du commerce, transportera les marchandises & les ouvrages superflus du pays chez les étrangers, où le luxe & la mollesse en font une espece de nécessité, & où l'on donne en échange des denrées précieuses des matieres premieres pour les fabriques, des animaux,

& même, ce qui eft odieux, des hommes en efclavage.

Les Efpagnols & les Portugais, depuis la conquête des Indes, ont toujours perdu fur la *population* de leur pays; parce qu'ils y ont négligé la culture des terres, les arts méchaniques & même le commerce. Cette inaction eft caufe que leur climat dégénere tous les ans pour la fertilité; car faute de cultiver les terres & de les améliorer, elles deviennent féches, ftériles & dépouillées d'arbres & de plantes : l'air en même tems en devient moins tempéré. Ce n'eft plus qu'un ciel brulant où les vapeurs ne peuvent fe condenfer, pour retomber en pluie ou en rofée, & donner par ce moyen la fécondité aux terres. A mefure que la qualité des terres fe détériore, le pays devient plus malfain. Les eaux qui manquent à s'y répandre, font la caufe d'une infinité de maladies; les exhalaifons minerales qui s'y élevent en plus grande quantité, les augmentent & les rendent quelquefois fi générales, qu'elles font périr une bonne partie des hommes & des animaux.

La chaleur exceffive, d'ailleurs, affoiblit le corps, & détourne l'efprit du travail. En fubtilifant trop le fang, elle occafionne des vapeurs qui attaquent le cerveau, qui rempliffent l'imagination de fumées d'orgueil & de vanité, qui achevent de jetter les peuples dans une entiere oifiveté, d'où naiffent la mifere & l'indigence, d'où naiffent en même tems tous les vices, le plus grand obftacle à la *population*; car pour éviter le travail que redoutent & dédaignent même ces peuples, chacun préfere ce qui eft contraire à la propagation, foit en gardant le célibat, pour ne point avoir une famille à charge, foit en faifant divorce avec leurs femmes, dès qu'ils ont un héritier, ou en embraffant

des états qui défendent aux hommes de perpétuer leur efpece.

C'eft ainfi que fe détruifent infenfiblement les nations livrées au luxe & à l'oifiveté. Leurs terres fe dénaturent, leur climat s'altere, leurs mœurs changent & fe pervertiffent; le tempérament l'emporte en toutes chofes fur la raifon, & la *population* ceffe peu-à-peu. Telle eft la caufe la plus ordinaire de la décadence des empires, & des révolutions particulieres à certains Etats. Lorfqu'une nation fe croit au plus haut point de grandeur, qu'elle n'a plus d'ennemis à craindre, que fes peuples font nombreux, & que fes domaines lui paroiffent dans le plus grand rapport, elle ne s'occuppe qu'à chercher l'aifance, la molleffe & le repos.

C'eft ce qui a caufé la perte de ces peuples formidables, qui habitoient autrefois l'Orient & l'Égypte. Dans le tems où l'agriculture y étoit en honneur & en valeur, les canaux du Nil furent conftruits & entretenus avec foin, la culture des terres, la multiplication des troupeaux de toute efpece, les magafins publics deftinés à mettre les grains & autres denrées en réferve pour les années de difette; tout y fut porté au plus haut degré de perfection. Mais les fouverains, les grands & les peuples fe relâcherent, & voulurent vivre dans une aifance rafinée, qui dégénéra infenfiblement en molleffe & en indolence. Les autres nations attirées par leurs richeffes, & ne trouvant plus en eux le courage & l'activité de leurs ancêtres, les rendirent bientôt victimes de leur cupidité, & mirent aifément ces peuples vains fous le joug de la fervitude. Les grands empires des Médes, des Perfes, des Grecs & des Romains mêmes, ne s'étoient élevés à ce haut point de grandeur & de puiffance dont ils ont joui,

L 2

que par une vie fobre & laborieufe , & appliquée fur-tout à l'agriculture. C'eft par-là qu'ils s'étoient rendus capables de foutenir les fatigues de la guerre , & de dompter les nations molles & efféminées. Mais en devenant efféminés eux-mèmes , ils font devenus à leur tour , la proie de leurs vainqueurs.

Il eft difficile , pour ne pas dire impoffible , qu'un pays qui a été détruit par des guerres fanglantes , ou par des maladies contagieufes , puiffe jamais fe rétablir comme il étoit auparavant. La nature abandonnée à fon cours ordinaire change d'elle-mème , & tout le fecours de l'art ne peut qu'imparfaitement la rappeller. Le climat détérioré eft devenu moins favorable à la propagation. On voit rarement des peuples qui fe foient rétablis , quand une fois leur nombre a été diminué , & leurs terres négligées à un certain point. Le Nil répand tous les ans la même quantité d'eau fur les terres de l'Egypte ; mais depuis que les peuples de ce pays manquent à la terre , & que les canaux ne diftribuent plus ces mêmes eaux fur les fables , il y a moins de productions naturelles , moins de beftiaux , moins d'hommes , moins de commerce. En un mot dès qu'on a perdu ou négligé les moyens d'améliorer les terres , il n'eft prefque plus poffible de rattraper , pour ainfi dire , les principes de la végétation , qui font l'ame de tout.

Il en eft comme du commerce : fi-tôt qu'une nation , par fa négligence ou fa mauvaife conduite vient à le perdre , une autre s'en empare , & il ne lui eft plus poffible de le recouvrer. Mille exemples fervent de preuves à ce que j'avance ici. Quand les Romains laifferent à leurs efclaves le foin de cultiver leurs terres , elles furent de moindre rapport. La molleffe , l'orgueil & l'ambition les occuperent tout entiers , & cauferent infenfiblement la ruine de leur empire. Les Efpagnols fiers d'avoir d'immenfes pays fous leur domination , voulurent impofer un joug trop rude aux peuples qui leur étoient foumis , & fous le prétexte de religion , chafferent de chez eux les Maures , qui cultivoient leurs terres & faifoient fleurir les arts. Ils révolterent plufieurs des peuples qu'ils avoient conquis , dont quelques-uns fe délivrerent de leur gouvernement defpotique , & le plus folide principe de leur puiffance fe trouva affoibli , par l'expulfion des Maures , qui mettoient feuls en valeur les véritables fources de la puiffance des Etats , l'agriculture , les arts & le commerce.

Si la Hollande négligeoit tant foit peu les moyens qui mettent fon peuple nombreux en mouvement & en exercice , elle verroit bientôt diminuer les fources qui la maintiennent dans fon état de profpérité. Comment pourroit-elle fe foutenir fans fon grand commerce aux Indes & chez les autres nations ? Si elle fe relâchoit fur ce point , elle perdroit bien vîte différentes branches de ce commerce dont elle tire tant de fruit , qui pafferoient alors dans d'autres mains ; & elle ne fe trouveroit plus de quoi fournir aux dépenfes exceffives qu'exige le bien commun de fa république. Elle ne feroit plus en état de fe maintenir , ni contre les puiffances voifines jaloufes de fa fortune , ni contre les inondations qui la menacent , & dont elle ne fe garantit que par des digues d'un entretien immenfe. Ces ennemis redoutables ne permettent pas à fes peuples un inftant de relâche dans leurs travaux , & leur font chercher dans le commerce des richeffes qu'ils ne peuvent trouver chez eux.

C'eft auffi ce qui leur fait aimer la

fobriété & la fimplicité dans la crainte que le luxe & la prodigalité ne les expofaffent aux plus grands dangers. Néanmoins, tandis que tout ce peuple fe livre l'honnète néceffaire, & une aifance fuffifante pour ne point redouter de former des fociétés conjugales, où il trouve les plaifirs purs, les feuls permis, & les feuls favorables à la propagation de l'efpece humaine. Le mariage, l'état commun de tous les citoyens, en augmente confidérablement le nombre & multiplie à proportion celui des ouvriers & des artiftes de toute efpece. C'eft par là qu'ils font fleurir chez eux les arts & le commerce, & qu'ils maintiennent leur Etat dans une pofition à fe faire refpecter de leurs voifins. Voilà les avantages d'un peuple nombreux, lorfqu'il eft laborieux, fobre, & attaché aux loix de fon pays.

Ainfi donc, tout légiflateur qui voudra procurer à fa nation les mêmes avantages, envifagera d'abord & par-deffus tout, ce qui peut exciter dans fes peuples le goût pour le travail fi pénible, mais fi fruchtueux des terres : afin que par un rapport plus confidérable, elles puiffent leur donner une aifance, qui fe répandant dans toute la nation, ne fera craindre à perfonne d'embraffer le parti du mariage, qui eft la pépiniere des Etats, comme la fource de leur force & de leur durée. Il confidérera que la claffe du peuple eft réellement la plus néceffaire, comme étant livrée aux travaux les plus pénibles & en même tems les plus utiles. Il fe gardera bien de la méprifer & de la charger de fardeaux trop lourds, en impôts, en corvées & en milices, qui les épuifent, les défefperent & les font périr.

Il cherchera, au contraire, tous les tempéramens poffibles pour foulager & adoucir le fort de ces malheureux. Par exemple, en diminuant une partie des impôts, à l'égard de ceux qui cultivent eux-mêmes leurs fonds, & rejettant ces impôts fur ceux qui les font cultiver par d'autres; en exemptant de la milice ceux qui font profeffion de l'agriculture, tant qu'ils exerceront cette profeffion, & les enfans des artifans qui feront en petit nombre; en déchargeant les uns & les autres du payement de la capitation, lorfqu'ils feront mariés; de la moitié du taux ordinaire de leur taille, lorfqu'ils auront trois enfans; & de toute impofition perfonnelle, lorfqu'ils en auront fix; la charge de ces enfans étant un impôt affez onéreux pour eux, & plus profitable à l'Etat que les fubfides qu'on en peut tirer.

Si cette fuppreffion d'impôts fait un vuide indifpenfable à réparer pour les befoins de l'Etat, le légiflateur pourra dans la même vue appliquer ces impôts par augmentation, fur ceux qui ne font ni laboureurs, ni artifans, & qui reftent dans le célibat, ou fur les chofes purement de luxe, & qui dénotent des gens riches, comme les équipages, & fingulierement fur le nombre des domeftiques, en faifant payer un furcroit de capitation, ou d'autres impôts à ceux qui en auront plufieurs, à proportion de leur nombre. Le grand bien qui en réfulteroit encore, feroit de diminuer le nombre de cette efpece d'efclaves, qui ne fervent qu'à entretenir le fafte des perfonnes opulentes, qui font autant de fujets dont on prive l'agriculture & les arts, qui dans leur vie molle & oifive contractent une infinité de vices, & vivent la plupart dans le célibat, que leur dérangement & leur pareffe leur font préférer, ou dont fouvent la volonté de leurs maîtres leur fait une néceffité.

Il eſt à propos de favoriſer la nobleſſe d'une nation , en lui accordant des privileges , & en les maintenant : mais le nombre trop multiplié des nobles , eſt un mal pour l'Etat , parce que le commerce & les arts leur ſont interdits. Plus la nobleſſe devient nombreuſe , plus elle devient donc pauvre , & moins elle peut rendre de ſervices à l'Etat. Un légiſlateur prudent ſupprimera tous ces moyens qui en augmentent mal-à-propos le nombre , en donnant aux roturiers la facilité de l'acquerir au détriment des arts qu'ils abandonnent. C'eſt un précipice où leur vanité & leur ambition les portent, dès qu'ils ſe croient aſſez riches , mais où ils ſe perdent ordinairement eux & leurs richeſſes : car le luxe & la hauteur de ces nouveaux nobles , le goût de l'oiſiveté qu'ils contractent, les amollit peu-à-peu , & les rend incapables de toute autre choſe , que de faire de la dépenſe, ou de s'écarter des loix & des bonnes mœurs.

Mais il eſt juſte de conſerver la nobleſſe ancienne , & de lui donner des moyens de ſe perpétuer. Dans les lieux où les aînés emportent preſque tous les avantages de la maiſon , on doit fournir aux cadets des occaſions de s'établir honorablement , & il n'y a que dans l'épée , la robe ou autre profeſſion noble, qu'ils peuvent les trouver. Dans les unes & les autres , on doit toujours conſulter leurs talens & leurs diſpoſitions , & leur donner les emplois à mérite égal , par préférence aux roturiers ; afin que ceux-ci demeurent appliqués le plus qu'il ſera poſſible à l'exercice des arts & du commerce, auquel ils ſont particulierement deſtinés. Pour les y encourager davantage, il faut établir des récompenſes & des marques d'honneur pour ceux qui s'y diſtingueront, ou qui , par leur invention , auront découvert de nouvel-les routes , de nouveaux moyens pour augmenter le commerce de la nation : mais ces récompenſes ne doivent jamais paſſer au-delà de celui qui les aura méritées.

Toutes les loix qui favoriſeront l'agriculture, le commerce & les arts méchaniques dans une nation , y produiront à coup ſûr une plus grande *population* : car l'aiſance & l'abondance des vivres y ſera plus grande , les marchandiſes de toute eſpece à meilleur marché , & les peuples plus en état de travailler & de multiplier. Le commerce & les arts ſe perfectionneront auſſi de plus en plus. Ils égaleront bientôt & ſurpaſſeront même les étrangers dans la bonté des fabriques, & dans la médiocrité du prix qu'ils pourront mettre à leurs marchandiſes. Il arrivera delà que ce ne ſeront plus les marchandiſes des étrangers, dont on fera chez eux la contrebande : ce ſeront au contraire les leurs qu'on cherchera à introduire chez les étrangers , & qui y cauſeront à leur tour les mêmes déſordres. Mais obſervez que jamais l'abondance des denrées ne peut nuire dans un Etat ; & qu'elle y eſt même d'une grande reſſource, ſi l'on ſait imiter les anciens Egyptiens,qui avoient l'art de conſerver leur ſuperflu dans les années d'abondance, pour le trouver dans les années de diſette. De ſorte que les peuples ne s'appercevoient point de ces révolutions extrêmes de diſette & d'abondance , dont le flux & le reflux cauſent ſouvent des torts infinis au commerce, à l'agriculture & à la *population*.

Un mal encore bien grand, & qu'il eſt très-eſſentiel de détruire dans un Etat, c'eſt la cupidité des familles qui ſacrifient leurs cadets & leurs filles , en leur faiſant faire des vœux forcés, à un âge où ils ne ſont pas en état de ſe connoître, parce que les paſſions ne ſont pas encore développées. Ils en font de triftes victimes de leur ambition, en les jettant comme dans un gouffre deftiné à les engloutir eux & la poftérité qui en pourroit naître, pour réunir tout le bien de la famille fur la tète d'un feul de leur enfans, qui fouvent le diffipe en très-peu de tems par fon défaut de conduite, ou fon libertinage, ou dont la mort prématurée renverfe les deffeins ambitieux des parens.

En empêchant un pareil défordre, les aînés qui n'auront plus d'efpérance de poffèder feuls les biens d'une maifon, feront forcés d'acquerir quelque mérite perfonnel, pour remplir un jour des poftes conformes à leur naiffance, qui les aident à fe foutenir honorablement, & les faffent contribuer au bien général. Ces emplois ne fe trouveront plus fi fouvent occupés par des perfonnes, qui n'ont ni la naiffance, ni la capacité convenables. Le bien d'une famille, au lieu d'être employé chez un aîné à nourrir quantité d'étrangers qui le diffipent mal à propos, ou à nombre de dépenfes folles, s'il étoit partagé plus équitablement entre tous les enfans, ferviroit plus avantageufement pour l'Etat, à procurer à chacun des établiffemens & des mariages convenables, d'où naîtroient nombre de citoyens, qui, s'ils n'étoient pas tous riches, en auroient fouvent plus de mérite.

En effet, ce ne font pas les plus opulens qui s'appliquent à donner une meilleure éducation à leurs enfans, à leur former les mœurs, & à les rendre utiles à la patrie. Au contraire ils abandonnent le foin de leurs enfans à des mercenaires, qui flattent l'ambition des parens, & les défauts des enfans, plutôt que de cultiver les germes de vertu & d'amour pour le travail qui fe trouvent dans leurs éleves. Ces enfans ainfi né-

gligés entrent dans le monde par la porte la plus riante fans en connoître les dangers, & fouvent conduits par des exemples peu décens dans le fein de leur famille mème. Il eft bien difficile en ce cas qu'ils évitent les précipices, & qu'ils ne fe perdent avant de pouvoir fe connoître. Ces maux qui en produifent après eux une infinité d'autres, font la fuite ordinaire de la fotte ambition des familles.

Un légiflateur attentif prendra donc toutes les mefures néceffaires pour abolir un fi grand abus, qui porte préjudice à la *population*, au commerce, aux arts & aux mœurs. Depuis que cette manie s'eft gliffée parmi les grands, & à leur exemple parmi le peuple, elle a plus détruit l'efpece humaine, & affoibli les forces des Etats, que les longues guerres ou les maladies épidémiques. Il feroit donc bien avantageux, & c'eft depuis long-tems le vœu de tous les bons citoyens, qu'il y eût une loi qui défendît de fe confacrer au célibat avant l'âge de vingt-cinq ans. Ce n'eft qu'à cet âge, que prefque tous les légiflateurs ont réputé les hommes capables de difpofer de leurs biens; pourquoi le feroient-ils plus tôt de difpofer d'eux-mèmes, en privant pour jamais l'Etat de leurs perfonnes & de leur poftérité?

Cette loi feroit encore plus néceffaire à l'égard du peuple, qui, par naiffance eft appellé à l'exercice du commerce & des arts, & dont, par cette raifon, l'Etat a plus intérèt de conferver le nombre pour voir augmenter à proportion fa force & fes richeffes. Mais le célibat devroit être abfolument interdit aux gens de campagne, qui font deftinés à la culture des terres : ce font les premiers & les principaux fondemens, fur lefquels l'édifice du gouvernement eft appuyé, puifqu'ils font fans cesse occupés du soin pénible de faire venir les alimens nécessaires à la nourriture de tous les citoyens, & les matieres premieres qui fournissent à tous leurs besoins. Il ne sauroit trop y en avoir, & le dernier d'entr'eux est toujours un homme précieux à l'Etat. Ce sont eux d'ailleurs qui recrutent les autres classes supérieures : car communément les gens de la campagne viennent réparer la perte des habitans dans les villes ; tandis que les habitans des villes relevent ou remplacent quelquefois les plus grandes maisons. Il n'y a personne pour recruter les pauvres mercenaires de la campagne.

Ces réflexions dont la vérité est sensible, renferment les principales causes, sans doute, qui contribuent le plus à rendre un peuple nombreux, & à faire le bonheur d'un Etat. Tout consiste à pouvoir occuper les citoyens, de maniere qu'il n'y ait pas un, s'il est possible, qui ne travaille au bien général suivant son état, ses talens & son inclination ; & dans les différentes occupations, l'option doit leur être laissée libre : car les hommes qui n'ont pas le bonheur de choisir eux-mêmes un état & de suivre leur vocation, vivent dans une espece de contrainte, de dégoût & de chagrin, qui les empêche de s'en bien acquitter, qui leur fait déplorer leur situation, & qui les rend en effet misérables. Tel n'est point propre à l'emploi ou à l'état que lui ont destiné ses parens, qui, s'il avoit suivi son inclination, auroit fait dans un autre état un sujet excellent, auroit mieux élevé sa famille, & rendu des services plus importans à sa patrie.

L'avantage le plus essentiel pour une nation, est d'avoir une *population* nombreuse, & en même tems occupée à tout ce qui peut intéresser la so-

ciété. Plus les peuples sont nombreux, plus les terres doivent être cultivées, plus les arts doivent être exercés & perfectionnés, plus le commerce de la nation doit être étendu, plus ses forces de terre & de mer doivent être formidables ; & toutes ces choses ne manquent point d'arriver, parce qu'elles sont tellement liées & dépendantes les unes des autres, qu'elles sont presque toujours inséparables. Mais plus une nation sera parvenue par le grand nombre de ses citoyens, à ce haut degré de force & de puissance, plus ceux qui la gouvernent doivent avoir d'attention à lui fournir de nouvelles occupations, pour l'exercer & la tenir en haleine, afin qu'elle ne se relâche jamais.

Car c'est dans ces tems de grandeur & d'opulence, que le trop grand nombre des citoyens peut causer des troubles dans l'Etat, ou s'abandonner à une oisiveté pernicieuse. De même que dans les corps trop remplis de sang & d'humeurs, où la circulation ne se fait plus librement, où il se forme des embarras & des obstructions, qui occasionnent des maladies, & qui exposent le corps à des révolutions capables de le faire périr, on s'empresse de diminuer l'abondance du sang, & de chasser la superfluité des humeurs ; il faut pareillement dans ces cas, expulser une partie des citoyens en les envoyant peupler & cultiver de nouvelles colonies, à l'exemple des anciens Grecs & Romains, ou en faisant de grandes entreprises, qui puissent en employer un grand nombre, en tâchant de s'ouvrir de nouveaux passages pour le commerce, en faisant faire des travaux considérables, & de toute autre maniere qui soit fructueuse à la nation. C'est par de semblables vues, que les anciens faisoient
faire

faire ces fameufes pyramides, & que les Romains ont fait tant d'ouvrages furprenans qui les immortalifent.

Combien de tous côtés la nature ne nous offre-t-elle pas d'ouvrages immenfes à faire? Quand on auroit cent fois plus d'hommes encore que l'on en a, pourroit-on jamais manquer de les occuper? La navigation des grandes rivieres & celle des petites, leur communication par des canaux, les arrofemens des contrées feches & ftériles, les grands chemins à travers même des montagnes, la fûreté des frontieres & de la police du pays par des places fortes, l'embelliffement des villes par des édifices publics, des places, des marchés, des ports, des dehors agréables, des jeux publics; enfin une infinité de chofes utiles pour lefquelles on ne fauroit trop avoir d'hommes. C'eft toujours à l'utilité qu'une nation doit porter fes vues dans fes entreprifes; & elle peut retirer d'une grande quantité d'hommes des fervices fans nombre, pour étendre fon commerce, augmenter fes forces, & porter chez les peuples les plus reculés la crainte, l'amour & le refpect pour le fouverain qui la gouverne.

Ajoutons quelques mots fur la *population* des différentes parties du monde, & des principales villes qu'elles renferment. M. le baron de Bielfeld, dans fes *inftitutions politiques*, 1760, pag. 508, eftime que l'Afie contient 500 millions d'habitans, les trois autres parties du monde chacune 150, ce qui fait pour toute la furface de la terre 950 millions d'habitans. Il en compte 8 millions dans la grande Bretagne, 20 en France, 10 dans le Portugal & l'Efpagne, 8 en Italie, 30 dans l'Allemagne, la Suiffe & les Pays-Bas; 6 dans le Danemarck, la Suede & la Norwer-

Tome XI.

ge, 18 en Ruffie, & 50 dans la Turquie d'Europe: le total fait 150.

D'autres auteurs donnent à l'Italie 20 millions; mais fuivant des auteurs plus fûrs, il y en a de 13 à 14. On en donne à la France 22, à la Ruffie 17, à la Suede $2\frac{1}{2}$, au Danemarck $2\frac{1}{2}$, à l'Efpagne $6\frac{1}{3}$, au Portugal $2\frac{1}{5}$, à la Hollande 16 cents mille, à la Chine feule 60 millions.

Sur la *population* de l'Allemagne, on peut voir le livre de M. Suffmilch, imprimé à Berlin, intitulé *gœttliche Ordnung*, &c. l'*ordre de la vie dans les changemens du genre humain*. On peut confulter auffi pour la *population* les livres dont nous parlerons ci-après.

Voici le relevé que j'ai fait dans divers ouvrages, du nombre d'habitans qu'on attribue à différentes villes; mais comme il n'y en a prefque point, où l'on ait fait des dénombremens exacts tête par tête, on ne peut regarder la plupart de ces évaluations que comme une eftime fouvent défectueufe.

Amfterdam,	212 mille.
Augsbourg,	36
Avignon,	24
Baftia,	10
Bergame,	30
Berlin,	126
Bologne,	68
Brandebourg,	7
Brefcia,	35
Breslaw,	45
Brunfvick,	25
Buenos-aires,	20
Chamberi,	20
Conftantinople,	513
Copenhague,	77
Dantzick,	47
Dijon,	15
Drefde,	60
Erfort,	15

M

Ferrare,	33 mille.	Rome,	150 mille.
Francfort sur le Mein,	33	Roterdam,	56
Florence,	65	Rouen,	70
Genes,	150	Stockholm,	75
Geneve,	25	Stutgard,	17
Gotha,	11	Toulon,	30
Goude,	17	Turin,	70
La Haie,	36	Tortone,	8
Hambourg,	56	Toulouse,	80
Hanovre,	13	Venise,	100
Harlem,	40	Verone,	45
Kœnisberg,	56	Vienne,	125
Leyde,	50	Versailles,	80
Leipsick,	36	Varsovie,	60
Livourne,	30	Vittemberg,	7
Lisbonne,	160	Wesel,	7
Londres,	530	Zurich,	8

La *population* des différentes provinces de France, a été calculée par M. l'abbé Expilly, dans son grand *Dictionnaire de France*, de la maniere suivante.

Lucques,	20	*Dépendance*	
Lyon,	115	D'Alençon,	578858
Madrit,	80	D'Alsace,	398850
Mantoue,	16	D'Amiens,	482165
Magdebourg,	18	De l'Artois,	236134
Messine,	25	D'Auch,	46039
Metz,	30	D'Auvergne,	615100
Mexico,	300	De Bayonne,	464746
Marseille,	80	De Bourdeaux,	1345104
Milan,	100	De Bourges,	337058
Moscow,	120	De Bourgogne,	1010079
Munich,	25	De Bretagne,	1110000
Nantes,	100	De Caen,	703727
Naples,	472	De Chalons en Champagne,	704650
Nimes,	40	De Dauphiné,	638175
Nuremberg,	40	De Flandres,	366848
Padoue,	40	De Franchecomté,	654425
Palerme,	200	De Haynaut & Cambresis,	125336
Paris,	589	De Languedoc,	1631475
Parme,	30	De Limoges,	508793
Pavie,	30	De Lorraine & Barois,	641700
Pekin,	4 millions.	De Lyon,	552800
Pétersbourg,	80 mille.	De Metz,	320850
Pise,	14		
Prague,	83		
Riga,	20		
Riojaneiro,	50		
Raguse,	8		

De Montauban,	653965
De Moulins,	466580
D'Orléans,	752170
De Paris,	943515
De Pérpignan,	179450
De Poitiers,	720045
De Provence,	692293
De la Rochelle,	478849
De Rouen,	747956
De Soiſſons,	416641
De Tour,	1327581
De la Dombes,	28425
Du comtat d'Avignon,	211375
Ville de Paris,	600000

Total pour la France 2201 4357 habitans, dont 10562631 mâles & 11451726 femelles.

On connoît par les regiſtres publics le nombre des naiſſances, année commune ; on pourroit en conclure le nombre des habitans, ſi l'on connoiſſoit bien le rapport entre ces deux nombres. M. Halley penſoit qu'il falloit multiplier par 42, M. Kerſeboom par 35, M. Meſſance par 28 dans les grandes villes, & par 24 dans les provinces, M. Simpſon par 26. Ce nombre varie ſans doute d'un pays à l'autre, & même dans un ſeul pays. C'eſt ce qu'il importeroit de ſavoir, pour juger de ce qui eſt favorable ou contraire à la *population*. Il faudroit avoir pour cela des dénombremens tête par tête, de tous les habitans d'une paroiſſe ; mais les inquiétudes du peuple ſur la moindre opération du gouvernement, rend ces dénombremens ſuſpects & dès-lors impoſſibles ; les curés ſont peut-être les ſeuls qui puiſſent exécuter avec exactitude de pareilles opérations, mais ils partagent eux-mêmes les inquiétudes de leurs paroiſſiens.

Il y a à Paris année commune 4350 mariages, 23391 naiſſances, 18672 morts, par un milieu pris entre les années 1745

& 1756 ; mais comme la plupart des enfans qui y naiſſent, n'y meurent pas, il eſt fort difficile d'en conclure le nombre des habitans.

M. Meſſance ſur un nombre de 19623 habitans, comptés tête par tête dans 26 petites villes ou bourg du Lyonnois, a trouvé 826 naiſſances environ $\frac{1}{24}$, 177 mariages, c'eſt $\frac{1}{111}$, 4120 familles, ce qui fait 4¾ perſonnes pour chaque famille. Il a trouvé la *population* augmentée en 62 ans de plus d'un onzieme dans le total de 1278 paroiſſes, dont M. de la Michodiere alors intendant de Lyon, fit faire le relevé. Il a trouvé la durée moyenne de la vie de 25 à 26 ans ; les mois de Juillet, Mai, Juin, Août lui paroiſſent les plus favorables à la conception. Les mois qui le ſont le moins, ſont d'abord Novembre, enſuite Mars, Avril & Octobre. Voyez M. Kerſeboom, *eſſai de calcul politique*, en hollandois, à la Haie 1748 ; les *recherches* de M. Meſſance, ſur la *population* de quelques villes de France, Paris, 1766 ; le *dictionnaire* de M. Expilly pour ce qui concerne la France ; M. Halley, dans les *tranſactions philoſophiques* ; les *miſcellanea curioſa* ; l'ouvrage intitulé *eſſay to eſtimate the chances of the duratione of lives* ; le ſecond volume du *recueil de différens traités de phyſique*, par M. Deslandes, Paris, 1748 ; l'*Analyſe des jeux de hazard*, par M. de Montmort, édition de 1714 ; l'*Arithmétique politique* du chevalier Petty ; le volume de la collection académique de Paris, où ſont les *mémoires* de Stockholm ; l'ouvrage du major Graunt ; l'*eſſai ſur les probabilités de la vie humaine*, par M. de Parcieux ; M. Simpſon dans ſon traité anglois ſur les *annuités* ; M. Maitland dans les *tranſactions philoſophiques* de 1738 ; l'*hiſtoire naturelle* de M. de Buffon, où il y a une table de la durée de la vie

M 2

humaine ou de l'espérance de vivre qui reste à chaque âge. (D.L.)

PORT d'armes. Droit public. Il n'est permis en France & dans d'autres pays qu'aux seigneurs, aux gentils-hommes, aux militaires & à ceux qui sont préposés pour l'exécution des ordres de la justice, de marcher avec des armes, de jour & de nuit; elles sont, presque généralement défendues à tous les autres sujets, sous les peines portées par les différentes ordonnances.

Il est des armes prohibées à tout le monde sans distinction de qualité, tel-les sont les armes à feu brisées par la crosse ou le canon, pistolets de poches, les poignards, couteaux en forme de poignard, les baïonnettes, les bâtons creux.

Quant au port de l'épée, il n'est permis qu'aux personnes nobles; ce droit est exclusif à la noblesse, à l'ex-ception des militaires, officiers & sol-dats, & de ceux des roturiers qui ont des charges & commissions qui leur permettent de la porter.

Dans les campagnes il se trouve sou-vent de faux nobles, qui, pour s'e-xempter des charges publiques, s'arro-gent le droit de porter l'épée, comme s'ils étoient nobles. Les juges des sei-gneurs, & sur-tout les procureurs-fiscaux, doivent réprimer ces abus, & s'ils ne le peuvent par eux-mêmes, implorer l'autorité supérieure qui ne manquera pas de faire désarmer ces prétendus nobles. (R)

PORTABLE ou REQUERABLE, Droit féodal, se dit du cens & autres rentes seigneuriales, dont les unes sont portables, les autres requérables. Les premieres doivent être portées par le tenancier au manoir du seigneur, ou autre lieu, au jour marqué par le titre, sans qu'il soit requis ou demandé; faute de quoi le possesseur de l'héritage qui est sujet au cens, doit payer l'amende réglée par la coutume.

Dans certaines coutumes, le cens est requérable, c'est-à-dire, que le seigneur censier est tenu de l'envoyer demander au censitaire, & ce dernier ne doit l'amende que quand il est en demeure de payer après que le cens a été demandé. De sa nature le cham-part est requérable, s'il n'y a titre au contraire.

La rente bordeliere est portable, si le détempteur de l'héritage bordellier n'est distant que de quatre lieues de l'hôtel du seigneur; mais si l'hôtel du seigneur est à une plus grande distan-ce, le bordellage est requérable.

Quand le cens, ou autre rente sei-gneuriale, est stipulé requérable par le titre primordial, si par la suite on le fait reconnoître portable, c'est une surcharge blâmable qu'on peut rétablir en tout tems, parce qu'alors le sei-gneur étant de mauvaise foi, il ne peut pas prescrire contre son propre titre, & les reconnoissances contraires au titre sont toujours présumées avoir été surprises par fraude, ou extorquées par violence. (R.)

PORTE, la, Droit public, mot par lequel nous entendons la cour du grand seigneur. Voici l'origine de cette dé-nomination: Mostadhem, dernier ca-life de la race des Abbassides de la premiere dynastie, avoit fait enchasser sur le seuil de la principale porte de son palais à Bagdad, un morceau de la fameuse pierre noire du temple de la Mecque, pour rendre cette porte plus respectable à tous ses sujets. Ce seuil étoit assez élevé, & l'on n'entroit qu'à genoux ou prosterné, après avoir plusieurs fois appliqué le front & la bouche sur cette pierre prétendue sacrée. Au fronton, au lieu le plus éminent de cette *porte*, il y avoit une piece de velours noir, qui pendoit presque jufqu'à terre, à laquelle les plus grands de l'Empire & tous les feigneurs de la cour rendoient tous les jours, auffi bien qu'à la pierre noire, des honneurs exceffifs ; fe frottant les yeux fur l'une & fur l'autre, & les baifant avec le plus profond refpect : lors même qu'on n'avoit aucune affaire au palais, on venoit exprès à cette *porte* pour lui rendre les honneurs & faire fa cour au calife. Une *porte* fi vénérable & fi refpectée fut bientôt appellée la *porte* par excellence, & fut prife dans l'ufage ordinaire pour le palais, la cour, la demeure du prince en faveur de qui fe faifoient toutes ces cérémonies. Cet ufage a paffé des califes aux empereurs Turcs & aux rois de Perfe.

Les *Turcs* originaires Tartares ou Scythes, n'ont eu ce nom que dans le moyen âge, & ils ne le regardent pas eux-mêmes comme leur étant propre, mais comme un titre d'honneur qui eft commun aux Tartares & aux Mogoles. Le mot *Tur*, pris adjectivement, fignifie *éminent*, & comme fubftantif *un chef* : ainfi foit le chef d'une horde, foit la horde même, peut fe nommer *Turki*, *ki* chez les Tartares fignifiant une troupe ou horde. La nation fcythe ou Tartare à qui on a donné le nom propre de Turcs, habitoit anciennement entre la mer noire & la mer cafpienne, & ne s'eft fait connoître que dans le VII. fiecle : elle fervit fous l'empereur d'Orient Heraclius à la conquête de la Perfe : enfuite les califes Arabes ou Sarrafins en compoferent leur garde & en employerent un grand nombre dans leurs armées, d'où il arriva que peu à peu, ils s'emparerent de l'autorité,

dépoferent & établirent à leur gré les califes, & que même quelques gouverneurs de cette nation s'affranchirent entierement de leur domination, furtout dans le IXe fiecle. Les Turcs étant ainfi liés aux Sarrafins ou Arabes fe trouverent difpofés à embraffer le mahométifme, ce qui les unit au point que leurs conquêtes fe firent en commun, & qu'à la longue les Turcs devenus les plus puiffans, les Sarrafins difparurent pour ainfi dire & furent confondus avec eux. Quant à l'origine de l'empire ottoman, la voici telle que l'hiftoire du prince Cantemir la rapporte. La horde Oguzienne conduite par Tfchingis chan paffa de la grande Tartarie aux bords de la mer Cafpienne, en Perfe & dans l'Afie mineure, & y fit de grandes conquêtes. A fon exemple, & fe flattant de la même réuffite, le *Schach Solyman* prince de la ville de *Nera* au voifinage de la mer Cafpienne & feigneur de *Merufchahjan*, fe mit à la tète de 50000 hommes l'an 1214, paffa le Caucafe, traverfa l'Azerbejan ou la Médie, & pénétra jufqu'aux frontieres de Syrie ; arrêté dans fes conquêtes par les Tartares qui avoient fuivi Tfchingis chan, il pénétra cependant de nouveau en 1219 dans l'Afie mineure & jufqu'aux bords de l'Euphrate. Le bruit de fes exploits étant parvenu à la cour de Perfe, on y donna à Solyman & à fon peuple le même nom de Turcs qui étoit attribué communément aux peuples que Tfchingis chan avoit amenés de la Tartarie. Son petit-fils *Ofman* s'empara de différentes provinces & places de l'Empire grec dans l'Afie mineure, & il prit en 1300 dans la ville de *Carachifar*, le nom d'*empereur des Ofmans*, qualifiant ainfi fon peuple par fon propre nom. Il établit fa réfidence à *Ten ghifcheri* , & entr'autres conquêtes il s'empara en 1326 de Prufa, ville de Bithynie , dite aujourd'hui Burfa , & où fon fils & fucceffeur *Orchanes* fixa fon féjour. Celui-ci qui eut pour femme Théodora fille de l'empereur grec Cantacuzenes , ayant fait paffer fes fils Solyman & Amurat en Europe , le premier fe rendit maître de la ville de Kallipolis , & l'autre de celle de Tyrilos. *Amurat* fuccéda à fon pere & conquit les villes d'Ancyre, d'Adrianople & de Philippopolis en 1360, inftitua les janiffaires en 1362 , s'empara de la Servie, & fit une irruption dans la Macédoine & dans l'Albanie. Son fils *Bajazet* qui lui fuccéda, fit de grandes conquêtes en Europe & en Afie , remporta la victoire fur les chrétiens à Nicopolis , & fut enfuite lui-même vaincu & fait prifonnier par *Tamerlan*. Ses fils s'étant difputé l'Empire, il demeura à *Mahomet* I. dont le fils *Amurat* II. entr'autres expéditions heureufes vainquit les Hongrois près de Varna en 1444. Mahomet II. le plus illuftre de tous les empereurs Turcs, prit Conftantinople en 1453, & réduifit tout l'empire des Grecs fous fon obéiffance. Les Turcs prétendent le poffeder par droit de fucceffion & fournir par là un motif aux Grecs d'aujourd'hui d'une foumiffion plus volontaire. Ils fe fondent fans doute fur ce qu'Orchanes avoit époufé , comme nous l'avons déja dit , Théodora fille de l'empereur Cantacuzenes. Quoiqu'il en foit, Mahomet II. pendant fon régne conquit douze royaumes & 200 villes. *Bajazet* II. & *Selim* I. reculerent les bornes de leur empire en Europe, en Afie & en Afrique. *Soliman* I. s'eft diftingué non feulement par plus d'une victoire remportée fur les Hongrois , mais auffi par un code de loix qu'il publia. Les empe-

reurs fuivans ne furent pas fort heureux dans leurs expéditions. Mahomet IV. s'empara, il eft vrai, de l'ifle de Candie en 1669 & affiégea Vienne en 1683, mais il fit la guerre en Hongrie avec un fuccès contraire. Sous Solyman II. Achmet II. & Muftapha, les Hongrois & les Vénitiens remporterent divers avantages fur les Turcs, ce qui engagea Muftapha II. en 1699 à conclurre la paix de Carlowitz. Achmet III. fit celle de Paffarowitz en 1718 ; & Mahomet V. par la paix de Belgrade en 1739, a rendu à l'Empire une moitié de la Servie & une portion de la Valachie. Son frere Ofman Ibrahim qui lui fuccéda, eut pour fucceffeur fon frere Muftapha III.

C'eft donc abufivement que nous donnons à l'Empire des Turcs le nom d'Ottoman, au lieu de celui d'Ofman fon premier fondateur. L'empereur prend auffi le titre de *chan* ou *kan*, qui de même que le mot Arabe *el Sultan* fignifie un grand feigneur, un prince, qualification que la *Porte* Ottomane n'accorde qu'aux princes de la Crimée. Le titre de fultan dit le grand fultan ou plus communément en françois grand-feigneur, eft fort étendu & ampoulé dans le goût oriental ; en voici un échantillon. Nous ferviteur & feigneur des très-vénérables & bénites villes, des refpectables maifons & faints lieux, devant lefquels tout le peuple fe profterne, de la Mecque que Dieu a comblée d'honneur, de Médine refplendiffante de gloire, & de la fainte Jérufalem, empereur des trois villes monarchiques & défirables de Conftantinople, Adrianople & Burfa, empereur de Babylone, de Damas, du Paradis odoriférant & actuellement incomparable Egypte, de toute l'Arabie, d'Alep, d'Antioche.... & autres lieux célebres, facrés & dignes d'être mentionnés ; tant villes que fidelles vaffaux, empereur des empereurs, le très-gracieux & le très-puiffant fultan &c. La cour de l'empereur des Turcs fe qualifie felon une ancienne expreffion orientale, *la Porte*, ou *la fublime Porte*, la *fublime Porte du fultan*, la *Porte de la juftice*, la *Porte de la majefté*, la *Porte de la félicité*, toutes expreffions qu'employent les fultans, lorfqu'ils écrivent à d'autres puiffances.

Les Turcs ont un croiffant pour armoiries. Quelques-uns penfent qu'ils l'ont adopté de l'ancienne Byzance, fur les monnoies de laquelle fe voit fouvent une lune : d'autres objectent qu'avant la prife de Conftantinople, il eft fait mention du croiffant chez les Turcs, & qu'ils l'ont probablement confervé dans leurs armes d'après les anciens Arabes.

La fucceffion au trône n'eft pas établie felon le droit d'aîneffe, & les Turcs n'ont guere égard dans le choix d'un fucceffeur qu'à le faire tomber fur quelqu'un du fang d'Ofman. Les empereurs depuis le commencement de ce fiecle, ont renoncé à la politique cruelle de leurs prédéceffeurs qui, à leur avenement au trône, faifoient périr tous leurs freres ; mais pour prévenir les revoltes, ils les traitent aujourd'hui en prifonniers d'Etat. Ils leur permettent une ou deux concubines, il faut cependant que les médecins de la cour en aient bien conftaté & confirmé par ferment la ftérilité : auffi eft-il fans exemple que quelqu'une foit accouchée. La maifon de l'empereur régnant ne promet guere de fucceffeur : dans le cas qu'elle n'en fourniroit point, la fucceffion pafferoit au chan de Crimée que le divan & le peuple déclareroit fucceffeur préfomptif. Au lieu du couronnement, on

ceint le nouveau grand feigneur du cimeterre du fultan Ofman, *Otfchman*, fondateur de l'Empire & que l'on garde dans la mofquée d'Yub. La forme du gouvernement eft defpotique en Turquie, quoique d'ailleurs le fultan court rifque non-feulement d'être dépofé, mais même d'être mis à mort, lorfqu'il ne gouverne pas au gré du peuple, & furtout des janiffaires.

Le divan, *gælebe diwani*, eft le confeil d'Etat & s'affemble deux fois la femaine, les dimanches & mardis dans le palais de l'empereur. Le grand vifir y préfide, ayant à fa droite le kadileskier ou kaffijulœskier de Romélie ou d'Europe, & à fa gauche celui d'Anatolie ou d'Afie. Le mufti y affifte lorfqu'il y eft formellement appellé. Tous les autres vifirs, *lubbéweffirs*, y ont auffi féance, & après eux fuit le *tefterdar* ou grand tréforier, le *reis-effendi* le chancelier de l'empire, les autres officiers du *Calemji* (chambre des comtes) font de bout de côté, mais ceux de l'armée, tels que l'aga des janiffaires, le fpahilaraga, le filudar-aga & autres fiégent à la fublime *Porte* dans l'intérieur du divan. Le fultan écoute dans un appartement contigu d'où il peut voir à travers une jaloufie ce qui s'y paffe. Les membres de ce confeil ont un habit particulier pour y affifter, & qu'ils mettent auffi les jours d'audience, lorfqu'ils font envoyés auprès de quelque puiffance chrétienne. Si le grand feigneur convoque un confeil général, tous les grands de l'empire, le clergé, *Ulema*, les officiers militaires & autres, & même les foldats les plus vieux & les plus aguerris y affiftent, & comme l'affemblée fe tient debout, elle porte le nom d'*Ajak Diwani*.

Le premier vifir ou grand vifir, *Weffiri Aeffam*, eft le plus haut officier

& la premiere perſonne après l'empereur. Il peut faire monter de bon droit ſes revenus à ſix cent mille rixdalles ou 2400000 livres, non compris les préſens & ce qu'il peut extorquer. Lorſqu'il ſe rend chez l'empereur, ſa hauteſſe fait trois pas à ſa rencontre, & lui s'inclinant profondément, baiſe le bas de la robe du ſultan. Plus il eſt élevé & plus il eſt expoſé à de dangereuſes chutes : en effet, pour appaiſer les murmures du peuple, l'empereur lui ſacrifie le grand viſir, auquel il impute toutes les fautes de l'adminiſtration, & qu'il relégue ordinairement dans quelque iſle, au lieu qu'autrefois il étoit étranglé. Le vicaire du grand viſir eſt le kaimakan que le ſultan choiſit d'entre les viſirs qu'on nomme *à trois queues*, & qu'il ne faut pas confondre avec le gouverneur de Conſtantinople & celui d'Adrianople qui a le même titre. Les prérogatives de ce kaimakan ſont preſque les mêmes que celles du grand viſir, dans le cas où le grand ſeigneur eſt éloigné de Conſtantinople ou d'Adrianople à une diſtance de huit lieues ; au lieu qu'il n'a preſque aucune autorité, lorſque l'empereur y fait ſa réſidence. Celui - ci ſe met - il en campagne, il y a un kaimakan dénommé, pour, en l'abſence du grand viſir, s'il s'éloigne du ſultan de huit lieues, prendre connoiſſance de toutes les affaires, donner ſes ordres & faire tels changemens qu'il juge convenables, ſi ce n'eſt qu'il ne peut s'oppoſer aux ordres du grand viſir, ni dépoſer ou faire décapiter les anciens bachas. L'interprète impérial eſt auſſi un des officiers de la couronne les plus en crédit, vû qu'au nom du grand viſir il eſt chargé de toutes les négociations avec les envoyés des puiſſances chrétiennes qui, par cette raiſon, lui marquent beaucoup d'égards : c'eſt ordinairement un grec de naiſſance qui eſt revêtu de cet important emploi.

Le tribunal ſuprême dit *divan chane* s'aſſemble dans une ſalle du palais du grand viſir qui, en qualité de chef, eſt tenu de s'y trouver le vendredi, ſamedi, lundi, mercredi pour rendre la juſtice au peuple. S'il étoit empêché par d'importantes affaires, ce qui arrive rarement, il ſeroit remplacé par le *chiaoux baſchi* ou maître des requêtes. Le vendredi le grand viſir a pour aſſeſſeurs les deux kadileskiers d'Aſie & d'Europe, celui de Romélie à ſa droite comme juge, & celui d'Anatolie à ſa gauche, comme ſimple aſſeſſeur écoutant. Le ſamedi, c'eſt le Galata Mollaſi, juge du fauxbourg de Galata, ou de Pera qui aſſiſte avec le viſir : le lundi il a pour aſſeſſeurs l'Ejub Mollaſi, juge du fauxbourg de S. Job à Conſtantinople, & l'Iskiuder Mollaſi, & enfin le mercredi l'Iſtambol Effendi, juge de la ville de Conſtantinople. Les requêtes (arzuhal) des parties étant lues, les aſſeſſeurs diſent leur avis : ſi le grand viſir approuve leur ſentence, elle s'écrit ſur l'arzuhel ou requête, & il la ſigne : autrement il prononce lui - même la ſentence, & en fait expédier copie aux parties. La déciſion des procès ſe fait ſur le champ, dès qu'une fois le cadi, juge d'une province ou de quelque lieu particulier, eſt inſtruit.

Le gouvernement militaire & civil eſt partagé en deux départemens, celui d'Europe, *Rumili*, & celui d'Aſie, *anadoli*. Chacun a pour préſident un Kadileskier, juge de l'armée, dont le principal eſt celui d'Anatolie. Dans l'un & l'autre de ces départemens, les Turcs ſuivent la même diviſion en royaumes, provinces & diſtricts qui avoit lieu, lorſqu'ils en ont fait la conquête. Les royaumes & les provinces ſont gouvernés par
des

des paschas qui pour la plupart font qualifiés beglerbeys, *begilerbegji*, c'est-à-dire princes des princes : ce font des beys, *begi* ou *fandfchaks*, *fangiacs*, titre moindre que le premier, qui font préposés fur chaque diftrict, & qui ont fous eux des *Zaims* & des *Timariotes*.

Les revenus publics forment deux tréfors, felon le prince Cantemir. Le tréfor de l'Empire, *Difchi Chæffine*, eft fous la garde du tefterdar-bacha qui préfide à douze chancelleries, *Calem*, où fe portent tous les tributs, péages & autres revenus de l'Empire, & d'où fe tire la paye de l'armée. Le grand tréforier jouit du 20ᵉ de tout ce qui entre dans le tréfor, ce qui va par an à 800000 livres, & dont il cede le quart au Kiet-chudabeg ou Kichaja, qui eft le fubftitut du grand vifir & au-deffus du grand tréforier. L'argent de ce tréfor, dit l'argent public des mufulmans, *beitulmali muslimin*, ne peut être diverti par l'empereur que dans un preffant befoin, beaucoup moins peut-il être employé pour fes intérêts particuliers. Il a fon propre tréfor, *Itfch Chæffine*, dont il peut difpofer à fon gré, & qui eft fous la garde du hafnadar bafchi, le premier officier du palais ou férail du fultan, après le kislar-aga. Le prince Cantemir affure que de fon tems il entroit tous les ans dans ces deux tréfors vingt-fept mille bourfes, ce qui fait treize millions & demi de rixdalles & plus de 50 millions de nos livres. Au rapport du comte Marfilli, il y a 4 caiffes à Conftantinople pour les revenus de l'Etat. La premiere eft le tréfor de l'Empire qui eft confié au grand tréforier, tefterde-bafcha, & dont les revenus annuels font de 14731 bourfes. La feconde deftinée aux dépenfes de la guerre ou du féjour du fultan à Adrianople eft annuellement de 2139½ bour-

Tome XI.

fes : la troifieme eft celle de l'empereur & pour fes menus plaifirs : les tributs que payent le Caïre & la republique de Ragufe, de même que les princes de la Valachie & de la Moldavie, dont le grand vifir prend fa bonne part, & les biens des miniftres d'Etat morts ou dépofés, forment cette caiffe évaluée à 4963½ bourfes de revenu fixe. Dans la quatrieme entre tout ce qui eft confacré à l'entretien de la ville de la Mecque, favoir 821 bourfes. Enfin, le prince Cantemir eftime ce que les paschas, les beys, les zaims & les timariottes reçoivent, monter à 8137½ bourfes, & par conféquent tous les revenus de l'Empire en argent comptant aller à 30792½ bourfes ou foixante millions de livres à-peu-près. Il met aufli en compte ce qui fe livre en denrées pour la cour impériale ou pour la marine, & qui équivaut à une fomme d'argent confidérable. Il faut remarquer aufli que depuis Mahomet V. les revenus de l'Empire font confidérablement accrus, vu que fous fon regne le marquis de Villeneuve, ambaffadeur de France, donna des idées au grand vifir d'une adminiftration des finances plus avantageufe, au moyen de laquelle les anciens impôts & péages furent augmentés & de nouveau établis, particulierement fur l'entrée & fortie des marchandifes : en même-tems on prit des mefures, & on donna des ordres féveres pour empêcher la contrebande. Cette opération qui doit avoir porté les revenus de l'Empire à quatre-vingt millions, n'a pas peu contribué à le dépeupler. Au refte, comme les monarques Turcs mettent généralement leur gloire à laiffer après eux de grands tréfors, il y a tout lieu de croire qu'aucun fouverain n'eft aufli riche qu'eux en argent comptant.

L'armée de terre d'au-delà 300000

N

hommes eſt partagée chez les Turcs en capiculy & en ſerratculy pour l'infanterie. Les premiers ne s'éloignent pas de la *porte*, *Capy*, & de tout endroit où le ſultan fait ſa réſidence : ce ſont les jengitſcheri , agemoglani , topey , gebegy & ſackas. Les jengitſcheri , *jengi* , ſignifie nouveau , & *tſcheri* ſoldats , ou janiſſaires, ont été inſtitués par le ſultan Amurat qui compoſa ce corps d'enfans chrétiens priſonniers qu'il forma aux exercices militaires. Quelqu'un rapporte que le nombre en eſt fixé à 40000 , & qu'ils ſont diſtribués à Conſtantinople en 162 odas, chambres ou compagnies, qu'un autre *porte* à 196, ſavoir 101 de jajabei , 61 de boluki & 34 de ſeymeny , tous enſemble au nombre de 54222 hommes. Cette milice a le rang ſur tous les autres ſoldats , & n'eſt plus comme autrefois turbulente , toujours prête à ſe revolter & ne reſpirant que la guerre ; auſſi ſont-ils pour la plupart mariés. Leur ſolde eſt par jour de trois aſpres , deux pains & une certaine quantité de mouton , de ris & de beurre qu'on leur fournit tout cuit & préparé. Entre les autres capiculy qui forment un corps de 58864 hommes , les agemoglani ſont les nouveaux janiſſaires au nombre de 4012 : les topey ſont canoniers , les gebegy nettoyent les armes & en ont l'inſpection , les ſakkas ſont porteurs d'eau. L'autre partie de l'infanterie , les ſarratculy ſont entretenus par les gouverneurs des provinces , & à leurs ordres ; ils ſont deſtinés à renforcer les janiſſaires. La cavalerie , partie de l'armée la plus nombreuſe , l'Empire abondant en chevaux, eſt compoſée de capiculy ou ſpahis qui forment un corps de 15248 hommes , de topracly d'environ 124000 hommes que les paſchas entretiennent & des ſerratculy employés à la garde des fron-

tieres ; c'eſt la cavalerie du meilleur uſage & qui eſt formée de celle que les pays tributaires , ſavoir les Tartares & les princes de la Moldavie & de la Valachie ſont obligés de fournir. La queue de cheval attachée à une perche ſurmontée d'un pommeau doré, eſt une diſtinction particuliere chez les Turcs & les Tartares. On en porte une devant le bay , deux devant un bacha , trois devant un beglerbey qui a le rang de viſir , cinq devant le grand viſir , & ſept devant le ſultan , lorſqu'il marche avec ſon armée. Le fameux comte de Bonneval s'étoit propoſé de donner toute une autre forme aux troupes de l'Empire ottoman & de les mettre ſur le pied autrichien : mais il y trouva des difficultés inſurmontables , & à ſa mort tous ſes arrangemens ne ſubſiſterent plus, juſques-là que ſon régiment qu'il avoit choiſi d'entre toute l'armée , & exercé aux manœuvres autrichiennes avec une peine incroyable , fut incorporé dans les autres corps qui ne pouvoient le ſouffrir. Comme l'agriculture a beaucoup diminué en Turquie dans ces derniers tems , on eſtime qu'il faudroit s'y prendre 3 ou 4 ans d'avance pour l'approviſionner de grains, ſi l'empereur projettoit une nouvelle guerre. Auſſi dit-on que le comte de Bonneval, dans une inſtruction politique, qu'il doit avoir laiſſée ſur la meilleure maniere de gouverner l'Empire, déconſeille les nouvelles conquêtes, & par conſéquent toute guerre avec les puiſſances voiſines , pour recommander la conſervation des poſſeſſions actuelles en s'appliquant à en tirer un meilleur parti.

C'eſt le ſultan Mahomet II. qui a jetté les premiers fondemens de la marine chez les Turcs, & Selim l'a miſe ſur un meilleur pied ; elle eſt compoſée de bâtimens à voiles & à rames , &

d'autres à voiles feulement : ceux-ci font les gallions, & entre les premiers les frégattes, brigantins, galliottes, galeres, galéaffes & demi bâtardes. Une partie des vaiffeaux de cette premiere claffe eft conftruite & équippée pour le compte du tréfor impérial, & à cet ufage eft deftiné l'arfenal du fauxbourg de Galata à Conftantinople : une autre partie eft fournie par les beglerbeys, les beys, les zaims & les timariotes qui commandent dans les provinces maritimes. Ce font ordinairement les républiques d'Alger, Tripoli & Tunis qui donnent les gallions. (D.G.)

PORTION VIRILE, f. f., *Jurifp.*, *virilis pars*, eft celle qu'un héritier a dans la fucceffion, foit *ab inteftat*, ou teftamentaire, & qui eft égale à celle des autres héritiers.

On l'appelle *virile*, à caufe de l'égalité qui eft entre cette portion & celle des autres héritiers.

On entend quelquefois fingulierement par *portion virile*, celle que les peres & meres prennent en propriété dans la fucceffion d'un de leurs enfans auquel ils fuccedent avec leurs autres enfans freres & fœurs du défunt. Voy. *la nouel. CXVIII. ch. ij.*

Il y a encore une autre forte de *portion virile*, qui eft celle que le conjoint furvivant gagne en propriété dans les gains nuptiaux, quand il demeure en viduité ; mais pour diftinguer celle-ci des autres, on l'appelle ordinairement *virile* fimplement, & celle des héritiers qui eft égale entr'eux, *portion virile*. ʊ AUGMENT, BAGUES & JOYAUX.

PORTION CANONIQUE, *Droit Canon*. Les canoniftes appellent ainfi ce que nous entendons plus communément par *quarte canonique*. Ils en diftinguent de deux fortes, l'une qui eft due à l'évèque, & qui fe peut par conféquent nommer *quarte épifcopale*, & l'autre qui fe paie au curé, & qu'on peut nommer *quarte paroiffiale*. Nous parlons de l'une & de l'autre de ces quartes, fous le mot QUARTE. (D. M.)

PORTION CONGRUE, *Droit Canon*. On entend ordinairement par *portion congrue*, une certaine retribution qui fe paie à un curé ou vicaire pour fon honnète entretien. Ce nom vient de ce que les papes & les conciles l'ont employé dans leurs décrets : *In ipfa ecclefia parochiali idoneum & perpetuum ftudeat habere vicarium canonice inftitutum, qui congruentem habeat de ipfius ecclefia proventibus portionem. C. extirpanda, de præb. §. qui vero.* On comprend par les termes de ce décret que la *portion congrue* des curés & vicaires a comme une efpece d'hypotheque fur les fruits & revenus des cures.

La *portion congrue* des curés, telle qu'elle fe paie aujourd'hui, doit fon origine à cette diftinction de l'églife & de l'autel, dont il eft parlé fous le mot *Autel*. Anciennement les curés ne percevoient leur fubfiftance que par leurs propres mains, ou plus anciennement de celles de l'évèque ou de l'archidiacre, chargé de la matricule des églifes ou des diftributions. Mais par les changemens arrivés dans les poffeffions des cures & des dixmes, les curés des paroiffes fe font vu prefque tous privés des dixmes, & dans la dépendance de quelque curé primitif à qui il a fallu demander de quoi vivre.

Le mal eût été tolérable, fi les moines & les autres communautés, poffeffeurs des dixmes des paroiffes, en euffent départi cette modique *portion* que les curés leur demandoient pour leur entretien. Voici comment s'exprime à cet égard le chap. *extirpanda, de præb.* tiré du concile général en 1215. *Ex-*

tirpandæ consuetudinis vitium in quibus-
dam partibus inolevit, quod scilicet pa-
rochialium ecclesiarum patroni & aliæ
quædam personæ proventus, ipsarum sibi
penitus vindicantes, Presbyteris earum-
dem servitiis deputatis, relinquunt adeò
exiguam portionem, quod, ex ea nequeant
congruè sustentari: nam (ut pro certo
didicimus) in quibusdam regionibus pa-
rochiales Presbyteri pro sua sustentatione
non obtinent, nisi quartam quartæ, id
est, sextam decimam decimarum. Unde
fit, ut in his regionibus penè nullus inve-
niatur. Sacerdos parochialis, qui ullam
vel modicam habeat peritiam litterarum.

Cum igitur os Bovis ligari non debeat
triturantis, sed qui altari servit, de al-
tari vivere debeat statuimus, ut (con-
suetudine qualibet episcopi vel patroni,
seu cujuslibet alterius, nonobstante) por-
tio Presbyteris ipsis sufficiens assignetur.

Ce réglement tout sage qu'il étoit,
avoit cet inconvénient, que ne fixant
pas précisément quelle étoit cette *por-*
tion suffisante, les décimateurs ou patrons étoient toujours les maîtres de
régler la suffisance au taux que bon
leur sembloit; si d'autres conciles faisoient cette fixation, ou elle étoit bien
modique, ou les décimateurs ne la sui-
voient pas, ou l'éludoient par le moyen
qu'ils avoient de la rendre inutile, soit
en révoquant les vicaires qui osoient
réclamer en leur faveur l'exécution
des canons, soit en y imputant des revenus qui ne leur appartenoient point.
Toutes ces raisons servoient donc à tenir sans cesse les curés dans un silence
oppressif, souvent plus nuisible à leur
église & à leurs paroissiens, que les
plaintes qu'ils formoient & qui leur va-
loient une honteuse destitution. Tous
les conciles, sans excepter le concile
de Trente, & ceux tenus dans ce royaume, ont fait des réglemens contre ces

abus; mais comme ils n'en ont point
fait de nouveaux, & qu'en ordonnant
seulement qu'il fût payé au jugement
des évêques, une légitime & suffisante
congrue aux curés, ils n'ont pas sappé
le mal par ses fondemens, *tantum re-*
digatur quod pro rectoris ac parochiæ
decenter sufficiat.

Par tout ce que l'on vient de voir,
il est aisé de juger que la *portion con-*
grue est due aux curés & vicaires des
paroisses; mais qu'elle n'est due qu'à
ceux d'entr'eux qui n'ont pas en revenus fixes & certains, la somme nécessaire pour leur entretien. Sur cela l'on
demande: 1°. Si la *portion congrue* est
due à des curés réguliers; 2°. aux curés des grandes villes; 3°. au curé d'une
paroisse démembrée ou nouvellement
érigée; 4°. au desservant ou provicai-
re, & comment dans ce cas; 5°. au
curé qui, par des cas fortuits, a perdu ses revenus ordinaires; 6°. s'il est
dû double congrue au curé qui biscante,
ou à deux curés qui sont titulaires d'une même paroisse; 7°. si elle
est due à tous les vicaires, en quelque
nombre qu'ils soient.

I. Sur la premiere de ces questions
dont nous allons parler, il faut se rappeller de ce qui est dit de l'état des différentes cures régulieres sous le mot
PAROISSE, & ajouter ici une autre division des curés réguliers en trois classes:
les curés bénédictins, les curés chanoines réguliers de S. Augustin, & les curés profès ou croisés de Malte.

Les curés réguliers en général sont
compris dans la faveur des *portions con-*
grues, affectées à l'entretien de ceux qui,
dans les paroisses portent le poids du
jour & de la chaleur: *Pondus diei &*
æstus. Mais comme il n'est point ou
presque point de ces cures régulieres
qui ne soient de riches prieurés-cures,

ou dont les dixmes n'appartiennent aux communautés des religieux qui les deffervent, la *portion congrue* de ces curés ne fe regle pas communément comme celle des curés féculiers. Pour ceux d'entre ces curés réguliers dont les paroiffes font attenantes à leur monaftere, & qui adminiftrent les facremens dans l'églife même de leurs monafteres, leur place monacale fuffifante pour leur entretien, leur doit tenir lieu de congrue.

Si l'églife eft féparée du monaftere, le religieux curé fe retirant dans fon presbytere, doit avoir fa *portion congrue*.

La *portion congrue* des curés de l'ordre de Malte, fe regle par des loix particulieres ; les uns ont des *portions* de dixmes & des domaines ou des gros, les autres ont des *portions congrues* qui font payées par les commandeurs, lorfqu'ils font gros décimateurs.

II. Il femble que comme l'efprit des ordonnances qui prefcrivent le paiement de la *portion congrue* aux curés, eft de leur donner une fubfiftance honnête ; ceux qui par un gros cafuel plus ou moins confidérable, font affurés de leur entretien, ne peuvent demander cette congrue aux poffeffeurs des dixmes. Plufieurs d'entre ces derniers l'ont auffi refufée fur ce fondement à des curés de grandes villes, & les arrêts n'ont rien décidé de bien pofitif.

III. Sur la queftion de favoir comment on doit pourvoir à la *portion congrue* des nouvelles paroiffes, & par qui elle doit être payée, nous n'ajouterons rien à ce qui eft dit à ce fujet fous le mot PAROISSE. Voyez auffi SUCCURSALE, VICAIRE.

IV. Sur la quatrieme queftion, nous avons encore moins à dire, après ce qui eft établi fous le mot COADJUTEUR.

V. Quand un curé à qui le décimateur ne payoit point de dixme à caufe de fon cafuel, vient à perdre en tout ou en partie ce cafuel qui lui tenoit lieu de congrue, il eft fondé à demander alors fa *portion congrue*, parce qu'elle ne lui étoit refufée que parce qu'on fuppofoit qu'il en avoit d'ailleurs l'équivalent & au-delà.

Mais par la même raifon, fi l'accident n'eft que momentané ou paffager, & que la paroiffe redevienne ce qu'elle étoit, & par conféquent le cafuel ; en ce cas le paiement de la congrue ceffera, & les parties jouiront de leurs anciens droits, en rentrant dans leur premier état. *Recueil de jurifprudence can.*

Il en feroit de même d'un curé dont les domaines tenant lieu de congrue, viendroient à dépérir ou même à ne rien produire par ftérilité ou cas fortuits ; fur rapport d'experts, où les bonnes années feroient compenfées avec les mauvaifes dans le cours d'un bail, on lui adjugeroit quelque fomme à la charge du décimateur.

A l'égard de la *portion congrue* qui fe paie invariablement aux curés de la campagne & autres, elle eft au-deffus de tous les événemens, & il n'eft bonne ou mauvaife récolte qui la faffe ni augmenter, ni réduire. Tournet, *lettr. P. ch.* 121.

VI. La fection des bénéfices eft défendue. Mais fi pour des raifons fingulieres, il fe rencontroit deux curés en titre dans une même paroiffe, comme cela fuppoferoit qu'ils y font néceffaires & qu'ils ont un travail égal, la *portion congrue* de 300 livres feroit dûe à l'un & à l'autre.

A l'égard des bifcantats, il feroit difficile de trouver de quoi fournir deux *portions congrues*, lorfque ce double fervice n'a pour caufe que l'indigence des paroiffes, qui chacune ne peuvent pas nourrir un pafteur.

VII. Il est dû autant de *portions congrues* de 150 livres, qu'il y a de vicaires dans une paroisse; & il est loisible aux évêques d'en mettre un ou plusieurs, selon le nombre des habitans & les besoins de l'église.

L'on voit ci-dessus, & encore mieux par les termes des déclarations rapportées, par qui sont dûes les *portions congrues*. Comme ces déclarations ne parlent pas des curés primitifs, mais seulement des décimateurs, on a douté si la charge des *portions congrues* les regardoit aussi.

Les arrêts ont décidé la question en faveur des décimateurs; on a considéré que les déclarations citées n'ont pas parlé spécialement des curés primitifs; parce qu'il est rare que les dixmes ne leur appartiennent pas; & que dans les cas où d'autres en fussent les possesseurs, les curés primitifs jouissoient toujours nécessairement de certains domaines dépendans des cures où il ne seroit pas juste que d'autres entretinssent un curé sans qu'il leur en coûtât rien.

Au reste, quand il n'y a pas suffisamment de dixmes dans une paroisse, ceux qui sont exempts de la payer doivent contribuer à la *portion congrue*, même avant les dixmes.

L'option de la *portion congrue* est irrévocable, quand une fois le curé a trouvé bon de la préférer aux autres domaines de la cure. On ne permet aux successeurs curés de s'en écarter, que que lorsque, par les arrangemens pris entre les décimateurs & leurs prédécesseurs, la *portion congrue* ne leur demeure pas entiere.

L'on voit par les déclarations sur les congrues, jusqu'à quelle somme elles peuvent être chargées pour le payement des décimes & autres impositions du clergé.

On demande, si la *portion congrue* ne peut être saisie pour quelque dette que ce soit en général. On rapporte à ce sujet plusieurs arrêts; les uns ont jugé que les curés débiteurs auroient au moins à eux la somme de trois cents livres, ce qui s'accorde avec ce que dit Tournet, que la *portion congrue* adjugée au curé, doit tomber liquidement en ses mains, sans crainte d'arrêt ni d'exécution pour dettes personnelles.

D'autres arrêts ont accordé aux créanciers une partie de la congrue, qui cependant n'a pas passé le tiers, déduction faite des décimes & subventions, & c'est à quoi la plus nouvelle jurisprudence paroît fixée.

Suivant l'ancienne jurisprudence conforme aux décrétales des papes, *Clem.* 1. *de jure patron. cap. statuto* §. *ubi autem de decim.* les questions sur les *portions congrues* étoient portées, & même renvoyées aux juges ecclésiastiques, sur le fondement que telles actions sont plutôt personnelles que réelles, formées entre des personnes ecclésiastiques pour une dette alimentaire. (D. M.)

PORTION PRIVILÉGIÉE, *Droit Can.* On appelle ainsi dans les chapitres une certaine *portion* que les chanoines retirent de la manse capitulaire. Rebuffe dit que la *portion privilégiée* est ainsi appellée, quand le seul du chapitre perçoit les fruits pour en faire part ensuite au bout de l'année à chacun des chanoines par un privilege ou un statut tout particulier. Il ajoute que cette *portion* ne se donne pas à raison de la résidence; ce seroit alors, dit-il, de vraies distributions: *Portio privilegiata dicitur quando omnes redditus sunt communes & percipiuntur per unum loco capituli, & in fine anni fiunt certæ portiones secundum privilegium seu statutum & cuilibet datur portio sua, non habita ratione alicu-*

jus residentiæ alias dicerentur distributiones. (D. M.)

PORTUGAL, *Droit public*, royaume le plus occidental de l'Europe, borné au nord par la Galice, au midi & au couchant par l'Océan, au levant par l'Andaloufie, la nouvelle Caftille & le royaume de Leon.

Le *Portugal* ou l'ancienne Lufitanie paffa de la domination des Phéniciens & des Carthaginois fous celle des Romains, & l'empereur Augufte la réduifit en province Romaine. Au commencement du Ve fiecle, les Alains s'en rendirent maîtres, les Sueves vers l'an 440, & les Vifigoths vers l'an 582. Dans le VIIIe fiecle, les Maures ou Sarrafins y firent une invafion, & en furent chaffés fucceffivement par les chrétiens. Henri de la maifon des ducs de Bourgogne, fervit fi utilement Alphonfe VI. roi de Caftille contre les Maures, que celui-ci lui donna fa fille Thérefe en mariage, & le déclara en 1093 comte de Portugal : il poffeda ce pays en propre l'an 1110 en vertu du teftament de fon beaupere. Son fils & fon fucceffeur Alphonfe Henriquès remporta en 1139 une victoire fignalée fur les Maures à Ourique, prit en conféquence le titre de roi, inftitua en 1147 l'ordre d'avis, & après que le pape Alexandre III. l'eut reconnu pour roi en 1179, il convoqua une diete à Lamego l'an 1181, où la fucceffion au trône fut confirmée dans fa famille. Alphonfe III. acquit l'Algarve à la couronne de Portugal : & fous le roi Denis fut établi l'ordre de Chrift. A la mort de Ferdinand, arrivée en 1383, la ligne mafculine de cette maifon s'éteignit : Jean I. fils naturel du pere du précédent roi, fut élu en 1385, & fous fon regne les Portugais formerent des établiffemens en Afrique, & découvrirent les ifles Azores. Son pe-

tit-fils, Jean II. recueillit dans fes Etats les Juifs chaffés du Portugal, & s'occupa à perfectionner la navigation & à faire de nouvelles découvertes. Par rapport à ces découvertes & futures conquêtes, il fit un premier traité avec le roi d'Efpagne, Ferdinand le catholique, en 1492, & un fecond en 1494, par lequel il cédoit à Ferdinand toutes les terres fituées à l'oueft du Cap verd & des ifles Azores à la diftance de 370 milles, fe réfervant toutes les nouvelles découvertes vers l'orient. Ce fut fous le roi Emanuel que la gloire & la fortune des Portugais parvinrent à leur plus haut période ; Vafques de Gama découvrit en 1498 le chemin des Indes orientales : Améric Vefpuce prit poffeffion du Brefil en 1501 : la premiere fortereffe portugaife fut conftruite en 1504 dans le royaume de Cochin, & la guerre contre les Maures pouffée avec vigueur en Afrique. Sous le regne de Jean III. la fortereffe de Diu en Afie fut bâtie, & il reçut le premier dans fes Etats en 1540 l'ordre des jéfuites nouvellement confirmé par le pape. A la mort du cardinal Henri, il ne refta aucun héritier mâle de cette maifon, & la couronne paffa aux rois d'Efpagne, fous lefquels les Portugais perdirent la plûpart de leurs conquêtes : les Perfans s'emparerent de l'ifle d'Ormus en 1622 : les Hollandois acquirent la fupériorité dans les Indes orientales, conquirent les ifles Molucques, & en 1636, une moitié du Brefil, & fe rendirent maîtres en 1637 de S. George del Mina en Afrique : le commerce du Japon en 1639, & leur principal établiffement à Malacca fut perdu pour les Portugais. Comme ils fe trouvoient maltraités dans leur propre pays, ils fécouerent le joug efpagnol en 1640, & élurent pour roi Jean, duc de Bragance : il prit le nom de *Jean IV.* chaffa les Hollandois du Brefil en 1654; mais il perdit l'ifle de Ceylan en 1656. Alphonfe VI. perdit la couronne que lui enleva fon frere Pierre II. qui conclut en 1668 avec l'Efpagne une paix par laquelle le *Portugal* fut reconnu pour un royaume indépendant, & reftitué dans fes anciennes bornes, à l'exception que la ville de Ceuta en Afrique demeura aux Efpagnols. Sous le roi Jean V. la chapelle royale de Lisbonne fut érigée en patriarchat.

Le prince fucceffeur porte le titre de *prince du Brefil* depuis le regne de Jean IV. & les autres princes fils & freres du roi fe nomment *infants.* Le roi Jean V. déclara fon petit-fils & fils du prince du Brefil, *prince de Beira.* Le roi prend le titre de *roi de Portugal & des Algarves en-deçà & au-delà de la mer, en Afrique feigneur de Guinée, des conquètes de la navigation & du commerce en Ethiopie, Arabie, Perfe & Indes, &c.* Par une bulle de 1749, le pape Benoît XIV. donna au roi le titre de *très-fidele*, lequel fut auffi-tôt inféré dans toutes les ordonnances royales, & reconnu des puiffances étrangeres. Il femble que d'anciens écrivains, & entr'autres François de Albertinis, ayent fourni au pape l'idée de ce titre pour caractérifer la foi des rois de *Portugal* ou leur fidélité au S. fiege.

Les armoiries du *Portugal* font un écu d'argent, chargé de cinq autres écus d'azur en fautoir, dont chacun porte cinq befans d'argent en forme de croix de S. André. L'écu eft bordé de fept châteaux qui font d'Algarve, & nommément les anciens châteaux d'Eftombar, de Paderne, d'Aljefur, d'Albufeira, de Cacella, de Sagres & de Caftromarim.

Le gouvernement du royaume de *Portugal* eft monarchique & abfolu ; néanmoins pour ce qui concerne les nouvelles impofitions, & l'ordre de la fucceffion au trône, il faut le confentement des Etats compofés du clergé, de la haute nobleffe, & du tiers Etat. Le clergé eft repréfenté par les archevèques & les évèques ; la haute nobleffe eft compofée des ducs, marquis, comtes, vicomtes & barons ; le tiers Etat qui comprend la bourgeoifie, la nobleffe inférieure, & les maîtrifes des ordres de chevalerie eft repréfenté par les députés ou procurateurs des villes & des bourgs. Ces Etats ne s'affemblent que lorfque le roi convoque les Etats (cortes). Depuis 1697 il ne s'eft point fait de convocation. Quoique ce royaume foit héréditaire, les enfans des freres du roi ne peuvent fuccéder fans requerir le confentement des Etats : les princeffes font habiles à fuccéder, mais elles perdent leur droit fi elles fe marient hors du pays. Le droit de repréfentation par rapport à la fucceffion au trône, a été confirmé par le manifefte des Etats en 1641, mais il ne s'étend qu'aux freres & à leurs enfans, au défaut defquels la fucceffion paffe au plus proche parent. La conftitution de Lamego, eft une loi fondamentale, à laquelle le manifefte des Etats de 1641 fert de fupplément.

Le confeil d'Etat (*confelho de Eftado*), eft la premiere cour fouveraine : les plus importantes affaires du royaume s'y traitent, toutes les charges civiles & eccléfiaftiques qui ne reffortiffent pas d'un autre tribunal, en relevent ou immédiatement ou par appel. La préfentation fur-tout des archevèques, des évèques, des vicerois, des capitaines-généraux, des gouverneurs des provinces, & autres dépendances de la couronne ; toutes les délibérations pour la paix ou la guerre, les ambaffades, les alliances,

alliances, &c. font du département de ce conſeil d'Etat. On en rapporte l'établiſſement à la reine Catherine pendant la minorité du roi Sébaſtien, & ſur le modele de la cour d'Eſpagne: il étoit compoſé en 1732 de cinq miniſtres d'Etat eccléſiaſtiques & de cinq féculiers. Le fécretaire d'Etat en eſt proprement le fécretaire, & eſt aſſiſté par l'official mayor & quelques autres officiers.

La fécretairerie d'Etat, dite auſſi *fecretaria das merces e expediente*, a été rétablie dans ſon ancienne forme le 29 Novembre 1643 par le roi Jean IV. qui la diſtingua en deux départemens, celui des graces (*merces*) & celui des expéditions. On y délibere ſur la nomination à tous les emplois civils, à l'exception des places de miniſtres & de fécretaires, qui ſont nommés par le conſeil d'Etat: les officiers militaires, depuis le capitaine juſqu'au lieutenant-colonel incluſivement, ſont auſſi l'objet de ce département, de même que les diſpenſes, la collation des commanderies des ordres de chevalerie, les revenus & dépenſes de l'Etat, la nomination aux offices de judicature, les ſentences du grand-maréchal, &c. toutes les graces que le roi accorde en titres de chevalerie, penſions (*tenças*) legs pieux (*kapellas*) biens en deshérence ou confiſqués, commanderies; *alcaidarias mores* & feigneuries: c'eſt auſſi là que s'expédient les paſſeports pour les vaiſſeaux étrangers, & les négocians Portugais.

Le fécretaire de ſignatures (*da aſſinatura*) préſente au roi toutes les patentes (*alvaras*) les proviſions, arrèts brevets (*proviſoens, cartas & padroens*) que les tribunaux adreſſent à S. M. pour les ſigner, à l'exception des pieces que le fécretaire d'Etat & celui des graces expédient.

Tome XI.

Ces trois fécrétariats ſe trouvent quelquefois réunis en une ſeule perſonne, comme on en a un exemple dans le grand-miniſtre d'Etat Diego de Mendoça Corte Real.

Le conſeil de guerre (*conſelho de guerra*) dont l'inſtitution eſt du 11 Décembre 1640, ſous le roi Jean IV. & qui reçut ſes ſtatuts en 29 articles trois ans après, s'occupe de tout ce qui a rapport à la guerre: il prend connoiſſance des emplois militaires, depuis le capitaine juſqu'aux commandans (*gouvernatores das armas*) des provinces, & capitaines-généraux des troupes (*capitaens-generaes de exercitos*) & les ordres leur ſont expédiés par la fécretairerie de guerre. Le juge aſſeſſeur (*juiz aceeſſor*) le promoteur fiſcal du conſeil de guerre, les adminiſtrateurs & auditeurs-généraux de toutes les provinces ſont auſſi de ſon reſſort: il a à ſa nomination depuis le ſergent juſqu'au capitaine excluſivement; & inſpection ſur les fortereſſes, les arſenaux, le logement des gens de guerre, les hôpitaux, l'artillerie, &c. Dans certains cas il confere avec le conſeil d'Etat.

Le conſeil du palais (*deſembargo do paço*) le premier des tribunaux du royaume, duquel reſſortiſſent les autres dont on peut appeler à celui-ci. Il pourvoit à toutes les places de judicature, décide des différends de juriſdiction entre les corps de juſtice civils & eccléſiaſtiques, examine les brefs des légats du S. ſiege, dreſſe des ſtatuts, ordonnances, confirmations, privileges, conceſſions, & s'occupe de pluſieurs autres objets. Ce tribunal eſt compoſé d'un préſident, d'un nombre indéterminé de conſeillers (*deſembargadores*) de cinq fécretaires de la chambre (*eſcrivaens de camera*) dont chacun a ſon département, l'un entr'autres ſous

O

le titre d'*escrivao do despacho da mesa*, un tréforier, un distributeur & autres officiers fubalternes. De ce tribunal dépend la chancellerie de la cour & du royaume (*Chancellaria mor da corte e regno*) qui a fon chancelier, un *veador*, quelques fécretaires, un tréforier, un huiffier (*porteiro*) & autres officiers.

La chambre des appels qui fiege à Lisbonne, eft la cour fuprême de juftice pour le civil & le criminel. Sa jurifdiction ordinaire s'étend aux provinces d'Eftremadure, Alentejo & Algarve, ainfi qu'au diftrict de Caftello branco dans la province de Beira. D'ailleurs tous les appels s'y portent de la chambre *do porto* (*cafa do civil do porto*) dans des caufes que j'indiquerai, & qui y font pleinement terminées. On y compte jufqu'à quarante-deux officiers plus ou moins, favoir un chancelier, dix *defembargadores de agravos e appellacoens*, deux *corregidors* pour le criminel, deux autres pour le civil, deux juges *dos feitos da coroa e fazenda*, deux *ouvidores* des appels en matiere criminelle, un *procurador dos feitos da coroa*, un autre *da fazenda*, un juge de chancellerie, un promoteur de juftice, & dix-huit confeillers furnuméraires (*defembargadores extravagantes*).

La chambre (*cafa do civil, e relaçaõ*) *do Porto* eft la feconde cour de juftice ou fecond tribunal des appels du royaume, & elle fiege à Porto. Elle a fous fa jurifdiction les provinces d'entre-Douro-e-Minho, Tras-os montes & Beira, à l'exception du diftrict de Caftelbranco, qui reffortit de celle de Lisbonne. Par une ordonnance de 1696, Pierre II. attribua à cette cour toutes les caufes qui n'excedent pas la fomme de 250000 reis en immeubles & de 300000 en meubles: au-deffus de cette fomme, on peut en appeller à la chambre de Lifbonne. Celle de Porto eft compofée de vingt-trois membres qui font, un chancelier; huit *defembargadores de agravos*, deux *corregidors* en matiere criminelle, un en matiere civile, un juge pour les affaires de la couronne & de la chambre des comptes, trois *ouvidores do crime*, dont l'un eft aufli juge de chancellerie, un promoteur de juftice, cinq confeillers furnuméraires, & un procureur du roi.

Confeil des finances (*confelho da fazenda*) a été fur le pied où il fe trouve actuellement, par le roi Jean IV. Ce confeil a trois départemens, auxquels préfide un *vedor da fazenda*: le premier eft pour les finances du royaume, le fecond pour l'Afrique, les comptes & penfions (*contos e tenças*), le troifieme pour les Indes, les magazins & les armadilles. Outre ces trois préfidens, le confeil eft compofé de *miniftros de letras, defembargadores* & autres confeillers de cape & d'épée (*de capo & efpada*) dont le nombre n'eft pas fixe: en outre d'un procureur des finances, de quatre fécretaires ordinaires, de quelques autres tant fécretaires qu'officiers fubalternes. A ce confeil font fubordonnés la chambre des comptes, (*o tribunal dos contos*), la douane (*o tribunal de alfandega*), la chambre des Indes & des mines (*o tribunal da cafa da India e mina*), le tribunal des arfenaux ou amirauté, la cour & l'hôtel des monnoyes (*a tenencia & a cafa da moeda*). De plus differens palais, favoir, *o Paço da Madeira, o Confulado, os Portos fecos*, & *a cafa dos Cincos*: enfin la junte du commerce a été réunie en 1720 au confeil des finances.

Quant aux tribunaux inférieurs, les

six provinces du royaume font partagées en jurifdictions appellées *comarcas*, qui renferment des villes, des bourgs & des jurifdictions fubalternes, fous le nom de *cancelhos*, *coutos*, *julgados & honras*. Il y a une autre division plus facile & que nous fuivrons. Toutes les jurifdictions font des corregidories (*correicoens*) ou des vigueries (*ouvidorias*): les premiers relevent du roi, & les autres de perfonnes eccléfiaftiques ou féculieres, qu'on appelle *donataires*. Le juge établi par la cour dans un diftrict eft un *corregidor*, & celui des donataires un viguier (*ouvidor*). Outre qu'une *comarca* s'étend à des lieux de différentes corrégidories & vigueries, la fignification n'en eft pas bien déterminée, étant employé tantôt pour défigner un diftrict du domaine royal & quelquefois toute une province, tantôt les partitions de quelque évêché, comme, par exemple, l'archevêché de Brague a cinq *comarcas*, qui comprennent tout ce que l'archevêque poffede dans la province de Traz-os-montes & dans l'évêché de Porto. Le chef-lieu (*cabeça*) d'une corrégidorie ou viguerie eft toujours une ville ou un bourg où fiège le *corregidor* ou viguier. Dans ces fortes de villes, il y a communément pour la *comarca* ou corregidorie & viguerie un *provedor* ou intendant qui veille à ce que les teftamens ayent leur exécution, & un juge forain (*juiz de fora*), quelquefois auffi un juge d'orphelins (*juiz dos orphaos*). Les villes ont encore leurs magiftrats particuliers, favoir, communément un juge forain (*juiz de fora*), deux ou trois *vereadores*, un *procurador do concelho* & autres fubalternes. Quelquefois au lieu du juge forain, il y a un fécretaire ou un tréforier de la chambre, & un juge du peuple (*efcrivao*, the-

foureiro da camera, *juiz do povo*), fans parler d'autres légeres différences. Le droit romain avec fes glofes eft fuivi & autorifé en *Portugal*: les ordonnances du roi & les décifions des papes y fervent auffi de loi.

Les revenus du roi proviennent 1°. des biens héréditaires & confidérables de la maifon de Bragance qui peuvent comprendre jufqu'à cinquante bourgs. 2°. Des domaines dont le roi depuis l'année 1753 a réuni à la couronne plufieurs terres de grande étendue, qui après la découverte des ifles du Brefil avoient été aliénées par les rois précédens, & pour lefquelles il a donné aux différens poffeffeurs un équivalent. 3°. Des péages dont celui de Lisbonne rapporte le plus. 4°. Des impôts. 5°. De la douane, qui eft fur un très-haut pied, & dont le clergé n'eft pas exempt. 6°. De la ferme du tabac du Brefil en poudre, & qui a été affermée en 1755 pour trois millions de crufades par an. 7°. De la fabrication des monnoyes. 8°. Du trafic des indulgences que le pape accorde aux rois tous les trois ans par une bulle. 9°. Des grandes maitrifes des ordres de chevalerie dont le roi eft revêtu. 10°. Des dixmes du clergé hors du royaume. 11°. Du cinquieme denier dont le roi leve fur l'or du Brefil, ce qui fait plus de deux millions de nos écus. 12°. De la ferme des diamans du Brefil. 13°. De la confifcation des biens de ceux que l'inquifition a condamnés, & autres fources. (D.G.)

POSITIF, adj., *Jurifprud.*, a dans cette matiere deux fignifications différentes. On appelle *droit pofitif* celui que les hommes ont fait, & qui eft arbitraire, à la différence du droit naturel & du droit divin qui eft immuable.

On appelle un fait *pofitif*, lorfqu'il eft

articulé très-nettement & bien précisément, & non en termes équivoques.

POSSESSEUR, f. m., *Jurisp.*, est celui qui détient quelque chose.

On distingue deux sortes de *possesseurs*, l'un de bonne foi, l'autre de mauvaise foi.

Le *possesseur* de bonne foi est celui qui a lieu de penser que sa possession est légitime.

A moyens égaux & dans le doute, la cause de celui qui possede est toujours la meilleure.

Il a aussi l'avantage de faire les fruits siens, & de répéter en tout événement les impenses utiles & nécessaires, & même voluptuaires qu'il fait de bonne foi.

Le *possesseur* de mauvaise foi est celui qui ne peut ignorer qu'il détient la chose d'autrui.

Il est obligé de restituer tous les fruits qu'il a perçus ou dû percevoir.

A l'égard des impenses, il ne peut répéter que les nécessaires; & quant à celles qui ne sont qu'utiles ou voluptuaires, elles sont perdues pour lui, à moins qu'il ne puisse enlever ce qu'il a édifié sans endommager le surplus.

Depuis la contestation en cause, le *possesseur* de bonne foi devient pour l'avenir de même condition que le *possesseur* de mauvaise foi, c'est-à-dire, qu'il ne gagne plus les fruits.

Suivant le droit romain celui qui ignore que la chose appartient à autrui, est réputé *possesseur* de bonne foi. *arg. l. 3. ff. pr. ad leg. fab. de plag.* & il est réputé *possesseur* de mauvaise foi, dès qu'il sait que la chose appartient à un autre. *l. 38. ff. de usurp. & usuc.* J'ai cependant quelques remarques à y faire. Le droit romain fait une opposition entre les deux caracteres du *possesseur* de bonne foi, & du *possesseur* de mauvaise foi, qui ne me paroît pas juste. Relative-

ment au *possesseur* de bonne foi, il veut que le *possesseur* le soit de bonne foi, dès qu'il croit que la chose est à lui; mais rélativement au *possesseur* de mauvaise foi, il veut qu'un *possesseur* de mauvaise foi le soit, s'il fait que la chose n'est pas à lui. Cela ne me paroît pas exact. Celui qui possede est dans l'idée, que la chose lui appartient ou ne lui appartient pas, ou en doute. S'il est dans l'idée que la chose lui appartient, il ignore qu'elle soit à un autre, & se trompe. Cette erreur ôte le vice moral de son action, qui le rendroit *possesseur* de mauvaise foi. S'il est dans l'idée que la chose appartient à un autre, il ignore qu'elle est à lui : cette erreur produit un vice moral dans son action, qui le rend *possesseur* de mauvaise foi. Conséquemment il ne s'agit pas ici d'une certitude, mais de l'idée, dans laquelle le *possesseur* est au sujet de l'acte qu'il fait. De plus, le droit romain fait consister le caractere du *possesseur* de mauvaise foi, non pas seulement dans l'acte de posseder une chose, qu'il fait appartenir à un autre, mais il semble encore exiger dans cet acte la volonté, d'être tenu pour maître (*dominus*); & cela me paroît aussi manquer d'exactitude. Titius a (qu'on fasse attention que je me sers ici du mot *avoir* dans le sens propre qu'il a, & non pas comme on s'en sert quelquefois pour celui de *posseder*) un livre qui appartient à Sempronius : il le fait : il ne l'a point en gage, ni à quelqu'autre titre qui lui permette de l'avoir; il le garde pourtant sans en instruire Sempronius, avec lequel il a des liaisons familieres : cependant Titius n'est pas décidé s'il le veut retenir toujours : il balance s'il le rendra ou non : sa volonté est indéterminée : en attendant il seroit fâché de donner quelque marque, par laquelle on pût soupçonner qu'il se l'approprie : il ne veut pas qu'on croye que ce livre lui appartient. Titius est-il *possesseur* de mauvaise foi, ou non ? Je réponds qu'oui, parce que Titius détient un bien comme sien, qu'il sait ou qu'il suppose ne pas lui appartenir ; & que détenir comme sien n'emporte pas toujours l'acte de vouloir être tenu pour maître (*dominus*) ; mais uniquement la volonté d'en disposer à son gré ; quelle que puisse être à tout événement la détermination de sa volonté. Ainsi il suffit qu'un *possesseur*, pour être dit *possesseur* de mauvaise foi, ait cette volonté, avec la connoissance ou l'idée que la chose ne lui appartient pas.

C'est visiblement pour qu'on ne comprenne pas dans la classe des *possesseurs* de mauvaise foi, celui qui auroit le bien d'autrui, sachant que ce bien ne lui appartient pas, sans avoir cependant la volonté de se l'approprier, que les jurisconsultes romains ajoutent *& qui cependant veut être tenu pour tel* ; mais il me semble que la signification du mot *posseder, tenir comme sien*, prévient la difficulté. D'ailleurs un *possesseur* de bonne foi, un *possesseur* à juste titre peut se trouver dans le cas de ne pas vouloir qu'on le considere comme maître d'une chose : ainsi la volonté du *possesseur* à cet égard n'entre pour rien dans le véritable sens du mot *posseder* : il suffit d'un acte physique, par lequel on détienne la chose, & d'un acte moral par lequel on la détienne comme à soi appartenant. Or dès là qu'un *possesseur* est dans l'idée ou sait qu'une chose ne lui appartient pas, qu'il sait ou croit savoir à qui elle appartient, & qu'il délibere s'il la rendra ou non, il la détient comme un bien propre : & c'est cela qui le rend *possesseur* de mauvaise foi, & non pas la volonté d'être tenu pour maître d'une chose, qu'il fait appartenir à un

autre. Détenir comme sien, ou comme à soi appartenant, ne renferme pas essentiellement cette volonté, quoiqu'elle puisse en être une conséquence.

L'idée qu'une chose ne nous appartient point, & l'acte de détenir cette chose comme bien propre, sont donc les deux caracteres par lesquels il faut juger, si un *possesseur* l'est de bonne ou de mauvaise foi ; ainsi dès qu'on ignore qu'une chose ne nous appartient pas, ou qu'on ne la détient pas comme à soi appartenant, on est *possesseur* de bonne foi ; & on devient *possesseur* de mauvaise foi dès le moment qu'on se persuade qu'une chose, que nous détenons comme bien propre, ne nous appartient pas. On n'a qu'à jetter les yeux sur les différentes décisions des jurisconsultes romains, pour se convaincre qu'elles sont toutes fondées sur les mèmes principes. Par exemple : c'est parce que les actes commis par quelqu'un, qui ignoroit qu'un bien qu'il possédoit, ne lui appartenoit pas, ne peuvent pas lui être imputés, comme à un *possesseur* de mauvaise foi, que Marcien dit dans la *l. 3. ff. ad leg. fab. de plag. Legis Fabiæ crimine suppressi mancipii bona fide possessor non tenetur : id est, qui ignorabat servum alienum, & qui voluntate domini putabat id eum agere, & ita de bonæ fidei possessore ipsa lex scripta est : nam adjicitur, si sciens dolo malo hoc fecerit.* Celui qui croit que les loix lui défendent la possession d'une chose, ne peut pas être dans l'idée que la chose, qu'il détient, lui appartienne ; là où celui qui reçoit quelque chose d'un autre, qu'il juge pouvoir lui saire acquérir, peut se trouver dans cette idée : & voilà pourquoi le jurisconsulte Pomponius dit *l. 32. §. 1. ff. de usurp. & usuc. Si quis id, quod possidet, non putat sibi per leges licere usucapere : dicendum est, etiam si erret, non proce-*

dere tamen ejus ufucapionem : vel quia non bona fide videatur poffidere, vel quia in jure erranti non procedat ufucapio ; & le jurifconfulte Gajus *l. 38. eod. Quam rem ipfe quidem non poteft ufucapere : quia intelligit alienum fe poffidere, & ob id malâ fide poffidet : fed fi alii bonâ fide accipienti tradiderit, poterit is ufucapere ; quia neque vi poffeffum, neque furtivum poffidet.* De-là encore les diftinctions quant aux reftitutions à faire, foit par un *poffeffeur* de bonne foi, foit par un *poffeffeur* de mauvaife foi.

Le *poffeffeur* de bonne foi fuivant quelques jurifconfultes, devient *poffeffeur* de mauvaife foi, dès qu'il fait que la chofe n'eft pas à lui ; on pourroit dire avec plus de raifon, „ dès le moment qu'il fe per- „ fuade que la chofe n'eft pas à lui :" c'eft fur ce principe qu'il eft ftatué par le fé-natus-confulte, dont il eft parlé dans la *l. 20. ff. de hered. pet.* qu'on devient *poffeffeur* de mauvaife foi, dès que la con-teftation eft formée. *Petitam autem fif-co hereditatem ex eo tempore exiftiman-dum effe, quo primum fcierit quifque eam à fe peti, id eft, cum primum aut denun-ciatum effet ei, aut literis, vel edicto evo-catus effet, cenfuerunt.* Ce qu'Ulpien ex-plique ci deffus : *Petitam autem heredi-tatem, &c. (id eft, ex) quo quis fcit à fe petit ; nam ubi fcit, incipit effe malæ fi-dei poffeffor, id eft, cum primum aut de-nunciatum effet.* Dans le *§. 7. l. 25. eod.* le même jurifconfulte nous fait voir, qu'il fuffit d'une dénonciation, d'un avis, d'une interpellation, fi l'on n'y fatisfait pas. *Poft litem conteftatam om-nes incipiunt malæ fidei poffeffores effe, quinimo poft contraverfiam motam. Quan-quam enim litis conteftatæ mentio fiat in fenatus-confulto, tamen & poft motam controverfiam omnes poffeffores pares fiunt, & quafi prædones tenentur. Et hoc jure hodie utimur : cæpit enim fcire rem ad fe*

non pertinentem poffidere fe is, qui inter-pellatur. La raifon de cette difpofition eft très-fimple : on ne peut pas lire dans l'ame des hommes : celui donc qui a été appellé en juftice, ou qui même a été amicalement interpellé, pour caufe d'un bien qu'il poffede à tort, doit être cen-fé favoir qu'il le poffede à tort. Mais fi le pourroit qu'on doutât, fi au tribunal civil, celui, auquel on n'a pas fait une dénonciation, ou qui n'a pas été interpellé, devroit être tenu pour un *poffeffeur* de mauvaife foi, bien qu'il fût que la chofe ne lui appartint pas ; Ulpien ajoûte encore dans le *§. 11. l. 20. eod. Quid ergo, fi fcit quidem, nemo au-tem ei denunciavit ? an incipiat ufuras de-bere pecuniæ redactæ ? & (puto) debere : cæpit enim malæ fidei poffeffor effe.* La rai-fon en eft que ce n'eft pas l'acte de dé-noncer, qui rend quelqu'un *poffeffeur* de mauvaife foi : mais c'eft la connoif-fance qu'il acquiert par-là, s'il ne l'a pas déja, qui le rend tel : car l'acte de dénoncer ne fert que de preuve, pour conftater la connoiffance qu'un *poffef-feur* a eue, & pour prévenir l'excep-tion d'ignorance : de forte que fi l'on peut prouver d'ailleurs, qu'un *poffeffeur* a fu que la chofe ne lui appartenoit pas, il doit être condamné, comme un *pof-feffeur* de mauvaife foi, bien qu'on ne lui ait point fait d'infinuation : & d'un autre côté, fi l'infinuation a déja été faite, & que cependant il n'en a pas eu connoiffance, il n'eft pas cenfé être *poffeffeur* de mauvaife foi, ainfi qu'Ul-pien l'enfeigne dans la fuite de fon in-terprétation. *(Sed) ponamus denuncia-tum effe, non tamen fcit ; quia non ipfi, fed procuratori ejus denunciatum eft : Se-natus ipfi denunciari exigit, & ideo non nocebit : nifi forte is, cui denunciatum eft, eum certioraverit ; fed non fi certiorare potuit, nec fecit.* Tout revient, comme l'on voit, à la connoiffance que le *poffef-feur* doit avoir eue.

Je dois obferver encore que dans les paffages, que j'ai cités ci-deffus de Pomponius, ce jurifconfulte fe fert du mot *putare*, de celui d'*intelligere*, donnant à connoître qu'il fuffit qu'on foit dans l'idée, n'importe bien ou mal, qu'on poffede à tort pour être réputé *poffeffeur* de mauvaife foi. Dans le fénatus - confulte le mot *fcire* eft employé : *Item eos, qui bona invafiffent, cum fcirent* : Ulpien conferve le mot *fcire* dans fon commentaire. De-là on pourroit demander, fi le mot *fcire* doit être pris ici dans le fens de *putare, intelligere, exiftimare*, le dernier des mots étant employé dans le fénatus-confulte ; ou bien s'il faut l'interpréter par une certitude ? A confiderer ce qui rend l'action du *poffeffeur* moralement vicieufe, il me femble que le mot *fcire* n'a ici d'autre fignification, que celle d'être dans l'idée. Car fuppofons que quelqu'un fût interpellé pour reftituer une poffeffion, (voici le mot de *poffef-fion* pour la *chofe poffédée*, comme elle l'eft quelquefois en latin) & qu'il crût qu'elle ne lui appartenoit pas, il feroit un *poffeffeur* de mauvaife foi, bien qu'il conftatoit enfuite qu'elle lui appartint, fuivant ce que j'ai obfervé ci - deffus. (D. F.)

POSSESSION, f.f., *Jurifp.* Le jurifconfulte Paul définit ainfi la *poffeffion* : *Poffeffio appellata eft à fedibus, quafi pofitio, quia naturaliter tenetur ab eo qui ei infiftit, quam Græci* Κατοχην *appellant.*

On peut la définir la détention d'une chofe corporelle que nous tenons en notre puiffance, ou par nous-même, ou par quelqu'un qui la tient pour nous & en notre nom.

La *poffeffion* eft un fait plutôt qu'un droit dans la chofe qu'on poffede. Un ufurpateur a véritablement la *poffeffion*

de la chofe dont il s'eft emparé injuftement ; il eft néanmoins évident qu'il n'a aucun droit dans cette chofe.

Quoique la *poffeffion* ne foit pas un droit dans la chofe, elle donne néanmoins au poffeffeur plufieurs droits, par rapport à la chofe qu'il poffede. 1°. Elle l'en fait réputer le propriétaire, tant que le véritable propriétaire ne fe fait pas connoître, & ne la réclame pas. 2°. La *poffeffion* donne au poffeffeur des actions pour s'y faire maintenir, lorfqu'il y eft troublé ; ou pour fe la faire reftituer, lorfqu'il en a été dépouillé.

Ces deux effets de la *poffeffion* font communs à la *poffeffion* qui procede d'un jufte titre, & à celle qui eft deftituée de titre ; à celle qui eft de mauvaife foi, comme à celle qui eft de bonne foi.

Un troifieme effet de la *poffeffion* qui eft particulier à celle qui procede d'un jufte titre, & qui eft de bonne foi, eft qu'elle fait acquérir au poffeffeur au bout d'un certain tems qu'elle a duré, le domaine de la chofe qu'il poffede ; c'eft ce qu'on appelle le droit d'ufucapion ou prefcription. Voyez ces mots.

Les jurifconfultes romains avoient élevé fur la nature de la *poffeffion* cette queftion ; fi deux perfonnes pouvoient avoir quelquefois chacune pour le total la *poffeffion* d'une même chofe ? On convenoit que c'étoit un principe pris dans la nature des chofes, que deux perfonnes ne pouvoient pas avoir chacune pour le total la *poffeffion* d'une même chofe : *Plures eamdem rem in folidum poffidere non poffunt : contra naturam quippe eft, ut quum ego aliquid teneam, tu quoque id poffidere videaris.* L. 3. §. 5. ff. *de acquir. poffeff.*

Mais les Sabiniens penfoient que ce principe étoit fufceptible d'une diftinction : ils convenoient bien que deux perſonnes ne pouvoient avoir chacune pour le total la même eſpece de *poſſeſ-ſion* d'une même choſe: c'eſt ce qu'en-ſeigne Julien, qui étoit de leur école : *Dico in ſolidum precario non magis poſ-ſunt, quàm duò in ſolidum vi poſſidere aut clam ; nam neque juſtæ, neque injuſtæ poſſeſſiones duæ concurrere poſſunt.* L. 19. ff. *de precar.*

Mais les juriſconſultes de cette école penſoient qu'une perſonne pourroit pa-roître avoir *in ſolidum* la juſte *poſſeſſion* d'une même choſe, en même-tems que celui qui l'en avoit dépouillé, avoit *in ſolidum*, la poſſeſſion injuſte de cette mê-me choſe ; pareillement, que celui qui avoit donné à quelqu'un à titre de pré-caire, la *poſſeſſion* de ſa choſe, pouvoit paroître avoir *in ſolidum* la *poſſeſſion* ci-vile de cette choſe, en même-tems que celui à qui il l'avoit donnée à ce titre, avoit *in ſolidum* la *poſſeſſion* précaire de cette même choſe.

Les proculéïens penſoient plus ſaine-ment & plus conformément à la nature des choſes ; que le principe que deux perſonnes ne peuvent avoir chacune pour le total la *poſſeſſion* d'une même choſe, n'étoit pas ſuſceptible d'aucune diſtinction ; que pendant que l'uſurpa-teur avoit la *poſſeſſion* injuſte de la cho-ſe qu'il avoit uſurpée, la perſonne qui en avoit été dépouillée, n'en pouvoit conſerver aucune *poſſeſſion* ; pareille-ment, que celui qui avoit donné à quel-qu'un à titre de précaire la *poſſeſſion* d'une choſe, n'en conſervoit aucune *poſſeſſion* pendant que duroit la *poſſeſſion* précaire de celui à qui il l'avoit donnée à ce titre: *Sabinus ſcribit, cum, qui pre-cariò dederit & ipſum poſſidere, & eum qui precario rogaverit ; idem Trebatius probavit exiſtimans poſſe alium juſtè, alium injuſtè poſſidere, duos injuſtè, vel duos juſtè non poſſe: quam Labeo repre-*

hendit, quoniam in ſumma poſſeſſionis non multùm intereſt juſtè quis an injuſtè poſſideat.

Ce ſentiment des Proculéïens a pré-valu ; car Paul ajoute tout de ſuite : *Quod eſt verius ; non enim magis eadem poſſeſſio apud duos eſſe poteſt, quam ut tu ſtare videaris in eo loco in quo ego ſto, vel in quo ſedeo, tu ſedere videaris.* d. L. 3. §. 5.

Deux perſonnes ne peuvent pas, à la vérité, poſſéder chacune ſéparément pour le total une même choſe, mais deux perſonnes qui poſſedent en com-mun une choſe, lorſque cette choſe eſt indiviſible, la poſſedent conjointement chacun pour le total ; car ils ne peuvent pas poſſéder pour partie, une choſe qui étant indiviſible, n'en eſt pas ſuſ-ceptible.

Par exemple, lorſque deux perſonnes poſſedent en commun une maiſon qui a un droit de ſervitude ſur la maiſon voi-ſine ; ce droit étant une choſe indiviſi-ble, chacune d'elles poſſede pour le to-tal, non ſéparément, mais en commun, ce droit de ſervitude.

Dans ce que nous avons dit, que deux perſonnes ne peuvent pas avoir la *poſſeſſion* d'une choſe chacune pour le total, la *poſſeſſion* convient avec le do-maine, que deux perſonnes ne peuvent pareillement avoir chacune pour le to-tal : *Duo non poſſunt eſſe domini in ſoli-dum ;* mais elle en differe en ce que le domaine ne peut procéder que d'un ſeul & même titre ; car ayant une fois ac-quis le domaine d'une choſe à quelque titre que ce ſoit, je ne peux plus l'ac-quérir à un autre titre, étant impoſſi-ble *per rerum naturam* que j'acquierc ce qui eſt déja à moi : *Quod meum eſt, amplius meum fieri non poteſt ;* au con-traire, la *poſſeſſion* que nous avons d'une choſe, peut procéder de pluſieurs titres: *Ex*

Ex plurimis caufis poffidere poffumus ut quidam putant & eum qui ufucepit , & pro emptore , & pro fuo poffidere ; fic enim & fi ei qui pro emptore poffidebat heres fim , eamdem rem & pro emptore & pro herede poffideo : nec enim , ficut dominium non poteft nifi ex unâ caufâ contingere , ita & poffidere ex unâ duntaxat caufâ poffumus. d. L. 3. §. 4.

Il y a deux principales efpeces de *poffeffion* ; la *poffeffion* civile, & la *poffeffion* purement naturelle. La *poffeffion* civile eft la *poffeffion* de celui qui poffede une chofe comme à lui appartenante en propriété, foit qu'il en foit effectivement le propriétaire, foit qu'il ait feulement quelque jufte fujet de croire l'être : *Poffeffio animo dominantis.*

Pour qu'une *poffeffion* foit *poffeffion* civile, il faut qu'elle procede d'un jufte titre, c'eft-à-dire, d'un titre qui foit de nature à transférer la propriété, tels que le titre de vente, d'échange, de donation, &c. foit que ce titre ait effectivement transféré la propriété de la chofe au poffeffeur, foit que par défaut de pouvoir d'aliéner dans celui de qui le poffeffeur tient la chofe à ce titre, le titre lui ait feulement donné un jufte fujet de fe croire le propriétaire de la chofe.

Ces différents titres d'où procede la *poffeffion* civile, forment autant de différentes efpeces de *poffeffion* civile qu'il y a de ces différents titres : *Genera poffeffionum tot funt, quot & caufæ a quirendi ejus quod noftrum non fit : velut pro emptore, pro donato, pro legato, pro dote, pro herede, pro noxæ dedito, pro fuo, ficut in his quæ terrâ marique vel ab hoftibus capimus, vel quæ ipfi ut in rerum natura effent fecimus ; & in fummâ magis unum genus eft poffidendi, fpecies infinita.* d. L. 3. §. 21. ff. d. tit.

Pour qu'une *poffeffion* foit réputée

Tome XI.

procéder d'un jufte titre, & être en conféquence *poffeffion* civile, il faut que le poffeffeur faffe apparoir de ce titre, ou qu'elle ait duré un affez long-tems pour faire préfumer qu'il en eft intervenu un. Nous verrons ailleurs quel doit être ce tems.

La *poffeffion* qui procede d'un jufte titre, eft une jufte *poffeffion*, une *poffeffion* civile, quand même ce titre n'auroit pas transféré la propriété de la chofe au poffeffeur, comme nous l'avons déja obfervé ci-deffus ; mais il faut en ce cas que le titre foit accompagné de bonne foi, c'eft-à-dire, que le poffeffeur n'ait pas eu de connoiffance, que celui de qui il acquéroit la chofe, n'avoit pas le droit de l'aliéner.

Le titre fait préfumer cette bonne foi dans le poffeffeur, tant qu'on ne juftifie pas le contraire ; c'eft à celui qui attaque la légitimité d'une *poffeffion* qui procede d'injufte titre, à prouver que le poffeffeur a eu connoiffance que celui de qui il a acquis, n'étoit pas propriétaire de la chofe, & n'avoit pas le droit de l'aliéner.

Il y a plufieurs efpeces de *poffeffions* naturelles. La premiere eft celle qui eft deftituée de titre, celle dont le poffeffeur ne peut donner aucune bonne raifon pourquoi il poffede : *Qui interrogatus cur poffideat, refponfurus fit quia poffideo.* L. 12. ff. *de hered. petit.* On appelle cette *poffeffion*, *poffeffio pro poffeffore.*

Quoique le poffeffeur ne produife aucun titre de fa *poffeffion*, lorfqu'elle a duré un tems affez confidérable pour en faire préfumer un, ne paroiffant d'ailleurs aucun vice dans cette *poffeffion*, on ne la doit pas regarder comme abfolument deftituée de titre, étant cenfée procéder d'un titre préfumé ; elle eft en conféquence une *poffeffion* civile, &

P

non une *poſſeſſion* purement naturelle.

La ſeconde eſpece de *poſſeſſion* purement naturelle, eſt celle qui procede, à la vérité, d'un titre de nature à transférer la propriété, mais qui eſt infectée de mauvaiſe foi, qui conſiſte dans la connoiſſance que le poſſeſſeur avoit que celui de qui il a acquis la choſe, n'avoit pas le pouvoir de l'aliéner.

La troiſieme eſpece de *poſſeſſion* purement naturelle, eſt celle qui procede d'un titre nul ; car un titre nul, n'étant pas un titre, la *poſſeſſion* qui en procede eſt une *poſſeſſion* ſans titre, telle eſt celle que l'un des conjoints par mariage a d'une choſe dont l'autre conjoint lui a fait donation pendant le mariage, contre la prohibition de la loi : *Quod uxor viro aut vir uxori donavit pro poſſeſſore poſſidetur*. L.16. ff. *de acquir. poſſ.*

Enfin la quatrieme eſpece de *poſſeſſion* purement naturelle, eſt celle qui procede d'un titre valable, mais qui n'eſt pas de nature à transférer la propriété.

Quoique la *poſſeſſion* qui procede de tels titres, ſoit en un ſens *juſte*, en ce qu'elle ne renfermé aucune injuſtice, elle n'eſt pas ce qu'on appelle *juſte poſſeſſion*, en prenant ce terme, *juſte poſſeſſion*, dans ſon ſens propre, pour une *poſſeſſion* civile, pour une *poſſeſſion animo dominantis*.

Il ne faut pas confondre avec la *poſſeſſion* naturelle, la détention de ceux qui détiennent une choſe pour une autre, & au nom d'un autre ; tels que ſont des fermiers, des locataires, des dépoſitaires des emprunteurs, ou commodataires ; la détention qu'ont ces perſonnes de la choſe qui leur a été louée ou donnée en dépôt, ou prêtée, n'eſt qu'une pure détention, *mera cuſtodia*, & n'eſt pas même une *poſſeſſion* purement naturelle ; car détenant la choſe non en leur nom, mais au nom de celui qui la

leur a louée, ou donnée en dépôt, ou prêtée ; la détenant comme ſes fermiers, ſes locataires, ſes dépoſitaires: c'eſt celui qui la leur a louée, ou donnée en dépôt, ou prêtée, qui la poſſede par leur miniſtere ; c'eſt lui qui a par eux la *poſſeſſion* de cette choſe. Ils ne peuvent donc pas l'avoir ; car ces deux perſonnes ne peuvent pas poſſéder en même tems *in ſolidum* la même choſe: *Plures eamdem rem in ſolidum poſſidere non poſſunt*. L. 3. §. 5. ff. *de acq. poſſeſ.* La détention qu'ils ont de la choſe ne peut donc pas être regardée comme une *poſſeſſion* même ſeulement naturelle qu'ils aient de la choſe : *Eam rem non poſſident, ſed ſunt in poſſeſſione ejus rei illius nomine qui eam per ipſos poſſidet.* C'eſt ce qu'enſeigne l'Empereur Alexandre Severe: *Qui ex conducto poſſidet quamvis corporaliter teneat, non tamen ſibi, ſed domino rei* (qui lui a fait bail) *creditur poſſidere.* L. 1. cod. *comm. de uſuc.* Car c'eſt le bailleur qui procede par le preneur, *& per colonos & inquilinos poſſidemus.* L.25. §. 1. ff. *de acq. poſſeſ.*

Le vice le plus ordinaire des *poſſeſſions* eſt la mauvaiſe foi. Cette mauvaiſe foi n'eſt autre choſe que la connoiſſance qu'a le poſſeſſeur, que la choſe qu'il poſſede, & dont il ſe porte pour propriétaire, ne lui appartient pas, c'eſt *ſcientia rei alienæ.*

Ce vice ne ſe préſume pas dans une *poſſeſſion* qui procede d'un juſte titre, elle en eſt néanmoins ſuſceptible ; mais c'eſt à celui qui attaque la légitimité d'une telle *poſſeſſion*, à prouver la mauvaiſe foi du poſſeſſeur, c'eſt-à-dire, la connoiſſance qu'il a eue que celui de qui il a acquis la choſe, n'avoit pas le droit de l'aliéner.

Au contraire, le vice de mauvaiſe foi ſe préſume dans une *poſſeſſion* dont le poſſeſſeur ne rapporte aucun titre, à moins qu'elle n'eût duré pendant un tems aflez long pour en faire préfumer un.

Une feconde efpece de vice des *pofifi-ons* eft le vice de violence. La *pof-ifion violente*, renferme auffi le vice de mauvaife foi ; mais outre ce vice, elle en a un autre qui eft le vice de violen-ce qui lui eft particulier. La *pofifion violente* d'une chofe, eft celle de celui qui, pour l'acquérir, en a dépouillé par violence l'ancien poffefleur. Par exemple, la *pofifion* violente d'une chofe mobiliaire, eft la *pofifion* d'un ravifleur qui en a dépouillé par violen-ce celui par-devers qui elle étoit. La *pofifion* violente d'un héritage eft celle de celui qui en a chaflé par violence l'ancien poffefleur.

Ma *pofifion* eft-elle une *pofifion* violente, lorfque m'étant, pendant l'ab-fence du poffefleur, introduit dans un héritage où je n'ai trouvé perfonne, depuis, avant que j'en eufle acquis la *pofifion* par an & jour, je l'ai empê-ché d'y rentrer ? La raifon de douter eft, que je n'ai employé aucune violen-ce pour entrer dans cet héritage ; néan-moins Ulpien décide que la *pofifion* eft en ce cas une *pofifion* violente : *Qui ad nundinas profectus neminem relique-rit, & dum ille à nundinis redit, aliquis occupaverit poffeffionem... fi reverten-tem dominum non admiferit, vi magis intelligi poffidere, non clam. L. 6. §. I. ff. de acq. poffef.*

La raifon de cette décifion eft, que le poffefleur qui étoit forti de fon héritage en confervoit la *pofifion* par la volon-té qu'il avoit d'y rentrer, comme nous le verrons ci-après. Ce n'eft que lorf-que je l'ai empêché d'y rentrer, que je l'ai dépouillé de fa *pofifion*, & que je l'ai acquife ; ayant employé pour cela la violence, c'eft par violence que j'ai ac-

quis la *pofifion* de cet héritage, & la *pofifion* que j'ai de cet héritage eft une *pofifion* violente.

Pour que je fois cenfé avoir acquis par violence la *pofifion* d'une chofe, & en avoir dépouillé l'ancien poffefleur, il n'importe que ce foit l'ancien poffef-feur lui-même que j'en aie dépouillé, ou ceux qui la tenoient pour lui & en fon nom : *His dejectis, ipfe de poffeffio-ne dejici videtur. L. I. §. 22. ff. de vi & vi arm.*

Il n'importe auffi que celui que j'ai dépouillé de la chofe dont je me fuis emparé par violence fût, ou non, le propriétaire de cette chofe ; il fuffit qu'il en fût le poffefleur, pour que la *pofif-fion* que j'ai acquife en l'en dépouillant, foit une *pofifion* violente : *Fulcinius dicebat vi poffideri, quoties vel non Domi-nus, quam tamen poffideret, vi dejectus eft. L. 8. ff. d. tit.*

Pour que je fois cenfé avoir dépouil-lé par violence le poffefleur de la chofe dont je me fuis emparé, & que ma *pof-feffion* foit en conféquence une *pofifion* violente, il n'importe que j'aie exercé la violence par moi-même, ou par d'au-tres qui l'aient fait par mon ordre & en mon nom ; car je fuis cenfé avoir fait moi-même ce qui a été fait par mon or-dre & en mon nom, fuivant cette regle de droit : *Dejicit & qui mandat. L. 152. ff. de reg. jur. parvi referre vifum eft fuis manibus quis dejiciat an per alium. L. I. §. 12. ff. de vi & vi arm.*

Je fuis pareillement cenfé avoir fait moi-même ce que quelqu'un a fait en mon nom, quoique fans mon ordre, lorfque j'y ai donné depuis mon appro-bation : car c'eft un principe que *in ma-leficio ratihabitio mandato comparatur, d. L. 152. §. 2. ff. de reg. jur. Si quod alius dejicit ratum habuero, funt qui pu-tant, fecundùm Sabinum & Caffium qui* ratihabitionem mandato comparant me videri dejeciſſe ... & hoc verum eſt, d. L. 1. §. 14. ff. de vi & vi arm.

Il n'importe auſſi quelle eſpece de violence ait été employée; il n'importe que ce ſoit à main armée, ou ſans armes, avec attroupement, ou ſans attroupement; il ſuffit que par la violence que j'ai exercée, le poſſeſſeur de la choſe dont je me ſuis emparé, en ait été dépouillé malgré lui & ſans aucun conſentement de ſa part.

Mais ſi j'avois fait conſentir le poſſeſſeur à me faire un abandon de ſa choſe, quoique j'euſſe employé la violence & les menaces pour extorquer de lui ce conſentement; la poſſeſſion de la choſe que j'aurois acquiſe par cet abandon, ſeroit une poſſeſſion injuſte, comme procédante d'un titre injuſte; mais elle ne ſeroit pas une poſſeſſion violente. Car on ne peut pas dire, en ce cas, que celui qui m'a fait l'abandon de la choſe en ait été dépouillé : Non eſt vi dejeŭtus qui compulſus eſt in poſſeſſionem inducere. L. 5. ff. de vi & vi arm.

Enfin, il n'y a de poſſeſſion violente que celle qui a été acquiſe par violence. Si ayant acquis ſans violence la poſſeſſion d'une choſe, j'ai employé la force contre celui qui eſt venu m'y troubler, ma poſſeſſion n'eſt pas pour cela une poſſeſſion violente : Qui per vim poſſeſſionem ſuam retinuerit, Labeo ait non vi poſſidere. L. 1. §. 28. ff. d. tit.

Une troiſieme eſpece de vice des poſſeſſions eſt le vice de clandeſtinité. On appelle clandeſtinité, la poſſeſſion que quelqu'un a acquiſe d'une choſe par des voies clandeſtines, c'eſt-à-dire, en ſe cachant de celui qu'il craignoit devoir la revendiquer : Clam poſſidere eum dicimus qui furtivè ingreſſus eſt poſſeſſionem ignorante eo quem ſibi controverſiam faŭurum ſuſpicabatur, & ne faceret, timebat. L. 6. ff. d. tit.

C'eſt au tems auquel quelqu'un a acquis la poſſeſſion d'une choſe qu'on doit avoir égard pour décider ſi ſa poſſeſſion eſt clandeſtine. C'eſt pourquoi, lorſque le poſſeſſeur d'une choſe, qui n'en a point acquis la poſſeſſion par des voies clandeſtines, ayant eu depuis avis qu'elle appartenoit à une certaine perſonne, a caché cette choſe, pour empêcher cette perſonne de la revendiquer en lui en dérobant la connoiſſance, ſa poſſeſſion ne devient pas pour cela clandeſtine : Is qui quum poſſideret non clam, ſe celavit, in eâ cauſâ eſt ut non videatur clam poſſidere. Non enim ratio obtinendæ poſſeſſionis, ſed origo nanciſcendæ exquirenda eſt, d. L. 6.

Africanus apporte cet exemple : Servum tuum à Titio emi, & traditum poſſedi; deinde cum comperiſſem tuum eſſe, celare cæpi, non ideo magis clam poſſidere videri me ait. L. 40. §. 2. d. tit.

De même que la poſſeſſion que je n'ai point acquiſe par des voies clandeſtines, ne devient point une poſſeſſion clandeſtine, quoique depuis je l'aie cachée, pareillement la poſſeſſion d'une choſe que j'ai acquiſe par des voies clandeſtines, en la cachant à une perſonne qui eût pu la revendiquer, ne ceſſe pas d'être clandeſtine, quoique j'en aie depuis donné connoiſſance à cette perſonne. C'eſt pourquoi Africanus, après ce que nous venons de rapporter, ajoute de ſuite : Retro quoque ſi ſciens tuum ſervum non à Domino emerim, & tunc clam eam poſſidere cæpiſſem, poſtea certiorem te fecerim, non ideo deſinere me clam poſſidere; d. §. 2.

Il n'y a que les choſes corporelles qui ſoient ſuſceptibles de poſſeſſion : Poſſideri poſſunt quæ ſunt corporalia. l. 3, ff. de acq. poſſ.

Même parmi les choſes corporelles,

il y en a quelques - unes qui ne font pas fufceptibles de *poffeffion*. Telles font celles qui font *divini aut publici juris*, comme font une églife , un cimetiere , une place publique. Il eft évident que ces chofes ne peuvent être la matiere de la *poffeffion* des particuliers.

Les chofes incorporelles , c'eft-à-dire , celles *quæ in jure confiftunt* , ne font pas fufceptibles , à la vérité , d'une *poffeffion* véritable & proprement dite ; mais elles font fufceptibles d'une quafi-*poffeffion; jura non poffidentur, fed quafi-poffidentur.*

Cette quafi - *poffeffion* d'un droit, confifte dans la jouiffance qu'en a celui à qui il appartient.

Par exemple , je fuis cenfé avoir la quafi - *poffeffion* d'un droit de dixme ou d'un droit de champart, par la perception que je fais de la dixme ou du champart.

En général , la jouiffance que j'ai de quelque droit que ce foit , en eft une quafi - *poffeffion*. Cette quafi - *poffeffion* eft fufceptible des mêmes qualités & des mêmes vices que la véritable *poffeffion*.

Pour acquérir la *poffeffion* d'une chofe , il faut la volonté de la poffeder , jointe à l'appréhenfion de cette chofe : *adipifcimur poffeffionem corpore & animo, neque per fe ànimo , aut per fe corpore.* L. 3 , §. 1 , ff. *de acquir. poffef.*

Il eft évident qu'on ne peut acquérir la *poffeffion* d'une chofe , fans avoir la volonté de la poffeder.

De ce principe, il s'enfuit que fi j'ai acheté de vous une chofe, vous m'en livriez une autre que je prends par erreur pour celle que j'ai achetée & dont j'ai intention d'acquérir la *poffef-fion* ; je n'acquiers la *poffeffion* ni de celle que j'ai reçue par erreur , parce que ce n'eft pas celle dont j'ai la volonté

d'acquérir la *poffeffion* , ni de celle que j'ai la volonté d'acquérir , parce que je ne l'ai pas reçue : *Si me in vacuam poffeffionem fundi Corneliani miferis , ego putarem me in fundum Sempronianum miffum , & in Cornelianum iero , non acquiram poffeffionem , nifi fortè in nomine tantùm erraverimus , in corpore confentiamus* , l. 34 , ff. *d. tit.*

Il ne fuffit pas que j'aie la volonté de poffeder une chofe dont vous avez confenti de m'abandonner la *poffeffion* , pour que je puiffe en acquérir la *poffeffion* ; il faut une appréhenfion corporelle de la chofe ; fi c'eft un meuble, il faut que ce meuble me foit remis entre les mains , ou en celles de quelqu'un de ma part qui le reçoive pour moi & en mon nom; fi c'eft un héritage, il faut que je me tranfporte fur cet héritage pour m'en mettre en *poffeffion*, ou que j'y faffe tranfporter quelqu'un qui s'en mette en *poffeffion* de ma part. Au refte , je fuis cenfé avoir acquis la *poffeffion* de tout l'héritage auffi - tôt que j'y fuis entré & que j'y ai mis le pied, ou par moi - même ou par quelqu'un de ma part, fans qu'il foit néceffaire que ni moi ni celui que j'ai envoyé de ma part, nous nous tranfportions fur toutes les pieces de terre dont l'héritage eft compofé : *Quod dicimus & corpore & animo acquirere nos debere poffeffionem , non utique ita accipiendum eft , ut qui fundum poffidere velit , omnes glebas circumambulet , fed fufficit quamlibet partem ejus fundi introire , dum mente & cogitatione hæc fit, ut totum fundum ufque ad terminum velit poffidere* , l. 3 , §. 1 , ff. *de acq. poffef.*

Du principe qu'il faut une appréhenfion corporelle de la chofe pour en acquérir la *poffeffion*, naît la décifion d'une queftion dans l'efpece fuivante. Un ouvrier en faifant de mon ordre un foffé fur mon héritage, y a découvert un pot dans lequel étoit un tréfor, il m'en eft venu donner avis : on demande fi la connoiffance que j'ai que ce tréfor eft dans mon héritage, jointe à la volonté que j'ai de le poffeder, m'en fait acquérir la *poffeffion*, au moins pour la part qui m'en appartient comme propriétaire de l'héritage ? Les proculéiens tenoient l'affirmative ; mais il a prévalu conformément à notre principe, que je n'en pouvois acquérir la *poffeffion* qu'en le faifant tirer du lieu où il étoit : *Neratius & Proculus (putant) . . . Si thefaurum in fundo meo pofitum Sciam, continuo me poffidere, quia quod defit naturali poffeffioni id animus implet . . . quidam putant Sabini fententiam veriorem effe, nec alias eum qui fcit, poffidere, nifi de loco motus fit : quia non fit fub cuftodiâ noftrâ ; quibus confentio,* d. L. 3, §. 3, ff. *de acq. poff.*

La volonté d'acquérir la *poffeffion* d'une chofe, étant abfolument néceffaire pour l'acquérir, c'eft une conféquence que les perfonnes qui n'ont pas l'ufage de la raifon, tels que les fous, les infenfés & les enfans, & qui font par conféquent incapables de volonté, font incapables d'acquérir par eux-mêmes la *poffeffion* d'aucune chofe. C'eft ce qu'enfeigne Paul : *Furiofus & pupillus non poteft incipere poffidere, quia affectionem non habent, licet maxime corpore fuo rem contingant ; ficuti fi quis dormienti aliquid in manu ponat,* l. 1, §. 3, ff. *de acq. poffef.*

Ce qui eft dit du mineur *impubere*, ne doit s'entendre que de celui qui eft dans l'âge d'enfance ; il en eft autrement lorfque l'*impubere* a un âge fuffifant pour comprendre ce qu'il fait. C'eft pourquoi Paul ajoute tout de fuite : *Ofilius & nerva filius, etiam fine tutoris auctoritate poffidere incipere poffe pupil-*

lum aiunt : eam enim rem facti non juris effe, quæ fententia recipi poteft, fi ejus ætatis funt ut intellectum capiant.

Outre la raifon que Paul apporte que la *poffeffion* n'eft qu'une chofe de fait, on peut ajouter que le mineur n'ayant pas befoin de l'autorité de fon tuteur pour faire fa condition meilleure, il ne peut à la vérité rien aliéner, ni s'obliger fans l'autorité de fon tuteur ; mais il n'en a pas befoin pour acquérir : il peut fans l'autorité de fon tuteur accepter des donations, & par la tradition qui lui eft faite des chofes données, en acquérir, non-feulement la *poffeffion*, mais le domaine.

A l'égard des enfans & des fous qui font incapables de volonté, ils ne peuvent pas à la vérité, comme nous l'avons dit, acquérir par eux-mêmes la *poffeffion* d'une chofe ; mais ils peuvent l'acquérir par le miniftere de leurs tuteurs & curateurs ; la volonté qu'ont les tuteurs & curateurs, d'acquérir pour ces perfonnes, fupplée à la volonté qui leur manque.

Par la même raifon, les corps & communautés, les hôpitaux ne peuvent, à la vérité acquérir par eux-mêmes la *poffeffion* d'aucune chofe : *Municipes per fe nihil poffidere poffunt, quia univerfi poffidere non poffunt,* l. 1, §. 22 ; mais ils le peuvent par le miniftere de leurs fyndics & adminiftrateurs.

Quoiqu'une femme fous puiffance de mari qui n'eft ni féparée, ni marchande publique, ne puiffe rien acquérir fans être autorifée de fon mari ou par juftice, néanmoins la *poffeffion* n'étant qu'une chofe de fait, je crois qu'elle peut fans être autorifée, acquérir la *poffeffion* d'une chofe ; mais elle ne peut fans être autorifée, exercer les droits qui réfultent de cette *poffeffion*.

Nous pouvons acquérir la *poffeffion*

d'une chofe, non-feulement par nous-mêmes ; mais auffi par ceux qui la reçoivent pour nous & en notre nom. *Per procuratorem, tutorem, curatoremve poffeffio nobis acquiritur*, l. 1, §. 20, ff. *de acq. poff.*

Obfervez que pour que nous acquerions la *poffeffion* d'une chofe par un autre, il faut qu'il ait intention de nous l'acquérir.

De-là il fuit, 1°. que nous ne pouvons pas acquérir la *poffeffion* d'une chofe par le miniftere d'une perfonne qui, n'ayant pas l'ufage de la raifon, eft incapable de volonté. C'eft pourquoi fi j'avois envoyé un fou prendre *poffeffion* pour moi d'un héritage que j'ai acheté, quoiqu'il s'y tranfportât, il ne m'en acquiert pas la *poffeffion : Ille per quem volumus poffidere talis effe debet ut habeat intellectum poffidendi ; l. 1, §. 9, ff. d. tit. Et ideo fi furiofum fervum miferis ut poffideas, nequaquam videris apprehendiffe poffeffionem, d. L. 1, §. 10.*

De-là il fuit, 2°. que fi vous ayant chargé de faire pour moi l'emplette d'une certaine chofe, au lieu de vous acquitter de votre commiffion, & de faire cette emplette pour moi, vous l'avez faite pour vous, je n'acquiers point par vous la *poffeffion* de cette chofe que vous avez reçue pour vous. C'eft pourquoi Paul après avoir dit que, *per procuratorem, tutorem, curatoremve poffeffio nobis acquiritur*, ajoute : *Quum autem fuo nomine nancti fuerint poffeffionem, non quum eâ mente, ut operam duntaxat fuam accommodarent nobis, non poffunt acquirere ; d. L. 1, §. 20.*

Ainfi, lorfque quelqu'un que j'ai chargé de me faire l'emplette d'une chofe, en a fait l'emplette pour moi, & l'a reçue pour moi & en mon nom, j'en acquiers par lui la *poffeffion* auffi-tôt qu'il la reçoit pour moi, même avant que j'en aie eu avis, & quoique j'ignore encore qu'il l'a reçue : *Per liberam perfonam ignoranti quoque acquiri poffeffionem ... receptum eft*, l. 1, cod. *de acq. poff.*

De même que nous acquérons la *poffeffion* d'une chofe, non-feulement par nous-mêmes, mais auffi par d'autres qui la recevroient pour nous & en notre nom, pareillement nous retenons la *poffeffion* d'une chofe, non-feulement par nous-mêmes, mais par d'autres qui la détiennent pour nous & en notre nom : *Et per colonos & inquilinos aut fervos noftros poffidemus*, l. 25, §. 1, ff. *de acq. poff. Et generaliter quifquis omnino noftro nomine fit in poffeffionem, veluti procurator, hofpes, amicus, nos poffidere videmur. L. 9, ff. d. tit.* En cela, l'acquifition de la *poffeffion* & la confervation de la *poffeffion* conviennent ; mais elles different principalement en deux points.

1°. Pour acquérir la *poffeffion* d'une chofe, la feule volonté ne fuffit pas ; il faut une préhenfion corporelle de la chofe, ou par nous-mêmes, ou par quelqu'un qui l'appréhende pour nous, & en notre nom, comme nous l'avons vu ci-deffus.

Au contraire, lorfque nous avons acquis la *poffeffion* d'une chofe, la feule volonté que nous avons de la poffeder fuffit pour nous en faire conferver la *poffeffion*, quoique nous ne détenions pas cette chofe corporellement, ni par nous-mêmes ni par d'autres. Les empereurs Dioclétien & Maximien nous font obferver cette différence : *Licet poffeffio nudo animo acquiri non poffit, tamen folo animo retineri poteft* ; l. 4, cod. *de acquir. poff.*

Cette volonté de retenir la *poffeffion*, fe fuppofe toujours tant qu'il ne paroit pas une volonté contraire bien marquée. C'eſt pourquoi quand même une perſonne auroit abandonné la culture de ſes héritages, il ne ſeroit pas pour cela cenſé avoir la volonté d'en abandonner la *poſſeſſion*; il ſeroit donc préſumé avoir la volonté de la retenir, & il la retiendroit en effet. C'eſt ce que décident les empereurs dans la loi ci-deſſus citée: *Si ergo*, continuent - ils, *prædiorum deſertam poſſeſſionem non derelinquendi affectione tranſacto tempore non coluiſti, ſed metus neceſſitate culturam eorum diſtuliſti præjudicium ex tranſmiſſi temporis injuria generari non poteſt*, d. L. 4, cod. *d. t.*

2°. Pour que nous puiſſions acquérir la *poſſeſſion* d'une choſe par un autre, il faut que celui par qui nous acquérons la *poſſeſſion*, ait une volonté formelle de nous l'acquérir, qui concoure avec la nôtre; au contraire, pour que nous retenions la *poſſeſſion* d'une choſe en laquelle d'autres ont été mis en *poſſeſſion* pour nous, il n'eſt point néceſſaire qu'ils conſervent la volonté de la détenir pour nous.

De - là il ſuit que ſi mon fermier qui détient pour moi & en mon nom mon héritage, vient à perdre l'uſage de la raiſon; quoiqu'il ſoit par ſa folie incapable de volonté, & qu'il ne puiſſe plus par conſéquent détenir pour moi & en mon nom mon héritage, je ne laiſſe pas d'en retenir par lui la *poſſeſſion*: *Per colonos & inquilinos aut ſervos noſtros poſſidemus, etſi moriantur aut furere cœperint, aut alii locent, intelligimur nos retinere poſſeſſionem.* d. L. 25, ff. *de acq. poſſ.*

Il y a plus; quand même celui qui a commencé d'être en *poſſeſſion* d'une choſe pour moi & en mon nom, changeroit de volonté, & auroit la volonté de ne la plus détenir en mon nom, mais au ſien, il ſeroit toujours cenſé la dé-

tenir en mon nom, & je continuerois de poſſéder par lui mon héritage.

Pour perdre la *poſſeſſion* que nous avons d'une choſe, il ne ſuffit pas que nous ceſſions de la détenir corporellement, ſi nous n'avons pas une volonté formelle d'en abandonner la *poſſeſſion*; ou ſi nous n'en ſommes dépoſſedés par quelqu'un malgré nous. C'eſt en ce ſens que Paul dit: *Ut nulla poſſeſſio acquiri niſi animo & corpore poteſt, ita nulla amittitur, niſi in qua utrumque in contrarium actum.* L. 153, ff. *de reg.*

Nous perdons la *poſſeſſion* d'une choſe par notre volonté, ou par la tradition que nous en faiſons à quelqu'un, dans le deſſein de la lui transférer, ou par un abandon pur & ſimple.

Il eſt évident que la tradition que nous faiſons d'une choſe à quelqu'un, dans le deſſein de lui en transférer la *poſſeſſion*, renferme la volonté de la perdre, & qu'elle nous la fait perdre, puiſque nous ne pouvons la lui transférer qu'en là perdant.

Lorſque la tradition eſt une tradition réelle, nous perdons la *poſſeſſion animo & corpore*: nous ne la perdons pas moins par les traditions feintes, quoique nous la perdions en ce cas *animo ſolo abſque corporali diſceſſione.*

La tradition étant une maniere de perdre la *poſſeſſion* par notre volonté, accompagnée du fait de la tradition, il ſuit de - là qu'un mineur, à qui la volonté d'aliéner ce qui lui appartient, n'eſt pas permiſe, s'il n'eſt autoriſé de ſon tuteur, peut bien, en faiſant à quelqu'un la tradition réelle d'une choſe, ſans y être autoriſé par ſon tuteur, ceſſer de la poſſéder corporellement, mais qu'il en conſerve néanmoins la *poſſeſſion*: *Poſſeſſionem pupillum ſine tutoris authoritate amittere poſſe conſtat, non ut animo, ſed ut corpore deſinat poſſidere,*

dere, quod eft enim facti poteft amittere. L. 29, ff. *de acq. poffef.*

Nous perdons la *poffeffion* d'une chofe, auffi-tôt que nous en avons fait la tradition à quelqu'un, dans le deffein de la lui transférer, lorfque cette tradition fe fait purement & fimplement : mais lorfque nous y avons attaché quelque condition, nous ne perdons la *poffeffion*, & elle n'eft transférée à celui à qui la tradition eft faite, que lorfque la condition fous laquelle elle lui a été faite, aura été accomplie. C'eft ce qu'enfeigne Julien : *Si quis poffeffionem fundi ita tradiderit ut ita demum cedere eâ dicat, fi ipfius fundus effet, non videtur poffeffio tradita, fi fundus alienus fit : hoc amplius exiftimandum eft poffeffiones fub conditione tradi poffe, ficut res fub conditione traduntur, neque aliter accipientis fiunt quàm conditio extiterit.* L. 38, §. 1, ff. *de acq. poffef.*

Il y a cette différence entre la tradition dont nous avons parlé, & l'abandon pur & fimple, que celui qui fait la tradition d'une chofe à quelqu'un, dans le deffein de lui en transférer la *poffeffion*, n'a la volonté de perdre la *poffeffion* que pour la transférer à celui à qui il fait la tradition : au contraire, celui qui fait un abandon pur & fimple de la *poffeffion* d'une chofe, a une volonté abfolue de perdre la *poffeffion*.

On peut apporter pour exemple d'un abandon pur & fimple de *poffeffion*, celui que nous faifons de la *poffeffion* de certaines chofes mobiliaires que nous jettons dans la rue ou ailleurs, comme chofes qui ne font bonnes à rien, & que nous ne voulons plus poffeder.

L'abandon que nous faifons de la *poffeffion* d'une chofe, eft ordinairement accompagné de l'abandon que nous faifons pareillement du domaine de cette chofe. Néanmoins quelquefois

Tome XI.

nous retenons le domaine des chofes dont nous abandonnons la *poffeffion*, comme lorfqu'un marchand, dans le cas d'une tempête, jette à la mer fes marchandifes pour alléger le vaiffeau. Il en abandonne la *poffeffion*, car il ne peut pas être cenfé poffeder ces marchandifes que la mer emporte, & qu'il n'eft plus en fon pouvoir de recouvrer. Néanmoins il en conferve le domaine; & s'il arrivoit que la mer les jettât fur le rivage, il auroit le droit, en les faifant reconnoitre, de les revendiquer.

L'abandon que nous faifons de la *poffeffion* d'une chofe, fe fait ordinairement *corpore & animo.* Elle peut fe faire auffi *animo folo*, par la feule volonté qu'une perfonne en fes droits a d'en abandonner la *poffeffion*. Par exemple : *Si in fundo fis, & tamen nolis eum poffidere, protinus amittes poffeffionem, igitur amitti & animo folo poteft, quamvis acquiri non poteft*, l. 3, §. 6, ff. *de acq. poff.*

En cela, la *poffeffion* eft différente du domaine : car nous ne pouvons, par notre feule volonté, perdre le domaine d'une chofe tant que nous en retenons la *poffeffion* : *Differentia inter dominium & poffeffionem hæc eft, quod dominium nihilominus ejus manet qui dominus effe non vult; poffeffio autem recedit ut quifque conftituit nolle poffidere*, l. 17, §. 1, ff. *d. tit.*

La *poffeffion d'an & jour*, eft celle qui a duré pendant une année entiere & encore un jour au-delà. Pour pouvoir s'aider de cette *poffeffion*, il faut qu'elle ait duré pendant l'an & jour qui ont précédé le trouble.

La *poffeffion annale*; c'eft ainfi qu'en matiere canonique & bénéficiale, on appelle la *poffeffion* du bénéficier qui jouit paifiblement depuis un an de fon bénéfice.

Q

Cette *poſſeſſion* ſe compte du jour de la priſe de *poſſeſſion* du bénéfice , & doit être paiſible & non interrompue par aucun exploit.

Elle donne droit au pourvu de demeurer en *poſſeſſion* du bénéfice, juſqu'à ce que le pétitoire ſoit jugé.

Telle eſt la teneur de la regle de chancellerie romaine , appellée regle *de annali poſſeſſore*.

La *poſſeſſion artificielle* ou *feinte* , eſt une fiction de droit qui nous fait réputer *poſſeſſeur* d'une choſe qu'un autre poſſede ſous notre nom , comme dans le cas de la relocation , du conſtitut ou précaire.

La *poſſeſſion de bonne foi*, eſt celle où le *poſſeſſeur* eſt convaincu qu'il poſſede légitimément. *v.* PRESCRIPTION.

La *poſſeſſion centenaire*, eſt celle qui dure depuis cent ans ; cette *poſſeſſion* eſt auſſi appellée *poſſeſſion ancienne* & *immémoriale* : elle vaut titre.

La *poſſeſſion continue*, eſt celle qui a toujours été ſuivie & non interrompue.

La *poſſeſſion corporelle*, eſt lorſque l'on poſſede réellement & véritablement la choſe , & non pas lorſqu'on a une ſimple *poſſeſſion* de droit, qui eſt *magis animi quam facti*.

La *poſſeſſion de droit* , eſt celle qui eſt fondée ſur une ſaiſine légale , & qui eſt plutôt de volonté préſumée que de fait , comme la *poſſeſſion* d'un héritier préſomptif ; ou bien comme celle d'un pourvu qui prend une *poſſeſſion* fictive d'un bénéfice dont un autre eſt en *poſſeſſion* réelle : cette *poſſeſſion* eſt la même choſe que la *poſſeſſion* civile.

La *poſſeſſion de fait*, n'eſt qu'une détention de la choſe ſans intention ni habileté, pour en acquérir la propriété. Telle eſt la *poſſeſſion* du dépoſitaire, du commodataire, du fermier, & autres qui poſſedent pour & au nom d'au-

truí. Voyez plus bas *Poſſeſſion précaire.*

La *poſſeſſion de fait & de droit*, *animi & facti* , eſt celle où la détention de la choſe eſt accompagnée de l'intention de la poſſéder propriétairement, telle que la *poſſeſſion* d'un acheteur légitime.

La *poſſeſſion fictive* , eſt celle qui n'eſt pas réelle, mais que l'on ſuppoſe comme ſi elle exiſtoit réellement ; telle eſt la *poſſeſſion* civile ou de droit ſimplement.

La *poſſeſſion furtive*, eſt celle qui a été uſurpée par de mauvaiſes voies, & qui n'eſt ni publique ni légitime, comme quand on a enlevé les grains la nuit.

La *poſſeſſion immémoriale*, eſt celle qui paſſe la mémoire des perſonnes vivantes, & dont on ne voit point le commencement. La *poſſeſſion* centenaire eſt une *poſſeſſion* de cent ans, une *poſſeſſion immémoriale* ; mais il n'eſt pas néceſſaire de prouver cent ans de *poſſeſſion*, pour pouvoir qualifier ſa *poſſeſſion* d'*immémoriale* : il ſuffit qu'elle ſoit au-deſſus de trente ans.

Cette *poſſeſſion* tient lieu de titre à beaucoup de ſeigneurs qui n'en ont pas d'autres pour prouver l'exiſtence de quantité de droits qu'ils perçoivent ; mais pour que la *poſſeſſion immémoriale* ait cet avantage en matiere de droits ſeigneuriaux , il faut qu'elle ſoit accompagnée de deux conditions.

1°. Il faut qu'elle ait pour objet un droit qui ne ſoit pas abſolument impreſcriptible, c'eſt-à-dire, dont la loi ou la coutume ne prohibe pas expreſſément la preſcription par quelque tems que ce ſoit.

2°. Il faut que les titres poſſeſſoires ſoient bien ſuivis , bien géminés , & ne ſe contrediſent point.

C'eſt avec beaucoup de raiſon qu'on défere entierement à une *poſſeſſion* ſi bien prouvée & ſi bien ſuivie : il ſeroit déraifonnable de forcer ceux qui ont ainfi joui, de rapporter des titres que les injures du tems, les guerres, les incendies, & beaucoup d'autres accidents femblables, peuvent avoir détruits.

La *poffeffion manuelle*, eft celle que l'on a d'une chofe que l'on tient en fes mains, comme un meuble ou effet mobilier. Il n'y a point de *poffeffion manuelle* pour les immeubles, ces fortes de biens ne pouvant être tenus dans la main.

La *poffeffion de mauvaife foi*, eft celle où le poffeffeur a connóiffance que la chofe ne lui appartient pas.

La *poffeffion momentanée*, eft celle qui n'a point été fuivie, & en vertu de laquelle on n'a pu acquérir ni la *poffeffion*, ni la propriété.

La *poffeffion paifible* eft celle qui n'a point été interrompue de fait ni de droit.

La *poffeffion précaire* eft celle que l'on tient d'autrui & pour autrui, & dont l'objet n'eft point de transférer la propriété au poffeffeur : telle eft la *poffeffion* d'un fermier ou locataire, d'un dépofitaire ou féqueftre.

La *poffeffion publique* eft celle qui a été acquife au vu & au fu de tous ceux qui étoient naturellement à portée d'être témoins de cette *poffeffion*.

La *poffeffion réelle* eft la même chofe que *poffeffion* corporelle : elle eft différente de la *poffeffion* naturelle & de fait feulement, en ce que la *poffeffion réelle* peut être tout à la fois de fait & de droit.

La *poffeffion triennale, en matiere bénéficiale*, eft celle d'un bénéficier qui a poffédé paifiblement & avec un titre coloré, pendant trois années confécutives & non interrompues.

Cette *poffeffion* opere en fa faveur une préfcription qui le rend poffeffeur paifible tant au poffeffoire qu'au pétitoire.

L'exception réfultante de la *poffeffion triennale*, a lieu pour les bénéfices confiftoriaux, de même que pour les autres.

En France, fi celui qui a la *poffeffion triennale*, eft troublé par quelqu'un prétendant droit au bénéfice, obtient en chancellerie des lettres ou commiffion appellées *de pacificis poffefforibus*, par lefquelles le roi ordonne aux juges de maintenir l'expofant, s'il leur appert qu'il foit en *poffeffion* plus que triennale.

Au moyen de ces lettres, il excipe de fa *poffeffion* & de la regle de *triennale poffeffion*, ou *de pacificis poffefforibus*, qui eft du pape Paul III.

Ceux qui font intrus ne peuvent, quoiqu'ils ayent poffédé paifiblement pendant trois années, fe fervir de la regle *de pacificis*, parce que le tems ne diminue pas l'énormité du crime.

Il en eft de même de celui qui eft coupable de fimonie.

On tient néanmoins qu'il en eft autrement de celui qui eft entré dans un bénéfice avec irrégularité, parce que ce cas n'eft pas excepté de la regle *de pacificis*.

La *poffeffion triennale* d'un bénéfice pour lequel on eft en procès, s'acquiert lorfque le colligitant a difcontinué fa procédure pendant trois ans; mais elle ne court point dans le cas de l'appel comme d'abus, parce que l'abus ne fe couvre pas.

Pour interrompre la *poffeffion triennale*, il faut qu'il y ait eu affignation donnée au poffeffeur; qu'en conféquence les parties fe foient communiqué leurs titres & capacités, & que les délais établis par les ordonnances, avant que d'entrer dans la véritable conteftation, foient expirés.

Q 2

L'interruption civile ne suspend la *possession triennale*, qu'à l'égard de celui qui a fait le trouble, & non à l'égard d'un tiers; mais l'interruption naturelle & la dépossession servent à tous les contendans.

La *possession triennale* n'est pas interrompue par la résignation, lorsque le résignant rentre dans son bénéfice par la voie du regrès, parce que sa *possession* est toujours fondée sur le même titre.

La *possession vicieuse* est celle qui est infectée de quelque défaut, comme de mauvaise foi, ou qui est furtive ou fondée sur quelque titre vicieux. (P.O.)

POSSESSOIRE, adj., *Jurispr.*, est en général quelque chose relative à la possession.

On entend quelquefois par *possessoire*, la possession même ou l'instance de complainte, comme quand on dit que l'on a jugé le *possessoire*.

Action possessoire, est celle qui ne tend qu'à être maintenue ou réintégrée dans la possession. v. POSSESSION.

POSTÉRIORITÉ, s. f., *Jurispr.*, est opposé à *priorité*. Ces termes ne sont guere usités qu'en matiere d'hypotheque & d'ordre entre créanciers; en faisant l'ordre, on a égard à la priorité ou *postériorité* d'hypotheque de chacun. v. HYPOTHEQUE & PRIORITÉ.

POSTHUME, adj., *Jurisprud.* est un enfant né depuis le décès de son pere; on l'appelle *posthume*, parce qu'il est venu *post humatum patrem*.

Les *posthumes* sont réputés déja nés, toutes les fois qu'il est question de leur avantage, & notamment dans les successions.

Suivant l'ancien droit romain, il falloit les instituer ou desheriter nommément; mais par le droit du code, un *posthume* ne peut être desherité, parce qu'il ne peut pas avoir démérité.

Quand il est prétérit dans le testament de son pere, il n'est pas réduit à demander sa légitime, mais à demander sa part entiere, sans avoir égard au testament, lequel en ce cas est cassé.

La prétérition du *posthume* rompt le testament, quand même ce *posthume* mourroit aussi-tôt, & quand même ce seroit entre les mains de la sage-femme.

Quand il est prétérit par sa mere, laquelle a été prévenue de la mort sans avoir eu le tems de changer son testament, il est tenu pour institué si ce sont les autres enfans qui sont nommés *héritiers*; mais si ce sont des étrangers, le testament est rompu. Voyez au code le titre *de posthumis hæredibus, instit. vel exhæredandis vel præteritis*, & aux instit. le tit. *exhæredatione liberorum*.

POSTLIMINIE, *droit de*, s. m. *Droit des gens*. Le *droit de postliminie* est ce droit, en vertu duquel les personnes & les choses prises par l'ennemi, sont rendues à leur premier état, quand elles reviennent sous la puissance de la nation à laquelle elles appartenoient.

Voici quelle est l'étymologie du mot *postliminie*, suivant Justinien, §. 5. Instit. quib. mod. Patria potestas solvitur: *dictum est autem postliminium a limine & post. Unde eum, qui ab hostibus captus est, & in fines nostros postea pervenit, postliminio reversum recté dicimus. Nam limina, sicut in domo finem quemdam faciunt, sic & imperii finem esse limen, veteres voluerunt. Hinc & limen dictum est, quia ad idem limen revertebatur, quod amisserat. Sed & qui captus victis hostibus recuperatur, postliminio rediisse existimatur.* Mais ce droit de *postliminie*, quoi qu'en dise Justinien, & quoique Menage défende cette étymologie, ne s'appelle point *postliminium*, de ce que le prisonnier de guerre revenoit de chez l'ennemi *ad limina*, c'eſt-à-dire ſur les frontieres de l'empire, par comparaiſon avec celui qui, ſa captivité finie, rentroit dans ſa maiſon. En effet, ceux qui revenoient de captivité, n'entroient point dans leurs maiſons *per limen*, par le ſeuil de la porte, ſi la nouvelle de leur mort s'étoit déja fauſſement répandue, parce qu'alors il ſembloit être de mauvais augure, qu'ils touchaſſent le ſeuil de la même porte, par où étoit paſſé le convoi, lorſqu'on leur avoit fait des obſèques ſur le faux bruit de leur mort; mais ils revenoient *poſt limen*, en s'introduiſant chez eux par une ouverture pratiquée au toît de la maiſon. Plutarque examine ſur quoi cette coutume étoit fondée. Il traite d'abord de fable, la raiſon qu'en donnoit Varron. Celui-ci diſoit qu'à la ſuite d'un grand combat naval, qui s'étoit livré dans la guerre de Sicile, le bruit de la mort de beaucoup de gens, qui néanmoins avoient échappé au carnage, s'étant fauſſement répandu, ces gens étoient enſuite tous morts après leur retour chez eux, dans un très-court eſpace de tems; qu'un ſeul d'entr'eux trouva par hazard la porte de ſa maiſon fermée; que ne pouvant l'ouvrir, il s'endormit devant cette porte; que durant ſon ſommeil il lui apparût un ſpectre, qui lui ordonna de s'introduire dans ſa maiſon par le toît; qu'à ſon réveil, il ſuivit ce conſeil, & qu'il vécut long-tems & heureux; que l'exemple de cet homme, fut la cauſe de la coutume qui s'introduiſit. Plutarque, après avoir rejetté cette fable, établit que cette coutume étoit empruntée des Grecs, qui regardoient comme ſouillés ceux auxquels on avoit fait des obſeques, dans la ſuppoſition qu'ils étoient morts; qu'ils ne communiquoient point avec eux & ne

les admettoient point aux ſacrifices. Plutarque, à cette occaſion, dit avoir lû dans des mémoires, qu'un certain Ariſtinus qui ſe trouvoit dans les liens de cette eſpece d'excommunication, envoya conſulter l'oracle de Delphes. La Pythie répondit en deux vers : „ quand tu auras ſolemnellement ac- „ compli tout ce qu'on fait du fruit „ d'une accouchée, tu te préſenteras „ aux autels des Dieux, & tu leur fe- „ ras tes offrandes ". Ariſtinus comprenant le ſens de l'oracle, ſe remit entre les mains des femmes, pour qu'elles le lavaſſent, l'emmaillotaſſent & l'allaitaſſent, comme s'il étoit né une ſeconde fois. Les autres enſuite, qui ſe trouverent dans les mêmes conjonctures, ſuivirent cet exemple, & on les appella ὑςερόπο]μοι, pour ſignifier, qu'après les avoir crus morts, ils étoient revenus à la vie. Quelques-uns penſent, ajoûte Plutarque, que cette coutume de purifier les ὑςερόπο]μοι, eſt plus ancienne qu'Ariſtinus, & remonte à des tems fort reculés. Il n'eſt donc pas étonnant que les Romains, à l'exemple des Grecs, qu'ils ont imités en bien des choſes, aient cru que ceux qu'on avoit regardés comme morts & auxquels on avoit fait des obſeques, ne devoient pas entrer dans leurs maiſons par le ſeuil de la porte, mais y deſcendre du haut des airs. Cette cérémonie étoit une eſpece d'expiation; & les expiations ſe faiſoient en plein air.

Au reſte Juſtinien, en donnant cette étymologie de *poſtliminium*, ne fait qu'adopter celles des juriſconſultes Scevola & Servius Sulpicius, toutes deux rapportées par Ciceron. Voyez ſur cette étymologie, une note curieuſe de Grotius, & joignez à cette note, celle de Barbeyrac, ſon traducteur.

Ce droit de *poſtliminie* s'acquiert par

celui qui, après avoir été fait prisonnier de guerre, eſt de retour ſur les frontieres de l'Empire, ſuivant l'interprétation du juriſconſulte Paul; & le juriſconſulte Pomponius dit qu'on a ce droit de retour, du moment qu'on eſt arrivé dans quelque endroit dont l'Etat eſt maître. Mais le conſentement des peuples a étendu plus loin ce droit de *poſtliminie*, à cauſe de certaines circonſtances, où, comme l'obſerve Grotius, la même raiſon a lieu. " Il eſt établi, continue ce ſavant, par le droit des gens, que, ſi une perſonne ou une choſe, du nombre de celles qu'on n'a pas voulu excepter en matiere de *poſtliminie*, eſt *parvenue à nos amis*, comme s'exprime Pomponius, ou comme le juriſconſulte Paul l'explique par un autre exemple, *à quelque roi de nos alliés ou de nos amis*, elle retourne, ou eſt recouvrée dès lors, comme ſi elle étoit parvenue juſques chez nous. Par amis ou alliés on entend ici, non pas ceux avec qui l'on eſt ſimplement en paix, mais ceux qui ſont de même parti que nous dans la guerre préſente. Si donc un de nos gens, après avoir été fait priſonnier de guerre, retourne chez ceux qui, quoique de nos amis, ne ſe ſont pas déclarés pour nous contre l'ennemi, il ne change point d'état, à moins qu'il n'y ait là deſſus quelque convention particuliere. Par exemple, dans le ſecond traité entre les Romains & les Carthaginois, il étoit porté que, ſi les priſonniers faits par les Carthaginois, ſur quelque peuple ami des Romains, venoient dans les ports dont les Romains étoient maîtres, ils pourroient être réclamés, & redeviendroient libres; & que les amis des Carthaginois auroient le même droit. De-là vint que, dans la ſeconde guerre punique, ceux d'entre les Romains qui,

ayant été faits priſonniers & vendus comme eſclaves, étoient parvenus de maître en maître, juſques dans la Grece, n'y jouirent point du droit de *poſtliminie*, parce que les Grecs avoient été neutres dans cette guerre : c'eſt pourquoi il fallut les racheter. On voit même, en pluſieurs endrois d'Homere des priſonniers de guerre, tels que Lycaon & Euriméduſe, vendus dans des pays neutres".

Selon l'ancien langage des Romains, on diſoit des perſonnes libres, qu'elles étoient recouvrées par *droit de poſtliminie*, comme on le diſoit des eſclaves, des chevaux, des mulets, des vaiſſeaux, &c. On en trouve la preuve dans un paſſage d'Ælius Gallus que le grammairien Feſtus nous a conſervé. Mais les juriſconſultes des tems poſtérieurs, s'étant fait des idées plus nettes, & s'étant exprimés avec plus de préciſion, on diſtingua deux ſortes de droits de *poſtliminie*; l'un, par lequel les perſonnes elles-mêmes retournent à leur premier état; l'autre, en vertu duquel on recouvre quelque choſe. Ce droit de *poſtliminie* pour les choſes, n'avoit lieu que pour les immeubles. A l'égard des choſes mobiliaires, c'eſt une regle générale qu'elles ne retournent point à leurs anciens maîtres par droit de *poſtliminie*, mais qu'elles ſont partie du butin. En effet le juriſconſulte Labéon oppoſe ces deux idées. Ainſi, lors même que ces choſes mobiliaires ont paſſé de l'ennemi en d'autres mains, par la voie du commerce, en quelqu'endroit qu'elles ſe trouvent, elles reſtent à l'acheteur; & l'ancien propriétaire ne peut les réclamer, quoiqu'il les trouve en pays neutre, ou même dans ſon propre pays. Obſervons néanmoins que cette régle, concernant les choſes mobiliaires, eſt purement de droit civil. Les mêmes raisons qui autorisent le droit de *postliminie*, à l'égard des immeubles, subsistent également, dans toute leur force, pour les effets mobiliers. Coccéius l'avoue, & ce savant commentateur ajoûte que si les loix romaines ont décidé autrement, c'étoit pour animer les soldats au butin. A cette considération il a pu s'en joindre une autre : s'il avoit fallu rendre aux anciens propriétaires, les effets mobiliers & inanimés, c'eût été une source intarissable d'embarras & de contestations. D'ailleurs, ces choses ne pouvant revenir d'elles-mêmes du moment qu'elles avoient été prises par l'ennemi, le propriétaire devoit les regarder comme perdues, sur-tout ne sachant pas entre les mains de qui elles étoient tombées.

On voit à présent pourquoi les esclaves, quoique mis au nombre des biens, & même des biens mobiliers, furent exceptés de la régle générale. Ziegler en donne pour raison, que les esclaves peuvent se dérober à leurs maîtres, par la fuite, & prétendre ensuite avoir été pris ; mais il est plus vraisemblable que ce fut, 1°. parce qu'il étoit plus facile de savoir à qui un esclave avoit appartenu : 2°. parce qu'un esclave pouvoit avoir la volonté, & trouver les moyens de revenir.

On excepta encore, autrefois, les choses destinées aux usages de la guerre, sans doute afin que l'espérance de les recouvrer par le droit de *postliminie*, fît qu'on eût moins de répugnance à s'en pourvoir. Comme dans ces tems-là, les vues & les loix de la plupart des nations, étoient tournées du côté de la guerre, cette exception obtint aisément le consentement des nations. Parmi les choses qu'on regardoit comme d'usage à la guerre, on comptoit

les vaisseaux de guerre, les vaisseaux marchands, les vaisseaux de transport, les galeres ; mais non les gondoles ou galiotes, qui ne servoient que pour le plaisir. Saumaise néanmoins observe qu'il y avoit de ces vaisseaux nommés *naves lusoriæ*, qui jouissoient du droit de *postliminie*, lorsqu'ils étoient en même tems destinés aux usages de la guerre. Tels étoient ceux qui, sur le Danube ou sur le Rhin, servoient à la garde des frontieres.

Ce droit de *postliminie* ne subsiste plus chez les peuples modernes, tel qu'il existoit chez les anciens ; tous les chrétiens, & même la plupart des mahométans, ayant rétabli l'humanité dans ses droits, celui de faire des prisonniers, hormis entre les nations qui font en guerre, & en même tems le droit de *postliminie*, ont été abolis. Cependant, l'ancienne regle du droit des gens, peut encore avoir son application, par exemple, à l'égard d'une nation qui seroit assez barbare pour croire qu'il est permis & légitime, d'exercer des actes d'hostilité contre la personne, ou sur les biens de tous les étrangers, sans aucune déclaration de guerre, ni sans avoir aucun grief.

Suivant le nouveau droit des gens, adopté par les peuples de l'Europe, on ne recouvre point, en vertu du droit de *postliminie*, les vaisseaux dont l'ennemi s'est emparé, à moins qu'il ne les ait reperdus le même jour, dans un second combat naval. Mais s'ils ont été au pouvoir du vainqueur, l'espace de vingt-quatre heures, alors ils sont sensés vraiment pris, & appartenir à celui qui s'en est emparé. Cette régle des vingt-quatre heures, s'observe aussi sur terre. Nous lisons dans M. de Thou que la ville de Lier, en Brabant, ayant été prise & reprise dans le même jour, le butin fait fur les habitans, leur fut rendu, parce qu'il n'avoit pas été entre les mains de l'ennemi pendant vingt-quatre heures.

On n'avoit pas befoin du droit de *poftliminie*, difent les jurifconfultes romains, pour recouvrer les chofes prifes par des brigands ou corfaires, parce que, felon Grotius, le droit des gens ne les autorife point à fe les approprier, au préjudice de l'ancien propriétaire. C'eft fur ce fondement que les Athéniens prétendirent autrefois que l'ifle d'Halonefe, qui leur avoit été prife par des pirates, & dont ceux-ci avoient été chaffés par Philippe de Macédoine, leur fut rendue, comme leur appartenant, & non pas comme un don de ce prince. Mais cette régle eft encore purement de droit civil, & nullement du droit des gens, quoi qu'en dife Grotius, que Titius, théologien & jurifconfulte Allemand, tâche vainement de juftifier; comme fi Grotius ne parloit que de ce qui a lieu par rapport aux fujets du même Etat, entre lefquels il ne peut guere y avoir de difpute à cet égard, tant que les chofes reprifes fur l'ennemi ne font pas encore en lieu de fûreté.

Telle eft l'idée générale qu'on doit fe former du droit de *poftliminie*, foit chez les anciens, foit chez les modernes.

Mais entrons dans quelques détails fur les devoirs des nations rélativement au droit de *poftliminie*.

Le fouverain eft obligé de protéger la perfonne & les biens de fes fujets, de les défendre contre l'ennemi. Lors donc qu'un fujet ou quelque partie de fes biens, font tombés entre les mains de l'ennemi, fi quelque heureux événement les remet en la puiffance du fouverain, il n'y a nul doute qu'il ne doive les rendre à leur premier état, rétablir les perfonnes dans tous leurs droits & dans toutes leurs obligations, rendre les biens aux propriétaires, en un mot, remettre toutes chofes comme elles étoient avant que l'ennemi s'en fût rendu maître.

La juftice ou l'injuftice de la guerre n'apporte ici aucune différence, non feulement parce que, fuivant le droit des gens volontaire, la guerre, quant à fes effets, eft réputée jufte de part & d'autre, mais encore parce que la guerre, jufte ou non, eft la caufe de la nation; & fi les fujets qui combattent, ou qui fouffrent pour elle, après être tombés, eux ou leurs biens, entre les mains de l'ennemi, fe retrouvent, par un heureux accident, fous la puiffance de leur nation, il n'y a aucune raifon de ne pas les rétablir dans leur premier état: c'eft comme s'ils n'euffent point été pris. Si dans une guerre jufte, ils avoient été pris injuftement, rien de plus naturel que de les rétablir, dès qu'on le peut: fi la guerre eft injufte, ils ne font pas plus obligés d'en porter la peine que le refte de la nation. La fortune fait tomber le mal fur eux, quand ils font pris; elle les en délivre, lorfqu'ils échappent: c'eft encore comme s'ils n'euffent point été pris; ni leur fouverain, ni l'ennemi, n'ont aucun droit particulier fur eux: l'ennemi a perdu par un accident, ce qu'il avoit gagné par un autre.

Les perfonnes retournent, les chofes fe recouvrent par droit de *poftliminie*, lorfqu'ayant été prifes par l'ennemi elles retombent fous la puiffance de leur nation. Ce droit a donc lieu auffi-tôt que ces perfonnes ou ces chofes prifes par l'ennemi, tombent entre les mains des foldats de la même nation, ou fe retrouvent dans l'armée, dans le camp, dans

dans les terres de leur souverain, dans les lieux où il commande.

Ceux qui se joignent à nous pour faire la guerre, ne font avec nous qu'un même parti : la cause est commune, le droit est un ; ils sont considérés comme ne faisant qu'un avec nous. Lors donc que les personnes ou les choses prises par l'ennemi, font reprises par nos alliés, par nos auxiliaires, ou retombent de quelqu'autre maniere entre leurs mains, c'est précisément la même chose, quant à l'effet de droit, que si elles se retrouvoient immédiatement en notre puissance, la puissance de nos alliés & la nôtre n'étant qu'une dans cette cause.

Le droit de *postliminie* a donc lieu dans les mains de ceux qui font la guerre avec nous : les personnes & les choses qu'ils délivrent des mains de l'ennemi, doivent être remises dans leur premier état.

Mais ce droit a-t-il lieu dans les terres de nos alliés ? il faut distinguer, si ces alliés font cause commune avec nous, s'ils sont associés dans la guerre, le droit de *postliminie* a nécessairement lieu pour nous dans les terres de leur obéissance, tout comme dans les nôtres, car leur état est uni au nôtre, & ne fait qu'un même parti dans cette guerre : mais si, comme cela se pratique souvent aujourd'hui, un allié se borne à nous fournir les secours stipulés dans les traités, sans rompre lui-même avec notre ennemi, leurs deux Etats continuant à observer la paix dans leurs relations immédiates ; alors les auxiliaires seuls qu'il nous envoie, font participans & associés à la guerre ; ses Etats gardent la neutralité.

Or le droit de *postliminie* n'a point lieu chez les peuples neutres ; car quiconque veut demeurer neutre dans une

Tome XI.

guerre, est obligé de la considérer ; quant à ses effets, comme également juste de part & d'autre, & par conséquent de regarder comme bien acquis tout ce qui est pris par l'un ou l'autre parti. Accorder à l'un le droit de revendiquer les choses enlevées par l'autre, ou le droit de *postliminie*, dans ses terres, ce seroit se déclarer pour lui & quitter l'état de neutralité.

Naturellement toutes sortes de biens pourroient se recouvrer par droit de *postliminie* ; & pourvu qu'on les reconnoisse certainement, il n'y a aucune raison intrinsèque d'en excepter les biens mobiliaires. Aussi voyons-nous que les anciens ont souvent rendu à leurs premiers maîtres ces sortes de choses reprises sur l'ennemi. Mais la difficulté de reconnoitre les biens de cette nature, & les différends sans nombre qui naîtroient de leur revendication, ont fait établir généralement un usage contraire. Joignez à cela que le peu d'espérance qui reste de recouvrer des effets pris par l'ennemi, & une fois conduits en lieu de sûreté, fait raisonnablement présumer qu'ils sont abandonnés par les anciens propriétaires. C'est donc avec raison que l'on excepte du droit de *postliminie* les choses mobiliaires ou le butin, à moins qu'il ne soit repris tout de suite à l'ennemi qui venoit de s'en saisir ; auquel cas il n'est ni difficile à reconnoitre, ni présumé abandonné par le propriétaire. Or la coûtume étant une fois reçue & bien établie, il seroit injuste d'y donner atteinte. Il est vrai que les esclaves chez les Romains n'étoient pas traités comme les autres biens mobiliaires ; on les rendoit à leurs maîtres par droit de *postliminie*, lors même qu'on ne rendoit pas le reste du butin. La raison en est claire, comme il est tou-

R

jours aifé de reconnoître un efclave, & de favoir à qui il a appartenu, le maître, confervant l'efpérance de le recouvrer, n'étoit pas préfumé avoir abandonné fon droit.

Les prifonniers de guerre qui ont donné leur parole, les peuples & les villes qui fe font foumis à l'ennemi, qui lui ont promis ou juré fidélité, ne peuvent d'eux-mèmes retourner à leur premier état par droit de *poftliminie*; car la foi doit être gardée, même aux ennemis.

Mais fi le fouverain reprend ces villes, ces pays ou ces prifonniers qui s'étoient rendus à l'ennemi, il recouvre tous les droits qu'il avoit fur eux, & il doit les rétablir dans leur premier état. Alors ils jouiffent du droit de *poftliminie*, fans manquer à leur parole, fans violer leur foi donnée. L'ennemi perd par les armes le droit qu'il avoit acquis par les armes: mais il y a une diftinction à faire au fujet des prifonniers de guerre; s'ils étoient entierement libres fur leur parole, ils ne font point délivrés par cela feul, qu'ils tombent fous la puiffance de leur nation, puifqu'ils pouvoient mème aller chez eux, fans ceffer d'être prifonniers: la volonté feule de celui qui les a pris, ou fa foumiffion entiere, peut les dégager. Mais s'ils ont feulement promis de ne pas s'enfuir, promeffe qu'ils font fouvent pour éviter les incommodités d'une prifon, ils ne font tenus qu'à ne pas fortir d'eux-mèmes des terres de l'ennemi, ou de la place qui leur eft affignée pour demeure: & fi les troupes de leur parti viennent à s'emparer du lieu où ils habitent, ils font remis en liberté, rendus à leur nation & à leur premier état par le droit des armes.

Quand une ville foumife par les armes de l'ennemi, eft reprife par celles de fon fouverain, elle eft rétablie dans fon premier état, comme nous venons de le voir, & par conféquent dans tous fes droits. On demande fi elle recouvre de cette maniere ceux de fes biens que l'ennemi avoit aliénés lorfqu'il étoit le maître. Il faut d'abord diftinguer entre les biens mobiliaires, qui ne fe recouvrent point par droit de *poftliminie*, & les immeubles. Les premiers appartiennent à l'ennemi qui s'en empare, & il peut les aliéner fans retour. Quant aux immeubles, il faut fe fouvenir que l'acquifition d'une ville prife dans la guerre, n'eft pleine & confommée que par le traité de paix, ou par la foumiffion entiere, par la deftruction de l'Etat auquel elle appartenoit. Jufques-là il refte au fouverain de cette ville l'efpérance de la reprendre ou de la recouvrer par la paix: & du moment qu'elle retourne en fa puiffance, il la rétablit dans tous fes droits; & par conféquent elle recouvre fes biens, autant que de leur nature ils peuvent être recouvrés. Elle reprendra donc fes immeubles des mains de ceux qui fe font trop preffés de les acquérir. Ils ont fait un marché hazardeux, en les achetant de celui qui n'y avoit pas un droit abfolu; & s'ils font une perte, ils ont bien voulu s'y expofer: mais fi cette ville avoit été cédée à l'ennemi par un traité de paix, ou fi elle étoit tombée pleinement en fa puiffance, par la foumiffion de l'Etat entier; le droit de *poftliminie* n'a plus de lieu pour elle, & fes biens aliénés par le conquérant, le font validement & fans retour: elle ne peut les reclamer, fi dans la fuite une heureufe révolution la fouftrait au joug du vainqueur. Lorfqu'Alexandre fit préfent aux Theffaliens de la fomme qu'ils devoient aux Thébains, il étoit maître abfolu de la république de Thebes, dont il détruifit la ville & fit vendre les habitans.

Les mêmes décisions ont lieu pour les immeubles des particuliers, prisonniers ou non, aliénés par l'ennemi pendant qu'il étoit maître du pays. Grotius propose la question à l'égard des biens immeubles, possédés en pays neutre par un·prisonnier de guerre, mais cette question est nulle dans nos principes; car le souverain qui fait un prisonnier à la guerre, n'a d'autre droit que celui de le retenir jusqu'à la fin de la guerre, ou jusqu'à ce qu'il soit racheté, & il n'en acquiert aucun sur ses biens, sinon en tant qu'il peut s'en saisir. Il est impossible de trouver aucune raison naturelle, pourquoi celui qui tient un prisonnier auroit le droit de disposer de ses biens, quand ce prisonnier ne les a pas auprès de lui.

Lorsqu'une nation, un peuple, un Etat, a été subjugué tout entier, on demande si une révolution peut le faire jouir du droit de *postliminie*? Il faut encore distinguer les cas pour bien répondre à cette question. Si cet Etat subjugué n'a point encore donné les mains à la nouvelle sujettion, s'il ne s'est pas rendu volontairement, & s'il a seulement cessé de résister par impuissance; si son vainqueur n'a point quitté l'épée de conquérant pour prendre le sceptre d'un souverain équitable & pacifique; ce peuple n'est pas véritablement soumis, il est seulement vaincu & opprimé; & lorsque les armes d'un allié le délivrent, il retourne sans doute à son premier état. Son allié ne peut devenir son conquérant; c'est un libérateur qu'il est seulement obligé de récompenser. Que si le dernier vainqueur n'étant point allié de l'Etat dont nous parlons, prétend le retenir sous ses loix comme un prix de sa victoire, il se met à la place du premier conquérant, &

devient l'ennemi de l'Etat opprimé par celui-ci: cet Etat peut lui résister légitimement, & profiter d'une occasion favorable pour recouvrer sa liberté. S'il avoit été opprimé injustement, celui qui l'arrache au joug de l'oppresseur, doit le rétablir généreusement dans tous ses droits.

La question change à l'égard d'un Etat qui s'est rendu volontairement au vainqueur. Si les peuples traités non plus en ennemis, mais en vrais sujets, se sont soumis à un gouvernement légitime, ils relevent désormais d'un nouveau souverain, ou ils sont incorporés à l'Etat conquérant, ils en font partie, ils suivent sa destinée. Leur ancien Etat est absolument détruit; toutes ses relations, toutes ses alliances expirent. Quel que soit donc le nouveau conquérant qui subjugue dans la suite l'Etat auquel ces peuples sont unis, ils subissent le sort de cet Etat, comme la partie suit le sort du tout. C'est ainsi que les nations en ont usé dans tous les tems; je dis les nations mêmes justes & équitables; sur-tout à l'égard d'une conquête ancienne. Les plus modérés se bornent à remettre en liberté un peuple nouvellement soumis, qu'ils ne jugent pas encore parfaitement incorporé, ni bien uni d'inclination à l'Etat qu'ils ont vaincu.

Si ce peuple secoue le joug lui-même, & se remet en liberté, il rentre dans tous ses droits, il retourne à son premier état; & les nations étrangeres ne sont point en droit de juger s'il s'est soustrait à une autorité légitime, ou s'il a rompu ses fers. Ainsi le royaume de Portugal, qui avoit été envahi par Philippe II. roi d'Espagne, sous couleur d'un droit héréditaire, mais en effet par la force ou par la terreur des armes, rétablit sa couronne indépendante, & rentra dans fes droits anciens, quand il chaffa les Efpagnols & mit fur le trône le duc de Bragance.

Les provinces, les villes & les terres, que l'ennemi rend par le traité de paix, jouiffent fans doute du droit de *poftliminie* : car le fouverain doit les rétablir dans leur premier état, dès qu'elles retournent en fa puiffance, de quelque façon qu'il les recouvre. Quand l'ennemi rend une ville à la paix, il renonce au droit que les armes lui avoient acquis ; c'eft comme s'il ne l'eût jamais prife. Il n'y a là aucune raifon qui puiffe difpenfer le fouverain de la remettre dans fes droits, dans fon premier état.

Mais tout ce qui eft cédé à l'ennemi par le traité de paix, eft véritablement & pleinement aliéné : il n'a plus rien de commun avec le droit de *poftliminie* ; à moins que le traité ne foit rompu & annullé.

Et comme les chofes dont le traité de paix ne dit rien, reftent dans l'état où elles fe trouvent au moment que la paix eft conclue, & font tacitement cédées de part ou d'autre à celui qui les poffede ; difons en général que le droit de *poftliminie* n'a plus de lieu après la paix conclue, & ce droit eft entierement relatif à l'état de guerre.

Cependant, & par cette raifon même, il y a ici une exception à faire, en faveur des prifonniers de guerre ; leur fouverain doit les délivrer à la paix. S'il ne le peut, fi le fort des armes le force à recevoir des conditions dures & iniques, qui devroit relâcher les prifonniers, lorfque la guerre eft finie, lorfqu'il n'a plus rien à craindre d'eux, continue avec eux l'état de guerre, s'il les retient en captivité, & fur-tout, s'il les réduit en efclavage. Ils font donc en droit de fe tirer de fes mains, s'ils en ont les moyens, & de revenir dans leur patrie,

tout comme en tems de guerre, puifque la guerre continue à leur égard : & alors le fouverain qui doit les protéger, eft obligé de les rétablir dans leur premier état.

Difons plus, ces prifonniers retenus après la paix fans raifon légitime, font libres, dès qu'échappés de leur prifon, ils fe trouvent en pays neutre : car des ennemis ne peuvent être pourfuivis & arrêtés en pays neutre ; & celui qui retient après la paix un prifonnier innocent, perfifte à être fon ennemi. Cette regle doit avoir, & a effectivement lieu entre les nations chez lefquelles l'efclavage des prifonniers de guerre n'eft point reçu & autorifé. (D.F.)

POSTULANT, part. *Jurifprud.* On dit un procureur *poftulant*, parce que la fonction d'un procureur eft de poftuler pour les parties. On donne quelquefois le nom de *poftulant* à de fimples patriciens qui font la poftulation, tels que ceux qui font admis en cette qualité aux confuls de Paris où il n'y a point de procureurs en titre. *v.* PROCUREUR.

Poftulant fe dit auffi de celui qui follicite pour entrer dans une maifon re-religieufe, & y prendre l'habit. Voyez ci-après POSTULATION.

POSTULATION, f. f., & POSTULER, v. act., *Jurifprud.*, en termes de pratique, fignifient l'expofition qui fe fait devant le juge des demandes & défenfes des parties.

La loi 1 au digefte *de poftulando*, définit ainfi la *poftulation, poftulare eft defiderium fuum vel amici fui in jure apud eum qui jurifdictioni præeft exponere, vel alterius defiderio contradicere.*

Il y avoit certaines perfonnes qui étoient exclufes de la *poftulation* ; favoir un mineur jufqu'à l'âge de dix neuf ans, un fou ou imbécille, un muet, un aveugle, celui qui étoit affligé de quelqu'autre infirmité, un prodigue, celui qui avoit été condamné publiquement pour calomnie, un hérétique, un infâme, un parjure, celui qui avoit été interdit par le juge de la faculté de *postuler*, celui qui s'étoit loué pour combattre contre les bêtes.

L'avocat du fisc ne pouvoit pas *postuler* contre le fisc, ni les décurions contre leur partie; il étoit aussi interdit de *postuler* à l'avocat qui avoit refusé son ministere au mandement du juge.

On voit par ce qui vient d'être dit, qu'à Rome les avocats pouvoient *postuler*; leur profession en elle-même étoit cependant différente, & s'appelloit *patrocinium*. Il y avoit des procureurs *ad lites*, dont l'emploi étoit singulierement de *postuler* & de faire la procédure.

La *postulation* est totalement distincte du ministere des avocats, si ce n'est dans quelques bailliages où les avocats font en même tems la profession de procureur.

Postuler, c'est demander quelque chose au juge, ce qui se fait en leur présentant requête, & en prenant devant lui les conclusions des requêtes; c'est aussi *postuler*, que de faire les procédures nécessaires à l'occasion des demandes & défenses des parties; tout cela est essentiellement attaché à la fonction de procureur; tellement qu'autrefois les procureurs étoient toujours présens à la plaidoirie; ils prenoient les conclusions de leurs requêtes, & lisoient les procédures & autres pieces à mesure que le cas le requéroit, l'avocat ne faisoit qu'exposer les moyens de fait & de droit, il ne prenoit point de conclusions, & ce n'est que pour une plus prompte expédition, que l'on a introduit que les avocats prennent eux-mêmes les conclusions.

Dans tous les tribunaux où il y a des procureurs en titre, eux seuls peuvent faire la *postulation*. Il est défendu à leurs clercs & autres personnes sans qualité, de se mêler de *postulation*.

Voyez au *digeste* & au *code* les titres *de postulando*, & le *recueil des reglemens faits au sujets de la postulation*.

Postulation, signifie aussi dans le *droit canon* les démarches que fait une personne pour être admise dans une communauté religieuse. v. PROBATION, PROFESSION, RELIGIEUX.

POTEAU, s. m., *Droit féod.*, est un gros pieu fiché en terre par le bout, qui sert aux seigneurs à plusieurs usages.

Les seigneurs qui ont droit de péage, pontonage, bac, leyde, sont tenus de faire mettre dans les lieux où ils perçoivent ces droits, des *poteaux*, sur lesquels est affichée la pancarte contenant les droits à percevoir.

Le *poteau* est encore dans les seigneuries un gros pilier auquel est attaché un collier de fer qu'on met au col des criminels condamnés à cette infamie.

Enfin les *poteaux* servent aux seigneurs pour marquer les limites de leurs seigneuries & justices: ces *poteaux* ont ordinairement le haut taillé à quatre faces quarrées; sur chacune des faces qui est du côté du territoire de la seigneurie, ou de la justice, le seigneur a droit de faire peindre ses armes; mais il doit laisser vuide le côté qui regarde la justice d'autrui.

Au coin des chemins biviaires & triviaires, on met des *poteaux*, au haut desquels sont des mains traversantes, avec inscription ou marque apparente du lieu où chacun conduit. (R.)

POTENCE, s. f., *Jurispr.*, gibet de bois, composé d'un montant, à l'ex-

trêmité duquel il y a un chevron affemblé, lequel chevron eft foutenu en-def-
fous par une piece de bois qui s'emmor-
taife & avec le montant & avec le chevron. C'eft à l'extrèmité de ce chevron
qu'eft attachée la corde que l'exécuteur
paffe au col du malfaiteur. *v.* FOUR-
CHES PATIBULAIRES.

POTHIER, *Robert Jofeph, Hift.*
Litt., naquit le 9 Janvier 1699, de Robert *Pothier*, confeiller au préfidial d'Orléans, & de Marie-Madelaine Jacquet.
Florent *Pothier*, fon ayeul, étoit auffi
confeiller au même fiege, & defcendoit
de Florent *Pothier*, élu maire de la ville
d'Orléans en 1603.

Il fit fes premieres études au college
des jéfuites d'Orléans, & s'y diftingua
par fon efprit & par la facilité avec laquelle il réuffit. Sorti des humanités &
de philofophie, il s'appliqua pendant
quelque tems à l'étude de la géométrie
& des belles-lettres ; mais une inclination naturelle qui fe déclara bientôt,
le porta à la jurifprudence. Il étudia
en droit dans l'univerfité d'Orléans, &
dès qu'il eut lu les *Inftituts* de Juftinien,
il devint jurifconfulte, & fe livra entierement à cette fcience. Ce n'eft pas que
M. *Pothier* n'eût d'ailleurs beaucoup de
goût & d'heureufes difpofitions pour
les autres genres d'étude. Il paroiffoit
même dans fa converfation qu'il avoit
lu avec fruit les poëtes Latins : il fe
plaifoit fouvent à en rapporter des paffages, & fur-tout de Juvenal qui étoit
fon poëte favori ; mais il négligea toutes les autres fciences pour s'attacher
uniquement à la jurifprudence, pour
laquelle il fentit bientôt qu'il étoit né.

Auffi-tôt qu'il eut fini fon droit, il
fut pourvu d'un office de confeiller au
préfidial d'Orléans. Il y fut reçu à l'â-
ge de 21 ans, & ne tarda guere à s'y
diftinguer dans un âge où les autres

commencent à peine à fe faire connoître. Comme il avoit un goût vif & décidé pour la jurifprudence, il faififfoit
toutes les occafions de s'y perfectionner ; & pour fe mettre plus en état de
réfoudre les queftions de droit qui pouvoient fe préfenter, il alloit fouvent
paffer des journées chez un avocat très-
employé pour y voir propofer & réfoudre les différens cas fur lefquels on
venoit le confulter.

Son amour pour la fcience des loix
alla toujours en augmentant, & dès
qu'il fut en âge d'opiner, il devint un
des juges les plus célébres. Un goût
particulier le porta d'abord vers le droit
romain, & il en fit une étude particuliere. Il le poftéda à fond, & on peut
même dire qu'il fut à cet égard un des
plus favans jurifconfultes du royaume.
C'eft pour fe former de plus en plus
dans cette fcience, qu'il entreprit, quoique jeune encore, de mettre dans leur
ordre naturel toutes les loix du digefte.

On fait que le digefte eft une collection de loix faite par l'empereur Juftinien. Cette collection eft infiniment
précieufe, mais elle renferme plufieurs
défauts. En effet il n'y regne aucune
méthode, le texte des auteurs qui y
font cités n'y eft pas toujours fidéle-
ment rapporté ; & quoique Juftinien
dans le préambule de ce recueil, ait ordonné que les décifions des jurifconfultes dont il eft tiré, ferviffent de loix,
on y trouve cependant plufieurs de ces
décifions, qui font contraires entr'elles, & qui ne peuvent fe concilier.

L'ouvrage de M. *Pothier* eft pour remédier à ces défauts. Il le donna au
public en l'année 1748, fous le titre
de *Pandectæ Juftinianeæ in novum ordi-*
nem digeftæ, en 3 vol. *in-folio.* L'objet
qu'il fe propofe dans cet ouvrage eft de
rétablir la méthode qui manque dans

le digeste, où sans déranger en rien l'ordre des livres & des titres , mais seulement celui des loix & des paragraphes de chaque titre, il les place dans l'ordre qui leur convient, en exposant sous chaque titre des définitions, des divisions , des regles & des exceptions qu'il est souvent même obligé de suppléer. Il établit ensuite des regles qui en font voir la liaison & l'enchaînement ; il y applique les textes qui appartiennent à ces loix, ce qui en facilite beaucoup l'étude; & pour ne pas confondre les additions avec le texte, il a eu soin que toutes ces additions différentes du texte des loix , fussent marquées en caracteres italiques.

Dans les articles particuliers qui concernent chaque espece de droit, il examine en peu de mots quelle étoit autrefois son autorité ; & pour parvenir à cette connoissance , il rassemble & confere ensemble tous les différens endroits des *Pandectes* où il reste des traces de l'ancien droit, les différens fragmens qui nous restent de celui qui avoit lieu avant Justinien , les constitutions de cet empereur qui l'abrogent, ainsi que les institutes du même empereur, avec la paraphrase de Théophile, qui sont absolument nécessaires pour l'intelligence de cet ancien droit, & sur-tout de celui qui avoit lieu du tems des jurisconsultes dont les ouvrages ont servi à composer le digeste. Sans cette connoissance on court risque à chaque instant de s'égarer dans l'intelligence & l'application d'un grand nombre de loix : & afin de n'avoir rien à desirer là-dessus, M. *Pothier* a cru devoir à son ouvrage les fragmens qui nous restent de la loi des douze tables, avec divers morceaux tirés des institutes de Gaïus & des fragmens d'Ulpien, des sentences de Paul, & de quelques autres auteurs anciens.

Outre les loix du digeste, M. *Pothier* a eu soin d'insérer dans son ouvrage un grand nombre de loix & du code & des novelles, sur-tout les loix qui servent à éclaircir & développer le droit des *Pandectes*, & principalement celles qui abrogent l'ancien droit. Enfin pour rendre plus facile l'intelligence de son ouvrage, il y a ajouté, d'après Cujas & les meilleurs interpretes, des notes courtes qui servent à éclaircir ce qu'il y a d'obscur dans le texte des loix , à concilier celles qui paroissent se contredire, à corriger des leçons défectueuses, & à distinguer les choses que Tribonien ou ses associés ont ajoutées au vrai texte des anciens jurisconsultes.

Cet ouvrage de M. *Pothier*, auquel il a travaillé pendant plus de vingt ans, le fit bientôt connoître de tous les jurisconsultes de l'Europe, & en particulier de M. le chancelier d'Aguesseau qui en faisoit un grand cas, & qui donna dans plusieurs occasions des marques particulieres de son estime à l'auteur.

La chaire de professeur en droit françois de l'université d'Orléans étant venue à vaquer par la mort de M. Prévot de la Janès, en l'année 1749, M. *Pothier* fut choisi par M. le chancelier pour remplir cette place, sans l'avoir demandée ; & depuis ce tems-là il s'attacha particulierement à cette partie du droit.

Il y avoit déja plusieurs années qu'il avoit établi chez lui une conférence de droit, qui s'y tenoit toutes les semaines, & à laquelle assistoient plusieurs jeunes conseillers & avocats pour s'instruire & se perfectionner dans la science des loix : mais devenu professeur en droit françois, il voulut ranimer encore de plus en plus l'étude du droit, en établissant tous les ans un prix pour celui des étudians qui se distingueroit le plus dans un exercice sur le droit françois, & un autre prix deftiné pour un exercice fur le droit romain ; ce qui a beaucoup contribué à donner de l'émulation & à former d'excellens fujets pour le barreau.

M. *Pothier*, quoiqu'extrèmement appliqué à fes fonctions de profeffeur, n'en étoit pas moins affidu à remplir celles de juge ; & pendant tout le tems qu'il a exercé fa charge ; qui a été près de 52 ans, il n'a jamais manqué d'aller exactement au palais, tant aux audiences qu'aux affaires de rapport, à moins qu'il ne fût malade ou abfent. Auffi fon goût & fon attachement à l'étude des loix étoient-ils incroyables. Il y étoit occupé depuis fon lever jufqu'à fon coucher, c'eft-à-dire, depuis quatre ou cinq heures du matin jufqu'à neuf heures du foir, fans être diftrait par aucun plaifir ni par le moindre amufement, ni même par des promenades ou des vifites, qu'il ne faifoit que très-rarement. Il avoit feulement réfervé un après-dîner dans la femaine, qu'il appelloit fon *jour de congé*, à l'exemple des écoliers, & qui étoit le jeudi, qu'il employoit en vifites, & plus ordinairement en promenade. C'eft à cette affiduité au travail que nous fommes redevables des différens ouvrages qu'il a donnés au public, dont plufieurs ont paru d'abord manufcrits, & qui depuis ont été imprimés pour la plus grande partie.

Quoique d'un tempérament très-délicat, & malgré fon affiduité au travail, M. *Pothier* avoit toujours joui d'une affez bonne fanté, dont il étoit redevable à fa vie réglée & uniforme, & à la fageffe de fes mœurs : mais fur la fin du mois de Février 1772, il fut attaqué d'une fievre léthargique, dont il eft mort le 2 Mars fuivant, après huit jours de maladie, à l'âge de 73 ans & deux mois. Sa mort nous a privé de plufieurs ouvrages qu'il étoit prêt de donner au public fur la jurifprudence françoife, & qui devoient être la fuite de ceux qu'il nous a donnés de fon vivant. Outre les excellens ouvrages dont M. *Pothier* a enrichi le public, il étoit regardé avec raifon comme l'oracle de la province. La confiance univerfelle lui avoit ménagé chez lui une efpece de tribunal public, dans lequel il terminoit une grande quantité d'affaires, & prévenoit par fes confeils les procès qu'elles auroient occafionnés. Sa réputation n'étoit pas même bornée à la province : il étoit confulté de toutes parts, & les premiers magiftrats s'adreffoient à lui dans plufieurs occafions, & fe faifoient gloire de déférer à fes avis.

Outre les *Pandectes* nous avons un grand nombre d'excellens ouvrages de M. *Pothier*, imprimés d'abord en 26 vol. *in-*12. & enfuite en 4 gros vol. *in-*4°. dont on va augmenter le nombre par fes œuvres pofthumes. (D. F.)

POURSUITE, f. f., *Jurifprud.* Ce terme fignifie quelquefois en général toutes les démarches & diligences que l'on fait pour parvenir à quelque chofe, comme quand on dit que l'on pourfuit le recouvrement d'une créance, la liquidation d'un compte, que l'on pourfuit fa réception dans un office.

Quelquefois le terme de *pourfuite* ne s'entend que des procédures qui font faites en juftice contre quelqu'un, notamment contre un débiteur, pour le contraindre de payer.

Enfin le terme de *pourfuite* s'entend quelquefois fpécialement de la conduite & direction d'une procédure, comme quand on dit la *pourfuite* d'une inftance de préférence ou de contribution ; la *pourfuite* d'une faifie réelle, la *pourfuite* d'un ordre.

Celui qui a la *pourfuite*, & qu'on appelle

pelle *pourfuivant*, eft celui qui fait toutes les diligences & opérations néceffaires; les autres créanciers font feulement oppofans pour la confervation de
leurs droits. Si le pourfuivant eft négligent, un autre créancier peut fe faire
fubroger à la *pourfuite*.

POURSUITE, *Droit de*, *Droit féod.*,
c'eft le droit que le feigneur a de fuivre
fes hommes ferfs, quelque part qu'ils
fe retirent; car les hommes ferfs font
partie du fief, & fe donnent, ainfi que
les héritages qui le compofent, en aveu
& dénombrement. (R.)

POURSUIVANT, f. m., *Jurifp.*, eft
celui qui fait des diligences pour parvenir à quelque chofe. On dit d'un réci-
piendaire, qu'il eft *pourfuivant* fa réception dans un tel office.

On appelle auffi *pourfuivant*, celui
d'entre les créanciers qui a le premier
introduit une inftance de préférence ou
de contribution, de faifie-réelle, d'ordre, & qui fait les diligences néceffaires pour mettre ladite inftance à fin.

On appelle *pourfuivant* la faifie réelle, criées, vente & adjudication par
décret, celui qui a fait faifir réellement
un immeuble de fon débiteur, pour le
faire vendre, & être payé fur le prix.

POURVOIR, f. m., *Jurifp.*, fignifie *mettre ordre à quelque chofe*, en difpofer.

Celui qui préfente requète au juge,
& qui fe plaint de quelque trouble, entreprife ou fpoliation qui fe fait à fon
préjudice, conclut à ce qu'il plaife au
juge y *pourvoir*, c'eft-à-dire, y mettre ordre.

On fe fait *pourvoir* d'un office ou
d'un bénéfice. Cela s'appelle auffi *pourvoir*, parce que celui qui donne des
provifions *pourvoit* à ce que l'office ou
le bénéfice foit rempli & deffervi. *v.*
BÉNÉFICE, OFFICE, PROVISION.

Tome XI.

POUVOIR, f. m., *Droit Natur.*
Nous entendons par ce mot une fupériorité morale d'une perfonne fur une
autre ou fur plufieurs autres, accordée par les loix; & nous donnons le
nom de *puiffance* à une fupériorité phyfique qui confifte dans la force.

POUVOIR LÉGISLATIF, EXÉCUTIF,
ou POUVOIR *fouverain*, *Droit nat. &*
polit., c'eft le droit qu'a le fouverain
de faire des loix & de les faire exécuter.

La grande fin que fe propofent ceux
qui entrent dans une fociété, étant de
jouir de leurs propriétés en fûreté &
en repos; & le meilleur moyen qu'on
puiffe employer par rapport à cette fin,
étant d'établir des loix dans cette fociété, la premiere & fondamentale loi pofitive de tous les Etats, c'eft celle qui
établit le *pouvoir légiflatif*, lequel,
auffi-bien que les loix fondamentales
de la nature, doit tendre à conferver la
fociété; & autant que le bien public le
peut permettre, chaque membre &
chaque perfonne qui la compofe. Ce
pouvoir légiflatif n'eft pas feulement le
fuprème *pouvoir* de l'Etat, mais encore il eft facré & ne peut être ravi à ceux
à qui il a été une fois remis. Il n'y a
point d'édit de qui que ce foit, & de
quelque maniere qu'il foit conçu, ou
par quelque *pouvoir* qu'il foit appuyé,
qui foit légitime & ait force de loi, s'il
n'a été fait & donné par cette autorité
légiflative, que la fociété a choifie &
établie : fans cela une loi ne fauroit
avoir ce qui eft abfolument néceffaire
à une loi, favoir le confentement de la
fociété, à laquelle nul n'eft en droit de
propofer des loix à obferver qu'en vertu
du confentement de cette fociété & en
conféquence du *pouvoir* qu'il a reçu
d'elle. C'eft pourquoi toute la plus
grande obligation où l'on puiffe être de
témoigner de l'obéiffance, n'eft fondée

S

que fur ce *pouvoir* fuprême qui a été remis à certaines perfonnes , & fur ces loix qui ont été faites par ce *pouvoir*. De même , aucun ferment prêté à un *pouvoir* étranger, quel qu'il foit , ni aucun *pouvoir* domeftique ou fubordonné , ne peuvent décharger aucun membre de l'Etat , de l'obéiffance qui eft dûe au *pouvoir légiflatif* qui agit conformément à l'autorité qui lui a été donnée , ni l'obliger à faire aucune démarche contraire à ce que les loix prefcrivent , étant ridicule de s'imaginer , que quelqu'un pût être obligé , en dernier reffort , d'obéïr au *pouvoir* d'une fociété , lequel ne feroit pas fuprème.

Quoique le *pouvoir légiflatif* , foit qu'on l'ait remis à une feule perfonne ou à plufieurs, pour toujours ou feulement pour un tems & par intervalles, foit le fuprème *pouvoir* d'un Etat ; cependant il n'eft premierement, & ne peut être abfolument arbitraire fur la vie & les biens du peuple. Car ce *pouvoir* n'étant autre chofe que le *pouvoir* de chaque membre de la fociété remis à cette perfonne ou à cette affemblée , qui eft le légiflateur, ne fauroit être plus grand que celui que toutes ces différentes perfonnes avoient dans l'état de nature , avant qu'ils entraffent en fociété, & euffent remis leur *pouvoir* à la communauté qu'ils formerent enfuite. Car enfin , perfonne ne peut conférer à un autre plus de *pouvoir* qu'il n'en a lui-même : or, perfonne n'a un *pouvoir* abfolu & arbitraire fur foi-même , ou fur un autre, pour s'ôter la vie ou pour la ravir à qui que ce foit, ou lui ravir aucun bien qui lui appartient en propre. Un homme ne peut fe foumettre au *pouvoir* arbitraire d'un autre ; & dans l'état de nature , n'ayant point un *pouvoir* arbitraire fur la vie, fur la liberté ou fur les poffeffions d'autrui,

mais fon *pouvoir* s'étendant feulement jufqu'où les loix de la nature le lui permettent, pour la confervation de fa perfonne , & pour la confervation du refte du genre humain ; c'eft tout ce qu'il donne & qu'il peut donner à une fociété ; & par ce moyen , au *pouvoir légiflatif* ; enforte que le *pouvoir légiflatif* ne fauroit s'étendre plus loin. Selon fa véritable nature & fes véritables engagemens , il doit fe terminer au bien public de la fociété. C'eft un *pouvoir* qui n'a pour fin que la confervation, & qui , par conféquent, ne fauroit jamais avoir droit de détruire, de rendre efclave ou d'appauvrir à deffein aucun fujet. Les obligations des loix de la nature ne ceffent point dans la fociété ; elles y deviennent même plus fortes en plufieurs cas : & les peines qui y font annexées pour contraindre les hommes à les obferver , font encore mieux connues par le moyen des loix humaines. Ainfi les loix de la nature fubfiftent toujours comme des regles éternelles pour tous les hommes, pour les légiflateurs, auffi bien que pour les autres. S'ils font des loix pour regler les actions des membres de l'Etat ; elles doivent être auffi faites pour les leurs propres, & doivent être conformes à celles de la nature, c'eft-à-dire , à la volonté de Dieu, dont elles font la déclaration : & la loi fondamentale de la nature ayant pour objet la confervation du genre humain , il n'y a aucun décret humain qui puiffe être bon & valable , lorfqu'il eft contraire à cette loi.

En fecond lieu , le *pouvoir légiflatif* n'a point droit d'agir par des décrets arbitraires & formés fur le champ, mais il eft tenu de difpenfer la juftice, & de décider des droits des fujets par les loix publiées & établies, & par des juges connus & autorifés. Car les loix de la nature n'étant point écrites, & par conséquent ne pouvant se trouver que dans le cœur des hommes, il peut arriver que par passion ou par intérêt, ils en fassent un très mauvais usage, les expliquent & les appliquent mal, & qu'il soit difficile de les convaincre de leur erreur & de leur injustice, s'il n'y a point de juges établis ; & par ce moyen le droit de chacun ne sauroit être déterminé comme il faut, ni les propriétés être mises à couvert de la violence, chacun se trouvant alors juge, interprète & exécuteur dans sa propre cause. Celui qui a le droit de son côté, n'ayant d'ordinaire à employer que son seul *pouvoir*, n'a pas assez de force pour se défendre contre les injures, ou pour punir les malfaiteurs. Afin de remédier à ces inconvéniens qui causent bien du désordre dans les propriétés des particuliers, dans l'état de nature, les hommes s'unissent en société, afin qu'étant ainsi unis, ils aient plus de force & employent toute celle de la société pour mettre en sûreté & défendre ce qui leur appartient en propre, & puissent avoir des loix stables, par lesquelles les biens propres soient déterminés, & que chacun reconnoisse ce qui est sien. C'est pour cette fin, que les hommes remettent à la société, dans laquelle ils entrent, tout leur *pouvoir* naturel ; & que la communauté remet le *pouvoir législatif* entre les mains de ceux qu'elle juge à propos, dans l'assurance qu'ils gouverneront par les loix établies & publiées : autrement la paix, le repos & les biens de chacun, seroient toujours dans la même incertitude & dans les mêmes dangers qu'ils étoient dans l'état de nature. *v.* SOCIÉTÉ CIVILE.

Un *pouvoir* arbitraire & absolu, & un gouvernement sans loix établies & stables, ne sauroit s'accorder avec les fins de la société & du gouvernement. En effet, les hommes quitteroient - ils la liberté de l'état de nature pour se soumettre à un gouvernement, dans lequel leurs vies, leurs libertés, leur repos, leurs biens ne seroient point en sûreté ? On ne sauroit supposer qu'ils aient l'intention, ni même le droit de donner à un homme ou à plusieurs, un *pouvoir* absolu & arbitraire sur leurs personnes & sur leurs biens, & de permettre au magistrat ou au prince de faire à leur égard tout ce qu'il voudra, par une volonté arbitraire & sans bornes : ce seroit assurément se mettre dans une condition beaucoup plus mauvaise, que n'est celle de l'état de nature, dans lequel on a la liberté de défendre son droit contre les injures d'autrui & de se maintenir, si l'on a assez de force, contre l'invasion d'un homme ou de plusieurs joints ensemble. En effet, supposant qu'on se soit livré au *pouvoir* absolu & à la volonté arbitraire d'un législateur, on s'est désarmé soi - même & on a armé ce législateur, afin que ceux qui lui sont soumis, deviennent sa proie & soient traités comme il lui plaira. Celui - là est dans une condition bien plus fâcheuse, qui est exposé au *pouvoir* arbitraire d'un seul homme, qui en commande 100000, que celui qui est exposé au *pouvoir* arbitraire de 100000 hommes particuliers : personne ne pouvant s'assurer que ce seul homme qui a un tel commandement, ait meilleure volonté que n'ont ces autres, quoique sa force & sa puissance soit 100000 fois plus grande. Donc, dans tous les Etats, le *pouvoir* de ceux qui gouvernent, doit être exercé selon les loix publiées & reçues, non par des arrêts faits sur le champ & par des résolutions arbitraires ; car autrement, on se trouveroit dans un plus triste &

plus dangereux état que n'est l'état de nature, si l'on avoit armé du *pouvoir* réuni de toute une multitude, une personne ou un certain nombre de personnes, afin qu'elles se fissent obéir selon leur plaisir, sans garder aucunes bornes, & conformément aux décrets arbitraires de la premiere pensée qui leur viendroit ; sans avoir jusqu'alors donné à connoître leur volonté, ni observé aucunes regles qui pussent justifier leurs actions. Tout le *pouvoir* d'un gouvernement n'étant établi que pour le bien de la société, comme il ne sauroit, par cette raison, être arbitraire & être exercé suivant le bon plaisir, aussi doit-il être exercé suivant les loix établies & connues : ensorte que le peuple puisse connoître son devoir, & être en sûreté à l'ombre de ces loix, & qu'en même tems, les gouverneurs se tiennent dans de justes bornes, & ne soient point tentés d'employer le *pouvoir* qu'ils ont entre les mains, pour suivre leurs passions & leurs intérèts, pour faire des choses inconnues & désavantageuses à la société politique, & qu'elle n'auroit garde d'approuver.

En troisieme lieu, la suprème puissance n'a point le droit de se saisir d'aucune partie des biens propres d'un particulier, sans son consentement. Car la conservation de ce qui appartient en propre à chacun, étant la fin du gouvernement, & ce qui engage à entrer en société ; ceci suppose nécessairement que les biens propres du peuple doivent être sacrés & inviolables : ou il faudroit supposer que des gens entrant dans une société, auroient par-là perdu leur droit à ces sortes de biens, quoiqu'ils y fussent entrés dans la vue d'en pouvoir agir avec plus de sûreté & plus commodément. L'absurdité est si grande, qu'il n'y a personne qui ne la sen-

te. Les hommes donc, possédant dans la société les choses qui leur appartiennent en propre, ont un si grand droit sur ces choses, qui par les loix de la communauté deviennent les leurs, que personne ne peut les prendre, ou toutes, ou une partie, sans leur consentement ; ensorte que si quelqu'un pouvoit s'en saisir, dès-lors, ce ne seroient plus des biens propres. Car, à dire vrai, je ne suis pas le propriétaire de ce qu'un autre est en droit de me prendre quand il lui plaira, contre mon consentement. C'est pourquoi, c'est une erreur que de croire que le *pouvoir législatif* d'un Etat puisse faire ce qu'il veut, & disposer des biens des sujets d'une maniere arbitraire, ou se saisir d'une partie de ces biens, comme il lui plait. Cela n'est pas fort à craindre dans les gouvernemens où le *pouvoir législatif* réside entierement, ou en partie, dans des assemblées qui ne sont pas toujours sur pied, mais composées des mêmes personnes ; & dont les membres, après que l'assemblée a été séparée & dissoute, sont sujets aux loix communes de leur pays, tout de même que le reste des citoyens. Mais dans les gouvernemens, où l'autorité législative réside dans une assemblée stable ou dans un homme seul, comme dans les monarchies absolues, il y a toujours à craindre que cette assemblée ou ce monarque ne veuille avoir des intérèts à part & séparés de ceux du reste de la communauté ; & qu'ainsi il ne soit disposé à augmenter ses richesses & son *pouvoir*, en prenant au peuple ce qu'il trouvera bon. Ainsi, dans ces sortes de gouvernemens, les biens propres ne sont guere en sûreté. Car ce qui appartient en propre à un homme, n'est guere sûr, encore qu'il soit dans un Etat où il y a de très-bonnes loix, capables de terminer d'une maniere juſte & équitable les procès qui peuvent s'élever entre les ſujets, ſi celui qui gouverne ces ſujets-là, a le *pouvoir* de prendre à un particulier, de ce qui lui appartient en propre, ce qu'il lui plaira, & de s'en ſervir & en diſpoſer, comme il jugera à propos.

Mais le gouvernement, entre quelques mains qu'il ſe trouve, étant confié ſous cette condition, & pour cette fin, que chacun aura & poſſédera en ſûreté ce qui lui appartient en propre, *v.* G O U V E R N E M E N T, quelque *pouvoir* qu'aient ceux qui gouvernent, de faire des loix pour régler les biens propres de tous les ſujets, & terminer entr'eux toutes ſortes de différends, ils n'ont point droit de ſe ſaiſir des biens propres d'aucun d'eux, pas même de la moindre partie de ces biens, contre le conſentement du propriétaire. Car autrement ce ſeroit ne leur laiſſer rien qui leur appartînt en propre. Pour nous convaincre que le *pouvoir* abſolu, lors même qu'il eſt néceſſaire de l'exercer, n'eſt pas néanmoins arbitraire, mais demeure toujours limité par la raiſon & terminé par ces mêmes fins qui requièrent, en certaines rencontres, qu'il ſoit abſolu, nous n'avons qu'à conſidérer ce qui ſe pratique dans la diſcipline militaire. La conſervation & le ſalut de l'armée & de tout l'Etat demande qu'on obéiſſe abſolument aux commandemens des officiers ſupérieurs; & on punit de mort ceux qui ne veulent pas obéir, quand même celui qui leur donne quelque ordre, ſeroit le plus fâcheux & le plus déraiſonnable de tous les hommes; il n'eſt pas même permis de conteſter; & ſi on le fait, on peut être avec juſtice, puni de mort; cependant nous voyons qu'un ſergent qui peut commander à un ſoldat

de marcher, pour aller ſe mettre devant la bouche d'un canon, ou pour ſe tenir ſur une brèche où ce ſoldat eſt preſque aſſûré de périr; ne peut lui commander de lui donner un ſol de ſon argent. Un général non plus, qui peut condamner un ſoldat à la mort, pour avoir quitté un poſte, pour n'avoir pas voulu exécuter quelque ordre infiniment dangereux, pour avoir déſobéi tant-ſoi-peu, ne peut pourtant, avec tout ſon *pouvoir* abſolu de vie & de mort, diſpoſer d'un liard du bien de ce ſoldat, ni ſe ſaiſir de la moindre partie de ce qui lui appartient en propre. La raiſon de cela eſt, que cette obéiſſance aveugle eſt néceſſaire pour la fin, pour laquelle un général ou un commandant a reçu un ſi grand *pouvoir*, c'eſt-à-dire, pour le ſalut & l'avantage de l'armée & de l'Etat, & que diſpoſer d'une maniere arbitraire des biens & de l'argent des ſoldats, n'a nul rapport avec cette fin.

Il eſt vrai d'un autre côté, que les gouvernemens ne ſauroient ſubſiſter ſans de grandes dépenſes, & par conſéquent, ſans ſubſides, & qu'il eſt à-propos que ceux qui ont leur part de la protection du gouvernement, payent quelque choſe & donnent à proportion de leurs biens, pour la défenſe & la conſervation de l'Etat : mais toujours faut-il avoir le conſentement du plus grand nombre des membres de la ſociété qui le donnent, ou bien eux-mêmes immédiatement, ou bien par ceux qui les repréſentent & qui ont été choiſis par eux. Car ſi quelqu'un prétendoit avoir le *pouvoir* d'impoſer & de lever des taxes ſur le peuple de ſa propre autorité, & ſans le conſentement du peuple, il violeroit la loi fondamentale de la propriété des choſes, & détruiroit la fin du gouvernement. En effet, comment me peut appartenir en propre ce qu'un autre a droit de me prendre , lorfqu'il lui plaira ?

En quatrieme lieu, l'autorité légiſlative ne peut remettre en d'autres mains le *pouvoir* de faire des loix. Car , cette autorité n'étant qu'une autorité confiée par le peuple, ceux qui l'ont reçue,n'ont pas droit de la remettre à d'autres. Le peuple ſeul peut établir la forme de l'Etat , c'eſt-à-dire , faire réſider le *pouvoir législatif* dans les perſonnes qu'il lui plait , & de la maniere qu'il lui plait. Et quand le peuple a dit, nous voulons être ſoumis aux loix de tels hommes , & en telle maniere ; aucune autre perſonne n'eſt en droit de propoſer à ce peuple des loix à obſerver, puiſqu'il n'eſt tenu de ſe conformer qu'aux reglemens faits par ceux qu'il a choiſis & autoriſés pour cela.

Ce ſont-là les bornes & les reſtrictions que la confiance qu'une ſociété a priſe en ceux qui gouvernent , & les loix de Dieu & de la nature ont miſes au *pouvoir législatif* de chaque Etat, quelque forme de gouvernement qui y ſoit établie. La premiere reſtriction eſt, qu'ils gouverneront ſelon les loix établies & publiées, non par des loix muables & variables, ſuivant les cas particuliers ; qu'il y aura les mêmes reglemens pour le riche & pour le pauvre , pour le favori courtiſan, & pour le bourgeois & le laboureur. La ſeconde , que ces loix & ces reglemens ne doivent tendre qu'au bien public. La troiſieme , qu'on n'impoſera point de taxes ſur les biens propres du peuple, ſans ſon conſentement, donné immédiatement par lui-même, ou par ſes députés. Cela regarde proprement & uniquement ces ſortes de gouvernemens dans leſquels le *pouvoir législatif* ſubſiſte toujours & eſt ſur pied ſans nulle diſcontinuation , ou dans leſquels du moins le peuple n'a réſervé aucune par-

tie de ce *pouvoir* aux députés, qui peuvent être élus de tems en tems, par lui-même. En quatrieme lieu , que le *pouvoir* législatif ne doit conférer à qui que ce ſoit, le *pouvoir* de faire des loix ; ce *pouvoir* ne pouvant réſider de droit que là où le peuple l'a établi.

Il n'eſt pas néceſſaire que le *pouvoir législatif* ſoit toujours ſur pied, n'ayant pas toujours des affaires qui l'occupent. Et comme ce pourroit être une grande tentation pour la fragilité humaine & pour ces perſonnes qui ont le *pouvoir* de faire des loix , d'avoir auſſi entre leurs mains le *pouvoir* de les faire exécuter, dont ils pourroient ſe ſervir pour s'exempter elles-mêmes de l'obéiſſance dûe à ces loix qu'elles auroient faites , & être portées à ne ſe propoſer , ſoit en les faiſant, ſoit lorſqu'il s'agiroit de les exécuter , que leur propre avantage , & à avoir des *intérêts diſtincts* & ſéparés des intérêts du reſte de la communauté, & contraires à la fin de la ſociété & gouvernement : c'eſt pour cette raiſon que dans les Etats bien réglés, où le bien public eſt conſidéré comme il doit être, le *pouvoir législatif* eſt remis entre les mains de diverſes perſonnes , qui duement aſſemblées ont , elles ſeules, ou conjointement avec d'autres, le *pouvoir* de faire des loix, auxquelles, après qu'elles les ont faites & qu'elles ſe ſont ſéparées, elles ſont elles-mêmes ſujettes : ce qui eſt un motif nouveau & bien fort pour les engager à ne faire des loix que pour le bien public.

Mais, parce que les loix qui ſont une fois & en peu de tems faites, ont une vertu conſtante & durable, qui oblige à les obſerver & à s'y ſoumettre continuellement, il eſt néceſſaire qu'il y ait toujours quelque puiſſance ſur pied qui faſſe exécuter ces loix, & qui conſerve toute leur force : & c'eſt ainſi que le *pou-*

voir *législatif* & le *pouvoir exécutif* fe trouvent fouvent féparés.

Il y a un autre *pouvoir* dans chaque fociété qu'on peut appeller *naturel*, à caufe qu'il répond au *pouvoir* que chaque homme a naturellement, avant qu'il entre en fociété. Car, quoique dans un Etat les membres foient des perfonnes diftinctes qui ont toujours une certaine relation de l'une à l'autre, & qui, comme telles, font gouvernées par les loix de leur fociété ; dans cette relation pourtant, qu'elles ont avec le refte du genre humain, elles compofent un corps qui eft toujours, ainfi que chaque membre l'étoit auparavant, dans l'état de nature, tellement que les différends qui arrivent entre un homme d'une fociété & ceux qui n'en font point, doivent intéreffer cette fociété-là ; & une injure faite à un membre d'un corps politique, engage tout le corps à en demander réparation. Ainfi, toute communauté eft dans l'état de nature, par rapport aux autres Etats, ou aux perfonnes qui font membres d'autres communautés.

C'eft fur ce principe qu'eft fondé le droit de la guerre & de la paix, des ligues, des alliances, de tous les traités qui peuvent être faits avec toutes fortes de communautés & d'Etats. Ce droit peut être appellé, fi l'on veut, *droit* ou *pouvoir confédératif* : pourvu qu'on entende la chofe, il eft affez indifférent de quel mot on fe ferve pour l'exprimer.

Ces deux *pouvoirs*, le *pouvoir exécutif* & le *pouvoir* confédératif, encore qu'ils foient réellement diftincts en eux-mêmes, l'un comprenant l'exécution des loix pofitives de l'Etat, de laquelle on prend foin au dedans de la fociété ; l'autre, les foins qu'on prend & certaine adreffe dont on ufe pour ménager les

intérets de l'Etat, au regard des gens de dehors & des autres fociétés : cependant ils ne laiffent pas d'être prefque toujours joints. Pour ce qui regarde en particulier le *pouvoir* confédératif, ce *pouvoir*, foit qu'il foit bien ou mal exercé, eft d'une grande conféquence à un Etat : mais il eft pourtant moins capable de fe conformer à des loix antécédentes, ftables & pofitives que n'eft le *pouvoir exécutif* ; & par cette raifon, il doit être laiffé à la prudence & à la fageffe de ceux qui en ont été revêtus, afin qu'ils le ménagent pour le bien public. En effet, les loix qui concernent les fujets entr'eux, étant deftinées à regler leurs actions, doivent précéder ces actions-là : mais qu'y a-t-il à faire de femblable à l'égard des étrangers, fur les actions defquels on ne fauroit compter ni prétendre avoir aucune jurifdiction ? Leurs fentimens, leurs deffeins, leurs vues, leurs intérêts peuvent varier ; & on eft obligé de laiffer la plus grande partie de ce qu'il y a à faire auprès d'eux, à la prudence de ceux à qui l'on a remis le *pouvoir* confédératif, afin qu'ils employent ce *pouvoir* & ménagent les chofes avec le plus de foin & avec le plus d'adreffe qu'ils pourront, pour l'avantage de l'Etat.

Quoique, comme j'ai dit, le *pouvoir exécutif* & le *pouvoir* confédératif de chaque fociété, foient réellement diftincts en eux-mêmes, ils fe féparent néanmoins mal-aifément, & on ne les voit guere réfider en un même tems dans des perfonnes différentes. Car l'un & l'autre requérant, pour être exercés, les forces de la fociété ; il eft prefqu'impoffible de remettre les forces d'un Etat à différentes perfonnes qui ne foient pas fubordonnées les unes aux autres. Que fi le *pouvoir exécutif* & le *pouvoir* confédératif font remis entre les mains de perfonnes qui agissent séparément , les forces du corps politique seront sous de différens commandemens ; ce qui ne pourroit qu'attirer tôt ou tard , des malheurs & la ruine à un Etat.

Dans un Etat formé, qui subsiste & se soutient, en demeurant appuyé sur ses fondemens , & agit conformément à sa nature , c'est-à-dire , par rapport à la conservation de la société , il n'y a qu'un *pouvoir* suprème qui est le *pouvoir législatif*, auquel tous les autres doivent être subordonnés : mais cela n'empêche pas que le *pouvoir législatif* ayant été confié, afin que ceux qui l'administreroient , agissent pour certaines fins , le peuple ne se réserve toujours le *pouvoir* souverain d'abolir le gouvernement ou de le changer , lorsqu'il voit que les conducteurs en qui il avoit mis tant de confiance , agissent d'une maniere contraire à la fin pour laquelle ils avoient été revètus d'autorité. Car tout le *pouvoir* qui est donné & confié en vue d'une fin , étant limité par cette fin là , dès que cette fin vient à être négligée par les personnes qui ont reçu le *pouvoir* dont nous parlons , & qu'ils font des choses qui y sont directement opposées, la confiance qu'on avoit prise en eux, doit nécessairement cesser , & l'autorité qui leur avoit été remise , est dévolue au peuple, qui peut la placer de nouveau où il jugera à propos pour sa sûreté & pour son avantage. Ainsi, le peuple garde toujours le *pouvoir* souverain de se délivrer des entreprises de toutes sortes de personnes , même de leurs législateurs , s'ils venoient à être assez fous ou assez méchans pour former des desseins contre les libertés & les propriétés des sujets. En effet, personne, ni aucune société d'hommes , ne pouvant remettre sa conservation , & conséquemment tous les moyens qui la pro-

curent, à la volonté absolue & à la domination arbitraire de quelqu'un, quand même quelqu'un en auroit réduit d'autres à la triste condition de l'esclavage, ils seroient toujours en droit de maintenir & conserver ce dont ils n'auroient point droit de se départir , & étant entrés en société , dans la vue de *pouvoir* mieux conserver leurs personnes , & tout ce qui leur appartient en propre, ils auroient bien raison de se délivrer de ceux qui violeroient, qui renverseroient la loi fondamentale , sacrée & inviolable , sur laquelle seroit appuyée la conservation de leur vie & de leurs biens. De sorte que le peuple doit être considéré , à cet égard, comme ayant toujours le *pouvoir* souverain, mais non toutefois comme exerçant toujours ce *pouvoir* : car il ne l'exerce pas, tandis que la forme de gouvernement qu'il a établie , subsiste ; c'est seulement lorsqu'elle est renversée par l'infraction des loix fondamentales sur lesquelles elle étoit appuyée.

Dans toutes les causes & dans toutes les occasions qui se présentent , le *pouvoir législatif* est le *pouvoir* souverain. Car ceux qui peuvent proposer des loix à d'autres , doivent nécessairement leur être supérieurs : & puisque l'autorité législative n'est l'autorité législative de la société , que par le droit qu'elle a de faire des loix pour toutes les parties & pour tous les membres de la société , de prescrire des réglemens pour leurs actions , & de donner le *pouvoir* de punir exemplairement ceux qui les auroient enfreints ; il est nécessaire que le *pouvoir législatif* soit souverain, & que tous les autres *pouvoirs* des différens membres de l'Etat dérivent de lui & lui soient subordonnés.

Dans quelques Etats , où l'assemblée de ceux qui ont le *pouvoir législatif* n'est
pas

pas toujours fur pied, & où une feule perfonne eft revêtue du *pouvoir exécutif*, & a auffi fa part au *législatif*, cette perfonne peut être confidérée en quelque maniere comme fouveraine. Elle eft fouveraine, non en tant qu'en elle feule réfide tout le *pouvoir* fouverain de faire des loix, mais premierement, entant qu'elle a en foi le *pouvoir* fouverain de faire exécuter les loix, & que de ce *pouvoir* dérivent tous les différens *pouvoirs* fubordonnés des magiftrats, du moins la plupart; & en fecond lieu, entant qu'il n'y a aucun fupérieur légiflatif au-deffus d'elle, ni égal à elle, & que l'on ne peut faire aucune loi fans fon confentement. Cependant il faut obferver qu'encore que quoique les fermens de fidélité lui foient prêtés, ils ne lui font pas prêtés comme au légiflateur fuprème, mais comme à celui qui a le *pouvoir* fouverain de faire exécuter les loix faites par lui, conjointement avec d'autres. La fidélité à laquelle on s'engage par les fermens, n'étant autre chofe que l'obéiffance que l'on promet de rendre conformément aux loix, il s'enfuit que quand il vient à violer & à méprifer ces loix, il n'a plus droit d'exiger de l'obéiffance & de rien commander, à caufe qu'il ne peut prétendre à cela qu'entant qu'il eft une perfonne publique revêtue du *pouvoir* des loix, & qui n'a droit d'agir que felon la volonté de la fociété qui y eft manifeftée, par les loix qui y font établies. Tellement que dès qu'il ceffe d'agir felon ces loix & la volonté de l'Etat, & qu'il fuit fa volonté particuliere, il fe dégrade par-là lui-même & devient une perfonne privée, fans *pouvoir* & fans autorité.

Le *pouvoir exécutif* remis à une feule perfonne qui a fa part auffi du *pouvoir législatif*, eft vifiblement fubordonné & doit rendre compte à ce *pouvoir législa-*

Tome XI.

tif, lequel peut le changer & l'établir ailleurs, comme il trouvera bon : enforte que le *pouvoir* fuprème exécutif ne confifte pas à être exempt de fubordination, mais bien en ce que ceux qui en font revêtus, ayant leur part du *pouvoir législatif*, n'ont point au-deffus d'eux un fupérieur légiflatif diftinct, auquel ils foient fubordonnés & tenus de rendre compte, qu'autant qu'ils fe joignent à lui & lui donnent leur confentement, c'eft-à-dire, autant qu'ils le jugent à-propos : ce qui certainement eft une fubordination bien petite. Quant aux autres *pouvoirs* fubordonnés d'un Etat, il n'eft pas néceffaire que nous en parlions. Comme ils font multipliés en une infinité de manieres, felon les différentes coûtumes & les différentes conftitutions des différens Etats, il eft impoffible d'entrer dans le détail de tous ces *pouvoirs*. Nous nous contenterons de dire par rapport à notre fujet & à notre deffein, qu'aucun d'eux n'a aucune autorité qui doive s'étendre audelà des bornes qui lui ont été prefcrites par ceux qui l'ont donnée ; & qu'ils font tous obligés de rendre compte à quelque *pouvoir* de l'Etat.

Il n'eft pas néceffaire, ni à-propos, que le *pouvoir législatif* foit toujours fur pied ; mais il eft abfolument néceffaire que le *pouvoir exécutif* le foit, à caufe qu'il n'eft pas toujours néceffaire de faire des loix, mais qu'il l'eft toujours de faire exécuter celles qui ont été faites. Lorfque l'autorité légiflative a remis entre les mains de quelqu'un le pouvoir de faire exécuter les loix, elle a toujours le droit de le reprendre des mêmes mains, s'il y en a un jufte fujet, & de punir celui qui l'a adminiftré mal & d'une maniere contraire aux loix. Ce que nous difons par rapport au *pouvoir exécutif*, fe doit pa-

T

reillement entendre du *pouvoir* confédératif : l'un & l'autre font fubordonnés au *pouvoir législatif*, lequel, ainfi qu'il a été montré, eft la puiffance fuprème de l'Etat. Au refte, nous fuppofons que l'autorité légiflative réfide dans une affemblée ou dans plufieurs perfonnes ; car fi elle ne réfidoit que dans une feule perfonne, cette autorité ne pourroit qu'ètre fur pied perpétuellement ; & le *pouvoir exécutif* & le *pouvoir législatif* fe trouveroient toujours enfemble. Nous entendons donc parler de plufieurs perfonnes qui peùvent s'affembler & exercer le *pouvoir législatif*, dans de certains tems prefcrits ou par la conftitution originaire de cette affemblée, ou par fon ajournement ; ou bien dans un tems que ceux qui en font membres, auront choifi & marqué, s'ils n'ont point été ajournés, pour aucun tems, ou, s'il n'y a point d'autre voie, par laquelle ils puiffent s'affembler. Car le *pouvoir* fouverain leur ayant été remis par le peuple, ce *pouvoir* réfide toujours en eux ; & ils font en droit de l'exercer, lorfqu'il leur plaît : à moins que par la conftitution originaire de leur affemblée, certains tems ayent été limités & marqués pour cela ; ou que, par un acte de leur puiffance fuprème, elle ait été ajournée pour un certain tems, dans lequel, dès qu'il eft échu, ils ont droit de s'affembler, de délibérer & d'agir.

Si ceux qui exercent le *pouvoir législatif*, lequel repréfente le *pouvoir* du peuple, ou d'une partie, ont été élus par le peuple, pour s'affembler dans le tems établi ; & qu'enfuite ils retournent dans l'état ordinaire des fujets, & ne puiffent plus avoir de part à l'autorité légiflative qu'en vertu d'une nouvelle élection ; le *pou-*

voir d'élire, en cette rencontre, doit ètre exercé par le peuple, foit dans de certains tems précis & deftinés à cela, ou lorfqu'il en eft follicité & averti. Et en ce dernier cas, le *pouvoir* de convoquer l'affemblée, réfide ordinairement dans le *pouvoir exécutif*, qui a une de ces deux limitations à l'égard du tems : l'une, que la conftitution originaire de l'affemblée demande qu'elle foit fur pied, & agiffe de tems en tems & dans de certains tems précis ; & alors le *pouvoir exécutif* n'a autre chofe à faire qu'à publier des ordres, afin qu'on élife les membres de l'affemblée, felon les formes accoutumées : l'autre, qu'on a laiffé à la prudence de ceux qui ont le *pouvoir exécutif*, de convoquer l'affemblée par une nouvelle élection, lorfque les conjonctures & les affaires publiques le requierent & qu'il eft néceffaire de changer, réformer, abolir quelque chofe de ce qui s'étoit fait & obfervé auparavant, ou de remédier à quelques inconvéniens fâcheux, & de prévenir des malheurs qui menacent le peuple.

On peut demander ici, qu'eft-ce qu'on devroit faire, fi ceux qui font revètus du *pouvoir exécutif*, ayant entre les mains toutes les forces de l'Etat, fe fervoient de ces forces pour empêcher que ceux à qui appartient le *pouvoir législatif*, ne s'affemblaffent & n'agiffent, lorfque la conftitution originaire de leur affemblée ou les néceffités publiques le requerroient ? Je réponds, que ceux qui ont le *pouvoir exécutif*, agiffant, comme il vient d'être dit, fans en avoir reçu d'autorité, & d'une maniere contraire à la confiance qu'on a prife en eux, font dans l'état de guerre avec le peuple, qui a droit de rétablir l'affemblée qui le repréfente, & de la remettre dans l'exercice du *pouvoir législatif*. Car ayant établi cette affemblée, & l'ayant deftinée à exercer le *pouvoir* de faire des loix, dans de certains tems marqués, ou lorfqu'il eft néceffaire ; fi elle vient à être empêchée par la force, de faire ce qui eft fi néceffaire à la fociété & en quoi la fûreté & la confervation du peuple confifte, le peuple a droit de lever cet obftacle par la force. Dans toutes fortes d'états & de conditions, le véritable remede qu'on puiffe employer contre la force fans autorité, c'eft d'y oppofer la force. Celui qui ufe de la force fans autorité, fe met par-là dans un état de guerre, comme étant l'aggreffeur, & s'expofe à être traité de la maniere qu'il vouloit traiter les autres.

Le *pouvoir* de convoquer l'affemblée législative, lequel réfide dans celui qui a le *pouvoir exécutif*, ne donne point de fupériorité au *pouvoir exécutif* fur le *pouvoir législatif* : il n'eft fondé que fur la confiance qu'on a mife en lui à l'égard du falut & de l'avantage du peuple ; l'incertitude & le changement ordinaire des affaires humaines empêchant qu'on n'ait pu prefcrire d'une maniere utile, le tems des affemblées qui exercent le *pouvoir législatif*. En effet, il n'eft pas poffible que les premiers inftituteurs des fociétés ayent fi bien prévu les chofes, & ayent été fi maîtres des événemens futurs, qu'ils ayent pu fixer un tems jufte & précis pour les affemblées du *pouvoir législatif* & pour leur durée ; enforte que ce tems répondit aux néceffités de l'Etat. Le meilleur remede qu'on ait pu trouver en cette occafion, c'eft fans doute de s'être remis à la prudence de quelqu'un qui fût toujours préfent & en action, & dont l'emploi confiftât à veiller fans ceffe pour le bien public. Des affemblées du *pouvoir législatif* perpétuelles, fréquentes, longues fans néceffité, ne pourroient

qu'être à charge au peuple, & que produire avec le tems des inconvéniens dangereux. Mais auffi des affaires foudaines, imprévues, urgentes, peuvent quelquefois exiger l'affiftance prompte de ces fortes d'affemblées. Si les membres du corps législatif différoient à s'affembler, cela pourroit caufer un extrème préjudice à l'Etat : & même quelquefois les affaires qui font fur le tapis, dans les féances de ce corps, fe trouvent fi importantes & fi difficiles, que le tems qui auroit été limité pour la durée de l'affemblée, feroit trop court pour y pourvoir & y travailler comme il faudroit, & priveroit la fociété de quelqu'avantage confidérable qu'elle auroit pu retirer d'une meure délibération. Que fauroit-on donc faire de mieux, pour empêcher que l'Etat ne foit expofé, tôt ou tard, à d'éminens périls, d'un côté ou d'autre, à caufe des intervalles & des périodes de tems fixés & réglés pour les affemblées du *pouvoir législatif* ; que fauroit-on, dis-je, faire de mieux, que de remettre la chofe avec confiance à la prudence de quelqu'un étant toujours en action, & inftruit de l'état des affaires publiques, peut fe fervir de fa prérogative pour le bien public ? Et à qui pourroit-on fe mieux confier pour cela, qu'à celui à qui on a confié pour la même fin, le *pouvoir* de faire exécuter les loix ? Ainfi, fi nous fuppofons que l'affemblée législative n'a pas, par fa conftitution originaire, un tems fixe & arrêté, le *pouvoir* de la convoquer, tombe naturellement entre les mains de celui qui a le *pouvoir exécutif*, non comme ayant un *pouvoir* arbitraire, un *pouvoir* qu'il ait le droit d'exercer felon fon plaifir, mais comme tenant fon *pouvoir* de gens qui le lui ont remis dans l'affurance qu'il ne l'employeroit que pour le bien public, felon que les conjonctures & les affaires de l'Etat le demanderoient. Du reste, il n'est pas de mon sujet ici d'examiner si les périodes des tems fixes pour les assemblées légiflatives, ou la liberté laissée à un prince de les convoquer, ou peut-être, le mélange de l'un & de l'autre, sont sujets à des inconvéniens : il suffit que je montre qu'encore que le *pouvoir exécutif* ait le privilege de convoquer & de dissoudre les conventions du *pouvoir législatif*, il ne s'enfuit point que le *pouvoir exécutif* soit supérieur au *pouvoir législatif*.

Les chofes de ce monde font expofées à tant de viciffitudes, que rien ne demeure long-tems dans le même état. Les peuples, les richeffes, le commerce, le *pouvoir*, font fujets à de grands changemens. Les plus puiffantes & les plus floriffantes villes tombent en ruine & deviennent des lieux défolés & abandonnés de tout le monde ; pendant que d'autres, qui auparavant étoient déferts & affreux, deviennent des pays confidérables, remplis de richeffes & d'habitans. Mais les chofes ne changent pas toujours de la même maniere. En effet, fouvent les intérêts particuliers conservant les coûtumes & les priviléges, lorfque les raifons qui les avoient établis ont ceffé ; il est arrivé fouvent auffi que dans les gouvernemens où une partie légiflative repréfente le peuple, & eft choifie par le peuple, cette repréfentation dans la fuite du tems, ne s'eft trouvée guere conforme aux raifons qui l'avoient établie du commencement. Il est aifé de voir combien grandes peuvent être les abfurdités dont feroit fuivie l'obfervation exacte des coûtumes, qui ne fe trouvent plus avoir de proportion avec les raifons qui les ont introduites : il est aifé de voir cela, fi l'on confidére que le fimple nom d'u-

ne fameufe ville, dont il ne refte que quelques mafures, au milieu defquelles il n'y a qu'une étable à moutons, & ne fe trouve pour habitans qu'un berger, fait envoyer à la grande affemblée des légiflateurs, autant de députés repréfentatifs, que tout un comté infiniment peuplé, puiffant & riche y en envoye. Les étrangers demeurent tout furpris de cela ; & il n'y a perfonne qui ne confeffe que la chofe a befoin de remede. Cependant, il eft très-difficile d'y remédier, à caufe que la conftitution de l'autorité légiflative étant l'acte originaire & fuprême de la fociété, lequel a précédé toutes les loix pofitives qui y ont été faites, & dépend entierement du peuple, nul *pouvoir* inférieur n'a droit de l'altérer. D'ailleurs, le peuple, quand le *pouvoir législatif* eft une fois établi, n'ayant point, dans cette forte de gouvernement dont il eft queftion, le *pouvoir* d'agir pendant que le gouvernement fubfifte, on ne fauroit trouver de remede à cet inconvénient.

Salus populi fuprema lex. C'eft une maxime jufte & fi fondamentale, que quiconque la fuit, ne peut jamais être en danger. C'eft pourquoi, fi le *pouvoir exécutif*, qui a le droit de convoquer l'affemblée légiflative, obfervant plutôt la vraie proportion de l'affemblée repréfentative, que ce qui a coûtume de fe pratiquer lorfqu'il s'agit d'en faire élire les membres, regle, non fuivant la coûtume, mais fuivant la droite raifon, le nombre de fes membres, dans tous les lieux qui ont droit d'être directement repréfentés, & qu'il communique ce droit à une partie du peuple, qui quelqu'incorporée qu'elle fût, n'y avoit nulle prétention, & qu'il le lui communique à caufe des avantages que la fociété en peut retirer ; on ne peut dire qu'un nouveau *pouvoir législatif* ait été établi, mais bien que l'ancien a été rétabli & qu'on a remédié aux défordres que la fucceffion des tems avoit infenfiblement & inévitablement introduits. En effet, l'intérêt, auffi - bien que l'intention du peuple étant d'avoir des députés qui le repréfentent d'une maniere utile & avantageufe, quiconque agit conformément à cet intérêt & à cette intention, doit être cenfé avoir le plus d'affection pour le peuple & le plus de zele pour le gouvernement établi, & ce qu'il fait, ne fauroit qu'être approuvé de tout le corps politique. (D.F.)

POUVOIR MARITAL, *Droit nat. &* *civil.* L'on appelle ainfi une efpece d'autorité qu'on a reconnue de tout tems dans le mari à l'égard de fa femme.

Il eft établi qu'outre l'obéiffance générale, la femme en doit une particuliere aux volontés du mari; mais comme il eft affujetti lui-même à deux efpeces de loix, les divines & les humaines, il ne peut ordonner ce qui leur eft contraire, & la femme foumife à ces mêmes loix, fe peut difpenfer de l'obéiffance conjugale, lorfque le mari lui ordonne de les tranfgreffer.

Je parle ici de la femme véritable. Ce n'eft pas affez pour lui donner ce nom qu'elle foit liée fimplement par les nœuds extérieurs du mariage; ce n'eft pas affez qu'elle ait fuivi le mari dans fa maifon; il faut que la liaifon la plus intime qui peut unir les deux fexes, ait acquis au mari la fupériorité qu'il revendique: la femme alors a paffé fous le joug.

Si cependant il eft lui-même fous la puiffance d'autrui, comme le fils de famille ou l'efclave, dans ce cas, les uns & les autres, de même que leurs enfans, dépendent du chef de la famille.

Cette dépendance néanmoins n'eft pas de la même nature: l'autorité du pere fur la femme de fon fils, du feigneur fur celle de fon efclave, ne s'étend qu'aux chofes rélatives au gouvernement de la maifon, & qui font de bienféance; elle n'eft point étroite comme celle qui attache la femme aux ordres légitimes du mari; c'eft pour elle le devoir le plus facré, tout autre lui cede, fi l'on excepte, comme je viens de le dire, celui qu'impofent les loix de la religion, & une grande partie de celles de l'Etat.

Tout dicte à la femme l'obéiffance qui lui eft prefcrite. Comme fon nom fe perd dans celui du mari, fa volonté doit fe perdre dans la fienne. Il exerce fes actions; il jouit de fes biens; que peut-il lui refter lorfqu'elle s'eft livrée elle-même?

De pareilles loix ne font pas, comme on pourroit l'imaginer, injuftes, ni l'effet de la feule volonté des hommes; elles font puifées dans la nature. Il eft conforme à fes lumieres que, dans une fociété établie pour la fureté & la tranquillité communes, on ne trouve pas deux volontés actives; elles auroient le droit de fe contredire.

Si le bon ordre ne permet pas qu'une même famille reconnoiffe deux maîtres, dont le fentiment contraire opéreroit d'abord l'inaction, & enfuite le trouble & le déréglement; fi la néceffité veut qu'une volonté prédomine, il eft tout naturel que le plus foible foit foumis au plus fort. C'eft la nature qui en a décidé, par le partage qu'elle a fait des forces: la femme doit bien lui pardonner cette ombre de fupériorité donnée à l'homme, le dédommagement qu'elle a reçu paffe l'équivalent.

Il dérive encore de cet avantage des forces, un fentiment de juftice en faveur de l'autorité de l'homme. Une des premieres regles de la société, est de faire la comparaison de ce que chacun y confere, pour l'égalifer, autant qu'il est possible. La société conjugale est si étroite, & en même tems si univerfelle, qu'elle comprend toutes les especes de sociétés possibles. Les premieres que les hommes ont contractées, ont eu pour objet une défense mutuelle : c'est la suite naturelle des premieres liaisons. La femme porte à cet égard beaucoup moins que l'homme dans la société ; le mari est l'appui de sa foiblesse : les honneurs, les dignités, la noblesse du mari, rejaillissent sur elle : il est juste qu'elle récompense ces avantages par l'obéissance à celui qui s'est chargé de la défendre.

Le mari avoit autrefois sur la femme le droit de vie & de mort : il étoit juste dans l'origine. Lorsque l'on ne connoissoit encore que la loi naturelle, le chef de la famille étoit fouverain chez lui ; il étoit le seul juge, il avoit par conféquent le droit de condamner à la mort pour les caufes qui l'avoient méritée ; mais c'étoit feulement comme exerçant la justice attachée à la fouveraineté : quel autre que lui auroit pu l'exercer ?

Mais après que les corps politiques se furent formés ; lorsque les hommes se furent soumis à une autorité fixe & réglée , cet empire du chef de la famille auroit dû cesser. Ce fut un abus, quand il conserva en qualité de mari un droit qu'il n'avoit qu'en qualité de juge fouverain.

Cependant on en trouve par-tout les vestiges. Par la loi de Romulus, le mari avoit sur sa femme un pouvoir, à peu de chofes près, sans limites ; il pouvoit la faire mourir fans forme judiciaire, dans quatre cas : pour adulte-

re, pour suppofition d'enfant, pour avoir de fausses clefs , & pour avoir bu du vin.

Cette puissance a été commune à la plus grande partie des peuples connus. Les Gaulois, au rapport de César, avoient le pouvoir de vie & de mort fur leurs femmes & leurs enfans. Les Lombards usoient des mêmes loix : ce droit étoit en ufage par toute la Grece, dans le cas d'adultere. Il femble par ces marques apparentes d'une auffi grande fupériorité , que les hommes étoient convenus de se révolter contre un afcendant dont ils fentoient la force ; ils se flattoient de se déguifer à eux-mêmes leurs maîtres, en lui donnant les dehors d'une dépendance fervile. Foibles efforts contre un fexe auquel il est donné de regner jufques dans les lieux où il paroit le plus efclave.

L'ufage modéra, peu-à-peu, la rigueur de la loi ; la peine d'adultere fut remife à la difcrétion des parens de la femme ; la répudiation contenta les efprits les plus doux. Cependant les loix continuoient à retenir les femmes dans une tutelle éternelle ; elles paffoient de celle du pere dans celle du mari ; si elles fortoient de celle-ci , c'étoit pour rentrer fous celle d'un frere ou de quelqu'autre parent. Nous voyons les mêmes loix chez les anciens Germains, avant qu'ils euffent été connus des Romains.

La loi Julia, donnée par Augufte, ôta aux maris cette autorité fans bornes, que l'ufage avoit déja modérée : il ne laiffa le droit de mort qu'au pere de la femme, & dans le cas du flagrant délit. Mais dans la fuite , l'impératrice Théodora, maîtreffe abfolue de l'efprit de l'imbécille Juftinien, nourrie de fentimens conformes à la baffeffe de fa naiffance , & refpirant l'opprobre dans lequel elle ne cessa de croupir, fit faire des loix à l'avantage des femmes, aussi favorables qu'un empereur pouvoit les donner sans en rougir. Elle changea la peine de mort encourue par l'adultere, en une note d'infamie : étoit-ce une peine d'ôter l'honneur à qui l'avoit déja livré ?

Pour les fautes domestiques où le public est moins intéressé, on est toujours demeuré d'accord que le mari a le droit de corriger la femme avec modération. La femme avoit autrefois une action contre le mari, lorsque le traitement qu'elle essuyoit, étoit trop rude, trop fréquent, ou sans cause. Depuis Justinien, l'action d'injures n'est plus permise entre le mari & la femme, si elles ne sont assez graves pour mériter la séparation. v. DIVORCE, RÉPUDIATION.

Mais si nous considerons le *pouvoir marital* relativement à l'équité naturelle, le mari n'a aucun pouvoir sur sa femme ; car cette prétendue supériorité du mari sur sa femme est contraire à l'égalité naturelle, que ni la force, ni la majesté, ni le courage ne peuvent détruire ; outre qu'il n'est pas toujours vrai que tous les hommes possèdent ces qualités exclusivement aux femmes. Quant à la raison, je crois bien difficile de prouver que la nature en ait mieux partagé les hommes que les femmes.

Le contract de mariage, que quelques-uns font valoir pour établir le *pouvoir marital*, n'a pas lieu dans les mariages réguliers, à moins que par une loi particuliere une nation ne l'exige, ou que les circonstances particulieres des contractans ne demandent nécessairement cette condition. Dans tout autre cas, le contract du mariage laisse dans une parfaite égalité le mari & la femme, & tels qu'ils étoient avant que de se marier. v. MARIAGE. (D. F.)

POUVOIR PATERNEL, *Droit Nat. & Civil.*, est le droit ou l'autorité que la loi accorde au pere & à la mere, de diriger les actions de leurs enfans, & même de les châtier ; afin qu'au moyen d'une bonne éducation, ils se forment à la sagesse & à la vertu, & qu'ainsi ils puissent se rendre heureux, & devenir un jour utiles à leur famille, & à la société humaine dont ils sont membres.

Le *pouvoir paternel* tient directement au bonheur de l'humanité ; c'est pourquoi je crois devoir traiter cette matiere avec quelque étendue ; d'autant plus qu'il ne me semble pas qu'on soit jusques ici remonté à la véritable origine de ce pouvoir. Commençons par exposer les principales opinions des jurisconsultes.

L'opinion de Puffendorf ne nous montre l'origine, ni la nature du *pouvoir paternel* proprement dit. Car de ce que la loi naturelle ordonne aux peres & aux meres d'avoir soin de leurs enfans, de les élever & de les former à la vertu, il ne s'ensuit pas un *pouvoir* des peres sur leurs enfans ; car c'est plutôt un privilege des enfans ; & un devoir, une obligation rigoureuse du côté des peres & des meres.

Cemment seroit-il possible, dit-on, que les peres & les meres travaillassent avec succès à la conservation, à l'éducation & au bien de leurs enfans, s'ils n'avoient pas sur eux quelque autorité, & s'ils ne pouvoient diriger leurs actions avec empire ? Or celui qui oblige à une fin, accorde les moyens nécessaires pour y parvenir. L'objection semble spécieuse ; & il faut en démêler le sophisme. Il est certain, que les peres & les meres sont chargés dans l'état naturel par la nature, de l'éducation de leurs enfans ; il est sûr aussi qu'ils ne sauroient s'en charger sans avoir du *pouvoir* fur eux; mais on ne voit pas encore l'origine & le fondement du *pouvoir paternel*. Car comme nous verrons, ce n'eſt ni en tant que pere ou mere, ni en tant qu'inſtituteurs, en bienfaiteurs, que les peres & les meres ont du *pouvoir* fur leurs enfans. Ces qualités ne mettent pas encore une inégalité dans l'état de nature entre celui qui commande & celui qui obéit, qualité néceſſaire pour établir le droit de commander, & l'obligation d'obéir. La force apparente donc de cet argument conſiſte en ce que l'on confond la qualité de pere avec celle que nous développerons d'abord, & ſur laquelle eſt fondée l'origine du *pouvoir paternel*.

J'ai dit que cette opinion eſt celle de Puffendorf, qui croit que l'autorité des peres & des meres eſt fondée, outre le devoir de l'éducation, ſur un conſentement préſumé des enfans, & par conſéquent ſur une eſpece de convention tacite. Mais outre que toute convention ſuppoſe une action libre; & que les peres, les meres & leurs enfans ne ſont pas libres quant à leurs devoirs réciproques; cette convention eſt entierement inutile, parce que les devoirs en ſont déja fondés ſur ce qu'il y a de plus ſacré dans les loix naturelles.

Grotius & pluſieurs autres juriſconſultes, font dépendre ce *pouvoir* de l'acte même de la génération, par lequel le pere & la mere tiennent la place de Dieu, en quelque maniere, & ſont ouvriers avec lui, puiſqu'ils mettent au monde un être qui n'exiſtoit pas encore. Mais la génération toute ſeule n'eſt pas un titre ſuffiſant de l'autorité que l'on acquiert ſur une créature humaine, à qui l'on a donné la naiſſance; car quoiqu'un enfant ſoit produit de la ſubſtance de ſon pere & de ſa mere; cependant comme il devient ſemblable à eux, & qui leur eſt égal, par rapport aux droits naturels, communs à tous les hommes; il faut quelque choſe de plus pour le ſoumettre à leur empire; d'autant plus que l'acte de la génération ayant d'ordinaire uniquement pour but le plaiſir qui l'accompagne, un pere & une mere ne ſauroient prétendre qu'en vertu de cela ſeul les enfans ſoient tenus de leur obéir, bon gré malgré qu'ils en ayent: outre que la conception & la naiſſance ne ſont pas au *pouvoir* des perſonnes qui y ſervent d'inſtrument.

Suivant Hobbes, chacun ayant une entiere liberté dans l'état de nature, d'agir par rapport aux autres ſelon qu'il le juge à propos pour ſa propre conſervation, le vainqueur devient par-là maître du vaincu, le plus fort du plus foible. D'où il s'enſuit, que par le droit naturel, un enfant dépend originairement de ſa mere, qui l'a eu la premiere en ſa puiſſance. Or, comme ſelon les principes d'Hobbes, tous ceux qui ne ſont ni ſujets l'un de l'autre, ni dépendans d'un maître commun, peuvent ſe regarder réciproquement comme ennemis, ſi une mere veut élever ſon enfant, elle eſt cenſée ne s'y engager qu'à condition que, quand il ſera homme fait, il ne devienne pas ſon ennemi, c'eſt-à-dire, qu'il lui obéiſſe; car, on ne ſauroit vraiſemblablement préſumer qu'une perſonne donne la vie à une autre, afin que celle-ci acquérant des forces avec l'âge, acquiert en même tems le droit de lui réſiſter. Dans l'état de nature, toute femme devient donc en même tems mere & maîtreſſe de l'enfant qu'elle met au monde. Ainſi, ſuivant Hobbes, dans l'état de nature, il n'y a que la mere qui ait du *pouvoir* ſur ſes enfans; car, dit-il, dans cet état, on ne peut pas ſavoir qui eſt le pere de l'enfant

fi

fi la mere ne le déclare, & par confé-quent l'enfant qui eft naturellement à fa mere, appartient à celui à qui elle le donne, il étoit déja à elle. Mais dans les fociétés civiles, fi une femme habite avec un homme en conféquence d'un contract dans les formes & felon les loix, les enfans font fous la puiffance du pere ; parce que tout gouvernement civil, ayant été établi par des hommes, l'autorité domeftique appartient à cha-que pere de famille.

Nous ne nous arrêterons point à refu-ter ce fyftême, parce que nous l'avons fait ailleurs. *v.* DROIT NATUREL & LOI NATURELLE.

Pour remonter donc à la véritable ori-gine du *pouvoir paternel*, il faut diftin-guer l'état de nature d'avec celui de la fociété civile. Dans l'état de nature cha-que famille ifolée étoit un état dont le chef avoit un droit abfolu fur tous les membres, femmes, enfans, ferviteurs, efclaves, tous dépendoient entierement de ce chef : c'étoit leur véritable fouve-rain, entre fes mains on reconnoiffoit le *pouvoir* légiflatif, le droit de faire la guerre, & de conclure des traités & des alliances. Les femmes, les enfans étoient naturellement égaux aux maris & aux peres ; mais inférieurs & fujets à leurs fouverains. Si on ne confidere donc dans le chef de famille que la qualité de pere, ou de mari, c'eft en vain qu'on y cherche l'origine d'un *pouvoir* quel-conque. Mais fi on l'envifage comme fouverain, il en eft la fource, parce qu'il en a la plénitude. Mais comme les peu-ples ne conferverent pas long-tems la lumiere de la loi donnée par le maître de la nature, ils perdirent de vue les devoirs envers leurs enfans, auxquels le *pouvoir* fouverain les obligeoit : ils ne crurent rien devoir à leurs enfans. Ils ne regarderent pas leur confervation

comme une obligation naturelle ; ils n'appercevoient en eux qu'un bien qui leur appartenoit pour en difpofer à leur gré ; une propriété qui leur laiffoit la liberté de les faire croître pour leur uti-lité, ou de les expofer comme des hail-lons que l'on ne livre pas au feu, & qu'on abandonne à ceux qu'un befoin extrème peut porter à les amaffer. Ce qui fit encore fentir la néceffité de l'é-tabliffement des fociétés civiles.

Par cet établiffement, le *pouvoir* des chefs de famille paffa au chef de la na-tion, qui l'abforba tellement qu'il n'en refta pas feulement l'ombre. Ainfi le *pouvoir paternel*, qui émanoit de fa qua-lité de fouverain ou de chef de famille, par l'établiffement des fociétés civiles, fe trouva entierement entre les mains du magiftrat, du prince & du monarque ; les enfans qui nâquirent après l'époque de l'établiffement des fociétés civiles, furent cenfés *ipfo facto* fujets de ce nou-veau fouverain, obligé par-là aux foins que la confervation & l'éducation de ces nouveaux fujets demandoient. Mais comme un chef ne fauroit veiller aux foins que demandent tous les membres de la nation, il y fubftitua à fa place les perfonnes, qui après lui, doivent avoir le plus d'intérèt à leur confervation & à leur éducation, fondant fes juftes efpérances fur la tendreffe de ceux qui leur ont donné la naiffance. De-là vient que les fouverains ont étendu, ou mis des bornes au *pouvoir paternel*, c'eft-à-dire, à cette branche de *pouvoir* fouve-rain qu'ils avoient confiée aux peres & meres, fuivant qu'ils l'ont jugé conve-nable aux mœurs de leurs nations.

Un *pouvoir paternel* indépendant & différent même du *pouvoir* fouverain dont le chef de la fociété civile eft re-vêtu, c'eft une chimere. Il n'y a dans la nature qu'un feul *pouvoir* phyfique.

V

qui eft le fondement du *pouvoir* moral. Le fouverain eft une puiffance morale foutenue par le *pouvoir* phyfique de la nation, qui s'en eft dépouillée moralement en faveur de la fouveraineté. Or après cette abdication totale de *pouvoir*, comment oferons-nous reconnoitre chez les peres & les meres un *pouvoir* fur leurs enfans, c'eft-à-dire, fur leurs égaux, different de celui du fouverain ? l'homme, avant d'être pere, n'avoit point de *pouvoir paternel*; or du moment qu'il devient pere, d'où reçoit-il ce *pouvoir ?* L'acte de la génération a précédé celui de la naiffance de neuf mois, pendant lequel tems il n'avoit pas ce *pouvoir*; la naiffance de l'enfant n'augmente chez le pere, ou la mere, ni les qualités phyfiques, ni les qualités morales : quelle fera donc la caufe de ce *pouvoir ?* Ce font les loix, dit-on. Mais ce ne font les loix naturelles qu'entant que le pere étoit fouverain chez lui-même dans l'état de nature, les loix naturelles regardant d'ailleurs les hommes, fans la qualité de fouverains, comme parfaitement égaux. C'eft donc le fouverain, qui en déclarant le pere & la mere de l'enfant tuteurs nés, leur en confie le *pouvoir* néceffaire.

Concluons donc, que le *pouvoir paternel*, dans l'état de nature appartenoit au pere, en qualité de fouverain : la femme n'y avoit point de part, parce qu'elle étoit fujette à la fouveraine puiffance auffi bien que fes enfans. Mais après l'établiffement des corps politiques, où les chefs de famille ont renoncé à leur *pouvoir* en faveur du fouverain légitime, le *pouvoir paternel* fe trouve entre les mains du fouverain, qu'il confie aux peres & meres pendant le tems de l'éducation, qui doit être celui de la minorité : & lorfque les loix déclarent un jeune homme majeur, le fouverain eft cenfé

retirer le *pouvoir* qu'il avoit confié au pere & à la mere pour s'acquitter du devoir de l'éducation. Je parle du pere & de la mere, parce que dans l'état civil il n'y a point d'inégalité entr'eux ; d'ailleurs les enfans font ordinairement fous la difcipline des meres pendant leur bas âge, & enfin, parce qu'il n'eft pas rare de voir des femmes s'acquitter du devoir de l'éducation avec bien plus de raifon & de fageffe que les maris. Le plus fage des légiflateurs fentit très-bien qu'après l'établiffement des fociétés civiles, les enfans n'étoient plus ni au pere ni à la mere, mais à l'Etat; & il ne voulut pas en confier l'éducation au pere & à la mere ; mais au moment qu'ils naiffoient, on étoit obligé de les remettre entre les mains d'un certain nombre de perfonnes propofées pour avoir foin de les élever. Tous les enfans de Sparte étoient en conféquence nourris, vêtus, couchés, & en un mot élevés d'une maniere uniforme, & aux dépens de l'Etat, fous le *pouvoir* du fouverain, qui en eft la vraie fource.

Toutes les queftions qui ont du rapport à cette matiere, peuvent fe décider par le principe que nous avons établi pour fondement de l'autorité paternelle.

On demande d'abord, fi le *pouvoir paternel* appartient à la mere auffi bien qu'au pere. Je réponds que la mere a un droit égal à celui du pere fur les enfans qui naiffent de leur mariage. De forte que, pour parler exactement, il faudroit appeler cette autorité le *pouvoir des parens*, & non pas le *pouvoir paternel*.

A l'égard des enfans qui font nés hors du mariage, comme il eft pour l'ordinaire très-difficile de connoître avec quelque certitude qui en eft le pere, c'eft avec raifon que le droit romain adjugeoit ces fortes d'enfans à la mere. *Lex naturæ est, ut qui nascitur sine legitimo matrimonio, matrem sequatur.*

Au reste, les coutumes des nations n'ont pas été uniformes à l'égard des enfans naturels, ni à l'égard des enfans adoptifs. Les Athéniens étoient obligés d'adopter les enfans naturels qu'ils avoient des citoyennes : ils ne reputoient bâtards que ceux des peres ou meres étrangers. Une des loix de Solon refusoit la puissance paternelle sur les bâtards. Il est sensible que l'esprit de cette loi étoit de rappeller les mœurs aux devoirs & à l'utilité de la république. La volupté ne porte pas ses vues au-delà de la satisfaction momentanée, il n'est pas juste qu'elle soit recompensée par une obéissance qu'elle n'a pas eu pour objet : la loi de Solon avoit quelque chose de plausible ; mais elle n'avoit devant les yeux que le peu que méritoient les peres ; elle oublioit l'intérêt des enfans. Les peuples d'orient ont toujours fait peu de différence entre les enfans naturels & légitimes. Les Romains au contraire ne faisoient aucun cas des premiers : ils étoient cependant libres d'abord de leur faire part de leurs biens, ce ne fut que Constantin qui leur en ôta la liberté.

C'est toujours en suivant les mêmes principes, que l'on peut juger de l'étendue & des bornes que la loi naturelle met à la puissance paternelle.

En général, un pere considéré comme tel, étant dans une obligation indispensable de bien élever ses enfans, & de leur donner tous ses soins jusqu'à ce qu'ils soient en état de se conduire eux-mêmes, son *pouvoir* doit être aussi étendu qu'il est nécessaire pour cette fin, & pas davantage. Par conséquent les parens sont en droit de diriger la conduite & les actions de leurs enfans de la maniere qu'ils jugent être la plus avantageuse à

une bonne éducation ; ils peuvent les châtier avec modération, pour les ramener à leur devoir ; & si un enfant est tout-à-fait rebelle & incorrigible, la plus grande peine qu'un pere, comme tel, puisse lui infliger, c'est de le chasser de la famille & de le déshériter.

Car si les enfans doivent hériter les biens de leurs parens, ce n'est pas tant en vertu d'une loi expresse du droit naturel, que parce qu'ordinairement il n'y a personne pour qui les peres & les meres s'intéressent plus que pour leurs enfans ; mais lorsqu'ils se montrent incorrigibles, & qu'ils payent les soins que les peres & les meres ont donnés à leur éducation, par une noire ingratitude, le tems de l'éducation prescrit par les loix civiles, étant fini, les peres & les meres peuvent les déshériter & les chasser même de la maison, n'ayant plus aucune obligation vis-à-vis de leurs enfans qui passent alors sous l'obéissance des loix.

Mais la puissance paternelle ne va pas jusqu'à pouvoir exposer ou tuer un enfant lorsqu'il est venu au monde ; car un enfant dès sa naissance jouit, entant que créature humaine, de tous les droits de l'humanité, aussi bien que toute autre personne. Cependant cette coutume détestable & inhumaine d'exposer les enfans, ou de les tuer même, étoit très-commune autrefois dans la Grece & dans l'empire Romain ; mais elle s'abolit peu-à-peu par l'usage, & enfin la chose fut défendue expressément. Il y a une belle loi du jurisconsulte Paul là-dessus. *Necare videtur, non tantùm is qui partùm perfocat, sed & is qui abjicit ; & qui alimenta denegat ; & is qui publicis locis, misericordiæ causâ, exponit, quam ipse non habet.* ,, L'on tue son enfant, ,, dit-il, non-seulement lorsqu'on l'é- ,, touffe, mais encore lorsqu'on l'aban-

V 2

,, donne ; lorfqu'on lui refufé la nour-
,, riture, & lorfqu'on l'expofe dans un
,, lieu public, afin qu'il trouve dans
,, les autres une compaffion dont on n'a
,, point été touché foi - même envers
,, lui." On peut confulter fur cette matiere le beau traité de M. Noodt, intitulé *Julius Paulus*.

Le *pouvoir paternel* ne renferme pas
non plus en lui-même le droit de vie &
de mort fur les enfans qui ont commis
quelque crime ; tout ce qu'un pere, comme tel, peut faire, c'eft de les chaffer de
fa famille, & les dénoncer au fouverain,
afin qu'il les puniffe fuivant la qualité
des crimes. Car d'abord le pere eft citoyen avant que d'être pere, & les intérêts de la fociété doivent précéder ceux
de la famille, qui ne font qu'apparens
lorfqu'ils fe trouvent en oppofition avec
ceux de la fociété. Or l'intérêt de la fociété demande que le crime foit puni.
D'ailleurs, comme les enfans font fujets
du fouverain, qui en confie l'éducation
aux peres & aux meres, ceux-ci en font
refponfables, & n'ayant pas le *pouvoir* de
punir leurs crimes, ayant d'ailleurs tout
l'intérêt qu'ils foient imputés efficacement à leurs veritables coupables, ils doivent recourir à l'autorité du fouverain,
pour fauver à la fois ce qu'ils doivent au
fouverain & à l'Etat. C'eft une fuite de
ce que les fouverains dans la fociété civile ont pris la place des peres dans l'é-
tat de nature, où ils avoient le droit de
vie & de mort fur leurs enfans ; or comment le fouverain exerceroit-il ce droit,
fi les peres & meres n'étoient pas obligés de lui déclarer les crimes de leurs
enfans ? Le fils de Caffius étoit fur le
point de publier la loi du partage des
terres, loi fatale au repos des Romains.
Son pere n'ayant pu l'en détourner, le
fit mourir, parce que les peres chez les
Romains avoient tout le *pouvoir* fouve-

rain fur leurs enfans. Le peuple étonné
vit arracher fon magiftrat de la tribune
aux harangues, & n'ofa faire de réfiftance. Cependant une des loix qu'ils appelloient *facrées*, vouoit à Jupiter, c'eft-à-
dire, dévouoit à la mort, celui qui auroit feulement tenté d'approcher du tribun dans le deffein de le maltraiter. Mais
le peuple étoit perfuadé du devoir d'un
pere, & il connoiffoit que ce devoir pour
le bien public, étoit encore plus facré
que la loi en faveur de la perfonne du
tribun.

Comme c'eft la foibleffe de la raifon,
& l'impoffibilité où font les enfans de fe
conferver, de fe conduire, & de pourvoir à leurs befoins, qui les foumet néceffairement à la direction & au *pouvoir*
de leurs parens ; il s'enfuit, qu'à mefure
que la raifon fe développe & fe perfectionne dans un enfant, à mefure qu'il
approche d'un âge mûr, l'autorité paternelle diminue, pour ainfi dire, infenfiblement ; & certainement on ne doit pas
traiter un homme fait comme un jeune
homme en bas-âge. C'eft le but du *pouvoir paternel*. Un enfant dans fon bas-
âge, ne connoît pas ce qui convient à fa
confervation : c'eft à fon pere, à fa mere
à le lui procurer, & à le lui faire embraffer : il n'a ni intelligence, ni volonté à cet âge-là ; les loix veulent qu'un fils
alors fuive la volonté du pere, de la mere, de fon conducteur, qui ont de l'intelligence, de la volonté, & de la liberté pour lui ; mais à mefure que l'intelligence fe développe avec l'âge dans l'enfant, le pere & la mere diminuent leurs
attentions, parce qu'ils voyent que dans
les affaires au moins les plus fimples, il
peut fe diriger par lui-même & que leurs
attentions commencent à devenir moins
néceffaires. Et à mefure qu'il avance
dans la connoiffance des loix, il approche de fa liberté ; de maniere que lorf-

qu'il eſt parvenu à cet état qui a rendu ſon père un homme libre, le fils devient homme libre auſſi. Il ne lui reſte de lien que celui de la reconnoiſſance, qui eſt bien fort dans une ame bien née.

Si un enfant, pendant qu'il eſt ſous la puiſſance & la direction paternelle, acquiert quelque choſe, ſoit par donation, ou autrement, le pere doit l'accepter pour lui ; mais cela appartient en propre à l'enfant ; le pere peut ſeulement en jouir, & en entretenir ſon enfant, juſques-à-ce que celui-ci ſoit capable d'en prendre lui-même l'adminiſtration.

Car, d'un côté, les choſes qui entrent en propriété ne ſervent pas moins aux enfans, qu'aux hommes faits pour les uſages de la vie, & ſont même beaucoup plus néceſſaires aux premiers, à cauſe de leur peu de force & de la foibleſſe de leur jugement, qui ne leur permettent pas de pourvoir à leurs beſoins & de ménager convenablement leurs intérêts. Mais, d'un autre côté, les enfans ne pouvant acquérir, à cauſe du défaut de jugement & du manque de conduite, les loix civiles y ont pourvu en chargeant les peres & les meres ou leurs conducteurs de les accepter en leur nom ; de plus les peres & les meres ont la jouiſſance pour ſe récompenſer des dépenſes de l'éducation.

Pour ce qui eſt des profits que peut faire un enfant déja grand, par ſon travail & par ſon induſtrie, ils doivent lui appartenir. Mais ſi ces profits provenoient des biens même du pere, il feroit raiſonnable que le pere ſe les appropriât, en dédommagement des dépenſes qu'il eſt obligé de faire pour ſa nourriture & pour ſon éducation. En général, il eſt tout-à-fait convenable que l'on donne quelque droit aux peres ſur les biens de leurs enfans, pour tenir d'autant plus les enfans dans la ſoumiſ-

ſion & le reſpect de l'autorité paternelle.

En effet, la ſoumiſſion & la dépendance des enfans envers leurs peres & leurs meres, ſont abſolument néceſſaires à leur éducation ; car il n'eſt pas poſſible de s'en acquitter autrement. Or comme le ſouverain confie le *pouvoir paternel* aux parens, afin qu'ils puiſſent s'acquitter de ce grand devoir d'une maniere conforme au bien de l'Etat ; ce même *pouvoir* doit être tout employé à entretenir cette dépendance & cette ſoumiſſion, ſans leſquelles les ſoins des peres & des meres ſeroient inutiles. C'eſt pourquoi la néceſſité de ce *pouvoir* augmente à proportion que l'âge le rend plus néceſſaire aux enfans. Or la raiſon & l'expérience concourrent à nous convaincre, que la propriété des biens abandonnés aux enfans eſt un moyen ſûr de les rendre indépendans du *pouvoir paternel*. La raiſon n'ayant guere encore de priſe ſur eux, ils ne reconnoiſſent point d'autre reſſort que les plaiſirs : or quoi de plus propre pour en augmenter le nombre & l'intenſité dans cet âge fougueux que la propriété des biens ? L'accorder aux enfans avant que leur éducation ſoit finie, c'eſt y renoncer. Mais, au contraire, ôtez-en leur toute idée : faites leur ſentir qu'ils n'ont rien en propre, que tout appartient à leurs parens, & que tout ce qu'ils en reçoivent, c'eſt par un effet de leur libéralité, & qu'ils peuvent la ſuſpendre lorſqu'ils le trouveront néceſſaire à leur éducation, vous en obtiendrez tout. La ſoumiſſion & la dépendance de la jeuneſſe ſont en raiſon inverſe de la propriété des biens : & le ſuccès de l'éducation eſt en raiſon directe de la dépendance de la jeuneſſe de ceux qui en ſont chargés.

Au reſte, que les enfans, pendant leur minorité, ne doivent rien poſſeder en propre, c'eſt une ſuite néceſſaire de leur état pendant ce tems-là ; état, où ils font cenfés n'avoir ni intelligence ni volonté, ni liberté ; & en effet ils n'en ont guere la plupart. J'entends ici par *propriété* le *pouvoir* d'en exercer le droit par foi-mê-me : & l'aliénation & autres femblables manieres de difpofer de fon bien, fuppo-fent de leur nature un acte d'une volon-té raifonnable, qui ne peut fe trouver dans ces fortes de perfonnes.

Ces principes font auffi les fonde-mens généraux des fages loix des Ro-mains fur le pécule des fils de famille. Voyez ce mot.

Les peres n'ayant d'autre *pouvoir* fur leurs enfans que celui que le fouverain leur confie pour s'acquitter du grand de-voir de l'éducation, dès qu'elle eft finie, ce que les loix déclarent en fixant l'âge de majorité ; le fouverain retire le *pou-voir paternel*, & le pere ne doit plus en faire ufage. Dès qu'un jeune homme eft majeur, il eft cenfé avoir atteint l'âge de liberté, le pere & le fils, le tu-teur & le pupille font égaux, ils font tous également foumis aux mêmes loix ; & un pere ne peut plus prétendre à au-cune domination fur la liberté ou fur les biens de fon fils. Alors le fils ne dé-pend plus du pere.

Mais fi les enfans font entierement indépendans de leurs peres, dès qu'ils font majeurs, toute relation entre les peres & leurs enfans ceffe-t-elle ? les peres deviennent-ils donc indifférens à leurs enfans ? A Dieu ne plaife que nous tirions une conclufion directement oppofée à nos principes ! L'expérience du pere, fon jugement, fon âge font des qualités qui lui acquierent un droit à être honoré de fon enfant : tout ce que le pere a fait pour lui jufqu'alors, pen-dant le tems de l'éducation qu'il lui a donnée, lui a mérité une reconnoiffan-ce fans bornes. Et ces droits qui font

ceux de l'humanité, font des droits très-parfaits au jugement de la raifon, quoi-que le jargon des jurifconfultes les ap-pelle *imparfaits*. Concluons donc que les enfans majeurs ne dépendent point de leurs peres, parce qu'il n'y a point de dépendance où il n'y a point de *pou-voir*, & que le pere n'en a point fur fon enfant majeur. Mais il doit honorer fon pere & fa mere, & être pénétré toute fa vie d'un fentiment très-vif de recon-noiffance, & par conféquent ces devoirs des enfans dépendent en partie des qua-lités perfonnelles des peres, & des foins qu'ils en ont éprouvés ; car il y a bien des enfans, qui dans l'âge même de mi-norité, font bien plus eftimables par leurs qualités que leurs peres & meres : & d'autres qui par une heureufe crife de leur génie ont pu parvenir à fe former eux-mêmes un plan d'éducation, que les peres & meres avoient négligée.

L'enfant peut fortir de la famille de fon pere pour caufe d'éducation, d'ap-prentiffage ou de mariage. Dans les deux premiers cas il n'eft pas maître de foi-même, ne le fuppofant pas encore ma-jeur, mais il eft fous le *pouvoir paternel* confié pendant le tems de l'éducation ou de l'apprentiffage à fon conducteur ; car le fouverain ne le retire que lorfqu'il dé-clare l'enfant libre, & foumis aux mê-mes loix que le pere ; & pendant que le fouverain ne retire pas ce *pouvoir*, l'en-fant eft cenfé y être toujours foumis. Mais en cas de mariage, comme le pere par fon confentement le déclare capable de fe gouverner lui-même, le fouverain retirant alors le *pouvoir*, l'enfant eft cen-fé libre, émancipé & indépendant du *pouvoir paternel* que le pere ne confer-ve plus. L'on voit par-là pourquoi les mariages des enfans mineurs font nuls, fans le confentement des peres, qui par cette approbation font cenfés attefter

l'intelligence des enfans, qualité néceſſaire pour être émancipé, avant le tems
preſcrit par la loi.

Au reſte, il faut faire attention que
nous raiſonnons ici, ſans avoir aucun
égard aux uſages des différentes nations.
Car je n'ignore pas qu'il y a des coutumes où le fils eſt tenu pour émancipé
par l'habitation ſéparée de celle de ſon
pere : ce qui peut être tiré de la novelle
25 de l'empereur Léon. En quelques-
uns le mariage n'émancipe pas les enfans nobles, ſi l'émancipation n'y eſt
exprimée, & n'émancipe les roturiers
qu'après qu'étant mariés, ils ont demeuré an & jour hors de la maiſon & compagnie de leurs peres. Et il y a auſſi des
Etats où le mariage n'émancipe point.
Le *pouvoir paternel* appartenant en propre au ſouverain, il eſt le maître d'en
diſpoſer ſuivant qu'il juge être le plus
convenable au bonheur de ſes ſujets.

Enfin la puiſſance paternelle peut finir en différentes manieres.

1°. Et premierement, ſi un enfant
déja grand eſt chaſſé de la famille, à
cauſe de ſes mauvaiſes actions & de ſon
incorrigibilité. C'eſt ce que l'on appelle *abdication*. Mais aſſurément un pere
n'en peut venir-là qu'à la derniere extrèmité, & après avoir mis en œuvre
tous les moyens poſſibles, pour tâcher
de ramener un enfant à ſon devoir.

Ariſtote dit, qu'il n'arrive guere
qu'un pere renonce ſon fils pour ſien,
à moins que le fils ne ſoit exceſſivement
méchant. L'abdication étoit fort en
uſage parmi les Grecs. Quant aux Romains ils avoient recours à l'exhérédation. Grotius prétend que le droit d'abdication & d'exhérédation ne s'étend
pas juſqu'à donner droit au pere irrité
de priver ſon indigne enfant de la nourriture même, à moins qu'il n'ait mérité
la mort. Mais il tire cette conſéquence

d'un faux principe. Suivant lui, le pere
eſt obligé de nourrir ſon fils toute ſa
vie ; tandis que le fils ne ſauroit l'exiger que juſqu'à l'époque où il peut la
gagner par lui-même ; après quoi les
loix naturelles n'obligent à rien le pere
vis-à-vis de ſon enfant.

Mais lorſque le pere chaſſe de ſa maiſon ſon fils incorrigible, encore mineur,
qui en eſt le tuteur ? Je réponds, que
ce ſont les loix. Le pere ayant trouvé
ſon fils incapable d'éducation, il ſe démet du *pouvoir paternel*, & en même
tems de la charge qui y étoit attachée.
Le ſouverain en reprenant le *pouvoir*
confié au pere, prend ſous ſa tutelle le
jeune homme émancipé négativement,
s'il m'eſt permis de m'exprimer ainſi, &
ſujet par conſéquent à la rigueur des loix.

2°. Un pere, qui pour l'avantage de
ſon fils, le donne à quelqu'un qui l'a-
dopte, lui transfere le droit qu'il avoit
ſur lui, & s'en prive ainſi lui-même.

Bien entendu que l'adoption ſe faſſe
pendant la minorité de l'enfant ; car le
fils étant majeur, l'adoption ne fait pas
perdre le *pouvoir paternel* au pere, qui
l'avoit déja perdu du moment que le
fils eſt entré dans ſa majorité.

3°. Un pere aſſez dénaturé pour expoſer ſon enfant, en même tems qu'il renonce à la tendreſſe paternelle, il ſe dépouille auſſi du *pouvoir* qu'il avoit ſur
lui, & ce *pouvoir* paſſe tout entier au
pere nourricier de l'enfant expoſé, qui
touché de compaſſion le retire pour l'é-
lever & en prendre ſoin.

C'eſt une ſuite de la ceſſation du *pouvoir paternel*. Car alors le pere ayant
renoncé à ſon droit, il paſſe entierement
à celui qui ramaſſe l'enfant expoſé, par
droit de premier occupant, quoique
improprement dit, parce qu'on n'acquiert pas le droit à l'utilité du poſſeſſeur, qui n'acquiert que le droit que

le pere naturel avoit, qui ne s'étendoit qu'au *pouvoir* de châtier son fils lorsque son éducation l'auroit exigé.

4°. Le *pouvoir* paternel proprement ainsi nommé, finit dès qu'un enfant est parvenu à un âge parfait de raison & de maturité, & qu'il peut se conduire par lui-même.

5°. Enfin, si un fils sort de la famille de son pere pour se marier, ou pour quelque autre raison, alors il devient son maître à tous égards.

Tels sont les principes naturels sur la puissance paternelle. Il est de la derniere importance pour le bonheur du genre humain & des familles, que dans les sociétés civiles les loix maintiennent dans toute la force cette autorité des peres sur les enfans, & qu'elles la fassent respecter comme un droit sacré & inviolable, & que Dieu lui-même a établi. C'est de-là que dépend le bonheur des familles & le bien de l'Etat, qui ne seront jamais établis sur des fondemens plus solides, que lorsque les peres de famille auront toute l'autorité nécessaire pour donner à leurs enfans une bonne éducation, proportionnellement à leur condition & à leur état.

Cette considération de la puissance paternelle dans son rapport avec les intérêts civils, mérite toute l'attention d'un sage législateur. La puissance paternelle, ayant peu-à-peu perdu de ses droits dans Rome, l'ancienne vertu déclina & s'évanouit. On jugea à propos, après Auguste, pour mitiger la sévérité de la loi, d'interposer l'autorité du juge, mais on ne sut pas prendre les milieux que Moïse avoit tracés. L'ambition commune aux hommes, porta les magistrats à attirer à leur tribunal l'entiere connoissance des fautes des enfans; c'étoit à-peu-près abroger la loi. Ecoutons Séneque, & frémissons à la

vue des suites fatales de cette abrogation. ,, On a vu, disoit-il à Néron, ,, punir plus de parricides en cinq ans ,, sous le regne de votre pere, que l'on ,, n'avoit fait depuis la fondation de ,, Rome. " Lorsqu'on voit la nature, l'amour propre, la liberté & l'attrait des plaisirs balancer la reconnoissance, on doit sentir la nécessité de mettre en œuvre des ressorts pour la soutenir. Si on ne compte pour entretenir la soumission filiale, que sur un reste de principes donnés dans l'éducation, cette barriere sera bientôt rompue. La société civile, ayant enfin reconnu ses véritables droits, a ôté aux peres le droit de mort sur leurs enfans; mais ayant ôté la crainte aux enfans, il falloit laisser du moins quelque intérêt puissant qui les retint. Chez les Romains, les droits des peres étoient sans bornes: les biens acquis par le fils, & ceux de sa mere, leur appartenoient: ils en pouvoient disposer à leur gré.

Constantin fut le premier qui assura aux enfans la propriété de leurs biens, & celle de leur pécule. Ces loix étoient bonnes: il étoit juste d'arrêter un pere dissipateur à l'excès, & on doit corriger tous les extrêmes. Mais quel est l'aveuglement des coutumes qui en ont ôté au pere l'usufruit? Elles renversent tellement l'ordre de la nature, que souvent le pere se trouve soumis au fils, pour tirer de lui une subsistance qu'il refuse quelquefois ou qu'il donne avec dureté. Et lorsqu'une mere meurt, on voit les enfans faire la loi à celui duquel Dieu & la nature les obligent de la recevoir. Ces coutumes ont fait croire à quelques jurisconsultes Italiens que les François ne connoissoient point le *pouvoir* paternel. En général ôter l'usufruit au pere, faire des loix qui tendent au partage égal de la succession,

fixer

fixer la légitime à une partie affez confidérable, ou plutôt faire des loix pour
y obliger le pere, mettre des obstacles
à l'exécution de fa volonté, c'est concourir avec les paffions à étouffer chez
les enfans tout fentiment de respect,
d'honneur & de reconnoiffance envers
leurs peres; & par une conféquence
légitime renverfer dans l'état civil l'ordre établi par la nature.

On dit que le bon législateur chaffe
les voleurs de fes Etats, & que le plus
habile les empèche de s'y former. Il est
mieux fans doute, de garantir les mœurs
de la corruption, que de chercher à les
purifier quand elles font corrompues.
Toute l'attention doit être à empêcher
la contagion de s'introduire. L'autorité
des peres, est le préfervatif le plus naturel, le plus légitime & le plus affuré.
Or l'éducation de l'enfance, quoique
d'une très-grande conféquence, ne demande que des attentions; le poids de
l'autorité n'est pas néceffaire dans un
âge fi foible; mais lorfqu'après la puberté, le germe des paffions fe développe, que leur impétuofité agit avec
violence, les loix puniront celles qui
iront jufqu'au crime: la feule puiffance
paternelle peut étouffer les vices naif-
fants. Si on compare les forces du torrent qu'il faut vaincre, avec celles de la
digue que l'on doit lui oppofer, on
verra que celles-ci doivent être bien
grandes pour être fupérieures comme on doit le defirer: fi vous ôtez la
crainte & l'intérèt, je ne vois plus de
frein capable d'arrèter la fougue de la
jeuneffe. Cependant on s'éloigne de cet
efprit d'une maniere bien étrange; on
fe relâche du *pouvoir* paternel lorfqu'on
devroit en faire le plus d'ufage. On
commence à regarder la jeuneffe qui atteint l'âge de puberté, comme des êtres,
dit-on, raifonnables. Ils ne font plus

Tome XI.

des enfans; toute rigueur, toute puiffance est alors mal-placée: il faut raifonner avec eux: c'est par la raifon
qu'on doit les amener & les former à
la vertu: ce ne font que les bêtes qui
font des êtres d'habitude. Les peres
tout remplis d'idées fi étranges & fi
contraires à la marche de la nature,
commencent à accorder aux enfans
quelque propriété; excellent moyen
pour fatisfaire leurs paffions naiffantes; & pour les porter au comble de
l'impétuofité; ils les affranchiffent de
tous les foins des maîtres circonfpects,
& qui, pénétrés de leur devoir, voudroient que les difciples s'acquittaffent
auffi bien que leurs; ils leur font fentir que
leur âge ne demande plus de frein, celui qui inconteftablement en demande
le plus, & qu'ils n'ont qu'à fe conduire
fuivant la raifon, qui malheureufement commence alors à avoir le deffous
des paffions; en un mot, lorfqu'il faudroit commencer l'éducation, nous la
croyons finie; lorfque la puiffance paternelle auroit le plus à faire, le pere y
renonce contre les intentions du fouverain, & on laiffe les enfans maîtres
d'eux-mêmes à l'âge qui a le plus d'influence fur le bonheur ou le malheur du
refte de la vie; âge où on n'a ni prévoyance de l'avenir, ni expérience du
paffé, ni modération pour ménager le
préfent; & par conféquent on borne
l'ufage du *pouvoir* paternel à former l'a-
nimal, tel qu'un enfant jufqu'à la puberté, & on s'en défait lorfqu'il faudroit commencer à former l'homme.
Crainte & intérèt; voilà les deux grands
refforts de l'éducation; fi l'on en fupprime l'un ou l'autre, le chemin à l'éducation, aux bonnes mœurs, au bonheur
de l'Etat, est entierement perdu. (D.F.)

POUVOIR *eccléfiaftique*, v. ECCLÉ-
SIASTIQUE.

X

P R

PRÆMUNIRE, *Droit d'Angleterre*, offenfe contre le roi, ainfi nommée des mots de l'ordre préparatoire, pour faire le procès à l'accufé " *Præmunire facias*, „ affignez un tel à comparoître devant „ nous pour répondre au délit dont il „ eft chargé ". Cette procédure moderne eft née du pouvoir exorbitant que le pape avoit ufurpé & exercé en Angleterre, joug qui parut trop pefant aux anciens Anglois, même au temps du zéle ignorant & aveugle.

C'eft une remarque bien fage que les principes religieux, quand ils font purs & vrais, ont une tendance directe à perfectionner l'homme & le citoyen : mais fi on les corrompt par l'erreur, ils renverfent ordinairement le gouvernement civil, ils deviennent le tocfin & l'inftrument du crime dans le cœur humain. Le pouvoir illimité qui fut exercé par les druides en Occident, au temps de la fuperftition payenne, & les affreufes dévaftations des Sarrafins en Orient pour étendre le mahométifme, témoignent que dans tous les pays, la tyrannie civile & la religieufe fe font engendrées l'une de l'autre. Et c'eft une gloire pour l'églife Anglicane, & une forte préfomption pour la pureté de fa doctrine, qu'elle eft de la plus grande foumiffion & fidélité au gouvernement civil. Son clergé auffi édifiant dans fa conduite que modéré dans fon ambition, fe nourrit, s'entretient de notions juftes fur les liens de la fociété & fur les droits du gouvernement ; comme en matiere de foi & de moralité, il ne reconnoît pour guide que les faintes écritures, ainfi en matiere de politique & de droits, il dérive tous fes titres de la magiftrature civile ; il regarde le roi comme fon chef, le parlement comme fon légiflateur ; & il ne fe glorifie de rien tant que d'être vrai membre d'une églife, emphatiquement établie par la loi ; tandis que les principes des autres églifes, à les prendre dans l'une ou l'autre extrémité, coupent également les liens de la fociété, en empiétant fur les droits dont la raifon & le contrat originel de tout Etat, ont revêtu la fouveraineté, & en affectant une fuprématie indépendante dans tout ce qui concerne les perfonnes où les affaires fpirituelles. Les terribles effets de cette religieufe bigoterie, quand elle eft fomentée par des principes erronés, même dans la religion proteftante, fe font montrés dans l'hiftoire des anabaptiftes en Allemagne, des presbytériens en Ecoffe, & dans ce déluge de Sectaires en Angleterre, qui ont affaffiné leur fouverain, qui ont culbuté l'églife & la monarchie, & qui ont ébranlé tous les fondemens de la légiflation, de la juftice & de la propriété, pour établir en leur place un royaume de faints. Mais enfin ces horribles dévaftations, ces enfans de la folie & du zéle, n'ont eu qu'une courte durée. La politique romaine exaltée long-temps par une fucceffion de pontifes nerveux, avoit jetté de profondes racines ; mais enfin elles ont été arrachées dans plufieurs pays, en attendant ce qui arrivera dans les autres.

L'ancienne églife d'Angleterre, quel qu'en ait été le fondateur, étoit étrangere à l'évêque de Rome & à fa prétendue jurifdiction. Les premiers chrétiens avoient été relégués dans un coin de l'ifle par les payens qui l'avoient envahie. Le moine Auguftin & d'autres miffionnaires de la cour de Rome, vinrent convertir les Saxons. Cette révolution introduifit quelques corruptions dans le culte ; mais nous ne trouvons aucun veſtige de l'autorité tem-porelle du pape, dans ce royaume, juſ-qu'à l'époque de la conquête des Nor-mands. Ce fut alors que le pontife ré-gnant, par la faveur qu'il accorda à l'invaſion du duc Guillaume, par les bénédictions qu'il donna à ſon armée & à ſes drapeaux, ſaiſit l'occaſion d'é-tablir ſes uſurpations ; & le conqué-rant politique le laiſſa faire dans la vue d'abaiſſer le clergé Saxon, & d'élever ſes prélats Normands ; prélats nés dans la doctrine & les pratiques de l'eſcla-vage, accoutumés à reſpecter leurs chaî-nes, ils en chargerent un peuple né libre.

Le gouvernement légal & raiſonna-ble eſt ſolidement fondé ſur la ſubordi-nation des rangs, & l'échelle graduel-le des pouvoirs. La tyrannie imite en quelque ſorte ce ſyſtème ; elle s'élève par les degrés du deſpotiſme, de l'eſ-clave juſqu'au ſultan, avec cette diffé-rence que dans le gouvernement légal, la meſure de l'obéiſſance eſt tracée ſur les principes de la ſociété, & ne s'étend pas plus loin que la raiſon & la néceſ-ſité le demandent ; au lieu que dans la tyrannie elle n'eſt bornée que par la volonté & le bon plaiſir du deſpote. Delà pour enchaîner plus ſûrement les ames & les conſciences du peuple, le clergé de l'égliſe romaine paye ſes évê-ques d'une obéiſſance ſans bornes ; & les évêques à leur tour, la rendent au ſouverain pontife, en tenant ſes déci-ſions pour infaillibles, & en étendant ſon autorité ſur tout le monde chré-tien. Delà, ſes légats *à latere* introduits dans tous les Etats de l'Europe ; delà, ſes bulles & ſes décrétales qui étoient devenues la regle de la foi & de la diſ-cipline ; delà, ſes jugemens en dernier reſſort dans toutes les affaires douteuſes & difficiles ; delà encore ces anathèmes, qui donnoient une nouvelle force à ſes

décrets. Armé de cette force, il détrô-noit les rois, & il refuſoit aux royau-mes réfractaires l'exercice des devoirs chrétiens, & les biens de l'évangile.

Mais quelqu'importante que fût cet-te ſuprématie ſpirituelle ſur les conſ-ciences tendres & délicates, la cour de Rome n'ignoroit pas que ſur la maſſe du genre humain le pouvoir ne peut ſe ſoutenir ſans les richeſſes ; c'eſt pour-quoi elle s'appliqua de bonne heure à toutes les méthodes pécuniaires ; elle ſe ſervit du dogme du purgatoire, & de la vente des meſſes, pour racheter les ames ſouffrantes, & vendit des indul-gences. La loi canonique prit connoiſ-ſance des crimes, prononça des peines *pro ſalute animæ*, & les commua pour de l'argent. La non-réſidence & la plu-ralité des bénéfices dans le clergé, les mariages juſqu'au ſeptieme degré par-mi les laïques, étoient rigoureuſement défendus ; mais les diſpenſes ſe refu-ſoient rarement à quiconque pouvoit les acheter. En un mot, l'argent des chrétiens coula par mille canaux dans le réſervoir de l'égliſe.

D'ailleurs, l'établiſſement du ſyſtê-me féodal, preſque dans toute l'Euro-pe, en vertu duquel toutes les pro-priétés relevoient du prince, donna l'i-dée à la cour de Rome d'uſurper le mê-me droit ſur les propriétés de l'égliſe. Cet abus commença en Italie, & ſe ré-pandit par degrés en Angleterre. Le pape ſe fit ſeigneur féodal de tous les bénéfices, & tous les patrons ordinaires ne purent exercer le droit de patrona-ge que ſous l'autorité du patron univer-ſel. Les terres qu'on tenoit en fief, ori-ginairement donations gratuites, fu-rent nommées bénéfices ; c'étoit un nom emprunté auſſi-bien que la conſtitu-tion elle-même. A cette imitation le ſoin des ames par paroiſſe, prit auſſi le nom de bénéfice; les fiefs laïques furent conférés par inveftiture ou prife de poffeffion corporelle; de même, les bénéfices, donations purement gratuites, furent foumis à l'inveftiture fpirituelle par l'inftitution de l'évêque, & l'envoi en poffeffion; & comme les fiefs échéoient au feigneur féodal, au défaut d'un titulaire légal, les bénéfices tomboient également à la nomination de l'évêque, au défaut de la préfentation du patron, échutes d'une nature fpirituelle. Les décimes annuelles recueillies par le clergé, étoient équivalentes aux redevances que le feigneur féodal fe réfervoit fur fon préfent. Le ferment d'obéiffance canonique étoit copié fur le ferment de fidélité que le vaffal prêtoit à fon feigneur, & les premiers fruits des fiefs militaires que le feigneur exigeoit durement des héritiers qui parvenoient au fief, donnerent naiffance à la cruelle exaction des premiers fruits par le haut clergé; & les aydes auffi-bien que la taille levées occafionnellement par le prince fur fes vaffaux, fournirent un prétexte au pape, pour lever dans ce royaume par le moyen de fes légats *à latere*, le denier de Saint Pierre, & d'autres taxes.

Enfin, le faint pere fit un pas plus grand qu'aucun empereur ou feigneur féodal; il fe réferva à lui-même, par l'autorité Apoftolique, la nomination à tous les bénéfices qui viendroient à vaquer par la mort du titulaire en cour de Rome, ou en chemin pour y venir, ou pour y retourner; bien plus, par fa promotion à un évêché ou à une abbaye, *etiamfi ad illa perfonæ confueverint & debuerint per electionem aut quemvis alium modum affumi*; & les canoniftes déclarent que ce n'étoit point faire tort au patron, que ce n'étoit pour lui qu'un changement de feigneur féo-

dal. Les difpenfes, pour éviter ces fortes de vacances, enfanterent les commendes; & les provifions papales gagnerent de vîteffe les nominations, par une forte d'anticipation, avant la vacance même des bénéfices. Le pape ufurpa enfin, fans diftinction, tous les droits de patronage, & en conféquence les meilleurs bénéfices tomberent dans les mains des Italiens, ou d'autres étrangers également ignorans ou ennemis de la conftitution Angloife. La nomination même aux évêchés, cette ancienne prérogative de la couronne, fut enlevée à Henri I. & enfuite à fon fucceffeur Jean, pour être conférée en apparence aux chapitres de chaque cathédrale; mais en réalité, par le moyen de fréquens appels à la cour de Rome, & l'obfcurité des loix qui regloient les élections canoniques, le pape en fut éventuellement revêtu. Et pour combler la mefure, le pape Innocent III. par une tranfaction bien étonnante dans cette efpece, ofa demander au roi Jean la réfignation de la couronne, pour devenir à jamais le patrimoine de Saint Pierre. Une chofe plus monftrueufe encore, c'eft que ce lâche prince y confentit, & reprit fon fceptre des mains du légat, pour ne plus le porter que comme vaffal du S. fiege, à charge d'un hommage & redevance de mille marcs d'argent.

Une autre machine mife en mouvement, & grandement perfectionnée par la cour de Rome, fut un coup de maître dans la politique papale. Les papes non contens des dixmes copieufes que la loi du pays avoit accordées aux miniftres de l'églife, porterent leurs mains avides fur toutes les terres & les héritages du royaume; & fi la légiflation ne les eût arrêtés, ils euffent envahi jufqu'au dernier pou-

ce de terre. Dans cette vue ils introduifirent les religieux de S. Benoît
& d'autres moines, gens d'auftere &
fombre religion, féparés du monde &
de tous fes intérêts par un vœu de célibat perpétuel, tout propres à fafciner
les yeux des peuples par des prétentions
à une fainteté extraordinaire ; mais en
profitant de la protection du fouverain
pontife, leur grand monarque, pour
former leurs établiffemens, ils voulurent
la mériter en exaltant fon pouvoir,
qu'ils étendoient fans mefure ; & comme dans ces temps de troubles civils,
des feigneurs trop puiffans, avec leurs
adhérens, s'abandonnoient journellement à toutes fortes de brigandages,
de licence & de violence, ils fe per-
fuadoient qu'en fondant des monafteres, au moment de mourir, ils expioient
une vie pleine d'incontinence, de
défordres & de meurtres. C'eft fur ces
fondemens que s'éleverent tant d'abbayes & de maifons religieufes dans le
fiecle qui fuivit la conquête Norman-
de. Elles furent dotées non-feulement
des dixmes eccléfiaftiques enlevées au
clergé féculier, mais encore des terres,
maifons, feigneuries, & grandes baro-
nies ; car, felon la doctrine du temps,
tout ce qu'on donnoit aux moines étoit
confacré à Dieu lui-même. Delà, on ne
pouvoit ni aliéner, ni enlever ces biens
confacrés, fans un énorme facrilége.

Nous pourrions encore nous étendre
fur d'autres inventions de la cour de
Rome, pour tirer le clergé de toute
jurifdiction civile ; par exemple, la féparation des cours eccléfiaftiques d'a-
vec les féculieres, leur conftitution
fans aucune entremife de la couronne ;
leur jurifdiction exclufive fur toutes
les perfonnes eccléfiaftiques, & leurs
caufes, & leur *privilége clérical* dont
nous aurons occafion d'examiner am-

plement la nature. Le plan du pouvoir
pontifical, quelqu'avancé qu'il fût par
l'indéfatigable politique & l'opiniâtreté de la cour de Rome durant une longue fuite de fiecles, a encore été limé
& amélioré par une fociété d'hommes
qui ont augmenté les fciences de l'Europe. Ainfi perfectionné & exalté par
l'enthoufiafme qui prévalut, non-feulement fur le foible & le fimple, mais
encore fur les gens éclairés qui avoient
des lumieres naturelles & acquifes, il
fut mis en pleine exécution par des
defpotes qui rompoient tous les liens
qui les uniffoient à leurs malheureux
fujets, totalement indifférens fur ce qui
pouvoit arriver à une poftérité qui leur
devenoit étrangere. Mais enfin ce pouvoir abufif s'eft diffipé en fumée, lorfque les yeux du peuple fe font ouverts,
& qu'il a employé fa vigueur à le détruire. Tant eft vain & ridicule le plan
de vivre en fociété, fans reconnoitre
les devoirs qui la lient, & d'affecter
une entiere indépendance de l'état civil qui protége tous les droits, & qui
nous donne toute liberté, excepté celle d'enfreindre les loix.

Après avoir tracé en raccourci les
ufurpations papales en Angleterre, ex-
pofons les ftatuts de *præmunire* qui les
ont réprimées. Le roi Édouard I. prince
fage & magnanime, fut le premier à
fecouer le joug. Il ne voulut pas permettre à fes évèques d'aller à un concile général, fans avoir juré auparavant
qu'ils ne recevroient pas la bénédiction
du pape. Il tint peu de compte des bulles & des pourfuites en cour de Rome ;
il faifit le temporel du clergé d'Ecoffe
qui, fous le prétexte de la taxe qu'il
payoit au pape, refufoit de fe foumettre à celle du parlement ; il corrobora
les ftatuts contre les gens de main-
morte ; il travailla à fermer le gouffre

qui menaçoit d'engloutir tous les biens du royaume ; & en vertu d'une ancienne loi, il fit exécuter un de fes fujets qui avoit obtenu une bulle d'excommunication contre un autre. Il fe fignala auffi dans ce genre par un ftatut contre les provifions en cour de Rome, ftatut qui, au fentiment d'Edouard Coke, fut le pere de tous les ftatuts *præmunire* qui mettent au rang des offenfes immédiates contre le roi toute entreprife de la cour de Rome, dont on ne fauroit fomenter le pouvoir, fans diminuer l'autorité royale.

Sous le foible régne d'Edouard II. le pape fit des tentatives pour rétablir fes ufurpations dans le royaume, mais le parlement l'arrèta d'une main ferme ; & parmi les griefs dont fut chargé ce malheureux prince, l'un des principaux fut d'avoir autorifé les bulles de Rome. Mais Edouard III. fon fils, fe trouva d'un caractere bien différent ; & d'abord pour appliquer à ce mal des remédes doux, il écrivit au pape, conjointement avec fa nobleffe, une lettre de plainte, d'un ftyle modéré ; mais à la réception de la réponfe, haute & menaçante, qui lui apprenoit que l'empereur & le roi de France venoient de fe foumettre aux prétentions du S. fiege fur les mèmes objets, il répondit que fi l'empereur & le roi de France embraffoient le parti de la cour de Rome, il feroit la guerre à tous deux, pour défendre les libertés de fa couronne. Delà fortirent des loix plus féveres contre ceux qui obtiendroient des provifions en cour de Rome. Il fut ftatué que les pourvus payeroient une amende à la volonté du roi, & qu'ils garderoient prifon jufqu'à ce qu'ils euffent renoncé aux provifions obtenues. La mème peine fut infligée à celui qui citeroit le roi ou quelqu'un de fes fujets

à cette cour. Et lorfque le pape Urbain V. tenta de faire revivre la vaffalité & le tribut annuel dont le roi Jean avoit flétri le royaume, les Etats affemblés en parlement fous Edouard III. prononcerent que la donation du roi Jean, comme faite fans la concurrence du parlement, & contraire au ferment qu'il avoit prêté en recevant la couronne, étoit nulle & de nul effet ; décifion que toute la nobleffe unie avec les communes, s'engagea à foutenir par la force, s'il en étoit befoin.

Sous le regne de Richard II. les loix fur cette matiere furent encore plus féveres. Les ftatuts 3, ch. 3, 7 & 12, défendirent aux étrangers qui avoient des bénéfices en cour de Rome de les affermer. Le motif étoit de les forcer du moins à y réfider, déclarant en même temps que pous l'avenir que tout étranger feroit incapable d'être préfenté à aucun bénéfice dans le royaume. Quant aux fujets du roi, s'ils parvenoient à quelque bénéfice par des provifions étrangeres, ils étoient mis hors de la protection du roi, & le bénéfice étoit déclaré vacant par le ftatut 12, ch. 15, auquel des ftatuts fubféquens ajouterent le banniffement & la confifcation des biens ; & pour donner encore plus de force à ces ftatuts, fi quelqu'un réclamoit en cour de Rome ou en apportoit quelque excommunication, il s'expoferoit à la prifon, à la confifcation de fes biens, & même à la peine de mort.

Dans les lettres exécutoires, pour faire obferver ces ftatuts, les mots *præmunire facias*, ayant été employés pour citer les délinquans, ils s'appliquerent non-feulement aux lettres exécutoires, mais encore à l'action même qui tend à maintenir l'ufurpation papale ; & c'eft ce qu'on nomme *le délit de præmunire*.

Dans des tems poſtérieurs on a ſuivi les mêmes principes. Par le ſtatut 2. de Henri IV. *ch. 3.* quiconque acceptoit une exemption de la cour de Rome, pour ſe ſouſtraire à l'obéiſſance canonique de l'ordinaire, étoit ſoumis aux peines de *præmunire*, & ce fut là le dernier des anciens ſtatuts, touchant cette eſpece de délit ; parce que le pouvoir abuſif de Rome tiroit à ſa fin. Peū de tems après, ſous le regne de Henri V. l'eſprit de la nation s'éleva tellement contre la diſpoſition des prieurés & des abbayes en faveur des moines étrangers, qu'on ſupprima ces bénéfices ; & les terres de leur dépendance furent adjugées à la couronne.

On étoit ſi fort en garde contre le pouvoir que la cour de Rome s'étoit arrogé, que l'archevèque de Cantorbéri, primat du royaume ſous le regne de Henri V. empècha le frere du roi mème d'être promu au cardinalat, & à la légation *à latere*, ſur le principe qu'on ne pouvoit recevoir ni l'un ni l'autre ſans les lettres du pape, & ſans déroger aux libertés de l'égliſe nationale ; & il ſe regardoit lui-mème, ainſi qu'il l'expoſe dans ſa lettre au roi, „ comme obligé par ſon ſerment de fidélité de s'oppoſer à cette promotion, pour s'acquitter de ce qu'il devoit à Dieu & au roi qui l'avoient prépoſé au gouvernement de l'égliſe anglicane ". Par la mème raiſon, ſous le regne de Henri VI. il refuſa de ſacrer pour l'évéché d'Ely un ſujet nommé par le pape Eugene IV. Le pape Martin V. lui ordonna abſolument de faire l'impoſſible pour anéantir l'exécrable ſtatut (ce ſont ſes termes) de *præmunire*. Il refuſa. Cette conduite ſoutenue irrita tellement le pape, qu'il le ſuſpendit de tous ſes pouvoirs par une bulle ſolemnelle ; le primat n'en tint pas compte, & en appella au futur concile. Les ſei-

gneurs ſpirituels & temporels avec toute la nation applaudirent à ſa conduite, & ſe ſoutinrent contre la cour de Rome.

Telle fut dans ſa ſource la nature du délit *præmunire*. C'étoit de vouloir introduire un pouvoir étranger dans cette terre, & créer *imperium in imperio* un Etat dans l'Etat, en rendant au pape une obéiſſance qui n'étoit dûe par les conſtitutions qu'au roi ſeul, mème avant la réforme ſous Henri VIII. réforme qui rompit enfin toute communion avec le ſiege de Rome. Ce fut alors que les anciens ſtatuts qui n'avoient pas été toujours obſervés dans la grande rigueur, reprirent toute leur force ; que les appels des cours royales à la cour papale, que les demandes dans cette cour pour les diſpenſes & exemptions, que le refus de ſacrer des évèques nommés par le roi furent ſoumis rigoureuſement aux peines de *præmunire*. Et dans la ſuite, par le ſtatut 5 d'Eliſabeth, *ch.* 1, refuſer le ſerment de ſuprématie, ou ſoutenir la juriſdiction du pape, c'eſt encourir les peines de *præmunire* pour la premiere fois, & celle de haute-trahiſon pour la ſeconde. Par un autre ſtatut de la mème reine, *ch.* 2, ceux qui apporteroient dans le royaume des *Agnus Dei*, des croix & des chapelets, ou ceux qui ne dénonceroient pas au conſeil privé ceux qui les apportent, ſur-tout un juge de paix, les uns & les autres feront coupables du *præmunire;* mais d'introduire ſeulement, ou de vendre des livres de meſſe, ou autres livres pieux de la communion papale, le ſtatut 3 de Jacques I. *ch.* 5, ſe contente d'une amende de quarante ſchelings. Enfin, un ſtatut d'Eliſabeth, 27, *ch.* 2, condamne aux peines de *præmunire* quiconque contribueroit à l'entretien d'un college de jéſuites, ou d'un ſéminaire papiſte au-delà de la mer, ou encore d'un jéſuite en-deçà.

Jufques - là les peines du *præmunire* fe trouvent renfermées dans leur inftitution originelle, qui étoit d'abolir les ufurpations papales ; mais on a encore jugé à-propos de les appliquer à d'autres délits, dont quelques-uns y ont fort peu de rapport, & d'autres point du tout.

C'eft ainfi 1°. que par le ftatut 12 de Charles II. *ch.* 24, il eft défendu de fixer un prix aux denrées que l'on achete pour la maifon du roi, contre la volonté du propriétaire. 2°. Défendu par un autre ftatut 13, *ch.* 1, de foutenir par paroles ou par écrit, que les deux chambres du parlement ont le pouvoir législatif fans le concours du roi. 3°. Défendu par l'acte *habeas corpus* d'envoyer prifonnier au-delà de la mer aucun fujet de la Grande-Bretagne. 4°. Le ftatut de Guillaume III. oblige toute perfonne âgée de dix - huit ans de prêter le ferment de fidélité & de fuprématie ; fi elle en eft requife par le magiftrat ; & par le ftatut 7 & 8 du même regne, *ch.* 24, tout officier de juftice qui exerceroit fon emploi fans avoir prêté ces deux fermens, feroit encore plus coupable. 5°. Défendu par le ftatut 6 de la reine Anne, *ch.* 7, d'enfeigner, prêcher, que le prétendu prince de Galles, ou toute autre perfonne, que les dénommés dans l'acte d'établiffement & d'union, ont quelque droit au trône de la Grande - Bretagne ; comme auffi de foutenir que le roi & le parlement ne peuvent faire des loix pour limiter la fucceffion à la couronne : une telle doctrine arrive même au degré de haute - trahifon. 6°. Par le ftatut 6 de Georges I. *ch.* 18, fait l'année d'après que l'infâme projet de la compagnie de la mer du Sud eut appauvri la moitié de la nation, toute entreprife qui n'a pour garant que des foufcriptions illégales, appellées communément alors *duperies*, eft foumife aux peines du *præmunire*.

Dans l'expofition que nous venons de faire de la nature des différentes efpeces du délit *præmunire*, on peut aifément appercevoir les peines qui y font attachées. Le chevalier Edouard Coke, 1. *Inftit. p.* 129, en a donné le fommaire : „le délinquant, après la conviction, eft „mis hors de la protection du roi, au „profit duquel fes terres & fes biens font „confifqués ; & il eft condamné à la pri- „fon, tant qu'il plaira au roi, ou com- „me d'autres auteurs difent, à une pri- „fon perpétuelle ". Mais ces deux fens reviennent au même ; puifque le roi, par fa prérogative royale, peut en tout tems, remettre la peine en totalité ou en partie, excepté dans le cas où le délinquant auroit tranfgreffé la loi *habeas corpus*. Les forfaitures attachées aux délits *præmunire*, ne les font pas monter au degré de félonie, attendu qu'elles font décernées par des ftatuts particuliers, & non par la commune loi. Néanmoins ces délits font fi odieux, qu'au fentiment d'Edouard Coke, tout homme peut tuer impunément le coupable fans être repris par la loi, parce que, dit il, en vertu de la loi, tout homme peut en tout tems le traiter en ennemi du roi, & que l'ennemi du roi eft l'ennemi de tout le monde ; mais une telle doctrine n'eft pas foutenable. Il eft feulement permis par la loi de nature & celle des nations de tuer un ennemi dans le feu d'une bataille, ou pour fa propre défenfe : & pour obvier à une doctrine fi barbare, le ftatut 5 d'Elifabeth, *ch.* 1. déclare qu'il n'eft pas permis de tuer un coupable convaincu de *præmunire*, non-obftant toute loi, tout ftatut, toute opinion, toute interprétation contraire. Cependant le délinquant, quoique protégé encore comme membre de la fociété, contre les injures publiques, ne peut intenter aucune action contre les injures civiles quelque grandes

des qu'elles puiffent être ; il eft tellement
hors de la protection de la loi, qu'elle
ne fe charge plus de lui conferver fes
droits civils, ni de remédier aux torts
qu'on pourroit lui faire ; & aucun homme, avec connoiffance de fon crime, ne
peut en fûreté lui prêter aide & fecours.
(D. G.)

PRAGMATIQUE SANCTION,
Droit can. qu'on appelle auffi quelquefois fimplement *pragmatique*, eft le nom
que l'on donne à certaines ordonnances.

Hofman dit que l'on entendoit par
le terme de *pragmatique fanction*, un
refcrit du prince, non pas fur l'affaire
d'un fimple particulier, mais qui concernoit quelque corps, communauté
ou province.

On appelloit un tel réglement *pragmatique*, foit parce qu'il prefcrivoit les
formes que l'on devoit pratiquer dans
une certaine matiere, foit parce que
ce réglement n'étoit interpofé qu'après
avoir pris l'avis des gens *pragmatiques*,
c'eft-à-dire, des meilleurs praticiens,
des perfonnes les plus expérimentées ;
fanction étoit le terme qui caractérifoit
une ordonnance ; en effet *fanctio* dans
la loi eft la partie qui prononce quelque peine contre les contrevenans.

L'hiftoire fait mention d'une *pragmatique fanction*, faite par le roi S. Louis,
en 1268. Les principaux articles font
que les prélats du royaume, les collateurs des bénéfices & les patrons feront
maintenus dans la poffeffion paifible
de tous leurs droits ; que l'élection des
prélats fera faite librement par les églifes cathédrales ; que l'on tâchera d'empêcher la fimonie & la vente des bénéfices, que la cour de Rome ne pourra mettre aucune impofition fur le clergé du royaume, que dans le cas d'une
néceffité preffante & avec le confentement du roi & de l'églife gallicane ; que

Tome XI.

toutes les églifes & tous les eccléfiaftiques du royaume jouiront paifiblement des privileges & franchifes qui
leur ont été accordés par les rois de
France, fes prédéceffeurs.

La plus fameufe *pragmatique* eft celle qui fut faite en France, en 1438,
fous le regne de Charles VII. Ce prince, confidérant qu'il s'étoit gliffé de
grands abus dans le royaume, particulierement au fujet de l'élection des
prélats & de la collation des bénéfices,
réfolut d'y remédier. Il convoqua une
affemblée du clergé à Bourges en 1431.
On y dreffa des mémoires que l'on envoya au concile qui fe tenoit alors à
Bâle ; &, après fept ans de difcuffions
& de délibérations, on acheva enfin
cette *pragmatique*, qui devoit être la
bafe de la difcipline eccléfiaftique dans
le royaume. Elle contient vingt trois articles dreffés fur les décrets du concile
de Bâle. Le premier établit la fupériorité du concile général fur le pape. Le
fecond traite, en particulier, de l'autorité du concile de Bâle, qui avoit
dépofé le pape Eugene IV. Le troifieme
ordonne que les églifes auront la liberté d'élire leurs prélats, & marque la
forme des élections. Le quatrieme &
le cinquieme traitent de la collation
des bénéfices, & aboliffent les réferves
& les graces expectatives du pape &
de fes légats. Le fixieme concerne les
caufes & les jugemens. Le feptieme
traite des appels en cour de Rome ; &,
pour abréger cette énumération, les
articles fuivans reglent ce qui regarde
le fait des poffeffions paifibles ; contiennent diverfes ordonnances fur les
cérémonies du fervice divin & la police des églifes cathédrales ; aboliffent
les annates ; établiffent les prébendes
théologales, & affectent le tiers des bénéfices aux gradués. Le pape Pie II.

Y

élevé fur le fiege apoftolique, en 1458, fit tous fes efforts pour faire abolir en France une ordonnance fi contraire aux intérêts de la cour de Rome. L'évêque de Terni qui étoit à la cour de Louis XI. en qualité de nonce, fut manier, avec tant d'habileté, l'efprit de ce prince, qu'il l'engagea à publier un édit, en 1461, qui aboliffoit la *pragmatique*. Le pape, ravi de ce fuccès, fit traîner ignominieufement dans les rues de Rome la charte de la *pragmatique*; &, pour marquer fa reconnoiffance à Louis XI. il lui envoya une épée qu'il avoit bénie à la meffe de minuit à Noel, & dont le fourreau étoit enrichi de pierreries. Il accompagna ce préfent d'une piece de vers à la louange de ce prince.

Cependant l'abolition de la *pragmatique*, qui caufoit tant de joie à la cour de Rome, fit en France un grand nombre de mécontens. On ne laiffa pas même d'en obferver plufieurs articles, malgré l'édit du roi. Il n'y eut que ceux qui concernoient les réferves & les graces expectatives qui demeurerent fans exécution. Paul II. ayant fuccédé à Pie II. en 1464, envoya un légat en France, en 1467, pour preffer le roi d'abolir entierement cette odieufe *pragmatique*. Ce légat étoit auffi chargé de donner à Jean Balue, évêque d'Evreux, le chapeau de cardinal, s'il vouloit s'employer à faire réuffir cette affaire. Balue, ébloui de l'éclat de la pourpre romaine, fe dévoua aux intérêts du pape, & obtint de Louis XI. les lettres qui confirmoient l'abolition de la *pragmatique*. Le prélat, après les avoir fait publier au châtelet, voulut les faire enrégiftrer au parlement; mais le procureur-général, Jean de S. Romain, s'oppofa à l'enrégiftrement. Il repréfenta vivement qu'il ne pouvoit

y avoir rien de plus funefte pour le royaume que l'abolition de la *pragmatique*; que, pendant trois ans que l'exécution en avoit été fufpendue, il étoit forti de France trois cents quarante mille écus pour les évêchés, les abbayes, les prieurés, & deux millions d'écus pour les graces expectatives des cures & autres bénéfices. Il fit de fanglans reproches à l'évêque d'Evreux, qui facrifioit à fon ambition particuliere le bien commun de la patrie, & protefta qu'il ne confentiroit jamais à l'abolition d'une ordonnance auffi utile au royaume que la *pragmatique fanction*. L'univerfité témoigna auffi un grand zele pour la défenfe de la *pragmatique*; & le recteur alla déclarer au légat qu'il appelloit au futur concile de tout ce qui feroit fait à l'encontre.

Louis XI. étant mort en 1483, on demanda avec empreffement le rétabliffement de la *pragmatique* dans une affemblée générale des Etats du royaume, que Charles VIII. tint dans la ville de Tours. Il n'y eut que les évêques qui avoient été promus fous le regne de Louis XI. contre la forme prefcrite par la *pragmatique*, qui s'oppoferent au vœu de l'affemblée; mais on n'eut aucun égard à leur oppofition. La *pragmatique* fut remife en vigueur, & continua d'être obfervée fous le regne de Charles VIII. & de Louis XII. fon fucceffeur. Au mois de Décembre 1512, le pape Jules II. préfident au concile de Latran, ordonna que tous ceux qui favorifoient la *pragmatique fanction*, euffent à comparoître au concile, dans l'efpace de foixante jours. Jules II. étant mort en Février 1513, Léon X. fon fucceffeur, renouvella cette fommation. C'eft pourquoi Louis XII. envoya fes ambaffadeurs au concile de Latran; mais fa mort, qui arriva le premier de Janvier 1514, l'empêcha de voir la fin de cette affaire. François I. qui lui fuccéda, prince plus occupé de fes expéditions militaires, que des affaires civiles, féduit par le chancelier du Prat qui s'étoit vendu à la cour de Rome pour un chapeau de cardinal, conclut à Bologne, avec le pape Leon X. ce fameux traité connu fous le nom de *Concordat*, qui aboliffoit la *pragmatique*. Ce traité fut proprement l'ouvrage du chancelier du Prat, qui le conclut avec les cardinaux d'Ancone & de Santiquatro, pendant que François I. étoit à Milan. *v.* CONCORDAT.

Pour ce qui eft des *pragmatiques* d'Allemagne, ce font des réglemens ou concordats que l'empereur fait agréer par la diete. La *pragmatique fauction* de l'empereur Charles VI. eft un pacte de famille pour la fucceffion de fes Etats héréditaires qu'il déclare indivifibles, & pour le droit de fucceffion de mâle en mâle, au défaut defquels il appelle fes filles, à leur défaut fes nieces, à leur défaut fes fœurs; elle fut acceptée en 1724, dans la plupart des Etats héréditaires d'Autriche, & préfentée à la diete de Ratisbonne en 1731, où l'empereur en demanda la garantie. Voyez le *tableau de l'Empire germanique, p.* 154.

PRATICIEN, f. m., *Jurifprud.*, eft celui qui eft verfé dans la pratique judiciaire.

Ce n'eft pas feulement aux huiffiers & aux procureurs que la connoiffance de la pratique eft néceffaire; le ftyle des procédures qui font de leur miniftere doit leur être familier pour les rédiger comme il faut. Les avocats & les juges doivent être également inftruits des regles de la pratique, pour connoître fi les actes qu'on leur préfente font dans la forme où ils doivent être; fi les conclufions font bien libellées, bien di-

rigées, s'il n'y a point quelque nullité dans la procédure.

On dit d'un avocat qu'il eft meilleur *praticien* que jurifconfulte, lorfqu'il s'arrête à des fubtilités de procédure plutôt qu'à difcuter le fond.

Quand on parle d'un *praticien* fimplement, on entend quelqu'un qui n'a d'autre emploi que celui de poftuler dans quelque juftice fous un officier public; on comprend auffi fous ce terme les clercs des procureurs, ceux des greffiers & huiffiers. *v.* ces articles.

PRATIQUE *du barreau*, *Jurifpr.*, *tritura fori*, c'eft l'ufage qui s'y obferve pour l'ordre judiciaire. *v.* PROCÉDURE.

On appelle *pratique* d'un procureur le fond de dofiers, de facs & autres papiers qu'il a concernant les affaires dont il eft chargé.

La *pratique* d'un notaire confifte dans fes minutes.

La *pratique* d'un procureur ou d'un notaire eft meuble.

PRÉBENDAIRE, f. m., *Droit can.*, fe dit de celui qui a une prébende dans une églife cathédrale ou collégiale. *v.* CHANOINE, & ci-après PRÉBENDE & PRÉBENDÉ.

PRÉBENDE, f. f., *Droit can.*, eft une certaine portion des biens d'une églife cathédrale ou collégiale, qui eft affignée à un eccléfiaftique titulaire de cette *prébende*, pour fa fubfiftance.

Une *prébende* n'eft, comme on voit, autre chofe qu'un bénéfice établi dans une cathédrale ou collégiale.

On confond quelquefois les termes de *prébende* & de *canonicat*, parce qu'il y a ordinairement une *prébende* unie à un canonicat; cependant ce n'eft pas toujours la même chofe. En effet, il y a des *prébendes* qui n'ont pas le titre ni les droits de *chanoines*; & des chanoines qui ne font pas *prébendés* , tels que les chanoines *ad effectum*.

Il y a auffi dans quelques cathédrales & collégiales des bénéficiers que l'on diftingue des *prébendés* , tels que font les fimples chapelains. *v.* BÉNÉFICE , CANONICAT, CHANOINE, & ci-après PRÉBENDÉ.

PRÉBENDÉ , adj. , *Droit can.*, fe dit d'un eccléfiaftique qui a une prébende dans un églife cathédrale ou collégiale, c'eft-à-dire une portion des revenus de cette églife qui lui eft affignée pour fa fubfiftance.

On appelle *chanoine prébendé* , celui qui a une prébende.

Il y a des chanoines honoraires & *ad honores* , qui ne font pas *prébendés*.

Il y a au contraire des eccléfiaftiques attachés à une collégiale qui font *prébendés*, fans avoir le titre & le rang de *chanoine*.

On appelle *femi-prébendé* celui qui n'a que la moitié d'une prébende. *v.* CHANOINE & PRÉBENDE.

PRÉCAIRE , adj. , *Jurifpr.* , fe dit de ce qu'on ne poffede pas à titre de propriété. Un titre *précaire* eft celui en vertu duquel on ne jouit pas *animo domini* , tel que la commiffion d'un gardien, d'un dépofitaire , un bail à ferme. La poffeffion d'un fermier n'eft pareillement qu'une poffeffion *précaire*.

Le *précaire* dans le droit romain , eft une convention par laquelle , à votre priere , je vous donne une chofe pour vous en fervir tant que je voudrai bien le permettre , & à la charge de me la rendre à ma requifition : *Precarium eft quod precibus petenti utendum conceditur, tamdiu quamdiu is qui conceffit patitur.* L. 1. ff. de precar.

Cette convention tient beaucoup du prêt à ufage; elle renferme , de même que le prêt à ufage , un bienfait , & un

bienfait qui a pour objet plutôt l'ufage de la chofe que la chofe même : *Eft genus liberalitatis* , d. l. §. 1. & *eft fimile commodato* ; *nam & qui commodat fic commodat rem ut non faciat accipientis, fed ut ei re permittat* , d. l. §. 2.

Cette convention de *précaire* n'eft pas néanmoins le vrai contrat de prêt à ufage , qu'on appelle *Commodatum* ; & la différence effentielle qui les diftingue, c'eft que dans le vrai contrat de prêt à ufage , la chofe eft prêtée pour un certain ufage déterminé , ou pour un certain tems , & la reftitution n'en peut être demandée qu'après l'expiration du temps convenu , ou de celui qui eft néceffaire pour que l'emprunteur puiffe s'en fervir pour l'ufage pour lequel elle lui a été prêtée; *v.* PRÊT *à ufage* , au lieu que la convention du *précaire* , celui qui reçoit une chofe précairement , la reçoit pour s'en fervir indiftinctement, & à la charge de la rendre incontinent au prêteur toutes fois & quantes il la demandera.

Dans les principes du droit romain, il y avoit encore d'autres différences; le prêt à ufage étoit un contrat. du nombre de ceux qu'on appelloit *Contrats nommés* , & il produifoit conféquemment de part & d'autre , des obligations civiles : au contraire le *précaire* n'étoit pas un contrat nommé ; & même felon l'opinion de plufieurs docteurs , il n'étoit pas en tout contrat ni quafi - contrat; celui qui avoit accordé précairement l'ufage de la chofe , n'avoit pour fe la faire rendre , que des remedes prétoriens , tel que celui qu'on appelloit *Interdictum de precario*. C'eft ce que nous apprenons de Paul en la loi 14. ff. *de precar.* où il eft dit : *Interdictum de precario meritò introductum eft , quia nulla eo nomine juris civilis actio effet , magis enim ad donationis & beneficii caufam , quàm ad negotii contracti spectat precarii conditio.*

Celui qui avoit accordé précairement l'usage de la chose, outre l'*Interdictum de precario*, avoit aussi une action *Prescriptis verbis.* L. 2. §. 2 & L. 19. §. 2. ff. *d. tit.* mais cette action n'étoit qu'une action *utile*, c'est-à-dire, qui n'avoit son fondement que dans l'équité & la jurisdiction prétorienne.

C'est en conséquence de ces différences qu'au lieu que dans le prêt à usage l'emprunteur est tenu *de levissimâ culpâ*, parce qu'il contracte une obligation civile de rendre la chose, & d'en avoir tout le soin possible, dans le *précaire*, suivant le droit romain, celui à qui l'usage d'une chose est accordé précairement, ne contractant aucune obligation civile, & celui qui la lui a donnée, n'ayant contre lui que des remedes prétoriens qui n'ont pour but que d'empêcher sa mauvaise foi, il n'est tenu que *de dolo, & de latâ culpâ quæ dolo comparatur.*

Quoique l'usage d'une chose qui est accordée précairement, ne soit pas déterminé, celui à qui il a été accordé ne peut néanmoins se servir de la chose qu'à des usages auxquels elle est propre & destinée.

Etant obligé de la rendre à celui de qui il l'a reçue aussi-tôt qu'il la demandera, il ne doit pas la transporter au loin, puisqu'il se mettroit par-là hors d'état de satisfaire à cette obligation.

Si la chose étoit périe ou perdue par un accident de force majeure dans le lieu où il l'a induement transportée, il seroit tenu de cette perte, parce qu'il est en faute de l'y avoir transportée.

On appelloit aussi anciennement *précaire* & en latin *precaria* ou *precarici*, un contrat de bail d'héritages que l'on renouvelloit tous les cinq ans, ou bien à titre d'emphithéose ou à vie. On en a

vu dont la jouissance devoit passer jusqu'à la cinquieme génération. Ces sortes de baux à rente se faisoient ordinairement en faveur de l'église; quand quelqu'un donnoit son bien à l'église, on lui donnoit deux ou trois fois autant du bien de l'église pour en jouir pendant le tems porté par le contrat du *précaire*; & en reconnoissance de ce que ces terres appartenoient à l'église, il lui en payoit quelquefois une petite rente annuelle. Ces *précaires* ne s'accordoient d'abord qu'à des ecclésiastiques, mais dans la suite cela fut étendu à des laïcs. (P.O.)

PRÉCAIREMENT, adv., *Jurisp.*, se dit de ce qui est fait à titre précaire, *precario nomine;* par exemple, posséder *précairement*, c'est lorsqu'on ne possede pas *animo domini*, comme un dépositaire, sequestre ou fermier, lequel ne jouit pas de la chose comme sienne. v. POSSESSION & PRÉCAIRE.

PRÉCEPTEUR, s.m. *Mor.* On appelle *précepteur* celui qui est chargé d'instruire & d'élever un enfant avec lequel il est logé dans la maison paternelle.

Montagne disoit, *liv. I. chap. xxv.* „ Je voudrois qu'on fût soigneux de „ choisir à un enfant de maison un con- „ ducteur qui eût plutôt la tête bien „ faite que pleine, & qu'on y requît „ tous les deux; mais plus les mœurs „ & l'entendement que la science. Je „ voudrois que de belle arrivée, selon „ la portée de l'ame qu'il a en main, „ il commençât à la mettre sur la mon- „ tre, lui faisant goûter les choses, les „ choisir & discerner d'elles-mêmes; „ quelquefois lui ouvrant le chemin, „ quelquefois le lui laissant ouvrir. Je „ ne veux pas qu'il invente & parle „ seul; je veux qu'il écoute son disciple „ parler à son tour.... Il est bon qu'il „ le fasse trotter devant lui, pour ju- „ ger jusqu'à quel point il doit se rava-

„ ler pour s'accommoder à fa force.... :
„ Ceux qui, comme notre ufage porte,
„ entreprennent d'une même leçon &
„ pareille mefure de conduite, régenter
„ plufieurs efprits de fi diverfes mefu-
„ res & formes, ce n'eft pas merveille
„ fi en tout un peuple d'enfans ils en
„ rencontrent à peine deux ou trois qui
„ rapportent quelque fruit de leur dif-
„ cipline. Qu'il ne lui demande pas
„ feulement compte des mots de fa le-
„ çon, mais du fens & de la fubftan-
„ ce ; & qu'il juge du profit qu'il aura
„ fait, non par le témoignage de fa
„ mémoire, mais de fa vie.... Qu'il
„ lui faffe tout paffer par l'eftamine, &
„ ne loge rien en fa tête par fimple au-
„ torité & à crédit ; que les principes
„ d'Ariftote ne lui foient principes, non
„ plus que ceux des ftoïciens & épicu-
„ riens. Qu'on lui propofe cette diver-
„ fité de jugemens, il choifira s'il peut ;
„ finon il demeurera en doute, „ *Che*
„ *non men che faver dubiar m'aggrada.*
„ ..... Au demeurant, cette infti-
„ tution fe doit conduire par une fe-
„ vere douceur, non comme il fe fait.
„ Au lieu de convier les enfans aux let-
„ tres, on ne leur préfente à la vérité
„ qu'horreur & cruauté : ôtez - moi la
„ violence & la force ; il n'eft rien, à
„ mon advis, qui abartadiffe & étour-
„ diffe fi fort une nature bien née. Si
„ vous avez envie qu'il craigne la hon-
„ te & le châtiment, ne l'y endurcif-
„ fez pas : endurciffez-le à la fueur &
„ au froid, au vent, au foleil & aux
„ hafards, qu'il lui faut mefprifer. Of-
„ tez-lui toute molleffe & délicateffe au
„ veftir & coucher, au manger & au
„ boire : accoutumez - le à tout. Que
„ ce ne foit pas un beau garçon & da-
„ meret, mais un garçon vert & vigou-
„ reux. La police de la plupart de nos
„ colleges m'a toujours déplu ; combien

„ leurs claffes feroient plus décemment
„ jonchées de fleurs & de feuillées, que
„ de tronçons d'ofier fanglans ! J'y fe-
„ rois pourtraire la joie, l'allégreffe,
„ Flora & les graces : où eft leur profit,
„ que là fût auffi leur esbat ; on doit
„ enfucrer les viandes falubres à l'en-
„ fant, & enfieller celles qui lui font
„ nuifibles ".

Les Romains choififfoient ordinairement entre leurs efclaves celui qui étoit
le plus capable d'inftruire un jeune enfant. Long - tems l'éducation a été chez
eux très-foignée ; mais la mauvaife éducation fuivit de près le luxe. Les études
furent négligées & altérées, parce qu'elles ne conduifoient plus aux premiers
poftes de l'Etat. On vouloit qu'un *précepteur* coûtât moins qu'un efclave. On
fait à ce fujet le beau mot d'un philofophe ; comme il demandoit mille drach-
mes pour inftruire un jeune homme :
c'eft trop, répondit le pere, il n'en coûte
pas plus pour acheter un efclave. Hé
bien, à ce prix vous en aurez deux,
reprit le philofophe, votre fils & l'efclave que vous acheterez.

On raconte que Diogene étant expofé
en vente dans l'isle de Crete, pria celui
qui le publioit de déclarer qu'il étoit efclave, & qu'il favoit fort bien enfeigner
les jeunes gens. Ce fut cette publication
qui engagea Céniades de l'acheter. On
appelloit les *précepteurs* gardiens, *cufto-
des*. Horace dit dans fa poétique,
Imberbis juvenis tandem cuftode re-
moto.

On eft trop heureux de trouver un
précepteur ami des mufes & de la vertu,
qui veuille fe charger de l'éducation d'un
enfant, & prendre les fentimens d'un
pere tendre : rien n'eft plus rare qu'un
maître de cette forte. Il y a fans doute
encore dans le monde des hommes qui
feroient d'excellens *précepteurs* ; mais

comme ils font fenfés, & qu'ils connoiffent tout le prix de leur liberté, ils ne
peuvent fe réfoudre à la facrifier qu'on
ne leur donne des dédommagemens capables de les tenter ; c'eft-à-dire , un peu
de fortune & beaucoup de confidération.
Souvent ils ne trouvent ni l'un ni l'autre : on attache un affez grand mépris à
leur profeffion ; ce mépris eft-il bien
fondé ? Quoi ! parce que l'enfance eft
un état de foibleffe , le foin de la perfectionner fera-t-il un emploi bas &
honteux ? Que la fcene couvre leur
maintien de ridicule , il n'eft pas moins
certain que la plupart des républiques
n'auroient pas eu befoin de faire tant de
loix pour réformer les hommes , fi elles
avoient pris la précaution de former les
mœurs des enfans. *v.* ÉDUCATION.

PRÉCIPUT , f. m. , *Jurifpr.* , fignifie
en général *præcipua pars* , c'eft-à-dire ,
une portion qui fe prend avant partage.

Les officiers qui font bourfe commune , prennent un *préciput* fur ce qui provient de leur travail.

Le *préciput* de l'aîné confifte à avoir
feul le principal manoir du fief avec le
vol du chapon , c'eft-à-dire , un arpent de terre adjacent au principal fief
ou manoir.

Sur quoi remarquez que , s'il n'y a
point de principal manoir au fief, l'aîné
eft en droit de prendre pour récompenfe un arpent de terre noble à fon choix.
Il n'en eft pas de même du vol du chapon , lequel manquant, l'aîné n'en peut
prétendre récompenfe. *v.* AINESSE.

PRÉCONISATION , f. f. , *Droit canon* , du latin *præconium* , qui fignifie
proclamation ou *louange d'une perfonne* ,
eft la lecture & publication que le cardinal *propofant* fait dans le facré confiftoire à Rome , des mémoriaux & informations qui lui ont été remis touchant la perfonne nommée par le fouve-

rain à un bénéfice. confiftorial : ces mémoriaux font proprement une inftruction & un extrait des titres & qualités
du nommé , & du procès-verbal de fes
vie , mœurs, profeffion de foi & de l'état
de l'églife vacante , fait par-devant le
nonce du pape , ou par devant l'ordinaire de celui qui eft nommé. La *préconifation* fe fait en ces termes : *Beatiffime pater* , *ego* N. *cardinalis , in proximo
confiftorio , fi Sanctitati veftræ placuerit ,
proponam ecclefiam* N. *quæ vacat per obitum* N. *ultimi illius epifcopi : ad eam no-
minat rex utriufque Siciliæ* D. D.... *ut
illi ecclefiæ præficiatur in epifcopum &
paftorem ; illius autem qualitates & alia
requifita latius in eodem confiftorio decla-
rabuntur.* Cet acte de *préconifation* eft
fuivi de plufieurs autres formalités , en
conféquence defquelles , fi le fujet nommé eft jugé digne , on lui expédie fes
bulles.

PRÉDICATEUR , f. m. , *Morale* ,
ecpéfiaftique qui monte en chaire pour
annoncer dans l'églife les vérités du
chriftianifme. On a fait je ne fais combien de livres fur l'éloquence de la chaire , & les devoirs de *prédicateur* ; mais
la Bruyere a dit en peu de mots fur
ce fujet tout ce que je connois de plus
vrai & de plus fenfé. Voici fa réflexion.

„ Il me femble, dit-il, qu'un *prédi-
„ cateur* devroit faire choix dans cha-
„ que difcours d'une vérité unique ,
„ mais capitale , terrible ou inftructi-
„ ve, la traiter à fond & l'épuifer,
„ abandonner toutes ces divifions fi
„ recherchées, fi retournées, fi rema-
„ niées & fi différenciées, ne point
„ fuppofer ce qui eft faux, je veux dire
„ que le grand ou le beau monde fait
„ fa religion & fes devoirs, & ne pas
„ appréhender de faire faire à ces bon-
„ nes têtes ou à ces efprits fi raffinés

„ des catéchifmes ; ce tems fi long, que
„ l'on ufe à compofer un long ouvrage,
„ l'employer à fe rendre fi maître de fa
„ matiere, que le tour & les expref-
„ fions naiffent dans l'action, coulent
„ de fource, fe livrer après une certai-
„ ne préparation à fon génie & aux
„ mouvemens qu'un grand fujet peut
„ infpirer ; qu'il pourroit enfin s'épar-
„ gner ces prodigieux efforts de mé-
„ moire, qui reffemblent mieux à une
„ gageure qu'à une affaire férieufe, qui
„ corrompent le gefte & défigurent le
„ vifage ; jetter au contraire par un bel
„ enthoufiafme la perfuafion dans les
„ efprits & l'alarme dans le cœur, &
„ toucher fes auditeurs d'une toute au-
„ tre crainte que de celle de le voir de-
„ meurer court ".

PRÉDICATION, f. f., *Morale*, c'eft l'action d'annoncer & d'enfeigner la parole de Dieu, en public, faite par une perfonne autorifée & placée dans un lieu convenable pour ce miniftere important. *v.* SERMON, EVANGILE.

Dans l'églife apoftolique les apôtres & les difciples, choifis par Jefus-Chrift, prêcherent d'abord l'Evangile ; *allez*, leur dit-il, *& enfeignez toutes les nations.*

Leurs *prédications* courtes, fimples, accommodées aux auditeurs, ne renfermoient qu'un petit nombre de dogmes fondamentaux, avec les préceptes d'une morale pure & néceffaire. On peut s'en convaincre en lifant les *Actes des apôtres.* Tems heureux, où les chrétiens, tous d'un accord, n'étoient point divifés fur des doctrines bien moins effentielles, & où la bonne conduite, la vertu & la charité caractérifoient les difciples du Sauveur, auffi bien que les prédicateurs de l'Evangile. Voyez *Chriftian. raifonnable* de Locke.

Dans la fuite la commiffion de prê-

cher, dans l'églife primitive encore, étoit confiée par les églifes mêmes, ou par les premiers difciples du Seigneur, à ceux que leur conduite rendoit les plus refpectables.

Quand l'églife fut plus nombreufe, qu'on y eut diftingué des rangs, qu'on y introduifit une fubordination, des grades & une hiérarchie, il n'étoit permis d'abord qu'aux évêques de prêcher. Aujourd'hui ils s'en difpenfent.

Nous voyons cependant des exceptions faites en faveur de certaines perfonnes diftinguées. Ainfi S. Chryfoftome, fimple prêtre, prêchoit avec éclat à Antioche, & S. Auguftin, avec zele, à Hyppone ; mais ces cas étoient rares, fur-tout dans les églifes d'occident.

Depuis plufieurs fiecles, des prêtres, fur-tout parmi les réguliers, ont fait leur capital de cette fonction, prêchant indifféremment dant toutes les églifes où ils font appellés pour cela. Chaque pafteur auparavant inftruifoit fon troupeau, ce qui étoit plus édifiant & plus convenable à tous égards. Un pafteur permanent connoît en effet bien mieux fon troupeau.

Dans l'églife romaine il faut être diacre au moins pour prêcher. Parmi les proteftans il faut en avoir reçu la permiffion d'un évêque ou d'un fynode, ou d'une claffe, ou d'une académie, felon les divers pays, & felon la forme du gouvernement de l'églife.

La *prédication* défigne non-feulement l'action de prêcher, mais encore l'art, & le difcours même prêché, qui prend auffi le nom de *fermon.* Ainfi on dit, il s'applique à la *prédication*, il réuffit dans la *prédication* & il fait de bons fermons. L'abbé de Villiers a fait un poëme en quatre chants fur l'art de la *prédication*, ou l'art de prêcher.

La

La *prédication* fe dit encore au figuré de tout ce qui peut en tenir lieu : ainfi les bons exemples des miniftres de la religion font une *prédication* vivante , comme les vertus de nos ancêtres font la cenfure muette, mais perpétuelle , du fiecle.

L'abbé Coyer , dans l'ouvrage qu'il a intitulé *la prédication*, prend ce mot dans la plus grande étendue : Adam, les patriarches, Noé, Moïfe, les prophètes, les philofophes, les orateurs, les poëtes, les légiflateurs font, felon lui, autant de prédicateurs de la vertu, dont cependant les *prédications* ont été affez infructueufes ; & fon ouvrage même, quoique bien écrit, groffira la lifte de ceux qui ont été faits, fans avoir produit une grande réformation dans les mœurs.

Le prédicateur peut trouver dans les préceptes de l'éloquençe , & dans ceux qui ont été donnés aux orateurs, les regles de fon art. Mais c'eft encore dans l'Ecriture-fainte qu'il doit toujours puifer la matiere de fes difcours & de fes enfeignemens.

Il doit bien connoître fans doute fa langue, l'écrire avec pureté ; mais fon ftyle doit être fimple, fon organe net , & s'il eft poffible, fon ton doit être agréable , mais toujours grave & naturel.

Jamais le prédicateur ne doit porter en chaire des matieres qui regardent le gouvernement, ni l'adminiftration. Elles lui font abfolument étrangeres.

C'eft la morale qui convient aux peuples , qui eft utile à la fociété, qui doit être par-là même le fond de tous fes difcours.

Les dogmes obfcurs , les queftions épineufes, les myfteres profonds, les controverfes , qui divifent malheureufement les chrétiens, n'auroient jamais

Tome XI.

dû entrer dans des difcours adreffés aux peuples , puifqu'ils ne fervent alors qu'à les animer les uns contre les autres. *v.* RELIGION, RÉVÉLATION.

Un ftyle fleuri, orné, qui convient dans un difcours académique , n'eft pas de la dignité de la chaire évangelique , & n'eft point à la portée du commun ou du plus grand nombre des auditeurs , pour lefquels on doit prêcher.

Les differtations théologiques fur des doctrines épineufes , conteftées, diverfement envifagées , font faites pour les auditoires académiques, & non pour la chaire de Jefus - Chrift.

Il eft des églifes catholiques où l'on prêche trop rarement : l'inftruction du peuple eft cependant une partie effentielle du culte & de la religion. Il eft des églifes proteftantes où la *prédication* eft regardée comme la partie principale du fervice divin , & la priere, l'adoration, le chant des louanges de Dieu paroiffent n'y être que des acceffoires : ce font cependant des actes néceffaires du culte religieux. Il y a des églifes, comme en Angleterre , où les fermons font lus fans grace ; en d'autres, ils font recités avec une volubilité qui empêche la plupart des auditeurs de les fuivre. Par-tout il refte ainfi des abus à réformer. *v.* MINISTRE *de l'Evangile.* (B. C.)

PRÉFÉRENCE, f. f. *Jurifp.*, eft un avantage que l'on donne à l'un de plufieurs concurrens ou contendans fur les autres.

En matiere civile , on préfére en général celui qui a le meilleur droit, & dans le doute , on donne la *préférence* à celui qui a le droit le plus apparent. C'eft fur ce dernier principe qu'eft fondée cette regle de droit, *in pari caufâ , melior eft poffidentis.*

De même dans le doute , celui qui

Z

contefte pour éviter le dommage ou la diminution de fon bien, eft préférable à celui *qui certat de lucro captando*.

Entre créanciers hypothécaires, les plus anciens font préférés, *qui prior eft tempore, potior eft jure*. Ce principe eft obfervé par-tout pour la diftribution du prix des immeubles.

PRÉFET, f. m., *Droit Rom*. La charge de *préfet* de la ville eft presque auffi ancienne que Rome, puifque, felon Tacite, *Ann. lib. VI. c.* 11, Romulus lui-même l'établit, & en revêtit Denter Romulus, pour qu'il exerçât l'autorité royale en l'abfence du roi. Comme les fréquentes guerres que les Romains avoient à foutenir, obligeoient les rois & les confuls de s'abfenter très-fouvent, ils établiffoient un lieutenant chargé de faire leurs fonctions en leur abfence, & principalement de rendre la juftice, & de pourvoir à toutes les affaires qui ne pouvoient fouffrir de retardement. Il avoit le pouvoir de convoquer le fénat, & d'y propofer les matieres. Il avoit de même celui de convoquer les comices des centuries, comme cela fe voit par l'exemple de Sp. Lucretius, que Tarquin avoit établi *préfet* de Rome, & qui préfida à l'élection des deux premiers confuls, Liv. *lib. I. c. ult*. Nous ne voyons point d'autre exemple fous la république, où un *préfet* de la ville ait préfidé aux comices pour l'élection des magiftrats. On a vu que lorfqu'il n'y avoit point de confuls, c'étoit un entreroi, ou que, lorfque les confuls ne pouvoient point y vaquer eux-mêmes, ils nommoient un dictateur. D'ailleurs depuis qu'on eut établi un préteur en l'an 387, ce magiftrat chargé de l'adminiftration de la juftice, fut auffi chargé de faire toutes les autres fonctions des confuls en leur abfence, & il ne fût apparemment plus

néceffaire d'établir de *préfet* de la ville.

On continua pourtant d'en établir un tous les ans, mais feulement pour peu de jours, à l'occafion des féries latines. Cette fête fe célébroit tous les ans, avec toute la folemnité poffible fur le mont Albain, en l'honneur de Jupiter Latial, c'eft-à-dire de Jupiter protecteur du Latium. Dion. Hal. *lib. IV. p.* 250. Tarquin le fuperbe avoit inftitué cette fête commune à tous les peuples du Latium, pour ferrer les nœuds de la confédération qu'il avoit faite avec les Latins. Les principaux magiftrats de toutes les villes de la confédération devoient fe trouver au même lieu, affifter enfemble aux mêmes facrifices, & manger enfuite enfemble, en figne de la plus parfaite union. On avoit réglé ce que chaque ville devoit contribuer pour les facrifices, & la portion qu'elle en devoit avoir. S'il y avoit guerre entre quelques-uns de ces peuples, il devoit y avoir une fufpenfion d'armes & ceffation de toutes hoftilités, tant que duroit la fête. La principale victime qu'on y facrifioit, étoit un taureau, dont chaque peuple (& ils étoient au nombre de quarante-fept) devoit avoir fa portion. Ces facrifices étoient accompagnés de prieres pour la confervation & la profpérité commune de tous ces peuples, & pour celle de chaque peuple en particulier. Liv. *lib. XLI. c.* 20. Entre ces différens peuples, les Volfques & les Henriques tenoient le premier rang après les Romains, dont Tarquin avoit par-là fait reconnoître la fupériorité, puifque c'étoit eux, ou plutôt d'abord de roi, & depuis les confuls qui régloient le tems de ces fêtes, & qui en avoient la principale direction. Les Romains regardoient cette affaire comme une des plus importantes, & obfervoient ces fêtes fi fcrupuleufement, que c'étoit toujours un des premiers objets fur lequel les confuls, dès qu'ils étoient entrés en charge, confultoient le fénat; & ils ne partoient jamais de Rome, pour aller fe mettre à la tête des armées, qu'ils n'y euffent affifté. *Id. lib. XXI. c. ult. lib. XXII. c. 1. Cic. ad Quirit. c. 5. & ibi* Græv. Tous les magiftrats de Rome fe rendoient au mont d'Albe, & les tribuns du peuple même, qui dans un autre tems ne pouvoient pas s'abfenter pour une nuit entiere, pouvoient y paffer tout le tems des féries latines. Tarquin le fuperbe n'avoit inftitué qu'un jour de fète, mais après qu'il eut été détrôné, le peuple romain y en ajouta un fecond. *Dion. Hal. lib. VI. p.* 415. Après la reconciliation du fénat & du peuple, lorfque celui-ci fe fut retiré fur le mont facré, on y en ajouta un troifieme, & encore un quatrieme, après que Camille eut rétabli la concorde entre ces deux ordres. *Plutarch. in Camillo. p.* 151. *F.*

La ville étant fans magiftrats pendant ces quatre jours, on y établiffoit un *préfet* pour ce court efpace de tems. On choififfoit parmi la nobleffe un jeune homme qui n'avoit pas encore l'âge requis pour être fénateur. On prétend cependant qu'il pouvoit convoquer le fénat dans les cas qui ne fouffroient point de délai, *Gell. lib. XIV. c.* 8. comme je l'ai remarqué ailleurs. *V. liv. II. chap.* 1. On ajoute qu'il ne pouvoit convoquer l'affemblée du peuple, parce que cela n'étoit pas permis les jours de fète. Ce font de ces queftions frivoles fur lefquelles les favans fe plaifent quelquefois à s'exercer. Car tous les fénateurs, de même que les magiftrats, & une grande partie du peuple fe rendoient à ces féries, ou du moins les fénateurs prenoient ce tems pour

s'abfenter, de forte que le *préfet* n'en auroit pu former une affemblée. D'ailleurs le mont d'Albe étoit à fi peu de diftance de Rome, qu'il eût été facile aux magiftrats d'y accourir, en cas que leur préfence y eût été néceffaire.

Après qu'Augufte eut établi un *préfet* de la ville, dont la dignité étoit à vie, il ne laiffa pas de continuer d'en établir un tous les ans pour le tems des féries latines, qu'on appelloit *præfectus feriarum latinarum caufa. Leg.* 2. §. 33. *D. de Orig. Jur.* D'abord Augufte fit exercer cette charge par des fils de chevaliers encore tout jeunes. *Dio Caff. lib. XLIX. p.* 476. *C.* Mais depuis, les empereurs la firent exercer par leurs proches parens, & même par ceux qu'ils deftinoient à l'empire. Augufte même eût fouhaité que Claude, qui fut depuis empereur, n'eût pas été trop ftupide pour en remplir les fonctions de bonne grace. *Suéton. in* Claud. *c.* 4. Drufus, fecond fils de Germanicus, fut *préfet* de la ville fous Tibere. *Tacit. An. lib. IV. c.* 35. Néron le fut fous Claude, après avoir été adopté par cet empereur, *Suéton. in* Nerone. *c.* 7. & Marc-Aurele le fut fous Adrien. *Capitolin. in* Marco. *c.* 4. Dion Caffius rapporte qu'Augufte en l'an 739, établit deux de ces *préfets* pour chaque jour de ces féries, de forte qu'il y en eut huit pour les quatre jours que dura la fète, dont il y en avoit un qui n'étoit pas encore forti de l'enfance. *Lib. LIII. p.* 594. *E.*

C'eft à Augufte qu'il faut rapporter l'établiffement d'un *préfet* de la ville, dont la dignité fut à vie. Jules Céfar, en partant pour l'Efpagne, avoit déja établi huit *préfets*, pour diriger toutes les affaires de la ville en fon abfence. *Dio. Caff. lib. XLIII. p.* 258. *A.* Mais c'eft un cas dont il n'y avoit point eu d'exemple auparavant, & dont il n'y en a point eu depuis. Auguste ayant entrepris la guerre contre Sextus Pompée, qui étoit maître de la Sicile, & étant obligé de s'absenter de Rome, donna à Mécenas l'administration de toutes les affaires de Rome & de l'Italie, pour les gouverner en son absence. *Id. lib. XLIX. p.* 459. Vell. Pat. *lib. II. c.* 88. Tacit. *An. lib. VI. c.* 11. Quoique Mécenas ne fût que simple chevalier, & qu'il n'eût été revêtu d'aucune autre dignité, il conserva celle-ci toute sa vie. Après sa mort, Auguste, suivant le conseil que Mécenas lui-même lui avoit donné, de ne conférer cette dignité qu'à ceux qui auroient exercé avec distinction les premieres magistratures, donna la charge de *préfet* de la ville à Valerius Messalla consulaire. Dio Cass. *lib. I.* Celui-ci ne s'en étant pas acquitté comme il devoit, Statilius Taurus qui avoit été deux fois consul, en fut revêtu, & après lui L. Pison aussi consulaire, qui l'exerça pendant vingt ans. Tacit. *I. c.*

Ce *préfet* de la ville se faisoit accompagner par six licteurs avec leurs faisceaux, &c. *Vid.* Spanh. *de Usu & præst. Num. Tom. II. p.* 118. Il empiéta bientôt sur la jurisdiction des préteurs & des autres magistrats, attirant à son tribunal la connoissance de tout le criminel, & de tout ce qui regardoit la police. Sa jurisdiction s'étendoit sur la ville de Rome & hors de son enceinte, à cent lieues à la ronde. *Leg. I. §. 4. D. de Offic. præf. Urb.* Les principales causes qui étoient de sa compétence, étoient d'écouter les plaintes des esclaves contre la dureté de leurs maîtres, & d'un autre côté les plaintes des maîtres contre leurs esclaves; *Ib. §. 1. & 5.* de même que les plaintes d'un patron contre l'ingratitude de son affranchi. *Ib. §. 2.*

& 10. Sa jurisdiction s'étendoit aussi sur les tutelles, lorsque l'administration du tuteur avoit été frauduleuse, & qu'il méritoit un châtiment exemplaire. *Ib. §. 7.* Il avoit étendu sa jurisdiction sur les banquiers, sur les usuriers, & en général sur tout ce qui concernoit la police & la tranquillité de la ville, ce qui avoit été auparavant du département des édiles. *Ib. §. 9. & 12.* En conséquence, il mettoit le prix à la viande de boucherie, faisoit régner l'ordre dans les spectacles & dans toute la ville, en disposant des gardes dans les différens quartiers. *§. 11. & 12.* En général tout le criminel entroit dans son département, & il avoit le pouvoir de bannir de Rome & de toute l'Italie, & même de faire transporter les coupables dans telle isle que l'empereur lui auroit désignée à cet effet. *Ibid. §. 3. & 13.*

Les empereurs mirent toujours dans ce poste des personnes distinguées par leur mérite, & par les charges qu'elles avoient exercées, & comme le *préfet* de la ville étoit le lieutenant du prince, il s'éleva bientôt au-dessus de tous les autres magistrats. Justinien veut que le *préfet* de la ville ait la prééminence sur tous les autres officiers de l'empire, *Novell. LXXI. §. 2.* & on voit qu'ailleurs il est égalé en rang au *préfet* du prétoire. *Leg. I. cod. de præf. præt.* Les empereurs Sévere & Caracalla le qualifient notre ami (*Amicus noster*). *Leg. 4. de Offic. præf. Vigil.* Il avoit sous lui un vicaire, qui en son absence, ou par son ordre, étoit autorisé à remplir toutes ses fonctions. Cassiod. *Var. lib. IX. Ep.* 15. Noodt *de Jurisd. lib. II. c.* 1.

Comme les rois établissoient un général de la cavalerie (*Tribunus celerum*); comme sous la république, le dictateur, dès qu'il entroit en charge, nommoit un maître ou général de la cavalerie qui tenoit le même rang, & faisoit sous lui les mêmes fonctions que le premier avoit faites auparavant sous les rois, de même aussi les empereurs eurent leur *préfet du prétoire*, qui tenoit sous eux le même rang, & faisoit à-peu-près les mêmes fonctions que les premiers avoient faites sous les rois & sous les dictateurs. *Leg. Un. D. de Offic. præf. præt.* Auguste, en établissant cette charge purement militaire, ne lui donna pas cette grande considération à laquelle elle parvint depuis ; car il choisit ses *préfets* du prétoire, non dans le sénat, mais dans l'ordre des chevaliers, & ne leur attribua aucune jurisdiction civile, mais simplement le commandement de ses gardes, qu'on nommoit les *cohortes prétoriennes.* Ce fut en l'an 747 qu'Auguste établit cette charge, suivant le conseil que Mécenas lui en avoit donné, & comme il prévit d'abord qu'elle prendroit bientôt de grands accroissemens, il la partagea entre deux chevaliers, afin qu'en cas que l'un formât quelque mauvais dessein, il trouvât un obstacle dans son collegue. *Dio Cass. lib. LIII. p.* 549. *D. lib. LV. p.* 635. B. Séjan à la faveur du crédit qu'il avoit gagné sur l'esprit de Tibere, étendit extrêmement l'autorité de cette charge, en rassemblant dans un camp auprès de Rome toutes ces cohortes, qui auparavant étoient dispersées dans tous les quartiers de la ville. *Tacit. An. lib. IV. c.* 2. D'ailleurs, comme il exerçoit seul cette charge, & que la faveur du prince l'autorisoit à s'ingérer dans beaucoup d'autres affaires, il jetta le premier les fondemens de la grande autorité & de la considération où les *préfets* du prétoire s'éleverent dans la suite. Cette charge fut quelquefois partagée entre deux *préfets*, & quelquefois réunie en la personne d'un seul. Afra-

nius Burrhus l'exerça seul sous Néron, mais après sa mort ce prince en établit deux. *Id. lib. XIV. c.* 51. Il y en avoit deux sous Vespasien. *Id. Hist. lib. IV. c.* 68. Sous Commode, Perennis le fut seul ; *Hérodian. lib. I. c.* 9. mais Sévere partagea encore cette charge, & cela varia toujours jusqu'au regne de Constantin.

D'abord ces officiers n'étendoient leur autorité que sur le militaire ; mais comme c'étoit un poste de confiance, il étoit naturel que les empereurs fussent bien-aises d'augmenter l'autorité d'un officier auquel ils confioient la garde de leur personne. Cependant il ne paroit pas qu'avant le regne de Marc-Aurele, ils se soient mêlés des affaires civiles. *Capitol. in Marco. c.* 11. Cet empereur fut le premier qui dans les causes civiles, lesquelles par appel ou autrement, se portoient devant lui, ne prononça que de l'avis de ses *préfets* du prétoire, dont il se faisoit accompagner par-tout. Commode leur fournit l'occasion d'étendre encore davantage leur autorité, s'étant déchargé sur Pérennis, qui étoit seul *préfet* du prétoire, du soin de toutes les affaires, pour se livrer tout entier à ses plaisirs. *Herod. l. c.* Depuis ce tems-là les *préfets* du prétoire devinrent les principaux juges civils, & on portoit à leur tribunal toutes sortes de causes, tant en premiere instance que par appel ; *Leg.* 32. *cod. de appellat.* & on ne pouvoit appeller de leurs sentences. *Leg. Un. D. de offic. præf. præt.* Panciroili *Notit. imp. occid. c.* 3. Jusqu'au tems de l'empereur Alexandre Sévere, ils ne sortirent guere de l'ordre des chevaliers, ou du moins il étoit bien rare qu'ils fussent sénateurs. Suétone dit que Titus voulut exercer cet emploi sous son pere, & qu'il fut le premier *préfet* du prétoire qui fût sénateur. *In Tito.*

c. 6. Plin. *præf. Hift. Nat.* Mais il eft contredit par Tacite, qui nomme Arretinus Clémens, parent de Vefpafien, que Mucien avoit établi dans cette charge, après s'être rendu maitre de Rome au nom de Vefpafien. *Hift. lib. IV. c.* 68. Il paroit que depuis la dignité de fénateur fut un titre d'exclufion pour celle de *préfet* du prétoire, puifque Marc-Aurele fe plaignit dans le fénat que cette raifon l'empêchoit de donner cette charge à Pertinax, dont il connoiffoit d'ailleurs tout le mérite. Capit. *in* Pertin. *c.* 2. D'un autre côté, Commode, pour ôter cette charge à Paternus, dont il étoit mécontent, l'éleva à la dignité de fénateur. Lamprid. *in* Commodo. *c.* 4. La vérité eft que s'il y avoit une loi, les empereurs étoient toujours maîtres de la changer; & peut-être qu'elle ne leur fervit que de prétexte pour exclure de cette dignité ceux que l'on auroit defiré d'en voir revêtus, ou pour n'y point donner un nouveau relief, en y joignant la dignité fénatoriale. Quoi qu'il en foit, Alexandre Sévere fut le premier qui réunit ces deux dignités à perpétuité, difant qu'il étoit injufte qu'un homme d'une dignité inférieure à celle des fénateurs fût conftitué leur juge. *Idem in* Alex. *c.* 21.

On a vu que les *préfets* du prétoire, dans leur origine étoient des officiers purement militaires, & dont les fonctions étoient bornées au commandement des gardes de l'empereur. On a vu encore qu'infenfiblement ils réunirent le pouvoir civil au pouvoir militaire, & devinrent les principaux juges de l'empire. Les changemens que Conftantin le grand introduifit dans leurs fonctions, leur ôterent tout pouvoir fur le militaire, & les bornerent à des fonctions purement politiques & ci-

viles. Au lieu de deux *préfets*, il en établit quatre fur les quatre parties, dans lefquelles il divifa l'empire romain. Zofim. *lib. II. c.* 52. *& feqq.* Leurs départemens étoient l'Orient, l'Illyrie, l'Italie, qui comprenoit auffi l'Afrique, la Sicile & la Sardaigne, & les Gaules, fous lefquelles on comprenoit l'Efpagne & l'Angleterre. Si ces *préfets* du prétoire, dépouillés de toute autorité fur le militaire, perdirent quelque chofe par-là, leur confidération fut beaucoup augmentée d'un autre côté. Chacun dans fon département, pouvoit faire des loix auxquelles tout le monde étoit obligé de fe foumettre, à moins que l'empereur ne les caffât. *Leg.* 2. *cod. de Offic. præf. præt. Or. & Illyr.* Tous les gouverneurs particuliers des provinces de leur département étoient foumis à leurs ordres. *Leg. un. cod. de Offic. præf. præt. Afric.* Ils avoient une infpection générale fur l'adminiftration de la juftice, puniffoient les juges qu'ils trouvoient en faute, dépofoient ceux qu'ils croyoient incapables, & en établiffoient d'autres à leur gré. *Leg. 3. & 4. cod. de Offic. præf. præt. Or. & Illyr.* Ils avoient de même l'adminiftration des finances, levoient les tributs, felon les taxes réglées par les empereurs, & en général tous les autres impôts, droits d'entrée & de fortie, les revenus des falines, &c. *Leg. 13. cod. de Annona & Tribut.* Tous les officiers prépofés à cette recette, les vaiffeaux deftinés à transporter l'argent & les vivres dans la capitale, &c. étoient à leurs ordres. On pouvoit appeller à leur tribunal de la fentence de tous les juges particuliers, & même des gouverneurs des provinces. *Leg. 32. cod. de Appellat.* Chaque *préfet* du prétoire avoit fous lui plufieurs vicaires, & le département de chacun de ces vicaires s'étendoit fur ce qu'on appelloit un *diocese*, qui comprenoit plufieurs provinces, dont chacune avoit fa capitale, qu'on appelloit *métropole*, & fous chaque métropole il y avoit encore diverfes autres villes.

Entre les magiftratures extraordinaires, qui eurent lieu fous la république, on peut compter celle de *préfet des vivres* (*Præfectus Annonæ*). Nous voyons qu'il en eft fait mention dans Tite-Live dès l'an de Rome 313, que L. Minucius, patricien, fut revêtu de cette charge. *Lib. IV. c.* 12. & 13. On n'en établiffoit que dans les cas de la néceffité la plus preffante, & cette commiffion étoit des plus honorables & des plus confidérées, puifque Pompée, après toutes fes victoires, ne la dédaigna pas. *Cic. pro domo c.* 7. *ad* Attic. *lib. IV. Ep.* 1. Elle lui fut conférée pour cinq ans. Le peuple romain, en offrant à Augufte les dignités de dictateur & de cenfeur, y vouloit joindre celle de *préfet* des vivres, avec la même étendue de pouvoir qu'elle avoit été accordée à Pompée. *Dio Caff. lib. LIV. pag.* 596. Augufte ayant refufé les deux premieres, n'ofa refufer celle-ci, & établit fous lui deux perfonnes, qui devoient avoir exercé la préture cinq ans auparavant, & qui fe renouvelloient tous les ans. Ils furent chargés du foin de faire au peuple les diftributions ordinaires de bled. Ainfi Augufte fut lui-même *préfet* des vivres pendant une partie de fon regne; mais à la fin il établit un officier particulier dans cette charge, & l'on voit Turannius *préfet* des vivres, nommé un des premiers entre ceux qui prêterent ferment à Tibere, après la mort d'Augufte. On peut juger par tout ce que je viens de dire, que cet officier tenoit un rang confidérable dans l'Empire, & Tacite rapporte que Mucien ayant ôté à Arrius Varus fa charge de *préfet* du prétoire, lui donna pour dédommagement celle de *préfet* des vivres. On voit par quelques loix du digefte, que fa jurifdiction s'étendoit fur tous ceux qui trafiquoient en grains, & qu'il étoit le juge de tous les procès qui furvenoient à ce fujet. Il avoit encore une infpection générale fur le prix du fel, du vin, de la viande & d'autres denrées. Cette charge qui avoit été fi confidérable dans fon origine, s'avilit infenfiblement fous le bas Empire, de forte que Boece fe plaint que rien n'étoit plus méprifé de fon tems que ce miniftere, dont anciennement les perfonnages les plus illuftres s'étoient tenus honorés. (H. M.)

PRÉGADI, f. m., *Droit de Venife*, nom du fénat de Venife, dans lequel réfide toute l'autorité de la république. On y prend les réfolutions de la paix ou de la guerre, des ligues ou des alliances; on y élit les capitaines généraux, les provéditeurs des armées, & tous les officiers qui ont un commandement confidérable dans les troupes: on y nomme les ambaffadeurs; on y regle les impofitions; on y choifit tous ceux qui compofent le college; on y examine les réfolutions que les *fages* prennent dans les confultations du college, fur lefquelles le fénat fe détermine à la pluralité des voix. En un mot, le *prégadi* eft l'ame de l'Etat, & par conféquent le principe de toutes les actions de la république.

L'origine du nom de *prégadi* vient de ce qu'autrefois le fénat ne s'affemblant que dans des occafions extraordinaires, on alloit prier les principaux citoyens de s'y trouver, lorfque quelque affaire importante méritoit qu'on prît leur avis: aujourd'hui le fénat s'affemble les mercredis & les famedis; mais le *fage* de femaine peut faire tenir extraor-

dinairement le *prégadi*, lorſque les affaires qu'on y doit porter, demandent
une prompte délibération.

Le *prégadi* fut compoſé de ſoixante
ſénateurs dans la premiere inſtitution;
c'eſt ce qu'on appelle *prégadi ordinaire*.
Mais comme on étoit obligé d'enjoindre ſouvent pluſieurs autres dans les affaires importantes, on en créa encore
ſoixante; ce qu'on appelle la *giunte*.
Ces cent vingt places ſont remplies par
des nobles d'un âge avancé, & de la
premiere nobleſſe. Tous les membres
du college, ceux du conſeil des dix,
les quarante juges de la quarantie criminelle, & les procurateurs de ſaint Marc
entrent auſſi au *prégadi*; de ſorte que
l'aſſemblée du ſénat eſt d'environ deux
cents quatre-vingts nobles, dont une
partie a voix délibérative, & le reſte
n'y eſt que pour écouter & pour ſe former aux affaires. Le doge, les conſeillers de la ſeigneurie & les ſages grands,
ſont les ſeuls dont les avis peuvent être
balotés, pour éviter la confuſion qui
naîtroit de la diverſité des ſentimens
dans une ſi grande aſſemblée où les avis
ne peuvent paſſer, qu'ils n'ayent la
moitié des voix. Cependant ceux qui
n'ont pas le droit du ſuffrage, peuvent
haranguer pour approuver ou pour contredire les opinions que l'on propoſe;
mais leurs harangues ne changent guere
les réſolutions du ſénat.

Il réſulte de ce détail que le *prégadi* re-
préſente une parfaite ariſtocratie, avec
un pouvoir abſolu dans les plus importantes affaires de l'Etat; de ſorte que le
même corps de magiſtrature a, comme
exécuteur des loix, toute la puiſſance
qu'il s'eſt donnée comme légiſlateur. Il
peut ravager l'Etat par ſes volontés générales; & comme il a encore la puiſſance de juger, il peut détruire chaque
citoyen par ſes volontés particulieres.

En un mot, toute la puiſſance y eſt
une; & quoiqu'il n'y ait point de pompe extérieure qui découvre un prince
deſpotique, on le ſent à chaque inſtant.
On dira peut-être que les tribunaux de
Veniſe ſe tempérent les uns les autres;
que le grand conſeil a la légiſlation; le
prégadi, l'exécution; les quaranties,
le pouvoir de juger: mais je réponds
avec l'auteur de l'*Eſprit des loix*, que
ces tribunaux différens ſont formés par
des magiſtrats du même corps, ce qui
conſéquemment ne fait guere qu'une
même puiſſance.

PRÉJUDICE, ſ. m., *Juriſprud.*,
ſignifie quelquefois *tort*, *grief*, *dommage*, comme quand on dit que quelqu'un
ſouffre un *préjudice* notable par le fait
d'autrui. Voyez ces articles.

Ce même terme ſert auſſi quelquefois
à exprimer une réſerve de quelque choſe, comme quand on met à la ſuite d'u-
ne clauſe, que c'eſt ſans *préjudice* de
quelque autre droit ou action.

PRÉJUDICIAUX, *frais*, ſ. m., *Juriſprud.*, ſont des frais de contumace,
que le défaillant eſt obligé de rembour-
ſer avant d'être admis à pourſuivre ſur
le fond.

PRÉJUDICIELLE, *queſtion*, ſ. f,
Juriſprud., eſt celle qui pourra jetter
de la lumiere ſur une autre, & qui par
conſéquent doit être jugée avant celle-
là. Si, par exemple, dans une queſtion ſur la part que quelqu'un doit avoir
dans une ſucceſſion, on lui conteſte la
qualité de parent, la queſtion d'état eſt
une queſtion *préjudicielle*, qu'il faut
vuider avant de pouvoir décider quelle
part appartient au ſoi-diſant parent.

PRÉJUGÉ, ſ. m., *Morale*. Ce mot
formé de la prépoſition latine *præ*, avant,
& du participe du verbe *judicare*, juger,
ſignifie dans ſa vraie acception, un jugement déterminé, porté ſur la vérité
ou

ou la fauſſeté d'une propoſition, avant que d'en avoir connu & examiné ſuffi-famment les preuves qui ſont à notre portée.

Le *préjugé* differe de l'opinion, d'un côté, en ce que l'opinion ne ſuppoſe pas l'abſence de tout examen inſtructif précédent, quoiqu'elle ſuppoſe la pri-vation des connoiſſances ſuffiſantes pour opérer dans un bon eſprit une en-tiere conviction : ſouvent même, c'eſt un examen plus approfondi qui chan-ge la croyance en ſimple opinion, parce qu'il nous découvre dans le ſujet des difficultés que nous n'y voyions pas d'abord, & nous fait appercevoir des raiſons valables de douter de la vérité de la propoſition dont on juge. Une plus grande connoiſſance du ſujet, ſi elle étoit à notre portée, changeroit l'opinion en certitude, & nous feroit voir la propoſition décidément vraie ou fauſſe ; au lieu que le *préjugé* ſans nul examen du ſujet, ou au moins ſans un examen ſuffiſant de ce qui, dans ce ſu-jet, nous peut être connu, décide, pro-nonce, avant que de connoître que la propoſition qu'on nous offre, eſt vraie ou fauſſe. D'un autre côté, l'opinion ne décide rien par un jugement défini-tif, ne bannit point le doute ſur la vé-rité de la propoſition : quoiqu'elle trou-ve plus de raiſons de la regarder comme vraie, elle conſerve l'idée de la poſſibilité qu'elle ſoit fauſſe. *v.* OPINION, CER-TITUDE. Au lieu que le *préjugé* pro-nonce, décide définitivement, il ban-nit le doute ſur la vérité de la propoſi-tion qu'il admet, & il rejette ſans hé-ſiter comme étant faux, tout ce qu'il croit le contredire.

Nous avons ajouté que le *préjugé* prononçoit ſans connoître & ſans exa-miner ſuffiſamment les preuves qui ſont à notre portée ; car juger après

Tome XI.

avoir examiné tout ce que nous pou-vons connoître d'un ſujet, ce n'eſt pas préjuger, quand même il ſeroit connu par d'autres qu'il y a encore bien des choſes à découvrir dans ce même ſu-jet ; pourvu que le jugement que nous portons ſoit une conſéquence légitime & bien tirée de ce qui nous eſt connu, & que nous ayons examiné tout ce qui peut nous être connu ; car ſi l'on nom-moit *préjugé* tout jugement porté ſur un ſujet ſur lequel il nous reſte encore des découvertes à faire, il n'y auroit aucun jugement qui ne fût un *préjugé* : au lieu qu'on ne doit qualifier ainſi que celui que nous portons ſans avoir con-nu & examiné ſuffiſamment les preu-ves qui ſont à notre portée.

Nous avons dit auſſi qu'il falloit pour ne pas préjuger que les preuves à notre portée euſſent été connues & examinées ſuffiſamment, c'eſt-à-dire, que nous en ayons acquis des idées diſtinctes, enſorte que nous en voyions clairement le rapport avec ce qu'affirme la propo-ſition qu'on appuye par elle ; car ſi nous n'en avons qu'une idée confuſe, telle qu'on l'acquiert par la ſeule énu-mération qu'on en fait, ſans les dé-velopper, ſans les approfondir, ce n'eſt pas là connoître & examiner des preu-ves. Quand, par exemple, il s'agit de faits, il ne ſuffit pas pour convaincre un homme ſage, que celui qui le rapor-te, l'affirme, qu'il nomme un certain nombre de témoins comme l'affirmant auſſi, qu'on diſe en général, *chacun ſait que telle choſe eſt* ; qu'on cite un grand nombre d'auteurs comme rappor-tant la même choſe dans leurs écrits ; s'en tenir-là, c'eſt préjuger. Si ſur de telles aſſertions non examinées, non approfondies, non vérifiées, on don-ne ſon aſſentiment à ce qu'on veut nous faire croire ; il faut rechercher

A a

quelles raifons celui qui parle, peut avoir eues d'affirmer ce qu'il dit, il faut s'affurer fi les témoins nommés donnent en effet le témoignage qu'on leur attribue, s'ils font dignes de foi; fi la connoiffance & la croyance de ce fait eft, comme on le dit, commune à chacun, ou fi celui qui l'affure n'eft point de ceux qui avec effronterie, difent que *chacun fait*, ce que tout le monde ignore, & ce qu'eux feuls ou leurs partifans ont inventé; il faut vérifier les citations qu'on allegue en confultant les auteurs qu'on indique, comme faifant mention du même fait, &c. A ces précautions qui roulent fur des circonftances extérieures au fait dont il s'agit, un efprit philofophique joindra l'examen du fait même, de fes circonftances, de fes fuites; recherchera s'il eft d'accord avec d'autres faits inconteftables, & fi le fait en lui-même eft poffible par les moyens indiqués comme en étant la caufe.

S'il eft queftion d'une propofition fpéculative d'un dogme, cet homme fage examinera la nature du fujet & de l'attribut de la propofition, pour en découvrir lui-même le rapport, il écartera tous les raifonnemens par lefquels on veut la prouver, il les pefera avec attention, il en comparera le réfultat avec les principes certains qui lui font connus & qui ne peuvent être contredits que par des propofitions fauffes, il écoutera les difficultés par lefquelles on combat ce dogme, tout comme les argumens par lefquels on veut l'établir comme certain.

S'agit-il d'une propofition morale, d'un précepte donné pour déterminer les actions? L'homme fage fe fait une idée jufte & précife de la conduite exigée, il examine attentivement la nature, l'état, les rélations, & la defti-

nation de celui à qui on donne ce précepte, & il employe toute fon attention à découvrir, fi cette regle d'action ne contredit en rien ces diverfes circonftances de l'être qu'on veut faire agir, fi ce précepte ne choque en aucune façon les regles invariables de la droiture, en écartant des routes de la perfection & du bonheur, foit l'agent, foit les objets de fon action.

Telle eft la marche à laquelle s'aftreint, telles font les précautions que prend tout homme fage qui aime la vérité, & qui craint les erreurs où le *préjugé* nous entraîne fouvent.

Nous difons que fouvent le *préjugé* nous entraîne dans l'erreur, & nous ne difons pas qu'il nous y entraîne toujours, parce qu'en effet le *préjugé* n'eft pas néceffairement un faux jugement, il peut être également un jugement vrai: c'eft le rapport de la propofition avec la nature des chofes qui la rend fauffe ou vraie; mais n'avoir pas connu cette nature des chofes, ce n'eft pas avoir prononcé contr'elle; on peut auffi-bien rencontrer le vrai que le faux, en jugeant fans la connoître, & fans avoir examiné les preuves de ce qu'on admet comme vrai. C'eft donc à tort que quelques écrivains modernes, qualifiant de *préjugé* tout jugement prononcé fans examen, toute croyance non appuyée fur des preuves fuffifantes & bien connues, prennent le mot de *préjugé*, comme ne défignant jamais qu'un jugement erroné; déclarent la guerre à tout *préjugé* comme à une erreur décidée, & fe font en effet une gloire de rejetter comme faux, tout ce qui a été reçu par quelqu'un fans examen. Ils ne font pas attention que fi tout *préjugé* étoit une erreur, il ne feroit aucune partie de ce que les hommes croient, qui ne fût une fauffeté, puifqu'il n'eft rien ou à-peu-près rien qui ne foit cru par plufieurs perfonnes fans aucun examen précédent. Le plus grand nombre de ceux qui croyent une propofition comme vraie, qui obéiffent à un précepte comme jufte, n'eft certainement pas compofé de ceux qui ont examiné attentivement, avant que de croire ou d'agir ; qui n'ont cru une propofition que parce qu'ils ont vu clairement qu'elle étoit vraie. Nous difons plus encore, & nous ne craignons pas d'affirmer que, vu l'état de l'humanité, le plus grand nombre des humains font réduits à n'avoir que le *préjugé* pour guide fur la plus grande partie des chofes qu'ils jugent vraies, & qu'il eft impoffible qu'il en foit autrement.

Quand on examine les hommes fans prévention, on découvre bientôt combien font étroites les bornes des talens de plufieurs, combien font défavorables à l'inftruction & à l'examen, les circonftances extérieures où la plupart fe trouvent placés, combien peu ont à leur difpofition les fecours néceffaires, pour ne juger qu'après l'examen requis pour opérer dans un efprit fage une conviction éclairée. Exigera-t-on de ce commun des humains de ne croire & de ne prendre un parti, que quand l'examen les aura mis en état de ne juger qu'avec une certitude éclairée, & enfuite d'une conviction opérée par la vue évidente de la vérité ? ne fera-ce pas les condamner fur un nombre très-confidérable de fujets importans, à fe réduire au pyrrhonifme le plus défavantageux, à l'inftruction la plus nuifible ? Que de tems ne faudra-t-il pas avant qu'on les ait inftruits affez pour qu'ils ayent le droit de fe décider, & quel d'entr'eux aura le loifir de s'y appliquer, & la volonté de tout quitter

pour recevoir & méditer ces inftructions ?

Peut-être auroit-on le droit de demander encore ici, s'il feroit bien avantageux, pour l'humanité en général, pour les fociétés civiles, domeftiques & particulieres, que chacun de leurs membres ne voulût croire & agir qu'après un mur examen, & ne s'en rapporter qu'à fes propres connoiffances ? Nous avons déja obfervé que les circonftances individuelles de la plupart des fujets rendent cette prétention impoffible ; nous ajoutons que même en la fuppofant poffible, elle feroit défavantageufe au bien des fociétés & des particuliers. La croyance que produit le *préjugé*, banniffant le doute, détermine aux actions exigées par les circonftances bien plus efficacement que ne le feroit le produit des recherches, des difcuffions, de l'examen approfondi ; par ces moyens dont l'ufage eft refervé au plus petit nombre, le plus grand nombre ne parviendroit qu'à voir des difficultés embarraffantes, des objections qu'il ne pourroit pas lever, des raifons multipliées de douter, de refufer de croire ou d'agir ; & combien ces doutes, ces incertitudes ne favoriferoient-elles pas les penchans vicieux, qui trouveroient une excufe dans ces difficultés apperçues ? On ne fait jamais avec zele ce que le doute accompagne ; & fur combien de fujets la plus grande partie des hommes ne feroient-ils pas dans le doute, quand ils n'auront que leurs méditations pour guide ? On me propofera ces queftions. Quel droit naturel & néceffaire a fur moi le fouverain du pays, où je fuis né ? La feule nature donne-t-elle à un homme le droit de commander aux autres, de difpofer en maître de leurs biens, de leur honneur, de leur vie ?

Suis-je dans l'obligation d'obéir à celui à qui sans ma participation mon pere ou mes ancêtres ont promis obéissance ? mes peres ont-ils pû prendre des engagemens obligatoires pour moi ? Pourquoi mes sœurs que j'aime, ne seroient-elles pas pour moi des femmes aussi-bien que pour mes camarades qui les chérissent moins ? Que l'on me suppose, ce qui n'est pas rare, de l'ambition, du goût pour l'indépendance, du penchant au plaisir ; où ne me meneront pas mes recherches, quand semblable au plus grand nombre des hommes pour la capacité à suivre un raisonnement, & à analyser une proposition, je ne voudrai m'en remettre qu'à moi pour juger de ces questions, & que je n'aurai pas le tems de faire une étude académique de droit & de morale ? Mais accoutumé dès mon enfance à en croire mes parens, mes concitoyens plus âgés que moi, je me persuade sans examen que je ne puis sans crime refuser de me soumettre au gouvernement du pays où je suis né & où je demeure, que je suis lié par les sermens de fidélité & d'obéissance qu'ont prêtés mes peres ; je laisserai ma patrie tranquille, je respecterai le souverain comme le pere du peuple ; l'inceste sera à mes yeux un crime digne des plus severes châtimens, & je ne porterai point d'atteinte à la pureté des mœurs de ma famille. Avouons-le naturellement ; on a plus à compter sur la régularité de la conduite de celui que les *préjugés* communs conduisent, que sur la constance vertueuse de bon nombre de ceux qui déclament sans cesse contre les *préjugés*.

Cet aveu va sans doute paroître bien extraordinaire à plusieurs de nos lecteurs. Quoi ! un philosophe qui se dit ami du vrai, qui dans le cours de cet

ouvrage a travaillé à le faire connoître, & a encouragé à sa recherche ; un ouvrage le plus intéressant pour l'humanité, qui doit faire connoître les vrais principes de la morale, nous présente un plaidoyer en faveur des *préjugés* ennemis de la lumiere ! mais cette surprise cessera aux yeux de quiconque ne donnera à nos expressions que l'étendue de sens qu'elles renferment. Nous n'avons pas dit que l'homme ne devoit consulter que le *préjugé*, & que personne ne devoit travailler à y substituer la connoissance : mais conduits par la connoissance du fait & de l'état des choses humaines, nous avons dit que l'examen de tout ce qu'on propose à croire ou à faire, n'étoit pas & ne pouvoit pas être le partage de tous les hommes, que le sort de la plûpart des humains étoit de n'avoir que le *préjugé* pour guide, parce qu'ils ne sont pas capables de juger par eux-mêmes d'un grand nombre de vérités spéculatives & pratiques, dont il leur importe cependant d'être persuadés ; que l'examen imparfait qu'ils en feroient, ne serviroit qu'à remplir leur esprit de doutes funestes, qu'à rendre incertaines à leurs yeux les vérités les plus intéressantes, & qu'à en affoiblir l'efficace nécessaire. Aucun homme non prévenu, je pense, ne niera ces faits que nous n'avançons pas à la légere. Voilà ce que nous osons affirmer. Mais si le *préjugé* est le seul guide de la multitude, il n'en est pas de même de ceux qui sont chargés par leur vocation, ou qui entreprennent par goût & par zele pour le vrai, d'instruire les autres.

Parmi cette foule de mortels qui dans tous les rangs, dans toutes les conditions, dans tous les états, sont conduits presque en tout par les *préjugés*, il en est qui décident de la croyance des autres par leur autorité, *v.* AUTORITÉ, qui reglent leurs actions par les loix & par leur puissance, qui déterminent les mœurs par leurs discours & par leur exemple, qui par les écrits qu'ils publient peuvent répandre la lumiere dans les esprits, & rendre commune à tous la connoissance des propositions vraies & utiles, des préceptes justes & convenables aux hommes. Quand ces personnes ont une fois gagné la confiance de la multitude, se sont présentées à elle comme plus éclairées, plus puissantes, plus habiles, plus sages que les autres; c'est leurs discours, leurs conseils, leurs loix, leurs décisions, leur exemple, leurs écrits, les principes qu'ils admettent & qu'ils professent, qui deviennent pour les autres la regle de leur façon de penser, de leur croyance, de leurs mœurs : on ne se donne pas la peine d'examiner : leurs décisions, & leur exemple déterminent, sans autre preuve, la vérité ou la fausseté des dogmes, la justice ou le crime des actions; & c'est cette déférence de la multitude pour ceux qu'elle croit supérieurs aux autres en capacité pour juger des choses, qui constitue proprement le *préjugé* : plus est forte la prévention en leur faveur, & plus on marche avec docilité sur leurs traces; & qui pourroit blâmer cette déférence de la part de tant de gens si peu capables de juger par eux-mèmes ? C'est-là cependant ce qui a été la source infecte des erreurs les plus monstrueuses répandues chez les peuples & dans les sociétés; mais à qui faut-il s'en prendre ? Imputerez-vous les mauvais succès d'une campagne militaire aux soldats & aux officiers subalternes qui n'ont pû, ni dû agir que selon qu'ils ont été dirigés par des chefs qu'on leur a donnés pour guides; qui n'ont pas pù leur faire con-

noître toutes les parties de leur plan, ni dû leur expliquer leurs vues ni les raisons de leurs démarches? c'est aux chefs seuls qu'on doit s'en prendre, ce sont eux qui ont mal dirigé des gens qui se laissoient conduire; c'est de même ces personnes qui dans toutes les sociétés ont une sorte d'autorité, & dont les jugemens & l'exemple servent de regle à la multitude, qui seules sont responsables de l'erreur de ses *préjugés*, soit de spéculation, soit de pratique. Pour ceux-ci, qui prétendent, à droit ou à tort, qu'on ait de la déférence pour leurs jugemens, nous ne craignons pas de l'affirmer avec tous les sages, ils sont absolument tenus, & dans la plus étroite obligation, d'examiner scrupuleusement tout ce qu'ils admettent ou rejettent, de ne jamais embrasser comme vrai ou comme juste, que ce dont ils ont vu par eux-mèmes avec certitude la vérité & la convenance, de ne jamais nier & condamner comme faux ou mauvais, que ce dont la fausseté & l'inconvenance morale leur a été découverte clairement. Ils ne doivent se permettre nulle assertion, qu'autant qu'ils en ont vu la vérité avec toute l'évidence dont le sujet est susceptible, & qu'ils en ont apperçu distinctement l'utilité pour le bonheur & la perfection de ceux à qui leurs enseignemens s'adressent. Pour eux toute croyance qui n'a d'appui que le *préjugé* est un crime : s'ils ne veulent pas se donner la peine d'examiner, qu'ils renoncent à leurs prétentions à quelque autorité, qu'ils rentrent dans la foule du peuple, & se confondent avec la multitude. Toute tentative de leur part pour influer sur ce qu'il faut croire ou faire, toute décision sur les opinions ou les mœurs, tout dessein de fournir des modeles de manieres d'agir ou de goût, sont des ufurpations injuftes, des prétentions tyranniques. Un homme à *préjugé* eft fait pour être conduit : il eft un impofteur & un traitre quand il veut conduire les autres ; c'eft un aveugle qui fe vante de voir clair, & qui s'offre pour fervir de guide à d'autres aveugles, pour les conduire avec lui dans un précipice qu'il ne fait pas appercevoir. Quelque généralement répandue que foit une croyance fpéculative ou pratique ; quelque fermement que tout le monde y paroiffe attaché, le fage qui veut avoir le droit d'inftruire les autres, ne doit pas fe permettre de foufcrire à l'opinion univerfelle, avant que d'en avoir vérifié la certitude. Envain une foule d'hommes refpeétés s'accordent à prononcer la même décifion, envain tous les livres enfeignent la même chofe, tant que ces décifions & ces enfeiguemens ne fourniffent pas les preuves réelles de la vérité de ces affertions, l'homme ami du vrai doit les foumettre à fon examen, & les envifager comme douteufes, jufqu'à ce qu'il en ait conftaté la vérité. Voy. l'article DOUTE, dans lequel ces réflexions font développées fuffifamment pour nous difpenfer de les étendre ici davantage.

Jamais l'erreur, par elle-même, ne peut être un bien pour les hommes ; leur repréfentant les chofes autrement qu'elles ne font, elle les expofe toujours à agir contre ce que font les chofes, & par conféquent à agir mal. Celui qui voulant inftruire les hommes, ne s'informe pas fcrupuleufement de ce qui eft vrai, s'expofe de gayeté de cœur à les abufer dans la fpéculation, & à les égarer dangereufement dans la pratique. Si inftruit lui-même du vrai, il les induit en erreur le voulant & le fachant, il eft un impofteur haïffable, qui abufe de la confiance qu'on a cru qu'il méri-

toit, pour tromper à leur défavantage des hommes qui s'étoient abandonnés à fa conduite. Trop long-tems on a vu dans la fpéculation & dans la pratique, foit à l'égard de la vie civile, foit à l'égard de la vie religieufe, des perfonnes refpeétées, jouer ainfi le perfonnage de fourbes odieux, & d'empoifonneurs des efprits, remplir l'ame de leurs femblables, des *préjugés* les plus erronés contre ce qu'ils favoient en leur confcience être vrai & jufte. Avouons-le, à la honte des miniftres de toutes les religions, c'eft le clergé fur-tout qui, chez tous les peuples, dans tous les fiecles, & dans toutes les religions, a le plus mérité ce reproche deshonorant, depuis les mages des Perfes & les prêtres d'Egypte, jufqu'aux convulfionnaires de faint Médar, & aux derniers difciples de faint Ignace. Plufieurs d'entr'eux ont fans doute eux-mèmes porté en cela le joug du *préjugé*, & défendoient la caufe de l'erreur fans le favoir ; mais un grand nombre ont facrifié, la fachant bien, la vérité qu'ils connoiffoient, mais qui gênoit leurs vues criminelles, à l'erreur qui favorifoit leurs paffions. La multitude qui les refpeétoit, reçut fans examen ce que la mauvaife foi lui offroit fous les dehors du vrai, l'erreur fe répandit, & le grand nombre l'ayant embraffée, le *préjugé* l'emporta fur la raifon du petit nombre des fages qui examinent ; il ne leur fut plus poffible de réfifter au torrent, il n'y eut plus de fûreté pour eux, dès qu'ils voulurent reclamer en faveur de la vérité, & le *préjugé* vit ainfi établir fon empire ; l'erreur fe répandit ; plus il y eut de perfonnes qui la profeffoient, plus ceux qui n'examinent pas, eurent des motifs à leur portée de s'attacher à elle comme au vrai. Les enfans la reçurent avec confiance de leurs parens, la multitude des hommes faits, l'embrafferent avec déférence; puifqu'elle leur étoit enfeignée par leurs chefs civils ou religieux, comme étant la vérité; les mœurs, les loix, le gouvernement, le culte s'affortirent à ces idées fauffes, tout en reçut l'empreinte, elle devint auffi naturelle aux efprits que les premieres vérités les plus fimples; les conducteurs des peuples intéreffés à fon maintien, la protegerent avec zele; perfonne ne penfoit à rien examiner; & fi quelqu'un s'avifoit de montrer des doutes, de l'attaquer par des difficultés, de faire contr'elle des objections embarraffantes, il étoit regardé comme un rebelle, & un impie qui attaquoit les dieux & les princes. Il étoit difficile cependant que des efprits naturellement juftes & difpofés à la méditation, ne découvriffent pas de tems en tems la fauffeté des idées reçues, ne manifeftaffent pas à quelques perfonnes les raifons puiffantes qu'ils avoient de douter de la vérité de ce qu'on enfeignoit, & de la juftice de ce qu'on faifoit pratiquer; les partifans intéreffés de l'erreur en prenoient l'allarme, attaquoient le fage & faifoient boire la ciguë à Socrate. Mais cet acte de vigueur frappoit les efprits; s'il intimidoit les ignorans lâches, il piquoit la curiofité de quelques perfonnes courageufes & amies du vrai, & revoltoit ceux qui fouffroient perfonnellement de la pefanteur du joug du *préjugé*. Il falloit alors que les défenfeurs des dogmes faux inventaffent de nouvelles erreurs pour étayer les anciennes, dont le crédit s'affoibliffoit; mais ces docteurs du menfonge rendoient par-là leur caufe plus mauvaife encore; multiplier les erreurs, c'étoit multiplier les côtés foibles & attaquables, offrir de nouvelles raifons de douter, engager les efprits prudens à être encore plus fur leurs gar-

des, & à force d'appéfantir un joug déja trop gênant, impatienter ceux qui le portent, & en les excédant, les pouffer à réunir leurs forces pour le mettre en pieces: c'eft-là ce qui ne manque jamais d'arriver tôt ou tard. Un tyran veut à force de meurtres détruire tout ce qui s'oppofe à fes injuftices; les plus lâches enfin voyant le danger, prennent du courage, & le feu de la revolte détruit la tyrannie. La cour de Rome veut en vain s'élever au-deffus de tout pouvoir humain, elle en vient prefque à bout; on s'avife de difcuter fes droits, elle excommunie & condamne à la mort l'examinateur, elle lui oppofe de nouvelles abfurdités fpéculatives & morales; nombre d'efprits fermes & amis de la lumiere pefent les prétentions, & en découvrent l'injuftice & la fauffeté, ils communiquent leurs idées, la multitude elle-même voit des abus, & en fouffre avec impatience les réfultats; enfin le jour fe leve, le feu du vrai s'allume, on difpute, on s'échauffe, on fe revolte, on fe jette de part & d'autre dans des excès dangereux; de ce conflict, jaillit pour plufieurs les étincelles du vrai, mais pour plufieurs autres, il n'en refulte que des nuages qui l'obfcurciffent, les haines s'animent, les partis fe forment, chacun dans cet état d'anarchie veut regler la croyance des autres, comme dans le civil, chacun veut fuccéder au tyran détrôné, chacun veut fubftituer fes opinions particulieres aux fyftèmes abandonnés; on fe perfécute, les plus forts l'emportent, les plus foibles fe plaignent, de nouveaux *préjugés* prennent la place des anciens, la multitude fans examen fuit le docteur qui fait le mieux la flatter ou lui en impofer; alors il fe forme des autres partis, l'un compofé d'un très-petit nombre de fages qui jugeant d'après le bon fens feul éclairé par l'étude, recueillent le vrai parmi les débris des opinions, & le conservent pour eux seuls aussi long-tems que les passions & l'aveuglement rendent les autres hommes incapables de le goûter : ils approfondissent, ils recherchent, ils discutent les raisons des divers partis, & ne se rendent qu'à la vue de la vérité, suivant, sur tous les sujets offerts, les regles que nous avons indiquées dans les articles AUTORITÉ & DOUTE, auxquels nous renvoyons.

L'autre parti est composé d'un assez grand nombre d'hommes qui trouvant que tout dogme quelconque conduit à des conséquences pratiques qui pourroient les gêner dans leurs goûts, rejettent tout ce qu'on regarde comme vrai, & s'abandonnent à l'incrédulité; ils n'ont pas examiné par eux-mêmes, ils n'aiment pas assez le vrai pour prendre cette peine; mais ils ont vu chaque proposition attaquée par l'un ou l'autre parti, ils veulent en conclure que le plus court est de tout nier : semblables à ceux qui dans le civil, voudroient que personne n'y fût maître, & que nulle loi ne s'opposât à leurs desseins : c'est ainsi qu'on a vu l'incrédulité naître de la tyrannie dogmatique des docteurs, de l'austérité outrée de certains moralistes ; ils ont enseigné comme dogmes fondamentaux, des doctrines fausses & obscures ou absurdes & non prouvées ; ils ont exigé pour elles une foi aussi soumise que pour les vérités les plus évidentes ; ils ont dit des unes & des autres qu'elles venoient de Dieu; mais la fausseté reconnue de quelques-unes a prouvé qu'ils ne disoient pas vrai, & on en a conclu précipitamment, mais avec quelque apparence de raison, qu'aucune ne venoit de cette source pure du vrai; on a pressé avec autant de force la pratique de cer-

tains actes indifférens & sans mérite, que celle des vertus les plus essentielles de la morale, on a interdit des actions naturelles, innocentes, permises, avec autant de feu, qu'on défendoit les crimes les plus décidés ; d'aller au bal ou à la comédie, de manger gras en certains jours, comme de fausser la foi conjugale, de mentir & de calomnier. L'absurdité d'une partie de cette morale capricieuse a revolté les cœurs, & on a conclu de ce que quelques-unes de ces loix n'étoient dues qu'à la fantaisie des hommes, que nulle loi morale ne venoit de Dieu, & que pourvu qu'on n'eût rien à craindre des hommes, tout ce qui pouvoit se faire, & qui plaisoit, étoit innocent, & pouvoit se faire sans remords; ainsi en voulant exiger une foi implicite, on a étouffé la foi ; en voulant exiger une sainteté arbitraire, on a renversé la sainteté réelle, & affoibli les motifs à la vertu ; en voulant favoriser l'erreur par les *préjugés*, on a nui à la vérité même, & à force de vouloir dominer sur les esprits, & les traiter tous comme faits pour n'avoir que le *préjugé* pour guide, on a excité à la revolte même contre l'autorité respectable du vrai. C'est ce dont devroient se souvenir tous ceux qui par leur vocation s'occupent à instruire & à diriger les autres, soit comme chefs des peuples, soit comme leurs instructeurs; ils ne doivent pas compter si fort sur la disposition à juger sans examen, & à se soumettre à ce que leur *préjugé* a une fois établi, qu'ils puissent leur tout persuader, leur tout faire croire, & les tenir toujours dans des erreurs que l'ignorance leur fait trop souvent embrasser, quand elles leur sont présentées, comme des vérités par des hommes qui ont paru dignes de leur confiance; il vient des tems & des circonstances où la corde

de trop tendue fe rompt, où la raifon fe réveille, & où brifant le joug elle ne veut plus rien croire, & s'abandonne à l'incrédulité qui rejette tout indiftinctement vrai & faux, met au rang des erreurs toutes les opinions reçues, fans autre motif que celui qui eft pris de ce que c'eft une croyance commune.

C'eft de cette claffe imprudente de mortels que fortent ces hommes qui aujourd'hui fe décorent du titre exclufif de philofophes, de penfeurs, d'efprits forts & exempts de *préjugés*, & qui à la faveur de ces beaux titres prétendent à devenir les feuls inftructeurs du genre humain, les réformateurs des opinions & des doctrines, & les deftructeurs des *préjugés*; on ne fauroit trop eftimer des hommes qui ont le courage de former une telle entreprife, pourvu que l'amour fincere du vrai foit toujours leur guide, qu'un tendre intérêt pour la perfection & le bonheur des humains, foit le feul motif qui les anime, que doués de talens pour découvrir & connoître le vrai, affidus & infatigables dans fa recherche, étudiant tout ce furquoi ils doivent prononcer, la connoiffance approfondie des fujets qu'ils traitent, les éclaire toujours, que le *préjugé* ne décide fur rien de ce qu'ils peuvent connoître, & de ce qu'ils hafardent d'enfeigner, & que la prudence regle toutes leurs tentatives. Mais qu'il s'en faut que ces bruyans ennemis des *préjugés* rempliffent aucune de ces conditions! Un premier reproche qu'on a droit de leur faire, tombe fur le peu de foin qu'ils prennent eux-mêmes, avant que d'attaquer une croyance, d'examiner fi elle eft vraie ou fauffe; il fuffit qu'elle foit généralement reçue, que les miniftres de la religion la prêchent, que les princes la protegent, que la multitude la reçoive

Tome XI.

par *préjugé*, comme elle reçoit tout dogme, & qu'elle ait de l'influence fur les mœurs pour les affujettir à des regles plus exactes, ou pour fournir des motifs à la vertu, ou pour impofer quelque devoir; cela fuffit pour la mettre au rang des *préjugés* auxquels ils déclarent la guerre. Tout dogme dans lequel ils trouvent des difficultés, fur lequel ils peuvent former des queftions embarraffantes fur l'effence de l'être, ou fur le comment d'un fait, s'il tient à la religion, eft décidé par cela même être une erreur; s'il eft quelque principe dont on ait tiré de fauffes conféquences fpéculatives, ou dont dans la pratique des efprits mal faits aient abufé, cela fuffit à leurs yeux pour le mettre au rang des erreurs; & comment le prouvent-ils? en prouvant que le plus grand nombre n'ont admis ces dogmes que par *préjugé*, ne faifant pas attention aux preuves que le petit nombre des fages leur fournit, que par rapport à eux, l'examen, l'étude, la vue du vrai, l'évidence a été leur guide. Ils font des difficultés, ils ne favent pas mieux les réfoudre que la multitude; mais d'un côté ils ne veulent pas écouter les folutions fatisfaifantes, que des gens plus favans qu'eux ont données à ces difficultés; & de l'autre, ils ne font pas attention que tout offre des côtés au-deffus de notre portée, & que le parti qu'eux-mêmes prennent, en préfente de plus embarraffantes encore. Ils prouvent qu'on a abufé de certains dogmes; mais ils ne prennent pas garde, que tous les gens fenfés défapprouvent ces abus, prouvent par la nature de ces principes, & par leur propre exemple, que ces abus ne font point des conféquences de ces dogmes, par-là même n'en rendent en aucune façon la vérité fufpecte. Sur d'auffi foibles fon-

B b

demens, & avec auffi peu d'étude, de fcience & de précautions pour ne pas s'égarer, attaquer comme des erreurs, des dogmes & des ufages généralement reçus & refpectés, non-feulement par la multitude ignorante, mais par les fages les plus amis du vrai & les plus éclairés, eft-ce fe montrer bien digne de devenir les docteurs des humains? n'eft-ce pas au contraire, s'expofer à paffer avec raifon pour gens qui jugent fans examen, & qui fe difant les ennemis des *préjugés*, n'ont en cela même que le feul *préjugé* pour guide:

L'amour du genre humain, le defir de la perfection & du bonheur réel des hommes, ne paroît pas être davantage le mobile qui excite les clameurs de ces prétendus philofophes, contre ce qu'ils nomment des *préjugés*, c'eft-à-dire, contre les croyances religieufes les plus généralement répandues, & contre les principes & les motifs de la morale, les plus communément adoptés; en effet, non-feulement comme nous venons de l'obferver, ils attaquent comme des erreurs haïffables, des croyances fpéculatives & pratiques, qu'ils n'ont point examinées, & qu'ils ne connoiffent pas affez pour pouvoir décider que ce font des erreurs, & s'expofent ainfi par leur précipitation téméraire à déclarer la guerre à la vérité; mais bien loin de céder à cette confidération, ils ne cédent pas même à celle de l'utilité réelle, dont ces croyances font pour le bonheur du genre humain. Voyez fur ce fujet les articles ATHÉE, DÉISTES, où les preuves de cette accufation font développées fuffifamment pour nous difpenfer de les étendre ici davantage.

Quoiqu'on puiffe dire fans fe tromper, que jamais la vérité n'eft nuifible, ni l'erreur utile pour les hommes que la faine raifon conduit, qu'au contrai-

re toujours pour eux la vérité connue eft un bien, & l'erreur un mal; cependant comme il eft des cas où l'homme n'écoute pas la raifon, peut-être auroit-on droit d'affirmer que quelquefois, pour le conduire dans la route du bonheur, & le retirer de celle qui mene à la mifere, on eft forcé de le tromper, en lui faifant croire ce qui n'eft pas, & en lui déguifant la vérité. Dire qu'u-ne croyance eft utile au commun des hommes, ce n'eft pas peut-être prouver à ces prétendus philofophes que ces croyances utiles foient vraies; quoique je fois perfuadé du contraire, à parler en général, je le leur accorderai pour ce moment; mais à fuppofer qu'une partie des affertions qu'ils attaquent, foient des erreurs confacrées par le feul *préjugé*, quel bien croyent-ils faire aux hommes en attaquant une croyance qui leur eft utile. Quand j'ai monté un cheval fougueux que j'ai de la peine à conduire, parce que je lui ai mis un mord mal fait, me rend-on fervice, en lui ôtant ce mord, & en le laiffant fans frein; en ferai-je alors plus maître qu'auparavant? Quel bien ferez-vous aux hommes, qui ne connoiffent pour eux de nourriture que le gland, en les engageant par vos déclamations contre cet aliment groffier, à n'en plus faire ufage, fi vous ne leur en préfentez pas un autre meilleur qu'ils puiffent y fubftituer plus utilement pour fe nourrir? C'eft-là cependant ce que font aujourd'hui nos philofophiftes: hors d'état par leur peu d'étude, d'examen & de recherches, de prononcer fi ce qu'ils attaquent, fous le nom de *préjugé* eft une vérité, ne pouvant nier qu'une grande partie au moins de ce qu'ils attaquent, ne foit utile aux hommes, mais ne s'en mettant pas en peine, le haïffant, parce qu'il gêne leurs paffions,

& infpire de la crainte à ceux qui violent les regles de la vertu ; ne pouvant nier qu'il ne faille à l'homme des principes, pour le conduire à fa deftination, & pour procurer le bien des fociétés ; on peut leur demander fi, à fuppofer même, ce qui n'eft certainement pas, que fous le nom de *préjugés*, ils n'attaquent que des erreurs, & jamais d'utiles vérités, ils ont toujours foin, en place de ce qu'ils veulent renverfer, de pofer des vérités qui en tiennent lieu, & qui foient les vrais principes efficaces, dont les hommes ont befoin pour parvenir le plus fûrement à la perfection, & au bonheur qui font le but de leur exiftence ? C'eft là certainement ce dont ils n'oferoient fe vanter, & c'eft ce qui empêche les fages de les regarder comme de bons citoyens. L'auteur de l'*Hiftoire naturelle de la fuperftition*, banniffant du langage le mot Dieu, de la fociété toute religion, comme des chofes fauffes & nuifibles, a cru fatisfaire à ce qu'on lui demande ici, en difant qu'à ces *préjugés*, il faut fubftituer *les loix & la vertu* ; mais on lui demandera ce que fera la vertu, s'il n'y a point de religion, & ce que feront les loix, s'il n'y a point de Dieu ? C'eft-ce qu'il ne daigne pas feulement tenter de nous apprendre, parce, fans doute, que s'il y a penfé, il a bien fenti qu'il prononçoit là des mots vuides de fens ou des abfurdités. D'où naîtroit chez un homme le droit de donner des loix à fes femblables, & de les contraindre à s'y foumettre, s'il ne l'a pas reçu d'un Légiflateur fuprême ? d'où naîtroient les regles de la vertu, & l'obligation de les refpecter quand mes inclinations s'y refufent, & que mon intérêt s'y oppofe ? Le fameux auteur du *Syftême de la nature*, fentant bien que fans un pouvoir fuprême duquel tous les humains dépen-

dent, il ne pouvoit y avoir parmi eux, ni loix ni obligations efficaces pour les contenir dans la regle, a élevé fon être chimérique, qu'il nomme la *nature*, au rang de Dieu, & lui fait tenir le même langage à divers égards, que la raifon & la religion font tenir à Dieu, quand il remplit envers les hommes les fonctions de légiflateur. Il prête à un être compofé uniquement de matiere & de mouvement, les penfées & les jugemens fublimes de l'Intelligence fuprême. Après avoir fait fon Dieu de la totalité des corps & du mouvement ; après l'avoir repréfenté comme privé de fageffe, d'intelligence, de volonté, de liberté, & d'action ; après avoir dit que tout le mouvement qu'on y obferve eft un mouvement reçu, fans admettre l'être de qui on devoit le recevoir, & que tout ce qui fe fait de quelque nature qu'il foit, eft néceffaire & n'a pû être autrement, il fait parler la nature comme un être libre qui parle à des êtres libres, qui les confeille, leur donne des leçons, des loix, des regles, les cenfure, les menace, les approuve, leur fait efperer des récompenfes & craindre des châtimens, comme fi contre fes affertions, il y avoit quelque liberté chez les parties néceffitées de la nature. Telles font les abfurdités où fe jettent ces bruyans ennemis des *préjugés*, ces hommes préfomptueux qui attaquant toutes les croyances communes, veulent être les docteurs univerfels des humains.

A fuppofer même que ces zelés adverfaires des *préjugés*, aient vu évidemment la fauffeté de ce qu'ils attaquent, & la vérité de ce qu'ils veulent y fubftituer ; à fuppofer qu'en tout cela, ils parlent & agiffent avec autant de fincérité & de droiture, que d'amour pour leurs femblables, je leur demanderai fi ces vérités mêmes qu'ils veulent enfei-

Bb 2

gner, font de nature à avoir fur le plus grand nombre des efprits, l'efficace néceffaire pour les porter à remplir leurs obligations effentielles, & pourront auprès de la multitude tenir lieu de certains dogmes, peut-être mal digerés, ou inexactement exprimés, mais tels cependant qu'ils déterminent le plus grand nombre à remplir leurs devoirs avec plus d'exactitude ?

Ici pour prévenir toute fauffe explication de cette derniere reflexion, il eft néceffaire de faire une obfervation importante, dans le fujet que nous traitons. Nous l'avons dit, d'après tous les fages, que la connoiffance de la nature des chofes a éclairés, la vérité connue ne fauroit nuire, & l'erreur met toujours obftacle à la perfection de l'être intelligent : mais cette propofition a befoin de quelques reftrictions ; elle eft exactement vraie} dans fes deux membres, toutes les fois qu'il eft queftion des principes de fpéculation & des regles de conduite, tout principe faux entraîne dans des erreurs fans fin, toute regle de conduite contraire à la nature des chofes, eft une fource d'actions mal convenables ; mais il n'en eft peut-être pas de même quand il n'eft queftion que des preuves de la vérité, & des motifs à l'accompliffement des devoirs, & qu'on a à perfuader des efprits peu capables de raifonnement, & à déterminer des volontés peu fenfibles aux idées métaphyfiques de l'ordre, de la beauté, de la convenance morale, & qui ne favent céder qu'à l'idée de quelque intérêt puiffant, qui touche à leurs fenfations agréables ou défagréables. Il eft des efprits fi mal faits, foit naturellement par défaut d'organifation, foit par manque d'éducation & de culture, foit à caufe de la corruption de leur cœur, des paffions qui les animent,

& des habitudes vicieufes qu'ils ont contractées, que la vérité fimple & pure n'auroit fur eux aucun empire ; dans bien des cas, on eft obligé d'employer avec eux les figures de rhétorique les plus outrées, de leur préfenter des objets fenfibles, au lieu des idées purement intellectuelles. De-là la néceffité de mettre en œuvre les miracles pour fixer leur attention & convaincre leur efprit : ils croyent, non parce qu'ils ont vu la vérité ; mais parce qu'ils ont vu des prodiges : on ne les déterminera pas par les plus folides raifonnemens ; des objets fenfibles de crainte ou d'efpérance feront fur eux une impreffion bien plus furement efficace. Fondés fur ces faits, je ne dirai pas avec quelques moines qu'il faut ufer de fraudes pieufes, qu'il faut inventer des fables & en repaître ces efprits groffiers ; mais je demanderai fi certaines croyances mal digérées, peu conformes au vrai, des erreurs même qui font acquis du crédit fur l'efprit de la multitude par l'effet du *préjugé*, ne méritent pas du refpect lorfqu'elles font pour elle des motifs déterminans à remplir fes devoirs, & que les vérités qu'on pourroit leur fubftituer, n'auroient pas fur elle le même pouvoir ?

Aux yeux d'un philofophe, la méditation fait découvrir clairement & diftinctement des rapports, des convenances, des principes, des conféquences qui convainquant fa raifon, lui font appercevoir l'indifpenfable néceffité de fuivre des regles, de tenir une certaine conduite, de garder fa parole & remplir fes engagemens, &c. Mais pour un philofophe, il y a dix mille individus qui ne favent pas méditer, qui ne fentiront pas la force des principes & la juftoffe des conféquences. Apprenez, par exemple, à notre peuple, que Dieu n'a point de paffion, qu'il eft abfurde de dire qu'il fe met en colere, qu'il hait, qu'il fe vange de ceux qui lui défobéiffent. Vous le verrez bientôt faire auffi peu de cas de fa volonté, que de celle d'un homme qui lui dit de fang froid, fans fe fâcher, fans s'animer, *je vous défapprouve, je juge que ce que vous faites n'eft pas bien ;* cet homme que rien ne retient que la crainte des effets de la colere d'un être puiffant, qui peut & qui veut fe vanger, ne fe gênera pas pour celui que rien n'irrite, & il ne comprendra pas que fans colere un maître puiffe punir. Vous croyez qu'il eft utile pour le bien des hommes qu'il y ait une religion, que la religion feroit bientôt oubliée, s'il n'y avoit point de culte établi, en conféquence vous prouvez la néceffité du culte. Vous en faites un devoir au peuple, vous lui avez dit, que Dieu l'exige, que refufer de le lui rendre, c'eft l'offenfer ; mais prouvez au peuple que Dieu eft au - deffus de nos hommages, qu'ils ne lui font ni bien ni mal, qu'il n'en réfulte pour lui ni profit ni agrément, ni fentimens flatteurs ; vous verrez bientôt ce peuple juger du culte que vous exigez qu'il rende à Dieu, comme de l'action de tirer de loin le chapeau à un aveugle, ou à un homme qui lui a dit, que cet acte eft pour lui parfaitement indifférent : mais laiffez lui croire comme il fait, que Dieu eft flatté des hommages que les hommes lui rendent, comme un homme eft flatté des témoignages de refpect qu'il reçoit de fes femblables ; laiffez-le dans le *préjugé* que par foi - même ce culte eft agréable à la Divinité, il s'empreffera de faire plaifir à cet Etre, dont la faveur lui eft repréfentée comme fource de grands avantages pour lui, & qu'il croit perfonnellement intéreffé à ce que les hommes le fervent. Moquez - vous

du peuple qui croit que le mariage entre un frere & une fœur, eft un crime atroce contraire à la nature des chofes, & aux regles éternelles de la juftice ; quel bien aurez-vous fait par-là ? préviendrez vous les défordres dans les familles, & l'effet des paffions naturelles entre gens qui vivent enfemble dans la plus grande familiarité, lorfque fubftituant à cette croyance que l'incefte eft un crime énorme, les motifs tirés de l'hiftoire naturelle de l'homme qui nous apprend que ces mariages font peu favorables à la population, & font dégénérer les races, & en leur difant avec M. de Montefquieu, que fi l'incefte n'étoit pas défendu plus févérement que la paillardife, il feroit impoffible de conferver la pureté dans les familles ? Attaquez comme un *préjugé* l'idée communément reçue, que tous les hommes font égaux, que la naiffance ne donne point à l'un d'eux, le droit de commander aux autres ; que les peres n'ont pas pu prêter ferment pour obliger les générations fuivantes ; que dès qu'un prince manque envers fon peuple, aux devoirs d'un pere tendre & zélé pour le bien de fes enfans, il a violé le contract focial, & a perdu tous fes droits à prétendre qu'on lui obéiffe ; que le prince eft l'homme, le miniftre du peuple, & que le peuple n'eft point le patrimoine du prince, &c. aurez - vous affuré par-là le bonheur, la paix & la tranquillité de la nation & de fes membres ? Moquez-vous de l'enfer, élevez-vous contre l'idée d'un feu dévorant, inftrument du fupplice des vicieux ; affirmez qu'il n'y a point de peines éternelles, ou même comme quelques-uns de vous, l'ont ouï dire, qu'il n'y a point de peines à craindre ; tournez en ridicule ceux que la crainte de ces peines empêche d'affouvir leurs defirs criminels ; aurez - vous favorifé la pratique de la vertu & la fuite du crime, parmi les hommes qui jufqu'à vous avoient cru ce que vous attaquez avec tant d'imprudence ? fuppléerez - vous à ces opinions en y fubftituant les idées métaphyfiques des ftoïciens, & les raifonnemens fubtils des philofophes ? Non, vous aurez ôté tout frein à un cheval fougueux. Tous vos beaux raifonnemens s'évanouiront comme la rofée, à la premiere fougue d'une paffion, au premier retour d'une habitude vicieufe, & vous ferez forcé par le propre intérèt de votre tranquillité, de votre fureté & de votre bonheur, de regretter ces idées que vous avez effacées de l'efprit des hommes ; & vous conclurez alors avec nous, mais trop tard, que même parmi les erreurs que le *préjugé* a fait recevoir parmi les hommes, il en eft de refpectables, que l'imprudence feule fe permet d'attaquer ; que fi les idées reçues qu'on attaque font vraies, il y a plus que de l'imprudence à vouloir en affoiblir la croyance ; que vu l'état de groffiereté, d'ignorance & de corruption où plufieurs hommes font plongés, il feroit fouvent dangereux de leur ôter toutes les idées fauffes ou inexactes, dont ils font imbus ; que la plûpart n'étant pas capables de raifonnemens un peu profonds, & de faifir certaines vérités abftraites, quoiqu'incontestables, on court grand rifque en les dépouillant de tout ce qui leur eft étranger, pour les ramener à la fimplicité la plus pure du vrai, d'en affoiblir la force, de les rendre douteufes aux yeux de ceux qui ne les ont guere goûtées qu'à la faveur des légeres erreurs, dont les a revêtues un langage figuré, feul propre à faire impreffion fur des efprits peu faits à la méditation.

De ces obfervations nous pouvons tirer certaines regles, dont un fage ne fe départira jamais.

1°. Il eft des *préjugés* refpectables, même parmi ceux qui font des erreurs, & cela eft vrai de tous ceux qui tiennent à la pureté des mœurs, & qui fourniffent des motifs à les avoir plus vertueufes, & à fuir avec plus de zele le vice.

2°. Il ne faut jamais attaquer une erreur qui tient la place d'une vérité utile, que quand on peut lui fubftituer cette utile vérité, avec le même degré d'efficace avantageufe que l'erreur avoit eue.

3°. Il eft des erreurs qui n'ont pas été enfeignées pofitivement, mais qui font nées de l'abus des termes & des expreffions figurées, employées dans l'expofition de certaines vérités effentielles, & qui par cela même tiennent à tout le fyftème de la croyance & des opinions civiles & religieufes, fpéculatives & morales. Attaquer ces erreurs, c'eft aux yeux de toute la multitude attaquer toute fa croyance, ébranler la perfuafion avec laquelle elle reçoit même les vérités les plus certaines & les plus importantes ; c'eft faire tomber en ruine toutes fes idées, & rendre douteufes celles fur lefquelles il importe le plus au bonheur des humains, de conferver une conviction inébranlable. Avant que de tenter de bouleverfer ainfi toute la croyance des hommes, il faut avoir tracé un fyftème bien clair, facile à faifir, aifé à prouver, & dans lequel les vérités nouvelles fe préfentent liées avec les anciennes, d'une maniere fi naturelle, que l'efprit des hommes même les moins pénétrans puiffe d'abord en faifir l'enfemble, & n'y voye nulle contradiction. Si le raifonnement ne fuffit pas, pour cet effet, il faut ou que l'exemple de ceux qui ont de l'autorité fur la multitude, leur trace la route, & lui infpire d'y marcher avec confiance ; ou que des circonftances frappantes leur ait fait foupçonner ces erreurs, ou que des miracles réels fcelent du fceau de l'autorité divine, les décifions qui banniffent l'erreur & lui fubftituent les vérités oppofées. La plûpart de ces circonftances accompagnerent la publication de l'Evangile, & les deux premieres préparerent les voies à la réformation.

4°. Laiffons fubfifter un *préjugé* qui caufe moins de défordres en fubfiftant, que nous n'en ferions naître en le détruifant. Il faut pour cela confulter les tems, les lieux, les perfonnes, les ufages, les habitudes, la conftitution des gouvernemens, avant que d'attaquer une erreur pour lui fubftituer une vérité ; voyons fi les efprits font difpofés à la recevoir : il faut les y préparer avec réferve, commencer par établir folidement & généralement les principes, dont cette vérité ou la deftruction de l'erreur oppofée, eft une conféquence ; familiarifons les efprits avec ces principes, mettons-en la vérité dans un jour de la plus grande évidence, enforte qu'il ne foit pas poffible de les révoquer en doute ; déduifons-en par degrés les conféquences premieres, offrons la vérité à établir, long-tems avant que d'attaquer l'erreur contraire ; par ce moyen le *préjugé* à détruire s'évanouira, fans qu'on ait prefque befoin de l'attaquer directement ; alors ayant fuivi les regles de la prudence que nous prefcrit un docteur plus que fage, plus que refpectable, nous pourrons dire ouvertement, ce qui d'abord n'a dû fe dire qu'en cachette, publier dans les rues ce qui ne fe dut dire d'abord qu'à l'oreille ; nous n'aurons pas jetté les cho-

fes faintes aux chiens, ni les perles devant les pourceaux, & nous n'aurons pas commis l'imprudence de celui qui, trop emporté dans fes deffeins, & cherchant plutôt fa gloire perfonnelle, que le bien de ceux qu'il inftruit, arrache le bon grain de fon champ, parce qu'avant le tems il a voulu en arracher l'yvraie.

5°. S'il eft des erreurs qui nuifent à la vertu, qui favorifent le vice, qui rendent les hommes atroces, & qui les encouragent à faire le mal ; alors philofophes, allez leur livrer la guerre, comptez fur la voix de la confcience de vos auditeurs & de vos lecteurs, elle répondra à la vôtre, pourvu que tous puiffent voir dans vos difcours & vos procédés fages, lumineux & charitables, que l'amour du vrai & de la vertu eft votre unique guide, & qu'un defir ardent de la perfection & du bonheur de vos femblables, eft votre unique mobile, que nulle vue d'avarice, d'ambition, de vaine gloire, de volupté ne fe mêle dans vos motifs. Qu'il faut de fageffe, de vertu, de pureté dans les fentimens & dans les mœurs, pour pouvoir s'arroger le droit d'attaquer les *préjugés* reçus ! Quelle confiance mériteront de la part des hommes, ces déclamateurs qui prétendent attaquer les erreurs des autres, tandis qu'eux-mêmes profeffent des erreurs dangereufes, font vains dans leurs prétentions, orgueilleux dans leurs procédés, hautains dans leurs difcours, tyranniques dans leurs décifions, intolérans contre tout ce qui ne cede pas à leurs fentences, qui fe donnent pour les feuls fages, les feuls éclairés, les feuls inftruits du vrai, les feuls qui le difent, tandis qu'on a mille preuves de leur ignorance & de leur mauvaife foi ? Quel droit d'attaquer des *préjugés* comme nuifibles à la vertu, pour-

roient avoir des hommes de mœurs dé-
réglées, dont les propos sont indécens,
qui ne respectent rien de ce qui est respectable, qui ne cherchent qu'à s'élever par ambition, qu'à s'enrichir par
toutes sortes de moyens, qu'à se faciliter la jouissance des voluptés les moins
innocentes, qu'à séduire les foibles pour
en faire les complices de leurs excès ;
qui ne montrent que de la lâcheté pour
la défense de cette vérité dont ils se
disent les soutiens, dès que leur attachement pour elle les expose à quelque
disgrace.

Malgré ce que nous venons de dire
sur les égards que l'on doit avoir pour
les *préjugés* des hommes, & les ménagemens qu'on doit employer, lors même qu'on attaque des erreurs avérées
& nuisibles, à Dieu ne plaise que l'on
nous puisse taxer avec justice de plaider
ici la cause de l'erreur, & des *préjugés*
qui la reçoivent. Nous sommes intimément persuadés que l'on ne peut sans
crime favoriser aucune erreur, & qu'on
doit recevoir comme une regle obligatoire pour quiconque veut ou peut instruire les autres, la regle suivante.

6°. Tout homme sage doit faire tous
ses efforts pour se délivrer de tout *préjugé*, pour ne rien admettre comme
vrai, & ne rien rejetter comme faux,
qu'après un examen d'autant plus rigoureux, que l'objet est plus de nature à influer sur les actions & sur le
sort des hommes. Voyez sur ce sujet ce
que nous avons indiqué comme regles
à cet égard dans les articles AUTORITÉ,
DOUTE.

7°. Souvenons-nous encore, qu'il y
a bien de la différence entre enseigner
une erreur nouvelle, & favoriser une
erreur ancienne, entre favoriser une
erreur reçue, & user de ménagement
envers la croyance des hommes qui

l'admettent. Enseigner aux autres ce
qu'on sait soi-même être faux, c'est l'action d'un imposteur & d'un fourbe digne de tout le mépris des honnêtes
gens. Favoriser par ses discours ou ses
actions une erreur quelque ancienne
qu'elle soit, mais qu'on sait être une
erreur, c'est l'action d'un lâche qui
parle par intérêt, qui veut se concilier la faveur de ceux qui peuvent
flatter ses passions. Vous voulez instruire les autres, eh bien ! laissez
de côté ces propositions fausses, que
vous ne sauriez favoriser sans parler
contre votre conscience, & si, sans
vous exposer à vous perdre, vous ne
pouvez enseigner qu'autant que vous
enseignerez des erreurs, renoncez à la
vocation d'instructeur des autres. S'il est
quelque erreur qui vous paroisse de conséquence, & que vous croyez qu'il seroit
de votre devoir d'attaquer, lors même
que vous seriez assuré de pouvoir l'entreprendre, sans avoir à craindre aucun mal pour vous-même comme en
gardant l'anonyme, ou en vous retirant dans un autre pays ; voyez auparavant si en attaquant ce *préjugé* erroné, vous ne causerez pas parmi ceux
qui le professent, des désordres plus funestes que ceux qui résultent de cette
erreur professée ; si cela est, concluez
que les circonstances pour l'attaquer
ne sont pas favorables, & qu'il faut
prudemment attendre des tems plus
heureux, & que les esprits soient mieux
préparés ; il n'y a point de prescription
contre la vérité. Enfin si le *préjugé* n'est
pas nuisible, s'il n'est pas une de ces
erreurs capitales qui entraînent au mal,
si au contraire elle sert de motif à la
vertu, convenable à un peuple gros-
sier, respectez ce préjugé & ne l'attaquez jamais que dans l'esprit de ceux
qui aiment le vrai, qui savent le chercher,

cher, le goûter & en tirer d'utiles conféquences.

Il femble que tous les hommes ayant
la raifon en partage, devroient tous
être difpofés à écouter tout ce qu'on
leur propofe, & que quiconque leur
parle d'objets intéreffans, devroit avoir
le droit de fe faire écouter, par des
gens qui peuvent examiner avant que
de croire, & fur qui perfonne ne peut
exercer un empire qui les contraigne
dans leur croyance, que par conféquent perfonne ne doit avoir à craindre
de mauvais traitemens pour avoir dit
ce qu'il affure qu'il croit vrai. Il n'y a
que celui par rapport auquel il eft prouvé, qu'il a cherché contre fa propre
confcience à en impofer, pour faire
fon profit aux dépens de ceux qu'il
trompe, qui peut avec juftice être puni; cependant il n'arrive que trop fouvent que celui qui enfeigne la vérité,
trouve des gens qui le traitent en ennemi. Mais obfervons ici pour rendre raifon de ce phénomene étonnant, que ce
n'eft jamais de la part de la multitude
qui n'enfeigne rien, mais qui croit feulement ce qu'on lui enfeigne, qu'on a
à craindre de mauvais traitemens, tant
qu'on ne l'excite & qu'on ne l'anime
pas; ce n'eft jamais d'elle que partent
les coups, & qu'on a à craindre les effets de l'intolérance; c'eft uniquement
de la part des conducteurs de la multitude, de la part de ceux qui font fes
guides & fes inftructeurs. Les raifons
de ces procédés différens ne font pas
mal-aifées à découvrir; fi la multitude
n'eft pas prévenue d'avance contre une
doctrine nouvelle, elle ne s'irrite pas
naturellement contre celui qui, dans
fes difcours, fatisfait fon goût pour la
nouveauté; elle n'a nul intérêt de
gloire à maintenir la vérité des dogmes, qu'elle n'a ni inventés ni en-

Tome XI.

feignés, & pour lefquels rien ne la
paffionne; on lui préfente les nouvelles opinions avec un appareil de preuves qui quelquefois la frappent, & comme ayant pour elle des conféquences
avantageufes, ainfi que cela fera toujours quand ce qu'on enfeigne de nouveau eft vrai; pourquoi haïroit-elle celui qui lui donne des lumieres qu'elle
trouve qui lui manquoient, & jamais
il ne viendra dans l'efprit du peuple,
de maltraiter celui qui penfe autrement
que lui, pourvu qu'on lui laiffe la liberté de juger & de fuivre fes opinions.

Il en eft tout autrement de ceux qui
enfeignent, & dont on contredit les leçons: découvrir & montrer des erreurs
dans les enfeignemens qu'ils donnent,
c'eft choquer l'amour-propre de l'inf-
tructeur par l'endroit le plus fenfible
pour une perfonne de fa vocation, c'eft
l'accufer ou d'ignorance ou d'impoftu-
re; c'eft lui faire perdre, ou le préfenter
comme digne de perdre cette confiance
que lui donnoit la multitude, c'eft nuire à fon crédit; & comme fouvent parmi ceux qui dirigent le peuple, il y
en a qui ont enfeigné des erreurs, parce qu'elles leur étoient profitables, attaquer ces erreurs, c'eft tarir la fource
du profit qu'ils en tiroient. Eft-il furprenant fi dans ce cas, les auteurs &
les publicateurs de nouvelles doctrines trouvent des ennemis acharnés,
chez ceux dont ils choquent l'amour-
propre, dont ils attaquent le crédit,
& dont ils font ceffer le profit? telles
font les fources impures de l'intolérance. Meffieurs les philofophiftes ne doivent pas triompher de cet aveu, puifqu'eux-mêmes tombent dans ce défaut
honteux & haïffable: avec quelle violence ne s'élevent-ils pas contre ceux
qui les critiquent, qui dévoilent leurs

C c

erreurs, leur ignorance, leur mauvaise foi, & les vues criminelles de quelques-uns d'entr'eux dans leurs affertions ? A ces caufes de l'intolérance, & des *préjugés* qu'elle défend, il faut joindre la pareffe de plufieurs qui redoutent un examen qui leur paroit pénible, & à qui il couteroit beaucoup en quittant les erreurs qu'ils avoient profeffées, pour admettre de nouvelles vérités qu'ils ignoroient, de fe tracer un nouveau fyftême de doctrine, pour le fubftituer à celui qui leur a couté tant de peine à apprendre.

De-là il eft aifé de comprendre, combien il eft difficile de détruire les *préjugés* erronés une fois répandus ; & combien il faut de lumieres, de fageffe, de fermeté, de fincérité & de prudence, pour réuffir dans une telle entreprife. Il eft des cas dans lefquels les circonftances font fi favorables au vrai, à caufe des abus exceffifs qui font gémir les hommes fous le poids de l'erreur, qu'il fuffit de préfenter la vérité avec courage, & fans ménagement pour la faire recevoir ; c'eft ce qui eut lieu lors de la réformation ; alors on auroit manqué de fuccès en temporifant. D'autres fois, ce n'eft qu'à force de prudence, de réferve, de ménagemens qu'on affoiblit l'erreur, & qu'on avance les intérêts de la vérité. (M.D.B.)

PRÉJUGÉ, *Jurifpr.*, fignifie ce qui eft jugé d'avance, ainfi quand on admet les parties à la preuve d'un fait, on regarde la queftion comme *préjugée*, parce que le fait étant prouvé, il n'y a ordinairement plus qu'à prononcer fur le fond.

On appelle auffi *préjugés* les jugemens qui font rendus dans des efpeces femblables à celles qui fe préfentent ; les arrêts rendus en forme de réglement fervent de regle pour les jugemens, les

autres ne font que de fimples *préjugés* auxquels la loi veut que l'on s'arrête peu, parce qu'il eft rare qu'il fe trouve deux efpeces parfaitement femblables, *non exemplis, fed legibus judicandum*, dit la loi 13. au code *de fententiis & interlocut.* cependant une fuite de jugemens uniformes rendus fur une même queftion, forment une jurifprudence qui acquiert force de loi.

PRÉLAT, f. m., *Droit canon*, fupérieur eccléfiaftique, conftitué dans une éminente dignité de l'églife. Ce mot vient du latin *prælatus*, de *præ*, devant, & *fero*, je porte, *mis* ou *conftitué devant ou au-deffus des autres*.

Les patriarches, primats, archevêques, évêques, généraux d'ordre, certains abbés croffés & mitrés, tréforiers, doyens, archidiacres, font mis au rang des *prélats*, dans les actes de quelques conciles, & particulierement dans celui de Bâle ; mais aujourd'hui dans l'ufage ordinaire, ce nom ne fe donne qu'aux évêques.

Prélats de la jarretiere, en Angleterre, c'eft le premier officier de cet ordre, & il eft auffi ancien que lui.

Guillaume d'Edynton, évêque de Winchefter, a été le premier *prélat* de cet ordre, lors de fon inftitution, & fes fucceffeurs dans cet évêché ont été depuis continués dans cette dignité.

Cette charge eft fort honorable, mais elle n'a d'autres droits que celui d'un logement au château de Windfor, & toutes les fois que l'évêque de Winchefter y vient, il y eft nourri avec toute fa fuite aux dépens du roi.

PRÉLATION, *droit de*, f. f., *Droit féod.*, c'eft le droit qu'a le feigneur en pays de droit écrit de retirer un héritage vendu dans l'étendue de fa feigneurie, en rembourfant l'acquéreur. Ce droit eft la même chofe que le retrait féodal qui

a lieu dans les pays coutumiers. *v.* RE-
TRAIT FÉODAL.

Ce mot *prélation* vient du latin *præ-
latio*, parce que le seigneur, dans les
pays de droit écrit, a la préférence sur
le lignager. Mais dans la plûpart des
coutumes le retrait féodal céde au lignager.

On a aussi nommé *prélation* un
droit, en vertu duquel les enfans font
maintenus par préférence dans les charges que leurs peres ont possédées.

PRÉLEGS, subst. m., *Jurisprud.*,
legatum per præceptionem, ou *prælega-
tum*; est un legs qui est laissé à quelqu'un de plusieurs héritiers, pour être
par lui prélevé hors part & sans confusion de sa portion héréditaire.

Les *prélegs* sont valables suivant le
droit romain. Ces sortes de legs se
prennent hors part & sans confusion
de la part héréditaire; de maniere que
l'on peut être héritier & légataire, quoique l'on ait des co-héritiers.

PRÉLIBATION, *Droit de*, s. f.,
Droit féod.; c'étoit ce droit que les seigneurs s'arrogerent avant & dans le
tems des croisades, de coucher la premiere nuit avec les nouvelles mariées,
leurs vassales roturieres. On nommoit
aussi populairement ce droit le *droit de
cuisage* en France, & de *marchette* en
Angleterre. Des évèques, des barons
s'attribuerent ce droit de hauts-barons;
hauts-barons; & quelques-uns se font
fait payer dans le dernier siecle par leurs
sujets, la renonciation à ce droit étrange, qui eut long-tems cours dans presque toutes les provinces de France &
d'Ecosse. (D.J.)

PRÉLIMINAIRES, s. m. pl., *Droit
polit.* Lorsque des puissances font en
guerre, ils pensent à terminer leur querelle par un traité de paix, on nomme *préliminaires* les articles principaux

dont ces puissances font convenues entr'elles; ces articles font signés par les
ministres des puissances belligérantes,
& ils précédent ordinairement un congrès où les ambassadeurs s'assemblent
pour applanir les difficultés de détail
qui peuvent encore s'opposer à la conclusion de la paix. La signature des
préliminaires est ordinairement suivie
d'une suspension d'armes ou d'une treve. *v.* PAIX, TREVE, TRAITÉ.

PRÉMICES, s. f. pl., *Droit canon.*
On donnoit ce nom aux présens que
les Hébreux faisoient au Seigneur, d'u-
ne partie des fruits de leur récolte,
pour témoigner leur soumission & leur
dépendance, & pour reconnoitre le souverain domaine de Dieu, auteur de tout
bien.

On offroit les *prémices* au temple d'a-
bord, avant que de toucher aux moissons, & ensuite après les moissons,
avant que les particuliers commenças-
sent à en user; & c'est pour cela qu'on
les appelloit *prémices*.

Les premieres *prémices* qui s'offroient
au nom de toute la nation, étoient une
gerbe d'orge que l'on cueilloit le soir
du 15 de Nisan, & que l'on battoit
dans le parvis du temple. Après l'avoir
bien vanné & nettoyé, on en prenoit
environ trois pintes que l'on rôtissoit
& concassoit dans le mortier : on jettoit par-dessus un log d'huile : on y
ajoûtoit une poignée d'encens; & le
prêtre prenant cette offrande, l'agitoit
devant le Seigneur vers les quatre parties du monde. Il en jettoit une poignée sur le feu, & le reste étoit à lui.
Après quoi chacun pouvoit mettre la
faucille dans sa moisson.

Lorsque la moisson du froment étoit
achevée, c'est-à-dire, le jour de la Pen-
tecôte, on offroit encore au Seigneur
des *prémices* d'une autre sorte, au nom

de toute la nation, lesquelles confiftoient en deux païns de deux affarons, c'eft-à-dire, de trois pintes de farine chacun : ces pains étoient de pâte levée. Jofephe, *antiq. l. III. c. x.* ne met qu'un pain ; & il dit qu'on le fervoit aux prêtres à fouper le foir même avec les autres offrandes, & qu'il falloit les manger ce jour-là, fans qu'il en reftât rien pour le lendemain.

Outre ces *prémices* qui s'offroient au nom de toute la nation, chaque particulier étoit obligé d'apporter fes *prémices* au temple du Seigneur. L'Écriture n'en prefcrit ni le tems ni la quantité, mais les rabbins enfeignent qu'il falloit apporter au temple au moins la foixantieme partie de fa récolte & de fes fruits, quoiqu'il ne fût pas défendu d'être plus libéral. On s'affembloit par troupes de vingt-quatre perfonnes, pour apporter en cérémonie ces *prémices*. Cette troupe étoit précédée d'un bœuf deftiné pour le facrifice, couronné d'une couronne d'olivier, & ayant les cornes dorées. Un joueur de flûte marchoit devant eux à Jérufalem. Les *prémices* étoient de froment, d'orge, de raifins, de figues, d'abricots, d'olives & de dattes. Chacun portoit fon panier : les plus riches en avoient d'or, d'autres d'argent, les plus pauvres en avoient d'ofier. Ils marchoient en pompe jufqu'au temple, en chantant des cantiques ; lorfqu'ils approchoient de la ville fainte, les bourgeois alloient au-devant d'eux, & les faluoient civilement.

Quand ils arrivoient à la montagne du temple, chacun, même le roi, s'il y étoit, prenoit fon panier fur fon épaule, & le portoit jufqu'au parvis des prêtres : alors les lévites entonnoient quelques paroles du *pfeaume xxx* ; & celui qui apportoit les *prémices* difoit : *Je reconnois aujourd'hui publiquement de-*

vant le Seigneur votre Dieu, que je fuis entré dans la terre qu'il avoit promife avec ferment à nos peres de nous donner. Alors il mettoit le panier fur fa main ; & le prêtre le foutenant par-deffous ; celui qui l'offroit récitoit une efpece de priere où il faifoit mention de l'entrée & de la fortie d'Ifraël en Egypte, des merveilles que Dieu avoit opérées pour l'en délivrer, de fon introduction dans la terre de Chanaan, & il la terminoit par ces paroles : *C'eft pourquoi j'offre maintenant les* prémices *des fruits de la terre que le Seigneur m'a donnée.* On voit par-là quel étoit le motif &' le fondement de cette cérémonie religieufe. Après ces mots, il mettoit fon panier fur l'autel, fe profternoit & s'en alloit. La Mifna parle fort au long de ce qui regarde les *prémices*, dans les traités intitulés *Thrunoth & Becorim.*

Il y avoit une autre efpece de *prémices* qu'on payoit au Seigneur, & dont il eft fait mention dans les *Nombres, ch. xjv. verf.* 19. & 20. Lorfqu'on avoit pètri le pain dans chaque famille, on en mettoit à part une portion qui fe donnoit au prêtre ou au levite qui demeuroit dans la ville ; que s'il né s'y trouvoit ni prêtre ni lévite, on la jettoit au four & on la laiffoit confumer par le feu. La loi n'en avoit pas fixé la quantité ; mais faint Jérôme dit que la coutume & la tradition l'avoient déterminé entre la quarantieme & la foixantieme partie de ce qu'on pètriffoit. Philon, *lib. de præmiff. facerdot.* en parle comme d'une coutume ufitée parmi tous les Juifs. Léon de Modene *cérém. des Juifs, part. II. ch. jx.* témoigne qu'elle s'obferve encore aujourd'hui : c'eft un des trois préceptes qui regardent les femmes, parce que ce font elles ordinairement qui font le pain. Lorfqu'on a fait un morceau de pâte gros à-peu-près comme quarante œufs, on en prend une petite partie dont on fait une efpece de gâteau qu'on jette au feu, en difant : *Soyez béni , Seigneur notre Dieu , roi du monde , qui nous avez fanctifié par vos préceptes , & qui nous avez commandé de féparer un gâteau de notre pâte.* Les rabbins tiennent qu'on n'eſt obligé de payer les *prémices* que dans la terre promiſe , qu'on doit donner au moins la vingt-quatrieme partie de la maſſe qu'on a pétrie , & que les boulangers n'en doivent que la quarante-huitieme.

On donne auſſi dans l'ancien Teſtament le nom de *prémices* aux offrandes de dévotion que les Iſraëlites apportoient au temple , pour y faire des repas de charité, auxquels ils invitoient leurs parens, leurs amis, & les lévites qui étoient dans les villes ; auſſi bien qu'aux offrandes qu'on faiſoit de tous les premiers nés.

Le nom latin de *prémices* , *primitiæ* , fe prend dans l'Ecriture non-ſeulement à la lettre pour les *prémices* des fruits de la terre , & les offrandes qu'on faiſoit au Seigneur, mais auſſi pour ce qu'il y a d'excellent en chaque choſe. Par exemple, S. Paul, *Rom. viij. 33.* dit que les chrétiens ont les *prémices* du S. Eſprit, *primitias Spiritus habentes,* c'eſt-à-dire , une plus grande abondance de l'eſprit de Dieu , & des dons plus parfaits que n'en avoient eu les Juifs. Ailleurs il dit que J. C. eſt reſſuſcité d'entre les morts, comme les *prémices* de ceux qui ſont décédés : *primitiæ dormientum. I Cor. xxv. 20.* Il eſt appellé dans l'apocalypſe le *premier né des morts* , c'eſt-à-dire, le premier des reſſuſcités par ſa propre vertu, *primogenitus mortuorum ;* & dans l'épitre *2. aux Theſſal. c.j. v. 12.* S. Paul leur dit qu'ils ſont comme des *prémices* que Dieu a choiſis pour les ſauver, *elegit vos Deus primitias in ſalutem,* par une diſtinc-

tion particuliere, comme on choiſit les *prémices* parmi ce qu'il y a de plus exquis dans les fruits pour les offrir au Seigneur.

Dans les premiers ſiecles de l'égliſe, les fideles mettoient tous leurs biens en commun ; les miniſtres de l'égliſe vivoient d'oblations en général, ſans qu'il y eût aucun précepte pour leur donner les *prémices* ni la dixme.

La premiere rétribution qui fut établie en leur faveur , ce fut la dixme.

Alexandre II. y ajouta les *prémices ;* il ſe fonda , pour établir ce nouveau droit, ſur l'ancien Teſtament. Ces *prémices* étoient offertes ſur l'autel , & bénites à la meſſe. C'eſt à ces fruits que s'appliquoit cette priere qui ſe dit au canon de la meſſe. *Per quem hæc omnia Domine ſemper bona creas , ſanctificas , benedicis & præſtas nobis ,* &c. préſentement que les *prémices* ne s'offrent plus ainſi, ces paroles s'appliquent au pain & au vin déja conſacrés.

La quotité des *prémices* n'étoit pas fixée par la loi de Moïſe. Saint Jérôme tient que les rabbins établirent qu'elle feroit au moins du ſoixantieme, & qu'elle n'excéderoit pas le quarantieme ; ce que Frapaolo dit avoir été imité chez les ſiens, ayant établi le quarantieme, qu'on appelle aujourd'hui le *quart.*

Cette eſpece d'oblations s'eſt confondue en général dans le tribut de la dixme ; mais l'uſage s'en eſt conſervé dans quelque pays, ou du moins il ſe paye en quelques Etats un droit aux curés ſous le même nom de *prémices* ou de *pacaire,* qui conſiſtent , en certaines paroiſſes , en une portion de fruits convenus entre le curé & les habitans. Dans d'autres, c'eſt un certain nombre de gerbes que les paroiſſiens donnent à leur paſteur. Enfin dans d'autres, ce n'eſt autre choſe qu'une portion de la dixme. Il n'y a pas fur ce droit d'ancienne loi générale. (D. M.)

PREMIER, adj., *Droit nat. & Jurisprud.*, est celui dont le titre précéde en date ceux des autres. Il y a une maxime en droit, que le *premier en date* a le meilleur droit : non que le tems en lui - même conféte aucun droit fur la chose ; ce qui fait que le dernier ne peut rien prétendre à cette même chose ; mais parce que lorsqu'une personne a acquis quelque droit fur notre bien, ou fur quelqu'une de nos actions, on ne peut rien permettre là-dessus validement à un tiers. Ainfi un homme qui a promis de transférer à quelqu'un la propriété d'une chose, s'est ôté par - là le pouvoir de transférer actuellement cette propriété à tout autre, jusqu'au terme limité ou illimité, dont il est convenu ou expressément, ou tacitement. La vérité est, que selon le droit naturel feul, tant qu'il n'y a point de délivrance, le *premier en date* a le meilleur droit, fur quel pied que la vente ait été faite : mais lorsque la chose vendue a été actuellement délivrée, celui à qui elle a été délivrée, n'est point tenu de la rendre, foit qu'il foit le *premier* ou le dernier *en date*, pourvu qu'il n'ait rien fu de la vente faite à l'autre. Que le *premier en date* ait le meilleur droit, quand il n'y a point de délivrance, cela paroît par la raison que je viens d'alléguer, tirée de la nature même des promesses. Encore même qu'il y ait eu un transport préfent de propriété en faveur du dernier en date, dès là que ce transport n'a point été accompagné de la délivrance, l'acheteur a pu penser qu'il pourroit fe faire que l'exécution du contract ne s'enfuivit pas, à caufe de plufieurs accidens, tel qu'est un droit antérieur d'autrui. La chose est alors en nature, il n'a pas été au pouvoir du vendeur d'en difpofer. Ainfi le *premier* acheteur ou celui qui y a le *premier* droit, peut le faire valoir ; & l'autre doit fe contenter d'exiger du vendeur les dommages & intérêts pour avoir été amufé par un contract illufoire. Cela a lieu fur-tout, quand il n'a tenu qu'au dernier acheteur, de fe faire remettre la chose dès le moment du contract conclu & arrêté. Mais lorsque la chose vendue a été actuellement délivrée à l'un des acheteurs, même au dernier en date, elle n'est plus en nature, elle doit être regardée comme perdue. Ce n'est pas la faute de celui à qui elle a été délivrée, fi elle étoit comme hypothéquée à un autre, puifque nous fuppofons qu'il n'en favoit rien. En vertu de quoi cet autre, avec qui il n'a rien à démêler, prétendroit-il qu'il lui rendît une chose qu'il a acquife à jufte titre ? comme, pendant que la chose n'est pas encore délivrée, le *premier en date* peut s'en prendre au vendeur, qui l'a encore entre les mains, parce qu'il n'a pu ni dû prévoir que le vendeur la promettroit à un autre : de même, lorsque le vendeur s'en est actuellement défait en conféquence d'un engagement postérieur, celui à qui elle a été délivrée n'est pas obligé de s'informer, tant qu'il ne voit aucune raison de le foupçonner, s'il y a quelqu'autre perfonne à qui le vendeur eût déja transféré fon droit. La néceffité du commerce de la vie demande également l'une & l'autre de ces chofes : ainfi dans l'un & l'autre cas, c'est un malheur pour celui qui a compté d'avoir la chose vendue, s'il est fruftré de fes efpérances, ou par la découverte d'un droit antérieur, ou par la délivrance de la chose, qui met le vendeur hors d'état d'en donner la poffeffion. (D.F.)

PREMIER *occupant*, *v.* OCCUPANT, *premier.*

PRENEUR, f. m., *Jurifpr.*, eft un terme ufité dans les baux a cens ou à rente, pour exprimer celui qui prend à cens ou à rente l'héritage. Bailleur eft celui qui donne l'héritage, le *preneur* celui qui le reçoit. *v.* LOCATAIRE.

PRÉPARATOIRE, adj., *Jurifpr.*, fe dit de ce qui n'eft qu'une préparation à quelqu'autre chofe; ainfi on appelle jugement *préparatoire*, celui qui ne tend qu'à quelqu'éclairciffement, comme celui qui ordonne une enquète, une vifite ou defcente, un procès-verbal, une communication de pieces.

On appelle queftion *préparatoire*, en matiere criminelle, la torture qui eft donnée à un accufé avant fon jugement définitif, pour tâcher de tirer de lui la vérité & la révélation de fes complices, fi l'on penfe qu'il puiffe en avoir quelqu'un. *v.* QUESTION.

PRÉROGATIVE, f. f., *Jurifprud.*, fignifie *privilege*, *prééminence*, *avantage* qu'une perfonne a fur une autre; les provifions d'une charge la conferent avec tous fes droits, privileges, *prérogatives*, franchifes & immunités. Ce terme vient du nom que portoit à Rome la centurie, qui donnoit la premiere fon fuffrage dans les comices pour l'élection des magiftrats. *Prærogativa quafi prærogata.*

PRÉROGATIVE ROYALE, *Droit public d'Angl.* On nomme ainfi dans le gouvernement d'Angléterre un pouvoir accordé au prince, pour faire du bien & non du mal; ou pour le dire en moins de mots, c'eft le pouvoir de procurer le bien public fans réglemens & fans loix.

Lorfque le pouvoir légiflatif & le pouvoir exécutif font en différentes mains, comme dans toutes les monarchies modérées & dans les gouvernemens bien réglés, le bien de la fociété demande qu'on laiffe quantité de chofes à la difcrétion de celui qui a le pouvoir exécu-

tif. Car les légiflateurs n'étant pas capables de prévoir tout, ni de pourvoir, par des loix, à tout ce qui peut ètre utile & néceffaire à la communauté; celui qui fait exécuter les loix, étant revètu de pouvoir, a, par les loix de la nature, le droit d'employer fon pouvoir pour le bien de la fociété, dans plufieurs cas, auxquels les loix de l'Etat n'ont point pourvu, jufques à ce que le pouvoir légiflatif puiffe ètre duement affemblé, & y pourvoir lui-mème. Et certainement, il y a plufieurs cas auxquels les légiflateurs ne fauroient pourvoir en aucune maniere; & ces cas-là doivent néceffairement ètre laiffés à la difcrétion de celui qui a le pouvoir exécutif entre les mains, pour ètre réglés par lui, felon que le bien public & l'avantage de la fociété le demandera. Cela fait que les loix mèmes doivent, en certains cas, céder au pouvoir exécutif, ou plutôt à la loi fondamentale de la nature & du gouvernement, qui eft, qu'autant qu'il eft poffible, tous les membres de la fociété doivent ètre confervés. En effet, plufieurs accidens peuvent arriver, dans lefquels une obfervation rigide & étroite des loix, eft capable de caufer bien du préjudice, comme de ne pas abattre la maifon d'un homme de bien pour arrèter le ravage d'un incendie; & un homme, en s'attachant fcrupuleufement aux loix, qui ne font point diftinction des perfonnes, peut faire une action qui mérite une récompenfe, & qui en mème tems ait befoin de pardon. C'eft pourquoi, celui qui tient les rènes du gouvernement, doit avoir, en divers cas, le pouvoir d'adoucir la févérité des loix, & de pardonner quelques crimes, vu que la fin du gouvernement étant de conferver tous les membres de la fociété, autant qu'il fe peut, des coupables doivent ètre épargnés &

obtenir leur pardon, lorfqu'on voit ma-
nifeſtement qu'en leur faifant grace,
on ne caufe aucun préjudice aux innocens.

Le pouvoir d'agir avec difcrétion pour
le bien public, lorfque les loix n'ont rien
preſcrit fur de certains cas qui fe préfentent, ou quand mème elles auroient
preſcrit ce qui doit fe faire en ces fortes
de cas, mais qu'on ne peut exécuter
dans de certaines conjonctures fans nuire fort à l'Etat : ce pouvoir, dis - je,
eſt ce qu'on appelle *prérogative*; & il
eſt établi judicieuſement. Car puifque
dans quelques gouvernemens le pouvoir légiſlatif n'eſt pas toujours fur pied;
que mème l'aſſemblée de ce pouvoir eſt
d'ordinaire trop nombreuſe & trop lente à dépêcher les affaires qui demandent
une prompte exécution ; & qu'il eſt impoſſible de prévoir tout, & de pourvoir, par les loix, à tous les accidens
& à toutes les néceſſités qui peuvent
concerner le bien public, ou de faire
des loix qui ne foient point capables de
cauſer du préjudice dans certaines circonſtances, quoiqu'on les exécute avec
une rigueur inflexible dans toutes fortes d'occafions & à l'égard de toutes
fortes de perſonnes : c'eſt pour toutes
ces raïſons qu'on a donné une grande
liberté au pouvoir exécutif, & qu'on
a laiſſé à fa difcrétion & à fa prudence, bien des choſes dont les loix ne diſent rien.

Tant que ce pouvoir eſt employé pour
l'avantage de l'Etat, & conformément à
la confiance de la fociété, & aux fins
du gouvernement, c'eſt une *prérogative*
inconteſtable, & on n'y trouve jamais à
redire. Car le peuple n'eſt guere ſcrupuleux ou rigide fur le point de la *prérogative*, pendant que ceux qui l'ont,
s'en ſervent aſſez bien pour l'uſage auquel elle a été deſtinée, c'eſt-à-dire, pour

le bien public, & non pas ouvertement
contre ce même bien. Que s'il vient à
s'élever quelque conteſtation entre le
pouvoir exécutif & le peuple, au fujet
d'une choſe traitée de *prérogative*; on
peut aifément décider la queſtion, en
confidérant fi l'exercice de cette *prérogative* tend à l'avantage ou au délavan-
tage du peuple.

Il eſt aifé de concevoir que dans l'enfance, pour ainfi dire, des gouvernemens, lorfque les Etats différoient peu
des familles, eu égard au nombre des
membres, ils ne différoient non plus
guere eu égard au nombre des loix. Les
gouverneurs de ces Etats, auſſi bien
que les peres de ces familles, veillant
pour le bien de ceux dont la conduite
leur avoit été commiſe ; le droit de gouverner & de conduire étoit alors prefque toute la *prérogative*. Comme il n'y
avoit que peu de loix établies, la plupart des choſes étoient laiſſées à la difcrétion, à la prudence, & aux ſoins des
conducteurs. Mais quand l'erreur ou
la flatterie eſt venue à prévaloir dans
l'eſprit foible des princes, & à les porter
à fe ſervir de leur puiſſance pour des fins
particulieres & pour leurs propres intérèts, non pour le bien public ; le peuple a été obligé de déterminer, par des
loix, la *prérogative*, de la régler dans les
cas qu'il trouvoit lui ètre déſavantageux,
& de faire des reſtrictions pour des cas,
où les ancètres avoient laiſſé dans une
extrème étendue de liberté, à la fageſſe
de ces princes, qui faifoient un bon uſage du pouvoir indéfini qu'on leur laiſ-
foit, c'eſt-à-dire, un uſage avantageux
au peuple.

Ainſi, ceux-là ont une très-mauvaiſe
idée du gouvernement, qui difent que
le peuple a empiété fur la *prérogative*,
lorfqu'il a entrepris de la déterminer &
de la borner par des loix pofitives. Car
en

en agiſſant de la ſorte, il n'a point arra-
ché au prince une choſe qui lui appartient de droit; il n'a fait que déclarer
que ce pouvoir, qui avoit été laiſſé indéfini entre ſes mains, ou entre les
mains de ſes ancêtres, afin qu'il fût
exercé pour le bien public, n'étoit pas
ce qu'il penſoit, lorſqu'il en uſoit d'u-
ne maniere contraire à ce bien-là. Car
la fin du gouvernement n'étant autre
choſe que le bien-être de la communauté, tous les changemens & toutes
les reſtrictions qui tendent à cette fin,
ne ſont nullement une uſurpation du
droit de perſonne; puiſque perſonne,
dans le gouvernement, n'a droit de ſe
propoſer une autre fin. Cela ſeulement
doit être regardé comme une uſurpation, qui eſt nuiſible & contraire au
bien public. Ceux qui parlent d'une
autre maniere, raiſonnent comme ſi le
prince pouvoit avoir des intérêts diftincts & ſéparés de ceux de la communauté, & que le prince ne fût pas fait
pour le peuple. C'eſt-là la ſource de
preſque tous les malheurs, de toutes
les miſeres, de tous les déſordres qui
arrivent dans les gouvernemens monarchiques. Et certes, s'il falloit que les
choſes allaſſent, comme elles vont dans
ces ſortes de gouvernemens, le peuple
ne feroit point une ſociété de créatures raiſonnables, qui compoſaſſent un
corps pour leur mutuel avantage, &
qui euſſent des conducteurs établis ſur
elles pour être attentifs à procurer leur
plus grand bien; mais plutôt un troupeau de créatures inférieures, ſous la
domination d'un maître qui les feroit
travailler & employeroit leur travail
pour ſon plaiſir & pour ſon profit particulier. Si les hommes étoient aſſez
deſtitués de raiſon & aſſez abrutis pour
entrer dans une ſociété ſous de telles
conditions, la *prérogative*, entre les

Tome XI.

mains de qui que ce fût qu'elle ſe trouvât, pourroit être un pouvoir arbitraire & un droit de faire des choſes préjudiciables au peuple.

Mais puiſqu'on ne peut ſuppoſer qu'u-
ne créature raiſonnable, lorſqu'elle eſt
libre, ſe ſoumette à une autre, pour ſon
propre déſavantage, (quoique ſi l'on
rencontre quelque ſage & bon conducteur, on ne penſe peut-être pas qu'il
ſoit néceſſaire ou utile de limiter en
toutes choſes ſon pouvoir,) la *prérogative* ne ſauroit être fondée que ſur la
permiſſion que le peuple a donnée à
ceux à qui il a remis le gouvernement,
de faire diverſes choſes, de leur propre
& libre choix, quand les loix ne preſ-
crivent rien ſur certains cas, qui ſe
préſentent, & d'agir même quelquefois
d'une maniere contraire à des loix ex-
preſſes de l'Etat, ſi le bien public le
requiert, & ſur l'approbation que la ſociété eſt obligée de donner à cette conduite. Et véritablement, comme un bon
prince, qui a toujours devant les yeux
la confiance qu'on a miſe en lui, & qui
a à cœur le bien de ſon peuple, ne ſauroit avoir une *prérogative* trop grande,
c'eſt-à-dire, un trop grand pouvoir de
procurer le bien public; auſſi un prince
foible ou méchant, qui peut alléguer le
pouvoir que ſes prédéceſſeurs ont exercé, ſans la direction des loix, comme
une *prérogative* qui lui appartient de
droit, & dont il peut ſe ſervir, ſelon
ſon plaiſir, pour avancer des intérêts
différens de ceux de la ſociété, donne
ſujet au peuple de reprendre ſon droit,
& de limiter le pouvoir d'un tel prince, ce pouvoir qu'il a été bien aiſe d'approuver & d'accorder tacitement, tandis qu'il a été exercé en faveur du bien
public.

Si nous voulons jetter les yeux ſur
l'*Hiſtoire d'Angleterre*, nous trouverons

D d

que la *prérogative* a toujours crû entre les mains des plus fages & des meilleurs princes, parce que le peuple remarquoit que toutes leurs actions ne tendoient qu'au bien public, ou fi, par la fragilité humaine (car les princes font hommes, & faits comme les autres) ils fe détournoient un peu de cette fin, il paroiffoit toujours qu'en général leur conduite tendoit à cette fin-là, & que leurs principales vues avoient pour objet le bien du peuple. Ainfi, le peuple trouvant qu'il avoit fujet d'être fatisfait de ces princes; toutes les fois qu'ils venoient à agir fans aucune loi écrite, ou d'une maniere contraire à des loix formelles, il acquiefçoit à ce qu'ils faifoient, & fans fe plaindre, il leur laiffoit étendre & augmenter leur *prérogative*, comme ils vouloient, jugeant avec raifon qu'ils ne pratiquoient rien en cela qui préjudiciât à fes loix, puifqu'ils agiffoient conformément aux fondemens & à la fin de toutes les loix, c'eft-à-dire, conformément au bien public.

Certainement, ces princes, femblables à Dieu autant qu'il étoit poffible, avoient quelque droit au pouvoir arbitraire, par la raifon que la monarchie abfolue eft le meilleur de tous les gouvernemens, lorfque les princes participent à la fageffe, & à la bonté de ce grand Dieu, qui gouverne, avec un pouvoir abfolu, tout l'univers. Il ne laiffe pourtant pas d'être vrai que les regnes des bons princes ont été toujours très-dangereux & très-nuifibles aux libertés de leur peuple; parce que leurs fucceffeurs, n'ayant pas les mêmes fentimens qu'eux, ni les mêmes vues & les mêmes vertus, ont voulu tirer à conféquence & imiter les actions de ceux qui les avoient précédés, & fe fervir de la *prérogative* de ces bons princes, pour autorifer tout ce qu'il leur plaifoit faire de mal; comme fi la pré-

rogative accordée & permife feulement pour le bien du peuple, étoit devenue pour eux un droit de faire, felon leur plaifir, des chofes nuifibles & défavantageufes à la fociété & à l'Etat. Auffi, cela a-t-il donné occafion à des murmures & à des mécontentemens, & a caufé quelquefois des défordres publics, parce que le peuple vouloit recouvrer fon droit originaire, & faire arrêter & déclarer que jamais fes princes n'avoient eu une *prérogative* femblable à celle que ceux qui n'avoient pas à cœur les intérêts & le bien de la nation, s'attribuoient avec tant de hauteur. En effet, il eft impoffible que perfonne, dans une fociété, ait jamais eu le droit de caufer du préjudice au peuple & de le rendre malheureux, quoiqu'il ait été poffible & raifonnable que le peuple n'ait point limité la *prérogative* de ces rois ou de ces conducteurs, qui ne paffoient point les bornes que le bien public marquoit & prefcrivoit. Après tout, la *prérogative* n'eft rien autre chofe que le pouvoir de procurer le bien public fans réglemens & fans loix.

Le pouvoir de convoquer les parlemens en Angleterre, & de leur marquer précifément le tems, le lieu & la durée de leurs affemblées, eft certainement une *prérogative* du roi; mais on ne la lui a accordée & on ne la lui laiffe que dans la perfuafion, qu'il s'en fervira pour le bien de la nation, felon que le tems & la variété des conjonctures le réquerra. Car étant impoffible de prévoir quel lieu fera le plus propre, & quelle faifon la plus utile pour l'affemblée, le choix en eft laiffé au pouvoir exécutif, entant qu'il peut agir à cet égard d'une maniere avantageufe au peuple & conforme aux fins des parlemens.

On pourra propofer fur cette matiere de la *prérogative*, cette vieille queftion:

Qui jugera fi le pouvoir exécutif a fait un bon ufage de fa *prérogative ?* Je réponds, qu'il ne peut y avoir de juge fur la terre entre le pouvoir exécutif qui, avec une femblable *prérogative*, eft fur pied, & le pouvoir légiflatif qui dépend, par rapport à fa convocation, de la volonté du pouvoir exécutif ; qu'il n'y en peut avoir non plus entre le pouvoir légiflatif & le peuple : de forte que, foit que le pouvoir exécutif ou le pouvoir légiflatif, lorfqu'il a la fuprême puiffance entre les mains, ait deffein & entreprenne de le rendre efclave & de le détruire, le peuple n'a d'autre remede à employer en cette forte de cas, auffi bien que dans tous les autres, dans lefquels il n'a point de juge fur la terre, que d'en appeller au ciel. D'un côté, les conducteurs, par de telles entreprifes, exercent un pouvoir que le peuple n'a jamais remis entre leurs mains & ne peut jamais y avoir remis, puifqu'il n'eft pas poffible qu'il ait jamais confenti qu'ils le gouvernaffent, & qu'ils dominaffent fur lui, à fon défavantage & à fon préjudice, & fiffent ce qu'ils n'avoient point droit de faire ; de l'autre, le peuple n'a point de juge fur la terre à qui il puiffe appeller contre les injuftices de fes conducteurs : ainfi de tout cela réfulte le droit d'appeller au ciel, s'il s'agit de quelque chofe qui foit affez importante. C'eft pourquoi, quoique le peuple, par la conftitution du gouvernement, ne puiffe être juge ni avoir de pouvoir fupérieur, pour former des arrêts en cette rencontre : néanmoins, en vertu d'une loi qui précede toutes les loix pofitives des hommes & qui eft prédominante, il s'eft réfervé un droit, qui appartient généralement à tous les hommes, lorfqu'il n'y a point d'appel fur la terre ; favoir, le droit d'examiner s'il a jufte fujet d'appeller au ciel. On ne peut

même légitimement renoncer à un droit fi effentiel & fi confidérable, parce que perfonne ne peut fe foumettre à un autre, jufqu'à lui donner la liberté de le détruire & de le rendre malheureux. Dieu & la nature ne permettent jamais à qui que ce foit de s'abandonner tellement foi-même, que de négliger fa propre confervation ; comme nous ne fommes point en droit de nous ôter la vie, nous ne faurions, par conféquent, avoir droit de donner à d'autre le pouvoir de nous l'ôter. Et que perfonne ne s'imagine que ce droit & ce privilege des peuples foit une fource de perpétuels défordres ; car on ne s'en fert jamais que lorfque les inconvéniens font devenus fi grands, que le plus grand nombre des membres de l'Etat en fouffre beaucoup, & fent qu'il eft abfolument néceffaire d'y remédier. Les princes fages, qui gouvernent felon les loix & qui ont à cœur le bien public, n'ont point à craindre cette forte de dangers & de défordres, qu'on fait fonner fi haut : il ne tient qu'aux conducteurs de les éviter, comme des chofes auxquelles effectivement ils doivent prendre garde de n'être pas expofés. (D. G.)

PRESCRIPTIBLE, adj., *Jurifpr.*, fe dit de ce qui eft fujet à la prefcription. Ce terme eft oppofé à celui d'*imprefcriptible*, qui fe dit des chofes que l'on ne peut prefcrire, comme le domaine du fouverain qui eft imprefcriptible. *v.* PRESCRIPTION.

PRESCRIPTION, f. f., *Jurifpr.*, eft un moyen d'acquérir le domaine des chofes en les poffédant comme propriétaire pendant le tems que la loi requiert à cet effet. C'eft auffi un moyen de s'affranchir des droits incorporels, des actions & des obligations, lorfque celui à qui ces droits & actions appartiennent, néglige pendant un certain tems de s'en fervir & de les exercer.

Mais comme dans l'ufage ordinaire, l'on confond la *prefcription* avec l'*ufucapion*, il eft néceffaire d'en marquer ici la différence.

L'ufucapion eft l'acquifition du domaine, fondée fur une longue poffeffion, non interrompue & non conteftée ; c'eft-à-dire, une acquifition qui fe prouve par cette feule poffeffion. M. Wolf la définit, une acquifition de domaine fondée fur l'abandonnement préfumé. Sa définition explique la maniere dont une longue & paifible poffeffion peut fervir à établir l'acquifition du domaine. Modeftinus, *Digeft. liv. III. de ufurp. & ufucap.* dit, conformément aux principes du droit romain, que l'ufucapion eft l'acquifition du domaine par une poffeffion continuée pendant un tems défini par la loi. Ces trois définitions n'ont rien d'incompatible, & il eft aifé de les concilier, en faifant abftraction de ce qui fe rapporte au droit civil dans la derniere. Nous avons cherché à exprimer clairement dans la premiere, l'idée que l'on attache communément au terme d'*ufucapion*.

La *prefcription* eft l'exclufion de toute prétention à quelque droit, fondée fur la longueur du tems pendant lequel on l'a négligé ; ou, comme la définit M. Wolf, c'eft la perte d'un droit propre, en vertu d'un confentement préfumé. Cette définition encore eft réelle, c'eft-à-dire, qu'elle explique comment une longue négligence d'un droit, en opere la perte, & elle s'accorde avec la définition nominale que nous donnons de la *prefcription*, & dans laquelle nous nous bornons à expofer ce que l'on entend communément par ce terme. Au refte, le terme de l'*ufucapion* eft peu ufité en françois, & dans cette langue, celui de *prefcription* réunit

tout ce que défignent en latin les mots *ufucapio* & *prefcriptio*. Nous nous fervirons donc du terme de *prefcription*, toutes les fois que nous n'aurons point de raifons particulieres d'employer l'autre.

Pour décider maintenant la queftion que nous nous fommes propofée, il faut voir d'abord fi l'ufucapion & la *prefcription* font de droit naturel. Plufieurs illuftres auteurs l'ont dit & prouvé. Voyez Grotius *de Jure B. & P. lib. II. cap. IV.* Puffendorf, *Jus Nat. & Gent. lib. IV. c. XII.* & fur-tout Wolf, *Jus Nat. part. III. c. VII.*

La nature n'a point elle-même établi la propriété des biens & en particulier celle des terres ; elle approuve feulement cette introduction, pour l'avantage du genre humain. *v.* PROPRIÉTÉ. Dès-lors, il feroit abfurde de dire, que le domaine & la propriété une fois établis, la loi naturelle puiffe affurer au propriétaire quelque droit capable de porter le trouble dans la fociété humaine. Tel feroit le droit de négliger entierement une chofe qui lui appartient, de la laiffer pendant un long efpace de tems, fous toutes les apparences d'un bien abandonné, ou qui n'eft point à lui, & d'en venir enfin dépouiller un poffeffeur de bonne foi, qui l'aura peut-être acquife à titre onéreux, qui l'aura reçue en héritage de fes peres, ou comme la dot de fon époufe, & qui auroit fait d'autres acquifitions, s'il eût pû connoître que celle-là n'étoit ni légitime, ni folide. Loin de donner un pareil droit, la loi naturelle prefcrit au propriétaire le foin de ce qui lui appartient, & lui impofe l'obligation de faire connoître fes droits, pour ne point induire les autres en erreur : elle n'approuve fa propriété, elle ne la lui affure qu'à ces conditions. S'il la néglige pendant un tems affez long pour qu'il ne puiffe être admis à la reclamer, fans mettre en péril les droits d'autrui, la loi naturelle ne l'admet point à la revendiquer. Il ne faut donc point concevoir la propriété comme un droit fi étendu, & tellement inamiffible, qu'on puiffe le négliger abfolument pendant long-tems, au rifque de tous les inconvéniens qui en pourront réfulter dans la fociété humaine, pour le faire valoir enfuite, fuivant fon caprice. Pourquoi la loi naturelle ordonne-t-elle à tous de refpecter ce droit de propriété dans celui qui s'en fert, fi ce n'eft pour le repos, le falut & l'avantage de la fociété humaine? Elle veut donc, par la même raifon, que tout propriétaire qui néglige fon droit pendant long-tems & fans aucune jufte raifon, foit préfumé l'abandonner entierement & y renoncer. Voilà ce qui forme la préfomption abfolue, ou *juris & de jure*, de l'abandonnement, & fur laquelle un autre fe fonde légitimement, pour s'approprier la chofe abandonnée. La préfomption abfolue ne fignifie pas ici une conjecture de la volonté fecrette du propriétaire, mais une pofition, que la loi naturelle ordonne de prendre pour vraie & ftable, & cela en vue de maintenir l'ordre & la paix parmi les hommes: elle fait donc un titre auffi ferme & auffi jufte que celui de la propriété même, établi & foutenu par les mêmes raifons. Le poffeffeur de bonne foi, fondé fur une préfomption de cette nature, a donc un droit approuvé de la loi naturelle; & cette même loi, qui veut que les droits d'un chacun foient fermes & certains, ne permet point qu'on le trouble dans fa poffeffion.

Le droit d'ufucapion fignifie proprement, que le poffeffeur de bonne foi n'eft point obligé, après une longue & paifible poffeffion, de mettre fa propriété en compromis; il la prouve par fa poffeffion même, & il repouffe la demande du propriétaire par la *préfcription*. Rien n'eft plus équitable que cette regle. Si le demandeur étoit admis à prouver fa propriété, il pourroit arriver qu'il adminiftreroit des preuves très-évidentes-en apparence, mais qui ne feroient telles que par la perte de quelque document, de quelque témoignage, qui eût fait voir comment il avoit perdu ou tranfporté fon droit. Seroit-il raifonnable qu'il pût mettre les droits du poffeffeur en compromis, lorfque par fa faute, il a laiffé venir les chofes en tel état, que la vérité courroit rifque d'être méconnue? S'il faut que l'un des deux foit expofé à perdre le fien, il eft jufte que ce foit celui qui eft en faute.

Il eft vrai, que fi le poffeffeur de bonne foi vient à découvrir avec une entiere certitude, que le demandeur eft vrai propriétaire, & qu'il n'a jamais abandonné fon droit, il doit alors en confcience & par le droit interne, reftituer tout ce dont il fe trouvera plus riche du bien du demandeur. Mais cette eftimation n'eft pas aifée à faire & elle dépend des circonftances.

Juftinien dans une de fes novelles, qualifie la *préfcription*, d'*impium præfidium*; cette expreffion pourroit faire croire que la *préfcription* eft odieufe; mais la novelle n'applique cette expreffion qu'à propos d'ufurpateurs du bien d'églife, & qui le retiennent de mauvaife foi: & il eft certain, qu'en général la *préfcription* eft un moyen légitime d'acquérir & de fe libérer: les loix mêmes difent qu'elle a été introduite pour le bien public, *bono publico ufucapio introducta eft*; & ailleurs la *preſcription* eſt appelléc *patronatu generis humani*.

La loi des douze tables avoit autoriſé & reglé la *preſcription* ; on prétend même qu'elle étoit déja établie par des loix plus anciennes.

On ne connoiſſoit d'abord chez les Romains d'autre *preſcription* que celle qu'ils appelloient *uſucapion*.

Pour entendre en quoi l'uſucapion différoit de la *preſcription*, il faut ſavoir que les Romains diſtinguoient deux ſortes de biens, les uns appellés *res mancipi*, les autres *res nec mancipi*.

Les biens appellés *res mancipi*, dont les particuliers avoient la pleine propriété, étoient les meubles, les eſclaves, les animaux privés, & les fonds ſitués en Italie ; on les appelloit *res mancipi*, *quod quaſi manu caperentur* ; & parce qu'ils paſſoient en la puiſſance de l'acquéreur par l'aliénation qui s'en faiſoit par fiction, *per æs & libram*, *de manu ad manum*, que l'on appelloit *mancipatio*.

Les biens *nec mancipi* étoient ainſi appellés, parce qu'ils ne pouvoient pas être aliénés par la mancipation ; les particuliers étoient cenſés n'en avoir que l'uſage & la poſſeſſion ; tels étoient les animaux ſauvages & les fonds ſitués hors de l'Italie, que l'on poſſédoit que ſous l'autorité & le domaine du peuple Romain auquel on en payoit un tribut annuel.

On acquéroit irrévocablement du véritable propriétaire, en obſervant les formes preſcrites par la loi.

On acquéroit auſſi par l'uſage, *uſu*, lorſqu'on tenoit la choſe à quelque titre légitime ; mais de celui qui n'en étoit pas le véritable propriétaire, & qu'on l'avoit poſſédée pendant un an ſi c'étoit un meuble, & pendant deux ans ſi c'étoit un immeuble.

Telle étoit la diſpoſition de la loi des douze tables, & cette façon d'acquérir par l'uſage ou poſſeſſion, eſt ce que l'on appelloit *uſucapion*, terme formé de ces deux-ci *uſu capere* ; les anciens Romains ne connoiſſoient la *preſcription* que ſous ce nom d'*uſucapion*.

Pour acquérir cette ſorte de *preſcription*, il falloit un titre légal, qu'il y eût tradition, & la poſſeſſion pendant un certain tems.

Elle n'avoit lieu qu'en faveur des citoyens Romains, & de ceux auxquels ils avoient communiqué leurs droits, & ne ſervoit que pour les choſes dont les particuliers pouvoient avoir la pleine propriété ; auſſi produiſoit-elle le même effet que la mancipation.

Le peuple Romain ayant étendu ſes conquêtes, & les particuliers leurs poſſeſſions bien au-delà de l'Italie, il parut auſſi néceſſaire d'y étendre un moyen ſi propre à aſſurer la tranquillité des familles.

Pour cet effet les anciens juriſconſultes introduiſirent une nouvelle juriſprudence, qui fut d'accorder aux poſſeſſeurs de dix ans des fonds ſitués hors l'Italie, le droit de s'y maintenir par une exception tirée du laps de tems, & qu'ils appellerent *preſcription*. Cette juriſprudence fut enſuite autoriſée par les empereurs qui précéderent Juſtinien. *Cod. vij. tit. 33. & 39.*

Mais il y avoit encore cette différence entre l'uſucapion & la *preſcription*, que la premiere donnoit le domaine civil & naturel, au lieu que la *preſcription* ne communiquoit que le domaine naturel ſeulement.

Juſtinien rejetta toutes ces diſtinctions & ces ſubtilités ; il ſupprima la diſtinction des choſes appellées *mancipi* & *nec mancipi* des biens ſitués en Italie, & de ceux qui étoient hors de cette province ; & déclara que l'exception tirée de la poſſeſſion auroit lieu pour les uns comme pour les autres ; ſavoir, pour les meubles après trois ans de poſſeſſion , & pour les immeubles par dix ans entre préſens , & vingt ans entre abſens , & par ce moyen l'uſucapion & la preſcription furent confondues , ſi ce n'eſt que dans le droit on employe plus volontiers le terme d'uſucapion pour les choſes corporelles , & celui de *preſcription* pour les immeubles & pour les droits incorporels.

La *preſcription* de trente ans qui s'acquiert ſans titre fut introduite par Théodoſe le Grand.

Celle de quarante ans fut établie par l'empereur Anaſtaſe ; elle eſt néceſſaire contre l'égliſe, & auſſi quand l'action perſonnelle concourt avec l'hypothécaire.

La *preſcription* de cent ans a été introduite à ce terme en faveur de certains lieux ou de certaines perſonnes privilégiées ; par exemple, l'égliſe romaine n'eſt ſujette qu'à cette *preſcription* pour les fonds qui lui ont appartenu.

La *preſcription* qui s'acquiert par un tems immémorial , eſt la ſource de toutes les autres ; auſſi eſt elle dérivée du droit des gens, le droit romain n'a fait que l'adopter & la modifier en établiſſant d'autres *preſcriptions* d'un moindre eſpace de tems.

Les conditions néceſſaires pour acquérir la *preſcription* en général , ſont la bonne foi, un juſte titre, une poſſeſſion continuée ſans interruption pendant le tems requis par la loi , & que la choſe ſoit preſcriptible.

La bonne foi en matiere de *preſcription* conſiſte à ignorer le droit qui appartient à autrui dans ce que l'on poſſede ; la mauvaiſe foi eſt la connoiſſance de ce droit d'autrui à la choſe.

Suivant le droit civil, la bonne foi eſt requiſe dans les *preſcriptions* qui exigent un titre, comme ſont celles de trois ans pour les meubles , & de 10 & 20 ans pour les immeubles ; mais il ſuffit d'avoir été de bonne foi en commençant à poſſéder ; la mauvaiſe foi qui ſurvient par la ſuite n'empêche pas la *preſcription*.

Ainſi , comme ſuivant ce même droit civil, les *preſcriptions* de trente & quarante ans , & par un tems immémorial , ont lieu ſans titre, la mauvaiſe foi qui ſeroit dans le poſſeſſeur même au commencement de ſa poſſeſſion, ne l'empêche pas de preſcrire.

Au contraire, ſuivant le droit canon, que nous ſuivons en cette partie, la bonne foi eſt néceſſaire dans toutes les *preſcriptions*, & pendant tout le tems de la poſſeſſion.

Mais il faut obſerver que la bonne foi ſe préſume toujours , à moins qu'il n'y ait preuve du contraire, & que c'eſt à celui qui oppoſe la mauvaiſe foi à en rapporter la preuve.

Le juſte titre requis pour preſcrire eſt toute cauſe légitime propre à transférer au poſſeſſeur la propriété de la choſe , comme une vente, un échange, un legs, une donation ; à la différence de certains titres qui n'ont pas pour objet de transférer la propriété, tels que le bail , le gage , le prêt , & en vertu deſquels on ne peut preſcrire.

Il n'eſt pourtant pas néceſſaire que le titre ſoit valable ; autrement on n'auroit pas beſoin de la *preſcription* , il ſuffit que le titre ſoit coloré.

La poſſeſſion néceſſaire pour acquérir la *preſcription* , eſt celle où le poſſeſſeur jouit *animo domini*, comme quelqu'un qui ſe croit propriétaire. Celui qui ne jouit que comme fermier, ſéqueſtre ou dépoſitaire , ou à quelqu'autre titre précaire, ne peut preſcrire.

Il faut auſſi que la poſſeſſion n'ait point été acquiſe par violence, ni clandeſtinement, mais qu'elle ait été paiſible, & non interrompue de fait ni de droit.

Quand la *preſcription* eſt interrompue, la poſſeſſion qui a précédé l'interruption ne peut ſervir pour acquérir dans la ſuite la *preſcription*.

Mais quand la *preſcription* eſt ſeulement ſuſpendue, la poſſeſſion qui a précédé & celle qui a ſuivi la ſuſpenſion, ſe joignent pour former le tems néceſſaire pour preſcrire ; on déduit ſeulement le tems intermédiaire pendant lequel la *preſcription* a été ſuſpendue.

Suivant le droit romain, la *preſcription* de trente ans ne court pas contre les pupilles ; la plupart des coutumes ont étendu cela aux mineurs, & en général la *preſcription* eſt ſuſpendue à l'égard de tous ceux qui ſont hors d'état d'agir, tels qu'une femme en puiſſance de mari, un fils de famille en la puiſſance de ſon pere.

C'eſt par ce principe que le droit canon ſuſpend la *preſcription* pendant la vacance des bénéfices & pendant la guerre ; les docteurs y ajoutent le tems de peſte, & les autres calamités publiques qui empêchent d'agir.

La *preſcription* de trente ans, & les autres dont le terme eſt encore plus long, courent contre ceux qui ſont abſens, de même que contre ceux qui ſont préſens ; il n'en eſt pas de même de celle de dix ans, il faut, ſuivant la plupart des coutumes, doubler le tems de cette *preſcription* à l'égard des abſens, c'eſt-à-dire, de ceux qui demeurent dans un autre bailliage ou ſénéchauſſée.

Ceux qui ſont abſens pour le ſervice de l'Etat, ſont à couvert pendant ce tems de toute *preſcription*.

L'ignorance de ce qui ſe paſſe n'eſt point un moyen pour interrompre ni pour ſuſpendre la *preſcription*, cette circonſtance n'eſt même pas capable d'opérer la reſtitution de celui contre qui on a preſcrit.

Il y a des choſes qui ſont impreſcriptibles de leur nature, ou qui ſont déclarées telles par la diſpoſition de la loi.

Ainſi l'on ne preſcrit jamais contre le droit naturel, ni contre le droit des gens primitif, ni contre les bonnes mœurs, & contre l'honnêteté publique ; une coutume abuſive quelque ancienne qu'elle ſoit, ne peut ſe ſoutenir ; car l'abus ne ſe couvre jamais ; il en eſt de même de l'uſure.

On ne preſcrit pas non plus contre le bien public.

Le domaine du ſouverain eſt de même impreſcriptible.

L'obéïſſance que l'on doit à ſon ſouverain & à ſes autres ſupérieurs eſt auſſi impreſcriptible.

La *preſcription* n'a pas lieu entre le ſeigneur & ſon vaſſal & cenſitaire, & dans la plupart des coutumes le cens eſt impreſcriptible ; mais un ſeigneur peut preſcrire contre un autre ſeigneur.

Les droits de pure faculté, tels qu'un droit de paſſage, ne ſe perdent point par le non uſage.

La faculté de racheter des rentes conſtituées à prix d'argent, ne ſe preſcrit jamais par quelque tems que ce ſoit.

Enfin on ne preſcrit point contre la vérité des faits, ni contre ſon propre titre.

La *preſcription* ne pouvant être fondée que ſur une preſcription abſolue, ou ſur une préſomption légitime, elle n'a point lieu ſi le propriétaire n'a pas véritablement négligé ſon droit. Cette
condition

condition emporte trois chofes : 1°. que le propriétaire n'ait point à alléguer une ignorance invincible, foit de fa part, foit de celle de fes auteurs. 2°. Qu'il ne puiffe juftifier fon filence par des raifons légitimes & folides. 3°. Qu'il ait négligé fon droit ou gardé le filence, pendant un nombre confidérable d'années ; car une négligence de peu d'années, incapable de produire la confufion & de mettre dans l'incertitude les droits refpectifs des parties, ne fuffit pas pour fonder ou autorifer une préfomption d'abandonnement. Il eft impoffible de déterminer en droit naturel, le nombre d'années requis pour fonder la *prefcription*. Cela dépend de la nature de la chofe, dont la propriété eft difputée, & des circonftances.

Ce que nous venons de remarquer, regarde la *prefcription* ordinaire. Il en eft une autre, que l'on appelle *immémoriale*, parce qu'elle eft fondée fur une poffeffion immémoriale : c'eft-à-dire, fur une poffeffion dont l'origine eft inconnue, ou tellement chargée d'obfcurité, que l'on ne fauroit prouver fi le poffeffeur tient véritablement fon droit du propriétaire, ou s'il a reçu la poffeffion d'un autre. Cette *prefcription* immémoriale met le droit du poffeffeur à couvert de toute éviction ; car il eft de droit, préfumé propriétaire, tant qu'on n'a point de raifons folides à lui oppofer ; & où prendroit-on ces raifons, lorfque l'origine de fa poffeffion fe perd dans l'obfcurité des tems ? Elle doit même le mettre à couvert de toute prétention contraire à fon droit. Où en feroit-on, s'il étoit permis de revoquer en doute un droit reconnu pendant un tems immémorial, & lorfque les moyens de le prouver font détruits par le tems ? La poffeffion immémoriale eft donc un titre inexpugnable, & la *pref-*

Tome XI.

cription immémoriale un moyen qui ne fouffre aucune exception : l'une & l'autre eft fondée fur une préfomption que la loi naturelle nous prefcrit de prendre pour une vérité inconteftable.

Dans les cas de *prefcription* ordinaire, on ne peut oppofer ce moyen à celui qui allègue de juftes raifons de fon filence, comme l'impoffibilité de parler, une crainte bien fondée, &c. parce qu'alors il n'y a plus de lieu à la préfomption qu'il a abandonné fon droit. Ce n'eft pas fa faute, fi on a cru pouvoir le préfumer ; & il n'en doit pas fouffrir. On ne peut refufer de l'admettre à prouver clairement fa propriété. Ce moyen de défenfe contre la *prefcription*, a été fouvent employé contre des princes, dont les forces redoutables avoient long tems réduit au filence les foibles, victimes de leurs ufurpations.

Il eft bien évident auffi, que l'on ne peut oppofer la *prefcription* au propriétaire, qui, ne pouvant pourfuivre actuellement fon droit, fe borne à marquer fuffifamment, par quelque figne que ce foit, qu'il ne veut pas l'abandonner. C'eft à quoi fervent les proteftations. Entre fouverains, on conferve le titre & les armes d'une fouveraineté, d'une province, pour marquer que l'on n'abandonne pas fes droits.

Tout propriétaire qui fait, ou qui omet expreffément des chofes qu'il ne peut faire, ou omettre, s'il ne renonce à fon droit, indique fuffifamment par-là qu'il ne veut pas le conferver, à moins qu'il n'en faffe la réferve expreffe. On eft fans doute en droit de prendre pour vrai ce qu'il indique fuffifamment dans les occafions où il doit dire la vérité ; par conféquent on préfume légitimement qu'il abandonne fon droit, & s'il veut un jour y revenir, on eft fondé à lui oppofer la *prefcription*.

E e

Après avoir démontré que l'usuca-pion & la *prescription* sont de droit naturel, il est aisé de prouver qu'elles sont pareillement du droit des gens & qu'elles doivent avoir lieu entre les nations. Car le droit des gens n'est autre chose que l'application du droit de la nature aux nations, faite d'une maniere convenable aux sujets. *v.* DROIT DES GENS. Et bien loin que la nature des sujets apporte ici quelque exception, l'usuca-pion & la *prescription* sont d'un usage beaucoup plus nécessaire entre les Etats souverains qu'entre les particuliers. Leurs querelles sont d'une toute autre conséquence, leurs différends ne se terminent d'ordinaire que par des guerres sanglantes ; & par conséquent la paix & le bonheur du genre humain exigent bien plus fortement encore, que la possession des souverains ne soit pas troublée facilement, & qu'après un grand nombre d'années, si elle n'a point été contestée, elle soit réputée juste & inébranlable. S'il étoit permis de remonter toujours aux tems anciens, il est peu de souverains qui fussent assurés de leurs droits ; il n'y auroit point de paix à espérer sur la terre.

Il faut avouer cependant que l'usuca-pion & la *prescription* sont souvent d'une application plus difficile entre les nations, en tant que ces droits sont fondés sur une présomption tirée d'un long silence. Personne n'ignore combien il est dangereux pour l'ordinaire à un Etat foible, de laisser entrevoir seulement quelque prétention sur les possessions d'un monarque puissant. Il est donc difficile de fonder une légitime présomption d'abandonnement sur un long silence. Ajoutez que le conducteur de la société n'ayant pas ordinairement le pouvoir d'aliéner ce qui appartient à l'Etat, son silence ne peut faire pré-judice à la nation, ou à ses successeurs, quand même il suffiroit à faire présumer un abandonnement de sa part. Il sera question alors de voir, si la nation a négligé de suppléer au silence de son conducteur, si elle y a participé par une approbation tacite.

Mais il est d'autres principes qui établissent l'usage & la force de la *prescription* entre nations. La tranquillité des peuples, le salut des Etats, le bonheur du genre humain ne souffrent point que les possessions, l'empire & les autres droits des nations demeurent incertains, sujets à contestation, & toujours en état d'exciter des guerres sanglantes. Il faut donc admettre entre les peuples la *prescription* fondée sur un long espace de tems, comme un moyen solide & incontestable. Si quelqu'un a gardé le silence par crainte, par une espece de nécessité ; la perte de son droit est un malheur, qu'il doit souffrir patiemment, puisqu'il n'a pu l'éviter. Et pourquoi ne le supporteroit-il pas aussi bien que celui de se voir enlever des villes & des provinces par un conquérant injuste, & forcé de les lui céder par un traité ? Ces raisons, au reste, n'établissent l'usage de la *prescription* que dans le cas d'une très-longue possession, non contestée & non interrompue, parce qu'il faut bien enfin que les affaires se terminent & prennent une assiette ferme & stable. Tout cela n'a point lieu quand il s'agit d'une possession de peu d'années, pendant lesquelles la prudence peut engager à garder le silence, sans que l'on puisse être accusé de laisser tomber les choses dans l'incertitude, & de renouveller des querelles sans fin.

Quant à la *prescription* immémoriale, ce que nous en avons dit ci-dessus, suffit pour convaincre tout le monde qu'elle doit nécessairement avoir lieu entre les nations.

L'usucapion & la *prescription* étant d'un usage si nécessaire à la tranquillité & au bonheur de la société humaine, on présume de droit que toutes les nations ont consenti à en admettre l'usage légitime & raisonnable, en vue du bien commun & même de l'avantage particulier de chaque nation.

La *prescription* de longues années, de même que l'usucapion, sont donc établies encore par le droit des gens volontaire.

Bien plus, comme en vertu de ce même droit, les nations, dans tous les cas susceptibles de doute, sont réputées agir entr'elles avec un droit égal; la *prescription* doit avoir son effet entre nations, dès qu'elle est fondée sur une longue possession non contestée, sans qu'il soit permis, à moins d'une évidence palpable, d'opposer que la possession est de mauvaise foi. Car hors ce cas de l'évidence, toute nation est censée posséder de bonne foi. Tel est le droit qu'un Etat souverain doit accorder aux autres; mais il ne peut se permettre à lui-même que l'usage du droit interne & nécessaire. La *prescription* n'est légitime, au tribunal de la conscience, que pour le possesseur de bonne-foi.

Puisque la *prescription* est sujette à tant de difficultés, il seroit très-convenable que les nations voisines se missent en regle à cet égard, par des traités, principalement sur le nombre d'années requis pour fonder une légitime *prescription*; puisque ce dernier point ne peut être déterminé en général par le droit naturel seul. Si, au défaut de traités, la coutume a déterminé quelque chose en cette matiere, les nations entre lesquelles cette coutume est en vigueur, doivent s'y conformer. (D.F.)

* La *prescription*, en matiere de droits seigneuriaux, c'est une maniere d'acquérir ou de se libérer d'un droit par un laps de tems continué pendant, un certain nombre d'années, ainsi qu'il est fixé par la loi. Suivant cette notion, la *prescription* des droits seigneuriaux est active ou passive; elle est active, quand le seigneur acquiert le droit; elle est passive, quand il en souffre la libération.

C'est une maxime communément reçue, que les droits seigneuriaux sont imprescriptibles; mais cette maxime n'est pas si générale qu'elle ne souffre quantité d'exceptions, dont nous allons tâcher d'exposer le plus grand nombre, en commençant par la *prescription* de seigneur à seigneur, par celle du seigneur contre le vassal, & du vassal contre le seigneur.

La *prescription* a lieu de seigneur contre seigneur par trente ans entre laïcs, & quarante ans entre ecclésiastiques; c'est le droit commun qui ne souffre point d'exception. Mais pour que cette *prescription* soit légitimement acquise, il faut qu'elle ait commencé par des titres publics, comme des actes de foi & hommage à mutations publiques; en roture, par des reconnoissances passées à un terrier publié. Les autres seroient des actes suspects & clandestins.

Un seigneur ne peut point prescrire contre son co-seigneur.

La maxime est générale, attestée par toutes les coutumes, que le seigneur ne prescrit point contre son vassal quand il tient son fief saisi, quand il l'auroit ainsi possedé pendant cent ans, parce qu'alors le seigneur ne peut pas changer le titre de sa possession. D'ailleurs, pour prescrire, il faut titre & bonne foi; dans le cas proposé, le seigneur n'auroit ni l'un ni l'autre.

E e 2

Si le seigneur tenant le fief saisi, le vend à un tiers, après que ce tiers aura joui pendant trente ans, le vassal ne sera plus reçu à se présenter & à le déposseder, mais il aura son recours contre le seigneur, qui sera contraint de l'indemniser avec dommages & intérèts.

Si le seigneur possede le fief de son vassal en vertu d'un autre titre que la saisie féodale, par acquisition, échange, par droit de commise, deshérence, &c. il peut le prescrire par trente ans, parce qu'alors le seigneur possede comme toute autre personne.

Le vassal ne prescrit jamais la féodalité contre son seigneur par quelque laps de tems que ce soit; on verra plus loin comment cela doit s'entendre. Entrons maintenant dans le détail des droits qu'on peut acquérir ou perdre par la *prescription*, & même que la loi conserve contre les atteintes de la *prescription*; mais avant on posera quelques maximes générales.

1°. Il n'y a aucun droit, quel qu'il soit, quand même il ne seroit pas prescriptible de sa nature, qui ne puisse le devenir par trente ans, *à die contradictionis*. La raison est, que par la contradiction il se fait interversion de possession qui libere le vassal & l'emphytéote, *vel solâ temporis exceptione*, même contre le titre primordial.

Mais pour que l'emphytéote soit libéré par sa contradiction, il faut que cette contradiction soit formelle, expresse, faite en jugement; une simple dénégation extrajudiciaire ne suffiroit pas.

2°. Les droits de pure faculté ne se prescrivent jamais; telle est la taille aux quatre cas, un droit d'usage, de chauffage, &c. La *prescription* ne court point contre le droit qu'on a de faire quelque chose, & dont il nous est libre d'user ou de ne pas user, quoiqu'on ait cessé

d'en user pendant un tems considérable.

3°. Les profits de fiefs & de justice échus, les reliefs, les rachats, quints & requints, & autres profits pécuniaires se prescrivent par trente ans. Il en est de même de la quotité des arrérages du cens & autres semblables droits.

Les droits seigneuriaux les plus à couvert de la *prescription* sont ceux qui dérivent de la constitution des fiefs & de la haute justice; car dans l'origine, justice & fief étoient inséparables. Ainsi le vassal ne prescrit jamais contre son seigneur la foi & hommage, l'aveu & dénombrement, & tous les devoirs de féodalité, quand même, sans en rendre aucuns, il auroit possedé le fief pendant deux cents ans. Ces droits & devoirs ne peuvent souffrir de *prescription* que celle qui s'acquiert *à die contradictionis*.

Le droit d'indemnité se prescrit par trente, quarante, cinquante ans, suivant la disposition des coutumes; mais l'homme vivant & mourant ne se prescrit point, parce qu'il est donné pour rendre la foi & hommage qui ne se prescrit jamais.

Les droits échus de la haute justice, les confiscations, commise, deshérences, aubaine, bâtardise se prescrivent par trente ans, à compter du jour qu'ils sont échus; & cette *prescription* a non-seulement lieu contre les seigneurs hauts-justiciers, mais même contre le prince.

Après les droits des fiefs & de justice, les droits seigneuriaux les plus imprescriptibles sont ceux qui dérivent de la concession des héritages; mais cette imprescriptibilité a encore ses exceptions & ses modifications.

Par la disposition générale de presque toutes les coutumes, la directe, le cens sont imprescriptibles; ils peuvent cependant se prescrire de deux façons.

1°. *A die contradictionis*, ce qui est général pour toute espece de droits. 2°. Par la disposition particuliere de quelque coutume.

Le cens dû sur un territoire jouxté, limité & circonscript, est imprescriptible par-tout, tant qu'il y a un seul tenancier qui paye ; ce seul payement empêche tous les autres de prescrire.

La rente ou le surcens ajouté au cens se prescrivent par trente ans, quoique le cens soit imprescriptible.

La redevance bordeliere est, comme le cens, imprescriptible ; il n'y a que les arrérages qui peuvent se prescrire. La raison est, que cette redevance, comme le cens, emporte directe seigneurie.

Si le champart ou terrage, est la seule redevance due sur l'héritage, il est droit seigneurial & imprescriptible.

Les corvées personnelles ne se peuvent prescrire que par la contradiction ; à l'égard des corvées réelles, elles se prescrivent par trente ans ; c'est même la disposition de quelques coutumes. Il faut cependant observer que, si la corvée est la charge unique imposée sur l'héritage, elle peut alors être considerée comme un cens, & dans cette supposition elle ne se prescrira que comme le cens, c'est-à-dire, par contradiction, & dans les coutumes qui admettent la *prescription* du cens. Si au contraire la corvée est jointe au cens, ou autres redevances, alors elle est regardée comme un surcens ou une quotité de cens qui est prescriptible par trente ans.

Quand les corvées personnelles sont dues par une communauté, chaque habitant ne peut pas prescrire, mais toute la communauté le peut.

La bannalité du four ou du moulin peut se prescrire par les particuliers, & même par la communauté entiere, en cessant par les uns & les autres de cuire ou moudre au four & moulin bannal pendant trente ans entre laïcs, & quarante ans contre l'église, sans qu'il soit besoin d'aucune contradiction de leur part.

Mais pour que la *prescription* de la bannalité ait lieu, il faut, 1°. que pendant les 30 ou 40 ans nécessaires pour l'acquérir, les moulins & four du seigneur aient été en bon état de travailler ; car si le moulin avoit été emporté par une inondation, le four en mauvais état, la *prescription* n'auroit pas lieu en faveur des habitans. 2°. Il faut en outre que l'habitant qui veut s'affranchir ait été à d'autres moulins & fours ; que, demeurant dans le lieu de la bannalité, il l'ait fait au vu & au su du seigneur ; sans que ce dernier se soit mis en devoir de le contraindre.

La bannalité du pressoir se peut prescrire comme celle du four & du moulin, & dans les mêmes termes.

Le droit de pêche dans les rivieres seigneuriales est droit de fief ou de justice, & droit de pure faculté, par conséquent imprescriptible ; mais il se prescrit par un seigneur contre un autre, quand l'un d'eux a fait défenses à l'autre de pêcher ; & quand ce dernier a déferé à la défense, il est alors censé avoir reconnu le droit exclusif de l'autre.

Les droits de retrait féodal & censuel, de prélation, se prescrivent contre les seigneurs quand ils laissent passer le tems accordé par les coutumes pour former leurs actions, ou quand ils ont fait quelqu'acte qui les en fait déchoir.

Lorsque les fourches patibulaires d'une justice sont tombées, le droit de pouvoir les relever est prescrit après un an. Pour se faire relever de cette *prescription*, il faut des lettres du prince. *v.* FOURCHES PATIBULAIRES. (R.)

PRÉSÉANCE, *v.* PRESSÉANCE.

PRÉSENTS, f. m. pl., *Jurifprud.*, dons, tout ce qu'on donne gratuitement & par pure libéralité. Recevoir des *préfens* dans l'exercice de la judicature, eft un délit contre la juftice publique. En orient, on demande juftice, fût-ce au fouverain en perfonne, un *préfent* à la main. Cette pernicieufe coutume eft calculée fur le defpotifme de ces contrées, où les vrais principes du gouvernement font ignorés, & où l'on penfe qu'il n'y a point de devoir du maître aux efclaves, ni du gouvernant aux gouvernés. La loi romaine, malgré des précautions févères contre ce genre de corruption, fe laiffa aller à une indulgence bien étrange, lorfqu'elle permit aux magiftrats de recevoir quelques petits *préfens*, pourvu qu'ils n'excédaffent pas la valeur de cent écus de notre monnoie, dans le cours d'un an ; ils ne confidéroient pas affez la nature de ce vice fordide qui marche bientôt à pas de géant, lorfqu'une fois on l'a mis fur pied. Platon avoit été plus fage dans fon plan de république ; il décernoit des peines févères contre ceux qui recevroient des *préfens*, pour remplir leur devoir ; & les loix d'Athenes pourfuivoient ceux qui offroient comme ceux qui recevoient. En Angleterre on punit ce délit dans les officiers inférieurs par l'amende & la prifon : même peine pour le plaideur qui a voulu corrompre le juge par un *préfent*, quand même le *préfent* auroit été refufé ; mais dans les juges des cours fuprèmes, ce délit a paru fi grave & fi criant, que le lord grand juge-mage d'Angleterre *Thorpe* fut pendu fous le regne d'Edouard III. pour s'être laiffé corrompre. Le *ftatut* 2 de Henri IV. condamne tout officier de juftice convaincu d'avoir reçu un *pré-*

fent, à une amende triple de la valeur du *préfent*, à la perte de fon office, à l'incapacité pour tout autre, & telle autre peine à la volonté du roi. On en a vu plus d'un exemple dans des membres du parlement très-éminens & très-capables, qui s'étoient fouillés dans la fange de cette corruption.

La corruption des jurés qui ne font pas des juges ordinaires, mais des pairs qu'on donne à un accufé pour juger d'un fait, fur la dépofition des témoins, cette corruption eft punie dans le corrupteur par l'amende & l'emprifonnement, & dans le juré par l'infamie perpétuelle, par l'emprifonnement pour un an, & par une amende dix fois au-deffus de la valeur de ce qu'il a reçu. C'eft ce que portent plufieurs ftatuts du regne d'Edouard III.

PRÉSENT, *Jurifprud.*, dans les coutumes, fe dit de celui qui demeure dans le même bailliage ou fénéchauffée, qu'une autre perfonne.

Celui qui a plufieurs domiciles en diverfes pays, eft réputé *préfent* dans toutes.

Celui qui n'a aucun domicile certain eft réputé abfent. Voyez le Maître fur Paris, *titre* des prefcriptions.

Dans le ftyle judiciaire on eft réputé *préfent*, quoiqu'on ne comparoiffe pas en perfonne lorfque l'on eft repréfenté par fon avocat ou par fon procureur.

PRÉSENTATION, f. m., *Droit can. & féod.* On doit appliquer ici ce mot à l'acte par lequel un patron préfente un fujet au collateur du bénéfice de fon patronage, afin qu'il l'en pourvoie. L'on voit fous le mot PATRONAGE l'origine & la nature du droit de patronage ; ceux qui peuvent l'exercer, dans quels cas & comment ? Il ne nous refte à parler ici que de la forme ou plutôt de la formule de l'acte même de *préfentation*. M. Bru-

net en fon *Notaire apoftolique* , *tom. II.*
liv. I. ch. 11. en donne de toutes les fortes : nous n'en extrairons que les plus
ordinaires, après avoir obfervé avec cet
auteur, que les lettres de *préfentation*
en général ont huit parties.

L'adreffe & le falut, fi elle n'eft faite
par - devant notaire , dans lequel cas la
préfentation peut être fans adreffe ni fa-
lutation ; ainfi que quand il y a lieu à
la repréfentation, c'eft - à - dire, à une
préfentation de feconde main.

A l'égard de la repréfentation, il faut
favoir qu'il y a dans plufieurs lieux trois
degrés pour parvenir aux bénéfices qui
font en patronage, la nomination ; la
préfentation & l'inftitution ; ou bien la
préfentation, la repréfentation & l'inftitution ; ou bien le choix de plufieurs
fujets, la *préfentation* que le patron fait
de l'un d'eux, & l'inftitution que le collateur donne au préfenté par le patron.
Il faut donc alors trois actes différens.
Celui qui a droit de nommer, nomme au préfentateur ; le préfentateur préfente au collateur ; le collateur donne
des provifions. Il en eft de même du préfentateur au repréfentateur, & de celui
qui nomme plufieurs fujets au préfentateur, qui en choifit un qu'il préfente.
La regle générale de ces actes eft qu'ils
foient adreffés à celui qui eft dans le degré-
gré fupérieur, comme la nomination au
préfentateur, la *préfentation* au collateur, la *préfentation* fimple au repréfentateur, & ainfi du refte. Les repréfen-
tations fe font ordinairement par les archidiacres, & font foumifes aux mêmes formalités que les premieres *pré-
fentations*.

La feconde partie eft la déclaration
des droits que le patron & le collateur
ont fur le bénéfice ; le patron doit y
énoncer comment & par quel titre le
droit de patronage lui appartient, &

en quelle qualité le collateur le confere.

La troifieme eft la déclaration du genre de vacance.

La quatrieme, la *préfentation* d'un
fujet comme capable.

La cinquieme, la priere faite au collateur d'accorder les lettres de collation
& de provifion.

La fixieme, le *in quorum fidem*, &c.
c'eft - à - dire, l'énonciation de l'expédition des lettres, de leur fignature &
de l'appofition du fceau.

La feptieme, la date.

La huitieme enfin, la mention de la
préfence des témoins.

Toutes ces parties doivent être néceffairement inférées dans tous les actes
de *préfentation* ; mais la formule de ces
actes differe, foit par rapport au nombre des patrons, foit à caufe du genre
de la vacance, &c. (D. M.)

* La *préfentation* doit fe faire, fuivant
l'ufage des fiefs, à la prochaine cour
que tiendra le feigneur, immédiatement
après que l'acte de réfignation aura été
paffé dans quelque coutume, & la *préfentation* eft bonne, quoique faite à la
feconde tenue de la cour. Cette *préfentation* de l'acte de réfignation doit être
faite par ceux qui ont été colloqués-
dans cet acte, & en même tems que
l'hommage, & cet acte doit contenir
tout ce qui eft contenu dans celui de réfignation ; de façon que fi celui - ci eft
conditionnel, & l'acte de la *préfentation* abfolu, ces deux actes & l'admiffion même font également nuls. Si le réfignant fait fon acte de réfignation hors
de la cour, & vient à mourir avant que
la *préfentation* en foit faite, cet acte eft
bon, s'il eft conforme à la coutume du
pays. Il en eft de même fi le réfignataire
mourroit avant la *préfentation*. Etant
faite par fes héritiers, elle feroit égale-

ment bonne , & la loi veut dans ce cas que le feigneur foit obligé de faire l'admiffion. Elle veut même que fi le feigneur refufoit de recevoir la *préfentation* , la cour du feigneur la prononce ; & que fi cette cour la refufoit , le réfignant puiffe s'adreffer à la cour de chancellerie. (R.)

PRÉSIDENCE , f. f. , *Jurifprud.* , eft l'action de préfider à quelque affemblée. Quelquefois ce terme eft pris pour la place ou office de celui qui préfide.

Ce n'eft pas toujours celui qui a la premiere place qui préfide.à leur affemblée ; il y a , par exemple , des officiers d'épée qui ont par honneur la premiere place dans un tribunal, où le premier officier de robe , qui fiege après eux , préfide ; car la *préfidence* confifte principalement dans le droit de convoquer l'affemblée , d'ordonner aux miniftres du fiege de recueillir les opinions & de prononcer.

PRÉSIDENT , *préfident des provinces* , en latin *præfides provinciarum* , f. m,, *Droit Rom.* , c'étoit le titre que les Romains donnoient aux gouverneurs de leurs provinces. D'abord on n'y envoyoit que des préteurs qui étoient chargés d'adminiftrer la juftice , de faire des loix , & de marcher contre l'ennemi en cas de befoin. Mais lorfque la guerre étoit plus furieufe , on y envoyoit des confuls. Lorfqu'un conful , pendant fon confulat , n'avoit eu aucune guerre à foutenir , & qu'il étoit envoyé l'année fuivante dans une province pour la gouverner , il prenoit le titre de *propréteur* ou de *proconful*. Quand les confuls ou les proconfuls alloient dans les provinces , ils étoient précédés de douze licteurs portant les faifceaux & les haches , mais les préteurs & les propréteurs dont l'autorité étoit inférieure , n'en avoient que fix.

Avant leur départ de Rome , on étoit obligé de leur fournir tout ce qui étoit néceffaire pour la confervation de la province , pour l'entretien de leur armée, pour leur propre entretien & pour les frais de leur voyage, c'eft ce qu'on appelloit *ornare provinciam*. Suivant les dépenfes que l'on faifoit dans ces occafions, le conful ou le proconful paroiffoit auffi plus ou moins honoré. Avant que d'entreprendre le voyage , ils avoient coutume d'aller au capitole pour y invoquer les dieux , & leur demander un heureux fuccès de leur voyage & de leur commiffion : ils y faifoient auffi des vœux,& y prenoient pour la premiere fois le *paludamentum* ou habit de guerre. Sortis du capitole , ils partoient fans délai ; on les complimentoit à la porte de Rome, leurs parens & leurs amis leur faifoient cortege une partie du chemin. Ils entroient en charge le jour de leur arrivée dans la province ; & l'ayant fait annoncer à celui qui gouvernoit alors , ils conféroient avec lui fur l'état où la province fe trouvoit actuellement. Celui qui fortoit de la province étoit obligé de régler & de liquider les comptes des deniers publics qui y avoient été levés dans le cours de fon adminiftration , & de les mettre en dépôt dans deux différentes villes de la province. Arrivés à Rome , ils y rendoient compte de leur geftion. Dans le partage qu'Augufte fit des provinces , celles qu'il s'étoit réfervées , & qui furent nommées *provinces préfidiales* , étoient gouvernées par des confuls ou proconfuls , & les provinces échues au peuple par des préteurs ou propréteurs. v. CONSUL , PROCONSUL , PRÉTEUR.

PRÉSIDIAL , f. m. , *Droit public de France* , du latin *præfidium* , qui fignifie *fecours* , *protection* , en terme de pratique

tique eſt un titre que l'on donnoit en France indifféremment à tous les bailliages, fénéchauſſées, on les appelloit auſſi *préſidiaux* ou *cours préſidiales*, ainſi qu'on le peut voir dans l'ordonnance de Charles VIII. en 1490, *art. 35.* & dans celle de François I. en 1536 : ce titre de *préſidiaux* qu'on leur donnoit alors ne ſignifioit autre choſe ſinon que c'étoient des *juges ſupérieurs*, devant leſquels on appelloit des *juges inférieurs.*

Mais préſentement on entend par le terme de *préſidiaux* des juges ordinaires établis dans certains bailliages & ſénéchauſſées, pour juger par appel en dernier reſſort juſqu'à la ſomme de 250. liv. de principal, ou 10. liv. de rente, & par proviſion & nonobſtant l'appel juſqu'à 500 liv. ou 20 liv. de rente.

Ces tribunaux furent inſtitués par Henri II. par édit du mois de Janvier 1651, appellé communément l'édit des *préſidiaux*: l'objet de cet édit a été en général l'abréviation des procès, & ſingulierement de décharger les cours ſouveraines d'un grand nombre d'appellations qui y étoient portées pour des cauſes légeres.

Cet édit ordonne que dans chaque bailliage & ſénéchauſſée qui le pourra commodément porter, il y aura un ſiege *préſidial* pour le moins en tel lieu & endroit qui paroîtra le plus utile; que ce ſiege ſera compoſé de neuf magiſtrats pour le moins, y compris les lieutenans - généraux & particuliers, civil & criminel, de ſorte qu'il doit y avoir ſept conſeillers.

Il eſt dit que ces magiſtrats connoîtront de toutes les matieres criminelles, ſelon le reglement qui en avoit été fait par les précédentes ordonnances.

Qu'ils connoîtront de toutes les matieres civiles qui n'excéderont pas la ſomme de 250 liv. tournois pour une

Tome XI.

fois, ou 10 liv. tournois de rente ou revenu annuel, de quelque nature que ſoit le revenu, droits, profits, & émolumens, dépendans d'héritages nobles & roturiers qui n'excéderont la valeur pour une fois de 250 liv. qu'ils en jugeront ſans appel, & comme juges ſouverains & en dernier reſſort, tant en principal qu'incident, & des dépens procédant deſdits jugemens à quelque ſomme qu'ils pourroient monter.

Que ſi par la demande il n'appert pas de la valeur des choſes conteſtées que les parties ſeront interrogées, & que ſelon ce qu'ils en accorderont ou qu'il paroîtra par baux à ferme, actes, cédules, inſtrumens authentiques ou autrement, ſelon que le demandeur le voudra déclarer & réduire ſa demande à ladite ſomme de 250 liv. leſdits juges en ce cas pourront en connoître comme ſouverains & ſans appel.

Ce pouvoir de juger en dernier reſſort juſqu'à 250 livres de principal ou 10 liv. de rente, eſt ce que l'on appelle le premier chef de l'édit des *préſidiaux*.

Ils ne peuvent pas connoître en dernier reſſort de plus de 250 liv. quand même la demande ſeroit pour différentes ſommes.

Il en eſt de même des dommages & intérêts.

Les jugemens rendus à ce premier chef de l'édit ſont qualifiés de jugemens derniers ou en dernier reſſort, mais les préſidiaux ne peuvent pas en prononçant uſer des termes d'*arrêt* ni de *cour*, ni mettre l'appellation *au néant*, ils doivent prononcer par *bien* ou *mal jugé & appellé*.

Ce même édit ordonne que les ſentences rendues par leſdits juges, pour choſes non - excédantes la ſomme de 500 l. ou 10 de rente, ſeront exécutées par proviſion nonobſtant l'appel,

F f

tant en principal que dépens , à quelque somme que les dépens puiffent monter , en donnant caution par ceux au profit defquels les fentences auront été rendues , ou du moins fe conftituant pour raifon de ces acheteurs de biens & dépofitaires de juftice ; au moyen de quoi les appels qui feront interjettés de ces fentences n'auront aucun effet fufpentif, mais feulement dévolutif.

Le pouvoir que donne ce fecond chef de l'édit aux préfidiaux, eft ce qu'on appelle *juger au fecond chef de l'édit* ou *juger préfidialement*.

Les *préfidiaux* ne peuvent juger qu'au nombre de fept juges ; & s'ils ne fe trouvent pas en nombre fuffifant , les parties peuvent convenir d'avocats du fiege pour completter le nombre de juges ; & à leur refus, les juges peuvent choifir les plus fameux & les plus notables.

Pour que le jugement foit en dernier reffort au *préfidial*, il faut que cela foit exprimé dans le jugement même , & que les juges qui y ont affifté au nombre de fept , foient nommés dans le jugement.

L'édit ordonne que toutes les appellations des fieges particuliers & fubalternes reffortiront au *préfidial* pour les matieres de fa compétence, fans plus attendre la tenue des affifes.

Il leur eft défendu de connoître du domaine ni des eaux & forêts du roi, foit pour le fond, foit pour les dégâts, entreprifes & malverfations.

Ils ne peuvent pas non plus connoître du retrait lignager , des qualités d'héritier ou de commune, ni de la mouvance féodale ou propriété du cens, parce que toutes ces chofes ont une valeur que l'on ne peut pas définir.

L'édit veut que les confeillers foient âgés de vingt-cinq ans ; licentiés & gradués, & approuvés par examen du chancelier ou du garde des fceaux.

Il fut réfervé alors à ftatuer fur ce qui concernoit les fieges du châtelet de Paris, de Touloufe, Bordeaux, Dijon & Rouen.

Ce premier édit fut interprèté par plufieurs autres, que l'on a appellés *édits d'ampliation des préfidiaux*.

Le premier de ces édits qui fut donné pour le parlement de Paris au mois de Mars de la même année, porte création de trente-deux préfidiaux dans le reffort de ce parlement, y compris le *préfidial* qui fut établi au châtelet, & il regle le nombre d'officiers dont chaque *préfidial* doit être compofé.

On fit la même chofe par le pays de Normandie, où l'on établit des préfidiaux par un autre édit du même mois.

Dans le même tems, on en créa fix pour la Bretagne.

Enfin, on en créa dans tous les parlemens, il en fut même établi quelques-uns dans des villes où il n'y avoit point de bailliage ou fénéchauffée royale.

Mais, par l'ordonnance de Moulins de 1566, on fupprima tous ceux qui étoient établis dans les fieges particuliers des bailliages & fénéchauffées, & il fut reglé qu'il n'y auroit qu'un fiege *préfidial* dans le principal fiege & ville capitale de chaque bailliage & fénéchauffée , de maniere que les juges du *préfidial* ne font qu'une même compagnie avec les juges des bailliages & fénéchauffées où ils font établis ; ils jugent à l'ordinaire les caufes qui excedent les deux chefs de l'édit des préfidiaux , & en dernier reffort ou préfidialement celles qui font au premier ou au fecond chef de l'édit.

Il fut auffi défendu par l'ordonnance de Moulins aux juges des *préfidiaux* de tenir deux féances différentes, une pour les caufes au premier chef de l'édit, l'autre pour les caufes au fecond chef.

Cette même ordonnance porte qu'ils connoîtront par concurrence & prévention des cas attribués aux prévôts des maréchaux, vice - baillifs, vice-fénéchaux pour inftruire les procès & les juger en dernier reffort au nombre de fept, & de même pour les vagabonds & gens fans aveu; c'eft ce qu'on appelle les *cas prévôtaux* & *préfidiaux*. On peut voir fur cette matiere l'arrêt de reglement du 10 Décembre 1665 le *titre I.* de l'ordonnance criminelle, la déclaration du roi du 29 Mai 1702, & celle du 5 Février 1731.

On ne peut fe pourvoir contre un jugement *préfidial* au premier chef de l'édit que par requête civile adreffée au *préfidial* même, qui a rendu le jugement.

Henri II. par l'édit du mois de Juin 1555, créa dans chaque *préfidial* un office de préfident, lequel officier a la préféance fur le lieutenant - général à l'audience du *préfidial*. Ces offices de préfidens furent fupprimés par les ordonnances d'Orléans & de Moulins, mais ils furent rétablis en 1568.

Le nombre des confeillers & autres officiers des *préfidiaux* a été augmenté & diminué par divers édits, qu'il feroit trop long de détailler ici.

Les magiftrats de plufieurs *préfidiaux* ont la prérogative de porter la robe rouge les jours de cérémonie; ce qui dépend des titres & de la poffeffion.

Dans toutes les villes où il y a un fiege *préfidial*, & où il ne trouve point de chancellerie établie près de quelque cour fouveraine, il y a une chancellerie *préfidiale* deftinée à fceller toutes les lettres de juftice néceffaires pour l'expédition des affaires du *préfidial*.

PRÉSOMPTIF, adj., *Jurifpr.*, fi-

gnifie celui qui eft préfumé avoir une qualité. Ainfi *préfomptif* héritier eft celui que l'on regarde comme l'héritier, quoiqu'il n'en ait pas encore pris la qualité, ni fait aucun acte d'héritier. *v.* HÉRITIER & SUCCESSION.

PRÉSOMPTION, f. f., *Morale*, difpofition à fe croire plus de mérite & de capacité qu'on n'en a, à préfumer qu'on s'acquittera de fonctions, qu'on remplira des poftes, & en général qu'on fera des chofes quelconques auxquelles on n'eft nullement propre. C'eft une branche de l'orgueil; & celui-ci eft le tronc dont la racine confifte dans l'amour-propre. Un peu de *préfomption* ne meffied pas toujours, & n'eft pas même nuifible au fuccès de certaines entreprifes; au lieu que l'orgueil gâte prefque tout ce dont il fe mêle. La jeuneffe eft fur - tout l'âge où l'on eft dominé par cette illufion; & les deux mots, *jeune préfomptueux*, s'allient aifément enfemble. Les connoiffances ébauchées qu'on a acquifes, & les forces naiffantes qu'on fent s'accroître journellement, perfuadent qu'on fait tout, & qu'on peut tout. On fe révolte contre les gens fenfés qui invitent à délibérer plus mûrement, contre les vieillards à qui l'expérience a donné des inftructions qu'ils veulent communiquer. Après tout, c'eft ordinairement le fuccès qui décide, & qui tranfmet à la poftérité les noms des illuftres *préfomptueux*, décorés de l'épithete de héros, ou flétris de celle d'infenfés. Alexandre & Charles XII. en offrent la preuve. Tous deux à peine fortis de l'adolefcence, fouverains d'un petit Etat, avec des troupes peu nombreufes, forment le projet d'affujettir l'univers; & dès - lors, pour bonnes raifons, l'un & l'autre auroient pu être mis aux petites maifons. Alexandre veut engloutir & détruire une puif-

Ff 2

fance vis-à-vis de laquelle il étoit dans la proportion du nain au géant : il réuffit, & afpire à la conquête du monde, foupirant qu'il n'y en ait pas plufieurs. Cependant tout plie, tout cede à fes efforts ; & s'il avoit été auffi maître de fes paffions que de fa valeur, il auroit pu porter long-tems le plus brillant des diadèmes , & tranfmettre à fa poftérité un empire folidement affermi. Charles XII. au contraire veut faire l'Alexandre, mais il ne peut foutenir ce rôle jufqu'au bout. La fortune qui d'abord s'étoit rangée fous fes étandarts, l'abandonne ; il veut la forcer, la braver ; mais le héros devient un avanturier, qui, à peine réchappé des dangers où il s'étoit expofé fans la moindre ombre de raifon, va périr devant une petite place , d'un boulet tiré à la volée, ou de la main d'un affaffin. Du grand au petit les chofes fe paffent de même. L'axiome *audaces fortuna juvat*, a fes exceptions & fes bornes : mais il demeure vrai que la timidité eft l'écueil des fuccès , que la modeftie a pour compagne l'obfcurité, & que la *préfomption* eft un pilote qui, bien que fans bouffole , conduit quelquefois au port defiré.

Tout le monde croit qu'un préfomptueux s'eftime trop ; mais nous croyons pouvoir dire, contre le fentiment de tout le monde, qu'il ne s'eftime pas affez, & qu'il manque par un excès de baffeffe, & non pas par un excès d'élévation difproportionnée à ce qu'il eft. Il ne s'apperçoit point en effet qu'il y a en lui une plus grande excellence que celle qui fait l'attention de fa vanité, & que le mérite de l'homme qui périt eft peu de chofe comparé au mérite de l'homme immortel.

Il ne faut pas s'étonner néanmoins qu'il aime mieux fe confiderer par rapport au tems que par rapport à l'éter-

nité, puifque dans la premiere de ces deux vues il ufurpe la gloire de Dieu en s'attribuant tout & rien à l'Etre fuprême ; au lieu que dans la vue de l'éternité il eft obligé de fe dépouiller de toute fa gloire pour la rapporter à Dieu. Etrange aveuglement qui ne lui permet pas de reconnoître qu'il n'y a point d'autre bonheur véritable que celui qui fe confond avec la gloire de Dieu. (F.)

PRÉSOMPTION , *Jurifprud.*, eft une opinion que l'on a d'un fait dont on n'a pas une preuve certaine, mais qui eft fondée fur certaines apparences ; telles font les conféquences que l'on tire d'un fait connu pour fervir à découvrir la vérité d'un fait dont on cherche la preuve.

Par exemple , en matiere civile s'il y a conteftation entre le poffeffeur d'un fonds & un autre qui s'en prétende le maître , c'eft une *préfomption* que ce fonds eft au poffeffeur.

De même en matiere criminelle fi un homme a été tué fans que l'on fache par qui , on préfume que cela peut venir de celui qui l'avoit menacé peu de tems auparavant.

La force des *préfomptions* peut varier, de façon qu'elles foient équivalentes à un tantieme quelconque d'une preuve , fans lui être égales : d'où il s'enfuit qu'il ne faut jamais décider d'après les *préfomptions* les plus nombreufes ou les plus fortes, dès que le *criterium* de l'évidence n'en réfulte pas, ou plutôt parce qu'il ne fauroit jamais en réfulter. Qu'un homme , par exemple, foit l'ennemi déclaré d'un autre ; qu'il ait témoigné hautement & fréquemment le defir de fe venger de lui , qu'il ait même pris des mefures pour y parvenir ; qu'enfuite on le trouve de nuit dans une rue écarté à côté de cet homme bleffé, mortellement , qu'il tienne entre ſes mains l'épée ſanglante qui étoit dans la plaie , que ſes habits ſoient tachés de ſang, &c. tout cela ne prouve pas qu'il ſoit le meurtrier ; & s'il le nie , on ne peut ni employer le barbare uſage de la torture pour le lui faire avouer, ni le condamner comme convaincu. Il en eſt de même d'un vol trouvé en nature dans la poche ou dans le coffre de quelqu'un ; il peut être innocent , & le ſeul flagrant délit emporte conviction. Les *Cauſes cé-lèbres* offrent divers exemples de ce gen-re , celui du malheureux Langlade en-tr'autres , qui ſont accablans pour l'hu-manité & déshonorans pour les tribu-naux. La ſcene tragique de l'infortuné Calas a couvert d'infâmie les magiſtrats ou plutôt les bourreaux qui ont dicté l'arrêt de ſon ſupplice.

Les *préſomptions* peuvent être telles qu'elles obligent à s'aſſûrer du prévenu ; mais le droit de l'empriſonner n'en ré-ſulte pas , la priſon étant déja une peine, dont les ſuites ſont ruineuſes , tantôt pour la ſanté , tantôt pour la fortune de celui qui l'éprouve. L'*habeas corpus* eſt donc un privilege inſéparable de la vraie liberté ; mais, pour tenir la balance avec droiture, & empêcher la fuite d'un cou-pable qui ſe ſouſtrairoit aux réparations, aux reſtitutions,&c. l'uſage des cautions eſt très-judicieux, & ſauve tous les in-convéniens. C'eſt aux juriſconſultes de profeſſion à réfléchir plus mûrement ſur ce qui peut perfectionner cette théorie, en partant du principe que le ſalut de l'innocent eſt le grand objet de la légis-lation , & qu'il vaut mieux que quel-ques coupables échappent à la ſévérité des loix civiles & ſur-tout criminelles, que ce qu'un ſeul innocent périſſe ou ſoit vexé. En attendant on eſt fondé à ſe défier d'un homme contre lequel il y a des *préſomptions*, & à l'obſerver.

Les *préſomptions* ſont de deux eſpeces. Quelques-unes ſont ſi fortes, qu'elles vont à la certitude , & tiennent lieu de preuves, même dans les crimes. Et d'autres ne ſont que des conjectures qui laiſſent dans le doute.

La certitude ou l'incertitude des *pré-ſomptions* , & l'effet qu'elles peuvent avoir pour ſervir de preuves, dépend de la certitude ou incertitude des faits dont on tire les *préſomptions*, & de la juſteſſe des conſéquences qu'on tire de ces faits, pour la preuve de ceux dont il s'agit ; ce qui dépend de la liaiſon qu'il peut y avoir entre les faits connus & ceux qu'il faut prouver. Ainſi on tire des conſéquences des cauſes à leurs ef-fets, ou des effets à leurs cauſes : ainſi on conclut la vérité d'une choſe par ſa liaiſon à une autre qui lui eſt conjointe : ainſi lorſqu'une choſe eſt ſigne d'une au-tre , on préſume la vérité de celle qui eſt ſignifiée, par la certitude de celle qui la ſignifie. Et c'eſt de ces différens prin-cipes que ſe forment les indices, les con-jectures, les *préſomptions*. Sur quoi il ne peut y avoir des regles préciſes ; mais en chaque cas, il eſt de la prudence du juge de diſcerner ſi la *préſomption* ſe trouve bien fondée, & quel effet elle peut avoir pour ſervir à la preuve.

Il y a des *préſomptions* qui ſont telles, que ce qu'on préſume paſſe pour la vé-rité , ſans qu'il ſoit beſoin de preuves plus fortes, ſi le contraire n'eſt pas prouvé ; & il y en a qui n'ont pas d'au-tre effet, ſi elles ſont ſeules, que de for-mer une ſimple conjecture , & qui ne ſont pas paſſer pour vrai ce qui eſt pré-ſumé. Ainſi dans le cas d'un poſſeſſeur, ſa poſſeſſion fait préſumer qu'il eſt le vrai maître ; & ſans autres preuves il eſt tenu pour tel, & ſera maintenu dans ſa poſſeſſion, juſqu'à ce que celui qui le trouble, établiſſe clairement ſon droit.

Ainfi, au contraire, dans le cas de celui qui avoit menacé de tuer, cette menace qui a précédé la mort, ne fait contre lui qu'une conjecture ; & quand il ne prouveroit pas fon innocence, s'il n'y avoit aucune autre preuve contre lui, cette *préfomption* ne fuffiroit pas pour le condamner comme auteur du crime.

Cette différence entre les *préfomptions* qui ont l'effet des preuves, & celles qui laiffent du doute, eft le fondement d'une autre diftinction de deux fortes de *préfomptions*, l'une de celles qui font autorifées par les loix, & qu'il eft ordonné de prendre pour preuves, & l'autre de celles dont les loix laiffent l'effet à la prudence du juge, qui doit difcerner ce qui peut fuffire ou ne pas fuffire pour donner à une *préfomption* la force de preuve. Ainfi, dans ce même cas d'un poffeffeur, la loi veut qu'il foit tenu pour le vrai maître, s'il n'eft prouvé qu'il ne le foit point. Ainfi les loix veulent qu'une chofe jugée paffe pour vérité. Ainfi elles ordonnent que celui qui naît d'une femme mariée, & qui fe trouve conçu pendant le mariage, foit réputé le fils du mari. Ainfi elles ont reglé que fi une femme mariée fe trouve avoir quelque bien, quelques effets dont il ne paroiffe pas de titre qui les lui ait acquis, il foit jugé qu'ils font à fon mari. Mais, au contraire, il y a une infinité de *préfomptions* que les loix laiffent dans le doute, ce qu'il eft facile de comprendre fans aucun exemple.

Il s'enfuit de toutes les regles expliquées, qu'il arrive fouvent non-feulement dans les matieres civiles, mais auffi dans les matieres criminelles, qu'on peut avoir des preuves certaines fans écrit & fans témoins, par la force des *préfomptions*, quand elles font telles, que fur des faits certains & connus, on peut fonder des conféquences néceffai-

res de la vérité de ceux qu'il faut prouver ; foit qu'on juge des caufes par leurs effets, ou des effets par leurs caufes, ou qu'on découvre la vérité par d'autres principes. Ainfi dans le jugement de Salomon entre les deux femmes, on voit qu'il prévit les mouvemens que cauferoit dans le cœur de la mere, la crainte de la mort de fon enfant, & que connoiffant la caufe par fon effet, il jugea de l'une par la tendreffe qui fut l'effet néceffaire de fon amour, qu'elle étoit la mere ; & par l'indifférence & l'infenfibilité de l'autre, que cet enfant lui étoit étranger.

Quand il s'agit de l'égard qu'on doit avoir aux *préfomptions*, il faut diftinguer deux fortes de faits. Quelques-uns font tels, qu'ils font toujours réputés pour vrais, jufqu'à ce que le contraire ait été prouvé ; & il y en a d'autres qui font toujours réputés contraires à la vérité, fi on ne les prouve. Ainfi tout ce qui arrive naturellement & communément, eft tenu pour vrai, comme au contraire, ce qui n'eft ni ordinaire, ni naturel, ne paffera pas pour vrai, s'il n'eft point prouvé. C'eft fur ce principe que font fondées les *préfomptions* qu'un pere aime fes enfans ; que chacun prend foin de fes affaires ; que celui qui paye étoit débiteur; que les perfonnes agiffent felon leurs principes & leurs habitudes ; que chacun ordinairement fe conduit par la raifon, & par conféquent s'acquitte de fes engagemens & de fes devoirs. Et on ne doit jamais juger fans preuves, ni préfumer qu'un pere haïffe fes enfans, qu'une perfonne abandonne fes intérêts, qu'un homme fage ait fait une action indigne de fa conduite ordinaire, ni qu'une perfonne ait manqué à quelque devoir. Ainfi en général, tous les faits qui font contraires à ce qui doit arriver naturellement, ne font jamais préfumés , fi on ne les prouve.

C'eft par toutes ces regles qu'on vient d'expliquer, qu'il faut juger de l'ufage & de l'effet des *préfomptions*, qu'il faut diftinguer en chaque cas la qualité des faits conteftés , pour juger de ceux qui doivent paffer pour vrais , & de ceux dont il faut des preuves , & qu'il faut difcerner ce qui peut tenir lieu de preuves , ou ce qui ne doit pas avoir cet effet. Et c'eft de la prudence du juge que dépend l'ufage & l'application de toutes ces regles , felon la qualité des faits & des circonftances.

Si la parenté entre un défunt , & celui qui fe prétend fon héritier légitime, étoit conteftée , cette parenté ne feroit pas préfumée fans preuves ; car elle dépend de faits qu'on ignore naturellement, s'ils ne font prouvés. Ainfi celui de qui la parenté n'eft pas reconnue, doit en faire preuve.

Si une perfonne ayant fait un payement à une autre, prétend que c'eft par erreur qu'elle a payé une chofe qui n'étoit point dûe , & que celui qui a reçu le payement foutienne que ce qu'il a reçu lui étoit bien dû , c'eft à celui qui a fait le payement à prouver qu'il a payé une chofe dûe ; car on préfume qu'il n'a pas été fi imprudent , que de payer ce qu'il ne devoit point. Mais fi celui à qui ce payement auroit été fait, n'en convenoit point , & foutenoit n'avoir rien reçu , & qu'il fût prouvé que le payement lui eût été fait , ce feroit alors à lui de prouver , que ce qu'il auroit reçu lui étoit bien dû ; car fa mauvaife foi d'avoir nié le payement , le rendroit fufpect d'avoir reçu une chofe non dûe.

Si deux perfonnes ayant eu plufieurs affaires enfemble , ont fait fouvent des comptes entr'eux de ce qu'ils pouvoient fe devoir réciproquement , & que l'un

d'eux après la mort de l'autre , demande à fes héritiers une fomme qu'il prétende avoir fournie avant tous ces comptes , & dont il n'ait jamais fait aucune demande, qu'il n'en ait pas même pris connoiffance, ni fait aucune réferve dans ces comptes ; on préfumera , ou que cette fomme n'a jamais été dûe , ou qu'elle lui a été acquittée , ou qu'il l'avoit remife ; car s'il avoit été ou prétendu être créancier, il auroit compté de cette fomme de même que des autres , ou il l'auroit réfervée , & n'auroit pas attendu pour la demander la mort de cette perfonne , qui auroit pu faire voir qu'elle ne devoit rien. Et il en feroit de même , fi on fuppofe qu'au lieu d'une fomme , il s'agit de quelqu'autre forte de prétention , dont il n'eût été fait aucune demande ni aucune réferve , à moins que ce ne fût quelque droit tel & bien fondé , que les circonftances fiffent voir que ces comptes & l'attente jufqu'après la mort, ne duffent y faire aucun préjudice ; comme feroit la garantie d'une éviction dont le cas n'arriveroit qu'après tous ces comptes , ou autre droit femblable.

Si une promeffe ou une obligation fe trouvoit remife en la puiffance du débiteur, ou qu'elle eût été barrée, altérée ou déchirée , ce feroit une *préfomption* qu'elle auroit été acquittée ou annullée, à moins que celui qui voudroit s'en fervir , n'eût des preuves claires que la promeffe ou l'obligation feroit encore dûe , & qu'elle n'auroit été mife en cet état , ou ne feroit entre les mains du débiteur , que par quelque violence ou quelque cas fortuit , ou autre événement qui fît ceffer la *préfomption* de la libération de ce débiteur.

Si un tuteur qui n'avoit pas des biens propres , ni de fa femme, avant que d'entrer dans l'adminiftration de la tutelle, se trouve enrichi pendant la tutelle, le mineur ne pourra pas pour cela prétendre que ces biens soient à lui, ni en conclure que le tuteur ait malversé dans son administration; si d'ailleurs il lui rend un compte fidele, car il se peut faire qu'il ait acquis ce bien ou par son travail & son industrie, ou par d'autres voies.

Lorsqu'il s'agit de faire la preuve d'un fait ancien, & dont il n'y a ni preuves écrites, ni témoins vivans, si ce fait est tel que la preuve doive en être reçue, comme, par exemple, s'il s'agit de savoir depuis quel tems un fonds a été dans une famille, en quel tems un ouvrage a été fait, ou d'autres faits semblables; on reçoit les déclarations que peuvent faire des témoins, de ce qu'ils ont ouï dire sur ces faits à d'autres personnes qui vivoient alors : & la preuve qu'on tire de ces déclarations est fondée sur cette *présomption*, que les personnes à qui ces témoins avoient ouï raconter ces faits comme notoires de leur tems, étant mortes avant que la preuve en fût nécessaire, & que rien les obligeât à dire autre chose que la vérité; le récit qu'ils en avoient fait étoit véritable.

Les regles qui ont été expliquées regardent des faits qui sont tels, ou qu'on puisse en prouver la vérité; ou qu'au défaut des preuves on sache par ces regles à quoi précisément il faut s'en tenir. Ainsi, par exemple, on voit par ces principes qu'il y a des faits qui passent pour vrais, quoiqu'il n'y en ait point de preuves, si les faits contraires ne sont pas prouvés: qu'il y en a d'autres qui passent pour faux, s'ils ne sont prouvés: que parmi les preuves & les *présomptions* quelques-unes sont sûres, d'autres incertaines : & qu'ainsi dans ces sortes de faits la raison peut

toujours se déterminer à prendre un parti, & à juger si on doit tenir un fait pour douteux ou pour certain, pour faux ou pour vrai. Mais il y a une autre sorte de faits qui sont tels qu'il est impossible de connoître la vérité de ce qui est, & où néanmoins il faut se déterminer à prendre pour vrai l'un des faits opposés, quoiqu'il n'y ait que de l'incertitude en l'un & en l'autre, & qu'il puisse aussi facilement arriver qu'on prenne le faux que le vrai. Ainsi, par exemple, si un pere & son fils se trouvent tués dans une bataille, ou si l'un & l'autre périssent dans un naufrage, de sorte qu'il n'y ait aucun moyen de savoir si l'un & l'autre sont morts dans le même instant, où si l'un a survécu, & lequel des deux; & que la veuve du pere prétende qu'il soit mort le premier, pour faire passer la succession à son fils, & du fils à elle, les parens collateraux héritiers du pere prétendant au contraire que le pere ait survécu, ou que l'un & l'autre soient morts dans le même instant, & qu'ainsi le fils n'ayant pu succéder au pere ils lui ont succédé; cette question ne peut se décider qu'en supposant, ou que le pere est mort le premier, & que le fils lui ayant succédé a fait passer à sa mere les biens de son pere, ou que le fils est mort le premier, & n'a rien transmis à sa mere des biens de son pere, ou que les deux étant morts dans le même instant, le fils n'ayant pas survécu n'a pas succédé à son pere, & qu'ainsi la succession du pere passe à ses héritiers. Mais comme il n'y a aucune voie qui puisse déterminer lequel de ces événemens est le véritable, les loix ont voulu que dans un tel cas où il est nécessaire de prendre un parti, & impossible de savoir la vérité du fait, d'où dépend la décision, il soit présumé que

le

le pere eft mort le premier, & que le fils lui ayant fuccédé, la mere recueille la fucceffion du pere dans celle du fils. Et cette *préfomption* eft fondée d'une part fur la pente à favorifer la mere, & de l'autre fur l'ordre naturel qui veut que le fils furvive à fon pere. Ainfi, dans cet événement où ce que la nature a fait demeure inconnu, la loi fuppofe que la nature a fait ce qu'il femble que la raifon auroit fouhaité.

Il y a encore une autre forte de *préfomptions* qui ne regardent pas des événemens ou des faits dont il foit néceffaire de connoître la vérité, comme dans tous les cas dont il a été parlé ci-deffus, mais qui regardent le fecret de l'intention des perfonnes, lorfqu'il eft néceffaire de connoître cette intention, & qu'il n'y en a pas de preuves certaines: car alors il faut la découvrir par des *préfomptions*, s'il y en a de telles qu'elles puiffent avoir cet effet. Ainfi par exemple, fi de deux perfonnes qui auroient le même nom, l'un fe trouvoit inftitué héritier par un teftateur, fans qu'il y eût dans le teftament une défignation précife qui pût diftinguer lequel de ces deux le teftateur auroit entendu nommer pour fon héritier; on jugeroit de l'intention de ce teftateur par les *préfomptions* qui pourroient la faire connoître, comme par les liaifons de proximité qu'il pouvoit n'avoir qu'avec l'un des deux, & par les autres circonftances qui pourroient faire connoître lequel il auroit voulu nommer pour fon héritier.

L'ufage des *préfomptions* dont nous venons de parler, regarde les doutes, les obfcurités, les incertitudes de l'intention des perfonnes lorfqu'elle n'eft pas affez expliquée. Mais il y a des cas où l'on étend les *préfomptions* au delà de ce qui a été dans la penfée de celui dont

Tome XI.

il eft queftion de favoir la volonté. Ainfi, par exemple, fi un pere ayant inftitué fon fils, & un enfant d'un autre fils déja décédé pour fes héritiers, & fubftitué le fils au petit-fils, en cas qu'il mourût avant un certain âge, il arrive que ce petit fils mourant au-deffous de cet âge, laiffe des enfans; la queftion de favoir fi la fubftitution aura lieu au préjudice des enfans de celui qui en étoit chargé, fe décidera par cette *préfomption*, que le teftateur n'avoit entendu fubftituer que dans le cas où fon petit-fils mourût fans enfans, & que fon intention ne pouvoit être d'appeller fon fils à la fucceffion de fon petit fils qui auroit des enfans. (D. F.)

* Les *préfomptions juris & de jure*, font celles qui font tellement preuve, qu'elles excluent toute preuve qu'on voudroit faire du contraire; Alciat définit la *préfomption juris & de jure* ainfi; *eft difpofitio legis aliquid præfumentis, & fuper præfumpto tanquàm fibi comperto ftatuentis*: elle eft, dit Menoch. *Tr. de præf. lib.* I, *q. 3*, appellée *præfumptio juris*, parce que *à lege introducta eft*; *& de jure*, parce que *fuper tali præfumptione lex inducit firmum jus, & habet eam pro veritate.*

Ces *préfomptions juris & de jure* ont quelque chofe de plus que la preuve littérale ou vocale, & même que la confeffion.

La preuve littérale auffi-bien que la vocale, peut être détruite par une preuve contraire; elle n'exclut pas celui contre qui elle milite, d'être écouté & reçu à faire, s'il le peut, la preuve du contraire.

Par exemple, fi le demandeur qui fe prétend mon créancier d'une fomme de cent livres, qu'il prétend m'avoir prêtée, produit une obligation devant notaire, par laquelle j'ai reconnu qu'il me

G g

l'avoit prétée ; la preuve littérale qui résulte de cette obligation, peut être détruite par une preuve contraire, & elle ne m'exclut pas d'être écouté à faire, si je le puis, la preuve du contraire, *putà*, en rapportant une contre-lettre, par laquelle vous auriez reconnu que je n'ai pas reçu la somme portée par ladite obligation.

Il en est de même de la confession quoique faite *in jure*. Nous avons vu, que la preuve qui en résulte, peut être détruite par la preuve que peut faire celui qui l'a faite, que c'est une erreur qui y a donné lieu. *v.* CONFESSION.

Au contraire, les *présomptions juris & de jure* ne peuvent être détruites, & la partie contre qui elles militent, n'est pas admise à prouver le contraire, comme nous le verrons dans la suite.

La principale espece de *présomption juris & de jure*, est celle qui naît de l'autorité de la chose jugée. La *présomption* qui naît du serment décisoire, est aussi une espece de *présomption juris & de jure*. *v.* SERMENT.

Les *présomptions de droit* sont aussi établies sur quelque loi, ou par argument de quelque loi, ou texte de droit, & sont pour cela appellées *præsumptiones juris* : elles font la même foi qu'une preuve, & elles dispensent la partie en faveur de qui elles militent, d'en faire aucune pour fonder sa demande ou ses défenses ; mais, & c'est en cela qu'elles different des *présomptions juris & de jure*, elles n'excluent pas la partie contre qui elles militent d'être reçue à faire la preuve du contraire ; & si cette partie vient à bout de la faire, elle détruira la *présomption*.

Lorsque deux personnes d'une même province, dont la coutume admet la communauté de biens entre homme & femme, y ont contracté mariage, il y a

une *présomption* de droit qu'elles sont convenues d'une communauté de biens telle que la coutume l'admet ; la femme qui en conséquence demande part aux héritiers de son mari dans les biens qu'il a acquis, n'a pas besoin de faire aucune preuve de cette convention.

Cette *présomption* est établie par les dispositions des coutumes, qui portent que *homme & femme sont un & communs, &c.* car c'est comme si elles disoient, qu'ils sont présumés être convenus qu'ils seroient un & communs, &c. elle est fondée sur ce qu'il est ordinaire en cette province que les personnes qui s'y marient, conviennent d'une communauté, d'où la loi a tiré la conséquence, que les parties qui s'étoient mariées, sans s'être expliquées, devoient être présumées être tacitement convenues d'une communauté ; *præsumptio enim ab eo quod plerumque fit*. Cette *présomption* n'étant pas *juris & de jure*, elle dispense bien de faire la preuve de la convention de communauté ; mais elle n'exclut pas la preuve du contraire qui peut se faire par un contrat de mariage, qui porte une clause d'exclusion de communauté.

La loi 3. *Cod. de Apoch. publ.* contient aussi une *présomption* de droit : suivant cette loi, les quittances de trois années consécutives de tributs, forment une *présomption* du paiement des années précédentes. Quoique cette loi n'ait été faite que pour les tributs, sa décision a été étendue aux arrérages de rentes, soit foncieres, soit constituées, aux loyers, aux fermes & autres semblables dettes annuelles ; *nam ubi eadem ratio, idem jus statuendum est*. Cette décision est fondée sur ce qu'étant ordinaire d'exiger les anciennes dettes avant les nouvelles, les paiemens des nouveaux arrérages plusieurs fois répétés, doivent faire préfumer le paiement des anciens; elle eſt auſſi fondée ſur ce qu'on doit ſubvenir aux débiteurs, & ne les pas obliger à garder long-tems des quittances & en trop grand nombre, de peur qu'ils n'en égarent quelqu'une.

Il y en a qui vont juſqu'à dire que la quittance d'une ſeule année doit faire préſumer le paiement de toutes les précédentes; mais ce ſentiment ne paroît pas autoriſé.

Cette *préſomption* n'a lieu, que lorſque les arrérages ou fermes des années précédentes, ſont dues à la même perſonne qui a donné les quittances des trois dernieres, & par les mêmes perſonnes à qui on les a données.

La loi 2, §. 1, ff. *de paɛt.* nous fournit encore un exemple d'une *préſomption* de droit. Cette loi préſume qu'une dette eſt acquittée, lorſque le créancier a rendu au débiteur ſon billet, elle eſt fondée ſur ce qu'il n'eſt ni ordinaire, ni vraiſemblable, qu'un créancier rende le billet avant qu'il ſoit acquitté : n'étant pas *juris & de jure*, elle n'exclut pas le créancier de faire preuve que la dette n'a pas été payée.

La *préſomption* de paiement qui réſulte de ce que le billet du débiteur ſe trouve barré, *chirographum concellatum*, eſt ſemblable à la précédente ; c'eſt une *préſomption* de droit, la loi 24, ff. *de prob.* la ſuppoſe ; elle eſt fondée ſur ce que c'eſt un ſigne ordinaire de paiement, lorſqu'un billet ſe trouve barré ; elle diſpenſe le débiteur d'apporter d'autres preuves du paiement ; mais cette *préſomption* peut être détruite par une preuve que le créancier feroit, que c'eſt par une erreur que le billet a été barré, & qu'il n'a point été réellement acquitté ; L. 24, ff. *de probat.* Comme ſi le créancier produiſoit une lettre par laquelle le débiteur lui écrivoit en ces termes :

„ Je vous renvoie le billet de feu mon „ pere que vous m'avez envoyé barré, „ comptant ſur la parole que je vous „ avois donnée de l'acquitter, je ſuis „ au déſeſpoir de ne pouvoir la tenir, „ &c. ".

La *préſomption* du paiement ou de la remiſe des profits, qui réſulte de la réception en foi faite ſans réſerve, eſt une autre eſpece de *préſomption* de droit; elle eſt établie ſur l'art. 66 de la coutume d'Orléans, & elle eſt fondée ſur ce qu'il eſt ordinaire que le ſeigneur faſſe cette réſerve, lorſqu'il n'a pas été payé des profits, & qu'il n'entend pas en faire remiſe : cette *préſomption* diſpenſe le vaſſal de faire d'autres preuves du paiement des profits, & d'en rapporter quittance ; mais elle n'exclut pas le créancier de faire la preuve que les profits lui ſont encore dûs, *putâ* par des lettres par leſquelles le vaſſal auroit reconnu en être débiteur.

On pourroit rapporter encore pluſieurs autres exemples ; ceux qu'on a rapportés ſuffiſent.

Il y a quelques-unes de ces *préſomptions* qui, ſans être établies par aucune loi, ſont aſſez fortes pour faire la même foi que les *préſomptions* de droit, ſauf à la partie contre qui elles militent à faire la preuve du contraire : en voici un exemple aſſez ordinaire. Lorſqu'une partie déſavoue le procureur qui a occupé pour elle ſur une demande, ſi le procureur déſavoué eſt porteur de l'exploit de demande, & que l'huiſſier qui a donné l'exploit, ne ſoit pas déſavoué; cet exploit, dont il eſt porteur, forme une *préſomption* en faveur du procureur, qui équipolle à une preuve du mandat, & ſuffit pour lui faire donner congé du déſaveu.

La *préſomption* eſt encore plus forte, ſi le procureur eſt auſſi porteur des titres de la partie, fur lefquels on a fondé la demande ; & la *préfomption* qui réfulte de ces titres, empêche auffi la partie de pouvoir défavouer l'huiffier. Pareillement, lorfque le procureur du défendeur eft porteur des titres de fa partie qui ont fervi à la défenfe de la caufe, ces titres forment une preuve du mandat qu'il a eu d'occuper.

Ces *préfomptions* difpenfent bien le procureur d'apporter d'autres preuves du mandat, mais elles n'excluent pas le défavouant de faire, s'il le peut, la preuve qu'il n'a point chargé le procureur d'occuper. Comme s'il rapportoit une lettre de ce procureur conçue en ces termes : ,, J'ai reçu les titres que ,, vous m'avez envoyés pour confulter ,, nos avocats ; je ne ferai rien fans ,, vos ordres. " Une telle lettre qui établit que les titres ne lui ont été envoyés que pour confulter, & par laquelle il fe foumet à attendre des ordres pour former la demande, détruit la *préfomption* du mandat d'occuper, qui réfultoit de ce qu'il eft porteur des titres.

Quelquefois pourtant le concours de plufieurs de ces *préfomptions* réunies enfemble équipolle à une preuve. Papinien, en la loi 26, ff. *de probat.* en rapporte un exemple : une fœur étoit chargée envers fon frere de la reftitution d'un fidéicommis ; après la mort du frere il étoit queftion de favoir fi ce fidéicommis étoit encore dû par la fœur à la fucceffion du frere. Papinien décide qu'on doit préfumer que le frere en avoit fait la remife à fa fœur, & il tire la *préfomption* de la remife, de trois circonftances, 1°. de l'union entre le frere & la fœur ; 2°. de ce que le frere avoit vécu fort long-tems fans le demander; 3°. de ce qu'on rapportoit un très grand nombre de comptes faits entre le frere

& la fœur, fur les affaires refpectives qu'ils avoient enfemble, dans aucun defquels il n'y en avoit aucune mention. Chacune de ces circonftances prife féparément, n'auroit formé qu'une fimple *préfomption* infuffifante pour faire décider que le défunt avoit remis la dette ; mais leur réunion a paru à Papinien former une preuve fuffifante de cette remife. (P. O.)

PRÉSOMPTUEUX, adj. *Morale.*, celui qui fe connoît mal, qui n'a pas une idée jufte de fon crédit, de fes forces, de fon efprit, de fon talent, en un mot qui s'eft furfait à lui-même toutes les reffources naturelles ou artificielles, à l'aide defquelles on réuffit dans une entreprife ; & qui ajoute à cette ignorance funefte le ridicule de la vanité mal fondée.

PRESSÉANCE, f. f., *Mor. & Dr. can.*, place d'honneur dûe à des perfonnes qualifiées, foit pour la féance, foit pour la marche. *v.* RANG.

La *preffeance* eft ou de droit ou d'honneur, & de fimple politeffe.

Celle-ci eft celle qui eft dûe à l'âge, au mérite, &c. c'eft la civilité qui la regle, & non pas la loi.

Celle de droit eft celle qui eft dûe à certaines perfonnes à la rigueur, & qui peuvent, fi on la leur refufe, intenter action en juftice pour fe la faire céder.

Les nobles ont la *preffeance* fur les roturiers ; & entre les perfonnes qui n'ont pas d'autre qualité que leur nobleffe, l'ancienneté de l'âge donne la *preffeance* ; auquel cas les femmes fuivent le rang de leurs maris : ainfi celle qui eft plus âgée que la femme du plus vieux gentilhomme, ne peut prétendre le pas pour cela.

La *preffeance* de droit fe regle ordinairement fuivant la qualité des perfonnes, l'ufage & la poffeffion.

Les droits du clergé en matiere 'de *presséance* doivent être considérés respectivement aux différens ordres de la société , aux différens états des particuliers , & respectivement aux ecclésiastiques entr'eux.

Le clergé a toujours été regardé comme le premier ordre d'un Etat , par une religieuse distinction qui sert à faire connoitre la vénération que les souverains ont pour les ministres de l'église , & à rendre ces ministres plus respectables aux yeux du peuple.

Dans tous les cas où les ecclésiastiques exercent les fonctions spirituelles de leur ministere, comme pour le service divin dans les églises , pour l'administration des sacremens , soit dans les églises ou dans d'autres lieux , pour les processions & autres occasions semblables , tous les ecclésiastiques , sans aucune exception, ont leur rang au-dessus de tous les laïcs , dont les premiers doivent aux moindres fonctions spirituelles , un très-grand respect. Les laïcs même employés dans ces fonctions à la place des clercs , & revêtus comme eux des ornemens ecclésiastiques, jouissent de la *presséance*.

Les archevêques & évêques , étant dans leurs dioceses , précedent dans toutes les assemblées générales & particulieres les gouverneurs de provinces, à moins que les gouverneurs ne soient princes du sang.

Les patrons fondateurs ont la *presséance* sur les seigneurs , & ceux-ci sur les gentilshommes dans les églises.

Les ecclésiastiques en corps jouissent tous sans distinction de la *presséance* accordée au clergé en général sur les autres ordres ; mais en particulier les ecclésiastiques ont leurs rangs entr'eux , selon leurs caracteres & la dignité de leurs fonctions , de cardinaux*, patriar-

ches , primats , archevêques , évêques & autres prélats ; ou selon leurs ordres sacrés de prètres , diacres , sousdiacres & autres ordres ; ou selon leurs ministeres de pasteurs , archidiacres , doyens ruraux , curés ; ou selon les diverses qualités de leurs bénéfices , soit séculiers , comme chanoines de la plûpart des églises cathédrales & des églises collégiales ; ou réguliers , comme abbés , chefs-d'ordre , abbés claustraux, prieurs & autres , & quelques chapitres ; ou tenus en commende , comme abbés , prieurs & autres commendataires.

C'est une grande regle , introduite par l'ancien droit canonique , lorsqu'on ne connoissoit pas encore les bénéfices dans l'état où ils sont à présent , que la *presséance* doit toujours être accordée au plus ancien par l'ordination : *Data meritorum paritate præferendus & promovendus est primo ordinatus. C. fin. dist.* 17. *c.* 1. *de major. & obed.*

Quant à la *presséance* entre réguliers, on ne peut à cet égard établir aucune regle certaine ni générale. Les réglemens particuliers que l'on peut citer à ce sujet, se font déterminés, ou par l'ancienneté, ou par d'autres considérations qui ne produiroient peut-être pas par-tout le même effet On peut bien dire en général qu'entre contendans de même rang, & de même condition , l'ancienneté régle la *presséance* ; on en a pour preuve tous les jugemens & la tradition même de la discipline ecclésiastique. *C.* 1. *de maj. & obed. infr.* mais comme il est aussi de regle que la *presséance* se régle de corps à corps , comme de particulier à particulier , à raison de la dignité , de la noblesse & de la possession : *Ratione antiquitatis, dignitatis, nobilitatis aut possessionis* : il est bien peu de ces conteftations où l'une ou l'autre des parties ne prétende à la *presséance* par les idées avantageufes qu'il fe forme rélativement à quelqu'un de ces différens titres.

L'évêque eft le juge des conteftations fur la *presséance*, qui furviennent entre les gens d'églife dans le fervice divin, les proceffions, les enterremens, &c. Le concile de Trente, *feff. 25. cap. 13. de Reg.* en fait l'évêque juge fans appel, & le concile de Narbonne en 1609, ordonna la même chofe ; mais on ne fuit plus cette difcipline, il faut tenir pour maxime, que le prince, par fes officiers, doit connoître des rangs & *presséances* entre eccléfiaftiques, foit dans les églifes, proceffions & autres femblables ; & que les fupérieurs eccléfiaftiques ne doivent juger ces différends que fur le champ, pour éviter le fcandale, & par provifion feulement.

Quant à la *presséance* des nations, *v.* GLOIRE DES NATIONS. (D. M.)

PRESSENTIMENT, f. m., *Morale* Ce mot fe prend ou pour une prévoyance qu'on a d'une chofe avant qu'elle arrive, & cela par les pures lumieres du raïfonnement ; ou pour un mouvement naturel, fecret, & inconnu que nous éprouvons en nous, & qui nous avertit de ce qui nous doit arriver.

Une perception que j'ai eue, fe préfente de nouveau à mon efprit, je me la rappelle, je reconnois que cette perception eft la même que celle que j'ai eue : voilà la reminifcence & la mémoire. Lorfqu'on fimplifie ces idées, il femble qu'on ne trouve dans les actes de ces facultés de notre ame qu'une fenfation continuée, mais obfcurcie pendant un intervalle plus ou moins long. Qu'en feroit-il de cet acte de l'ame qui fe repréfente une fenfation future ? Cet acte

ne feroit-il pas, à proprement parler, une fenfation prévenue ou anticipée qui ne differe d'une fenfation réelle, rélativement à l'ame, que par le jugement qu'on en porte.

Nous avons vu ailleurs qu'il y a un point où la folie touche au bon fens, comme il y en a un où le fommeil touche au réveil, qu'un fou eft un homme qui reve pendant qu'il veille, c'eft-à-dire, qui ne diftingue pas les fenfations des phantomes de fon imagination : ici nous confidérerons l'homme envifageant une repréfentation quelconque comme une fenfation future, qu'il fait fort bien n'être point actuelle, mais qu'il regarde comme auffi certaine.

L'homme juge de fon état préfent & de fon état paffé avec un degré prefque égal de clarté, & de certitude : mais comment peut-il juger de même de fon état à venir ou d'une partie de cet état ? Ce qui eft à venir eft fans doute une fuite de ce qui eft, de même que ce qui eft doit être une fuite de ce qui a été. Cette chaine de caufes & d'effets, qu'on ne peut détruire fans y fubftituer un fatalifme mille fois plus obfcur, quelque difficile qu'elle foit à concilier avec la liberté, eft fi néceffaire, qu'il faudroit renoncer à tout raifonnement fi elle pouvoit être conteftée.

Il eft même quelquefois affez aifé de montrer comment le préfent eft lié au paffé ; quelque forte & extravagante que foit l'imagination d'un homme, il ne lui eft pas bien difficile, s'il y fait attention, de découvrir la liaifon de fes idées préfentes avec fes idées paffées.

Si donc la même chaine qui lie mon état actuel à tous les états précédens, le lie encore à tous les états futurs, il eft bien fûr que fi mon état préfent étoit différent de ce qu'il eft, tous les états futurs par où je dois paffer, feroient autres qu'ils ne feront effectivement. Donc mon état actuel, gros de tous mes états futurs, doit avoir en lui des raifons de tout ce qui compofera mon avenir. Si je voyois mon état actuel en entier, & l'état actuel de tous les êtres qui agiffent & qui agiront fur moi, je verrois mon état futur entierement déterminé.

Parmi les caufes qui concourent à déterminer les différens états par où je paffe, il y en a de plus compofées les unes que les autres. Un même effet produit par le concours de plufieurs caufes, pourroit, avec d'autres circonftances, l'être par une feule ou par le moyen d'un plus petit nombre de caufes. Plus ces caufes productrices font compofées, moins auffi eft-il aifé de juger de l'effet qui en réfultera. Voilà pourquoi l'événement trompe les hommes les plus prudens: la complication de caufes eft trop grande; l'état d'un être quelconque, fur-tout d'un être raifonnable, eft un état fur lequel influe un trop grand nombre de caufes. Un homme tient à tout.

Cependant il y a des caufes prépondérantes; il y en a qui agiffent fi fortement que les caufes concomitantes n'y influent pas beaucoup: s'il arrive alors que ces caufes concourent à produire un même effet, il femble qu'il n'y en ait eu qu'une feule entr'elles qui ait été active: fi au contraire elles tendent à produire des effets oppofés, la prépondérance de l'une de ces caufes eft affez grande pour que l'activité des autres foit imperceptible. Il fuffira donc en pareil cas de connoître cette caufe prépondérante pour prévoir l'effet. C'eft ainfi que le fentiment l'emportant fur le raifonnement, que les paffions fub-

juguant les goûts & les penchans naturels, il nous eft affez aifé de juger ce que feront dans de certaines circonftances des hommes que nous connoiffons beaucoup.

Ce que nous prévoyons, en nous repréfentant clairement l'effet & les caufes, eft un raifonnement, c'eft prévoyance; l'habitude de conformer nos actions à cette maniere de prévoir, c'eft prudence: ici c'eft la raifon, aidée de l'expérience, qui faifant attention aux circonftances actuelles, devine ou prévoit l'événement qu'elles préparent ou amenent. Mais il en eft bien autrement de ces foupçons, qui font ou des efpérances ou des craintes; ils ne font pas l'effet d'un raifonnement, ce ne font pas des idées diftinctes qui les ont fait appercevoir, ce font des idées confufes, enfans de l'imagination qui les ont produits. Ce foupçon qu'on a de quelqu'événement futur, fans qu'on puiffe en déterminer les caufes, eft le fruit d'un penchant plus ou moins décidé à s'occuper de l'avenir.

Il n'eft pas difficile de concevoir comment les hommes, toujours occupés de defirs, toujours gouvernés par les paffions, & toujours trop pareffeux ou trop foibles pour tâcher de rendre diftinctes ces idées confufes qui les inquiétent, il n'eft pas difficile, dis-je, de concevoir comment ces hommes prennent pour *preffentiment* l'appréhenfion ou le defir confus d'un événement poffible. Ce font des enfans qui s'occupent d'un phantome, dont ils n'ofent s'approcher: ils defirent, ils efperent, ils craignent fans en favoir la véritable caufe: éprouvent-ils après cela quelque chofe d'extraordinaire, ils ont deviné jufte, ils ont eu un *preffentiment* de ce qui leur eft arrivé, c'étoit une infpiration; chimere dont il eft difficile de faire revenir ceux qui

ne fe font pas familiarifés avec un certain raifonnement, que je ferois tenté
d'appeller *froid*, c'eft-à-dire, avec cette
maniere de raifonner qui écarte les images que préfente l'imagination. Il eft
bien naturel que ceux qui s'occupent
beaucoup de l'avenir fe contentent de
fe repréfenter des événemens futurs,
fans fonger aux caufes qui peuvent les
produire, & à la nature de ces caufes,
pour juger de la probabilité : ici l'imagination ne fait que peindre. Je comparerois volontiers ces hommes appliqués à deviner l'avenir, à des gens qui
fixant les yeux fur un ciel couvert de
nuages, y croient découvrir des figures de toute efpece ; elles n'y font que
pour eux.

Ce feroit encore une erreur bien groffiere que de croire avoir eu un *preffen-*
timent toutes les fois qu'un événement
qu'on a craint ou efpéré, vient à avoir
lieu : un homme qui ne vit que dans les
momens où il efpere de vivre encore, ne
doit pas croire qu'il ait eu quelque *pref-*
fentiment, fi entre une foule de conjectures frivoles il a deviné jufte une fois.

Les extrèmes fe reffemblent quelquefois : je dirai de ceux qui écartent conftamment l'avenir de leur efprit ce que
j'ai dit de ceux qui s'en occupent trop,
s'il refte dans leur ame une repréfentation confufe d'un événement à venir,
malgré les foins qu'ils fe donnent pour
l'écarter, qu'ils ne difent pas que c'eft un
preffentiment. Un jeune homme qui s'eft
aveuglé autant qu'il lui a été poffible,
auroit-il eu un *preffentiment* des maux
qui viennent l'accabler, fi s'étant efforcé
de s'étourdir fur les fuites funeftes de fes
égaremens, il n'étoit jamais parvenu à
étouffer entierement toute efpece de
crainte de l'avenir.

J'appelle *preffentiment* la repréfentation d'un événement à venir, dont les

caufes, qui pourroient le produire,
font ou obfcurément ou clairement apperçues, & qu'un fentiment intérieur
nous fait regarder comme prochain :
quelquefois la crainte, quelquefois l'efpérance, quelquefois même l'indifférence accompagne ce fentiment. Cet
état fe diftingue de celui, où l'on prévoit un événement par une connoiffance exacte du préfent, à-peu-près comme l'efpérance frivole d'un joueur qui
attend & efpere un coup de dez heureux, fe diftingue de l'efpérance bien
fondée d'un habile joueur d'échecs qui
conduit fon adverfaire là où il le veut
avoir. Aux échecs l'habile joueur peut
fe rendre raifon de ce qui lui perfuade
qu'il gagnera la partie : aux dez le joueur
ne peut avoir aucune raifon pour croire que le hafard amenera le coup qu'il
attend.

Il n'eft pas bien difficile de fe faire
une idée de la maniere dont notre ame
peut preffentir l'avenir. L'ame eft une
force repréfentative de l'univers relativement à la place qu'elle y occupe : elle
fe repréfente une foule d'événemens
poffibles ; ces poffibles, pour être actuels ou le devenir, ont befoin d'être
déterminés de toute maniere, & les déterminations doivent avoir des caufes
qui les produifent. L'ame fe repréfente,
il eft vrai, bien des caufes différentes,
mais ces caufes peuvent être fuffifantes
ou infuffifantes.

Pour les diftinguer, nous n'avons
qu'un certain calcul de probabilité, que
nous faifons quelquefois fort vite & même fans nous en appercevoir. Ces caufes clairement ou obfcurément apperçues font impreffion fur nous, elles déterminent le degré de foi que nous ajoutons à l'efpece de prédiction que nous
nous faifons. Cette impreffion ne nous
doit point paroitre étrange : ne nous
arrive-

arrive-t-il pas dans le sommeil d'être frappé vivement, & de croire quelquefois même après le réveil que ce que nous avons vu en songe, existe réellement ?

Combien de représentations obscures & confuses qui agissent sur nous ! Mille obstacles empêchent qu'elles ne deviennent claires & distinctes : des sensations trop vives, une méditation profonde, une idée dont l'esprit est trop occupé, tant d'autres raisons font évanouir des représentations très-claires en les obscurcissant : des intervalles de tranquillité pourront peut-être les mettre dans un plus grand jour ; mais si ces intervalles sont courts, ce ne sera plus qu'un tableau qui passera rapidement, qu'on aura vu, qu'on se rappellera à peine, & qu'une nuit profonde nous dérobera de nouveau. Cependant ces représentations qui n'ont point été clairement apperçues, ou qui ne l'ont été qu'un instant, agissent sur nous, souvent même avec une force étonnante : faut-il en alléguer des exemples ? Parlez de spectres à des ames foibles, ou à un poltron qui doit coucher seul dans un endroit reculé ; allez, à la honte de l'esprit humain, entendre quelques sermons de capucin, & voyez ces esprits frappés, étonnés, saisis, présenter le triste spectacle des foiblesses de l'esprit humain. Quand le fort de l'impression est passé, l'ame est comme un homme éveillé qui ne se rappelle un songe qu'imparfaitement & la tranquillité renaît. Mais, si une semblable impression a été accompagnée de l'idée d'un événement à venir, prochain ou éloigné, alors l'ame conserve un sentiment d'espérance ou de crainte, suivant que cet événement est à desirer ou à craindre.

Lors donc qu'on a une représentation d'un événement auquel on s'attend plus

ou moins, sans qu'on puisse donner d'autres raisons de cette attente que l'attente même, ou le sentiment de crainte ou d'espérance qui l'accompagne, on a ce qu'on appelle *pressentiment*. Là où l'ame cesse de prévoir en raisonnant, là où l'esprit cesse de voir avec une certitude morale, là commence le *pressentiment*.

L'avenir n'est point entierement caché à l'homme dans le tems qu'il raisonne, il ne l'est pas même à l'homme lorsqu'il ne raisonne pas : celui qui raisonne, voit quelquefois dans la liaison du passé avec le présent, ce qui sera présent à son tour : s'il le voyoit avec une certitude complette, il le verroit avec un degré de clarté supérieur, il connoîtroit les différens chaînons d'une partie de la chaîne immense des futurs contingens, il seroit prophete, son ame exaltée s'approcheroit en quelque façon de l'esprit divin : mais l'homme ne peut voir ainsi l'avenir. Réduit aux conjectures, faute de connoître parfaitement le passé & le présent, il n'a que cette prévoyance humaine si fort sujette à nous égarer.

L'homme qui ne raisonne pas, obsédé de représentations confuses, n'a qu'un sentiment confus d'un événement possible ; & si ce sentiment est l'effet d'idées qui représentent les vraies causes de cet événement, cet événement doit arriver nécessairement.

Je comparerois assez volontiers le *pressentiment* à ce qu'on appelle *sens moral*, comme aussi à ce que nous appellons *tact* dans les affaires de goût, adresse, savoir faire & talent par rapport à l'exécution ; je m'explique. On juge le plus ordinairement de la moralité des actions par un sentiment confus, plus vif ou plus fréquent dans les uns que dans les autres, suivant que les idées claires sur la nature, l'importance & la nécessité, de nos devoirs, ont été plus ou moins présentes à l'esprit, & y ont fait plus ou moins d'impreſſion. Si ces idées ont été fréquemment retracées dans notre ame, l'impreſſion n'a pu s'en effacer, elle renait à chaque occaſion : c'eſt une voix baſſe, mais ſi connue, qu'on la diſtingue ſans peine : c'eſt le regard d'un ami qui d'un coup d'œil nous découvre ſa penſée. Ce ſens moral eſt foible dans les hommes qui ont peu penſé à leurs devoirs ; les motifs qui doivent nous porter à les obſerver, ont été rarement apperçus, ou ne l'ont été qu'avec des correctifs qui ont anéanti une partie de leur force : il eſt foible dans les hommes qui n'ont pas trouvé dans la vertu cette beauté & cette grandeur que l'honnête homme y voit toujours, ni dans le vice cette laideur & cette baſſeſſe qui révoltent une belle ame ; il n'y a point eu d'impreſſion favorable aux bonnes actions, ou il n'y en a eu que des foibles. C'eſt ainſi qu'il en eſt à-peu-près de ceux qui ont des *preſſentimens* ; accoutumés à s'occuper des événemens à venir, ayant obſervé peut être que certaines cauſes avoient ſouvent certains effets, portés peut-être à croire que ce qu'ils deſirent ou craignent beaucoup arrivera ſûrement, jugeant peut-être toujours de ce que les autres hommes feront par ce qu'ils auroient fait eux-mêmes, il leur eſt naturel de choiſir parmi les événemens poſſibles, & ce choix eſt bientôt accompagné de la perſuaſion qu'ils ont deviné juſte.

J'ai dit que l'on pouvoit de même comparer le *preſſentiment* à ce qu'on appelle *ſavoir faire*, *adreſſe*. En effet un habile ouvrier agit & travaille quelquefois ſans être en état ni de s'expliquer à lui-même ni d'expliquer à d'autres ce qu'il faut faire, pour atteindre à cette perfection où il parvient dans les ouvrages qui ſortent de ſes mains : ce ſont des repréſentations tantôt confuſes, tantôt obſcures qui le guident : c'eſt le coup d'œil, le trait du pinceau ou du burin, tréſor de l'habitude, qui a donné le fini à ces chefs-d'œuvre que nous admirons.

Mais dans ces chefs-d'œuvre celui qui les admire, comment apperçoit il ſouvent les perfections & les beautés qui s'y trouvent ? Je ne parle pas de ces beautés que la connoiſſance de l'art nous met en état d'analyſer, & qu'il faut même poſſéder pour les voir, mais de celles dont on a de la peine à ſe rendre compte : c'eſt ce qu'on appelle *tact*, c'eſt ce goût qui dirige l'écrivain dans le choix de ſes expreſſions, qui fait diſcerner ſur le champ le grand du bourſouflé, le ſimple & le naturel du bas.

Enfin, & c'eſt encore une comparaiſon que je ne veux qu'indiquer, le jugement que l'on porte ſur les motifs de certaines actions, n'eſt ſouvent fondé que ſur des idées confuſes : des juges habiles, des hommes qui connoiſſent le monde, devinent la vérité au lieu de la découvrir : c'eſt un regard perçant, talent des grands politiques, qui dévoile les myſteres, ce regard eſt l'affaire d'un moment.

Pénétrer l'avenir avec un retour ſur ſoi-même, c'eſt donc *preſſentir*. Mais que dirons-nous de cette eſpece de *preſſentiment*, où on ne s'attend à aucun mal comme à aucun bien, mais où l'on ſe trouve dans un état non ordinaire de crainte ou d'eſpérance, dont on ne ſauroit ſe rendre raiſon. Il y a peut-être peu de perſonnes à qui il n'arrive de ſe trouver dans une pareille ſituation : il n'y a ſouvent rien qu'on ſache devoir appréhender ou eſpérer, & cependant une crainte ſecrette trouble notre repos, une joie inattendue s'éleve dans notre ame. Voici comment je m'explique ce phénomene.

Il y a des hommes qui sont nés avec un si grand degré de sensibilité, que la moindre chose les affecte : ils ressemblent à une corde tendue, qui résonne sans être touchée. Ces hommes sont des esprits douillets, qu'on me passe l'expression, à qui il est si naturel d'être affectés, que même les représentations obscures les agitent : pour ces hommes vivre & penser ce n'est que penser & espérer.

Une cause plus fréquente & plus connue de cette espece de *pressentiment* se trouve dans le corps. Lorsqu'on a joui assez long-tems d'une bonne santé & d'un usage libre des organes, quelques obstructions dans les vaisseaux, ou une foiblesse dans les ressorts du mouvement, rallentissant l'action ou la rendant plus pénible, sont très-capables d'inspirer une espece de crainte : ce mal-aise devient insupportable par la comparaison qu'on fait de l'état présent à l'état passé ; cette situation, nouvelle pour nous, nous inquiete & nous ne nous donnons pas la peine de chercher la raison de notre inquiétude. C'est ainsi que ces corps sensibles, qui souffrent à l'approche de l'orage, & semblent revivre au milieu de la tempête, pourroient prendre pour *pressentiment* cet état d'inquiétude, s'ils ne l'éprouvoient pas si souvent, & que la cause ne leur en fût pas connue. Le contraire arrive à ces hommes foibles, malingres, ou à qui de longues maladies ont appris à souffrir ; s'ils recouvrent la santé, si à cet état de douleur succede un état de convalescence, ils éprouvent ce qu'ils avoient presque oublié ; ce sentiment de joie & de contentement est le premier pas qu'ils font vers des espérances flatteuses ; les événemens possibles qui se présentent à leur esprit

ne peuvent guere paroître vraisemblables s'ils ne sont agréables, & la joie qui est dans leur cœur est très-propre à faire naître en eux des *pressentimens* qui leur font plaisir. C'est sur-tout dans le passage rapide du mal au bien, de la maladie à la santé, que cet état de l'homme qui attend du bien ou du mal, sans trop savoir pourquoi, devient bien naturel. (D. F.)

PRESSER *à mort*, v. act., *Jurispr.*, terme de droit usité en Angleterre, où il signifie faire souffrir à un criminel une sorte de torture qu'on appelle *peine forte & dure*. v. PEINE.

PRESTATION, s. f., *Jurisprud.*, signifie *l'action de fournir* quelque chose, on entend aussi quelquefois par ce terme la chose même que l'on fournit ; par exemple, on appelle *prestation annuelle*, une redevance payable tous les ans, soit en argent, grains, volailles & autres denrées, même en voitures & autres devoirs. v. CENS, REDEVANCE, RENTE.

PRESTATION *personnelle*, v. PÉTITION.

PRESTIMONIE, s. f., *Droit can.*, sont des especes de prébendes que l'on donne à des ecclésiastiques sous la condition de dire quelques messes ou prieres.

On distingue plusieurs sortes de *prestimonies*.

Dans leur véritable objet, ce sont des fondations faites pour entretenir des prêtres, pour aider & servir les paroisses.

Néanmoins on donne aussi abusivement le nom de *prestimonie* à certaines fondations de messes ou autres prieres que l'on fait acquitter par tel ecclésiastique que l'on juge à-propos, moyennant la rétribution qui y est attachée ; on appelle même aussi *prestimonie*, des fondations faites pour l'entretien de prêtres

Hh 2

qui ne font chargés que de deux ou trois meffes par an.

Il y a des *preftimonies* ou portions *preftimoniales*, qui font données en titre perpétuel de bénéfices, & celles-ci font en effet de véritables bénéfices, différens néanmoins des chapelles, en ce qu'ils n'ont aucun lieu qui leur foit propre & que ces *preftimonies* s'acquittent dans une églife qui n'appartient pas au bénéfice de celui qui eft chargé de les acquitter.

Il y a encore d'autres *preftimonies* ou portions *preftimoniales* qui ne font données que pour un tems, & qui font détachées des revenus d'un bénéfice, mais qui doivent y retourner; ces fortes de *preftimonies* ne font pas des bénéfices.

PRET *de confomption*, f. m., *Jurifp.*, c'eft celui qu'on appelle *mutuum*. On peut le définir un contrat par lequel l'un des contractans donne & transfere la propriété d'une fomme d'argent ou d'une certaine quantité d'autres chofes qui fe confomment par l'ufage, à l'autre contractant, qui s'oblige de lui en rendre autant. Celui qui la donne à l'autre à la charge qu'il lui en rendra autant, s'appelle le *prêteur*; celui qui la reçoit, en s'obligeant d'en rendre autant, eft l'*emprunteur*.

Il eft de l'effence du contrat de *prêt de confomption*, 1°. qu'il y ait ou une fomme d'argent, ou une certaine quantité d'autres chofes qui fe confomment par l'ufage, qui en foit la matiere, & qu'elle foit prêtée pour être confommée; 2°. que la délivrance en foit faite à l'emprunteur; 3°. que la propriété lui en foit transférée; 4°. qu'il s'oblige d'en rendre autant; 5°. enfin que le confentement des parties intervienne fur toutes ces chofes.

Il eft évident qu'il ne peut y avoir de contrat de *prêt de confomption*, s'il n'y a une certaine quantité de chofes fufceptibles de ce contrat, qui foit prêtée par le prêteur à l'emprunteur, & qui foit la matiere du contrat.

Il eft de l'effence du contrat de *prêt de confomption* que le prêteur faffe à l'emprunteur la tradition de la chofe prêtée.

Il eft évident que ce principe doit fouffrir exception dans le cas auquel la chofe que je veux prêter à quelqu'un, feroit déja par devers lui. Par exemple, fi je vous avois donné en dépôt un fac de mille livres, & que je vouluffe enfuite vous faire un *prêt* de cette fomme, ne pouvant pas vous faire une tradition réelle d'une chofe qui eft déja pardevers vous, la feule convention par laquelle je conviendrois avec vous de vous transférer la propriété de ce fac de mille livres, dont vous pourriez en conféquence difpofer, à la charge de m'en rendre autant, feroit feule fuffifante pour vous transférer la propriété de cette fomme, & pour opérer le contrat de *prêt* que je vous en fais. *l. 9. §. 9. ff. de reb. cred.* Cette convention renferme une efpece de tradition feinte que les interpretes appellent *traditio brevis manûs*, par laquelle on fuppofe que vous m'avez rendu le fac de mille livres que vous aviez à titre de dépôt; & que je vous l'ai remis pour l'avoir à titre de *prêt*, cette tradition feinte fuffit pour la tranflation de propriété, & pour opérer par conféquent le *prêt* de la fomme, fans qu'il foit befoin d'aucune tradition réelle; c'eft de ce cas & autres femblables que Juftinien aux inftitutes, *tit. de R. div. §. 46.* dit: *Interdum & fine traditione nuda hominis voluntas fufficit ad rem transferendam.*

Obfervez que cette convention que nous venons de rapporter, par laquelle je conviens avec vous de vous prêter un fac de mille livres, qui eft par-devers vous, vous l'ayant précédemment mis en dépôt, eft très-différente de celle par laquelle, en vous donnant cet argent en dépôt, je vous permettrai de vous en fervir dans le cas où vous vous trouveriez en avoir befoin. Dans la premiere efpece, la convention renferme un contrat de *prêt* que je vous fais de la fomme que vous aviez en dépôt, lequel eft parfait & confommé par cette feule convention, la propriété de l'argent vous en eft transférée, & il commence d'être à vos rifques ; au contraire dans la feconde efpece, la convention ne contient pas un *prêt* préfent, mais un *prêt* qui ne doit avoir lieu que dans le cas auquel par la fuite vous viendriez à vous fervir de l'argent que je vous ai donné en dépôt, & qui ne fera parfait que du moment que pour vous fervir du fac d'argent, vous l'aurez retiré du lieu où vous le gardiez en dépôt. C'eft ce qu'enfeigne Ulpien : *Depofui apud te decem, poteà permifi tibi uti ; Nerva Proculus etiam antequam moveantur condicere quafi mutua tibi hæc poffe aiunt, & eft verum… quod fi ab initio, quum deponerem, uti, tibi, fi voles, permifero, creditam non effe antequam mota fit. l. 9. §. fin. & l. 10. ff. de reb. cred.*

Il eft de l'effence du contrat de *prêt de confomption*, que la propriété de la chofe prêtée foit transférée à l'emprunteur ; il ne fuffit pas qu'il lui en ait été fait une tradition réelle, fi cette tradition ne lui en a pas transféré la propriété. C'eft cette translation de propriété qui fait le caractere effentiel & diftinctif du *prêt de confomption* ; c'eft ce qui le diftingue du *prêt à ufage*, & c'eft de-là que lui vient le nom de *mutuum* ; car comme dit Paul : *Appellata mutui datio ab eo quod de meo tuum fiat ; & ideo fi non fiat, non nafcitur*

obligatio. L. 2. §. 2. ff. *de reb. cred.*

De-là il fuit que pour que le *prêt* foit valable, il faut que le prêteur foit le propriétaire de la chofe qu'il prête ; ou s'il ne l'eft pas, que ce foit du confentement du propriétaire qu'il en faffe le *prêt*, puifqu'autrement il ne pourroit pas en transférer la propriété : *In mutui datione oportet dominum effe dantem.* l. 2. §. 4. ff. *de reb. cred.* Quoique le prêteur foit propriétaire de la chofe qu'il prête, il faut encore pour que le *prêt* foit valable, qu'il ait le droit d'aliéner ; c'eft pourquoi un *prêt* qui feroit fait par un mineur ou par un interdit, ne feroit pas valable.

Les principes que nous venons d'expofer fur la néceffité de la translation de la propriété de la chofe prêtée pour la perfection du contrat *mutuum*, que nous avons puifé dans les textes des jurifconfultes Romains, & que ces jurifconfultes avoient eux-mêmes puifés dans la nature même des chofes, ont été attaqués dans le fiecle dernier par Saumaife.

Cet auteur très-érudit, & grand littérateur, mais nullement jurifconfulte, a fait une differtation par laquelle il s'efforce de prouver qu'il n'intervient aucune aliénation dans le contrat *mutuum*, & que le prêteur retient le *dominium*, ou la propriété de la fomme ou quantité qu'il a prêtée, non pas à la vérité des corps & individus dont la fomme ou quantité étoit compofée, mais de la fomme ou quantité confidérée *indeterminatè & abftrahendo à corporibus*, qui doit lui être rendue par l'emprunteur à qui il n'en a accordé que l'ufage.

Cette opinion a été folidement refutée auffi-tôt qu'elle a paru. Elle renverfe tout le fyftême de la fcience du droit, confondant le *jus in re* & le *jus ad rem*, dont la diftinction en eft un des principaux fondemens.

Le *jus in re* dont le droit de *dominium* eſt une des principales eſpeces, eſt un droit que nous avons dans une choſe; le *jus ad rem* eſt un droit de créance perſonnelle que nous avons contre une perſonne qui s'eſt obligée à nous donner une choſe, pour la contraindre à nous donner cette choſe, dans laquelle nous n'avons encore aucun droit juſqu'à ce qu'il nous l'ait donnée.

Le *jus in re* ſuit la choſe en quelques mains qu'elle paſſe, & il donne à celui qui a ce droit, lorſque la choſe n'eſt pas par-devers lui, une action pour reclamer la choſe, ou le droit qu'il a dans la choſe, contre tous ceux qui ſe trouvent la poſſéder.

Au contraire le *jus ad rem*, qui eſt un droit de créance perſonnelle, ſuit la perſonne qui a contracté l'obligation de donner la choſe. Il ne donne d'action que contre la perſonne qui a contracté l'obligation de la donner, & contre ſes héritiers ou autres ſucceſſeurs univerſels qui ont ſuccédé à ſon obligation : il n'en donne aucune contre des tiers qui poſſéderoient la choſe qu'on s'eſt obligé de nous donner.

Un droit de créance perſonnelle peut bien être d'une choſe que l'on conçoive *abſtrahendo ab omne corpore*; & qui ne doive ſe déterminer, que par le payement qui en ſera fait, aux corps certains qui auront été donnés en payement.

Au contraire, il ne peut y avoir un *jus in re*, & ſur-tout un droit de *dominium*, qui eſt une des principales eſpeces, ſans un corps certain & déterminé qui en ſoit le ſujet; ce droit renfermant celui de ſuivre la choſe en quelques mains qu'elle paſſe, & de la reclamer entre les mains de quiconque s'en trouve en poſſeſſion : on ne peut concevoir ce droit, ſans un corps certain & déterminé qui en ſoit le ſujet, qui puiſſe paſſer en différentes mains, & qu'on puiſſe ſuivre ſur ceux qui s'en trouveroient en poſſeſſion.

Ce n'eſt qu'en confondant toutes ces idées que Saumaiſe veut faire paſſer le droit qu'a le prêteur d'une ſomme d'argent, de la répéter de l'emprunteur, pour le droit de *dominium* de la ſomme prêtée qu'il retient. Ce droit qu'a le prêteur, étant un droit qu'il n'a que contre la perſonne de l'emprunteur qui s'eſt obligé de la lui rendre, & contre les héritiers & autres ſucceſſeurs univerſels de cet emprunteur, qui ont ſuccédé à ſes obligations, eſt, ſuivant les notions que nous en avons données cideſſus, un droit de créance perſonnelle, & non le droit de *dominium*, lequel eſt au contraire un droit qui ſuit la choſe, & non la perſonne.

Tout *jus in re*, & ſur-tout le *dominium* étant, ſuivant les notions ci-deſſus données, un droit dans un certain corps, qu'on ne peut par conſéquent concevoir ſans quelque corps certain qui en ſoit le ſujet, c'eſt de la part de Saumaiſe renverſer les idées & les notions du *dominium*, que de ſuppoſer dans le prêteur, un *dominium indeterminatè & abſtrahendo à corporibus* de la ſomme qu'il a prêtée.

Quand même la ſomme prêtée ſeroit périe par force majeure entre les mains de l'emprunteur, & que l'emprunteur n'auroit pas de quoi la rendre, le droit qu'a le prêteur de demander à l'emprunteur une ſomme pareille à la ſomme prêtée, ne laiſſe pas de ſubſiſter; le droit du prêteur, n'eſt donc pas le *dominium* de la ſomme prêtée que le prêteur retienne, puiſque le *dominium* eſt un *jus in re*, qui ne peut ſubſiſter ſans une choſe qui en ſoit le ſujet, & que dans l'eſpece propoſée la ſomme prêtée ne subsiste plus, ni rien qui puisse être censé la remplacer.

Saumaise tire argument pour son opinion, des termes *locare pecuniam*, qui se trouvent dans quelques auteurs. D'où il infère que dans le *prêt*, le prêteur d'une somme d'argent en retient la propriété, de même que dans le contrat de louage le locateur retient la propriété de la chose qu'il a louée; mais les textes de ces auteurs dans lesquels ces termes de *locare pecuniam* sont employés dans un sens impropre, ne doivent pas prévaloir aux textes des jurisconsultes, qui en parlant *ex professo* du *mutuum*, disent formellement que dans le *mutuum* la propriété de la chose prêtée est transférée de la personne du prêteur en celle de l'emprunteur, & que sans cette translation de propriété le contrat ne peut recevoir sa perfection, ni produire d'obligation: *Appellata est mutui datio ab eo quod de meo tuum fit, & ideò si non fiat tuum, non nascitur obligatio*, comme il est dit en la loi 2. §. 2. *ff. de reb. cred.* qui a déja été rapportée ci-dessus.

L'auteur d'une dissertation faite en faveur de l'opinion de Saumaise, a cru trouver une autorité en faveur de cette opinion dans la loi 55. *ff. de solut.* où il est dit: *Qui sic solvit ut reciperet, non liberatur, quemadmodum non alienantur nummi qui sic dantur ut recipiantur;* mais cet auteur n'a pas entendu cette loi, ou n'a pas voulu l'entendre; il n'est pas question dans la fin de cette loi du *mutuum*, mais d'un *prêt* d'especes d'argent qui a été fait à quelqu'un, non pour les dépenser, mais pour les montrer, & les rendre ensuite *in individuo*; comme lorsqu'un receveur, averti que le juge doit venir visiter sa caisse, emprunte de son ami des sacs d'argent, pour les faire paroître dans sa caisse lors de la visite, & les rendre *in indivi-*

duo incontinent après la visite, ce qui est le contrat *commodatum*, & non le *mutuum*. Le sens de cette loi est, que pour qu'un payement soit valable & qu'il acquitte la dette, il faut qu'il transfere la propriété de la chose qui est payée, au créancier à qui elle est payée; en conséquence duquel principe la loi décide que la tradition qu'un débiteur qui veut faire accroire à deux tiers qu'il a acquitté sa dette, fait à son créancier de la chose qu'il lui doit, avec une paction secrette entre son créancier & lui, que son créancier la lui rendra, n'est pas un véritable payement, & n'a pas libéré le débiteur, parce que par une telle tradition il n'a pas transféré la propriété de la chose à son créancier; de même que celui qui prête à quelqu'un des especes d'argent, seulement pour la montre, & à la charge qu'on les lui rendra *in individuo*, n'en transfere pas la propriété.

On tire un autre argument de ce que dans le langage ordinaire on dit, que ce qui différencie le contrat de constitution, du *prêt*; c'est que dans le contrat de constitution, le sort principal, qui a été le prix de la constitution, est aliéné; donc au contraire, dit-on, dans le contrat de *prêt* la somme prêtée n'est pas aliénée, la propriété n'en est donc pas transférée à l'emprunteur: je réponds que l'aliénation, qui fait le caractere distinctif de la constitution de rente & du *prêt*, n'est pas une simple translation de propriété de la somme payée pour le prix de la constitution, mais une translation de propriété faite sans la charge d'en rendre autant. Dans le *prêt*, la propriété des especes prêtées est bien transférée à l'emprunteur, mais à condition qu'il s'oblige d'en rendre autant au prêteur; au lieu que dans le contrat de constitution de rente, la propriété des especes payées pour le prix de la conftitution, eft transférée à celui qui conftitue la rente, fans qu'il s'oblige d'en rendre autant ; il ne s'oblige qu'à la preftation de la rente qu'il a conftituée ; il ne s'oblige point à rendre la valeur des efpeces qu'il a reçues pour le prix de la rente, qu'on appelle le *fort principal de la rente* ; la reftitution de ce fort principal n'eft pas *in obligatione*, elle n'eft qu'*in facultate luitionis*.

Il eft de l'effence du contrat de *prêt de confomption*, que celui qui reçoit la chofe prêtée, s'oblige, en la recevant, à en rendre autant.

Il ne doit pas s'obliger à rendre les mêmes chofes *in individuo* qui lui ont été prêtées ; car le *prêt* lui en étant fait pour s'en fervir, & ces chofes étant de nature à fe confommer par l'ufage qu'on en fait, il n'eft pas poffible qu'il les rende *in individuo*, mais il doit s'obliger à en rendre autant, c'eft-à-dire, une pareille quantité de chofes de la même efpece que celles qu'il a reçues : *Mutuum damus, recepturi non eamdem fpeciem quam dedimus, alioquin commodatum erit aut depofitum fed idem genus.* l. 2. ff. *de reb. cred.*

Il faut, comme nous venons de le dire, que l'emprunteur s'oblige de rendre une pareille quantité de chofes, qui foient de la même efpece que celles qu'il a reçues : *Nam fi aliud genus ; veluti ut pro tritico vinum recipiamus ; non erit mutuum*, d. l. 2. ce n'eft pas en ce cas un *prêt*, c'eft un échange qui eft fait du bled contre le vin, que celui qui a reçu le bled s'oblige de donner à la place ; & fi pour le bled qu'il a reçu, il s'obligeoit de rendre une fomme d'argent, ce ne feroit pas un contrat de *prêt*, mais ce feroit un contrat de vente de ce bled, qui feroit faite pour le prix de la fomme d'argent qu'il s'oblige de rendre à la place du bled.

Il faut que ce que l'emprunteur s'oblige de rendre par ce contrat, foit précifément autant que ce qu'il a reçu. S'il s'obligeoit à rendre plus, comme fi ayant reçu cent livres, il s'obligeoit de rendre dans un an cent cinq livres ; fi ayant reçu trente pintes de vin, il s'obligeoit au bout d'un certain tems d'en rendre trente-deux, le contrat de *prêt* & l'obligation qui en naît, ne feroit valable que jufqu'à concurrence de la fomme, ou de la quantité que l'emprunteur a reçue, le contrat pour le furplus feroit nul & ufuraire, & non-feulement il ne produiroit pas d'obligation pour ce furplus ; mais fi l'emprunteur avoit payé ce furplus, il en auroit la répétition.

Si l'emprunteur s'obligeoit à rendre moins que la fomme ou quantité qu'il a reçue, comme fi je vous comptois une fomme de vingt écus, à la charge de m'en rendre feulement quinze, le contrat ne feroit contrat de *prêt* que jufqu'à concurrence de la fomme que l'emprunteur fe feroit obligé de rendre : à l'égard du furplus, ce feroit une donation qui auroit été faite de ce furplus, & non un contrat de *prêt*.

Lorfque le *prêt* n'eft pas d'une fomme d'argent, mais d'une certaine quantité de quelqu'autre chofe fungible ; par exemple, lorfque je vous ai prêté un tonneau de vin, à la charge que vous m'en rendriez un de pareille qualité ; quoique depuis le *prêt*, le prix des vins foit confidérablement augmenté, ou confidérablement diminué ; & que le tonneau de vin qui ne valoit que vingt écus lorfque je vous l'ai prêté, en vaille quarante lorfque je vous le rends ; néanmoins vous me rendez autant, & rien de plus, ni de moins que ce que je vous ai prêté ; car il n'y a que le *prêt* d'une fomme d'argent qui ait pour objet une valeur numérique, dont la monnoie eft

le

le figne ; le *prêt* des autres chofes fungibles , au contraire , n'a pour objet que
la quantité de la chofe prêtée , & non la
valeur numérique de la chofe prêtée :
lorfque je vous prête un tonneau de vin
qui vaut vingt écus , ce n'eft pas vingt
écus que je vous prête , c'eft la quantité
d'un tonneau de vin ; & par conféquent
dans ces *prêts*, l'obligation de rendre
autant , ne fe refere pas à la valeur
numérique de ce qui a été prêté ; &
c'eft rendre autant, que de rendre la
même quantité , fans qu'on doive confidérer fi elle eft d'une plus grande ou
d'une moindre valeur qu'au tems du
prêt.

Enfin il eft de l'effence de ce contrat , de même que de tous les autres ,
que le confentement des parties contractantes intervienne fur tout ce qui a
formé la fubftance du contrat : il doit
donc intervenir fur la chofe qui eft prêtée , fur la tranflation de la propriété
de cette chofe , & fur l'obligation d'en
rendre autant.

C'eft pourquoi fi vous avez reçu de
moi une fomme d'argent , que vous
croyiez recevoir à titre de prêt , & que
je comptois ne vous donner qu'en dépôt ; il n'y aura pas de contrat de *prêt*,
parce que le confentement des parties
n'eft pas intervenu fur la tranflation
de propriété de cette fomme , n'ayant
pas eu la volonté de vous la transférer ,
puifque je comptois ne la donner qu'en
dépôt.

Au contraire , fi vous croyez me donner à titre de *mutuum* une fomme d'argent , que j'ai reçue croyant que c'étoit
à titre de *commodatum* que je la rece-
vois , ne vous l'ayant demandée que
pour la faire voir , il n'y aura pas encore de contrat de *prêt*, n'ayant pas
eu de confentement fur la tranflation
de la propriété de cette fomme ; car fi

Tome XI.

vous avez eu la volonté de me la transférer , comptant me donner cette fomme à titre de *mutuum* , je n'ai pas eu
de mon côté la volonté d'acquérir cette
propriété , ayant compté ne la recevoir
qu'à titre de *commodatum.* C'eft ce que
décide Ulpien : *Si ego quafi deponens tibi*
dedero , tu quafi mutuam accipias nec de-
pofitum nec mutuum eft : idem eft & fi tu
quafi mutuam pecuniam dederis , ego quafi
commodatam oftendendi gratia accepero.
L. 18. §. 1. ff. *De R. Cred.*

N'y ayant point de contrat de *prêt*
dans l'une & l'autre de ces hypothefes ,
ni de tranflation de propriété de la fomme qui a été comptée ; il s'enfuit que
cette fomme demeure aux rifques de celui qui l'a comptée , à qui elle continue d'appartenir. C'eft pourquoi tant
que la fomme que je vous ai comptée
fera par devers vous , je pourrai bien
vous en demander la reftitution par action de revendication , comme d'une
chofe à moi appartenante ; mais fi elle
vous a été volée dans un pillage , ou que
par quelqu'autre accident de force majeure vous ayez ceffé de l'avoir ; vous
n'êtes tenu à rien envers moi , cette fomme d'argent , dont la propriété ne vous
a pas été transférée , n'étant pas à vos
rifques, mais aux miens, ayant continué
de m'appartenir.

Dans l'une & dans l'autre des hypothefes ci-deffus , fi vous avez dépenfé
l'argent que je vous ai compté ; la confomption que vous en avez faite , *re-*
conciliat mutuum : elle nous met l'un &
l'autre au même état , que fi la propriété de cet argent vous eût été transférée , & elle me donne la même action
contre vous , que m'eût donné le contrat de *prêt*, pour vous faire rendre la
fomme que je vous ai comptée : *In utro-*
que cafu confumptis nummis.... condictio-
ni locus erit, d. §.

I i

La raiſon eſt, que le conſentement ſur la tranſlation de propriété de cette ſomme, qui manquoit pour la formation du contrat de *prêt*, & l'obligation qui en naît, ne vous auroit procuré autre choſe, s'il fût intervenu, que le pouvoir de vous ſervir de cet argent en le conſommant. Vous en étant ſervi, vous avez joui de tout ce que vous eût procuré ce conſentement; & par conſéquent cette conſomption que vous en avez faite, rétablit le contrat, ou plutôt eſt quelque choſe d'équivalent qui doit produire la même obligation, que le contrat de *prêt* eût produite.

Le contrat de *prêt de conſomption*, *mutuum*, eſt de la claſſe des contrats du droit des gens, car il ſe regit par les ſeules regles du droit naturel: il n'eſt quant à ſa ſubſtance aſſujetti à aucune formalité par le droit civil. Il peut intervenir avec des étrangers, de même qu'avec des citoyens.

Ce contrat *mutuum*, eſt de même que le *prêt commodatum*; de la claſſe des contrats bienfaiſants; il renferme un bienfait que le prêteur fait à l'emprunteur, en lui accordant gratuitement la faculté de ſe ſervir de ce qu'il lui prête, ſans que le prêteur retire aucune utilité du contrat qui ſe fait pour le ſeul intérêt de l'emprunteur.

Les juriſconſultes Romains avoient porté ſi loin ce principe, qu'ils en avoient tiré la conſéquence, qu'un *prêt* n'étoit pas un véritable contrat de *prêt*, lorſque le prêteur ne le faiſoit pas de ſon plein gré, *nullo jure cogente*, mais en exécution d'une obligation qu'il avoit précédemment contractée de faire le *prêt*, parce qu'en ce cas le *prêt* n'étoit pas un bienfait, mais l'acquittement d'une dette.

C'eſt ce que Julien décide en la loi 20. ff. *De R. Cred.* dans l'eſpece d'une donation faite d'une ſomme d'argent, à la charge que le donataire la prêteroit au donateur; il décide que le *prêt* qu'en fait le donataire en exécution de la clauſe de la donation, n'eſt pas un véritable *prêt*: *Creditum non eſſe, quia exſolvendi cauſâ magis daretur, quàm alterius obligandi.* Mais cette déciſion n'étoit fondée que ſur la ſubtilité, comme il eſt dit à la fin de cette loi: *Sed hæc intelligenda ſunt propter ſubtilitatem verborum, benignius tamen eſt utrumque (tàm donationem quàm mutuum) valere,* d. L. 20.

Le contrat de *prêt mutuum*, eſt de la claſſe des contrats réels, puiſqu'il ne peut ſe former que par la tradition de la choſe qui en fait l'objet, comme il réſulte de ce que nous avons vu ci-deſſus.

Enfin le contrat de *prêt mutuum*, eſt de la claſſe des contrats *uni-latéraux*, car il ne produit d'obligation que d'un côté. Le prêteur par ce contrat oblige envers lui l'emprunteur, mais il ne contracte de ſon côté envers l'emprunteur aucune obligation.

Il eſt évident que le contrat de *prêt de conſomption*, de même que tous les autres contrats, ne peut intervenir qu'entre des perſonnes capables de contracter. *v.* CONVENTION.

C'eſt pourquoi le *prêt* d'une ſomme d'argent qui ſeroit fait à un fou, à un interdit; à une femme ſous puiſſance de mari, qui l'emprunteroit ſans être autoriſée; à un mineur qui l'emprunteroit ſans l'autorité de ſon tuteur, eſt nul. Il eſt vrai que ſi ces perſonnes ont profité de la ſomme, elles ſont tenues de la rendre juſqu'à concurrence de ce qu'elles en ont profité; mais cette obligation ne naît pas proprement du *prêt* qui leur a été fait, puiſque ce *prêt* eſt nul: elle naît du précepte de l'équité naturelle, qui ne permet pas de s'enrichir aux dépens d'autrui : *Jure naturæ æquum eft neminem cum alterius jactura loupletari. L. 206. ff. De R. J.*

Par une difpofition des loix romaines, on ne pouvoit pas valablement prèter de l'argent aux fils de famille, quoiqu'ils fuffent capables des autres contrats. Voyez à cet égard le titre du digefte *De fenatus - confulto Macedoniano.*

Le prêteur, pour que le contrat foit valable, doit non-feulement être capable de contracter, il doit auffi être capable d'aliéner, & par conféquent être propriétaire des efpeces qu'il prête, ou avoir le confentement du propriétaire, comme nous l'avons déja vu. Mais la confomption qu'en fait l'emprunteur, répare le vice qui naît de l'incapacité que le prêteur avoit de contracter ou d'aliéner, de la maniere dont nous l'avons expliqué.

Les termes de *prêt de confomption*, donnent affez à entendre que les chofes fufceptibles de ce contrat, font celles qui fe confomment par l'ufage qu'on en fait.

Il y a deux efpeces de chofes qui fe confomment par l'ufage qu'on en fait.

La premiere efpece, eft de celles dont la confomption qui arrive par l'ufage qu'on en fait, eft une confomption naturelle, & une deftruction de ces chofes, telles font les chofes qui fervent à la nourriture de l'homme ou des animaux, comme le bled, l'orge, l'avoine, l'huile, le vin; & de même le bois à brûler, &c. l'ufage qu'on fait du bled, étant d'en faire du pain pour le manger; l'ufage qu'on fait du vin, étant de le boire; celui qu'on fait du bois à brûler, étant de le brûler pour préparer la nourriture, ou pour fe chauffer; il eft évident qu'on ne peut faire ufage de ces chofes, qu'en les confommant & en les détruifant.

La feconde efpece, eft de celles dont la confomption qui arrive par l'ufage qu'on en fait, n'eft pas une confomption naturelle, mais une confomption civile.

Telle eft la confomption qui fe fait de l'argent comptant par l'ufage qu'on en fait.

L'ufage qu'on en fait confifte à le dépenfer, ce qui opére non pas à la vérité une confomption naturelle, puifqu'en le dépenfant je ne détruis pas les efpeces; mais une confomption civile, qui confifte dans l'aliénation que je fais de l'argent que je dépenfe; de maniere qu'il ne m'en refte plus rien, & qu'il eft confommé pour moi lorfque je l'ai dépenfé.

Une autre efpece de confomption civile qui arrive par l'ufage qu'on fait d'une chofe, eft celle qui confifte à rendre la chofe incapable de fervir à d'autres après qu'on s'en eft fervi. Telle eft celle qui fe fait par l'ufage qu'on fait du papier; cet ufage confifte à écrire deffus; or cet ufage en opére, non une confomption naturelle, puifqu'on ne détruit pas le papier en écrivant deffus, mais il en opére une confomption civile; puifque le papier fur lequel j'ai écrit ne peut plus fervir à d'autres.

Toutes ces chofes qui fe confomment par l'ufage qu'on en fait, font auffi connues fous le nom de chofes : *Quæ pondere, numero & menfurâ conftant,* c'eft-à-dire, de chofes à l'égard defquelles on confidere plutôt une certaine quantité de poids, de nombre, ou de mefure, que les individus dont cette quantité eft compofée.

On les appelle auffi pour cette raifon chofes *fungibles*, du mot latin *fungibiles*; parce que *earum natura eft ut aliæ alia-*

rum ejufdem generis rerum vice fungantur. De maniere que lorfque j'ai reçu une certaine quantité de ces chofes, par exemple, une fomme de cent livres, deux muids de bled froment, deux tonneaux de vin de tel canton, un cent de pommes de reinette, & que je rends une pareille fomme de cent livres, une pareille quantité de deux muids de bled froment, une pareille quantité de deux tonneaux de vin de tel canton, un pareil nombre de pommes de reinette, je fuis cenfé rendre la même chofe que j'ai reçue, quoique je ne rende pas les mèmes individus : *Reddo idem, non quidem in fpecie fed genere idem.*

Toutes ces chofes fungibles qui fe confomment par l'ufage qu'on en fait, quelle que foit l'efpece de cette confomption, peuvent être la matiere du *prêt de confomption*, & il eft de l'effence de ce contrat que ce foit quelqu'une de ces chofes qui en faffe la matiere : *Mutui datio confiftit in his rebus quæ pondere, numero & menfurà conftant, quoniam eorum datione poffunus in creditum ire, quia in genere fuo funêtionem recipiunt perfolutionemquam fpecie; nam in cæteris rebus ideò in creditum ire non poffumus, quia aliud pro alio invito creditori folvi non poteft.* L. 2. §. 1. ff. *De R. Cr.*

Du *prêt de confomption* naît une obligation que l'emprunteur contracte envers le prêteur, de lui rendre la fomme ou la quantité qu'il lui a prêtée; & de cette obligation naît une action perfonnelle, qu'on appelle *condiêtio ex mutuo*, qu'a le prêteur contre l'emprunteur pour en exiger le payement.

Le contrat de *prêt de confomption* ne produit d'obligation que d'un côté; c'eft l'emprunteur, qui par ce contrat, contracte envers le prêteur l'obligation de lui rendre la même fomme, ou la même quantité qui lui a été prêtée.

Une perfonne eft cenfée l'emprunteur, foit que la fomme ou quantité qui fait l'objet du contrat, lui ait été comptée ou délivrée à elle-même, à la charge d'en rendre autant, foit que par fon ordre & pour fon compte elle ait été comptée ou délivrée à un autre; car ce qui a été compté ou délivré à un autre par notre ordre, eft réputé compté ou délivré à nous-mèmes. Arg. L. 180. ff. *De R. J.*

L'action qui naît de l'obligation que contracte l'emprunteur, eft une action perfonnelle, qui felon la nature des actions perfonnelles, n'a lieu que contre celui qui a contracté l'obligation, c'eft-à-dire, contre l'emprunteur & fes héritiers, ou autres fucceffeurs univerfels : elle ne peut avoir lieu contre d'autres, quoiqu'ils aient profité de la fomme prêtée.

C'eft pourquoi fi je vous ai prêté une fomme que vous n'empruntiez que pour la prêter à Pierre, à qui vous l'avez effectivement remife; je n'ai d'action que contre vous qui me l'avez empruntée, je n'en ai aucune contre Pierre. C'eft ce qui eft décidé par la loi 15. cod. *Si cert. pet.* où il eft dit : *Non adverfus te creditores qui mutuam fumpfifti pecuniam, fed ejus cui hanc cridideras heredes experiri, contra juris formam evidenter poftulas*, c'eft-à-dire, vous demandez une chofe injufte, lorfque vous demandez que vos créanciers ne foient pas reçus à vous demander la reftitution de la fomme que vous leur avez empruntée, quoique ce fût pour la prêter vous-même à un autre; & c'eft mal à propos que vous voulez les renvoyer à fe pourvoir contre les héritiers de celui à qui vous l'avez prêtée.

L'obligation que l'emprunteur fubit par ce contrat, eft envers le prêteur,

& par conféquent l'action qui naît de cette obligation, ne peut être acquife qu'à lui; & il n'y a que lui, fes héritiers, ou autres fuccesseurs univerfels qui aient le droit de l'intenter.

Le prêteur est celui, au nom duquel la fomme, ou chofe qui fait l'objet du *prêt*, a été comptée ou délivrée à l'emprunteur, foit que ce foit lui-même qui l'ait comptée ou délivrée, foit que ce foit un autre qui l'ait comptée ou délivrée pour lui à l'emprunteur.

Quand même la fomme que vous avez comptée par mon ordre à quelqu'un à qui je la voulois prêter, ne m'auroit pas appartenu, mais à vous; dès que ce n'est pas en votre nom, mais au mien, & pour moi que vous la lui avez comptée, je n'en fuis pas moins le prêteur; c'est envers moi que l'obligation de la perfonne à qui vous avez compté cette fomme, est contractée, elle n'en contracte aucune envers vous, c'est moi ou mes héritiers & autres fuccesseurs qui avons droit d'intenter contr'elle l'action *ex mutuo* : pour vous, vous n'avez aucune action directe contr'elle.

C'est ce que nous apprend Ulpien en la loi 15. ff. *D. R. Cred.* où il est dit : *Si debitorem meum juffero dare pecuniam, obligaris mihi, quamvis meos nummos non acceperis.* Et en la loi 9. §. 8. ff. *d. tit. Non dubitavi quin, fi meam pecuniam tuo nomine voluntate tuâ dedero, tibi acquiratur obligatio; cum quotidie, credituri pecuniam mutuam, ab alio pofcamus ut noftro nomine creditor numeret futuro debitori noftro.*

On appelle *promutuum* le quafi-contrat, par lequel celui qui reçoit une certaine fomme d'argent, ou une certaine quantité de chofes fungibles, qui lui a été payée par erreur, contracte envers celui qui la lui a payée par er-

reur, l'obligation de lui en rendre autant. *v.* CONTRAT, *quafi-*.

C'est le payement qui est fait par erreur, qui forme ce quafi-contrat; on l'appelle *promutuum*, à caufe des rapports qu'il a avec le contrat *mutuum.*

Ces rapports confistent en ce que, 1°. il faut pour l'un & pour l'autre la tradition d'une certaine fomme, ou d'une certaine quantité de chofes fungibles. 2°. De même que le *mutuum* n'est parfait, que lorfque la propriété de cette fomme, ou quantité a été transférée à l'emprunteur, ou lorfqu'à défaut de cette tranflation de propriété, l'emprunteur l'a confommée de bonne foi; de même lorfque je vous ai payé une certaine fomme, ou une certaine quantité que je croyois par erreur vous devoir, le *promutuum* n'est point parfait, & ne produit point en vous l'obligation de me rendre une pareille fomme ou quantité, fi je ne vous ai pas transféré la propriété des efpeces, ou fi à défaut de tranflation de propriété vous ne les avez pas confommées; en attendant vous êtes feulement fujet à la revendication des efpeces de la part de ceux à qui elles appartiennent. 3°. Le principal rapport qu'a le *promutuum* avec le *mutuum*, confiste dans la parfaite reffemblance des obligations qui en naiffent; car de même que par le contrat *mutuum*, l'emprunteur qui a reçu une certaine fomme d'argent, ou une certaine quantité de chofes fungibles, est obligé envers le prêteur, de qui il l'a reçue, à lui rendre une pareille fomme ou quantité; de même par le *promutuum*, celui qui a reçu par erreur le payement d'une certaine quantité de chofes fungibles, qui ne lui étoit pas due, est obligé envers celui de qui il l'a reçue, & qui la lui a payée par erreur, à lui rendre une pareille fomme, ou une pareille quantité : c'eft pourquoi la loi 5. §. 3. ff. *De oblig. & act.* dit que celui *qui non debitum accepit per errorem folventis obligatur quafi ex mutui datione, & eâdem actione tenetur qua debitores creditoribus.*

Nonobftant ces rapports, le *promutuum* eft très-différent du *mutuum.* Le *mutuum* eft un contrat ; c'eft par le confentement des parties qu'eft formée l'obligation qu'il produit : le prêteur ne prête que dans l'intention que l'emprunteur s'obligera envers lui à lui rendre une fomme, ou une quantité pareille à celle qu'il lui prête ; & l'emprunteur confent & fe foumet à s'y obliger. Au contraire le *promutuum* n'eft pas un contrat, c'eft un quafi - contrat ; il eft rapporté parmi les quafi - contrats, au tit. de inftit. *De oblig. quæ ex quafi-contr. nafc.* §. 7. & dans la loi 5. ff. *De oblig. & act.* ci-deffus. Il n'intervient aucun confentement des parties pour former l'obligation qui en naît ; celui qui par erreur paye à quelqu'un ce qu'il ne lui doit pas, croyant le lui devoir, n'a pas intention de lui faire contracter aucune obligation ; & celui qui reçoit, n'a pas pareillement intention d'en contracter aucune.

On ne doit pas même, comme quelques-uns l'ont penfé, fuppofer un pacte tacite entre les parties, de rendre, au cas que la chofe ne fût pas due ; car la perfuafion en laquelle on fuppofe que les parties étoient que la chofe étoit due, exclut ce pacte tacite. Gaïus, en parlant du *promutuum,* dit : *Non poteft intelligi is qui ex eâ caufâ tenetur, ex contractu obligatus effe, qui enim folvit per errorem, magis diftrahendæ obligationis animo quam contrahendæ dare videtur.* D. L. 5. ff. de oblig. & act.

L'obligation qui naît du *promutuum,* eft donc formée, fans qu'il intervienne, pour la former, aucun confentement des parties ; c'eft l'équité qui la forme, & qui ne permet pas que celui qui a reçu le payement de ce qui ne lui étoit pas dû, s'enrichiffe aux dépens de celui qui le lui a payé par erreur : *Jure naturæ æquum eft neminem cum alterius detrimento fieri locupletiorem.* L. 206. ff. *De R. J.*

Du *promutuum* naît l'obligation de rendre une fomme, ou quantité pareille à celle qui a été payée par erreur comme due, quoiqu'elle ne le fût pas. C'eft celui à qui la fomme, ou quantité a été payée, qui contracte cette obligation, & il la contracte envers celui qui l'a payée.

La fomme ou quantité eft cenfée m'avoir été payée, & je contracte l'obligation de rendre pareille fomme ou quantité, foit que je l'aie reçue par moi-même, foit qu'elle ait été reçue en mon nom par un autre qui avoit qualité pour la recevoir pour moi, ou à qui j'avois donné ordre de la recevoir, fuivant la regle, *quod juffu alterius folvitur pro eo eft quafi ipfi folutum effet.* L. 180. ff. De Reg. J.

Il en eft de même lorfque j'ai ratifié la reception qui en avoit été faite en mon nom par quelqu'un : *Nam ratihabitio mandato comparatur.* L. 12. §.4. ff. *De folut.*

Pareillement vous êtes cenfé m'avoir payé la fomme ou quantité qui ne m'étoit pas due, & c'eft envers vous que je contracte l'obligation de rendre une pareille fomme, ou pareille quantité, foit que vous me l'ayez payée par vous-même, foit que vous me l'ayez payée par un autre, qui me l'a payée en votre nom.

L'objet de cette obligation eft une

somme, ou quantité pareille à celle qui a été reçue; en quoi cette obligation reffemble à celle de *mutuum*.

Celui qui a payé par erreur, ne peut répéter que la fomme; il n'en peut prétendre aucuns intérêts. *L. 1. cod. De condict. indeb.*

Suivant les principes du droit romain, de cette obligation naiffoient deux actions, dont celui qui avoit payé par erreur, avoit le choix.

La premiere, eft celle qu'on appelle *condictio certi*, qui eft la même qu'avoit le préteur dans le *mutuum*, & en général la même qu'avoient tous ceux qui étoient *ex quâcumque caufâ* créanciers de quelque chofe de *certain* & de *déterminé*; c'eft de cette action dont Gaïus entend parler, lorfqu'il dit : *Qui non debitum accipit.... eâdem actione tenetur, quâ debitores creditoribus. L. 5. §. 3. ff. De oblig. & act.*

La feconde, eft l'action qu'on appelle *condictio indebiti*, c'eft celle qui a lieu toutes les fois que quelqu'un a payé par erreur à un autre, non-feulement une certaine fomme d'argent, ou une certaine quantité de chofes fungibles, qui eft le cas du *promutuum*, mais généralement quelque chofe que ce foit qu'il croyoit par erreur devoir.

Cette action naît de l'obligation que celui qui a reçu quelque chofe qui ne lui étoit pas dûe, a contractée par le payement qui lui en a été fait, de la rendre à celui qui la lui a payée par erreur. Le payement qui lui en a été fait, eft un quafi-contrat qui forme en lui cette obligation.

Le fondement de cette obligation, eft cette regle de l'équité naturelle : *Jure naturæ æquum eft neminem cum alterius detrimento & injuriâ fieri locupletiorem. L. 206. ff. De R. J.* Cette regle ne permet pas que celui qui a reçu une cho-fe qui ne lui étoit pas dûe, s'enrichiffe par ce payement, aux dépens de celui qui lui a fait ce payement par erreur; & elle l'oblige en conféquence à lui rendre ce qu'il lui a ainfi payé par erreur.

Delà il fuit, 1°. que l'action *condictio indebiti*, eft une action perfonnelle, puifqu'elle naît de l'obligation perfonnelle que contracte celui à qui on a payé par erreur une chofe qui ne lui étoit pas dûe : 2°. que l'action *condictio indebiti*, ne fe donne contre celui à qui le payement a été fait par erreur, que jufqu'à concurrence de ce qu'il a profité, & s'eft enrichi par le payement qui lui a été fait par erreur ; car fon obligation, d'où naît l'action *condictio indebiti*, n'a pour fondement que la regle d'équité, qui ne permet pas qu'il s'enrichiffe aux dépens de celui qui a fait le payement.

Pour qu'il y ait lieu à l'action *condictio indebiti*, il faut, 1°. que ce qui eft payé, ne foit pas dû ; 2°. qu'il n'y ait eu aucun fujet réel de payer ; 3°. que le payement ait été fait par erreur. (P. O.)

PRÊT A INTÉRET, f. m., *Droit Nat. Civil & Canon.* Le *prêt à intérêt*, ou fi vous l'aimez mieux, le *prêt à ufure*, eft tout contrat, par lequel un prêteur reçoit d'un emprunteur un intérêt pour l'ufage d'un capital d'argent qu'il lui fournit, en permettant à l'emprunteur d'employer ce capital, comme il voudra, à condition de le lui rendre au bout d'un tems limité, ou de le garder, en continuant le payement de l'intérêt ftipulé.

La queftion du *prêt à intérêt*, quoique traitée avec beaucoup de fubtilité par les théologiens & par les jurifconfultes, paroît encore jufqu'ici en quelque forte indécife ; il paroît même, quand on l'approfondit, qu'on a plus disputé sur les termes que sur les idées, & qu'on a presque toujours manqué le but qu'on se proposoit ; je veux dire la découverte de la vérité. Cependant cette question également intéressante pour le commerce de la vie & pour la paix des consciences, mérite autant ou plus qu'une autre une discussion philosophique, où la raison ait plus de part que l'opinion ou le préjugé. C'est aussi pour remplir cette vue & dans l'espérance de répandre un nouveau jour sur cette matiere importante, que j'ai entrepris cet article.

Plusieurs pratiques dans la morale sont bonnes ou mauvaises, suivant les différences du plus ou du moins, suivant les lieux, les tems, &c. Qui ne sait, par exemple, que les plaisirs de la table, les tendresses de l'amour, l'usage du glaive, celui des tortures ; qui ne sait, dis - je, que tout cela est bon ou mauvais suivant les lieux, les tems, les personnes, suivant l'usage raisonnable, excessif ou déplacé, qu'on en fait ? Je crois qu'il en est de même du commerce usuraire.

Anciennement les *intérêts* n'étoient connus que sous le nom de *fœnus* ou *usura* ; le terme d'*usure* ne se prenoit pas alors en mauvaise part, comme on fait présentement.

La loi de Moyse défendoit aux Juifs de se prêter de l'argent à usure les uns aux autres, mais elle leur permettoit & même leur ordonnoit d'exiger des *intérêts* de la part des étrangers. Le motif de cette loi fut, à ce que quelques-uns croyent, de détourner les Juifs de commercer avec les autres nations, en ôtant à celles - ci l'envie d'emprunter des Juifs à des conditions si onéreuses. Moyse parvint par ce moyen à détourner les Juifs de l'idolâtrie & du luxe, pour lesquels ils avoient du penchant ; & leur argent ne sortit point du pays.

S. Ambroise remarque que ces étrangers, à l'égard desquels Moyse permettoit l'usure, étoient les Amalécites & les Amorrhéens, ennemis du peuple de Dieu, qui avoit ordre de les exterminer.

Mais lorsque les sept peuples qui habitoient la Palestine, furent subjugués & exterminés, Dieu donna aux Juifs par ses prophètes d'autres loix plus pures sur l'usure, & qui la défendent à l'égard de toutes sortes de personnes, comme on voit dans les *Pseaumes XIV. & LIV.* dans *Ezéchiel, chap. XVIII.* dans l'*Ecclésiastique, chap. XXIX.* enfin dans *S. Luc, ch. VI,* où il est dit *mutuum date nihil inde sperantes.*

Sans entrer dans le détail des différentes explications que l'on a voulu donner à ces textes, nous nous contenterons d'observer que tous les théologiens & les canonistes, excepté le subtil Scot, conviennent que dans le prêt appellé *mutuum,* on peut exiger les *intérêts* pour deux causes, *lucrum cessans & damnum emergens,* pourvu que ces *intérêts* n'excedent point la juste mesure du profit que l'on peut retirer de son argent.

Les Romains, quoiqu'ennemis de l'usure, reconnurent que l'avantage du commerce exigeoit que l'on retirât quelque *intérêt* de son argent ; c'est pourquoi la loi des 12 tables permit le *prêt* à un pour cent par mois. Celui qui tiroit un intérêt plus fort, étoit condamné au quadruple.

Le luxe & la cupidité s'étant augmentés, on exigea des intérêts si forts, que Licinius fit en 376 une loi appellée de son nom *licinia,* pour arrêter le cours de ces usures. Cette loi n'ayant pas été exécutée,

exécutée, Duillius & Mænius tribuns du peuple, en firent une autre, appellée *Duillia - Mænia*, qui renouvella la disposition de la loi des 12 tables.

Les usuriers ayant pris d'autres mesures pour continuer leurs vexations, le peuple ne voulut plus se soumettre même à ce que les loix avoient reglé à ce sujet; de sorte que les tribuns modererent l'intérêt à moitié de ce qui est fixé par la loi des 12 tables; on l'appella *fœnus semiunciarium*, parce qu'il ne consistoit qu'en un demi pour cent par mois.

Le peuple obtint ensuite du tribun Genutius une loi qu'on appella *genutia*, qui proscrivit entierement les intérêts. Ce plébiscite fut d'abord reçu à Rome, mais il n'avoit pas lieu dans le reste du pays latin, de sorte qu'un Romain qui avoit prêté de l'argent à un de ses concitoyens transportoit sa dette à un latin qui lui en payoit l'intérêt, & ce latin exigeoit de son côté l'intérêt du débiteur.

Pour éviter tous ces inconvéniens, le tribun Simpronius fit la loi *simpronia*, qui ordonna que les Latins & autres peuples alliés du peuple romain, seroient sujets à la loi *genutia*.

Mais bien-tôt l'intérêt à 12 pour cent redevint légitime; on stipula même de plus forts intérêts, & comme cela étoit prohibé, on comprenoit l'excédent dans le principal.

La loi *gabinia*, l'édit du préteur, & plusieurs fénatus - consultes défendirent encore ces intérêts qui excédoient 12 pour cent; mais les meilleures loix furent toujours éludées.

Constantin le Grand approuva l'intérêt à un pour cent par mois.

Justinien permit aux personnes illustres de stipuler l'intérêt des terres à quatre pour cent par an, aux mar-

Tome XI.

chands & négocians à huit pour cent, & aux autres personnes à six pour cent; mais il ordonna que les intérêts ne pourroient excéder le principal.

Il étoit permis par l'ancien droit de stipuler un intérêt plus fort dans le commerce maritime, parce que le péril de la mer tomboit sur le créancier.

L'empereur Basile défendit toute stipulation d'intérêts; l'empereur Léon les permit à 4 pour cent.

Pour le *prêt* des fruits ou autres choses qui se consument par l'usage, on prenoit des intérêts plus forts, appellés *nemiolæ usuræ* ou *sescuplum*; ce qui revenoit à la moitié du principal.

Suivant le dernier état du droit romain, dans les contrats de bonnefoi, les intérêts étoient dûs en vertu de la stipulation, ou par l'office du juge, à cause de la demeure du débiteur.

Mais dans les contrats du droit étroit, tel qu'étoit le *prêt* appellé *mutuum*, les intérêts n'étoient point dûs à moins qu'ils ne fussent stipulés.

Le mot latin *usura*, s'appliquoit chez les Romains à trois sortes d'intérêts; savoir, 1°. celui que l'on appelloit *fœnus*, qui avoit lieu dans le *prêt* appellé *mutuum*, lorsqu'il étoit stipulé; il étoit consideré comme un accroissement accordé pour l'usage de la chose. 2°. L'usure proprement dite qui avoit lieu sans stipulation par la demeure du débiteur & l'office du juge. 3°. Celui que l'on appelloit *id quod interest* ou *interesse*: ce sont les dommages & intérêts.

Les conciles de Nicée & de Laodicée, défendirent aux clercs de prendre aucuns intérêts; ceux de France n'y sont pas moins précis, entr'autres celui de Rheims en 1583.

Les papes ont aussi autrefois condamné les intérêts: Urbain III. décla-

K k

ra que tout intérêt étoit défendu de droit divin : Alexandre III. décida même que les papes ne peuvent permettre l'ufure, même fous prétexte d'œuvres pies, & pour la rédemption des captifs : Clément V. dit qu'on devoit tenir pour hérétiques ceux qui foutenoient qu'on pouvoit exiger des intérêts ; cependant Innocent III. qui étoit grand canonifte, décida que quand le mari n'étoit pas folvable, on pouvoit mettre la dot de fa femme entre les mains d'un marchand, *ut de parte honefti lucri dictus vir onera poffit matrimonii fuftentare.* C'eft de-là que tous les théologiens ont adopté que l'on peut exiger des intérêts lorfqu'il y a *lucrum ceffans* ou *damnum emergens.*

Pour moi, je regarde l'ufure comme une fouveraine qui regnoit autrefois dans le monde, & qui devint odieufe à tous les peuples, par les vexations que des miniftres avides & cruels faifoient fous fon nom, bien que fans fon aveu ; de forte que cette princeffe malheureufe, par-tout avilie & déteftée, fe vit enfin chaffée d'un trône qu'elle avoit occupé avec beaucoup de gloire, & fut obligée de fe cacher fans jamais ofer paroître.

D'un autre côté, je regarde les intérêts & les indemnités qui ont fuccédé à l'ufure légale, comme ces brouillons adroits & entreprenans qui profitent des mécontentemens d'une nation, pour s'élever fur les ruines d'une puiffance décriée ; il me femble, dis-je, que ces nouveaux venus ne valent pas mieux que la reine actuellement profcrite ; & que s'ils font plus attentifs & plus habiles à cacher les torts qu'ils font à la fociété, leur domination eft, à bien des égards, encore plus gênante & plus dure. Je crois donc que vu l'utilité fenfible, vu l'indifpenfable néceffité d'une

ufure bien ordonnée, ufure auffi naturelle dans le monde moral, que l'eft le cours des rivieres dans le monde matériel, il vaut autant reconnoître l'ancienne & légitime fouveraine que des ufurpateurs qui promettoient des merveilles & qui n'ont changé que des mots. Je prends la plume pour rétablir, s'il fe peut, cette reine détrônée, perfuadé qu'elle faura fe contenir dans les bornes que l'équité prefcrit, & qu'elle évitera les excès qui ont occafionné fa chûte & fes malheurs ; mais parlons fans figure.

Le *prêt à intérêt* que nous allons examiner eft proprement l'intérêt légal & compenfatoire d'une fomme prêtée à un homme aifé, dans la vue d'une utilité réciproque. Le *prêt à intérêt* ainfi modifié & réduit au denier vingt, eft ce que j'appelle *ufure légale* ; je prétends qu'elle n'eft point contraire au droit naturel ; & que la pratique n'en eft pas moins utile que tant d'autres négociations ufitées & réputées légitimes.

Je prouve encore, ou plutôt je démontre que la même ufure fous des noms différens eft conftamment admife par les loix civiles & par tous les cafuiftes ; que par conféquent toute la difpute fe réduit à une queftion de mots ; & que tant d'invectives, qui attaquent plutôt le terme que la réalité du *prêt à intérêt*, ne font le plus fouvent que le cri de l'ignorance & de la prévention. Je fais voir d'un autre côté qu'il n'eft prohibé ni dans l'ancien Teftament, ni dans le nouveau ; qu'il y eft même expreffément autorifé ; & je montre enfin dans toute la fuite de cet article que la prohibition vague, inconféquente, déraifonnable que l'on fait de l'ufure légale, eft véritablement contraire au bien de la fociété.

La juftice ou la loi naturelle nous

prescrit de ne faire tort à personne, & de rendre à chacun ce qui lui est dû, *alterum non lædere, suum cuique tribuere.* Initio *instit.* C'est le fondement de cette grande regle que le S. Esprit a consacrée, & que les payens ont connue : „ Ne faites point aux autres ce que „ vous ne voudriez pas qu'on vous fît à „ vous-même ''. *Quod ab alio oderis fieri tibi, vide ne tu aliquando alteri facias :* Tob. 4. 16. ou, si on veut, dans un vers,

Ne facias aliis quæ tu tibi facta doleres.

Or quand je prête à des gens aisés à la charge de l'intérêt légal, je ne leur fais pas le moindre tort, je leur rends même un bon office ; & pour peu qu'on les suppose équitables, ils reconnoissent que je les oblige. C'est un voisin que je mets à portée d'arranger des affaires qui le ruinoient en procès, ou de profiter d'une conjoncture pour faire une acquisition avantageuse. C'est un autre qui de mes deniers rétablit une maison qu'on n'habitoit point depuis long-tems faute de réparations, ou qui vient à bout d'éteindre une rente fonciere & seigneuriale, tandis que je lui donne du tems pour me rembourser à son aise. C'est enfin un troisieme qui n'a guere que l'envie de bien faire, & à qui je fournis le moyen d'entreprendre un bon négoce, ou de donner plus d'étendue à celui qu'il faisoit auparavant. Quand après cela je reçois de ces débiteurs les capitaux & les intérêts, je ne manque en rien à ce que prescrit la justice, *alterum non lædere* ; puisque, loin de leur nuire par ce commerce, je leur procure au contraire de vrais avantages ; & qu'en tirant des intérêts stipulés avec eux de bonne foi, je ne tire en effet que ce qui m'appartient, soit à titre de *compensation* du tort que m'a

causé l'absence de mon argent, soit à cause des risques inséparables du *prêt.*

D'ailleurs un contrat fait avec une pleine connoissance, & dont les conditions respectivement utiles sont également agréées des parties, ne peut pas être sensé contrat injuste, suivant une maxime de droit dont nos adversaires font un principe. *Le créancier*, disent-ils, *est lui-même la cause du dommage qu'il souffre, quand il le souffre de son bon gré & très-volontairement, de sorte que, comme on ne fait aucun tort à celui qui le veut bien, VOLENTI NON FIT INJURIA, le débiteur ne lui doit aucun dédommagement pour tout le tems qu'il veut bien souffrir ce dommage.* Conférences ecclés. de Paris sur le *prêt à intérêt*, tom. I. p. 381. On ne peut rien de plus raisonnable que ces propositions ; mais si elles sont justes quand il s'agit du créancier, elles ne changent pas de nature quand on les applique au débiteur ; c'est aussi en partie sur cette maxime, *volenti non fit injuria*, que nous appuyons notre *prêt* lucratif.

Un importun me sollicite de lui prêter une somme considérable ; & il en résulte souvent qu'au lieu de laisser mes fonds dans les emprunts publics, au lieu de les y porter, s'ils n'y sont pas encore, ou de faire quelque autre acquisition solide, je cede à ses importunités ; en un mot, je lui donne la préférence, & je livre mon bien entre ses mains à la condition qu'il me propose de l'intérêt ordinaire ; condition du reste que je remplis comme lui toutes les fois que j'emprunte. Peut-on dire qu'il y ait de l'injustice dans mon procédé ? N'est-il point vrai plutôt que je péche contre moi-même en m'exposant à des risques visibles, & que j'ai tort enfin de céder à des sentimens d'humanité dont je deviens souvent la victime, tandis que les dévots armés d'une févere prudence fe contentent de damner les ufuriers, laiffent crier les importuns, & font de leur argent des emplois plus fûrs & plus utiles. Mais lequel mérite mieux le nom de *jufte* & de *bienfaifant* de celui qui hafarde fes fonds pour nous aider au befoin en ftipulant l'intérêt légal, ou de celui qui, fous prétexte d'abhorrer le *prêt à intérêt*, met fon argent dans le commerce ou à des acquifitions folides ; qui en conféquence ne prête à perfonne, & abandonne ainfi les gens dans leurs détreffes, fans leur donner un fecours qui leur feroit très-profitable, & qui dépend de lui ?

Quoi qu'il en foit, on le voit par notre définition du *prêt à intérêt*, il n'eft ici queftion ni d'aumône, ni de générofité. Ce n'eft point d'ordinaire dans cet efprit que fe font les ftipulations & les contrats. Eft-ce pour fe rendre agréable à Dieu ? eft-ce pour bien mériter de la patrie qu'un homme de qualité, qu'un bourgeois opulent, qu'un riche bénéficier louent leurs maifons & leurs terres ? eft-ce pour gagner le ciel qu'un feigneur eccléfiaftique ou laïc exige de fes prétendus vaffaux des redevances de toute nature ? Non certainement. Ce n'eft point auffi par ce motif qu'on prête ou qu'on loue fon argent ; mais tous les jours l'on prête & l'on emprunte dans la vue très-louable d'une utilité réciproque. En un mot, l'on prend & l'on donne à louage une fomme de mille écus, de dix ou vingt mille francs, comme l'on donne & l'on prend au même titre une terre, une maifon, une voiture, un navire, le tout pour profiter & pour vivre de fon induftrie ou de fes fonds. Et fi jamais on prête une fomme par pure générofité, ce n'eft point en vertu de la loi, mais par

le mouvement libre d'un cœur bienfaifant. Auffi, comme le dit un illuftre moderne, c'eft bien une action très-bonne de prêter fon argent fans intérêt, mais on fent que ce ne peut être qu'un confeil de religion, & non une loi civile. *Efprit des loix, feconde partie, p.* 120.

Un homme qui avoit beaucoup bâti, fe voyoit encore une fomme confidérable, & las d'occuper des maçons, réfolut d'employer fon argent d'une autre maniere. Il mit un écriteau à fa porte, on lifoit en tête : *belle maifon à louer, prix quinze cents livres par an.* On lifoit au deffous : *dix mille écus à louer aux mêmes conditions.* Un génie vulgaire & borné voyant cet écriteau : à la bonne heure, dit-il, qu'on loue la maifon, cela eft bien permis ; mais la propofition de louer une fomme d'argent eft mal-fonnante & digne de repréhenfion, c'eft afficher ouvertement l'ufure, & rien de plus fcandaleux. Quelqu'un plus fenfé lui dit alors : pour moi, monfieur, je ne vois point là de fcandale. Le propofant offre pour cinq cents écus une maifon commode, qui lui coute environ trente mille livres, la prendra qui voudra, il ne fait tort à perfonne, & vous paroiffez-en convenir. Il offre pareille fomme de trente mille livres à tout folvable qui en aura befoin à la même condition de cinq cents écus de loyer, quel tort fait-il à la république ? Avec fon argent il pourroit acquerir un fonds, & le louer auffi-tôt fans fcrupule. Que notre propofant offre fes dix mille écus en nature, ou qu'il nous les offre fous une autre forme, c'eft la même chofe pour lui ; mais quelqu'un qui aura plus befoin d'argent que d'un autre bien, fera charmé de trouver cette fomme en efpeces, & il en payera volontiers ce qu'un autre payeroit pour un domaine de pareille valeur. Rien de plus équitable, rien en même tems de plus utile au public; & de cent perfonnes qui feront dans le train des emprunts, on n'en trouvera pas deux qui ne foient de mon avis.

S'il eſt pluſieurs genres d'opulence, il eſt auſſi pluſieurs genres de communication. Ainſi tel eſt riche par les domaines qu'il donne à bail, & par l'argent qu'il donne à louage.

Dives agris, dives poſitis in fenore nummis. Horace, *l. I. fat. ij.*

Celui-ci, comme terrien, fe rend utile au public, en ce qu'il loue fes terres, & qu'il procure l'abondance; il ne fe rend pas moins utile comme pécunieux en mettant fes efpeces à intérêt ou à louage entre les mains de gens qui en ufent pour le bien de la fociété. S'il fuivoit au contraire l'avis de certains cafuiſtes, & que pour éviter le *prêt à intérêt*, il tînt fes efpeces en réferve, il ferviroit le public auſſi mal que fi, au lieu de louer fes terres, il les tenoit en bruieres & en landes. Ce qui fait dire à Saumaife dans le favant traité qu'il a fait fur cette matiere, que la pratique du *prêt à intérêt* n'eſt pas moins néceſfaire au commerce que le commerce l'eſt au labourage, *ut agricultura fine mercaturâ vix poteſt fubfiſtere, ... ita nec mercatura fine feneratione flare : de* ufuris, *p.* 223.

Par quelle fatalité l'argent ne feroit-il donc plus, comme autrefois, fufceptible de louage? On difoit anciennement *locare nummos*, louer de l'argent, le placer à profit; de même, *conducere nummos*, prendre de l'argent à louage; il n'y avoit en cela rien d'illicite ou même d'indécent, fi ce n'eſt lorfque des amis intimes auroient fait ce négoce entr'eux, *commodare ad ami-*

cos pertinet, fenerari ad quoslibet. Salmaſius ex Suida, *c. vij. de* ufuris, *pag.* 163.

Un homme en état de faire de la dépenfe, ufe de l'argent qu'on lui prête à intérêt, ou, pour mieux dire, qu'on lui loue, comme d'une maifon de plaifance qu'on lui prête à la charge de payer les loyers, comme d'un carroſſe de remife qu'on lui prête à tant par mois ou par an; je veux dire qu'il paye également le louage de l'argent, de la maifon & du carroſſe; & pour peu qu'il eût d'habileté, le premier lui feroit plus utile que les deux autres. Il eſt à remarquer en effet au fujet d'un homme riche un peu diſſipateur, que l'emprunt de l'argent au taux légal eſt tout ce qu'il y a pour lui de plus favorable. Car s'il fe procure à crédit les marchandifes, le ſervice & les autres fournitures qu'exigent fes fantaifies ou fes befoins, au lieu de cinq pour cent qu'il payeroit pour le *prêt* des efpeces, il lui en coutera par l'autre voie au moins trente ou quarante pour cent; ce qui joint au renouvellement des billets & aux pourfuites prefqu'inévitables pour parvenir au payement définitif, lui fera d'ordinaire cent pour cent d'une ufure écrafante.

Au furplus, pourquoi l'argent, le plus commode de tous les biens, feroit-il le feul dont on ne pût tirer profit? & pourquoi fon ufage feroit-il plus gratuit, par exemple, que la confultation d'un avocat & d'un médecin, que la fentence d'un juge ou le rapport d'un expert, que les opérations d'un chirurgien, ou les vacations d'un procureur? Tout cela, comme on fait, ne s'obtient qu'avec de l'argent. On ne trouve pas plus de générofité parmi les poſſeſſeurs des fonds. Que je demande aux uns quelque portion de terre pour

plufieurs années, je fuis par-tout écon-
duit fi je ne m'engage à payer ; que je
demande à d'autres un logement à titre
de grace, je ne fuis pas mieux reçu que
chez les premiers. Je fuis obligé de
payer l'ufage d'un meuble au tapiffier ;
la lecture d'un livre au libraire, & jufqu'à la commodité d'une chaife à l'é-
glife.

Envain je repréfente que Dieu défend d'exiger aucune rétribution, ni
pour l'argent prêté, ni pour les denrées, ni pour quelque autre chofe que
ce puiffe être. J'ai beau crier, *non fene-*
rabis fratri tuo ad ufuram pecuniam, nec
fruges, nec quamlibet aliam rem. Deut.
xxiij. 19. Perfonne ne m'écoute, je
trouve tous les hommes également intéreffés, également rebelles au commandement de prêter gratis ; au point que
fi on ne leur préfente quelque avantage,
ils ne communiquent d'ordinaire ni
argent, ni autre chofe ; difpofition qui
les rend vraiment coupables du *prêt à*
intérêt au moins à l'égard des pauvres ;
puifque l'on n'eft pas moins criminel,
foit qu'on refufe de leur prêter, foit
qu'on leur prête à intérêt. C'eft l'obfervation judicieufe que faifoit Grégoire
de Niffe aux ufuriers de fon tems, dans
un excellent difcours qu'il lui adreffe,
& dont nous aurons occafion de parler
dans la fuite.

Du refte, fentant l'utilité de l'argent
qui devient néceffaire à tous, j'en emprunte dans mon befoin chez un homme pécunieux, & n'ayant trouvé jufqu'ici que des gens attachés qui veulent
tirer profit de tout, qui ne veulent prêter gratis ni terres, ni maifons, ni foins,
ni talens, je ne fuis plus furpris que
mon prêteur d'efpeces en veuille auffi
tirer quelque rétribution, & je fouffre,
fans murmurer, qu'il m'en faffe payer
le *prêt* ou le louage.

C'eft ainfi qu'en réfléchiffant fur l'efprit d'intérêt qui fait agir tous les hommes, & qui eft l'heureux, l'immuable
mobile de leurs communications, je
vois que la pratique de l'ufure légale
entre gens aifés, n'eft ni plus criminelle, ni plus injufte que l'ufage refpectivement utile de louer des terres, des
maifons, &c. je vois que ce commerce
vraiment deftiné au bien des parties intéreffées, eft de même nature que tous
les autres, & qu'il n'eft en foi ni moins
honnête, ni moins avantageux à la fociété.

Pour confirmer cette propofition, &
pour démontrer fans replique la juftice
de l'intérêt légal, je fuppofe qu'un pere
laiffe en mourant à fes deux fils, une
terre d'environ 500 livres de rente, outre une fomme de 10000 livres comptant. L'aîné choifit la terre, & les 10000
livres paffent au cadet. Tous les deux
font incapables de faire valoir eux-mêmes le bien qu'ils ont hérité ; mais il fe
préfente un fermier folvable, qui offre
de le prendre pour neuf années, à la
charge de payer 500 livres par an pour
la terre, & la même fomme annuelle
pour les 10000 livres : fera-t-il moins
permis à l'un de louer fon argent, qu'à
l'autre de louer fon domaine ?

Un fait arrivé, dit-on depuis peu,
fervira bien encore à éclaircir la queftion. Un fimple ouvrier ayant épargné
3000 francs, par plufieurs années de
travail & d'économie, fe préfenta pour
louer une maifon qui lui convenoit fort,
& qui valoit au moins 50 écus de loyer.
Le proprietaire, homme riche & en
même tems éclairé, lui dit : „ mon
„ ami, je vous donnerai volontiers ma
„ maifon ; mais j'apprends que vous
„ avez 1000 écus qui ne vous fervent
„ de rien : je les prendrai, fi vous vou-
„ lez, à titre d'emprunt, & vous en

„ tirerez l'intérèt qui payera votre
„ loyer: ainfi vous ferez bien logé,
„ fans débourfer un fou. Penfez-y, &
„ me rendez réponfe au plus tôt ".

L'ouvrier revenant chez lui, rencontre fon curé, & par forme de converfation, lui demande fon avis fur le marché qu'on lui propofoit. Le curé, honnête homme au fond, mais qui ne connoiffoit que fes cahiers de morale & fes vieux préjugés, lui défend bien de faire un tel contrat, qui renferme, felon lui, l'ufure la plus marquée, & il en donne plufieurs raifons que celui-ci va rapporter à notre propriétaire.

Monfieur, dit-il, votre propofition me convenoit fort, & je l'euffe acceptée volontiers; mais notre curé à qui j'en ai parlé, n'approuve point cet arrangement. Il tient qu'en vous remettant mes mille écus, c'eft de ma part une véritable ufure, qui eft une affaire bien délicate pour la confcience. Il prétend que l'argent eft ftérile par lui-même, que dès que nous l'avons prêté; il ne nous appartient plus, & que par conféquent il ne peut nous produire un intérêt légitime. En un mot, dit-il, un *prêt* quelconque eft gratuit de fa nature, & il doit l'être en tout & par-tout; & bien d'autres raifons que je n'ai pas retenues. Il m'a cité là deffus l'ancien & le nouveau Teftament, les conciles, les faints peres, les décifions du clergé, les loix du royaume; en un mot, il m'a réduit à ne pas répondre, & je doute fort que vous y répondiez vous-même.

Tiens mon ami, lui dit notre bourgeois, fi tu étois un peu du métier de philofophe & de favant, je te montrerois que ton curé n'a jamais entendu la queftion du *prêt à intérêt*, & je te ferois toucher au doigt le foible & le ridicule de fes prétentions; mais tu n'as pas le tems

d'écouter tout cela : tu t'occupes plus utilement, & tu fais bien. Je te dirai donc en peu de mots, ce qui eft le plus à ta portée; favoir que le commandement du *prêt* gratuit ne regarde que l'homme aifé vis-à-vis du néceffiteux. Il eft aujourd'hui queftion pour toi de me prêter une fomme affez honnête, mais tu n'es pas encore dans une certaine aifance, & il s'en faut beaucoup que je fois dans la néceffité. Ainfi en me prêtant gratuitement, tu ferois une forte de bonne œuvre qui fe trouveroit fort déplacée; puifque tu prêterois à un homme aifé beaucoup plus riche que toi: & c'eft-là, tu peux m'en croire, ce que l'Ecriture ni les faints peres, n'ont jamais commandé; je me charge de le démontrer à ton curé quand il le voudra.

D'ailleurs nous avons une regle infaillible pour nous diriger dans toutes les affaires d'intérêt: regle de juftice & de charité que J. C. nous enfeigne; & que tu connois fans doute, c'eft de traiter les autres comme nous fouhaitons qu'ils nous traitent; or, c'eft ce que nous faifons tous les deux dans cette occafion, ainfi nous voilà dans le chemin de droiture. Nous fentons fort bien que le marché dont il s'agit, nous doit être également profitable, & par conféquent qu'il eft jufte, car ces deux circonftances ne vont point l'une fans l'autre. Mais que tu me laiffes l'ufage gratuit d'une fomme confidérable, & que tu me payes outre cela le loyer de ma maifon, c'eft faire fervir les fueurs du pauvre à l'agrandiffement du riche; c'eft rendre enfin ta condition trop dure, & la mienne trop avantageufe. Soyons plus judicieux & plus équitables. Nous convenons de quelques engagemens dont nous fentons l'utilité commune, rempliffons-les avec fidélité. Je t'offre ma maison, & tu l'acceptes, parce qu'elle te convient, rien de plus jufte ; tu m'offres une fomme équivalente, je l'accepte de même, cela eft également bien. Du refte, comme je me réferve le droit de reprendre ma maifon, tu conferves le même droit de répéter ton argent. Ainfi nous nous communiquons l'un l'autre un genre de bien que nous ne voulons pas aliéner ; nous confentons feulement de nous en abandonner le fervice ou l'ufage. Tiens, tout foit dit, troc pour troc, nous fommes contens l'un de l'autre, & ton curé n'y a que faire. Ainfi fe conclut le marché.

Les emprunteurs éclairés fe moquent des fcrupules qu'on voudroit donner à ceux qui leur prètent. Ils fentent & déclarent qu'on ne leur fait point de tort dans le *prêt* de commerce. Auffi voit-on tous les jours des négocians & des gens d'affaires, qui en qualité de voifins, de parens mème, fe prètent mutuellement à charge d'*intérêt* ; en cela fideles obfervateurs de l'équité, puifqu'ils n'exigent en prêtant, que ce qu'ils donnent fans répugnance toutes les fois qu'ils empruntent. Ils reconnoiffent que ces conditions font également juftes des deux côtés ; qu'elles font même indifpenfables pour foutenir le commerce. Les prétendus torts qu'on nous fait, difent-ils, ne font que des torts imaginaires ; fi le prèteur nous fait payer l'intérêt légal, nous en fommes bien dédommagés par les gains qu'il nous procure, & par les négociations que nous faifons avec les fommes empruntées. En un mot, dans le commerce du *prêt* lucratif, on nous vend un bien qu'il eft utile d'acheter, que nous vendons quelquefois nous-mèmes, c'eft-à-dire l'ufage de l'argent, & nous trouvons dans ce négoce actif & paffif, les mèmes avantages qu'en toutes les autres négociations.

Ces raifons fervent à juftifier l'ufage où l'on eft de vendre les marchandifes plus ou moins cher, felon que l'acheteur paye comptant ou en billets. Car fi la néceffité des crédits eft bien conftante, & l'on n'en peut difconvenir, il s'enfuit que le fabriquant qui emprunte, & qui paye en conféquence des intérèts, peut les faire payer à tous ceux qui n'achetent pas au comptant. S'il y manquoit, il courroit rifque de ruiner fes créanciers, en fe ruinant lui-mème. Car le vendeur obligé de payer l'intérèt des fommes qu'il emprunte, ne peut s'empêcher de l'imputer comme fraix néceffaires, fur tout ce qui fait l'objet de fon négoce, & il ne lui eft pas moins permis de fe faire rembourfer par ceux qui le payent en papier, que de vendre dix fols plus cher une marchandife qui revient à dix fols de plus.

Il n'y a donc pas ici la plus légere apparence d'injuftice. On y trouve au contraire une utilité publique & réelle, en ce que c'eft une facilité de plus pour les viremens du commerce ; & là-deffus les négocians n'iront pas confulter Lactance, S. Ambroife ou S. Thomas, pour apprendre ce qui leur eft avantageux ou nuifible. Ils favent qu'en fait de négociation, ce qui eft réciproquement utile, eft néceffairement équitable. Qu'eft-ce en effet, que l'équité, fi ce n'eft l'égalité conftante des intérèts refpectifs, *æquitas ab æquo ?* Quand le peuple voit une balance dans un parfait équilibre, voilà, dit-il, qui eft jufte ; expreffion que lui arrache l'identité fenfible de la juftice & de l'égalité ;

Scis etenim juftum geminâ fufpendere lance. Perfe, *IV.* 10.

Qu'on

Qu'on reconnoiffe donc ce grand principe de tout commerce dans la fociété. *L'avantage réciproque des contractans eft la commune mefure de ce que l'on doit appeller jufte*; car il ne fauroit y avoir d'injuftice où il n'y a point de léfion. C'eft cette maxime toujours vraie, qui eft la pierre de touche de la juftice; & c'eft elle qui a diftingué le faux nuifible, d'avec celui qui ne préjudicie à perfonne: *nullum falfum nifi nocivum.*

Le fublime philofophe que nous avons déja cité, reconnoît la certitude de cette maxime, quand il dit d'un ancien reglement, publié jadis à Rome fur le même fujet. ,, Si cette loi étoit néceffaire à la république, fi elle étoit uti- ,, le à tous les particuliers, fi elle for- ,, moit une communication d'aifance ,, entre le débiteur & le créancier, elle ,, n'étoit pas injufte ". *Efprit des loix*, II. part. p. 127.

Au refte, pour développer de plus en plus cette importante vérité, remontons aux vûes de la législation. Les puiffances ne nous ont pas impofé des loix par caprice, ou pour le vain plaifir de nous dominer: *Sit pro ratione voluntas.* Juv. fat. vj. mais pour garantir les imprudens & les foibles de la furprife & de la violence, & pour établir dans l'Etat le regne de la juftice: tel eft l'objet néceffaire de toute législation. Or, fi la loi prohibitive de l'intérêt moderé, légal, fe trouve préjudiciable aux fujets, cette loi deftinée comme toutes les autres à l'utilité commune, eft dès-lors abfolument oppofée au but du législateur; par conféquent elle eft injufte, & dès-là elle tombe néceffairement en défuétude. Auffi eft-ce ce qui arrivera toujours à l'égard des reglemens qui proscriront l'intérêt dont nous parlons; parce qu'il n'eft en effet qu'une

indemnité naturelle, indifpenfable; *indemnité* non moins difficile à fupprimer que le loyer des terres & des autres fonds. C'eft auffi pour cette raifon que les législateurs ont moins fongé à le proscrire, qu'à le regler à l'avantage du public; & par conféquent c'eft n'avoir aucune connoiffance de l'équité civile, que de condamner l'intérêt dont il s'agit. Mais cela eft pardonnable à des gens qui ont plus étudié la tradition des mots que l'enchaînement des idées; & qui n'ayant jamais pénétré les refforts de nos communications, ignorent en conféquence les vrais principes de la juftice, & les vrais intérêts de la fociété.

Qu'il foit donc permis à tout citoyen d'obtenir pour un prix modique ce que perfonne ne voudra lui prêter gratis; il en fera pour lors des vingt-mille francs qu'il emprunte, comme des bâtimens qu'il occupe, & dont il paye le loyer tous les ans, parce qu'on ne voudroit, ou plutôt parce qu'on ne pourroit lui en laiffer gratuitement l'ufage.

Ce qui induit bien des gens en erreur fur la queftion préfente, c'eft que d'un côté les ennemis du *prêt à intérêt* confiderent toujours le *prêt* comme acte de bienveillance, effentiellement inftitué pour faire plaifir à un confrere & à un ami. D'autre côté, les honnêtes ufuriers font trop valoir l'envie qu'ils ont communément d'obliger; ils gâtent par là leur caufe, croyant la rendre meilleure, & donnent ainfi prife fur eux. Car voici le captieux raifonnement que leur fait Domat du *prêt* & de l'ufure, *tit. vj. fect. j. pag. 76. édit. de* 1702. ,, Toute la conféquence, dit-il, que ,, peut tirer de cette bonne volonté de ,, faire plaifir, le créancier qui dit qu'il ,, prête par cette vue, c'eft qu'il doit ,, prêter gratuitement; & fi le *prêt* ne ,, l'accommode pas avec cette condi-

„ tion qui en eſt inſéparable, il n'a qu'à
„ garder ſon argent ou en faire quelque
„ autre uſage.... puiſque le *prêt* n'eſt
„ pas inventé pour le profit de ceux
„ qui prêtent, mais pour l'uſage de
„ ceux qui empruntent ".

J'aimerois autant qu'on preſcrivît
aux loueurs de carroſſe, ou de prêter
leurs voitures gratis à ceux qui en ont
beſoin, ou de les garder pour eux-mêmes, ſi la gratuité ne les accommode,
par la prétendue raiſon que les carroſſes
ne ſont pas inventés pour le profit de
ceux qui les équipent, mais pour l'u-
ſage de ceux qui ſe font voiturer : qu'on
preſcrivît à l'avocat & au médecin de
faire leurs fonctions gratuitement, ou
de ſe repoſer ſi la condition ne leur agrée
pas ; parce que leurs profeſſions nobles ne ſont pas inventées pour le lucre
de ceux qui les exercent, mais pour le
bien des citoyens qui en ont beſoin.
Comme ſi l'on faiſoit les fraix d'une
voiture ou d'un bâtiment, comme ſi
l'on ſe rendoit capable d'une profeſſion,
comme ſi l'on amaſſoit de l'argent par
d'autre motif & pour d'autre fin que
pour ſes beſoins actuels, ou pour en tirer d'ailleurs quelque profit ou quelque uſure légale. En un mot, il doit y
avoir en tout contrat une égalité reſpective, une utilité commune en faveur des intéreſſés ; par conſéquent il
n'eſt pas juſte dans notre eſpece d'attribuer à l'emprunteur tout l'avantage du
prêt, & de ne laiſſer que le riſque pour
le créancier : injuſtice qui réjailliroit
bientôt ſur le commerce national, à qui
elle ôteroit la reſſource des emprunts.

Domat, au reſte, ne touche pas le
vrai point de la difficulté. Il ne s'agit
pas de ſavoir quelle eſt la deſtination
primitive du *prêt*, ni quelle eſt la vue
actuelle du prêteur ; toutes ces conſidérations ne font rien ici : *cogitare tuum*

nil ponit in re. Il s'agit ſimplement de
ſavoir ſi le *prêt* d'abord imaginé pour
obliger un ami, peut changer ſa premiere deſtination, & devenir affaire de
négoce dans la ſociété ; ſur quoi je ſou-
tiens qu'il le peut, auſſi bien que l'ont
pu les maiſons qui n'étoient deſtinées,
dans l'origine que pour loger le bâtiſ-
ſeur & ſa famille, & qui dans la ſuite,
ſont devenues un juſte objet de location ; auſſi bien que l'ont pu les voitures que l'inventeur n'imagina que pour
ſa commodité, ſans prévoir qu'on dût
les donner un jour à loyer & ferme. En
un mot, la queſtion eſt de ſavoir ſi le
créancier qui ne veut pas faire un *prêt*
gratuit auquel il n'eſt pas obligé, peut
ſans bleſſer la juſtice accepter les conditions légales que l'emprunteur lui
propoſe, & qu'il remplit lui-même
ſans répugnance toutes les fois qu'il
recourt à l'emprunt. Décidera-t-on
qu'il y a de l'inique & du vol dans un
marché où le prétendu maltraité n'en
voit point lui-même ? Croira-t-on
qu'un homme habile ſoit léſé dans un
commerce dont il connoît toutes les
ſuites, & où loin de trouver de la perte, il trouve au contraire du profit ;
dans un commerce qu'il fait également
comme bailleur & comme preneur, &
où il découvre dans les deux cas de véritables avantages ?

Rappellons ici une obſervation que
nous avons déja faite ; c'eſt que le trafi-
queur d'argent ne ſonge pas plus à faire
une bonne œuvre ou à mériter par le
prêt les bénédictions du ciel, que celui qui loue ſa terre ou ſa maiſon, ſes
travaux ou ſes talens. Ce ne ſont guere
là les motifs d'un homme qui fait des
affaires ; il ne ſe détermine pas non plus
par de ſimples motifs d'amitié, & il
prête moins à la perſonne qu'aux hypotheques & aux facultés qu'il connoît

ou qu'il suppose à l'emprunteur; de sorte qu'il ne lui prêteroit pas, s'il ne le croyoit en état de rendre; comme un autre ne livre pas sa marchandise ou sa maison à un homme dont l'insolvabilité lui est connue. Ainsi l'on pourroit presque toujours dire comme Martial,

Quod mihi non credis veteri, Thelesine sodali,
Credis colliculis, arboribusque meis.
l. XII. épig. 25.

Notre prêteur, comme l'a bien observé le président Perchambaut, fait moins un *prêt* qu'un contrat négociatif; sa vue premiere & principale est de subsister sur la terre, & de faire un négoce utile à lui-même & aux autres; & il a pour cela le même motif que l'avocat qui plaide, que le médecin qui voit des malades, que le marchand qui trafique, & ainsi des autres citoyens dont le but est de s'occuper avec fruit dans le monde, & de profiter du commerce établi chez les nations policées; en quoi ils s'appuyent les uns & les autres sur ce grand principe d'utilité commune qui rassembla les premiers hommes en corps, & qui leur découvrit tout-à-la-fois les avantages & les devoirs de la société; avantage par exemple dans notre sujet de disposer utilement d'une somme qu'on emprunte; devoir d'en compenser la privation à l'égard de celui qui la livre.

Cujus commoda sunt, ejusdem incommoda sunto.

Quant à l'option que nous laisse Domat, ou de garder notre argent, ou de le prêter gratis, il faut pour parler de la sorte, n'avoir jamais lû l'écriture, ou avoir oublié l'exprès commandement qu'elle fait de prêter en certains cas, dût-on risquer de perdre sa créance, *Deut.* XV. 7. 8.

Il faut de même n'avoir aucune expérience du monde & des différentes situations de la vie; combien de gens, qui sentent l'utilité des emprunts, & qui n'approuveront jamais qu'on nous prescrive de ne faire aucun usage de notre argent, plutôt que de le prêter à charge d'intérêt; qui trouveront enfin ce propos aussi déraisonnable que si l'on nous conseilloit de laisser nos maisons sans locataires, plutôt que d'en exiger les loyers; de laisser nos terres sans culture, plutôt que d'en percevoir les revenus!

Tout est mêlé de bien & de mal dans la vie, ou plutôt nos biens ne sont d'ordinaire que de moindres maux. C'est un mal par exemple d'acheter sa nourriture, mais c'est un moindre mal que de souffrir la faim; c'est un mal de payer son gîte, mais c'est un moindre mal que de loger dans la rue; c'est un mal enfin d'être chargé d'intérêts pour une somme qu'on emprunte, mais c'est un moindre mal que de manquer d'argent pour ses affaires ou ses besoins, & c'est justement le mauvais effet qui suivroit l'abolition de toute usure légale; nous le sentirons mieux par une comparaison.

Je suppose que les propriétaires des maisons n'eussent que le droit de les occuper par eux-mêmes, ou d'y loger d'autres à leur choix, mais toujours sans rien exiger. Qu'arriveroit-il de cette nouvelle disposition? c'est que les propriétaires ne se gêneroient pas pour admettre des locataires dont ils n'auroient que l'incommodité. Ils commenceroient donc par se loger fort au large, & pour le surplus, ils préféreroient leurs parens & leurs amis qui ne se gêneroient pas davantage, & il en résulteroit dès-à-présent que bien des gens sans protection coucheroient à la belle étoile. Mais ce feroit bien pis dans la fuite: les riches contens de fe loger commodément, ne bâtiroient plus pour la fimple location, & d'ailleurs les maifons actuellement occupées par les petits & les médiocres feroient entretenues au plus mal. Qui voudroit alors fe charger des réparations? feroit-ce les propriétaires qui ne tireroient aucun loyer? feroit-ce les locataires, qui ne feroient pas fûrs de jouir, & qui fouvent ne pourroient faire cette dépenfe? On verroit donc bien-tôt la plus grande partie des édifices dépérir, au point qu'il n'y auroit pas dans quarante ans la moitié des logemens néceffaires. Obfervons encore que tant d'ouvriers employés aux bâtimens fe trouveroient prefque défœuvrés. Ainfi la plûpart des hommes fans gîte & même fans travail feroient les beaux fruits des locations gratuites; voyons ce que la gratuité des *prêts* nous ameneroit.

On voit au premier coup d'œil, que pofé l'abolition de tout *prêt à intérêt*, peu de gens voudroient s'expofer aux rifques inféparables du *prêt*; chacun en conféquence garderoit fes efpeces & voudroit les employer ou les tenir par fes mains; en un mot, dès que la crainte de perdre ne feroit plus balancée par l'efpérance de gagner, on ne livreroit plus fon argent, & il ne feroit plus guere fur cela que des efpeces d'aumônes, des prêtés-donnés de peu de conféquence & prefque jamais des *prêts* confidérables; combien de fabriques & d'autres fortes d'entreprifes, de travaux & de cultures qui fe verroient hors d'état de fe foutenir, & réduites enfin à l'abandon au grand dommage du public?

Un chartier avoit imaginé d'entretenir quatre chevaux de trait au bas de Saint-Germain, pour faciliter la montée aux voituriers, il auroit fourni ce fecours à peu de fraix, & le public en eût bien profité; mais quelqu'un donna du fcrupule à celui qui fournifloit l'argent pour cette entreprife. On lui fit entendre qu'il ne pouvoit tirer aucun profit d'une fomme qu'il n'avoit pas aliénée; il le crut comme un ignorant, & en conféquence il voulut placer fes deniers d'une maniere plus licite. Les chevaux dont on avoit déja fait emplette, furent vendus auffi-tôt, & l'établiffement n'eut pas lieu.

L'empereur Bafile, au IXe fiecle, tenta le chymérique projet d'abolir l'ufure légale, mais Léon le fage, Léon fon fils, fut bientôt obligé de remettre les chofes fur l'ancien pied. „ Le nou-
„ veau reglement, dit celui-ci, ne s'eft
„ pas trouvé auffi avantageux qu'on
„ l'avoit efpéré, au contraire, les cho-
„ fes vont plus mal que jamais; ceux
„ qui prêtoient volontiers auparavant
„ à caufe du bénéfice qu'ils y trou-
„ voient, ne veulent plus le faire de-
„ puis la fuppreffion de l'ufure légale,
„ & ils font devenus intraitables." *In eos qui pecuniis indigent, difficiles atque immites funt, novella Leonis 83.*

Léon ne manque pas d'accufer à l'ordinaire la corruption du cœur humain, car c'eft toujours lui qui a tort, & on lui impute tous les défordres. Accufons à plus jufte titre l'immuable nature de nos befoins, ou l'invincible néceffité de nos communications; néceffité qui renverfera toujours tout ce que l'on s'efforcera d'élever contr'elle. Il eft en général impoffible, il eft injufte d'engager un homme à livrer fa fortune au hafard des faillites & des pertes, en prêtant fans indemnité à une perfonne aifée; c'eft pour cette raifon que les intérêts font au moins tolérés en France dans les emprunts du roi & du clergé, dans ceux de la compagnie des Indes, des fermiers généraux, &c. tandis que les mêmes intérêts, par une inconséquence bifarre, font défendus dans les affaires qui ne regardent que les particuliers : il en faut pourtant excepter le pays de Bugey & fes dépendances, où l'intérêt eft publiquement autorifé en toutes fortes d'affaires. Les provinces qui reffortiffent aux parlemens de Touloufe & de Grenoble ont un ufage prefque équivalent, puifque toute obligation fans fraix & fans formalité y porte intérêt depuis fon échéance.

Réponfe aux objections prifes du droit naturel. On nous foutient que le *prêt à intérêt* eft contraire au droit naturel, en ce que la propriété fuit, comme l'on croit, l'ufage de la fomme prêtée. L'argent que nous avons livré, dit-on, ne nous appartient plus ; nous en avons cédé le domaine à un autre, *mutuum, id eft ex meo tuum.* Telle eft la raifon définitive de nos adverfaires. On fait beaucoup valoir ici l'autorité de S. Thomas, de S. Bonaventure, de Gerfon, de Scot, &c. *Qui mutuat pecuniam, transfert dominium pecuniæ*, Thom. XXII. quæft. 8. art. 2. *In mutuatione pecuniæ transfertur pecunia in dominium alienum.* Bonav. *in 3. fenten. dift. 37.*

De cette propofition confidérée comme principe de morale, on infere que c'eft une injuftice, une efpece de vol de tirer quelque profit d'une fomme qu'on a prêtée ; une telle fomme, dit-on, eft au pouvoir, comme elle eft aux rifques de l'emprunteur. L'ufage lucratif qu'il en fait, doit être pour fon compte ; un tel gain eft le fruit de fon travail ou de fon induftrie ; & il n'eft pas jufte qu'un autre vienne le partager.

De tous les raifonnemens que l'on oppofe contre l'ufure légale, au moins de ceux qu'on prétend appuyer fur l'équité naturelle, voilà celui qui eft regardé comme le plus fort ; néanmoins ce n'eft au fond qu'une miférable chicane ; & de telles objections méritent à peine qu'on y réponde. En effet eftce la prétendue formation du mot *mutuum* qui peut fixer la nature du *prêt* & les droits qui en dérivent ? Cela marque tout au plus l'opinion qu'en ont eu quelques jurifconfultes chez les Romains ; mais cela ne prouve rien audelà.

Quoiqu'il en foit, diftinguons deux fortes de propriétés : l'une individuelle, qui confifte à poffëder, par exemple, cent louis dont on peut difpofer de la main à la main ; & une propriété civile, qui confifte dans le droit qu'on a fur ces cent louis, lors même qu'on les a prêtés. Il eft bien certain que dans ce dernier cas, on ne conferve plus la propriété individuelle des louis dont on a cédé l'ufage, & dont le rembourfement fe peut faire avec d'autres monnoies, mais on conferve la propriété civile fur la fomme remife à l'emprunteur, puifqu'on peut la répéter au terme convenu. En un mot, le *prêt* que je vous fais, à parler exactement, l'ufage que je vous cede d'un bien qui m'appartient, & qui lors même que vous en jouiffez, ne ceffe pas de m'appartenir, puifque je puis le paffer en payement à un créancier.

Tout roule donc ici du côté de nos adverfaires, fur le défaut d'idées claires & précifes par rapport à la nature du *prêt* ; ils foutiennent que l'emprunteur a réellement la propriété de ce qu'on lui prête, au lieu qu'il n'en a que la jouiffance ou l'ufage. En effet on peut jouir du bien d'autrui à différens titres ; mais on ne fauroit en être propriétaire fans l'avoir justement acquis. Les justes manieres d'acquérir font entr'autres, l'échange, l'achat, la donation, &c. Le *prêt* ne fut jamais regardé comme un moyen d'acquérir ou de s'approprier la chose empruntée, parce qu'il ne nous en procure la jouissance que pour un tems déterminé & à certaines conditions; en conséquence je conserve toujours la propriété de ce que je vous ai prêté, & de cette propriété constante naît le droit que j'ai de réclamer cette chose en justice, si vous ne me la rendez pas de vous-même après le terme du *prêt*; mais si vous me la remettez, dès-lors je rentre dans la possession de ma chose, dès-lors j'en ai la pleine propriété, au lieu que je n'en avois auparavant que la *propriété nue*: c'est l'expression du droit romain, *l. XIX. pr. D. de ufuris & fructibus... 21-1, §. ult. inst. de ufufructu. 1. 4.*

L'argent dont vous jouissez à titre d'emprunt, est donc toujours l'argent d'autrui, c'est-à-dire, l'argent du prêteur, puisqu'il en reste toujours le propriétaire. C'est d'où vient cette façon de parler si connue, *travailler avec l'argent d'autrui ou fur les fonds d'autrui.* Tel étoit le sentiment des Romains, lorsqu'ils appelloient argent d'autrui, *æs alienum*, une somme empruntée ou une dette passive. On retrouve la même façon de s'exprimer dans ce regle suivante; notre bien consiste en ce qui nous reste après la déduction de nos dettes passives, ou pour parler comme eux, après la déduction de l'argent d'autrui. *Bona intelliguntur cujusque quæ deducto ære alieno superfunt*, lib. XXXIX. §. 1. D. *de verborum significatione*, lib. XI. *de jure fisci. 49-14.*

Mais observons ici une contradiction manifeste de la part de nos adversaires. Après avoir établi de leur mieux que la propriété d'une somme prêtée appartient à l'emprunteur, que par conséquent c'est une injustice au créancier d'en tirer un profit, puisque c'est, difent-ils, profiter fur un bien qui n'est plus à lui; la force du sentiment & de la vérité leur fait si bien oublier cette premiere assertion, qu'ils admettent ensuite la proposition contradictoire, qu'ils soutiennent en un mot que l'argent n'est pas aliéné par le *prêt* pur & simple, & que par conséquent il ne sauroit produire un juste intérêt: c'est même ce qui leur a fait imaginer le contrat de constitution, ou comme l'on dit en quelques pays, le constitut, au moyen duquel le débiteur d'une somme aliénée devenant maître du fond, en paye, comme on l'assure, un intérêt légitime. Mais voyons la contradiction formelle dans les conférences ecclésiastiques du pere Semelier & dans le dictionnaire de Pontas: contradiction du reste qui leur est commune avec tous ceux qui rejettent le *prêt* de commerce.

Le premier nous affure „ que selon „ Justinien, suivi, dit-il, en cela par „ S. Thomas, Scot & tous les théolo- „ giens, *il se fait par le simple prêt une* „ *véritable aliénation* de la propriété „ aussi bien que de la chose prêtée, *in* „ *hoc damus ut accipientium fiant;* en- „ forte que celui qui la prête, cesse „ d'en être le maître.” *Conf. ecclef. tom. I. pag. 6.*

„ L'argent prêté, dit-il encore, *est* „ *tout au marchand*, c'est-à-dire, à „ l'emprunteur, dès qu'il en répond; „ & s'il est au marchand, c'est pour „ lui seul qu'il doit profiter. . . . *Res* „ *perit domino, res fructificat domino.*” *Ibid. p. 319.* C'est par ce principe, comme nous l'avons dit, qu'ils tâchent de prouver l'iniquité du *prêt à intérêt.*

Mais ce qui montre bien que cette doctrine eſt moins appuyée ſur l'évidence & la raiſon que ſur des ſubtilités ſcholaſtiques, c'eſt que les théologiens l'oublient dès qu'ils n'en ont plus beſoin. Le pere Semelier lui-même, ce ſavant rédacteur des conférences de Paris, en eſt un bel exemple. Voici „ quand je „ prête, dit-il, mes deniers, le débi-„ teur eſt tenu de m'en rendre la va-„ leur à l'échéance de ſon billet; *il n'y* „ *a donc pas de véritable aliénation dans* „ *les* prêts. ”

De même parlant d'un créancier qui ſe fait adjuger des intérêts par ſentence, quoiqu'il ne ſouffre pas de la privation de ſon argent, il s'explique en ces termes, page 390 : „ il n'a, dit-il, en vue „ que de s'autoriſer à percevoir ſans ti-„ tre & ſans raiſon, un gain & un pro-„ fit de ſon argent, *ſans néanmoins l'a-*„ *voir aliéné.* ”

Remarquons encore le mot qui ſuit : „ dire qu'il y a une aliénation pour un „ an dans le *prêt* qu'on fait pour an, „ c'eſt, diſent les prélats de France, „ *aſſemblée de* 1700, abuſer du mot „ d'*aliénation*, c'eſt aller contre tous „ les principes du droit. ” *Ibid. page* 235.

„ Il eſt conſtant & inconteſtable, dit „ Pontas, que celui qui prête ſon ar-„ gent, *en transfere la propriété* à ce-„ lui qui l'emprunte, & qu'il n'a par „ conſéquent aucun droit au profit „ que celui-ci en retire, parce qu'il le re-tire *de ſes propres deniers.* ” Ce caſuiſ-te s'autoriſe, comme le premier, des paſſages de S. Thomas ; mais après avoir aſſuré, comme nous voyons, la propriété de la ſomme prêtée à l'em-prunteur, *page de ſon dictionnaire* 1372, il ne s'en ſouvient plus à la page ſuivante. „ Il eſt certain, dit-il, qu'Othon „ ne peut, ſans uſure, c'eſt-à-dire,

„ ici ſans injuſtice, exiger un intérêt; „ car quoiqu'il ſe ſoit engagé de ne „ répéter que dans le terme de trois „ ans, la ſomme qu'il a prêtée à Sil-„ vain, *il ne peut pas être cenſé l'avoir* „ *aliénée.* La raiſon en eſt qu'il eſt tou-„ jours vrai de dire qu'il la pourra ré-„ péter au terme échu, ce qui ne ſe-„ roit pas en ſon pouvoir, *ſ'il y avoit* „ *une aliénation réelle & véritable.* ”

Après des contradictions ſi bien avé-rées, & dont je trouverois cent exem-ples, peut-on nous oppoſer encore l'au-torité des caſuiſtes ?

Les légiſtes ſont auſſi en contradic-tion avec eux-mêmes ſur l'article du *prêt à intérêt* , & je le montrerai dans la ſuite. Je me contente d'expoſer à préſent ce qu'ils diſent de favorable à ma theſe. Ils reconnoiſſent qu'on peut léguer une ſomme à quelqu'un, à con-dition qu'un autre en aura l'uſufruit, & que l'uſage par conſéquent n'empor-te pas la propriété. *Si tibi decem millia* *legata fuerint , mihi eorumdem decem* *millium uſusfructus , fient quidem tua* *tota decem millia.* l. VI. *in princip. D.* *de uſufructu earum rerum.* 7-5.

„ Si vous ayant légué dix mille écus, „ on m'en laiſſoit l'uſufruit, ces dix „ mille écus vous appartiendroient en „ propriété. ” On voit donc en effet que la ſomme qui doit paſſer pour un tems à l'uſufruitier, appartient réelle-ment au légataire, *fient quidem tua tota,* & il en a ſi bien le vrai domaine, qu'il peut, comme on l'a dit, le tranſporter à un autre. C'eſt donc perdre de vue les principes les plus communs, ou plu-tôt c'eſt confondre des objets très-dif-férens, que de diſputer la propriété à celui qui prête : car, comme nous l'a-vons obſervé, dès qu'on ne peut lui conteſter le droit de réclamer ce qu'il a prêté, c'eſt convenir qu'il en a toujours été le propriétaire , qualité que la raison lui conserve , comme la loi positive. *Qui actionem habet ad rem recuperandam , ipsam rem habere videtur,* lib. XV. *D. de regulis juris.*

Et quand même pour éviter la dispute , on abandonneroit cette dénomination de propriété à l'égard du prêteur ; il est toujours vrai qu'au moment qu'il a livré , par exemple , ses cent louis , il en étoit constamment le propriétaire , & qu'il ne les a livrés qu'en recevant une obligation de pareille valeur, à la charge de l'usure légale & compensatoire ; condition sincerement agréée par l'emprunteur , & qui par conséquent devient juste , puisque *volenti non fit injuria* , condition du reste qui ne lui est point onéreuse , d'autant qu'elle est proportionnée aux produits des fonds & du négoce ; d'où j'infere que c'est un commerce d'utilités réciproques , & qui mérite toute la protection des loix.

Sur ce qu'on dit que l'argent est stérile , & qu'il périt au premier usage qu'on en fait , je réponds que ce sont-là de vaines subtilités démenties depuis long-tems par les négociations constantes de la société. L'argent n'est pas plus stérile entre les mains d'un emprunteur qui en fait bon usage , qu'entre les mains d'un commis habile qui l'émploye pour le bien de ses commettans. Aussi Justinien a-t-il évité cette erreur inexcusable , lorsque parlant des choses qui se consument par l'usage , il a dit simplement de l'argent comptant, *quibus proxima est pecunia numerata* , *namque ipso usu assiduâ permutatione* , *quodammodo extinguitur ; sed utilitatis causâ senatus censuit posse etiam earum rerum usufructum constitui.* §. 2. *inst. de usufructu.* 2 - 4.

Il est donc certain que l'argent n'est

point détruit par les échanges , qu'il est représenté par les fonds ou par les effets qu'on acquiert , en un mot , qu'il ne se consume dans la société que comme les grains se consument dans une terre qui les reproduit avec avantage.

Quant à la stérilité de l'argent , ce n'est qu'un conte puérile. Cette prétendue stérilité disparoit en plusieurs cas , de l'aveu de nos adversaires. Qu'un gendre , par exemple , à qui l'on donne vingt mille francs pour la dot de sa femme , mais qui n'a pas occasion de les employer , les laisse pour un tems entre les mains de son beau-pere , personne ne conteste au premier le droit d'en toucher l'intérêt , quoique le capital n'en soit pas aliéné. Ces vingt mille francs deviennent-ils féconds , parce qu'on les appelle *deniers dotaux?* Et si le beau-pere avoit eu d'ailleurs une pareille somme , pourroit-on croire sérieusement qu'elle fût en soi moins fructueuse , moins susceptible d'intérèt ? Qu'une somme aliénée vienne d'un gendre ou d'un étranger , elle ne change pas de nature par ces circonstances accidentelles ; & si l'excellente raison d'un ménage à soutenir autorise ici le gendre à recevoir l'intérèt de la dot , cette raison aura la même force à l'égard de tout autre citoyen. De même une sentence qui adjuge des intérêts , n'a pas la vertu magique de rendre une somme d'argent plus féconde ; cette somme demeure physiquement telle qu'elle étoit auparavant.

A l'égard des risques du preneur , rien de plus équitable , puisqu'il emprunte à cette condition. Celui qui loue des meubles & à qui on les vole, celui qui prend une ferme & qui s'y ruine, celui qui loue une maison pour une entreprise où il échoue , tous ces gens-là ne supportent-ils pas les risques,

ques, fans que leurs malheurs ou leur imprudence les déchargent de leurs engagemens ? D'ailleurs on fait fouvent de ce qu'on emprunte un emploi fructueux qui ne fuppofe proprement ni rifque ni travail. Quand j'achete, par exemple, au moyen d'un emprunt, tel papier commerçable, telle charge fans exercice, &c. je me fais fans peine un revenu, un état avantageux avec l'argent d'autrui, *ære alieno*. Quoi l'on ne trouve pas mauvais que j'ufe du produit d'une fomme qui ne m'appartient pas, & l'on trouve mauvais que le propriétaire en tire un modique avantage ! Que devient donc l'équité ? Qui eft-ce qui dédommagera le créancier de la privation de fon argent, & des rifques de l'infolvabilité ? Car fi l'on y fait attention, l'on verra que c'eft principalement fur lui que tombent les faillites & les pertes ; de forte que le *res perit domino* n'eft encore ici que trop véritable à fon égard.

D'un autre côté, que l'emprunteur ne faffe valoir l'argent d'autrui qu'à l'aide de fon induftrie, il eft également jufte que le bailleur ait part au bénéfice ; & l'on ne voit encore ici que de l'égalité, puifque l'emprunteur profite lui-même des cinquante années de travail & d'épargne qui ont enfanté les fommes qu'on lui a livrées, & qui ont rendu fructueufe une induftrie, toute feule infuffifante pour les grandes entreprifes. Réflexion qui découvre le peu de fondement du reproche que S. Grégoire de Nazianze fait à l'ufurier, en lui objectant qu'il recueille où il n'a point femé, *colligens ubi non feminarat*. Orat. 15.

En effet celui-ci peut répondre avec beaucoup de jufteffe & de vérité, qu'il feme dans le commerce ufuraire & fon induftrie & celle de fes ancètres, en li- *Tome XI.*

vrant des fommes confidérables, qui en font le fruit tardif & pénible.

On nous oppofe encore l'autorité d'Ariftote, & l'on nous dit avec cet ancien philofophe, que l'argent n'eft pas deftiné à procurer des gains ; qu'il n'eft établi dans le commerce que pour en faciliter les opérations ; & que c'eft intervertir l'ordre & la deftination des chofes, que de lui faire produire des intérèts.

Sur quoi, je dis qu'il n'y a point de mal à étendre la deftination primitive des efpeces ; elles ont été inventées, il eft vrai, pour la facilité des échanges, ufage qui eft encore le plus ordinaire aujourd'hui ; mais on y a joint au grand bien de la fociété, celui de produire des intérèts, à-peu-près comme on a donné de l'extenfion à l'ufage des maifons & des voitures qui n'étoient pas deftinées d'abord à devenir des moyens de lucre. C'eft ainfi que le premier qui inventa les chaifes pour s'affeoir, n'imaginoit pas qu'elles duffent être un objet de location dans nos églifes. Toutes ces pratiques fe font introduites dans le monde, à mefure que les circonftances & les befoins ont étendu le commerce entre les hommes, & que ces extenfions fe font trouvées refpectivement avantageufes.

On objecte enfin qu'il eft aifé de faire valoir fon argent au moyen des rentes conftituées, fans recourir à des pratiques réputées criminelles. A quoi je réponds que cette forme de contrat n'eft qu'un palliatif du *prêt à intérêt*. Si l'intérêt qu'on tire par cette voie devient onéreux au pauvre, une tournure différente ne le rendra pas légitime. C'eft auffi le fentiment du pere Semelier. *Conf. ecclef. p. 21.* Une telle pratique, difpendieufe pour l'emprunteur, n'eft bonne en effet que pour éluder l'obliga-

M m

tion de fecourir le malheureux; mais le précepte refte le même, & il n'eft point de fubtilité capable d'altérer une loi divine fi bien entée fur la loi naturelle.

Les rentes conftituées fur les riches font à la vérité des plus licites; mais on fait que ce contrat eft infuffifant. Les gens pécunieux ne veulent pas d'ordinaire livrer leur argent fans pouvoir le répéter dans la fuite, parce qu'ayant des vues ou des projets pour l'avenir, ils craignent d'aliéner des fonds dont ils veulent fe réferver l'ufage; auffi eft-il conftant qu'on ne trouve guere d'argent par cette voie, & que c'eft une foible reffource pour les befoins de la fociété.

Les trois contrats. En difcutant la queftion du *prêt à intérêt*, fuivant les principes du droit naturel, je ne puis guere me difpenfer de dire un mot fur ce qu'on appelle communément les *trois contrats.*

C'eft proprement une négociation ou plutôt une fiction fubtilement imaginée pour affurer le profit ordinaire de l'argent prêté, fans encourir le blâme d'injuftice ou d'ufure: car ces deux termes font fynonymes dans la bouche de nos adverfaires. Voici le cas.

Paul confie, par exemple, dix mille livres à un négociant, à titre d'affociation dans telle entreprife ou tel commerce; voilà un premier contrat qui n'a rien d'illicite, tant qu'on y fuit les regles. Paul quelque tems après inquiet fur fa mife, cherche quelqu'un qui veuille la lui affurer; le même négociant qui a reçu les fonds, ou quelqu'autre fi l'on veut, inftruit que les dix mille francs font employés dans une bonne affaire, affure à Paul fon capital, pofons à un pour cent par année, & chacun paroît content. Voilà un

deuxieme contrat, qui n'eft pas moins licite que le premier.

Cependant quelqu'efpérance que l'on faffe concevoir à Paul de fon affociation, qui lui vaudra, dit-on, plus de douze pour cent, année commune, il confidere toujours l'incertitude des événemens; & fe rappellant les pertes qu'il a fouvent effuyées nonobftant les plus belles apparences, il propofe de céder les profits futurs à des conditions raifonnables, pofons à fix pour cent par année; ce qui lui feroit, l'affurance du fonds payée, cinq pour cent de bénéfice moralement certain. Le négociant qui affure déja le capital, accepte de même ce nouvel arrangement; & c'eft ce qui fait le troifieme contrat, lequel eft encore permis, pourvu, dit-on, que tout cela fe faffe de bonne foi & fans intention d'ufure; car on veut toujours diriger nos penfées.

Dans la fuite le même négociant ou autre particulier quelconque dit à notre prêteur pécunieux; fans tant de cérémonies, fi vous voulez, je vous affurerai dès le premier jour votre principal & tout enfemble un profit honnête de cinq pour cent par année; le créancier goûte cette propofition & l'accepte; & c'eft ce qu'on nomme *la pratique des trois contrats*; parce qu'il en réfulte le même effet, que fi après avoir paffé un contrat de fociété, on en faifoit enfuite deux autres, l'un pour affurer le fonds, & l'autre pour affurer les bénéfices.

Les cafuiftes conviennent que ces trois contrats, s'ils font féparément pris & faits en divers tems font d'eux-mêmes très-licites, & qu'ils fe font tous les jours en toute légalité. Mais, dit-on, fi on les fait en même tems, c'eft dès-lors une ufure palliée: & dès-là ces ftipulations deviennent injuftes

& criminelles. Toute la preuve qu'on en donne, c'eſt qu'elles ſe réduiſent au *prêt* de commerce dont elles ne different que par la forme. Il eſt viſible que c'eſt là une pétition de principe, puiſqu'on employe pour preuve ce qui fait le ſujet de la queſtion, je veux dire l'iniquité prétendue de tout négoce uſuraire. On devroit conſidérer plutôt que l'interpoſition des tems qu'on exige entre ces actes, n'y met aucune perfection de plus ; & qu'enfin ils doivent être cenſés légitimes, dès-là, que toutes les parties y trouvent leur avantage. Ainſi, au lieu de fonder l'injuſtice de ces contrats, ſur ce que l'uſage qu'on en fait conduit à l'uſure, ou pour mieux dire, s'identifie avec elle, il faudroit au contraire prouver la juſtice de l'uſure légale par l'équité reconnue des trois contrats, dont la légitimité n'eſt pas dûe à quelques jours ou quelques mois que l'on peut mettre entr'eux, mais à l'utilité qui en réſulte pour les contractans.

Au ſurplus, comme nous admettons ſans détour l'intérêt légal, & que nous en avons démontré la conformité avec le droit naturel, nous n'avons aucun beſoin de recourir à ces fictions futiles.

Arrêtons-nous ici un moment, & raſſemblons ſous un point de vue les principes qui démontrent l'équité de l'uſure légale entre gens aiſés ; & les avantages de cette pratique pour les ſociétés policées.

Rien de plus juſte que les conventions faites de part & d'autre, librement & de bonne foi ; & rien de plus équitable que l'accompliſſement de promeſſes où chaque partie trouve ſon avantage. C'eſt-là, comme nous l'avons obſervé, la pierre de touche de la juſtice.

Nul homme n'a droit à la jouiſſance du bien d'un autre, s'il n'a fait agréer auparavant quelque ſorte de compenſation : un homme aiſé n'a pas plus de droit à l'argent de ſon voiſin, qu'à ſon bœuf ou ſon âne, ſa femme ou ſa ſervante ; ainſi rien de plus juſte que d'exiger quelqu'indemnité, en cédant pour un tems le produit de ſon induſtrie ou de ſes épargnes, à un homme à l'aiſe qui augmente par-là ſon aiſance.

Rien de plus fructueux dans l'État que cette équitable communication entre gens aiſés, pourvu que le *prêt* qui en eſt le moyen, offre des avantages à toutes les parties. De-là naît la circulation qui met en œuvre l'induſtrie ; & l'induſtrie employant à ſon tour l'indigence, ſes œuvres raniment tant de membres engourdis, qui ſans cela, devenoient inutiles.

Le délire de la plupart des gouvernemens, dit un célèbre moderne, *fut de ſe croire prépoſés à tout faire, & d'agir en conſéquence*. C'eſt par une ſuite de cette perſuaſion ordinaire aux légiſlateurs, qu'au lieu de laiſſer une entiere liberté ſur le commerce uſuraire, comme ſur le commerce de la laine, du beurre & du fromage, au lieu de ſe repoſer à cet égard ſur l'équilibre moral, déja bien capable de maintenir l'égalité entre les contractans ; ils ont cru devoir faire un prix annuel pour la jouiſſance de l'argent d'autrui. Cette fixation eſt devenue une loi dans chaque État, & c'eſt ce prix connu & déterminé, que nous appellons *uſure légale ;* fruit civil ou légitime acquis au créancier, comme une indemnité raiſonnable de l'uſage qu'il donne de ſon argent à un emprunteur qui en uſe à ſon profit.

C'eſt ainſi que les hommes en cherchant leurs propres avantages avec la modération preſcrite par la loi , & qui feroit peut-être aſſez balancée par un conflit d'intérêts , entretiennent ſans y penſer , une réciprocation de ſervices & d'utilités qui fait le vrai ſoutien du corps politique.

Montrons à-préſent que nous n'avons rien avancé juſqu'ici qui ne ſoit conforme à la doctrine des caſuiſtes.

C'eſt une maxime conſtante dans la morale chrétienne, qu'on peut recevoir l'intérêt d'une ſomme, toutes les fois que le *prêt* qu'on en fait, entraîne un profit ceſſant ou un dommage naiſſant, *lucrum ceſſans aut damnum emergens*. Par exemple, Pierre expoſe à Paul qu'il a beſoin de mille écus pour terminer une affaire importante. Paul répond que ſon argent eſt placé dans les fonds publics, ou que s'il ne l'eſt pas actuellement, il eſt en parole pour en faire un emploi très-avantageux ; ou qu'enfin il en a beſoin lui-même pour réparer des bâtimens qui ne ſe loueroient pas ſans cela. Pierre alors fait de nouvelles inſtances pour montrer le cas preſſant où il ſe trouve, & détermine Paul à lui laiſſer ſon argent pendant quelques années, à la charge, comme de raiſon, d'en payer l'intérêt légal.

Dans ces circonſtances les caſuiſtes reconnoiſſent unanimément le lucre ceſſant ou le dommage naiſſant, & conviennent que Paul eſt en droit d'exiger de Pierre l'intérêt légal ; & cet intérêt, diſent-ils, n'eſt pas uſuraire ; ou, comme ils l'entendent, n'eſt pas injuſte. Conſultez encore le P. Semelier, dont l'ouvrage ſurchargé d'approbations, eſt proprement le réſultat des conférences eccléſiaſtiques tenues à Paris ſous le cardinal de Noailles, c'eſt à-dire, pendant le regne de la ſaine & ſavante morale.

» Si les intérêts, dit-il, ſont prohi-

bés, les dédommagemens, bien loin d'être défendus, ſont ordonnés par la loi naturelle, qui veut qu'on dédommage ceux qui ſouffrent pour nous avoir prêté. *Conf. eccl. p.* 254. Les ſaints peres.... S. Auguſtin entr'autres, dans ſa lettre à Macédonius, ont expliqué les regles de la juſtice que les hommes ſe doivent rendre mutuellement. N'ont-ils pas enſeigné après Jeſus-Chriſt qu'ils doivent ſe traiter les uns les autres, comme ils ſouhaitent qu'on les traite eux-mêmes, & qu'ils ne doivent pas ni refuſer, ni faire à leurs freres ce qu'ils ne voudroient pas qu'on leur refuſât ni qu'on leur fît ? Or cette regle ſi juſte n'eſt-elle pas violée, ſi je n'indemniſe pas celui qui en me prêtant, ſans y être obligé, ſe prive d'un gain moralement certain, &c? » *Ibid. p.* 280.

On lit encore au même volume, » que quand pour avoir prêté on manque un gain probable & prochain, le lucre ceſſant eſt un titre légitime ; vérité, dit le conférencier, reconnue par les plus anciens canoniſtes, Ancaranus, Panorme, Gabriel, Adrien VI. &c, qui tous forment une chaine de tradition depuis pluſieurs ſiecles, & autoriſent le titre du lucre ceſſant..... Ces canoniſtes ſi éclairés ont été ſuivis, dit-il, dans cette déciſion par les évêques de Cahors & de Châlons.... par les théologiens de Grenoble, de Périgueux, de Poitiers, &c. » *Ibid. p.* 285.

S. Thomas reconnoit auſſi que celui qui prête peut ſtipuler un intérêt de compenſation à cauſe de la perte qu'il fait en prêtant, lorſque par là il ſe prive d'un gain qu'il devoit faire ; car, dit-il, ce n'eſt pas là vendre l'uſage de ſon argent, ce n'eſt qu'éviter un dommage. *Ille qui mutuum dat, potest absque peccato in pactum deducere cum eo qui mutuum accipit, recompensationem damni, per quod substrahitur sibi aliquid quod debet habere; hoc enim non est vendere usum pecuniæ, sed damnum vitare, II. ij. quæst. lxxxviij. art. 2.* Ou comme dit S. Antonin, parlant de celui qui paye avant terme, & qui retient l'escompte, *tunc non est usura, quia nullum ex hoc lucrum consequitur, sed solum conservant se indemnem. Secunda parte summæ theol. tit. 1. cap. viij.*

Je conclus de ces propositions que tous ceux qui prêtent à des gens aisés, sont dans le cas du lucre cessant ou du dommage naissant. En effet, à qui peut-on dire le mot de S. Ambroise, *profit alii pecunia quæ tibi otiosa est?* Où est l'homme qui ne cherche à profiter de son bien, & qui n'ait pour cela des moyens moralement sûrs? S'il étoit cependant possible qu'un homme se trouvât dans l'étrange hypothèse que fait ce pere, nous conviendrions volontiers que s'il prêtoit, il devroit le faire sans intérêt; mais en général tout prêteur peut dire à celui qui emprunte, en vous remettant mon argent, je vous donne la préférence sur les fonds publics, sur l'hôtel de ville, les pays d'Etats, la compagnie des Indes, &c. sur le commerce que je pourrois faire, je néglige enfin pour vous obliger des gains dont j'ai une certitude morale; en un mot, je suis dans le cas du lucre cessant, puisque, selon l'expression de S. Thomas, vous m'ôtez un profit que j'avois déja, ou que vous empêchez celui que j'allois faire, *mihi aufers quod actu habebam aut impedis ne adipiscar quod eram in via habendi. II. ij. quæst. 64. art. 4.* Il est donc juste que vous m'accordiez l'intérêt honnête que je trouverois ailleurs.

Cette vérité est à la portée des moindres esprits; aussi s'est-elle fait jour au travers des préjugés contraires, & c'est pour cela qu'on admet l'intérêt dans les emprunts publics, de même que dans les négociations de banque & d'escompte; enforte qu'il n'est pas concevable qu'on ose encore attaquer notre proposition. Mais il est bien moins concevable que S. Thomas se mette là-dessus en contradiction avec lui-même; c'est pourtant ce qu'il fait d'une maniere bien sensible, sur-tout dans une réponse à Jacques de Viterbe qui l'avoit consulté sur cette matiere; car oubliant ce qu'il établit si bien en faveur de l'intérêt compensatoire qu'il appelle *recompensationem damni*, il déclare expressément que le dommage qui naît d'un payement fait avant terme, n'autorise point à tenir l'escompte ou l'intérêt, par la raison, dit-il, qu'il n'y a pas d'usure qu'on ne pût excuser sur ce prétexte; *nec excusatur per hoc quod solvendo ante terminum gravatur.... quia eâdem ratione possent usurarii excusari omnes.* Mais laissons ce grand docteur s'accorder avec lui-même & avec S. Antonin; voyons enfin à quoi se réduit la gratuité du *prêt*, telle qu'elle est prescrite en général par les théologiens.

Quelqu'un, je le suppose, vous demande vingt mille francs à titre d'emprunt; on avoue que vous n'êtes pas tenu de les prêter; mais suivant la doctrine de l'école, supposé que vous acceptiez la proposition, vous devez prêter la somme sans en exiger d'intérêts; car si vous vendiez, dit-on, l'usage d'une somme que vous livrez pour un tems, ce seroit de votre part un profit illicite & honteux, une usure, un vol, un brigandage, un meurtre, un parricide; expressions de nos adversaires que je copie fidelement: en un mot, vous ne pouvez recevoir aucun intérêt, quoique vous prêtiez pour un tems considerable, quand vous ne demanderiez qu'un pour cent par année. L'ufure eft, difent-ils, tout ce qui augmente le principal, *ufura eft omnis acceffio ad fortem*. Cependant il vous refte une reffource confolante : comme vos vingt mille francs font une grande partie de votre fortune & qu'ils vous font néceffaires pour les befoins de votre famille ; que d'un autre côté vous ne manquez pas d'occafion d'en tirer un profit légitime, & qu'enfin vous êtes toujours, comme parle S. Thomas, *in viâ habendi*, vous pouvez fans difficulté recevoir l'intérêt légal, non pas, encore un coup, à titre de lucre, non pas en vertu du *prêt qui doit être gratuit*, dit-on, *pour qu'il ne foit pas injufte ; conf. p. 383.* En le prenant ainfi tout feroit perdu ; Dieu feroit grievement offenfé, l'emprunteur feroit léfé, volé, maffacré. Mais rappellez-vous feulement le cas où vous êtes du lucre ceffant ; & au lieu d'exiger un profit en vertu du *prêt*, ne l'exigez qu'à titre d'indemnité, *titulo lucri ceffantis* : dès-lors tout rentre dans l'ordre, toute juftice s'accomplit & les théologiens font fatisfaits. Tant il eft vrai qu'il n'y a qu'à s'entendre pour être bien-tôt d'accord. En effet, il faudroit être bien dépravé pour fe rendre coupable d'ufure, en imputant le bénéfice du *prêt* au *prêt* même, tandis qu'il eft aifé par un retour d'intention, de rendre tout cela bien légitime.

Le dirai-je, fans faire tort à nos adverfaires ? Je les trouve en général plus ardens pour foutenir leurs opinions, que zélés pour découvrir la vérité. Je les vois d'ailleurs toujours circonfcrits dans un petit cercle d'idées & de mots ; fi bien aveuglés enfin par les préjugés de l'éducation, qu'ils ne connoiffent ni la nature du jufte & de l'injufte, ni la deftination primitive des loix, ni l'art de raifonner conféquemment. Qu'il me foit permis de leur demander fi les plus grands ennemis du *prêt à intérêt* font dans l'ufage de prêter *gratis* la moitié ou les trois quarts de leur bien ; s'il eft une famille dans le monde, une églife, corps ou communauté, qui prête habituellement de grandes fommes, fans fe ménager aucun profit ? Il n'en eft point ou il n'en eft guere ; *alligant onera gravia & importabilia & imponunt in humeros hominum, digito autem fuo nolunt ea movere. Matt. xxiij. 4.* Le défintéreffement n'eft que pour le difcours ; dès qu'il eft queftion de la pratique, les plus zélés veulent profiter de leurs avantages. Tout le monde crie contre l'ufure, & tout le monde eft ufurier ; je l'ai prouvé ci-devant, & je vais le prouver encore.

On eft, dit-on, coupable d'ufure dès qu'on reçoit plus qu'on ne donne ; ce qui ne s'entend d'ordinaire que de l'argent prêté. Cependant la gratuité du *prêt* ne fe borne pas là. Moïfe dit de la part de Dieu : vous ne tirerez aucun intérêt de votre frere, foit que vous lui prêtiez de l'argent, du grain ou quelqu'autre chofe que ce puiffe être. *Non fœnerabis fratri tuo ad ufuram pecuniam, nec fruges nec quamlibet aliamrem. Deut. xxiij.* Il s'explique encore plus pofitivement au même endroit, en difant : vous prêterez à votre frere ce dont il aura befoin, & cela fans exiger d'intérêt. *Fratri tuo abfque ufurâ id quod indiget commodabis.* Donnez, dit le Sauveur, à celui qui vous demande ; & ne rejettez point la priere de celui qui veut emprunter ; *qui petit a te da ei, & volenti mutuari ne à te avertaris. Matt. v. 42.*

Mais fi ces maximes font autant de préceptes, comme le prétendent nos adverfaires, qui d'eux & de nous n'aura pas quelque ufure à fe reprocher? qui d'entr'eux n'exige pas les dîmes, les cens & rentes que leur payent des malheureux hors d'état fouvent d'y fatisfaire? Qui d'entr'eux ne loue pas quelque portion de terre, quelque logement ou dépendances à de pauvres gens embarraffés pour le payement du loyer? Qui d'entr'eux ne congédie pas un locataire infolvable? Eft-ce là être fidele à ces grandes regles, *fratri tuo abfque ufurâ id quod indiget commodabis; qui petit à te da ei, & volenti mutuari, à te ne avertaris.*

Qu'on ne dife pas que je confonds ici la location avec le fimple *prêt.* En effet, l'intention de Dieu qui nous eft manifeftée dans l'Ecriture, eft que nous traitions notre prochain, fur-tout s'il eft dans la détreffe, comme notre frere & notre ami, comme nous demanderions en pareil cas d'être traités nous-mêmes; qu'ainfi nous lui prêtions *gratis* dans fon befoin de l'argent, du grain, des habits & toute autre chofe, *quamlibet aliam rem,* dit le texte facré, par conféquent un gîte quand il fera néceffaire. Il eft dit au Lévitique, *xxv. 35.* craignez votre Dieu, & que votre frere trouve un azyle auprès de vous, *time Deum tuum ut vivere poffit frater tuus apud te.* Tout cela ne comprend-il que le *prêt* d'argent? & de telles regles d'une bienfaifance générale n'embraffent-elles point la location gratuite? L'homme de bien pénétré de ces maximes, exigera-t-il le loyer d'un frere qui a d'ailleurs de la peine à vivre? Il eft dit encore au Deutéronome, *xv. 7. Dabis ei, nec ages quidquam callide in ejus neceffitatibus fublevandis;* point de raifons ou de prétextes à op-

pofer de la part de l'homme riche pour efquiver l'obligation de fecourir le malheureux; que ce foit par un *prêt,* par une location ou par un don pur & fimple, c'eft tout un: *dabis ei, nec ages quidquam callide in ejus neceffitatibus fublevandis.*

Votre frere a befoin de ce morceau de terre, de ce petit jardin; il a befoin de cette chaumiere ou de cette chambre que vous n'occupez pas, au quatrieme; il vous demande cela *gratis,* parce qu'il eft dans la détreffe & dans l'affliction, & quand vous lui en accorderez pour un tems l'ufage ou le *prêt* gratuit, cette petite générofité ne vous empêchera pas de vivre à l'aife au moyen des reffources que vous avez ailleurs. Cependant vous ne lui accordez pas cet ufage *abfque ufurâ;* vous en demandez le prix ou le loyer, le cens ou la rente; vous l'exigez même à la rigueur, vous congédiez le malheureux, s'il manque de fatisfaire; peut-être vendez-vous fes meubles, ou vous ou vos ayans caufe, car tout cela revient au même. Eft-ce là traiter votre prochain comme votre frere, ou plutôt fût-il jamais d'ufure plus criante? Ne trouveriez-vous pas bien dur, fi vous étiez vous-même dans la mifere, qu'un frere dans l'aifance & dans l'élévation oubliât pour vous les maximes de l'Ecriture & les fentimens de l'humanité? & ne fentez-vous pas enfin que celui qui tire des intérêts modiques du négociant & de l'homme aifé, eft infiniment moins blâmable, moins dur, & moins ufurier que vous.

Quoiqu'il en foit, nous l'avons dit ci-devant des princes légiflateurs, nous dirons encore mieux de l'Etre fuprême, qu'il n'a pas donné des loix aux hommes pour le plaifir de leur commander; il l'a fait pour les rendre plus juftes ou , pour mieux dire , plus heureux. C'eſt ainſi qu'en défendant le *prêt à intérêt* aux Iſraëlites dans les cas exprimés au texte ſacré , il viſoit ſans doute au bien de ce peuple unique qu'il protégeoit particulierement , & auquel il donna des réglemens favorables qui ne ſe ſont pas perpétués juſqu'à nous. Cependant ſi pour faire le bien de tant de peuples moins favoriſés , Dieu leur avoit interdit l'uſure en général , mème , comme on prétend vis-à-vis des riches , il auroit pris une mauvaiſe voie pour arriver à ſon but; il l'auroit manquée comme l'empereur Baſile , en ce qu'il auroit rendu les *prêts* ſi difficiles & ſi rares , que loin de diminuer nos maux , il auroit augmenté nos miſeres.

Heureuſement la néceſſité de nos communications a maintenu l'ordre naturel & indiſpenſable ; enſorte que malgré l'opinion & le préjugé , malgré tant de barrieres oppoſées en divers tems au *prêt* lucratif , la juſte balance du commerce , ou la loi conſtante de l'équilibre moral , s'eſt toujours rendue la plus forte , & a toujours fait le vrai bien de la ſociété. Elle a trouvé enfin l'heureux moyen d'éviter le blâme d'une uſure odieuſe ; & dès-là contente de l'eſſentiel qu'on lui accorde , je veux dire l'intérêt compenſatoire , le *recompenſationem damni* de S. Thomas , elle abandonne le reſte aux diſcuſſions de l'école , & laiſſe les eſprits inconſéquens diſputer ſur des mots.

Monts de piété. Les monts de piété ſont des établiſſemens fort communs en Italie , & qui ſont faits avec l'approbation des papes , qui paroiſſent même autoriſés par le concile de Trente , *ſeſſ. XXII.* Du reſte , ce ſont des caiſſes publiques où les pauvres & autres gens embarraſſés , vont emprunter à intérêt & ſur gages.

Ces monts de piété ne ſont pas uſuraires , dit le P. Semelier ; notez bien les raiſons qu'il en donne. „ Ces monts „ de piété , dit-il , ne ſont pas uſurai„ res , ſi l'on veut faire attention à tou„ tes les *conditions* qui s'obſervent dans „ ces ſortes de *prêts.*

„ La *premiere* , qu'on n'y prête que „ de certaines ſommes , & que pour „ un tems qui ne paſſe jamais un an , „ afin qu'il y ait toujours des fonds „ dans la caiſſe. La *ſeconde* , qu'on n'y „ prête que ſur gages , parce que com„ me on n'y prête qu'à des pauvres , „ le fonds de ces monts de piété ſeroit „ bientôt épuiſé , ſi l'on ne prenoit „ pas cette précaution.... La *troiſie„ me* , que quand le tems preſcrit pour „ le payement de ce qu'on a emprunté „ eſt arrivé , ſi celui qui a emprunté „ ne paye pas , on vend les gages ; & „ de la ſomme qui en revient , on en „ prend ce qui eſt dû au mont de pié„ té , & le reſte ſe rend à qui le gage ap„ partient. La *quatrieme* condition eſt , „ qu'outre la ſomme principale qu'on „ rend au mont de piété , on avoue „ qu'on y paye encore une certaine „ ſomme". *Conf. p.* 299.

Toutes ces diſpoſitions , comme l'on voit , portent le caractere d'une uſure odieuſe ; on ne prête , dit-on , qu'à des pauvres ; on leur prête ſur gages , par conſéquent ſans riſques. On leur prête pour un terme aſſez court ; & faute de payement à l'échéance , on vend ſans pitié , mais non ſans perte , le gage de ces miſérables : enfin l'on tire des intérèts plus ou moins forts d'une ſomme aliénée. Si , comme on nous l'aſſure , ces pratiques ſont utiles & légitimes , & peut-être le ſont-elles à des égards , l'intérêt légal que nous ſoutenons l'eſt infiniment davantage ; il l'eſt même d'autant plus , que la cauſe

caufe du pauvre y eft abfolument étrangere.

Notre auteur avoue qu'il fe peut
gliffer „ des abus dans les monts de
„ piété; mais cela n'empêche pas, dit-
„ il, que ces monts, fi on les confi-
„ dere dans le but de leur établiffe-
„ ment, ne foient très-juftes & exempts
„ d'ufure".

Si l'on confidere auffi les *prêts* lucratifs, dans le but d'utilité que s'y
propofent tant les bâilleurs que les preneurs, quelques abus qui peuvent s'y
gliffer n'empêcheront pas que la pratique n'en foit *jufte & exempte d'ufure*.

Du refte, voici le principal abus
qu'on appréhende pour les monts de
piété, qu'on appelle auffi *lombars*. On
craint beaucoup que les ufuriers n'y pla-
cent des fommes fans les aliéner; &
c'eft ce que l'on empêche autant que
l'on peut, en n'y recevant guere que
des fommes à conftitution de rente; ce
qui éloigne, dit le P. Semelier, *tous
les foupçons que l'on forme entre cet établiffement, de donner lieu aux ufuriers
de prêter à intérêt.*

Mais qu'importe au pauvre qui emprunte au mont de piété, que l'argent
qu'il en tire, vienne d'un conftituant,
plutôt que d'un prêteur à terme? Sa
condition en eft-elle moins dure? Se-
ra-t-il moins tenu de payer un intérêt
fouvent plus que légal, à gens impitoyables, qui ne donneront point de
repos; qui faute de payement vendront le gage fans quartier, & caufe-
ront tout-à-coup trente pour cent de
perte à l'emprunteur? combien d'ufuriers qui font plus traitables! L'avantage du pauvre qui a recours au Lom-
bar, étant d'y trouver de l'argent au
moindre prix que faire fe peut, au lieu
d'infifter dans un tel établiffement pour
avoir de l'argent de conftitution, il fe-

roit plus utile pour le pauvre de n'y
admettre s'il étoit poffible, que des
fommes prêtées à terme, par la raifon
qu'un tel argent eft moins cher & plus
facile à trouver. Mais, dit-on, c'eft
que l'un eft bon & que l'autre eft mauvais, c'eft que l'un eft permis, & que
l'autre eft défendu. Comme fi le bien
& le mal en matiere de négoce, ne
dépendoient que de nos opinions; comme fi en ce genre, le plus & le moins
de nuifance ou d'utilité, n'étoient pas
la raifon conftituante, & la mefure invariable du jufte & de l'injufte.

Enfin, on nous dit d'après Léon X.
que fi dans les monts de piété „ on re-
„ çoit quelque chofe au-delà du prin-
„ cipal, ce n'eft pas en vertu du *prêt*,
„ c'eft pour l'entretien des officiers
„ qui y font employés, & pour les
„ dépenfes qu'on eft obligé de faire......
„ Ce qui n'a, dit-on, aucune appa-
„ rence de mal, & ne donne aucune
„ occafion de péché". *Ib. p.* 300.
D'honnêtes ufuriers diront, comme
Léon X. qu'ils ne prennent rien en
vertu du *prêt*, mais feulement pour
faire fubfifter leur famille au moyen
d'un négoce où ils mettent leurs foins
& leurs fonds; négoce d'ailleurs utile
au public, autant ou plus que celui des monts de piété, puifque nos
ufuriers le font à des conditions moins
dures.

Mais n'allons pas plus loin, fans remarquer un cercle vicieux, où tombent nos adverfaires, quand ils veulent prouver le prétendu vice de l'ufure
légale.

Les canoniftes prétendent, „ *avec S.*
„ *Thomas, que les loix pofitives ne dé-*
„ *fendent fi fortement l'ufure, que par-*
„ *ce qu'elle eft un péché de fa nature,*
„ *& par elle-même*". *Conf. eccl. p.* 477.
Dare pecuniam mutuo ad ufuram non

ideò eft peccatum quia eft prohibitum, fed potiùs ideò eft prohibitum, quia eft fecundum fe peccatum; eft enim contra juftitiam naturalem. Thom. *queft.* 13. *de malo. art. iv.* Sur cela voici la réflexion qui fe préfente naturellement.

Le *prêt à intérêt* n'étant prohibé, comme ils le difent, que fur la fuppofition qu'il eft un péché de fa nature, *quia eft fecundùm fe peccatum;* fur la fuppofition qu'il eft contraire au droit naturel, *quia eft contra juftitiam naturalem;* s'il eft une fois bien prouvé que cette fuppofition eft gratuite, qu'elle n'a pas le moindre fondement; en un mot, s'il eft démontré que le *prêt à intérêt* n'eft pas injufte de fa nature, que devient une prohibition qui ne porte que fur une injuftice imaginaire? c'eft ce que nous allons examiner.

Le contrat ufuraire, ou le *prêt* lucratif, n'attaque point la Divinité; les hommes l'ont imaginé pour le bien de leurs affaires, & cette négociation n'a de rapport qu'à eux dans l'ordre de l'équité civile. Dieu ne s'y intéreffe que pour y maintenir cette équité précieufe, cette égalité fi néceffaire d'un mutuel avantage; or je l'ai prouvé ci-devant, & je le répéte; on trouve cette heureufe propriété dans le *prêt* lucratif, en ce que d'une part le créancier ne fait à l'emprunteur que ce qu'il accepte pour lui-même; raifon à laquelle je n'ai point encore vu de réponfe, & que de l'autre, chacun y profite également de fa mife.

La mife de l'emprunteur eft fon induftrie, cela n'eft pas contefté; mais une autre vérité non moins certaine, c'eft que la mife du prêteur eft une induftrie encore plus grande. On ne confidere pas que le fac de mille louis qu'il a livré, renferme peut-être plus de cinquante années d'une économie induf-

trieufe, dont cette fomme eft le rare & le précieux fruit; fomme qui fait un enfemble, une efpece d'individu dont l'emprunteur profite à fon aife & tout à la fois; ainfi l'avantage eft vifiblement de fon côté, puifqu'il ne conftitue que quelques mois, ou fi l'on veut quelques années, de fon travail; tandis que le créancier met de fa part tout le travail d'un demi-fiecle. Voilà donc de fon côté une véritable mife qui légitime l'intérêt qu'on lui accorde: auffi les parties actives & paffives, les bailleurs & les preneurs publient hautement cette légitimité; ils avouent de bonne foi qu'ils ne font point léfés dans le *prêt* lucratif, que par conféquent cette négociation n'eft pas inique, vu, comme on l'a dit, qu'il n'y a pas d'injuftice où il n'y a pas de léfion, & qu'il n'y a pas de léfion dans un commerce où l'on fait aux autres le traitement qu'on agrée pour foi-même, dans un commerce enfin qui opere le bien des particuliers & celui du public.

Ces raifons prifes dans les grands principes de l'équité naturelle, font impreffion fur nos adverfaires; & ils en paroiffent tellement ébranlés, qu'ils n'ofent pas les combattre de front; cependant comme l'autorité entraîne, que le préjugé aveugle, & qu'enfin il ne faut pas fe rendre, voici comme ils tâchent d'échapper: ils prétendent donc que la bonté du *prêt* lucratif ne dépend pas de l'utilité qu'en peuvent tirer les parties intéreffées, *parce que*, difent-ils, *dès qu'il eft mauvais de fa nature, & oppofé à l'équité naturelle.... il ne peut jamais devenir licite.* Conf. *eccl. p.* 161. conclufion qui ne feroit pas mauvaife, fi elle n'étoit pas fondée fur une pétition de principe, fur une fuppofition dont nous démontrons la fauffeté. Enfin la raifon ultérieure qu'ils employent contre l'équité du *prêt à intérêt*, raison qui complette le cercle vicieux que nous avons annoncé; *c'est qu'elle est*, disent-ils, *condamnée par la loi de Dieu. Ibid. p.* 163.

Ainsi le *prêt à intérêt* n'est condamné, dit-on d'abord, que parce qu'il est injuste, *quia est contra justitiam naturalem*; & quand nous renversons cette injustice prétendue par des raisonnemens invincibles, on nous dit alors que l'usure légale est injuste, parce qu'elle est condamnée. En bonne foi, qui se laisse diriger par de tels raisonneurs, se laisse conduire par des aveugles.

Après avoir prouvé aux théologiens qu'ils sont en contradiction avec eux-mêmes, attachons-nous à prouver la même chose aux ministres de nos loix. On peut avancer en général que le droit civil a toujours été favorable au *prêt* de lucre. A l'égard de l'antiquité, cela n'est pas douteux : nous voyons que chez les Grecs & chez les Romains le *prêt à intérêt* étoit permis comme tout autre négoce, & qu'il y étoit exercé par tous les ordres de l'Etat: on sait encore que l'usure qui n'excédoit pas les bornes prescrites, n'avoit rien de plus répréhensible que le profit qui revenoit des terres ou des esclaves; & cela non-seulement pendant les ténebres de l'idolâtrie, mais encore dans les beaux jours du christianisme; ensorte que les empereurs les plus sages & les plus religieux l'autoriserent durant plusieurs siecles, sans que personne réclamât contre leurs ordonnances. Justinien se contenta de modérer les intérêts, & de douze pour cent, qui étoit le taux ordinaire, il les fixa pour les entrepreneurs des fabriques & autres gens de commerce, à huit pour cent par année : *jubemus illos qui er-*

gasteriis præsunt, vel aliquam licitam negociationem gerunt, usque ad bessem centesimæ usurarum nomine in quocumque contractu suam stipulationem moderari. Lib. XXVI. §. 1. vers. 1. Cod. de usuris, 4. 22.

Nous sommes bien moins conséquens que les anciens sur l'article des intérêts, & notre jurisprudence a sur cela des bisarreries qui ne font guere d'honneur à un siecle de lumiere. Le droit françois, quant à l'expression, quant à la forme, semble fort contraire au *prêt à intérêt*; quant au fond, quant à l'esprit, il lui est très-favorable. En effet, ce qui montre au mieux qu'ici la loi combat la justice ou l'utilité publique, c'est que la même autorité qui proscrit l'usure légale, est forcée ensuite de souffrir des opérations qui la font revivre. Chacun sait que les parties, au cas d'emprunt, conviennent de joindre dans un billet les intérêts & le principal, & d'en faire un total payable à telle échéance, ce qui se pratique également dans les actes privés & dans ceux qui se passent devant notaires. Tout le monde connoit un autre détour qui n'est guere plus difficile: on fait une obligation payable à volonté; on obtient ensuite de concert, une sentence qui adjuge des intérêts au créancier, *in pœnam moræ*. Ecoutons sur cela l'auteur des conférences.

,, Le profit qu'on tire du *prêt* est une ,, usure, dit-il, parce que c'est un gain ,, qui en provient; & cela est défendu, ,, parce que le *prêt* doit être gratuit, ,, pour qu'il ne soit pas injuste. L'in- ,, térêt au contraire est une indemnité ,, légitime, c'est-à-dire, un dédomma- ,, gement ou une compensation dûe au ,, créancier, à cause du préjudice qu'il ,, souffre par la privation de ses deniers. ,, Tous les théologiens conviennent

» que les intérêts qui font adjugés par
» la fentence du juge, ne font ni des
» gains ni des profits ufuraires, mais des
» intérêts qui font préfumés très-juftes
» & très-équitables. *Legitimæ ufuræ*, dit
» le droit ". *Conf. eccl. pag.* 383.

Cette diftinction affez fubtile, & encore plus frivole entre les profits & l'indemnité d'un *prêt*, eft appuyée fur une
décifion du droit, qui nous apprend
que les intérêts ne font pas ordonnés
pour le profit des créanciers, mais uniquement pour les indemnifer du retardement & de la négligence des débiteurs. *Ufuræ non propter lucrum peten-
tium, fed propter moram folventium in-
fliguntur*, l. XVII. §. iij. ff. *de ufuris &
fructibus*, l. 22. Voilà, fi je ne me
trompe, plutôt des mots que des obfervations intéreffantes ; que m'importe en effet, par quel motif on m'attribue des intérêts, pourvu que je les
reçoive ?

Quoiqu'il en foit, tout l'avantage
que trouve le débiteur dans la prohibition vague de l'ufure, c'eft qu'il la
paye fous le beau titre d'*intérêt légitime ;* mais en faifant les frais nécefîai-
res pour parvenir à la fentence qui
donne à l'ufure un nom plus honnête.
Momerie qui fait dire à tant de gens
enclins à la malignité, que notre judicature n'eft en cela contraire à elle-même, que parce qu'elle fe croit intéref-
fée à multiplier les embarras & les frais
dans le commerce des citoyens.

Nous l'avons déja dit, le profit ufuraire eft pleinement autorifé dans plufieurs emprunts du fouverain, fur-tout
dans ceux qui fe font fous la forme de
loteries & d'annuités ; dans plufieurs
emprunts de la compagnie des Indes, &
dans les efcomptes qu'elle fait à-préfent
fur le pied de cinq pour cent par année ; enfin, dans les emprunts des fer-

miers-généraux, & dans la pratique ordinaire de la banque & du commerce.
Avec de telles reffources pour l'ufure
légale, peut-on dire férieufement qu'elle foit illicite ? je laiffe aux bons efprits
à décider.

Au refte, une loi générale qui au-
toriferoit parmi nous l'intérêt courant,
feroit le vrai moyen de diriger tant de
gens peu inftruits, qui ne diftinguent
le jufte & l'injufte que par les yeux du
préjugé. Cette loi les guériroit de ces
mauvais fcrupules qui troublent les
confciences, & qui empêchent d'utiles
communications entre les citoyens. J'a-
joute que ce feroit le meilleur moyen
d'arrêter les *prêts à intérêt* exceffifs, à
préfent inévitables. En effet, comme
il n'y auroit plus de rifque à prêter au
taux légal, tant fur gages que fur hypotheques, l'argent circuleroit infiniment davantage. Que de bras maintenant inutiles, & qui feroient pour lors
employés avec fruit ! que de gens aujourd'hui dans la détreffe, & à qui plus
de circulation procureroit des reffources ! En un mot, on trouveroit de l'argent pour un prix modique en mille
circonftances, où l'on n'en trouve qu'à
des conditions onéreufes ; parce que,
comme dit de Montefquieu, *le prêteur
s'indemnife du péril de la contravention.
Efprit des loix.* Deuxieme partie, *pag.*
121.

On nous épargneroit les frais qui fe
font en actes de notaires, contrôle,
affignations, & autres procédures ufitées pour obtenir des intérêts ; & dès-
là nos communications moins gênées
deviendroient plus vives & plus fruc-
tueufes, parce qu'il s'enfuivroit plus
de travaux utiles. Auffi nos voifins
moins capables que nous de prendre
des mots pour des idées, admettent-ils
le *prêt à intérêt* fans difficulté, quand

il fe borne au taux de la loi. La circulation des efpeces rendue par - là plus
facile , tient l'intérêt chez eux beaucoup
au - deffous du nôtre ; circonftance que
l'on regarde à bon droit comme l'une
des vraies caufes de la fupériorité qu'ils
ont dans le commerce. C'eft aufïi l'une
des fources de ces prodigieufes richeffes
dont le récit nous étonne , & que nous
croyons à peine quand nous les voyons
de nos yeux.

Ajoutons un mot ici contre une efpece d'ufure qui paroît intolérable : je
veux parler du fou pour livre que la
pofte exige pour faire paffer de l'argent
d'un lieu dans un autre. Cette facilité
qui feroit fi utile aux citoyens , qui feroit une circulation fi rapide dans un
Etat , devient prefque de nul ufage par
le prix énorme de la remife , laquelle au
refte peut s'opérer fans frais par la pofte. Ses correfpondances par - tout établies & payées pour une autre fin , ne
lui font pas onéreufes pour le fervice
dont il s'agit. Cependant fi je veux remettre cent écus , il m'en coûte quinze
francs ; fi je veux remettre deux mille
livres , on me demande dix piftoles.
En bonne foi, cela eft - il propofable
dans une régie qui ne coûte prefque rien
aux entrepreneurs ? Il feroit donc bien
à defirer que le miniftere attentif à l'im-
menfé utilité qui reviendroit au commerce d'une correfpondance fi générale
& fi commode, obligeât les régiffeurs
ou les fermiers des poftes , à faire toutes
remifes d'argent à des conditions favorables au public ; en un mot , qu'on
fixât pour eux le droit de tranfport ou
de banque à trois deniers par livre pour
toutes les provinces d'un Etat. Il en
réfulteroit des avantages infinis pour
les fujets , & des gains prodigieux pour
la ferme.

Après avoir prouvé que l'intérêt légal eft conforme à l'équité naturelle ,
& qu'il facilite le commerce entre les
citoyens , il s'agit de montrer qu'il n'eft
point défendu dans l'Ecriture : voyons
ce que dit fur cela Moïfe.

*Réponfe à ce qu'on allegue de l'ancien-
Teftament.* „ Si votre frere fe trouve
„ dans la détreffe & dans la mifere ;
„ - s'il eft infirme au point de ne pou-
„ voir travailler , & que vous l'ayez
„ reçu comme un étranger qui n'a
„ point d'afyle , faites enforte qu'il
„ trouve en vous un bienfaiteur , &
„ qu'il puiffe vivre auprès de vous.
„ Ne le tyrannifez point , fous pré-
„ texte qu'il vous doit ; craignez d'ir-
„ riter le ciel en exigeant de lui plus
„ que vous ne lui avez donné. Soit
„ donc que vous lui prêtiez de l'argent,
„ des grains, ou quelqu'autre chofe que
„ ce puiffe être, vous ne lui demanderez
„ point d'intérêt ; & quoique vous en
„ puiffiez exiger des étrangers , vous
„ prêterez gratuitement à votre frere ce
„ dont il aura befoin ; le tout afin que
„ Dieu béniffe vos entreprifes & vos
„ travaux." *Exod. xxij.* 25. *Lévit. xxv.*
35. *Deut. xxiij.* 19.

Voici comme il parle encore dans un
autre endroit, *Deuter. xv.* 7. „ Si l'un
„ de vos freres habitant le même lieu
„ que vous dans la terre que Dieu vous
„ deftine , vient à tomber dans l'indi-
„ gence, vous n'endurcirez point votre
„ cœur fur fa mifere , mais vous lui
„ tendrez une main fecourable , & vous
„ lui prêterez felon que vous verrez
„ qu'il aura befoin. Eloignez de vous
„ toutes réflexions intéreffées , & que
„ l'approche de l'année favorable qui
„ doit remettre les dettes , ne vous em-
„ pêche point de fecourir votre frere
„ & de lui prêter ce qu'il vous deman-
„ de , de peur qu'il ne réclame le Sei-
„ gneur contre vous , & que votre

„ dureté ne devienne criminelle. Vous
„ ne vous difpenferez donc point de le
„ foulager fur de mauvais prétextes ;
„ mais vous répandrez fur lui vos bien-
„ faits, pour attirer fur vous les bé-
„ nédictions du ciel. ”

Il eft évident que ces paffages nous
préfentent une fuite de préceptes très-
propres à maintenir le commerce d'u-
nion & de bienfaifance qui doit régner
dans une grande famille, telle qu'étoit
le peuple hébreu. Rien de plus raifonnable & de plus jufte, fur-tout dans
les circonftances où Dieu les donna.
Il venoit de fignaler fa puiffance pour
tirer d'oppreffion les defcendans de Jacob ; il leur deftinoit une contrée délicieufe, & il vouloit qu'ils y vécuffent
comme de véritables freres, partageant
entr'eux ce beau patrimoine fans pouvoir l'aliéner, fe remettant tous les
fept ans leurs dettes refpectives ; enfin,
s'aidant les uns les autres au point qu'il
n'y eût jamais de miférables parmi eux.
C'eft à ce but fublime que tend toute
la légiflation divine ; & c'eft dans la
même vue que Dieu leur prefcrivit le
prêt de bienveillance & de générofité.

Dans cette heureufe théocratie, qui
n'eût vu avec indignation des citoyens
exiger l'intérêt de quelques mefures de
bled, ou de quelque argent prêté au befoin à un parent, à un voifin, à un ami ?
car telles étoient les liaifons intimes
qui uniffoient tous les Hébreux. Ils ne
formoient dans le fens propre qu'une
grande famille ; & ce font les rapports
fous lefquels l'Ecriture nous les préfente, *amico*, *proximo*, *fratre*. Mais que
penfer des Hébreux aifés, fi dans ces
conjonctures touchantes que nous décrit Moïfe, ils fe fuffent attachés à dé-
vorer la fubftance des malheureux, en
exprimant de leur mifere fous le voile
du *prêt* un intérêt alors déteftable ?

L'intérêt que nous admettons eft bien
différent ; il fuppofe un *prêt* confidérable fait à des gens à l'aife, moins par
des vues de bienfaifance, que pour fe
procurer des avantages réciproques ; au
lieu que les paffages allégués nous annoncent des parens, des voifins, des
amis, réduits à des extrèmités où tout
homme eft obligé de fecourir fon femblable ; extrèmités au refte qui n'exigent pas qu'on leur livre de grandes
fommes. Tout ceci eft étranger aux
contrats ordinaires de la fociété, où il
ne s'agit ni de ces fecours modiques &
paffagers dont on gratifie quelques miférables, ni de ces traits de générofité
qu'on doit toujours, & qu'on n'accorde que trop rarement à fes amis, Il
s'agit feulement d'un négoce national
entre gens aifés qui fubfiftent les uns
& les autres, foit de leur induftrie,
foit de leurs fonds ; gens enfin dont il
eft jufte que les négociations foient
utiles à toutes les parties ; fans quoi
tous les refforts de la fociété refteroient
fans action.

De plus, il faut obferver ici une différence effentielle entre les Juifs &
nous ; ce peuple d'agriculteurs fans
fafte & fans molleffe, prefque fans commerce & fans procès, n'étoit pas comme nous dans l'ufage indifpenfable des
emprunts. A quoi les Hébreux auroient-
ils employé de grandes fommes ? à l'acquifition des feigneuries & des fiefs ?
cela n'étoit pas poffible. Toutes leurs
terres exemptes de vaffalité, toutes en
quelque forte inaliénables, ne fe pouvoient acquérir qu'à la charge de les
rendre aux anciens propriétaires dans
l'année de réjouiffance ou de jubilé,
qui revenoit tous les cinquante ans.
Ils ne pouvoient pas acquérir non plus
des offices ou des charges, à peine les
connoiffoit-on parmi eux ; & le peu

qu'ils en avoient n'étoit pas dans le cas de la vénalité. Ils ne connoiſſoient de même ni les parties de la finance, ni la fourniture des colonies, ni tant d'autres entrepriſes qui font ordinaires parmi nous. On n'armoit chez eux ni pour la courſe, ni pour le commerce. J'ajoute qu'on pouvoit être libertin & petit-maître à peu de frais ; il n'y avoit là ni jeu ni ſpectacles ; ils ſe procuroient ſans peine de jolies eſclaves, plutôt ſervantes que maîtreſſes ; & ils en uſoient librement ſans éclat & ſans ſcandale. Il ne falloit pour cela ni déranger ſa fortune, ni s'abîmer par les emprunts.

D'ailleurs, excepté leur capitale que la magnificence de ſon temple & les pélérinages preſcrits par la loi, rendirent très-célebre & très-peuplée, on ne voyoit chez eux aucune ville conſidérable, aucune place renommée par ſes manufactures ; en un mot, excepté Jéruſalem, ils n'avoient guere que des bourgades. Il faut donc conſidérer les anciens Juifs comme de médiocres bourgeois, qui tous, ou preſque tous, cultivoient un bien de campagne ſubſtitué de droit en chaque famille, qui fixés par-là dans une heureuſe & conſtante médiocrité, ſe trouvoient également éloignés de l'opulence & de la miſere, & qui n'avoient par conſéquent ni l'occaſion ni le beſoin de ſolliciter des emprunts conſidérables.

Une autre obſervation du même genre, c'eſt que vû l'égalité qui régnoit entre les Iſraélites, ils n'avoient proprement ni rang ni dignité à ſoutenir ; ils n'avoient ni éducation frivole & diſpendieuſe à donner à leurs enfans, ni emplois civils ou militaires à leur procurer ; outre qu'avec des mœurs plus ſimples, ils avoient moins de ſerviteurs inutiles, & qu'employant leurs eſclaves aux travaux pénibles, ils ſe char-

geoient le plus ſouvent des ſoins du ménage. Sans parler de Sara qui, avec des centaines de ſerviteurs, cuiſoit elle-même des pains ſous la cendre, *Gen. xviij. 6.* Sans parler de Rébecca qui, bien que fille de riche maiſon, & d'ailleurs pleine d'agrément, alloit néanmoins à l'eau elle-même aſſez loin de la ville, *ibid. xxvi. 16.* Nous voyons dans des tems poſtérieurs, Abſalon, fils d'un grand roi, veiller lui-même aux tondailles de ſes brebis, *l. II. Rois xiij. 24.* Nous voyons Thamar, ſa ſœur, ſoigner ſon frere Amnon qui ſe diſoit malade, & lui faire à manger, *ibid.* Nous voyons encore Marthe, au tems de Jeſus-Chriſt, s'occuper des ſoins de la cuiſine, *Luc. x. 40.*

Cette ſimplicité de mœurs, ſi oppoſée à notre faſte, rendoit conſtamment les emprunts fort peu néceſſaires aux Iſraélites : cependant l'uſage des *prêts* n'étoit pas inconnu chez eux : un pere dont les ancêtres s'étoient beaucoup multipliés, & qui n'avoit dès-lors qu'un domaine à peine ſuffiſant pour nourrir ſa famille, ſe trouvoit obligé, ſoit dans une mauvaiſe année, ſoit après des maladies & des pertes, de recourir à des voiſins plus à l'aiſe, & de leur demander quelque avance d'argent ou de grains, & pour lors ces foibles emprunts, commandés par la néceſſité, devenoient indiſpenſables entre gens égaux, le plus ſouvent parens & amis. Au-lieu que nous qui connoiſſons à peine l'amitié ; nous, infiniment éloignés de cette égalité précieuſe qui rend les devoirs de l'humanité ſi chers & ſi preſſans, nous, eſclaves de la coutume & de l'opinion, ſujets par conſéquent à mille néceſſités arbitraires, nous empruntons communément de grandes ſommes, & d'ordinaire par des motifs de cupidité encore plus que pour de vrais beſoins.

Il suit de ces différences, que la pratique du *prêt* gratuit étoit d'une obligation plus étroite pour les Hébreux que pour nous ; & l'on peut ajouter que vû l'influence de la légiſlation ſur les mœurs, cette pratique leur étoit auſſi plus naturelle & plus facile, d'autant que leurs loix & leur police entretenoient parmi eux certain eſprit d'union & de fraternité qu'on n'a point vû chez les autres peuples. Ces loix en effet, reſpiroient plus la douceur & l'égalité qui doivent régner dans une grande famille, que l'air de domination & de ſupériorité qui paroit néceſſaire dans un grand Etat.

Nous l'avons déja vû, les acquéreurs des fonds étoient tenus à chaque jubilé, de les remettre aux anciens poſſeſſeurs. *Anno jubilæi redient omnes ad poſſeſſiones ſuas*, Lev. xxv. 13. De même tous les ſept ans un débiteur, en vertu de la loi, ſe trouvoit liberé de ſes dettes ; *ſeptimo anno facies remiſſionem. . . . cui debetur aliquid ab amico vel proximo ac fratre ſuo repetere non poterit, quia annus remiſſionis eſt domini : Deut. xv. 2.* D'un autre côté lorſqu'un Iſraélite avoit été vendu à un compatriote, dès qu'il avoit ſervi ſix années plutôt comme *mercénaire* que comme *eſclave*, il ſortoit à la ſeptieme & devenoit libre comme auparavant : on ne devoit pas même le renvoyer les mains vuides, & ſans lui accorder quelque ſecours & quelque protection pour l'avenir : *ſi paupertate compulſus vendiderit ſe tibi frater tuus, non eum opprimes ſervitute famulorum, ſed quaſi mercenarius & colonus erit : Lev. xxv. 39. Cum tibi venditus fuerit frater tuus hebræus, aut hebræa, & ſex annis ſervierit tibi, in ſeptimo anno dimittes eum liberum, & quem libertate donaveris, nequaquam vacuum abire patieris, ſed*

dabis viaticum, &c. Deut. xv. 12. 13. 14.

Ces pratiques & autres de même nature que la loi preſcrivoit aux Iſraélites, montrent bien l'eſprit de fraternité que Dieu, par une ſorte de prédilection, vouloit entretenir parmi eux ; je dis une ſorte de prédilection, car enfin ces diſpoſitions ſi pleines d'humanité, ſi dignes du gouvernement théocratique, ne furent jamais d'uſage parmi les chrétiens ; le Sauveur ne vint pas ſur la terre pour changer les loix civiles, ou pour nous procurer des avantages temporels ; il déclara au-contraire que ſon regne n'étoit pas de ce monde, il ſe défendit même de régler les affaires d'intérèt, *quis me conſtituit judicem aut diviſorem ſuper vos. Luc xx.* 14. Auſſi en qualité de chrétiens nous ne ſommes quittes de nos dettes qu'après y avoir ſatisfait. Le bénéfice du tems ne nous rend point les fonds que nous avons aliénés ; nous naiſſons preſque tous vaſſaux, ſans avoir pour la plupart où repoſer la tète en naiſſant, & les eſclaves enfin qu'on voit à l'Amérique, bien que nos freres en Jeſus-Chriſt, ne ſont pas traités de nos jours ſur le pied de ſimples mercénaires.

Ces prodigieuſes différences entre les Juifs & les autres peuples, ſuffiſent pour répondre à la difficulté que fait S. Thomas, lorſqu'il oppoſe que le *prêt à intérêt* ayant été prohibé entre les Hébreux, conſidérés comme freres, il doit pour la même raiſon l'ètre également parmi nous. En effet, les circonſtances ſont ſi différentes, que ce qui étoit chez eux facile & raiſonnable, n'eſt moralement parlant ni juſte ni poſſible parmi les nations modernes. Joignez à cela que le précepte du *prêt* gratuit ſubſiſte pour les chrétiens comme pour les Iſraélites, dès qu'il s'agit de ſoulager les malheureux.

Quoiqu'il en ſoit, tandis que Dieu
condamnoit

condamnoit l'ufure à l'égard des membres néceffiteux de fon peuple, nous voyons qu'il l'autorifoit avec les étrangers, par la permiffion expreffe de la loi, *fenerabis alieno*, Deut. *xxiij.* 19. *fenerabis gentibus multis*, xv. 6. ib. Or peut-on dire fans blafphème que le fouverain Légiflateur eût permis une pratique qui eût été condamnée par la loi de la nature? n'a-t-il pas toujours reprouvé l'adultere, la calomnie, &c.? Concluons que dès-là le *prêt à intérêt* ne peut être regardé comme profcrit par le droit naturel.

Allons plus loin, & difons que cette ufure recommandée aux Hébreux, étoit un précepte d'économie nationale, une équitable compenfation que Dieu leur indiquoit pour prévenir les pertes qu'ils auroient effuyées en commerçant avec des peuples qui vivoient au milieu d'eux, *advena qui tecum verfatur in terra*, mais qui élevés dans la pratique de l'ufure, & attentifs à l'exiger, auroient rendu leur commerce trop défavantageux aux Juifs, s'ils n'avoient eu droit de leur côté d'exiger les mêmes intérèts de ces peuples. En un mot, les Ifraélites tiroient des profits ufuraires de tous les étrangers, par la même raifon qu'ils les pourfuivoient en tout tems pour les fommes que ceux-ci leur devoient; faculté que l'année fabatique reftraignoit à l'égard de leurs concitoyens : *cui debetur aliquid ab amico vel proximo ac fratre fuo, repetere non poterit, quia annus remiffionis eft domini, à peregrino & adverfo exiges.* Deut. xv. 2. 3.

La liberté qu'avoient les Ifraélites d'exiger l'intérêt de l'étranger, étoit donc de la même nature que la liberté de le pourfuivre en juftice toutes les fois qu'il manquoit à payer : l'une n'étoit pas plus criminelle que l'autre, &
Tome XI.

bien 'qu'en plufieurs cas ces deux procédés leur fuffent défendus entr'eux, par une difpofition de fraternité qui n'a point eu lieu pour les chrétiens, non plus que le partage des terres, & autres bons reglemens qui nous manquent; il demeure toujours conftant que le *prêt* de lucre étoit permis aux Juifs à l'égard des étrangers, comme pratique équitable & néceffaire au foutien de leur commerce.

J'ajoute enfin qu'on ne fauroit admettre le fentiment de nos adverfaires, fans donner un fens abfurde à plufieurs paffages de l'Ecriture. Prenons celui-ci entr'autres : *non fenerabis fratri tuo... fed alieno.* Ces paroles fignifieront exactement, vous ne prèterez point à intérêt aux Ifraélites vos concitoyens & vos freres, ce feroit un procédé inique & barbare que je vous défends; néanmoins ce procédé tout inique & tout barbare qu'il eft, je vous le permets vis-à-vis des étrangers, de qui vous pouvez exiger des intérèts odieux & injuftes. Il eft bien conftant que ce n'étoit point là l'intention du Dieu d'Ifraël. En permettant le *prêt à intérêt* à l'égard des étrangers, il le confidéroit tout au plus comme une pratique moins favorable que le *prêt* d'amitié qu'il établit entre les Hébreux; mais non comme une pratique injufte & barbare. C'eft ainfi que Dieu ordonnant l'abolition des dettes parmi fon peuple, fans étendre la même faveur aux étrangers, ne fit pour ces derniers en cela rien d'inique ou de ruineux; il les laiffa fimplement dans l'ordre de la police ordinaire.

Du refte on ne fauroit l'entendre d'une autre maniere fans mettre Dieu en contradiction avec lui même. Le Seigneur, dit le texte facré, chérit les étrangers, il leur fournit la nourriture & le vêtement, il ordonne même à fon

O o

peuple de les aimer & de ne leur caufer aucun chagrin : *amat peregrinum &*
dat ei victum atque vestitum, & vos ergo
amate peregrinos, quia & ipsi fuistis ad-
venæ : Deut. x. 18. *advenam non con-*
tristabis : Exod. xxij. 21. *peregrino mo-*
lestus non eris : Exod. xxiij. 9. Cela pofé, s'il faut regarder avec nos adverfaires les *prêts à intérêt* que la loi permettoit vis-à-vis des étrangers , comme
des pratiques odieufes, injuftes, barbares, meurtrieres, il faudra convenir en
même tems qu'en cela Dieu fervoit bien
mal fes protégés : mais ne s'apperçoit-on
pas enfin que toutes ces injuftices, ces
prétendues barbaries, ne font que des
imaginations & des fantômes de gens
livrés dès l'enfance à des traditions reçues fans examen, & qui en conféquence de leurs préjugés voient feuls enfuite dans l'ufure légale, des horreurs &
des iniquités que n'y voient point une
infinité de gens pleins d'honneur & de
lumieres, qui prètent & qui empruntent au grand bien de la fociété ; que
ne voient pas davantage ceux qui font
à la tête du gouvernement, & qui l'admettent tous les jours dans des opérations publiques & connues ; horreurs
& iniquités enfin que Dieu ne voit pas
lui-même dans le contrat ufuraire,
puifqu'il l'autorife à l'égard des peuples
étrangers, peuples néanmoins qu'il
aime, & auxquels il ne veut pas qu'on
faffe la moindre peine : *ama peregri-*
num . . . peregrino molestus non eris,
advenam non contristabis.

Quelques-uns ont prétendu que le
fenerabis gentibus multis, Deut. xxviij.
12. n'annonçoit pas un commerce ufuraire, & qu'il falloit l'entendre des
prêts d'amitié que les Juifs pouvoient
faire à des étrangers. Mais c'eft une
prétention formée au hafard, fans preuve & fans fondement. Nous prouvons

au-contraire qu'il eft ici queftion des
prêts lucratifs, puifque Dieu les annonce à fon peuple comme des recompen-
fes de fa fidélité, puifqu'ils fe devoient
faire à des nations qui étoient conftamment les mèmes que celles du *fenerabis*
alieno, nations d'ailleurs qui comme
étrangeres aux Ifraélites, leur étoient
toujours odieufes.

Si vous ètes dociles à la voix du Seigneur votre Dieu, & que vous obfer-
viez fes commandemens, dit Moïfe, il
vous élevera au-deffus de tous les peuples qui font au milieu de vous ; il vous
comblera de fes bénédictions, il vous
mettra dans l'abondance au point que
vous prêterez aux étrangers avec beaucoup d'avantages, fans que vous foyez
réduits à rien emprunter d'eux. Si au-
contraire vous ètes fourds à la voix du
Seigneur, toutes les malédictions du
ciel tomberont fur vos tètes ; les étrangers habitués dans le pays que Dieu
vous a donné, s'éleveront au deffus de
vous, & devenus plus riches & plus
puiffans, bien loin de vous emprunter,
ils vous prêteront eux-mêmes, & pro-
fiteront de votre abaiffement & de vos
pertes. *Deut. xxviij.* 1. 11. 12. 15. 43. 44.

De bonne foi tous ces *prêts* & emprunts que Moïfe annonçoit d'avance,
pouvoient-ils être autre chofe que des
opérations de commerce, où l'on devoit
ftipuler des intérèts au profit du créancier ; fur-tout entre des peuples qui différoient d'origine, de mœurs, & de religion ? peuples jaloux & ennemis fecrets les uns des autres, & cela dans un
tems où l'ufure étoit univerfellement
autorifée, où elle étoit exigée avec une
extrême rigueur, jufqu'à vendre les citoyens pous y fatisfaire, comme nous
le verrons dans la fuite. En un mot,
des peuples fi difcordans ne fe faifoient-
ils que des *prêts* d'amitié ? D'ailleurs

fuppofé ces *prêts* abfolument gratuits, les auroit-on préfentés à ceux qui devoient les faire comme des avantages & des récompenfes ? les auroit-on préfentés à ceux qui devoient les recevoir comme des punitions & des défaftres ? Peut-on s'imaginer enfin que pour rendre des hommes charnels & toujours intéreffés, vraiment dociles à la voix du Seigneur, Moïfe leur eût propofé comme une récompenfe, l'avantage rifible de pouvoir prêter fans intérêt, à des étrangers odieux & déteftés.

Je conclus donc que le *fenerabis gentibus multis*, de même que le *fenerabis alieno*, établiffent la juftice de l'ufure légale, quand elle fe pratique entre gens accommodés, & que cette ufure enfin loin d'être mauvaife de fa nature, loin de foulever des débiteurs contre leurs créanciers, paroîtra toujours aux gens inftruits, non-moins jufte qu'avantageufe au public, & fur-tout aux emprunteurs, dont plufieurs languiroient fans cette reffource, dans une inaction également ftérile & dangereufe.

Réponfe à ce qu'on allegue du nouveau Teftament. Nous examinerons bientôt les paffages des prophètes & des faints peres, mais voyons auparavant ceux de l'Evangile ; & pour mieux juger, confidérons les rapports qu'ils ont avec ce qui précede & ce qui fuit.

,, Béniffez ceux qui vous donnent ,, des malédictions, & priez pour ceux ,, qui vous calomnient. Si l'on vous ,, frappe fur une joue, préfentez encore ,, core l'autre, & fi quelqu'un vous ,, enleve votre manteau, laiffez-lui ,, prendre auffi votre robe. Donnez à ,, tous ceux qui vous demandent, & ,, ne redemandez point votre bien à ,, celui qui vous l'enleve; traitez les ,, hommes comme vous fouhaitez qu'ils ,, vous traitent. Si vous n'aimez que

,, ceux qui vous aiment ; fi vous ne ,, faites du bien qu'à ceux qui vous ,, en font, quelle récompenfe en pouvez-vous ,, vez-vous attendre ? Les publicains, ,, les pécheurs en font autant. Si vous ,, ne prêtez qu'à ceux de qui vous efpérez ,, pérez le même fervice, il n'y a pas ,, à cela grand mérite; les pécheurs ,, même prêtent à leurs amis dans l'efpérance ,, pérance du retour. *Pour moi je vous* ,, *dis, aimez vos ennemis au point de* ,, *leur faire du bien, & de leur prêter,* ,, *quoique vous ne puiffiez pas compter* ,, *fur leur gratitude* ; vous deviendrez ,, par-là les imitateurs & les enfans ,, du Très-haut qui n'exclut de fes faveurs ,, veurs ni les méchans ni les ingrats. ,, Soyez donc ainfi que votre pere célefte, ,, lefte, compatiffans pour les malheureux. ,, reux. Luc, *vj.* 28. *&c.* Et travaillez ,, lez à devenir parfaits comme lui". Matt. *v.* 48.

Qui ne voit dans tout cela un encouragement à la perfection évangélique, à la douceur, à la patience, à une bienfaifance générale femblable à celle du Pere célefte, *eftote ergo vos perfecti*, mais perfection à laquelle le commun des hommes ne fauroit atteindre ? Ce que nous dit ici Jefus-Chrift fur le *prêt* défintéreffé, ne differe point des autres maximes qu'il annonce au même endroit, lorfqu'il nous rocommande de ne point répéter le bien qu'on nous enleve, de laiffer prendre également la robe & le manteau, de donner à tous ceux qui nous demandent, de préfenter la joue à celui qui nous donne un foufflet, &c. toutes propofitions qui tendent à la perfection chrétienne, & qui s'accordent parfaitement avec celle qui nous crie, aimez vos ennemis au point de les obliger & de leur prêter, quoique vous ne puiffiez pas compter fur leur gratitude.

O o 2

Obfervons au refte fur cette derniere propofition qu'elle renferme plufieurs idées qu'il faut bien diftinguer. Je dis donc qu'on doit regarder comme précepte l'amour des ennemis reftraint à une bienveillance affectueufe & fincere ; mais que cette heureufe difpofition pour des ennemis, n'oblige pas un chrétien à leur donner ou leur prêter de grandes fommes fans difcernement, & fans égard à la juftice qu'il doit à foi-mème & aux fiens. En un mot, ce font ici des propofitions qui ne font que de confeil, & nullement obligatoires ; autrement, fi c'eft un devoir d'imiter le Pere célefte, en répandant nos bienfaits fur tout le monde, fans exclure les méchans ni les ingrats, en prêtant à quiconque fe préfente, mème à des libertins & à des fourbes, comme on peut l'induire d'un paffage de faint Jérôme, *præcipiente domino, feneramini his à quibus non fperatis recipere ; in caput xviij.* Ezech. S'il faut donner à tous ceux qui nous demandent, s'il ne faut pas répéter le bien qu'on nous enleve, *omni potenti retribue, & qui aufert quæ tua funt ne repetas, vj.* 30. Il s'enfuit qu'on ne peut rien refufer à perfonne, qu'on ne doit pas mème pourfuivre en juftice lé loyer de fa terre ou de fa maifon ; que le titulaire d'un bénéfice n'en peut retenir que la portion congrue, & que fauf l'étroit néceffaire, chacun doit remplir *gratis* les fonctions de fon état. Mais on fent que c'eft trop exiger de la foibleffe humaine, que ce feroit livrer les bons à la dureté des méchans ; & ces conféquences le plus fouvent impraticables, montrent bien que ces maximes ne doivent pas être mifes au rang des préceptes.

Auffi, loin de commander dans ces paffages, notre divin légiflateur fe borne-t-il à nous exhorter au détachement le plus entier, à une bienfaifance illimitée ; & c'eft dans ce fens que répond ant au jeune homme qui vouloit s'inftruire des voies du falut, voulez-vous, lui dit-il, obtenir la vie éternelle ? foyez fidele à garder les commandemens. Mais pefons bien ce qui fuit ; fi vous voulez être parfait, vendez le bien-que vous avez, diftribuez-le aux pauvres, & vous aurez un tréfor dans le ciel. *Si vis ad vitam ingredi, ferva mandata.... Si vis perfectus effe, vade, vende quæ habes & da pauperibus, &c.* Matt. xjx. 17. Paroles qui démontrent qu'il n'y a point ici de précepte, mais feulement un confeil pour celui qui tend à la perfection, *fi vis perfectus effe* ; confeil mème dont la pratique ne pourroit s'étendre, fans abolir l'intérêt particulier, & fans ruiner les refforts de la fociété : car enfin, s'il étoit poffible que chacun fe dépouillât de fon bien, quel feroit le dernier ceffionnaire ; & ce qui eft encore plus embarraffant, qui voudroit fe charger des travaux pénibles ? De tels confeils ne font bons que pour quelques perfonnes ifolées qui peuvent édifier le monde par de grands exemples ; mais ils font impraticables pour le commun des hommes, parce que fouvent leur état ne leur permet pas d'afpirer à ce genre de perfection. Si, par exemple, un pere facrifioit ainfi les intérêts de fa famille, il feroit blâmé par tous les gens fages, & peut-être mème repris par le magiftrat.

Quand Jefus-Chrift fit l'énumération des préceptes au jeune homme dont nous venons de parler, il ne lui dit pas un mot de l'ufure. Il n'en dit rien non plus dans une autre occafion où il étoit naturel de s'en expliquer, s'il l'avoit jugée criminelle ; c'eft lorfqu'il expofa l'excellence de fa morale, & qu'il en développa toute l'étendue en ces termes; Matt. *v. 33. &c.* „ Il a été dit aux anciens, vous ne ferez point de faux ferment; & moi je vous dis de ne point jurer du tout. Il a été dit, vous pourrez exiger œil pour œil, dent pour dent; & moi je vous dis de préfenter la joue à celui qui vous donne un fouf-flet. Il a été dit, vous aimerez votre prochain, mais vous pourrez haïr votre ennemi, *odio habebis inimicum, ibid.* 43. & moi je vous dis, aimez vos ennemis, faites du bien à ceux qui vous haïffent. C'étoit ici le lieu d'ajouter : il a été dit, vous pourrez prêter à ufure aux étrangers, *fenerabis alieno*; & moi je vous dis de leur prêter fans intérêt; " mais il n'a rien prefcrit de femblable.

Au furplus rappellons les paffages qu'on nous oppofe, & comparons-les enfemble pour en mieux faifir les rap-ports. Voici fur cela une obfervation intéreffante.

Les actes de bienveillance & d'amitié dont parle Jefus-Chrift en S. Matthieu, & qui confiftent à aimer ceux qui nous aiment, à traiter avec honnêteté, *fi diligitis eos qui vos diligunt, fi falutaveritis fratres, v. 46. 47.* De même les repas que fe donnent les gens aifés, *cum facis prandium aut cœnam.* Luc, *xjv.* 12. Nous pouvons ajouter d'après Jefus-Chrift, les *prêts* ufités entre les pécheurs, *peccatores peccatoribus fenerantur.* Luc, *vj.* 34. Tous ces actes opérés par le motif du plaifir ou de l'intérêt font inutiles pour le falut; on le fait, *quam mercedem habebitis.* Ce-pendant quoique ftériles, quoique éloi-gnés de la perfection, ils ne font pas pour cela répréhenfibles. En effet, feroit-ce un mal d'aimer & d'obliger ceux qui nous aiment, de les recevoir à notre table, de les traiter avec les égards de la politeffe & de l'amitié, de leur prêter aux conditions honnêtes aux-

quelles ils nous prêtent eux-mêmes; l'Evangile nous déclare feulement qu'il n'y a rien là de méritoire, puifque les publicains & les pécheurs en font au-tant.

C'eft donc uniquement comme acte indifférent au falut, que Jefus-Chrift nous annonce le prêt des pécheurs, lorf-qu'il nous affure que ce n'eft pas un grand mérite de prêter à gens avec qui nous efpérons trouver quelque avanta-ge; *fi mutuum dederitis his à quibus fpe-ratis recipere, quæ gratia eft vobis? nam peccatores peccatoribus fenerantur ut re-cipiant æqualia.* Luc, *vj.* 34. Mais je le répete, cet acte n'eft pas criminel, non plus que les bons offices rendus à des amis, à des proches, ou les repas aux-quels nous les invitons. Tous ces actes ne font point condamnés par le Sau-veur; il les déclare feulement infruc-tueux pour la vie éternelle, *quæ gratia eft vobis?*

Et qu'on ne dife pas comme quel-ques-uns, entr'autres le forbonifte Gait-te, que le *prêt* des pécheurs non réprou-vés de Jefus-Chrift, étoit un *prêt* de bienveillance où le créancier ne retiroit que fa mife. Il fe fonde mal-à-propos fur ces paroles du texte, *peccatores pec-catoribus fenerantur ut recipiant æqua-lia; fenerantur,* dit le forbonifte, *id eft, mutuum dant, non vero fenori dant; qui enim fenori dat, non æqualia datis, fed inæqualia recipit, quia plus recipit quam dederit. De ufurâ, pag.* 345. Il eft vifi-ble que notre docteur a fort mal pris le fens de ces trois mots, *ut recipiant æqualia.* En effet, s'il falloit les enten-dre au fens que les pécheurs ne vifoient en prêtant qu'à retirer leurs fonds ou une fomme égale à celle qu'ils avoient livrée, *ut recipiant æqualia;* que fai-foient donc en pareil cas les gens ver-tueux?

Ne voit-on pas que les pécheurs & les publicains ne pouvoient se borner ici à tirer simplement leur capital, & qu'il falloit quelque chose de plus pour leur cupidité? Sans cela, quel avantage y avoit-il pour de telles gens, & sur quoi pouvoit être fondé le *speratis recipere* de l'Evangile? Plaisante raison de prêter pour des gens intéressés & accoutumés au gain, que la simple espérance de ne pas perdre le fonds! Ou l'on prête dans la vue de profiter, ou dans la vue de rendre service, & souvent on a tout-à-la fois ce double objet, comme l'avoient sans doute les pécheurs dont nous parlons; mais on n'a jamais prêté uniquement pour retirer son capital; seroit-ce la peine de courir des risques? Il faut supposer pour le moins aux pécheurs de l'évangile l'envie d'obliger des amis, & de se ménager des ressources à eux-mêmes, aussi est-ce le vrai, l'unique sens d'*ut recipiant æqualia*; expression du reste qui n'annonce ni le lucre, ni la gratuité du *prêt*, n'étant ici question que du bienfait qui lui est inhérent, quand il s'effectue à des conditions raisonnables.

Ces paroles du texte sacré, *peccatores peccatoribus fenerantur ut recipiant æqualia*, signifient donc que les gens les plus intéressés prêtent à leurs semblables, parce qu'ils en attendent le même service dans l'occasion. Mais cette vue de se préparer des ressources pour l'avenir n'exclut point de modiques intérêts qu'on peut envisager en prêtant, même à ce qu'on appelle des *connoissances* ou des *amis*. C'est ainsi que nos négocians & nos publicains modernes savent maintenir leurs liaisons de commerce & d'amitié, sans renoncer entr'eux à la pratique de l'intérêt légal. Il faut donc admettre du lucre dans les *prêts* dont parle Jesus-Christ, & qu'il dit inutiles

pour le salut, mais qu'il ne reprouve en aucune maniere, comme il n'a point réprouvé tant de contrats civils qui n'ont pas de motifs plus relevés que les bons offices, les repas & les *prêts* usités entre les pécheurs. Il faut conclure que ce sont ici de ces actes qui ne sont ni méritoires, ni punissables dans l'autre vie; tels que sont encore les prieres, les jeûnes & les aumônes des hypocrites, qui ne cherchant dans le bien qu'ils operent que l'estime & l'approbation des hommes, ne méritent à cet égard auprès de Dieu ni punition, ni récompense, *receperunt mercedem suam*, Matthieu *vj*. 1. 2. 5. 16.

Une autre raison qui prouve également que le *prêt* des pécheurs étoit lucratif pour le créancier; c'est que s'il avoit été purement gratuit, dès-là il auroit mérité des éloges. Cette gratuité une fois supposée auroit mis Jesus-Christ en contradiction avec lui-même, & il n'auroit pû dire d'un tel *prêt*, *quæ gratia est vobis?* Elle l'auroit mis aussi en contradiction avec Moïse, puisque ces prêteurs supposé si bienfaisans auroient pû lui dire: „ Seigneur, nous prêtons gra- „ tuitement à nos compatriotes, & par „ là nous renonçons à des profits que „ nous pourrions faire avec les étran- „ gers. " Moïse, en nous prescrivant cette générosité pour nos freres, nous en promet la récompense de la part de Dieu, *fratri tuo absque usura . . . . . commodabis ut benedicat tibi Dominus*. Cependant, Seigneur, vous nous déclarez qu'en cela nous n'avons point de mérite, *quæ gratia est vobis*. Comment sauver ces contrariétés?

Il est donc certain que les pécheurs de l'Evangile visoient tout-à-la-fois en prêtant, à obliger leurs amis & à profiter eux-mêmes; que par conséquent ils percevoient l'usure légale de tout tems admife entre les gens d'affaires, fauf à la payer également quant ils avoient recours à l'emprunt. Or le Sauveur déclarant cette négociation ftérile pour le ciel, fans cependant la condamner; le même négoce, ufité aujourd'hui comme alors entre commerçans & autres gens à l'aife, doit être fenfé infructueux pour le falut, mais néanmoins exempt de toute iniquité.

Expliquons à préfent ces paroles de Jefus-Chrift, Luc, vj. 35. *diligite inimicos veftros, benefacite & mutuum date nihil inde fperantes.* Paffage qu'on nous oppofe & qu'on entend mal; paffage, au refte, qui fe trouve altéré dans la vulgate, & qui eft fort différent dans les trois verfions perfane, arabe & fyriaque, fuivant lefquelles on doit lire: *Diligite inimicos veftros, benefacite & mutuum date, nullum defperantes, nullum defperare facientes.*

Le traducteur de la vulgate ayant travaillé fur le grec qui porte, δανείζετε μηδὲν ἀπελπίζοντες, a été induit en erreur; en voici l'occafion. Anciennement μηδὲν s'écrivoit avec apoftrophe pour l'accufatif mafculin, μηδένα, *nullum*, afin d'éviter la rencontre des deux *a*, qui auroient choqué l'oreille dans μηδένα ἀπελπίζοντες, *nullum defperantes*. Ce traducteur, qui apparemment n'avoit pas l'apoftrophe dans fon exemplaire, ou qui peutêtre n'y a pas fait attention, a pris μηδὲν au neutre, & l'a rendu par *nihil*, de forte que pour s'ajufter & faire un fens, il a traduit non pas *nihil defperantes*, comme il auroit dû en rigueur, mais *nihil inde fperantes.* En quoi il a changé l'acception conftante du verbe ἀπελπίζω, qui, dans tous les auteurs, tant facrés que profanes, fignifie *défefpérer, mettre au défefpoir.* Cette obfervation fe voit plus au long dans le *traité des prêts de commerce*, p. 106. Mais tout

cela eft beaucoup mieux développé dans une favante differtation qui m'eft tombée entre les mains, & où l'auteur anonyme démontre l'altération dont il s'agit avec la derniere évidence.

Cette ancienne leçon, fi conforme à ce que Jefus-Chrift dit en S. Matthieu, v. 42. „Donnez à celui qui vous deman„de, & n'éconduifez point celui qui „ veut emprunter de vous ”. *Qui petit à te, da ei & volenti mutuari à te ne avertaris.* Cette leçon, dis-je, une fois admife, leve toute la difficulté; car dèslà il ne s'agit plus pour nous que d'imiter le Pere célefte, qui répand fes dons jufques fur les méchans; il ne s'agit plus, dis-je, que d'aimer tous les hommes, que de faire du bien, & de prêter même à nos ennemis, fans vouloir refufer nos bons offices à perfonne, *nullum defperantes.* Mais cela ne dit rien contre le *prêt* de commerce que l'on feroit à des riches; cela ne prouve point qu'on doive s'incommoder pour accroître leur opulence, parce que l'on peut aimer jufqu'à fes ennemis, & leur faire du bien fans aller jufqu'à la gratuité du *prêt.* En effet, c'eft encore obliger beaucoup un homme aifé, fur-tout s'il eft notre ennemi, que de lui prêter à charge d'intérêt; & on ne livre pas fes efpeces à tout le monde, même à cette condition. Pollion, dit Juvenal, cherche par-tout de l'argent à quelque denier que ce puiffe être, & il ne trouve perfonne qui veuille être fa dupe, *qui triplicem ufuram præftare paratus circuit, & fatuos non invenit*, fat. ix. verf. 4. On peut donc affurer que le *prêt* de commerce confervant toujours le caractere de bienfait, fuppofant toujours un fonds de confiance & d'amitié, il doit être fenfé auffi légitime entre des chrétiens que les contrats ordinaires d'échange, de louage, &c.

Mais, fans rien entreprendre fur le texte facré, nous allons montrer que le paffage tel qu'il eft dans la vulgate, n'a rien qui ne fe concilie avec notre opinion. Pour cela je compare le paffage entier avec ce qui précede & ce qui fuit, & je vois que les termes *nihil inde fperantes* font indiftinctement relatifs à *diligite inimicos veftros, benefacite & mutuum date.* Ces trois mots nous préfentent un contrafte parfait avec ce qui eft marqué aux verfets précédens, fans toucher du refte ni le lucre, ni la gratuité du *prêt.* Voici le contrafte.

Il ne fuffit pas pour la perfection que le Sauveur defire, que vous marquiez de la bienveillance; que vous faffiez du bien; que vous prêtiez à vos amis, à ceux qui vous ont obligé, ou de qui vous attendez des fervices, *à quibus fperatis recipere.* La morale évangelique eft infiniment plus pure. *Si diligitis eos qui vos diligunt..... Si benefeceritis his qui vobis benefaciunt, quæ vobis eft gratia? fi quidem & peccatores hoc faciunt. Si mutuum dederitis his à quibus fperatis recipere, quæ gratia eft vobis? nam & peccatores peccatoribus fenerantur ut recipiant æqualia: veruntamen diligite inimicos veftros, benefacite & mutuum date, nihil inde fperantes, nullum defperantes, & erit merces veftra multa, & eritis filii altiffimi, quia ipfe benignus eft fuper ingratos & malos. Eftote ergo mifericordes, &c.*

Faites, dit J. C. plus que les pécheurs, que les publicains; ils aiment leurs amis, ils les obligent, ils leur prêtent, parce qu'ils trouvent en eux les mêmes difpofitions, & qu'ils en attendent les mêmes fervices. Pour vous, dit-il, imitez le Pere célefte, qui fait du bien aux méchans & aux ingrats; aimez jufqu'à vos ennemis, aimez-les fincerement au point de les obliger & de leur prêter,

nihil inde fperantes, quoique vous n'en puiffiez pas attendre des retours de bienveillance ou de générofité.

Maxime plus qu'humaine, bien digne de fon auteur, mais qui ne peut obliger un chrétien à ne pas reclamer la juftice d'un emprunteur aifé, ou à lui remettre ce qu'on lui a prêté pour le bien de fes affaires; puifqu'enfin l'on n'eft pas tenu de fe dépouiller en faveur des riches. Il y a plus, Jefus-Chrift ne nous commande pas à leur égard la gratuité du *prêt;* il n'annonce que le devoir d'aimer tous les hommes, fans diftinction d'amis ou d'ennemis; que le devoir de les obliger, de leur prêter même autant qu'il eft poffible, fans manquer à ce que l'on doit à foi & à fa famille; car il faut être jufte pour les fiens avant que d'être généreux pour les étrangers.

D'ailleurs par quel motif ce divin maître nous porte-t-il à une bienfaifance qui s'étend jufqu'à nos ennemis? c'eft principalement par des vues de commifération, *eftote ergo mifericordes, ibid.* 46. Il ne follicite donc notre générofité que pour le foulagement des malheureux, & non pour l'aggrandiffement des riches qui ne font pas des objets de compaffion, qui fouvent paffent leurs créanciers en opulence. Ainfi la loi du *prêt* gratuit n'a point été faite pour augmenter leur bien-être. Il eft vifible qu'en nous recommandant la commifération, *eftote mifericordes,* le Sauveur ne parle que pour les néceffiteux. Auffi, je le répete, c'eft pour eux feuls qu'il s'intéreffe; vendez, dit-il ailleurs, ce que vous avez, donnez-le aux pauvres, & vous aurez un tréfor dans le ciel, Matth. *xix.* 17. Il n'a ni commandé, ni confeillé de donner aux riches; il n'a point promis de récompenfe pour le bien qu'on leur feroit, au contraire il femble les exclure de nos bienfaits, en même

même tems qu'il nous exhorte à les répandre sur les indigens. „ Au-lieu, dit-il, de recevoir à votre table des gens aisés, prêts à vous rendre la pareille, recevez-y plutôt des pauvres & des infirmes hors d'état de vous inviter, *Luc, xix. 12. 13.* ".

Je demande après cela, quel intérêt Dieu peut prendre à ce que Pierre aisé prête *gratis* à Paul, également à son aisé? Autant qu'il en prend à ce que l'un invite l'autre à diner.

Je dis donc, suivant la morale de Jesus - Christ, qu'il faut autant que l'on peut faire du bien & prêter gratuitement à ceux qui sont dans la peine & dans le besoin, même à des ennemis de qui l'on n'attend pas de reconnoiffance, & cela pour imiter le Pere célefte qui répand fes dons & fa rofée sur les justes & sur les injustes. Cependant on n'est tenu de prêter *gratis* que dans les circonstances où l'on est obligé de faire des aumônes, dont le *prêt* gratuit est une efpece, au-moins vis à-vis du pauvre. D'où il fuit qu'on ne manque pas au devoir de la charité en prêtant à profit à tous ceux qui ne sont pas dans la détresse, & qui n'empruntent que par des vues d'enrichissement ou d'élévation.

J'ajoute que d'aller beaucoup plus loin, en prêtant comme quelques-uns l'entendent, & prêtant de grandes sommes avec une entiere indifférence, *quasi non recepturus*, dit saint Ambroise, *epift. ad vigil.* c'est se livrer à la rapacité des libertins & des aventuriers; ce n'est plus prêter, en un mot, c'est donner; ou plutôt c'est jetter & dissiper une fortune, dont on n'est que l'économe, & que l'on doit par préférence à foi-même & aux fiens.

Concluons que le *prêt* gratuit nous est recommandé en général comme une

Tome XI.

aumône, & dès-là comme un acte de perfection affuré d'une récompense dans le ciel; que cependant le *prêt* de commerce entre gens aifés n'est pas condamné par le Sauveur; qu'il le confidere précifément comme les bons offices, de ce qu'on appelle *honnêtes gens*, ou les repas que fe donnent les gens du monde; actes stériles pour le falut, mais qui ne font pas condamnables. Or il n'en faut pas davantage pour des hommes qui, en faifant le bien de la fociété, ne peuvent négliger leurs propres intérêts, & qui prétendent louer leur argent avec autant de raifon que leurs terres ou leurs travaux. D'autant plus qu'ils fuivent la regle que J. C. nous a tracée, je veux dire qu'ils ne font aux autres dans ce négoce que ce qu'ils acceptent volontiers pour eux-mêmes. Ce qui n'empêche pas que la charité ne s'exerce fuivant les circonstances.

Un hôtelier charitable donne le gite *gratis* à un voyageur indigent, & il le fait payer à un homme aifé. Un médecin chrétien vifite les pauvres par charité, tandis qu'il voit les riches par intérêt. De même l'homme pécunieux qui a de la religion, livre généreufement une fomme pour aider un petit particulier dans fa détresse, le plus fouvent fans fûreté pour le fonds; & en tout cela il n'ambitionne que la récompenfe qui lui est affurée dans le ciel : mais est-il queftion de prêter de grandes fommes à des gens aifés, il fonge pour-lors qu'il habite fur la terre; qu'il y est sujet à mille befoins; qu'il est d'ailleurs entouré de malheureux qui réclament fes aumônes; il croit donc pouvoir tirer quelque avantage de fon argent, & pour fa propre fubfiftance & pour celle des pauvres. Conféquemment il ne fe fait pas plus de fcrupule de prendre fur les riches le loyer de fon argent, que de

P p

recevoir les rentes de fa terre ; & il a d'autant plus de raifon d'en agir ainfi, qu'il eft ordinairement plus facile à l'emprunteur de payer un intérêt modéré; qu'il n'eft facile au créancier d'en faire l'entier abandon.

Toute cette doctrine eft bien confirmée par la pratique des *prêts* de lucre publiquement autorifée chez les Juifs au tems de Jefus-Chrift. On le voit par le reproche que le pere de famille fait à fon ferviteur, de n'avoir pas mis fon argent chez les banquiers pour en tirer du moins l'intérêt, puifqu'il n'avoit pas eu l'habileté de l'employer dans le commerce : *oportuit ergo te committere pecuniam meam nummulariis, & veniens ergo recepiffem utique quod meum eft cum ufurâ; σὺν τάχω, cum fenore, Matth. xxv. 27.*

Ce paffage fuffiroit tout feul pour établir la légitimité de l'ufure légale : *Sicut enim homo peregrè proficifcens vocavit fervos fuos, & tradidit illis bona fua, ibid.* 14. Ce pere de famille qui confie fon argent à fes ferviteurs pour le faire valoir pendant fon abfence, c'eft Dieu lui-même figuré dans notre parabole, qui prend cette voie pour nous inftruire, *fimile eft regnum cælorum, ibid.* Et fi le paffage nous offre un fens fpirituel propre à nous édifier, nous y trouvons auffi un fens naturel très-favorable à notre *prêt à intérêt.* En effet, Dieu nous parle ici de l'argent qu'on porte à la banque, & des intérêts qu'on en tire comme d'une négociation très-légitime, & qu'il croit lui-même des plus utiles, puifqu'il fe plaint qu'on n'en ait pas ufé dans l'occafion. Du refte, ce n'eft pas ici une fimple fimilitude, c'eft un ordre exprès de placer une fomme à profit. Il eft inutile de dire que Jefus-Chrift fait entrer quelquefois dans fes comparaifons des procédés qui ne font pas à imiter, comme celui de l'économe infidele & celui du juge inique, &c. Dans le premier cas, Jefus-Chrift oppofe l'attention des hommes pour leurs intérêts temporels à leur indifférence pour les biens céleftes ; & dans le fecond, il nous exhorte à la perfévérance dans la priere, par la raifon qu'elle devient efficace à la fin, même auprès des méchans, & à plus forte raifon auprès de Dieu. On fent bien que Jefus-Chrift n'approuve pas pour cela les infidélités d'un économe, & encore moins l'iniquité d'un juge.

La parabole des talens eft d'une efpece toute différente ; ce ne font pas feulement des rapports de fimilitude qu'on y découvre, c'eft une regle de conduite pratique fur laquelle il ne refte point d'embarras. Le pere de famille s'y donne lui-même pour un homme attentif à fes intérêts, pour un ufurier vigilant qui ne connoît point ces grands principes de nos adverfaires, que l'argent eft ftérile de fa nature, & ne peut rien produire, qu'on ne doit tirer d'une affaire que ce qu'on y met, &c. Il prétend au contraire que l'argent eft très-fécond, & qu'il doit fructifier ou par le commerce ou par le *prêt à intérêt* ; & non-feulement il veut tirer plus qu'il n'a mis, il veut encore moiffonner où il n'a rien femé, *meto ubi non femino, & congrego ubi non fparfi. Ibid.*

Après cela il admet fans difficulté une pratique ufuraire qu'il trouve autorifée par la police, & fur laquelle il ne répand aucun nuage de blâme ou de mépris; pratique enfin qu'il indique pofitivement pour tirer parti d'un fonds qu'on n'a pas eu l'induftrie d'employer avec plus d'avantage. Que peut-on fouhaiter de plus fort & de plus décifif pour appuyer notre *prêt à intérêt ?*

Réponfe aux paffages des prophetes &

des saints peres. Il nous reste à voir les passages des prophetes & des peres. A l'égard des premiers, on nous oppose Ezéchiel & David, qui tous deux nous parlent du *prêt à intérêt*, comme une œuvre d'iniquité incompatible avec le caractere d'un homme juste. *Pseaume* 14 *& 54. Ezech. ch. xviij.*

J'observe d'abord là-dessus qu'il ne faut pas considérer les prophetes comme des législateurs. La loi étoit publiée avant qu'ils parussent, & ils n'avoient pas droit d'y ajouter. On ne doit donc les regarder quant à la correction des mœurs, que comme des missionnaires zélés qui s'appuyoient des loix préétablies pour attaquer des désordres plus communs de leur tems que du nôtre : ce qui est vrai sur-tout du brigandage des usuriers. Chez les Athéniens l'usure ne connut de bornes que celles de la cupidité qui l'exerçoit. On exigeoit douze, quinze & vingt pour cent par année. Elle n'étoit guere moins excessive à Rome où elle souleva plus d'une fois les pauvres contre les riches. Elle y étoit fixée communément par mois au centieme du capital : ce qui fait douze pour cent par année ; encore alloit-elle souvent au-delà ; de sorte que cette centésime ruineuse qui portoit chaque mois intérêt d'intérêt, *nova usurarum auctio per menses singulos*, dit S. Ambroise *de Tobia, c. viij.* cette centésime dévorante engloutissoit bientôt toute la fortune de l'emprunteur. Ce n'est pas tout, les créanciers faute de payement, après avoir discuté les biens d'un insolvable, devenoient maître de sa personne, & avoient droit de le vendre pour en partager le prix, *parteis secanto*, dit la loi des douze tables. S'il n'y avoit qu'un créancier, il vendoit de même le débiteur, où il l'employoit pour son compte à divers travaux, & le maltraitoit à son gré. Tite-

Live rapporte là-dessus un trait qu'on ne sera pas fâché de retrouver ici. *Liv. II. n°. 23. l'an de Rome 260.*

„ La ville se trouvoit, dit-il, parta-
„ gée en deux factions. La dureté des
„ grands à l'égard des peuples, & sur-
„ tout les rigueurs de l'esclavage aux-
„ quelles on soumettoit les débiteurs in-
„ solvables, avoient allumé le feu de la
„ discorde entre les nobles & les plé-
„ béïens. Ceux-ci frémissoient de rage,
„ & marquoient publiquement leur in-
„ dignation, en considérant qu'ils pas-
„ soient leur vie à combattre au-de-
„ hors pour assurer l'indépendance de
„ la république & pour étendre ses con-
„ quêtes, & que de retour dans leur
„ patrie, ils se voyoient opprimés &
„ mis aux fers par leurs concitoyens,
„ tyrans plus redoutables pour eux que
„ leurs ennemis mêmes. L'animosité du
„ peuple se nourrit quelque tems de ces
„ plaintes ; un événement singulier la
„ fit éclater enfin par un soulevement
„ général.

„ On vit un jour un vieillard couvert
„ de haillons qui paroissoit fuir vers la
„ place ; un visage pâle, un corps exté-
„ nué, une longue barbe, des cheveux
„ hérissés lui donnoient un air hagar &
„ sauvage, & annonçoient en lui le com-
„ ble de la misere. Quoiqu'il fût ainsi
„ figuré, on le reconnut bientôt ; on
„ apprit qu'il avoit eu autrefois du
„ commandement dans l'armée, & qu'il
„ avoit servi avec honneur ; il en don-
„ noit des preuves en montrant les bles-
„ sures dont il étoit couvert. Le peu-
„ ple que la singularité du spectacle
„ avoit rassemblé autour de lui, parut
„ d'avance fort sensible à ses malheurs ;
„ chacun s'empresse de lui en demander
„ la cause. Il dit que pendant qu'il por-
„ toit les armes contre les Sabins, sa
„ maison avoit été pillée & brûlée par

» les ennemis, qui avoient en même
» tems pris ses bestiaux & ruiné sa ré-
» colte : qu'après cela les besoins de
» la république ayant exigé de fortes
» contributions, il avoit été obligé d'em-
» prunter pour y satisfaire, & que les
» usures ayant beaucoup augmenté sa
» dette, il avoit vendu d'abord son pa-
» trimoine, & ensuite ses autres effets;
» mais que cela ne suffisant pas encore
» pour l'acquitter, il s'étoit vu réduit
» par la loi à devenir l'esclave de son
» créancier, qui en conséquence non-
» seulement l'avoit accablé de travaux,
» mais l'avoit encore excédé par des
» traitemens honteux & cruels, dont il
» montroit les marques récentes sur son
» corps meurtri de coups. A cette vue
» il s'élève un cri qui porte le trouble
» dans toute la ville. Les plébéiens mu-
» tinés se répandent dans tous les quar-
» tiers, & mettent en liberté tous les
» citoyens detenus pour dettes. Ceux-
» ci se joignant aux premiers, & im-
» plorant la protection du nom romain,
» augmentent la sédition; à chaque pas
» il se présente de nouveaux compa-
» gnons de révolte, &c. »

Nous trouvons dans l'histoire sainte des traits également intéressans sur le même sujet. Nous y apprenons que le *prêt à intérêt* étoit si ruineux parmi les Juifs, & qu'on en exigeoit le payement avec tant de rigueur, que les emprun-teurs étoient quelquefois réduits pour y satisfaire, à livrer leurs maisons, leurs terres & jusqu'à leurs enfans. Néhémie, au tems d'Esdras, vers l'an 300. de Ro-me, envoyé par Artaxerçes Longue-main pour commander en Judée, & pour rebâtir Jérusalem, nous en parle comme témoin oculaire, & nous en fait un récit des plus touchans. Esdras, *l.* II. *c. v.*

» Les pauvres, dit-il, accablés par
» leurs freres, c'est-à-dire, leurs con-
» citoyens, parurent disposés à un sou-
» levement; on vit sortir en foule hom-
» mes & femmes remplissant Jérusalem
» de plaintes & de clameurs. Nous avons
» plus d'enfans que nous n'en pouvons
» nourrir, disoient les uns; il ne nous
» reste plus d'autre ressource que de les
» vendre pour avoir de quoi vivre.
» Nous sommes forcés, disoient les au-
» tres, d'emprunter à usure & d'enga-
» ger notre patrimoine, tant pour four-
» nir à nos besoins que pour payer les
» tributs au roi; sommes-nous de pire
» condition nous & nos enfans que
» les riches qui nous oppriment, &
» qui sont nos freres? Cependant nos
» enfans sont dans l'esclavage, & nous
» sommes hors d'état de les rache-
» ter, puisque nous voyons déja nos
» champs & nos vignes en des mains
» étrangeres.

Néhémie attendri parla vivement aux magistrats & aux riches, de l'usure qu'ils exigeoient de leurs freres. » Vous
» savez, leur dit-il, que j'ai racheté,
» autant qu'il m'a été possible, ceux
» de nos freres qui avoient été vendus
» aux étrangers; vous au contraire,
» vous les remettez dans l'esclavage,
» pour que je les retire une seconde
» fois. Votre conduite est inexcusable;
» elle prouve que la crainte du Seigneur
» ne vous touche pas; & vous vous
» exposez au mépris de nos ennemis".
Ils ne surent que répondre à ce juste reproche. Il leur dit donc alors : » Nous
» avons prêté à plusieurs, mes freres,
» mes gens & moi, nous leur avons
» fourni sans intérêt de l'argent & du
» grain; faisons tous ensemble un acte
» de générosité; remettons à nos fre-
» res ce qu'ils nous doivent, & en
» conséquence qu'on leur rende sur le
» champ leurs maisons & leurs terres;

„ & qu'il ne foit plus queſtion de cette
„ centéſime que *vous avez coutume* d'e-
„ xiger, tant pour l'argent que pour les
„ grains, l'huile & le vin que vous leur
„ prêtez. Sur cela chacun promit de
„ tout rendre : ce qui fut auſſi-tôt exé-
„ cuté ". *Ibid.*

Mais dans quel ſiecle voyoit-on chez
les Juifs une uſure ſi générale, uſure
que les prêtres mêmes exerçoient, puiſque Néhémie leur en parla, & leur fit
promettre d'y renoncer à l'avenir? *Vo-
cavi ſacerdotes & adjuravi eos ut face-
rent, &c. Ibid. v.* 12. Tout cela ſe pratiquoit au ſiecle même d'Ezéchiel, au
retour de la captivité, c'eſt-à-dire, dans
un tems où ces peuples paroiſſoient rentrer en eux-mêmes, travailler de concert à réparer les déſaſtres qu'une longue abſence & de longues guerres
avoient attirés ſur leur patrie.

L'uſure n'étoit pas moins onéreuſe
aux pauvres ſous le regne de David,
puiſqu'annonçant en prophete la proſpérité future de Salomon, ſon ſuccef-
feur & ſon fils, il prédit que cet heureux monarque délivreroit le pauvre de
l'oppreſſion des riches, & qu'il le ga-
rantiroit des violences de l'uſure. *Pſ.*
71. 12. 13. 14.

Voilà donc le *prêt à intérêt* établi parmi le peuple de Dieu; mais remarquons
que le roi prophete parle d'un intérêt qui attaque juſqu'à la vie des néceſſiteux, *animas pauperum ſalvas faciet, ex
uſuris & iniquitate redimet animas eorum
Ibid.*

Ezéchiel ſuppoſe auſſi l'uſure exercée par un brigand, qui déſole principalement les pauvres & les indéfendus.
*Latronem... egenum & pauperem contriſ-
tantem, ad uſuram dantem. xviij.* 12. 13.
Rappellons ici que l'uſure légale étoit la
centéſime pour l'argent, c'eſt-à-dire,
douze pour cent par année; mais c'étoit

bien pis pour les grains : c'étoit cinquante pour cent d'une récolte à l'autre.
*Si ſumma crediti in duobus modiis fuerit,
tertium modium amplius conſequantur...
quæ lex ad ſolas pertinet fruges, nam pro
pecuniâ ultra ſingulas centeſimas creditor
vetatur accipere.* Cod. theod. tit. *de uſuris.*
C'étoit véritablement exercer le *prêt à
intérêt* contre les pauvres : car on ne
voit que de telles gens emprunter quelques meſures de grain; mais c'étoit
exercer une uſure exorbitante, & qui
paroît telle aujourd'hui aux hommes
les plus intéreſſés.

Après cela faut-il s'étonner que des
prophetes aient confondu le commerce
uſuraire avec l'injuſtice, avec la fraude
& le brigandage? Combien ne devoient-
ils pas être touchés en voyant ces horreurs dans une nation, dont les membres iſſus d'une ſouche commune & connue, étoient proprement tous freres &
tous égaux; dans une nation à laquelle
Dieu avoit donné les loix les plus douces & les plus favorables, & où il ne
vouloit pas enfin qu'il y eût perſonne
dans la miſere? *Omninò indigens & men-
dicus non erit inter vos. Deut. xv.* 4.

Dans ces circonſtances, le *prêt à intérêt* ne fourniſſoit aux prophetes que
trop de ſujets de plaintes & de larmes.
Ces ſaints perſonnages voyoient avec
douleur que de pauvres familles ne trouvoient dans l'emprunt qu'un ſecours funeſte qui aggravoit leur miſere, & qui
ſouvent les conduiſoit à ſe voir dépouillés de leurs héritages, à livrer juſqu'à
leurs enfans pour appaiſer leurs créanciers. Nous l'avons vu dans le récit de
Néhémie. *Ecce nos ſubjugamus filios noſtros & filias noſtras in ſervitutem, &c.
Eſdr. ij.* 55. On le voit encore dans les
plaintes de cette veuve pour qui Eliſée
fit un miracle, dans le tems qu'on alloit lui enlever ſes deux fils. *Ecce cre-*

ditor venit ut tollat duos filios meos ad serviendum sibi. IV. Reg. iv. 1.

Nous avons déja dit que la médiocrité qui faifoit l'état des Hébreux, difpenfoit les riches de recourir aux emprunts, & qu'ainfi l'on ne prêtoit guere qu'à des pauvres qui pouvoient feuls fe trouver dans le befoin. Du refte, s'il fe faifoit quelques *prêts* entre les gens aifés, comme le *prêt à intérêt* modéré étoit permis par le droit naturel, Moïfe, de l'aveu du P. Semelier, le toléra dans les Juifs *ad duritiam cordis....* à l'égard des riches & des étrangers. *Conf. eccl. p.* 130. Mais le fanhedrin ou le confeil de la nation étoit au moins dans les difpofitions de cette prétendue tolérance, puifque les magiftrats eux - mêmes exerçoient l'ufure au tems de Néhémie. *Increpavi,* dit-il, *optimates & magiftratus, loc. cit. v.* 7, puifqu'au tems de Jefus-Chrift la police permettoit le commerce ufuraire qui fe faifoit avec les banquiers, comme on l'a vu par le paffage de S. Matthieu; & comme on le voit dans S. Luc, *quare non dedifti pecuniam meam ad menfam, ut ego veniens cum ufuris utique exegiffem illam. xix.* 23.

Au furplus, on ne trouve nulle part que les prophetes fe foient élevés contre la pratique refpective d'un intérêt modique, ni à l'égard des étrangers, ni même entre leurs concitoyens aifés. Ces hommes divins parlant d'après Moïfe, n'ont condamné comme lui que cette ufure barbare qui dévoroit la miférable fubftance du néceffiteux, & qui le réduifoit lui & fa famille aux extrèmités cruelles de la fervitude ou de la mendicité. Tels étoient les abus qui faifoient gémir les prophetes, & c'eft en conféquence de ces défordres qu'ils mettoient le *prêt à intérêt* au rang des crimes, & qu'ils le regardoient comme l'infraction la plus odieufe de cette charité fraternelle dont Dieu avoit fait une loi en faveur des pauvres, *populo meo pauperi, Exod. xxij.* 23.

Une obfervation qui confirme ce qu'on vient de dire, c'eft que Néhémie ne fe plaint du *prêt à intérêt* qu'il trouva établi en Judée, que parce qu'il s'exerçoit fur des pauvres citoyens, & qu'il les avoit réduits à de grandes extrèmités. On voit même que bien qu'il eût le pouvoir en main, il ne s'étoit pas mis en devoir d'arrêter ce défordre, jufqu'à ce que les plaintes & les clameurs d'un peuple défefpéré lui eurent fait appréhender un foulevement. Du refte, on peut dire en général que l'obligation de prêter aux indigens étoit bien mal remplie chez les Hébreux; en effet, fi les plus accommodés avoient été fideles à cet article de la loi, on n'auroit pas vû fi fouvent les pauvres fe livrer comme efclaves à quelque riche compatriote: ce n'étoit à la vérité que pour fix années, après quoi la faveur de la loi les rétabliffoit comme auparavant, & les déchargeoit de toute dette antérieure; ce qui étoit toujours moins dur que l'efclavage perpétuel ailleurs ufité en pareilles circonftances.

Qu'on me permette fur cela une réflexion nouvelle & qui me paroit intéreffante. Qu'eft-ce proprement qu'acheter un efclave? c'eft, à parler en chrétien, avancer une fomme pour délivrer un infortuné que l'injuftice & la violence ont mis aux fers. A parler felon l'ufage des anciens & des modernes, c'eft fe l'affujettir de façon, qu'au lieu de lui rendre la liberté fuivant les vues d'une bienfaifance religieufe, au lieu de lui marquer un terme pour acquitter par fon travail ce qu'on a débourfé pour lui, on opprime un frere fans défenfe, & on le réduit pour la vie à l'état le plus défolant & le plus miférable. Peut-on pécher plus griévement contre la charité fraternelle & contre la loi du prêt gratuit, loi conſtamment obligatoire vis-à-vis des pauvres & des opprimés? Cette obſervation, pour peu qu'on la preſſe, démontre qu'il n'eſt pas permis d'aſſervir pour toujours tant de malheureux qu'on trafique aujourd'hui comme une eſpece de bétail, mais à qui, ſuivant la morale évangélique, l'on doit prêter ſans intérêt de quoi les libérer de la ſervitude, & par conſéquent à qui l'on doit fixer un nombre d'années pour recoûvrer leur liberté naturelle, après avoir indemniſé des maîtres bienfaiſans qui les ont rachetés. Voilà un ſujet bien plus digne d'allarmer les ames timorées, que les *prêts* & les emprunts qui s'opérent entre gens aiſés, dans la vue d'une utilité réciproque.

Quoiqu'il en ſoit, le *prêt à intérêt* étoit défendu aux Iſraëlites à l'égard de leurs compatriotes malheureux; mais on ne voit pas qu'il le fût à l'égard des citoyens aiſés, & c'eſt ſur quoi les prophetes n'ont rien dit: du reſte, ſi l'on veut qualifier cette prohibition de loi générale qui devoit embraſſer également les indigens & les riches, il faut la regarder alors comme tant d'autres pratiques de fraternité que Dieu, par une prédilection ſinguliere, avoit établie chez les Hébreux; mais cette loi ſuppoſée n'obligera pas plus les chrétiens, que le partage des terres, que la remiſe des dettes & les autres inſtitutions ſemblables qui ne ſont pas venues juſqu'à nous, & qui paroîtroient incompatibles avec l'état actuel de la ſociété civile.

Il réſulte de ces obſervations, que les paſſages d'Ezéchiel & de David ne prouvent rien contre nos *prêts à intérêts: prêts* qui ne ſe font qu'à des gens aiſés qui veulent augmenter leur fortune. Il ne s'agit pas ici, comme dans les faits

que nous offre l'hiſtoire ſacrée, de la commiſération dûe aux néceſſiteux; ces gens-ci ſont fort étrangers dans la queſtion de l'intérêt moderne, & je ne ſais pourquoi on les y produit ſi ſouvent. Ils s'offroient autrefois tout naturellement dans la queſtion de l'uſure, par la raiſon entr'autres, que les créanciers avoient ſur les débiteurs ces droits exorbitans déja rapportés; mais aujourd'hui que cette loi barbare n'exiſte plus, & qu'un inſolvable ſe libere par une ſimple ceſſion, on n'a proprement aucune priſe ſur les pauvres. Auſſi ne leur livre-t-on pour l'ordinaire que des bagatelles qu'on veut bien riſquer; ou ſi on leur prête une ſomme notable, on ne les tourmente pas pour les intérêts, on eſt très-content quand on retire ſon capital.

Quant aux peres de l'égliſe que l'on nous oppoſe encore, ils avoient les mêmes raiſons que les prophetes; ils plaidoient comme eux la cauſe des infortunés. Ils repréſentent avec force à ceux qui exerçoient le *prêt à intérèt*, qu'ils profitent de la miſere des pauvres pour s'enrichir eux-mêmes; qu'au lieu de les ſoulager comme ils le doivent, ils les écraſent & les aſſerviſſent de plus en plus. *Uſuras ſolvit qui victu indiget... panem implorat, gladium porrigitis; libertatem obſecrat, ſervitutem irrogatis.* Ambr. *de Tobia, c. iij.*

S. Grégoire de Nazianze dit que l'uſurier ne tire ſon aiſance d'aucun labour qu'il donne à la terre, mais de la détreſſe, du beſoin des pauvres travailleurs; *non ex terræ cultu, ſed ex pauperum inopiâ & penuriâ commoda ſua comparans,* Orat. 15.

S. Auguſtin conſidere auſſi le *prêt* lucratif par le tort qu'il fait aux néceſſiteux, & il l'aſſimile à un vol effectif. Le voleur, dit-il, qui enleve quelque choſe à un homme riche, eſt-il plus cruel que le créancier qui fait périr le pauvre par le *prêt à intérêt ? An crudelior est qui subſtrahit aliquid vel eripit diviti, quam qui trucidat pauperem fenore. Epit. 54. ad Maced.*

C'eſt encore la miſere du pauvre qui paroît affecter S. Jérôme ſur le fait du *prêt à intérêt.* Il y a, dit-il, des gens qui prêtent des grains, de l'huile & d'autres denrées aux pauvres villageois, à condition de retirer à la récolte tout ce qu'ils ont avancé, avec la moitié en ſus, *amplius mediam partem.* Ceux qui ſe piquent d'équité, continue-t-il, n'exigent que le quart au-deſſus de leur avance, *qui juſtiſſimum ſe putaverit, quartam plus accipiet. In cap. xvij. Ezech.* Cette derniere condition, qui étoit celle des ſcrupuleux, faiſoit pourtant vingt-cinq pour cent pour huit ou dix mois au plus : uſure vraiment exceſſive, & réellement exercée contre le foible & l'indéfendu.

On le voit, ces dignes paſteurs ne s'intéreſſent que pour la veuve & l'orphelin ; pour les pauvres laboureurs & autres indigens, ſur le ſort deſquels ils gémiſſent, & qui par les excès de l'uſure ancienne, par la rigueur des pourſuites jadis en uſage, ne méritoient que trop toute leur commiſération. Mais tant de beaux traits qui marquent ſi bien la ſenſibilité des peres ſur le malheur des pauvres, n'ont aucun rapport avec les *prêts* de commerce uſités entre les riches. En effet, l'aggrandiſſement de ceux-ci ne touchoit pas aſſez nos ſaints docteurs pour qu'ils ſongeaſſent à leur aſſurer la gratuité de l'emprunt. C'eſt dans cet eſprit que S. Jérôme écrivant à Pommaque qui vouloit embraſſer la pauvreté évangelique, l'exhorte à donner ſon bien aux indigens, & non à des riches, déja trop enflés de leur opulence ; à procurer le néceſſaire aux

malheureux, plutôt qu'à augmenter le bien être de ceux qui vivoient dans le faſte. *Da pauperibus, non locupletibus, non ſuperbis ; da quo neceſſitas ſuſtentetur, non quo augeantur opes. Epiſt.* 54. *ad Pammaq.*

Le ſoulagement des pauvres étoit donc le grand objet des ſaints peres, & non l'avantage temporel des riches ; avantage qui dans les vues de la piété, leur étoit fort indifférent. Il l'étoit en effet au point qu'ils ne diſcutent pas même les *prêts* qu'on peut faire aux gens aiſés ; ou s'ils en diſent un mot par occaſion, ce qui eſt rare, ils donnent tout lieu de croire qu'ils ſont légitimes, quand ils ſe font ſans fraude & aux conditions légales ; en voici des exemples.

S. Grégoire de Nice ayant prêché vivement contre la pratique de l'uſure, toujours alors exceſſive & ſouvent accompagnée de barbarie, les gens pecunieux dirent publiquement qu'ils ne prêteroient plus aux pauvres. *Minantur ſe pauperibus non daturos mutuum ;* ce qui marque aſſez qu'ils ne renonçoient pas aux *prêts* qu'ils faiſoient aux perſonnes aiſées ; auſſi ne les leur interdiſoit-on pas. Cependant ſi S. Grégoire avoit été dans le ſentiment de nos caſuiſtes, il n'auroit pas manqué d'expoſer à ſes auditeurs que la prohibition de l'uſure étoit égale pour tous les cas d'aiſance ou de pauvreté ; qu'en un mot, les *prêts* de lucre étoient injuſtes de leur nature, tant à l'égard du riche qu'à l'égard du néceſſiteux ; mais il ne dit rien de ſemblable ; & ſans chicaner ſes ouailles ſur les *prêts* à faire aux gens aiſés, il ne s'intéreſſe que pour les malheureux. Il déclare donc qu'il faut faire des aumônes pures & ſimples ; & quant aux *prêts* qui en ſont, dit-il, une eſpece, il aſſure de même qu'on eſt tenu d'en faire ; enſorte, ajoute-t-il, qu'on
ſe

fe rend également coupable, foit qu'on prète à intérêt, foit qu'on refufe de prèter; & cette derniere alternative ne pouvoit être vraie qu'en la rapportant aux feuls pauvres, autrement fa propofition étoit évidemment infoutenable. *Æquè obnoxius eſt pœnæ qui non dat mutuum, & qui dat ſub conditione uſuræ. Contra uſurarios.*

Mais écoutons S. Jean Chryfoftome, nous verrons que les intérêts qu'on tire des gens aifés, n'étoient pas illicites, & qu'il ne les condamnoit pas lui-même. „ Si vous avez, dit-il, placé une fomme à charge d'intérêts entre les mains „ d'un homme folvable, fans doute „ que vous aimeriez mieux laiffer à vo- „ tre fils une bonne rente ainfi bien „ affurée, que de lui laiffer l'argent dans „ un coffre, avec l'embarras de le pla- „ cer par lui-mème ”. *Si argentum haberes ſub fenore collocatum & debitor probus eſſet; malles certè ſyngrapham quam aurum filio relinquere ut inde proventus ipſi eſſet magnus, nec cogeretur alios quærere ubi poſſet collocare.* Joan. Chryſoſt. *in Matt. homil. lxvj. & lxvij. p. 660. lit. b. tom. VII.* édit. D. Bern. de Montfaucon.

Il s'agit, comme l'on voit, d'un *prêt* de lucre & de l'intérêt que produit un capital inaliéné, puifqu'on fuppofe que le pere eût pû le retirer pour le laiffer à fes enfans, & que d'ailleurs les contrats de conftitution n'étoient pas alors en ufage entre particuliers. *Conf. de Paris, tom. II. l. II. p.* 318. Du refte, notre faint évêque parle de cette maniere de placer fon argent, comme d'une pratique journaliere & licite; il ne répand lui-mème aucun nuage fur cet emploi, & il n'improuve aucunement l'attention du pere à placer fes fonds à intérêts & d'une façon fûre, afin d'épargner cette follicitude aux fiens. Ces deux paffages

Tome XI.

ne font pas les feuls que je püiffe rapporter, mais je les crois fuffifans pour montrer aux ennemis de l'ufure légale qu'ils n'entendent pas la doctrine des peres à cet égard.

Au refte, fi les docteurs de l'églife ont approuvé les *prêts* de commerce entre perfonnes aifées, il eft d'autres *prêts* abfolument iniques contre lefquels il fe font juftement élevés avec les loix civiles; ce font ces *prêts* fi funeftes à la jeuneffe dont ils prolongent les égaremens, en la conduifant à la mendicité & aux horreurs qui en font la fuite. S. Ambroife nous décrit les artifices infâmes de ces ennemis de la fociété, qui ne s'occupent qu'à tendre leurs filets fous les pas des jeunes gens, dans la vue de les furprendre & de les dépouiller. *Adoleſcentulos divites explorant per ſuos..... aiunt nobile prædium eſſe venale... pratendunt alienos fundos adoleſcenti ut eum ſuis ſpoliant, tendunt retia, &c.*

Voilà des myfteres d'iniquité que les avocats de l'intérêt légal font bien éloignés d'autorifer; mais à ces procédés odieux, joignons les barbaries que S. Ambroife dit avoir vues, & que l'on croit à peine fur fon témoignage. L'ufure de fon tems étoit toujours exceffive, toujours la centéfime qui s'exigeoit tous les mois, & qui non-payée accroiffoit le capital *uſuræ applicantur ad ſortem, ibid. c. vij. nova uſurarum auctio per menſes ſingulos, cap. viij.* Si à la fin du mois l'intérêt n'étoit pas payé, il groffiffoit le principal au point qu'il faifoit au bout de l'an plus que le denier huit, & qui en voudra faire le calcul, trouvera qu'un capital fe doubloit en moins de fix ans. Pour peu donc qu'un emprunteur fût malheureux, pour peu qu'il fût négligent, ou diffipateur, il étoit bientôt écrafé. Les fuites ordinaires d'une vie licencieufe étoient encore plus terribles

Q q

qu'à préfent : malheur à qui fe livroit à la molleffe & aux mauvais confeils. On obfédoit les jeunes gens qui pouvoient faire de la dépenfe, & comme dit S. Ambroife, les marchands de toute efpece, les artifans du luxe & des plaifirs, les parafites & les flatteurs confpiroient à les jetter dans le précipice; je veux dire, dans les emprunts & dans la prodigalité. Bientôt ils effuyoient les plus violentes pourfuites de la part de leurs créanciers, *exactorum circum latrantium barbaram inftantiam*, dit Sidoine, *lib. IV. epift.* 24. On faifoit vendre leurs meubles, & on leur arrachoit jufqu'à la vie civile, en les précipitant dans l'efclavage. *Alios profcriptioni addicit, alios fervituti*, Ambr. *de Tob. c.xj.* Auffi voyoit-on plufieurs de ces malheureux fe pendre ou fe noyer de défefpoir. *Quanti fe propter fenus ftrangulaverunt! Ibid. cap. viij. Quam multi ob ufuras laqueo fefe interemerunt vel præcipites in fluvios dejecerunt!* Greg. Niff. *contra ufurarios.*

Quelquefois les ufuriers mettoient le fils en vente pour acquitter la dette du pere. *Vidi ego miferabile fpectaculum liberos pro paterno debito in auctionem deduci. Amb. ibid. c. viij.* Les peres vendoient eux-mêmes leurs enfans pour fe racheter de l'efclavage. S. Ambroife l'attefte encore comme un fait ordinaire; il eft difficile de lire cet endroit fans verfer des larmes; *vendit plerumque & pater liberos autoritate generationis, fed non voce pietatis. Ad auctionem pudibundo vultu miferos trahit dicens..... veftro pretio redimitis patrem, veftrâ fervitute paternam emitis libertatem. Ibid. cap. viij.*

Après cela peut-on trouver étrange que nos faints docteurs aient invectivé contre le commerce ufuraire, & qu'ils y aient attaché une idée d'injuftice &

d'infamie, que des circonftances toutes différentes n'ont encore pu effacer? Ne voit-on pas qu'ils n'ont été portés à condamner l'ufure qu'à caufe des cruautés qui l'accompagnoient de leur tems? Auffi l'attaquent-ils fans ceffe, comme contraire à la charité chrétienne, & à la commifération que l'on doit à fes femblables dans l'infortune. Ils parlent toujours du *prêt* gratuit comme d'un devoir que la nature & la religion nous impofent; & par conféquent, je le répete, ils n'ont eu en vue que les pauvres; car encore un coup, il eft conftant que perfonne n'eft tenu de prêter gratis aux gens aifés. Ces faints docteurs n'exigent donc pas qu'un homme prête à fon défavantage pour augmenter l'aifance de fon prochain. En un mot, ils n'ont jamais trouvé à redire que l'homme pécunieux cherchât des emprunteurs folvables pour tirer de fes efpeces un profit honnête, ou comme dit S. Chryfoftome, *ut inde proventus ipfe effet magnus.* Mais du refte nous ne foutenons que l'intérêt de la loi, intérêt qu'elle n'autorife que parce qu'il eft équitable, néceffaire, & dès-là fans danger pour la fociété. Voyons à préfent s'il a toujours été approuvé par la légiflation, & fi elle a prétendu le profcrire, quand elle a févi contre les ufuriers.

Nous dirons donc fur cet objet, que c'eft uniquement pour arrêter le brigandage de l'ufure, que les légiflateurs ont fi fouvent prohibé le commerce ufuraire; mais dans ce cas, il faut toujours entendre un négoce inique, préjudiciable au public & aux particuliers, tel que l'ont fait autrefois en France les Italiens & les Juifs.

S. Louis qui regna dans ces tems malheureux, voyant que l'ufure étoit portée à l'excès, & ruinoit fes fujets, la profcrivit tout-à-fait par son ordonnance de 1254. Mais ce n'étoit ni un mot que l'on condamnoit alors, ni ce modique intérêt qu'exige le bien public, & que les puissances de la terre n'empêcheront pas plus que le cours des rivieres. C'étoit une usure intolérable, c'étoit en un mot l'usure des Juifs & des Lombards, qui s'engraissoient dans ce tems-là des miseres de la France. La loi leur accordoit l'intérêt annuel de 4 sols pour livre, *quatuor denarios in mense, quatuor solidos in anno pro librâ*. Cela faisoit vingt pour cent par année, que l'on réduisoit à quinze pour les foires de Champagne. C'est ce que l'on voit par une ordonnance de 1311, publiée sous Philippe le Bel, qui monta sur le trône quinze ans après la mort de S. Louis. Ce taux excessif ne satisfaisoit pas encore l'avidité des usuriers. Le cardinal Hugue, contemporain de S. Louis, nous les représente comme des enchanteurs, qui, sans battre monnoie, faisoient d'un tournois un parisis, *fine percussione mallei faciunt de turonensi parisiense*, Hug. card. in psal. 14. c'est-à-dire, que pour vingt sols ils en tiroient vingt-cinq; ce qui fait le quart en sus, ou 25 pour cent; usure vraiment exorbitante, & qui méritoit bien la censure des casuistes & la sévérité des loix.

Ce fut dans ces circonstances que S. Louis, témoin des excès de l'usure, & des vexations qui s'ensuivoient contre les peuples, la défendit tout-à-fait dans le royaume. Mais par-là ce prince manqua le but qu'il se proposoit; & dans un siecle d'impolitie & de ténebres qui souffroit les guerres particulieres, qui sanctifioit les croisades, dans un siecle de superstition qui admettoit le duel & l'épreuve du feu pour la conviction des criminels, dans un siecle, en un mot,

où les vrais intérêts de la religion & de la patrie étoient presque inconnus, S. Louis en proscrivant toute usure, donna dans un autre excès qui n'opéra pas encore le bien de la nation. Il arriva bientôt, comme sous l'empereur Basile, que l'invincible nécessité d'une usure compensatoire fit tomber en désuétude une loi qui contrarioit les vues d'une sage police, & qui anéantissoit les communications indispensables de la société. C'est ce qui parut évidemment en ce que l'on fût obligé plusieurs fois de rappeller les usuriers étrangers, à qui l'on accordoit quinze & vingt pour cent d'un intérêt que la loi rendoit licite; & qui par mille artifices en tiroient encore davantage.

Il résulte de tous ces faits, que si les puissances ont frappé l'usure, leurs coups n'ont porté en général que sur celle qui attaquant la subsistance du pauvre, & le patrimoine d'une jeunesse imprudente, mine par-là peu-à-peu & ronge insensiblement un Etat. Mais cette usure détestable ne ressemble que par le nom à celle qui suit les *prêts* de commerce; *prêts* qui ne portent aujourd'hui qu'un intérêt des plus modiques, *prêts* en conséquence recherchés par les meilleurs économes, & qui par l'utile emploi qu'on en peut faire, sont presque toujours avantageux à l'homme actif & intelligent.

Ces réflexions au reste sont autant de vérités solemnellement annoncées par une déclaration que Louis XIV. donna en 1643, pour établir des monts de piété dans le royaume. Ce prince dit, *que les rois ses prédécesseurs..... ont, par plusieurs édits & ordonnances, imposé des peines à ceux qui faisoient le trafic illicite de prêter argent à excessif intérêt....* nous voulons, dit ce monarque, *employer tous les efforts de notre autorité royale pour renverser tout-à-la-fois & les fon-demens, & les ministres de cette pernicieuse pratique d'usure qui s'exerce dans les principales villes de notre royaume. Et d'autant que le trafic de l'emprunt & du prêt d'argent est très-utile & nécessaire dans nos États.... nous avons voulu établir des monts de piété, abolissant de cette sorte & le pernicieux trafic des usuriers, & le criminel usage des usures qu'on y rend arbitraires, à la ruine des familles.* Conf. eccl. p. 298.

On voit que ce prince veut empêcher simplement les excès d'une usure arbitraire & ruineuse pour les sujets, & non pas, pesez bien les termes, *le trafic de l'emprunt & du prêt d'argent*, qu'il déclare *très-utile*, *nécessaire* même, quoique l'intérêt dont il s'agissoit alors fût bien au-dessus du denier vingt. On devoit payer par mois trois deniers pour livre au mont de piété; ce qui fait trente-six deniers ou trois sols par an, *triplicem usuram*. Conf. eccl. p. 300.

Au surplus, Louis XIV. ne fait ici que suivre des principes invariables de leur nature, & absolument nécessaires en toute société policée. Philippe le Bel, dans l'ordonnance de 1311, ci-dessus alléguée, avoit déja senti cette vérité. Il avoit reconnu plusieurs siecles avant Louis XIV. qu'il est un intérêt juste & raisonnable, que l'on ne doit pas confondre avec une usure arbitraire & préjudiciable à tout un peuple, *graviores usuras*, ce sont les termes, *substantias populi gravius devorantes prosequimur attentius atque punimus*. Mais il ne manque pas d'ajoûter expressément qu'il ne prétend pas empêcher qu'un créancier n'exige, outre le principal qui lui est dû, un intérêt légitime du *prêt*, ou de quelqu'autre contrat licite, dont il peut tirer de justes intérêts. *Verum per hoc non tollimus quominus impunè creditor*

quilibet interesse legitimum præter sortem sibi debitum possit exigere ex mutuo, vel alio contractu quocumque licito ex quo interesse rationabiliter & licite peti possit vel recipi. Guenois, *confér. des ordon. t. I. l. IV. tit. j. p.* 621. & 623, *édit. de Paris*, 1678.

Il y avoit donc des *prêts* alors, qui sans autre formalité, produisoient par la convention même un intérêt légitime, comme aujourd'hui dans le Bugey, *interesse legitimum ex mutuo*, ou comme on trouve encore au même endroit, *lucrum quod de mutuo recipitur*, & par conséquent cet intérêt, ce profit s'exigeoit licitement; sans doute parce qu'il étoit juste & raisonnable, *rationabiliter & licite peti possit*. Il n'est rien de tel en effet que la justice & la raison, c'est-à-dire, dans notre sujet, l'intérêt mutuel des contractans; & nos adversaires sont obligés de s'y rendre eux-mêmes. Voici donc ce que dit le pere Sémelier sur l'ordonnance de 1311. *Il est vrai que Philippe le Bel ne prétend pas empêcher qu'un créancier ne puisse exiger au-delà du principal qui lui est dû un intérêt légitime du prêt..... mais que l'on n'est pas en droit d'inférer que ce prince ait par-là autorisé le prêt de commerce,* (il a pourtant autorisé le *lucrum quod de mutuo recipitur*). .... *il en faut seulement conclure qu'il permet que le créancier, par le titre du lucre cessant, ou du dommage naissant, reçoive des intérêts légitimes; nous le dirons dans le livre sixieme qui suit; mais alors,* ajoute notre conférencier, *ce n'est plus une usure.* Conf. eccl. p. 136.

Puisque cet intérêt si juste que l'on tire du prêt, cet *interesse legitimum ex mutuo*, ce *lucrum quod de mutuo recipitur*, n'est pas un profit illicite, ou ce que l'école appelle une *usure*, nous sommes enfin d'accord, & nous voilà heureusement réconciliés avec nos adversaires;

car c'eſt - là tout ce que nous préten-
dons. Etoit - ce la peine de tant ba-
tailler pour en venir à un dénouement
ſi facile?

J'avois bien raiſon de dire en commençant que tout ceci n'étoit qu'une
queſtion de mots. On nous accorde en
plein tout ce que nous demandons ; de-
ſorte qu'il n'y a plus de diſpute entre
nous, ſi ce n'eſt peut-être ſur l'odieuſe
dénomination d'*uſure*, que l'on peut
abandonner, ſi l'on veut, à l'exécra-
tion publique, en lui ſubſtituant le terme plus doux d'*intérêt légal*.

Qu'on vienne à préſent nous objecter
les prophetes & les peres, les conſtitutions des papes & les ordonnances des
rois. On les lit ſans principe, on n'en
voit que des lambeaux, & on les cite
tous les jours ſans les entendre & ſans
en pénétrer ni l'objet, ni les motifs ;
ils n'enviſagent tous que l'accompliſſement de la loi, ou, ce qui eſt ici la
même choſe, que le vrai bien de l'humanité ; or, que dit la loi ſur ce ſujet,
& que demande le bien de l'humanité ?
Que nous ſecourions les néceſſiteux &
par l'aumône, & par le *prêt* gratuit, ce
qui eſt d'autant plus facile, qu'il ne leur
faut que des ſecours modiques. Voilà
dans notre eſpece à quoi ſe réduiſent
nos devoirs indiſpenſables, & la loi ne
dit rien qui nous oblige au-delà. Dieu
connoît trop le néant de ce qu'on nomme *commodités, fortune* & *grandeur* tem-
porelle pour nous faire un devoir de
les procurer à perſonne, ſoit en faiſant des dons à ceux qui ſont dans l'aiſance, ou, ce qui n'eſt pas moins difficile, en prêtant de grandes ſommes
ſans profit pour nous. En effet, qu'un
homme s'incommode & nuiſe à ſa famille pour prêter *gratis* à un homme aiſé, où eſt-là l'intérêt de la religion & celui de l'humanité ?

Revenons donc enfin à la diverſité
des tems, à la diverſité des uſages &
des loix. Autrefois l'intérêt étoit exorbitant, on l'exigeoit des plus pauvres,
& avec une dureté capable de troubler la
paix des Etats ; ce qui le rendoit juſtement odieux. Les choſes ont bien changé ; les intérêts ſont devenus modiques
& nullement ruineux. D'ailleurs, grace
à notre heureuſe légiſlation, comme on
n'a guere de priſe aujourd'hui ſur la perſonne ; les barbaries qui accompagnoient
jadis l'uſure, ſont inconnues de nos
jours. Auſſi ne prête-t-on plus qu'à
des gens réputés ſolvables ; &, comme
nous l'avons déja remarqué, les pauvres
ſont preſque toujours de trop dans la
queſtion préſente. Si l'on eſt donc de
bonne foi, on reconnoîtra que les *prêts*
de lucre ne regardent que les gens aiſés,
ou ceux qui ont des reſſources & des
talens. On avouera que ces *prêts* ne
leur ſont point onéreux, & que bien
différens de ceux qui avoient cours dans
l'antiquité, jamais ils n'ont excité les
clameurs du peuple contre les créanciers. On reconnoîtra même que ces
prêts ſont très-utiles au corps politique,
en ce que les riches fuyant preſque toujours le travail & la peine, & par malheur les hommes entreprenans étant
rarement pécunieux, les talens de ces
derniers ſont le plus ſouvent perdus
pour la ſociété, ſi le *prêt* de lucre ne les
met en œuvre. Conſéquemment on ſen-
tira que ſi la légiſlation prenoit là-deſ-
ſus un parti conſéquent, & qu'elle ap-
prouvât nettement le *prêt* de lucre au
taux légal, elle feroit, comme on l'a
dit, le vrai bien, le bien général de la
ſociété, elle nous épargneroit des formalités obliques & ruineuſes ; & nous
délivreroit tout d'un coup de ces vei-
nes perplexités qui ralentiſſent néceſſairement le commerce national.

C'eſt affoiblir des raiſons triomphantes que de les confirmer par des autorités dont elles n'ont pas beſoin. Je céde néanmoins à la tentation de rappeller ici l'anonyme, qui, ſur la fin du dernier ſiecle, nous donna *la pratique des billets*; un autre qui a publié dans ces derniers tems un *in-4°.* ſur les *prêts de commerce*; ouvrage qui l'emporte beaucoup ſur le premier, & qui fut imprimé à Lille en 1738. Je cite encore avec Bayle le célebre de Launoy, docteur de Paris, le pere Séguenot, de l'oratoire, M. Paſcal, M. le premier préſident de Lamoignon, &c. Je cite de même M. Perchambaut, préſident du parlement de Bretagne; & pour dire encore plus, Dumoulin, Grotius, Puffendorf, Saumaiſe & Monteſquieu. Tous ces grands hommes ont regardé comme légitimes de modiques intérêts pris ſur les gens aiſés, & ils n'ont rien apperçu dans ce commerce qui fût contraire à la juſtice ou à la charité.

Victricem meditor juſto de fenore cauſam
Annus hic undecies dum mihi quintus
adeſt.

PRÊT A USAGE, *Juriſprud.* Le *prêt à uſage* eſt un contrat par lequel un des contractans donne gratuitement à l'autre une choſe pour s'en ſervir à un certain uſage; & celui qui la reçoit, s'oblige de la lui rendre après qu'il s'en ſera ſervi. C'eſt ce contrat qu'on appelle en termes de droit, *commodatum*.

On appelle *prêteur*, celle des parties contractantes, qui donne la choſe à l'autre, ſoit qu'elle lui en faſſe par elle-même la tradition, ſoit qu'elle ſe ſerve du miniſtere d'une autre perſonne, qui fait cette tradition au nom & de la part de la partie contractante. *v.* PRÊTEUR. On appelle *emprunteur*, l'autre partie contractante qui reçoit la choſe, ſoit que la tradition lui en ſoit faite à elle-

même, ſoit qu'elle ſoit faite de ſon ordre à une autre.

Il eſt de l'eſſence du contrat de *prêt à uſage*, qu'il y ait, 1°. une choſe qui ſoit prêtée; 2°. un certain uſage pour lequel la choſe ſoit prêtée; 3°. que l'uſage de la choſe ſoit accordé gratuitement; 4°. que l'emprunteur s'oblige à rendre la même choſe *in individuo* qui lui eſt prêtée, après qu'il s'en ſera ſervi, & conſéquemment que cette choſe lui ſoit délivrée, ſi elle n'eſt déja par devers lui; car l'obligation qu'il doit contracter de la rendre, ſuppoſe néceſſairement qu'elle eſt par devers lui; 5°. que l'emprunteur ne reçoive la choſe prêtée, que pour s'en ſervir à l'uſage pour lequel elle lui eſt prêtée, & que le prêteur en conſerve non-ſeulement la propriété, s'il en eſt le propriétaire, mais même la poſſeſſion par le miniſtere de l'emprunteur qui eſt cenſé ne detenir la choſe qu'au nom de celui qui la lui a prêtée: *Rei commodatæ & poſſeſſionem & proprietatem retinemus*: L. 8. ff. commod. *Nemo enim commodando, rem facit ejus cui commodat.* L. 6. ff. d. tit.

6°. Enfin que le conſentement des parties intervienne ſur la choſe prêtée, ſur l'uſage pour lequel elle eſt prêtée, & ſur la reſtitution qui en doit être faite.

Le *prêt à uſage* eſt de la claſſe des contrats de bienfaiſance, étant de ſon eſſence d'être gratuit. Il renferme un bienfait que le prêteur fait à l'emprunteur, en lui accordant gratuitement l'uſage de ſa choſe.

Il eſt auſſi de la claſſe des contrats réels, c'eſt-à-dire, de ceux qui ne ſe forment que par la tradition de la choſe.

En effet, on ne peut concevoir de contrat de *prêt à uſage*, ſi la choſe n'a été délivrée à celui à qui on en accorde l'uſage. L'obligation de rendre la chofe qui eft de l'effence de ce contrat, ne pouvant pas naître avant que la chofe ait été reçue.

Le *prêt à ufage* eft un contrat fynallagmatique, qui produit de part & d'autre des obligations. Il n'eft pas néanmoins de la claffe de ceux qui font parfaitement fynallagmatiques, dans lefquels l'obligation de chacun des contractans eft également principale, tels que font les contrats de *vente*, de *louage*, de *fociété*, voyez ces mots. Il eft de la claffe de ceux qui font moins parfaitement fynallagmatiques; car dans ce contrat, il n'y a que l'obligation de l'emprunteur, qui foit l'obligation principale du contrat, laquelle eft pour cet effet appellée, *obligatio commodati directa*; & d'où naît l'action *commodati directa*, que le prêteur envers qui elle eft contractée, a contre l'emprunteur. Au contraire, l'obligation du prêteur n'eft regardée que comme une obligation incidente & indirecte, laquelle pour cet effet eft appellée *obligatio commodati contraria*; d'où naît l'action *commodati contraria*, que l'emprunteur envers qui elle eft contractée, a contre le prêteur.

Enfin, le *prêt à ufage* eft de la claffe des contrats qu'on appelle *contractus juris gentium*; car il fe régit par les feules regles du droit naturel, & il n'eft affujetti à aucune formalité par le droit civil. Si de même que tous les autres contrats, il doit être rédigé par écrit, lorfque la chofe qui en fait la matiere eft d'une valeur qui excede cent livres, ce n'eft que pour la preuve du contrat que cette forme eft requife, & non pour fa fubftance.

Le *prêt à ufage* tient quelque chofe de la donation. Il contient un bienfait; & le prêteur, comme dans la donation, donne gratuitement quelque chofe à l'emprunteur: mais il differe de la donation, en ce que dans celle-ci, la chofe même eft donnée, le donateur en transfere la propriété au donataire; au lieu que dans le *prêt à ufage*, ce n'eft pas la chofe même que le prêteur donne, il n'en donne que l'ufage, il conferve la propriété de la chofe qu'il prête; il en conferve même la poffeffion, & l'emprunteur s'oblige de la lui rendre.

Le *prêt à ufage* a auffi de l'analogie avec le *prêt* de confomption qu'on nomme *mutuum*; ils renferment l'un & l'autre un bienfait qui n'eft qu'imparfait, parce que dans l'un & l'autre contrat, l'emprunteur s'oblige de rendre; mais ces contrats different en ce que dans le *prêt à ufage*, le prêteur conferve la propriété de la chofe prêtée, & c'eft cette chofe elle-même *in individuo* que l'emprunteur s'oblige de lui rendre: au contraire dans le *prêt* de confomption, les chofes prêtées étant des chofes dont on ne peut faire aucun ufage qu'en les confommant; telles que font de l'argent, du bled, du vin, *&c.* le prêteur transfere à l'emprunteur la propriété de ces fes prêtées pour par lui les confommer à fon gré, & il devient feulement créancier d'une fomme ou quantité égale à celle qu'il a prêtée, que l'emprunteur s'oblige de lui rendre.

Enfin le contrat de *prêt à ufage* a du rapport avec le contrat de *louage*, & avec les contrats *fans nom*, par lefquels le prêteur exige de l'emprunteur quelque récompenfe. Ce rapport confifte en ce que c'eft l'ufage d'une chofe que l'une des parties accorde à l'autre, qui fait la matiere de ces contrats, de même que du *prêt à ufage*. Mais la gratuité du *prêt à ufage* eft le caractere qui le diftingue de ces contrats; enforte qu'étant fi effentiellement différents du *prêt à ufa-*

ge , ils ne produifent pas les mêmes obligations.

La convention avec laquelle le *prêt à ufage commodatum*, dont nous traitons, a le plus de rapport, eft la convention de *précaire*, qui eft une efpece de *prêt à ufage*.

Le contrat de *prêt* peut intervenir entre toutes les perfonnes qui font capables de contracter ; & il eft évident qu'il ne peut intervenir entre celles qui en font incapables. C'eft pourquoi, fi j'ai emprunté d'un fou une chofe que j'ai reçue de lui, il n'eft intervenu par-là aucun contrat de *prêt* , & nous n'avons pas contracté de part ni d'autre les obligations qui naiffent du contrat de *prêt* : fi je fuis obligé de rendre la chofe, ce n'eft pas en vertu d'un contrat de *prêt*, puifqu'il n'en eft pas intervenu , mais en vertu de la loi naturelle, qui oblige tous ceux qui poffédent fans caufe, la chofe d'autrui, à la rendre à celui à qui elle appartient ; & pareillement, fi le fou eft obligé de me rembourfer les impenfes extraordinaires que j'aurois faites pour la confervation de la chofe que j'ai reçue de lui, & dont il a profité ; ce n'eft pas par un contrat de *prêt* qu'il y eft obligé, n'y en ayant eu aucun, mais par la feule équité naturelle qui ne permet pas de s'enrichir aux dépens d'autrui ; *Jure naturæ æquum eft neminem cum alterius detrimento fieri locupletiorem.* L. 206, ff. *de R. Jur.*

Toutes les chofes qui font dans le commerce, & qui ne fe confomment point par l'ufage qu'on en fait, peuvent être l'objet de ce contrat.

Ce font le plus communément les meubles qui en font l'objet ; on prête tous les jours un carroffe, un cheval , un livre, une tapifferie & autres chofes femblables.

Néanmoins les immeubles en peuvent auffi être l'objet ; tous les jours un ami prête à fon ami fa cave, fon grenier, un appartement dans fa maifon.

Les chofes qui fe confomment par l'ufage qu'on en fait, ne peuvent être l'objet de ce contrat, car étant de la nature de ce contrat, fuivant la définition que nous en avons donnée, que celui à qui la chofe eft prêtée, s'oblige à la rendre elle-même *in individuo*, après qu'il s'en fera fervi ; il en réfulte que les chofes dont on ne peut fe fervir, qu'en les confommant & les détruifant, ne peuvent être l'objet de ce contrat.

Il n'importe que la chofe prêtée appartienne ou non à celui qui la prête ; fi un voleur prête à quelqu'un la chofe qu'il a volée, c'eft un vrai contrat de *prêt* , qui n'oblige pas moins celui à qui elle eft prêtée, à la rendre au voleur qui la lui a prêtée, que s'il lui eût prêté fa propre chofe. L. 15. & 16. ff. *d. tit.*

Mais on ne peut prêter à quelqu'un fa propre chofe, *commodatum rei fuæ effe non poteft.* C'eft pourquoi, fi quelqu'un qui a ma chofe, me la prête fans que je fache qu'elle m'appartient ; le contrat eft nul, & je ne contracte aucune obligation de la rendre.

Le droit que le *prêt à ufage* donne à l'emprunteur de fe fervir de la chofe qui lui a été prêtée, de même que celui que le contrat de louage donne au locataire, n'eft pas un droit dans la chofe, mais un droit purement perfonnel contre le prêteur, qui naît de l'obligation que le prêteur a contractée de le laiffer fe fervir de la chofe pendant le tems & pour l'ufage pour lequel il la lui a prêtée. Ce droit lui donne une action contre le prêteur & fes héritiers, s'ils apportoient quelque trouble à l'ufage

fage qu'il a droit de faire de la chofe.

Il lui donne auffi une exception contre la demande que le prêteur feroit *intempeftivè* pour fe faire rendre la chofe prêtée.

Ce droit que le *prêt à ufage* donne à l'emprunteur, fe borne à l'ufage pour lequel la chofe lui a été prêtée; il ne lui eft pas permis de s'en fervir pour aucun autre ufage, à moins qu'il n'ait un jufte fujet de croire que le prêteur y confentiroit s'il le favoit.

L'emprunteur n'eft obligé de rendre la chofe qu'après le tems porté par le contrat, & lorfque le contrat n'en porte aucun, qu'après celui qui lui a été néceffaire pour l'ufage pour lequel elle lui a été prêtée.

Le prêteur ne peut fans injuftice en demander plutôt la reftitution; car quoiqu'il eût pu fans injuftice ne la point prêter du tout, ayant bien voulu la prêter pour un certain ufage, il s'eft obligé à la laiffer à l'emprunteur pendant tout le tems néceffaire; autrement il tromperoit l'emprunteur qui a compté fur ce *prêt*, & qui auroit pu fans cela prendre d'autres mefures, & trouver d'autres occafions d'emprunter d'autres perfonnes la chofe dont il avoit befoin. C'eft ce qu'enfeigne Paul en la loi 17. §. 3. ff. commod. *Sicut voluntatis & officii magis quàm neceffitatis eft commodare; ita modum commodati finemque præfcribere ejus eft qui beneficium tribuit: quum autem id fecit, id eft poftquam commodavit, tunc finem præfcribere & retrò agere, atque intempeftivè ufum commodatæ rei auferre, non officium tantum impedit, fed & fufcepta eft obligatio inter dandum accipiendumque..... adjuvari quippe nos, non decipi beneficio oportet.*

La chofe prêtée doit être rendue au prêteur. Lorfque le prêteur en a fait,

par le miniftere d'un autre, la tradition à l'emprunteur; ce n'eft pas à celui du miniftere duquel le prêteur s'eft fervi pour la faire, à qui la chofe doit être rendue; car ce n'eft pas lui qui eft le prêteur; c'eft celui à qui il a prêté fon miniftere, & au nom de qui la tradition a été faite, qui eft le prêteur, & à qui la chofe doit être rendue.

La chofe eft cenfée rendue au prêteur, lorfqu'elle eft rendue à celui qui avoit pouvoir de lui de la recevoir, fuivant cette regle de droit, *quod juffu alterius folvitur pro eo eft quafi ipfi folutum effet.* L. 180. ff. *De R. J.*

L'obligation que l'emprunteur contracte par le contrat de *prêt à ufage*, l'oblige à apporter tout le foin poffible à la confervation de la chofe qui lui a été prêtée. Il ne fuffit pas qu'il y apporte un foin ordinaire, tel que celui que les peres de famille ont coutume d'apporter aux chofes qui leur apparriennent; il doit y apporter tout le foin poffible, c'eft-à-dire, celui qu'apportent à leurs affaires les perfonnes les plus foigneufes; & il eft tenu à cet égard, non-feulement de la faute légere, mais de la faute la plus légere. C'eft ce qu'enfeigne Gaïus en la loi 1. §. 4. ff. *De obl. & act. Exactiffimam diligentiam cuftodiendæ rei præftare compellitur, nec fufficit ei eamdem diligentiam adhibere quam fuis rebus adhibet, fi alius diligentior cuftodire poterit.*

Lorfque la chofe prêtée eft périe, ou a été détériorée par quelqu'accident que l'emprunteur n'a pu ni prévoir, ni empêcher, & qui auroit également caufé la perte ou la détérioration de la chofe prêtée, quand même elle n'auroit pas été prêtée, & feroit reftée chez le prêteur; perfonne ne doute que celui à qui la chofe a été prêtée, n'eft pas tenu de cette perte, puifque ce n'eft pas le *prêt*

Tome XI.

qui a donné lieu. Il n'y a lieu à la queſtion que lorſque c'eſt le *prêt* qui a donné lieu à l'accident, auquel ſans cela la choſe prêtée n'auroit pas été expoſée : on demande ſi en ce cas celui à qui la choſe a été prêtée, doit indemniſer le prêteur de la perte cauſée par cet accident, qui eſt arrivé ſans aucune faute de ſa part.

Par exemple, ſi vous m'avez prêté votre cheval pour faire un voyage, & que les voleurs m'aient attaqué dans une forêt, & l'aient tué ou emmené, ſerai-je obligé de vous payer le prix de votre cheval, qui n'auroit pas été perdu, ſi vous ne me l'aviez pas prêté ? Les juriſconſultes Romains décident pour la négative : *Is qui utendum accepit*, dit Gaius en la loi 1. §. 14. *ff. De oblig. & act. ſi majore caſu cui humana infirmitas reſiſtere non poteſt, veluti incendio, ruinâ, naufragio rem amiſerit, ſecurus eſt.*

Quelques auteurs, entr'autres Puffendorf, & ſon annotateur Barbeyrac, ont néanmoins cru devoir s'écarter de la déciſion des loix romaines ; ils diſent que *Iniquum eſt officium ſuum cuique eſſe damnoſum*, d'où ils concluent que les riſques auxquels donne lieu le *prêt*, & que le prêteur n'auroit pas courus s'il n'eût fait le *prêt*, doivent plutôt être courus & ſupportés par l'emprunteur à qui on rend ſervice, que par le prêteur qui le rend, lequel ne doit rien ſouffrir du ſervice qu'il rend. Ils ajoutent, qu'on doit préſumer dans le *prêt* une condition tacite d'indemniſer le prêteur de la perte de la choſe prêtée, s'il arrivoit que le *prêt* donnât lieu à cette perte ; que comme chacun doit être préſumé ne pas vouloir ſouffrir du plaiſir qu'il fait, cette condition doit toujours être préſumée tacitement impoſée par le prêteur à l'emprunteur,

& que l'emprunteur doit être tacitement préſumé ſe ſoumettre à la condition de ſe charger de ce riſque incertain, qui eſt compenſé par l'utilité qu'il retire du *prêt*. Pufendorf met ſeulement cette modification à ſon ſentiment ; ſavoir que ſi la choſe empruntée a peri dans un incendie, ou par quelqu'autre accident avec tout le bien de l'emprunteur, il ſeroit trop dur en ces cas d'exiger de l'emprunteur qui a perdu ſon bien, le prix de la choſe prêtée. Titius & Wolfius rejettent le ſentiment de Puffendorf, & s'en tiennent à la déciſion des loix romaines.

Il me paroît qu'on peut facilement répondre aux argumens ci-deſſus rapportés pour l'opinion de Pufendorf ; que la regle *Iniquum eſt ſuum cuique officium eſſe damnoſum*, oblige bien celui à qui on a rendu ſervice, à indemniſer celui qui le lui a rendu, de ce qu'il lui en a coûté pour le rendre, lorſque le ſervice rendu eſt la cauſe productrice de ce qu'a ſouffert celui qui l'a rendu ; & même il faut encore pour cela, que celui qui a rendu le ſervice, ne ſe ſoit pas volontairement ſoumis à ſupporter ce dommage. Suivant ce principe, nous avons vu ci-deſſus, que l'emprunteur devoit indemniſer le prêteur de ce qu'il a ſouffert de la privation de ſa choſe, pour quelque beſoin preſſant & imprévu qu'il en a eu pendant que l'emprunteur s'en ſervoit ; car le *prêt* eſt la vraie cauſe de la privation de l'uſage que le prêteur a eu de ſa choſe, & par conſéquent de ce qu'il a ſouffert de cette privation, par la néceſſité dans laquelle elle l'a mis d'en louer une autre ; mais lorſque le ſervice rendu, a été l'occaſion plutôt que la cauſe, de la perte qu'a ſouffert celui qui l'a rendu, il n'en doit point être indemniſé par celui à qui il l'a rendu.

Comme dans l'espece proposée, lorsque le cheval que je vous ai prêté pour un voyage, a été volé dans une forèt, par laquelle il falloit passer ; ce *prêt* que je vous ai fait de mon cheval, n'a été que l'occasion de la perte que j'en ai faite ; c'est la violence employée par les voleurs qui en a été la cause, je n'en dois donc pas être indemnisé ; j'en dois porter la perte, parce qu'une chose prêtée, ne cessant pas d'appartenir au prèteur, ne cesse pas d'être à ses risques.

Il est vrai que si je n'eusse pas prêté mon cheval, je n'aurois pas couru le risque qu'il fût volé ; mais j'en aurois pu courir d'autres, moindres à la vérité que celui-là, & je me suis soumis à courir celui-là en le prêtant pour passer par la forêt.

Quant à ce qu'on dit qu'on doit supposer dans le *prêt* une condition tacite, imposée par le prêteur à l'emprunteur, de l'indemniser de la perte de la chose à laquelle le *prêt* pourroit donner lieu, parce que cette volonté doit être présumée dans le prêteur ; la réponse est, que quand le prêteur auroit eu, comme on le présume, la volonté d'imposer cette condition à l'emprunteur, ce qu'on ne peut pas néanmoins assurer, cela ne suffiroit pas pour supposer que le *prêt* a été fait sous cette condition ; car il faudroit encore que l'emprunteur eût eu la volonté de se soumettre à cette condition, un engagement ne se contractant que par le concours des volontés des deux parties ; or sur quel fondement assurera-t-on que l'emprunteur a eu cette volonté ? beaucoup de personnes aimeroient mieux ne pas emprunter une chose, que de se soumettre aux risques d'en porter la perte qui arriveroit sans leur faute, & trouveroient acheter trop cher à ce prix le *prêt* qu'on leur feroit de la chose. Ce pact tacite entre le prèteur & l'emprunteur, est donc une pure supposition destituée de fondement ; si le prêteur avoit effectivement la volonté que l'emprunteur l'indemnisât des pertes de la chose, auxquelles le *prêt* pourroit donner occasion, il devoit s'en expliquer avec l'emprunteur lors du contrat : s'il ne l'a pas fait, il doit s'en prendre à lui-même : *in cujus potestate fuit legem apertius dicere.*

Je crois qu'il faut s'en tenir sur cette question au principe des loix romaines, duquel Puffendorf me paroît s'être mal à propos écarté.

Le prèteur ne contracte pas à la vérité une obligation formelle & positive de faire jouir l'emprunteur de la chose prêtée, telle qu'un locateur en contracte envers le conducteur, de le faire jouir de la chose qu'il lui a louée, *v.* LOUAGE, LOCATEUR : mais au moins le prêteur contracte envers l'emprunteur une obligation négative de n'apporter de sa part ni de celle de son héritier aucun trouble ni empêchement à l'usage que l'emprunteur doit avoir de la chose qu'il lui a prêtée, pendant tout le tems pour lequel il la lui a prêtée : si le prêteur ne s'oblige pas absolument comme le locateur *præstare uti licere,* il s'oblige au moins *per se heredemque suum non fieri quominùs commodatario uti liceat.*

Cette obligation naît du consentement que le prèteur a donné en prêtant la chose, à ce que l'emprunteur s'en servît à l'usage & pendant tout le tems pour lequel il la lui a prêtée, & de la bonne foi qu'il ne permet pas qu'il puisse retracter un consentement qu'il a donné volontairement.

Une seconde espece d'obligation que le prêteur contracte envers l'emprunteur, c'est celle de rembourser l'emprunteur des dépenses extraordinaires qu'il a faites pour la conservation de la chose qui lui a été prêtée.

L'emprunteur est bien tenu des impenses ordinaires qui sont une charge naturelle du service que l'emprunteur tire de la chose qui lui a été prêtée, mais il n'est pas tenu des extraordinaires : la chose prêtée continuant d'appartenir au prêteur, & d'être à ses risques, c'est lui qui les doit supporter, & l'emprunteur qui les a faites, en a la répétition contre le prêteur, à moins qu'elles ne fussent modiques.

Une autre espece d'obligation du prêteur envers l'emprunteur, c'est celle de lui donner avis des défauts de la chose qu'on lui demande à emprunter, lorsqu'il en a connoissance, & que ces défauts peuvent causer à l'emprunteur du dommage ; le prêteur, faute d'avoir satisfait à cette obligation, est tenu *actione contrariâ commodati* de tout ce que l'emprunteur a souffert du vice de la chose prêtée, dont il n'a pas été averti. Il y en a un exemple en la *loi* 18. §. 3. où il est dit : *Qui sciens vasa vitiosa commodavit, si ibi infusum vinum vel oleum corruptum effusumve est, condemnatus eo nomine est.* En général, le prêteur doit donner avis à l'emprunteur de tout ce qu'il a intérêt de savoir par rapport à la chose qu'il lui prête ; & si par dol ou par une faute lourde, il manque de lui en donner connoissance, il est tenu envers lui *actione contrariâ commodati*, de ses dommages & intérêts.

Lorsque l'emprunteur ayant perdu par sa faute la chose qui lui a été prêtée, a payé le prix au prêteur, le prêteur qui depuis a recouvré la chose, est obligé de lui rendre ou cette chose, ou ce qu'il a reçu pour le prix : *rem commodatam perdidi, & pro eâ pretium*

dedi, deinde res in potestate tuâ venit, Labeo ait contrario judicio aut rem mihi præstare debere, aut quod à me accepisti reddere. L. 17. §. 5. *ff.* commod. (P.O.)

PRÉTENTION, s. f., *Morale*, terme générique qui embrasse tout ce à quoi des corps ou des individus s'attribuent des droits plus ou moins fondés. Les *prétentions* des souverains appartiennent au droit public ; celles des particuliers, lorsqu'elles deviennent litigieuses, sont du ressort des tribunaux. Les premieres sont les causes ou les prétextes de ces guerres qui désolent continuellement la face de notre globe. Pour quelques arpens de terre on fait périr des millions d'hommes, & l'on en plonge encore davantage dans une misere accablante. Qu'importe aux peuples que les souverains aggrandissent leurs domaines ? En seront-ils eux-mêmes plus opulens, mieux gouvernés ? Quel avantage la France pourroit-elle se promettre de la guerre de succession, qui la plongea dans toutes sortes de maux, & la conduisit à deux doigts de sa ruine ? Mais ces folies des rois, dont les peuples sont les victimes, remontent à l'origine du monde, & vont se perdre dans les tems fabuleux. La premiere & la plus fameuse des guerres, celle de Troye, qui fit de tant de Grecs pendant le siege la pâture des vautours, & ne laissa subsister d'Ilion que la poétique cendre, à peine ose-t-on dire quel en étoit l'objet ? *Causa teterrima belli.* Allez après cela, guerriers généreux, allez vous immoler aux passions fougueuses & honteuses de vos chefs, allez vous faire estropier sur les pas des Césars, & vous immortaliser dans les gazettes ! Mais le comble de l'ignominie, c'est que des princes vendent le sang de leurs sujets pour des querelles qui leur sont absolument étrangers, & en faifent un fonds pour leurs amufemens. Les *prétentions* qui conduifent aux procès, ne font pas moins dommageables aux plaideurs. On a dit là-deffus depuis long-tems ce qu'il y avoit à dire. Un objet de dix livres en coûtera dix mille au bout de dix ans, fi tant eft que ce terme fuffife pour amener la décifion. Il ne faut pas fans doute fouffrir des léfions manifeftes, des injuftices criantes: mais, quand il s'agit de bagatelles, on doit favoir perdre à propos; & lorfque la perte feroit trop forte, la voie des accommodemens eft toujours la meilleure. La chicane eft le plus avide & le plus infatiable de tous les monftres.

Mais nous avons dans cet article une vue plus particuliere & plus directement rélative à la tranquillité intérieure des fociétés. Rien ne la trouble plus que les procédés des gens à *prétentions*; & malheureufement tout le monde en a, & s'obftine à les faire valoir. Les rangs, les préféances & précédences, les diftinctions de tout ordre, font des chimeres auxquelles on prête la plus grande réalité. Chacun a fon *moi*, & fe croit appellé à veiller fans ceffe fur fes intérêts. Je conviens qu'il faut de l'ordre dans la fociété, & que cet ordre produit des fubordinations. Mais où ces fubordinations doivent-elles fe faire fentir? Dans les opérations des corps auxquelles elles fe rapportent. Les militaires fur-tout ne ceffent prefque jamais de vaquer à leur métier, & de fe trouver par conféquent chacun à la place qui lui convient, fans qu'il foit poffible que l'un déplace l'autre. Quand des tribunaux fiégent, il en eft de même de leurs membres. Les cours ont des étiquettes, un cérémonial plus ou moins détaillé: s'il y a quelques folemnités, on fe conforme à ces arrange-

mens, fans lefquels en effet la confufion s'y introduiroit. Mais, hors de-là, rien de plus puérile que cet attachement vetilleux à de femblables prérogatives, qui eft la fource de querelles ridicules, & quelquefois même de démêlés férieux. Un homme fenfé & poli ne manquera point aux égards qu'il doit à des fupérieurs quelconques; mais s'il avoit quelque diftraction qui les lui fît négliger une fois, n'y auroit-il pas de la brutalité à lui en faire auffi-tôt un crime? Quand les femmes fe mettent ces folies en tête, elles les pouffent encore plus loin & les foutiennent avec plus d'opiniâtreté. On fait la réponfe de Charlequint, appellé à décider du pas entre deux dames: *Que la plus folle paffe devant.*

D'autres *prétentions* encore inquiétent les deux fexes & caufent bien des tracafferies. D'abord le beau fexe veut que cette épithete foit toujours prife à la lettre, lors même que l'individu qui la reclame porte fa condamnation fur fon vifage & dans toute fa figure. Les laides font plus les belles que les belles mêmes; fi elles ont le moindre petit avantage, un beau bras, un joli pied, elles ne ceffent d'en faire parade. Les vieilles étalent des appas flêtris, ou les récrépiffent le plus artiftement qu'elles peuvent. Rien de plus comique que tout cela; mais qu'on fe garde de bleffer aucune de ces *prétentions*, fans quoi les prétendues graces deviendront des furies. Il en eft de même de l'efprit, du favoir, & des honneurs littéraires. Injures & invectives, ironies & farcafmes, intrigues même & noirceurs, tout cela fait de la république des lettres une véritable arene de gladiateurs. Rien de plus furieux fur-tout qu'un perfonnage qui réunit toutes les *prétentions*, qui s'érige en dictateur & en defpote, comme étant inconteftablement le plus grand poëte, le plus grand philofophe, le plus grand hiftorien, le plus grand, &c. de fon fiecle. (F.)

PRÉTENTION, *Jurifpr.*, eft une chofe que l'on fe croit fondé à foutenir ou à demander, mais qui n'eft pas reconnue ni adjugée.

On joint ordinairement enfemble ces mots, *droits*, *actions* & *prétentions*, non pas qu'ils foient fynonymes; car *droit* eft quelque chofe de formé & de certain. *Action* eft ce que l'on demande, au lieu qu'une *prétention* n'eft fouvent point encore accompagnée d'une demande.

PRÉTÉRITION, f. f., *Jurifprud.*, en matiere de teftament eft l'omiffion qui eft faite par le teftateur de quelqu'un qui a droit de légitime dans fa fucceffion.

Chez les Romains, la *prétérition* des enfans faite par la mere paffoit pour une exhérédation faite à deffein; il en étoit de même du teftament d'un foldat, lequel n'étoit pas affujetti à tant de formalités.

Mais la *prétérition* des fils de la part de tout autre teftateur étoit regardée comme une injure, & fuffifoit feule pour annuller de plein droit le teftament. *v.* PLAINTE *d'inofficiofité*, TESTAMENT, EXHÉRÉDATION, &c.

PRÉTEUR, f. m., *Droit Rom.*, magiftrature ordinaire, qui étoit la feconde en autorité, & immédiatement au-deffous de celle des confuls. Le nom de *préteur*, dérivé du verbe *præire* ou *præeffe*, défignoit anciennement tout magiftrat fupérieur, comme les confuls, le dictateur, (Afcon. *in* Verr. *lib. I. c.* 14.) qui dans une ancienne infcription fe trouve appellé *prætor maximus*, Liv. *lib. VII. c.* 3. Mais depuis qu'on eut fait un démembrement du confulat, & qu'on eut établi un magiftrat particulier pré-

pofé à l'adminiftration de la juftice, le nom de *préteur* lui devint particulierement affecté. Cependant on le trouve encore très-fouvent employé pour défigner un général d'armée ou un commandant en chef.

Cette nouvelle magiftrature fut établie l'année même que le confulat fut accordé aux plébéïens, *Legg.* 2. §. 27. *de orig. juris.* Les confuls occupés des affaires du dehors, & du commandement des armées, d'ailleurs détournés par différentes autres affaires qui fe multiplioient à mefure que Rome étendoit fon territoire, ne pouvoient prefque plus vaquer à rendre la juftice. Cependant les procès fe multiplioient à proportion du nombre des habitans, qui augmentoit tous les jours. Le fénat prit donc la réfolution de décharger les confuls de cette fonction, & de créer un nouveau magiftrat pour la remplir. Liv. *lib. VI. c. ult. lib. VII. c.* 1. Les plébéïens contens de la victoire qu'ils venoient de remporter fur les patriciens, en leur arrachant un confulat, confentirent aifément que cette magiftrature leur demeurât affectée, & le premier qui en fut revêtu, fut Sp. Furius Camillius, fils du fameux Camille, en l'an 387 de Rome. Cette magiftrature fe conféroit par les comices des centuries, en obfervant les mêmes aufpices & les mêmes formalités que dans l'élection des confuls. Gell. *lib. XIII. c.* 15. C'eft pourquoi le *préteur* eft fouvent appellé le *collégue des confuls*, & qu'il en faifoit toutes les fonctions, lorfqu'ils étoient abfens. Les patriciens refterent feuls en poffeffion de cette dignité pendant trente ans. Mais en l'an 417, Q. Publilius Philon, qui avoit déja été conful & dictateur, fe mit fur les rangs pour briguer cette charge, & l'obtint malgré les oppofitions de la nobleffe, Liv. *lib. VIII. c.* 15.

Quoique l'exercice de la préture ait ordinairement précédé le consulat, & qu'elle ait été comme un degré par lequel on y montoit, on voit qu'avant la seconde guerre punique, on exerçoit souvent la préture après le consulat, & même quelquefois après deux ou trois consulats. Appius Claudinus fut créé *préteur* après avoir été deux fois consul & censeur, Liv. *lib. X. c. 22.* Marcellus & L. Postumius furent créés *préteurs*, après avoir été consuls, & même le dernier l'avoit été deux fois, Liv. *lib. XXII. c. 35.* Q. Fulvius Flaccus fut aussi créé *préteur* en l'an de Rome 537, après avoir été censeur, & deux fois consul, Liv. *lib. XXIII. c. 30.* Depuis on ne revint plus guere à la préture après avoir été consul, à moins qu'on n'eût été rayé du rôle du sénat par les censeurs. Ce fut le cas où se trouva Lentulus Sura, un des conjurés de Catilina, qui pour rentrer dans le sénat, demanda & obtint une seconde fois la préture, Sallust. *Catil. c. 47.*

On ne créa d'abord qu'un *préteur*, mais comme le nombre des habitans de Rome s'augmentoit à proportion qu'elle étendoit ses conquêtes, & qu'il s'y formoit un grand concours d'étrangers, il ne put plus suffire seul à l'administration de la justice. On résolut donc de lui en ajoindre un second, & on partagea leurs fonctions, Liv. *épit. XIX. leg. 2. §. 28. de orig. juris.* Le premier rendoit la justice selon les loix romaines, & seulement entre les citoyens Romains. Le second jugeoit les procès qui survenoient tant entre les étrangers, qu'entre un citoyen & un étranger. On l'appelloit, à cause de cette fonction, le *préteur* étranger, *prætor peregrinus*; au lieu que le premier s'appelloit *préteur de la ville*, *prætor urbanus*. Quoique ce fût le sort qui après leur élection décidât

de ces différens départemens, le *préteur* de la ville étoit beaucoup plus considéré, & ses prérogatives beaucoup plus belles. Comme sa jurisdiction s'étendoit sur tous les citoyens Romains, c'est des édits qu'il proposoit, que dérive une partie de la jurisprudence romaine, & c'est cette partie qu'on appelloit *droit honoraire*, *jus honorarium*, *Instit. lib. I. tit. ij. §. 7.* Ce fut en l'an de Rome 510, que ce nouveau *préteur* fut établi. En 526, après la conquête de la Sicile & de la Sardaigne, on créa encore deux nouveaux *préteurs*, qui furent revêtus des gouvernemens de ces deux isles. En 556 leur nombre fut encore augmenté jusqu'à six, après que les Romains eurent soumis la plus grande partie de l'Espagne; & l'eurent divisée en deux provinces, l'ultérieure & la citérieure, Liv. *lib. XXXII. c. 27.* Depuis la loi *Bæbia* ordonna qu'on alterneroit, en créant une année quatre *préteurs*, & une autre six, mais qu'on prolongeroit les gouvernemens à deux de ceux qui étoient en charge, Liv. *lib. XL. c. 44.* Il n'y eut donc que quatre *préteurs* en 574. Mais il paroît que cette loi ne fut observée que cette seule fois, & qu'on continua à élire six *préteurs* tous les ans. De ces six *préteurs* il en restoit régulierement deux à Rome, & les quatre autres étoient envoyés pour gouverner ces provinces. C'étoit la plupart du tems le sort qui décidoit entr'eux de ces différens départemens, Liv. *lib. XXV. c. 3. lib. XXXIII. c. 28.*

Le nombre des *préteurs* resta le même jusqu'au tems de Sylla; mais il se fit un changement dans leur administration, dont il n'est pas facile de fixer le tems avec précision; si ce n'est que probablement il se fit vers l'an de Rome 609, Pigh. *ad h. ann.* peu après que la Macédoine, l'Achaïe & l'Afrique furent devenues des provinces de l'empire romain. D'ailleurs les affaires fe multipliant à Rome , & les crimes y devenant plus communs, on réfolut de foumettre à la recherche des *préteurs* certains crimes dont le peuple s'étoit réfervé la connoiffance, & pour lefquels il nommoit des commiffaires, *quæfitores*, toutes les fois que les cas exiftoient. On établit donc les tribunaux, qu'on appella *queftions perpétuelles*, dont je parlerai plus au long ci-après. Il fut réglé en même tems que les fix *préteurs* pafferoient à Rome l'année de leur préture, & que l'année finie, ils partiroient pour aller gouverner les provinces qui leur écheoiroient par le fort. Sylla, en augmentant le nombre de ces tribunaux jufqu'à huit, établit auffi huit *préteurs*. Le jurifconfulte Pomponius dit, *leg.* 2. §. 32. *D. de orig. juris. Vide* Lipf. *ad* Tacit. *Ann. lib. I. exc. D.* que Sylla en établit dix ; mais on voit par l'hiftoire qu'on n'en créoit que huit du tems de Ciceron ; & Dion Caffius dit que ce fut Céfar qui le premier en fit monter le nombre à dix, en l'an 707 de Rome, *lib. XLII. p.* 236. *A.* Selon le même hiftorien il en fit monter le nombre jufqu'à quatorze l'année fuivante, *lib. XLIII. p.* 268. *E.* & l'année d'après jufqu'à feize, *lib. XLIII. p.* 271. *C.* Il paroît que ce nombre refta le même fous les triumvirs, qui étoient intéreffés ; auffi bien que Céfar, à multiplier les dignités, afin de pouvoir gratifier un plus grand nombre de leurs créatures. Pour cet cet effet, ils ne conféroient même les charges que pour quelques mois, & pour moins encore ; car Dion remarque qu'en l'année 715 il y eut jufqu'à foixante-fept *préteurs*, *lib. XLVIII. p.* 437. *C.* On voit par le même hiftorien que leur nombre refta fixé à feize jufqu'à la fin du regne d'Augufte, qui alors

le réduifit à douze, *lib. LVI. p.* 672. *A.* Ce nombre étoit encore le même au commencement du regne de Tibere, qui à la vérité promit avec ferment de ne le point paffer, Tacit. *annal. lib. I. c.* 14. mais qui pourtant permit quelque tems après qu'on en créat tantôt quinze, tantôt feize, Dio Caff. *lib. LVIII. p.* 707. *B.* & leur nombre varia ainfi pendant plufieurs années. L'empereur Claude paroit avoir mis leur nombre à dix-huit, en créant deux nouveaux *préteurs* , qui devoient juger les procès qui furvenoient à l'occafion des fidéicommis, *leg.* 2. §. 32. *D. de orig. juris.* Sueton. *in* Claud. *c.* 23. Il femble pourtant qu'ils ne pouvoient prendre connoiffance de ces caufes, qu'en cas qu'elles n'excédaffent pas une certaine fomme, au-delà de laquelle elles devoient fe porter devant les confuls, Quinctil. *inft. orat. lib. III. c.* 6. L'empereur Titus retrancha un de ces *préteurs*, que Nerva rétablit en lui donnant la commiffion de juger les différends qui furvenoient entre le fifc & les particuliers, *de. leg.* 2. §. 32. *D. de orig. jur.* Marc Aurele établit un *préteur* pour connoître des tuteles, qui auparavant avoient été du département des confuls, Capitol. *in* Marco *c.* 10. Le jurifconfulte Pomponius, qui floriffoit fous le regne d'Alexandre Sévere, dit que de fon tems on créoit tous les ans dix-huit *préteurs*; *de leg.* 2. *D.* Mais fur le déclin de l'empire, le nombre des *préteurs* diminua auffi, & nous voyons que du tems les empereurs Valentinien & Marcien, il n'y en avoit plus que trois, *leg.* 2. *c. de offic. præt.* & il femble que cette dignité fut entierement abolie du tems de Juftinien.

Le *préteur* jouiffoit, à peu de chofes près, de toutes les marques de diftinction du confulat. Il avoit la robe bordée

dée de pourpre, *toga prætexta*, que, de même que les confuls, il alloit prendre au capitole, le jour qu'il entroit en charge, la chaire curule, & les licteurs. On convient que les *préteurs* qui gouvernoient les provinces, fe faifoient accompagner de fix licteurs ; du moins les auteurs anciens font fi exprès là-deffus, Polyb. *lib. II. c.* 24. *& lib. III. c.* 24. *&* 106. Appiani *Syriac. p.* 64. Plut *in* Æmil. *p.* 256. qu'on ne peut douter que chaque *préteur* ou propréteur, hors de Rome, ne fe fît accompagner de fix licteurs, portant des faifceaux armés de haches. Il eft bien fûr qu'à Rome, de même que les confuls, ils faifoient ôter les haches de leurs faifceaux ; mais ce qui forme la difficulté, eft qu'il y a plufieurs auteurs dignes de foi, qui en parlant des *préteurs* à Rome, ne leur attribuent que deux licteurs ; ce qui mene naturellement à croire que dans Rome ils n'en avoient pas davantage, mais que dans les provinces ils en avoient fix.

Cependant M. de Spanheim a cru qu'ils fe faifoient accompagner de fix licteurs, auffi bien à Rome que hors de Rome, *de ufu & præft. Num. tom. II. diff. x. p.* 117. Il fe fonde fur trois médailles de Livineius, où l'on voit la chaire curule entre fix faifceaux, Morell. *gente Livineia. tab. I. n.* 3. 4 *&* 5.

Ce Livineius étoit un des préfets que Jules Céfar établit à Rome, pour la gouverner en fon abfence. Ces gouverneurs jouiffoient, felon Dion Caffius, *lib. XLIII. p.* 269. des mêmes marques de diftinction que le général de la cavalerie ; & felon Suetone, *in* Jul. *c.* 76. ce fut en qualité de *préteurs* que Céfar voulut qu'ils exerçaffent leur autorité. D'où M. de Spanheim conclut que le général de la cavalerie & les *préteurs* avoient les mêmes marques de diftinction que ces gouverneurs établis par

Tome XI.

Céfar, & fe faifoient précéder par fix licteurs. Mais cet argument ne me paroît pas détruire le témoignage de quelques auteurs anciens, qui difent bien clairement qu'à Rome le *préteur* n'étoit accompagné que de deux licteurs. Je n'alléguerai point contre cette opinion diverfes médailles où la préture n'eft défignée que par deux faifceaux, Vaill. *gente Mamilia n.* 1. *Furia n.* 7. Morell. *ibid. n.* 4. parce qu'on en voit beaucoup où le confulat eft repréfenté de la même façon, Vaill. *gente Æmilia. n.* 1. *Calpurn. n.* 10. *Cornel. n.* 6. On pourroit donc plutôt en conclure que ces *préteurs* ou gouverneurs de Rome ont marqué fix faifceaux fur leurs médailles, comme une diftinction particuliere que Céfar avoit attachée à leur commiffion, quoique d'ailleurs il ne leur eût accordé que le rang de *préteur*. Je me contente de rapporter trois paffages bien exprès, qui me paroiffent prouver que le *préteur* à Rome n'avoit que deux licteurs. Le premier eft Ciceron. Il dit que le principal magiftrat de Capoue prenoit le titre de *préteur* & fe faifoit précéder de deux licteurs, comme les *préteurs* à Rome. *Anteibant lictores, ut hic prætoribus anteeunt cum fafcibus duobus. Agraria II. c.* 34. Il eft vrai que ce paffage décide plutôt du nombre de licteurs qu'avoit le *préteur* de Capoue, que de celui qu'avoit le *préteur* de Rome ; car la particule *ut*, comme, peut fe rapporter auffi bien à la maniere de porter des faifceaux, qu'à leur nombre. Mais le paffage de Cenforin me paroît décider du nombre. *Prætor urbanus, qui nunc eft, quique pofthac fuat, duos lictores apud fe habeto.* Cenfor. *de die nat. c.* 24. Il cite l'ancienne loi *Lætoria*, qui ordonnoit que le *préteur* de la ville fût accompagné de deux licteurs. Ce que dit ici Cenforin, eft encore confirmé par Plaute,

S s

qui fait parler ainfi deux efclaves, Epi-dic. *act. I. fc. 1. v.* 24. Th. *At unum a prætura tua, Epidice, abeft.* Épid. *Quid-nam ?* Th. *duo lictores, duo viminei faf-ces virgarum.* „Eft-ce donc que tu exer-„ ces déja la préture ? Mais il te man-„ que une chofe." Epidicus. „Quelle ?" Th. „C'eft qu'il te faudroit deux lic-„ teurs qui portaffent des faifceaux de „ verges." Pafferat fuppofe que les *pré-*teurs n'ont eu dans les commencemens que deux licteurs, mais que dans la fuite le nombre en fut augmenté juf-qu'à fix, *ad* Propert. *lib. II. el.* 16. Il me paroît plus probable qu'ils n'en ayent jamais pris fix que hors de Rome, où la république aimoit que fes magiftrats paruffent avec éclat, pour faire refpec-ter fa puiffance.

Le *préteur* fiégeoit dans la grande place de Rome, ou plutôt dans le co-mice qui en faifoit partie. Il y avoit fon tribunal en forme de demi-cercle, qui avoit quarante fix pieds de front, & quinze pieds d'enfoncement, Vitruv. *lib. V. c.* 1. Il y plaçoit fa chaire curu-le, pendant que les autres juges n'é-toient affis que fur des fieges ordinai-res, Cicer. *in* Verr. *lib. II. c.* 38. Tacit. *ann. lib. I. c.* 75. Martial. *lib. XI. ep.* 99. & c'étoit-là qu'il donnoit audience, & qu'il prononçoit fes arrêts.

Lorfque le *préteur* préfidoit au con-feil des cent, *centumvirali judicio*, on plantoit une pique ou une perche, *hafta*, dans la place, comme la marque de fa jurifdiction, Seneca *de brev. vit. c.* 11. On voit même affez fouvent cette hafte fur des médailles, comme une marque de la dignité du *préteur*, Morell. *Thef. gen-te Caninia n.* 2. *Junia t. III. n.* 4. *Pupia n.* 2. *Sextia n.* 3. Sigonius y ajoute le glaive ; mais c'eft fans aucune autorité valable, *de judic. lib. I. c.* 7. *vid.* Spanh. *l. d. p.* 112. Il prétend s'appuyer de celle

de S. Cyprien, qui en effet met la hafte & le glaive entre les marques de la ju-rifdiction du *préteur* ; mais ces paroles regardent le *préteur* ou propréteur de l'Afrique, qui réfidoit à Carthage, & qui inconteftablement, de même que tous les gouverneurs des provinces, avoit le droit du glaive. Il n'en étoit pas ainfi du *préteur* de la ville, dont la jurifdiction étoit purement civile.

La premiere & la principale fonc-tion du *préteur* étoit l'adminiftration de la juftice, dont il étoit chef, fuivant la définition que nous en donne Cice-ron. „ Qu'il y ait un *préteur*, qui foit „ l'interprète des loix, qui juge lui-„ même ou nomme des juges pour ju-„ ger les procès qui furviennent entre „ les particuliers. Qu'il foit le gardien „ des loix, & qu'on fe foumette à fes „ décifions." *Juris difceptator, qui pri-vata judicet judicarive jubeat prætor ef-to : is juris civilis cuftos efto ; huic potef-tati parento. De leg. lib. III. c.* 3.

En abfence des confuls, c'étoit le *préteur* de la ville qui rempliffoit toutes leurs fonctions, & qui avoit la direc-tion de toutes les affaires de l'Etat, Liv. *lib. X. c.* 21. Cic. *ad* Fam. *lib. X. ep.* 12. C'étoit à lui que s'apportoient les let-tres adreffées au fénat : c'étoit lui qui convoquoit le fénat, Liv. *lib. XLII. c.* 8. qui y lifoit les lettres, qui y in-troduifoit les ambaffadeurs des nations étrangeres, & qui leur rendoit la ré-ponfe du fénat, Liv. *lib. X. c.* 45. *lib. XLIII. c.* 8. C'étoit lui qui nommoit les députés tirés du corps du fénat, pour être employés dans quelques commif-fions, felon que le cas l'exigeoit, Liv. *lib. XLIII. c.* 1. S'il s'agiffoit d'ordonner des prieres & des facrifices publics, en actions de graces pour quelque victoire fignalée, c'étoit lui qui avoit foin d'en faire dreffer le decret, Cic. *phil. XIV.*

c. 4. Enfin généralement tout ce qui étoit du département des confuls, entroit, en leur abfence, dans celui du *préteur* de la ville. Il pouvoit haranguer le peuple, convoquer les comices, y faire les propofitions, s'oppofer à ce qu'on n'y décidât rien, fi tout autre magiftrat que les confuls les avoit convoqués, Gell. *lib. XIII. c.* 15. Il eft cependant à remarquer que le *préteur* ne pouvoit convoquer le fénat extraordinairement toutes les fois qu'il vouloit, comme les confuls ; & qu'il n'avoit ce droit que lorfqu'il furvenoit quelqu'affaire qui ne fouffroit point de délai, Cic. *ad Fam. lib. X. ep.* 28. Tout ce que je viens de dire concerne particulierement le *préteur* de la ville, comme le prouvent toutes les autorités que j'ai citées. A fon défaut, c'étoit le *préteur* étranger qui entroit dans tous ces droits.

C'étoit encore au *préteur* de la ville qu'appartenoit la direction de certains jeux anniverfaires, tels que les jeux Apollinaires, qui fe célébroient en l'honneur d'Apollon & de Diane, par des courfes de chevaux & de chars, des combats de bètes féroces, & mème par des jeux fcéniques, Liv. *lib. XXV. c.* 12. *lib. XXVII. c.* 23. *lib. XXXIX. c.* 39. Le *préteur*, vètu d'une robe de pourpre à fleurs, telle que les généraux la portoient le jour de leur triomphe, traverfoit le cirque en pompe fur un char, Juvenal. *fat. X. v.* 36. *fat. XI. v.* 192. On a confervé plufieurs médailles confulaires, où fe trouvent encore repréfentés les différens fpectacles produits dans le cirque par les *préteurs*. C'eft aux courfes de chevaux, célébrées pendant la préture d'un Calpurnius Pifon, que les antiquaires rapportent diverfes médailles, où d'un côté on voit la tète d'Apollon, & au revers, un cavalier

courant à bride abattue, Morell. *gente Calpurnia. tab. IV.* C'eft aux courfes de chars que M. de Spanheim, *de ufu & pr. num. tom. II. p.* 134. rapporte diverfes médailles des familles Furia, Morell. *n.* 2. Junia, Morell. *tab. I. n.* 6 & 7. & Valeria, Vaill. *n.* 6. où font repréfentés des chars pouffés à toute bride, qui marquent les jeux que des perfonnes illuftres de ces familles ont célébrés dans leur préture. C'eft de même à des combats de bètes féroces que Livineius Regulus donna au peuple pendant fa préture, que M. de Spanheim rapporte trois médailles de ce Romain, *vid.* Morell. *gente Livineia. n.* 2. Il paroît que les *préteurs* étoient de même chargés de la direction des jeux votifs, c'eft-à-dire, de ceux qui avoient été voués aux dieux dans quelqu'occafion extraordinaire, au nom du peuple romain. Une médaille en fait encore foi, Fulv. *Urf. gente Nonia.* Morell. *ib. n.* 1.

On y voit au revers cette légende : *Sex. Noni. Pr. L. V. P. F.* qu'on explique naturellement *Sextus Nonius Prætor Ludos Votivos Publicos Fecit.* „Sextus „ Nonius étant *préteur* a célébré les „ jeux publics, qu'on avoit voués." Les principales fonctions des *préteurs* fe réduifirent infenfiblement à la direction de tous les jeux. Augufte déchargea les édiles de la part qu'ils y avoient eue fous la république, & en chargea les *préteurs*, Dio Caff. *lib. LIV. p.* 593. *B.* Ils les faifoient en partie à leurs dépens, & l'autre partie des frais leur étoit fournie du tréfor public, de forte que la préture devint à charge par la dépenfe à laquelle elle engageoit : ce qui fait dire à Boece „ qu'elle n'étoit plus qu'un „ vain nom, & un fardeau bien pefant „ pour le patrimoine d'un fénateur", *confol. philof. lib. III. profa iv.* Ce fut fans doute en conféquence de cette direction fur les jeux, que les comédiens, & autres gens de cette efpece, qui auparavant étoient fous la jurifdiction des édiles, furent mis fous celle des *préteurs*, Tacit. *ann. lib. I. c.* 77.

Souvent, lorfqu'il n'y avoit point de cenfeurs, les *préteurs* étoient chargés de la conftruction ou de la réparation des édifices publics, Cic. *in* Verr. *lib. III. c.* 40 & 50. & *ibi* Afcon. Frontin. *de aquæd. c.* 7. Ce foin appartenoit plutôt aux édiles, & lorfque les *préteurs* s'en mèloient, c'étoit toujours par une commiffion expreffe du fénat.

V. Souvent les *préteurs*, & même lorfqu'il n'y en avoit encore qu'un à Rome, ont été mis à la tête des armées, fur-tout dans le cinquieme fiecle de Rome, Liv. *lib. X. c.* 31. Depuis on leur donna fouvent le commandement d'une flotte, & ils furent fouvent ajoints à un conful, lorfque l'importance de la guerre demandoit plus d'un général. Sous le confulat de Ciceron, lorfque la conjuration de Catilina eut éclaté, le fénat donna commiffion à deux *préteurs* de lever des armées, & leur affigna certaines provinces de l'Italie où ils devoient s'oppofer aux entreprifes de Catilina & de fes complices, Salluft. *in* Catil. *c.* 32. Cela fe faifoit felon que l'exigeoient les befoins de la république. Comme dans ces cas-là il falloit joindre le pouvoir militaire au civil, dans la préture comme dans le confulat, il falloit que le *préteur* eût une commiffion expreffe du fénat, & fût autorifé par les comices des curies. Cependant comme la préture a été principalement établie pour décharger les confuls de l'adminiftration de la juftice, il faut dire quelque chofe ici des différens départemens des *préteurs* à cet égard.

Il y avoit à Rome deux fortes de tribunaux, les uns où s'exerçoient les jugemens privés, *judicia privata*, qui concernoient les affaires civiles, ou les différends qui furvenoient entre des particuliers; & les autres où s'exerçoient les jugemens publics, *judicia publica*, qui concernoient les crimes, où tout ce qui avoit un rapport direct ou indirect au bien public. Les premiers étoient du reffort du *préteur* de la ville, & du *préteur* qui jugeoit les étrangers. Le peuple s'étoit réfervé la connoiffance du criminel; & chaque fois qu'il exiftoit quelque cas qui demandoit des recherches, il nommoit pour cela des commiffaires qu'on nommoit *quæfitores*. Quelquefois même on a nommé un dictateur à cet effet, Liv. *lib. IV. c.* 13. *lib. IX. c.* 26. Tout cela ne concernoit que les citoyens Romains, Val. Max. *lib. VIII. c.* 4. *n.* 2. Plaut. *amph. act. I. fc. j. v.* 3. car les efclaves & les étrangers étoient foumis à la jurifdiction des triumvirs capitaux, qui condamnoient à mort, & faifoient exécuter leurs fentences, & qui même en certains cas exerçoient la même autorité fur des perfonnes libres & citoyens Romains, Liv. *lib. XXXIX. c.* 17. Val. Max. *lib. V. c.* 4. *n.* 7. Gell. *lib. II. c.* 3. Mais les vices s'étant introduits à Rome avec les richeffes, & les crimes y devenant fréquens, il étoit difficile, & même impoffible d'affembler le peuple toutes les fois qu'il exiftoit quelque cas nouveau. On prit la réfolution d'établir des tribunaux permanens pour la recherche de certains crimes, & c'eft ce qu'on appella les *queftions perpétuelles*, *queftiones perpetuæ*, Cicero *in* Bruto. *c.* 27. On régla donc que, des fix *préteurs* qui fe renouveloient tous les ans, deux continueroient à exercer la jurifdiction civile fur les citoyens & fur les étrangers; & que les quatre autres, qui auparavant partoient d'abord pour les gouvernemens qui leur étoient échus par le fort, resteroient à Rome pendant l'année de leur préture, & y exerceroient la jurisdiction criminelle, selon les différentes commissions que le sénat leur auroit assignées. On appella ces commissions *questions perpétuelles*, ou parce que la loi y donnoit une forme constante, au lieu qu'auparavant il falloit une nouvelle loi pour chaque cas particulier; ou parce qu'alors les *préteurs* furent établis comme des commissaires perpétuels, qui se succédoient chaque année, au lieu qu'auparavant il falloit chaque fois assembler le peuple, pour qu'il nommât des commissaires, *quæsitores*. L'époque de cet établissement ne peut être fixée à une année certaine; mais on peut juger, sur ce qu'en dit Ciceron, que ce fut au commencement du septieme siecle de Rome, Cicer. *ibid. vid.* Pighium. *ann.* 609.

Le nombre de ces questions ou commissions fut d'abord mis à quatre, selon les différens crimes pour la recherche desquels ces tribunaux furent établis. 1°. Pour les concussions, *de repetundis*, pour rechercher les magistrats, ou gouverneurs des provinces, qui avoient fait des extorsions aux sujets ou alliés de l'empire Romain. 2°. Pour le vol des deniers publics, *peculatus*. 3°. Pour les brigues, *ambitus*, si l'on avoit employé quelques moyens illicites pour parvenir à une dignité. 4°. Pour le crime de majesté, *majestatis*, sous lequel on comprenoit divers chefs. Sylla établit de nouveaux tribunaux, & donna une nouvelle forme aux anciens. Il établit deux *préteurs* pour juger des assassins, *de sicariis*. L'un de ces *préteurs* de la violence publique, *de vi publica*, c'est-à-dire, de celle qui avoit un rapport direct à l'Etat; & l'autre de la violence privée, *de vi privata*, c'est-à-dire, des violences commises contre de simples particuliers. Il établit aussi un tribunal pour la recherche des faussaires & des empoisonneurs, *de falsis & veneficiis*; car ces crimes se jugeoient au même tribunal, & on y faisoit comparoître encore les juges corrompus, les faux monnoyeurs, &c.

Le peuple ne laissa pas de se réserver le jugement de certains cas particuliers, ou du moins la nomination des commissaires qui devoient exercer le jugement en son nom. Lorsque Milon eut tué Clodius, le cas parut si important, que le peuple nomma des commissaires particuliers pour en informer. Quelque tems auparavant le même Clodius ayant violé les mysteres de la bonne déesse, le peuple nomma des commissaires pour rechercher ceux qui avoient violé la religion, *quæsitores de pollutis sacris*, Sueton. *in Jul. c.* 6. Quelques vestales ayant été accusées d'inceste, & le grand pontife L. Metellus ayant paru user de trop de condescendance en les absolvant, le peuple leur nomma des juges, qui les condamnerent à mort, Ascon. *in Milon. c.* 12. & ainsi de divers autres cas. Le crime de perduellion se portoit toujours devant le peuple qui, comme je l'ai dit, en jugeoit dans les comices des centuries.

D'abord après l'élection des *préteurs*, le sénat partageoit ces différens départemens entr'eux, selon leur nombre, & ensuite le sort en décidoit; car on ne régloit rien là-dessus dans les comices, où ils étoient élus. On croit que quelquefois un même tribunal étoit partagé entre deux *préteurs*, & que cela arrivoit toutes les fois qu'un même *préteur* ne pouvoit suffire à juger toutes les causes qui étoient du ressort de son tribunal. On croit au contraire qu'un seul *préteur* préfidoit quelquefois à deux dif-férens tribunaux. Ce font des queftions qui méritent d'être examinées avec un peu d'étendue. Je me contente de dire ici que chaque tribunal avoit fon *pré-teur*, & que jamais il n'y eut deux tri-bunaux réunis fous un même *préteur*, ni un tribunal partagé entre deux *pré-teurs*. Cependant il eft arrivé que le nombre des tribunaux excédoit celui des fix ordinaires ; mais alors le *préteur* de la ville & le *préteur* étranger, par une commiffion extraordinaire du fénat, préfidoient chacun à un tribunal par-ticulier, comme on voit que P. Caffius, *préteur* de la ville en 687, préfidoit au tribunal qui informoit du crime de ma-jefté, Afcon. *in Cornel. arg. p.* 124. On voit encore, par le plaidoyer de Cice-ron contre Verrès, *lib. I. c.* 60. que ce-lui-ci étant *préteur* de la ville, s'étoit ingéré dans le criminel ; mais en cela, comme Ciceron le lui reproche, il avoit agi contre les loix, & avoit ufurpé une autorité qui ne lui appartenoit pas. Le *préteur* de la ville avoit un département fi étendu, que ce n'étoit que lorfque la néceffité l'exigeoit, qu'on y joignoit la commiffion extraordinaire de préfi-der à un autre tribunal, & lorfque cela fe faifoit, on lui ajoignoit un juge de la queftion, qui le déchargeoit d'une gran-de partie des foins qu'il auroit été obli-gé d'y donner. Il arriva pourtant affez fouvent qu'on réunit les deux jurifdic-tions, celle du *préteur* de la ville & celle du *préteur* étranger, & qu'un feul *préteur* fut chargé d'y vaquer. Le fénat avoit recours à cet expédient, lorfque les magiftrats actuellement en charge ne fuffifoient pas pour le commande-ment de toutes les armées, Liv. *lib. XXV. c.* 3. *lib. XXVII. c.* 36. *lib. XLIV. c.* 27. ou bien lorfqu'il avoit deffein d'employer une flotte confidérable, dont

il deftinoit le commandement à un des *préteurs*, Liv. *lib. XXXV. c.* 41.

Bien que ce ne fût que le fort qui dé-cidât de ces différens départemens, com-me je l'ai déja dit, le *préteur* de la ville, deftiné à rendre la juftice aux citoyens Romains, jouiffoit de la prééminence, comme chargé de la garde, du main-tien & de l'exécution des loix, Ovid. *Faft. lib. I. v.* 52. Cic. *de legg. lib. III. c.* 3. Auffi voit-on fouvent une balance fur quelques médailles, comme le fym-bole de la préture & de l'adminiftration de la juftice. C'eft du moins ainfi que j'explique les trois médailles que j'ai vues, où l'on voit une balance au-deffus de la chaire curule, Spanh. *de ufu & pr. num. tom. II. p.* 104. Morell. *gente Licinia tab. III. n.* 6. Vaill. *gente Flaminia. n.* 2. *gente Fulvia. n.* 2. Avant que d'entrer en fonction, il montoit à la tribune aux harangues, & adreffant de-là un difcours au peuple, il lui ex-pofoit le plan qu'il fe propofoit de fui-vre dans l'adminiftration de la juftice, Cic. *de finib. lib. II. c.* 22. Enfuite il dé-claroit par un édit qu'il faifoit afficher, fur quels principes de droit les diffé-rentes matieres feroient jugées pendant l'année de fa préture, Cic. *in Verr. lib. I. c.* 61. Cet édit fuppléoit en partie au défaut des loix, dans les cas auxquels elles n'avoient pas pourvu : ou il éten-doit, ou expliquoit celles qui avoient quelque chofe d'obfcur. Ces édits fe changeoient tous les ans, & c'eft pour-quoi Ciceron les appelle une *loi annuelle, lex annua, lib. I. c.* 24. Il y avoit donc tous les ans quelques variations dans la maniere d'adminiftrer la juftice ; & même il arrivoit fouvent que les *pré-teurs* ne s'en tenoient pas pendant toute l'année aux regles qu'ils s'étoient pref-crites dans leurs édits, au commence-ment de l'année. Ils les changeoient, felon les occurrences, & cela d'une maniere fort arbitraire, comme on en peut juger par le plaidoyer de Ciceron contre Verrès, *lib. I. c.* 42. *& feqq.* Enfin, comme il n'y avoit rien de bien fixe dans cette maniere d'adminiſtrer la juſtice, & que les *préteurs* changeoient les loix, felon leurs préjugés ou que la paſſion le leur diſtoit, C. Cornelius, tribun du peuple en l'an 686 de Rome, crut devoir obvier aux inconvéniens qui réſultoient de ces déciſions arbitraires, Aſcon. *in* Cornel. *argum.* Il fit confirmer une loi, par laquelle il étoit ordonné aux *préteurs* de ſe conformer pendant tout le cours de l'année, dans leurs déciſions, à l'édit qu'ils avoient propoſé en entrant en charge. Depuis ce tems-là, l'édit du *préteur* fut appellé *édit perpétuel*, parce que le *préteur* ne pouvoit plus y rien changer pendant l'année, quoique d'ailleurs ſon ſucceſſeur reſtoit en poſſeſſion d'y faire tels changemens qu'il jugeoit à-propos. Celui que l'empereur Adrien fit compiler par le juriſconſulte Julien, mérite à plus juſte titre ce nom, puiſqu'il donna une forme conſtante à la juriſprudence romaine, les juges n'oſant plus s'en écarter dans leurs ſentences, depuis que cet empereur l'eût confirmé. Les gouverneurs des provinces y publioient auſſi des édits dans leſquels ils ſe conformoient ordinairement ſur celui du *préteur* de Rome, du moins dans ce qui regardoit le droit privé, comme le prouve l'exemple de Ciceron, *ad* Famil. *lib. III. ep.* 8. *ad* Attic. *lib. V. ep.* 21. Le *préteur* étranger, & les autres *préteurs* qui préſidoient aux différens tribunaux, publioient auſſi de pareils édits.

C'étoit encore le *préteur* de la ville, qui après avoir prêté ſerment, dreſſoit les rôles de ceux qui devoient juger pendant cette année, ſoit qu'ils duſſent être ou ſénateurs, ou chevaliers, ou d'un autre ordre, felon que les loix le régloient. Enſuite on tiroit au ſort le nombre des juges qui devoient tenir lieu de conſeil à chaque *préteur*, ſuivant les différens tribunaux réglés par les loix, Cic. *in* Verr. *lib. I. c.* 61.

Le *préteur* exprimoit tout le pouvoir de ſa charge par ces trois mots, *do*, *dico*, *addico*. ,, Je donne, je dis, ,, ou je prononce, & j'adjuge, Varro *de LL. lib. V. c.* 4. ''. Le premier marquoit le pouvoir qu'il avoit de donner, ou de nommer les juges qui devoient examiner une cauſe, celui de donner le poſſeſſoire, d'admettre le demandeur à intenter aſtion, & de lui preſcrire la formule qu'il devoit ſuivre. Le ſecond marquoit le pouvoir qu'il avoit de prendre connoiſſance d'une cauſe, d'ajourner les parties, & de prononcer la ſentence. Le troiſieme marquoit qu'il avoit le pouvoir de faire exécuter la ſentence.

Quand les procès étoient de quelque importance, le *préteur* montoit ſur ſon tribunal, & prononçoit de-là la ſentence. Dans les cauſes de moindre importance, il écoutoit les parties, & prononçoit dans l'endroit même où il ſe trouvoit, ce qu'on appelloit *de plano cognoſcere.* Seneca *de* Clem. *lib. I. c.* 5. *leg. I.* §. 8. *d. ad* SC. *Turpilian.* Quelquefois il donnoit ſa ſentence par écrit. Il y avoit quantité de jours de vacances, comme tous les jours de fêtes, qu'on appelloit jours *nefaſtes*, parce qu'il n'étoit pas permis au *préteur* de prononcer ſes arrèts ces jours-là. Ovid. *Faſt. lib. I.* ÿ. 47.

On voit par tout ce que je viens de dire, que les fonſtions du *préteur* de la ville étoient beaucoup plus étendues que celles des autres *préteurs*, & qu'étant chargé de toutes celles des confuls en leur abfence, il jouiſſoit à cet égard, & à divers autres, de la prééminence fur fes collegues, quoique ce ne fût que le fort qui décidât de leurs différens départemens. Liv. *lib. XXII. c. 35. lib. XXXIII. c. 26.* C'eſt ſans doute à cauſe de cela que Feſtus le qualifie grand *préteur*, & Ovide le *préteur* honoré. *Faſt. lib. I.* ꝟ. 52. *& ib.* Burman. Si l'on en croit Appien d'Alexandrie, il y eut quelque réfroidiſſement vrai ou ſimulé entre Brutus & Caſſius, parce que prétendant tous deux à être nommés *préteur* de la ville, Céſar avoit donné la préférence au premier au préjudice de l'autre. *Civil. lib. II. p.* 811. Il y a même eu des cas où le ſénat a nommé celui à qui il deſtinoit ce département. Liv. *lib. XXIV. c.* 30. En cas de maladie, c'étoit le *préteur* étranger qui entroit dans le rang, & faiſoit les fonctions du *préteur* de la ville.

On voit encore qu'on pouvoit appeller du tribunal d'un de ces *préteurs* à celui de l'autre, Cæſar de B. Civ. *lib. III. c.* 20.; mais il ſemble que ce n'étoit que dans le cas d'une injuſtice manifeſte; comme Ciceron rapporte que Piſon *préteur* étranger, caſſoit les ſentences de Verrès, *préteur* de la ville, lorſqu'elles n'étoient pas conformes aux regles qu'il s'étoit preſcrites dans ſon édit. Cic. *in* Verr. *lib. I. c.* 46. Ainſi l'on trouvoit un remede aux injuſtices de l'un, en en appellant au tribunal de l'autre.

Telles furent les fonctions des *préteurs* tant que dura la république. Sous les empereurs, les préfets du prétoire attirerent à eux toutes les cauſes, qui ſe plaidoient auparavant devant les *préteurs*, *Vide* Scalig. *ep.* 183., & comme les premiers étoient officiers de l'empereur, ils prévalurent aiſément fur

des magiſtrats, dont il laiſſoit ſouvent l'élection au ſénat. D'un autre côté, l'autorité du préfet de la ville s'accrut tellement, qu'il attira à lui la connoiſſance du criminel ; de ſorte qu'il ne reſta aux *préteurs*, de leurs anciennes fonctions, que la direction des jeux du cirque, & des autres ſpectacles. (H.M.)

PRÉTEUR, *droit du, Jurifpr. rom., jus prætorium,* c'eſt une partie conſidérable du droit romain, laquelle tire ſon origine des édits annuels que publioit chaque *préteur*, ou magiſtrat revêtu d'une juriſdiction civile, pour une année ſeulement. C'étoit par ces édits que le *préteur* expliquoit, corrigeoit ou ſuppléoit ce qu'il trouvoit obſcur & défectueux dans le droit écrit, où les coûtumes reçues ne pouvoient que varier beaucoup; & ils n'eurent force de loi que par l'uſage, juſqu'à ce que Salvius Julianus en compoſa, par ordre de l'empereur Adrien, un édit perpétuel, qui depuis eut la même autorité que les autres parties du droit romain, dont il demeura néanmoins diſtingué, & par ſes effets, & par le nom de *droit du préteur*, oppoſé au droit civil ; *v.* ÉDIT *du préteur*: on entendoit par *droit civil*, 1°. les loix proprement ainſi nommées, qui avoient été établies ſur la propoſition de quelques magiſtrats du corps du ſénat; 2°. les plébiſcites ou ordonnances du peuple, faites ſur la propoſition des magiſtrats, qu'il choiſiſſoit lui-même de ſon ordre ; 3°. les ſenatus-conſultes ou arrêts du ſénat ſeul ; 4°. les déciſions des juriſconſultes, autoriſées par la coûtume, qui par elle-même avoit auſſi force de loi ; 5°. enfin les conſtitutions des empereurs. On peut voir ſur le *droit du préteur* MM. Noodt, Sculting & Averani.

PRÉTEUR, *Jurifprud.*, celui qui prête ſon argent, ſes marchandiſes. ꝟ. PRÊT.

PRÉTOIRE,

PRÉTOIRE, f. m., *Droit rom.*, étoit chez les Romains le lieu, le palais où demeuroit le préteur de la province, & où les magistrats rendoient la justice au peuple. *v.* PRÉTEUR.

Il y avoit un *prétoire* dans toutes les villes de l'empire romain. L'écriture fait mention de celui de Jérufalem, fous le nom de *falle de jugement*. On voit les restes d'un *prétoire* à Nimes en Languedoc.

PRETRES, f. m. pl., *Morale*. On désigne fous ce nom tous ceux qui rempliffent les fonctions des cultes religieux établis chez les différens peuples de la terre. *v.* MINISTRES *de l'Evangile*.

Le culte extérieur fuppofe des cérémonies, dont le but eft de frapper les fens des hommes; & de leur imprimer de la vénération pour la Divinité, à qui ils rendent leurs hommages. La fuperftition ayant multiplié les cérémonies des différens cultes, les perfonnes deftinées à les remplir ne tarderent point à former un ordre féparé, qui fut uniquement deftiné au fervice des autels; on crut que ceux qui étoient chargés de foins fi importans, fe devoient tout entiers à la Divinité; dès-lors ils partagerent avec elle le refpect des humains; les occupations du vulgaire parurent au-deffous d'eux, & les peuples fe crurent obligés de pourvoir à la fubfiftance de ceux qui étoient revêtus du plus faint & du plus important des minifteres; ces derniers renfermés dans l'enceinte de leurs temples, fe communiquerent peu; cela dut augmenter encore le refpect qu'on avoit pour ces hommes ifolés; on s'accoûtuma à les regarder comme des favoris des dieux, comme les dépofitaires & les interprêtes de leurs volontés, comme des médiateurs entr'eux & les mortels.

Il eft doux de dominer fur fes femblables; les *prêtres* furent mettre à pro-

Tome XI.

fit la haute opinion qu'ils avoient fait naître dans l'efprit de leurs concitoyens; ils prétendirent que les dieux fe manifeftoient à eux; ils annoncerent leurs décrets; ils enfeignerent des dogmes; ils prefcrivirent ce qu'il falloit croire & ce qu'il falloit rejetter; ils fixerent ce qui plaifoit ou déplaifoit à la Divinité; ils rendirent des oracles; ils prédirent l'avenir à l'homme inquiet & curieux, ils le firent trembler par la crainte des châtimens dont les dieux irrités menaçoient les téméraires qui oferoient douter de leur miffion, ou difcuter leur doctrine.

Pour établir plus fûrement leur empire, ils peignirent les dieux comme cruels, vindicatifs, implacables; ils introduifirent des cérémonies, des initiations, des myfteres, dont l'atrocité pût nourrir dans les hommes cette fombre mélancolie, fi favorable à l'empire du fanatifme; alors le fang humain coula à grands flots fur les autels; les peuples fubjugués par la crainte, & enyvrés de fuperftition, ne crurent jamais payer trop chérement la bienveillance célefte: les meres livrerent d'un œil fec leurs tendres enfans aux flammes dévorantes; des milliers de victimes humaines tomberent fous le couteau des facrificateurs; on fe foumit à une multitude de pratiques frivoles & révoltantes, mais utiles pour les *prêtres*; & les fuperftitions les plus abfurdes acheverent d'étendre & d'affermir leur puiffance.

Exempts de foins & affurés de leur empire, ces *prêtres*, dans la vûe de charmer les ennuis de leur folitude, étudierent les fecrets de la nature, myfteres inconnus au commun des hommes; de-là les connoiffances fi vantées des *prêtres* égyptiens. On remarque en général que chez prefque tous les peuples fauvages & ignorans, la mé-

Tt

decine & le sacerdoce ont été exercés par les mêmes hommes. L'utilité dont les *prêtres* étoient au peuple ne put manquer d'affermir leur pouvoir. Quelques-uns d'entr'eux allerent plus loin encore; l'étude de la physique leur fournit des moyens de frapper les yeux par des œuvres éclatantes; on les regarda comme surnaturelles, parce qu'on en ignoroit les causes; de-là cette foule de prodiges, de prestiges, de miracles; les humains étonnés crurent que leurs sacrificateurs commandoient aux élémens, disposoient à leur gré des vengeances & des faveurs du ciel, & devoient partager avec les dieux la vénération & la crainte des mortels.

Il étoit difficile à des hommes si révérés de se tenir long-tems dans les bornes de la subordination nécessaire au bon ordre de la société : le sacerdoce enorgueilli de son pouvoir, disputa souvent les droits de la royauté; les souverains soumis eux-mêmes, ainsi que leurs sujets, aux loix de la religion, ne furent point assez forts pour reclamer contre les usurpations & la tyrannie de ses ministres; le fanatisme & la superstition tinrent le couteau suspendu sur la tête des monarques; leur trône s'ébranla aussi-tôt qu'ils voulurent réprimer ou punir des hommes sacrés, dont les intérêts étoient confondus avec ceux de la divinité; leur résister fut une révolte contre le ciel; toucher à leurs droits fut un sacrilege; vouloir borner leur pouvoir, ce fut saper les fondemens de la religion.

Tels ont été les degrés par lesquels les *prêtres* du paganisme ont élevé leur puissance. Chez les Egyptiens les rois étoient soumis aux censures du sacerdoce; ceux des monarques qui avoient déplu aux dieux recevoient de leurs ministres l'ordre de se tuer, & telle étoit la force de la superstition, que le souverain n'osoit désobéir à cet ordre. Les druides chez les Gaulois exerçoient sur les peuples l'empire le plus absolu; non contens d'être les ministres de leur culte, ils étoient les arbitres des différends qui survenoient entr'eux. Les Mexicains gémissoient en silence des cruautés que leurs *prêtres* barbares leur faisoient exercer à l'ombre du nom des dieux; les rois ne pouvoient refuser d'entreprendre les guerres les plus injustes, lorsque le pontife leur annonçoit les volontés du ciel; *le dieu a faim*, disoit-il; aussi-tôt les empereurs s'armoient contre leurs voisins, & chacun s'empressoit de faire des captifs pour les immoler à l'idole, ou plutôt à la superstition atroce & tyrannique de ses ministres.

Les peuples eussent été trop heureux, si les *prêtres* de l'imposture eussent seuls abusé du pouvoir que leur ministere leur donnoit sur les hommes; malgré la soumission & la douceur, si recommandée par l'Evangile, dans des siecles de ténebres, on a vû des *prêtres* du Dieu de paix arborer l'étendart de la révolte; armer les mains des sujets contre leurs souverains; ordonner insolemment aux rois de descendre du trône; s'arroger le droit de rompre les liens sacrés qui unissent les peuples à leurs maîtres; traiter de tyrans les princes qui s'opposoient à leurs entreprises audacieuses; prétendre pour eux-mêmes une indépendance chymérique des loix, faites pour obliger également tous les citoyens. Ces vaines prétentions ont été cimentées quelquefois par des flots de sang : elles se sont établies en raison de l'ignorance des peuples, de la foiblesse des souverains, & de l'adresse des *prêtres*; ces derniers sont souvent parvenus à se maintenir dans leurs droits ufurpés; dans les pays où l'affreufe inquifition eft établie, elle fournit des exemples fréquens de facrifices humains, qui ne le cedent en rien à la barbarie de ceux des *prêtres* mexicains. Il n'en eft point ainfi des contrées éclairées par les lumieres de la raifon & de la philofophie, le *prêtre* n'y oublie jamais qu'il eft homme, fujet, & citoyen.

Les *prêtres* chez les Romains n'étoient point d'un ordre différent des citoyens. On les choififfoit indifféremment pour adminiftrer les affaires civiles & celles de la religion. Il y avoit bien de la prudence dans cette conduite; elle obvioit à beaucoup de troubles qui auroient pu naître fous prétexte de religion. Les *prêtres* des dieux, même de ceux d'un ordre inférieur, étoient pour l'ordinaire élus d'entre les plus diftingués, par leurs emplois & leurs dignités. On accordoit quelquefois cet honneur à de jeunes gens d'illuftre famille, dès qu'ils avoient pris la robe virile.

Il faut diftinguer les *prêtres* en deux claffes. Les uns n'étoient attachés à aucun dieu en particulier, mais ils étoient pour offrir des facrifices à tous les dieux; tels étoient les pontifes, les augures, les quindecemvirs, qu'on nommoit *facris faciundis*; les aufpices, ceux qu'on appelloit *fratres arvales*; les curions, les feptemvirs, nommés *epulones*, les féciaux; d'autres à qui on donnoit le nom de *fodales titienfes*, & le roi des facrifices, appellé *rex facrificulus*. Les autres *prêtres* avoient chacun leurs divinités particulieres : ceux-là étoient les flamines, les faliens; ceux qui étoient appellés *luperci*, *pinarii*, *potitii*, pour Hercule; d'autres nommés auffi *galli*, pour la déeffe Cybele; & enfin les veftales, &c.

Les *prêtres* avoient des miniftres pour les fervir dans les facrifices. J'en vais donner une énumération laconique. Ceux & celles qu'on appelloit *camilli* & *camillæ*, étoient de jeunes garçons & de jeunes filles libres qui fervoient dans ces cérémonies religieufes. Romulus en étoit l'inftituteur; & les *prêtres* qui n'avoient point d'enfans étoient obligés d'en prendre. Les jeunes garçons devoient fervir jufqu'à l'âge de puberté, & les filles jufqu'à ce qu'elles fe mariaffent. Ceux & celles qu'on nommoit *flaminii* & *flaminiæ*, fervoient le flamine de Jupiter : ces jeunes gens devoient avoir pere & mere. Les quindecemvirs avoient auffi des miniftres qui leur fervoient de fécretaires.

Les miniftres appellés *editui* ou *editumi*, étoient ceux qui avoient foin de tenir les temples en bon état, ce qu'ils appelloient *facra tecta fervare*. Les joueurs de flûte étoient auffi d'un grand ufage chez les Romains, dans les facrifices, les jeux, les funérailles; ils couroient mafqués aux ides de Juin. On fe fervoit encore aux facrifices des gens qui fonnoient de la trompette; ils purifioient leurs inftrumens deux fois l'année : le jour de cette cérémonie fe nommoit *tubiluftria*.

Les miniftres qu'on nommoit *popæ* & *victimarii*, étoient chargés de lier les victimes. Ils fe couronnoient de laurier, fe mettoient à demi nuds, & en cet état conduifoient les victimes à l'autel, apprêtoient les couteaux, l'eau, & les chofes néceffaires pour les facrifices; frappoient les victimes & les égorgeoient.

Il y en avoit d'autres qui s'appelloient *fictores*, parce qu'ils repréfentoient les victimes avec du pain & de la cire; car les facrifices en apparence paffoient pour de vrais facrifices.

Il y avoit outre cela les miniſtres du flamine de Jupiter, qui ſe nommoient *præclamitores*, les licteurs des veſtales, les ſcribes des pontifes & des quinde-cemvirs, les aides des aruſpices : ajou-tez-leur ceux qui avoient ſoin des pou-lets, *pullarii* ; enfin les *prêtres* avoient des hérauts qu'on nommoit *kalatores*.

Les femmes appellées *præficæ* étoient celles qu'on louoit dans les funérailles pour pleurer & pour chanter les louan-ges du mort. Les déſignateurs, *deſigna-tores*, étoient ceux qui arrangeoient la place ; les licteurs les aidoient auſſi dans cet arrangement. Les gens qui avoient ſoin de tranſporter le ſoir les cadavres des pauvres, ſe nommoient *veſnæ* ou *veſpilones* : on les mettoit au nombre de ceux qui ſervoient dans les ſacrifices, parce que les mânes avoient auſſi leurs ſacrifices particuliers dont ces derniers étoient les miniſtres.

Dans l'ancien Teſtament le nom de *prêtre* exprimé par le latin *pontifex*, déſigne ceux qui furent honorés du ſa-cerdoce depuis la loi de Moyſe ; car au commencement les premiers nés des maiſons, les peres de famille, les prin-ces & les rois étoient des *prêtres nés* dans leurs villes & leurs maiſons. Ils offroient eux-mêmes leurs ſacrifices par-tout où ils ſe trouvoient ; mais de-puis l'érection du tabernacle, qui fut le premier temple de Dieu parmi les Hébreux, la famille d'Aaron fut nom-mée pour exercer excluſivement les fonctions du ſacerdoce, & pour offrir les ſacrifices. *Exod. xxviij. 1.*

La conſécration d'Aaron & de ſes fils, ſe fit par Moyſe dans le déſert avec une grande ſolemnité. La fonction qui leur fut preſcrite à eux & à leurs ſucceſſeurs, étoit de faire ſeuls les ſacrifices, d'en-tretenir les lampes & le feu qui devoit toujours brûler ſur l'autel, de compo-

ſer les parfums, de démonter le taber-nacle quand le peuple avoit ordre de décamper, & de le dreſſer quand on étoit arrivé au lieu du campement.

Outre le ſervice du tabernacle, dans lequel les ſeuls ſacrificateurs avoient le privilege d'entrer juſqu'au ſanctuaire ; ils étoient chargés d'étudier la loi, de l'expliquer au peuple, de juger de la lépre, des cauſes de divorce, & de tout ce qui étoit pur & impur. Ils portoient à la guerre l'arche d'alliance, ſonnoient des trompettes, & exhortoient les trou-pes à bien faire dans le combat. *Nomb. xxviij. 8.* De plus, afin de relever l'é-clat du miniſtere ſacerdotal aux yeux des foibles mêmes, Moyſe ordonna de n'admettre dans cet ordre aucun hom-me en qui ſe trouveroit quelque diffor-mité du corps, ou quelque infirmité perſévérante. D'un autre côté, pour qu'ils ne fuſſent point diſtraits des de-voirs de leur miniſtere par les embar-ras du ménage, la loi pourvut à leur entretien. Ils vivoient, ainſi que les lévites, des dixmes, des prémices, des offrandes qu'on préſentoit au temple, & de certaines parts de victimes. On leur donnoit un logement fixe dans qua-rante-huit villes, & dans l'étendue de mille coudées au-delà de ces villes ; en-fin ils avoient à leur tête un chef nom-mé le *grand prêtre*, en qui réſidoit le principal honneur de la ſacrificature.

PRÊTRE, *Presbyteri*, *Droit Canon*, qui ſignifie anciens, d'où vient que les *prêtres* ſont auſſi nommés *ſeniores* dans les actes des Apôtres. M. Fleury remar-que que quand les apôtres établirent les ſept premiers diacres à Jéruſalem, il ne paroît point qu'ils y euſſent ordonné de *prêtres*, au contraire ils ſe réſervè-rent à eux ſeuls, les fonctions depuis communiquées aux *prêtres* : S. Paul donnant ſes ordres à Tite & à Timothée, pour le reglement des nouvelles églifes, ne parle que d'évêques & de diacres.

On voit fous les mots ORDRE, EPIS-COPAT, quel eft l'ordre de la prêtrife & fon rang : nous ne parlerons ici que des fonctions qui y font attachées. Le pontifical les a renfermées dans ce peu de paroles : *Sacerdotem oportet offerre, benedicere, praeffe, praedicare, & baptifare.*

Par le mot *offerre*, on entend la fonction qui regarde le corps de Jefus-Chrift dans le facrifice de la meffe.

Les quatre autres fonctions s'exercent fur le corps myftique de J. C. qui eft fon églife. *Benedicere :* tous les jours les *prêtres* béniffent le peuple dans le facrifice de la meffe, dans les prieres folemnelles & dans l'adminiftration des facremens, afin d'attirer fur lui les graces dont il a befoin.

Praeffe marque que les *prêtres* doivent préfider aux affemblées qui fe tiennent dans l'églife, pour rendre à Dieu le culte qui lui eft dû. *Baptifare* fignifie en cet endroit l'adminiftration des facremens qui peuvent tous être adminiftrés par les *prêtres*, excepté la confirmation & l'ordre qui font réfervés aux évêques.

Praedicare : S. Paul, dit, *Epit.* I. *Timoth.* que les *prêtres* qui gouvernent bien, foient doublement honorés, principalement ceux qui travaillent à la prédication de la parole de Dieu & à l'inftruction. Mais on ne doit pas regarder cette fonction comme inféparable du facerdoce. On peut être *prêtre* fans prêcher. (D. M.)

PRÊTRISE, la, f. f., *Droit Can.*, eft le troifieme des ordres facrés de l'églife romaine. Elle croit que c'eft un facrement qui donne le pouvoir de confacrer, d'offrir & de diftribuer le corps & le fang de Jefus-Chrift ; de remettre & de retenir les péchés, & d'ad-

miniftrer tous les facremens de l'églife, à l'exception de la confirmation & de l'ordre. L'impofition des mains eft la feule cérémonie abfolument néceffaire, & celle qui conftitue la matiere effentielle de l'ordre de *prêtrife*. Les autres cérémonies, qui font la tradition du calice & de la patene avec le pain & le vin, ne doivent cependant pas être omifes. Elles font la matiere intégrante de ce facrement. L'oraifon, que l'évêque récite en impofant les mains fur l'ordinand, eft la forme effentielle de l'ordre de *prêtrife*. La forme intégrante confifte dans ces paroles : *Accipe poteftatem offerre facrificium Deo, miffafque celebrare, tam pro vivis quam pro defunctis, in nomine Domini ;* c'eft-à-dire, recevez le pouvoir d'offrir le facrifice à Dieu & de célébrer des meffes, tant pour les vivans que pour les morts, au nom du Seigneur ". Enfin le miniftre de ce facrement romain eft l'évêque qui peut feul le conférer. *v.* ORDRE.

PRÉTURE, f. f., *Droit Rom.*, charge de préteur chez les Romains, & la feconde dignité de la république. *v.* PRÉTEUR.

PRÉVARICATEUR, f. m., PRÉVARICATION, f. f., *Jurifprudence*, eft une malverfation commife par un officier public dans l'exercice de fes fonctions.

Ainfi un juge prévarique lorfqu'il dénie de rendre la juftice à quelqu'un, ou lorfque par argent, ou autre confidération il favorife une partie au préjudice de l'autre.

Un greffier ou notaire prévarique lorfqu'il délivre des expéditions qui ne font pas conformes à la minute. Un huiffier prévarique lorfqu'il antidate un exploit, ou qu'il n'en laiffe pas de copie au défendeur ; & ainfi des autres fonctions publiques.

Les peines qu'encourent les officiers publics qui prévariquent font plus ou moins graves, felon les circonftances; quelquefois la peine ne confifte qu'en dommages & intérêts; quelquefois on interdit l'officier pour un tems, ou même pour toujours; quelquefois enfin on le condamne à faire amende honorable, aux galeres, & même à une peine capitale.

PRÉVENIR, v. act., *Jurifprudence*, fignifie *devancer* quelqu'un ou quelque chofe.

En matiere bénéficiale, *prévenir*, de la part d'un impétrant, c'eft requerir le premier. Le collateur fupérieur *prévient* quand il confere avant l'inférieur. *v.* PRÉVENTION.

Prévenir les délais, c'eft les abréger; c'eft agir fans attendre l'échéance. *v.* PRÉVENU.

PRÉVENTION, f. f., *Morale*; c'eft un jugement par lequel nous prononçons fans preuves fuffifantes fur le mérite des objets, & enfuite duquel nous les aimons ou les haïffons fans avoir examiné, s'ils font véritablement dignes d'amour ou de haine. Ce jugement dépourvû de lumiere & de fondement folide, influe fur ce que nous croyons & ce que nous faifons par rapport aux perfonnes que nous aimons ainfi, ou que nous haïffons; & nous rend néceffairement injuftes à leur égard, dès que nos jugemens fur leur mérite font faux.

Il eft deux fources de *prévention* pour ou contre les objets; tantôt ce font eux-mêmes qui ont flatté ou choqué nos paffions, tantôt ce font des rapports de perfonnes qui nous en parlent, & nous les repréfentent comme ayant des qualités aimables ou haïffables. En général nous haïffons tout ce qui choque nos goûts, nous aimons tout ce

qui les flatte; mais ce qui a droit de furprendre, c'eft la futilité des circonftances qui fuffifent fouvent pour nous faire aimer ou haïr un objet. Un difcours, un mot, un gefte, un trait de vifage, une circonftance extérieure à cet objet, & indépendante de lui, fon habillement, fon nom, & mille autres circonftances femblables, font pour bien des perfonnes un motif à vouloir du bien ou du mal. Si nous ne connoiffons pas nous-mêmes l'objet de notre *prévention*, nous l'aimons ou le haïffons fur le rapport d'autrui; on nous le peint comme doué ou dépourvu de bonnes qualités; & fans nous mettre en peine d'examiner le degré de confiance que méritent ces difcours, nous livrons notre cœur à la bienveillance ou à l'éloignément.

Ces *préventions* s'étendent fouvent fur toute une famille, fur tout un peuple, fur toute une nation, & cela fur les fondemens les plus légers.

Rien de plus funefte & de plus injufte que les effets de ces *préventions*; on aime, on approuve, on préfere, ce pourquoi on eft prévenu, fouvent fans raifon, & contre toute vérité au préjudice des perfonnes les plus dignes de préférence: on haït au contraire, on méprife, on rejette comme odieufes les perfonnes les plus dignes d'eftime & de confiance. Tout ce qui vient de ceux contre qui on eft prévenu, porte à nos yeux par cela feul, un caractere de réprobation, qui nous fait tomber dans les méprifes les plus dangereufes, les plus nuifibles. Mais c'eft fur-tout chez les perfonnes publiques, chargées d'emplois importans que la *prévention* eft funefte. Un prince choifit d'après elle fes miniftres, prend des partis, forme des alliances, & remet le fort de fes fujets, contre toute raifon. Un jugé prévenu n'écoute point ce qu'alleguent en leur faveur ceux contre qui il a pris de la *prévention*, & prononce les sentences les plus injustes.

La *prévention* est par rapport à ce qui rend estimable ou méprisable, ce qu'est le préjugé par rapport à ce qui est vrai ou faux; mais comme nous agissons plus par sentiment que par raisonnement, la *prévention* influe plus que le préjugé sur nos démarches; & à parler exactement, la *prévention* est le préjugé sur le mérite des personnes ou des choses. C'est un jugement précipité, porté sur ce qui rend digne d'amour ou de haine, avant que d'avoir examiné l'objet sur lequel on prononce. (G. M.)

PRÉVENTION, *Jurisprudence*, est le droit qu'un juge a de connoître d'une affaire, parce qu'il en a été saisi le premier, & qu'il a prévenu un autre juge à qui la connoissance de cette même affaire appartenoit naturellement, ou dont il pouvoit également prendre connoissance par *prévention*.

La *prévention* est ordinairement un droit qui est réservé au juge supérieur pour obliger celui qui lui est inférieur de remplir son ministere; cependant elle est aussi accordée respectivement à certains juges égaux en pouvoir & indépendans les uns des autres, pour les exciter mutuellement à faire leur devoir, dans la crainte d'être dépouillés de l'affaire par un autre juge plus vigilant.

Il y a deux sortes de *préventions* : 1°. la *prévention parfaite*, qui se fait sans charge du renvoi; 2°. la *prévention imparfaite*, qui se fait à la charge du renvoi, c'est-à-dire qui laisse le droit de décliner la jurisdiction, ou de revendiquer la cause, & de demander qu'elle soit renvoyée devant un autre juge que celui qui en est saisi.

La *prévention* en général se fait ou d'office, ou sur la requète d'une partie privée.

La *prévention* qui se fait d'office ou sur la requète de la partie publique, est toujours parfaite; elle a lieu du juge supérieur sur l'inférieur.

La *prévention* qui se fait des juges supérieurs sur la requète des parties privées, est quelquefois parfaite, & quelquefois imparfaite.

La *prévention* parfaite a lieu en matiere de complainte, de reconnoissance de billets, de causes qui concernent la conservation des privileges des universités, & dans quelques autres cas.

La *prévention* imparfaite a lieu en toutes matieres de la part des baillis sur les juges de seigneurs de leur ressort, à la charge du renvoi, s'il est demandé par le seigneur de la justice. Mais si ce renvoi n'est pas demandé par le seigneur, le juge supérieur peut toujours connoître de la cause par *prévention*, quand même la partie assignée demanderoit son renvoi devant le juge immédiat de son domicile. (P. O.)

PRÉVENTION, *Droit Canon*. Les papes sont en possession depuis long-tems de disposer des bénéfices dépendans des collateurs ordinaires, dès qu'ils sont instruits de leur vacance; & les provisions qu'ils en accordent, sont préférées à la collation de l'ordinaire & à la présentation du patron ecclésiastique, lorsqu'elles sont antérieures en date: c'est ce qu'on appelle *prévention*.

L'origine de la *prévention* n'est pas bien certaine; elle n'est pas fort ancienne; il n'en est point parlé dans le décret, ni même dans les décrétales de Grégoire IX. On tenoit déja depuis long-tems pour maxime à Rome que la pleine disposition de tous les bénéfices ecclésiastiques, appartient à l'église romaine, lorfque Boniface **VIII.** décida dans une de fes décrétales que fi le pape ou le légat ont conféré un bénéfice à un fujet, & que le collateur ordinaire ait conféré le même jour ce bénéfice à un autre fujet, enforte que l'on ne puiffe découvrir, lequel a été pourvu le premier, il faudra préferer celui qui aura pris poffeffion le premier : que fi aucun n'a pris poffeffion, le pourvu par le pape ou par le légat doit être préferé : *Propter conferentis ampliorem prærogativam.*

Cette décifion eft la premiere preuve que le droit fourniffe à l'ufage de la *prévention*, devenu depuis fi fréquent & fi bien établi, que le concile de Bâle, *feff.* 3 1. *decret. de collat.* §. *item circa* 2. qui n'avoit en vue que de rétablir l'autorité des ordinaires, & qui mit fort à l'étroit les mandats apoftoliques, n'ofa y donner atteinte : *Neque- etiam collationes, præventionem fiendas, fynodus intendit impedire.* (D. M.)

PRÉVENU, participe, *Jurifprudence*, en matiere criminelle, on appelle *prévenu d'un crime*, celui qui en eft accufé. *v.* Accusé & Criminel.

PRÉVÔT, f. m., *Droit pub.*, du latin *præpofitus* qui fignifie *prépofé*, eft le titre que les premiers juges, foit royaux ou feigneuriaux prennent dans beaucoup d'endroits.

On donne auffi ce titre au chef de certaines communautés d'artifans.

Enfin, dans certains chapitres, il y a un *prévôt*, qui dans quelques- uns eft la premiere ou la feconde dignité ; dans d'autres, c'eft un fimple office.

Le *grand prévôt de France*, ou *prévôt de l'hôtel du roi*, qu'on appelle ordinairement par abréviation *prévôt de l'hôtel* fimplement, eft un officier d'épée qui eft le juge de tous ceux qui font à la fuite de la cour, en quelque lieu qu'elle fe tranfporte.

Le *prévôt de la marine* eft un officier établi dans les principaux ports du royaume de France, pour tenir la main à l'exécution des ordonnances concernant la marine.

Le *prévôt des marchands* eft un magiftrat qui préfide au bureau de la ville, pour exercer avec les échevins la jurifdiction qui leur eft confiée.

Le *prévôt des maréchaux de France*, ou, comme on dit vulgairement par abréviation, *prévôt des maréchaux*, eft un officier d'épée établi pour battre la campagne avec d'autres officiers & cavaliers ou archers qui lui font fubordonnés, afin de procurer la fûreté publique ; il eft auffi établi pour faire le procès à tous vagabonds, gens fans aveu & fans domicile, & même pour connoître en certains cas des crimes commis par des perfonnes domiciliées.

On peut rapporter aux Romains la premiere inftitution de ces fortes d'officiers, les Romains ayant des milices deftinées à battre la campagne, & pour arrêter les malfaiteurs & les livrer aux juges ; les chefs de ces milices étoient appellées *latrunculatores.*

PRÉVÔTAL, adj., *Jurifp.*, fe dit de ce qui a rapport à la prévôté : un cas *prévôtal* eft celui qui eft de la compétence des prévôts des maréchaux : le jugement *prévôtal* eft un jugement rendu par un prévôt des maréchaux. *v.* Prévôt.

PRÉVÔTÉ, f. f., *Jurifpr.*, fignifie la place & fonction de prévôt.

Il y a des *prévôtés* royales & des *prévôtés* feigneuriales.

On entend auffi quelquefois par le terme de *prévôté* la jurifdiction qu'exerce le prévôt, & l'auditoire où il rend la juftice.

En matiere bénéficiale, *prévôté* eft une dignité d'un chapitre. *v.* Prévôt.

PRÉVOYANCE,

PRÉVOYANCE, f. f. , *Morale*, talent & habitude d'envifager dans l'avenir les fuites de ce qui fe paffe actuellement, & de régler en conféquence fes démarches. De-là réfulte la prudence qui a pour guide la *prévoyance*, fans laquelle elle reffembleroit à un aveugle, qui marche à la vérité avec circonfpection, mais qui ne peut éviter la rencontre & le choc de certains corps, faute de les appercevoir. La *prévoyance* univerfelle eft la prefcience qui n'appartient qu'à Dieu. Chez les hommes, elle eft plus ou moins bornée, fuivant le talent naturel, les connoiffances acquifes & la fituation actuelle. Le talent confifte dans la folidité de l'efprit, qui juge pertinemment des objets, & qui met de la circonfpection dans toutes fes opérations. Les connoiffances doivent être relatives aux chofes fur lefquelles la *prévoyance* eft appellée à s'exercer. Un politique, un militaire, un négociant ne peuvent augurer ce qui arrivera dans telle ou telle conjoncture, qu'autant qu'ils connoiffent les intérèts, les forces & les circonftances favorables & défavorables, qui annoncent les fuccès ou les revers. Lorfque les Anglois & les Américains ont commencé la guerre acharnée qui leur coute aujourd'hui fi cher, c'étoit à chacune de ces nations à calculer les probabilités & à prévoir l'iffue de ce conflict de forces. Ces calculs, à la vérité, ne font jamais des démonftrations : tout ce qu'on appelle *événement* eft mêlé de données & d'indéterminées : les projets les mieux concertés peuvent échouer, & les entreprifes qui touchent à leur fin fe brifer en quelque forte contre quelque cataftrophe imprévue. Mais cela ne diminue rien de la néceffité ni du prix de la *prévoyance*. Un grand général peut fouffrir des échecs,

Tome XI.

faire même des fautes dans le cours de plufieurs campagnes ; mais rien ne fait plus de tort aux généraux que les furprifes, & il ne leur eft pas permis de dire : *je ne l'avois pas prévu*. On raconte que le maréchal de Villars, du fonds du Languedoc où il commandoit, ayant été inftruit de la pofition du maréchal de Tallard, avant la bataille d'Hochftedt, prédit qu'il feroit infailliblement battu, s'il n'en changeoit. Les principaux malheurs dont Louis XIV. fut accablé vers la fin de fon regne, vinrent du choix qu'il fit de généraux malhabiles ou malheureux. C'étoit à lui à *prévoir* le fort des combats entre leurs mains, & à ne pas mettre Luxembourg à la Baftille pour de frivoles accufations, ou laiffer Catinat dans la retraite champètre de S. Galien, tandis que les Noailles & les Villeroi, habiles courtifans, n'en étoient pas meilleurs guerriers. Il en eft de même dans la vie des particuliers : & les exemples qui le prouvent font trop fréquens & trop faciles à imaginer, pour nous y arrèter ici. (F.)

PREUVE, f. f. , *Jurifpr.*, eft ce qui fert à juftifier qu'une chofe eft véritable.

De tous les objets de l'adminiftration de la juftice, tant civile que criminelle, le plus difficile eft celui des *preuves*. Il ne fuffit pas qu'on ait une prétenfion légitime, il faut avoir les moyens de la prouver. *Non tibi deficit jus, fed probatio* eft la croix du barreau. Encore, quoique les docteurs ne s'accordent fouvent pas fur le point de droit, n'eft-ce pas cet article qui embarraffe le plus ; mais c'eft la *preuve* du fait, qui la plûpart du tems eft extrèmement difficile. Elle l'eft même d'autant plus que jufqu'à préfent, aucun écrivain n'a expofé ni développé les vé-

V v

ritables principes, fur lefquels les *preuves* juridiques doivent être fondées. Plufieurs ouvrages ont été mis au jour fur cette matiere, les uns plus, les autres moins concis, exacts ou volumineux : il n'eft point de jurifconfulte, qui commentant le droit romain ou traitant en général le droit civil, n'en ait parlé : & avec tout cela on n'en eft pas plus avancé. La matiere des *preuves* forme un vrai labyrinthe, dans lequel il eft bien facile de s'égarer : le fil d'Ariadne nous manque ; pour s'en convaincre, on n'a qu'à appliquer la théorie à la pratique. C'eft alors que les défauts & l'infuffifance de la théorie font fenfibles : c'eft alors qu'on trouve que les docteurs ont établi des regles & des maximes, qui n'ayant point de fource commune, ne peuvent manquer de fe trouver fouvent en oppofition & en contradiction. Le croiroit-on, que, tandis qu'on a à chaque moment le mot de *preuve* dans la bouche, aucun jurifconfulte n'a réuffi à en fixer le véritable fens : tant il eft vrai qu'on fe contente généralement d'idées confufes, même par rapport à des chofes, fur lefquelles on devroit fe faire une loi de n'en admettre que de très-diftinctes. Mais avant que d'expofer le langage du barreau, raifonnons.

A bien confidérer ce que l'on exprime lorfqu'on dit, qu'on a prouvé une chofe, la *preuve*, prife généralement, eft un acte par lequel la vérité de ce qu'on affirme eft conftatée : limitée aux conteftations portées au jugement d'un tiers, la preuve fera tout procédé, par lequel la vérité de ce que l'on affirme eft conftatée auprès de celui qui doit juger. Elle le fera lorfque celui-ci fera convaincu de cette vérité : c'eft donc cette conviction qui fait l'objet d'un procédé juridique qui tend à fournir des *preu-*

ves ; & c'eft encore cette conviction que l'on nomme en ftyle de droit *le fides, le legitima fides intentionis noftræ,* quoique le mot *fides* foit auffi employé dans un autre fens, ainfi qu'on peut le voir aux *ll. 2 & 3. ff. de teft.* & autres. Tout ce qui peut fervir à produire cette conviction, de quelque nature que ça puiffe être, peut donc raifonnablement être employé à cette fin, conféquemment auffi les perfonnes qui, par leurs dépofitions, peuvent contribuer à faire découvrir la vérité ; & par-là même des gens fans aveu, des débauchés, des perfonnes infâmes, des enfans & autres, dès qu'ils peuvent concourrir à ce même but. De-là on voit qu'on a tort de fe prévaloir de la difpofition du droit romain pour écarter, comme témoins, des perfonnes qui, à les confidérer perfonnellement, ne méritent certainement pas que l'on ajoûte foi à leurs paroles. Car quoique la qualité des perfonnes puiffe plus ou moins influer fur la conviction qui fait l'objet d'une *preuve*, cette conviction n'en dépend pas effentiellement.

Qu'on faffe attention à l'opération de l'entendement & à la fituation dans laquelle il fe trouve, lorfqu'il eft porté à une conviction : l'entendement juge alors que les moyens, employés pour conftater la vérité, ne pourroient exifter ou avoir lieu ou être produits, fi la chofe affirmée, & pour la vérité de laquelle ils font produits, n'avoit elle-même eu lieu, ou n'étoit réellement vraie : concluant enfuite de l'exiftence des moyens à la vérité du fait, pour laquelle ils ont été employés. Par exemple, j'affirme avoir contracté avec Séjus pour la fabrique de quelques étoffes. Séjus le nie. Pour convaincre les juges, je produis un contract en bonne & dûe forme, paffé par-devant un notaire &

des témoins, tels que les loix civiles l'ordonnent. Séjus n'oppofe rien de fon côté contre la validité de cet inftrument. Quel eft maintenant l'effet que l'acte, fourni de ma part, produit fur l'efprit des juges ? qu'ils font convaincus de la vérité de ce que j'ai affirmé ; & ils le font parce qu'ils jugent qu'une piece écrite, telle qu'eft celle que je produis en *preuve*, n'exifteroit pas, fi réellement l'engagement, que j'ai affirmé avoit été fait entre Séjus & moi, n'eût été fait entre lui & moi. J'affirme avoir vendu telles marchandifes à telle condition à Titius. Titius le nie : je produis deux perfonnes, qui font reconnues pour gens de probité, qui ont été préfentes au marché, & qui l'atteftent fous ferment. Titius n'y oppofe rien : les juges font convaincus de la vérité de ce que j'ai affirmé, parce qu'ils jugent que la dépofition de deux témoins, réputés gens de probité, jointe à un défaut abfolu de la part de Titius, n'auroit pas lieu, fi effectivement la vente que j'affirme avoir été faite, ne l'eût pas été. Ainfi à bien confidérer l'opération & la fituation de l'entendement, rélativement à ce qui le met dans un état de conviction, on trouvera que le principe univerfel de la *preuve* revient à cette propofition - ci. Dès qu'il eft impoffible que les moyens, employés pour conftater la vérité d'un fait affirmé, puiffent avoir lieu fans que le fait ne foit vrai, il faut admettre la vérité du fait, toutes les fois que les moyens, employés pour en conftater la vérité, ne pourroient l'avoir été, fi le fait n'étoit vrai : & de-là il réfulte que le procédé juridique, que l'on nomme *preuve*, confifte proprement à produire des moyens qui n'exifteroient pas, fi ce qu'on affirme n'avoit pas eu lieu ; & à faire voir qu'il feroit impof-

fible qu'ils exiftaffent, fi ce qu'on affirme n'étoit réellement vrai. Dès qu'on aura fatisfait à ces deux égards, on aura donné la *preuve* la plus complette qui puiffe être conçue.

Ainfi la premiere regle qui doit nous guider pour juger fi un fait eft prouvé ou non, c'eft de confidérer fi les moyens, employés pour la *preuve*, pourroient avoir lieu fans que le fait ne fût vrai. Si cette impoffibilité n'eft pas manifefte, fenfible, évidente, & au-deffus de tout doute, la *preuve* ne fera pas complette : on en approchera plus ou moins, à mefure que cette impoffibilité fera mife au-deffus de tout doute. Or quoiqu'il foit vrai que la conviction n'eft qu'une, tout comme la certitude, cependant comme les chofes humaines font tellement conftituées, que dans le cours de la vie nous ne pouvons prefque jamais attendre, pour nous déterminer, que nous foyons parfaitement convaincus ou certains, & qu'il faut prefque toujours que nous nous déterminions fur des probabilités ; ainfi l'on fuppofe des degrés de conviction, & des *preuves* qui y répondent, que l'on nomme pour cela *complettes*, *moins-complettes*, *imparfaites* ou *parfaites*.

On va plus loin & on fuppofe un milieu entre l'ignorance totale, & une certitude complette ; & peut-être cette idée a-t-elle fait naître celle de la demi-*preuve* : mais quoique l'on puiffe concevoir une connoiffance moyenne entre l'ignorance & la certitude, il me femble, que les jurifconfultes auroient bien fait de ne pas adopter une expreffion qui n'eft propre qu'à faire naître des idées confufes : rarement les jurifconfultes font-ils affez philofophes pour les éviter : foit dit fans offenfer leur ordre. Une démonftration eft indivifible par fa nature. On prouve ou on ne prouve point. Il n'y a point de milieu, parce qu'il n'y en a point entre le vrai & le faux : il n'y a donc ni demi, ni tiers, ni quart de *preuves* : mais il y a des degrés de probabilité : c'eſt-à-dire, l'entendement humain peut ſuppoſer vrai ou faux, ſoit plus, ſoit moins, ſuivant que ſes lumieres l'approchent de la conviction ou l'en éloignent : & comme dans les affaires du monde (ainſi que je viens de le remarquer) il faut la plûpart du tems ſe décider, non pas ſur une conviction pleine & entiere de ce qui eſt vrai, mais de ce qui paroît l'être, on ne peut pas non plus exiger une démonſtration rigoureuſe ou mathématique de l'impoſſibilité, comme premier principe des *preuves* : vous la chercheriez ici en vain. Dans l'exemple propoſé ci-deſſus d'une vente de marchandiſes, affirmée par l'acheteur, niée par le vendeur, il n'eſt pas impoſſible que les deux témoins, quoique réputés gens de probité, n'atteſtent faux, ſoit qu'ils ayent mal-entendu, ou qu'ils le faſſent par mauvaiſe volonté : mais on ſuppoſe moralement impoſſible, que dans une affaire de cette nature, ces deux perſonnes ayent mal entendu ou qu'ils ayent une mauvaiſe intention, pouſſée juſqu'à faire de ſens froid un faux ſerment : c'eſt cette impoſſibilité morale, qui dans ce cas fait prendre la conviction de ce qui paroît vrai pour une conviction ſuffiſante.

Vulgairement on penſe que l'on en croit deux témoins s'ils ſont ſans reproche, *parce qu'ils le ſont* : c'eſt une erreur. Un de mes amis me vient voir un matin, & me raconte un fait aſſez particulier, qu'il m'aſſure avoir vu. Je n'ai aucun lieu de douter de ſa bonne foi : cependant j'héſite à l'en croire ſur ſa parole. Le même jour je me trouve à une table publique, un de ceux qui y ſont & qui m'eſt inconnu, raconte le même fait & avec les mêmes circonſtances, en ajoutant qu'il y a été préſent. Si j'ajoute foi à ſon diſcours, ce n'eſt ſûrement pas par l'autorité que je lui accorde, puiſqu'il m'eſt inconnu, mais parce que ce qu'il dit ſe trouve en tout d'accord avec ce que mon ami m'a aſſuré avoir vu : & je prends alors le fait pour vrai, parce que je juge, que s'il ne l'étoit pas, cet étranger & mon ami n'auroient pas pu s'accorder ſi bien dans leur narré. Il faut donc bien diſtinguer le *fides*, entant que ce mot déſigne la foi que nous ajoutons au dire de quelqu'un, par la ſeule raiſon que nous le ſuppoſons inſtruit & véridique ; & le *fides*, entant qu'il déſigne une conviction de la vérité d'un fait, produit par des moyens, employés à en conſtater la vérité : car ſi ces moyens ne conſiſtent qu'en témoignages, comme il ne ſuffit pas pour être convaincu, que l'on en croye quelqu'un ſur ſa parole, il faut pour la conviction quelque choſe de plus que cette eſpece de *fides*.

Quoique l'intégrité des témoins contribue à diſpoſer l'entendement à ajouter foi à ce qu'ils diſent, ce n'eſt pas pourtant cela qui produit la conviction : c'eſt l'accord, la conformité, l'harmonie que l'on remarque entre le témoignage de l'un & celui de l'autre qui la produit ; & c'eſt proprement dans cet accord que conſiſte la *preuve* de la vérité : c'eſt là auſſi proprement la raiſon pourquoi le témoignage d'un ſeul, s'il n'eſt accrédité par d'autres circonſtances, ne prouve rien. *v.* TÉMOIN & TÉMOIGNAGE. Auſſi l'empereur Conſtantin fit-il très-bien de le défendre par le reſcript qui nous a été conſervé *l.* 9. *C. de teſt.*

Ce n'eſt point, ainſi que je viens de

l'obferver , parce que deux perfonnes font fans reproche , ou reconnues pour telles qu'on prend pour vrai juridiquement ce qu'elles dépofent, mais parce qu'on fuppofe, que deux perfonnes fans reproche ne s'accorderoient point fur ce qu'elles dépofent, fi ce qu'elles dépofent n'étoit pas arrivé : or plus les témoins font réputés gens de probité , plus on leur reconnoît de lumieres & de connoiffances , plus la fuppofition , dont je parle , eft fondée ; & elle s'affoiblit à mefure que quelques circonftances donnent lieu de douter , foit de leur difpofition à dire exactement vrai, foit de leur fituation à être inftruits de ce qu'ils atteftent ; & à mefure qu'il y a des circonftances avérées , qui ne peuvent fe concilier avec ce qu'ils atteftent. On ne fuppofe point , par exemple , que deux perfonnes reconnues pour gens de probité , ménagent la vérité en atteftant un fait qu'elles difent avoir vu , & qui concerne quelqu'un qui leur eft étranger : mais fi le fait concerne quelqu'un de leurs amis , ou quelqu'un avec lequel elles vivent en inimitié , comme alors elles peuvent être animées ou aveuglées par la paffion , & que la paffion peut avoir eu de l'influence fur leur dépofition , la fuppofition par laquelle on ajoutoit foi à leur témoignage s'affoiblit , & fe détruit même , fi leur témoignage eft combattu par des moyens plus valides. Il en eft de même des fituations dans lefquelles un homme de probité peut fe trouver.

L'homme le plus integre peut fe tromper de mille manieres ; fe faire illufion, attefter faux croyant attefter vrai ; ou bien , parler vrai dans un fens moral , tandis qu'il parle faux dans un fens logique : & de l'autre côté il eft également poffible que deux perfonnes ,

quoique de mauvaife foi , quoique ennemies ou amies, ne puiffent abfolument fe rencontrer fur les faits qu'elles atteftent, à moins que les faits ne foient réellement vrais. D'où il paroît que d'un côté on ne doit pas admettre univerfellement la regle , que deux témoins fans reproche fuffifent pour prouver un fait : attendu que cette regle eft fondée uniquement fur la fuppofition , que deux perfonnes ne peuvent fe rencontrer dans un témoignage , fans que la chofe ne foit vraie ; fuppofition qui peut être fauffe ; & que de même , comme il eft très - poffible que des gens fans foi , fans probité , des ennemis ou des amis, malgré tous les défauts qu'on peut leur fuppofer , ne puiffent fe rencontrer fur des faits atteftés de leur part, fans que pourtant le fait, dont il s'agit , ne foit vrai, il paroît qu'on ne doit pas non plus admettre univerfellement la regle , qu'une perfonne infâme & des gens fans aveu , ne doivent pas être écoutés comme témoins : tout dépend de ce feul point à confidérer ; favoir, fi l'accord qu'on trouve dans leurs dépofitions pourroit avoir lieu , quoique le fait même dont il s'agit ne fût pas arrivé.

Pour ne rien laiffer à defirer fur ce raifonnement, pofez qu'en plein jour un homme en ait tué un autre , & que cinq perfonnes dignes de foi , l'ayant vu , atteftent que c'eft celui qu'on leur préfente qui a commis le fait : on m'avouera qu'avec toute la bonne foi du monde , ces cinq perfonnes peuvent fe méprendre à une reffemblance, & qu'ainfi il eft très - poffible que cinq perfonnes s'accordent fur un fait en parlant moralement vrai , & que cependant ils accufent faux dans un fens logique. Cet accord ne rempliroit donc pas tout ce qu'il faut pour être convaincu ; & le fait par conféquent ne feroit pas démontré. Pofez d'un autre côté cinq perfonnes, Titius, Cajus, Séjus, Niger, Albus, non-feulement fufpectes, mais des fcélerats même, convaincus de plufieurs crimes. A ne faire attention qu'à leurs perfonnes, ils ne méritent aucune croyance; & fi chacun d'eux racontoit quelque fait particulier, nous ne douterions pas feulement de leur bonne foi, mais jamais nous ne pourrions être portés à les en croire fur leur parole: & fi même ils s'accordoient fur quelque fait, tant qu'il feroit poffible qu'ils fe fuffent donné le mot pour s'accorder, ou que cet accord pût être attribué à quelque autre caufe qu'à la vérité du fait, on ne feroit pas convaincu de cette vérité, & on ne pourroit pas les en croire; on n'ajouteroit point foi à leurs difcours, parce que la regle générale, exprimée ci-deffus, manqueroit dans ce cas. Mais fuppofons ces cinq fcélerats en prifon à différens endroits: qu'interrogés féparément fur un meurtre, ils avouent l'avoir commis, & qu'ils fe réuniffent tellement fur les circonftances, qu'il foit abfolument impoffible d'attribuer cet accord à un deffein prémédité: je maintiens qu'alors leurs dépofitions ont force de *preuve*. Titius, par exemple, déclare qu'il a été engagé à ce meurtre par Sempronius, neveu du défunt: que celui-ci lui en ayant parlé, lui a promis en même tems de lui faire tenir cinq mille livres, le furlendemain du jour que le coup auroit été fait, & de lui faire toucher cette fomme à Bruxelles, à 9 heures du foir, dans l'auberge à l'enfeigne des armes de France, dans la chambre n°. 10. Que s'y étant engagé, il en a fait la propofition à Cajus, Séjus, Niger & Albus, dans un logement à Paris, à l'enfeigne de l'étoile

d'Orient, un foir qu'ils y étoient à fouper, après avoir commis un vol fur le chemin de Paris à Verfailles: & qu'après avoir difputé fur le partage des 5000 livres, ils font convenus; que Titius auroit 1500 livres, Cajus & Séjus chacun 1000. Niger & Albus chacun 750; & qu'enfuite ils fe font arrangés fur la maniere dont chacun fe conduiroit dans l'exécution. Pofez que tous cinq s'accordent fur les circonftances du meurtre, & que Titius déclare, qu'après l'avoir fait, ils fe font rendus à Bruxelles le fur-lendemain, dans l'auberge aux armes de France: qu'après y être entrés dans une chambre, & s'y être fait donner du vin, lui Titius eft forti & eft allé à 9 heures dans la chambre n°. 10. qu'il y a trouvé Sempronius, & que celui-ci lui a remis les cinq mille livres en différentes efpeces, qu'il nomme & fpécifie. Que Cajus, Séjus, Niger & Albus interrogés chacun à part, confirment exactement & en détail ce que Titius a raconté: je dis que, par rapport aux circonftances, leur témoignage doit avoir force de *preuve*; pourquoi? parce qu'il eft impoffible que cinq perfonnes s'accordent fur différentes circonftances, à moins que ces circonftances ne foient vraies, ou que ces perfonnes ne fe foient donné le mot: or relativement à la nature de l'homme, il eft impoffible que cinq perfonnes fe donnent le mot de répondre exactement la même chofe fur des circonftances, fur lefquelles ils ne peuvent prévoir qu'ils feront interrogés: & les loix conftantes de l'ordre qui regne dans l'univers & en particulier celles qui réfultent de la nature de l'homme, ne nous permettent pas d'admettre comme poffible, que cinq perfonnes, en imaginant chacune en particulier des faits, puiffent fe rencontrer à un tel point ; donc ce n'eſt que la vérité du fait qui peut les faire répondre exactement de mème. D'un autre côté, comme il eſt poſſible qu'ils ſe ſoient donnés le mot de dénoncer Sempronius, comme celui qui les auroit diſpoſés à commettre ce crime, leur dépoſition à cet égard ne fait pas *preuve*.

Les deux différens cas que je viens de propoſer font voir, ce me ſemble, évidemment, que ce n'eſt proprement point l'intégrité des témoins, qui fait admettre leur témoignage comme vrai, mais l'impoſſibilité que l'accord qui ſe trouve entre leurs dépoſitions, auroit lieu ſi ce qu'ils atteſtent n'étoit vrai. Et cela nous mene à une ſeconde régle, par rapport aux *preuves* juridiques, ſavoir qu'il faut démèler dans les différens moyens employés pour un fait, 1°. s'il s'y trouve un accord : 2°. s'il eſt impoſſible que cet accord ait lieu, à moins que le fait mème ne ſoit vrai. De-là une troiſieme regle, ſavoir, partout où les moyens, employés pour *preuve* d'un fait, ſe réuniſſent à le conſtater, & où en même tems il ſeroit impoſſible, que cet accord eût lieu ſi le fait n'étoit vrai, le fait eſt prouvé; & il ne l'eſt point par-tout où manque ſoit cet accord, ſoit l'impoſſibilité qu'il eût lieu, ſi le fait n'étoit vrai. De plus, il importe de bien faire attention à la nature de l'impoſſibilité, dont il eſt ici queſtion : comme on la déduit, non pas de ce qu'il eſt poſſible ou impoſſible, à conſidérer la choſe en elle-mème, & par abſtraction des loix conſtantes & invariables, qui reglent les événemens de l'univers, & auxquelles les hommes ſont ſujets, mais ᵗᵉ ce qui eſt poſſible ou impoſſible en vertu de ces loix, il en réſulte que l'impoſſibilité, dont il eſt ici queſtion, ne peut

jamais avoir lieu, & ne doit par conſéquent point être admiſe, toutes les fois qu'elle eſt combattue par une impoſſibilité phyſique, qu'une mouche ſouleve une brebis & l'emporte. Que mille perſonnes atteſtent l'avoir vu : il ſera toujours plus poſſible qu'ils ſe trompent, qu'il ne l'eſt que le fait qu'ils atteſtent, ſoit vrai. Que cent témoins, tous irréprochables, me viennent dire qu'un vieillard foible a lutté contre un jeune homme robuſte, ſain & plein de vigueur, & qu'il l'a terraſſé & tué : il ne faudroit pas les en croire, parce que ce fait eſt abſolument impoſſible. Ainſi, puiſque toutes les fois qu'il eſt queſtion d'un fait impoſſible dans un ſens phyſique, on ne peut attribuer à la vérité du fait l'accord qui ſe trouve dans les moyens, employés pour en conſtater la vérité, on ne peut donc pas auſſi attribuer cet accord à l'impoſſibilité que cet accord n'eut lieu, ſi le fait n'étoit vrai ; & comme par-là le fondement de la *preuve* vient à manquer, il en réſulte que tous les moyens, employés pour prouver un fait impoſſible dans un ſens phyſique, ne peuvent jamais conſtituer une *preuve*. De-là une quatrieme regle : dès qu'il s'agit d'un fait impoſſible dans un ſens phyſique, tous les moyens employés pour le prouver, ſont inſuffiſans.

Outre l'impoſſibilité, dont je viens de parler, & qui détruit abſolument tous les moyens qu'on pourroit alléguer, pour prouver un fait impoſſible dans un ſens phyſique, il y en a une autre qui réſulte des loix de la nature, qui déterminent les hommes communément. Qu'on accuſe un pere, homme de bien, reconnu pour tel, & parvenu à un âge où les paſſions ne ſont plus ſi fougueuſes, d'avoir tué ſa fille unique, parce qu'elle ne s'eſt pas prétée à sa volonté, pour commettre un incelte ; comme cette accusation répugne à l'idée que les loix de la nature veulent que nous nous formions du caractere d'un pere ; il faut pour admettre le fait comme vrai, que l'impossibilité que les moyens, employés pour le prouver ne s'accordaffent fi le fait n'étoit vrai, foit manifefte, évidente & au-deffus de tout doute : car dès qu'il feroit feulement poffible que cet accord eût lieu, fans que le fait fût vrai, quelque degré d'apparence ou de vraifemblance que pourroient avoir ces moyens, ils ne feroient jamais fuffifans pour faire *preuve*. C'eft pour cette raifon que les empereurs Gratien, Valentinien & Théodofe, difent très-bien *in l. 25. C. de prob. Sciant cuncti accufatores eam fe rem deferre in publicam notionem debere, quæ munita fit idoneis (teftibus, vel) inftructa apertiffimis documentis, vel indiciis ad probationem indubitatis, & luce clarioribus expedita.*

D'après ce que je viens d'expofer, il eft facile de juger de quel droit quelques jurifconfultes foutiennent, qu'un feul témoin, quoique infâme, fuffit pour faire mettre à la torture quelqu'un, accufé du crime de leze-majefté, car plus ce crime eft atroce, plus la *preuve* doit être au-deffus de tout doute. Pour foutenir une opinion fi contraire au bon fens, & aux principes de l'évidence, on fe reclame en vain de ce que nous lifons du jurifconfulte Modeftin *in l. 7. ff. ad leg. Jul. Majeft.* car quand il feroit vrai, que toutes les loix civiles du monde s'accordaffent à vouloir, que l'on prît pour vrai ce qu'un témoin reprochable raconte, lorfque quelqu'un eft accufé du crime de leze-majefté, cette difpofition n'en feroit pas pour cela moins extravagante & dénaturée : puifque la nature de l'efprit humain

n'eft point fous l'empire des loix humaines, & qu'il eft ridicule de vouloir, que l'efprit de l'homme foit convaincu par des motifs, qui ne font pas propres à le convaincre. D'ailleurs on me permettra bien de douter, que le jurifconfulte Modeftin ait prétendu par le paffage cité, qu'on ajoutât foi à des infâmes, dès qu'il feroit queftion du crime de leze-majefté : tout ce qu'on peut raifonnablement conclure de ce paffage du jurifconfulte romain ; c'eft que l'on devoit recevoir leur accufation & les écouter, non pas pour les en croire fur leur parole, mais comme un moyen qui pouvoit contribuer à découvrir la vérité : & cette doctrine revient à ce que j'ai obfervé ci-deffus.

C'eft par la même raifon encore, qu'on admet auffi en certains cas, comme témoins, des perfonnes qui, à ne confidérer que leur caractere moral, feroient tout-à-fait reprochables ; & non pas, comme quelques jurifconfultes le croyent, parce que les cas, dans lefquels on s'en fert, ne permettent pas d'en employer d'autres : raifon pitoyable ! comme fi une chofe effentiellement défectueufe pouvoit perdre ce défaut par la raifon, qu'on n'en a point de meilleures. Si l'on avoit à paffer une riviere ou à traverfer la mer, on ne fe contenteroit fûrement point d'une pareille raifon. Il n'y a point jufques aux enfans qu'on ne puiffe écouter, s'ils font dans le cas de pouvoir contribuer à conftater la vérité : des raifons particulieres prifes de la conftitution de l'état civil de la république romaine, ont fans doute donné lieu à limiter la faculté de rendre témoignage, par rapport à certaines perfonnes dans certains cas : mais fi cette difpofition péche contre le but d'un procédé juridique, s'il ne doit point importer aux juges

juges de quel côté la lumiere vienne, n'a-t-on pas tort d'imiter cette difpofition, ou de s'en prévaloir dans les tribunaux d'un pays, qui par fa conftitution n'eft pas intéreffé à la fuivre? L'ufage en Hollande, qui admet toutes fortes de *preuves* & de témoins, fauf les reproches à faire, eft bien plus fage.

J'ai montré ci-deffus, que toutes les fois qu'il s'agit d'un fait impoffible dans un fens phyfique, tous les moyens employés pour le prouver font infuffifans; & j'ai fait voir encore, que pour prouver un fait qui répugne à l'idée, que les loix de la nature veulent que nous nous formions du caractere de celui qui on eft accufé, l'impoffibilité, qu'on trouvât dans les moyens, employés pour le prouver, l'accord qu'on y trouve, fi le fait ne fût vrai, doit être manifefte, évidente & au-deffus de tout doute: cependant il eft des faits qui ne font pas entierement impoffibles dans un fens phyfique, mais qui font extraordinaires & rares; & il en eft de ce genre dans un fens moral. Qu'une mere tue fon enfant, c'eft un fait qu'on ne doit naturellement point attendre d'une mere; qu'une femme empoifonne fon mari, c'eft un fait qui n'eft pas dans l'ordre des événemens néceffaires; qu'un homme, fans autre arme qu'un couteau, en ait tué deux, armés comme lui, ce n'eft pas une action phyfique impoffible, mais cependant hors du cours ordinaire des événemens: il n'y a pas de fin à la diverfité des faits qui conftituent les cas qui peuvent fe préfenter aux juges & qu'il faut décider: tant qu'il s'agit des affaires criminelles, il n'y a pas grande difficulté: on n'a dans ce cas qu'à fe tenir rigoureufement à la regle, *actore non probante reus eft abfolvendus, etfi ipfe nihil præftiterit*: mais comme cette maxime ne peut pas

Tome XI.

toujours être fuivie à la rigueur pour les différends qui furviennent entre particuliers, & que l'ordre de la juftice & le bien public exigent, que les juges s'en écartent quelquefois; que fouvent même on eft obligé de prendre pour une *preuve* ce qui en effet n'indique qu'un degré de probabilité, qui approche plus ou moins de la certitude; quelle fera la regle à fuivre dans ce cas? la voici.

Dans tous les cas dans lefquels on ne peut porter les *preuves* à une évidence palpable, plus un fait répugne aux loix phyfiques ou aux loix morales, moins il faut être porté à attribuer l'accord des moyens, employés à conftater le fait, à la vérité du fait; & au contraire. Cette regle eft le fondement de ce que nous trouvons rapporté de l'empereur Adrien *in l. 3. ff. de teft.* Mais quoique l'empereur défigne affez bien ce à quoi il faut en général faire attention pour porter un jugement jufte, cependant il y a bien des regles particulieres à obferver, tant par rapport aux documens ou aux écritures apportées en *preuve*, que par rapport aux témoins; & à cet égard le droit romain nous donne moins de lumieres, que ne le fait l'illuftre s'Gravefande dans fon petit ouvrage, intitulé *Introductio ad Philofophiam.* Par exemple, une fille accufe un garçon d'être pere de l'enfant, qu'elle vient de mettre au monde: il le nie. Elle offre de jurer, qu'elle n'a jamais eu converfation charnelle qu'avec lui: & de fon côté, il ne peut nier cette converfation. On le tient pour pere de l'enfant, quoiqu'il ne foit point impoffible, que cette fille faffe une fauffe accufation. Titius reclame de Sempronius une tabatiere d'or: celuici dit, qu'il la lui a vendue pour un louis de plus que ce qu'elle vaut en or:

X x

Titius nie le marché. Sempronius confirme par deux témoins ce qu'il affirme, & la boëte lui est adjugée, quoiqu'il soit possible, que Sempronius & ses témoins accusent faux, soit par erreur, soit de propos délibéré.

Toutes les *preuves*, par comparaison d'écritures, ne peuvent jamais être portées à la certitude. Cajus meurt : parmi ses papiers on en trouve un, par lequel Sempronius reconnoît avoir emprunté de Cajus cent louis, avec promesse de les lui rendre dans six mois : par la date du billet il y en a douze que la somme auroit dû avoir été rendue. Sempronius nie d'avoir reçu les cent louis, & avoue que le billet paroît être de sa main : mais il ajoûte, qu'il ne se rappelle point de l'avoir écrit. Cajus & Sempronius ont toujours passé pour gens de probité, & ont toujours été fort liés ensemble. Quoiqu'il soit possible que le billet n'ait point été écrit par Sempronius, & qu'il n'ait point reçu les cent louis ; on tiendra pourtant l'existence du billet pour une *preuve* suffisante contre lui. Supposé que Sempronius dise, qu'il a rendu les cent louis à son ami peu de jours après les six mois écoulés : que son ami lui ayant assuré qu'il avoit égaré son billet, il avoit pris de lui un reçu de la somme restituée ; qu'il ne trouve pas ce reçu ; & qu'il croit l'avoir perdu par l'accident qui lui a fait perdre depuis peu plusieurs papiers. Quoique ce que Sempronius raconte soit très-possible ; & qu'il soit aussi très-possible que Cajus ait cru de bonne foi avoir égaré le billet qu'on a trouvé parmi ses papiers, cependant l'existence du billet sera tenue pour une *preuve* suffisante d'une dette non-acquittée, & sur ce fondement Sempronius sera condamné à payer les cent louis. Voilà comme souvent les causes

se jugent aux tribunaux, non pas sur ce qui est certain, mais sur ce qui est le plus apparent : les affaires civiles autorisent non-seulement ces jugemens, mais elles l'exigent : parce qu'il est impossible qu'on soit toujours muni de *preuves* au-dessus de tout doute. Mais si la nature des différends que les particuliers peuvent avoir entr'eux, si la nature des affaires ou des causes que l'on nomme *civiles*, par opposition à celles que l'on nomme *criminelles*, autorise & exige souvent des décisions portées, non pas sur une pleine & entiere conviction de la vérité, mais sur la foi qu'on ajoûte à une probabilité plus ou moins grande ; il faut bien se garder d'en agir ainsi dans les affaires criminelles : celles-ci demandent toujours une conviction complette.

Quant l'espace de tems qu'on doit employer à la recherche des *preuves* du crime, & celui qu'on doit accorder à l'accusé pour sa propre défense, la raison nous fait sentir qu'il n'appartient qu'aux loix de le fixer. Si le juge avoit ce droit, il seroit légiflateur. Pour les crimes atroces, dont la mémoire subsiste long-tems parmi les hommes, lorsqu'ils sont prouvés une fois, il ne doit y avoir aucune prescription en faveur du coupable qui s'est soustrait par la fuite : mais pour des crimes moins considérables, & qui font moins de sensation, il faut fixer un tems, après lequel le citoyen cesse d'être incertain de son sort. La raison de cette différence est que l'obscurité, qui dans ce dernier cas a enveloppé le crime pendant long-tems, empêche qu'il n'y ait un exemple d'impunité, & laisse au coupable le pouvoir de devenir meilleur.

Il me suffit d'indiquer ici des principes généraux, parce que, pour fixer des limites précifes, il faudroit avoir en vue telle ou telle légiflation, & une fociété placée dans des circonftances données. J'ajouterai feulement que dans une nation qui voudroit éprouver les avantages des peines modérées, des loix qui, felon la grandeur du délit, augmenteroient ou diminueroient le tems de la prefcription, & celui de la *preuve*, & qui feroient ainfi d'un exil volontaire, ou de la prifon même, une partie de la peine, fourniroient par-là une progreffion facile à fuivre, d'un petit nombre de peines douces pour un grand nombre de délits.

Il faut cependant remarquer que le tems pour la prefcription, & celui qu'on employe à la recherche des *preuves*, ne doivent pas croître l'un & l'autre en raifon de la grandeur du crime; parce que la probabilité que le crime a été commis, eft en raifon inverfe de fon atrocité. Il faudra donc diminuer quelquefois le tems employé à la recherche des *preuves*, & augmenter celui qu'on exigera pour la prefcription, & réciproquement.

Pour développer mon idée, je diftingue deux claffes de crime. La premiere eft celle des crimes atroces, qui commence à l'homicide, & qui comprend tous les crimes qui font au-delà. La feconde eft celle des moindres crimes. Cette diftinction a fon fondement dans la nature. Le droit que chacun a de conferver fa vie, eft un droit de nature. Celui de conferver fes biens, eft un droit de fociété. Il y a beaucoup moins de motifs qui puiffent pouffer l'homme à fecouer le fentiment naturel de la compaffion qu'il faut étouffer pour commettre de grands crimes, qu'il n'y en a qui le tentent de chercher fon bien-être, en violant un droit qu'il ne trouve point gravé dans fon cœur, & qui n'eft

que l'ouvrage des conventions des fociétés. La très-grande différence de probabilité de ces deux claffes de délits, exige des loix toutes différentes. Dans les grands crimes, par la raifon même qu'ils font plus rares, la plus grande probabilité de l'innocence de l'accufé doit faire prolonger le tems de la prefcription, & diminuer celui de l'examen, parce qu'en accélérant le jugement définitif, on empêche les hommes de fe flatter de l'impunité, & que le danger de laiffer fubfifter cette idée d'impunité dans leur efprit, eft d'autant plus grand, que le crime eft plus atroce. Au contraire, dans les délits moins confidérables, la probabilité de l'innocence de l'accufé étant moindre, il faut prolonger le tems de l'examen, & diminuer celui de la prefcription; parce que l'impunité eft moins dangereufe. Or on ne pourroit faire cette diftinction entre ces deux efpeces de délits, fi les fuites fâcheufes de l'impunité étoient en raifon de la probabilité qu'il y aura un crime impuni. Que l'on confidère auffi qu'un accufé dont l'innocence ou le crime ne font pas conftatés, quoique renvoyé faute de *preuves*, peut être encore arrêté pour le même crime, & foumis à une nouvelle procédure, fi l'on trouve contre lui de nouveaux indices, déterminés par les loix, avant la fin du tems de la prefcription fixée pour l'efpece de crime qu'il a commis. Tel eft au moins le tempérament qu'on pourroit prendre, à mon avis, pour pourvoir à la fois à la fûreté & à la liberté des citoyens, fans favorifer l'une aux dépens de l'autre; écueils contre lefquels on peut donner facilement; parce que ces deux biens, patrimoine égal & inaliénable de tout citoyen, font fujets à être envahis, l'un par le defpotifme déguifé, l'autre par l'anarchie tumultueufe.

Xx 2

Il y a quelques efpeces de crimes fréquens dans la fociété, & en même tems
difficiles à conftater, & pour ceux-là
la difficulté de trouver la *preuve* compenfe aux yeux de la loi la probabilité
de l'innocence : mais comme la fréquence de cette forte de crimes eft bien moins
la fuite de leur impunité, que l'effet de
caufes différentes, le danger de les laiffer impunis n'eft pas d'une auffi grande
importance. Il faudra donc diminuer
également le tems de l'examen, & celui de la prefcription. Les principes reçus font bien oppofés à ceux-là. C'eft
précifément pour les crimes qu'il eft le
plus difficile de conftater, comme l'a-
dultere, la pédéraftie, &c. qu'on admet les préfomptions, les femi-preuves,
comme fi un homme pouvoit être demi-
innocent & demi-coupable ; c'eft-à-dire,
demi-abfolvable & demi-puniffable.
C'eft dans ces délits que la torture doit
exercer fon cruel empire fur la perfonne de l'accufé, fur les témoins, fur toute
la famille d'un malheureux, felon les
enfeignemens de quelques docteurs, qui
dictent avec une injuftice froide des
loix aux nations.

D'après ces principes, on reconnoîtra avec étonnement que la raifon n'a
prefque jamais préfidé à la formation
de la jurifprudence criminelle. C'eft
pour les délits les plus atroces, les plus
obfcurs & les plus chimériques, c'eft-
à-dire, pour ceux dont la vraifemblance eft la moindre, qu'on s'eft contenté
des *preuves* les plus foibles & les plus
équivoques ; comme fi les loix & le magiftrat avoient intérêt, non pas de trouver la vérité, mais de prouver un crime ;
comme fi le rifque de condamner un innocent n'étoit pas d'autant plus grand,
que la probabilité du crime eft moindre.

La plus grande partie des hommes
manquent de cette énergie d'ame, néceffaire pour les grands crimes autant
que pour les grandes vertus, & qui
amene toujours les uns & les autres à
la fois dans les Etats qui fe foutiennent par l'activité nationale & par la
paffion du bien public ; quant à ceux
qui fubfiftent par leur maffe ou par la
bonté de leurs loix, les paffions affoi-
blies femblent plus propres à y maintenir la forme du gouvernement, qu'à
l'améliorer ; ce qui nous conduit à cette conféquence importante, que les
grands crimes dans une nation, ne
prouvent pas toujours fon dépériffe-
ment. En voilà bien affez pour un juge
philofophe ; parlons à préfent au juge
automate. (D. F.)

*Il y a deux efpeces de *preuves*, la
littérale & la teftimoniale. La *preuve* littérale eft celle qui réfulte des actes, ou
écritures. Par exemple, la *preuve* littérale des obligations qui naiffent des
conventions, comme d'un contrat de
vente ou de louage, eft celle qui réfulte
des actes ou écritures qui renferment
ces conventions. La *preuve* littérale de
l'obligation que produit une condamnation, eft l'acte qui contient le jugement de condamnation. La *preuve* littérale du paiement de quelque obligation que ce foit, eft la quittance qu'en
a donnée le créancier.

Ces actes font ou authentiques, ou
écritures privées. On appelle *actes authentiques* ceux qui font reçus par un
officier public, tel qu'eft un notaire ou
un greffier. Les écritures privées font
celles qui fe font par le miniftere d'un
officier public.

Ces actes font auffi ou originaux,
ou copies : on diftingue encore les titres
primordiaux & les titres recognitifs.

Les actes authentiques font ceux qui
font reçus par un officier public, avec
les folemnités requifes.

Il faut que l'acte soit reçu dans le lieu où cet officier a caractere d'officier public, & droit d'inftrumenter ; c'eft pourquoi fi un notaire recevoit un acte hors du territoire de la jurifdiction, où il eft établi notaire, ce ne feroit point un acte authentique.

Un acte authentique original fait pleine foi par lui-même de ce qui eft contenu dans cet acte.

Néanmoins lorfque cet acte eft produit hors de la jurifdiction de l'officier public qui l'a reçu, il eft d'ufage de faire conftater la fignature de cet officier par un acte de légalifation qui fe met au bas.

Cette légalifation eft une atteftation donnée par le juge du lieu, par laquelle ce juge certifie, que l'officier qui a reçu & figné l'acte, eft effectivement officier public, notaire, &c.

La fignature de l'officier public, qui a reçu l'acte, donne une pleine foi à tout ce que l'acte renferme, & aux fignatures des parties qui l'ont foufcrit, qu'il n'eft point néceffaire par conféquent de faire reconnoître.

Les actes authentiques font foi principalement contre les perfonnes qui étoient parties, leurs héritiers & ceux qui font en leurs droits ; ils font pleine foi contre ces perfonnes de tout le difpofitif de l'acte, c'eft-à-dire, de ce que les parties ont eu en vue, & qui a fait l'objet de l'acte.

A l'égard des énonciations qui fe trouvent dans l'acte, lefquelles font abfolument étrangeres au difpofitif de l'acte, elles peuvent bien faire quelque demipreuve, mais elles ne font point une preuve entiere, même contre les perfonnes qui ont été parties à l'acte.

L'acte prouve encore un tiers *rem ipfam* ; c'eft-à-dire, que la convention qu'il renferme eft intervenue, *Molin. ib. n.8.*

Mais l'acte ne fait pas foi contre un tiers qui n'a pas été partie à l'acte de ce qui y eft énoncé ; *Molin. ibid. n.* 10.

De ce que les actes authentiques prouvent *rem ipfam* contre les tiers, en doit-on conclure que l'inventaire des titres d'une fucceffion fait pardevant notaire, dans lequel il eft dit qu'il s'eft trouvé un brevet d'obligation d'une certaine fomme fubie par un tel, pour caufe de prêt, en tel tems & devant tel notaire, fait foi de la dette contre le débiteur qui eft un tiers, & qui n'étoit pas préfent à l'inventaire, fans qu'il foit befoin de rapporter le brevet d'obligation ? Non ; car de ce que l'inventaire prouve *rem ipfam*, il s'enfuit feulement qu'il s'eft trouvé un brevet d'obligation; mais il ne s'enfuit pas que la dette foit due, parce que le défaut de repréfentation du brevet d'obligation fait préfumer ou qu'il y a quelque vice ou défaut dans ce brevet, qu'on ne repréfente pas, qui empêche qu'il puiffe faire foi de la dette ; ou que depuis l'inventaire il a été rendu au débiteur, lors du paiement qu'il a fait du contenu en l'obligation.

Il y a différentes efpeces d'écritures privées : les actes fous fignatures privées ordinaires, ceux tirés d'archives publiques, les papiers-cenfives & terriers, les journaux des marchands, les papiers-domeftiques, les écritures non fignées : les tailles ont auffi quelque rapport avec les écritures privées.

Les actes fous fignatures privées ordinaires font la même foi contre ceux qui les ont foufcrits, leurs héritiers, ou fucceffeurs, que les actes authentiques. Mais il y a cette différence entre ces actes & les actes authentiques, que ceux-ci ne font fujets à aucune reconnoiffance ; au-lieu que le créancier ne peut, en vertu d'un acte fous fignature privée, obtenir aucune condamnation contre celui qui l'a foufcrit, fes héritiers ou fuccefleurs, qu'il n'ait préalablement conclu à la reconnoiffance de l'acte, & fait ftatuer fur cette reconnoiffance.

Les actes fous fignature privée, tirés des archives publiques, avec l'atteftation du tréforier des archives, qu'ils en ont été tirés, font foi, quoiqu'ils n'aient point été reconnus.

On ne peut pas fe faire des titres à foi-même; c'eft pourquoi des actes qui ne font point paffés par une perfonne publique, tels que font des papiers cueillerets; c'eft-à-dire, des regiftres qu'un feigneur de cenfive tient lui-même des cens & redevances qui lui font payés annuellement, ne peuvent pas faire foi de la preftation de ces redevances, ni fonder par conféquent fuffifamment la demande que donneroit le feigneur en reconnoiffance d'icelles.

Néanmoins lorfque ces cueillerets font anciens & uniformes, ils forment une femi-*preuve*, laquelle jointe à d'autres, telle que feroit celle qui réfulte des réconnoiffances des propriétaires des terres circonvoifines, pourroit établir fuffifamment la demande du feigneur.

Ces papiers cueillerets & autres papiers cenfiers qui ne font pas authentiques, ne font pas *preuve* pour le feigneur contre d'autres, mais ils font *preuve* pour d'autres contre lui. C'eft pourquoi fi le feigneur a ufurpé fur moi la poffeffion d'un héritage, je pourrois fonder ma demande en revendication contre lui, par fes papiers terriers & cenfiers, par lefquels il paroîtroit qu'il auroit reçu le cens pour cet héritage de moi & de mon pere, à qui il feroit dit qu'il l'auroit accenfé.

Mais lorfque le cenfitaire s'eft fervi contre le feigneur, des papiers cenfiers

du feigneur, le feigneur peut à fon tour s'en fervir contre lui; & en ce cas les papiers cenfiers du feigneur font pleine *preuve* en fa faveur; *Molin. ibid. n.* 20. Par exemple, fi dans l'efpece propofée ci-deffus, le cenfitaire s'eft fervi des papiers cenfiers du feigneur, pour prouver qu'un héritage, dont le feigneur avoit ufurpé fur lui la poffeffion, lui appartenoit, comme lui ayant été donné à cens par ce feigneur; le feigneur, de fon côté, pourra à fon tour fe fervir des mêmes papiers cenfiers, pour prouver que cet héritage eft chargé de toutes les redevances dont lefdits papiers font mention; & lefdits papiers feront en ce cas à cet égard une pleine *preuve* en faveur du feigneur.

Néanmoins ils ne pourroient, même en ce cas, faire *preuve* en faveur du feigneur, que des faits qui ont rapport à ceux pour lefquels je me fuis fervi de ces papiers contre lui. Par exemple, le feigneur ne pourroit pas prouver par ces papiers, qu'une autre terre que je poffede, releve auffi de lui; *Molin. ibid.*

Perfonne ne pouvant fe faire de titre à foi-même, fuivant le principe que nous avons déja établi, il fuit de-là que les livres-journaux des marchands fur lefquels ils infcrivent jour par jour les marchandifes qu'ils débitent aux différens particuliers, ne peuvent pas faire une *preuve* pleine & entiere de ces fournitures contre les perfonnes à qui elles ont été faites.

Néanmoins la faveur du commerce a établi que lorfque ces livres font bien en regle; qu'ils font écrits de jour à jour, fans aucun blanc; que le marchand a la réputation de probité, & que fa demande eft donnée dans l'année de la fourniture, ils font une femi*preuve*; & même fouvent les juges font droit fur les demandes des marchands, pour raifon defdites fournitures , en prenant leur ferment de la vérité de la fourniture, pour fuppléer à ce qui manque à la *preuve* qui réfulte de leurs livres.

Il n'eft pas douteux que ce que nous écrivons fur nos papiers domeftiques ne peut faire de *preuve* en notre faveur contre quelqu'un qui n'y a pas foufcrit ; *exemplo perniciofum eft , ut ei fcripturæ credatur , quâ unufquifque fibi adnotatione propriâ, debitorem conftituit* ; L. 7, Cod. de probat. Mais font-ils *preuve* contre nous ? Boiceau , *part.* 2, *ch.* 8, *n.* 14, diftingue le cas auquel ce que nous avons écrit tendroit à nous obliger envers quelqu'un, & celui auquel ce que nous avons écrit tendroit à libérer notre débiteur.

Dans le premier cas , par exemple , fi j'ai écrit fur mon journal, ou fur mes tablettes que j'ai emprunté vingt piftoles de Pierre, fi cette reconnoiffance faite fur mon journal ou fur mes tablettes eft fignée de moi, elle fait une *preuve* complette de la dette contre moi & mes héritiers ; & fi elle n'eft pas fignée , elle ne fait qu'une femi-*preuve*, qui doit être fortifiée de quelque indice.

Paffons au fecond cas qui eft celui auquel ce que j'ai écrit fur mon journal , ne tend pas à m'obliger, mais au contraire à libérer mon débiteur ; comme lorfque j'ai écrit fur mon journal les paiemens qu'il m'a faits, il n'eft pas douteux en ce cas que ce que j'ai écrit fur mon journal , foit que je l'aie figné ou non, fait une pleine foi contre moi au profit de mon débiteur, car la libération eft favorable.

Il y a trois efpeces de ces écritures ; 1°. les journaux & tablettes : 2°. les écritures fur feuilles volantes , & qui ne font point à la fuite , à la marge, ou au dos d'un acte figné : 3°. celles qui font à la fuite , à la marge, ou au dos d'un acte figné. Nous avons parlé de la premiere efpece ci-deffus.

Celles de la feconde efpece, ou tendent à obliger ou à libérer. A l'égard de celles qui tendent à libérer, telles que font des quittances écrites de la main du créancier non-fignées, qui fe trouvent pardevers le débiteur ; quoique lès reçus écrits fur le journal du créancier font une pleine foi du paiement, fans qu'il foit befoin qu'ils foient fignés, je ne crois pas qu'on doive de même décider que les quittances non-fignées fur feuilles détachées, quoique écrites entiérement de la main du créancier, & en la poffeffion du débiteur, faffe pareillement une pleine foi du paiement. La raifon de cette différence eft, qu'il n'eft pas d'ufage de figner les reçus qu'on infcrit fur un journal ; aulieu qu'il eft d'ufage que le créancier figne les quittances qu'il donne à fon débiteur. C'eft pourquoi lorfque la quittance n'eft pas fignée, on peut croire qu'elle a été donnée au débiteur avant le paiement, par exemple, comme un fimple modele pour que le débiteur examinât s'il approuveroit la forme en laquelle elle étoit conçue, & que le créancier a remis à la figner lorfqu'il feroit payé. Néanmoins fi cette quittance eft datée de maniere qu'il n'y manque que la fignature, fi c'eft une quittance toute fimple, & dont il n'y ait pas eu befoin de faire un modele ; enfin s'il ne paroit aucune raifon pour laquelle cette quittance ait pu parvenir au débiteur avant le paiement ; en ce cas je penfe qu'on doit préfumer que ce n'eft que par oubli que la quittance n'a pas été fignée, & qu'elle doit faire foi du paiement, furtout fi on y ajoute le ferment fupplétoire du débiteur.

A l'égard des écritures non-fignées

fur des feuilles volantes qui tendent à l'obligation de la personne qui les a écrites, telle qu'une promesse, un acte de vente, &c. quoiqu'elles se trouvent entre les mains de celui envers qui l'obligation devroit être contractée, elles ne font néanmoins aucune *preuve* contre la personne qui les a écrites, que l'obligation a été effectivement contractée, & elles ne passent que pour de simples projets qui n'ont pas eu d'exécution.

Il nous reste à parler des écritures non-signées qui font à la suite ou à la marge, ou au dos d'un écrit signé; ces écritures ou tendent à la libération, ou à une nouvelle obligation.

A l'égard de celles qui tendent à la libération, il faut encore distinguer le cas auquel l'acte au bas ou au dos duquel elles font, est & n'a jamais cessé d'être en la possession du créancier, & celui auquel il seroit en la possession du débiteur. Dans le premier cas, comme lorsqu'au bas ou au dos d'une promesse signée par le débiteur, qui est en la possession du créancier, il se trouve des quittances de sommes reçues à compte, ces quittances, quoique non-signées ni datées, font une pleine *preuve* du paiement, non-seulement lorsqu'elles font écrites de la main du créancier, mais même de quelque main qu'elles soient écrites, fût-ce même de celle du débiteur; parce qu'il est plus que probable que le créancier n'auroit pas laissé écrire ces reçus sur le billet qui étoit en sa possession, si les paiemens ne lui avoient pas été faits effectivement.

Il y a plus, quand même les écritures non-signées, qui font au bas ou au dos d'un acte qui est en la possession du créancier, & qui tendent à la libération de ce qui est porté par cet acte, seroient barrées, elles ne laisseroient pas de faire foi : car il ne doit pas être au pouvoir du

créancier, en la possession duquel est l'acte, ni moins encore en celui de ses héritiers, de détruire, en barrant cette écriture, la *preuve* du paiement qu'elle renferme.

A l'égard des écritures non-signées qui tendent à l'obligation, lorsqu'elles expriment une relation avec l'acte signé au bas, au dos, ou en marge duquel elles font, elles font foi contre le débiteur qui les a écrites. Par exemple, si au bas d'une promesse signée de Pierre, par laquelle il reconnoît que Jacques lui a prêté mille livres, il étoit écrit de la main de Pierre; *Plus je reconnois que mon dit sieur Jacques m'a encore prêté deux cents livres*; cette écriture, quoique non-signée, feroit foi contre Pierre, parce que par ces termes, *de plus*, *encore*, elle a une relation avec l'écrit signé de lui.

Lorsque les écritures non-signées étant au dos, au bas ou à la marge d'un acte, n'ont aucun rapport avec cet acte, elles font semblables à celles écrites sur feuilles volantes.

Les tailles tiennent aussi lieu d'écritures, & font une espece de *preuve* littérale de la quantité des marchandises fournies, lorsque celui à qui elles ont été fournies, représente l'échantillon pour le joindre à la taille.

C'est une regle commune à toutes les copies, que lorsque le titre original subsiste, elles ne font foi que de ce qui se trouve dans le titre original; les notaires ne devant pas, même sous prétexte d'interprétation, rien ajouter dans les grosses & expéditions, à ce qui est contenu dans la minute originale.

C'est pourquoi il ne peut guere y avoir de question, sur la foi que méritent les copies, lorsque le titre original subsiste; car si on doute de ce qu'elles contiennent, on peut avoir recours au titre original.

Il

Il peut y avoir plus de difficulté lorſque le titre original eſt perdu, pour ſçavoir quelle foi peuvent faire en ce cas les copies. Il faut d'abord diſtinguer celles qui ont été tirées par une perſonne publique, & celles qui n'ont pas été tirées par une perſonne publique; il faut encore à l'égard des premieres, en diſtinguer trois eſpeces; 1°. celles qui ont été faites par autorité du juge, partie préſente ou duement appellée; 2°. celles qui ont été faites ſans l'autorité du juge, mais en préſence des parties; 3°. celles qui ont été faites ſans préſence des parties, & ſans qu'elles y aient été appellées de l'autorité du juge. Nous allons traiter de ces trois eſpeces. Le regiſtre des inſinuations renferme des copies, de la claſſe de celles qui ſont tirées par un officier public; nous en traiterons enſuite ainſi que des copies qui n'ont pas été tirées par une perſonne publique, & des copies de copie.

Celui qui veut avoir une copie par l'autorité du juge qui lui tienne lieu de l'original, donne ſa requète au juge, au bas de laquelle le juge ordonne que copie ſera tirée ſur l'original d'un tel acte, en tel jour, à telle heure, & que les parties intéreſſées ſeront ſommées de s'y trouver; en conſéquence de cette ordonnance qu'il fait ſignifier aux parties, il les fait par le même acte ſommer de ſe trouver au lieu, jour & heure indiqués.

La copie qui, en conſéquence, eſt tirée ſur l'original par un officier public, ſoit en préſence des parties, ſoit en leur abſence, après qu'elles ont été, comme nous l'avons déja dit, ſommées de s'y trouver, eſt une copie qu'on appelle *copie en forme.* Lorſque l'original par la ſuite eſt perdu, elle fait la même foi contre les parties qui

y ont été préſentes ou ſommées de s'y trouver, & contre leurs héritiers & ſucceſſeurs, que feroit l'original même.

Ces copies en forme, qui à l'égard des perſonnes qui y ont été préſentes ou duement appellées, font la même foi que l'original, n'ont à l'égard des autres perſonnes qui n'y ont été ni préſentes ni appellées, que l'effet que peuvent avoir celles faites ſans partie préſente ni appellée.

Les copies faites en préſence des parties ne font pas proprement *copies en forme,* puiſqu'elles ne ſont pas faites par autorité du juge; néanmoins elles ont le même effet entre les parties qui y ont été préſentes, leurs héritiers ou ſucceſſeurs, que les copies en forme; & elles font entre ces parties comme les copies en forme, à défaut de l'original, la même foi qu'auroit fait l'original.

Elles tirent de la convention des parties cette autorité; car les parties par leur préſence, lorſque ces copies ont été tirées, ſont tacitement convenues qu'elles tiendroient entr'elles lieu d'original. Ces copies ne font pas néanmoins toujours la même *preuve* que les copies en forme; car comme elles tirent leur force de la ſeule convention des parties, il ſuit de-là qu'elles n'en peuvent avoir dans les choſes dont il n'eſt pas au pouvoir des parties de convenir, & dont ces parties n'ont pas la diſpoſition.

Les copies qui ſont tirées ſur l'original hors de la préſence de la partie, & ſans qu'elle y ſoit appellée, ne font pas ordinairement une *preuve* entiere contr'elle de ce qui eſt contenu en l'original, dans le cas où il feroit perdu; cette copie fait ſeulement un indice ou commencement de *preuve* par écrit, qui peut faire admettre la *preuve* teſtimoniale, pour suppléer à celle qui manque à cette copie.

Cette décision a lieu, soit que cette copie ait été tirée sans ordonnance du juge, ou en vertu d'une ordonnance du juge ; car c'est la même chose, qu'il y ait eu une ordonnance du juge, dont on n'ait pas fait usage pour appeller la partie, ou qu'il n'y en ait point eu.

La copie d'une donation qui est transcrite dans le registre des insinuations, ne fait pas foi de la donation : autrement il seroit au pouvoir d'une personne de mauvaise foi, de supposer une fausse donation qu'elle feroit transcrire sur le registre des insinuations, & d'éluder la *preuve* qu'on pourroit faire de la fausseté, en supprimant l'original. Mais ce registre fait au moins un commencement de *preuve* par écrit, qui doit faire admettre la *preuve* testimoniale de la donation. Pour que cette *preuve* fût admise, je voudrois au moins que deux choses concouruffent ; 1°. Qu'il fût constant que les minutes de tous les actes passés par le notaire dans l'année dans laquelle on prétend que la donation a été faite, ne se trouvent point ; car s'il n'y avoit que la minute de cette prétendue donation, qui ne s'y trouvât pas, il en résulteroit des soupçons d'affectation dans la suppression de cet acte, qui feroient douter de la vérité ou de la forme de cet acte, & empêcheroient qu'on en dût admettre la *preuve* par témoins. 2°. Je pense qu'il faudroit que le donataire offrît de faire la *preuve* de la donation par des témoins qui auroient été présens lorsque l'acte a été fait, ou du moins qui auroient entendu le donateur en convenir ; & il ne suffiroit pas que le donataire prouvât qu'on a vu l'acte de donation entre les mains du donataire ; car ces témoins qui voient cet acte, ne sçavent pas si

cet acte est véritable, ni s'il est revêtu de ses formes.

Si l'infinuation avoit été faite à la requète du donateur, & qu'il eût souscrit sur le registre des infinuations, Boiceau décide qu'en ce cas l'insinuation feroit foi de la donation, par la même raison qu'il a été dit ci-deffus, que les copies judiciaires faites en préfence des parties, font la même foi que l'original vis-à-vis de la partie qui y a été présente.

Les copies qui ne font pas tirées par une personne publique, font celles qu'on appelle absolument informes : elles ne forment aucune *preuve*, quoiqu'anciennes ; elles ne peuvent tout au plus que former quelque indice très-léger.

Néanmoins si quelqu'un avoit produit cette copie informe pour en tirer quelque indice, l'autre partie pourroit s'en servir contre lui ; & elle feroit foi contre lui, parce qu'en la produisant lui-même, il est censé en avoir reconnu la vérité : car on ne doit produire que des pieces qu'on croit vraies.

Lorsqu'une copie a été tirée, à la vérité, par une personne publique, comme est un notaire, mais qui ne s'est point fait assister de témoins ou d'un autre notaire, elle ne passe point pour être tirée par une personne publique, & elle est aussi absolument informe, que si elle eût été tirée par un particulier ; car une personne publique qui ne se comporte point en personne publique, n'est point réputée pour telle : *Persona publica*, dit Dumoulin, *agens contrà officium personæ publicæ, non est digna spectari ut persona publica.*

Le titre primordial, suivant que le nom le fait entendre, est le premier titre qui a été passé entre les parties, entre lesquelles une obligation a été contractée, & qui renferme cette obligation. Par exemple, le titre primordial d'une rente est le contrat par lequel elle a été constituée. Les titres récognitifs sont ceux qui ont été passés depuis par les débiteurs, leurs héritiers ou successeurs.

Dumoulin, *d. §. 8, n. 88*, distingue deux especes de titres *récognitifs* ou *reconnoissances*; celles qui sont dans la forme qu'il appelle *ex certâ scientiâ*, & celles qu'on appelle *in formâ communi*.

Les reconnoissances *ex certâ scientiâ*, qu'il appelle aussi *in formâ speciali & dispositivâ, n. 89*, sont celles où la teneur du titre primordial est relatée. Ces reconnoissances ont cela de particulier, qu'elles équipollent au titre primordial, au cas qu'il fût perdu, & en prouvent l'existence contre la personne reconnoissante, pourvu qu'elle ait la disposition de ses droits, & contre ses héritiers & successeurs; & dispense par conséquent le créancier de le rapporter, dans le cas auquel il se trouveroit perdu, *Mol. ibid. n. 89*.

Les reconnoissances *in formâ communi* sont celles où la teneur du titre primordial n'est point relatée. Ces reconnoissances servent seulement à confirmer le titre primordial, & à interrompre la prescription; mais elles ne confirment le titre primordial, qu'autant qu'il est vrai; elles n'en prouvent point l'existence, & elles ne dispensent point le créancier de le rapporter. *Ibid.*

Néanmoins s'il y avoit plusieurs reconnoissances conformes, dont quelqu'une fût ancienne, ou même une seule ancienne, & soutenue de la possession, elles pourroient équipoller au titre primordial, & dispenser le créancier de le rapporter; ce qui a lieu sur-tout lorsque le titre primordial est très-ancien, *ibid. n. 90.*

Les reconnoissances de l'une & l'autre espece ont cela de commun, qu'elles sont relatives au titre primordial, que le reconnoissant par ces reconnoissances n'est pas censé vouloir contracter aucune nouvelle obligation, mais seulement reconnoître l'ancienne qui a été contractée par le titre primordial. C'est pourquoi si par la reconnoissance, il s'est reconnu obligé à quelque chose de plus ou de différent de ce qui est porté par le titre primordial; en rapportant le titre primordial, & faisant connoître l'erreur qui s'est glissée dans la reconnoissance, il en sera déchargé.

Cette décision a lieu, quand même l'erreur se trouveroit dans une longue suite de reconnoissances; il en faudra toujours revenir au titre primordial, lorsqu'il sera rapporté.

Hoc tantùm interest, dit Dumoulin, *ibid. n. 88. inter confirmationem in formâ communi, & confirmationem, ex certâ scientiâ, quod illa (in formâ communi) tanquàm conditionalis & præsuppositiva non probat confirmatum; hoc (ex certâ scientiâ) fidem de eo facit, non tamen illud in aliquo auget vel extendit, sed ad illud commensuratur, & ad ejus fines & limites restringitur, &c.* Et ailleurs, *§. 18, gl. 1, n. 19*, il dit en général des reconnoissances, que *non interponuntur animo faciendæ novæ obligationis, sed solùm animo recognoscendi; unde simplex titulus novus non est dispositorius.*

La *preuve* vocale ou testimoniale est celle qui se fait par la déposition des témoins. La corruption des mœurs, & les exemples fréquens de subornation de témoins nous ont rendus beaucoup plus difficiles à admettre la *preuve* testimoniale que ne l'étoient les Romains.

On se regle d'après les quatre principes suivans. 1°. Celui qui a pu se procurer une *preuve* littérale, n'est pas ad-

Y y 2

mis à faire *preuve* teſtimoniale, lorſque la choſe excede une certaine ſomme fixée par les loix (cette ſomme eſt en France de cent livres) s'il n'a un commencement de *preuve* par écrit.

2°. Lorſqu'il y a un acte par écrit, ceux qui ont été parties, ni leurs héritiers & ſucceſſeurs, ne peuvent être admis à la *preuve* teſtimoniale contre & outre cet acte, quand même la choſe n'excéderoit pas la dite ſomme, s'ils n'ont un commencement de *preuve* par écrit.

3°. On n'eſt admis à la *preuve* teſtimoniale des choſes dont on n'a pu ſe procurer une *preuve* littérale, à quelques ſommes qu'elles puiſſent monter.

4°. Pareillement, lorſque par un cas fortuit & imprévu, avoué entre les parties, ou prouvé, la *preuve* littérale a été perdue; on eſt admis à la *preuve* teſtimoniale, à quelque ſomme que la choſe puiſſe monter.

Celui qui a pu ſe procurer une *preuve* par écrit, n'eſt pas admis à la *preuve* teſtimoniale, pour les choſes qui excedent cent livres.

La *preuve* littérale l'emporte ſur la teſtimoniale. Par exemple, ſi j'ai fait mon billet par lequel j'ai reconnu devoir à quelqu'un ſoixante-ſix livres qu'il m'a prêtées, que je promets lui rendre dans deux ans, je ne ſerai pas reçu à prouver par témoins que je n'en ai reçu que ſoixante, & que le ſurplus étoit pour des intérêts qu'il m'a fait comprendre dans mon billet; car cette *preuve* ſeroit contraire à ce qui eſt contenu dans un écrit, je dois m'imputer d'avoir fait ou écrit ce billet.

Un premier genre de commencement de *preuve* par écrit, eſt lorſqu'on a contre quelqu'un par un écrit authentique où il étoit partie, ou par un écrit privé écrit ou ſigné de ſa main, la *preuve*,

non à la vérité du fait total qu'on a avancé, mais de quelque choſe qui y conduit ou en fait partie.

Il eſt laiſſé à l'arbitrage du juge, de juger du degré de commencement de *preuve* par écrit, pour ſur ce degré de *preuve*, permettre la *preuve* teſtimoniale.

Un ſecond genre de commencement de *preuve* par écrit, eſt lorſque j'ai contre quelqu'un par un écrit authentique où il étoit partie, ou par un écrit privé ſigné de lui, la *preuve* qu'il eſt mon débiteur ſans avoir la *preuve* de la ſomme: c'eſt un commencement de *preuve* par écrit, qui doit me faire admettre à la *preuve* par témoins de la ſomme.

Premier exemple: Je vous demande le paiement d'une ſomme de cent écus; j'ai votre billet qui porte: *Je promets payer à un tel la ſomme de cent....qu'il m'a prêtée;* le mot d'*écus* a été omis dans le billet; vous prétendez ne m'avoir emprunté que cent ſols que vous m'offrez; votre billet eſt un commencement de *preuve* par écrit, qui doit me faire admettre à la *preuve* teſtimoniale du prêt de cent écus.

Les écritures privées qui ne ſont pas ſignées, forment, contre celui qui les a écrites, un troiſieme genre de commencement de *preuve* par écrit de ce qu'elles contiennent. Par exemple, je demande à quelqu'un trente piſtoles, que je prétends lui avoir prêtées; je rapporte un billet par lequel il reconnoît le prêt, lequel eſt écrit de ſa main & daté, mais n'eſt pas ſigné; ce billet ne ſuffit pas pour juſtifier le prêt; mais il peut, ſuivant les circonſtances, former un commencement de *preuve* par écrit, qui doit me faire admettre à la *preuve* par témoins.

A plus forte raiſon, la quittance écrite de la main du créancier, quoique non-ſignée, dont le débiteur eſt en poſſeſſion, eſt un commencement de *preuve* par écrit du paiement, qui doit faire admettre le débiteur à la *preuve* teſtimoniale, la *preuve* de la libération étant encore plus favorable.

Suivant les principes que nous venons d'expoſer, le commencement de *preuve* par écrit doit réſulter, ou d'un acte public, où celui contre qui on veut faire la *preuve* ait été partie, ou d'un acte privé ſigné de lui, ou du moins écrit de ſa main.

L'acte écrit par celui qui demande à faire *preuve*, ne peut pas lui ſervir de commencement de *preuve*, parce qu'on ne peut pas ſe faire des titres à ſoi-même.

Il faut néanmoins excepter de cette déciſion les livres des marchands, leſquels, lorſqu'ils ſont en regle, font un commencement de *preuve* en faveur de ceux qui les ont écrits.

Celui qui n'a pas pu ſe procurer une *preuve* littérale, doit être admis à la *preuve* teſtimoniale. Toutes les fois donc qu'il n'a pas été au pouvoir du créancier de ſe procurer une *preuve* littérale de l'obligation qui a été contractée envers lui, la *preuve* teſtimoniale du fait qui l'a produite, ne peut lui être refuſée, à quelque ſomme que puiſſe monter l'objet de cette obligation.

Suivant ce principe, la *preuve* teſtimoniale des délits & quaſi-délits, ne peut jamais être refuſée à celui envers qui ils ont été commis, à quelque ſomme que puiſſe monter la réparation par lui prétendue ; car il eſt évident qu'il n'a pu être en ſon pouvoir de s'en procurer une autre *preuve*.

Par la même raiſon, chacun eſt admis à la *preuve* teſtimoniale des fraudes qu'on lui a faites. Par exemple, on doit permettre la *preuve* par témoins des pac-

tions ſecretes pour faire paſſer les biens d'un défunt à une perſonne prohibée, en fraude de ſes héritiers ; car il eſt évident qu'il n'eſt pas au pouvoir des héritiers d'avoir la *preuve* par écrit de cette fraude.

Il en eſt de même de l'obligation qui naît d'un quaſi-contract : comme cette obligation ſe contracte ſans le fait de celui envers qui elle eſt contractée, & qu'il n'a pas été en ſon pouvoir de s'en procurer une *preuve* littérale, on ne peut lui refuſer la *preuve* teſtimoniale du fait qui l'a produite.

Celui qui a perdu par un cas fortuit la *preuve* littérale, doit être admis à la *preuve* teſtimoniale. La même raiſon qui oblige à admettre à la *preuve* teſtimoniale, celui qui n'a pu s'en procurer une littérale, oblige auſſi à y admettre celui qui, par un cas fortuit & imprévu, a perdu le titre qui lui ſervoit de *preuve* littérale.

Par exemple, ſi dans l'incendie ou dans le pillage de ma maiſon, j'ai perdu mes papiers, parmi leſquels étoient des billets de mes débiteurs à qui j'avois prêté de l'argent, ou des quittances des ſommes que j'avois payées à mes créanciers ; à quelque ſomme que puiſſent monter ces billets & ces quittances, je dois être admis à la *preuve* par témoins des ſommes que j'ai prêtées, ou que j'ai payées, parce que c'eſt par un cas fortuit & imprévu, & ſans ma faute, que j'ai perdu les billets & les quittances qui formoient la *preuve* littérale.

Je puis faire cette *preuve* par témoins, qui dépoſeront avoir vu entre mes mains, avant l'incendie, les billets de mes débiteurs, ou les quittances de mes créanciers, dont ils connoiſſent l'écriture, & ſe ſouvenir de la teneur ; ou qui dépoſeront avoir quelque connoiſſance de la dette ou du paiement.

Mais pour que le juge puisse admettre cette *preuve*, il faut que le cas fortuit, qui a donné lieu à la perte des titres qui formoient la *preuve* littérale, soit constant. Par exemple, dans l'espece ci-dessus proposée, il faut qu'il soit avoué entre les parties, que ma maison a été incendiée ou pillée, ou que je sois en état de le prouver, pour que je puisse être admis à la *preuve* testimoniale des prêts d'argent, ou des paiemens dont je prétends avoir perdu les billets ou les quittances dans l'incendie ou le pillage de ma maison.

Lorsqu'un créancier demande à faire *preuve* de l'obligation qu'il prétend que l'autre partie a contractée envers lui; & pareillement lorsqu'un débiteur offre la *preuve* du payement qu'il prétend avoir fait de la somme qui lui est demandée; si, suivant les principes établis ci-dessus, la *preuve* est admissible, le juge rend une sentence interlocutoire par laquelle il permet à la partie de faire la *preuve* testimoniale qu'elle a offert de faire, sauf à l'autre partie à faire la *preuve* du contraire.

Cette sentence s'appelle un appointement à faire enquêtes. En exécution de cette sentence, les parties doivent dans le tems, & selon les formes prescrites en France par l'ordonnance de 1667, *tit.* 22, produire & faire entendre par le juge ou commissaire, les témoins, & il est dressé un acte de leur déposition, qu'on appelle *enquête*.

Pour que l'enquête contienne une *preuve* testimoniale du fait que la partie s'est chargée de prouver, il faut qu'il soit attesté par les dépositions de deux témoins au moins, dont les dépositions soient valables.

Le témoignage d'un seul témoin ne peut faire une *preuve*, quelque digne de foi qu'il soit & en quelque dignité qu'il soit constitué, *etiamsi præclara curiæ honore præfulgeat*, L. 9, Cod. de *testib.* mais un témoin unique fait une semi-*preuve*, laquelle étant soutenue du serment, peut quelquefois dans des matieres très-légeres compléter la *preuve*.

Lorsqu'une personne prétend avoir deux différentes créances à la *preuve* desquelles il a été admis, il faut qu'il prouve chaque créance, par la déposition de deux témoins: s'il avoit fait entendre deux témoins, dont l'un en attestât une, & l'autre en attestât l'autre, chacune n'étant attestée que par un témoin unique, il n'auroit fait la *preuve* d'aucune.

Il en seroit de même, si un débiteur avoit été admis à la *preuve* de différens payemens, il faudroit que chaque payement fût prouvé par deux témoins.

Quoique deux témoins suffisent pour faire la *preuve* d'un fait, néanmoins comme la partie qui a été admise à la *preuve*, n'est pas assurée de ce que les témoins déposeront, elle en peut faire entendre jusqu'à dix sur un même fait; l'audition de ceux qu'elle auroit fait entendre au-delà de ce nombre, ne doit pas passer dans la taxe des dépens qui lui auroient été adjugés.

Pour qu'une déposition soit valable, il faut 1°. qu'elle ne peche pas dans la forme, autrement elle est déclarée nulle, & le juge n'y a aucun égard.

Pour qu'une déposition soit valable, il faut, 2°. qu'elle n'ait pas été rejettée pour quelque cause de reproche contre la personne du témoin.

Pour qu'une déposition soit valable, il faut, 3°. qu'elle ne contienne rien en elle-même qui en fasse suspecter la sincérité. C'est pourquoi une déposition doit être rejettée, lorsqu'elle contient des contradictions ou des choses hors de vraisemblance.

Il faut fur-tout, pour qu'une dépofition foit valable, que le témoin qui dit avoir connoiffance du fait, explique comment il a cette connoiffance ; L. 4, *Cod. de Teſt. Barth. ad d. L.* Par exemple, ſi je veux prouver que vous m'avez vendu une telle choſe, il ne fuffit pas que le témoin diſe en termes vagues, qu'il a connoiffance que vous m'avez vendu cette choſe ; il faut qu'il explique comment il a cette connoiffance, en difant, par exemple, qu'il étoit préſent au marché, ou en difant qu'il vous a entendu dire que vous m'avez fait cette vente ; s'il difoit qu'il le fçait pour l'avoir entendu dire à un tiers, ſa dépofition ne feroit pas de *preuve.*

La *preuve* qu'une partie a faite par la dépofition de deux ou pluſieurs témoins qui ont attefté le fait par elle avancé, n'eſt valable qu'autant qu'elle ne ſe trouve pas détruite par l'enquête de l'autre partie, qui de ſon côté a produit des témoins qui ont attefté le contraire. Par exemple, ſi ſur une demande en réparation d'injures, j'ai fait entendre des témoins qui ont dit qu'ils étoient préſens à la querelle, & que vous m'avez dit telles & telles injures, & que je n'ai pas repouffées ; & que de votre côté vous en ayez fait entendre qui ont dit que c'eſt moi qui vous ai dit des injures que vous n'avez pas repouffées, les enquêtes en ce cas ſe détruifent mutuellement, & il n'en réfulte de part & d'autre aucune *preuve.*

Mais ſi mes témoins étoient en beaucoup plus grand nombre que les vôtres; ou bien ſi les miens étoient de bons bourgeois, gens d'une probité reconnue ; & les vôtres étoient des gens de la lie du peuple, la *preuve* qui réfulte de mon enquête devroit prévaloir, & ne feroit pas détruite par la vôtre ; *arg.* L. 3, §. 2, ff. *de teſt. numerus teſtium, di-*

gnitas & autoritas confirmat rei de qua quæritur fidem.

On n'exige pas dans les témoins qui ſont produits en juſtice, pour faire la *preuve* d'un fait toutes les qualités qui ſont requiſes dans ceux qu'on appelle pour être préſens à la confection des actes pour la ſolemnité de l'acte ; les femmes, les étrangers non-naturaliſés, les religieux profés ſont admis à dépoſer en juſtice ; la raiſon de cette différence eſt, qu'on a le choix des témoins qu'on appelle pour la ſolemnité des actes, au-lieu qu'on ne peut produire pour dépoſer d'un fait, que ceux qui en ont connoiffance. *v.* TÉMOIN.

Preuve affirmative, eſt celle qui établit directement un fait, comme quand un témoin dépoſe *de viſu,* à la différence de la *preuve* négative, qui conſiſte ſeulement à dire qu'on n'a pas vû telle choſe.

Preuve authentique, eſt celle qui mérite une foi pleine & entiere, tel que le témoignage d'un officier public, qui attefte ſolemnellement ce qui eſt paſſé devant lui ; par exemple un acte paſſé devant notaire fait une *preuve authentique* des faits qui ſe ſont paſſés aux yeux du notaire, & qu'il a atteſtés dans cet acte.

Preuve canonique, eſt celle qui eſt autoriſée par les canons, telle que la purgation canonique, qui ſe faifoit par le ferment d'un certain nombre de perſonnes que l'accuſé faifoit jurer en ſa faveur pour atteſter ſon innocence, à la différence de la *preuve* vulgaire que la ſuppoſition des peuples avoit introduites.

Preuve par commune renommée, eſt celle que l'on admet d'un fait dont les témoins n'ont pas une connoiffance *de viſu,* mais une ſimple connoiffance fondée ſur la notoriété publique, comme quand on admet la *preuve* du fait qu'un homme à son décès étoit riche de cent mille écus, il n'est pas besoin que les témoins disent avoir vû chez lui cent mille écus d'especes au moment de son décès, il suffit qu'ils déposent qu'ils croyoient cet homme riche de cent mille écus, & qu'il passoit pour tel. Il ne doit pas dépendre des témoins de fixer le plus ou le moins de l'objet dont il s'agit, comme d'attester qu'un homme étoit riche de cent mille francs, ou de deux cents mille francs, c'est au juge à fixer la somme qui est en contestation, & sur le fait de laquelle les témoins doivent déposer.

Preuve par comparaison d'écritures, est celle qui se fait pour la vérification d'un écrit ou d'une signature, en les comparant avec d'autres écritures ou signatures reconnues pour être de la main de celui auquel on attribue l'écrit ou la signature dont la vérité est contestée. *v.* COMPARAISON D'ÉCRITURES.

Preuve concluante, est celle qui prouve pleinement le fait en question, de maniere que l'on peut conclure de cette *preuve* que le fait est certain.

Preuve démonstrative, est celle qui établit le fait d'une maniere si solide que l'on est certain qu'il ne peut être faux ; il n'y a que les vérités de principe qui puissent être prouvées de cette maniere, car pour les vérités de fait, quelque complettes que paroissent les *preuves* que l'on en peut apporter, elles ne sont jamais démonstratives.

Preuve directe, est celle qui prouve directement le fait dont il s'agit, soit par des actes authentiques ou par témoins, à la différence de la *preuve* oblique ou indirecte, qui ne prouve pas précisément le fait en question, mais qui constate un autre fait de la *preuve* duquel on peut tirer quelque consé-

quence pour le fait en question.

Preuve domestique, est celle qui se tire des papiers domestiques de quelqu'un, ou de la déposition de sa femme, de ses enfans & domestiques.

Preuve écrite ou *preuve par écrit*, qu'on appelle aussi *preuve littérale*, est celle qui se tire de quelque écrit, soit public ou privé, à la différence de la *preuve* non-écrite, qui se tire de quelque fait ou de la déposition des témoins.

Preuve géminée, est celle qui se trouve double & triple sur un même fait.

Preuve imparfaite, est celle qui n'établit pas suffisamment le fait en question, soit que les témoins ne soient pas en nombre suffisant, soit que leurs dépositions ne soient pas assez précises.

Preuve indirecte ou *oblique*, est quand le fait dont il s'agit n'est pas prouvé précisément par les actes ou par la déposition des témoins, mais un autre fait de la *preuve* duquel on peut tirer une conséquence de la vérité de celui dont il s'agit. *v. Preuve directe*.

Preuve juridique, est celle qui est selon le droit admise en justice.

Preuve littérale, est la même chose que la *preuve* écrite ou par écrit ; on l'appelle *littérale*, parce que ce sont les lettres qui forment l'écriture, & que d'ailleurs anciennement on appelloit *lettres* tout écrit.

Preuve muette, est celle qui se tire de certaines circonstances & présomptions qui se trouvent établies indépendamment des *preuves* écrites & de la *preuve* testimoniale. *v.* INDICE & PRÉSOMPTION.

Preuve nécessairement véritable, est celle qui établit le fait contesté, de maniere qu'il n'est pas possible qu'il ait été autrement ; par exemple, qu'une personne n'a point passé une obligation à Paris un certain jour, quand il est prouvé

prouvé que ce même jour il étoit à Bourges. *v. Preuve vraisemblable.*

Preuve négative, est celle qui n'établit pas directement le fait en question, comme quand un témoin ne dit pas que l'accusé n'a pas fait telle chose, mais seulement qu'il ne lui a pas vû faire. *v. Preuve affirmative.*

Preuve non écrite, est celle qui résulte de faits non écrits, ou de la déposition des témoins. *v. Preuve écrite.*

Preuve oblique ; est la même chose que *preuve* indirecte. Voyez ci-devant *Preuve indirecte & Preuve directe.*

Preuve pleine & entiere, est celle qui est parfaite & concluante, & qui établit le fait en question d'une maniere conforme à la loi.

Semi-preuve, est celle qui est imparfaite, comme celle qui résulte de la déposition d'un seul témoin ; tels sont aussi les simples indices ou présomptions de droit. *v.* INDICE & PRÉSOMPTION.

Preuve par serment, est celle qui résulte du serment déféré par le juge ou par la partie. *v.* SERMENT.

Preuve par témoins ou *testimoniale*, qu'on appelle aussi *preuve vocale*, est celle qui résulte de la déposition des témoins entendus dans une enquête ou information. *v.* TÉMOINS.

Preuve par titres, est la même chose que *preuve* littérale ; on comprend ici sous le terme de *titres* toutes sortes d'écrits, soit authentiques ou privés. On permet ordinairement de faire *preuve* d'un fait, tant par titres que par témoins.

Preuve vraisemblable, est celle qui est fondée sur quelque présomption de droit ou de fait, cette *preuve* est moins forte que la *preuve* nécessairement véritable dont on a parlé ci-devant. Voyez Danty, en ses *Observations sur l'avant-propos.*

Tome XI.

Preuve vulgaire, étoit celle qui se faisoit par les épreuves superstitieuses, qu'on appelloit *jugemens de Dieu*, telle que l'épreuve de l'eau bouillante & de l'eau froide, du fer ardent, du combat en champ clos, de la croix, & autres semblables. (P.O.)

PRIERE, s. f., *Morale.* Dans son acception la plus générale, la *priere* désigne tout discours par lequel nous adressant directement à Dieu, nous lui exprimons les sentimens qui nous animent, en conséquence de ce que nous savons qu'il est en lui-même, & des rélations que nous soutenons avec lui ; & cela soit que la bouche exprime par la parole ce que l'ame sent, soit que l'esprit seul s'en occupe sans rien prononcer de vive voix. Dans une acception plus restreinte, la *priere* est la demande que nous faisons à Dieu des choses dont nous sentons que nous avons besoin. Le second de ces sens est nécessairement renfermé dans le premier, dont il fait partie. L'homme éclairé qui prie, envisage Dieu comme étant l'Etre tout parfait, le Créateur & le Maître de tout, le Conservateur & Directeur de cet univers, le Bienfaiteur & la source de tous les biens dont nous jouissons, le Législateur dont la volonté est la regle que nous devons suivre dans toutes nos actions, le Juge suprême à qui nous rendrons compte de notre conduite, tandis que d'un autre côté l'homme s'envisage, ainsi qu'il l'est, comme un être imparfait & borné à tous égards, une créature qui appartient toute entiere à celui de qui elle tient l'existence, un être dépendant, dont le sort est entre les mains de celui qui gouverne le monde ; un être qui a des besoins auxquels il ne peut satisfaire seul, & qui ne peut se passer de la bienveillance de celui qui est la source de

Z z

tous les biens; un sujet qui a besoin de direction, & qui doit recevoir les loix de son maître; enfin, comme un être comptable de ses actions, & qui ayant reçu des loix, sera jugé, c'est-à-dire, approuvé ou blâmé, traité comme approuvable ou blâmable, selon ce qu'il aura réellement été à cet égard. Être animé actuellement par les sentimens que ces idées inspirent naturellement, s'en occuper réellement, y penser sérieusement, quand même la bouche n'en prononceroit pas les expresions, ce seroit prier, ce seroit rendre à Dieu ce culte intérieur, sans lequel il n'y a aucun culte véritable. Exprimer de bouche, & par les gestes ou actions du corps propres à cela, ces sentimens de l'ame; c'est rendre à Dieu le culte extérieur, c'est prier, à prendre le mot de *priere* dans le sens le plus étendu. Nier la nécessité de ce culte, c'est nier que Dieu soutienne avec nous les relations qu'il soutient effectivement, ou que nos sentimens, nos pensées, nos discours & nos actions doivent être assortis à ces relations importantes, contre tous les principes du droit.

La *priere* dans son acception générale renferme donc, 1°. un acte d'adoration, par lequel nous reconnoissons l'infinie perfection de Dieu, 2°. un acte de dévouement par lequel nous reconnoissons que nous appartenons entierement à Dieu, comme au Créateur à qui nous appartenons en propre, & qui nous ayant faits, a sur nous le domaine le plus absolu; 3°. un acte de résignation par lequel nous reconnoissons que tout étant dirigé par la Providence, notre sort est en ses mains, & que nous ne pouvons rien être sans sa volonté; 4°. un acte de confiance par lequel en reconnoissant sa bonté & sa puissance,

nous lui demandons ce dont nous avons besoin; 5°. un acte de reconnoissance, par lequel nous lui rendons graces de tous les biens dont nous jouissons, comme à celui à qui nous en sommes redevables; 6°. un acte d'obéissance par lequel le reconnoissant pour Législateur, nous lui promettons d'obéir à ses loix; 7°. un acte de répentir, par lequel, quand nous nous sentons coupables de désobéissance, nous lui avouons nos fautes, & lui en demandons le pardon comme à notre juge.

Qu'allegueront les irréligieux pour se dispenser de la *priere?* sans doute, ils diront qu'elle n'est pas nécessaire à Dieu, à qui elle ne donne aucun droit nouveau, à qui elle ne procure aucun avantage, puisque cet Etre ne dépend de nous à aucun égard; nous le dirons avec eux, & nous affirmerons même que ce n'est point pour lui que Dieu l'exige de nous; mais diront-ils qu'elle est sans nécessité pour nous? Comment le prouveront-ils? Qu'ils prouvent que nous ne devons nulle estime à l'Etre tout-parfait, nulle soumission à notre Maître absolu, nulle résignation au Pere sage, bon & puissant, qui nous gouverne, nulle reconnoissance, nulle confiance à notre Bienfaiteur à qui nous devons tout, nulle obéissance à notre Législateur dont l'autorité est la plus légitime qui existe, nulle crainte à celui qui est notre Juge, nul repentir pour les péchés que nous avons commis, nulle demande de pardon à celui dont nous avons à craindre les châtimens. Ne pouvant se déguiser l'absolue nécessité de ces sentimens, diront ils, que rien ne leur fait un devoir de les exprimer? Il faut pour cela qu'ils prouvent contre le fait le plus authentique, dont chaque homme a l'expérience intime, que notre conftitution naturelle ne nous difpofe, & ne nous porte pas dans toutes les occafions à exprimer au-dehors, par des geftes naturels & des difcours, les fentimens dont notre ame eft pénétrée; ils doivent prouver que quoique ces fentimens foient naturels & convenables, leur expreffion auroit quelque chofe de contraire à nos rélations & aux convenances; qu'il n'eft pas important que ces fentimens regnent dans le cœur de tous les hommes; que cette importance étant reconnue, ce n'eft pas un devoir pour chaque homme de contribuer de toutes fes forces à ce que les autres humains penfent, fentent, parlent & agiffent convenablement à ce que leurs obligations leur impofent à cet égard; que l'exemple de cette conduite peut être donné par quelqu'autre moyen convenable, que par le culte extérieur & la *priere*, que pour chaque homme même la *priere* n'eft pas un moyen effentiellement néceffaire pour prévenir l'oubli de Dieu, & des rélations que nous foutenons avec lui, & l'extinction des fentimens qui en doivent naître; que l'oubli de ces idées & l'extinction de ces fentimens ne feroit pas en lui-même une imperfection morale dans l'homme, & une fource funefte de défordres moraux, enfin que l'homme qui connoît Dieu & fes rélations avec lui, pourroit innocemment refufer de lui rendre les hommages intérieurs & extérieurs qui en font des conféquences. Il faut prouver toutes ces abfurdités ou bien reconnoître l'utilité, la néceffité, la convenance & la réalité du devoir de prier.

La *priere* prife dans un fens plus reftreint, comme défignant la demande que nous faifons à Dieu des chofes qui nous font néceffaires, eft l'acte par lequel l'homme demande à Dieu des gra-

ces à deffein de les obtenir. Elle fuppofe, 1°. que les chofes que l'homme demande font des graces, & non des chofes dûes: cela ne veut pas dire cependant que quand l'homme ne demande que des chofes néceffaires, il ne foit pas convenable que Dieu les lui accorde, que quand même l'homme ne les demanderoit pas, faute de favoir qu'elles dépendent de Dieu, Dieu n'agit pas contre fa fageffe en l'en privant; & que l'homme ne foit pas en droit de s'attendre que Dieu les lui accordera, parce que les chofes néceffaires font celles, fans lefquelles l'homme ne pourroit pas répondre à la deftination que Dieu lui a affignée; or l'Etre fage qui a déterminé la fin, a auffi déterminé & rendu néceffaires les moyens; s'il veut celles-là, il faut qu'il procure ceux-ci; mais on veut dire par-là que les chofes que l'homme demande font à la feule difpofition de Dieu, & non à celle de l'homme; c'eft en conféquence que S. Paul demandoit à l'homme qui s'enorgueillit de ce qu'il poffede: *Qu'as-tu que tu n'ayes reçu?* & que S. Jacques dit, que *tout ce que nous avons de bon & de parfait, nous vient du ciel, & defcend du Pere des lumieres.* Notre exiftence & tous les moyens de notre exiftence font des préfens que nous devons à la bonne volonté du Créateur; dépendant de lui à tous égards, tout ce que nous recevons de lui, quelque néceffaire qu'il nous foit pour répondre à notre deftination, n'en eft pas moins de fa part un don & une grace qu'il eft convenable que nous lui demandions comme une grace.

2°. Il eft d'autant plus convenable que nous demandions à Dieu comme une grace ce qui nous eft néceffaire, que nous ne pouvons difpofer à notre gré d'aucune des parties de la nature; que nous avons mille besoins, qu'il ne dépend pas de nous de satisfaire. C'est le besoin, & le besoin senti qui seul peut dicter la *priere*, & il ne la dicte qu'autant que ce sentiment du besoin est accompagné du sentiment de l'impuissance d'y satisfaire.

3°. La *priere* est l'enfant du désir; le désir naît du besoin senti, & le besoin n'est senti de maniere à produire le désir & à dicter la *priere*, comme moyen d'obtenir ce qui nous manque, qu'autant qu'il est accompagné du sentiment de notre foiblesse & de notre incapacité; mais quelque besoin que l'on sente, quelque désir qu'on éprouve, on ne demandera pas du secours à un être qu'on sait ne vouloir & ne pouvoir pas nous secourir: la *priere* suppose qu'on connoît un être à qui on peut s'adresser, qui peut nous entendre, connoître nos besoins, fournir à leur satisfaction, & qui en a la bonne volonté, c'est-à-dire, un être en la connoissance, en la bonté, en la sagesse, & en la puissance de qui nous pouvons mettre une entiere confiance. Or il est incontestable que nous avons des besoins; qu'à l'égard de chacun d'eux, nous sommes dans la plus grande dépendance de celui qui est le Maître de la nature, que cet Etre seul peut y satisfaire, que quand il ne le voudra pas, nous n'aurons rien de ce que nous sentons nous être nécessaire, qu'il est donc bien naturel que dans le sentiment de nos besoins, nous recourrions à son assistance par la *priere*, ayant tant de raisons de nous adresser à lui avec confiance.

Cet Etre que vous adorez, disent les incrédules, s'il existe tel que vous le représentez, ne connoît-il pas assez vos besoins sans que vous les lui fas-

siez connoître par vos *prieres?* ne sait-il pas assez que ce que vous lui demandez vous est nécessaire, & que sans cela vous ne pourriez pas remplir votre vocation, & sa sagesse ne le détermine-t-elle pas suffisamment à vous l'accorder, sans qu'il soit besoin de vos *prieres* pour l'y engager? Enfin, pensez-vous que pour vous plaire, & par égard pour vos requêtes, il dérangera en votre faveur l'ordre de la nature, pour que les événemens réussissent selon vos vœux?

Il est sans doute vrai que Dieu connoît nos besoins, il sonde même nos pensées les plus secretes, & avant que nous les ayons exprimées, & que comme le dit David, *la parole soit sur nos levres, il connoît déja tout ce que nous avons dans l'ame.* Ce n'est donc pas pour lui faire savoir ce qu'il pourroit ignorer, qu'il veut que nous le priions; aussi Jesus-Christ veut que pour la désignation des biens qui nous sont nécessaires, nous nous en remettions à Dieu qui *ayant soin des animaux, sait bien aussi ce dont nous avons besoin.* Ce n'est pas non plus qu'il ait besoin de nos *prieres* pour se déterminer à nous accorder ce qui nous est nécessaire: *Celui*, dit Jesus-Christ, *qui a soin des lys & des passereaux, ensorte qu'il n'en tombe pas un en terre sans sa volonté, n'aura-t-il pas soin de nous qui valons mieux que des passereaux?* Connoissant nos besoins, voulant les satisfaire, n'attendant pas nos *prieres* pour s'y déterminer, nos *prieres* ne changent pas les dispensations de sa Providence, au moins ne sommes-nous pas en droit de le prétendre. Mais en même tems d'après quoi les philosophistes affirment-ils que jamais d'après nos *prieres*, Dieu ne procure aucun événement particulier assorti à notre situation,

& qui fans un acte exprès de fa volonté n'auroit eu lieu? S'ils font déif-
tes, ces meffieurs, diront-ils que Dieu
n'auroit pas le pouvoir d'agir fur mon
corps pour me guérir d'une maladie
qui auroit été mortelle fans fon fecours,
ou fur mon efprit pour l'éclairer, ou
le détourner d'une action non convenable? Ce n'eft pas le Dieu que j'a-
dore qui a un pouvoir fi borné. Dira-
t-on que Dieu auroit bien à faire, s'il
falloit qu'il écoutât & qu'il exauçât toutes les *prieres* raifonnables des hommes?
Mais dans cette objection je ne vois
que l'efprit étroit de ces meffieurs, qui
jugent de Dieu d'après eux-mêmes, &
qui bientôt fatigués par des foins qui
fe multiplient, penfent que Dieu auffi
trouve pénible le foin de l'univers,
fuppofant qu'il a arrangé l'univers &
l'a mis en mouvement comme un
horloger conftruit fa pendule, la remonte & la laiffe mouvoir feule fans
s'en mettre en peine, pour pouvoir
fe livrer à un repos indolent qui lui
plaît mieux que l'action. Ce Dieu ne
pouvoit-il pas arranger toutes chofes de maniere que toute *priere* qu'il
approuve fût exaucée? Prévoyant tout,
ne pouvoit-il pas préparer d'avance les
événemens affortis avec les actions libres des hommes, telles que leurs *prieres?* Enfin, qui leur a dit, qui leur a
prouvé que, comme ils le prétendent,
ce monde foit une machine d'horlogerie, dont tous les engrenages plus ri-
gides, plus inflexibles que le diamant,
ne permettent pas le déplacement, l'ar-
rèt, l'accélération du plus petit grain
de fable, de la plus légere feuille des
forêts? A les entendre, Dieu ne pourroit pas par un acte exprès de fa volonté, écarter une particule qui obf-
true les vaiffeaux & arrête la circulation des humeurs dans mon corps, fans

déranger tout l'univers, & fans bouleverfer le monde. Les véritables philofophes ne croyent & n'enfeignent
pas de femblables abfurdités; ils laiffent aux anciens poëtes l'idée d'une
chaîne de diamant, qui réduit les dieux
en efclavage. Ils ont de Dieu de toutes autres idées, ils le croyent actif,
libre, indépendant, préfent à chaque
partie de l'univers qui eft toujours foumis à fa volonté, & fur lequel il exécute ce qu'il veut; *v.* PROVIDENCE;
ils font perfuadés que Dieu connoît
tout ce que nous faifons, & qu'il agit
toujours envers nous d'une maniere affortie à ce que nous fommes; ils en
concluent que de notre côté nous devons toujours penfer, parler & agir
d'une maniere affortie à notre état, &
à nos rélations avec Dieu; que par
conféquent nous devons le prier, puifqu'il eft notre Maître, que nous dépendons de lui, que nous fommes foibles,
que nous avons des befoins, qu'il peut,
qu'il fait les fatisfaire de la maniere la
plus convenable à ce que nous fommes & devons être. Ils favent bien
que ce n'eft pas pour lui-même que
Dieu exige que nous le priions, cet
acte lui eft inutile; mais parce que cet
acte eft un hommage, qu'il eft convenable que nous lui rendions, & qu'il
eft un devoir utile pour nous par les
effets falutaires qu'il produit.

Prier, c'eft reconnoître notre dépendance à l'égard de Dieu. Ceux qui refufent de prier, nieront-ils cette dépendance, ou trouveront-ils que cet
aveu eft deshonorant pour eux? Je
doute que le bon fens permette à perfonne d'alléguer de telles excufes, &
ne prononce pas au contraire que l'homme ne fauroit fans crime refufer à
Dieu cet hommage fi naturel & fi convenable. Non-feulement il eft un acte

convenable, mais encore un devoir utile ; on en conviendra, si l'on avoue qu'il est utile aux hommes d'être religieux observateurs de tous leurs devoirs ; que rien n'est plus efficace pour nous encourager au bien & nous détourner du mal, que l'idée habituellement présente que nous sommes sous les yeux de Dieu, que nous dépendons de lui à tous égards, qu'il est notre conservateur, notre bienfaiteur, notre législateur, & le juge à qui nous rendrons compte de notre conduite.

Nous ajoûterons que ce devoir est infiniment agréable & consolant pour l'homme. Il seroit triste pour nous, si foibles comme nous le sommes, Dieu nous eût laissé dans l'idée qu'il n'est pas une ressource pour nous, si méprisant notre qualité de créatures, il eût dédaigné de nous écouter, s'il eût défendu de lui adresser la parole. Combien n'est-il pas consolant pour nous, de trouver auprès de cet Etre suprème un accès facile toujours ouvert, & dans nos adversités un refuge que nous refusent souvent avec hauteur des hommes nos semblables, qui ne different de nous que par les circonstances les plus accidentelles & les plus extérieures ? Qu'il est doux pour l'homme qui souffre, d'avoir la permission d'envisager le Maître de l'univers, comme un ami dans le sein duquel nous pouvons verser nos peines & nos alarmes, & dont nous pouvons implorer l'assistance contre l'injustice & la haine des hommes !

Tout se réunit ainsi, pour nous faire de la *priere* le devoir le plus indispensable. Quel jugement porterai-je de l'homme, qui prétend être indépendant de Dieu, n'avoir pas besoin de secours, pouvoir se passer de l'assistance divine, & la méprifer au point de

ne pas daigner la demander ? En est-il un qui ne lui doive aucun hommage, qui n'ait rien à lui demander, nulle faveur dont il doive le remercier, qui puisse être heureux sans vertu & sans piété, & qui ne trouve dans la *priere* aucun secours, pour s'encourager à faire le bien & à fuir le mal ? La *priere* est donc un devoir pour tous les hommes, dans tous les tems, & dans tous les lieux. La *priere* suppose ainsi que celui à qui nous l'adressons, est notre Maître, l'arbitre de notre sort, présent en tous lieux, plein de bonté & de puissance, d'où il suit que nous ne devons prier que lui, & Jesus-Christ comme notre Médiateur & notre Intercesseur, car il nous le dit lui-même : *tout ce que vous demanderez au Pere en mon nom, il vous l'accordera*. Jesus a été établi médiateur de l'alliance de grace ; il prie pour nous, il intercede pour nous ; & parce que cela est dit de Jesus-Christ seul, il s'ensuit que cela n'est vrai que de lui seul, & que tout autre en est excepté ; & ainsi nous ne devons adresser nos *prieres* qu'à Dieu, mais au nom de Jesus - Christ. Prier au nom de Jesus-Christ, signifie 1°. prier ensuite de l'ordre que Jesus nous en a donné ; 2°. conformément à la maniere qu'il nous a prescrit de prier ; 3°. avec une confiance fondée sur les promesses qu'il nous a faites que nous serions exaucés ; & 4°. enfin dans les dispositions qui caractérisent un vrai disciple de Jesus, un chrétien véritable ; c'est-là véritablement prier au nom de Jesus - Christ. Toute autre explication de ces paroles est une explication ou vuide de sens, ou contraire à la doctrine raisonnable de l'Evangile.

Avouons cependant que Dieu, tout immense & tout puissant qu'il est, n'exauce pas généralement toutes les *prieres* qu'on lui adreffe : car d'abord la plus grande partie de ces *prieres* ne contiennent que des demandes oppofées aux vrais intérèts de ceux qui prient ; d'autres demandent ce dont ils ont tous les moyens pour obtenir. Dieu peut exaucer les *prieres* des hommes ; maître de la nature, il peut en arrêter ou en changer le cours ; mais cela n'arrive que pour de fortes raifons. La véritable *priere* eft celle de nous conformer & de nous foumettre à la volonté de Dieu ; car cette même foumiffion nous préparera aux événemens.

On fait une objection fpécieufe contre les effets, & par-là contre l'utilité de la *priere*. Jefus-Chrift fur la croix pria le Pere éternel pour qu'il pardonnât le déicide aux Juifs ; cependant il favoit que cette énormité ne leur auroit pas été pardonnée ; car il en prédit lui-même le châtiment que les Juifs & tout le pays devoient en fubir, lorfqu'allant au calvaire il exhorta les femmes qui le pleuroient, à pleurer plutôt fur elles & leur poftérité.

Cette objection prouve au contraire la néceffité de la *priere*, quand même nous fommes affurés de n'être pas exaucés, parce que Jefus-Chrift nous en donna l'exemple fur la croix. 2°. Lorfque Jefus-Chrift pria, affuré que fa *priere* n'auroit pas été exaucée, il montra un fond inépuifable de douceur & de bonté pour fes impitoyables ennemis ; il nous donna un exemple admirable à fuivre lorfque nous recevrions des injures : & plus cette fainte humanité faifoit éclater fes vertus, & moins les Juifs étoient dignes d'obtenir le pardon du grand crime qu'ils commettoient. 3°. Enfin, oferons-nous affurer que la *priere* de Notre Seigneur fut inutile ? Les meurtriers de l'homme-Dieu n'auroient-ils pas pu obtenir le pardon de leur crime quant à

fes fuites, favoir, la damnation éternelle ? Affurerons-nous qu'aucun des Juifs qui tremperent dans le déicide n'expiât pas le déicide par les larmes, & que tous aient été damnés ? (M. D. B.)

PRIERES *nominales pour les feigneurs, Droit féod.*, font les recommandations qu'on fait aux prônes du feigneur de la paroiffe.

Anciennement il n'y avoit que les empereurs, les rois, les princes & les prélats diftingués qui fuffent recommandés aux *prieres* publiques. *Precantes fumus femper pro omnibus imperatoribus, vitam illis prolixam, imperium fecurum, domum tutam, exercitus fortes, fenatum fidelem, populum probum, orbem quietum, quæcumque hominis & Cæfaris vota funt*, dit Tertulien en fon *apologétique*. Mais dans la fuite cet ufage a été étendu aux magiftrats, aux patrons & aux feigneurs hauts-jufticiers.

Les feigneurs ont droit de fe faire recommander expreffément, & de fe faire nommer au prône de la paroiffe ; & s'ils font troublés dans ce droit, ils peuvent fe pourvoir par action d'injures ; *argum. l. injuriarum* 13, *ff. de injur.* mais ils ne peuvent point agir par complainte, parce que ce droit étant fpirituel, il n'eft fujet ni à la poffeffion, ni à la quafi-poffeffion.

Au refte, les feigneurs ne doivent point engager les curés ou les miniftres, fans de grandes confidérations, à avancer ou à retarder le fervice divin.

Les curés ou miniftres ne doivent point recommander aux *prieres* les feigneurs, leurs femmes, leurs enfans en nom collectif ; mais le feigneur & la dame *nominatim* ; & les enfans, en quelque nombre qu'ils foient, *collectivè*. Ce point de jurifprudence ne peut plus aujourd'hui fouffrir de difficulté.

Il n'eft permis à perfonne, autres que

les feigneurs, de fe faire employer aux *prieres nominales* qui fe font aux prônes des meffes paroiffiales, fous prétexte de préfens & de legs. (R.)

PRIEUR, f. m. , *Droit can.* , eft un eccléfiaftique qui eft prépofé fur un monaftere ou bénéfice qui a le titre de *prieuré*.

L'origine des pieurés eft fort ancienne. Depuis que les réguliers eurent été enrichis par les libéralités des fideles, comme outre les biens qu'ils poffedoient aux environs de leurs monafteres, ils avoient auffi quelquefois des fermes & des métairies confidérables qui en étoient fort éloignées, ils envoyerent dans chacun de ces domaines un certain nombre de leurs religieux ou chanoines réguliers, qui régiffoient le temporel & célébroient le fervice divin entr'eux dans une chapelle domeftique. On appelloit ces fermes *celles* ou *obédiences*.

Celui qui étoit le chef des religieux ou chanoines réguliers d'une obédience, fe nommoit *prieur* ou *prévôt* ; & la chapelle & maifon qu'ils deffervoient, fut auffi nommée *prieuré* ou *prévôté*.

Le *prieur* , & ceux qui lui étoient adjoints, étoient obligés de rendre compte de leur régie tous les ans au monaftere duquel ils dépendoient; ils ne pouvoient prendre fur le revenu de la métairie que ce qui étoit néceffaire pour leur entretien.

L'abbé pouvoit , lorfqu'il le jugeoit à-propos, rappeller le *prieur* ou prévôt & fes religieux dans le monaftere.

Le relâchement de la difcipline monaftique s'étendit bientôt dans ces petits monafteres. Le concile de Latran tenu en 1179, ordonna que les chofes feroient remifes fur l'ancien pied, mais cela ne fut pas obfervé.

En effet, dès le commencement du XIIIᵉ fiecle, il y eut des abbés qui donnerent des ordres à quelques-uns de leurs religieux, pour demeurer pendant leur vie dans une obédience, & pour en gouverner les biens comme fermiers perpétuels.

Cet ufage fut d'abord regardé comme un abus. Le pape Innocent III. écrivant en 1213 à un abbé & aux religieux d'un monaftere de l'ordre de faint Benoît, leur défendit de donner des obédiences à vie, & voulut que ceux qui les deffervoient fuffent révocables à la volonté de l'abbé.

Cependant cette loi ne fut pas exécutée ; les *prieurs* au contraire voyant que les abbés & autres officiers des monafteres s'étoient attribué chacun une partie des revenus de l'abbaye, s'approprierent auffi les revenus dont ils n'étoient originairement que fermiers.

Ce changement s'affermit fi bien, que fur la fin du XIIIᵉ fiecle les prieurés qu'on nommoit cependant encore *obédiences* & *adminiftrations*, étoient reglés comme de vrais bénéfices.

Plufieurs titulaires de ces prieurés en expulferent les religieux qui y vivoient avec eux, & y demeurerent feuls : de-là vient la diftinction des prieurés conventuels, & des prieurés fimples.

Le concile de Vienne, auquel préfidoit Clément V. défendit à tous religieux qui avoient infpection fur les monafteres ou prieurés, d'aliéner ou affermer les droits ou revenus à vie, & même de les accorder à tems pour de l'argent, à-moins que la néceffité ou l'utilité du monaftere ne le demandât, ou du moins fans le confentement de l'évêque du lieu, quand le prieuré étoit indépendant.

Il défendit auffi de conférer les prieurés, quoiqu'ils ne foient pas conventuels, à d'autres clercs qu'à des religieux profes profès âgés de 20 ans, & enjoignit à tous *prieurs* de se faire ordonner prêtres, sous peine de privation du bénéfice, dès qu'ils auroient atteint l'âge prescrit par les canons pour le sacerdoce, & leur ordonna de résider dans leurs prieurés, dont ils ne pourroient s'absenter que pour un tems en faveur des études, ou pour quelqu'autre cause approuvée par les canons. Enfin, ce concile déclare que si les abbés ne conferent pas les prieurés, administrations, & autres bénéfices réguliers dans le tems prescrit aux collateurs par le concile de Latran, l'évèque du lieu où le *prieuré* est situé pourra en disposer.

Les *prieurés* - cures, qui se trouvent en grand nombre dans l'ordre de saint Augustin, & dans celui de saint Benoît, sont aussi devenus des bénéfices, au lieu de simples administrations qu'ils étoient d'abord. Ceux-ci ne sont pas tous formés de la même maniere.

Les uns étoient déja des paroisses avant qu'ils tombassent entre les mains des religieux ; d'autres ne le sont devenus que depuis que les monasteres en ont été les maîtres.

L'établissement des prieurés-cures de la premiere classe, vient de ce que les évèques donnerent aux abbayes,tant de moines que de chanoines réguliers, les dixmes & autres revenus d'un grand nombre de paroisses,ce qu'ils appelloient *altaria*. L'abbé qui percevoit les revenus de la cure, étoit obligé de la faire desservir par un de ses religieux, quand la communauté étoit composée de chanoines réguliers, & par un prêtre séculier, quand la communauté suivoit la regle de S. Benoît.

A l'égard des prieurés - cures fondés par les monasteres, ce n'étoient d'abord que des chapelles domestiques d'une ferme, qu'on nommoit *grange* dans l'ordre

Tome XI.

des prémontrés. Les religieux y célébroient le service divin, auquel leurs domestiques assistoient les fètes & dimanches. On permit ensuite au *prieur* d'administrer les sacremens à ceux qui demeureroient dans la ferme, & insensiblement cela fut étendu à tous ceux qui demeuroient aux environs, sous prétexte que c'étoient aussi des gens qui servoient le prieuré ; & par ce moyen ces chapelles devinrent des paroisses, & ensuite des titres perpétuels de bénéfices, dans la plupart desquels les *prieurs-curés* sont demeurés seuls, de même que dans les prieurés simples, les religieux qui y demeuroient auparavant avec eux ayant été rappellés dans les monasteres dont ils dépendoient.

Il y a néanmoins des monasteres dont les prieurés qui en dépendent sont toujours demeurés sur le pied de simples administrations, dont les pourvus sont obligés de rendre compte à leur supérieur, lequel peut les révoquer quand il lui plaît.

Pour posséder un prieuré simple, c'està-dire qui n'est ni claustral ni conventuel, ni à charge d'ames, il faut, suivant la jurisprudence du parlement, avoir quatorze ans, mais suivant la jurisprudence du grand-conseil, il suffit d'avoir sept ans. Voyez le P. Thomassin, d'Héricourt, Fuet, les *mémoires du clergé,* & les articles ABBAYE, BÉNÉFICE, COMMENDE, COUVENT, CURE, MONASTERE, RELIGIEUX.

PRIEUR, *grand-*, *Droit public*, chevalier de Malte, distingué par une dignité de l'ordre qu'on nomme *grand prieuré.* Dans chaque langue il y a plusieurs *grands-prieurs* ; par exemple, dans celle de France on en compte trois ; savoir le *grand - prieur* de France, celui d'Aquitaine & celui de Champagne. Dans la langue de Provence on compte

A a a

ceux de S. Gilles & de Touloufe , & dans celle d'Auvergne le grand prieuré d'Auvergne. Il y a également plufieurs *grands-prieurs* dans les langues d'Italie, d'Efpagne & d'Allemagne , &c. Les *grands-prieurs*, en vertu d'un droit attaché à leur dignité , conferent tous les cinq ans une commanderie qu'on appelle *commanderie de grace*, il n'importe fi elle eft du nombre de celles qui font affectées aux chevaliers , ou de celles qui appartiennent aux fervans d'armes , il peut en gratifier qui il lui plaît. Il préfide auffi aux affemblées provinciales de fon grand-prieuré. La premiere origine de ces *grands-prieurs* paroît être la même que celle des prieurs chez les moines. Les chevaliers de S. Jean de Jérufalem étoient religieux , menoient la vie commune comme ils la menent encore à Malte ; ceux qui étoient ainfi réunis en certain nombre avoient un chef qu'on a nommé *grand-prieur*, du latin *prior*, le premier , parce qu'en effet il eft le premier de ces fortes de divifions , quoiqu'il ne foit pas le chef de toute la langue ; on nomme celui - ci *pilier*.

PRIEURÉ , f. m. , *Droit can.* , eft un monaftere dépendant de quelque abbaye , & dont le fupérieur eft appellé *prieur*.

Il y a pourtant auffi des *prieurés*-cures & des *prieurés* fimples , qui font des bénéfices dans lefquels il n'y a plus de conventualité. Voyez *les fubdivifions fuivantes* , & *ci-devant* le mot PRIEUR.

Prieuré chef d'ordre , eft un monaftere établi fous le titre de *prieuré* , & qui eft le chef-lieu d'un ordre religieux de congrégation.

Prieuré clauftral , eft l'office de prieur clauftral.

Prieuré collatif ou purement *collatif*, eft un bénéfice qui eft à la collation d'un abbé , lequel le confere comme une dé-

pendance propre & immédiate de fon monaftere ; il y a d'autres *prieurés* qui font originairement électifs , & qui ne font à la collation des abbés majeurs que par accident , c'eft-à-dire , parce que ces *prieurés* fe font foumis à d'autres monafteres ou abbayes , à caufe de l'étroite obfervance de la difcipline monaftique, & de leur grande puiffance. Voyez ci-après *prieuré électif collatif* , & *électif confirmatif*.

Prieuré en commende , eft un *prieuré* régulier qui eft tenu en commende par un eccléfiaftique féculier. Voyez COMMENDE & *Prieuré en titre*.

Prieuré confirmatif , eft un bénéfice en titre de *prieuré* , auquel on pourvoit par élection & confirmation, c'eft-à-dire auquel il faut que l'élection foit confirmée par le fupérieur. Il y a peu de ces *prieurés* & bénéfices en France.

Prieuré conventuel , eft un monaftere établi fous le titre de *prieuré* , & où il y a conventualité ; à la différence des *prieurés* fimples & des *prieurés* fociaux où la conventualité n'eft point établie. Voy. *Prieuré femi-conventuel fimple & focial*.

Prieuré - cure , eft un bénéfice établi fous le titre de *prieuré* , & auquel eft annexée une cure ou vicairie perpétuelle.

Prieuré électif-collatif, eft celui que les électeurs conferent en élifant, fans que leur élection ait befoin de confirmation, tels font les doyennés de plufieurs églifes cathédrales & collégiales.

Prieuré électif , ou *électif confirmatif*, eft celui auquel on pourvoit par élection & confirmation du fupérieur. Voyez ci-devant *Prieuré confirmatif*.

Grand prieuré , eft le chef-lieu d'où dépendent plufieurs autres *prieurés* particuliers. Il y a de ces *grands-prieurés* dans l'ordre de Malte , qui font proprement des commanderies supérieures aux autres commanderies particulieres de la même province, il y a en France six *grands-prieurés* de l'ordre de Malte, sa-voir le *grand-prieuré* de Provence, ce-lui d'Auvergne, celui de France, ce-lui d'Aquitaine, celui de Champagne & celui de Touloufe; ils marchent en-tr'eux dans l'ordre dans lequel on vient de les nommer; de ces fix *grands-prieu-rés* il y en a trois pour la langue de France, qui font ceux de France, d'A-quitaine & de Champagne. Le grand-prieur de France eft grand hofpitalier de l'ordre.

Prieuré perpétuel, eft celui qui eft conféré en titre de bénéfice, à la diffé-rence des *prieurés* clauftraux qui ne font que de fimples offices & adminiftrations pour un tems.

Prieuré régulier, eft celui qui par le titre de fondation eft affecté à des ré-guliers.

Prieuré féculier, eft celui qui par le titre de fondation eft affecté à un ecclé-fiaftique féculier. Voyez ci-devant *Prieuré régulier*.

Prieuré fécularifé, eft celui qui étoit régulier dans fon inftitution, & qui de-puis a été converti en un bénéfice fé-culier.

Prieuré femi-conventuel, eft celui qui eft en effet conventuel, & où la regle s'obferve dans toute fon étendue, mais avec moins d'appareil, en ce que le nombre des religieux y eft moindre, & qu'il y a certains offices qui ne s'y chantent pas. Voyez ci-devant *Prieuré conventuel*.

Prieuré fimple à fimple tonfure, eft ce-lui pour la poffeffion duquel il fuffit d'è-tre clerc tonfuré, à la différence des *prieurés*-cures, pour lefquels il faut être prêtre, ou du moins en état de le deve-nir dans l'an.

Prieuré focial, eft une maifon reli-gieufe compofée de plufieurs religieux, mais où la conventualité n'eft pas éta-blie.

Prieuré en titre, eft celui qui eft con-féré à une perfonne qui a les qualités re-quifes pour les poffëder, fuivant fon inftitution, comme quand un *prieuré* régulier eft conféré à un féculier, au-lieu que s'il eft conféré à un féculier, il n'eft pas conféré en titre, mais en com-mande.

PRIGNITZ, *Droit pub.* Cette pro-vince confine à l'Elbe & à la Havel, au duché de Mecklenbourg & aux cercles de Ruppin & de Havelland, qui font partie de la moyenne Marche. Sa lon-gueur eft de dix milles & demi, & fa largeur de fept milles & demi.

Cette province contient cinq villes im-médiates & cinq médiates; deux bourgs, qui ne jouiffent point de droits de ville; quatre bailliages royaux, defquels dépen-dent dix métairies; cinquante villages anciens, dans lefquels cependant fe trou-vent des fujets feigneuriaux; dix-neuf autres de nouvel établiffement, & deux cents douze villages feigneuriaux. Les villes immédiates font, à les prendre fe-lon leur rang, Perleberg, Pritzwalk, Kyritz, Havelberg & Lenzen. La ville de Wittftock eft également immédiate; mais elle n'eft point comprife dans la claffe des villes de cette efpece, par la raifon qu'elle fut anciennement une vil-le épifcopale. Les neuf infpections ecclé-fiaftiques font fous la difcipline du fur-intendant général de la vieille Marche & de la *Prignitz*. Il y a dans cette pro-vince cinquante-quatre familles de com-tes, de barons & de nobles, qui y font fédentaires.

La *Prignitz* forme un corps foumis au directoire du cercle provincial, dont les receveurs particuliers des contributions

Aaa 2

font comptables envers le receveur fupérieur, dans la caiffe principale duquel
ils font tenus de verfer les deniers qu'ils
ont perçus. Le cadaftre fait en 1545, &
achevé en 1556, des terres fujettes à cette forte d'impôt, ayant été trouvé fautif
à plufieurs égards, il en fut fait un autre
en 1687, par lequel tant les terres que
les contribuables furent partagés en quatre places principales, de telle forte que
le boiffeau de femence fut impofé par
progreffion depuis 2 deniers (pfennings)
jufqu'à 22, & que la répartition, à laquelle ce cadaftre donna lieu, ne fut nullement changée jufqu'à ce jour : auffi les
plaintes ne cefferent-elles point depuis
tout ce tems ; & malgré les nouveaux
foins employés en 1722 & 1723, pour
établir une proportion plus jufte, jamais
ce cadaftre ne peut être porté à un certain degré de perfection. Les contributions payables par chaque mois furent
fixées en 1716 à 2480 écus 22 gros 11
deniers : comme cette fomme n'étoit
point proportionnée aux dépenfes dont
étoit chargée la province, cette contribution fut augmentée d'un fixieme, ce
qui fait 2718 écus 23 gros 2 $\frac{25}{52}$ deniers,
dont il n'eft cependant perçu que 2691
écus 3 gros 7 $\frac{67}{96}$ deniers, & de laquelle
derniere fomme il en eft verfé 2480 écus
dans la caiffe fupérieure des fubfides,
pour le contingent de la province de
Prignitz. L'impôt établi pour l'entretien de la cavalerie fe porte à 1162 écus
1 gros 3 deniers, déduction faite du don
gratuit, auquel les villes font impofées ;
de laquelle fomme il faut déduire 11
gros pour la part de Meyenbourg, attendu que cette ville paye immédiatement chaque mois cette même fomme à
la caiffe fupérieure des fubfides. Lorfque
la nobleffe de toute la Marche eft obligée
d'acquitter 2000 écus pour fa part des
impôts, celle que la vieille Marche &

la Prignitz doivent y contribuer, eft de
607 écus 16 gros 7 & $\frac{5}{13}$ deniers, & celle
de la Prignitz en particulier, de 188 écus
7 gros 5 $\frac{2}{3}$ deniers. Si au contraire les
villes & la nobleffe font impofées conjointement à 1000 écus, fans y comprendre cependant la nouvelle Marche,
& que la nobleffe y contribue 404 écus
21 gros, conformément à la convention
de 1643, la Prignitz alors eft tenue de
payer 51 rixdales 14 gros $\frac{2}{3}$ den. (D.G.)

PRIMAT, f. m., Droit can., primas,
feu epifcopus primæ fedis, c'eft un archevêque qui eft établi au deffus d'un ou
de plufieurs autres métropolitains.

Le primat exerce auffi les droits de
primatie fur fes propres diocéfains & fur
les évêchés qui font fes fuffragans, de
forte qu'il a plufieurs degrés de jurifdiction qu'il fait exercer par des officiaux différens, ayant pour la primatie
un official primatial pour juger les appellations qui font interjettées de l'official métropolitain.

La dignité de primat eft la premiere
dignité dans l'églife après celle du pape
dans les pays où il n'y a point de pa-
triarche, & dans ceux où il y a un pa-
triache elle eft la troifieme, le patriarche étant au-deffusdu primat.

Anciennement on confondoit quelquefois la dignité de patriarche avec celle
de primat, on les appelloit tous d'un
nom commun magni exarchæ.

Les uns & les autres jouiffoient de
grandes prérogatives, car on pouvoit
appeller à eux, omiffo medio. Les jugemens primatiaux étoient fans appel. Leg.
fanc. cod. de epifc. aud.

Le primat de Pologne eft le chef du
fénat, & c'eft à l'archevêque de Gnefne qu'appartient cet honneur. v. POLO-
GNE.

PRIMAUTÉ DU PAPE, Droit can.
On entend par primauté le rang avan

tous les autres de la même classe, & les droits attachés à ce rang. La *primauté du pape* désigne le rang qui est assigné à l'évêque de Rome, sur tous les autres évêques chrétiens, & les droits de jurisdiction qu'on lui attribue en conséquence comme au chef de tous les ministres de la religion & au chef de l'église.

Si par cette *primauté* on n'entendoit que le droit de préséance dans une assemblée d'évêques, & si les prérogatives attachées à ce rang se bornoient à celles qu'on accorde au président d'une assemblée, il ne paroît pas que personne se fût recrié contre la *primauté* des papes, de quelques richesses que ce grade eût été accompagné, & quelque souveraineté que comme prince temporel, un pape eût possédé sur certains pays qui auroient été donnés à celui que l'élection auroit placé dans ce poste. Si l'on s'est élevé contre cette *primauté*, c'est à cause que l'évêque de Rome a voulu premierement exercer une autorité souveraine sur les évêques ses collegues ; c'est en second lieu qu'il a voulu avoir sur tous les membres de l'église, envisagés comme chrétiens, un pouvoir législatif & supérieur à tout autre, enforte que ses sentences fussent sans appel, quel que fût le rang du membre de l'église sur lequel il prononce ; c'est en troisieme lieu qu'il a voulu étendre son pouvoir & l'exercice de cette autorité sur l'Etat politique & civil des hommes, au point de prétendre pouvoir déposer les princes, délier leurs sujets du serment de fidélité qu'ils leur ont prêté ; c'est en quatrieme lieu qu'il a prétendu pouvoir, comme juge infaillible, prononcer sans appel sur la vérité de tout dogme, & sur la moralité de toute action, décider de ce qu'il faut croire ou faire, rejetter ou éviter, dispenser de pratiquer des devoirs, per-

mettre de faire des actions défendues ; c'est enfin qu'il a voulu persuader qu'il avoit reçu de Dieu le pouvoir d'ouvrir & de fermer le ciel à son gré, sauver ou damner, pardonner les péchés ou en refuser le pardon, comme l'arbitre souverain du sort éternel des hommes. Dès le commencement les gens de bon sens se sont opposés à ces prétentions ; & les protestans au XVIe. siecle ne pouvant plus souffrir l'exercice de cette autorité tyrannique, selon eux, en ont secoué le joug, pour ne plus reconnoître de juge du vrai & du faux, du juste & de l'injuste, du permis ou du défendu, que la droite raison & l'Evangile.

Cette élévation du pape, le succès de ces prétentions étonnantes, ont été le fruit d'une politique habilement exercée. Voyez-en les fondemens dans l'article PAPE. (M.D.B.)

PRIMICIER, s. m., *Jurisprud. & Droit Can.*, *primicerius, quasi primus in cera* ; chez les Romains on appelloit *primicius officiorum*, le chef des officiers domestiques de l'empereur. Il en est parlé au code, *lib. I. tit. 30. leg. xj. & ibi. gloss. lit. O. & tit. 28. leg. v.*

On donnoit aussi anciennement cette qualité dans la cour de quelques rois, au chef de leurs officiers.

Ce titre est encore usité, du moins en latin, dans quelques corps laïques, comme dans plusieurs colleges & confreries.

Le *primicier* étoit anciennement le chef du clergé inférieur, comme l'archiprêtre & l'archidiacre étoient les chefs des prêtres & des diacres. M. Fleury, *Instit. au droit ecclés.* remarque qu'on voit souvent écrit *primicier des notaires*, parce qu'anciennement la fonction la plus considérable des clercs inférieurs étoit d'etre les sécrétaires & les écrivains de l'évêque ou de l'église.

Quand le diacre ou l'archidiacre de Conftantinople, dit le P. Thomaffin, *part. 2. liv. 1. ch. 48.* en même tems qu'il étoit promoteur des conciles, a été *primicier des notaires*; il eft affez clair qu'il étoit comme le préfident du college des notaires, & par conféquent il étoit écrit le premier dans le catalogue; à quoi fervoient alors des tables de bois couvertes de cire fur lefquelles on écrivoit: voilà d'où vient le nom de *primicier*. Ainfi dans toutes les fortes d'offices ou de dignités qu'on communiquoit à plufieurs perfonnes en un même tems; le premier étoit appellé *primicier*, & celui qui venoit après *fecondicier*, dans les monafteres même.

Dans les anciens conciles d'Efpagne, on fe fervoit du nom de *primiclerc*, *primiclerus*, comme en effet ce nom paroit mieux convenir à l'office qui conftituoit premier des clercs inférieurs.

Les noms & offices de *primicier* fe font confervés dans plufieurs chapitres; comme à Metz, à Milan, à Venife, quoique dans la plupart leurs fonctions aient été réunies avec celles des prévôts ou doyens. Le *primicier* fait dans quelques-uns les fonctions de ponctuateur & même de chantre. (D. M.)

PRIMITIF, adj., *Jurifpr.*, fe dit de ce qui fe rapporte au premier état d'une chofe, comme l'églife *primitive* ou ancienne, l'état *primitif* d'un monaftere.

Le curé *primitif* d'une églife eft celui qui dans l'origine en faifoit véritablement toutes les fonctions, au lieu que préfentement il n'a plus le titre de curé que *ad honores*, les fonctions étant faites ordinairement par un vicaire perpétuel.

On appelle *titre primitif*, le premier titre conftitutif de quelque éta-bliffement ou de quelque droit.

PRIMOGENITURE, *droit de*, *v.* AINESSE.

PRIMORDIAL, adj., *Jurifpr.*, fe dit de ce qui remonte à l'origine d'une chofe. Ainfi le titre *primordial*, eft le premier titre conftitutif de quelque éta-bliffement. *v.* TITRE.

PRINCE, f. m., *Droit Polit.*, figni-fie une *perfonne* revêtue du fuprème commandement fur un Etat ou un pays, & qui eft indépendante de tout autre fupérieur. *v.* SOUVERAIN.

Prince fe dit auffi d'un homme qui commande fouverainement à fon pays, quoiqu'il ait un fupérieur à qui il paye tribut ou rend hommage.

Tous les *princes* d'Allemagne font feudataires de l'empereur, & cependant ils font auffi abfolus dans leurs Etats que l'empereur l'eft dans les fiens; mais ils font obligés à donner certains fecours d'argent & de troupes. *v.* EMPEREUR, ELECTEUR.

Prince, dans les anciens actes publics, ne fignifioit que *feigneur*. Ducange a donné un grand nombre de preuves de cet ufage: en effet, le mot latin *princeps*, d'où on forme *prince* en françois, fignifie dans fon origine *premier*, *chef*; il eft compofé du latin *primus*, premier, & *caput*, tête. C'eft proprement un titre de dignité & de charge, & non de domination & de fouveraineté.

Sous Offa, roi d'Angleterre, les *princes* fignoient après les évèques; ainfi on lit, *Brordanus patricius, Binnanus princeps*, & les ducs fignoient après eux. Et dans une carte du roi Edgar, *Monf. angl. t. III. pag. 301. ego Edgarus rex rogatus ab epifcopo meo de Wolfe & principe meo Aldredo.* Et dans Matthieu Paris, *pag. 155, ego Hulden princeps regis, pro viribus, affenfum prebeo : & ego Turketillus dux , concedo.*

Prince est aussi le nom de ceux qui sont de la famille royale. Dans ce sens, on les appelle particulierement *princes du sang*, comme étant de la famille à laquelle la souveraineté est attachée, quoiqu'ils n'en soient pas toujours & prochainement les héritiers présomptifs.

En Angleterre, les enfans du roi sont appellés *fils & filles d'Angleterre ;* le fils aîné est nommé *prince de Galles;* les autres enfans sont créés ducs ou comtes, sous le titre qu'il plaît au roi : ils n'ont point d'appanage comme en France, mais ils tiennent ce qu'ils ont des bienfaits du roi.

Les fils sont tous conseillers d'Etat par le droit de naissance, & les filles princesses ; c'est un crime de haute trahison de violer la fille aînée du roi d'Angleterre.

On donne le titre *d'altesse royale* à tous les enfans du roi ; les sujets se mettent à genoux quand ils sont admis à leur baiser la main, & ils sont servis à table à genoux, comme le roi.

Le premier *prince* du sang en France s'appelle *monsieur le prince* dans la branche de Condé, & *monsieur le duc d'Orléans* dans celle d'Orléans. Le frere du roi est toujours premier *prince* du sang. La qualité de *prince du sang* donne le rang & la préséance, mais elle ne renferme aucune jurisdiction ; ils sont *princes* par ordre, & non par office.

Wiquefort observe qu'il n'y avoit de son tems qu'environ cinquante ans que les *princes* du sang de France donnoient le pas aux ambassadeurs, même à ceux des républiques, & ce n'est que depuis les requisitions des rois qu'ils leur ont donné la préférence.

Dès que le pape est élu, tous ses parens deviennent *princes.*

Le *prince* de Galles, au moment de sa naissance, est duc de Cornouailles ; & immédiatement après qu'il est né, il est mis en possession des droits & revenus de ce duché, & il est conseiller d'Etat. Quand il a atteint l'âge requis, il est ensuite fait *prince* de Galles. La cérémonie de l'investiture consiste dans l'imposition du bonnet de l'Etat, de la couronne, de la verge d'or & de l'anneau. Il prend possession de cette principauté en vertu des patentes accordées à lui & à ses héritiers par les rois d'Angleterre.

Ce titre & cette principauté furent donnés par le roi Henri III. à Edouard son fils aîné ; jusques-là les fils aînés des rois d'Angleterre étoient appellés *lords - princes.* Quand la Normandie étoit du domaine d'Angleterre, ils avoient le titre de *duc de Normandie ;* depuis ce tems là ils ont le titre de *prince de la Grande - Bretagne.*

Ils sont considérés dans les loix comme le roi même ; conspirer leur mort ou en violer les sœurs, est un crime de haute trahison.

Les revenus du duché de Cornouailles sont de 14000 liv. par an, & ceux de la principauté étoient, il y a trois cents ans, de 4680 liv. de rente.

PRINCE DE LA JEUNESSE, *Droit Rom.* Les empereurs ayant réuni à leur suprême dignité celle de censeur, il n'y eut plus de *prince* du sénat, ni des chevaliers; mais Auguste, en renouvellant les jeux troyens, prit, pour les exécuter, les enfans des sénateurs qui avoient le rang de chevaliers, choisit un de sa famille qu'il mit à leur tête, le nomma *prince de la jeunesse,* & le désigna son successeur. Ce titre de *prince de la jeunesse,* semble dans tout le haut empire n'avoir appartenu qu'aux jeunes *princes* qui n'étoient encore que céfars ; Valerien paroît être le premier, du - moins fur les médailles duquel on trouve *princeps juventutis* , au revers d'une tête qui porte pour légende *imperator*; mais dans le bas empire, on en a cent exemples.

PRINCE DU SÉNAT, *Droit Rom.* , c'étoit celui que le cenfeur lifant publiquement la lifte des fénateurs, nommoit le premier, *princeps fenatus dictus fuit is qui in lectione fenatûs , quæ per cenfores peracto cenfu , fiebat , primo loco recitabatur* , dit Rofin. Il eft appellé dans les auteurs tantôt *princeps fenatus* ou *princeps in fenatu* , tantôt *princeps civitatis* ou *totius civitatis* , quelquefois *patriæ princeps* , & même quelquefois fimplement *princeps* auffi - bien que les empereurs.

Sa nomination dépendoit ordinairement du choix du cenfeur, qui à la vérité, ne déféroit ce titre honorable qu'à un ancien fénateur , lequel avoit été déja honoré du confulat ou de la cenfure, & que fa probité & fa fageffe avoient rendu recommandable. Il jouiffoit toute fa vie de cette prérogative.

Le titre de *prince du fénat* étoit tellement refpecté , que celui qui l'avoit porté , étoit toujours appellé de ce nom par préférence à celui de toute autre dignité dont il fe feroit trouvé revêtu. Il n'y avoit cependant aucun droit lucratif attaché à ce beau titre , & il ne donnoit d'autre avantage qu'une autorité qui fembloit naturellement annoncer un mérite fupérieur dans la perfonne qui en étoit honorée.

Cette diftinction avoit commencé fous les rois. Le fondateur de Rome s'étoit réfervé en propre le choix & la nomination du principal fénateur, qui dans fon abfence devoit préfider au fénat. Quand l'Etat devint républicain , on voulut conferver cette dignité.

Depuis l'inftitution des cenfeurs, il paffa en ufage de conférer le titre de *prince du fénat* au fénateur le plus vieux & de dignité confulaire, mais dans la derniere guerre punique, un des cenfeurs foutenant avec fermeté que cette regle établie dès le commencement de la république, devoit être obfervée dans tous les tems, & que T. Manlius Torquatus devoit être nommé *prince du fénat*, l'autre cenfeur s'y oppofa, & dit que puifque les dieux lui avoient accordé la faveur de réciter les noms des fénateurs infcrits fur la lifte, il vouloit fuivre fon propre penchant, & nommer le premier Q. Fabius Maximus qui , fuivant le témoignage d'Annibal lui - même, avoit mérité le titre de *prince du peuple romain*.

Au refte, quelque grands, quelque refpectés que fuffent les *princes du fénat*, il paroît que l'hiftoire n'en nomme aucun avant M. Fabius Ambuftus, qui fut tribun militaire l'an de Rome 386. Nous ignorerions même qu'il a été *prince du fénat* , fi Pline, *l. VII. c. xlij.* n'avoit obfervé comme une fingularité très-glorieufe pour la maifon Fabia, que l'ayeul, le fils & le petit - fils eurent confécutivement cette primauté , *tres continui principes fenatus.*

Il feroit difficile de former une fuite des *princes du fénat* depuis les trois Fabius dont Pline fait mention. M. l'abbé de la Bletterie , dans un mémoire fur ce fujet , inféré dans le *Recueil de littérature , tome XXIV.* reconnoît, après bien des recherches hiftoriques , que l'entreprife de former cette fuite feroit vaine. Comme les *princes du fénat* n'avoient en cette qualité aucune part au gouvernement, on doit être un peu moins furpris que les hiftoriens ayent négligé d'en marquer la fucceffion. D'ailleurs , pas une hiftoire complette de la république

république romaine ne s'eft fauvée du naufrage de l'antiquité. Tite - Live ne parle point des *princes du fénat* dans fa premiere décade : nous ignorons s'il en parloit dans la feconde ; le plus ancien qu'il nomme dans la troifieme, c'eft Fabius Maximus, choifi l'an de Rome 544. Dans les quinze derniers livres qui nous reftent de ce fameux hiftorien, les fucceffeurs de Fabius Maximus font indiqués, favoir en 544, Scipion le vainqueur d'Annibal ; en 570, L. Valerius Flaccus alors cenfeur, qui fut choifi par Caton fon collegue dans la cenfure ; Emilius Lepidus fut nommé l'an 574. Il femble que l'élection de Fabius Maximus ayant introduit l'ufage de conférer le titre de *prince du fénat*, non comme autrefois à l'ancienneté, mais au mérite, Tite - Live s'étoit impofé la loi de marquer ceux qui l'a-voient reçu depuis cette époque. En effet, la fuite en devenoit alors beau-coup plus intéreffante, parce qu'elle faifoit connoître à qui les Romains avoient de fiecle en fiecle adjugé le prix de la vertu.

Il eft donc à préfumer que nous en aurions une lifte complette depuis Fabius Maximus jufqu'aux derniers tems de la république, fi nous avions l'ou-vrage de Tite - Live tout entier. Mais on ignore quel fut le fucceffeur d'Emilius Lépidus mort en 601 ; c'eft le der-nier dont il foit fait mention dans Tite-Live, qui nous manque à la fin du fi-xieme fiecle de Rome. Nous trouvons Cornelius Lentulus en 628, Métellus le macédonique en 632, Emilius Scau-rus en 638, & celui - ci vivoit encore en 662 ; à Scaurus fuccéda peut - être l'orateur Antoine, que Marius fit égor-ger en 666. L. Valerius Flaccus fut nommé l'année fuivante, Catalus en 683.

Tome XI.

Les vuides qui fe trouvent dans cette lifte, peuvent être attribués avec affez de vraifemblance à la difette d'hifto-riens. Mais on doit, ce me femble, chercher une autre raifon de celui qui fe rencontre depuis la mort de Catulus, arrivée au plus tard en 693 jufqu'à Cé-far Octavien, choifi l'an de Rome 725. Je crois que dans cet intervalle le titre de *prince du fénat* demeura vacant. Pour ces tems - là, nous avons l'hiftoire de Dion Caffius. Il nous refte beaucoup d'auteurs contemporains & autres, dont les ouvrages nous apprennent dans un très - grand détail les événemens des trente dernieres années de la républi-que. Si Catulus eut des fucceffeurs, comment aucun d'eux n'eft - il marqué nulle part, pas même dans Ciceron, dont les écrits, & fur - tout les lettres, font une fource intariffable de ces for-tes de particularités ?

On trouve, il eft vrai, çà & là cer-taines expreffions qui femblent infinuer que Craffus & Pompée furent *princes du fénat*. Par exemple, dans Velleius Paterculus, le premier eft appellé *ro-manorum omnium princeps* ; le fecond *princeps romani nominis*, dans le même hiftorien ; *omnium fæculorum & gen-tium princeps*, dans Ciceron, qui, par reconnoiffance & par politique, à plus que perfonne encenfé l'idole dont il connoiffoit le néant. Toutefois ces ex-preffions & d'autres femblables prou-vent fimplement la fupériorité de puif-fance que Pompée & Craffus avoient acquife, & nous ne devons pas en con-clure qu'ils ayent été *princes du fénat*. Pour le dernier, il falloit avoir exercé la cenfure, ou du - moins l'exercer ac-tuellement ; or Pompée n'a jamais été cenfeur.

On convient que les ufages & les loix même, ne tenoient point devant l'énorme crédit de Pompée. On lui prodiguoit les difpenfes ; mais les auteurs ont pris foin de remarquer celles qui lui furent accordées. Ils les rapportent tantôt comme les preuves du mérite qu'ils lui fuppofent, tantôt comme les effets de fon bonheur, de fes intrigues, du fanatifme de la nation. Pourquoi la difpenfe dont il s'agit leur auroit - elle échappé ? Sommes - nous en droit de la fuppofer malgré leur filence ? Il eft fi profond & fi unanime qu'il vaut prefque une démonftration. Craffus avoit été cenfeur, mais aucun auteur ne dit qu'il ait été *prince du fénat*. Parmi les titres, foit anciens, foit nouveaux, que l'on accumula fur la tète de Céfar depuis qu'il eut opprimé fa patrie, nous ne lifons point celui de *prince du fénat*.

Il eft très - vraifemblable que pendant les trente années qui s'écoulerent depuis la mort de Catulus jufqu'au fixieme confulat d'Octavien, la place de *prince du fénat* demeura vacante. Après la mort de Catulus, la place de *prince du fénat* ne put ètre remplie pendant les dix années fuivantes. Appius Claudius & Lucius Pifon, furent élus en 703, & ce furent les derniers qui du tems de la république, ayent exercé la cenfure.

Le jeune Céfar ayant réuni dans fa perfonne toute la puiffance des triumvirs, projetta de la déguifer fous des titres républicains. Lorfqu'il eut formé fon plan, il jugea que le titre de *prince du fénat*, *princeps*, marquant le fuprème degré du mérite, feroit le plus convenable pour fervir de fondement aux autres ; il fut nommé *prince du fénat*, dit Dion, conformément à l'ufage qui s'étoit obfervé, lorfque le gouvernement populaire fubfiftoit dans toute fa vigueur. Tous les pouvoirs qui lui furent alors confiés & ceux qu'il reçut

dans la fuite, il ne les accepta que comme *prince du fénat*, & pour les exercer au nom de la compagnie dont il étoit chef. *Cuncta difcordis feffa*, dit Tacite, *nomine principis fub imperium accepit*. A l'exemple de ceux qui avoient été *princes du fénat* avant lui, il fe tint plus honoré de ce titre que d'aucun autre. C'étoit un titre purement républicain, & qui ne portant par lui - mème nulle idée de jurifdiction ni de puiffance, couvroit ce que les autres pouvoient avoir d'odieux par leur réunion & par leur continuité. (D. J.)

PRINCIPAL, adj., *Jurifpr.*, fe dit de ce qui eft le plus important & le plus confidérable d'entre plufieurs perfonnes ou entre plufieurs chofes. On diftingue le *principal* de ce qui eft acceffoire. Ce *principal* peut ètre fans les acceffoires ; mais les acceffoires ne peuvent ètre fans le *principal* ; par exemple, dans un héritage le fond eft *principal*, les fruits font l'acceffoire.

Le *principal* d'une caufe, c'eft le fond confidéré rélativement à l'incidente. v. CAUSE & EVOCATION.

Le *principal héritier*, eft celui auquel on affure la plus grande partie de fes biens. v. HÉRITIER.

Le *principal manoir*, eft le lieu feigneurial & le château ou maifon qui eft deftiné dans un fief pour l'habitation du feigneur féodal.

Le *principal* d'une rente ou d'une fomme, eft le fond qui produit des arrérages ou des intérèts : il y a des cas où l'on eft en droit d'exiger des intérèts du *principal*, ou de demander le rembourfement. Ils font expliqués aux mots ARRÉRAGES, CONTRAT DE CONSTITUTION, INTÉRÈTS, RENTE.

PRINCIPAL *commis du greffe*, *Droit public*, eft un officier qui tient la plume pour le greffier en chef à fa décharge ; ces fortes d'officiers prennent ordinairement le titre de greffiers ; cependant ils ne font vraiment que *principaux* commis.

PRIORITÉ , f. f. , *Jurifp.* , eft l'antériorité que quelqu'un a fur un autre. Cette *priorité* donne ordinairement la préférence entre créanciers de même efpece ; ainfi la *priorité* de faifie donne la préférence fur les autres créanciers à moins qu'il n'y ait déconfiture. La *priorité* d'hypotheque donne la préférence au créancier plus ancien fur celui qui eft poftérieur. Pour ce qui eft de la *priorité* de privilege , elle fe regle non pas *ex tempore* , mais *ex caufâ. v.* HYPOTHEQUE, PRIVILEGE & SAISIE.

PRISE A PARTIE , f.m. , *Jurifp.*, eft un recours extraordinaire accordé à une partie contre fon juge , dans les cas portés par la loi , à l'effet de le rendre refponfable de fon mal jugé , & de tous dépens , dommages & intérêts.

On appelle auffi ce recours *intimation* contre le juge , parce que pour *prendre* le juge *à partie* , il faut l'intimer fur l'appel de fa fentence.

Chez les Romains un juge ne pouvoit ètre *pris à partie* que quand il avoit fait un grief irréparable par la voie de l'appel.

PRISE DE CORPS , *Jurifp.* , eft lorfqu'on arrète quelqu'un pour le conftituer prifonnier , foit en vertu d'un jugement qui emporte contrainte par corps , foit en vertu d'un décret de *prife de corps.* On arrète auffi fur la clameur publique celui qui eft pris en flagrant délit. *v.* DÉCRET , ELARGISSEMENT , PRISON.

PRISE *de poffeffion* , *Jurifp.* , eft l'acte par lequel on fe met en poffeffion de quelque chofe.

On prend poffeffion d'un bien de diverfes manieres.

Quand c'eft un meuble ou effet mobilier , on en prend poffeffion manuellement , c'eft-à-dire , en le prenant dans fes mains.

Pour un immeuble, on ne prend poffeffion que par des fictions de droit qui expriment l'intention que l'on a de s'en mettre en poffeffion , comme en ouvrant & fermant les portes , coupant quelques branches d'arbres , &c.

On prend poffeffion de fon autorité privée , ou en vertu de quelque jugement.

Quand on prend poffeffion en vertu d'un jugement, il eft d'ufage de faire dreffer un procès-verbal de *prife de poffeffion* par un huiffier ou par un notaire en préfence de témoins , tant pour conftater le jour & l'heure à laquelle on a pris poffeffion , que pour conftater l'état des lieux & les dégradations qui peuvent s'y trouver. *v.* POSSESSION , PROPRIÉTÉ.

PRISE , *Droit des gens* , fe dit d'un vaiffeau qui a été pris fur l'ennemi.

Faire une *prife* ; navire adjugé ou déclaré de bonne *prife* ; c'eft-à-dire , que la juftice a déclaré un tel vaiffeau de bonne *prife.* Il faut voir auparavant fi la *prife* fera déclarée bonne.

Vaiffeau de bonne *prife* , cela fe dit d'un vaiffeau que l'on peut arrêter comme ennemi , ou portant des marchandifes de contrebande à l'ennemi : être de bonne *prife.*

Les loix de la guerre , qui changent néceffairement pour un tems la face du commerce des nations belligérantes , intéreffent encore infiniment le commerce des nations neutres. Les gènes que le fléau de la guerre répand fur le commerce de l'Europe font immenfes; les rifques de la mer augmentent de plus de 50 pour 100. On ne calcule prefque plus alors ceux des écueils & des tempêtes:

les négocians ne voyent plus des orages plus dangereux, plus difficiles à éviter, & qui ajoûtent une valeur nouvelle à la majeure partie des denrées & des marchandises. Un code de loix arbitraires, que chaque nation en guerre veut imposer aux nations neutres, trouble de mille manieres le commerce de l'Europe. C'est sur-tout ce code de loix arbitraires, presque toutes dictées par l'ambition & par l'intérêt, qui étend le fléau de la guerre au-delà de ses limites naturelles, & qui le rend sensible aux nations paisibles qui en paroissent le plus éloignées. C'est ce code de loix injustes & destructives que nous voudrions effacer du corps de la législation européenne, pour l'honneur & le bien de l'humanité.

Des nations neutres ont souvent réclamé chez les nations en guerre le droit naturel, les droits de leur liberté & de leur indépendance, contre les principes établis par les constitutions de Venise & de Genes, conservé dans le *Consolato del mare* ; par les *reglemens d'Oleron*, & par Grotius & Puffendorf, suivis par la plûpart de ceux qui ont écrit sur le droit des gens, & assez généralement aujourd'hui par les nations en guerre. Quelque respectables que soient ces autorités, les nations neutres sont bien fondées à ne pas les admettre comme des loix, & à n'en reconnoître absolument que deux, la loi naturelle qui assure la liberté de la mer & leur indépendance ; & le droit établi par des traités, qui est une loi sacrée qu'il n'est pas permis d'éluder.

Si on veut réfléchir avec un peu d'attention sur les principes de la loi naturelle, on doit bientôt reconnoître toute l'étendue de son empire, & l'on n'aura pas de peine à rendre sa conduite conforme à cette loi, bien diffé-

rente en beaucoup de choses très-importantes, des principes qu'on a voulu établir sur cette matiere.

Par exemple, comment a-t-on pu prétendre, appuyé des autorités ci-dessus, qu'il n'est point permis à une nation neutre de transporter à une nation en guerre, ou de lui vendre des armes, des bois de construction, des vaisseaux, &c. & établir pour maxime du droit naturel, que toutes ces marchandises, dans le cas du transport, sont réputées de contrebande, c'est-à-dire, regardées comme un secours porté à l'ennemi ? Ces marchandises, dit-on, sont alors dans le cas de la saisie & de la confiscation, & c'est le cas où le droit de nécessité déploye toute sa force. On prétend que ce droit autorise la nation en guerre à priver son ennemi de tout ce qui peut le mettre en état de lui résister & de lui nuire ; & qu'il est très-convenable au droit des gens, de ne point mettre ces sortes de saisies, faites sur les nations neutres, au rang des hostilités.

Ce prétendu droit a toujours été exercé en effet de nos jours sur le plus foible, & toujours constamment méprisé par le plus fort, ainsi que le droit de visite des vaisseaux neutres.

On a encore établi comme une maxime du droit naturel, que les marchandises appartenant aux ennemis, trouvées sur un vaisseau neutre, peuvent être légitimement saisies, en payant le fret dû au maître du navire neutre.

Qui ne voit que ce ne sont-là que des loix purement arbitraires, que l'intérêt des nations en guerre a dictées, qui ne sauroient donner atteinte à la liberté d'une nation neutre qui refuse de s'y soumettre ? Aussi l'usage n'en est ni ancien, ni uniforme chez toutes les nations ; pendant que la loi naturelle eſt toujours la même, toujours égale par-tout & dans tous les tems. Les ordonnances des rois de France de 1543 & de 1584, qui permettent aux François de faiſir les marchandiſes de contrebande, leur ordonnent en même tems d'en payer la valeur. Le légiſlateur ſentit donc dans ce tems-là que la loi n'étoit qu'arbitraire, qu'elle étoit contraire aux droits fondés ſur l'équité naturelle; que la rigueur de la confiſcation ne pouvoit ſe concilier avec la loi naturelle, avec la liberté & l'indépendance des nations neutres; & ſe crut obligé, pour ſauver l'atteinte portée à la loi générale de l'humanité, de recourir à ce foible tempérament, d'ordonner le payement de la valeur des effets ſaiſis. C'étoit reconnoître formellement qu'on n'avoit point le droit de les ſaiſir.

A l'égard des marchandiſes de l'ennemi trouvées ſur un vaiſſeau neutre, la confiſcation n'en fut introduite qu'à la charge d'en payer le fret au maître du navire. Ce qui fut encore un tempérament apporté à la rigueur de la confiſcation, qui marquoit bien qu'on étoit ſenſible à la vérité des principes de la loi naturelle, qu'on n'oſoit éluder qu'en partie. On s'eſt porté enſuite à confiſquer la cargaiſon entiere, & même quelquefois le navire; & l'on a peu, dans ce cas, d'exemples récens du payement du fret. Il eſt né de-là une grande diverſité d'opinions & de jugemens; parce que ſur cette matiere, il n'y a rien de certain, dès qu'on s'écarte de la loi naturelle. Les loix arbitraires qu'on a multipliées, n'ont été ſoutenues que par la force, ſans reflexion ſur les droits naturels de toutes les nations en général, & ſur le droit public. Peut-on reſpecter comme des loix, le joug que la ſupériorité de for-

ces a ſouvent impoſé à des nations neutres, & qui n'ont d'autre titre, d'autre fondement que cette ſupériorité? S'il faut y ſouſcrire, il eſt permis d'ètre inſtruit qu'on ne céde qu'à la violence, à l'empire de la néceſſité, & qu'on peut très-légitimement employer tous les moyens poſſibles de l'éluder; que l'on n'eſt point tenu de reconnoître d'autres loix ſur cette matiere que la loi naturelle, & les conditions des traités, qui ſont les ſeules loix arbitraires qui obligent véritablement, parce qu'il eſt de la loi naturelle que les nations obſervent réligieuſement les loix qu'elles ſe ſont reſpectivement impoſées pour des avantages mutuels.

C'eſt un principe certain, que toute nation eſt de droit naturel, libre & indépendante. Or c'eſt uniquement dans cet état de liberté & d'indépendance, qu'on doit examiner ſi une nation peut s'arroger le droit d'interrompre le commerce d'une autre, ou de lui impoſer des loix arbitraires, ſur le fondement qu'elle a un ennemi à combattre, à affoiblir, ou à ſubjuguer ou à punir, c'eſt-à-dire, ſur l'unique fondement de ſon intérèt.

Si des nations neutres faiſoient avec les nations en guerre, durant la paix, un commerce de marchandiſes, qu'on a jugé à-propos dans les traités & dans l'uſage d'appeller de *contrebande*; tels ſont les canons, les boulets, les vaiſſeaux, & tout ce qui ſert à la marine; doivent-elles ceſſer d'importer ces marchandiſes chez l'une ou l'autre de ces deux nations, par la raiſon qu'elles ſont en guerre? Si ces marchandiſes ſont ſujettes à ètre ſaiſies en vertu d'une loi ou d'un uſage de l'une de ces deux nations, n'eſt-il pas évident que la liberté naturelle eſt reſtrainte, & que la nation en guerre, qui fait valoir une telle prétention, entreprend fur la liberté & fur l'indépendance de la nation neutre, & viole la loi naturelle?

On a cru écarter cette infraction au droit naturel, en oppofant le prétendu droit qu'a la nation en guerre, d'empêcher que l'ennemi ne fe fortifie, ne devienne plus dangereux & plus difficile à vaincre. On n'oppofe donc que l'intérêt de la nation en guerre, à l'indépendance & à la liberté de la nation neutre. Cet intérêt eft l'unique fondement du prétendu droit de *prife* & de confifcation. L'intérêt feul peut-il être le principe d'aucun droit? Le feul intérêt peut-il rendre juftes & légitimes les entreprifes que feroit une nation fur la liberté & l'indépendance d'une autre? La nation en guerre, dit-on, intérêt de priver fon ennemi de toute affiftance étrangere, c'eft l'unique raifon de la *prife* & de la confifcation. Si elle étoit jufte, cette raifon vague & illimitée, la même nation pourroit également avec juftice interdire aux nations neutres tout commerce avec fon ennemi; parce que tout commerce eft une affiftance, fortifie ou entretient les forces d'une nation en guerre, & que l'ennemi feroit bientôt affoibli & vaincu par une interruption totale de commerce. Dès que l'intérêt eft l'unique principe du droit qu'on attribue à la nation en guerre, ce principe milite également pour tout commerce, fur-tout pour le commerce du commeftible, & détruit entierement la loi naturelle qui établit la liberté & l'imdépendance de toutes les nations.

Le prétendu droit de confifquer les effets appartenans à l'ennemi à bord d'un vaiffeau neutre, n'eft pas moins contraire à la loi naturelle. En effet, la loi naturelle ne donne d'autre droit à la nation en guerre, que celui de reconnoître la nation des vaiffeaux rencontrés en mer, parce qu'il eft jufte qu'elle puiffe diftinguer fon ennemi, qui peut lui échapper, ou lui tendre des piéges fous les apparences & la forme extérieure d'un vaiffeau neutre. Les vaiffeaux ennemis navigent tant qu'ils croyent pouvoir le faire fous le mafque des vaiffeaux neutres. Ce mafque trompeur, & cependant permis pour éviter l'ennemi, autorife celui-ci à arrêter le vaiffeau & à examiner les titres qui conftatent fa nation. Mais ce droit ne fauroit s'étendre plus loin, & ne peut être même exercé qu'à l'égard des vaiffeaux marchands qui navigent fans convoi; & qu'il faut diftinguer des vaiffeaux de guerre & des vaiffeaux convoyés.

Tous les vaiffeaux en général ont la liberté d'arborer toute forte de pavillons; mais c'eft un ufage fcrupuleufement obfervé par les vaiffeaux de guerre de toutes les nations de l'Europe, d'affurer leur pavillon; c'eft-à-dire, de tirer un coup de canon fous leur véritable pavillon, après le coup de femonce du vaiffeau de guerre. Ce coup de canon ayant affuré que le pavillon arboré eft celui de la nation du vaiffeau, fi le pavillon eft neutre, le vaiffeau en guerre ne peut exiger la vifite fans entreprendre fur le droit des gens, & le capitaine du vaiffeau neutre ne pourroit la fouffrir fans fe deshonorer: cette loi s'étend même fur toute la flotte marchande, qui navige fous le convoi d'un vaiffeau de guerre. Celui-ci en affurant fon pavillon, affure la nation de fon convoi, & le vaiffeau de guerre ne peut rien exiger au-delà.

Il ne feroit pas jufte d'exiger des vaiffeaux en guerre, la même confiance à l'égard des vaiffeaux navigeans fans convoi : mais le vaisseau en guerre ne peut être trompé sur leur nation à la seule inspection de la construction des navires, des lettres de mer, de la chartepartie ou connoissemens, du rôle de l'équipage & des factures, s'il s'en trouve à bord. Le droit qu'il a de reconnoître son ennemi, peut exiger la représentation de ces titres du maître du navire; mais il ne sauroit s'étendre jusques à la visite, parce que ces mêmes titres, qui assurent la nation neutre du navire, assurent également la liberté de sa navigation, qui ne peut être interrompue & troublée avec justice par une visite. Il est dû à ces titres le même respect, qu'au coup de canon, qui assure le pavillon du vaisseau de guerre.

La loi naturelle ne permettant pas la visite, c'est donc à plus forte raison une prétention bien injuste, que celle qu'on veut exercer sur le chargement du navire, ou sur des effets qui se trouvent à bord du navire appartenant à l'ennemi. Si le droit qu'on s'arroge de s'en emparer, étoit fondé sur des principes du droit naturel, les mêmes principes établiroient nécessairement la légitimité de la visite.

Pour établir le droit de *prise*, il faut nécessairement supposer qu'une nation en guerre a le droit de restraindre à son gré le commerce des nations neutres, & que son intérêt est l'unique mesure des limites qu'elle voudra leur imposer. Car si son intérêt est sa loi, & si sur ce principe elle peut s'autoriser à enfreindre la loi naturelle, en donnant atteinte à la liberté & à l'indépendance des nations neutres à l'égard d'une branche de commerce, la même autorisation doit avoir lieu à l'égard de toutes les autres branches de commerce, sur lesquelles elle jugera convenable à son intérêt d'étendre son empire; & de ce principe s'en-

suivra nécessairement le droit d'interdire tout commerce avec la nation ennemie. Seroit-il possible de concilier une telle prétention avec aucun des principes de droit naturel, sur lesquels sont fondées la liberté de la mer, la liberté & l'indépendance de toutes les nations?

Deux intérêts se trouvent ici en opposition : voyons quel est celui des deux que l'équité protége, & qui est fondé sur la loi naturelle. La nation neutre qui fait un grand commerce de fret avec l'une des nations en guerre, a un grand intérêt de conserver cette branche de commerce. L'autre nation en guerre a sans doute un grand intérêt de l'interrompre. L'intérêt de la nation neutre est incontestablement fondé sur la loi naturelle. Celui de la nation en guerre, qui veut interdire ce commerce à la nation neutre, n'est fondé que sur le besoin qu'elle a d'affoiblir son ennemi. Ce besoin peut-il lui donner le droit de détruire le commerce de la nation neutre, car il n'y a point de distinction à faire entre le commerce de fret & toute autre branche de commerce? Si quelqu'un trouve une telle prétention légitime, il faut nécessairement qu'il reconnoisse sur le même principe chez cette nation en guerre, le droit d'exiger des subsides de la nation neutre; car il est égal d'en exiger des subsides, ou l'abandon de quelque branche de son commerce. Le principe du besoin conduit visiblement à cette absurdité palpable, & à rendre forcément toute guerre particuliere, générale entre toutes les nations. Ces principes & les conséquences qui en résultent, rendent bien inutiles toutes les raisons qu'on pourroit déduire, appuyées simplement sur la conduite de quelques nations, sur lesquelles Grotius, Puffendorf, & tant d'autres paroissent avoir trop insisté. En général, on ne distingue pas aſſez ſur cette matiere l'empire de la loi naturelle, de l'autorité factice des loix arbitraires ; & on ſoumet ſans ceſſe à de petites vues d'intérêts perſonnels, les droits ſacrés de l'humanité.

Les anciennes conſtitutions maritimes, l'uſage qui y fut bientôt conforme, & les auteurs qui ont écrit ſur cette matiere, ont bien formellement reconnu l'injuſtice de la prétention de la nation en guerre, en ne l'admettant qu'à la charge du payement du fret des effets de l'ennemi, au maître du vaiſſeau neutre. C'eſt reconnoître le droit qu'a la nation neutre de faire le fret ; c'eſt en reconnoître la juſtice, & qu'on n'eſt point en droit de l'en priver : mais l'injuſtice de l'interruption & du trouble, fait à la nation neutre, reconnue par le payement du fret, eſt-elle réparée par ce payement ? & la nation traitée ainſi eſt-elle moins bien fondée à réclamer le droit naturel de ſa liberté & de ſon indépendance ? Sa navigation eſt interrompue & ſon commerce de fret détruit dans une partie qui lui eſt précieuſe ; car le bénéfice de commerce n'eſt pas borné au ſeul tranſport des marchandiſes ; l'importation des marchandiſes donne d'autres avantages à la nation, dont il n'eſt pas plus juſte de la priver, que du prix du tranſport. Ces bénéfices ſe trouvent à la décharge du navire, dans les droits d'entrée, de magaſinage, de commiſſion, dans les prix de la vente & dans les réexportations. Tous ces avantages appartiennent de droit naturel à la nation du navire arrêté.

L'uſage de confiſquer les effets de l'ennemi trouvés à bord des vaiſſeaux neutres, pourroit être regardé comme une exception à la loi naturelle, ſi toutes les nations s'y étoient ſoumiſes : car on peut renoncer à ſon droit, comme il arrive tous les jours dans les traités. Dans ce cas le droit naturel conventionnel rendroit la confiſcation légitime : mais cet uſage a toujours été contredit, & aucun neutre ne s'y eſt ſoumis, qu'en cédant à la force.

C'eſt ſur le pied de la liberté & de l'indépendance de toutes les nations, que la nation en guerre a dû diriger ſes attaques ou ſa défenſe, & toutes ſes opérations contre ſon ennemi : ſon droit eſt limité à s'oppoſer à tout ſecours direct ; & l'on ne ſauroit enviſager comme tel le commerce qu'une nation neutre faiſoit avant la guerre ; autrement tout commerce pourroit être interdit ſur le prétexte qu'il entretient les forces de l'ennemi, & que c'eſt un ſecours qui prolonge la guerre ; ce qui ſeroit abſurde.

De tous tems la Hollande fait un commerce de fret très-avantageux avec la France, & lui porte la plupart des choſes néceſſaires à l'entretien de ſa marine, qu'elle tire du nord. Lui interdire le fret de ſes vaiſſeaux & l'importation des marchandiſes du nord, c'eſt ruiner ſon commerce de fret & ſon commerce du nord. Une nation en guerre avec la France peut-elle priver la Hollande de ces deux branches de commerce, ſur le prétexte, qu'étant en guerre avec la France, elle a intérêt de l'affoiblir ? Si cet intérêt pouvoit être fondé ſur un principe du droit naturel, ſupérieur à celui ſur lequel ſont établies la liberté & l'indépendance des nations, en ce cas la Hollande réclameroit le même intérêt, dont s'autoriſe la nation en guerre, c'eſt-à-dire, un ſemblable intérêt ; & demanderoit s'il eſt juſte que la nation en guerre, pour affoiblir ſon ennemi, ruine le commerce de la Hollande, & la mette ainſi hors d'état de ſe fortifier elle-même, ou d'entretenir ſes forces, & de pourvoir à ſa propre ſûreté

bles envers celui qui les tient en sa puissance. En ce cas, il est le maître de les
punir. Hors de-là, il doit se souvenir
qu'ils sont hommes & malheureux. Un
grand cœur ne sent plus que de la compassion pour un ennemi vaincu & soumis. Donnons aux peuples de l'Europe
la louange qu'ils méritent : il est rare
que les *prisonniers de guerre* soient maltraités parmi eux. Nous louons, nous
aimons les Anglois & les François, quand
nous entendons le récit du traitement
que les *prisonniers de guerre* ont éprouvé de part & d'autre, chez ces généreu-
ses nations. On va plus loin encore, &
par un usage qui relève également l'honneur & l'humanité des Européens, un
officier *prisonnier de guerre* est renvoyé
sur sa parole ; la consolation de passer le
tems de sa prison dans sa patrie, au sein
de sa famille ; & celui qui l'a relâché,
se tient aussi sûr de lui, que s'il le rete-
noit dans les fers.

On eût pu former autrefois une question embarrassante. Lorsqu'on a une si
grande multitude de *prisonniers*, qu'il est
impossible de les nourrir, ou de les garder avec sûreté, sera-t-on en droit de les
faire périr, ou les renverra-t-on fortifier
l'ennemi, au risque d'en être accablé dans
une autre occasion ? Aujourd'hui la chose est sans difficulté ; on renvoye ces *prisonniers* sur leur parole, en leur impo-
sant la loi de ne point reprendre les armes jusqu'à un certain tems, ou jusqu'à
la fin de la guerre. Et comme il faut nécessairement que tout commandant soit
en pouvoir de convenir des conditions
auxquelles l'ennemi le reçoit à composition ; les engagemens qu'il a pris pour
sauver sa vie, ou sa liberté, & celle de
sa troupe, sont valides, comme faits dans
les termes de ses pouvoirs, & son souverain ne peut les annuller. Nous en
avons vu divers exemples dans le cours

Tome XI.

de la dernière guerre : plusieurs garni-
sons hollandoises ont subi la loi de ne
point servir contre la France & ses alliés,
pendant une ou deux années ; un corps
de troupes françoises investi dans Lintz,
fut renvoyé en deçà du Rhin, à condition de ne point porter les armes contre la reine de Hongrie, jusqu'à un tems
marqué. Les souverains de ces troupes,
ont respecté leurs engagemens. Mais ces
sortes de conventions ont des bornes ;
& ces bornes consistent à ne point donner atteinte aux droits du souverain sur
ses sujets. Ainsi l'ennemi peut bien imposer aux *prisonniers* qu'il relâche, la
condition de ne point porter les armes
contre lui jusqu'à la fin de la guerre,
puisqu'il seroit en droit de les retenir
en prison jusqu'alors : mais il n'a point
le droit d'exiger qu'ils renoncent pour
toujours à la liberté de combattre pour
leur patrie ; parce que la guerre finie, il
n'a plus de raison de les retenir : & eux
de leur côté, ne peuvent prendre un
engagement absolument contraire à leur
qualité de citoyens ou de sujets. Si la
patrie les abandonne, ils sont libres, &
en droit de renoncer aussi à elle.

Mais si nous avons affaire à une nation également féroce, perfide & formidable, lui renverrons-nous des soldats,
qui peut-être, la mettront en état de
nous détruire ? Quand notre sûreté se
trouve incompatible avec celle d'un ennemi, même soumis, il n'y a pas à balancer. Mais pour faire périr de sang-
froid un grand nombre de *prisonniers*, il
faut 1°. qu'on ne leur ait pas promis la
vie ; & 2°. nous devons bien nous assurer que notre salut exige un pareil sacrifice. Pour peu que la prudence permette,
ou de se fier à leur parole, ou de mé-
priser leur mauvaise foi, un ennemi généreux écoutera plutôt la voix de l'humanité, que celle d'une timide circons-

D d d

pection. Charles XII. embarraffé de fes *prifonniers*, après la bataille de Narva, fe contenta de les défarmer, & les renvoya libres. Son ennemi, pénétré encore de la crainte que lui avoient donnée des guerriers redoutables, fit conduire en Syberie les *prifonniers* de Pultowa. Le héros Suédois fut trop plein de confiance, dans fa générofité: l'habile monarque de Ruffie fut peut-être un peu dur dans fa prudence. Mais la néceffité excufe la dureté, ou plutôt elle la fait difparoître. Quand l'amiral Anfon eut pris auprès de Manille, le riche gallion d'Acapulco, il vit que fes *prifonniers* furpaffoient en nombre tout fon équipage, il fut contraint de les enfermer à fond-de-cale, où ils fouffrirent des maux cruels. Mais s'il fe fût expofé à fe voir enlevé lui-même avec fa prife & fon propre vaiffeau, l'humanité de fa conduite en eût-elle juftifié l'imprudence? A la bataille d'Azincour, Henri V. roi d'Angleterre fe trouva, après fa victoire, ou crut fe trouver, dans la cruelle néceffité de facrifier les *prifonniers* à fa propre fureté. ,, Dans cette déroute univerfelle, dit le P. Daniel, il arriva un nouveau malheur, qui coûta la vie à un grand nombre de François. Un refte de l'avant-garde françoife fe retiroit avec quelqu'ordre, & plufieurs s'y rallioient. Le roi d'Angleterre les voyant de deffus une hauteur, crut qu'ils vouloient revenir à la charge. On lui vint dire en même tems qu'on attaquoit fon camp, où il avoit laiffé fes bagages. C'étoit en effet quelques gentilshommes Picards, qui ayant armé environ fix cents payfans, étoient venus fondre fur le camp anglois. Ce prince craignant quelque fâcheux retour, envoya des aides de camp dans tous les quartiers de l'armée, porter ordre de faire main baffe fur tous les *prifonniers*;

de peur que fi le combat recommençoit, le foin de les garder n'embarraffât fes foldats, & que ces *prifonniers* ne fe rejoigniffent à leurs gens. L'ordre fut exécuté fur le champ, & on les paffa tous au fil de l'épée." La plus grande néceffité peut feule juftifier une exécution fi terrible; & on doit plaindre le général qui fe trouve dans le cas de l'ordonner.

Peut-on réduire en efclavage les *prifonniers de guerre*? oui, dans les cas où l'on eft en droit de les tuer; lorfqu'ils fe font rendus perfonnellement coupables de quelqu'attentat digne de mort. Les anciens vendoient pour l'efclavage leurs *prifonniers de guerre*; ils fe croyoient en droit de les faire périr. En toute occafion, où je ne puis innocemment ôter la vie à mon *prifonnier*, je ne fuis pas en droit d'en faire un efclave. Que fi j'épargne fes jours, pour le condamner à un fort fi contraire à la nature de l'homme, je ne fais que continuer avec lui l'état de la guerre: il ne me doit rien. Qu'eft-ce que la vie, fans la liberté? Si quelqu'un regarde encore la vie comme une faveur, quand on la lui donne avec des chaînes; à la bonne heure! qu'il accepte le bienfait, qu'il fe foumette à fa condition, & qu'il en rempliffe les devoirs! Mais qu'il les étudie ailleurs: affez d'auteurs en ont traité fort au long. Je n'en dirai pas davantage: auffi-bien cet opprobre de l'humanité eft-il heureufement banni de l'Europe.

On retient donc les *prifonniers de guerre*, ou pour empêcher qu'ils n'aillent fe rejoindre aux ennemis, ou pour obtenir de leur fouverain une jufte fatisfaction, comme le prix de leur liberté. Ceux que l'on retient dans cette derniere vue, on n'eft obligé de les relâcher, qu'après avoir obtenu fatisfaction: par rapport à la premiere vue, quiconque fait une guerre jufte, eft en droit de retenir fes *prifonniers*, s'il le juge à propos, jufqu'à la fin de la guerre ; & lorfqu'il les relâche, il peut avec juftice exiger une rançon, foit à titre de dédommagement à la paix, foit fi la guerre continue, pour affoiblir au moins les finances de fon ennemi, en même tems qu'il lui renvoie des foldats. Les nations de l'Europe, toujours louables dans le foin qu'elles prennent d'adoucir les maux de la guerre, ont introduit, à l'égard des *prifonniers*, des ufages humains & falutaires. On les échange, ou on les rachete, même pendant la guerre, & on a foin ordinairement de régler cela d'avance par un cartel. Cependant, fi une nation trouve un avantage confidérable à laiffer fes foldats *prifonniers* entre les mains de l'ennemi, pendant la guerre, plutôt que de lui rendre les fiens ; rien n'empêche qu'elle ne prenne le parti le plus convenable à fes intérèts, fi elle ne s'eft point liée par un cartel. Ce feroit le cas d'un Etat abondant en hommes, & qui auroit la guerre avec une nation beaucoup plus redoutable par la valeur que par le nombre de fes foldats. Il eût peu convenu au czar Pierre le Grand de rendre aux Suédois leurs *prifonniers*, pour un nombre égal de Ruffes.

Mais l'Etat eft obligé de délivrer à fes dépens, fes citoyens & fes foldats *prifonniers de guerre*, dès qu'il peut le faire fans danger, & qu'il en a les moyens. Ils ne font tombés dans l'infortune, que pour fon fervice & pour fa caufe. Il doit, par la même raifon, fournir aux fraix de leur entretien, pendant leur prifon. Autrefois les *prifonniers de guerre* étoient obligés de fe racheter eux-mêmes ; mais auffi la rançon de ceux que les foldats ou les officiers pouvoient prendre, leur appartenoit. L'ufage moderne eft plus conforme à la raifon & à la juftice. Si l'on ne peut délivrer les *prifonniers* pendant la guerre, au moins faut-il, s'il eft poffible, ftipuler leur liberté dans le traité de paix. C'eft un foin que l'Etat doit à ceux qui fe font expofés pour lui. Cependant il faut convenir que toute nation peut, à l'exemple des Romains, & pour exciter les foldats à la plus vigoureufe réfiftance, faire une loi qui défende de racheter jamais les *prifonniers de guerre*. Dès que la fociété entiere en eft ainfi convenue, perfonne ne peut fe plaindre. Mais la loi eft bien dure, & elle ne pouvoit guere convenir qu'à ces héros ambitieux, réfolus de tout facrifier, pour devenir les maîtres du monde. (*D. F.*)

PRIVILEGE, f. m., *Droit pol.*, c'eft une diftinction utile ou honorable, dont jouiffent certains membres de la fociété, & dont les autres ne jouiffent point. Il y en a de plufieurs fortes ; 1°. de ceux qu'on peut appeller *inherens* à la perfonne par les droits de fa naiffance ou de fon état, tel eft le *privilege* dont jouit un pair d'Angleterre ou un membre du parlement, de ne pouvoir en matiere criminelle être jugé que par le parlement ; l'origine de ces fortes de *privileges* eft d'autant plus refpectable qu'elle n'eft point connue par aucun titre qui l'ait établie, & qu'elle remonte à la plus haute antiquité : 2°. de ceux qui ont été accordés par les lettres du prince regiftrées dans les cours où la jouiffance de ces *privileges* pouvoit être conteftée. Cette deuxieme efpece fe fubdivife encore en deux autres fuivant la différence des motifs qui ont déterminé le prince à les accorder. Les premiers peuvent s'appeller *privileges de dignité*; ce font ceux qui, ou pour fervices rendus, ou pour faire refpecter davantage ceux qui font à rendre, font accordés à des particuliers qui ont rendu quelque fervice

D d d 2

important ; tel que le *privilege* de noblesse accordé gratuitement à un roturier ; & tel aussi que sont toutes les exemptions de taille & autres charges publiques accordées à de certains offices. Entre ceux de cette derniere espece, il faut encore distinguer ceux qui n'ont réellement pour objet que de rendre les fonctions & les personnes de ceux qui en jouissent plus honorables, & ceux qui ont été accordés moyennant des finances payées dans les besoins de l'Etat ; mais toujours & dans ce dernier cas même, sous l'apparence de l'utilité des services. Enfin la derniere espece de *privileges* est de ceux qu'on peut appeler *de nécessité*. J'entends par ceux-ci les exemptions particulieres, qui n'étant point accordées à la dignité des personnes & des fonctions, se sont à la simple nécessité de mettre ces personnes à couvert des vexations auxquelles leurs fonctions même les exposent de la part du public. Tels sont les *privileges* accordés aux commis des fermes & autres préposés à la perception des impositions. Comme leur devoir les oblige de faire les recouvremens dont ils sont chargés, ils sont exposés à la haine & aux ressentimens de ceux contre qui ils sont obligés de faire des poursuites ; de sorte que s'il étoit à la disposition des habitans des lieux de leur faire porter une partie des charges publiques, ou ils en seroient bientôt surchargés ou la crainte de cette surcharge les obligeroit à des ménagemens qui seroient préjudiciables au bien des affaires dont ils ont l'administration.

De la différence des motifs qui ont produit ces différentes especes de *privileges*, naît aussi dans celui qui en a la manutention, la différence des égards qu'il doit à ceux qui en sont pourvus. Ainsi lorsqu'un cas de nécessité politique & urgent, & celui-ci fait cesser tous les *privileges*, lorsque ce cas, dis-je, exige qu'il soit dérogé à ces *privileges*, ceux qui par leur nature sont les moins respectables, doivent être aussi les premiers auxquels il soit dérogé. En général & hors le cas des *privileges* de la premiere espece, j'entends ceux qui sont inhérens à la personne ou à la fonction, & qui sont en petit nombre ; on ne doit reconnoitre aucuns *privileges* que ceux qui sont accordés par lettres du prince dûement enregistrées dans les cours qui ont à en connoître. Il faut en ce cas même qu'ils soient réduits dans l'usage à leurs justes bornes, c'est-à-dire, à ceux qui sont disertement énoncés dans le titre consécutif, & ne soient point étendus au delà. Ils ne sont point du-tout dans l'esprit de la maxime *favores ampliandi*, parce qu'autrement, étant déja, & par leur nature une surcharge pour le reste du public, cette surcharge portée à un trop haut point, deviendroit insoutenable ; ce qui n'a jamais été ni pu être l'intention du législateur. Il seroit fort à souhaiter que les besoins de l'Etat, la nécessité des affaires, ou des vues particulieres n'eussent pas autant qu'il est arrivé, multiplié les *privileges*, & que de tems en tems on revint sur ces motifs, auxquels ils doivent leur origine, qu'on les examinât soigneusement, & qu'ayant bien distingué la différence de ces motifs, on se resolût à ne conserver que les *privileges* qui auroient des vues utiles au prince & au public.

* On distingue encore dans le droit canon les *privileges* écrits & non écrits, réels & personnels, purs & conventionnels, momentanés & perpétuels, affirmatifs & négatifs, *motu proprio aut super instantiam* ; ceux qui sont exprimés dans le droit & ceux qui n'y sont pas exprimés ; ceux qui regardent le for in-

térieur, & ceux qui regardent le for extérieur, le bien commun ou le bien particulier.

Le *privilege* écrit, est celui que l'on justifie par un rescrit authentique que l'on produit ; celui qui n'est pas écrit a été accordé de vive voix , ou a été prescrit par la coutume. Réguliérement le *privilege* non écrit ne peut servir qu'au for intérieur de la conscience, si l'on ne prouve au moins par écrit la coutume qui l'a fait prescrire.

Le *privilege* réel est celui qui est accordé à quelque lieu, dignité, office, monastere, église, ordre, ou à quelques personnes en considération de ces choses ; le personnel au contraire est accordé à une personne en considération d'elle-même ; ensorte que comme le *privilege* réel ne finit qu'avec la chose à laquelle il est attaché, le *privilege* personnel finit avec la personne à qui il a été accordé. On peut renoncer à celui-ci, & non à l'autre.

Le *privilege* est conventionnel ou même conditionnel, quand il est intervenu quelque pacte dans sa concession ; & il est pur & simple, quand il a été accordé absolument sans pacte ni condition.

Le *privilege* est perpétuel, quand il est accordé sans limitation de tems, ou qu'il est attaché à une chose qui de sa nature est perpétuelle , comme à un monastere ; il est temporel & momentané, quand il est personnel, ou qu'il est accordé sous quelque condition, dont l'accomplissement doit le rendre inutile.

Le *privilege* affirmatif est celui qui donne la faculté de faire quelque chose ; il est négatif, quand il accorde la permission de ne point faire quelque chose ; il est accordé sur l'instance, quand le privilégié l'a demandé, & *motu proprio*, quand il n'a fait aucune demande.

Le *privilege* qu'exprime le droit, est celui qui est renfermé dans quelque canon du droit ancien & nouveau ; celui que renferment des bulles & autres écrits particuliers, sont des *privileges* qu'on appelle *extra jus insertum*.

Le *privilege* qui regarde le bien commun est tel, qu'une communauté de personnes en reçoit un avantage prochain, comme le *privilege* du canon , *si quis suadente*. Le *privilege* qui n'a que l'intérêt du privilégié pour objet, ne peut regarder le public qu'en ce qu'il lui importe, que les *privileges* soient accordés aux personnes qui les méritent, ou qui en ont besoin.

Quant aux *privileges* qui regardent le for intérieur, ils ne peuvent servir au for extérieur.

Parmi les *privileges* des ecclésiastiques, il faut distinguer ceux des clercs séculiers, d'avec les *privileges* communs à tous les ecclésiastiques. Les réguliers comme clercs depuis qu'ils ont été admis aux ordres , jouissent des *privileges* des ecclésiastiques séculiers, & ceux-ci ne participent pas à certains *privileges* particuliers aux religieux ; mais tous ces *privileges* particuliers des religieux se réduisent à la matiere des exemptions. *Voy.* EXEMPTION, DIXMES.

Privileges apostoliques. Par une suite des principes établis dans le droit canon, & encore mieux par les canonistes en faveur de la puissance des papes, qu'ils représentent presque sans bornes, on a vu souvent l'ordre & la discipline ecclésiastique intervertis ou suspendus par les *privileges* ou les dispenses particulieres des souverains pontifes. Ceux d'entre ces *privileges* que le consentement tacite & universel de l'église n'avoit pas introduits ou autorisés, sont aujourd'hui beaucoup modifiés par les plus nouvelles conſtitutions des papes eux - mêmes; ce qui les a rendus par conſéquent moins contraires au droit commun & naturel, ſuivant lequel la juriſdiction ordinaire & les droits de chacun doivent être conſervés. Sans entrer ici ſur cette matiere dans un détail qui, dans l'ordre de notre compoſition alphabétique, ne ſeroit proprement qu'une répétition, nous nous bornerons à ce décret du concile de Trente, qu'on pourra conférer avec les principes expoſés ſous les mots JURISDICTION, EVEQUE. „Comme on voit tous les jours que les *privileges* & exemptions qui s'accordent à pluſieurs perſonnes ſous divers titres, cauſent beaucoup de troubles aux évêques dans leur juriſdiction, & ſervent d'occaſion aux exempts de mener une vie plus licentieuſe, le concile ordonne que s'il arrive qu'on trouve bon quelquefois pour des cauſes juſtes, conſidérables & preſqu'inévitables d'honorer quelques perſonnes des titres de protonotaires, d'acolytes, de comtes palatins, chapelains royaux ou autres pareils, ſoit en cour de Rôme ou ailleurs, ou bien d'en recevoir d'autres en qualité d'oblats ou de freres donnés, de quelque maniere que ce ſoit, en quelque monaſtere, ou ſous le nom de freres ſervans des ordres de chevaliers, ou monaſteres, hôpitaux, colleges, ou enfin ſous quelqu'autre titre que ce ſoit; on ne doit pas entendre que par ces *privileges* on ôte rien du droit des ordinaires; de ſorte que les perſonnes à qui tels *privileges* ont été accordés ou le ſeront à l'avenir, ſoient moins ſoumis auxdits ordinaires, comme délégués du ſaint ſiege en toutes choſes généralement.''

„Et à l'égard des chapelains royaux, aux termes ſeulement de la conſtitution d'Innocent III. qui commence *cum ca-*

pella : à la réſerve néanmoins de ceux qui ſervent actuellement dans leſdits lieux & ordres de chevaliers, & qui demeurent dans leurs maiſons & enclos, & vivent ſous leur obéiſſance, & de ceux auſſi qui ont fait profeſſion légitimement & ſelon la regle deſdits ordres de chevaliers, dont l'ordinaire ſe rendra certain; nonobſtant quelques *privileges* que ce ſoit, même de la religion de S. Jean de Jéruſalem, & de tous autres chevaliers.''

„Et quant aux *privileges* deſquels ont accoutumé de jouir ceux qui demeurent à la cour de Rome, en vertu de la conſtitution d'Eugene, ou ceux qui ſont domeſtiques des cardinaux, ils ne ſeront point eſtimés avoir lieu en faveur de ceux qui ont des bénéfices eccléſiaſtiques, ce qui concerne leſdits bénéfices; mais ils demeureront ſoumis à la juriſdiction de l'ordinaire, nonobſtant toutes défenſes contraires.'' (D. M.)

Dans le barreau, les *privileges* ne s'étendent point par interprétation d'une perſonne à une autre, ni d'une choſe à une autre, ni d'un cas à un autre.

C'eſt à celui qui allégue un *privilege* à le prouver.

Privilege ſignifie auſſi quelquefois la préférence que l'on accorde à un créancier ſur les autres, non pas eu égard à l'ordre des hypotheques, mais à la nature des créances & ſelon qu'elles ſont plus ou moins favorables, & qu'un créancier ſe trouve avoir un droit ſpécial ſur un certain effet.

Il y a différens degrés de *privilege* entre créanciers qui ne paſſent chacun qu'en leur rang. Quand il y a parité de *privilege*, on préfere celui qui plaide pour ne pas perdre quelque choſe; & ſi tous deux ſont dans ce cas, on décharge le défendeur.

Le *privilege* de bailleur de fonds, eſt

la préférence que l'on accorde fur le gage fpécial à celui qui a vendu le fonds, ou qui l'a donné à rente, ou qui a prêté fes deniers pour acquérir. *v.* BAILLEUR.

Le *privilege d'impreffion*, eft une permiffion qu'un auteur ou un libraire obtient, pour avoir feul la permiffion d'imprimer ou faire imprimer tel livre; ce *privilege* eft proprement exclufif. *v.* PRIVILEGE *exclufif.*

Il en eft des *privileges* comme des loix; des *privileges* accordés à un ordre de l'Etat ou à une communauté pour l'avantage public, lui deviendront très-pernicieux quelques fiecles après, lorfque les circonftances auront entierement changé. C'eft de la prudence du fouverain de paffer en revue les différens *privileges* accordés dans fes Etats au moins tous les fiecles, & de retrancher ceux qu'il trouvera contraires à la loi fuprême de leur fage gouvernement, bien entendu qu'il en dédommage les privilégiés par d'autres plus conformes aux circonftances.

Il eft très-jufte que la nobleffe dont le devoir eft de fervir l'Etat dans les armées, ou du-moins d'élever des fujets pour remplir cette obligation; que des magiftrats confidérables par l'étendue & l'importance de leurs fonctions, & qui rendent la juftice dans les tribunaux fupérieurs; que des fociétés particulieres qui fe font rendues recommandables à l'Etat par leurs fervices, jouiffent de diftinctions honorables, qui en même tems font la récompenfe des fervices qu'ils rendent, & leur procurent le repos d'efprit & la confidération dont ils ont befoin pour vaquer utilement à leurs fonctions. La portion des charges publiques dont ils font exempts, retombe à la vérité fur le furplus des citoyens; mais il eft jufte auffi

que ces citoyens dont les occupations ne font ni auffi importantes ni auffi difficiles à remplir, & qui ne s'occupent pas au fervice de l'Etat fouverain, concourent à récompenfer ceux d'un ordre fupérieur. Il eft jufte & décent pareillement que ceux qui ont l'honneur de fervir le fouverain dans fon fervice domeftique, & qui approchent de fa perfonne, & dont les fonctions exigent de l'affiduité, de l'éducation & des talens, participent en quelque façon à la dignité de leur maître, en ne reftant pas confondus avec le bas ordre du peuple.

De l'abus des *privileges* naiffent deux inconvéniens fort confidérables; l'un que la partie des citoyens la plus pauvre eft toujours furchargée au-delà de fes forces: or cette partie eft cependant la plus véritablement utile à l'Etat, puifqu'elle eft compofée de ceux qui cultivent la terre & procurent la fubfiftance aux ordres fupérieurs; l'autre inconvénient eft que les *privileges* dégoûtent les gens qui ont du talent & de l'éducation, d'entrer dans les magiftratures ou des profeffions qui exigent du travail & de l'application, & leur font préférer de petites charges & de petits emplois où il ne faut que de l'avidité, de l'intrigue & de la morgue pour fe foutenir & en impofer au public. De ces réflexions, il faut conclure, que foit les tribunaux ordinaires chargés de l'adminiftration de la partie de la juftice qui a rapport aux impofitions & aux *privileges*, foit ceux qui par état font obligés de veiller à la répartition particuliere des impofitions & des autres charges publiques, ne peuvent rien faire de plus convenable & de plus utile, que d'être fort circonfpects à étendre les *privileges*, & qu'ils doivent autant qu'il dépend d'eux, les réduire aux termes précis auxquels ils ont été accordés, en attendant que des circonstances plus heureuses permettent à ceux qui sont chargés de cette partie du ministere, de les réduire au point unique où ils seroient tous utiles. Cette vérité leur est parfaitement connue; mais la nécessité de pourvoir à des remboursemens ou des équivalens arrête sur cela leurs desirs, & les besoins publics renaissans à tous momens, souvent les forcent non-seulement à en éloigner l'exécution', mais même à rendre cette exécution plus difficile pour l'avenir. (D. F.)

P R I V I L E G E *exclusif*, *Droit polit.* On appelle ainsi le droit que le prince accorde à une compagnie ou à un particulier, de faire un certain commerce ou de fabriquer & de débiter une certaine sorte de marchandises à l'exclusion de tous autres.

Un sage gouvernement doit-il accorder des *privileges exclusifs ?*

Cette intéressante question est une de celles qui ne peuvent se décider que par les principes du droit naturel des hommes réunis en société. C'est ici un des cas où l'on se trouve obligé d'examiner avec attention, quel est l'ordre le plus évidemment avantageux à la chose publique, & qui prouve, combien il est nécessaire d'établir les principes de cette étude qui doit occuper les hommes éclairés & bien-faisans, chargés de la glorieuse & pénible fonction de travailler au plus grand bonheur possible de leurs semblables.

On peut réduire à un très-petit nombre les principes qu'on doit regarder comme immuables entre les hommes réunis, par le desir & l'espérance d'augmenter leur bonheur, & leur sûreté. Peut-être se convaincroit-on par l'observation & la méditation, que les maximes les plus avantageuses aux gran-

des sociétés, se réduisent aux trois principes suivans, ou qu'ils en découlent. 1°. Les droits de la propriété doivent être inviolables, excepté dans le cas unique où l'intérêt de tous exige le sacrifice des intérêts particuliers. 2°. Les *privileges exclusifs*, sur-tout en fait de culture & de commerce, ne peuvent appartenir à aucun particulier, à aucun corps, parce qu'ils attaquent les droits constitutifs de la société & de la propriété. 3°. Les richesses nationales dépendent du commerce intérieur & extérieur de ce qui est dans l'Etat, l'intérêt général demande que le commerce acquiere toute l'étendue dont il est susceptible, par des facilités accordées à la circulation & à l'exportation.

1°. Les droits de la propriété doivent être inviolables. En effet, l'Etat est composé de propriétaires, qui, relativement à la propriété, ne se doivent rien les uns aux autres, sans quoi le nom de *propriétaire*, seroit une dénomination absurde qui ne répondroit à aucune idée. Un particulier qui demanderoit qu'on me défendît de vendre mes bois, dans l'espérance qu'il vendroit mieux les siens, se rendroit coupable d'un de ces actes d'hostilité contre lesquels la société s'est formée. Mes bois, par la seule raison qu'ils sont mes bois, ne doivent rien à ceux de qui que ce soit. Ce n'est que pour les défendre de toute invasion, que je contribue aux frais de la défense commune, ainsi ma contribution me donne un droit absolu à cette défense, elle m'est due contre quiconque voudroit m'ôter la libre disposition de mes bois, car ce seroit les envahir.

Si plusieurs propriétaires, si les habitans d'une ou de plusieurs provinces, se réunissoient pour commettre cette hostilité plus impunément, elle n'en seroit

fûreté contre un ennemi qu'elle redoute, ou qui la menace ? Cet intérèt,
fondé fur le droit naturel, peut d'autant moins céder à celui de la nation
en guerre, que la neutralité eft réciproque & exifte à l'avantage mutuel des
deux nations en guerre.

L'empire de la mer eft une chimere,
fi l'on prend ce mot dans la fignification d'un ufage exclufif, d'une poffeffion, ou d'une propriété. Le fens raifonnable de ce terme fe réduit à la fupériorité des forces maritimes, dont l'u-
fage légitime ne peut s'étendre au-delà de la protection, fans donner atteinte
aux droits & à la liberté des nations
fouveraines. La force & le droit ne
peuvent jamais être des termes fynonymes. La force & la guerre, quelque
légitime qu'elle foit, ne peuvent jamais
donner le droit de nuire à une nation
neutre.

Le commerce maritime étant libre
aux nations neutres en tems de guerre
fur le même pied qu'en tems de paix;
les nations en guerre, fans jurifdiction
à l'égard des nations neutres, & fans
offenfe de leur part, n'ont aucun pouvoir moral de plus en tems de guerre
qu'en tems de paix, de leur interdire
une ou plufieurs parties de leur commerce, foit par rapport au choix des
marchandifes, foit rélativement aux
débouchés.

Le commerce des marchandifes, compris fous le nom de *contrebande de guerre*, n'eft point défendu aux Etats neutres, par lui-même, en vertu d'aucun
droit, d'aucune loi, s'il n'exifte point
de loi de convention.

Il eft facile de juger, par une exacte
application de ces principes, de la légitimité des *prifes* dans tous les cas. Les
bâtimens neutres munis de lettres de
mer, de connoiffemens, de factures &

Tome XI.

de rôle d'équipage, qui conftatent régulierement leur nation, ne font point
faififfables : 1°. quand ils ne font que
le commerce ordinaire de leur nation,
fur le même pied qu'en tems de paix;
2°. quand ils n'entretiennent aucune
correfpondance avec les places affiegées
ou bloquées; 3°. quand en navigeant
pour l'une des parties belligérantes, ils
ne refufent pas de naviger pour l'autre;
4°. quand ils fe trouvent dans un port
ennemi, au moment qu'il vient d'être
bloqué ou emporté par l'ennemi; 5°.
quand ils font chargés de marchandifes
appartenant à l'ennemi, & qu'ils ne
font que le commerce de fret, comme
ils le faifoient en tems de paix.

Ce font là les arrêts conftans de la
droite raifon, les principes invariables de l'équité univerfelle, qui compofent le code perpétuel des Etats fouverains. C'eft là leur unique loi, excepté
dans le cas des conventions particulieres.

Les nations qui font en guerre, ne
font pas plus autorifées à empiéter fur
les droits des nations qui vivent en paix
à leur égard, qu'il n'eft permis à celles-
ci de mettre obftacle à l'exercice des
droits, que la guerre donne aux nations belligérantes. Les violences & les
voyes de fait, que ces dernieres peuvent
exercer légitimement, ne doivent jamais s'étendre au delà des têtes de leurs
ennemis, & de ceux qui les affiftent
vifiblement; fans quoi la guerre devient un brigandage, & la guerre maritime une piraterie. Le même commerce, le même droit, la même liberté dont jouiffoit la nation en tems de
paix, doivent être hors de toute atteinte
durant la guerre.

Si l'on en excepte les munitions de
guerre ou de bouche, deftinées pour
les places, camps ou lieux affiégés,

C c ç

bloqués ou investis, on ne mettoit autrefois aucun obstacle à la liberté du commerce des nations. C'est à quoi on reconnoissoit que la loi naturelle restraint le commerce des neutres ; & ce sont-là en effet les seules marchandises qu'on puisse appeller *contrebande de guerre*, à moins qu'on n'ait dérogé au droit naturel par des traités. On s'est écarté, presque de nos jours, des vérités primitives de la droite raison ; on a envisagé comme des regles de conduite prescrites aux Etats souverains, des maximes malentendues, nées dans le sein de la barbarie, de l'ignorance ou de l'intérêt particulier : enfin on a érigé en loix des nations, les usages injustes & impérieux de quelques-unes d'entr'elles. Telle est la cause de ces taches multipliées qui défigurent la législation universelle des puissances souveraines, au point que l'assemblage de ses arrèts présente plutôt un recueil de préceptes qui se détruisent mutuellement, qu'un véritable code de l'humanité, qu'un code propre à servir de base à la tranquillité & la prospérité des empires.

Telle est l'origine de cette expression nouvelle, *contrebande de guerre*, qu'on s'est efforcé d'introduire dans l'usage de la loi naturelle, & qui ne devoit jamais sortir des conditions des traités. Il s'ensuivroit de l'usage qu'on veut faire de ces termes, que quelques nations, quoique neutres, n'auroient pas le droit de pourvoir en tems de guerre, à leur conservation ou à leur subsistance ; qu'elles ne pourroient pas, sans violer le droit naturel, jouir des droits de l'humanité même ; qu'elles devroient renoncer au débit des productions de leur pays, à leur industrie, & aux avantages de leur situation. Pourroit-on reconnoître le caractere de la loi naturelle dans des usages, d'où s'ensuit une injustice si

manifeste ? Il est donc certain, suivant les principes de cette loi, que le commerce que fait une nation en tems de paix, de fer, de canons, d'armes, de bois de construction, de cordages, &c. ne peut être réputé commerce de contrebande de guerre, & interdit sur ce prétexte à moins qu'elle ne se soit liée à cet égard par un traité.

Suivant la rigueur des principes du droit naturel, la nation en guerre n'est pas même en droit d'exiger, comme on l'a fait fort souvent, ni le serment, ni aucune sorte de preuve que la cargaison n'appartient pas à l'ennemi. Le navigateur neutre ne fait quelquefois qu'un commerce de fret & de commission ; c'est sa fortune ; c'est le patrimoine que la Providence lui a départi ; c'est l'unique objet de son industrie, dont il n'est pas plus permis de le priver, que d'entreprendre d'enlever la recolte au cultivateur, sur le prétexte qu'il l'a vendue à l'ennemi. La nation, qui prétend mettre des entraves au commerce des peuples amis avec les Etats de son ennemi, quand ce commerce n'a aucun rapport direct & immédiat à la guerre & à ses opérations, s'arroge une autorité qui n'appartient à personne sur la terre. Les nations barbaresques suivent encore à cet égard la loi naturelle : ces nations ne connoissent point la distinction des marchandises auxquelles on a donné le nom de *contrebande de guerre* ; elles respectent le pavillon neutre, quelles que soient les cargaisons des navires & leur distination.

Les droits des nations en guerre sont très-limités. Elles sont dans le cas de la violence & de la piraterie, quand en les exerçant, elles s'écartent des loix de l'équité ou des conditions des traités. Si on ne peut contester le droit qu'elles ont de visiter les navires neutres, il faut en même tems reconnoître les justes bornes que sa loi naturelle a mises à l'exercice de ce droit : l'objet de la visite des bâtimens neutres n'est & ne doit être que de s'assurer de leur neutralité : il s'ensuit de-là que la visite ne doit jamais s'étendre au-delà de ce qui est nécessaire pour y parvenir ; ce qui se fait par la seule inspection des papiers de bord, & de la construction du navire. De plus grandes recherches font une infraction à la loi naturelle.

C'est principalement au droit de jurisdiction que chaque nation en guerre s'est successivement arrogé sur les vaisseaux neutres, que sont dûs l'institution d'une multitude de loix arbitraires, & les progrès des pirateries qui se commettent sur les nations paisibles en tems de guerre. Rien n'est plus contraire à la loi naturelle & aux premiers principes de toute administration de justice, que cette espece d'empire. C'est une maxime fondamentale de toute administration de justice, que celui qui prétend prononcer juridiquement sur une affaire, ne doit jamais être en même tems juge & partie. C'est la même nation qui autorise ses vaisseaux de guerre à saisir les bâtimens, & qui institue des juges pour les juger ; c'est-à-dire, c'est le bras droit qui frappe, & c'est le bras gauche qui est nommé pour décider de la légitimité du coup.

Rien ne paroît plus contraire au droit naturel que l'établissement qu'une nation en guerre fait chez elle de tribunaux, pour examiner & décider selon ses propres loix, tous les cas de *prises* faites sur les nations libres & amies, & juger ainsi ceux qui rélevent d'une puissance étrangere. Sur quel prétexte, à quel titre une nation en guerre peut-elle s'arroger le droit d'exercer une jurisdiction sur des souverains neutres, &

juger exclusivement des affaires qui concernent les vaisseaux des sujets d'une autre nation neutre, arrêtés dans des lieux qui ne sont point de la domination de la nation en guerre, & où les navires de la neutre ont autant de droits que les siens ? Les traités peuvent autoriser l'institution d'une telle jurisdiction, qui sans cet appui est une usurpation manifeste sur la liberté & sur l'indépendance naturelle des autres nations. Cette espece de jurisdiction informe subsistera sans doute, par l'extrème difficulté qu'il y auroit à en établir une plus réguliere.

Il est facile de décider, si on suit les vrais principes de la loi naturelle, dans les cas de reprise, qui arrivent souvent. Il y en a deux ; celui de la reprise d'un vaisseau neutre qui doit être restitué sans difficulté, si le vaisseau neutre n'étoit pas de bonne *prise* entre les mains de la nation en guerre ; celui de la reprise d'un vaisseau légitimement pris, dont la légitimité rend la reprise utile en donnant lieu à une indemnité, en faveur du second preneur, qu'on nomme *droit de recousse*, ou en lui transférant la propriété de la *prise*, si elle est restée vingt-quatre heures dans les mains de l'ennemi.

C'est un grand abus que de prétendre juger de bonne *prise* un vaisseau neutre sur le prétexte que ses équipages ne sont pas de la même nation. De tous les reglemens arbitraires celui qui l'exige est un des plus injustes. La Hollande est dans la nécessité d'employer des équipages de différentes nations. Un tel reglement ne devroit avoir lieu que dans le cas où l'équipage est ennemi, & les passagers ne devroient être d'aucune considération.

Les ordonnances, les réglemens & toutes les loix maritimes concernant les *prifes*, à l'égard des *prifes* neutres, ne font donc que des loix arbitraires, que chaque nation peut faire à fon gré, qui ne fauroit obliger les nations indépendantes fans leur confentement. Ces loix n'ont d'empire légitime fur les autres nations, que celui que leur donnent les traités. (D. F.)

PRISÉE, f. f. , *Jurifpr.*, eft l'eftimation qui eft faite d'une chofe.

Il eft d'ufage dans les inventaires de faire prifer les meubles par des huiffiers ou fergens.

PRISEUR, officier qui met le prix aux chofes, dont la vente fe fait par ordonnance du juge.

PRISON, f. f. , *Jurifpr.* On appelle ainfi le lieu deftiné à enfermer les coupables, ou prévenus de quelque crime.

Ces lieux ont probablement toujours été en ufage depuis l'origine des villes, pour maintenir le bon ordre, & renfermer ceux qui l'avoient troublé. On n'en trouve point de traces dans l'Ecriture avant l'endroit de la Genefe où il eft dit que Jofeph fut mis en *prifon*, quoiqu'innocent du crime dont l'avoit accufé la femme de Putiphar. Mais il en eft fréquemment parlé dans les autres livres de la Bible, & dans les écrits des Grecs & des Romains. Il paroît par les uns & les autres que les *prifons* étoient compofées de pieces ou d'appartemens plus ou moins affreux, les prifonniers n'étant quelquefois gardés que dans un fimple veftibule, où ils avoient la liberté de voir leurs parens, leurs amis, comme il paroît par l'hiftoire de Socrate. Quelquefois, & felon la qualité des crimes, ils étoient renfermés dans des fouterrains obfcurs, & dans des baffes foffes, humides & infectes, témoin celle où l'on fit defcendre Jugurtha, au rapport de Sallufte. La plûpart des exécutions fe faifoient dans la *prifon*, fur-tout

pour ceux qui étoient condamnés à être étranglés, ou à boire la ciguë.

Eutrope attribue l'établiffement des *prifons* à Rome, à Tarquin le Superbe; tous les auteurs le rapportent à Ancus Martius, & difent que Tullus y ajouta un cachot qu'on appella long-tems *Tullianum*. Au refte Juvenal témoigne qu'il n'y eut fous les rois & les tribuns qu'une *prifon* à Rome. Sous Tibere on en conftruifit une nouvelle, qu'on nomma la *prifon de Mamertin*. Les actes des apôtres, ceux des martyrs, & toute l'hiftoire eccléfiaftique des premiers fiecles, font foi qu'il n'y avoit prefque point de ville dans l'empire qui n'eût dans fon enceinte une *prifon*; & les jurifconfultes en parlent fouvent dans leurs interprétations des loix. On croit pourtant que par *mala manfio*, qui fe trouve dans Ulpien, on ne doit pas entendre la *prifon*, mais la préparation à la queftion, ou quelqu'autre fupplice de ce genre, ufité pour tirer des accufés l'aveu de leur crime, ou de leurs complices.

Les lieux connus fous le nom de *lautumiæ*, & de *lapidicinæ*, que quelques-uns ont pris pour les mines auxquelles on condamnoit certains criminels, n'étoient rien moins que des mines, mais de véritables *prifons*, ou fouterrains creufés dans le roc, ou de vaftes carrieres dont on bouchoit exactement toutes les iffues. On met pourtant cette différence entre ces deux efpeces de *prifons*, que ceux qui étoient renfermés dans les premieres n'étoient point attachés, & pouvoient y aller & venir; au lieu que dans les autres on étoit enchaîné & chargé de fers.

On trouve dans les loix romaines différens officiers commis, foit à la garde, foit à l'infpection des *prifons* & des prifonniers. Ceux qu'on appelloit *commentarii* avoient foin de tenir régiftre des dépenfes faites pour la *prifon* dont on leur commettoit le foin; de l'âge, du nombre de leurs prifonniers, de la qualité du crime dont ils étoient accufés, du rang qu'ils tenoient dans la *prifon*. Il y avoit des *prifons* qu'on appelloit *libres*, parce que les prifonniers n'étoient point enfermés, mais feulement commis à la garde d'un magiftrat, d'un fénateur, &c. ou arrêtés dans une maifon particuliere, ou laiffés à leur propre garde dans leur maifon, avec défenfe d'en fortir. Quoique par les loix de Trajan & des Antonins les *prifons* domeftiques, ou ce que nous appellons *chartres privées*, fuffent défendues, il étoit cependant permis en certains cas, à un pere de tenir en *prifon* chez lui un fils incorrigible, à un mari d'infliger la même peine à fa femme; à plus forte raifon un maître avoit-il ce droit fur fes efclaves: le lieu où l'on mettoit ceux-ci s'appelloit *ergaftulum*.

L'ufage d'emprifonner les eccléfiaftiques coupables, eft beaucoup plus récent que tout ce qu'on vient de dire; & quand on a commencé à exercer contr'eux cette févérité, ç'a moins été pour les punir, que pour leur donner des moyens de faire pénitence. On appelloit les lieux où on les renfermoit à cette intention, *decanica*, qu'on a mal-à-propos confondu avec *diaconum*. Ils font auffi de beaucoup antérieurs au tems du pape Eugene II. auquel le jurifconfulte Duaren en attribue l'invention. Long-tems avant ce pontife on ufoit de rigueur contre ceux du clergé qui avoient violé les canons dans des points effentiels; mais après tout, cette rigueur étoit tempérée de charité; ce n'étoit ni la mort, ni le fang du coupable qu'on exigeoit, mais fa converfion & fon retour à la vertu.

C'eft ce qui fait que dans l'antiquité on a blâmé les *prifons* des monafteres; parce qu'il arrivoit qu'on y portoit fouvent les châtimens au-delà des bornes d'une févérité prudente. La regle de S. Benoît ne parle point de *prifon*; elle excommunie feulement les religieux incorrigibles ou fcandaleux, c'eft-à-dire qu'elle veut qu'ils demeurent féparés du refte de la communauté; mais non pas fi abfolument privés de tout commerce, que les plus anciens & les plus fages ne doivent les vifiter que pour les exhorter à rentrer dans leur devoir, & enfin que s'il n'y a point d'efpérance d'amendement, on les chaffe hors du monaftere. Mais on ne garda pas par-tout cette modération; des abbés non contens de renfermer leurs religieux dans d'affreufes *prifons*, les faifoient mutiler, ou leur faifoient crever les yeux. Charlemagne par fes capitulaires, & le concile de Francfort en 785, condamnerent ces excès par rapport à l'abbaye de Fuldes. C'eft ce qui fit qu'en 817, tous les abbés de l'ordre, affemblés à Aix-la Chapelle, ftatuerent que dorenavant dans chaque monaftere, il y auroit un logis féparé pour les coupables, confiftant en une chambre à feu, & une antichambre pour le travail; ce qui prouve que c'étoit moins une *prifon* qu'une retraite. Le concile de Verneuil en 844, ordonna la *prifon* pour les moines incorrigibles & fugitifs. On imagina une efpece de *prifon* affreufe où l'on ne voyoit point le jour; & comme ceux qu'on y renfermoit devoient ordinairement y finir leur vie, on l'appella pour ce fujet, *vade in pace*. Pierre le vénérable, dit que Matthieu, prieur de S. Martin des Champs à Paris, fit conftruire un fouterrain en forme de fépulcre, où il renferma de la forte un religieux incorrigible: fon exemple trouva des imitateurs. Ceux qu'on mettoit dans ces fortes de *prifons* y étoient au pain & à l'eau, privés de tout commerce avec leurs confreres, & de toute confolation humaine ; enforte qu'ils mouroient prefque tous dans la rage & le défefpoir. Le roi Jean à qui on en porta des plaintes, ordonna que les fupérieurs vifiteroient ces prifonniers deux fois par mois, & donneroient outre cela permiffion à deux religieux, à leur choix, de les aller voir, & fit expédier à cet effet des lettres patentes, dont il commit l'exécution au fénéchal de Touloufe, & aux autres fénéchaux de Languedoc où il étoit alors. Les mineurs & les freres prècheurs murmurerent, reclamerent l'autorité du pape ; mais le roi ne leur ayant laiffé que l'alternative d'obéir ou de fortir du royaume, ils affecterent le parti de la foumiffion. Ce qui n'empêche pas que dans certains ordres il n'y ait toujours eu des *prifons* monaftiques très-rigoureufes, qui ont confervé le nom de *vade in pace.*

Comme les évêques ont une jurifdiction contentieufe, & une cour de juftice qu'on nomme *officialité*, ils ont auffi des *prifons* de l'officialité pour renfermer les eccléfiaftiques coupables, ou prévenus de crimes.

Par le droit des décrétales, *ex c. 35. de fent. excom. 27. de verb. fignif. c. 3. de penitent. in 6°.* la *prifon* pour un tems, ou même perpétuelle, eft confidérée comme une peine eccléfiaftique, à laquelle on peut condamner les clercs coupables de crimes graves.

Le concile de Touloufe en 1590. recommande aux évêques de ne propofer à la garde des *prifons* épifcopales, que des gens qu'ils connoîtront être *ad omne munus paratiffimos, vigilantiffimofque, & vera pietate charitateque commendabiles, & qui reorum commoditati*

& curiæ fecuritati confulant. Le même concile leur ordonne de vifiter très-fouvent par eux-mêmes, ou par d'autres, non-feulement leurs propres *prifons*, mais encore celles des cours féculieres. Il ajoute : *Carceratorum religioni & vitæ alimentis fedulò confulant, facramentaque illis opportunis temporibus adminiftrari curent.* Mém. du clergé, tom. VII. p. 1323.

La *prifon* ne porte aucune note d'infamie, fuivant le droit civil & canonique, parce qu'elle n'eft établie que pour l'affurance, & non pour la condamnation des accufés.

Les canoniftes, enfeignent conformément aux décifions des papes dans les décrétales citées, que la *prifon* perpétuelle eft une peine canonique à laquelle les juges d'églife peuvent condamner.

Parmi les *prifons* féculieres on peut en diftinguer de plufieurs fortes. Celles qui font deftinées à renfermer les gens arrètés pour dettes, comme le Fort l'Evêque à Paris ; celles où l'on tient les malfaiteurs atteints de crimes de vol & d'affaffinat, telles que la conciergerie, la tournelle, le grand & le petit châtelet à Paris, Newgate à Londres, &c. les *prifons* d'Etat, comme la Baftille, Vincennes, Pierre Encife, le château des fept Tours à Conftantinople, la tour de Londres ; les *prifons* perpétuelles, comme les isles de fainte Marguerite ; & enfin les maifons de force, comme Bicêtre, Charenton, S. Lazare : ces dernieres ont pour chefs des directeurs ou fupérieurs. Les *prifons* pour criminels d'Etat ont des gouverneurs, & les premieres ont des concierges ou géoliers, auffi les appelle-t-on dans plufieurs endroits, la *géole* & la *conciergerie.* Dans prefque toutes les *prifons*, il y a une efpece de cour ou efplanade, qu'on nommé *préau* ou *préhaut*, dans laquelle on laiffe les prifonniers prendre l'air fous la conduite de leurs géoliers, guichetiers & autres gardes.

Les *prifons feigneuriales*, font des endroits publics, deftinés dans quelque lieu fûr de la feigneurie à garder les criminels, & quelquefois les débiteurs, lorfque, condamnés par corps, ils refufent de payer.

Il eft enjoint à tous feigneurs hautsjufticiers d'avoir des *prifons* fûres, qui ne foient pas plus baffes que le rez - dechauffée, d'autant qu'elles ne doivent fervir que pour la garde des prifonniers. Ils doivent auffi entretenir un géolier qui y préfide; & fi, faute de ce, les prifonniers s'échappent, ils en font refponfables tant au civil qu'au criminel.

Les feigneurs hauts-jufticiers font tenus de faire fournir le pain, l'eau & la paille aux prifonniers détenus pour crimes en conféquence des fentences de leurs juges. C'eft une obligation qu'ils ne peuvent éluder, & dont ils font indemnifés par les droits de la hautejuftice.

Lorfque les feigneurs ne fatisfont pas à ce qui leur eft prefcrit par les ordonnances fur la tenue & la qualité de leurs *prifons*, c'eft au magiftrat de la juftice fupérieure à faire conftruire aux dépens du feigneur, des *prifons* convenables, & d'en faire délivrer exécutoire fur le domaine de la feigneurie.

Pour l'exercice de la juftice, le haut-jufticier doit avoir juges, *prifons* bonnes, fûres & raifonnables, de hauteur & largeur compétentes, non infectées, & que lefdites *prifons* doivent être bâtiès à rez - de - chauffée.

Indépendamment des *prifons* dont on vient de parler, les feigneurs hautsjufticiers doivent avoir une *prifon* pour les beftiaux qui font pris en dommages & méfus, parce qu'il doit pourvoir à la néceffité de ferrer & mettre en fûreté les beftiaux qui ont fait le méfus, en ce qu'ils font le gage du dommage qu'ils ont caufé, ainfi que de l'amende qui eft due au feigneur.

En général, on peut être emprifonné pour dette en vertu d'un jugement portant contrainte par corps, ou bien en vertu d'un décret de prife de corps pour crime, ou bien en vertu d'un ordre du prince pour quelque raifon d'Etat.

On peut auffi être retenu en *prifon* après un jugement interlocutoire pendant le délai qui eft ordonné pour informer plus amplement, ou même après un jugement définitif par forme de peine; mais quand un criminel eft condamné à une *prifon* perpétuelle, cette peine ne s'exécute pas dans les *prifons* ordinaires, on transfere le criminel dans quelque maifon de force où il eft également tenu prifonnier.

La *prifon* même pour crime n'ôte pas les droits de cité, ainfi un prifonnier peut faire tous actes entrevifs & à caufe de mort; on obferve feulement que le prifonnier foit entre les deux guichets lorfqu'il paffe l'acte, pour dire qu'il a été fait avec liberté.

Mais celui qui eft prifonnier pour crime, dont il peut réfulter des réparations civiles & la peine de confifcation, ne peut faire aucune difpofition en fraude des droits qui font acquis fur fes biens.

Quand l'accufé eft condamné par le juge féculier à une *prifon* perpétuelle, il perd la liberté & les droits de cité, & conféquemment il eft réputé mort civilement; mais fi la condamnation à une *prifon* perpétuelle eft émanée du juge d'églife, elle n'emporte pas mort civile, comme nous l'avons dit ci - deffus. (R.)

PRISONNIER *de guerre*, f.m., *Droit des gens*. Tout homme qui dans la guerre eſt pris par l'ennemi les armes à la main, ou autrement, tombe en ſa puiſſance.

Tous les ennemis vaincus ou déſarmés, que l'humanité oblige d'épargner, toutes les perſonnes qui appartiennent à la nation ennemie, même les femmes & les enfans, on eſt en droit de les arrêter & de les faire *priſonniers*, ſoit pour les empêcher de reprendre les armes, ſoit dans la vûe d'affoiblir l'ennemi, ſoit enfin qu'en ſe ſaiſiſſant de quelque femme ou de quelqu'enfant cher au ſouverain, on ſe propoſe de l'amener à des conditions de paix équitables, pour délivrer ces gages précieux. Il eſt vrai qu'aujourd'hui, entre les nations polies de l'Europe, ce dernier moyen n'eſt guere mis en uſage. On accorde aux enfans & aux femmes une entiere ſûreté, & toute liberté de ſe retirer où elles veulent. Mais cette modération, cette politeſſe, louable ſans doute, n'eſt pas en elle-même abſolument obligatoire; & ſi un général veut s'en diſpenſer, on ne l'accuſera point de manquer aux loix de la guerre : il eſt le maître d'agir à cet égard, comme il le trouve à-propos pour le bien de ſes affaires. S'il refuſe cette liberté aux femmes, ſans raiſon & par humeur, il paſſera pour un homme dur & brutal ; on le blâmera de ne point ſuivre un uſage établi par l'humanité. Mais il peut avoir de bonnes raiſons de ne point écouter ici la politeſſe, ni même les impreſſions de la pitié. Si l'on eſpere de réduire par la famine une place forte, dont il eſt très-important de s'emparer, on refuſe d'en laiſſer ſortir les bouches inutiles. Il n'y a rien là qui ne ſoit autoriſé par le droit de la guerre. Cependant on a vû de grands hommes, touchés de compaſſion, en des occaſions de cette nature, céder aux mouvemens de l'hu-

manité contre leurs intérèts. On ſait ce que fit Henri le Grand, pendant le ſiege de Paris. Joignons à ce bel exemple, celui de Titus au ſiege de Jéruſalem. Il voulut d'abord repouſſer dans la ville les affamés qui en ſortoient : mais il ne put tenir contre la pitié que lui inſpiroient ces miſérables ; les ſentimens d'un cœur ſenſible & généreux, prévalurent ſur les maximes du général.

Dès que votre ennemi eſt déſarmé & rendu, vous n'avez plus aucun droit ſur ſa vie, à moins qu'il ne vous le donne par quelqu'attentat nouveau, ou qu'il ne ſe fût auparavant rendu coupable envers vous d'un crime digne de mort. C'étoit donc autrefois une erreur affreuſe, une prétention injuſte & féroce, de s'attribuer le droit de faire mourir les *priſonniers de guerre*, même par la main d'un bourreau. Depuis long-tems eſt revenu à des principes plus juſtes & plus humains. Charles I. roi de Naples, ayant vaincu & fait *priſonnier* Conradin ſon compétiteur, le fit décapiter publiquement à Naples, avec Fréderic d'Autriche, *priſonnier* comme lui. Cette barbarie fit horreur, & Pierre III. roi d'Aragon la reprocha au cruel Charles, comme un crime déteſtable & juſqu'alors inoui entre princes chrétiens. Cependant il s'agiſſoit d'un rival dangereux, qui lui diſputoit la couronne. Mais, en ſuppoſant même que les préténtions de ce rival fuſſent injuſtes, Charles pouvoit le retenir en priſon, juſqu'à ce qu'il y eût renoncé, & qu'il lui eût donné des ſûretés pour l'avenir.

On eſt en droit de s'aſſurer de ſes *priſonniers*, & pour cet effet, de les enfermer, de les lier même, s'il y a lieu de craindre qu'ils ne ſe révoltent, ou qu'ils ne s'enfuient : mais rien n'autoriſe à les traiter durement, à moins qu'ils ne ſe fuſſent rendus perſonnellement coupa-

bles

feroit que plus révoltante & plus digne d'être repoussée. La confédération générale ne s'est pas formée pour favoriser l'usurpation de plusieurs hommes contre un particulier ; mais pour défendre individuellement ou collectivement tous ceux dont la propriété est attaquée.

D'après ces principes tutélaires, comment pourroit-on se persuader, que les propriétés d'un certain district, pussent dans aucun cas, être sacrifiées aux propriétés d'un autre district ? Par quel prestige des provinces soumises à la même domination, unies & fortifiées par l'intérêt d'une garantie générale & réciproque, croiroient-elles pouvoir exécuter les unes sur les autres une usurpation qui détruiroit dans son principe & dans ses effets leur lien social ?

L'intérêt particulier après avoir séduit ceux même qu'il anime, s'enveloppe presque toujours de motifs apparens de bien public, pour masquer ses usurpations, & obtenir ces sortes de concessions.

Ce seroit renverser le fondement de la société que d'établir en maxime, que le plus foible doit être sacrifié au plus fort, que les intérêts de celui qui est le moins riche, doivent être immolés aux intérêts de celui qui tient de la nature ou de son industrie un plus haut degré d'opulence. Ce n'est point pour assurer l'accroissement des richesses de qui que ce soit, que les sociétés se sont réunies ; c'est la sûreté de la propriété en général qu'on a voulu garantir, & d'après ce principe fondamental, dont le renversement entraîneroit l'extinction de tous les autres, les plus petites possessions comme les plus grandes, les fruits de la terre ou de l'industrie les plus médiocres, comme les plus précieux ; tout est enveloppé dans cette garantie générale, sans laquelle il est impossible d'imaginer l'existence d'une société policée.

Le principe qui porteroit à sacrifier le commerce d'une denrée, à celui de quelque autre denrée, entraîneroit les conséquences les plus effrayantes. Suivant ce principe, la culture du lin autoriseroit à demander la suppression de celle du chanvre, par la seule raison que les toiles de chanvre ne sont ni si abondantes ni si précieuses que celles de lin. Enfin les districts où l'on fait de la soie, pourroient se plaindre de ceux qui font le commerce des laines, en s'appuyant sur les mêmes raisons dont on se sert contre le commerce des eaux de vie de cidre.

On ne peut donc se dissimuler que les propriétaires des vignobles travailleroient contre le bien de l'Etat, en éteignant une de ses productions ; production précieuse par le côté même qui sert à la décrier, c'est-à-dire, par la modicité de son prix, puisque c'est par-là qu'elle devient à la portée d'un plus grand nombre de consommateurs, regnicoles ou étrangers, & que la vente n'en est que plus sûre. Au reste, ces petits intérêts bien ou mal entendus, disparoissent devant ce principe sacré, que les droits de la propriété doivent être inviolables. Les terres acquises en Normandie ne l'ont pas été aux dépens des propriétaires de vignobles ; elles ne sont pas cultivées à leurs frais ; ils n'ont donc aucun droit d'en diminuer la valeur & les revenus.

2°. Les *privileges exclusifs* en fait de culture & de commerce, attaquent les droits constitutifs de la société, par l'anéantissement de la propriété. Les société humaines se sont formées pour que le travail, & l'industrie de chaque particulier fuſſent ſecourus, & augmentés par le travail & l'induſtrie générale. L'art le plus ſimple, l'agriculture, ne pourroit exiſter ſans le ſecours d'une multitude d'autres arts. Les inſtrumens néceſſaires à la culture, ne ſont point l'ouvrage du cultivateur, & il n'y a aucun art pour l'établiſſement & l'exercice duquel un ſeul homme pût ſuffire. C'eſt donc de la communication des forces, des lumieres, & du travail de tous, que dépend l'exiſtence de la ſociété. Quiconque fait partie de cette ſociété, a un droit acquis à cette communication, parce qu'il contribue à la rendre générale de ſon côté, & par ſon travail particulier.

Celui qui aſpire à jouir d'un *privilege excluſif*, porte un coup direct & le plus dangereux de tous à la ſociété; il rompt autant qu'il eſt en lui, tous les droits conſtitutifs de la ſociété. Chacun auroit le même droit de ſe ſéparer de lui, qu'il prétend avoir de ſe ſéparer des autres. Ainſi le juſte effet que ſon attentat devroit produire, ſeroit de l'abandonner à ſon impuiſſance individuelle, par le refus d'une communication à laquelle il ſe refuſe lui-même. Mais comme dans une ſociété nombreuſe, les punitions de cette eſpece ſont impoſſibles, l'impunité ou pour mieux dire le ſuccès, rend l'exemple contagieux. Plus la contagion s'étend, plus la ſociété doit être alarmée.

Lorſque l'excluſif s'applique au travail, ou à l'induſtrie, il les fait diſparoître, parce qu'il détruit tout ce qui n'eſt pas renfermé dans le cercle du *privilege*. Mais lorſqu'il s'applique au commerce d'une production, l'effort de ſes ravages devient inappréciable; il détruit tout. C'eſt la propriété, le travail & l'induſtrie qu'il anéantit.

La propriété n'eſt plus qu'un vain nom, les droits qui en ſont inſéparables lorſqu'elle eſt réelle, deviennent purement illuſoires, dès que le commerce des fruits du territoire, & de l'induſtrie du propriétaire ſont aſſervis à l'avidité deſtructive, & jalouſe d'un *privilege excluſif*. Mon champ n'eſt plus mon bien, ſi la production qui me ſeroit la plus utile, peut être ſupprimée par celui qui tire de ſon champ une production ſemblable. Celui qui obtiendroit un *privilege*, feroit ſans le ſavoir & peut-être même ſans y ſonger, plus de tort au public qu'un uſurpateur; car du moins l'uſurpateur jouit de la choſe uſurpée. Elle eſt arrachée à celui qui la poſſédoit, mais elle n'eſt pas perdue pour l'humanité entiere. Mais celui qui par un *privilege excluſif* frappe mes poſſeſſions de ſtérilité, ne ſe borne pas à faire ſa choſe de la mienne; il anéantit pour moi, pour lui, pour l'univers, les fruits que la loi fondamentale de toute ſociété m'avoit mis en droit de faire pour mon profit, & pour l'uſage de mes ſemblables.

C'eſt une vérité univerſellement reconnue, que le monopole marche néceſſairement à la ſuite de tout *privilege excluſif*.

En effet, rien n'eſt plus inévitable que l'exiſtence du monopole par-tout où la concurrence eſt détruite, & la concurrence eſt détruite par-tout où il exiſte un *privilege excluſif*. *v.* CONCURRENCE.

C'eſt l'union intime, inſéparable des *privileges excluſifs* & des monopoles, qui les rend ſi odieux aux hommes en général. Ces *privileges* alarment non-ſeulement les adminiſtrateurs des nations; mais ils inquiétent ceux même que leur avidité détermine à ſolliciter de pareilles graces. Les illuſions que cauſe l'intérêt particulier, quelque vivés, quelque féduifantes qu'elles foient, ne fuffifent pas pour faire difparoître l'injuftice de ces follicitations aux yeux de ceux qui fe les permettent. Il n'y a que le fuccès qui puiffe les raffurer fur la crainte de voir découvrir le piege qu'ils préparent à leurs compatriotes; auffi remarque-t-on que ces *privileges* dont on ufe toujours avec la hauteur & l'inflexibilité que donne le droit de conquête, font mendiés avec la timidité qu'infpire le projet d'une ufurpation furtive. On déguife fes véritables vûes fous les apparences de l'équité, & ces apparences font ménagées avec l'adreffe qui accompagne par-tout l'efprit d'intérêt. Ce n'eft pas pour foi, c'eft pour le bien public qu'on travaille; car le bien public eft le mafque le plus ordinaire & le plus fûr des batteries dreffées contre le public, & par combien d'allégations infidieufes & frivoles ne cherche-t-on pas ordinairement à préoccuper la faveur du gouvernement, pour obtenir un *privilege exclufif* en fait d'art & d'induftrie!

La réunion d'intérêts qui conftitue le bien public, ne fait naître que des idées de paix & de bonheur entre les membres d'une fociété: mais lorfqu'au lieu de fuivre cette route réguliere, on s'engage dans la fphere de l'invafion & du monopole qui fe trouveroient perpétués, fi on laiffoit toujours fubfifter les *privileges* obtenus, toute idée d'ordre & de relation fraternelle entre les hommes fe trouve renverfée.

3°. L'intérêt de l'Etat demande qu'on donne à ce commerce d'exportation, toute l'étendue dont il eft fufceptible. Une nation policée dont les defirs font perpétuellement irrités par la diverfité des jouiffances, pliée par l'habitude à reconnoître un befoin dans tout ce qui peut exciter un defir, croiroit manquer de tout, fi elle fe trouvoit bornée à fes productions.

Le commerce intérieur, quoique plus important en lui-même que le commerce extérieur, ne peut donc fuffire à un peuple policé. En multipliant fes relations extérieures, il peut jouir de tout; & comme il cherche en effet à jouir de tout, le commerce extérieur lui devient étroitement néceffaire.

Mais l'on ne peut avoir de commerce extérieur qu'en proportion de ce qu'on peut vendre aux nations de qui on achete: ce qui fe vend de part & d'autre, fert de payement à ce qui s'achete de part & d'autre. Cet état de dépendance réciproque entre les peuples doit conduire à deux réflexions très-importantes: l'une, que ce feroit un projet chimérique que celui d'acheter beaucoup & de vendre peu, ou d'acheter peu & de vendre beaucoup: la concurrence entre les nations commerçantes établit une relation de valeur entre ce que chacune d'elles poffede, qui ne permet que fort rarement des avantages marqués de l'une fur l'autre; elles ont toutes le même intérêt à beaucoup acheter, parce que c'eft l'unique moyen de beaucoup vendre. L'autre réflexion, eft que tout s'achete & rien ne fe donne de nation à nation, d'où l'on doit conclure qu'aucun peuple ne poffede & ne peut poffeder que ce qui eft immédiatement & médiatement le produit de fon territoire, ou du territoire des peuples dont il s'eft rendu l'agent à titre de rétributions & de falaires. Tout ce que poffedent les François, eft le produit du territoire de France; tout ce que poffedent les Hollandois, abftraction faite des territoires dont ils jouiffent hors de l'Europe, eft le produit du territoire des autres nations auxquelles ils ont vendu leurs fervices mercantils. C'eft donc la nation qui poſſede le territoire le plus étendu & le plus fécond, qui eſt la plus en état d'acheter tout ce qui lui manque en productions, en ſervices, &c.

L'habitude de faire entrer l'argent dans les achats & les ventes, détourne l'eſprit de cette vérité ſimple & primitive, que toute richeſſe eſt le fruit du territoire, & que l'argent doit être regardé comme un fruit territorial, même pour les nations qui ne poſſédent pas de mines; puiſque c'eſt avec le produit du territoire, que l'argent eſt acheté par ceux à qui leur ſol n'en fournit pas.

L'intérêt de l'Etat, eſt donc de favoriſer la plus grande ſurabondance poſſible dans les eſpeces de nos productions territoriales, qui peuvent nous ſervir à payer la plus grande quantité poſſible de choſes utiles, commodes ou agréables, qui ſurabondent chez d'autres nations; mais qui manquent à la nôtre.

Le gouvernement ne peut donc donner trop d'attention aux productions qui peuvent être exportées; il ne peut veiller avec des yeux trop ſéveres ſur les entrepriſes qui tendroient à borner les exportations. C'eſt une vérité dont le monde eſt implicitement frappé. L'intérêt de l'exportation n'eſt point une affaire de particulier, ni de province à province; c'eſt l'affaire de l'Etat, & une des plus importantes affaires de l'Etat; parce qu'il ſouffre lorſque ſes productions perdent de leur valeur, & qu'elles perdent de leur valeur, lorſque les propriétaires n'ont pas la liberté de les envoyer chercher au dehors, un prix qu'ils ne peuvent trouver dans l'intérieur du pays: il n'y a aucune maxime d'adminiſtration plus ſûre & plus univerſelle, que celle de donner à l'exportation des productions territoriales, toute l'étendue dont elle eſt ſuſceptible.

Les principes de liberté & de bienfaiſance qui s'élevent contre les bénéfices deſtructifs du monopole, produiſent auſſi des bénéfices; mais avec la différence que ceux-ci étant plus grands, & en eux-mêmes, & par leur expanſion, la continuité en eſt aſſurée par la bienfaiſance même. On ne ſauroit trop dire, trop répéter, que la nation n'eſt point dédommagée de l'anéantiſſement d'une de ſes productions par l'augmentation de prix d'une autre; le haut prix ne ſuffit pas, il faut qu'il ſoit réuni à l'abondance des productions.

L'abondance, dira-t-on, fait baiſſer le prix; oui, ſi les hommes ne ſont pas en aſſez grand nombre pour conſommer les choſes produites, parce qu'en effet le bon prix ne peut ſe ſoutenir que par la multiplicité des achats; mais il ne faut pas perdre de vue que la population ne peut s'accroître qu'en raiſon de l'augmentation des productions qui ſont à l'uſage des hommes, & que c'eſt par l'accroiſſement de la population que le bon prix ſe ſoutient avec l'abondance. Les avantages qu'on attend du commerce étranger n'ont point d'autre baſe; nous n'exportons que des productions ſurabondantes: mais par la raiſon que nous allons leur chercher des conſommateurs, faute d'en trouver un nombre ſuffiſant parmi nous, la ſurabondance n'en fait pas diminuer le prix. Il faut donc regarder comme un principe ſacré, que ce qui conſtitue l'état de proſpérité d'un empire, c'eſt le concours de la grande population, de l'abondance des productions, & du bon prix de ces mêmes productions. La population s'éteindroit, ſi les productions étoient inſuffiſantes; les productions périroient, ſi elles ne trouvoient pas une quantité ſuffiſante de conſommateurs au dedans ou au dehors, & l'on verroit diſparoître la population & les productions, si le bon prix de celles-ci ne suffisoit pas pour payer les frais de culture, pour assurer le bénéfice aux propriétaires & aux cultivateurs, & pour dispenser des salaires à toutes les classes non propriétaires, qui par leur travail & leur consommation, entretiennent les productions, le bon prix, & par conséquent la population.

La chose qui importe à l'Etat comme aux particuliers, c'est que toutes les terres appartenantes à la nation donnent le plus grand revenu possible. Mais, si cela importe à l'Etat comme aux particuliers, cela importe donc aux particuliers comme à l'Etat ; l'Etat peut donc s'en fier aux particuliers sur les moyens d'y parvenir. Chacun éclairé par son intérêt personnel, cherchera toujours, & sans avoir besoin d'y être excité par un *privilege exclusif*, à tirer de son champ le produit le plus avantageux ; & dans cette entreprise universelle, il n'y a point à craindre que personne établisse un monopole destructif de la richesse d'autrui ; car la concurrence y tiendra une police très-sévere ; elle assurera toujours la préférence de la vente à ceux qui y feront le plus grand profit, c'est-à-dire, à ceux à qui les productions semblables de qualité égale couteront le moins à faire naître ; & delà vient que l'Etat où les hommes jouiront de leur droit de propriété dans toute son étendue, montera rapidement à son plus haut période de richesses & de puissance ; parce que l'emploi de toutes ses terres & de toutes ses richesses y sera déterminé selon l'ordre & la loi de la nature, vers le plus grand profit possible, par la combinaison que les propriétaires feront de la qualité de leur sol, de la consommation & du prix des denrées, & de la facilité des débouchés. Les tems d'ignorance & de vanité, où les hommes se flattoient d'établir un

ordre plus avantageux à la société que l'ordre naturel établi par la Providence, sont passés : la nation commence à voir & à réclamer ses intérêts, & le gouvernement qui seconde ses efforts, est trop éclairé pour déranger par des *privileges exclusifs*, l'ordre naturel qui assure la compensation de l'emploi des terres pour le plus grand avantage de tous. L'administration sourde à la voix du monopole ne peut, ne veut, & ne doit envisager que le bien général. De quelque évidence que les principes qui tendent au maintien de la propriété paroissent aujourd'hui, il ne faut cependant pas être surpris qu'on s'en soit écarté fréquemment du passé. Si l'on fait réflexion que dans ces'tems, les vrais principes du commerce & l'étendue des droits de la propriété étoient enveloppés de ténébres, que l'esprit humain ne s'étoit point encore assez attaché à éclaircir ; si l'on observe qu'il n'existoit presque point de livres, & surtout de bons livres économiques, on verra que le zele de l'administration étoit privé par conséquent du secours des lumieres, que la quantité & la liberté des discutions intéressantes à la patrie entraînent toujours à leur suite, & qu'il devoit donc être indispensablement sujet à s'égarer souvent, & à se laisser séduire par les prétextes du monopole, masqué de l'amour du bien public. C'est un malheur qui sera commun à tous les pays où les études économiques ne seront pas non-seulement libres, mais encouragées.

Notre siecle doit s'applaudir de ce que la lumiere, qui se répand de jour en jour sur les vérités économiques, rend les particuliers moins hardis à demander, & les ministres moins faciles à accorder des *privileges exclusifs*. Autrefois c'étoit la chose du monde la plus aisée à obtenir, il n'y a aucune branche d'induftrie qui n'en ait été grévée ; & de nos erreurs paffées fur ce fujet, il nous refte les communautés d'artifans & les corps de métiers qui fubfiftent, & que nous voyons encore tels, qu'après un torrent impétueux, on découvre les ravins qu'il a laiffés fur fon paffage.

Mais aujourd'hui les hommes fages, fur qui roule le foin de l'adminiftration, favent tous qu'ils peuvent répondre à ceux qui follicitent des *privileges excluſifs* : ou votre entreprife eft utile, ou elle ne l'eft pas. Si elle n'eft pas utile, il ne vous faut point de *privilege excluſif* : fi elle eft utile, il faut fe garder de vous donner un *privilege excluſif* : car pourquoi empêcher un autre de faire comme vous une entreprife ou un établiffement utile ? Nous n'en faurions trop avoir. D'ailleurs, ou vous avez porté votre entreprife au plus haut degré de perfection & d'économie, ou vous ne l'avez pas fait. Si vous l'avez portée au plus haut degré de perfection & d'économie, il ne vous faut point de *privilege excluſif* ; car ceux qui pourroient venir après vous, feront long-tems à acquérir le degré de perfection où vous êtes parvenu, & quand ils y arriveroient, vous auriez toujours & tout naturellement la préférence fur eux, comme inventeur, & comme le premier établi & le premier lié de correspondance avec les acheteurs. Si vous n'avez pas porté votre entreprife au plus haut degré de perfection & d'économie, il faut bien fe garder de vous donner un *privilege excluſif*. De quel droit empêcheroit-on un citoyen plus habile & plus intelligent que vous, de perfectionner votre invention, que vous donnez pour utile, & de l'exécuter d'une maniere moins difpendieufe, & par conféquent plus profitable au public ? Mais, repliquent les demandeurs de *privileges*, un autre

profitera de mes découvertes, & devenu fage à mes dépens, il pourra faire la même chofe à moins de frais, & par conféquent la donner à meilleur marché, & moi inventeur je refterai fans débit. Tant mieux encore une fois, répond le miniftre, fi un autre trouve le moyen de faire la même chofe à moins de frais que vous, il fera donc auffi un peu inventeur dans fa partie, & fon exemple vous inftruira, & vous vous ingénierez ; & comme vraifemblablement vous ne manquez pas d'intelligence dans le métier que vous voulez faire, car autrement vous n'oferiez fans doute folliciter un *privilege excluſif*, comme vous ne manquez pas d'intelligence, vous parviendrez à travailler à auffi peu de frais que le nouveau venu, peut-être le furpafferez-vous ; mais toujours le public profitera de votre économie & de votre concurrence. Mais, reprend le folliciteur, j'ai fait de fauffes dépenfes & des effais couteux avant de réuffir, n'eft-il pas jufte que, fur le produit de mon travail, je retire de quoi me dédommager, non-feulement de ce qu'il me coute habituellement, mais de ce que m'a coûté antérieurement le talent qui me rend capable de le faire ? J'entends, dit le miniftre, vous voulez faire payer votre apprentiffage au public : en cela vous êtes plus exigeant que vos confreres les artifans ; car ils font apprentiffage à leurs frais, & feulement pour fe mettre enfuite à portée de débiter leur travail au prix que la concurrence regle entr'eux. Mais fuppofé que votre demande fût légitime, il feroit toujours bon de favoir s'il y a quelque proportion entre les dépenfes de votre apprentiffage & le dédommagement que vous demandez, & encore s'il y a quelque proportion entre le dédommagement que vous voulez recevoir, & le tort qu'il causera au public. Or quant au premier point, c'est ce que ni vous ni moi ne savons ; car nous ne pouvons évaluer quel profit vous reviendra du *privilege exclusif* que vous demandez ; & cependant avant de favoriser un homme aux dépens de ses concitoyens, il est indispensable de savoir à quoi se monte la faveur qu'on lui accorde. Henri le Grand y fut trompé ; il croyoit avoir accordé au comte de Soissons une gratification de 30000 livres, tandis qu'elle se montoit à trois cents mille écus, & le sage Sully, après avoir compté, se vit obligé d'arrêter les effets de la bienfaisance de son maître ; mais encore Sully pouvoit-il compter, & ici nous ne le pouvons pas. Pour ce qui est du second point, nous le pouvons encore moins ; mais sans compter, nous voyons très-bien qu'il n'y a nulle proportion entre l'avantage que vous pouvez retirer en surveillant le travail de votre manufacture, & le dommage qui résultera pour la société, en étouffant l'industrie de tous ceux qui auroient pu courir la même carriere que vous, qui l'auroient fait mieux que vous, & qui vous auroient contraint de mieux faire vous-même, qui auroient multiplié les choses utiles auxquelles votre entreprise est consacrée, qui en auroient rendu la jouissance plus facile & moins couteuse à leurs concitoyens, & qui par conséquent auroient laissé dans la société plus de richesses employables à la consommation directe des productions de la terre, d'où seroit résulté un plus grand revenu disponible pour tous les propriétaires du produit net de la culture, pour les posseffeurs des terres, pour le souverain, pour les décimateurs. Non, mon ami, vous n'aurez point de *privilege exclusif*.

Quoi, diront quelques lecteurs, un homme qui a fait une invention utile,

ne doit-il en retirer aucun profit extraordinaire ? Ne faut-il pas que les citoyens ayent pour imaginer des choses nouvelles, & pour se livrer à des entreprises couteuses, la perspective d'un avantage assuré résultant de leur travail même ? Ces avantages n'excitent-ils pas l'émulation de ceux qui aspirent à en avoir de pareils ? Faut-il laisser l'industrie sans encouragement ?

Nous avouons que nous voudrions bien voir un traité de la maniere d'exciter l'émulation & d'encourager l'industrie par des *privileges exclusifs*. Ce seroit un ouvrage curieux. Les *privileges exclusifs* défendent à qui que ce soit d'avoir de l'émulation & de l'industrie dans tel genre, qui a été choisi par un tel, lequel a souvent très peu d'industrie, & qui étant tout seul ne sauroit avoir d'émulation, mais qui par concession, ou par achat est porteur de tel *privilege*. Et l'on regarderoit ces *privileges* comme propres à exciter l'émulation & l'industrie ! Il faut sans doute récompenser les talens & les services utiles à la patrie ; les bons & grands princes, & les ministres habiles n'y ont jamais manqué ; mais ils savent bien, que si l'homme à récompenser est pauvre, une pension le récompensera tout aussi bien qu'un *privilege*, & coutera beaucoup moins au fisc, attendu que le *privilege*, qui ne rapporteroit à son porteur que la valeur de la pension, détruiroit une somme dix fois plus forte dans les richesses renaissantes ; & dans le produit net de la culture dont l'impôt a une grande part. Quant aux citoyens qui sont riches, les sages administrateurs d'Etat se garderoient bien de leur avilir le cœur par des récompenses pécuniaires. Une marque de distinction, un éloge, l'honneur d'être consultés par le gouvernement dans la partie sur laquelle ils se sont distingués, les lauriers académiques, le cordon de quelque ordre, voilà les récompenses qui font belles à donner & à recevoir. (D. F.)

PRIVILÉGIÉ, adj., *Jurispr.*, se dit de quelqu'un qui jouit de certains privileges, ou de quelque lieu dans lequel on jouit de certaines exemptions.

Il y a des marchands *privilégiés*, d'autres qui vendent dans des lieux *privilégiés* : les uns & les autres n'ont pas besoin de maîtrise.

On entend aussi par *privilégiés* ceux qui ont droit des committimus ou gar-de-gardienne, &c.

Les *privilégiés* sont encore certaines personnes qui, par une prérogative attachée à leur office, sont exemptes de payer des droits pour les biens qu'elles vendent ou achetent dans la mouvance du souverain.

Il y a aussi des églises *privilégiées* par rapport à certaines exemptions dont elles jouissent relativement à la jurisdiction de l'ordinaire. *v.* EXEMPTION.

Un créancier *privilégié* est celui dont la créance est plus favorable que les créances ordinaires, & qui par cette raison doit être préféré aux autres créanciers même hypothécaires. Voyez ci-devant le mot PRIVILEGE.

PRIX, f. m., *Droit nat. & civ.*, quantité morale ou mesure commune, à la faveur de laquelle on peut comparer ensemble, & réduire à une juste égalité, non-seulement les choses extérieures, mais encore les actions qui entrent en commerce, & que l'on ne veut pas faire gratuitement pour autrui.

La propriété des biens établie, les hommes n'auroient pourvu qu'imparfaitement à leurs besoins, s'ils n'avoient pas établi entr'eux le commerce, au moyen duquel par des échanges réciproques, ils pussent se procurer ce

dont ils manquoient, en donnant en retour des choses dont ils pouvoient se passer.

Afin que le commerce pût se faire à l'avantage commun des parties, il étoit nécessaire que l'on y observât l'égalité; ensorte que chacun reçût autant qu'il donnoit lui-même. Mais comme les choses qui entrent en commerce sont pour l'ordinaire de différente nature & de différent usage, il étoit absolument nécessaire d'attacher aux choses une certaine idée ou qualité, au moyen de laquelle on pût les comparer ensemble, & les réduire à une juste égalité. C'est là l'origine du *prix* des choses.

Le *prix* n'est donc autre chose, qu'une certaine qualité ou quantité morale, une certaine valeur, que l'on attribue aux choses & aux actions qui entrent en commerce, & au moyen de laquelle on peut les comparer ensemble, & juger si elles sont égales ou inégales. L'on dit que le *prix* est une qualité morale, parce qu'elle est d'institution humaine, & que l'on y considere moins quelle est la constitution physique & naturelle des choses, que le rapport qu'elles ont à notre avantage, ou à nos plaisirs, & qu'ainsi elle sert de regle aux mœurs.

Ce n'est pas cependant que la quantité physique n'entre dans l'estimation des choses qui se trouvent de même nature & de même bonté ; car tout le reste d'ailleurs égal, un gros diamant, par exemple, vaut beaucoup plus qu'un petit. Mais on n'a pas toujours égard à cela dans l'estimation des choses de différente espece & de différente qualité; ainsi une grosse masse de plomb ne vaut pas plus qu'une petite piece d'or.

On peut d'abord distinguer le *prix* en *prix* propre & intrinseque, & en *prix* virtuel ou éminent. Le premier c'est celui que l'on conçoit comme inhérent

aux

aux chofes mêmes, ou aux actions qui entrent en commerce, felon qu'elles font plus ou moins capables de fervir à nos befoins, à nos commodités, ou à nos plaifirs. Le *prix* virtuel ou éminent eft celui qui eft attaché à la monnoye, entant qu'elle renferme virtuellement la valeur de toutes fortes de chofes, ou d'actions & qu'elle fert comme de regle ou de mefure commune pour comparer & ajufter enfemble la variété infinie de degrés d'eftimation dont elles font fufceptibles.

Il n'y a que les chofes & les actions qui entrent en commerce, qui foient fufceptibles de *prix*, & qui en puiffent être l'objet. Ainfi la haute région de l'air, le ciel, les corps céleftes, & le vafte Océan n'étant point fufceptibles de propriété, & ne pouvant entrer en commerce, ne fauroient être mis à *prix*.

Il y a auffi des actions qui doivent être faites fans intérêt, & dont les loix divines & humaines défendent de trafiquer. Telle eft l'adminiftration des chofes faintes, ou de la juftice, la collation des bénéfices & des emplois eccléfiaftiques. Il eft donc défendu à un juge de vendre la juftice. C'eft un crime de fimonie lorfqu'un miniftre de la religion vend les chofes facrées; par exemple, l'adminiftration des facremens, ou qu'il ne veut exercer les fonctions particulieres de fa charge qu'en faveur de ceux qui ont de quoi le payer; comme auffi lorfqu'on confere des emplois eccléfiaftiques, non au plus digne, mais pour de l'argent.

Mais il faut bien remarquer ici, que les juges ou les miniftres de la religion, qui reçoivent quelque falaire pour la peine qu'ils prennent, & le tems qu'ils donnent aux fonctions de leur emploi, ne font rien en cela d'illégitime. *His, non rei pretium, fed operæ, folvitur,*

Tome XI.

quod deferviunt, quod à rebus fuis advocati, nobis vacant, mercedem non meriti, fed occupationis fuæ, ferunt, Seneca *de benef. l.vj. c. 15.*

Les fondemens du *prix* propre & intrinfeque font premierement l'aptitude qu'ont les chofes à fervir aux befoins, aux commodités, ou aux plaifirs de la vie, en un mot, leur utilité, & enfuite leur rareté. Je dis premierement leur utilité. Par où j'entends non-feulement une utilité réelle, & fondée dans la nature même, mais encore celle qui n'eft qu'arbitraire & de fantaifie, comme celle des pierres précieufes. Et de là vient que dans le langage ordinaire, ce qui n'eft d'aucune utilité, eft dit de nul *prix.*

Mais l'utilité feule, quelle qu'elle foit, ne fuffit pas pour que les chofes ayent un *prix*: il faut de plus que cette utilité foit accompagnée de quelque rareté; c'eft-à-dire, que les chofes foient de telle nature, que chacun ne puiffe pas s'en procurer aifément autant qu'il en veut. En effet, les chofes les plus utiles & même les plus néceffaires, mais qui font d'une fi grande abondance que l'ufage en eft inépuifable, ne font point mifes à *prix*, comme on le voit par l'exemple de l'eau commune. Cependant la rareté feule, quelque grande qu'elle foit, n'eft pas non plus fuffifante pour donner un prix aux chofes, fi d'ailleurs elles n'étoient d'aucun ufage.

Comme ce font là les vrais fondemens du *prix* des chofes, ce font auffi ces mêmes circonftances, combinées différemment, qui l'augmentent ou le diminuent. Si la mode d'une chofe paffe, ou que peu de gens en faffent cas, dèslors elle devient à bon marché, quelque chere qu'elle ait été auparavant. Qu'une chofe commune au contraire, & qui ne coute que peu ou rien, de

F f f

vienne un peu rare, aussi-tôt elle commence à avoir un *prix*, & quelquefois même fort cher, comme cela paroît, par exemple, même dans de l'eau, dans les lieux arides, ou en certain tems, pendant un siege, &c. En un mot, toutes les circonstances particulieres, qui contribuent au surhaussement du *prix* des choses, se rapportent en dernier ressort à la rareté. Telles sont la difficulté d'un ouvrage, la délicatesse, & la beauté du travail, la réputation de l'ouvrier, &c.

On peut même rapporter à la même raison ce que l'on appelle *prix d'inclination* ou *d'affection*, lorsque quelqu'un estime une chose qu'il possede au-dessus du *prix* qu'on lui donne communément, & cela par quelque raison particuliere; par exemple, si elle lui a servi à se tirer d'un grand péril, si elle est un monument remarquable, si c'est pour lui une marque d'honneur, &c.

Mais est-il permis au vendeur d'augmenter le *prix* des choses à proportion de l'inclination qu'il apperçoit dans l'acheteur? Il y a des moralistes qui soutiennent la négative, mais sans raison, à mon avis. Les loix romaines veulent même, que, dans la réparation d'un dommage causé sans mauvais dessein, on n'ait point d'égard à l'attachement qu'avoit la personne intéressée pour ce qu'on lui a perdu, gâté, ou détérioré en quelque maniere. *Si servum meum occidisti, non adfectiones estimandus esse puto (veluti si filium tuum naturalem quis occiderit, quem tu magno emptum velles) sed quanti omnibus valeret. Sextus quoque Pedius ait, pretia rerum non ex adfectione, nec utilitate singulorum, sed communiter fungi,* Digest. *l. ix. tit. ij. ad leg. aquil.* Leg. *xxxiij.* Voyez encore *lib. xxxv. tit. ij. ad leg. Falcid.* leg. *xlij. xliij.* Mais je ne vois pas pour-quoi, lorsque je dois me défaire d'une chose qui me fait plaisir, je dois la vendre au même *prix* qu'un autre qui regardera une chose semblable avec indifférence. Il est d'abord certain que l'inclination augmente le *prix* des choses, & que même la plûpart n'ont de *prix* que dans l'imagination & les desirs de celui qui veut les acquérir. Or dès que l'acheteur attache à une chose qui me fait plaisir, un *prix* proportionné à ce plaisir, je ne vois pas pourquoi, outre le *prix* intrinseque de la chose, je ne puis pas demander une espece de dédommagement du plaisir que la possession de cette chose me procurera; d'autant plus, que je ne force pas l'acheteur, qui de son côté, ne se détermine à l'acheter au *prix* d'inclination, que parce que la chose lui fait autant de plaisir, que la somme demandée m'en fera. Le possesseur de la lampe de terre du philosophe Epictete, faisoit autant de cas de ce morceau de terre, que si avec la lampe il eût reçu tout le savoir du philosophe. Il se présenta un fou de la même espece qui lui en demanda le *prix* : il la lui fit trois mille dragmes; & le marché eut lieu: Lucien, dans le traité *contre un ignorant.* Or quel mal y a-t-il dans ce marché? Le vendeur ne croyoit pas qu'on pût le dédommager de la perte de la lampe par une moindre somme: l'acheteur ne croyoit pas payer trop par la même somme un si beau monument d'un homme aussi célebre qu'Epictete. Il me semble, en général, que dans les ventes des choses, suivant le *prix* d'inclination, l'acheteur & le vendeur sont plutôt à plaindre qu'à blâmer.

Tels sont les fondemens généraux du *prix* des choses. Mais pour juger plus précisément du *prix* de chaque chose en particulier, il faut distinguer l'état de nature de l'état civil. Dans l'état de nature, il est, à parler en général, libre à chacun de mettre le *prix* qu'il veut à ce qui lui appartient. Mais cette liberté doit pourtant être reglée, parce que le bien du commerce & les besoins de l'humanité l'exigent. Il y auroit donc une bizarrerie déraisonnable, à estimer, sans aucune raison particuliere les choses que l'on possede beaucoup au-dessus de ce que les autres hommes les estiment communément. En particulier, par rapport aux choses absolument nécessaires aux besoins de la vie, & dont on a abondamment, il y auroit de l'inhumanité à se prévaloir de l'indigence & du besoin d'autrui pour en exiger un *prix* excessif.

Mais dans la société civile l'on a cru que l'on devoit mettre quelques bornes à la liberté des particuliers par rapport aux *prix* des choses. Ce *prix* se regle donc en deux manieres, ou par la loi du souverain & les réglemens des magistrats, ou par le seul consentement des parties. Le premier s'appelle *prix légitime*, & le second *prix commun* ou *conventionnel*.

Il étoit en effet d'une bonne police, & du bien commun, de fixer le *prix* des choses qui sont les plus nécessaires à la vie, comme sont les principales denrées ; de peur que les riches n'opprimassent les pauvres, & que ceux-ci n'eussent trop de peine de pourvoir à leurs besoins. Le *prix* légitime doit donc être déterminé par la justice & l'équité, conformément à ce que demande le bien public, & non par des considérations particulieres pour favoriser les uns au préjudice des autres. Lorsque le *prix* des choses est taxé, ou en faveur de l'acheteur, ou en faveur du vendeur uniquement, il est sans doute permis à l'un de se contenter de moins, ou à

l'autre de donner plus ; car chacun peut renoncer à ses avantages.

Mais si le *prix* est reglé par la loi, non pas tant pour l'intérêt des particuliers que pour le bien public, comme une espece de loi somptuaire, & pour procurer à chacun un avantage égal, alors il n'est pas même permis de donner au-delà. Que si le magistrat, en fixant le *prix*, a eu en vue d'empêcher les monopoles, & de favoriser en général les marchands & le commerce, il n'est pas permis au vendeur de se contenter de moins.

Mais s'il est convenable que la loi fixe le *prix* de certaines choses, il ne l'étoit pas moins que tout le reste fût laissé à la liberté des particuliers, afin que chacun tirant quelque profit de son industrie & de son habileté, on entretînt par-là l'émulation, qui contribue à faire fleurir le commerce.

Le *prix* commun ou conventionnel a donc quelque étendue, ensorte que l'on peut exiger quelque chose de plus, ou donner quelque chose de moins. Bien entendu pourtant que l'on garde en cela quelque mesure, & que le plus ou le moins ne s'écarte pas trop considérablement de la juste estimation que donnent aux choses ceux qui s'entendent en marchandises & en négoce. D'ailleurs, toutes les fois qu'on n'a point déterminé de *prix* par une convention expresse, & que cependant on en a supposé quelqu'un, on est censé avoir entendu le *prix* courant.

Plusieurs circonstances contribuent à l'augmentation ou à la diminution du *prix* courant des choses. 1°. On met en ligne de compte les peines que prennent les marchands, & les dépenses qu'ils font pour transporter, garder & débiter leurs marchandises. 2°. On peut faire payer plus cher ce que l'on vend à crédit, que ce que l'on vend argent comptant ; car le tems du payement est une partie du *prix*. 3°. Ceux qui vendent en détail peuvent mettre un plus haut *prix* à leurs marchandises, que les marchands en gros. Car outre que la vente en détail est plus pénible & plus incommode ; on gagne bien davantage à recevoir tout-à-la-fois une grosse somme d'argent qu'à en tirer peu-à-peu des petites. 4°. Enfin le *prix* hausse ou baisse encore à proportion du nombre d'acheteurs ou de vendeurs, & de l'abondance, ou de la disette d'argent, ou de marchandise.

Mais entrons ici dans quelques détails sur les considérations que la politique bien entendue des conducteurs des Etats, doit faire pour fixer le vrai *prix* des denrées de premiere nécessité. Je suppose que, dans un grand pays, les provinces se font interdit tout commerce entr'elles, & qu'il y en ait cependant où la récolte ne soit jamais suffisante, d'autres où elle ne fournisse, années communes, que ce qu'il faut à la consommation, & d'autres où il y ait presque toujours surabondance. C'est ce qui doit arriver.

Considérons d'abord une province où les récoltes ne font jamais suffisantes. Si nous supposons que le commerce intérieur y jouisse d'une liberté entiere, tous ses marchés communiqueront entr'eux ; &, par conséquent, les denrées se vendront dans chacune séparément, comme si elles venoient toutes se vendre dans un marché commun ; parce que de proche en proche, on saura dans chacun ce qu'elles se vendent dans tous, il ne sera pas possible de les vendre dans l'un à beaucoup plus haut *prix* que dans les autres. C'est ainsi que l'or a le même *prix*, à peu de chose près, dans tous les marchés de l'Europe.

Dans cette province, les récoltes ne font jamais suffisantes, c'est ce que nous avons supposé ; & puisque nous supposons encore qu'elle s'est interdit tout commerce extérieur, c'est une conséquence que les autres provinces ne puissent pas suppléer à ce qui lui manque.

Cela étant, le bled sera à un *prix* d'autant plus haut, qu'il y en aura moins, & qu'il en faudra davantage ; & parce que c'est une nécessité que ses habitans se réduisent au nombre qu'elle peut nourrir, elle se dépeuplera infailliblement.

Dans une province où il y a presque toujours surabondance, les bleds, en supposant le commerce intérieur parfaitement libre, se vendront, dans tous les marchés, à-peu-près au même *prix*, parce qu'ainsi que dans la premiere, ils s'y vendront, comme s'ils se vendoient dans un seul marché commun.

Cette province, nous l'avons supposé, s'est aussi interdit tout commerce extérieur. Elle ne peut donc pas exporter. Ses bleds seront donc à un *prix* d'autant plus bas, qu'elle en a plus, & qu'il lui en faut moins.

Cette surabondance étant à charge au cultivateur qui n'en vend pas une plus grande quantité de bled, & qui cependant le vend à plus bas *prix*, il cessera de labourer & d'ensemencer une partie de ses champs.

Il y sera même forcé ; car avec le foible bénéfice qu'il trouve dans les bleds qu'il vend, il pourra d'autant moins s'engager dans de grands frais de culture, que le journalier qui, par le bas *prix* du pain, gagne en un jour dequoi subsister deux, ne voudra pas travailler tous les jours, ou exigera de plus forts salaires.

Il arrivera donc nécessairement que

les récoltes, dans cette province, diminueront pour se mettre en proportion avec la population ; comme dans l'autre, la population a diminué pour se mettre en proportion avec les récoltes.

Considérons enfin une province où les récoltes, années communes, fourniffent précifément ce qu'il faut à la confommation ; & fuppofons-lui, comme aux deux autres, au-dedans un commerce parfaitement libre, & point de commerce au-dehors.

Puifqu'années communes, cette province ne récolte précifément que ce qu'il lui faut, il y aura rareté dans quelques années, & furabondance dans d'autres. Le *prix* du bled variera donc d'année en année ; mais, années communes il y fera plus bas que dans la province où nous avons fuppofé que la récolte n'eft jamais fuffifante, & il fera plus haut que dans la province où nous avons fuppofé que la récolte eft prefque toujours furabondante.

Dans cette province, la culture & la population pourront fe maintenir au même degré, ou à-peu-près. Elle fera feulement expofée à de grandes variations dans les *prix*, puifque nous fuppofons qu'on ne lui apportera pas des bleds lorfqu'elle en manquera ; & qu'elle n'en exportera pas, lorfqu'elle en aura trop.

Dans ces trois provinces nous avons trois *prix* différens : dans la premiere, un *prix* haut ; dans la troifieme, un *prix* bas, & dans la feconde, un *prix* moyen.

Il n'eft donc pas poffible qu'aucun de ces *prix* foit pour toutes en même tems le vrai *prix* du bled, c'eft-à-dire, le *prix* qu'il importe à toutes de lui donner.

Chacune apprécie le bled d'après le rapport qu'elle apperçoit, ou croit appercevoir entre la quantité & le befoin. Juge-t-elle que la quantité n'eft pas fuffifante, le *prix* eft haut ; la juge-t-elle fuffifante, le *prix* eft bas.

J'appelle *proportionnels* les *prix* qui s'établiffent fur de pareils rapports. Par où l'on voit que, quels que foient les *prix*, ils font toujours proportionnels, parce qu'ils font toujours fondés fur l'opinion qu'on a de la quantité relativement au befoin. Mais le *prix*, qui a cours dans une de nos provinces, quoique proportionnel chez elle, feroit difproportionnel chez les autres, & ne peut leur convenir.

Les *prix* des bleds ne font fi différens dans ces trois provinces, que parce que nous avons interdit tout commerce entr'elles. Ils ne le feront donc plus, fi nous leur accordons la liberté d'exporter réciproquement des unes chez les autres.

En effet, fi elles commercent librement, il arrivera aux marchés qui fe tiennent dans toutes les trois, ce qui eft arrivé aux marchés qui fe tenoient dans chacune en particulier. Ils communiqueront les uns avec les autres, & le bled fe vendra dans tous au même *prix*, comme s'il fe vendoit dans un feul marché commun. Alors ce *prix*, le même pour toutes trois, & tout à la fois proportionnel chez chacune, fera celui qu'il importe également à toutes trois de donner au bled ; & , par conféquent, ce fera, pour toutes trois, le vrai *prix*.

Ce *prix* eft celui qui eft le plus avantageux à la province dont le fol, par fa nature, eft d'un produit furabondant; parce qu'elle vendra les bleds qu'elle ne confomme pas, & qu'elle ne fera plus dans le cas d'abandonner une partie de fa culture, pour proportionner fes récoltes à fa confommation.

Ce *prix* eft également avantageux à

la province dont le fol eſt naturellement peu fertile ; parce qu'elle achetera les bleds dont elle manque, & qu'elle ne fera plus dans le cas de ſe dépeupler pour proportionner ſa population à ſes récoltes.

Enfin ce *prix* n'eſt pas moins avantageux à la province dont le fol ne fournit, années communes, que ce qu'il faut à ſa conſommation. Elle ne ſera plus expoſée à voir ſes bleds trop hauſſer ou trop baiſſer, tout-à-coup & comme par ſecouſſes ; parce que, dans la ſurabondance, elle pourra vendre au *prix* du marché commun, & que dans la rareté elle pourra acheter au même *prix*. En un mot, ce *prix* du bled, ce vrai *prix* fera verſer continuellement le ſurabondant d'une province dans l'autre, & répandra l'abondance dans toutes.

Je dis *qu'il répandra l'abondance dans toutes*. C'eſt qu'une mauvaiſe récolte ne pourra pas occaſionner une diſette, même dans la province la moins fertile. Car cette province a les bleds qui ſurabondent ailleurs, puiſque, par la liberté dont jouit le commerce, ils ſont toujours prêts à entrer chez elle.

Quand je dis qu'elle achete au même *prix* que les deux autres, c'eſt que je conſidere les achats dans le marché commun, où le *prix* eſt le même pour toutes trois ; & je fais abſtraction des frais de tranſport qu'elle aura à payer de plus. Je ne dis pas, comme quelques écrivains, que les frais de tranſport ne font pas partie du *prix* du bled ; car certainement on ne payeroit pas ces frais, ſi on ne jugeoit pas que le bled les vaut. Mais j'en fais abſtraction, parce que pour juger du vrai *prix* qui doit être le même pour toutes les provinces, il ne faut conſidérer les achats & les ventes que dans le marché commun.

mun. J'ajoute que ce marché ſe tient toujours dans la province où le bled ſurabonde, ou dans celle qui eſt ſituée pour ſervir d'entrepôt à toutes. C'eſt là qu'on arrive de toutes parts pour en acheter.

Les raiſonnemens, que je viens de faire ſur ces trois provinces, pourroient ſe faire ſur un plus grand nombre, & alors on verroit qu'un commerce libre entr'elles établiroit un *prix*, tout à la fois le même pour toutes, tout-à-la-fois proportionnel dans chacune, & qui, par conſéquent, ſeroit le vrai *prix* pour la France, ou le plus avantageux à toutes ſes provinces.

On ne ſçait point quel eſt le vrai *prix* du bled en Europe, & on ne peut pas le ſavoir. Il y a un *prix*, chez chaque nation, qui eſt le vrai *prix* pour elle ; mais il ne l'eſt que pour elle. Chacune a le ſien, & de tous ces *prix* aucun ne ſçauroit être tout-à-la-fois proportionnel chez toutes ; &, par conſéquent, aucun ne ſauroit être le vrai pour toutes également.

Si dans un tems où les Anglois & les François ne commercent point enſemble, les récoltes ſurabondantes en Angleterre ont été inſuffiſantes en France, il s'établira deux *prix*, tous deux fondés ſur la quantité relativement au beſoin, & tous deux différens, puiſque la quantité relativement au beſoin n'eſt pas la même en France & en Angleterre. Aucun de ces *prix* ne ſera donc tout-à-la-fois proportionnel pour toutes deux : aucun ne ſera également avantageux à toutes deux : aucun ne ſera, pour toutes deux, le vrai *prix*.

Mais ſi les Anglois & les François commerçoient entr'eux avec une liberté pleine & entiere, le bled qui ſurabonde en Angleterre, ſe verſeroit en France ; & parce qu'alors les quantités, relativement au befoin, feroient les mêmes dans l'une & l'autre monarchie, il s'établiroit un *prix* qui feroit le même pour toutes deux ; & ce feroit le vrai pour l'une comme pour l'autre, puifqu'il leur feroit également avantageux.

On voit par là combien il importeroit à toutes les nations de l'Europe de lever les obftacles qu'elles mettent, pour la plupart, à l'exportation & à l'importation.

Il n'eft pas poffible que dans la même année, les récoltes foient chez toutes également mauvaifes : il n'eft pas plus poffible qu'elles foient chez toutes, dans la même année, également bonnes. Or un commerce libre, qui feroit circuler le furabondant, produiroit le même effet que fi elles étoient bonnes partout, c'eft-à-dire, que fi elles étoient par-tout fuffifantes à la confommation. Le bled, les frais de voiture défalqués, auroit dans toute l'Europe le même *prix*: ce *prix* feroit permanent, & le plus avantageux à toutes les nations. Mais lorfqu'elles défendent l'exportation & l'importation, ou qu'elles mettent fur l'une & fur l'autre des droits équivalens à une prohibition ; lorfqu'en permettant d'exporter, elles défendent d'importer, ou qu'en permettant d'importer, elles défendent d'exporter ; lorfqu'enfin, fous prétexte de fe conduire différemment fuivant la différence des circonftances, elles défendent ce qu'elles ont permis, elles permettent ce qu'elles ont défendu, tour-à-tour, fubitement, fans principes, fans regles, parce qu'elles n'en ont point, & qu'elles ne peuvent en avoir : alors il eft impoffible que le bled ait un *prix* qui foit le même & le vrai pour toute l'Europe ; il eft impoffible qu'il ait nulle part un *prix* permanent. Auffi voit-on qu'il monte à un *prix* exceffif chez une na-

tion, tandis qu'il tombe à un vil *prix* chez une autre.

Ce n'eft pas que le vrai *prix* puiffe être toutes les années abfolument le même : il doit varier fans doute, mais il fe maintiendra toujours entre deux termes peu diftans l'un de l'autre : c'eft ce qu'il faut expliquer.

Nous avons remarqué que les récoltes ne fauroient être ni également bonnes, ni également mauvaifes, dans toute l'Europe : mais on conçoit qu'il y aura quelquefois des années où elles feront généralement plus abondantes, & que quelquefois auffi il y aura d'autres années où elles le feront généralement moins. Le vrai *prix* du bled baiffera donc, & hauffera quelquefois.

Il baiffera dans la plus grande abondance générale, à proportion que la quantité des bleds fera plus grande que la confommation ; & dans une moindre abondance générale, il hauffera à proportion que la quantité des bleds fe rapprochera de ce qui s'en confomme.

Je dis qu'il *hauffera dans une moindre abondance générale*, & je ne dis pas dans une difette. Car il feroit bien extraordinaire qu'il y eût de mauvaifes années pour l'Europe entière. Il peut feulement y en avoir de meilleures les unes que les autres ; & ce font ces meilleures années qui feront baiffer le *prix* du bled.

L'Europe, fi toutes fes provinces commerçoient librement les unes avec les autres, récolteroit, années communes, autant de grains qu'elle en confomme, parce que la culture fe régleroit fur la confommation. Le *prix* des bleds feroit donc conftamment fondé fur une même quantité relativement au befoin, &, par conféquent il feroit conftamment le même.

Or, suppofons que le bled fût à vingt-quatre livres le feptier : dans une abondance grande & générale , il pourra baiffer à vingt-deux, à vingt, ou , fi l'on veut, à dix - huit. Mais certainement l'abondance générale ne fera jamais affez grande pour le faire defcendre à un vil *prix*.

De même , dans une moindre abondance générale , il pourra hauffer à vingt-fix , vingt - huit ou trente. Mais la rareté ne fera jamais généralement affez grande pour l'élever à un *prix* exceffif. J'ai même peine à croire qu'il pût varier de dix-huit à trente : car ces termes me paroiffent bien diftans.

Au contraire , lorfque les nations de l'Europe s'interdifent mutuellement le commerce par des prohibitions expref-fes, ou par des droits équivalens, on conçoit que le *prix* du bled doit , tour-à-tour , tantôt chez l'une , tantôt chez l'autre , varier au point qu'il fera impoffible d'affigner un terme au plus haut *prix* & au plus bas. Le même peuple verra tout-à-coup defcendre le bled à dix livres, ou monter à cinquante. Arrêtons-nous fur les fuites funeftes de ces variations.

Lorfque le bled eft à dix livres , le cultivateur en vend plus , que lorfqu'il eft à cinquante, parce qu'on en confomme davantage. Mais il n'eft à dix livres, que parce qu'il en a beaucoup plus qu'il n'en peut vendre , & ce plus eft pour lui une non-valeur. Cependant il ne trouve point de dédommagement dans le bled qu'il vend , parce qu'il le vend à vil *prix*. Il a donc cultivé, & il n'en retire aucun bénéfice. Peut-être même que les frais de culture ne lui rentreront pas.

Il n'eft donc pas de fon intérèt d'enfemencer autant de terres qu'il auroit fait. Quand il le voudroit, il ne le pour-roit pas. Il n'eft pas en état d'en faire les avances.

Il n'eft pas en état , dis-je, *d'en faire les avances* : premierement, parce qu'il n'a pas affez gagné fur la vente de fes bleds ; en fecond lieu, parce que les journaliers, qui en un jour, comme nous l'avons déja remarqué, gagnent de quoi fubfifter deux, travaillent la moitié moins. Il font donc plus rares, & étant plus rares, ils font à plus haut *prix*. Ainfi les frais augmentent pour le cultivateur, lorfque fon bénéfice diminue.

Il a donc moins enfemencé, par conféquent la récolte fera moindre ; & elle fe réduira à bien peu de chofe, fi l'année eft mauvaife.

Le furabondant de la récolte précédente y fuppléera, dira-t-on. Je réponds que , fi le cultivateur avoit pu le vendre à l'étranger, il auroit retiré un plus grand bénéfice de la vente de fes bleds , parce qu'il les auroit vendus à meilleur *prix* & en plus grande quantité. Il auroit été en état d'enfemencer plus de terres ; il y auroit trouvé fon intérèt , & la récolte eût été plus abondante.

Il n'a pu conferver le furabondant de fon bled fans frais & fans déchet ; & c'eft, fans frais & fans déchet, qu'il eût confervé l'argent qu'il en auroit retiré. Il feroit donc plus riche avec cet argent, qu'il ne l'eft avec le furabondant qui lui refte. Le moyen le plus fûr & le moins difpendieux de garder le bled, c'eft de le garder en argent : car c'eft garder le bled, que de garder l'argent, avec lequel on peut toujours en acheter. Pourquoi forcer le cultivateur à bâtir des greniers, à quitter la charrue pour vifiter fes bleds, & à payer des valets pour les remuer ? S'il n'eft pas affez riche pour faire ces dépenfes, fes bleds germeront, ils feront confommés.

par

par les infectes, & le furabondant fur lequel on avoit compté, ne fe trouvera plus.

Auffi obferve-t-on que la difette vient toujours après l'abondance, & que lorfque les bleds ont été à vil *prix*, ils paffent tout-à-coup à un *prix* exceffif. Or ce *prix*, à charge au peuple, ne dédommage pas le cultivateur, à qui une mauvaife récolte laiffe d'autant moins de bled à vendre, qu'il n'a enfemencé qu'une partie de fes terres.

Nous avons remarqué que, lorfque le bled eft à vil *prix*, les journaliers fe mettent à un *prix* trop haut : nous remarquerons ici que, lorfqu'il eft à un *prix* exceffif, ils fe mettent à un *prix* trop bas.

Dans le premier cas, comme il faut peu gagner pour avoir de quoi acheter du pain, plufieurs paffent des jours fans travailler. Au contraire, dans le fecond, tous demandent à l'envi de l'ouvrage, ils en demandent tous les jours, & ils s'offrent au rabais. Encore plufieurs s'offrent-ils inutilement. Les cultivateurs, qui fe reffentent des pertes qu'ils ont faites, ne font pas affez riches pour faire travailler tous ceux qui fe préfentent.

Dans ces tems de variations, les falaires font donc néceffairement trop hauts ou trop bas ; & cela eft vrai de tous : car l'artifan, comme le journalier, vend fon travail au rabais, quand le pain eft cher ; & quand le pain eft à bon marché, il met fon travail à l'enchere.

Pendant ce défordre, toutes les fortunes fe dérangent plus ou moins. Le grand nombre retranche fur fon néceffaire, les gens riches retranchent au moins fur leurs fuperfluités, beaucoup d'ouvriers manquent d'ouvrages, les manufactures tombent, & on voit la mifere fe répandre dans les campagnes &

Tome XI.

dans les villes, que le commerce auroit pu rendre floriffantes.

Si le commerce jouiffoit toujours & par tout d'une liberté pleine & entiere, le vrai *prix* des grains s'établiroit néceffairement, & il feroit permanent ; alors le défordre cefferoit. Les falaires, qui fe proportionneroient avec le *prix* permanent du bled, mettroient toutes les efpeces de travaux à leur vrai *prix*. Le cultivateur jugeroit mieux des dépenfes qu'il a à faire, & il craindroit d'autant moins de s'y engager, qu'il feroit affuré de trouver dans fes récoltes fes frais & fon bénéfice. J'en dis autant des entrepreneurs dans tous les genres. Tous employeroient un plus grand nombre d'ouvriers, parce que tous en auroient la faculté, & que tous feroient affurés du bénéfice dû à leur induftrie. Alors plus de bras oififs. On travailleroit également dans les villes & dans les campagnes ; on ne feroit pas réduit à retrancher fur fon néceffaire ; on pourroit au contraire fe procurer de nouvelles jouiffances, & le commerce feroit auffi floriffant qu'il peut l'être.

On demandera peut-être à quoi on pourra reconnoître le vrai *prix*. On le reconnoîtra en ce que fes variations feront toujours renfermées entre deux termes peu diftans ; & c'eft en ce fens que je l'appelle *permanent*. S'il ne varioit, par exemple, que de vingt à vingt-quatre, il feroit bas à vingt, haut à vingt-quatre, & moyen à vingt-deux. Tout autre *prix* feroit un faux *prix*, qui prendroit le nom de *cherté*, lorfqu'il s'éleveroit au-deffus de vingt-quatre ; & qui prendroit celui de *bon marché*, lorfqu'il defcendroit au-deffous de vingt. Ce faux *prix* cauferoit néceffairement des défordres, parce que dans le bon marché, le producteur feroit léfé, & le confommateur le feroit dans la cherté. Or le vrai

Ggg

prix doit être également avantageux à tout le monde. Voilà la théorie & la pratique du *prix* suivant la faine morale. Ecoutons la justice du barreau. (D. F.)

* Le *prix* néceffaire pour former un contrat de vente, doit avoir trois qualités ; 1°. il doit être un *prix* férieux ; 2°. certain & déterminé, ou du moins qui doive fe déterminer ; 3°. il doit confifter en une fomme d'argent.

Le *prix* doit être un *prix* férieux, & convenu avec intention qu'il pourroit être exigé ; c'eft pourquoi fi une perfonne me vendoit une chofe pour une certaine fomme, & que par le contrat il m'en fit remife ; un tel acte ne feroit pas une vente, mais une donation ; *cùm in venditione quis pretium rei ponit, donationis causâ non exacturus, non videtur vendere. L.* 36, *ff. dict. tit.* La raifon eft que le *prix*, qui eft de l'effence du contrat de vente, eft un *prix* férieux que l'acheteur s'eft obligé de payer ; c'eft ce qui réfulte de la définition que nous avons donnée du contrat de vente. *v.* VENTE. Or, dans cette efpece, l'acheteur n'a jamais été obligé de payer le *prix* porté par l'acte ; puifqu'on fuppofe qu'on lui en a fait remife, dès le tems de la confection de l'acte, il n'y a donc pas de *prix* véritable, ni par conféquent de contrat de vente.

Il en feroit autrement fi la remife du *prix* n'avoit été faite que *ex intervallo* ; car il y a eu en ce cas un *prix* que l'acheteur s'eft véritablement obligé de payer ; ce qui fuffit pour le contrat de vente ; *non (enim) pretii numeratio ; fed conventio perficit emptionem, l.* 2. *§.* 1, *ff. de contr. empt.*

Un *prix*, qui n'a aucune proportion avec la valeur de la chofe vendue, n'eft pas un véritable *prix* ; par exemple, fi on vendoit une terre confidérable pour un

écu ; car le *prix* n'étant autre chofe, que l'eftimation que les parties contractantes ont faite entr'elles de la valeur de la chofe ; une fomme qui n'a aucune proportion avec la valeur de cette chofe, ne peut paffer pour une eftimation férieufe, ni par conféquent pour un véritable *prix* ; un tel contrat n'eft donc pas une vente, mais une donation fauffement qualifiée de vente, laquelle doit être fujette à toutes les formalités des donations, & ne peut être valable qu'entre perfonnes qui peuvent fe donner.

Il n'eft pas néanmoins néceffaire que la fomme convenue pour le *prix*, égale précifément la jufte valeur de la chofe ; car le *prix* dans le contrat de vente n'eft pas précifément la vraie valeur de la chofe, mais la fomme à laquelle les parties contractantes l'ont eftimée ; il peut arriver qu'elles faffent cette eftimation trop baffe ; c'eft pourquoi, pourvu que la fomme convenue ne foit pas une fomme de néant, & qui n'ait aucune proportion avec la valeur de la chofe, quoiqu'elle foit au-deffous, le contrat ne laiffe pas d'être un véritable contrat de vente, dont cette fomme eft le *prix*.

Ainfi, lorfque le vendeur a voulu gratifier l'acheteur, en confentant que le *prix* fût accordé à une fomme au deffus de la jufte valeur, cela n'empêche pas que le contrat ne foit un vrai contrat de vente : *Si quis donationis causâ minoris vendat, venditio valet : toties enim dicimus in totum venditionem non valere, quoties univerfa venditio donationis causâ facta eft ; quoties verò viliore pretio res donationis causâ diftrahitur ; dubium non eft venditionem valere, l.* 38, *ff. d. tit.*

On peut néanmoins dire que le contrat en ce cas, n'eft pas purement &

entierement contrat de vente, mais un contrat d'une nature mixte, qui tient quelque chose de la donation, & qui néanmoins, eu égard à ce qui a été la principale intention des parties contractantes, est un contrat de vente plutôt qu'une donation.

Pareillement l'infériorité du *prix* n'empêche pas qu'un contrat ne soit un vrai contrat de vente; lorsque les parties ignoroient la juste valeur, ou lorsque le vendeur, quoique connoissant cette juste valeur, s'est trouvé obligé par le besoin pressant qu'il avoit d'argent, de vendre sa chose pour la somme qu'on lui en offroit, quoiqu'inférieure à la juste valeur; mais ce contrat, quoique valable selon la rigueur du droit, & quoiqu'il produise, selon la rigueur du droit, toutes les obligations qui naissent du contrat de vente, est un contrat inique, & l'acheteur est dans le for de la conscience obligé d'en réparer l'iniquité, en suppléant ce qui manque au juste *prix*; même dans le for extérieur les loix viennent quelquefois au secours du vendeur par les lettres de rescision, lorsque la lésion est énorme.

Le *prix* qui est de l'essence du contrat de vente doit être un *prix* certain & déterminé: il n'est pas néanmoins nécessaire qu'il soit absolument déterminé; il suffit qu'il soit tel qu'il doive le devenir, & qu'il ne soit pas laissé au pouvoir seul de l'une des parties.

C'est pourquoi le contrat de vente est valable, lorsque je vends une chose pour le *prix* qu'elle sera estimée par un tiers; pourvu néanmoins qu'il arrive que ce tiers dont nous sommes convenus, fasse l'estimation: car s'il refusoit de la faire, ou qu'il mourût avant que de l'avoir faite, il n'y auroit point de vente, ainsi que le décide Justinien en

la loi derniere, *cod. de contr. empt.* parce qu'il ne se trouve point de *prix.* Les parties n'étant convenues que de celui que cette personne régleroit, on ne peut pas assurer qu'elles aient voulu à son défaut, se rapporter au réglement que feroit une autre personne; elles ont pu n'avoir confiance qu'en celle-ci.

Si le tiers, dont les contractans sont convenus, a fait une estimation, mais qui soit manifestement inique, il n'y aura pareillement point de vente; & c'est la même chose que s'il n'avoit point fait d'estimation; car les contractans en s'en rapportant à son estimation, ont entendu, non une estimation purement arbitraire, mais une estimation *tanquam boni viri,* une estimation juste. C'est l'avis de la glose *ad d. l.* qui est plus équitable que celui de Despeisses, qui veut qu'on s'en tienne à l'estimation quelle qu'elle soit, & qui se fonde sur ces termes de la loi: *omnimodò secundùm aestimationem pretium solvatur.*

Celui donc des contractans qui prétendra que cette estimation est inique, pourra demander qu'il soit fait à ses dépens une nouvelle estimation par experts nommés en justice; & si par cette estimation, il est prouvé que celle faite par la personne à laquelle les contractans s'en étoient rapportés, est inique, elle sera nulle, & en conséquence le contrat de vente sera aussi nul. Au reste, comme l'estimation des choses a une certaine étendue, il ne suffira pas pour faire déclarer inique l'estimation faite par la personne convenue, qu'il y ait une différence modique entre cette estimation & la nouvelle ordonnée par justice; il en faut une considérable: mais cette différence doit-elle être de moitié, comme le veut la glose, ou du tiers ou du quart? Je pense que cela doit être laiffé à l'arbitrage du juge.

On peut vendre auffi une chofe pour le *prix* qu'elle fera eftimée par experts dont les parties conviendront ; fi en ce cas le *prix* n'eft pas certain lors du contrat, il fuffit qu'il doive le devenir par l'eftimation qui en fera faite.

Quelques interprètes prétendent que ce contrat eft un contrat *innommé*, qui donne lieu à l'action *præfcriptis verbis*, & qui imite feulement le contrat de vente, plutôt qu'un vrai contrat de vente ; mais ces fubtiles diftinctions de contrats ne font point admifes dans notre droit françois, & ne font d'aucun ufage dans la pratique.

Il y a plus de difficulté lorfqu'il eft feulement dit qu'on vend une chofe *pour le prix qu'elle vaut* ; néanmoins comme les conventions doivent être interprètées, *magis ut valeant, quàm ut pereant*, les parties doivent être cenfées être par ces termes convenues du *prix* que la chofe feroit eftimée valoir par des experts dont elles conviendront, de même que dans l'efpece précédente.

Le *prix* pour lequel on vend une chofe, doit confifter en une fomme de deniers que l'acheteur s'oblige de payer au vendeur ; s'il confiftoit dans toute autre chofe, le contrat ne feroit pas un contrat de vente, mais plutôt un contrat d'échange. *Emptionem rebus fieri non poffe pridem placuit, l. 7, cod. de rer. permut.*

Néanmoins fi outre la fomme d'argent convenue pour le *prix*, l'acheteur s'obligeoit de donner en outre, pour fupplément du *prix* quelqu'autre chofe, ou de faire quelque chofe, le contrat ne laifferoit pas de paffer pour contrat de vente : *Si vendidi tibi infulam certâ pecuniâ, & ut aliam infulam meam reficeres ; agam ex vendito, ut reficias ; fi hoc folum ut reficeres, non intelligitur*

emptio venditio, l. 6. §. 1, ff. de act. empt.

Il nous refte à obferver que, pourvu que par le contrat les parties foient convenues pour *prix* d'une fomme d'argent, quoique par la fuite l'acheteur ait donné en payement une autre chofe, & n'ait payé aucun argent, le contrat ne laiffe pas d'être & de demeurer contrat de vente ; *non enim pretii numeratio, fed conventio perficit emptionem*. (P. O.)

* Voilà qui peut fuffire fur le *prix* propre & intrinféque. Paffons au *prix* virtuel & éminent.

Depuis que la plupart des peuples fe furent écartés de la fimplicité des premiers fiecles, le commerce devenant tous les jours plus étendu, on s'apperçut bientôt que le *prix* propre & intrinféque ne fuffifoit pas pour en faciliter l'exécution. Car dans ces circonftances on ne pouvoit trafiquer autrement que par des échanges des chofes ou du travail. Or il étoit très difficile que chacun eût toujours des marchandifes que les autres vouluffent prendre en troc, & qui fuffent précifément de même valeur, ou qu'il pût travailler pour eux d'une maniere qui leur convînt.

Pour remédier à ces inconvéniens, & pour augmenter les douceurs & les commodités de la vie, la plupart des nations jugerent convenable d'attacher à certaines chofes une valeur imaginaire, un *prix* virtuel ou éminent, qui renfermât virtuellement la valeur de toutes celles qui entrent en commerce.

On peut donc confidérer le *prix* de la monnoie comme une mefure commune du *prix* intrinféque de chaque chofe, comme un moyen univerfel par lequel on peut fe pourvoir de tout ce qui nous eft néceffaire, & faire toutes fortes de commerce, avec cette fûreté, qu'avec la même quantité de cette monnoie, pour laquelle nous nous sommes défaits de quelque chose, nous pourrons dans la suite nous en procurer d'autres qui vaudront tout autant. Telle a été l'origine de la monnoie. C'est ce que les jurisconsultes romains ont fort bien expliqué. *Origo emendi vendendique à permutationibus cœpit : Olim enim non ita erat nummus ; neque aliud merx, aliud pretium vocabatur ; sed unusquisque, secundum necessitatem temporum ac rerum, utilibus inutilia permutabat, quando plerumque evenit ut quod alteri superest alteri desit. Sed quia non semper, nec facile concurrebat, ut cùm tu haberes quod ego desiderarem, invicem haberem quod tu accipere velles, electa materia est, cujus publica ac perpetua æstimatio difficultatibus permutationum æqualitate quantitatis subveniret ; eaque materia forma publica percussa, usum dominiumque, non tàm ex substantiâ præbet quàm ex quantitate ; nec ultra merx utrumque, sed alterum pretium vocatur,* Digest. *lib. xviij. tit. j. de contr. empt. leg. j.*

Ce n'est pas sans raison que l'on a choisi les métaux les plus rares & les plus estimés, l'or, l'argent & le cuivre, pour établir le *prix* virtuel ; car il étoit tout-à-fait convenable que la matiere à laquelle on vouloit attribuer ce *prix* eût certaines conditions, qui se rencontrent toutes dans ces métaux.

Et 1°. il falloit que cette matiere fût d'une certaine rareté, afin qu'elle eût une certaine valeur intrinséque, & que le commerce pût se faire plus commodément. 2°. Il étoit nécessaire qu'elle fût compacte & solide, afin qu'elle ne s'usât que très-peu, & à la longue. 3°. Qu'elle pût aisément se réduire en petites parties. 4°. Enfin, que l'on pût aisément la garder, & la manier. Tou-

tes ces qualités étoient essentielles à une chose, qui devoit tenir lieu de mesure commune dans le commerce, & elles se trouvent toutes dans les métaux que l'on a choisi pour cela.

Cependant on a été contraint quelquefois, dans des cas de nécessité, de se servir de quelqu'autre matiere, qui tenoit lieu de monnoie, comme de cuir, de papier, auquel on donne une certaine empreinte. C'est ainsi que Timothée, général des Athéniens, voyant que l'argent manquoit dans son camp, persuada aux marchands de prendre son cachet en place de monnoie, avec promesse que dès qu'il auroit des especes, il rendroit pour ces cachets de la monnoie ordinaire. Ce qu'il exécuta ponctuellement.

La monnoie a été établie pour être une mesure commune dans le commerce, & par conséquent égale pour tous les particuliers d'un même Etat. Il suit de-là que c'est au souverain à en fixer le *prix*, & aux particuliers de s'y conformer. C'est aussi pourquoi les monnoies sont frappées au coin de l'Etat, ensorte que cette marque en regle exactement la valeur. Cependant le souverain n'a pas un pouvoir si absolu de fixer cette valeur, qu'il ne doive suivre en cela certaines regles. 1°. Il faut avoir égard à la valeur intrinséque de l'or, de l'argent, du cuivre, & suivre en cela la proportion qui est entre ces métaux. 2°. On doit aussi faire attention au *prix* que les Etats étrangers, avec lesquels on est en commerce, donnent aux especes. Car, par exemple, si un souverain hausse trop la valeur de ses especes, il les rend inutiles par rapport aux étrangers, avec qui ses sujets négocient ; & cela tourneroit au grand préjudice de ses sujets. 3°. Il faut que les monnoies soient à un bon titre, d'un alloi & du poids convenables. 4°. Le souverain doit donner tous ses soins pour empêcher les fraudes des faux monnoyeurs. Pour cela, il faut non-seulement n'employer que de bon alloi, mais encore faire travailler curieusement toute la monnoie, ensorte que le travail joint à la valeur intrinsèque de chaque piece vaille tout autant, & même plus, s'il est possible, que ce pourquoi elle est employée dans le commerce. 5°. Lorsqu'il s'est glissé de la fausse monnoie dans le commerce, le souverain doit, s'il le peut, en prendre la perte sur lui, & empêcher que les particuliers n'en souffrent, après quoi il doit la décrier pour l'avenir.

On vit un bel exemple de cela en Angleterre, l'an 1695, sous le roi Guillaume III. Toute la monnoie se trouvoit si fort rognée par la négligence des régnes précédens, qu'elle étoit diminuée de plus du tiers de son véritable poids; ensorte qu'elle valoit dans l'usage un tiers plus que son poids ne permettoit; ce qui ruinoit le commerce en diverses manieres. C'est ce qui porta enfin le parlement à prendre la résolution, pour sauver le commerce d'Angleterre, de faire refondre la monnoie aux dépens du public, sans en hausser le prix.

6°. La monnoie étant la mesure du prix des autres choses, le prince ne doit rien changer à la valeur des especes que dans un grand besoin de l'Etat, & quand la nécessité l'y oblige. 7°. Quand on vient à faire de pareils changemens, il faut les faire les moindres qu'il est possible, & de façon que l'effet en soit universel, & non pour des vues d'intérêts particuliers, au préjudice du bien public; mais dans l'intention de rétablir les choses sur l'ancien pied, le plus tôt qu'il sera possible. 8°. Une der-

niere remarque, c'est que la mesure du prix de l'argent, & suivant laquelle il doit naturellement hausser ou baisser, dépend principalement de son abondance ou de sa rareté par rapport aux terres, dont la valeur naturelle & intrinsèque est fort constante, & qui sont presque par-tout le principal fondement des patrimoines. En effet, si dans le tems que l'argent roule en abondance, les terres & ce qui en provient étoient à bon marché, les laboureurs seroient ruinés infailliblement. Que si au contraire, lorsque l'argent est rare, les terres & leurs revenus se vendoient fort cherement, ceux qui ne subsistent que de leur industrie, mourroient de faim. Ainsi comme dans ces derniers siecles, il nous est venu des Indes & d'Afrique une grande quantité d'or & d'argent, il étoit à propos, toutes choses d'ailleurs égales, d'augmenter proportionnellement le prix des terres & le salaire des ouvriers.

Quand donc on dit que le prix d'une chose a changé, il faut bien distinguer si c'est proprement la valeur intrinsèque de la chose, ou bien la valeur de la monnoie. Le premier arrive, lorsque, y ayant une même quantité d'argent, la chose devient plus rare, ou plus abondante. L'autre a lieu, lorsqu'y ayant une même quantité de cette chose, l'argent devient lui-même plus abondant ou plus rare dans le commerce.

Pour peu que l'on réflechisse sur ces principes incontestables, on verra aisément quelle fut la stupidité ou la noirceur du premier financier qui osa conseiller à son prince de falsifier les monnoies, en les marquant d'une empreinte qui désigne une valeur plus grande que celle qu'elles ont intrinsèquement. C'est là duper son peuple & les autres, & sacrifier sa bonne foi, objet si délicat dans un souverain, pour faire du monnoyage un article de finance & un moyen d'acquérir. Car par cette déloyauté, la mesure commune, le *prix de tout*, a été rendu incertain : la nation ou plutôt le prince, qui a frappé cette monnoie falsifiée, a payé au double ce qu'il avoit gagné par cette fraude, dès que les autres peuples s'en sont apperçus ; & dans le fonds, raccourcir l'aune, diminuer les mesures, fausser les poids, ou altérer les monnoies, c'est la même manœuvre. (D. F.)

PROBABILISME, s. m., *Morale.* On désigne par ce mot un système de morale, qui enseigne, qu'on peut se déterminer entre les actions les plus opposées sur de simples probabilités ; qu'entre deux partis, absolument contraires, on peut choisir en sûreté de conscience l'un ou l'autre indifféremment, dès que nous n'avons pas une démonstration claire & certaine que l'un des deux est vicieux ; qu'à moins de la vue évidente de l'opposition de la loi de Dieu, défendant une action comme mauvaise avec la proposition qui la conseille, on peut faire cette action, pourvu que quelque raison s'offre à nous en faveur de ce parti, comme seroit la décision de quelque homme qui passe pour savant.

Les scholastiques qui, par leurs subtilités, ont répandu l'obscurité sur tout ce qu'ils ont traité, avoient déja jetté les fondemens de cette doctrine, en enseignant que tout ce dont le contraire n'étoit pas démonstrativement prouvé, étoit probable ; que celui qui avoit cru une proposition vraie, quoique son contraire lui parût probable, n'étoit pas coupable en suivant celle qu'il croyoit vraie, quoique dans la réalité elle fût fausse ; mais jamais cette doctrine n'avoit été réduite en système, ni donnée pour regle morale aux casuistes, que

quand les jésuites sont devenus les directeurs généraux de la conscience de la plupart des membres de l'église romaine. Les peres, dans l'ordre desquels une politique rusée & ambitieuse, tendant à dominer sur toutes les consciences & sur tous les états, a été de très-bonne heure l'esprit dominant, ont cherché à tracer un plan de morale qui pût être du goût de tout le monde, & ne déplût à qui que ce soit, quel que fût son caractere : pour cela ils ont imaginé leur système de la probabilité ou du *probabilisme*, au moyen duquel ils tranquillisent les consciences. Ils ne nient pas qu'il n'y ait des actions mauvaises, tout comme des propositions fausses : mais ils soutiennent qu'il est possible que, sur toute action & sur toute proposition, l'homme le plus convaincu que de tel côté est le mal ou l'erreur, peut cependant se tromper, & que quand lui ne se tromperoit pas réellement, telle autre personne peut se trouver dans le cas de juger d'une maniere toute opposée ; qu'il est possible en conséquence que quelque docteur ait prononcé une décision contraire à la persuasion de ce premier. Dès qu'une proposition est soutenue comme vraie par quelqu'un qu'on a lieu de croire capable d'en juger, & qu'on n'a pas eu lieu de soupçonner qu'il parlât contre sa conscience ; la décision de celui-ci rend son opinion probable ; & elle devient telle pour moi, quelque persuadé que j'aie été & que je sois encore qu'elle est fausse, ma persuasion ne change pas la qualité que cette proposition a dans l'esprit de celui qui juge autrement que moi ; elle est donc probable, & je puis agir d'après cette proposition probable sans blesser ma conscience, quoique je croye que la proposition est fausse, & que son opposée est vraie. Pour donner à cette regle quelque chofe de fixé, il falloit déterminer qui font ceux dont la décifion peut rendre une propofition probable, même contre ma plus intime perfuafion; en conféquence, ils ont enfeigné que l'avis d'un docteur, d'un homme favant, d'une perfonne réputée grave, fuffifoit pour rendre probable une propofition; ils ont donc eu foin de raffembler fur tous les cas moraux les décifions des divers docteurs catholiques, de quelque ordre qu'ils fuffent, mais en particulier celles des jéfuites, qui ont eu foin d'écrire fur les cas de confcience, & de donner des décifions de toute efpece; il n'eft point d'action qui ne trouve quelque docteur ou qui la confeille comme bonne, ou qui la permette comme innocente, ou qui ne fourniffe des raifons bonnes ou mauvaifes pour la juftifier, ou qui n'indique quelque précaution au moyen de laquelle on peut fe la permettre en fûreté de confcience; tous ces docteurs font réputés favans & graves, & leurs décifions font fuffifantes pour rendre probable l'innocence de telle action, & pour que d'après fon avis je puiffe la faire, quelque perfuadé que je fois d'ailleurs qu'elle eft mauvaife.

On auroit peine à fe perfuader que jamais une telle doctrine ait pû être enfeignée par des hommes qui avoient quelque réputation à conferver; bien moins par des chrétiens chargés par leur inftitut de prêcher la morale de Jefus - Chrift; & on feroit tenté de croire que ce peu que nous en avons dit, eft une calomnie atroce, inventée contre un ordre qu'on vouloit rendre odieux; mais comment révoquer en doute les propres écrits des auteurs jéfuites, les traités compofés par eux fur cette matiere, & les applications que les cafuiftes de cette fociété font à

chaque inftant des principes du *probabilifme*? Qu'on life les *Lettres provinciales* & l'*Avertiffement des curés de Paris*, on y verra non - feulement l'expofé de cette doctrine déteftable, mais encore les preuves démonftratives de fon exiftence, & de l'ufage qu'en faifoit cette fociété. (M. D. B.)

PROBABILITÉ, f. f., *Morale*. Les bornes étroites de l'efprit humain ne nous permettant pas de voir toujours le vrai & le bien avec l'éclat de l'évidence, nous fommes obligés de nous contenter de l'apparence de la vérité; ce qui forme l'état de l'ame, qu'on appelle *probabilité*. Nous la définirons donc toute vue du vrai ou du bien, avec des doutes fur la réalité de cette vue. Comme la matiere eft très - importante pour la morale, tout auffi bien que pour les autres connoiffances de notre vie, nous remonterons aux vrais principes de la *probabilité*.

Toute propofition confiderée en ellemème eft vraie ou fauffe; mais rélativement à nous, elle peut être certaine ou incertaine; nous pouvons appercevoir plus ou moins les rélations qui peuvent être entre deux idées, ou la convenance de l'une avec l'autre, fondée fous certaines conditions qui les lient, & qui lorfqu'elles nous font connues, nous donnent la certitude de cette vérité, ou de cette propofition; mais fi nous n'en connoiffons qu'une partie, nous n'avons alors qu'une fimple *probabilité*, qui a d'autant plus de vraifemblance que nous fommes affurés d'un plus grand nombre de ces conditions. Ce font elles qui forment les degrés de *probabilité*, dont une jufte eftime & une exacte mefure feroient le comble de la fagacité & de la prudence.

Les géometres ont jugé que leur calcul pouvoit fervir à évaluer ces degrés
de

de probabilité, du moins jusqu'à un certain point, & ils ont eu recours à la logique, ou à l'art de raisonner, pour en découvrir les principes, & en établir la théorie. Ils ont regardé la certitude comme un tout, & les *probabilités* comme les parties de ce tout. En conséquence le juste degré de *probabilité* d'une proposition leur a été exactement connu, lorsqu'ils ont pu dire & prouver que cette *probabilité* valoit un demi, un quart, ou un tiers de la certitude. Souvent ils se sont contentés de le supposer; leur calcul en lui-même n'en est pas moins juste; & ces expressions, qui d'abord peuvent paroître un peu bisarres, n'en sont pas moins significatives. Des exemples pris des jeux, des paris, ou des assurances, les éclairciront. Supposons que l'on vienne me dire que j'ai eu à une loterie un lot de dix mille livres, je doute de la vérité de cette nouvelle. Quelqu'un qui est présent, me demande quelle somme je voudrois donner pour qu'il me l'assurât. Je lui offre la moitié, ce qui veut dire que je ne regarde la *probabilité* de cette nouvelle, que comme une demi-certitude; mais si je n'avois offert que mille livres, c'eût été dire que j'avois neuf fois plus de raison de croire la vérité de la nouvelle que de ne pas la croire. Ou ce seroit porter la *probabilité* à neuf degrés, de maniere que la certitude en ayant dix, il n'en manqueroit qu'un pour ajouter une foi entiere à la nouvelle.

Dans l'usage ordinaire, on appelle *probable* ce qui a plus d'une demi-certitude *vraisemblable*, ce qui la surpasse considérablement; & *moralement certain*, ce qui touche à la certitude entiere. Nous ne parlons ici que de la certitude morale, qui coincide avec la certitude mathématique, quoiqu'elle ne soit pas susceptible des mêmes preuves. L'évi-

Tome XI.

dence morale n'est donc proprement qu'une *probabilité* si grande, qu'il est d'un homme sage de penser & d'agir, dans les cas où l'on a cette certitude, comme l'on devroit penser & agir, si l'on en avoit une mathématique. Il est d'une évidence morale qu'il y a une ville de Rome: le contraire n'implique pas contradiction; il n'est pas impossible que tous ceux qui me disent l'avoir vue, ne s'accordent pour me tromper, que les livres qui en parlent ne soient faits exprès pour cela, que les monumens que l'on en a ne soient supposés; cependant, si je refusois de me rendre à une évidence appuyée sur les preuves que j'ai de l'évidence de Rome, simplement parce qu'elles ne sont pas susceptibles d'une démonstration mathématique, on pourroit me traiter, avec raison, d'insensé, puisque la *probabilité* qu'il y a une ville de Rome, l'emporte si fort sur le soupçon qu'il peut n'y en point avoir, qu'à peine pourroit-on exprimer en nombre cette différence, ou la valeur de cette *probabilité*. Cet exemple suffit pour faire connoître l'évidence morale & ses degrés qui font autant de *probabilités*. Une demi-certitude forme *l'incertain*, proprement dit, où l'esprit trouvant de part & d'autre les raisons égales, ne sait quel jugement porter, quel parti prendre. Dans cet état d'équilibre, la plus légere preuve nous détermine; souvent on en cherche où il n'y a ni raison, ni sagesse à en chercher; & comme il est assez difficile, en bien des cas, où les raisons opposées approchent à-peu-près de l'égalité, de déterminer quelles sont celles qui doivent l'emporter, les hommes les plus sages étendent le point de l'incertitude; ils ne le fixent pas seulement à cet état de l'ame, où elle est également entrainée de part & d'autre par

H h h

le poids des raifons; mais ils le portent fur toute fituation qui en approche affez, pour qu'on ne puiffe pas s'appercevoir de l'inégalité; il arrive de-là que le pays de l'incertitude eft plus ou moins vafte, felon le défaut plus ou moins grand de lumieres, de logique, & de courage. Il eft plus ferré chez ceux qui font les plus fages, ou les moins fages; car la témérité le borne encore plus que la prudence, par la hardieffe de fes décifions. Au-deffous de cette demi-certitude ou de l'incertain, fe trouvent le *foupçon* & le *doute*, qui fe terminent à la certitude de la fauffeté d'une propofition. Une chofe eft fauffe d'une évidence morale, quand la *probabilité* de fon exiftence eft fi fort inférieure à la *probabilité* contraire, qu'il y a dix mille, cent mille à parier contre un qu'elle n'eft pas.

Voilà les degrés de *probabilité* entre les deux évidences oppofées. Avant que d'en rechercher les fources, il ne fera pas inutile dans un article où l'on ne veut pas fe contenter du fimple calcul géométrique, d'établir quelques regles générales, qui font régulierement obfervées par les perfonnes fages & prudentes.

1°. Il eft contre la raifon de chercher des *probabilités*, & de s'en contenter là où l'on peut parvenir à l'évidence. On fe moqueroit d'un mathématicien, qui, pour prouver une propofition de géométrie, auroit recours à des opinions, à des vraifemblances, tandis qu'il pourroit apporter fa démonftration; ou d'un juge qui préféreroit de deviner par la vie paffée d'un criminel, s'il eft coupable, plutôt que d'entendre fa confeffion, par laquelle il avoue fon crime.

2°. Il ne fuffit pas d'examiner une ou deux des preuves qu'on peut mettre en avant, il faut pefer à la balance de l'examen toutes celles qui peuvent venir à notre connoiffance, & fervir à découvrir la vérité. Si l'on demande quelle *probabilité* il y a qu'un homme âgé de 50 ans meure dans l'année, il ne fuffit pas de confidérer qu'en général de cent perfonnes de 50 ans, il en meurt environ 3 ou 4 dans l'année, & conclure qu'il y a 96 à parier contre 4, ou 24 contre un; il faut encore faire attention au tempérament de cet homme-là, à l'état actuel de fa fanté, à fon genre de vie, à fa profeffion, au pays qu'il habite; tout autant de circonftances qui influent fur la durée de fa vie.

3°. Ce n'eft pas affez des preuves qui fervent à établir une vérité, il faut encore examiner celles qui la combattent. Demande-t-on fi une perfonne connue & abfente de fa patrie depuis 26 ans, dont l'on n'a eu aucune nouvelle, doit être regardée comme morte? D'un côté l'on dit que, malgré toutes fortes de recherches l'on n'en a rien appris; que comme voyageur elle a pu être expofée à mille dangers, qu'une maladie peut l'avoir enlevée dans un lieu où elle étoit inconnue; que fi elle étoit en vie, elle n'auroit pas négligé de donner de fes nouvelles, fur-tout devant préfumer qu'elle auroit un héritage à recueillir, & autres raifons que l'on peut alléguer. Mais, à ces confidérations, on en oppofe d'autres qui ne doivent pas être négligées. On dit que celui dont il s'agit eft un homme indolent, qui, en d'autres occafions n'a point écrit, que peut-être fes lettres fe font perdues, qu'il peut être dans l'impoffibilité d'écrire. Ce qui fuffit pour faire voir qu'en toutes chofes il faut pefer les preuves, les *probabilités* de part & d'autre, les oppofer les unes aux autres, parce qu'une propofition très-probable peut être fauffe, & qu'en fait de *proba-*

bilité, il n'y en a point de si forte qu'elle ne puisse être combattue & détruite par une contraire encore plus forte. De - là l'opposition que l'on voit tous les jours entre les jugemens des hommes. De - là la plupart des disputes qui finiroient bien - tôt, si l'on vouloit ne pas regarder comme évident ce qui n'est que probable, écouter & peser les raisons que l'on oppose à notre avis.

4°. Est - il nécessaire d'avertir que dans nos jugemens il est de la prudence de ne donner son acquiescement à aucune proposition qu'à proportion de son degré de vraisemblance? Qui pourroit observer cette regle générale, auroit toute la justesse d'esprit, toute la prudence, toute la sagesse possible. Mais que nous en sommes éloignés! Les esprits les plus communs peuvent avec de l'attention discerner le vrai du faux; d'autres qui ont plus de pénétration, savent distinguer le probable de l'incertin ou du douteux; mais ce ne sont que les génies distingués par leur sagacité qui peuvent assigner à chaque proposition son juste degré de vraisemblance, & y proportionner son ressentiment: ah que ces génies sont rares!

5°. Bien plus, l'homme sage & prudent ne considérera pas seulement la *probabilité* du succès, il pesera encore la grandeur du bien ou du mal qu'on peut attendre en prenant un tel parti, ou en se déterminant pour le contraire, ou en restant dans l'inaction; il préférera même celui où il sait que l'apparence du succès est fort légere, lorsqu'il voit en même tems que le risque qu'il court n'est rien ou fort peu de chose; & qu'au contraire s'il réussit, il peut obtenir un bien très - considérable.

6°. Puisqu'il n'est pas possible de fixer avec cette précision qui seroit à désirer les degrés de *probabilité*, conten-

tons - nous des à - peu - près que nous pouvons obtenir. Quelquefois, par une délicatesse mal - entendue, l'on s'expose soi - même, & la société, à des maux pires que ceux qu'on voudroit éviter; c'est un art que de savoir s'éloigner de la perfection en certains articles, pour s'en approcher davantage en d'autres plus essentiels & plus intéressans.

7°. Enfin il semble inutile d'ajouter ici que dans l'incertitude on doit suspendre à se déterminer & à agir jusqu'à ce qu'on ait plus de lumiere, mais que si le cas est tel qu'il ne permette aucun délai, il faut s'arrêter à ce qu'il paroîtra le plus probable; & une fois le parti que nous avons jugé le plus sage étant pris, il ne faut plus s'en repentir, lors même que l'événement ne répondroit pas à ce que nous avions lieu d'en attendre. Si, dans un incendie, on ne peut échapper qu'en sautant par la fenètre, il faut se déterminer pour ce parti, tout mauvais qu'il est. L'incertitude seroit pire encore, & quelle qu'en soit l'issue, nous avons pris le parti le plus sage, il ne faut point y avoir de regret.

Après ces regles générales dont il sera aisé de faire l'application, venons aux sources de *probabilité*. Nous les réduisons à deux especes: l'une renferme les *probabilités* tirées de la considération de la nature même, & du nombre des causes ou des raisons qui peuvent influer sur la vérité de la proposition dont il s'agit: l'autre n'est fondée que sur l'expérience du passé qui nous fait tirer avec confiance des conjectures pour l'avenir, lors du - moins que nous sommes assûrés que les mêmes causes qui ont produit le passé existent encore, & sont prètes à produire l'avenir.

Un exemple fera mieux connoître la nature & la différence de ces deux sources de *probabilité*. Je suppose que l'on sache que l'on a mis dans une urne trente mille billets, parmi lesquels il y en a dix mille noirs & vingt mille blancs, & qu'on demande quelle est la *probabilité* qu'en en tirant un au hasard, il sortira blanc ? Je dis que par la seule considération de la nature des choses, & en comparant le nombre des causes qui peuvent faire sortir un billet blanc avec le nombre de celles qui en peuvent faire sortir un noir, par cela seul il est deux fois plus probable qu'il sortira un billet blanc qu'un noir, de sorte que, comme le billet qui va sortir est nécessairement ou blanc ou noir, si l'on partage cette certitude en trois degrés ou parties égales, on dira qu'il y a deux degrés de *probabilités* de tirer un billet blanc, & un degré pour le billet noir, ou que la *probabilité* d'un billet blanc est $\frac{2}{3}$ de la certitude, & celle du billet noir $\frac{1}{3}$ de cette certitude.

Mais supposez que je ne voie dans l'urne qu'un grand nombre de billets, sans savoir la proportion qu'il y a des blancs aux noirs, ou même sans savoir s'il n'y en a point d'une troisieme couleur, en ce cas comment déterminer la *probabilité* d'en tirer un blanc ? Je dis que ce sera en faisant des essais, c'est-à-dire en tirant un billet pour voir ce qu'il sera, puis le remettant dans l'urne, en tirer un second que je remets aussi, puis un troisieme, un quatrieme, & ainsi de suite autant que je voudrois. Il est clair que le premier billet tiré étant venu blanc, ne donne qu'une *probabilité* très-légere que le nombre des blancs surpasse celui des noirs, un second tiré blanc augmenteroit cette *probabilité*, un troisieme la fortifieroit. Enfin si j'en tirois de suite un grand nombre de blancs, je serai en droit de conclure qu'ils sont tous blancs,

& cela avec d'autant plus de vraisemblance que j'aurois tiré plus de billets. Mais si sur les trois premiers billets j'en tire deux blancs & un noir, je puis dire qu'il y a quelque *probabilité* bien légere, qu'il y a deux fois plus de blancs que de noirs. Si sur six billets il en sort quatre blancs & deux noirs, la *probabilité* augmente, & elle augmentera à mesure que le nombre des essais ou des expériences me confirmera toujours la même proportion des blancs aux noirs. Si j'avois fait trois mille essais, & que j'eusse mille billets blancs contre mille noirs, je ne pourrois guere douter qu'il n'y eût deux fois plus de blancs que de noirs, & par conséquent que la *probabilité* de tirer un blanc ne fût double de celle de tirer un noir.

Cette maniere de déterminer probablement le rapport des causes qui font naître un événement à celles qui le font manquer, ou plus généralement la proportion des raisons ou conditions qui établissent la vérité d'une proposition avec celles qui donnent le contraire, s'applique à tout ce qui peut arriver ou ne pas arriver, à tout ce qui peut être ou ne pas être. Quand je vois sur des régiftres mortuaires que pendant vingt, cinquante ou cent années du nombre des enfans qui naissent, il en meurt le tiers avant l'âge de six ans, je conclurai d'un enfant nouvellement né que la *probabilité* qu'il parviendra au-moins à l'âge de six ans est les $\frac{2}{3}$ de la certitude. Si je vois que de deux joueurs qui jouent à billes égales, le premier gagne toujours deux parties, tandis que l'autre n'en gagne qu'une, je conclurai avec beaucoup de *probabilité* qu'il est deux fois plus fort que son antagoniste ; si je remarque que quelqu'un de cent fois qu'il m'a parlé, m'a menti en dix occasions, la *probabilité* de son témoignage ne sera dans mon esprit que les $\frac{5}{10}$ de la certitude ou même moins.

L'attention donnée au passé, la fidélité de la mémoire à retenir ce qui est arrivé, & l'exactitude des régistres à conserver les événemens, font ce qu'on appelle dans le monde *l'expérience*. Un homme qui a de l'expérience est celui qui ayant beaucoup vu & beaucoup réfléchi, peut vous dire à-peu-près (car ici nous n'allons pas à la précision mathématique) quelle *probabilité* il y a que tel événement étant arrivé, tel autre le suivra; ainsi toutes choses d'ailleurs égales, plus on a fait d'épreuves ou d'expériences, & plus on s'assure du rapport précis du nombre des causes favorables au nombre des causes contraires.

On pourroit demander si cette *probabilité* augmentant à l'infini par une suite d'expériences répétées, peut devenir à la fin une certitude morale; ou si ces accroissemens sont tellement limités, que diminuant graduellement, ils ne fassent à l'infini qu'une *probabilité* finie. Car on sait qu'il y a des augmentations qui, quoique perpétuelles, ne font pourtant à l'infini qu'une somme finie; par exemple, si la premiere expérience donnoit une *probabilité* qui ne fût que $\frac{1}{3}$ de la certitude, & la seconde une *probabilité* qui ne fût que le tiers de ce tiers, & la troisieme une *probabilité* qui ne fût que le tiers de la seconde, & la quatrieme une *probabilité* qui ne fût que le tiers de la troisieme, & ainsi à l'infini. Il seroit aisé par le calcul de voir que toutes ces *probabilités* ensemble ne font qu'une demi-certitude, de sorte qu'on auroit beau faire une infinité d'expériences, on ne viendroit jamais à une *probabilité* qui se confondît avec la certitude morale, ce qui feroit conclure que l'expérience est inutile, & que le passé ne prouve rien pour l'avenir.

M. Bernoulli, le géometre qui entendoit le mieux ces sortes de calculs, s'est proposé une objection, & en a donné la réponse. On la trouvera dans son livre *de arte conjectandi*, *p.* 4. dans toute son étendue; problème, suivant lui, aussi difficile que la quadrature du cercle. Il y fait voir que la *probabilité* qui naissoit de l'expérience répétée alloit toujours en croissant, & croissoit tellement qu'elle s'approchoit indéfiniment de la certitude. Son calcul nous apprend à déterminer (la question proposée d'une maniere fixe) combien de fois il faudroit réitérer l'expérience pour parvenir à un degré assigné de *probabilité*. Ainsi, dans le cas d'une urne pleine d'un grand nombre de boules blanches & noires, on veut s'assurer par l'expérience du rapport des blanches aux noires; M. Bernoulli trouve que pour qu'il soit mille fois plus probable qu'il y en a deux noires sur trois blanches que non pas toute autre supposition, il faut avoir tiré de l'urne 25550 boules, & que, pour que cela fût dix mille fois plus probable, il falloit avoir fait 31258 épreuves; enfin, pour que cela devint cent mille fois plus probable, il falloit 36966 tirages. La difficulté & la longueur du calcul ne permettent pas de le rapporter ici en entier, on peut le voir dans le livre cité.

Par là il est démontré que l'expérience du passé est un principe de *probabilité* pour l'avenir; que nous avons lieu d'attendre avec raison des événemens conformes à ceux que nous avons vu arriver; & que plus nous les avons vu arriver fréquemment, & plus nous avons lieu de les attendre de nouveau. Ce principe reçu, on sent de quelle utilité seroient dans les questions de physique, de politique, & même dans ce qui regarde la vie commune, des tables exactes qui fixeroient sur une longue suite d'événemens la proportion de ceux qui arrivent d'une certaine façon à ceux qui arrivent autrement. Les usages qu'on a tirés des registres baptistaires & mortuaires sont si grands, que cela devroit engager non-seulement à les perfectionner en marquant, par exemple, l'âge, la condition, le tempérament, le genre de mort, &c. mais aussi à en faire de plusieurs autres événemens, que l'on dit très mal-à-propos être l'effet du hasard; c'est ainsi que l'on pourroit former des tables qui marqueroient combien d'incendies arrivent dans un certain tems, combien de maladies épidémiques se font sentir en certains espaces de tems, combien de navires périssent, &c. ce qui deviendroit très-commode pour résoudre une infinité de questions utiles, & donneroit aux jeunes gens attentifs toute l'expérience des vieillards.

Il est bien entendu que l'on ne donnera pas dans l'abus, qui n'est que trop ordinaire, de la preuve de l'expérience, que l'on n'établira pas sur un petit nombre de faits une grande *probabilité*, que l'on n'ira pas jusqu'à opposer ou à préférer même une foible *probabilité* à une certitude contraire, que l'on ne donnera pas dans la foiblesse de ces joueurs qui ne prennent que les cartes qui ont gagné ou celles qui ont perdu, quoiqu'il soit évident par la nature des jeux d'hasard, que les coups précédens n'influent point sur les suivans. Superstition cependant bien plus pardonnable que tant d'autres qui, sur l'expérience la plus légere ou sur le raisonnement le moins conséquent, ne s'introduisent que trop dans le courant de la vie.

A ces deux principes généraux de *probabilité*, nous pouvons en joindre de plus particuliers, tels que *l'égale possibilité de plusieurs événemens*, la con-

noissance des causes, le témoignage, l'analogie & les hypotheses.

1°. Quand nous sommes assurés qu'une certaine chose ne peut arriver qu'en un certain nombre déterminé de manieres, & que nous savons ou supposons que toutes ces manieres ont une égale possibilité, nous pouvons dire avec assurance que la *probabilité* qu'elle arrivera d'une telle façon vaut tant ou est égale à autant de parties de la certitude. Je sais, par exemple, qu'en jettant un dez au hasard, j'amene sûrement ou 1 point, ou le 2, ou le 3, ou le 4, ou le 5, ou le 6. Supposons d'ailleurs le dez parfaitement juste, la possibilité est la même pour tous les points. Il y a donc ici six *probabilités* égales, qui toutes ensemble font la certitude; ainsi chacune est une sixieme partie de cette certitude. Ce principe tout simple qu'il paroit, est infiniment fécond, c'est sur lui que sont formés tous les calculs que l'on a faits & que l'on peut faire sur les jeux d'hazard, sur les loteries, sur les assurances, & en général sur toutes les *probabilités* susceptibles de calcul. Il ne s'agit que d'une grande patience & d'un détail de combinaisons, pour démêler le nombre des événemens favorables & le nombre des contraires. C'est sur ce principe, joint à l'expérience, que l'on détermine les *probabilités* de la vie humaine, ou du tems qu'une personne d'un certain âge peut probablement se flatter de vivre; ce qui fait le fondement du calcul des valeurs des rentes viageres; des tontines. Voyez les *essais sur les* probabilités *de la vie humaine*, & les *ouvrages cités à la fin de cet article*. Il s'étend au calcul des rentes mises sur deux ou trois têtes payables au dernier vivant, sur les jouissances, les pensions alimentaires, contrats d'assurance, les paris, &c.

J'ai dit que ce principe s'employoit quand nous fuppofions les divers cas également poffibles. Et en effet, ce n'eft que par fuppofition relative à nos connoiffances bornées que nous difons, par exemple, que tous les points d'un dez peuvent également venir; ce n'eft pas que quand ils roulent dans le cornet, celui qui doit fe préfenter n'ait déja la difpofition qui, combinée avec celle du cornet, du tapis, ou de la force & de la maniere avec laquelle on jette le dez, le doit faire fûrement arriver; mais tout cela nous étant entièrement inconnu, nous n'avons pas de raifon de préférer un point à un autre; nous les fuppofons donc tous également faciles à arriver. Cependant il peut y avoir fouvent de l'erreur dans cette fuppofition. Si l'on vouloit chercher la *probabilité* d'amener 8 points avec deux dez, ce feroit faire un groffier fophifme que de raifonner ainfi: avec deux dez, je peux amener ou 2, ou 3, ou 4, ou 5, ou 6, ou 7, ou 8, ou 9, ou 10, ou 11, ou 12 points; donc la *probabilité* d'amener 8, fera $\frac{1}{11}$ de la certitude: car ce feroit fuppofer que ces 11 points font également faciles à amener, ce qui n'eft pas vrai. Les calculs les plus fimples du jeu de tric-trac nous apprennent que fur 36 coups également poffibles avec deux dez, 5 nous donnent le point 8, la *probabilité* fera donc de 5 fur 36, ou $\frac{5}{36}$ de la certitude, & non pas $\frac{1}{11}$.

Ce fophifme s'évite aifément dans les calculs des jeux, où il eft facile de déterminer l'égale ou inégale poffibilité d'événemens; mais il eft plus caché, & n'eft que trop commun dans les cas plus compofés. Ainfi bien des gens fe plaignent d'être fort malheureux, parcequ'ils n'ont pu obtenir certain bonheur qui eft tombé en partage à d'autres; ils fuppo-

fent qu'il étoit également poffible, également convenable, que ce bien leur arrivât, fans vouloir confidérer qu'ils n'étoient pas dans une pofition auffi avantageufe, qu'ils n'avoient pour eux qu'une maniere favorable, tandis que les autres en avoient plufieurs, de forte que ç'auroit été un grand bonheur que cette feule maniere eût lieu, fans dire que les événemens que nous attribuons au hafard font dirigés par une providence infiniment fage, qui a tout calculé, & qui, par des raifons à nous inconnues, difpofe des chofes d'une maniere bien plus convenable que n'eft l'arrangement que nos foibles lumieres ou nos paffions voudroient y mettre.

A la fuite de la *probabilité* fimple vient une *probabilité* compofée qui dépend encore du même principe. C'eft la *probabilité* d'un événement qui ne peut arriver qu'au cas qu'un autre évenement lui-même fimplement probable arrive. Un exemple va l'expliquer. Je fuppofe que dans un jeu de quadrille de 40 cartes, l'on me demande de tirer un cœur, la *probabilité* de réuffir eft $\frac{1}{4}$ de la certitude, puifqu'il y a 4 couleurs & 10 cartes de chaque couleur également poffible. Mais fi l'on me dit enfuite que je gagnerai fi j'amene le roi de cœur, alors la *probabilité* devient compofée; car 1°. il faut tirer un cœur, & la *probabilité* eft $\frac{1}{4}$: 2°. fuppofé que j'aie tiré un cœur, la *probabilité* fera $\frac{1}{10}$, puifqu'il y a 9 autres cœurs que je peux auffi bien tirer que le roi. Cette *probabilité* entée fur la premiere n'eft que la dixieme d'un quart, ou le $\frac{1}{4}$ de $\frac{1}{10}$, c'eft-à-dire $\frac{1}{40}$ de la certitude. Et il eft clair que puifque fur 40 cartes je dois tirer précifément le roi de cœur, je n'ai de favorable qu'un cas fur 40 également poffibles, ou un contre 39 de favorable.

Cette *probabilité* compofée s'eftime

donc en prenant de la premiere une partie telle qu'on la prendroit de la certitude entiere, si cette *probabilité* étoit convertie en certitude. Un ami est parti pour les Indes sur une flotte de douze vaisseaux : j'apprends qu'il en a péri trois, & que le tiers de l'équipage des vaisseaux sauvés est mort dans le voyage ; la *probabilité* que mon ami est sur un des vaisseaux arrivés à bon port est $\frac{9}{12}$, & celle qu'il n'est pas du tiers mort en route est $\frac{2}{3}$. La *probabilité* composée qu'il est encore en vie, sera donc les $\frac{2}{3}$ de $\frac{9}{12}$ ou $\frac{6}{12}$, ou une demi-certitude. Il est donc pour moi entre la vie & la mort.

On peut appliquer ce calcul à toutes sortes de preuves ou de raisonnemens, réduits pour plus de clarté à la forme prescrite par l'art de raisonner : si l'une des premisses est certaine, & l'autre probable, la conclusion aura le même degré de *probabilité* que cette premisse ; mais si l'une & l'autre sont simplement probables, la conclusion n'aura qu'une *probabilité* de probabilité, qui se mesure en prenant de la *probabilité* de la majeure une partie telle que l'exprime la fraction qui mesure la *probabilité* de la mineure. Dans ces derniers exemples les $\frac{9}{12}$ de $\frac{2}{3}$, qui est la *probabilité* de la majeure, & la valeur de la conclusion sera $\frac{6}{12}$ ou $\frac{1}{2}$.

D'où il paroît que la *probabilité* de la *probabilité* ne fait qu'une *probabilité* bien légere. Que sera-ce donc d'une *probabilité* du troisieme ou quatrieme degré ? ou que penser de ces raisonnemens si fréquens, dont la conclusion n'est fondée que sur plusieurs propositions probables qui doivent être toutes vraies pour que la conclusion le soit aussi ? Mais s'il suffisoit qu'une seule d'entr'elles eût lieu pour vérifier la conclusion, ce seroit tout le contraire ; plus on en-

tasseroit de *probabilités*, plus la chose deviendroit probable. Si, par exemple, quelqu'un me disoit, je vous donne un louis si vous amenez avec deux dez 8 points, la *probabilité* d'amener 8 est $\frac{5}{36}$; s'il ajoutoit, je vous le donne encore si vous amenez 6 : alors comme pour gagner, il suffit d'amener l'un ou l'autre, ma *probabilité* seroit $\frac{5}{36}$ & $\frac{5}{36}$, c'est-à-dire $\frac{10}{36}$, ce qui augmente mon espérance de gagner.

Voilà les élémens sur lesquels on peut déterminer toutes les questions, & les exemples dépendans de ce premier principe de *probabilité*.

2°. Passons au second, qui est la connoissance des causes & des signes, qu'on peut regarder comme des causes ou des effets occasionnels. Nous n'en dirons qu'un mot particulier aux *probabilités*, renvoyant pour le reste à l'*article* CAUSE. Il y a des causes dont l'existence est certaine, mais dont l'effet n'est que douteux ou probable ; il y en a d'autres dont l'effet est certain, mais dont l'existence est douteuse ; il peut y en avoir enfin dont l'existence & l'effet n'ont qu'une simple *probabilité*. Cette distinction est nécessaire : un exemple l'expliquera. Un ami n'a point répondu à ma lettre ; j'en cherche la cause, il s'en présente trois : il est paresseux, peut-être est-il mort, ou ses affaires l'ont empêché de me répondre. Il est paresseux, premiere cause dont l'existence est certaine : je sais qu'il écrit très-difficilement : mais l'effet de cette cause est incertain, car un paresseux se détermine quelquefois à écrire. Il est mort, seconde cause très-incertaine, mais dont l'effet seroit bien certain. Il a des affaires, troisieme cause incertaine en elle-même : je soupçonne seulement qu'il a beaucoup d'affaires, & dont l'existence même supposée, l'effet seroit encore incertain, puisqu'on peut avoir des affaires & trouver cependant le tems d'écrire.

La même chofe doit s'appliquer aux fignes; leur exiſtence peut être douteuſe, leur fignification incertaine; & l'exiſtence & la fignification peuvent n'avoir que de la vraifemblance. Le baromètre defcend, c'eſt un figne de pluie dont l'exiſtence eſt certaine, mais dont la fignification eſt douteuſe; le baromètre defcend fouvent fans pluie.

De cette diftinction il fuit que la concluſion tirée d'une cauſe ou d'un figne dont l'exiſtence eſt certaine, a le même degré de *probabilité* qui fe trouve dans l'effet de cette cauſe, ou dans la fignification de ce figne. Nous n'avons qu'à réduire l'exemple du baromètre à cette forme. Si le baromètre defcend, nous aurons de la pluie: cela n'eſt que probable; mais le baromètre defcend, cela eſt certain: donc nous aurons de la pluie, concluſion probable, dont l'expérience donne la valeur. De même fi l'exiſtence de la cauſe ou du figne eſt douteuſe, mais que fon effet ou la fignification ne le foit pas, la concluſion aura le même degré de *probabilité* que l'exiſtence de la cauſe ou du figne. Que mon ami foit mort, cela eſt douteux; la concluſion que j'en tirerai, qu'il ne peut m'écrire, fera également douteuſe.

Mais quand l'exiſtence & l'effet de la cauſe font probables, ou s'il s'agit de fignes quand l'exiſtence & la fignification du figne ne font que probables, alors la concluſion n'a qu'une *probabilité* compoſée. Suppoſons que la *probabilité* que mon ami a des affaires foit les $\frac{3}{4}$ de la certitude, & que celle que ces affaires, s'il en a, l'empêchent de m'écrire foit les $\frac{2}{3}$ de cette certitude, alors la *probabilité* qu'il ne m'écrira pas fera compoſée des deux autres, ce qui fera une demi-certitude.

Tome XI.

3°. Nous avons indiqué le témoignage comme une troiſieme fource de *probabilité*; & il tient de fi près au fujet dont nous donnons les principes, que l'on ne peut fe difpenfer de rapporter ici ce qu'il y a à en dire relativement aux *probabilités* & à la certitude morale. Nous ne pouvons pas tout voir par nous mêmes: il y a une infinité de chofes, fouvent les plus intéreffantes, fur lefquelles il faut fe rapporter au témoignage d'autrui. Il eſt donc important de déterminer, fi ce n'eſt pas au juſte, du moins d'une maniere qui en approche, le degré d'affentiment que nous pouvons donner à ce témoignage, & quelle en eſt pour nous la *probabilité*.

Quand on nous fait un récit, ou qu'on avance une propofition du nombre de celles qui fe prouvent par témoins, l'on doit d'abord examiner la nature même de la chofe, & enfuite pefer l'autorité des témoins. Si de part & d'autre on trouve qu'il ne manque aucune des conditions requifes pour la vérité de la propofition, on ne peut pas lui refufer fon acquiefcement; s'il eſt évident qu'il manque une ou pluſieurs de ces conditions, on ne doit pas balancer à la rejetter; enfin, fi l'on voit clairement l'exiſtence de quelques-unes de ces conditions, & que l'on reſte incertain fur les autres, la propofition fera probable, & d'autant plus probable, qu'un plus grand nombre de ces conditions aura lieu.

1°. Quant à la nature de la chofe, la feule condition requife, c'eſt qu'elle foit poffible, c'eſt-à-dire qu'il n'y ait rien dans fa nature qui l'empêche d'exiſter, & rien par conféquent qui doive m'empêcher de la croire dès qu'elle fera fuffiſamment prouvée par une preuve extérieure, telle qu'eſt celle du témoignage. Au contraire fi la chofe eſt impoffible, fi elle a en elle-même une répugnance invincible à exifter, à quelque degré de vraifemblance que puiffent monter d'ailleurs les preuves du témoignage, ou d'autres raifons extrinfeques de fon exiftence, je ne pourrois le croire. Quelqu'un prétendroit-il avancer une contradiction, une impoffibilité abfolue, y joindroit-il toutes fortes de preuves, il ne viendra jamais à bout de me perfuader ce qui eft métaphyfiquement impoffible. Un cercle quarré ne peut être ni entendu ni reçu. S'agit-il d'une impoffibilité phyfique? nous ferons un peu moins difficiles; nous favons que Dieu a établi lui-même les loix de la nature, qu'il eft conftant dans l'obfervation de ces loix; ainfi l'efprit répugne à croire qu'elles puiffent être violées. Cependant nous favons auffi que celui qui les a établies a le pouvoir de les fufpendre; qu'elles ne font pas d'une néceffité abfolue, mais feulement de convenance. Ainfi nous ne devons pas abfolument refufer notre confiance aux témoins ou aux preuves extérieures du contraire; mais il faut que ces preuves foient bien évidentes, en grand nombre, & revêtues de tous les caracteres néceffaires pour y donner notre acquiefcement. Eft-il queftion d'une impoffibilité morale ou d'une oppofition aux qualités morales des êtres intelligens? Quoique bien moins délicats fur les preuves ou les témoins qui veulent nous la perfuader, cependant il faut que nous y voyions cette vraifemblance qui fe trouve dans les caracteres même, & dans les effets qui en réfultent; il faut que les actions fuivent naturellement des principes qui les produifent ordinairement: c'eft ainfi qu'il femble impoffible qu'un homme fage, d'un caractere grave & modefte, fe porte fans raifon, fans motif à commettre une indécence en public. Au contraire, un fait moralement poffible ordinaire, conforme au cours reglé de la nature, fe perfuade aifément; il porte déja en lui-même plufieurs degrés de *probabilité*; pour peu que le témoignage en ajoute, il deviendra très-probable. Cette *probabilité* augmentera encore par l'accord d'une vérité avec d'autres déja connues & établies; fi le récit qu'on nous fait eft fi bien lié avec l'hiftoire, qu'on ne fauroit le nier fans renverfer une fuite de faits hiftoriques bien conftatés, par cela même il eft prouvé; fi au contraire il ne peut trouver fa place dans l'hiftoire fans déranger certains grands événemens connus, par cela même ce récit eft rejetté. Pourquoi l'hiftoire des Grecs & des Romains eft-elle regardée parmi nous comme beaucoup plus croyable que celle des Chinois? c'eft qu'il nous refte une infinité de monumens de toute efpece qui ont un rapport fi néceffaire, ou du moins fi naturel avec cette hiftoire, & qui la lient tellement à l'hiftoire générale, qu'ils en multiplient les preuves à l'infini; au lieu que celle des Chinois n'a que peu de liaifons avec la fuite de cette hiftoire générale qui nous eft connue.

2°. Quand on a pefé les preuves qui fe tirent de la nature même de la chofe, que l'on a reconnu la poffibilité, & en quelque maniere le degré de *probabilité* intrinfeque, il faut en venir à la validité même du témoignage. Elle dépend de deux chofes, du nombre des témoins, & de la confiance qu'on peut avoir en chacun d'eux.

Pour ce qui eft du nombre des témoins, il n'eft perfonne qui ne fente que leur témoignage eft d'autant plus probable, qu'ils font en plus grand nombre; on croiroit même qu'il augmente de *probabilité* en même proportion que le nombre croît ; enforte que deux témoins d'une égale confiance feroient une *probabilité* double de celle d'un feul, mais l'on fe tromperoit. La *probabilité* croît avec le nombre des témoins dans une proportion différente. Si l'on fuppofe que le premier témoin me donne une *probabilité* qui fe porte aux $\frac{9}{10}$ de la certitude, le fecond, que je fuppofe également croyable, ajouteroit-il à la *probabilité* du premier aufli $\frac{9}{10}$? non, puifqu'alors leurs deux témoignages réunis feroient $\frac{18}{10}$ de la certitude, ou une certitude & $\frac{8}{10}$ de plus, ce qui eft impoffible. Je dis donc que ce fecond témoin augmentera la *probabilité* du premier de $\frac{9}{10}$ fur ce qui refte pour aller à la certitude, & poulfera ainfi la *probabilité* réunie à $\frac{99}{100}$, qu'un troifieme la portera à $\frac{999}{1000}$, un quatrieme à $\frac{9999}{10000}$, ainfi de fuite, approchant toujours plus de la certitude, fans jamais y arriver entierement : ce qui ne doit pas furprendre, puifque quelque nombre de témoins que l'on fuppofe, il doit toujours refter la poffibilité du contraire, ou quelques degrés de *probabilité* bien petits à la vérité, qu'ils fe trompent : en voici la preuve. Quand deux témoins me difent une chofe, il faut, pour que je me trompe en ajoutant foi à leur témoignage, que l'un & l'autre m'induifent en erreur ; fi je fuis fûr de l'un des deux, peu m'importe que l'autre foit croyable. Or la *probabilité* que l'un & l'autre me trompent, eft une *probabilité* compofée de deux *probabilités*, que le premier trompe, & que le fecond trompe. Celle du premier eft $\frac{1}{10}$ (puifque la *probabilité* que la chofe eft conforme à fon rapport eft $\frac{9}{10}$) ; la *probabilité* que le fecond me trompe aulfi, eft encore $\frac{1}{10}$: donc la *probabilité* compofée eft la dixieme d'une dixieme ou $\frac{1}{100}$; donc la *probabilité* du contraire, c'eft-à-dire celle que l'un ou l'autre dit vrai, eft $\frac{99}{100}$.

L'on voit que je me repréfente ici la certitude morale comme le terme d'une carriere que les divers témoins qui viennent à l'appui l'un de l'autre me font parcourir. Le premier m'en approche d'un efpace, qui a avec toute la lice la même proportion que la force de fon témoignage a avec la certitude entiere. Si fon rapport produit chez moi les $\frac{9}{10}$ de la certitude, ce premier témoin me fera faire les $\frac{9}{10}$ du chemin. Vient un fecond témoin aulfi croyable que le premier ; il m'avance fur le chemin reftant, précifément autant que le premier m'avoit avancé fur l'efpace total : celui-ci m'avoit amené aux $\frac{9}{10}$ de la courfe, le fecond m'approche encore des $\frac{9}{10}$ de cette dixieme reftante ; de forte qu'avec ces deux témoins j'ai fait les $\frac{22}{100}$ du tout. Un troifieme de même poids me fait parcourir encore les $\frac{9}{10}$ de la centieme reftante, entre la certitude & le point où je fuis ; il n'en reftera plus que la millieme, & j'aurois fait les $\frac{999}{1000}$ de la courfe, & ainfi de fuite.

Cette méthode de calculer la *probabilité* du témoignage, eft la même pour un nombre de témoins dont la crédibilité eft différente ; ce qui pour l'ordinaire eft plus conforme à la nature des chofes. Qu'un fait me foit rendu par trois témoins ; le rapport du premier eft équivalent aux $\frac{5}{6}$ de la certitude ; le fecond ne produit chez moi que les $\frac{2}{3}$; & le troifieme moins croyable que les deux autres, ne me donneroit qu'une $\frac{1}{2}$ certitude s'il étoit feul. Alors fuppofant toujours que je n'ai aucune raifon pour foupçonner quelque concert entr'eux, je dis que leur témoignage réuni me donne une *probabilité* qui eft les $\frac{35}{36}$ de la certitude, parce que le premier m'approchant des $\frac{5}{6}$, il reftera $\frac{1}{6}$, dont le fecond me fera parcourir les $\frac{2}{3}$; ainfi il y aura encore $\frac{1}{3}$

de $\frac{1}{6}$, qui est $\frac{1}{18}$; & le troisieme m'avan-
çant de $\frac{1}{2}$, je ne suis plus éloigné du bout
de la carriere que de $\frac{1}{36}$: j'aurois donc
parcouru les $\frac{35}{36}$; d'ailleurs il est indifférent dans quel ordre on les prenne, le
résultat est le même.

2°. Ce principe peut suffire pour tous
les calculs sur la valeur du témoignage.
Quant à la foi que mérite chaque témoin, elle est fondée sur sa *capacité* &
sur son *intégrité*. Par la premiere il ne
peut se tromper ; par la seconde, il ne
cherche pas à me tromper : deux conditions également nécessaires ; l'une
sans l'autre ne suffit pas. D'où il suit
que la *probabilité* que fait naître le
rapport d'un témoin en qui nous reconnoissons cette capacité & cette intégrité, doit être regardée & calculée
comme une *probabilité* composée. Un
homme vient me dire que j'ai le gros
lot ; je le connois pour n'être pas fort
intelligent ; il peut s'être trompé : tout
compté, j'évalue la *probabilité* de sa
capacité à $\frac{8}{9}$; mais peut-être se fait-il
un plaisir de me tromper. Posons qu'il
y ait 15 à parier contre 1 qu'il est de
bonne foi, la *probabilité* de son intégrité sera donc de $\frac{15}{16}$. Je dis que l'assurance de son témoignage ou la *proba-
bilité* composée de sa capacité & de son
intégrité, sera les $\frac{8}{9}$ de $\frac{15}{16}$, c'est-à-dire,
$\frac{5}{6}$ de la certitude.

La maniere la plus sûre de juger de
la capacité & de l'intégrité d'un témoin, seroit l'*expérience*. Il faudroit
savoir au juste combien de fois ce même homme a trompé ou a dit la vérité ; mais cette expérience est bornée,
& manque pour l'ordinaire. A son défaut on a recours aux bruits publics
& particuliers, aux circonstances extérieures où se trouve le témoin. A-t-
il reçu une bonne éducation ? est-il d'un
rang qui est supposé l'engager à respec-

ter davantage la vérité ? est-il d'un âge
qui donne plus de poids à son témoignage ? est-il en cela désintéressé ? ou
quel peut être son but ? en retire-t-il
quelqu'avantage ? ou évite-t-il par-là
quelque peine ? son goût, sa passion
sont-ils flattés à nous tromper ? est-ce
une faute de la prévention, de la haine ? Tout autant de circonstances qu'il
faut examiner si nous n'avons pas l'expérience, & dont il est bien difficile
de déterminer la juste valeur.

De plus, la capacité d'un témoin suppose, outre les sens bien conditionnés,
une certaine fermeté d'esprit qui ne se
laisse ni épouvanter par le danger, ni
surprendre par la nouveauté, ni entrai-
ner par un jugement trop précipité. Il
est plus croyable à proportion que la
chose dont il nous parle lui est plus familiere & plus connue ; son récit même
fait souvent preuve de sa capacité, &
m'annonce qu'il a pris ou négligé toutes
les précautions nécessaires pour ne se
pas tromper : plus il les a réitérées, plus
il a le droit à ma confiance. Cette capacité à bien connoître dépend encore
de l'attention à observer, de la mémoire, du tems : autres conditions qui,
jointes à la maniere de narrer clairement
& en détail, influent sur le degré de *probabilité* que mérite un témoin.

On ne doit pas négliger le silence de
ceux qui auroient intérêt à contredire
un témoignage, si du moins il n'est extorqué ni par la crainte, ni par l'autorité. Il est difficile à la vérité d'estimer le
poids d'un pareil témoignage négatif ;
on peut assurer en général que celui qui
ne fait simplement que se taire, mérite
moins d'attention que celui qui assure
un fait. Si néanmoins le fait est tel qu'il
n'ait pû l'ignorer, s'il avoit servi à faire
valoir le reste de son récit, s'il avoit été
intéressé à le rapporter, ou si son de-

voir l'y appelloit ; en pareil cas , il eſt certain que ſon ſilence vaut un témoignage , ou du moins affoiblit & diminue la *probabilité* des témoignages oppoſés.

Nous devons encore dire un mot ſur les témoignages par oui dire , ou ſur l'affoibliſſement d'un témoignage qui paſſant de bouche en bouche , ne nous parvient qu'au moyen d'une chaîne de témoins. Il eſt clair qu'un témoin par oui dire , toutes choſes d'ailleurs égales , eſt moins croyable qu'un témoin oculaire ; car ſi celui-ci s'eſt trompé ou a voulu tromper , le témoin par oui dire qui le ſuit , quoique fidele , ne nous rapportera qu'une erreur ; & lors même que le premier auroit débité la vérité , ſi le témoin par oui dire n'eſt pas fidele , s'il a mal entendu , s'il a oublié ou confondu quelque partie eſſentielle du récit , s'il y mêle du ſien , il ne nous rapporte plus la vérité pure ; ainſi la confiance que nous devons à ce ſecond témoignage , s'affoiblit déja , & s'affoiblira à meſure qu'il paſſera par plus de bouches , à meſure que la chaîne des témoins s'allongera. Il eſt aiſé de calculer ſur les principes établis, la proportion de cet affoibliſſement.

Suivons l'exemple dont nous avons fait uſage. Pierre m'annonce que j'ai eu un lot de mille livres : j'eſtime ſon témoignage aux $\frac{9}{10}$ de la certitude , c'eſt-à-dire que je ne donnerai pas mon eſpérance pour 900 francs. Mais Pierre me dit qu'il le ſait de Jacques ; or ſi Jacques m'avoit parlé , j'aurois eſtimé ſon rapport aux $\frac{9}{10}$ en le ſuppoſant auſſi croyable que Pierre ; ainſi moi qui ne ſuis pas entierement ſûr que Pierre ne ſe ſoit pas trompé en recevant ce témoignage de Jacques , ou qu'il n'ait pas quelque deſſein de me tromper , je ne dois compter que ſur les $\frac{9}{10}$ de 900 li-

vres , ou ſur les $\frac{9}{10}$ des $\frac{9}{10}$ de 1000 livres , ce qui fait 810 livres. Si Jacques tenoit le fait d'un autre , je devrois encore prendre ſur cette derniere aſſurance $\frac{9}{10}$ ſuppoſé ce troiſieme également croyable , & mon eſpérance ſe réduiroit aux $\frac{9}{10}$ des $\frac{9}{10}$ des $\frac{9}{10}$ de 1000 livres , ou à 729 livres , & ainſi de ſuite.

Qui voudra ſe donner la peine de calculer ſur cette méthode , trouvera que ſi la confiance que l'on doit avoir en chaque témoin eſt de $\frac{95}{100}$, le treizieme témoin ne tranſmettra plus que la $\frac{1}{2}$ certitude , & alors la choſe ceſſera d'être probable , ou il n'y aura pas plus de raiſon intrinſeque pour la croire , que pour ne la pas croire. Si la *probabilité* dûe à chaque témoin eſt de $\frac{99}{100}$, elle ne ſe réduira à la $\frac{1}{2}$ certitude que quand le témoignage aura paſſé par ſoixante dix bouches ; & ſi cette confiance étoit ſuppoſée de $\frac{999}{1000}$, il faudroit une chaîne de 700 témoins pour rendre le fait incertain.

Ces calculs aſſez longs peuvent être abrégés par cette regle générale , dont l'algebre ſimple nous fournit le réſultat & la démonſtration. Prenez les $\frac{7}{10}$ du quotient de la diviſion de la *probabilité* d'un ſimple témoin par la *probabilité* contraire , comme ici de $\frac{95}{100}$ par $\frac{5}{100}$, ou de 95 par 5 , qui eſt de 19 , dont je prends les $\frac{7}{10}$, & vous aurez le témoin qui vous laiſſe dans une demi-certitude ; dans cet exemple c'eſt 13 $\frac{3}{10}$, ce qui donne le treizieme témoin.

Il en ſera de même ſi les témoins ſucceſſifs ſont ſuppoſés de force inégale ; d'où il y a lieu de conclure en général , qu'il faut faire peu de fond ſur les oui-dires , ſans ſe laiſſer aller cependant au pyrrhoniſme hiſtorique , puiſqu'ici on peut réunir les *probabilités* que donnent pluſieurs chaînes collatérales de témoins ſucceſſifs. Suppoſons qu'un fait

nous parvienne par une fimple fucceffion de témoins de vive voix, de maniere que chaque témoin fuccede à l'autre au bout de vingt ans, & que la confiance à chaque témoin diminue de $\frac{1}{20}$;
par la regle précédente, au bout de douze fucceffions, ou de 240 ans, le fait
deviendroit incertain, n'étant prouvé
que par ces 12 témoins ; mais fi cette
chaîne de témoins eft fortifiée par neuf
autres chaînes femblables qui concourent à attefter la même vérité, alors il
y aura plus de mille à parier contre un
pour la vérité du fait ; fi l'on fuppofe
cent chaînes de témoins, il y aura plus
de deux millions contre un en faveur
du fait.

Si le témoignage eft tranfmis par
écrit, la *probabilité* augmente infiniment, d'autant qu'il fubfifte & fe conferve bien plus long tems ; le témoignage concourant de plufieurs copies ou
livres imprimés qui forment autant de
différentes chaînes, donne une *probabilité* fi grande qu'elle approche indéfiniment de la certitude ; car à fuppofer
que chaque copie puiffe durer 100 ans,
ce qui eft le moins, & qu'au bout de
ce tems-là l'autorité, non pas d'une feule copie, mais de toutes celles qui ont
été faites fur le même original, foit feulement $\frac{22}{100}$, alors il faudra plus de foixante-dix fucceffions de 100 ans, ou
7000 ans pour que le fait devienne incertain ; & fi on fuppofe plufieurs chaînes de témoins qui concourent toutes
à attefter le même fait, la *probabilité*
augmente fi fort qu'elle devient infiniment peu différente de la certitude entiere, & furpaffera de beaucoup l'affurance qu'on pourroit avoir de la bouche d'un ou même de plufieurs témoins
oculaires. Il y a d'autres circonftances
qu'il eft aifé de fuppofer & qui démontrent la grande fupériorité de la tra-

dition par écrit fur la tradition orale.
(D. F.)

PROBATION, f. f., *Jurifpr.*, eft
l'épreuve que l'on fait des difpofitions
de ceux qui poftulent pour être admis
dans quelque ordre religieux.

Le tems de *probation* eft le tems du
noviciat. *v.* COUVENT, MONASTERE,
NOVICE, PROFESSION, RELIGIEUX,
VŒUX.

PROBITÉ, f. f., *Morale*, fynony-
me de *droiture*, d'*intégrité*, &c. qui emporte la difpofition conftante à s'acquitter de tous fes devoirs, & particulierement de ceux qui regardent le prochain,
dans tout ce qui eft du reffort de la juftice. Il y a une *probité* innée dans certaines perfonnes à qui il ne vient jamais
dans l'efprit de commettre aucune fraude, & auxquelles on abandonneroit des
tréfors fans qu'elles euffent la plus légere tentation d'y toucher. Des domeftiques de cette trempe font eux-mêmes
de vrais tréfors qu'on ne fauroit conferver avec trop de foin, & récompenfer avec trop de libéralité. Les nouvelles publiques rapportoient, il n'y a
pas long-tems, un exemple mémorable
dans ce genre, mais en contrafte avec
un autre bien odieux. Un domeftique
attaché à un maître qu'il avoit fervi
fidelement jufqu'à fa mort, après lui
avoir fermé les yeux, fait avertir l'héritier qui vivoit dans une province éloignée de venir recueillir la fucceffion.
Celui-ci étant arrivé, l'honnête domeftique lui remet pour plus de cent mille
livres fterlings de papiers payables au
porteur, dont il auroit pu détourner ce
qu'il auroit voulu. L'héritier qui n'a-
voit aucun fujet de s'attendre à une
pareille fucceffion, reçoit froidement
ces papiers, en difant ? *Eft-ce là tout ?*
Oui, répondit le domeftique, confterné
d'une pareille apoftrophe. Sur quoi

l'héritier tira un billet de dix livres dont il le recompenfa. Le domeftique tombe malade & meurt à l'hôpital. Et telle eft fouvent la récompenfe de la *probité* : ce qui n'en doit pas rendre le devoir moins facré.

La *probité* réfléchie naît de la connoiffance des devoirs & des motifs qui engagent à leur pratique. Elle eft auffi préférable à la précédente que la fcience l'eft à la routine, ou la raifon à l'inftinct. On ne fauroit cependant diffimuler deux chofes. La premiere eft que la connoiffance des motifs à la *probité*, ne fert fouvent qu'à empêcher de commettre des actions auxquelles on feroit naturellement fort porté, ou même que l'on commettroit fans les fuites qui pourroient en réfulter. Il en eft de la *probité* de bien des gens comme de la chafteté du fexe. *Cafta quam nemo rogavit.* L'autre remarque à faire eft que le développement des lumieres ne tend pas toujours à l'accroiffement des vertus, & cela revient à la fameufe queftion tant agitée, fi les fciences & les arts ont été favorables ou nuifibles aux mœurs? Il eft fâcheux que la preuve *à pofteriori* ne s'accorde pas mieux avec le raifonnement *à priori*. On prétend que le nombre des philofophes a confidérablement augmenté dans ce fiecle : mais ne feroit-ce point en raifon inverfe de celui des honnêtes gens?

Il en coûte plus qu'on ne penfe pour s'acquitter envers les hommes de tout ce qu'on leur doit; les paffions en murmurent, l'humeur s'y oppofe, la nature y répugne, l'amour-propre s'en alarme; à regarder tous les devoirs de la fociété civile fans une efpece de frayeur, c'eft marquer qu'on ne s'eft jamais mis en peine de les obferver comme il faut; ce n'eft que fous les aufpices de la religion que les droits les plus facrés de la fociété peuvent être en affurance & qu'ils font refpectés. Un homme qui a fecoué le joug de la religion, ne trouve nulle part de motif affez puiffant pour le rendre fidele aux devoirs de la *probité*. Qu'eft-ce qui lui tiendra lieu de religion? L'intérêt, fans doute, car c'eft le grand mobile de la conduite des gens du monde; peut-être un intérêt d'honneur, mais toujours un intérêt humain, qui n'a ni Dieu pour objet, ni l'autre vie pour fin. On a beau vanter fa *probité*, fi elle n'eft pour ainfi dire étayée de la religion, les droits de la fociété courent alors un grand rifque. Je conviens que mon intérêt peut me réduire à garder certains dehors qui en impofent, parce qu'en ne les gardant pas, je rifquerois bien plus qu'il ne m'en coûteroit à les garder; *probité* par conféquent toute défectueufe & peu durable, que celle à qui la religion ne prête pas fon appui. Car fi c'eft précifément l'intérêt qui me conduit, que rifquerai-je en mille rencontres, fi j'ai l'autorité, à brufquer l'un, à tromper l'autre, à fupplanter celui-ci, à décrier celui-là, à détruire en un mot tout ce qui me nuit, tout ce qui me choque? que gagnerai-je à me contraindre pour des gens que je crains peu, de qui je n'attends rien? que me reviendra-t-il de mille facrifices inconnus, dont les hommes mêmes ne font pas les témoins : cependant pour quelques occafions éclatantes, où j'autorife la *probité* que j'attends par celle que j'exerce; combien d'autres occafions auffi importantes, où j'ai à fouffrir devant les hommes par la violence que je me fais! Combien d'autres occafions où intérêt pour intérêt, celui d'écouter ma paffion eft pour moi au-deffus de celui d'écouter ma raifon! Le plaifir de fatisfaire une paffion qui nous tyrannife avec force & avec vivacité, & qui a l'amour - propre dans ses intérêts, est communément ce que nous regardons comme le plus capable de contribuer à notre satisfaction & à notre bonheur. Les passions étant très-souvent opposées à la vertu & incompatibles avec elle, il faut, pour contre-balancer leur effet, mettre un nouveau poids dans la balance de la vertu, & ce poids ne peut être mis que par la religion. J'ai un droit bien fondé, que les hommes me rendent ce qu'ils me doivent; & pour les y engager, il faut aussi que je leur rende tout ce que je leur dois. Voilà le grand principe de la morale, de ces hommes qui prétendent que la religion n'a aucune influence sur les mœurs; mais parce que j'ai un autre intérèt présent bien plus fort, qui est une passion furieuse de m'enrichir, de me satisfaire, de m'aggrandir, ce sera là, au risque de tout ce qui pourra arriver, le mobile de ma conduite. Toutes les voies honorables, régulieres, honnêtes, qui ne m'éloigneront point de mon but, feront de mon goût, je les respecterai, j'aurai soin de faire sonner bien haut ma *probité*, ma sincérité, ma sagesse; & toutes les sourdes intrigues qui m'en abrégeront le chemin, feront mises en usage; n'est - ce pas ainsi que raisonne, que pense, que se conduit tout homme passionné, qui n'est pas retenu par le frein de la religion? Combien d'autres occasions où tous les intérêts de l'homme, dans le système de l'incrédulité, conspirent à tenter un cœur par son foible, & à le mettre en compromis avec les loix de la *probité*: l'honneur est à couvert, l'impunité est assurée, la passion est vive, le plaisir est piquant, la fortune est brillante, le chemin est court, il ne m'en coûtera qu'un peu de stabilité & de mauvaise foi pour surprendre la simplicité & sé-

duire l'innocence; qu'un peu de médi-sance pour écarter un rival dangereux & supplanter un concurrent redouta-ble; qu'un peu de complaisance pour m'assurer un protecteur injuste & me ménager un criminel appui; qu'un peu de détour & de dissimulation pour parvenir au comble de mes desirs; ferai-je ce pas? ne le ferai - je point? Non, me dit la *probité*, non, me dit l'honneur, non, me dit la sagesse. Ah! foible voix au milieu de tant d'attraits, de tant de fortes tentations, feriez-vous écoutées, si la religion ne vous appuie point de ses oracles? Qui de nous voudroit être alors à la discrétion d'un sage sans religion? Honnète homme tant qu'il vous plaira, s'il n'a de la religion, sa *probité* m'est suspecte dans ces circonstances délicates. Combien d'autres occasions, moins frappantes à la vérité, mais aussi plus fréquentes, où l'intérêt humain n'est pas assez pressant pour obtenir de moi tout ce que le prochain a droit d'en attendre; car il faut bien de la fidélité, bien de l'attention pour rendre à chacun ce que l'on doit, & bien de la constance pour ne manquer jamais à ce que l'on doit. Ceux qui vous environnent & qui vous pressent sont quelquefois des étrangers, peut être des fâcheux, peut-être même des ennemis, n'importe. Ces ennemis, ces fâcheux, ces étrangers ont sur vous par leurs rapports de légitimes droits, & vous avez à leur égard, par vos emplois, par vos charges, par votre état, des devoirs indispensables; ce qu'ils vous demandent se réduit souvent à de médiocres attentions, à de légeres bienséances, à de véritables minuties, à de simples bagatelles; mais minuties, bagatelles, superficies tant qu'il vous plaira, ce sont toujours des assujettissemens réels dont dépendent le bon ordre; assujettisse-mens

mens pour lefquels on a d'autant plus de répugnance qu'elle eft caufée par un ton d'imagination, par un trait d'humeur chagrine, par une fituation bifarre d'efprit, qui peuvent être l'effet du tempérament ou de quelques conjonctures indépendantes de la liberté. Enfin, c'eft prefque toujours à contre-tems que les devoirs fociables reviennent; c'eft par exemple, lorfque le chagrin vous ronge, que l'ennui vous abat, que la pareffe vous tient; c'eft lorfque occupés à des intérêts chers ou à des amufemens piquans, un peu de folitude vous plairoit; faut-il donc tout quitter alors, vaincre fa répugnance & la difpofition actuelle de fon humeur? En doutez-vous? Eh! d'où viennent, je vous prie, les murmures des enfans, les plaintes des parens, les cris des cliens, les mécontentemens des domeftiques? Ne font-ils pas tous les jours les victimes d'une humeur, d'un caprice qu'il faudroit vaincre pour les agrémens de la fociété? Or quel eft l'incrédule honnête homme, qui par les feuls principes de la fageffe mondaine, confentira à les facrifier de la forte au bonheur de la fociété? On fera ce perfonnage, fi vous voulez, en public; mais on faura s'en dédommager en particulier, & on fera payer bien cher aux fiens tout le refte du jour quelques momens de contrainte qu'on a paffés avec d'autres; c'eft donc un principe conftant que ce n'eft que dans la religion qu'on peut trouver une juftice exacte, une *probité* conftante, une fincérité parfaite, une application utile, un défintéreffement généreux, une amitié fidele, une inclination bienfaifante, un commerce même agréable, en un mot tous les charmes & les agrémens de la fociété. Ces principes font applicables à tous cultes,ou ils ne le font à aucun. (F.)

Tome XI.

PROCÉDURE, f. f., *Jurifpr.*, eft l'inftruction judiciaire d'un procès, foit civil ou criminel.

On comprend conféquemment fous ce terme tous les actes qui fe font, foit par le miniftere d'un huiffier, ou par celui d'un procureur, tant pour introduire la demande, que pour établir le pouvoir du procureur, les qualités des parties pour la communication refpective des titres, pieces, & *procédures*; enfin, pour l'établiffement des moyens, & pour parvenir à un jugement, foit définitif, ou du-moins préparatoire, ou interlocutoire.

Ainfi les exploits de demande ou ajournement, les cédules de préfentation, les actes d'occuper, les exceptions, défenfes, repliques, fommations de procureur à procureur, & autres actes femblables, font des *procédures*.

Les jugemens par défaut ne font même quelquefois confidérés que comme de fimples *procédures*, lorfqu'ils font fufceptibles de l'oppofition, à caufe qu'ils peuvent être détruits par cette voie.

La matiere du procès, & les moyens qui établiffent le droit des parties, font ce que l'on appelle le *fond*; au lieu que la *procédure* s'appelle la *forme*, & comme il eft effentiel de bien inftruire un procès, parce que la négligence d'une partie, ou de ceux qui inftrumentent pour elle, & les vices qui fe gliffent dans la *procédure*, peuvent opérer la déchéance de l'action; c'eft ce qui fait dire que *la forme emporte le fond*.

La *procédure* a été introduite pour l'inftruction refpective des parties litigantes, & auffi pour inftruire régulierement les juges de ce qui fait l'objet du procès.

Il n'y a pourtant pas eu toujours autant de *procédures* en ufage, qu'il y en a préfentement.

Kkk

Chez les anciens la forme de l'administration de la justice étoit beaucoup plus simple ; mais fi la *procédure* ou inftruction étoit moins difpendieufe & l'expédition de la juftice plus prompte, elle n'en étoit pas toujours plus parfaite ; le bon droit étoit fouvent étouffé, parce qu'il n'y avoit point de regles certaines pour le faire connoître, & que l'expédition dépendoit du caprice des juges.

C'eft pour remédier à ces inconvéniens, que les *procédures* ont été inventées.

En effet, il n'y a aucun acte dans l'ordre de la *procédure*, qui n'ait fon objet particulier, & qui ne puiffe être néceffaire, foit pour donner à une partie le tems de fe défendre, foit pour faire renvoyer l'affaire devant les juges qui en doivent connoître, foit pour procurer aux parties les éclairciffemens dont elles ont befoin, foit pour inftruire la religion des juges ; & fi l'on voit fouvent des *procédures* inutiles & abufives, c'eft un vice qui ne vient pas de la forme que l'on a établie, mais plutôt de l'impéritie ou de la mauvaife foi de quelques parties ou praticiens qui abufent de la forme, pour empêcher le cours de la juftice.

On ne peut douter qu'il y avoit des formes judiciaires établies chez les Grecs, puifque l'on en trouve chez les Romains dans la loi des douze tables, dont les difpofitions furent empruntées des Grecs.

Ces formes étoient des plus fingulieres, par exemple, la premiere que l'on obfervoit avant de commencer les *procédures* civiles, étoit que les parties comparoiffoient devant le préteur ; là, dans la pofture de deux perfonnes qui fe battent, elles croifoient deux baguettes qu'elles tenoient entre les mains ;

c'étoit-là le fignal des *procédures* qui devoient fuivre. Ce qui a fait penfer à Hotman, que les premiers Romains vuidoient leurs procès à la pointe de l'épée.

M. de Montefquieu a dit tant de grandes vérités dans fon *efprit des loix*, qu'on eft tenté de le croire, lors même qu'il avance des paradoxes. Sa maxime, fur la longueur des procès, en contient un fi étrange & fi dangereux, qu'on auroit tort de ne pas le relever : le voici. ,, On entend dire fans ceffe, ,, qu'il faudroit que la juftice fût rendue ,, par-tout comme en Turquie. Il n'y ,, aura donc que les plus ignorans de ,, tous les peuples, qui auront vu clair ,, dans la chofe du monde, qu'il impor- ,, te le plus aux hommes de favoir. Si ,, vous examinez les formalités de la ,, juftice, par rapport à la peine qu'a ,, un citoyen à fe faire rendre fon bien, ,, ou à obtenir fatisfaction de quelque ,, outrage, vous en trouverez fans dou- ,, te trop : fi vous les regardez dans ,, ce rapport qu'elles ont avec la liber- ,, té & la fûreté des citoyens, vous ,, en trouverez fouvent trop peu ; & ,, vous verrez que les peines, les dé- ,, penfes, les longueurs, les dangers ,, même de la juftice, font le prix que ,, chaque citoyen donne pour fa liber- ,, té. '' Si ce grand homme ne parloit ici que des procès criminels, il auroit en quelque forte raifon. Dans ces fortes de procès, les formalités, prefcrites par les loix, prouvent le zele du légiflateur pour la liberté & la fûreté des citoyens ; mais la lenteur des juges, à décider du fort des criminels ne prouve que leur pareffe, leur indolence, & leur mépris pour les hommes, comme je le ferai voir plus bas à *procédure criminelle*. Mais dans les procès civils, quelle liberté, quelle fûreté y a-t-il à rifquer?

La fûreté des biens, me dira-t-on.
Qu'on ôte, par de bonnes loix, aux
juges la liberté de décider felon leur caprice, & les biens des citoyens feront
en fûreté. Les formalités, qui n'entraînent que des dépenfes & des longueurs,
ne rendent pas les biens plus affurés :
elles ne font qu'ajouter un mal au rifque de les perdre. Quand ma vie eft en
danger pour un crime que l'on m'impute, les formalités me la prolongent, &
nourriffent mon efpoir : d'ailleurs, perfonne ne perd à cette lenteur. Mais
quand je plaide pour des biens, fi je
fuis le demandeur, les formalités, fuppofé que je gagne mon procès, m'ôtent
d'autant plus de mon droit, qu'elles en
reculent davantage la poffeffion & la
jouiffance, & qu'elles me caufent des
dépenfes, qu'une voie plus courte m'auroit épargnées. Si je fuis le défendeur,
elles ne font qu'augmenter ma perte,
en cas que je fuccombe, par les frais
dont elles m'accablent, par le tems
qu'elles me font employer inutilement,
& par la liberté qu'elles me laiffent de
confommer peu-à-peu les fruits d'un
bien, que je ferai forcé dans la fuite de
reftituer tout d'un coup. Ajoûtons encore que celle des deux parties qui a
raifon, fouffre toujours une perte réelle, par ces formalités longues & difpen-
dieufes. Or n'eft-il pas contraire à l'é-
quité, de faire du tort à la partie qui a
raifon, pour mettre plus à fon aife celle dont la caufe eft injufte? La liberté
& la fûreté font en général d'un grand
prix dans l'Etat; mais elles ne font que
nuifibles, lorfqu'un particulier les prend
fur un autre particulier, & qu'une partie des citoyens doit en faire le facrifice, pour laiffer à l'autre le plaifir d'en
jouir. Enfin, les formalités ne font
utiles qu'aux gens de loi; elles entraînent la ruine de tous les autres.

L'exemple des Romains prouve ce
que je viens d'avancer. Auffi long-tems
que ce peuple fut libre, il ne connut
point de formalités dans les procès : je
parle de ces formalités qui entraînent
des longueurs & des dépenfes. Il y
avoit des formules, fans lefquelles rien
ne fe faifoit en juftice, ni par le prêteur, ni par les juges, ni par aucune
des parties. Toute action & tout acte,
qui fe paffoit devant le tribunal du magiftrat, étoit foumis à la formule qui
lui étoit propre. Mais ces formules,
loin d'allonger les procès, les abré-
geoient; loin de les embrouiller, elles
les fimplifioient; & elles diminuoient
les dépenfes, bien loin de les multiplier.

Voici comment tout cela s'opéroit.
Le demandeur expofoit au prêteur, en
préfence de fon adverfaire, le fujet de
fa plainte; & il indiquoit en même
tems l'action qu'il vouloit intenter.
Le défendeur, de fon côté, alléguoit
fon exception : fur quoi le prêteur nommoit aux parties le juge qui devoit décider leur conteftation. Car tout prêteur avoit une lifte des juges; & lorfqu'il y avoit quelque procès, il choififfoit un de ces juges pour prendre connoiffance du fait, & condamner enfuite
la partie qui avoit fuccombé dans les
preuves du fait. Mais le choix du juge
devoit fe faire du confentement des
parties, qui pouvoient récufer ceux
qu'elles ne croyoient pas leur convenir. Elles expofoient donc fimplement
leurs droits devant le prêteur; & cela
fe faifoit par des formules, conçues en
très-peu de mots, & propres à exprimer l'intention de chacune. C'étoit là
proprement l'expofé de l'état de la queftion, que les plaideurs devoient enfuite
aller éclaircir devant le juge. On appelloit cet acte, la *conteftation de la*

cauſe, parce que l'un y avoit formé ſa plainte, & que l'autre avoit donné ſon exception. Le prêteur comprenoit, après cela, dans une formule, la demande & l'oppoſition ; il la communiquoit au juge qui avoit été choiſi, & lui ordonnoit d'examiner à laquelle des deux parties le fait étoit favorable, & de condamner ou d'abſoudre, ſelon le réſultat des preuves.

S'agiſſoit-il d'une affaire qui, outre l'examen, demandoit une profonde connoiſſance du droit ; qui, outre la capacité néceſſaire pour approfondir la vérité, exigeoit une grande prudence, pour porter une déciſion analogue aux loix ; & dans laquelle il ne ſuffiſoit pas d'être bon & juſte ; mais où la ſageſſe devoit ſe réunir à la juſtice & à la bonté, le prêteur portoit le procès devant le tribunal des centumvirs, auquel il préſidoit & le décidoit à la pluralité des voix.

Dans de certains cas, lorſqu'il ne s'agiſſoit, par exemple, que de la poſſeſſion d'une choſe, ou d'une affaire qui ne ſouffroit point de délai, le prêteur jugeoit lui-même, & ne donnoit point de juges.

Ce qu'il y a de plus remarquable dans cette *procédure*, c'eſt que l'on commençoit toujours par fixer l'état de la queſtion, & qu'après, il n'étoit plus permis de s'en éloigner ; que cette diſpoſition préliminaire ſe faiſoit devant le prêteur, avant que l'affaire fût portée devant les juges ; enfin, que la conteſtation de la cauſe étoit expoſée en peu de mots, où les longueurs, les débats & les chicanes n'avoient pas lieu. Il falloit être ſi exact dans ce que l'on expoſoit devant le prêteur, que ſi le demandeur ſe trompoit dans quelque circonſtance, du lieu, par exemple, du tems ou de la quantité de la ſomme, il perdoit ſon procès ſans reſ-

ſource, quoiqu'il eût raiſon, quant au fond. Mais dans la ſuite, les prêteurs introduiſirent la coutume d'accorder la reſtitution en entier, à ceux qui pourroient prouver n'avoir failli que par mépriſe. Cette grande exactitude, que l'on exigeoit des plaideurs, les obligeoit à s'inſtruire avec préciſion de leurs affaires, avant de les porter en juſtice ; & ôtoit, en même tems, aux poſſeſſeurs injuſtes tout prétexte de chicane.

Les appellations étoient inconnues. On n'y avoit pas même penſé, parce que toute affaire qui exigeoit la connoiſſance du droit, des lumieres & de la prudence, étoit portée devant le tribunal des centumvirs, où plus de cent perſonnes donnoient leur avis, & où le nombre & la dignité des juges rendoient la corruption impraticable. Les affaires, où il ne s'agiſſoit que du fait, étoient décidées dans les premiers tems par un ſénateur, & dans la ſuite, tantôt par un chevalier, & tantôt par un ſénateur, qui étoit lié par le ſerment que les Romains reſpectoient plus qu'aucun autre peuple de la terre, & choiſi du conſentement des deux parties, qui pouvoient recuſer ceux dont elles n'avoient pas une opinion favorable. Quant aux affaires, que les prêteurs étoient obligés de juger ſeuls, les citoyens pouvoient s'adreſſer au prêteur forain, s'ils étoient léſés par celui de la ville. Le prêteur forain n'étoit pas obligé de prêter l'oreille à ces recours ; mais il ne manquoit jamais de le faire, lorſque l'injuſtice étoit claire, ou que le prêteur de la ville s'étoit fait une mauvaiſe réputation.

Les magiſtrats & la *procédure* éprouverent, dans la ſuite, de grands changemens de la part des empereurs, guidés, les uns, par la politique, & les autres, par la bétiſe. Les formules furent abolies; la jurisdiction des prê-teurs fut démembrée; & ces derniers eurent ordre de prendre connoissance de toutes les affaires & de les juger seuls. On dût conséquemment permet-tre d'appeller de leurs sentences, & établir des juges d'appellation.

Dès-lors, les juges commencerent à accorder toutes sortes de délais sans rai-son, parce que tout délai étoit un re-pos pour eux-mêmes. Ils admettoient les exceptions les plus frivoles, parce qu'ils n'avoient pas le tems d'en con-noître la frivolité. Ils consentoient qu'on brouillât même le fait, & qu'on changeât toujours la question, depuis le commencement du procès jusqu'à la fin: ce qui dût nécessairement produi-re des longueurs, des dépenses & des confusions affreuses.

Le droit canon augmenta tous ces in-convéniens. Quand les papes entrepri-rent d'accabler les peuples de ce droit, toute la terre étoit couverte des téne-bres de la plus crasse ignorance. La stu-pidité fit embrasser ce joug: les tribu-naux en furent infectés & le font en-core.

Je ne parlerai point ici des inconvé-niens, des désordres & des abus exces-sifs, qui regnent dans nos tribunaux de l'Europe, & dans toute la *procédure* ju-diciaire, depuis le premier acte jusqu'au dernier: j'indiquerai seulement un moyen unique & facile d'en enlever la partie la plus considérable & la plus cho-quante.

Ce moyen est de rapprocher notre *procédure* de celle des Romains. Qu'on sépare d'abord dans tout procès ce qui est de droit, de ce qui est de fait, & qu'on traite séparément l'un & l'autre. Ainsi, le demandeur commencera par exposer le sujet de sa plainte, & ce qu'il prétend de son adversaire. De son côté, le dé-fendeur niera le fait, s'il le tient pour faux; ou s'il admet, il alléguera ses exceptions. Dans ce dernier cas, il n'aura pas la liberté de nier simplement le fait; mais il sera obligé de faire con-noître d'abord ses exceptions. Par ce moyen, on obvie à deux inconvéniens très-considérables: premierement, on fait taire par-là toutes les preuves inu-tiles, c'est-à-dire, celles qu'occasion-nent le silence, les chicanes & les sub-terfuges du défendeur; & en second lieu, en fixant l'état de la question, dès le commencement du procès, on prévient les répliques, les dupliques & les tripliques sans fin.

Mais le plus grand avantage de cette séparation du droit, de ce qui est de fait, c'est qu'elle est très-propre à met-tre fin à la confusion qui regne, d'un bout à l'autre, dans les procès moder-nes; & qui est la principale cause des longueurs & des dépenses qui désolent les familles: je parle de cette confusion qui nait de la quantité d'incidens & d'in-terlocutoires, qui ne font rien au fait principal, qui en éloignent même, qui l'offusquent & l'embrouillent, & que les avocats & les procureurs savent sus-citer à leur gré, tant pour complaire à leurs clients que pour leur propre inté-rêt: de cette confusion, que produit le mèlange continuel de différentes questions de droit, avec différentes cir-constances du fait: de cette confusion, enfin, qui vient de l'entassement de tant de documens & de preuves hors de propos.

Pour arrêter les chicanes & le verbia-ge des avocats, il faudroit encore sta-tuer que les parties ou leurs procureurs ne pourroient pas exposer leurs préten-tions par écrit; mais qu'ils seroient obligés de les dicter en termes courts au greffier, jusqu'à la conclusion en caufe, *conclufio in caufâ*, après laquelle il feroit permis de préfenter des écrits contenants le précis des preuves fur le fait, & la déduction des raifons pour le droit. C'eft ce qui fe pratique en plufieurs endroits, & qui épargne bien des frais aux plaideurs.

M. de Montefquieu prétend que ce fut la nature du gouvernement républicain, qui établit chez les Romains la néceffité de fixer dans les procès l'état de la queftion. Cela venoit, dit-il, dans fon *Efprit des loix*, *liv.* 6. *ch.* 4. de ce que le peuple jugeoit ou étoit cenfé juger; & il falloit, felon lui, fixer l'état de la queftion, pour que le peuple l'eût toujours devant les yeux. Cette fuppofition eft fans fondement. Le peuple n'a jamais penfé à s'attribuer la connoiffance des caufes civiles; & il n'eft jamais tombé dans l'efprit d'aucun tribun, de propofer une loi qui ftatuât que les juges fuffent cenfés juger au nom du peuple. Ce furent les patriciens qui reglerent la forme de procéder dans les affaires civiles: or il n'eft pas croyable que cet ordre eût voulu donner, de fon chef, au peuple un droit auquel celui-ci ne penfoit pas, pendant qu'il cherchoit toujours à arracher aux plébéiens les droits même dont ils étoient en poffeffion. Il eft donc plus naturel de penfer, que ce fut la prudence qui infpira ce réglement aux patriciens: ils avoient prévu, peut être même l'expérience leur avoit-elle fait fentir, que dans le cours d'une affaire, l'état de la queftion, dès qu'il n'étoit pas fixé, changeoit continuellement, & qu'on ne le reconnoiffoit plus.

M. de Montefquieu dit, dans le même chapitre, qu'il fuivoit de-là que les juges, chez les Romains, n'accordoient que la demande précife, fans rien augmenter, diminuer, ni modifier; mais que les prêteurs imaginerent d'autres formules d'actions, qu'on appella *de bonne foi*, où la maniere de prononcer étoit plus dans la difpofition du juge. Ceci, dit-il, étoit plus conforme à l'efprit de la monarchie. Je ne fai fur quoi ce grand homme a fondé fon affertion, que les prêteurs ont inventé les actions *de bonne foi*: ces actions furent en ufage dès le commencement de la république, & par conféquent dans un tems bien éloigné de la monarchie. Mais dans cet endroit, comme dans bien d'autres, M. de Montefquieu eft la dupe de fon principe. Il a été obligé d'avancer tout ce que je viens de refuter, parce qu'il avoit établi pour principe, que dans les républiques, auffi bien que dans les monarchies, il faut beaucoup de formalités dans les procès; & que dans l'un & dans l'autre gouvernement, elles augmentent en raifon du cas que l'on y fait de l'honneur, de la fortune, de la vie & de la liberté des citoyens. C'eft ce qui l'a engagé à chercher d'autres raifons pourquoi les Romains avoient fi peu de formalités, dans le tems de leur plus grande liberté. Mais fon principe eft faux, & quand il n'y auroit que l'exemple des Romains, cet exemple fuffiroit pour le détruire. Ces formalités, loin de mettre en fûreté votre honneur & votre bien, fourniffent aux calomniateurs, aux juges & aux avocats, cent moyens de vous ôter l'un & l'autre. Il n'y a rien de plus facile que d'éblouir les yeux du public, & de commettre mille injuftices, fous le voile des formalités. Il eft très-difficile au contraire d'en impofer au public & aux fupérieurs, dans une *procédure* où tout eft fimple; plus il y a d'enveloppes, plus il eft facile de cacher ce que l'on veut: or les formalités ne font que des enveloppes. Voulez-vous que toutes les formalités pernicieufes tombent tout d'un coup, ftatuez que, dès le commencement du procès, l'état de la queftion foit fixé; que tout ce que le demandeur prétend, tout ce que le défendeur oppofe, y foit compris; & que, dès le premier pas qu'une des parties fait pour s'en éloigner, elle ait perdu fa caufe. Sans ce réglement, on a beau faire mille réformes dans la *procédure*, on ne la réformera jamais. Les réformes produiront de nouveaux abus, à la place de ceux qu'elles auront corrigés.

Comment M. de Montefquieu, qui a fi bien connu le clergé du moyen âge, & qui n'ignoroit pas les impoftures, les méchancetés, & les crimes qu'il a employés pour affervir & piller les laïcs, a-t-il pu ne pas fentir que toutes les formalités, dont il eft ici queftion, font une invention de ce même clergé, pour arrêter plus long-tems dans fes tribunaux, & ruiner plus aifément les plaideurs féculiers? La fource de ces formalités n'eft ni dans le gouvernement monarchique, ni dans le républicain, mais dans le premier & le fecond livre du droit canon Les Romains, de qui nous avons pris le refte du droit civil, ne les ont jamais connues, ni du tems de la république, ni du tems des empereurs. C'eft le clergé qui les a forgées, après avoir établi fon empire fur notre raifon & fur nos confciences, & nous avoir accablés de fon joug humiliant. N'allons donc point chercher l'origine des formalités dans la nature des gouvernemens modérés.

Les Romains avoient un autre avantage fur nous dans leur forme judiciaire. Dans leurs tribunaux les témoins étoient examinés publiquement: le défendeur & l'accufé étoient préfens à leur examen, & ils pouvoient les confondre s'ils mentoient. Cette pratique avoit deux avantages. Le juge & le greffier ne pouvoient pas leur faire dire ce qu'ils vouloient contre la vérité; ils ne pouvoient pas non plus coucher par écrit ce que le témoin n'avoit pas déclaré: au lieu qu'aujourd'hui, chez la plupart des nations, on fait dire aux témoins ce qu'ils n'auroient jamais eu dans l'efprit de dépofer. Outre cela, chez les Romains, la partie contre laquelle les témoins étoient produits, pouvoit d'abord favoir fi elle avoit befoin de produire des preuves contraires ou non; car dès qu'on voyoit par ce qu'avoient attefté les témoins, que la partie adverfe n'avoit pas prouvé fa prétention, on pouvoit fe difpenfer de prouver inutilement le contraire. Mais dans nos tribunaux, où il n'eft pas permis de voir ni d'entendre les dépofitions des témoins, les deux parties tâchent de faire, chacune de leur côté, autant de preuves qu'elles peuvent; l'une, pour appuyer fa demande, & l'autre, pour la combattre. Le demandeur ne fe laffe pas de produire fans ceffe de nouveaux témoins, parce que ne pouvant favoir ce qu'ils difent, il ignore fi ceux qu'il a fait examiner auparavant, l'ont bien fervi, & s'ils ont accompli en juftice la parole qu'ils lui ont donnée, lorfqu'il fe trouvoit tête à tête avec eux: ainfi il entaffe preuves fur preuves, & cela ne finit jamais. Le défendeur, de fon côté, fait auffi tous fes efforts pour détruire, par d'autres témoins, les dépofitions de ceux de fon adverfaire; & il éprouve en cela les mêmes inconvéniens. Tout cela traîne en longueur les procès, les groffit, en augmente les fraix: & c'eft une pure invention des prêtres qui fait tout ce mal. Les papes, les évêques, leurs vicaires, ont trouvé que plus ils faifoient durer un procès devant eux, plus ils y gagnoient. Je fais bien que, pour conclure cet indigne artifice, le clergé a imaginé de dire, que l'examen fecret des témoins empêche que celui qui les a produits ne puiffe après en fuborner & en inftruire d'autres, pour faire fuppléer par ceux-ci à ce que les premiers n'ont pas dit; & que celui contre qui la partie les a produits, ne puiffe également gagner & inftruire d'autres perfonnes, pour leur faire dépofer tout le contraire. Mais ce prétexte eft frivole; car la partie peut auffi bien inftruire ces témoins, fi elle fait le contenu de l'examen, que fi elle ne le fait pas. Il fuffit à cet effet de favoir en général ce que l'on veut prouver, ou démentir par fes témoins : & cela ne fe peut pas ignorer. D'ailleurs, il eft plus aifé de fuborner des témoins qui doivent être examinés en fecret par le juge, qui ignore toujours la vérité du fait, que de gagner ceux qui doivent paroître en préfence de la partie adverfe, pleinement informée de l'affaire, & fubir fes interrogatoires, qui peuvent les confondre tout d'un coup.

La *procédure civile*, eft celle qui tend à fin civile, c'eft-à-dire, qui ne tend qu'à faire regler quelque objet civil, comme le payement d'un billet, le partage d'une fucceffion, à la différence de la *procédure* criminelle, qui a pour objet la réparation de quelque délit.

On peut néanmoins pour raifon d'un délit, prendre feulement la voie civile, au lieu de la voie criminelle.

Toute *procédure civile* commence par un exploit d'affignation ou par une requête, afin de permiffion d'affigner ou de faifir, ou de faire quelqu'autre chofe.

La *procédure civile* renferme divers actes, tels que les exploits de demande, de faifie, & autres, les requêtes, les

exceptions, défenfes, moyens de nullité, répliques, fommations, les inventaires de production, les avertiffemens, contredits de production; les productions nouvelles, contredits, falvations, actes d'appel, griefs, caufes & moyens d'appel, réponfes, & autres écritures, tant du miniftere d'avocat, que de celui des procureurs; les fignifications des jugemens, les actes d'oppofition, d'appel & de reprife, les interventions, demandes en garantie, &c.

La *procédure criminelle*, eft celle, avons-nous dit, qui a pour objet la réparation de quelque délit.

Il a paru, depuis peu d'années, un code de loix criminelles, qui eft fait pour un peuple doux, docile, de bonnes mœurs, affectionné à fes princes, & foumis à leurs loix, où tout eft contre ceux qui font déférés à la juftice comme criminels, & rien en leur faveur : comme fi le malheur d'être accufé ou foupçonné d'un crime, étoit déja un crime! comme s'il n'étoit pas poffible d'être innocent, dès que l'on eft pourfuivi par le juge! comme fi le bien public exigeoit que l'on punît des innocens, plutôt que de laiffer échapper des coupables! La *procédure*, qu'on y prefcrit, eft atroce : il femble qu'on y ait fuppofé qu'un homme, dès qu'il tombe entre les mains du juge, ne mérite aucun ménagement, & qu'il faut le rendre malheureux, avant d'être reconnu coupable. Les peines y font féveres, fans aucune harmonie entr'elles, & fans aucune proportion avec les crimes qu'elles puniffent : point de principes, point de liaifon, point de confidération pour le bien public. Tout ce que les prêtres dans leur fanatifme, tout ce que les jurifconfultes des tems barbares ont, dans leur haine pour le genre humain, appellé *délit*, y eft noté

&

& puni. On y admet les accusations de magie : on y venge Dieu séverement pour des torts qui ne sont faits qu'à lui : comme si l'on vouloit lui reprocher son indolence & en réparer la faute. Ce code oblige les juges à manquer à la foi publique : il veut qu'un sauf - conduit n'ait plus de force, dès que celui qui en est muni, se trouvera convaincu du crime pour lequel il est poursuivi ; & en ce cas le juge doit se saisir du coupable, même avant l'expiration du terme fixé dans le sauf-conduit. La torture y est ordonnée, & on y rassemble toutes celles que la rage & la barbarie ont su inventer : on est allé jusqu'à les peindre en détail dans des planches, placées à la fin de l'ouvrage : l'humanité frémit à la vue de ces images revoltantes. Quel code pour un siecle tel que le nôtre ! que ses rédacteurs se sont éloignés des sentimens de clémence & de bonté de leur souverain ! ou plutôt quelle imbécillité du souverain de s'en remettre à ces rédacteurs dans une matiere si importante de son administration !

Le plus grand de tous les désordres, qui ont lieu dans l'administration de la justice criminelle d'aujourd'hui, c'est presque en tout pays la *procédure* même. Presque par-tout un seul juge fait en secret le procès à l'accusé ; il l'interroge à sa façon & quand il lui plait ; il le chicane, le fatigue, l'embarrasse & l'embrouille par ses interrogatoires ; il le tourmente par les horreurs de la prison ; il l'intimide par des menaces ; il le trompe par des espérances ; il le renvoye & se le fait ramener ; il l'oublie dans sa prison & se le rappelle encore : en un mot, le pauvre accusé est le jouet de ses caprices, avant d'être convaincu de son crime.

Ce juge examine de même en secret les témoins ; & par différens leurres,

Tome XI.

il leur fait dire souvent plus qu'ils ne savent. Tout juge se persuade qu'il est de son honneur que celui qu'il poursuit paroisse criminel : tout homme se pique de réussir dans ses entreprises, & un juge criminel croit que sa fonction est de trouver des coupables. Il met donc tout en œuvre pour y réussir ; & il le fait d'autant plus que personne, à l'exception du greffier qui est toujours animé du même esprit, n'est témoin de ses iniquités.

Il est notoire que, chez les Romains, la *procédure criminelle* étoit publique : il ne faut qu'avoir lu Ciceron, pour en être convaincu. Il en est de même en Angleterre ; avec cette différence, que le juge ne peut y condamner personne de son propre chef. Douze jurés, que l'accusé a pour ainsi dire, choisis lui-même, doivent prononcer s'il est coupable ou non ; & s'il est coupable, le juge prononce la peine que la loi inflige pour le crime qu'il a commis : ainsi le juge ne fait qu'appliquer la loi au fait, après que d'autres ont déclaré que le fait est criminel.

Cet expédient de la législation angloise prévient les jugemens arbitraires, & la tyrannie des juges dans les sentences ; mais il ne met pas d'entraves à leur tyrannie dans la *procédure* ; & il me semble qu'en général il importe plus d'empêcher la conduite arbitraire des juges dans la *procédure*, que de prévenir leurs jugemens arbitraires : car il est rare de trouver des juges assez méchants pour se porter à condamner un homme qui, suivant les actes, mérite d'être absous, à moins qu'il ne s'agisse de quelque personne qui s'est attirée la haine du prince ou du gouvernement. Mais il n'y a rien de plus ordinaire que de voir les juges exercer mille cruautés & mille iniquités dans la *procédure* : c'est donc à cet inconvénient qu'il faut principalement remédier.

Ce remede est facile & praticable. Dès que les juges ont fait arrêter quelqu'un, on pourroit les obliger de présenter à l'accusé un certain nombre de personnes honnètes, parmi lesquelles il choisiroit celles en qui il auroit le plus de confiance. Le juge renouvelleroit, en leur présence, l'examen des témoins, dont les dépositions auroient fait décerner la prise de corps : ces témoins ne prèteroient serment qu'à la répétition de leur examen ; & s'il se trouvoit qu'à cette répétition, les témoins ne confirmassent pas leurs dépositions précédentes, le prisonnier seroit relâché, & le juge puni, au cas qu'il les eût induits à altérer la vérité. Si au contraire ils persistoient dans leurs dépositions, le prisonnier seroit retenu, au cas que les confidens jurés jugeassent que le crime, dont il est accusé, mérite une punition corporelle. Ces confidens assisteroient ensuite aux examens des témoins, à ceux du prisonnier & aux confrontations : ils auroient soin d'empêcher que le juge ne chicane, ne trompe, & n'induise en erreur, par des interrogatoires malicieux, ni les témoins, ni l'accusé ; que celui-ci ne soit pas maltraité ; & que son procès ne traîne en longueur, par la négligence du juge. Ils défendroient au juge de procéder ultérieurement, dès qu'ils le verroient obstiné à ne vouloir pas réparer les torts qu'il a faits au prisonnier, ou à vouloir lui en faire d'autres. En cas de contestation entre le juge & les confidens, le tribunal suprême de la justice décideroit la question, à moins que le prisonnier n'aimât mieux y renoncer de son propre mouvement. Pour que les oppositions de la part des confidens ne pussent pas être déraisonnables, on devroit rédiger, en

peu d'articles, une instruction propre à donner une idée générale des devoirs des juges & des confidens. Il faudroit pourtant se garder d'y entrer dans trop de détails, parce que la *procédure criminelle* est une affaire de prudence, qui ne peut être soumise qu'à des loix générales.

Ceux qui seroient accusés de brigandage & de vol, & fortement soupçonnés d'en faire métier, ne pourroient pas jouir du bénéfice des confidens. Outre qu'il est malheureusement des lieux, où ces sortes de procès détourneroient trop de monde de leurs affaires, il n'est guere apparent que celui qu'on peut prudemment soupçonner de pareils crimes, & qui est chargé de tant d'indices que le juge se croie autorisé à décréter contre lui la prise de corps, soit une personne à faire douter que le magistrat le poursuive par des vues particulieres, ou pour satisfaire quelque passion.

Les matieres de police doivent aussi être exemptes de cette formalité. Comme elles sont ordinairement de peu de conséquence, elles doivent être soumises à peu de formalités. „ Les actions „ de police, dit M. de Montesquieu, „ sont promptes, & elle s'exerce sur „ des choses qui reviennent tous les „ jours ; les grandes punitions n'y sont „ donc pas propres : elle s'occupe per- „ pétuellement de détails : les grands „ exemples ne sont donc pas faits pour „ elle. Elle a plutôt des reglemens que „ des loix : les gens qui relevent d'elle „ sont sans cesse sous les yeux du ma- „ gistrat : c'est donc la faute du magis- „ trat, s'ils tombent dans des excès. „ Ainsi, il ne faut pas confondre les „ grandes violations des loix avec la „ violation de la simple police. ”

M'objectera-t-on qu'il est difficile de trouver tant de personnes instruites à la fois & défœuvrées, pour servir de confidens à tant de criminels ? Je réponds que dans les villages, les grands crimes sont rares, si vous en exceptez ceux qui sont commis par les voleurs & les brigands de profession, & que pour ces crimes rares, on trouve toujours assez de monde défœuvré. Cette sorte de gens se rencontre en foule dans les villes ; & quant aux connoissances, il leur suffit d'avoir celles qu'inspire l'humanité & la pratique du monde. Les jurés qui en Angleterre, prononcent qu'un homme est innocent ou coupable, sont-ils des gens instruits ? D'ailleurs, la seule prudence de plusieurs personnes suffit pour intimider le juge, & l'empêcher de mettre en usage la ruse & les iniquités.

Bien souvent les plus grands scélérats ne sont pas ceux qui sont jugés, mais ceux qui jugent. Si ceux-ci sont de vos amis, s'ils vous craignent, ou s'ils esperent quelque chose de vous, ils vous sacrifieront mille personnes innocentes. Si vous avez le malheur de leur déplaire, ils protegeront, en dépit de vous, tous ceux que vous leur dénoncerez comme criminels ; ils donneront la liberté à tous ceux que vous aurez livrés entre leurs mains pour des crimes : ils opprimeront l'innocence, & fomenteront le crime au gré de leurs passions. Parcourez l'Italie & la France ; il n'y a point de village, quelque petit qu'il soit, où vous ne rencontriez des exemples de la méchanceté des juges en tout genre. Dans les autres pays de l'Europe, ces exemples sont moins fréquens ; mais il s'en faut de beaucoup qu'ils soient rares. Voilà encore un motif très-pressant d'ôter aux juges tout moyen d'agir selon leur fantaisie, non-seulement dans l'infliction des peines, mais principalement encore dans la *procédure*.

On a beaucoup écrit, dans ces derniers tems, contre la sévérité des peines; & on a souhaité que les princes voulussent réformer à cet égard la législation criminelle. *v.* PEINE, PROPORTION, *Droit polit.* L'impératrice de Russie, Catherine II. a écouté ces plaintes. Cette auguste princesse, qui a assez de courage pour combattre tous les préjugés & assez d'adresse pour les déraciner, qui méprise ce langage qu'on tient si ordinairement dans les cours des princes, qu'il est impossible de changer les pratiques reçues, & qui fait si bien voir le contraire dans le fait, a transporté dans son instruction pour la composition d'un nouveau code, tous les principes & toutes les regles de l'humanité. Mais dans la *procédure criminelle*, la rigueur des peines usitées aujourd'hui en Europe, est peut-être le moindre de tous les maux. Il est peu de châtimens usités qui soient inhumains : il est même des délits où la sévérité est nécessaire. Les loix criminelle sont jusqu'à présent, de l'aveu de tout le monde, les meilleures de l'Europe en ce genre : cependant les peines qu'elles dictent sont assez séveres. La bonté de ces loix ne consiste que dans les entraves qu'elles mettent aux juges à l'égard de la *procédure*, depuis le commencement jusqu'à la fin du procès. Le tort que l'on fait à un homme, en lui faisant subir une peine plus rigoureuse que ne mérite son délit, n'est pas à beaucoup près si grand que celui que l'on fait à un innocent, quand on le traîne en prison, quand on l'y maltraite longtems, & par toute sorte de cruautés, & qu'on le condamne enfin comme coupable. Dans le premier cas, le tort est même presque nul, si c'est la loi & non le juge qui inflige le supplice. La loi étant connue est commune à tous ; & il n'a tenu qu'au coupable d'éviter le châtiment, quelque févere qu'il foit : mais dans le fecond cas le tort vient de la barbarie, de la perfidie, & de la méchanceté du juge. Ainfi le vice le plus grand d'une légiflation criminelle, eft de ne pas ôter entierement aux juges la liberté d'outrager les perfonnes innocentes. En Allemagne, par exemple, & en Italie, dès qu'un juge veut faire du mal à quelqu'un qui n'en a pas fait à la fociété, il n'a qu'à ouvrir les infâmes ouvrages de Carpzow & de Farinace; il y trouve d'abord mille moyens de le tourmenter : ainfi il ne peut jamais manquer de prétextes pour perfécuter, ni de moyens de vexer à fon gré les plus honnètes gens.

D'un autre côté, fi les juges peuvent à leur fantaifie, & fans paroitre bleffer les loix, fauver & renvoyer abfous ceux qui fe trouvent vraiment coupables de quelque délit, c'eft un autre défaut très-confidérable dans la légiflation criminelle. Pour lors, il vaudroit mieux qu'il n'y eût point de loix du tout : car dans ce cas elles ne font que le jouet des juges, & le fléau de bien des perfonnes innocentes. Telles font en effet les loix de toute l'Europe, à l'exception de celles d'Angleterre. Dans ce pays-là, on a pris encore plus de mefures contre la méchanceté des juges, que contre celle des délinquants; & c'eft ainfi qu'il faut en agir : fans cela, les criminels ont tout contr'eux, au lieu que les juges ont tout pour eux, fi la légiflation ne leur tient pas la bride. Or je ne vois pas d'autre expédient pour cela que celui que j'ai fuggéré ci-deffus, favoir de rendre les jugemens publics, & d'ôter aux juges toute faculté de faire aucun acte de juftice, fans la préfence & le confentement d'un certain nombre d'affiftans. Il y a des pays où les favoris & les courtifans des princes ont la coutume de

qualifier de crime, tout ce qui ne s'accorde pas avec leur façon de penfer, & de traiter en criminels tous ceux qu'ils ont envie de perdre. Dans ce pays-là un pareil reglement eft encore plus néceffaire qu'ailleurs.

Le vice d'une légiflation criminelle, de n'avoir point de rapport au gouvernement, aux mœurs & aux autres circonftances d'une nation, eft de mème d'une plus grande conféquence pour la fociété, que celui qui confifte dans la févérité outrée des peines. Qu'un prince établiffe dans fes Etats des peines rigoureufes contre l'adultere, & les autres efpeces d'incontinence, il ne fera que rendre fa légiflation ridicule. Ceux qui font toujours autour de lui, commenceront par la violer impunément : les autres fuivront leur exemple : les juges fermeront les yeux fur les premiers par crainte, & fur les autres par équité, par habitude & fouvent par avarice : car ils fe feront payer le fecret par ceux à qui ils pardonneront, quand rien ne les empèchera de procéder contr'eux, felon les loix. Dans un pareil gouvernement, des loix douces feroient mieux obfervées : & pour les adulteres, la loi de Juftinien feroit la plus fage. Au contraire, dans un gouvernement républicain, les loix, pour ètre féveres, n'en feront pas moins exécutées; parce qu'il n'y a rien qui puiffe intimider les juges, dont le fort dépend de la volonté du peuple ; & parce que plus ils fe montrent exacts & impartiaux dans l'exercice de la juftice, plus ils en font chéris & refpectés. Dans un tel gouvernement, les loix contre l'incontinence doivent ètre très-féveres ; parce que les bonnes mœurs ne fe foutiennent pas fans la continence, ni les républicains fans les bonnes mœurs.

En Italie, le ferment d'une fille en-

ceinte eſt reçu pour une preuve ſuffiſante, au préjudice de celui qu'elle nomme pour pere de l'enfant qu'elle porte
dans ſon ſein. Chez pluſieurs peuples
de l'Allemagne une telle fille, lorſque
l'homme qu'elle inculpe ſe défend, eſt
obligée d'avérer par d'autres preuves,
non-ſeulement le commerce charnel
qu'elle prétend avoir eu avec lui, mais
encore le tems de ce commerce. Ainſi
chez la plupart des Allemands, ſur-tout
proteſtans, on ne croit pas une fille ſur
ſon ferment ; mais en Italie, en France
& preſque généralement chez les catholiques, où les prêtres & ſur-tout les
moines ont converti la religion en pures momeries, en ſimagrées & mille
menues pratiques, & où tous les crimes s'expient par la confeſſion, on reſ-
pecte comme une preuve le ſerment d'u-
ne méchante perſonne qui avoue ſon
crime au préjudice d'un autre, dont la
probité n'eſt rendue ſuſpecte par aucun
autre indice. Par une ſuite d'une pratique ſi inſenſée, en Italie & en France,
une fille, qui avoue qu'elle a eu un
commerce charnel avec pluſieurs perſonnes à la fois, conſerve encore aſſez
de crédit, pour pouvoir par ſon ſeul ſerment déclarer celui dont elle eſt groſſe.
Les Hollandois, en réformant leur religion, n'ont pas réformé cette pratique
abſurde & injuſte, qu'ils ont reçue des
canoniſtes ; comme ils ont négligé d'en
réformer bien d'autres qui viennent de
la même ſource impure. S'il y a quelque
choſe qui puiſſe encore voiler chez cette
nation, d'ailleurs ſi équitable & ſi ſage,
l'injuſtice de cette pratique, c'eſt qu'elle
a de la religion ; & qu'elle n'a pas des
miniſtres qui donnent l'abſolution pour
des répas ou pour des legs. Cependant
chez les Hollandois, comme chez les
Italiens, les filles choiſiſſent preſque
toujours dans le fait celui dont elles
croyent ſe pouvoir accommoder le
mieux, ſans s'embarraſſer du ferment.

En Allemagne, on punit de mort celui qui dans l'yvreſſe commet un homicide : en Italie, on ne le punit preſque
point. La pratique allemande eſt trop
rigoureuſe : un homme yvre ne ſait pas
ce qu'il fait ; il n'eſt pas plus puniſſable
pour un pareil meurtre, que le feroit un
homme tombé en démence. Pour l'yvreſſe, la faute n'eſt pas tant de la perſonne que de la froideur du climat, qui
invite à boire des liqueurs ſpiritueuſes,
pour donner du mouvement au ſang,
rallenti dans ſa circulation par la trop
grande abondance de ſa partie aqueuſe,
que le froid empêche de s'exhaler en
aſſez grande quantité. D'ailleurs, il eſt
très-inutile de ſévir contre cette nation,
par une loi trop rigide, parce qu'elle ne
ſe ſert pas dans les querelles particulieres d'armes à feu, ni de poignards, qui
ſont les ſeuls inſtrumens meurtriers
dans les mains d'un homme yvre. Au
contraire en Italie, les meurtres ſont
fréquents ; l'yvreſſe y rend les hommes
furieux ; ils ſe ſervent d'armes à feu &
de poignards ; & le vice de boire à l'excès eſt un vice de la perſonne & non de
la nation : car la chaleur du climat de
ce pays-là exige que l'on y boive de
l'eau plutôt que du vin. Ainſi la loi des
Allemands conviendroit mieux à l'Italie, & la pratique des Italiens feroit
plus raiſonnable & plus juſte en Allemagne.

Quand on lit les loix des douze tables, on eſt d'abord étonné de l'extrême rigueur de celles qui furent portées
contre ceux qui faiſoient des dommages
à la campagne. Celui qui remuoit ou
tranſportoit une borne, étoit dévoué
aux dieux des enfers ; ſa tête étoit proſ-
crite & chacun pouvoit le tuer impunément. Cette loi venoit de Numa Pom-

pilius, & les décemvirs la conservèrent. Celui qui coupoit une plante ou un sep de vigne dans le champ d'un autre étoit pareillement puni de mort : Servius le dit expressément dans une *Note sur l'églogue* 13. *de Virgile*. Celui qui, par des enchantemens, transportoit des bleds & des fruits du champ d'un autre dans le sien, devoit aussi être condamné à mort. Mais il faut considérer que les Romains étoient agriculteurs : & chez de pareils peuples, il est très-juste d'arrêter par des loix sèveres les vols & les dommages qu'on peut faire dans les campagnes. Par cette même raison les campagnes de la Suisse devroient être sacrées; mais comme l'on n'y fait pas combiner la rigueur de ces loix avec la liberté des habitans, nos campagnes sont à la merci des voleurs, qui les pillent impunément.

* *Procédure ecclésiastique.* Quant à cette espece de *procédure*, il est important, comme l'observe M. Fleury, en ses *Instit. au droit ecclésiast.*, de donner une idée des anciennes formes de procéder, d'où les plus nouvelles tirent leur origine, dont tous les livres parlent, & principalement ceux qui composent le corps du droit canon.

Dans les premiers siecles de l'église, les jugemens de l'église n'étant que des arbitrages pour les matieres temporelles, & dans les spirituelles des jugemens de charité, on n'y observoit que les regles de l'Ecriture & des canons où il n'entroit point de chicane. Depuis plus de cinq cents ans, les clercs en possession de rendre presque tous les jugemens, voulurent y introduire les formalités du droit romain qu'ils étudioient, & de-là tant de décrets & décrétales des papes sur cette matiere ; les

juges séculiers de ce tems-là, nobles ou gens de guerre, prirent des clercs pour leurs juges, & par ce moyen la *procédure* des canonistes passa dans tous les tribunaux.

La *procédure* civile a trois parties essentielles : la comparution, la contestation & le jugement ; on peut ajoûter l'exécution.

Pour obliger une partie à comparoître devant le juge, il faut l'assigner par un acte qui s'appelle en cour d'église *citation*. Quand la citation est faite devant un juge délégué, il faut une ordonnance de la part de ce juge pour la faire, & de plus, que cette ordonnance désigne un lieu certain pour auditoire. On doit aussi faire signifier sa commission.

Sur la communication des défenses, le juge rend un premier jugement qui forme ce qu'on appelle la *contestation en cause*, & qui est, suivant le droit canon, le fondement de tous les procès. *C. unic. de litis contest.*

La cause étant contestée, les parties font leurs preuves que le juge examine. Ces preuves sont vocales ou littérales. Les premieres viennent de la déposition des témoins, ou de la confession des parties, soit judiciairement par interrogatoire sur faits & articles. Les preuves littérales consistent en écritures publiques ou privées, qui font plus ou moins de foi.

Les parties ayant produit leurs preuves, pris communication de leurs productions, contredit & repliqué, le promoteur donne ses conclusions, si l'église ou le public ont intérêt en la cause ; après quoi le juge décide par jugement définitif ou interlocutoire.

Le jugement une fois rendu, la partie condamnée y acquiesce ou en appelle ; dans le premier cas, on l'exé-

cute comme jugement en dernier reffort.

Quand un eccléfiaftique s'eft rendu
coupable d'un fimple délit commun,
le juge d'églife en connoît privative-
ment, & inftruit la *procédure* feul, fuivant les formalités générales; comme
lorfqu'il ne s'agit dans un régulier que
d'un cas monaftique, c'eft à fon fupérieur à l'en punir, fuivant les regles
ou ftatuts de l'ordre. Mais quand il y
a du cas privilégié, dont les juges féculiers doivent connoître, alors il fe
fait une *procédure* où les deux juges,
laïc & eccléfiaftique, connoiffent conjointement.

L'inftruction doit être faite conjointement, tant par l'official, que par les
baillifs & fénéchaux ou leurs lieutenans
criminels.

C'eft régulierement l'official de l'é-
vêque du lieu où le délit a été commis,
qui en doit connoître.

L'official & le lieutenant - criminel
procedent enfemble aux informations,
interrogatoires & récolemens, &c. ayant
chacun leur greffier qui rédige le tout
par écrit en des cahiers féparés. Quand
il y a des laïcs complices, on prétend
qu'auffi-tôt que l'eccléfiaftique a demandé fon renvoi, ou qu'il a été ré-
vendiqué par le promoteur, l'official
& le juge laïc répétent conjointement
les laïcs complices dans leurs interrogatoires, qui par rapport à l'eccléfiaftique accufé, fervent de dépofitions de
témoins; que cette répétition fe doit
faire, foit que l'interrogatoire foit à
charge ou à décharge, parce que les
témoins peuvent varier au récolement:
que pour faire cette répétition, les laïcs,
s'ils font conftitués prifonniers, font
conduits en l'officialité, & de-là ra-
menés aux prifons de l'Etat; que s'ils
ne font pas prifonniers, on les décrete

d'affigné pour être ouïs, ou d'ajournement perfonnel, felon la qualité du
délit; que quand les réponfes à l'interrogatoire, & celles qui font faites
lors de la répétition & du récolement,
vont à la décharge de l'eccléfiaftique, on
ne confronte pas les complices; & que
fi au contraire toutes ces réponfes vont
à charge, la confrontation s'en fait par
les deux juges.

Mais cette queftion, fi le laïc complice de l'eccléfiaftique doit être interrogé devant les deux juges, eft encore
fort controverfée, & le plus grand nombre des fuffrages paroît être pour la négative, & avec raifon.

Quand les baillifs, fénéchaux ou leurs
lieutenans-criminels auront commencé
d'inftruire le procès à des eccléfiaftiques, & que fur leur requête ou celle
du promoteur en leur officialité, ils
leur auront accordé leur renvoi par-
devant l'official, dont ils font jufticia-
bles pour le délit commun, les procureurs du roi de ces fieges doivent inceffamment en donner avis à l'official,
afin qu'il fe tranfporte fur les lieux pour
l'inftruction du procès, s'il l'eftime ainfi
à propos pour le bien de la juftice.

Tout ce que le juge féculier feroit
fans l'official, depuis le renvoi requis,
ou la révendication par le promoteur,
feroit abfolument nul.

Si l'official fur l'avis à lui donné
par le procureur du roi, déclare vouloir inftruire le procès en l'officialité;
en ce cas, & huitaine après cette déclaration, les accufés doivent être tranf-
férés dans les prifons de l'officialité, aux
frais & à la diligence de la partie civile, s'il y en a, finon à la diligence
du procureur du roi, & aux frais du
domaine.

Dans le même cas & dans le même
délai de huitaine, le lieutenant - cri-

minel, ou à son défaut un autre officier du siege dans lequel le procès a commencé, doit se transporter au siege de l'officialité, quand même il seroit hors de son ressort, pour y achever l'instruction conjointement avec l'official.

Le lieutenant-criminel, & à son défaut quelqu'autre officier du siege, ne se transportant pas dans le délai de huitaine au siege de l'officialité, où l'accusé aura été transféré, le procès en ce cas doit être instruit conjointement avec l'official par le lieutenant-criminel, ou à son défaut par un des officiers du bailliage, dans le ressort duquel le siege de l'officialité est situé, pour être ensuite jugé dans le même bailliage, à raison du cas privilégié. Le même ordre doit être observé pour les procès commencés en l'officialité, c'est-à-dire, que les officiaux doivent avertir, sous peine de tous dépens, dommages, &c.

Le juge d'église peut connoître qu'il y a du cas privilégié par la plainte, ou seulement par la déposition des témoins, la plainte ne regardant que le délit commun. C'est l'opinion commune des jurisconsultes, que si le juge d'église connoît par la plainte que le clerc contre lequel il faut procéder est accusé de cas privilégié, il doit appeller le juge laïc pour commencer l'information.

Le juge d'église ne peut plus, comme autrefois, passer outre, quand il se trouve du cas privilégié, quoique le juge laïc étant averti par le promoteur, ne se soit pas rendu à l'officialité. Le promoteur doit en ce cas se pourvoir au tribunal suprême.

Si les deux procédures se trouvent différentes en choses essentielles, il faut en ce cas se pourvoir en la cour pour y être statué.

Les informations faites dans les officialités, en la maniere qu'il a été dit, le tribunal suprême ayant commis d'autres officiers, ne laisse pas de subsister, quoique faites avant que les juges laïcs ayent été appellés, de même que les informations & autres *procédures* faites par les juges laïcs avant le renvoi à l'officialité pour le délit commun; y ayant néanmoins cette différence, que les officiaux peuvent faire & juger le procès pour le délit commun sur les informations & autres *procédures* faites par les juges laïcs jusqu'au renvoi ou déclinatoire, au lieu que les juges laïcs ne peuvent rien statuer sur les *procédures* faites par l'official avant qu'ils ayent été appellés, pas même sur les informations, s'ils n'ont eux-mêmes récolé les témoins.

Lorsque le procès s'instruit dans les cours souveraines, les évêques doivent donner leur vicariat à l'un des conseillers clercs desdites cours.

Après que le procès instruit pour le délit commun a été jugé en l'officialité, l'accusé doit être ramené aux prisons du juge laïc pour être jugé à raison du cas privilégié.

Une fois que l'official a rendu sa sentence définitive, dans les regles, *functus est officio*, & le juge laïc ne l'appelleroit plus, s'il avoit quelque nouvelle instruction à ordonner pour juger le cas privilégié; mais si, postérieurement à la révendication faite par le promoteur, le juge laïc faisoit informer par addition, il y auroit abus, parce que, suivant les regles de la *procédure*, cette information par addition se doit faire par les deux juges en l'officialité; ou s'il y a des raisons de se transporter sur les lieux, il faut que les deux juges s'y transportent, ou que l'un & l'autre donnent à cet effet des commissions à des personnes qui ayent les qualités requises.

Si un official a rendu son jugement définitif sur une *procédure* irréguliere, il ne peut se réformer; il doit s'adresser au juge supérieur. (D.M.)

La *procédure extraordinaire*, est celle qui se fait en matiere criminelle lorsque le procès est reglé à l'extraordinaire, c'est-à-dire, lorsque le juge a ordonné que les témoins seront recollés & confrontés.

* La *procédure féodale*, est la forme de procéder dans les contestations relatives aux fiefs. Pour procéder avec ordre, nous examinerons d'abord ce qui regle la compétence des cours féodales, & c'est en général l'objet de la demande, comme dans toutes actions personnelles, qui reglent si la cause est de la compétence de la cour féodale ou non. *v. Cour* FÉODALE.

Premiere regle de compétence. Tous ceux qui possédent des fiefs, immédiatement relevans de l'empereur, ou autre souverain, ne reconnoissent eux-mêmes, pour juge compétent, des différends qui concernent leurs fiefs, que le souverain lui-même.

Seconde regle. Si le fief pour lequel il y a contestation, ne releve pas immédiatement du souverain, quelle que soit d'ailleurs sa qualité, le vassal possesseur, s'il est vrai vassal, ou vassal reconnu, ne reconnoîtra pour juge compétent, que son seigneur; à l'exclusion des pairs de la cour féodale; ce qui doit s'entendre, soit que le seigneur soit ecclésiastique, & le vassal laïque, soit que le seigneur soit laïque, & le vassal ecclésiastique.

Troisieme regle. S'il y a contestation pour un fief entre deux personnes, dont l'une est vassal reconnu, & l'autre vassal prétendu; elle ne pourra être jugée

Tome XI.

que par les pairs de la cour féodale, seuls compétens en ce cas.

Quatrieme regle. Si le différend est entre deux vassaux prétendus, dont l'un soutient le fief être ancien, & l'autre nouveau; on distingue où le seigneur y a intérêt, comme si l'un des contendans disoit avoir donné de l'argent au seigneur, pour une partie du fief; & dans ce cas, le seigneur & les pairs de la cour féodale seroient récusables, & la connoissance de la cause appartiendroit aux juges ordinaires, où le seigneur seroit simplement intervenu en la cause, sans qu'on soutint contre lui qu'il a reçu une finance; en ce cas, les pairs de la cour féodale retiendroient le jugement du différend.

Si les deux contendans conviennent que le fief est ancien, la connoissance, & le jugement de leur différend, appartiendront au seigneur, & aux pairs de la cour féodale ensemble.

Zasius rapporte l'espece d'une cause, où il avoit consulté; il y avoit contestation entre deux vassaux prétendus, dont l'un fondoit son droit sur des investitures nouvelles, obtenues de l'empereur Maximilien, comme archiduc d'Autriche, & confirmées par lui, comme empereur: l'autre venoit *proprio jure*, comme agnat du dernier vassal; l'empereur soutenoit son propre fait; cependant il se détermina de renvoyer la cause par-devant les pairs de la cour féodale du Suntgau, où le fief ressortissoit; ceux-ci, sans s'arrèter aux investitures de Maximilien, données comme seigneur direct, non plus qu'aux lettres-patentes du même, données comme empereur, portant confirmation desdites investitures, envoyerent l'agnat, dont le droit leur parut incontestable, en possession du fief contesté: nous trouvons quelque chose de plus ancien

M m m

sur la jurisdiction des cours féodales, dans le troisieme volume des conciles de l'église. Henri, duc de Lawembourg, & Fréderic, étant en contestation pour le duché de Saxe, duquel Fréderic avoit été investi par l'empereur Sigismond ; Henri desiroit que le procès fût décidé par le concile de Constance ; Fréderic ne vouloit s'en rapporter qu'au jugement de l'empereur : Sigismond écrivit aux peres & prélats assemblés au concile, en ces termes : *Feudalis contentio per Dominum feudi, ac pares curiæ terminanda est.* Cette lettre est de l'année 1415. Chopin, *liv. 3. tit. 7. art. 2. de Domin. Galli.* en fait mention.

Si le seigneur, dans le cas où il seroit compétent pour juger tout seul, refusoit ou différoit de rendre justice, le vassal seroit fondé à se pourvoir contre lui, par devant le seigneur direct supérieur, & il pourroit être contraint de faire droit aux parties, sous peine de privation de son droit de domaine direct.

Cinquieme regle. La connoissance des contestations, qui naissent entre un vassal & un étranger au fief, appartient, en demandant & en défendant, aux juges ordinaires.

La même regle a lieu pour les différends qui naissent entre le seigneur, & une autre personne étrangere à sa cour féodale, quand même ce différend auroit rapport à un fief, soit qu'il y fût question d'une fixation de limites, ou d'un remboursement de prix d'engagement, ou d'autre chose de cette nature, & cela par la regle de droit, *actor sequitur forum rei.*

Sixieme regle. S'il y a contestation entre le seigneur & le vassal, soit pour raison de l'investiture, soit pour raison d'une renonciation faite au fief, ou de la commise, la connoissance en appartient aux pairs de la cour féodale.

Et dans ce cas, les parties litigantes choisissent eux-mêmes leurs juges ; s'ils ne conviennent pas dans leur choix, le seigneur a le droit d'en choisir un d'abord, puis le vassal en choisit un autre, & ainsi de suite, de maniere que chacun ait le même nombre de juges.

Septieme regle de compétence. Si la question rouloit sur la qualité du fonds contesté ; par exemple, si le vassal prétendu le soutenoit féodal, & que le seigneur prétendît qu'il fût allodial, elle appartiendroit à la connoissance du juge ordinaire, qui seroit tenu cependant, de la renvoyer par-devant les pairs de la cour féodale ; si dans l'examen du procès, il lui apparoissoit que le fonds est de nature féodale.

La jurisdiction des pairs de la cour féodale, quoiqu'ordinaire, n'est pas nécessaire ; le droit commun ne leur donne que la qualité d'arbitres & d'amiables compositeurs, dont la fonction est volontaire ; aussi, en cas de refus de leur part, il n'y a pas d'action contr'eux, il faut ou choisir d'autres arbitres, ou s'adresser au seigneur direct supérieur, Cependant l'usage d'Allemagne, est de faire insérer dans les investitures expédiées aux vassaux, la clause qu'ils seront toujours prêts à rendre la justice féodale ; le serment que fait le vassal en conséquence de ces investitures, renferme pour lui une obligation, de laquelle naît une action.

Si le seigneur avoit spolié son vassal, c'est-à-dire, l'avoit déjetté par la force de sa possession, celui-ci pourroit-il se servir de l'*interdictum unde vi*, ou de la réintégrande ? Cette action, permettant la voie criminelle, n'est jamais accordée au vassal contre le seigneur, par rapport à la révérence qu'il lui doit, pour la concession d'un bienfait insigne.

Les pairs de la cour féodale, faisant les fonctions de juges ordinaires, ne peuvent pas être reculés ; en cas de suspicion, ils doivent prendre un adjoint, avec lequel ils procédent au jugement. Depuis que la province d'Alsace est sous la domination du roi de France, les *pares curiæ* n'y ont plus de fonctions ; la connoissance de toutes les matieres féodales, est attribuée au conseil supérieur, qui est devenu la cour féodale, & dont les juges sont devenus ordinaires & nécessaires : cependant cette attribution n'a été faite qu'à la premiere chambre de ce tribunal, où toutes les affaires doivent être portées & jugées. Les observations ci-dessus peuvent servir pour la connoissance des cas, qui doivent être de la compétence des juges ordinaires en premiere instance.

A l'égard des *procédures*, en matiere féodale, on ne s'est pas proposé d'exposer ici la forme des citations, sommations ou autres *procédures* qui sont en usage, mais seulement les principaux points de la jurisprudence féodale.

Premier point de jurisprudence. Si un seigneur de fief, étant décédé, le vassal se présente à son successeur, pour requérir le fief, & que celui-ci est refusant de donner un renouvellement d'investiture ; il doit être traduit par - devant la cour féodale, pour se voir condamné de donner au moins des investitures abusives ou impropres, & en ce cas, le vassal est dispensé de faire son serment jusqu'après le jugement de la contestation, si le refus du seigneur en fait naître une.

Si cependant le même vassal possédoit encore un autre fief, mouvant du même seigneur, & pour lequel il n'y auroit point de contestation, la cour féodale lui enjoindroit d'abord le serment de fidélité, puis l'enverroit par

provision, en possession même du fief contesté, & jugeroit seulement le pétitoire.

Second point de jurisprudence. S'il est constant que la chose pour laquelle il y a contestation, est féodale, & que le différend entre les parties, ne concerne que la nature du fief, comme si le seigneur soutenoit que le fief est masculin, & que la partie adverse prétendoit qu'il est féminin, par conséquent impropre, la présomption seroit pour le seigneur ; & elle l'est toujours pour celui qui soutient au fief sa nature propre.

Troisieme point de jurisprudence. Si le différend ne roule que sur une qualité accidentelle, celui qui la pose, est chargé de la preuve, soit qu'il soit demandeur ou défendeur, & la preuve contraire doit être permise par le même jugement.

Quatrieme point de jurisprudence. Celui des deux contendans, qui est en possession, doit y être provisoirement maintenu, quand même le souverain, en qualité de seigneur direct, demanderoit la possession : sauf enfin de cause, & lors du jugement du pétitoire à enjoindre le serment suppletif, s'il y écheoit. C'est la jurisprudence constante de la chambre impériale, suivie au conseil supérieur d'Alsace, comme on va le faire connoître par un exemple.

Quatrieme point de jurisprudence. Lorsque le serment est déféré à l'une des parties, de droit commun, elle doit se faire suivre par douze personnes non suspectes, qu'on appelle, en droit féodal, *sacramentales*, lesquelles affirment que le dire de la partie, pour laquelle elles jurent, leur paroit conforme à la vérité. Cependant ce point de jurisprudence n'est plus observé aujourd'hui, du moins universellement ; la forme du ferment des *facramentales* , qui , chez les Lombards , étoient appellées auffi *juratores* , eft retenue dans le traité *de legib. Alleman. tit. fext. de jurat.* La contrariété des textes féodaux , & leur ambiguité , doivent ètre dans un nombre infini de cas interprêtées par la raifon, d'équité,& la doctrine des feudiftes.(R.)

La *procédure fruftratoire* , eft celle qui eft inutile & fans aucun autre objet que de multiplier les frais.

La *procédure nulle* , eft celle qui eft vicieufe dans fa forme , & qui ne peut produire aucun effet ; cependant une *procédure* n'eft pas nulle de plein droit ; il faut qu'elle ait été déclarée telle.

La *procédure périe* , eft celle qui eft tombée en péremption par une difcontinuation de pourfuites pendant trois ans.

La *procédure récriminatoire* , en matiere criminelle, eft celle que le premier accufé fait contre l'accufateur lorfqu'il rend plainte contre lui; en ce cas,on commence par juger lequel des deux plaignans demeurera accufé ou accufateur ; ordinairement c'eft le premier plaignant. Cela peut néanmoins arriver autrement par quelques circonftances , comme quand on voit que la premiere plainte n'a été rendue que pour prévenir celui qui avoit véritablement fujet de rendre plainte. v. PLAINTE & RÉCRIMINATION. (D. F.)

PROCÈS , f. m. , *Jurifpr.* Ce terme fe prend quelquefois pour toute forte de conteftation portée en juftice; mais dans fa fignification propre il ne s'entend que d'une conteftation qui a déja été appointée en droit devant les premiers juges où elle formoit une inftance , laquelle ayant été jugée & enfuite portée devant le juge d'appel, forme devant celui-ci la matiere d'un *procès* , qu'on appelle *procès par écrit* , pour les

diftinguer des caufes & des inftances appointées en droit.

On entend auffi quelquefois par le terme de *procès* les pieces qui compofent les productions des parties. v.PROCÉDURE.

Le *procès appointé* , eft celui fur lequel il eft intervenu quelque jugement préparatoire , qui a ordonné un appointement à mettre ou en droit ou de conclufion , ou appointement au confeil; mais , à parler exactement, cette derniere forte d'appointement forme une inftance & non un *procès* proprement dit.

Le *procès civil* , eft celui qui a pour objet une matiere civile , & qui s'inftruit par la voie civile. Il commence par une affignation ou par une requête, fuivie d'ordonnance & d'affignation ; il s'inftruit par des exceptions , défenfes, repliques , &c. fur lefquelles il intervient un jugement préparatoire , interlocutoire ou définitif, felon que la matiere y eft difpofée. Quand il demande une inftruction plus ample on l'appointe. v. APPOINTEMENT, GRIEFS.

Le *procès criminel* , eft celui qui a pour objet la réparation de quelque délit.

Pour intenter un *procès criminel* , il faut qu'il y ait un corps de délit. Le *procès* commence par une plainte fur laquelle on demande permiffion d'informer : on informe contre l'accufé , on décrete enfuite les informations, l'accufé eft interrogé ; & , s'il y a lieu de regler le *procès* à l'extraordinaire , on ordonne que les témoins feront récolés en leurs difpofitions , & confrontés à l'accufé ; & après le dernier interrogatoire que l'on fait fubir à l'accufé, & les conclufions définitives, on rend un jugement contre l'accufé. v. ACCUSÉ , CRIME , CRIMINEL , DÉLIT , DÉ-

NONCIATION, PLAINTE, PROCÉDURE *criminelle.*

Le *procès departi* ou *départagé*, est celui dans lequel les opinions s'étant d'abord trouvé partagées, le rapport en a été fait dans une autre chambre où il a été jugé.

Le *procès distribué*, est celui qui est assigné à une certaine chambre, & donné à un des conseillers pour l'examiner & en faire le rapport.

Le *procès par écrit*, est celui qui a été appointé devant les premiers juges, & dont l'appel est pendant devant le juge supérieur.

Le *procès à l'extraordinaire*, est un *procès* criminel dans lequel on a ordonné qu'il sera poursuivi par recollement & confrontation des témoins; car tout *procès* criminel n'est pas à l'extraordinaire, il ne devient tel que quand la procédure a été reglée de la maniere dont on vient de le dire. Voyez ci-après *Procès ordinaire.*

Le *procès instruit*, est celui dans lequel on a fait toutes les procédures nécessaires pour instruire la religion des juges.

Le *procès ordinaire*, est un *procès* civil: quand on civilise une affaire criminelle, on reçoit les parties en *procès ordinaire*, & l'on convertit les informations en enquètes.

Le *procès redistribué*, est celui qui passe d'un rapport à un autre, lorsque le premier est décédé, ou qu'il s'est déporté à cause de quelque circonstance qui l'empêche d'être juge de l'affaire.

Le *procès-verbal*, est la rélation de ce qui s'est fait & dit verbalement en présence d'un officier public, & de ce qu'il a fait lui-même en cette occasion.

Les huissiers font des *procès-verbaux* d'offres réelles, de saisie & exécution, d'enlevement & vente de meubles, de compulsoire, & de rébellion à justice.

Les notaires font des *procès-verbaux* de prise de possession & de l'état des lieux, &c.

Les juges & commissaires font des *procès-verbaux* de descente sur les lieux, des *procès-verbaux* d'enquête.

Les experts font aussi des *procès-verbaux* de visite, de rapport & estimation.

Un *procès-verbal*, pour être valable, doit être fait avec toutes les parties intéressées, présentes, ou duement appellées; autrement il ne fait foi que contre ceux qui y ont été appellés.

Il faut qu'il soit fait par une personne ayant serment à justice, qu'il soit sur du papier timbré, qu'il contienne la date de l'année, du mois & du jour, & qu'il fasse mention si l'acte a été fait devant ou après midi.

PROCHAIN, subst. m., *Morale.* Ce mot se prend aussi adjectivement; il désigne celui qui, ayant avec nous une nature commune, a les mêmes droits & les mêmes obligations. La qualité de *prochain* s'étend à tous les individus de l'espece humaine, sans aucune distinction: celles que l'orgueil, la superstition & d'autres maladies de l'esprit & du cœur ont fait naître, disparoissent à l'aspect de la raison, & sont anéanties par la religion. Les droits réels & comme innés du *prochain* sont le fondement de la bienveillance universelle; & cette bienveillance mene droit à la bienfaisance. Il est inconcevable qu'on puisse se faire la moindre illusion à cet égard. La nature a-t-elle des especes de limon différentes, & dont les unes soient plus précieuses que les autres? Ceux qui habitent un climat, ont-ils quelque prérogative effective sur ceux qui en habitent un autre? Mais sur-tout en quoi consiste la chimere des rangs? Ce monarque, si vous lui ôtez fa pourpre & les attributs de la royauté, que vous offrira-t-il? Un corps fouvent plus mal bâti que celui du plus grand nombre de fes fujets, une ame petite & foible, ou mauvaife & vicieufe. Et pour rendre la démonftration complette, abandonnez ce fier defpote, que perfonne ne le ferve, qu'il foit réduit à pourvoir à fes befoins, qu'il vogue fur un efquif à la merci des vents & des flots, qu'il foit jetté dans une isle déferte; & l'on verra bientôt en quoi il differe du moindre de fes efclaves. De puiffans fouverains ont même acquis cette conviction, avant que de fermer les yeux à la lumiere: étant à l'agonie, à mefure qu'ils approchoient de leur fin, ils ont vu la foule des lâches courtifans s'écouler, & deux ou trois fimples domeftiques demeurer pour les enfevelir.

On ne fauroit faire du bien à tout le monde; mais le defir, l'intention ne doivent jamais manquer; & la meilleure preuve de ce defir confifte dans l'affabilité, dans les égards pour les perfonnes les plus pauvres & les plus abjectes, dans l'attention à ne les jamais rebuter, & à les renvoyer toujours fatisfaites de l'accueil. Les tons de hauteur & d'arrogance dénotent infailliblement la baffeffe du caractere & la privation du fentiment. Et qui font encore ceux qui prennent ces tons? De miférables parvenus, ou des fubalternes revêtus d'une certaine autorité dans quelque département inférieur. Il faut aimer tous fes prochains, dit-on: cela n'eft pas rigoureufement poffible; il y en a de trop peu aimables; mais, quels qu'ils foient, il faut vouloir leur véritable bien, & le procurer quand & autant qu'on le peut. (F.)

PROCLAMATION, f. f., PROCLAMÉ, PROCLAMER, Jurifprud.

& droit féod., eft l'action de faire crier quelque chofe à haute voix pour la rendre notoire & publique; on proclame certaines loix & réglemens de police au fon du tambour ou de trompe, afin que le peuple en foit mieux inftruit.

On fe fert auffi du terme de proclamation pour exprimer la nomination publique qui a été faite de quelqu'un à une haute dignité; comme quand on dit qu'un tel prince fut proclamé roi ou empereur.

Quand il y a mutation de fief de la part du feigneur par mort ou autrement, le délai pour lui rendre la foi & hommage eft ordinairement de quarante jours pour les anciens vaffaux, c'eft-à-dire pour les vaffaux qui avoient rendu la foi au précédent feigneur; mais ce délai ne court pas du jour de la mutation, mais du jour qu'elle a été proclamée à tous les vaffaux, & que le feigneur s'eft annoncé dans les formes prefcrites par les coutumes.

Pour les fiefs tenus du prince, le délai pour faire hommage à changement de regne ne court que du jour qu'il y a arrêt du confeil, fur lequel interviennent des lettres patentes.

Le feigneur nouveau n'a befoin de s'annoncer qu'aux anciens vaffaux, à ceux qui, comme nous l'avons obfervé, ont rendu la foi au précédent feigneur; car fi le feigneur trouve quelque fief ouvert fans vaffal, qui n'ait pas rendu foi & hommage, le feigneur le peut faifir fans annoncer fa mutation. En ce cas, le nouveau vaffal ne doit pas s'embarraffer fi le feigneur eft nouveau ou s'il eft ancien, parce que dès le moment qu'il entre dans le fief, c'eft à lui à chercher fon feigneur. (R.)

PROCONSUL, f. m., Droit Rom., c'étoit un magiftrat que la république romaine envoyoit dans une province, qui y gouvernoit, & y commandoit avec toute l'autorité des confuls à Rome.

La dignité de *proconful* fut peu connue à Rome avant la feconde guerre Punique. Tant que les bornes de la république ne s'étendirent pas au-delà de celles de l'ancien Latium, les deux confuls fuffifoient pour commander fes armées, &, dans des cas de néceffité, on avoit recours à la création d'un dictateur. Depuis que les bornes de l'empire fe furent beaucoup étendues, & qu'on fe vit obligé d'entretenir plufieurs armées, on eut quelquefois, mais rarement, recours au proconfulat. Cette charge ne devint proprement fréquente que pendant la feconde guerre punique. Alors la république fe vit forcée d'avoir plufieurs armées, tant en Italie que dans la Sicile, dans la Gaule Cifalpine, en Efpagne; & les magiftrats ordinaires ne pouvant fuffire à toutes ces fonctions, on prolongea le commandement à divers magiftrats, avec le titre de *proconfuls* ou de propréteurs, pour une ou pour plufieurs années; parce que le fénat n'aimoit pas à multiplier les magiftrats ordinaires, fans une néceffité abfolue.

Il y a des favans, qui doutent fi les *proconfuls* & les propréteurs doivent être rangés dans la claffe des magiftrats. Cette queftion fera très-facile à réfoudre, & l'on verra clairement que, fi quelques-uns de ceux qui ont porté ce titre, ne peuvent être regardés comme tels, tous ceux que la république a employés en cette qualité, dans le gouvernement des provinces, étoient réellement revêtus de la magiftrature. Je diftingue trois fortes de *proconfuls* & de propréteurs fous la république, & encore faut-il mettre une différence affez grande entre le proconfulat, qui avoit lieu

fous la république, & celui qui eut lieu fous les empereurs, comme on le verra par la fuite; ce qui en conftitue effentiellement de quatre fortes.

1°. Le plus ancien exemple, que la république ait employé des *proconfuls*, eft de l'an 275. de Rome. Kæfo Fabius & Sp. Furius, tous deux confulaires, furent employés en qualité de *proconfuls* pour commander deux armées, l'une en Tofcane, l'autre contre les Eques. Dion. Hal. *lib. IX. p.* 574. C'eft Denis d'Halicarnaffe, qui rapporte ce fait; mais j'ai de la peine à me figurer qu'on foit enfuite refté plus de 150. ans fans avoir recours à cet expédient; & d'ailleurs cet hiftorien avance affez fouvent les chofes à la légere. D'ailleurs Tite-Live, *lib. VIII. c.* 23. fous l'an 427, dit bien expreffément, que ce fut alors la premiere fois que le commandement fut prolongé à un conful. Q. Publilius Philon conful commandoit une armée dans la Campanie, & preffoit fort la ville de Palæpolis. Le fénat ne jugea pas à propos de le rappeller, & le tems de fon confulat étant près de finir, il chargea les tribuns du peuple de faire ordonner par les tribus, que Publilius fût continué dans le commandement de l'armée, en qualité de *proconful*, jufqu'à ce qu'il fe fût rendu maître de la place. L'hiftorien ajoûte, qu'on vit alors pour la premiere fois continuer le commandement des armées, & accorder le triomphe à un magiftrat forti de charge. En effet, les faftes des triomphes marquent que Publilius a été le premier *proconful*. Cette autorité, jointe à celle de Tite-Live, fuffit pour détruire ce qu'avance Denis d'Halicarnaffe, & ainfi je crois qu'on ne rifque rien de placer à l'an de Rome 427. l'origine du proconfulat.

Depuis ce tems-là, les différentes

guerres des Romains les obligeant d'entretenir plusieurs armées à la fois, il fallut souvent avoir recours à la prolongation du commandement, tantôt pour six mois, tantôt jusqu'à ce que la guerre fût terminée. Lorsqu'on trouvoit de quoi occuper les deux consuls de l'année, & que ceux qui devoient sortir de charge, avoient commencé la guerre avec succès, on les continuoit, soit pour un tems limité, soit pour un tems illimité; mais la prorogation ne s'étendoit jamais au-delà d'un an, & après ce terme il falloit une nouvelle loi. Cependant il arrivoit quelquefois que les nouveaux consuls, soit par brigue, soit par leur crédit, arrachoient ce commandement à ceux qui étoient près de terminer une guerre, & leur enlevoient ainsi le fruit de leurs victoires. J'ai déja remarqué que ce fut cette crainte, qui engagea Scipion l'Africain l'ancien à accorder des conditions si favorables aux Carthaginois. Q. Pompée, consul en 612, arracha à Métellius le Macédonique le commandement de l'armée d'Espagne, où ce général avoit en deux ans de tems, poussé ses conquêtes avec les succès les plus marqués. Val. Max. *lib. IX. c. 3.* Le fameux Marius enleva de même à Métellus le Numidique l'honneur de terminer la guerre de Numidie. Sallust. *in* Jugurth. Le grand Pompée arracha de même à Lucullus le fruit de ses victoires, & vint achever d'accabler un ennemi que son prédécesseur avoit déja terrassé.

Pour prolonger ainsi le commandement à un consul prêt à sortir de charge, il falloit un sénatus-consulte, & ensuite il falloit que ce sénatus-consulte fût confirmé par un plébiscite, ou décret formé par le peuple, qui donnoit ses suffrages par tribus. Liv. *lib. VIII. c. 23.* Il est pourtant arrivé que le peu-ple disposa seul de ce proconsulat, malgré le sénat. Dio. Cass. *lib. XXXVI. p. 23.*

2°. Il est arrivé quelquefois qu'on mit à la tête des armées de simples particuliers, qu'on décora de même du titre de *proconsul,* ou de propréteur. Ce fut ainsi qu'en l'an 542. Scipion, à qui ses victoires mériterent depuis le surnom d'*Africain,* n'étant encore âgé que de vingt-quatre ans, & n'ayant encore exercé aucune des grandes charges de la république, fut revêtu du commandement de l'armée qu'on envoyoit en Espagne, & du titre de *proconsul.* Liv. *lib. XXVI. c. 18.* Peu après on accorda le même titre à L. Lentulus & à L. Manlius, qu'on envoya même en Espagne avec le titre de *proconsuls,* quoiqu'ils n'eussent encore exercé que la préture. *Id. lib. XXVIII. c. 38.* L'histoire romaine nous fournit divers exemples pareils, qu'au sortir de la préture, le sénat accordoit le titre de *proconsul;* mais c'étoit une marque de distinction, qu'il n'accordoit que très-rarement. Cela se fit en faveur de Marcellus, en 538. qui avoit été préteur cette année, & qu'on envoya comme *proconsul* en Sicile, mais il avoit été consul quelques années auparavant. *Id. lib. XXIII. c. 32.* Le sénat accorda la même distinction à Paul Emile en 562. en lui continuant le commandement de l'armée & le gouvernement de l'Espagne, qu'il avoit eu en qualité de préteur. *Id. lib. XXXVI. c. 46.* Plutarch. *in Æmil. p. 256. F.* Sylla accorda à Pompée le même titre, & il lui fut renouvellé & continué plusieurs fois, sans qu'il eût exercé aucune charge à Rome. Le sénat envoya encore en Espagne, dans les derniers tems de la république, un Cn. Pison, à qui il accorda le titre de propréteur, quoiqu'il n'eût été que questeur. Dio. Cass. *lib. XXXVI. p. 24.* Caton d'Utique, qui

de

de même avoit été quefteur, fut envoyé en Chypre en qualité de propréteur. *Vellei. Pat. lib. II. c. 45.*

Il faut remarquer que ces particuliers, que le fénat fe propofoit de revêtir du commandement militaire, devoient être établis, comme les précédens, par les fuffrages des tribus, *Vide.* J. Fr. Gronov. *ad Liv. lib. XXVI. c.* 18. & enfuite autorifés à faire des levées par les fuffrages des curies, dont ceux à qui on prolongeoit le commandement n'avoient plus befoin, parce qu'ils les avoient déja recueillis avant de partir de Rome, pour fe mettre à la tète de leurs armées.

3°. La troifieme forte de *proconfuls* & de propréteurs, étoit de ceux qui, après avoir exercé le confulat & la préture à Rome, étoient au bout de l'année, envoyés dans des provinces pour les gouverner au nom du fénat & du peuple romain. On a vû qu'anciennement on avoit augmenté le nombre des préteurs proportionnellement au nombre des provinces, & que c'étoit à eux qu'on en confioit le gouvernement. Comme leur nombre ne fuffifoit pas toujours, on y fuppléoit, en prolongeant le commandement à quelqu'un d'entr'eux. Mais au commencement du VII.ᵉ fiecle, lorfqu'on établit les queftions perpétuelles, on retint à Rome les préteurs pendant toute l'année, pour y préfider aux différens tribunaux qu'on venoit d'établir. Ce n'étoit qu'après avoir exercé la préture à Rome pendant un an, qu'ils alloient gouverner des provinces, avec le titre de propréteurs, c'eft-à-dire, revêtus de la même autorité qu'ils auroient eue étant préteurs. Alors toutes les provinces étoient gouvernées par des propréteurs.

S'il y a eu des provinces confulaires, ç'a été dans le fens que le terme de

province ne fignifie qu'un département, comme je l'ai dit ci-deffus. Les confuls, en qualité de principaux magiftrats de la république, avoient toujours le commandement des principales armées, & la conduite des guerres dangereufes. S'il en furvenoit une qui parût telle, le fénat en donnoit la direction à un des confuls, qui, en qualité de premier magiftrat de la république, exerçoit en même-tems l'autorité fouveraine dans le pays où fe faifoit la guerre. C'eft ainfi que la Gaule Cifalpine, expofée aux incurfions des Liguriens, & d'autres peuples qui habitoient les Alpes & l'Apennin, fut durant affez long-tems le département ordinaire d'un conful, & quelquefois de tous les deux. S'il furvenoit une guerre dangereufe en Efpagne, elle devenoit le département d'un conful, comme il arriva fous le confulat de Caton l'ancien, & fous divers autres. Ce n'étoient point là des gouvernemens de provinces, proprement dits, comme je l'ai dit ci-deffus. Ce ne fut que fur le déclin de la république, qu'on commença à affigner aux confuls des provinces, où, après avoir fini à Rome l'année de leur confulat, ils devoient aller pour les gouverner au nom de la république. Nous voyons encore les confuls de l'an 679. Cotta & Lucullus, l'un envoyé en Bithynie, & l'autre en Cilicie, pour s'oppofer à Mithridate, qui recommençoit la guerre en Afie. Mais il faut que peu après on ait fait le réglement, qui obligeoit les confuls à finir leur année à Rome; car ce n'eft que depuis ce tems-là qu'on voit qu'on leur affignoit des provinces, du gouvernement defquelles ils ne prenoient poffeffion qu'après l'année révolue de leur confulat. Ce ne fut que depuis cette époque, qu'il y eut régulierement des provinces gouvernées par des *procon-*

fuls, qui, jufqu'alors n'avoient été que ceux à qui on avoit continué le commandement des armées, qu'ils avoient eu déja en qualité de confuls.

On a beaucoup difputé fur la diftinction des provinces en confulaires & en prétoriennes; mais je crois pouvoir affurer que cette diftinction n'a jamais eu lieu fous la république, fi ce n'eft autant que ces provinces étoient actuellement affignées à des confulaires ou à des prétoriens. Du refte, une province qui étoit régulierement prétorienne, pouvoit devenir confulaire, dès que le fénat le jugeoit néceffaire; ce qui étoit affez fréquent, lorfqu'il furvenoit une guerre dangereufe dans une province, & ce qui arriva fort fouvent par rapport à l'Efpagne, aux Gaules, à la Macédoine, & à l'Afie. De même fi une province étoit frontiere, & expofée aux invafions de l'ennemi, elle devenoit plutôt le département d'un *proconful* que d'un propréteur, telles que furent la Cilicie, la Syrie, les Gaules, & la Macédoine. Du refte, jufqu'au déclin de la république, les provinces pacifiées furent toutes prétoriennes, & on affignoit aux confuls les contrées, où la république avoit quelque guerre confidérable fur les bras; foit qu'elles fuffent effectivement réduites en provinces ou non.

Avant que de paffer outre, il faut que j'avertiffe, que tout ce que je dis des *proconfuls* doit s'étendre aux propréteurs, n'y ayant aucune différence dans le pouvoir que la république leur confioit, qui étoit abfolument le même. S'il y en avoit quelqu'une, elle ne confiftoit que dans les marques extérieures de leur dignité, & celle des *proconfuls* étant plus relevée, ils avoient douze licteurs, au lieu que les propréteurs n'en avoient que fix. L'armée d'un *pro-*

conful étoit ordinairement plus forte, fa fuite plus nombreufe, fes appointemens plus confidérables que ceux du propréteur.

Pour en revenir à la queftion, fi les *proconfuls* étoient des magiftrats, qui a été agitée avec chaleur entre Sigonius & Nicolas de Grouchi, *Græv. Thes. Ant. Rom. Tom. I. p. 721. & feqq.* Spanh. *de Us & præft. N. T. H. Diff. X. pag. 175.* il fuffira pour la réfoudre, de diftinguer les différences effentielles qu'il y avoit entre les trois fortes de *proconfuls* que je viens d'établir.

I. Je commence par la feconde forte, qui étoit celle des fimples particuliers, que le fénat & le peuple romain trouvoient à propos de placer à la tête d'une armée, avec la qualité de *proconful.* Ceux-ci n'avoient aucune jurifdiction, & leur commandement étoit purement militaire. Ils n'avoient pas non plus les aufpices, Cic. *de Divin. lib. II. c.* 36. & ne pouvoient prétendre au triomphe; Liv. *lib. XXVIII. c.* 38. du moins Cn. Pompée fut le premier & le feul auquel on accorda le petit triomphe ou l'ovation, de tous ceux que la république employa en cette qualité. Ainfi on peut dire qu'ils n'étoient point magiftrats, n'ayant que le fimple commandement militaire fans aucune jurifdiction.

Il faut bien diftinguer dans les auteurs anciens de *poteftas* & d'*imperium.* Le premier défigne le pouvoir civil attaché à toutes les magiftratures, que le peuple conféroit par fes fuffrages. Ce pouvoir dans les provinces, leur donnoit l'adminiftration de la juftice, des revenus de la province, de la police, enfin de tout ce qui pouvoit contribuer à y entretenir le bon ordre. Les *proconfuls* dont je traite ici, n'étoient pas revêtus de ce pouvoir; donc ils n'étoient pas magiftrats. On ne leur donnoit que le pouvoir militaire, (*impe-rium*) qui, ordinairement ne s'accordoit qu'aux principaux magiftrats, comme aux dictateurs, aux confuls, & aux préteurs qui étoient déja revêtus du pouvoir civil (*poteftas.*)

II. Il eft donc clair que la premiere forte de *proconfuls* & de propréteurs, fa-voir ceux auxquels, après l'expiration du terme de leur magiftrature, on pro-longeoit le commandement, étoient des magiftrats, puifqu'ils étoient revêtus des deux pouvoirs, qui leur étoient éga-lement continués, & qu'ils les exer-çoient au nom de la république, foit que le pays, dans lequel ils comman-doient, eût déja été réduit en province ou non.

III. Enfin ceux qui, après avoir exer-cé pendant un an, le confulat ou la pré-ture, étoient envoyés dans les provin-ces pour les gouverner, étoient magif-trats, & continués dans leurs magiftra-tures. Ils avoient déja le pouvoir civil, que la loi attachoit à leurs charges, & qu'ils alloient exercer dans leurs pro-vinces. On y ajoûtoit par la loi curiate le pouvoir militaire. C'eft pourquoi le jurifconfulte Ulpien dit, que celui qui a le gouvernement d'une province, y réunit le pouvoir de tous les magiftrats. *Leg. 12. D. de Offic. procons.* Ils font encore qualifiés comme tels dans un ancien fénatus-confulte, dont on trou-ve le fragment dans le tréfor de Gru-ter. *Pag. DIII.*

Le fénat difpofoit prefque toujours de ce qui concernoit les provinces, & la continuation du commandement; mais il arriva très-fouvent que les tribuns du peuple s'en mêlerent, & que le peu-ple affemblé en tribus, en difpofa par fes fuffrages. Il paroit même qu'au com-mencement, le fénat fit toujours confir-mer fon décret par le peuple; Liv. *lib.*

VII. c. 23. mais je doute qu'il ait tou-jours eu cette déférence, & je crois que petit à petit, il s'arrogea le droit d'en difpofer, que pourtant le peuple, en vertu de fa fouveraineté, revendiqua en quelques occafions. Au commencement de l'année, dès que les magiftrats étoient entrés en charge, le fénat décidoit des différens départemens & des confuls & des préteurs; & s'il vouloit continuer le commandement à ceux dont le tems al-loit finir. Cette prolongation n'étoit ja-mais que pour une année tout au plus; & elle devoit fe renouveller tous les ans pour ceux qu'on continuoit pendant plufieurs années.

Après que le fénat avoit réglé les dif-férens départemens, foit des confuls, foit des préteurs, le fort décidoit en-tr'eux de ceux qui devoient leur écheoir. Jufqu'au commencement du VIIe. fie-cle, les préteurs, après avoir fait leurs levées, partoient auffi-tôt pour leurs gouvernemens; mais depuis l'établiffe-ment des tribunaux permanens, ils ne partoient qu'en qualité de propréteurs, après avoir achevé le tems de leur pré-ture à Rome. Les confuls, après avoir tiré au fort entr'eux, & avoir terminé les affaires de la république à Rome, partoient pour leurs provinces, qui n'é-toient pas des gouvernemens propre-ment dits, mais de fimples départemens, où ils alloient commander les principa-les armées de la république, & où, après l'année révolue, on leur continuoit quel-quefois le commandement en qualité de *proconfuls.*

En l'an 631. C. Gracchus, tribun du peuple, confirma le droit du fénat, à l'é-gard des départemens des confuls, lui en donnant l'entiere difpofition, pour-vu qu'il réglât ces départemens avant les comices, & pendant qu'il étoit en-core incertain fur quels fujets tomberoit l'élection. Dans ce cas-là, il n'étoit pas permis aux tribuns du peuple de s'en mêler, ni de porter obstacle à ce qu'ordonnoit le sénat. Cic. *de prov. cons. c.* 8. *pro domo. c.* 9. Je remarquerai que cette loi ne regardoit point du tout les provinces proprement dites, ou les gouvernemens, comme plusieurs savans l'ont cru ; ce qui les a embarrassés dans bien des difficultés; mais elle regardoit les départemens des consuls en qualité de premiers généraux de l'Etat. Suétone nous apprend, *In* Jul. *c.* 19. que le sénat prévoyant que Jules-César seroit élu consul, avoit résolu de donner aux consuls des départemens de la plus petite importance. Il ne nous dit point si le sénat exécuta ce dessein, & il y a de l'apparence que non. Mais il est certain que César, étant consul, se fit donner par le peuple le gouvernement de la Gaule Cisalpine & de l'Illyrie. *Ib. c.* 22. Ce fut par le moyen de Vatinius, tribun du peuple, à qui Cicéron le reproche comme une enfreinte de la loi de Gracchus. *In* Vatin. *c.* 15. Cependant le sénat n'ayant pas réglé ces départemens avant l'élection des consuls, il paroît que la loi de Gracchus laissoit le tribun en droit de porter cette affaire devant le peuple. Il est sûr que vers le déclin de la république, les gouvernemens étant devenus les grands objets de l'ambition, on eut souvent peu d'égard aux volontés du sénat dans leur distribution. Ce fut malgré lui, qu'on ôta à Lucullus la conduite de la guerre contre Mithridate, pour la donner à Pompée, qui étoit déja revêtu d'un pouvoir très-étendu. Ce fut malgré lui que César se fit donner le gouvernement des Gaules, & cela pour cinq ans, auxquels dans la suite on en ajoûta cinq autres. Pompée, dans son second consulat, se fit de même donner le gouvernement des

deux Espagnes, & Crassus son collégue, celui de Syrie, l'un & l'autre également pour cinq ans. Mais tous ces exemples sortent des régles qui s'observoient sous la république, tant que les loix y furent en vigueur, & que le sénat y eut la principale direction des affaires.

Il se fit de plus grands changemens encore sous les empereurs. Auguste ayant partagé toutes les provinces de l'empire avec le sénat, lui laissa celles qui jouissoient d'une entière tranquillité, & se réserva toutes celles qui n'étoient pas encore bien soumises, & celles qui étant frontieres, étoient exposées aux incursions des ennemis, & où, par conséquent, il falloit entretenir des armées. De cette maniere, il déchargeoit le sénat de ce soin, mais il se rendoit en effet maître de toutes les forces de l'empire. Dio. Cass. *lib. LIII. p.* 576. *& seqq.*

Les provinces du département du sénat se distribuoient par le sort, à ceux qui avoient exercé à Rome le consulat ou la préture. Ceux qui étoient envoyés dans ces gouvernemens, portoient tous le titre de *proconsuls*, quand ils n'auroient été que préteurs. Ceux que l'empereur envoyoit dans les provinces de son département, y commandoient les armées, avec le titre de *lieutenant-propréteur*, quoiqu'ils fussent consulaires; mais depuis on leur accorda de même le titre de *proconsuls* ou de *lieutenans-consulaires*. Ceux-ci portoient l'épée & l'habit militaire, & exerçoient le droit de vie & de mort dans les armées. Les premiers étoient des officiers purement civils, n'ayant aucune autorité sur les armées, & ne pouvoient faire aucune levée de troupes, ou ordonner des impôts extraordinaires dans leurs provinces. Ils ne portoient point l'habit militaire, & leur gouvernement ne devoit durer qu'un àn ; au lieu que celui des derniers duroit autant que l'empereur, qui les établiſ-ſoit, le trouvoit à-propos. Auguſte ordonna encore que le *proconſul* ſortît de la province, d'abord après l'arrivée de ſon ſucceſſeur, & qu'il fût de retour à Rome au moins trois mois après. Il voulut encore qu'on ne pût être admis à tirer au ſort pour une de ces provinces, que cinq ans après avoir exercé une des charges requiſes. Les *proconſuls* avoient douze licteurs, les lieutenans - *propréteurs* n'en avoient que ſix. Il ne faut pas croire que les choſes reſtèrent long-tems ſur ce pied là. Les ſucceſſeurs d'Auguſte s'emparèrent bientôt de tout, & diſpo-ſèrent des provinces du ſénat, comme de celles qu'Auguſte s'étoit réſervées.

Le pouvoir des *proconſuls* étoit ſi conſidérable ſous la république, qu'Auguſte, qui vouloit toujours en conſerver tous les dehors, &, ſous différens titres, réu-nir en ſa perſonne le pouvoir de tous les magiſtrats, ſe fit auſſi décréter le pou-voir proconſulaire à perpétuité. Dio Caſſ. *lib. LIII. p.* 581. Le partage qu'il avoit fait avec le ſénat des provinces de l'empire, lui donnoit le pouvoir procon-ſulaire dans toutes les provinces de ſon département, où il l'exerçoit par ſes lieu-tenans. Le ſénat & le peuple Romain lui déférèrent encore le proconſulat dans les provinces de leur département, ce qui lui donnoit une ſupériorité ſur tous les *proconſuls* envoyés par le ſénat. V. Bynkersh. *Obſerv. lib. VIII. c.* 25. *n.* 4. Spanh. *de Uſu & Pr. N. tom.* II. *p.* 469. C'eſt pourquoi Ulpien, parlant des gou-verneurs de provinces, tant de ceux qui gouvernoient celles de l'empereur, en qualité de lieutenans, que de ceux qui gouvernoient celles du ſénat, en qualité de *proconſuls*, dit que leur autorité étoit ſubordonnée à celle de l'empereur. *Leg.* 8. *de offic. proconſ. Leg.* 4. *de offic. præſid.*

Le décret du ſénat, formé en l'an 730, portoit, qu'Auguſte ſeroit revêtu pour toujours du pouvoir proconſulaire, qu'il le conſerveroit même à Rome, contre la coutume de la république, ſans qu'il fût néceſſaire de le lui renouveller, & que tous les gouverneurs des provinces lui ſeroient ſoumis. Dion Caſſius, *lib. LIII. p.* 594. remarque qu'il ſe formoit un dé-cret de même nature à l'avénement de chaque empereur au trône. Les empe-reurs firent même décréter ce pouvoir proconſulaire à ceux qu'ils deſtinoient leurs ſucceſſeurs à l'empire. C'eſt ainſi que Tibère le demanda au ſénat en fa-veur de Germanicus, qui commandoit les armées en Germanie. Tacit. *Ann. lib. I. c.* 14. Il ne le demanda pas pour ſon fils Druſus, parce qu'il ne ſortoit pas de Rome, & qu'il étoit déſigné conſul. Le ſénat conféra ce même pouvoir à Néron, après que Claude l'eut adopté, (*id. lib. XII. c.* 41.) & il fut accordé de même à Ælius Céſar, après qu'Adrien l'eut adop-té & déſigné ſon ſucceſſeur. Grut. *Inſcr. p. CCLII.* 2.

J'ai dit que ce pouvoir proconſulaire qu'Auguſte ſe fit décréter, gardoit tou-tes les apparences de la république ; ce qu'Auguſte affecta toujours avec beau-coup de ſoin. On en avoit en effet vû un exemple dans les derniers tems de la république, en la perſonne du grand Pompée, à qui Gabinius, tribun du peu-ple, fit donner, malgré le ſénat, le com-mandement de toutes les forces mariti-mes de la république, pour détruire les pirates, qui infeſtoient toutes les côtes de la mer Méditerranée. Son autorité de-voit s'étendre dans les terres, juſqu'à cinquante milles du rivage, & elle de-voit être égale à celle des gouverneurs des provinces. Vellei. Pat. *lib. II. c.* 31. Peu de tems après le tribun Manilius, en lui continuant cette commiſſion, y

ajoûta toutes les forces de terre de l'A-
fie, avec la conduite de la guerre contre
Mithridate. *Ib.c.33.* Peu d'années après,
la difette de bled fe faifant fentir à Rome
& en Italie, un tribun du peuple propofa de lui donner l'intendance des vivres, en le revètant en mème-tems d'un
pouvoir plus grand, dans toutes les provinces de l'empire, que celui des gouverneurs mêmes. *Cic. ad* Att. *lib.IV.ep.* 1.
Pompée obtint à la vérité cette intendance, mais on n'y joignit pas apparemment une autorité fi étendue.

On peut donc encore diftinguer trois
fortes de proconfulats fous les empereurs : 1°. celui qui leur étoit conféré
par le fénat, & qui fe communiquoit,
lorfqu'ils le demandoient, à leurs fucceff-
feurs préfomptifs ; celui-ci donnoit une
autorité fur toutes les provinces de l'empire, & fur les armées qu'on y entre-
tenoit. 2°. La feconde forte n'étoit qu'u-
ne commiffion extraordinaire, qui donnoit un pouvoir très-étendu à ceux qui
en étoient revêtus, fur plufieurs provinces, & fur les armées qui y étoient
employées. Telle fut apparemment le
proconfulat que Tibere fit décréter à
Germanicus, à fon avénement au trône, & qui n'étoit apparemment qu'une
continuation de celui qu'Augufte lui
avoit déja accordé : ce proconfulat n'é-
toit pas à vie, comme celui des empereurs & celui de leurs fucceffeurs préfomptifs, & Germanicus ceffa d'être
proconful dès qu'il fut de retour à Rome. Il fut revêtu une feconde fois du
proconfulat, & envoyé dans les provinces d'Afie, avec une autorité abfolue
fur tous ceux qui les gouvernoient, tant
au nom de l'empereur, qu'en celui du
fénat. Tacit. *Ann. lib. II. c.* 43. Néron
conféra la même autorité à Corbulon,
faifant écrire à tous les rois de l'Afie &
aux gouverneurs des provinces, qu'ils

euffent à obéïr à fes ordres. Ce pouvoir,
remarque l'hiftorien, étoit prefqu'égal
à celui que le peuple Romain conféra à
Pompée lors de la guerre des pirates.
Id. lib. XV. c. 25. 3°. Enfin il y avoit
les *proconfuls* ordinaires, dont il a été
proprement queftion ici, c'eft-à-dire,
ceux à qui une province étoit échue par
le fort, pour la gouverner au nom du
fénat pendant un an feulement. (H.M.)

PROCURATEUR, f. m., *Droit rom.*,
miniftre des empereurs, affez femblable
à ce que font aujourd'hui les intendans.
Ils tranfportoient tout ce qu'ils pouvoient dans les coffres du prince, &
ne laiffoient rien au peuple.

Augufte s'étant emparé de la puiff-
fance fouveraine, & fait, pour ainfi
dire, un partage avec les Romains de
toutes les provinces qui leur étoient foumifes, il forma pour lui un tréfor particulier & féparé de celui de l'Etat,
fous le nom de *fifc*, & il créa en mème tems des officiers qu'il nomma *procurateurs de l'empereur*, *procuratores
Cefaris*, qu'il envoyoit dans fes provinces & dans celles du fénat, & les
chargea de faire le recouvrement des
fommes deftinées à ce tréfor, & nommées *deniers fifcaux* ; mais tous n'a-
voient pas la même autorité & les mèmes fonctions.

Ceux que l'empereur envoyoit dans
les provinces du fénat, étoient déja
dans leur origine les moins puiffans ;
ils étoient feulement employés à régir
les terres que le prince y poffédoit comme particulier, ou celles qui par des
confifcations avoient été réunies au domaine impérial. Les riches citoyens de
Rome avoient des terres en différentes
provinces, & les dépouilles de ceux
que l'on condamnoit pour crime d'E-
tat, ne manquoient guere d'être adjugées au tréfor impérial.

Tôt ou tard, & peut-être dès le tems d'Auguste, l'empereur eut par-tout des *procurateurs*, même dans les provinces du sénat. Selon les anciennes mœurs romaines, ces intendans ne devoient être que pour des affranchis, parce qu'ils n'avoient point d'autorité ni de considération publique. Mais tout ce qui donne des relations avec le prince, paroît honorable, & devient un objet d'ambition, les chevaliers Romains briguant ces places avec avidité; & lorsque l'empereur y nommoit quelqu'un de ses affranchis, il le mettoit, ce semble, au nombre des chevaliers.

Le *procurateur* de l'empereur demeuroit en place, autant que le prince jugeoit à-propos; & cela seul lui donnoit un grand avantage sur les proconsuls, qui n'étant que pour un an dans chaque province, n'avoient pas le tems de s'y faire, comme lui, des créatures, & devoient être moins jaloux d'une autorité prête à échapper de leurs mains. La politique les obligeoit de conniver aux usurpations d'un homme qui dans le fond étoit charmé d'épier leur conduite, autant que de faire valoir les terres de son maître. Enfin, le pouvoir du *procurateur* de l'empereur devint si considérable, que pendant la vacance du proconsulat, il faisoit les fonctions proconsulaires.

La plupart des *procurateurs* impériaux abusant de la confiance du prince, des droits de leur place, & des ménagemens du gouvernement romain, exerçoient dans les provinces impériales d'horribles vexations. L'histoire romaine, & principalement la vie d'Agricola, donnent une étrange idée de leur conduite. L'empereur Alexandre Severe, qui les tenoit fort bas, les appelloit *un mal nécessaire*. Les mauvais princes leur donnoient presque toujours raison.

Il faut regarder l'avidité de ces officiers comme un des principes de destruction que l'empire portoit dans son sein; & leur dureté pour les provinces nouvellement conquises, comme une des causes qui rendoient plus rares, plus lentes, moins solides les conquêtes que les Romains faisoient sous les empereurs.

Il y avoit une autre classe de *procurateurs*. C'étoient ceux que l'empereur envoyoit en quelques provinces du département impérial, qu'il ne jugeoit pas assez considérables pour y commettre un lieutenant. Telles étoient la Judée, les deux Mauritanies, la Rhétie, la Norique, la Thrace, & d'autres encore. Le prince les faisoit gouverner par un *procurateur* chargé tout ensemble de la justice, des finances & des troupes, mais quelquefois subordonné, du moins à certains égards, au lieutenant consulaire de la province impériale voisine.

Ces sortes d'intendances, quoique plus lucratives & plus indépendantes que les autres, ne se donnoient non plus qu'à des chevaliers ou à des affranchis, qui d'ordinaire s'y conduisoient avec une hauteur & une insolence proportionnée à leur pouvoir & à la bassesse de leur origine. Ce n'est, selon Juste-Lipse, qu'à cette troisieme classe de *procurateurs* qu'il faut rapporter le sénatus-consulte, par lequel l'empereur Claude, esclave de ses affranchis, fit ordonner que les jugemens des *procurateurs* seroient exécutés comme les jugemens de l'empereur même.

Tous les différends qui naissoient au sujet du fisc, étoient portés au tribunal des *procurateurs* qui en étoient les juges dans leur province. Cette charge, qui étoit un démembrement de celle de questeur, servit de frein à l'avidité des gouverneurs , qui n'oferent plus faire des concuffions auffi violentes qu'auparavant, dans la crainte que l'empereur n'en fût informé par ces nouveaux officiers.

PROCURATION, f. f. , MANDAT *ou* MANDEMENT, f. m. , *Jurifp.* , eft un acte par lequel celui qui ne peut vaquer lui-même à fes affaires , foit pour caufe d'abfence , indifpofition ou autre empêchement , donne pouvoir à un autre de le faire pour lui , comme s'il étoit lui-même préfent. *v.* MANDAT & MANDATAIRE.

PROCURATION , *Droit canon.* Nous prenons ici le mot de *procuration* pour un droit utile qui fe paye aux évêques en vifite, fous le nom de *procuration.*

On appelle *droit de procuration* une certaine fomme d'argent , ou une quantité de vivres que les églifes fourniffent aux évêques ou autres fupérieurs dans leurs vifites : *Procurationes quafi ecclefiæ ipfæ epifcopum procurent , alant , tueantur.* On reconnoît dans l'hiftoire eccléfiaftique beaucoup de variation dans l'exercice de ce droit. L'origine en eft fondée fur la reconnoiffance que les églifes du diocefe doivent à leur pafteur , quand il prend la peine de les aller vifiter. *C. placuit* 10. *q.* 1. Quelques auteurs ont dit que les évêques des premiers fiecles du chriftianifme , quoique maitres des revenus de leurs églifes , les employoient fi bien , qu'ils fe réfervoient à peine de quoi vivre ; de forte qu'il falloit les défrayer quand ils alloient vifiter leurs diocefes , & après leur mort , les enterrer aux dépens du public ; mais quoiqu'il en foit, il eft parlé de ce droit dans le ch. *conquerente de offic. ord. c. cum ex officii, de præfcript.* & dans plufieurs chap. du titre aux décrétales , *de cenfibus ,* où fe

trouvent rapportés ces fages réglemens dès troifieme & quatrieme conciles de Latran , touchant l'exaction de ce droit, de la part des évêques & autres fupérieurs. *C. cum Apoftolus eod.* Le pape Benoît XII. en fit dans la fuite un plus étendu , qui fixoit le droit de *procuration* & le fubfide charitatif dans tous les pays de la chrétienté. C'eft l'extravagante , *vas electionis , de cenfibus, exactionibus & procur.* Les légats participoient auffi au droit de *procuration ,* & les provinces où ils étoient envoyés , étoient obligées de les défrayer : cet ufage fubfifte encore dans certains cantons.

En matieres eccléfiaftiques, rien n'empêche qu'un collateur ne faffe *procuration* à une perfonne , pour qu'elle confere en fa place les bénéfices qui font à fa collation ; qu'un bénéficier ne conftitue également un procureur, pour fe démettre de fon bénéfice ou pour le réfigner en faveur. C'eft même l'ufage que les démiffions ou réfignations ne fe faffent que par le miniftere d'autrui. Mais l'on demande fi l'on peut conftituer pour procureur un laïc ? On répond qu'on le peut , même pour prendre poffeffion d'un bénéfice, *C. I. de procur. in* 6°. quoiqu'il foit plus décent & même plus d'ufage de faire remplir cette derniere formalité par un eccléfiaftique. Mais un laïc ne fauroit être conftitué procureur pour procéder & délibérer dans les élections canoniques.

Procuration ad refignandum ; c'eft un ufage très-ancien , de ne réfigner les bénéfices que par procureur. La principale raifon qu'on donne de cet ufage eft , que fi le titulaire réfignoit fon bénéfice par lui-même , quelqu'un pourroit l'impétrer comme vacant par ceffion , tandis que le procureur d'un réfignant ne fe démet pas du bénéfice,

fice, ou ne fait pour cela aucune démarche qui ne foit en même tems accompagnée des provifions qui font ceffer la vacance.

Ces *procurations* qu'on appelle *ad refignandum*, & fouvent du nom même de *réfignation* pour abréger, ont toujours lieu devant le pape. Les réfignations perfonnellement faites, ne font employées que quand elles font pures & fimples devant l'ordinaire, encore prend-on auffi communément en ce cas la voie de la *procuration*.

Comme la *procuration ad refignandum*, eft le fondement de la réfignation, foit en faveur, foit pure & fimple, ou pour caufe de permutation, on doit y rapporter tout ce qui eft dit fous différens mots, des regles que l'on a établies pour obvier aux fraudes dans cet acte important. (D.M.)

PROCURATRICE, f. f., *Jurifpr.*, fe dit d'une femme ou fille qui eft chargée de la procuration ou mandat de quelqu'un. *v.* MANDAT, PROCURATION, PROCUREUR.

PROCUREUR *ou* PROCUREUR POSTULANT, f. m., *Jurifp.*, eft un officier public, dont la fonction eft de comparoître en jugement pour les parties, d'inftruire leurs caufes, inftances & procès, & de défendre leurs intérêts.

On les appelloit chez les Romains *cognitores juris feu procuratores;* cependant Afconius diftingue entre *procurator* & *cognitor;* felon lui, *procurator* étoit celui qui fe chargeoit de la défenfe d'un abfent, au lieu que *cognitor* étoit celui qui fe chargeoit de la caufe d'une perfonne en fa préfence, & fans aucun mandement ou procuration.

On les appelloit auffi *vindices, quafi qui alterius caufam vindicandam fufcipiebant.*

Tome XI.

Par l'ancien droit romain, il n'étoit permis qu'en trois cas d'agir par *procureur;* favoir, pour le peuple, pour la liberté, & pour la tutelle.

La loi *hoftilia* avoit en outre permis d'intenter l'action de vol au nom de ceux qui étoient prifonniers de guerre, ou qui étoient abfens pour le fervice de l'Etat, ou qui étoient fous leur tutelle.

Mais comme il étoit incommode de ne pouvoir agir, ni de défendre par autrui, on commença à plaider par le miniftere d'un *procureur* ou mandataire *ad negotia*, de même qu'il étoit permis au mineur de plaider par fon tuteur ou curateur, ce qui fut confirmé par Juftinien en fes inftitutes, *de iis per quos agere poffumus.*

Il y eut un tems fous les empereurs où les orateurs étoient feuls chargés de l'inftruction des affaires & de la plaidoirie.

Dans la fuite, on introduifit l'ufage des *procureurs ad negotia*, qui comparoiffoient en juftice pour la partie: leur miniftere étoit d'abord gratuit; mais comme il s'établit des gens qui faifoient profeffion de folliciter les affaires pour les parties, on leur permit de convenir d'un falaire.

Ces *procureurs* n'étoient point officiers publics, c'étoient des mercenaires tirés d'entre les efclaves, qui faifoient feulement la fonction de folliciteurs auprès des juges, & qui inftruifoient les parties de ce qui fe paffoit: c'eft pourquoi il ne faut pas s'étonner fi les empereurs ont parlé de cette fonction comme d'un miniftere vil; cela n'a point d'application aux *procureurs* en titre, dont la fonction eft totalement différente de celle de ces *procureurs* ou mandataires, qui n'étoient vraiment que des ferviteurs ou folliciteurs à gages.

Les formalités judiciaires s'étant multipliées, il y eut des personnes versées dans le droit & dans la pratique qui s'adonnerent seulement à instruire les affaires, & pour les distinguer des *procureurs* mandataires, agens ou solliciteurs, on les appella *cognitores juris*, comme qui diroit *experts* en droit & en matiere de causes, & par abbréviation on les appella *cognitores* simplement; on les qualifioit aussi de *domini litium*, comme étant les maîtres de l'instruction d'une affaire, ceux qui président à l'instruction.

Le *procureur* en acceptant la défense de son client, quand même ce ne seroit que tacitement, s'oblige à l'exécuter, & aux dommages & intérêts que le client pourroit souffrir de l'inexécution par la faute du *procureur*.

Par exemple, si j'ai envoyé des pieces à un *procureur* pour former pour moi une opposition au décret d'un héritage qui se poursuit dans sa jurisdiction; ce *procureur*, qui en les retenant, est censé s'être tacitement chargé du mandat, est tenu des dommages & intérêts que j'ai soufferts, par la perte que j'ai faite de mes hypotheques, faute par lui de l'avoir exécuté, & d'avoir formé pour moi l'opposition qu'il s'étoit facilement chargé de former.

Pareillement, si j'ai envoyé des pieces à un *procureur* pour donner en mon nom une demande, le *procureur*, qui en retenant mes pieces, est censé tacitement avoir accepté mon mandat, & a négligé de la donner, sera tenu des dommages & intérêts résultans de ce que mon action s'est prescrite, faute par le *procureur* de l'avoir intentée.

Le *procureur* qui s'est chargé de la poursuite d'une demande que j'ai intentée contre quelqu'un, se charge tacitement de défendre aux demandes incidentes qui seront formées contre moi dans le cours de l'instance sur cette demande; l'obligation de défendre à ces demandes incidentes, est une suite nécessaire de celle de poursuivre ma demande: *Æquum Prætori visum est eum qui alicujus nomine Procurator experitur, eumdem etiam defensionem suscipere.* L. *33. §. 4,* ff. *De Procur.*

La seconde obligation du *procureur* envers son client, est de lui rendre compte de la gestion, & de lui remettre ce qui en est provenu; ce qui consiste à soumettre à l'examen de son client, la procédure qu'il a tenue en exécution de son mandat, & à remettre à son client toutes les pieces de la procédure, & tous les jugemens qu'il a levés, à la charge par le client de lui payer préalablement ses déboursés & salaires.

L'obligation que le *procureur* contracte de rendre compte de sa gestion, renferme celle d'indemniser son client du tort qu'il lui a causé par sa faute, par quelque défaut de procédure; car le principe général tiré de la loi 13. Cod. *Mand.* où il est dit: *A Procuratore dolum & omnem culpam præstandam esse, juris autoritate manifesté declaratur;* & cet autre, *Imperitia culpæ annumeratur.* L. 132. ff. *De Reg. Jur.* ne comprennent pas moins les *procureurs ad lites,* que les autres.

Par exemple, si j'ai chargé un *procureur* de poursuivre pour moi une saisie réelle d'un héritage, & que sur une opposition formée contre mon décret à fin d'annuller, on oppose quelque défaut de procédure pour le faire déclarer nul, je peux mettre en cause le *procureur* pour répondre de sa procédure, & si le décret est déclaré nul, il doit être condamné envers moi aux dommages & intérêts que je souffre.

Le mandat *ad lites* produit aussi, de

même que les autres mandats, une obligation qu'on appelle *obligatio contraria mandati*, par laquelle le client qui est le mandant, s'oblige à payer à son *procureur* ses salaires ; & à le rembourser des déboursés qu'il a faits pour la poursuite ou-la défense de l'affaire ; & de cette obligation du client, naît l'action *contraria mandati*, que le *procureur* a contre lui pour s'en faire payer.

Lorsque le *procureur* a été chargé autrement que par une procuration passée devant notaires, il ne peut acquérir d'hypotheque sur les biens de son client pour ses salaires & déboursés, que du jour de la condamnation qu'il a obtenue contre lui.

Lorsqu'un *procureur*, à qui ses salaires & les déboursés qu'il a faits dans l'instance pour son client ; sont dûs par son client, a obtenu pour son client un jugement de condamnation de dépens contre l'autre partie ; le *procureur* est fondé à demander la distraction à son profit de la condamnation de dépens adjugée à sa partie pour s'en faire payer par la partie condamnée.

Cette distraction est un transport que le client, au profit de qui le jugement est rendu, est censé faire à son *procureur*, de la créance qu'il acquiert contre la partie condamnée par cette condamnation de dépens ; & ce transport est fait par le client à son *procureur*, pour s'acquitter envers lui desdits dépens, dont il lui est débiteur.

Comme le client ne pourroit, sans injustice, refuser ce transport à son *procureur*, le juge peut, sans le consentement du client, prononcer cette distraction au profit du *procureur* ; car il peut suppléer un consentement qui ne peut être refusé sans injustice.

Si le *procureur* avoit été payé d'une partie de ses frais pendant l'instance par

son client, il ne pourroit obtenir la distraction à son profit de la condamnation de dépens, que jusqu'à concurrence de ce qui lui restera dû.

Lorsque le jugement qui contient une condamnation de dépens & la distraction au profit du *procureur* est contradictoire, le *procureur* est, par le jugement même du jour & dès l'instant qu'il est rendu, saisi de la créance qui résulte de la condamnation de dépens, contre la partie condamnée ; car la partie condamnée, qui en est la débitrice, étant partie dans le jugement qui contient & la condamnation & la distraction, cela équipolle à une acceptation de sa part du transport de la créance de dépens.

Lorsque le jugement est par défaut, les jugemens par défaut n'ayant d'effet que du jour qu'ils sont signifiés, la distraction qui est faite au profit du *procureur*, n'a d'effet que du jour de la signification du jugement ; mais la condamnation de dépens n'ayant pareillement lieu que de ce jour, la condamnation de dépens ne précede que d'un instant de raison la distraction qui en est faite au profit du *procureur*, de même que dans le cas auquel le jugement est contradictoire.

Lorsque celui qui est condamné envers moi aux dépens dont mon *procureur* a obtenu la distraction, étoit avant la condamnation, mon créancier d'une somme liquide, peut-il opposer la compensation de cette somme à mon *procureur* qui le poursuit pour le payement des dépens dont il lui a été fait distraction ? Il semble qu'il est en droit de lui opposer cette compensation ; car la distraction qui a été faite au profit de mon procureur de la condamnation de dépens, ne fait autre chose que le subroger à ma créance que j'acquiers par la condamnation de dépens contre la partie qui est condamnée envers moi ; mon *procureur* est mis & subrogé en mes & droits par la distraction qui est faite à mon profit ; or c'est un principe que celui qui est aux droits de quelqu'un, ne peut avoir plus de droit que celui aux droits duquel il est : *qui alterius jure utitur, eodem jure uti debet* ; de même donc que je n'eusse pu me dispenser de la compensation de la somme liquide dont j'étois débiteur envers la partie qui a été condamnée envers moi dès avant la condamnation, de même mon *procureur* qui, par la distraction qu'il a obtenue, ne fait qu'exercer mes droits, ne peut pareillement se dispenser de souffrir cette compensation ; en vain opposeroit-on que la distraction ayant été prononcée par le même jugement que la condamnation de dépens, cette condamnation n'a pas subsisté en ma personne, & n'a pu par conséquent souffrir la compensation de la somme dont j'étois débiteur envers la partie qui a été condamnée aux dépens envers moi ; car on ne peut disconvenir que la créance résultante de la condamnation de dépens, prononcée envers moi, ait subsisté en ma personne au moins pendant un instant de raison ; or la compensation se faisant *ipso jure*, il suffit que cette créance ait subsisté en ma personne pendant un instant de raison, pour que la compensation se soit faite avec la somme dont j'étois débiteur ; ces raisons paroissent très-fortes & prises dans les principes. (P.O.)

PROCUREUR, *Droit des gens* ; c'est une personne chargée de la procuration d'autrui, & qui traite en son nom.

Lorsqu'un *procureur* exécute de bonne foi sa commission, & suivant les ordres que nous lui avons donnés, nous sommes obligés d'approuver & de ra-

tifier ce qu'il a fait pour nous & en notre nom.

Il faut remarquer si le pouvoir du *procureur* s'étend jusqu'à la parfaite conclusion de la convention, ou si le maître s'est réservé l'approbation & la ratification de la convention. Il faut savoir aussi si le cas demande que le *procureur* déclare jusqu'où son pouvoir s'étend, sur-tout lorsque la négociation est compliquée, & si la personne avec qui le *procureur* doit traiter, a pu en être informé au juste, sans être trompé.

Ces remarques nous menent naturellement aux regles suivantes. „ 1°. Ce-„ lui qui constitue duement un *procu-„ reur* par une procuration générale, „ en le chargeant de finir les conven-„ tions, est obligé de ratifier tout ce „ que son *procureur* a fait, & les con-„ ventions sont valables, de telle foi „ qu'il les exécute ; pourvu qu'il n'y „ ait point de collusion entre le *procu-„ reur* & la personne avec qui il a été „ chargé de traiter ". Je dis, de telle foi qu'il les exécute ; parce que je ne puis pas approuver la restriction que quelques jurisconsultes y apportent, pour obliger le maître à ratifier la convention, savoir, que le *procureur* l'ait exécutée de bonne foi. Car en supposant qu'il n'y ait point de collusion entre les parties contractantes, si le *procureur* trahit les intérêts de son maître, pourquoi la convention ne seroit-elle pas valable ? Seroit-il juste que la personne qui a traité avec le *procureur*, fût la dupe de la perfidie du *procureur*, & de l'imprudence du maître qui a confié ses intérêts à une personne dont il ne connoissoit pas le mauvais caractere ? Ainsi un négociant est responsable de tout ce que ses facteurs ou ses commis font en son nom, dès qu'il les en a autorisés ; de même un maître de navire, pour le fait de fes patrons , &c. ils font obligés de ratifier ce qui a été traité avec leurs prépofés. Ainfi ils répondent du fait , du dol, & des tromperies de leurs gens. *Æquum prætori vifum eft, ficuti commoda fentimus ex actu inftitorum , ita etiam obligari nos ex contractibus ipforum & conveniri.* L. I. ff. *de inftit. act.* Mais s'il y a eu de la collufion entre le *procureur* & la partie contractante , la convention eft nulle ; car alors la partie contractante avec le *procureur* fe rend indigne du bénéfice de la loi par fa mauvaife foi. Ainfi, un marchand qui reçoit des marchandifes d'une maifon dont le commis eft un coquin, qui ne les infcrit pas dans les livres, pour en tirer pour fon propre ufage la valeur, ce marchand , dis - je , connoiffant la mauvaife foi du commis , & recevant la marchandife, fans en donner avis à fon maître, pour l'avoir peut-être meilleur marché, eft tenu à la reftitution.

2ᵉ. „ Si le maître s'eft réfervé le pou- „ voir de confirmer & de ratifier la „ convention faite par fon *procureur* , „ la convention n'entre en vigueur „ qu'après la ratification ". C'eft ici où il faut appliquer la diftinction que les Romains faifoient entre les mots *fœdus* & *fponfio.* Ils fe fervoient du premier terme pour marquer une convention valide, parce qu'elle étoit ratifiée par le fouverain ou par le maître : & ils faifoient ufage du fecond pour exprimer une convention faite par *procureur*, fans la ratification néceffaire du maître, & pour cela nulle en cas que le maître refufât ou négligeât de la ratifier. Le fimple filence du maître ne peut pas être pris pour une ratification, à moins qu'il ne foit accompagné de quelqu'acte ou de quelqu'autre circonftance, qui ne puiffe vraifemblablement fouffrir d'autre explication. *v.* TRAITÉ.

3°. „ Enfin, fi la convention deman- „ de que l'on fache au jufte le pouvoir „ du *procureur* , & que la perfonne „ avec qui le *procureur* doit traiter ne „ peut le favoir autrement que par le „ maître ou le *procureur* lui - même ; fi „ ceux - ci négligent de l'en informer, „ la convention eft valide, quand mê- „ me le *procureur* auroit paffé les bor- „ nes de fon pouvoir ". Car le *procureur* eft cenfé avoir tout le pouvoir néceffaire de traiter : & comme ce n'eft pas à la perfonne avec qui il traite, à lui fixer les bornes, il n'eft pas obligé par conféquent de les connoître , fi on les lui cache. C'eft pourquoi dans les traités, les miniftres des puiffances contractantes ont des ordres connus qu'ils produifent, afin que les parties contractantes puiffent compter fûrement fur ce que l'on auroit conclu avec une perfonne qui agit au nom d'une autre ; car il auroit toujours lieu d'appréhender que fes inftructions fecrettes ne fuffent différentes des ordres connus , ou que les maîtres n'accufaffent leurs *procureurs* d'avoir paffé les bornes de leur pouvoir, lorfqu'ils ne trouveroient pas à propos de ratifier une convention ou un traité. (D. F.)

PROCUREUR *conftitué, Jurifpr.* , eft celui qui eft établi par quelqu'un pour le repréfenter.

On entend auffi quelquefois par-là un *procureur ad lites* , lorfqu'il s'eft conftitué en vertu du pouvoir à lui donné, c'eft-à-dire qu'il a fait fignifier un acte d'occuper par lequel il déclare qu'il eft *procureur* pour un tel , & qu'il a charge d'occuper.

Le *procureur fifcal*, eft un officier établi par un feigneur haut-jufticier, pour ftipuler fes intérêts dans fa juftice, & y faire toutes les fonctions du miniftere public. On l'appelle *fifcal*, parce que les feigneurs hauts-jufticiers ont droit de fifc, c'eft-à-dire de confifcation à leur profit, & que leur *procureur* veille à la confervation de leur fifc & domaine.

Le feigneur plaide dans fa juftice par le miniftere de fon *procureur fifcal*, comme le roi plaide dans les cours par fes *procureurs* généraux, & dans les autres juftices royales par le *procureur* du roi.

Quand il y a appel d'une fentence où le *procureur fifcal* a été partie, fi c'eft pour le feigneur qu'il ftipuloit, c'eft le feigneur qu'on doit intimer fur l'appel, & non le *procureur fifcal*; mais fi le *procureur fifcal* n'a agi que pour l'intérêt public, on ne doit intimer que le *procureur* du roi.

Le *procureur général*: on donnoit autrefois cette qualité en France à tous les *procureurs ad lites*; on les furnommoit *généraux* pour les diftinguer du *procureur* du roi, lequel n'employoit fon miniftere que dans les caufes où le roi, le public & l'églife avoient intérêt, au lieu que les *procureurs ad lites* peuvent poftuler pour toutes les parties qui ont recours à eux.

Dans la fuite le titre de *procureur général* a été adapté feulement au *procureur* du roi au parlement; il a aufli été communiqué aux *procureurs* du roi dans les autres parlemens, & même à ceux des autres cours fouveraines.

Le roi ne plaide point en fon nom, il agit par fon *procureur général*, comme la reine agit par le fien.

Le *procureur général* peut porter lui-même la parole dans les affaires où fon miniftere eft néceffaire; mais ordinairement ce font les avocats généraux qui parlent pour le *procureur général* du roi, lequel fe réferve de donner des conclufions par écrit dans les affaires criminelles, dans les affaires civiles qui

font fujettes à communication au parquet.

Ses fubftituts lui font au parquet le rapport des procès dans lefquels il doit donner des conclufions.

Les enregiftremens d'ordonnances, édits, déclarations & lettres-patentes, ne fe font qu'après avoir oui le *procureur général*; & c'eft lui qui eft chargé par l'arrêt d'enregiftrement d'en envoyer des copies dans les bailliages & fénéchauffées, & autres fiéges du reffort de la cour.

Dans les matieres de droit public, le *procureur général* fait des réquifitoires à l'effet de prévenir ou faire réformer les abus qui viennent à fa connoiffance.

Les *procureurs* du roi des bailliages & fénéchauffées n'ont vis-à-vis de lui, d'autre titre que celui de fes fubftituts; il leur donne les ordres convenables pour agir dans les chofes qui font de leur miniftere, & pour lui rendre compte de ce qui a été fait.

Aux rentrées des cours, c'eft le *procureur général* qui fait les mercuriales tour à tour avec le premier avocat général.

* Le *procureur omnium bonorum* eft celui à qui quelqu'un a donné une procuration générale pour faire toutes fes affaires.

Les docteurs ont coutume d'en diftinguer deux efpeces; fçavoir, les *procureurs omnium bonorum fimpliciter*, & les *procureurs omnium bonorum cum liberâ*. Ils appellent *procureur omnium bonorum fimpliciter*, celui dont la procuration porte fimplement que le mandant le charge de toutes fes affaires. Ils appellent *procureur cum liberâ*, celui dont la procuration porte que le mandant lui confie la libre adminiftration de fes affaires, & lui donne une entiere liberté de faire, par rapport à fes affaires, tout ce qu'il jugera à - propos.

Ils prétendent que le pouvoir de ces *procureurs cum liberâ* est beaucoup plus étendu que celui des *procureurs omnium bonorum simpliciter*, & que la différence de leur pouvoir consiste principalement en ce que le *procureur omnium bonorum simpliciter*, n'a le pouvoir de vendre que les fruits des récoltes & les choses périssables, au lieu que le *procureur cum liberâ* a le pouvoir d'aliéner.

Ils fondent principalement leur distinction sur les loix 58 & 63, ff. *de procurat*. La loi 63 n'accorde au *procureur omnium bonorum* le pouvoir d'aliéner, si ce n'est les choses périssables & les fruits des récoltes : *procurator totorum bonorum res domini neque mobiles vel immobiles neque servos sine speciali domini mandato alienare potest, nisi fructus aut alias res quæ facile corrumpi possunt*. d. L. 63.

Au contraire la loi 58 paroît accorder au *procureur cum liberâ*, le pouvoir d'aliéner : *procurator cui generaliter libera administratis rerum commissa est, potest exigere, aliud pro alio permutare*. d. L. 58, *sed & id quoque ei mandari videtur ut solvat creditoribus*. L. 59. La loi 9, §. 4, ff. *de acquir. rer. dominio*, paroît aussi accorder ce pouvoir au *procureur cum liberâ*; il y est dit : *si cui libera negotiorum administratio ab eo qui peregre proficiscitur permissa fuerit, & is ex negotiis rem vendiderit & tradiderit, facit eam accipientis*.

Justinien s'exprime dans les mêmes termes au titre des instituts, *de rer. divis*, §. 43.

Cette distinction des *procureurs omnium bonorum simpliciter*, & des *procureurs cum liberâ*, quoique reçue par presque tous les docteurs, a été rejettée par Duaren, Doneau & quelques autres.

Vinnius, *Select. quæst.* 1, 9, la combat *ex professo*. Il soutient que les termes de *procurator omnium rerum*, *omnium bonorum*, *totorum bonorum*; & ceux-ci, *cui libera administratio rerum* (ou *negotiorum*) *concessa est*, employés dans différens textes de droit, sont entierement synonymes, & que ces différens termes n'expriment autre chose qu'un *procureur* fondé de procuration générale; que ces termes, par lesquels il est dit dans une procuration, que le mandant accorde à son *procureur* la libre administration de ses affaires, & lui donne pouvoir de faire, par rapport à ses affaires, tout ce qu'il jugeroit à propos, sont des termes qui n'ajoutent rien à ceux par lesquels le mandant donne simplement pouvoir à quelqu'un de gérer toutes ses affaires, sans rien dire davantage.

A l'égard des textes de droit, par lesquels on prétend établir que le *procureur cum liberâ*, a le pouvoir d'aliéner, qui est refusé au *procureur omnium bonorum simpliciter*; Vinnius répond que ce qui est dit en la loi 58, que le *procureur cui libera administratio concessa est*, peut *aliud pro alio permutare*, ne doit pas s'entendre en ce sens, que ce *procureur* ait un pouvoir indéfini d'aliéner à son gré les choses qui font partie des biens dont il a l'administration; mais en ce sens, qu'il peut faire seulement les aliénations qu'exige l'administration qui lui est confiée; en quoi Vinnius prétend que ce *procureur* n'est pas différent du *procureur omnium bonorum simpliciter*, à qui la loi 63 défend l'aliénation, tant des meubles que des immeubles qui font partie des biens dont il a l'administration; car cette défense n'est pas absolue, & elle doit s'entendre avec cette limitation, si ce n'est autant que l'exigera l'administration des biens qui lui eſt confiée ; c'eſt pourquoi la même loi permet expreſſément au *procureur omnium bonorum* la vente des choſes périſſables & des récoltes.

A l'égard de la loi 9 , §. 4 , *de acquir. rer. Dom.* & du texte des inſtit. au tit. *de ver. diviſ.* §. 43 , où il eſt dit que celui *cui permiſſa eſt libera rerum adminiſtratio* , vend valablement & transfere à l'acheteur la propriété des choſes qui font partie des biens dont l'adminiſtration lui eſt confiée; Vinnius répond pareillement que ces textes doivent s'entendre non indiſtinctement de toutes les ventes que le *procureur* auroit faites , mais de celles que l'adminiſtration dont il étoit chargé exigeoit ; en quoi il n'a rien de plus que le *procureur omnium bonorum ſimpliciter.*

Quoique les raiſons de Vinnius contre la diſtinction ordinaire , paroiſſent aſſez plauſibles , je n'oſerois pas néanmoins décider entre ſon opinion & l'opinion commune : *lectoris erit judicium.*

Au reſte, quand même on admettroit avec Vinnius que les termes employés dans une procuration générale, par leſquels il eſt dit , que le mandant donne à ſon *procureur* la libre adminiſtration de ſes affaires , & lui donne *une entiere liberté de faire , par rapport auxdites affaires , tout ce qu'il jugera à propos* , n'ajoutent rien , il n'eſt pas douteux néanmoins qu'on peut , par des clauſes moins vagues & plus préciſes , étendre le pouvoir que renferment ordinairement les procurations générales, de même qu'on peut auſſi le reſtraindre.

Quand même une procuration générale ne contiendroit aucune clauſe particuliere , je crois qu'elle peut , par les circonſtances , recevoir plus ou moins d'étendue ; par exemple , lorſque celui qui a donné à quelqu'un une

procuration générale pour gérer ſes affaires , demeure ſur le lieu ou dans un lieu peu éloigné de celui où ſe fait la geſtion de ſes affaires , je penſe qu'il eſt ordinairement préſumé en ce cas n'avoir voulu comprendre dans ſa procuration générale , que ſes affaires courantes & ordinaires; & que ſi depuis la procuration, il ſurvenoit quelqu'affaire extraordinaire qui n'eût pas été prévue lors de la procuration , cette affaire ne devroit pas y être facilement préſumée compriſe. Le *procureur omnium bonorum* étant en ce cas à portée d'en inſtruire le mandant avant que de l'entreprendre , ne doit pas l'entreprendre ſans en avoir informé , & ſans avoir reçu de lui pour cela un pouvoir ſpécial.

Au contraire , lorſque celui qui a laiſſé à quelqu'un une procuration générale , eſt parti pour les iſles de l'Amérique ou pour quelqu'autre pays éloigné où il doit faire un long ſéjour, & où il n'eſt pas à portée de prendre par lui-même connoiſſance des affaires qui lui ſurviendroient pendant ſon abſence ; en ce cas on doit donner plus d'étendue à ſa procuration , & on doit préſumer qu'elle comprend non - ſeulement ſes affaires ordinaires, mais toutes les affaires extraordinaires qui ſurviendroient pendant ſon abſence.

Une procuration générale comprend tout ce qui appartient à l'adminiſtration des biens du mandant , qui eſt confiée au *procureur omnium bonorum* , établi par cette procuration : ce qui eſt diſpoſition plutôt qu'adminiſtration, en excede les bornes.

Suivant cette définition, un *procureur omnium bonorum* peut , 1°. faire des baux à ferme ou à loyer des biens du mandant, ou les faire valoir par ſes mains.

Il ne peut faire ces baux à ferme ou à loyer, que pour le tems pour lequel il il eſt d'uſage dans le pays de les faire ; ce temps eſt tout au plus de neuf ans. Ceux faits pour un temps plus long, tiennent de l'aliénation, & excédent par conſéquent les bornes de l'adminiſtration.

Il y a néanmoins des cas particuliers dans leſquels je penſe que des baux faits pour un temps plus long, ne ſeroient pas cenſés excéder les bornes de l'adminiſtration qui eſt confiée par une procuration générale ; tel eſt le cas auquel l'objet du bail ſeroit un terrein inculte qu'on donneroit par bail à rente, pour être défriché & planté en vignes, le temps de neuf ans n'étant pas en ce cas ſuffiſant pour dédommager le preneur des avances qu'il eſt obligé de faire dans les premieres années, ſans en retirer de fruits, je penſe qu'un *procureur omnium bonorum*, n'excede pas en ce cas les bornes de l'adminiſtration, en faiſant un bail de vingt-ſept ans.

2°. Il peut faire toutes les emplettes néceſſaires pour faire valoir les biens qu'il fait valoir par ſes mains ; par exemple, il peut acheter le fumier & les échalats qu'il faut mettre dans les vignes ; les tonneaux pour recevoir le vin des récoltes, le poiſſon pour peupler les étangs, &c.

3°. Il peut faire les marchés avec les ouvriers pour toutes les réparations qui ſont à faire aux biens du mandant, & acheter les matériaux néceſſaires pour les faire.

4°. Il peut recevoir ce qui eſt dû au mandant, & en donner de valables quittances aux débiteurs. L. 34, §. 3, ff. *de ſolut.*

Un *procureur omnium bonorum* peut donner valable décharge aux débiteurs, non-ſeulement en recevant le paiement réel de ce qu'ils doivent ; il peut les décharger d'une obligation, pour une au-

tre obligation que ces débiteurs ou d'autres pour eux contractent à la place de celle dont il les décharge, lorſque cela ſe fait pour le bien des affaires du mandant. La loi 20, §. 1, ff. *de novat.* dit expreſſément que *procurator omnium bonorum novare poteſt,* de même qu'un tuteur le peut, *ſi hoc pupillo expediat.*

5°. Le *procureur omnium bonorum* peut auſſi contraindre les débiteurs au paiement, en faiſant ſur eux, ſous le nom du mandant, des ſaiſies mobilieres, en vertu des titres exécutoires qu'il a entre les mains.

6°. Un *procureur omnium bonorum* peut auſſi, ſous le nom du mandant, donner des demandes en juſtice, contre les débiteurs contre leſquels il n'y a pas de titre exécutoire ; pareillement ſi ceux contre leſquels il y a des titres exécutoires, forment oppoſition aux pourſuites qui ſont faites contr'eux, il peut donner contr'eux, ſous le nom du mandant, demande pour en avoir mainlevée. Il peut auſſi ſous le nom du mandant intenter ſes actions poſſeſſoires, pour s'oppoſer aux entrepriſes & aux troubles qui ſeroient faits à la poſſeſſion du mandant ; il peut pareillement donner des demandes pour paſſer titre nouvel ; former oppoſition aux décrets, pour la conſervation des droits du mandant.

Toutes ces actions étant choſes qui appartiennent à l'adminiſtration des biens du mandant, le *procureur omnium bonorum* qui a cette adminiſtration, doit avoir le pouvoir de les intenter & de les pourſuivre, ſi elles ſont bien fondées, ou s'il a un juſte ſujet de croire qu'elles le ſont, ſans que le mandant puiſſe être reçu à déſavouer les *procureurs* & huiſſiers que ſon *procureur omnium bonorum* en auroit char-

gés : *fi omnium rerum mearum procurator . . . placuit eum etiam rem in judicium deducere.* L. 12. ff. de pact.

De même que le *procureur omnium
bonorum* peut, fous le nom du mandant,
donner des demandes en juftice, il peut
auffi fous le nom du mandant défendre
à celles qui feroient données contre le
mandant, lorfqu'il les trouve mal fondées, ou y acquiefcer lorfqu'il les trouve
bien juftifiées, & qu'il n'a rien à oppofer contre.

Ce principe a lieu pour toutes fortes
de demandes, lorfque le *procureur* n'eft
pas à portée d'en donner avis au mandant ; mais lorfqu'il eft à portée de lui
en donner avis, il ne doit y défendre,
fans l'avoir confulté, & fans un ordre
particulier, que lorfque le congé ne
fouffre pas de difficulté, ni y acquiefcer, que lorfque la juftice de la demande eft évidente.

7°. Lorfqu'un *procureur omnium bonorum* n'a pas la preuve d'une créance
du mandant, il a le pouvoir de déférer
le ferment décifoire au débiteur : *procurator quod detulit (jusjurandum) ratum habendum eft, fit aut univerforum
bonorum adminiftrationem fuftinet, aut
fi id nominatim mandatum fit.* L. 17, §.
fin de jurej.

Ce qui doit être reftraint au cas auquel les regles d'une bonne adminiftration demandent qu'on ait recours à cette derniere reffource, c'eft-à-dire lorfqu'il n'y a pas d'efpérance d'avoir des
preuves ; en cela le *procureur omnium
bonorum* eft femblable à un tuteur à l'é-
gard duquel Paul dit : *Tutor pupilli omnibus probationibus aliis deficientibus jusjurandum deferens audiendus eft.* L. 35.
ff. de jurej. Hors ce cas, le *procureur omnium bonorum*, de même que le
tuteur excéderoit fon pouvoir, s'il dé-
feroit le ferment au débiteur, fur une

créance ou un droit qui peut s'établir par de bonnes preuves.

8°. Vinnius fait la même diftinction
à l'égard de la tranfaction, qu'à l'égard
du ferment décifoire.

Ces deux cas étant affez femblables, le
ferment décifoire renfermant une efpece
de tranfaction, L. 2. ff. de jurej. il prétend que ce que Paul dit en la loi 60.
ff. de procur. *Mandato generali non con-
tineri tranfactionem decidendi caufâ in-
terpofitam*, ne doit s'entendre que du
cas auquel le droit fur lequel ce *procureur* a tranfigé pouvoit s'établir par de
bonnes preuves ; il convient que la
tranfaction en ce cas excede les bornes
du *procureur omnium bonorum*, parce
que le *procureur* qui n'a que le pouvoir
d'adminiftrer, n'a pas celui de difpofer
& de rien relâcher des droits du mandant ; mais lorfque les preuves du droit
du mandant font très-équivoques, le
procureur omnium bonorum, en tranfi-
geant en ce cas, conformément aux
regles d'une bonne adminiftration, ne
paroît pas à Vinnius excéder en ce cas
fon pouvoir ; il tire argument pour cette diftinction de ce qui eft dit en la loi
12. cod. de tranfact. à l'égard des adminiftrateurs des biens des villes, qui font
des efpeces de *procureurs omnium bonorum* ; la loi dit : *Præfes provinciæ exifti-
mabit utrum de dubiâ lite tranfactio inter te & civitatis tuæ adminiftratores facta
fit, an ambitiofê id quod indubitate de-
beri poffet remiffum fit, nam priore cafu
ratam manere tranfactionem jubebit*, &c.

Je penfe qu'on ne doit pas facilement
accorder au *procureur omnium bonorum*
le pouvoir de faire des tranfactions,
car ces cas renferment une difpofition
des biens & des droits du mandant dont
par la tranfaction on relâche une partie,
plutôt qu'une fimple adminiftration de
fes biens ; on doit pour accorder ou re-

fuſer ce pouvoir au *procureur omnium bonorum* avoir égard à pluſieurs circonſtances, telles que ſont l'éloignement du mandant, l'importance de l'affaire, ſi elle n'eſt née que depuis la procuration, &c.

9°. Le *procureur omnium bonorum* peut, des deniers de ſon adminiſtration, payer les créanciers du mandant : *cum quis procuratorem omnium rerum ſuarum conſtituit, id quoque mandare videtur ut creditoribus ſuis pecuniam ſolvat.* L. 87. ff. de ſolut. L. 59. ff. de procur.

10°. A l'égard de l'aliénation des choſes qui ſont partie des biens du mandant, la procuration générale ne donnant au *procureur omnium bonorum* que l'adminiſtration deſdits biens, & non la diſpoſition, il s'enſuit que le pouvoir que cette procuration renferme, ſe borne aux aliénations qu'exige l'adminiſtration, & ne s'étend pas aux autres ; c'eſt en conſéquence de ce principe que Modeſtinus permet à ſon *procureur* que la vente des fruits des récoltes, & celle des choſes périſſables : *procurator totorum bonorum cui res adminiſtrandæ mandatæ ſunt, res domini neque mobiles, vel immobiles, neque ſervos ſine ſpeciali domini mandato alienare poteſt, niſi fructus, aut alias res quæ facile corrumpi poſſunt.* L. 63. ff de procur.

Il peut encore y avoir quelques autres ventes qui entrent dans l'adminiſtration, & qui en conſéquence ſont permiſes au *procureur omnium bonorum. Arg. L. 12. & fin. ff. de Cur. fur.*

Mais toutes les autres aliénations que n'exige pas l'adminiſtration, ne ſont pas permiſes au *procureur omnium bonorum.*

En cela le pouvoir de ſes *procureurs* par rapport aux biens dont l'adminiſtration leur eſt confiée, eſt moindre que n'étoit par le droit romain le pouvoir des eſclaves, & des enfans de famille, par rapport aux biens de leur pécule, dont l'adminiſtration leur étoit confiée : Ceux-ci avoient le pouvoir d'aliéner à leur gré les choſes qui en faiſoient partie. *L. 28. ff. de pign. act. & paſſim.* La raiſon de différence eſt que le pécule étoit comme une eſpece de patrimoine de l'eſclave & de l'enfant de famille diſtingué du patrimoine du maître ou du pere que le maître ou le pere leur permettoit d'avoir, *peculium dictum . . . . quaſi patrimonium puſillum . . . . . quod ſervus Domini permiſſu ſeparatim à rationibus Dominicis habet.* L. 5 paragraphes 3. & 4. ff. *de pecul. & paſſim ;* le maître ou le pere, en permettant ou à l'eſclave ou à l'enfant d'avoir ce pécule, comme un petit patrimoine, c'étoit une conſéquence que l'adminiſtration qu'il leur en accordoit, renfermât le pouvoir d'en diſpoſer comme de choſes qui leur appartenoient en quelque façon : au contraire, les biens dont un *procureur omnium bonorum* a l'adminiſtration, ne pouvant être regardés comme ſon patrimoine, c'eſt une conſéquence que l'adminiſtration qui lui en eſt donnée par une procuration générale, ne peut être regardée que comme une adminiſtration ſimple qui ne renferme point le pouvoir de diſpoſer à ſon gré, & qui ne peut par conſéquent permettre au *procureur* que les ventes que l'adminiſtration exige.

11°. De même que le *procureur omnium bonorum* ne peut aliéner les biens dont il a l'adminiſtration, qu'autant que l'exige cette adminiſtration, il ne peut pareillement les engager & hypothéquer qu'autant que l'exige ſon adminiſtration. (P. O.)

PRODIGALITÉ, ſ. f., *Morale*, vaine profuſion qui dépenſe pour ſoi, ou qui donne avec excès, ſans raiſon, ſans connoiſſance & ſans prévoyance.

Ce défaut eft oppofé d'un côté à la mefquinerie, & de l'autre à l'honnète épargne, qui confifte à conferver pour fe mettre à l'abri contre les coups du fort.

Se jetter dans la fomptueufe profufion, c'eft étendre fa queue aux dépens de fes aîles. Les aréopagiftes la puniffoient, & les prodigues en plufieurs lieux de la Grece étoient privés du fépulchre de leurs ancètres. Lucien les compare au tonneau des Danaïdes, dont l'eau fe répand de tous côtés. Le philofophe Bion fe moqua de l'un d'eux qui avoit confumé un fort grand patrimoine, en ce qu'au rebours d'Amphiaraüs que la terre avoit englouti, il avoit englouti toutes fes terres. Diogene voyant l'écriteau d'une maifon à vendre qui appartenoit à un autre prodigue, dit plaifamment qu'il fe doutoit bien que les profufions de ce logis feroient enfin arriver un maître.

La dépouille des nations produifit dans Rome tous les excès du luxe & de la *prodigalité*. On n'y voyoit que des partifans de ce Duronius qui, étant tribun du peuple, fit caffer les loix fomptuaires des feftins, criant que c'étoit fait de la liberté, s'il falloit ètre frugal contre fon gré, & s'il n'étoit pas permis de fe ruiner par fes dépenfes, fi on en avoit la volonté.

Il y a déja long-tems, dit Caton en plein fénat, que nous avons perdu la véritable dénomination des chofes; la profufion du bien d'autrui s'appelle *libéralité*, & ce renverfement a finalement jetté la république fur le penchant de fa ruine.

Les rois doivent fur-tout fe précautionner contre la *prodigalité*, parce que la générofité bien placée eft une vertu royale. C'eft un confeil que donne la *reine Vérité* à Charles VI. dans le *fonge*

du vieil pélerin, adreffant au blanc faucon à bec & pieds dorés. On fait que ce livre, fingulier eft un ouvrage écrit l'an 1389 par Philippe de Mayzieres, l'un des plus célebres perfonnages du regne de Charles V. On en conferve le manufcrit dans la bibliotheque des céleftins de Paris & dans celle de S. Victor. Voici comme la *reine Vérité*, *chap. lviij.* parle à Charles VI. dans fon vieux langage.

,, Tu dois avoir, beau fils, une fraî- ,, che mémoire de ton befayeul, le vail- ,, lant roi de Béhaigue, qui fut fi large ,, & fi folage que fouventefois advint ,, que en fa cour royale les tables ,, étoient dreffées, & en la cuifine n'a- ,, voit pas trop grand funcert de vian- ,, des : il donna tant à héraulx & à mé- ,, neftreils & vaillans chevaliers, que ,, fouvent lui étant en Prague fa maif- ,, tre cité, il n'avoit pas puiffance de ,, réfifter aux robeurs du royaume qui ,, en fa préfence venoient rober jufqu'à ,, la dite cité. Au contraire, beau fils, ,, tu as exemple de ton grand oncle ,, Charles, empereur de Rome, fils du ,, fufdit roi de Béhaigue, lequel empe- ,, reur grand clerc, faige, fouptil & ,, chault, felon la renommée commune ,, de l'empire, fut fi efchars & avari- ,, cieulx, qu'il fut de fes fujets trop plus ,, doubté que amé ''.

Cependant un prince doit ètre en garde contre le piege que d'avides courtifans lui tendent quelquefois en affectant de faire devant lui l'éloge de la libéralité : ils cherchent, continue la reine, à vous rendre magnifique, dans l'efpérance que vous deviendrez prodige. Mais fouvenez-vous que fi vous donnez trop à quelques-uns, bientôt vous ne ferez plus en état de donner à tous : dans le fuperflu d'un feul, plufieurs trouveroient le néceffaire.

„ Beau fils, fe tu vouldras trouver „ les chevaliers qui ont couftume de „ bien plumer les rois & les feigneurs, „ & par leurs foubtiles pratiques, fur „ fourme de vaillance rempli de flatte- „ rie, te feront vaillant & large comme „ Alexandre, en récitant fouvent le „ proverbe du maréchal Bouciquault, „ difant : *Il n'eft pefchier que en la mer ;* „ & fi n'eft don que de roi; attrayant „ de toy & de ta vaillant largeffe tant „ d'eau en leur moulin, qu'il fuffiroit „ bien à trente - fept moulins qui, par „ défault d'eau, les deux parts du jour „ font oifeuls ".

La difpenfation des graces, felon la *reine Vérité,* exige encore une attention: il faut qu'elles foient proportionnées au rang de ceux qui les reçoivent & à la qualité de leurs fervices.

„ Beau fils, il te devroit fouvenir „ des dons & de dépenfe de tes vail- „ lans & prud'hommes rois anceffeurs, „ defquels le domaine étoit plein com- „ me un œuf, & de leurs fujets ne ti- „ roient nulle aide ; ils avoient grand „ tréfor & fans guere : & toutesfois, „ quant à leur largeffe & aux dons, tu „ trouveras en la chambre des comptes „ que quant il venoit d'oultre - mer un „ très - vaillant chevalier qui étoit tenu „ preux pour une grant largeffe audit „ chevalier, le roi lui faifoit donner „ cept livres tournois, & à un bon ef- „ cuyer cinquante. Mais aujourd'hui, „ beau fils, un petit homme de nulle „ condition, mais qu'il ait des amis à „ la cour, & à un valet de chambre, tu „ donneras légerement mille & deux „ mille livres. ... Que fe dira, beau „ fils, des dons mal - employés des hé- „ raults, & des meneftreils & des fai- „ feurs de bourdes " ?

Le prodigue n'eft point un être bien-faifant, c'eft un infenfé qui ne connoit pas le véritable ufage de l'argent, qui ne refufe rien à fes defirs les plus dé-réglés, qui veut s'illuftrer par des dé-penfes dépourvues d'utilité, ou par une forte de mépris affecté pour les richef-fes, dont l'emploi devroit faire tout le prix. Céfar donnoit au peuple Romain des fêtes qui lui coûtoient des millions de fefterces ; ces *prodigalités,* faites pour fervir fon ambition, n'avoient pour but que de corrompre de plus en plus un peuple déja vicieux & corrompu. Les *prodigalités* de Marc-Antoine & de Cléopatre, qui faifoient diffoudre des perles d'un prix immenfe pour les ava-ler dans un repas, étoient de vraies folies produites par l'ivreffe de l'opu-lence.

La *prodigalité* dans les princes, que l'on décore fouvent du nom de *bienfai-fance,* n'eft qu'une foibleffe très-crimi-nelle : les peuples font forcés de gémir pour les mettre en état de la fatisfaire. Un fouverain prodigue eft bientôt obli-gé de devenir un tyran; il eft cruel pour fon peuple, parce qu'il veut con-tenter les courtifans qui l'entourent & qu'il voit, tandis qu'il ne voit pas fon peuple, & ne s'en foucie guere ; on a foin de l'empêcher d'entendre les mur-mures du vulgaire méprifé.

Eft-ce donc être bienfaifant que de piller la fociété toute entiere pour en-richir les plus inutiles ou les plus nui-fibles de fes membres ? Les *prodigali-tés* de Néron & d'Héliogabale étoient des outrages impudens faits à la mifere publique.

Le prodigue fe fait tort à lui-même; parvenu à ruiner fa fortune, il ne lui refte guere de reffources chez fes amis ; inconfidéré dans fon choix, il n'a com-munément répandu fes largeffes que fur des flatteurs, des parafites, des hom-mes dépourvus de mœurs & de fentimens, fur des ingrats qui croyent l'avoir fuffifamment payé par leur baffe complaifance & leurs lâches flatteries. Il n'y a que l'homme fage qui fache ufer de la fortune; l'homme vicieux, vain & frivole, ne fait qu'en abufer.

L'avare & le prodigue ont cela de commun, que ni l'un ni l'autre ne connoiffent l'ufage des richeffes qu'ils defirent également. L'un eft avide pour amaffer, l'autre eft avide pour dépenfer: tous deux, quand ils le peuvent, montrent une égale rapacité qui les rend injuftes & criminels: tous deux ne font ni aimés ni eftimés, parce que l'avare ne fait du bien à perfonne, & que le prodigue n'oblige que des ingrats. L'avare pille pour s'enrichir lui-même; le prodigue vole & fraude fes créanciers, il fe ruine & n'enrichit que des frippons & des gens méprifables, qui feuls favent mettre fon extravagance à profit. (D.J.)

La *prodigalité* étant une efpece de démence, les prodigues, fuivant la jurifprudence, font de même condition que les furieux; ils font incapables, comme eux, de fe gouverner & de régir leurs biens, ni d'en difpofer, foit entre-vifs ou par teftament.

Mais il y a cette différence entre l'incapacité qui procede du vice de *prodigalité*, & celle qui provient de la fureur ou imbécillité, que celle ci a un effet rétroactif au jour que la fureur ou imbécillité a commencé, au lieu que l'incapacité réfultante de la *prodigalité* ne commence que du jour de l'interdiction.

Pour faire interdire un prodigue, il faut que quelqu'un des parens ou amis préfente requête au juge du domicile; & fur l'avis des parens, le juge prononce l'interdiction, s'il y a lieu. Si les faits de diffipation ne font pas certains, on ordonne une enquête.

Le pere peut grever fon fils ou fa fille prodigue d'une fubftitution exemplaire. Voyez la *loi* I. *au ff. de curator. furiof.*

PRODIGUE, f. m., *Morale;* c'eft un extravagant, fouvent dépourvu de fenfibilité, qui diffipe fon bien fans raifon, & facrifie fa fortune à l'envie de paroître. *v.* PRODIGALITÉ.

PRODUCTION, f. f., *Jurifprud.;* c'eft tout ce qui eft mis par-devers le juge pour inftruire une inftance ou procès par cet écrit.

Chaque partie produit fes titres & fes procédures. Il eft d'ufage de les affembler par cottes, qui font chacune marquées d'une lettre.

Pour la confervation de ces pieces, le procureur fait un inventaire de *production*, dans lequel les pieces font comprifes fous la même lettre que l'on a mife fur la cotte: on y tire auffi les inductions des pieces.

On appelle *production principale*, celle qui a été faite devant les premiers juges; & quand on a de nouvelles pieces à produire devant le juge d'appel, on fait par requète une *production* nouvelle.

Les *productions* que l'on fournit dans les appointés à mettre, doivent être faites dans trois jours.

Productions nouvelles, font celles qui furviennent depuis la premiere *production*. Une partie qui a recouvré des pieces qu'elle croit pouvoir fervir à fon droit, donne à cet effet une requête de *productions nouvelles*. Cette requête eft répondue d'une ordonnance, portant que les pieces feront communiquées à parties pour fournir, fi bon leur femble, des contredits dans le tems de l'ordonnance. Quelquefois on met *dans hui*, c'eft-à-dire dans le jour; cela dépend de l'état de l'inftance ; mais ces délais ne font ordinairement que commina-toires.

PRŒDRE, f. m., *Droit des Grecs*, fé-nateur d'Athenes dans le fénat des cinq cents. On appelloit *prædres* les dix fé-nateurs d'entre les cinquante pryta-nes, qui préfidoient par chaque fémai-ne, & qui expofoient le fujet de l'af-femblée; le préfident de jour des *prædres* s'appelloit *épiftate. v.* PRYTANE.

Les *prædres* étoient ainfi nommés, parce qu'ils jouiffoient du privilege d'avoir les premieres places aux affem-blées. Potter prétend que c'étoit eux qui propofoient au peuple les affaires fur lefquelles ils devoient délibérer.

PROFECTICE, adj., *Jurifpr.*, fe dit de ce qui provient d'ailleurs, com-me on appelle *pécule profectice*, le gain que le fils de famille a fait avec l'argent que fon pere lui a donné. *v.* PÉCULE.

PROFÈS, f. m., *Droit can.*, eft ce-lui qui a fait fes vœux de religion, foit dans quelque ordre régulier, tel que l'ordre de Malthe, foit dans quelque monaftere ou congrégation de chanoi-nes réguliers; les religieux *profès* font les feuls qui ayent voix en chapitre; ils font morts civilement du jour de leur profeffion. Voyez ci-après PRO-FESSION.

PROFESSION, f.f., *Morale & Droit polit.*, état qui tient un milieu entre les charges & les métiers, mais qui ap-proche plus des derniers que des pre-mieres. Il eft difficile de tracer exacte-ment la ligne qui fépare les *profeffions* des métiers; & cela n'eft pas dans le fond néceffaire, ou même il vaudroit mieux les réunir fous une notion com-mune. On peut dire également la *pro-feffion* ou le métier de tailleur, de cor-donnier, de gantier; mais on ne dit pas le métier de charpentier, de vi-

trier, de chaudronnier, &c. Quoiqu'il en foit, les bourgeois de divers ordres, dont les facultés font bornées, font apprendre à leurs enfans des *profeffions*; & les artifans tranfmettent le plus fou-vent leurs métiers à leurs enfans. Il y auroit ici deux écueils, ou deux ex-trèmités à éviter. L'une eft la déman-geaifon qu'ont les bourgeois, pour peu qu'ils foient à leur aife, de fortir de leur fphere, ou d'en faire fortir leurs enfans, en leur procurant des emplois & des titres, qui leur donnent un or-gueil ridicule, & les font également méprifer de ceux dont ils veulent fe diftinguer, & de ceux avec qui ils pré-tendent fe fauxfiler. La roture enno-blie demeure long-tems à fe décraffer; & les parvenus ont peine à faire ou-blier d'où ils fortent. Mais ce feroit fe jetter dans l'extrémité oppofée que d'é-touffer des talens diftingués, de cou-per, pour ainfi dire, les aîles à un mé-rite tranfcendant, fous prétexte que partant de trop bas, il veut prendre un effort trop élevé. Au contraire, quand on découvre des génies qui brillent déja dans l'obfcurité, mais qui luttent con-tre de puiffans obftacles, il eft de l'in-térèt des fociétés de venir à leur fecours & de leur applanir les routes. Tout ce-la demande une fagacité & une géné-rofité peu communes dans ceux qui font à la tète des affaires.

L'induftrie humaine fe porte ou à l'acquifition des chofes néceffaires à la vie, ou aux fonctions des emplois de la fociété qui font très-variées. Il faut donc que chacun embraffe de bonne heure une *profeffion* utile & propor-tionnée à fa capacité; c'eft à quoi l'on eft généralement déterminé par une in-clination particuliere, par une difpofi-tion naturelle de corps ou d'efprit, par la naiffance, par les biens de la fortune, par l'autorité des parens, quelquefois par l'ordre du souverain, par les occasions, par la coutume, par le besoin, &c. car on ne peut se souftraire sans nécessité à prendre quelque emploi de la vie commune.

Il y a des *professions* glorieuses, des *professions* honnètes, & des *professions* basses ou deshonnètes.

Les *professions* glorieuses qui produisent plus ou moins l'estime de distinction, & qui toutes tendent à procurer le bien public, font la religion, les armes, la justice, la politique, l'administration des revenus de l'État, le commerce, les lettres, & les beaux - arts. Les *professions* honnètes font celles de la culture des terres, & des métiers qui sont plus ou moins utiles. Il y a en tous pays des *professions* basses ou deshonnètes, mais nécessaires dans la société ; telles font celles des bourreaux, des huissiers à verge, des bouchers, de ceux qui nettoient les retraits, les egoûts, & autres gens de néant ; mais comme le souverain est obligé de les souffrir, il est nécessaire qu'ils jouissent des droits communs aux autres hommes. Térence fait dire dans une de ses pieces à un homme qui exerçoit une *profession* basse & souvent criminelle :

Leno sum, fateor, pernicies communis adolescentium,

Perjurus, pestis ; tamen tibi à me nulla est orta injuria.

Adelph. act. II. sc. j. v. 34 & 35. Je l'avoue, je suis marchand d'esclaves, la ruine commune des jeunes gens, une peste publique ; cependant avec tous ces titres je ne vous ai fait aucun tort.

Enfin, chaque *profession* a son lot. „ Le lot de ceux qui levent les tributs est l'acquisition des richesses,

„ dit l'auteur de l'*Esprit des loix*. La „ gloire & l'honneur font pour cette „ noblesse qui ne connoit, qui ne voit, „ qui ne sent de vrai bien que l'hon- „ neur & la gloire. Le respect & la con- „ sidération font pour ces ministres, „ & ces magistrats qui ne trouvant „ que le travail après le travail, veil- „ lent nuit & jour pour le bonheur de „ l'empire. "

Dans le choix d'une *profession* & d'un genre de vie, les enfans font très-bien de suivre le conseil de leur pere tendre, sage & éclairé, qui n'exige d'eux rien qui soit déraisonnable, & qui leur fournit les dépenses nécessaires pour l'emploi auquel il les destine. Mais il seroit également injuste & ridicule de les forcer à prendre un parti contraire à leur inclination, à leur caractere, à leur santé, & à leur génie. Ce seroit à plus forte raison une tyrannie odieuse de vouloir les engager à embrasser une *profession* deshonnète.

Mais on demande quelquefois, s'il est bon, s'il est avantageux dans un Etat, d'obliger les enfans à suivre la *profession* de leur pere ? je réponds que c'est une chose contraire à la liberté, à l'industrie, aux talens, au bien public. Les loix qui ordonneroient que chacun restât dans sa *profession*, & la fit passer à ses enfans, ne sauroient être rétablies que dans les Etats despotiques où personne ne peut ni ne doit avoir d'émulation. Qu'on ne nous objecte pas que chacun fera mieux sa *profession*, lorsqu'on ne pourra pas la quitter pour une autre ; c'est une idée fausse que l'expérience détruit tous les jours. Je dis tout au contraire que chacun fera mieux sa *profession*, lorsque ceux qui y auront excellé espéreront avec raison de parvenir à une autre *profession* plus glorieuse.

PROFESSION

PROFESSION RELIGIEUSE , *Droit Can.* On entend par *profession religieuse* , l'émiffion des vœux fimples ou folemnels qui lient celui qui la fait à une religion approuvée, *ut religionis vinculum.* Cette forte de *profession* inconnue, dans la forme qu'elle fe fait à préfent, aux anciens moines d'Egypte, peut fe faire tacitement ou expreffement, fuivant le droit canonique. Les chapit. 22. 23. *de régul.* mais encore mieux le chap. 1. *eod. in* 6. marquent les différentes voies par où l'on peut fe trouver engagé à un ordre fans avoir fait une *profession* expreffe. „ Celui qui eft entré, dit Boniface VIII. *in dict. cap.* 1. dans un monaftere avant l'âge de quatorze ans , à deffein de fe faire religieux, n'eft pas pour cela engagé, fi étant parvenu à l'âge de puberté , il ne fait alors une *profession* expreffe , ou ne prend l'habit que l'on a accoutumé de donner aux profès, ou bien qu'il ne ratifie la *profession* qu'il a déja faite. Que s'il paffe dans le monaftere toute l'année fuivante avec l'habit commun aux profès & aux novices , ou qu'il ratifie autrement fa *profession* précédente , il fera véritablement réligieux ; pourvu toutefois que l'habit qu'il a pris & par lequel on juge qu'il a voulu devenir tel, ne foit pas porté par d'autres que par les réligieux & les novices , ou que dans ce cas l'habit des profès n'étant pas diftingué de celui des novices, quoique commun à d'autres qui vivent avec eux, le profélyte l'ait porté une année entiere dans les exercices de la religion dans le monaftere , parce que connoiffant à cet âge tout ce qu'il fait , & après une année entiere d'épreuve, il eft cenfé avoir confirmé fon engagement avec choix & difcrétion ; ce qu'on ne peut dire de celui qui prend l'habit réligieux avant l'âge de raifon.

Tome XI.

Nous entendons, au refte, par habits diftincts , foit qu'on les donne tels aux profès ou aux novices, foit qu'on les béniffe à la *profession* , ou qu'on faffe enfin autre chofe par où l'habillement des profès & des novices foit diftingué.

Par la quarante-fixieme regle de chancellerie , il eft défendu d'impétrer les bénéfices des novices avant l'émiffion des vœux. *Item non dentur litteræ fuper beneficium vacaturis per ingreffum religionis , nifi ille præcefferit datam defuper petitionis.* On doit joindre cette regle à la vingt-fixieme, rapportée fous le mot INCOMPATIBILITÉ.

Quant à la *profession* expreffe, il y a certaines cérémonies affectées. On voit fous le mot NOVICE tout ce qui doit la précéder , & à quel âge on peut la faire. Refte à favoir qui doit l'admettre.

Navare, *in conf.* 9. *n.* 12. *de Conflit.* écrit que , fuivant la pratique ordinaire de toutes les religions de fon tems, le choix & la réception des novices dépendent des fupérieurs particuliers des monafteres avec le confentement de la plus grande partie des religieux. Il paroît que ce devroit être là une regle uniforme, foit pour l'approbation ou la *profession*, puifqu'on ne fauroit faire un choix qu'avec connoiffance de caufe, & que ceux-là feuls ont cette connoiffance, qui voient le fujet qui fe préfente, ou qui l'ont vu pendant tout le cours de fon noviciat, avec l'attention néceffaire pour découvrir en lui les qualités réquifes. Mais comme il importe fouvent dans un ordre de ne pas groffir le nombre des religieux dans certaines circonftances qui ne font quelquefois connues que des fupérieurs généraux, & que d'ailleurs l'acte eft affez important pour devoir leur être communiqué , l'ufage dont parle Navare n'eft plus fi général, & l'on en voit un contraire dans prefque tous les ordres.

La regle de S. François ne donne point ce droit aux fupérieurs particuliers, mais aux provinciaux. La reglé des carmes auffi. Celle des auguftins veut que l'on ait au moins la permiffion du provincial.

Fagnan, *in c. porreƐum*, *n. 38.* dit que l'ufage dont parle Navare fe trouve détruit par les bulles même des papes, entr'autres de Sixte V. & de Clément VIII. & que l'on doit à cet égard s'en tenir aux privilèges & ftatuts de chaque religion : *Generaliter ad dignofcendum quis poffit ad habitum*, *& profeffionem recipere in primis recurrendum eft ad confuetudines*, *privilegia & ftatuta cujufque ordinis*, *ut in c. fin. de Regul. in-6°. J. G. ibid. n. 34.*

Le même auteur dit qu'une *profeffion religieufe*, faite entre les mains de l'évèque, n'engage irrévocablement & folemnellement qu'en trois cas : 1°. quand l'églife de l'évèque eft réguliere. 2°. Quand l'évèque ayant averti la fupérieure d'un couvent de filles, fort riche, de créer de nouvelles places, felon la portée des revenus, elle ne l'a pas fait, l'évèque, en ce cas de négligence ou de refus, peut recevoir des filles à la probation jufqu'au nombre déterminé. 3°. Quand la réception des novices lui appartient par privilège & par coutume, comme il y a des maifons réligieufes, où la nomination des novices appartient aux fondateurs. M. du Clergé, *tom. 4. p. 69. & fuiv.* Fagnan, *loc. cit. n. 27. & feq.*

L'évèque reçoit auffi exclufivement à la *profeffion* des vœux fimples & même folemnels, ceux qui ne vivent pas dans le cloître fous le régime d'un fupérieur, comme font les hermites, mais l'évèque ne fauroit obliger un fupérieur de monaftere, ni fes religieux, de recevoir malgré eux le fujet qu'il leur préfenteroit. *(D. M.)*

PROHIBITION, f. f., *Jurifprud.*, fignifie *défenfe.* Il y a diverfes fortes de *prohibitions* prononcées par la loi; les unes contre certains mariages, d'autres pour empêcher de donner certains biens, ou de les donner à certaines perfonnes, ou de difpofer de fes biens au-delà d'une certaine quotité, ou en général d'aliéner fes biens. *v.* DÉFENSE.

PROJET, f. m., *Droit polit.*, eft un plan dreffé pour augmenter notre bonheur ou celui des autres; plan qui montre le chemin pour arriver à ce bonheur, & pour lever les obftacles qui nous arrêtent.

On fera étonné peut-être, de voir un fage éclairé, confeiller les *projets.* On eft fi prévenu contre tout ce qui porte ce nom, ou qui lui reffemble, que la réputation de faifeur de *projets* eft, fuivant l'opinion vulgaire, une des plus équivoques : elle approche de celle d'adepte & de charlatan. Il fera facile cependant de revenir de ces préjugés, en prenant la peine d'examiner la nature des *projets.* Cet examen prouvera inconteftablement leur nobleffe, leur utilité & leur néceffité.

Les progrès de l'efprit humain font lents, fucceffifs, & dépendent du concours de beaucoup de circonftances, qui ne fe combinent que par de longs intervalles. Les arts, les fciences, s'approchent continuellement de la perfection, fans peut-être y arriver jamais. Ce feroit déprifer & nous-mêmes, & notre poftérité, que de croire impoffible d'ajoûter aux lumieres tranfmifes par nos ancètres.

Les preuves font fuperflues pour conftater une vérité reconnue à l'égard des fciences en général. Il paroit cependant, qu'on en fait une exception en faveur de celle du gouvernement. On s'imagine, qu'une science dont on avoit besoin depuis qu'il y a des sociétés, & qui a été appliquée dans tous les Etats, pendant un tems infini, par tant de grands hommes, devroit être approfondie, ses maximes vérifiées, & leur emploi fixé. La réflexion & l'expérience nous prouvent le contraire. Il est naturel qu'une science très-compliquée, & dont l'objet change sans cesse, ne s'avance que d'un pas mesuré. Elle demande des changemens proportionnés à ceux de son objet. On ne sauroit attribuer aux établissemens politiques une bonté absolue : on est obligé trop souvent de dire, telle chose étoit bonne dans un tel siecle, dans telle année. Malgré quelques traits ineffaçables du caractere d'un peuple, il faut avouer, que ce caractere est sujet à des variations sensibles. De nouvelles religions qui s'introduisent ; de nouveaux arts, de nouvelles sciences qu'on invente ; de nouvelles branches de commerce qui s'établissent ; de nouvelles méthodes pour faire la guerre ; de nouveaux intérêts politiques qui se combinent ; tout cela met une grande diversité dans une science, dont il n'y a de simple que les premiers principes.

Nous voyons cependant que les hommes d'Etat négligent ces considérations, & s'abandonnent à une routine vague & incertaine. Entraînés dans les affaires par le hasard, par la naissance, par la faveur, ils n'y apportent souvent, au lieu d'une habileté supérieure, qu'une grande ambition, & un desir violent de faire une fortune brillante. Ils se contentent de suivre le chemin battu par leurs prédécesseurs, qui favorise leur paresse & leur incapacité.

Rien ne mene plus sûrement à la mé-diocrité, que cet attachement aux routines anciennes. Laisser aller le monde comme il va, c'est laisser ce monde dans l'erreur, dans la langueur, & dans l'abjection. Bacon a reconnu, que pour aller au grand, il étoit nécessaire de choisir des routes éloignées, & qui par leur nouveauté paroissent ridicules & extravagantes aux esprits superficiels.

Ce n'est point prêcher le goût de la nouveauté que de combattre la tendresse pour les vieux préjugés ; tendresse, qui est toujours un sentiment barbare. Il est aussi ridicule de goûter le nouveau, uniquement parce qu'il est nouveau, que de respecter l'ancien à cause de son ancienneté. On peut désapprouver la soumission servile aux routines établies, sans approuver le foible de tant de ministres, qui innovent pour innover, pour se faire une gloire à eux, pour ne point paroitre dépendre des lumieres de leurs prédécesseurs. Pour faire le bonheur d'un Etat, il faut des vues plus nobles que l'amour d'une fausse gloire, qu'on obtient par des moyens équivoques.

Il n'est question que de faire sentir, que tout n'est pas encore trouvé ; que nos connoissances ont besoin d'une correction continuelle ; que le progrès de la raison peuvent s'étendre également dans toutes les sciences ; & qu'on auroit par conséquent tort d'adopter sans examen les méthodes anciennes, & de se prévenir contre les nouvelles, que des gens éclairés peuvent nous présenter.

Nous devons en effet tous les changemens arrivés dans les arts, dans les sciences, dans les religions, dans le gouvernement des Etats, à ces hommes supérieurs, qui, en sortant des routes battues, nous en ont enseigné de nouvelles, & ont employé tous les moyens

Qqq 2

nécessaires pour nous y engager : en un mot, à des faiseurs de *projets*. Je ne dirai point, que tous ceux, qui ont fait ces *projets*, en ayent prévu les suites : c'est pourtant leur courage qui les a préparées, & leur vue bornée, comme est celle de tous les hommes, ne nous dispense point de la reconnoissance. Je ne foutiendrai pas non plus, que ces *projets* foyent également avantageux au genre humain : personne ne se soustrait à l'empire des passions. *v.* PASSIONS. Qui sait d'ailleurs, si ces changemens continuels, ces bouleversemens même, ne font pas aussi naturels & aussi nécessaires au système moral de l'univers, que les orages & les tempêtes le font à la constitution physique de notre globe ?

Pour appuyer les réflexions sur des faits, examinons quelques-uns des *projets* les plus fameux, & qui ont contribué le plus à varier la face des sciences, des religions & des Etats.

On ne sauroit envisager les philosophes, les esprits à système, que comme autant de faiseurs de *projets* pour la perfection de nos connoissances. Depuis les premiers sages jusqu'aux derniers scholastiques, une infinité de gens ont tâché de conduire les hommes dans le sanctuaire de la vérité, & la plûpart n'ont fait que les en éloigner.

Deux *projets*, formés dans le siecle passé, méritent notre attention : celui de Bacon, & celui de Descartes. Le premier nous montra le vrai chemin pour parvenir aux faits, principes de notre savoir : le second, la méthode pour combiner ces faits, & pour en tirer de justes conséquences. Bacon, toujours sage dans ses vues, nous enseigne l'art d'interroger la nature : Descartes, d'une imagination trop vaste, en semblant vouloir subjuguer la nature à ses

idées, nous apprend à raisonner. L'un & l'autre ont été, malgré leurs défauts les bienfaiteurs du genre humain, puisque nous leur devons la bonne philosophie. Nous jouissons des bienfaits de ces grands hommes, sans en connoître l'étendüe. Nous ne faisons point attention, combien cette précieuse liberté de penser, dont leurs ouvrages nous ont donné l'exemple, a corrigé d'erreurs, redressé d'abus, & déraciné de préjugés, quoique consacrés par leur ancienneté. Elle répand ses influences sur toutes nos connoissances, sur toutes nos actions, sur nos établissemens : sans elle nous serions encore sous le joug d'Aristote, & dans les ténèbres de l'école : nous gémirions dans les chaînes de la superstition & du despotisme.

Une bonne ou mauvaise religion décide du bonheur ou du malheur d'un peuple. Parmi les fausses, la meilleure sans doute est celle qui s'éloigne le moins de la vérité, & qui tourne les mœurs vers la plus grande félicité d'un Etat. On doit savoir gré à ceux, qui au lieu de ces religions qui choquoient trop ouvertement le bon sens, en ont introduit de plus raisonnables, quoique mêlées d'erreurs, faute d'une révélation immédiate. L'ancienne Perse étoit redevable de sa grandeur & de ses richesses à Zoroastre, dont les dogmes sages étoient faits pour inspirer à ses sectateurs l'humanité, la vertu & l'industrie. Son livre du *Zend* est un des plus beaux *projets*, & le monument le plus respectable de l'antiquité.

Si les ames, séparées du corps sont encore attentives à leur gloire, quel sentiment délicieux ne doit point remplir celle de Confucius ? Ce grand homme aura la satisfaction de voir subsister, depuis tant de siecles, la religion qu'il enseigna, la plus pure que la raison humaine, abandonnée à elle-même, puis-se imaginer ; & cette religion faire fans ceffe le bonheur d'une nation nombreu-fe & éclairée.

Le *projet* de Mahomet, quoique dé-paré par une ambition démefurée & quelquefois cruelle, eft tout auffi di-gne de notre attention. Il aura le mé-rite au moins d'avoir tiré une partie de l'orient d'une idolâtrie groffiere ; d'avoir répandu la connoiffance d'un feul Dieu, & d'avoir introduit une re-ligion fimple, peu embarraffée de dog-mes abftraits, & qui, délivrée de quel-ques fables abfurdes, feroit une des plus raifonnables parmi les fauffes. Tous ces hommes fupérieurs ont été des inf-trumens dans la main de la Providence pour changer la face des Etats, & des apôtres, deftinés à apprendre aux hom-mes une petite portion des vérités éter-nelles.

Si ces vérités font annoncées à des peuples groffiers & fauvages ; fi une religion fert à les tirer de la barbarie ; le mérite de celui qui en forme le plan eft d'autant plus relevé. On eft furpris de la puiffance & de l'étendue du royau-me de Perou, quand on fait attention à la petite diftance du tems, entre fa deftruction par les Efpagnols, & l'épo-que de fa formation par Mango Capac, qui, fous prétexte de fa miffion du fo-leil, retira ces peuples des forêts, leur donna des loix, & les rallia dans une fociété policée.

Il n'eft point probable, que les au-teurs du fchifme qui partage l'églife chrétienne, ayent compris l'étendue & les fuites de leur *projet*. Le defir de nous délivrer du joug trop pefant du clergé, & la néceffité de remédier à beaucoup d'abus, paroiffent avoir dé-terminé leur plan. Ils ne prévoyoient point, que leur courage nous prépa-

roit un fiecle de lumiere, nous rame-noit à la culture de la raifon, & les fai-foit eux-mêmes les précurfeurs de la vérité naturelle. Les fuites avantageu-fes de ce *projet* ne fe confinent point parmi les fpectateurs de leur doctrine ; elles fe communiquent à cette partie de l'églife, qui ne s'eft point fouftraite à la direction de l'évèque de Rome, & qui s'eft épurée fucceffivement elle-mê-me. On jouit dans cette églife des bien-faits des hommes qu'on y détefte le plus.

Nous avons vu de nos jours le phé-nomene fingulier d'un homme qui, par la voye du fanatifme, veut nous me-ner à la fimplicité de la premiere églife. Avouons cependant, que le *projet* du comte de Sinzendorf eft bien combiné, & que toutes fes parties fe prêtent un fecours mutuel. Ses inftitutions ten-dent à affoiblir les ames, à exalter les imaginations, à amortir les paffions les plus agiffantes, l'amour, l'intérèt, l'ambition, en les privant de leur ali-ment ; enfin à faire de vrais enthou-fiaftes. Il ne manque que par le tems : il eft venu trop tard, & notre fiecle n'eft point favorable aux chefs de fecte. Il y aura des fanatiques fans doute, auffi long-tems qu'il y aura des ames foibles & des imaginations fortes. Mais la raifon, qui s'étend & qui gagne la maffe du peuple, fortifie ces ames, mo-dere ces imaginations, & détruit l'em-pire du fanatifme & de la fuperftition.

Si les religions ont été fujettes à des innovations de faifeurs de *projets*, le gouvernement l'a été infiniment plus. La politique, le théâtre & la nourri-ture des grandes paffions, eft de fa na-ture plus fufceptible de nouvelles vues, que la théologie. En parcourant l'hif-toire, nous trouvons dans tous les pays révolutions fur révolutions, fruit du génie entreprenant des conquérans ou des peuples. Le nombre de ces *projets* eſt ſi grand, qu'il faut ſe contenter d'en examiner quelques-uns des plus vaſtes, ou des plus extraordinaires.

Parmi ceux des anciens légiſlateurs, il n'y en a point de plus ſurprenant, & de plus éloigné des idées communes, que celui de Lycurgue. Ses inſtitutions choquent également la morale & toutes les paſſions, pour les ramener à une ſeule, à l'ambition. Elles ſont cependant ſi bien liées, que leur effet étoit immanquable. La longue durée de ces inſtitutions en prouve la bonté & la ſageſſe. Les Lacédémoniens étoient une troupe de religieux, qui ne pouvant avoir un autre objet de leurs paſſions, s'attachoient d'autant plus fortement à une regle auſtere. Si les auteurs des ordres monaſtiques n'euſſent été des fanatiques, on pourroit les ſoupçonner d'avoir moulé leurs inſtitutions ſur un modele auſſi excellent.

Le *projet* de Céſar, pour aſſervir ſa patrie, étoit bon, ſage & néceſſaire, quoique blâmé par les républicains outrés. La grandeur démeſurée de la république, l'ambition extrème de ſes citoyens, la corruption du ſénat & du peuple, les horreurs des guerres civiles paſſées, tout pouvoit convaincre un homme ſenſé que Rome ne pouvoit plus ſe paſſer d'un maître. Céſar, depuis ſa premiere jeuneſſe, prit des meſures pour le devenir. Son art à gagner le peuple, à ſe faire un parti, ſa conduite dans la conjuration de Catilina, dans les Gaules & avec Pompée, montrent le plan le mieux concérté & le mieux exécuté. Celui de Pompée ne pouvoit réuſſir. Il étoit au-deſſus du génie de ſon auteur; ou plutôt, ſes variations, ſa conduite inconſtante, prouvent qu'il n'avoit qu'un but & point de plan.

Si un *projet* approche du *projet* de Céſar, c'eſt celui de Cromwel. Une tradition parmi les Anglois, prétend, il eſt vrai, que Cromwel ne fit qu'exécuter les idées d'Ireton; comme on a dit de nos jours d'un illuſtre, qu'il ne faiſoit que débiter les dogmes préparés par ſon frere. Il eſt impoſſible de ſe perſuader de la vérité de cette anecdote, en faiſant attention à la conduite ſi bien liée, ſi bien ſuivie de Cromwel. En déteſtant ſa cruauté & ſon uſurpation, on ne ſaura s'empêcher d'admirer ſon habileté à ſe ſervir de l'amour de la liberté même pour ſubjuguer un peuple libre.

Un des *projets* des plus vaſtes, étoit celui des papes, pour parvenir à la monarchie univerſelle. L'ignorance & la groſſiereté du moyen âge, étoient ſans doute néceſſaires pour la réuſſite d'un deſſein ſemblable; mais ces circonſtances ne dépriment point la ſublimité des vues de ceux qui l'avoient conçu. Qu'il devoit être difficile à une puiſſance ſans troupes, armée ſimplement de foudres ſpirituelles, de ſoumettre le trône à l'autel! Quel art, de rendre le clergé ſacré & reſpectable! & quelle adreſſe, d'employer un prince pour en aſſervir un autre! l'hiſtoire ne nous préſente aucun *projet* pareil, excepté celui du grand-lama, dont le pouvoir durera auſſi long-tems que la groſſiereté des Tartares. Celui des papes ſe ſoutint des ſiecles, & ſeroit encore dans ſa vigueur, ſans une de ces viciſſitudes auxquelles toutes les inſtitutions humaines ſont ſujettes. Un tel *projet* ne ſauroit convenir à une monarchie héréditaire, où la foibleſſe & les paſſions des ſouverains qui ſe ſuccedent, & les incertitudes des minorités, mettent tant d'inſtabilité dans les affaires. Il ne ſaura proſpérer que dans un gouvernement électif, dont le chef eſt choiſi parmi un corps animé du même efprit, & où l'homme peut mourir, & le fouverain ne meurt point.

On foupçonna Charles V. & on accufa fon fils Philippe II. d'afpirer à une monarchie univerfelle d'une autre efpece; monarchie, qui eût eu pour vaffaux le refte des fouverains de l'Europe. Ils prodiguerent l'un & l'autre les tréfors de l'Amérique en vain, comme il a dû arriver. Pour établir la domination d'une puiffance chrétienne fur toutes les autres, il faudroit changer la religion, les mœurs, les arts de l'Europe, & nous replonger dans la barbarie.

Malgré les témoignages de tant d'hiftoriens, je ne faurois me perfuader de la réalité du grand *projet* de Henri IV. Je n'entrerai point dans la difcuffion de l'authenticité des *mémoires* de Sully : le détail de ce *projet* au moins ne peut être de la main de ce grand miniftre. Il eft impoffible, que deux bonnes têtes, comme Henri IV. & Sully, ayent enfanté une chimere, qui eft la pierre philofophale de la politique. Une connoiffance médiocre des hommes & du cours des affaires démontre l'inconfiftance d'un *projet*, qui roule fur le fondement fragile de l'unanimité d'un grand nombre de puiffances. L'efprit de conquête d'un fouverain l'auroit porté à remuer : les autres, trouvant plus d'intérêt dans le trouble, fe feroient refufés à l'arbitrage du plus grand nombre, & ce bâtiment fe feroit écroulé par fon propre poids. Une paix perpétuelle n'eft point dans les décrets de la Providence : & fi elle avoit eu ce deffein, elle auroit donné aux hommes un caractere différent. La guerre me paroit un mal néceffaire : fi nous étions deftinés à tant d'uniformité, nous n'aurions jamais été affligés ni par des peftes, ni par des tremblemens de terre.

On ne fauroit avoir meilleure opinion du *projet* de Gœrtz. Sa bonté au moins, n'étoit que momentanée, pour relever la Suede. Deux voifins du caractere de Charles XII. & de Pierre le Grand, ne fe feroient pas accordés longtems ; & l'Europe, à laquelle ils préparoient des chaînes, fe feroit remife en liberté par leur divifion.

Un prince du Nord forma un plan, dont l'hiftoire ne nous fournit aucun exemple ; d'une puiffance entierement militaire, fondée fur une armée mercenaire, trop forte à proportion du nombre des habitans & des reffources de fes Etats. Le fucceffeur de ce prince, au-deffus de fon pere autant par la force de fon génie que par l'étendue de fes lumieres, profite avec la plus grande habileté des avantages du *projet*, dont le pere n'avoit point deviné les fuites, & fe donne une confidération dans les affaires générales, que le fiecle paffé n'auroit point foupçonnée. Mais une puiffance, toujours armée, toujours prête à fondre fur fes voifins, excite la jaloufie de toute l'Europe. Elle a l'inconvénient de ces machines trop compofées & trop délicates, qui fe dérangent par le moindre accident. La piece principale manque, le premier reffort fe démonte & la machine refte fans mouvement.

Tous ces *projets* ont été formés pour produire des révolutions confidérables, & plutôt pour la grandeur des fouverains que pour le bonheur des peuples. Tel eft le malheur du genre humain, que les fujets, bien loin de profiter de la puiffance de leur fouverain, en fouffrent & font d'autant plus malheureux, que leur prince acquiert plus de gloire militaire. Il feroit à fouhaiter, que des génies femblables ne paruffent que rarement ; & dans ce fens-là, on pourra dire avec Plutarque, que la pluralité des Céfars n'eſt pas bonne.

Il eſt des *projets* d'une autre nature, plus communs, plus utiles, & qui tâchent de joindre l'aiſance du peuple avec la grandeur du monarque. Tels ſont ceux pour les finances, la police, le commerce, les arts. Leur nombre ſurpaſſe encore infiniment celui des *projets* politiques pour les affaires générales. Il feroit ennuyant & inutile d'en examiner beaucoup.

Il ne faut quelquefois qu'un de ces grands *projets* de commerce, pour changer la face de la terre, plus que ne le feroient les plus vaſtes conquêtes. Nous ſentons encore les effets des *projets* du prince Henri de Portugal & de Colomb. La navigation autour du cap de Bonne-Eſpérance affoiblit également l'Italie & les provinces turques, & prépara la puiſſance du Portugal, de la Hollande & de l'Angleterre. La découverte de l'Amérique, en nous donnant de nouvelles richeſſes, nous donna de nouveaux beſoins. Elle anima par conſéquent l'induſtrie, & facilita l'entretien des peuples nombreux de l'Europe, en montrant des débouchés au produit de nos manufactures. C'eſt juſques dans nos cabanes, que nous appercevons l'influence des rêveries de Colomb. Elles troublerent, il eſt vrai, le repos de notre continent. La maiſon d'Autriche n'auroit pû, ſans ce ſecours, former ſes deſſeins ambitieux: mais ſans l'Amérique, la fécondité des peuples du Nord nous auroit ramené peut-être un ſiecle d'émigrations deſtructives.

Si le *projet* de Dracke, de Raleighs, de Cromwel, pour enlever aux Eſpagnols le commerce de ces riches contrées, eût réuſſi, notre ſyſtème politique eût été dérangé. La ſource de nos richeſſes ſe trouvant entre les mains d'un peuple fier & iſolé, auroit fait pancher trop ſenſiblement la balance du pouvoir du côté d'une nation, qui ſemble tentée d'en abuſer.

Mais le *projet* le plus dangereux pour l'Europe fut celui du maréchal de Vauban, qui déſeſpérant des affaires de Philippe V. en Eſpagne, voulut l'envoyer regner en Amérique. Nos arts, nos manufactures, tranſplantées dans le nouveau monde, auroient tiré ces pays lointains de notre dépendance. Ces peuples, que nous regardons comme des barbares, nous auroient aſſujettis peut-être par leur induſtrie. Nous euſſions vu dans nos ports plus de vaiſſeaux mexicains, que nous n'en envoyons aujourd'hui dans les colonies eſpagnoles. Ce ſeul événement auroit pû nous replonger dans la miſere & dans la barbarie.

Si le plan de Pierre le Grand eût été praticable, il n'auroit pas été moins dangereux à la liberté de l'ancien monde. Joindre la mer Caſpienne à la mer Noire, & toutes les deux aux mers du Nord; faire paſſer le commerce de la Chine & des Indes orientales par la grande Tartarie, ſujette ou tributaire de la Ruſſie, eût été élever l'empire ruſſien à un degré de puiſſance au-deſſus de celle des autres empires de l'Aſie & de l'Europe. On ſent les ſuites de la puiſſance déméſurée d'un monarque abſolu, qui gouverne un peuple belliqueux. L'amour de l'indépendance des Tartares, de ce peuple noble & conquérant, nous ſauva du danger qui nous menaçoit.

Il eſt extraordinaire de voir des gens douter encore de la bonté du principal *projet* de Pierre, celui de polir ſa nation; & nous voir ſoutenir qu'un génie plus élevé eût laiſſé croupir les Ruſſes dans l'ignorance & la groſſiereté. L'amour

môur des paradoxes, le goût pour la fingularité, peuvent uniquement infpirer
des fentimens fi déraifonnables, démentis par l'expérience. C'eft au fonds la
même queftion, que celle fur l'inutilité
& le danger des arts & des fciences. Il
faut être bien barbare pour ofer prendre le parti de la barbarie, au milieu des
peuples éclairés. On fait trop d'honneur
à ces mifantropes fanatiques, en les ré-
futant férieufement.

Les ennemis d'une compagnie puiffante dépriment les meilleures inftitutions. On l'accufe d'une ambition démefurée, en la voyant former une efpece d'empire dans des climats éloignés.
Mais quel *projet* eft plus beau & plus
avantageux à l'humanité, que celui de
ramaffer des peuples difperfés dans l'horreur des forêts de l'Amérique; & de les tirer de l'état de fauvage, qui eft un état
malheureux; d'empêcher leurs guerres
cruelles & deftructives, de les éclairer
de la lumiere de la vraie religion, de
les réunir dans une fociété, qui repréfente l'âge d'or par l'égalité des citoyens
& la communauté des biens? N'eft-ce
pas s'ériger en légiflateur pour le bonheur des hommes? Une ambition qui
produit tant de bien, eft une paffion
louable. Aucune vertu humaine n'arrive à cette pureté qu'on veut exiger: les
paffions ne la déparent point, fi elles
fervent de moyens pour obtenir le bonheur public.

L'utilité des *projets* de Colbert, pour
établir en France les arts & le commerce, ne fe borna point à l'Etat pour qui
ils étoient faits. Toute l'Europe en pro-
fita, & on peut dire avec vérité, que ce
grand homme contribua le plus à amener les tems éclairés, dans lefquels
nous vivons. Il réveilla l'induftrie de
toutes les nations: induftrie qui nous
donna cette aifance & ce luxe, fans lef-

Tome XI.

quels il n'y aura jamais ni lumieres, ni
politeffe. La révocation de l'édit de Nan-
tes acheva de répandre dans le Nord
cette graine que Colbert n'avoit deftinée
qu'au fol de la France.

Un *projet* des plus hardis, des plus
finguliers & des plus équivoques, c'eft
celui de Laws. On difpute encore, fi
ce fyftème continué eût caufé plus de
bien que de mal. Le mal étoit certain:
le fyftème menoit directement au defpotifme. Combiné fur une grande connoiffance des hommes, c'étoit une maniere fubtile d'abufer de l'avidité des
fujets pour faire paffer leurs biens entre les mains du monarque, qui, maître
du nerf de l'Etat, eût joui d'un pouvoir fans bornes. Le bien qui réfulta
du fyftème eft équivoque: il excita l'induftrie de la nation, il eft vrai, & occafionna par conféquent une plus grande extenfion du commerce: mais n'eft-
ce point avilir l'ame, & abatardir les
fentimens d'un peuple généreux, que
de lui infpirer ce goût défordonné pour
les richeffes? L'efprit de commerce eft
avantageux à un Etat, & eftimable, s'il
refte dans fes bornes. Mais quand il gagne toutes les claffes, & ne les rend fenfibles qu'à un intérêt fordide, la gloire,
l'honneur, la politeffe, les vertus morales, tout eft perdu.

Il eft quelquefois des *projets*, qui
fans être brillans, ont des influences
heureufes pour un Etat: femblables à
ces fources cachées, qui coulant fous
un terroir aride, le fertilifent, fans
que nos yeux en apperçoivent la caufe.
Les Anglois reconnoiffent aujourd'hui,
que l'agriculture feule eft le fondement
folide de la population & du commerce,
& par conféquent de leur puiffance. On
fait, que l'Angleterre doit les progrès
de la bonne culture aux inftructions &
à l'exemple de Hartlieb, l'ami de Mil-

Rrr

ton. Un citoyen feul a cimenté la grandeur de fa patrie.

Des particuliers ofent fouvent élever leur voix de la foule, pour parler contre des abus. Quoique le gouvernement les écoute trop rarement, la vérité perce quelquefois jufqu'au trône. Quelques *projets* du maréchal de Vauban & de l'abbé de S. Pierre, euffent fait le bonheur de la France, fi l'on ne s'étoit dégoûté trop tôt des effais qu'on fit pour les exécuter. Des citoyens démontrerent aux miniftres les défavantages des ordonnances qui bornent le commerce du Levant, qui gênent celui du bled, & qui défendent la fabrication des toiles peintes. Qu'on remédie à ces inconvéniens, & on fentira l'utilité de n'avoir point été fourd aux cris du peuple. La permiffion des toiles peintes, tirera la France de fa dépendance de la Suiffe à cet égard : mais elle peut avoir pour ce dernier pays, dont la ftérilité rend l'induftrie fi néceffaire à fes habitans nombreux, les fuites les plus triftes.

Si les *projets*, comme nous avons vu, ont des avantages fi confidérables ; fi c'eft par leur moyen que toutes les révolutions d'un Etat font produites ; on aura raifon d'être étonné de la prévention où l'on eft à l'ordinaire, contre ceux qui en forment, fans être chargés des fonctions du gouvernement. Plufieurs caufes concourrent à jetter du ridicule & de l'odieux fur cette occupation.

Les génies créateurs, & par conféquent les faifeurs de *projets*, font gens à imagination. C'eft le préfent le plus dangereux que la nature puiffe accorder à un homme, qu'une imagination forte, qui n'eft point accompagnée d'un jugement de la même force : c'eft un cheval excellent, mais fougueux, qui, pour ne point perdre fon maître, veut

être guidé par la main d'un écuyer habile. Une imagination de cette efpece, vivement frappée d'un objet, ne voit que cet objet, le careffe avec complaifance, le croit toujours proche de la réalité, & fait difparoître tous les obftacles qui s'oppofent à ce fantôme. Elle fort continuellement de la fphere de l'état actuel des affaires ; ne marche que dans les pays des poffibilités abftraites ; n'enfante que des idées également vaftes, neuves & chimériques. Il eft incroyable, combien de folies paffent par ces imaginations fortes. Un médecin, ignorant les élémens même de la géométrie, crut avoir réformé le fyftême du monde. Un autre propofa, de forcer les efprits aériens à perfectionner la chymie. Un muficien Allemand voulut apprendre aux princes des proportions harmoniques, pour établir une paix perpétuelle. Un autre enthoufiafte prétendit donner le commerce du monde à une nation qui n'avoit ni marine, ni ports de mer. Le *projet* de Caritides enfin eft raifonnable, en comparaifon d'une infinité d'autres plus extravagans, que nous voyons éclorre tous les jours.

Le caractère & l'état de ceux qui fe mêlent d'en faire, ajoute à la prévention contre les *projets*. Ces faifeurs de *projets* font à l'ordinaire des gens qui n'ayant point réuffi à regler leurs affaires & leur propre conduite, s'érigent en réformateurs du gouvernement ; des fpéculateurs oififs fans connoiffance ni des hommes, ni des affaires ; des gens fans aveu, qui n'ayant de fentiment qu'une grande avidité pour une fortune fubite, & de talens qu'une hardieffe effrontée, parcourent l'Europe, pour offrir aux fouverains leurs belles conceptions : femblables à ces Efculapes ambulans, qui, une poudre à la main, font le tour du monde pour guérir toutes les nations. Les princes trompés, les miniſtres importunés, les peuples foulés ſi ſouvent par des gens de cette eſpece, prennent de l'averſion pour tout ce qui porte le nom de *projet*, ou qui s'en occupe.

Ce qui acheve de rendre cette occupation ridicule & odieuſe, c'eſt la nature de la plupart des *projets* qu'on propoſe aux ſouverains. Preſque tous viſent à augmenter les revenus & la puiſſance du prince : preſqu'aucun à faire le vrai bonheur de l'Etat. Il faut excuſer le préjugé du peuple contre tout ce qui ſe préſente ſous un air de nouveauté. On peut préſumer d'avance, que chaque nouveau *projet* ajoûtera à la peſanteur du joug, qui accable déja les ſujets. Rien de plus aiſé, & quelquefois de plus lucratif, que d'enſeigner l'art de dépouiller les peuples. Les princes & les miniſtres d'un génie borné, qui ne ſentent point combien la miſere du peuple fait la foibleſſe du gouvernement, écoutent ces docteurs dangereux, & le peuple les déteſte. Des plans fondés ſur le principe, qu'il faut ſemer avant de moiſſonner, & qui demandent du tems & des combinaiſons étendues, ſont trop compliqués & trop lents pour des imaginations ardentes : trop beaux pour des ames baſſes, animées uniquement par un intérêt particulier. On abuſe des meilleures choſes ; il n'eſt pas étonnant qu'on abuſe auſſi du goût pour les *projets*. Mais comme les abus ne doivent point dégrader à nos yeux ce qui eſt eſtimable par ſa nature, ils ne nous préviendront point contre les *projets*, ſi nous conſidérons la néceſſité d'en faire de bons, & les grands talens qu'ils exigent. Nous avons vu que les *projets* étoient indiſpenſables au bonheur des peuples : examinons les qualités ſublimes, néceſſai-

res à ceux qui en veulent produire.

Un *projet* par ſa nature eſt compoſé d'idées neuves, ou du moins d'une nouvelle combinaiſon des idées connues, combinaiſon qui n'exiſtoit point. Il dépend rarement d'une application ſimple d'idées déja exiſtantes. L'eſprit pourroit ſuffire peut-être à cette application ; mais il faut créer pour aller au grand. Un *projet* utile eſt par conſéquent toujours le fruit du génie.

Il eſt très-difficile de déterminer en quoi conſiſte l'aptitude au génie. Les contradictions & les doutes des philoſophes ſur cet article, nous prouvent bien l'obſcurité, dont cette matiere eſt encore enveloppée. Il paroît cependant que le génie dépend d'une organiſation heureuſe, perfectionnée par une bonne éducation, animée par le degré de paſſions ſuffiſant pour exciter les efforts néceſſaires à l'invention. Parmi les qualités de l'eſprit de l'homme, il y en a qui ſe donnent d'ordinaire l'excluſion entr'elles. Il eſt rare de voir une imagination fertile alliée à un jugement exquis, propre à apprécier les productions de la premiere & à diſtinguer le réel du chimérique. Les hommes deſtinés au génie ſont par conſéquent en petit nombre. Si la nature les forme, elle place rarement ces favoris dans une poſition, où ils puiſſent cultiver & déployer les talens dont elle les a doués.

En faiſant attention aux raiſons de la rareté du génie dans tous les arts & dans toutes les ſciences ; on ſe convaincra qu'il doit être plus rare encore en fait de politique. Le génie dans chaque ſcience part du point où il trouve les idées lumineuſes & les principes avérés exiſtans. Ne nous flattons point, malgré le concours de tant de ſiecles, malgré le nombre immenſe de prétendus légiſlateurs & d'hommes d'Etat, la politique eſt celle de toutes les ſciences qui s'eſt approchée le moins de ſa perfection. Pluſieurs cauſes concourent à ce retardement.

Les principes ſolides de nos connoiſſances dépendent des faits & des inductions juſtes que nous en déduiſons. Quel recueil, me dira-t-on, de faits politiques ne nous préſente pas l'hiſtoire? Si l'hiſtoire étoit ce qu'elle pourroit être, nous pourrions puiſer dans cet amas d'expériences morales & politiques, des idées propres à nourrir le génie. Mais la bonne hiſtoire eſt encore à décrire, & ne le ſera apparemment jamais. Les hiſtoriens ne nous apprennent rien, ou ne peuvent rien nous apprendre, des faits les plus inſtructifs. Ceux qui ont été des acteurs dans les événemens qu'ils peignent, cachent la vérité par une prudence timide, la déguiſent par paſſion, ou la défigurent par incapacité. Les autres qui, dans l'obſcurité de leur cabinet, tronquent encore des mémoires informes, reſſemblent à ces graveurs mercenaires, qui nous donnent hardiment les portraits des ſultanes favorites. Nous ignorons les petits reſſorts des grandes actions, les cauſes des révolutions, l'influence des mœurs ſur le gouvernement, & celle de l'eſprit du gouvernement ſur la puiſſance & le bonheur d'un Etat. Nous ne faiſons que deviner ſuperficiellement ces principes; & nous ſommes à-peu-près dans le cas d'un homme qui, par la façade d'un palais, voudroit juger de l'état des appartemens.

Suppoſé même qu'un homme, par des efforts d'eſprit, découvre un grain d'or dans ce monceau de ſable, il n'oſera le faire paſſer par le creuſet de l'approbation ou de la contradiction du public. Preſque dans tous les pays, la ſcience du gouvernement eſt un ſanc-

tuaire, dont l'entrée eſt défendue aux profanes; une eſpece de myſtere entre les mains de quelques adeptes; myſtere qu'on n'oſe ni deviner, ni examiner. Trop de gens ſont intéreſſés à nourrir l'ignorance des peuples ſur les vrais principes de la politique. Ceux qui veulent dominer les conſciences par le fanatiſme, mêlent adroitement dans la légiſlation des principes favorables au deſpotiſme ſpirituel, & conſacrent des erreurs par l'explication arbitraire des dogmes. Les hommes en place, effarouchés par ce ſentiment intérieur & irréſiſtible, que tout homme a de ſa médiocrité, ne ſouffrent point, qu'on creuſe ces maximes profondes qui ſeroient une preuve inconteſtable des lumieres bornées des faux politiques, & une critique continuelle de leur petite conduite. Les uns & les autres éloignent l'œil perçant du génie, & défendent qu'une main hardie n'arrache le voile dont la vérité eſt couverte; attentât qui les priveroit de leur crédit & de leur conſidération.

Avec toute l'aptitude au génie, un homme ne réuſſira point en politique, ſi les paſſions qui l'animent ne ſont encore d'une eſpece plus noble & d'une plus grande force, que celles qu'exige le génie en général. Sans la paſſion la plus vive pour la gloire, ſans un amour ardent pour la patrie, ſans cette vertu ſublime qui préfere l'intérêt général au particulier, on n'aura point le courage requis pour ſupporter les contradictions, les perſécutions & la crainte du ridicule, qu'on eſſuye dans cette carriere. On redoutera la réputation de frondeur, de réformateur de l'Etat, d'eſprit chimérique. Notre éducation cependant n'eſt point faite pour nous inſpirer ces fortes paſſions, que nous admirons ſtérilement dans les anciens: elle ne remplit notre ame que des petites paſſions, du deſir de la fortune, de l'ambition vulgaire, ou tout au plus d'un point d'honneur, qui ſuffit à peine pour nous porter à la vertu, autant qu'il eſt néceſſaire pour n'être point avili aux yeux de nos concitoyens.

Le génie doit être rare par conſéquent dans la ſcience du gouvernement; & s'il ſurmonte tous les obſtacles qui s'oppoſent à ſa formation, il en aura encore de plus grands à ſurmonter pour faire valoir ſes talens. Le public qu'il voudroit inſtruire, le plus ſouvent lui refuſera ſa confiance. Nous avons un reſpect aveugle pour les dignités, une admiration ſervile pour les grandeurs, qui nous fait enviſager les gens en place comme des génies ſublimes, & leur adminiſtration comme le chef-d'œuvre de l'eſprit. Si un ſage propoſe des vérités contraires à la méthode de ces gens admirés, il ſera regardé comme un préſomptueux, qui veut endoctriner les plus habiles ou comme un fanatique digne de la république de Platon. Il ſeroit donc également néceſſaire, que celui qui gouverne & qui inſtruit les peuples, leur en impoſât par l'éclat des places & des dignités. Mais ces places, ces dignités, au lieu d'être la récompenſe du génie, ne ſont le plus ſouvent que le prix de l'intrigue, le fruit de la baſſeſſe, ou tout au plus, l'appanage de la naiſſance. C'eſt malheureuſement bientôt un phénomene parmi nous que la fortune d'un homme de génie. Il faut de l'eſprit pour goûter l'eſprit; & les grands n'approchent de leurs perſonnes que ceux qui leur reſſemblent.

Plus ces difficultés ſont grandes, & plus on doit ſavoir gré aux efforts du citoyen vertueux & éclairé, qui tâche de les ſurmonter. Un habile faiſeur de *projets* ſera toujours un homme eſtimable aux yeux qui ſavent voir le mérite. Le vulgaire des hommes, ſi enclin à admirer ce qu'il n'entend point, feroit bien d'appliquer cette facilité aux *projets*, & de croire qu'il n'y a que le génie analogue à celui qui produit, qui puiſſe apprécier ces productions. On devroit agir à l'égard d'une ſcience auſſi difficile & auſſi compliquée que la politique, comme on agit à l'égard des géometres. Tout le monde eſt enthouſiaſmé des ſublimes découvertes d'un Newton : peu de gens cependant le comprennent. On ſe repoſe ſur le jugement unanime de ceux qui ſont en état de les approfondir.

Il paroît ſuperflu de vouloir guider le génie & de preſcrire des regles à ſa marche. Ce ſeroit, dira-t-on, imiter ce chef des ſauvages, qui trace au ſoleil le chemin qu'il doit parcourir. Quelques conſidérations ſur la maniere de former les *projets*, pourront être utiles, ſinon pour conduire l'inventeur, au moins pour diſcerner la bonté de l'invention.

Tout grand *projet* viſera au bien public. S'il ne porte ce caractere divin, ce ſera un orage qui, en déchargeant l'air de quelques vapeurs nuiſibles, déſole les provinces par où il paſſe. Un eſprit ſupérieur ne prodigue point ſes veilles à fonder la grandeur équivoque d'un ſeul homme ſur le malheur de pluſieurs millions. Il ſaura parvenir au même but par des chemins plus nobles. La puiſſance du ſouverain s'allie avec le bonheur des peuples, & l'humanité eſt d'accord avec la vraie politique.

Celui qui ſe ſent embraſé de cet amour du bien public, & qui, frappé des inconvéniens, deſire d'y remédier, ſera attention, ſi ces inconvéniens ne tiennent point à l'imperfection de la nature de l'homme & des inſtitutions humaines. Les abus ſont ſouvent de mauvaiſes herbes, qui entrelaſſent leurs racines avec celles des bonnes, & qu'on ne peut arracher fans détruire les plantes utiles. Un peuple riche a befoin d'un luxe, contraire d'ailleurs à la bonté des mœurs. Un peuple vertueux aura, dans une pauvreté néceffaire, un obftacle à fa puiffance. L'efprit militaire détruit le commerce, & celui du commerce abaiffe les ames & énerve le courage. La liberté mene aux factions, aux guerres civiles; l'ordre trop rigide, la tranquillité trop profonde, précipitent dans la fervitude. En méchanique, on perd en tems ce qu'on gagne en force : en politique, on perd en bonheur ce qu'on gagne en pouvoir abfolu. Il faut pefer dans une jufte balance la valeur de l'inconvénient & de fa correction.

Les plus grandes fautes, en fait de politique, fe commettent par des efprits vifs & bornés, qui ne faififfent fortement qu'un objet, ou un feul côté dans cet objet. Dans une machine très-compofée, toutes les pieces fe prêtent un fecours mutuel; & pour juger de fon action, il faut en confidérer l'enfemble. La fcience du gouvernement ne contient point des vérités ifolées, toutes fe tiennent par la main. Aucun *projet* ne fauroit être avantageux, s'il n'eft combiné fur toute la maffe de la conftitution. L'efprit du gouvernement, la religion, les mœurs & le génie du peuple, l'état du commerce & des arts, la population, entrent dans cette combinaifon. Le détail en feroit immenfe, & rempliroit des volumes. Mais, comme ce recueil de connoiffances compofe proprement la vraie politique, on peut dire en général, qu'un bon faifeur de *projets* doit avoir les lumieres les plus étendues & les plus profondes fur cette fcience.

Il eft naturel qu'un peuple, dont la religion condamne une partie des citoyens au célibat & à l'oifiveté, abforbe la fubfiftance de l'induftrie pour nourrir la pareffe; & abaiffe les ames par une fuperftition tyrannique, ne puiffe embraffer des *projets* qui demandent des hommes, de la dépenfe & du courage. Sous un gouvernement abfolu, rien ne pourra profpérer, fi la réuffite dépend de l'activité & des paffions des fujets. Un peuple poli, vif & léger, ne faura foutenir des entreprifes qui, par leur nature, ne s'exécutent qu'avec le tems & avec patience. Les établiffemens qui exigent des lumieres & de l'intelligence, ne font point faits pour un peuple groffier qui croupit dans l'ignorance.

Si un *projet* eft combiné fur toutes ces confidérations indifpenfables, on ne s'affure cependant de fon fuccès, que par une combinaifon auffi profonde des moyens propres à fon exécution. Un fyftème de philofophie eft parfait, quand fes parties font liées par des preuves, s'appuyent mutuellement, & fe trouvent expofées avec toute la clarté requife. Il n'en eft pas de même d'un *projet* politique, qui ne contient point de ces vérités froides & tranquilles, comme celles de la philofophie. La politique ne s'occupe que de celles qui remuent les paffions les plus fortes, l'ambition & l'intérêt. Il faut favoir manier ces paffions, pour convaincre les hommes médiocres des vérités qui peuvent intéreffer leurs paffions.

En parcourant les portraits de plufieurs miniftres, on eft étonné de la diftinction que les hiftoriens nous préfentent, entre ces hommes d'Etat qui ont profité des circonftances, & ceux qui ont fu les faire naître. Ce dernier trait d'un caractere paroît exagéré, puifqu'il paroît ridicule d'attribuer aux hommes un pouvoir qui n'eft réfervé qu'à la providence. Il y a cependant de vrai dans cette diftinction , fi elle eft bien entendue. Ceux qui fe fervent des circonftances , font des efprits ordinaires , qui s'abandonnent au cours des affaires , que le courant de l'habitude emporte, & qui ne favent mettre en œuvre que les paffions momentanées des hommes. Ceux au contraire, qui favent produire les circonftances , font des génies fupérieurs , qui par une connoiffance profonde des hommes , ont appris à préparer la naiffance des paffions néceffaires à leurs deffeins ; qui, par une combinaifon jufte des motifs & des caractères , jugent auffi fûrement , que tel intérêt & tel homme donné , telle paffion en réfultera, que d'une caufe phyfique donnée on juge de fon effet.

Sans cette habileté à exciter & à diriger les paffions, on ne pourra jamais fe flatter de la réuffite d'un *projet*. Ce grand art cependant, eft fi peu connu & fi peu cultivé, que nous n'en fommes guere qu'aux élémens. La plupart des légiflateurs & des hommes d'Etat n'employent que des motifs impuiffans ou réprimans, & méconnoiffent la force des refforts dont la nature fe fert. Ils mettent à leur place des paffions factices , telles que l'honneur & le fanatifme , qui ne durent qu'autant que l'illufion fubfifte , & qui font toujours terraffées par celles que la nature avoue. Rien de plus aifé, que de forcer les hommes à tout par l'afpect d'un glaive fufpendu fur leurs têtes. Mais la crainte engourdit & jette dans une paralyfie funefte. Elle reffemble à ces médecines calmantes , qui arrètent pour quelque tems le fentiment de la maladie , & dont l'ufage fréquent dérange à la fin l'économie du corps. Une nation gouvernée par le fouët ou par le bâton, ne peut être qu'une nation d'efclaves inutiles & avilis.

Le petit nombre de génies qui ont poffédé cet art de maniér les paffions , nous prouve affez par des exemples frappans, qu'on fait tout des hommes, quand on fait intéreffer leurs paffions. Quels prodiges opérés par la force de certaines conftitutions ! Quels établiffemens, qui paroiffent choquer la nature humaine , introduits par ces efprits nés pour gouverner les hommes! Tout réuffit entre les mains habiles. Tout devient poffible à celui qui connoît les hommes ; connoiffance abfolument néceffaire à un faifeur de *projets*.

En remuant les grandes paffions, il ne faudra point négliger les petites. On accufa le fameux Jean de Witt de perdre fa république par trop de raifon. Ce miniftre , trop abftrait dans fes principes par l'habitude de la géométrie, ne jugea du cours des affaires , que par les vrais intérêts de ceux avec lefquels il avoit à traiter ; intérêts fouvent méconnus & encore plus fouvent facrifiés aux petites paffions. Il ne fit pas affez d'attention à la puérilité des motifs des actions des grands , aux miferes qui déterminent leurs démarches, aux minces caufes des grands événemens, aux petits goûts des petites ames, qui prétendent gouverner les grandes. Il fe trompa par fageffe , & fut à la fin la victime d'une raifon trop pure & trop élevée.

Si cette confidération eft néceffaire dans les affaires publiques , elle ne l'eft pas moins dans celles qui regardent l'intérieur d'un Etat. Ceux qui obéiffent, font encore plus fujets à ces petiteffes que ceux qui les dominent. Le peuple , rempli de préjugés & d'erreurs, mérite bien qu'on menage fa foibleffe , & qu'on ne lui préfente les objets que par la face la plus agréable. Pour faire goûter une chofe, il ne faut fouvent qu'en changer le nom; donner comme une antiquité refpectable ce qui choqueroit fous le titre de nouveauté. Les hommes veulent être trompés pour leur propre avantage. Ils reffemblent à un malade dégoûté ou prévenu contre une médecine qu'il prend fans répugnance, fi elle lui eft offerte fous une forme différente. Au lieu de heurter de front des préjugés ou des ufages enrouillés, on n'a qu'à les faper avec lenteur, ou les détruire par leur contraire.

Un *projet* formé fur ces confidérations fines & nombreufes, trouvera encore des difficultés infinies de la part de ceux qui doivent l'agréer pour l'exécution. La nature, avare de fes dons, ne les prodigue pas aifément à ceux qui gouvernent les peuples; & fi elle les accorde quelquefois aux enfans des dieux, une éducation voifine du trône permet rarement que ces dons précieux parviennent à leur jufte maturité. Il n'y a cependant que le génie qui puiffe goûter le fruit du génie. Il falloit des efprits de la trempe de ceux de Pierre le Grand & de Charles XII. pour entrer dans un *projet* auffi vafte & auffi hardi que celui de Gœrtz : il falloit un duc régent pour n'être point effrayé du *projet* de Laws. Un homme, qui en forme de femblables, n'ofera les propofer qu'aux fouverains, que la Providence a deftinés pour faire époque dans les révolutions de l'univers.

Il n'y a que les fouverains de cette efpece, qui confient une partie de leur autorité à de grands hommes. On ne pourra fe flatter par conféquent, d'obtenir l'approbation d'un *projet* fublime d'un miniftre de génie, fous le regne d'un prince médiocre. Les grands miniftres doivent être auffi rares que les grands princes.

Si un fouverain, doué d'un génie fupérieur, choifit des miniftres qui lui reffemblent; ou fi un prince médiocre

fouffre qu'un grand homme foit porté aux premieres places par des circonftances heureufes ; on ne pourra efpérer encore de faire goûter par le miniftere les *projets* les plus avantageux. Les grandes ames ne font pas toujours inacceffibles aux petits intérêts : l'élévation de l'efprit, la profondeur des vues, l'habitude de l'approbation de fes propres idées, n'infpirent que trop fouvent une prévention opiniâtre contre les idées étrangeres. Il fuffit, pour défapprouver un plan, qu'un autre que le miniftre le propofe. Sully, avec les meilleures intentions pour le bien public, s'obftina à contredire l'introduction des manufactures de foie en France. Ce caractere dur & inflexible, haïffoit l'auteur du *projet*, comme un homme qui prétendoit partager avec lui la confiance de fon maître ; & fa hauteur naturelle ne lui permit point d'adopter des vues qu'il n'avoit point formées lui-même.

Si les grands hommes font fujets à tant de foibleffe, que peut-on attendre de la foule des hommes médiocres, qui occupent les premieres places ; qu'ils deshonorent ? Bornés & ignorans, ils ne fauront comprendre l'étendue & la beauté d'un plan ; ils traiteront de chimérique & d'impoffible tout ce fe paffe dans la fphere étroite de leur efprit & de leurs lumieres. Enorgueillis par le crédit & par là flatterie, ils ne fouffriront point qu'un homme, fouvent obfcur, paroiffe les inftruire. Cet homme obfcur & préfomptueux, doit un homme d'efprit : ils le fentent, & leur amour propre met en jeu l'averfion pour les gens d'efprit ; attribut éternel, & caractere indélébile des fots. Un tel miniftre éloignera par conféquent les génies, rejettera leurs idées, & fera échouer leurs *projets*. Et combien de gens en place de ce caractere ne ren-

contre-

contre-t-on point, en parcourant l'état présent de l'Europe ? Combien n'y voit-on pas d'exemples d'une baffe jaloufie, d'un vil intérêt & d'une orgueilleufe ignorance ?

Les fouverains, convaincus de la néceffité de perfectionner la fcience du gouvernement, & de l'utilité des *projets* pour le bonheur des Etats, ne pourront parer ce nombre infini d'inconvéniens, qu'en imitant un établiffement de la Chine. On fait que dans cet empire, on diftingue les miniftres en deux claffes ; celle des penfeurs & celle des figneurs. Cette derniere eft occupée du détail & de l'expédition des affaires & revient à nos hommes d'Etat ordinaires. Les miniftres penfeurs, au contraire, n'ont d'autre travail, qu'à former des *projets* ou à examiner ceux qu'on leur préfente. Voilà la fource de tant d'établiffemens finguliers, qui ne nous infpirent qu'une admiration froide, & qui pourroient faire le bonheur d'une nation qui voudroit les imiter.

Il eft impoffible que, fuivant l'arrangement des affaires en Europe, un miniftre puiffe former ou examiner un *projet* profond. Entraîné par le torrent de cette quantité immenfe d'objets qui forment le détail de fon département, il ne peut donner à chacun que des momens. Fatigué par cette foule oifive qui l'obfede, il ne fait où prendre le tems pour les expéditions journalieres & indifpenfables. Comment pourra-t-il combiner avec attention un grand nombre d'idées, les manier avec patience, les envifager par toutes leurs faces ? Le grand homme, il eft vrai, abandonne le détail aux fubalternes, & le remplace par l'ordre & par l'infpection. Mais peu de conftitutions lui accordent cette liberté : prefque par-tout un miniftre, qui n'eft point abforbé dans le détail,

Tome XI.

eft regardé comme un miniftre inutile.

De plus, ce détail minutieux & cette multitude déméfurée d'affaires, rendent à la fin l'homme d'Etat incapable d'une méditation profonde. La rapidité avec laquelle les objets fe fuccedent, ne lui permet que de jetter un coup-d'œil fur chaque objet. Il perd l'habitude de l'examiner de tout côté, & par conféquent celle de la méditation, qui eft fi néceffaire pour combiner ou pour apprécier un *projet*.

Il feroit plus avantageux pour l'Etat, de confier le foin de la formation & de l'examen des *projets* à des gens uniquement deftinés à cette occupation. On en pourroit créer un corps qui, débarraffé du détail des affaires, pourroit vaquer fans diftraction à ce travail également difficile & important. Ceux qui devroient compofer ces corps, feroient choifis fur une réputation avérée de leurs talens & de leurs connoiffances étendues. Le génie & la connoiffance des hommes feront également néceffaires à tous. Le refte des connoiffances pour les affaires publiques, la légiflation générale, le commerce, les arts, la culture des terres, pourroient être repartis entre les individus, fuivant leur goût & leurs talens. Ceux qui auront en main les affaires publiques, feront dans une liaifon étroite avec les miniftres, pour être inftruits des révolutions continuelles, de l'efprit du gouvernement, & de l'intérêt des Etats voifins.

On accordera à ce corps la précieufe liberté de penfer, & on ne refufera point celle d'écrire au refte des citoyens. Sans cette liberté on ne faura découvrir ces maladies de langueur d'un Etat, qui le gagnent & le minent d'une façon imperceptible, & qui, fortifiées par le tems, ne cédent plus au pouvoir des

Sss

P R O

remedes. On ignorera les cris & les plaintes fondées du peuple, qui n'ofant parler, fouffre fouvent dans un filence funefte, & ne fe réveille que fubitement & par des fecouffes dangereufes. Où en feroit l'Angleterre, fi la liberté de la preffe étoit fupprimée ? Les déclamations intéreffées de ceux qui haïffent la vérité, & qui traitent toute liberté de licence, doivent toucher le fouverain auffi peu que les cris des hibous contre la lumiere du foleil.

La création d'un corps femblable fera d'une utilité infinie. On ne verra plus éclorre que des *projets* fages, combinés fur le bien public, fondés fur des connoiffances fûres. Tous ces avortons de plans fuperficiels, dont on fatigue aujourd'hui les hommes d'Etats, foumis alors à l'examen des gens éclairés, feront étouffés à leur naiffance. Les auteurs des *projets* ridicules, n'oferont s'expofer à des yeux fi féveres. L'efprit d'un corps permanent rendra les établiffémens plus fixes, les vues plus fuivies, & le bonheur de l'Etat ne dépendra plus des incertitudes & des caprices des miniftres mal affurés, qui dans de certains pays fe fuccedent prefqu'auffi rapidement que les confuls de Rome. Les miniftres chargés de l'exécution, délivrés de foins plus importans, pourront fe donner entierement à leur deftination. On faura remplir ces places plus aifément & avec plus de choix. C'eft l'ame qui fait le miniftre du détail, & les ames fortes font plus communes que le génie. L'affemblage de ces qualités forme ces hommes rares que la Providence ne montre que de tems en tems, & qu'elle deftine à changer la face des empires.

Il eft douteux que nous voyions jamais un établiffement de cette efpece. Trop de gens animés par l'intérêt & par la jaloufie, s'oppoferont à l'extruction de cet édifice. La nature, en attendant, femble appeller tous les génies fupérieurs à remplir le vuide que la fauffe politique laiffe fubfifter. Chaque homme d'efprit eft magiftrat né de fa patrie, s'il a tourné fes vues du côté de la fcience du gouvernement. Son devoir l'oblige à communiquer fes idées, dans quelle obfcurité que la fortune l'ait placé. Ni danger, ni crainte du ridicule ne l'effrayeront & ne l'empêcheront de dire des vérités utiles. Sans Locke, l'Angleterre eût langui encore long-tems de la maladie du dérangement des monnoies.

Heureux le pays, où le fouverain, convaincu de la néceffité des corrections, a la volonté de les introduire; où les miniftres ne contrarient point les deffeins avantageux; où le fimple citoyen ofe les propofer, & où le peuple, guéri de fes préjugés, permet qu'on faffe fon bonheur ! (D. F.)

PROLOCUTEUR *de la convocation*, *Droit public d'Angl.*, fe dit en Angleterre de l'orateur de cette affemblée. *v.* CONVOCATION.

L'archevêque de Cantorbéry eft de droit préfident ou orateur de la chambre haute de la convocation. L'orateur de la chambre baffe eft un officier choifi par les membres de cette chambre, le premier jour qu'ils s'affemblent, & approuvé par la chambre haute.

C'eft le *prolocuteur* qui préfide à toutes les affaires & à tous les débats; c'eft par lui que les réfolutions, les meffages, &c. font adreffés à la chambre haute; c'eft lui qui lit à la chambre toutes les propofitions qu'on y fait, qui recueille les fuffrages, &c.

PROMESSE, f. f., *Morale.* La *promeffe* eft un engagement que nous contractons de faire à un autre quelqu'avantage dont nous lui donnons l'efpérance. C'eſt par-là une ſorte de bien que nous faiſons en promettant, puiſque l'eſpérance en eſt un des plus doux; mais l'eſpérance trompée devient une affliction & une peine, & par-là nous nous rendons odieux en manquant à nos *promeſſes*.

C'étoit donc un mauvais raiſonnement joint à une plus mauvaiſe raillerie, que celui du roi de Syracuſe, Denis, à un joueur de luth. Il l'avoit entendu jouer avec un ſi grand plaiſir, qu'il lui avoit promis une récompenſe conſidérable pour la fin du concert. Le muſicien animé par la *promeſſe*, touche le luth avec une joie qui ranime en même tems ſon talent & ſon ſuccès. Le prince, au lieu de lui donner ce qu'il avoit promis, lui dit qu'il devoit être content du plaiſir d'avoir eſpéré la récompenſe, & que cela ſeul étoit au-deſſus de ce qu'il lui pourroit donner. La plaiſanterie pour être ſupportable, auroit dû au moins être ſuivie de la libéralité, ou plutôt de la juſtice qu'attendoit le muſicien.

Toute *promeſſe*, quand elle eſt ſérieuſe, attire un devoir d'équité. Il eſt de la juſtice de ne tromper perſonne; & la tromperie dans le manque de parole eſt d'autant plus injuſte, qu'on étoit plus libre de ne rien promettre. Ce qui ſouleva davantage l'eſprit des Athéniens contre Démétrius Poliocertes, eſt l'offre qu'il leur fit d'accorder à chacun des citoyens la grace particuliere que le pouvoir ſouverain lui permettroit de faire. Il fût inveſti de placets, & bientôt ſurchargé. Comme il paſſoit ſur un pont, il prit le parti, pour ſe ſoulager tout-à-coup, de jetter tous les placets dans la riviere, donnant à entendre qu'il n'y pouvoit ſuffire. La *promeſſe* effectivement ne pouvoit guere s'accomplir; mais pourquoi avoit-il promis?

Si avant que de donner ſa parole on y penſoit, on ne ſeroit pas dans la ſuite embarraſſé à la tenir; il ne faut s'engager qu'avec circonſpection, quand on veut ſe dégager avec facilité.

Au reſte, quel eſt le principe des *promeſſes* vaines ou fauſſes? ce n'eſt pas un bon cœur, comme on le ſuppoſe quelquefois, c'eſt la préſomption d'en avoir l'apparence, & de s'en donner le relief; c'eſt un air de libéralité qui n'eſt d'aucune dépenſe; ſouvent c'eſt l'envie de gagner les eſprits, ſans penſer à le mériter: mais la crainte de déplaire aux autres, en leur manquant de parole, empêcheroit de la donner quand on n'eſt pas ſûr de la pouvoir tenir; & détermineroit à la tenir infailliblement quand on en a le pouvoir. C'eſt une choſe indiſpenſable, non-ſeulement dans les choſes importantes, mais encore dans les plus légeres; ce qui de ſoi n'intéreſſoit pas, intéreſſe par l'attente qu'on en a fait naître.

Cependant pour ne pas pouſſer l'obligation au-delà des bornes, il eſt à-propos d'obſerver certaines circonſtances. Il eſt certain d'abord que dans les choſes de la vie, on ne veut point en promettant s'engager à des difficultés plus grandes que celles qui ſont communément attachées à la choſe promiſe; quand ces difficultés augmentent, ou qu'il en ſurvient de particulieres, on n'a pas prétendu s'engager à les ſurmonter, comme on n'a pu raiſonnablement ne les pas prévoir. Ce doit être néanmoins un motif de circonſpection, pour ne pas aiſément promettre: mais ce doit être une raiſon pour diſpenſer de l'exécution.

D'ailleurs ce qu'on appelle communément *promeſſe*, n'eſt ſouvent qu'un déſir, une diſpoſition, un projet actuel de celui qui parle, & qui ſemble promet-

Sss 2

tre. Il a la pensée, la volonté même d'effectuer ce qu'il dit, mais il n'a ni la pensée, ni la volonté de s'y engager. Le terme de *promettre* dont il se sert équivaut à celui de *prendre la résolution ou le dessein* : on ne laisse pas d'être blâmable d'y manquer ; mais c'est moins à un autre qu'à soi-même qu'on en est responsable, puisque c'est plutôt *inconsidération* ou nonchalance que l'on doit se reprocher, qu'une infidélité ou une injustice. Ainsi au même tems que les autres doivent nous passer ces fautes, comme n'étant point soumises à leurs droits particuliers, nous ne devons pas nous les pardonner à nous-mêmes, étant contraires à notre devoir & aux regles d'une exacte sagesse.

La reflexion auroit lieu sur-tout si la faute devenoit habituelle ; quand elle est fortuite, elle est excusable. Ce seroit être peu sociable de trouver étrange que d'autres à notre égard se laissassent échapper quelqu'inattention.

Nous avons déja observé que des regles sont pour une *promesse* sérieuse. S'il s'agissoit, comme il arrive souvent, de ce qu'on promet en plaisantant, ou en donnant à entendre qu'on le fait seulement pour se tirer d'embarras, ce qui n'est pas sérieux n'étant pas un engagement, ne sauroit être aussi une véritable *promesse* ; & ceux qui la prendroient pour telle, manqueroient d'usage dans les choses de la vie.

Pour réduire en deux mots ce que nous avons dit sur le sujet des *promesses*, évitons deux défauts ou inconvéniens; trop de liberté à exiger des *promesses*, & trop de facilité à les faire : l'un & l'autre vient de foiblesse dans l'esprit. Les personnes qui aiment à se faire promettre, sont les mêmes qui sont accoutumées à demander, à souhaiter, à sentir des besoins, & en avoir de toutes les sortes.

Rien n'est plus opposé à la vraie sagesse & à notre propre repos. Tous les besoins sont des desirs, & par conséquent des miseres : retranchons-les, nous aurons presque jamais rien à attendre des autres pour nous le faire promettre ; nous en serons beaucoup plus indépendans, & eux moins importunés.

D'un autre côté, ceux qui promettent si aisément, sont disposés à donner sans trop savoir pourquoi. Si c'étoit en eux une vraie libéralité, elle seroit attentive ; car donner pour donner, sans regle, sans mesure, sans motif, ce n'est pas vertu ; c'est fantaisie, ou envie de se faire valoir par la *promesse*. L'expérience fait voir que les gens si prompts à donner ou à faire des *promesses* à quoi ils ne sont point obligés, sont les moins exacts à rendre ou à payer ce qu'ils doivent par une obligation étroite. *v.* CONVENTION.

PROMESSE, *Jurisp.* Il y a des *promesses* verbales, & d'autres par écrit.

Chez les Romains les *promesses* verbales n'étoient obligatoires que quand elles étoient revêtues de la solemnité de certaines paroles ; mais parmi nous toutes *promesses* verbales en quelques termes qu'elles soient contractées, sont valables, pourvu qu'elles soient avouées, & que l'on en ait la preuve par témoins, & que ce soit pour sommes qui n'excedent pas 100 livres, sauf néanmoins les cas où la preuve par témoins est admissible au-dessus de 100 livres, suivant l'ordonnance.

Les *promesses* par écrit peuvent être sous seing privé, ou devant notaire; mais les *promesses* proprement dites ne s'entendent que de celles qui sont sous seing privé ; on les appelle aussi *billets* : au lieu que quand elles sont passées devant notaire, on les appelle *obligations* ou *contrats*, selon la forme & les clauses de l'acte.

La *promeſſe* de payer ne peut être éludée.

Il en eſt de mème de la *promeſſe* de donner ou d'inſtituer faite par contrat de mariage : une telle *promeſſe* vaut donation ou inſtitution, même en pays coutumier, où toute inſtitution d'héritier faite par teſtament eſt nulle quant à l'effet de faire un héritier. La raiſon pour laquelle ces ſortes de *promeſſes* ſont valables, eſt que les contrats de mariage ſont ſuſceptibles de toutes ſortes de clauſes qui ne ſont pas contraires au droit public ni aux bonnes mœurs. *v.* Donation & Institution *contractuelle*, Contrat *de mariage*.

Mais il n'en eſt pas de la *promeſſe* de faire quelque choſe, comme de la *promeſſe* de payer. La *promeſſe* de faire quelque choſe ſe réſout en dommages & intérêts, lorſque celui qui l'a faite ne veut pas la tenir.

Ainſi la *promeſſe* de vendre ou de louer, lorſqu'elle eſt indéterminée, n'eſt point une vente ni une location, & ſe réſout en dommages & intérêts.

Par rapport aux *promeſſes* de mariage, & ſingulierement pour les *promeſſes* par paroles de préſent, il faut voir ce qui en a été dit aux mots Empèchement, Mariage.

Sur les *promeſſes* de paſſer une lettre-de-change, de faire ratifier quelqu'un, de fournir & faire valoir, *v.* Lettre-de-change, Ratification. Voyez auſſi les mots Contrat, Engagement, Obligation.

PROMOTEUR, ſ. m., *Droit Canon*. C'eſt le procureur fiſcal des officialités : on ne lui donnoit pas autrefois d'autre nom ; mais comme l'égliſe n'a point de fiſc, on a eſtimé dans la ſuite qu'il convenoit de l'appeller plutôt *promoteur*, *promotor*, *à promovendo*, à raiſon de ce qu'il eſt comme l'œil de l'évê-que dans ſon dioceſe pour y découvrir les déſordres & les abus qui s'y commettent. Il ne peut même prendre d'autre qualité. Le *promoteur* doit être inſtitué *gratis*, ne peut être laïc. Les curés & pénitenciers ne peuvent être *promoteurs*. Les religieux ne peuvent l'être non plus.

Un *promoteur* d'officialité doit être intégre dans ſes mœurs & dans ſa conduite : *Qui clericorum ſpiritualia vulnera valeat inveſtigare & ſuo prælato ejuſque vicariis ea revelare, ignavia non differat aut perfidia diſſimulet.* Diaſc. *in pract. crim. cap.* 4.

Peut-on prendre à partie un *promoteur ?* Les auteurs diſent que le *promoteur* peut être pris à partie en cas d'appel comme d'abus du jugement du juge eccléſiaſtique, lorſqu'il n'y a point de partie civile, mais qu'il n'eſt condamné aux dépens que dans le cas d'une calomnie manifeſte. Un *promoteur* n'eſt pas obligé de prêter ſerment. (D. M.)

PROMOTION, ſ. f., *Droit canon*. On eſt promu, ou aux ordres, ou aux dignités & bénéfices, ou aux degrés dans les univerſités.

Depuis qu'on a diſtingué la collation de l'ordre, de la collation des bénéfices, les eccléſiaſtiques ont été moins empreſſés à ſe faire ordonner qu'à devenir bénéficiers. On ne voit pas qu'anciennement on obligeât les clercs en aucuns cas, de ſe faire promouvoir aux ordres ; on eût cru bleſſer la regle ſacrée de la vocation céleſte. Depuis l'établiſſement des bénéfices, l'égliſe s'eſt vue dans la néceſſité de contraindre ceux qui les poſſédoient, à ſe mettre en état d'en remplir les fonctions. On prétend que les patrons introduiſirent cet uſage, par le choix qu'ils faiſoient de certains clercs qui n'avoient pas l'âge pour être ordonnés ; ou qui l'ayant, éludoient l'ordination pour jouir des fruits & des honneurs du bénéfice, sans avoir la peine d'en remplir les fonctions. Cet abus dont on peut fixer l'époque vers le Xe. siecle, fit, dans peu de tems beaucoup de progrès. Toutes sortes de bénéficiers, sans en excepter les curés, les prieurs conventuels & autres, s'en autoriserent pour négliger de se faire promouvoir à l'ordre de prêtrise, attaché à leurs bénéfices.

La sage loi du IIIe concile de Latran, qui ne prononçoit aucune vacance de droit, fut mal exécutée. Grégoire X. la renouvella dans le second concile de Lyon, tenu l'an 1274, & y ajouta la peine de privation de plein droit, contre les bénéficiers qui désormais ne s'y conformeroient pas. Le décret de ce concile forme le *ch. licet canon de elect. in 6°.* Enfin le concile de Vienne étendit dans la Clémentine *ne in agro*, la loi de ces conciles aux prieurés conventuels & aux prieurs curés primitifs, sans distinguer les prieurés possédés en titre ou en commende, ou exercés par les titulaires eux-mêmes ou par des prêtres séculiers. Dans tous ces cas, le concile ordonne que le pourvu se fasse promouvoir à l'ordre de prêtrise dans l'année à compter du jour de la paisible possession.

Mais comme au tems de ce concile, l'abus des vicairies faisoit croire que les prieurs-curés n'étoient pas au cas des curés dont parlent les conciles de Latran & de Lyon, on conféroit ces prieurés-cures à de jeunes religieux qui quelquefois n'avoient pas vingt ans.

Parmi le nombre des bénéfices non cures, auxquels les ordres sacrés sont attachés, on compte les dignités, canonicats des églises cathédrales & collégiales, & les bénéfices de fondation expresse.

Le droit commun des décrétales n'est pas la seule loi qui soumette les bénéficiers à la *promotion* des ordres; cette obligation leur peut être encore imposée par des statuts autorisés, ou par des titres de fondation; c'est-à-dire, que les bénéfices peuvent être affectés à l'ordre de prêtrise, ou à un ordre sacré en deux manieres : ou par le droit commun, comme disent les canonistes *à lege*, ou par le titre de la fondation, *à fundatione*.

Promotion aux dignités supérieures. v. NOMINATION, ABBÉ, EVÊQUE, INCOMPATIBILITÉ, CONSÉCRATION.

Promotion, per saltum ext. tempora, &c. On appelle *promotion per saltum,* celle qui a été faite d'un ordre ou d'un degré supérieur, sans avoir pris auparavant le degré ou l'ordre inférieur, par où il falloit nécessairement passer, pour être revêtu de l'autre. Dans un sens étendu, on dit encore qu'on a été promu par saut, *per saltum*, quand on a obtenu ou surpris des degrés, ou certains ordres sans avoir rempli le tems prescrit pour les études ou pour les interstices.

Les canons ont prononcé diverses peines contre ceux qui ont été promus *per saltum*, en usant d'indulgence envers ceux qui ne sont tombés dans ce cas que par ignorance.

Une regle de chancellerie intitulée, *de malé promotis*, reclame l'exécution de la bulle de Pie II. incip. *Cum ex sacrorum ordinum*, contre ceux qui se font ordonner hors le tems prescrit par le droit avant l'âge requis, ou sans dimissoires : *Item de clericis extra tempora à jure statuta, sive ante ætatem legitimam, aut absque dimissoriis litteris adsacros ordines se promoveri facientibus pro tempore etiam voluit, constitutionem piæ mem. Pii II. similiter prædecessoris sui desuper editam, & in dicto cancellariæ apos-*

tolicæ libro descriptam quæ incipit cùm ex sacrorum ordinum, &c. *pari modo observari.* (D. M.)

PROMULGATION, s. f., *Jurisp.*, signifie publication. Ce terme est principalement usité en parlant des nouvelles loix. On dit qu'une loi a été *promulguée*, c'est-à-dire publiée. *v.* Loi.

PRONONCÉ, s. m., *Jurisp.*, se dit par abréviation pour ce qui a été *prononcé*. Le *prononcé* d'une sentence, ou arrêt d'audience, est ce que le juge a *prononcé*. Quand le greffier ne l'a pas recueilli exactement, on dit que le plumitif n'est pas conforme au *prononcé*, & l'on se retire par-devers le juge pour qu'il veille à faire reformer le plumitif.

PROPORTION, s. f., *Droit Polit.*; c'est l'ordre qu'un sage gouvernement doit suivre dans l'administration de la justice. Quoique dans l'intention, la justice soit la base de tout gouvernement, les différentes manieres d'appercevoir les choses & leurs rapports ont introduit plusieurs opinions sur la méthode de l'établir.

Quelques savans parmi les anciens affecterent des mysteres, qu'ils cachoient sous la figure des nombres. C'est ainsi que l'on voit de nos jours des vérités très-simples enveloppées sous des expressions & des calculs algébriques, jusques dans des ouvrages que l'on destine à l'instruction publique.

Platon vouloit qu'un Etat fût gouverné par la *proportion* géométrique, dont le semblable dirige les raisons, & d'où dérive la justice distributive. Xénophon, son rival, tenoit pour la *proportion* arithmétique fondée sur l'égalité, & qui produit la justice commutative. Aristote soutint une troisieme opinion composée des deux autres: il prétendoit que l'on devoit user de la justice arithmétique ou égale, quand il s'agis-

soit de régler la quantité de la fortune de chacun, ou de la punition des fautes; & de la géométrique ou semblable, dans le partage des terres conquises, eu égard à la différence du mérite & des actions. C'étoit simplement employer les deux *proportions* séparément, en appliquant chacune à des objets différens.

Il sera peut-être utile pour quelques lecteurs d'observer, avant que d'expliquer la nature des *proportions*, que l'on ne doit pas confondre l'égal avec le semblable. Deux bâtons, dont l'un sera de chêne & l'autre de saule, pourront être égaux, & ne seront pas semblables: deux triangles rectangles seront semblables, & ne seront pas égaux.

La *proportion* arithmétique est celle dont les raisons sont constamment les mêmes, augmentant toujours du même nombre 3, 9, 15, 21, 27; où l'on voit que la progression n'est autre chose que d'ajouter continuellement au dernier nombre le nombre 6 ou tel autre toujours égal.

La *proportion* géométrique est celle qui a ses raisons seulement semblables 3, 9, 27, 81; c'est-à-dire, dont la progression va croissant par la multiplication du dernier nombre par le premier 3: elle est uniforme sans être égale.

Pour simplifier les idées de ce langage mystérieux, il suffit de dire que Xénophon, en préférant la *proportion* arithmétique, vouloit que la justice publique, comme la privée, c'est-à-dire, celle qui fait les loix, qui ordonne des biens en général, des dignités & des récompenses, fût réglée par une égalité absolue: l'Etat populaire est le mot de l'énigme.

Platon sous son emblème désignoit le gouvernement aristocratique. Cet état, de même que la *proportion* géométrique, affocie les femblables; mais féparément dans deux ordres, dont la regle conftante eft l'inégalité. Ariftote faifoit un mélange; il appliquoit la *proportion* géométrique à la juftice publique; & l'arithmétique plus particulierement à la privée.

Je ne fais fi Bodin eft l'inventeur de la *proportion* harmonique; il eft du moins le premier qui l'ait adaptée au gouvernement. Sa marche eft 3, 4, 6, 8, 12, 16. Bodin imitant le myftere des grands philofophes, n'en a point donné la regle; mais il eft aifé d'appercevoir que fa progreffion eft alternativement du tiers ou de la moitié du dernier nombre; elle eft conftante dans cette variation: l'augmentation tantôt eft la même, & tantôt ne l'eft pas, quoique toujours foumife à la regle une fois donnée. Ainfi elle n'eft ni femblable, ni égale abfolument; elle eft l'une & l'autre dans fon alternative.

C'eft la monarchie tempérée que cette *proportion* repréfente. J'entends par l'épithete de tempérée, celle qui emprunte des regles modifiées des deux autres conftitutions. Elle ne mettra point de barrieres entre les ordres, comme la loi des douze tables qui interdifoit le mariage entre les nobles & les plébéiens; & cependant elle accordera à la nobleffe une partie des diftinctions dont elle jouit dans l'ariftocratie. Le peuple auquel il ne fera point défendu de s'allier au noble, ni d'afpirer aux dignités, confervera une portion de la liberté de l'état populaire. Moins d'éloignement caufera moins de difcordance; il régnera plus d'harmonie.

C'eft ainfi que la *proportion* harmonique réunit les propriétés des deux autres; ce fera une monarchie royale.

Je vais ajouter ici une réflexion qui n'eft pas étrangere aux *proportions*. Les *proportions*, quoiqu'en ufant des mêmes regles, peuvent laiffer de plus grandes ou de moindres diftances entre leurs points d'appui, ou fi l'on veut, leurs termes: par exemple, dans l'arithmétique, fi au lieu d'ajouter 6, on ajoute toujours 9; au lieu de dire 3, 9, 15, on dira 3, 12, 21 & ainfi de fuite.

Si dans la géométrique on pofe 5 pour le premier nombre; à la place de 3, 9, 27, on aura 5, 25, 125. Dans l'harmonique, plus on avance, plus l'efpace vuide augmente. Du premier au fecond nombre il n'eft que d'un degré; du quatrieme au cinquieme il eft de quatre; il vient enfuite de 8 & de 16.

On voit par cette comparaifon que les intervalles, où ne regne pas l'égalité, vont toujours en croiffant. Plus les intervalles font longs, plus ils font foibles & vicieux: on doit donc puifer les premieres regles dans les principes les plus fimples, les plus dans la nature, pour ne point admettre des diftances immenfes entre des hommes naturellement égaux.

On doit être affez fatisfait que les idées fuggerent de bonnes maximes: chercher leurs rapports avec les nombres, me paroît une puérilité.

Des cas dans lefquels on doit admettre la proportion, ou la rejetter. J'abandonne à préfent le fublime des *proportions* auquel je me fuis peut-être trop arrêté, & je viens à ce qu'on entend ordinairement par *proportion*, & à la juftice privée.

On doit proportionner les peines à la nature des fautes, & à la qualité des perfonnes, autant qu'il eft poffible, fi on veut approcher de l'infaillibilité de la juftice. S'il n'eft pas donné aux hommes d'y atteindre, ils doivent du moins marcher

marcher à la lumiere de fes rayons, tels qu'ils parviennent jufqu'à nous.

Les peines pécuniaires ne doivent jamais être égales, excepté dans la démocratie, où tous les citoyens font fuppofés égaux. La fixation des amendes que le juge ne peut augmenter ni modérer, ne devroit pas être du reffort des autres gouvernemens. Il faut fuppofer une égalité de biens pour y reconnoître la juftice.

Le riche qui veut vexer & perfécuter fon voifin, ne fera pas arrêté par la crainte de payer une fomme, tandis que cette crainte empêchera le pauvre de demander ce qu'il croira lui appartenir.

On ne fauroit d'un autre côté les laiffer à l'entiere difcrétion du magiftrat; on l'obligeroit de s'inftruire des facultés de chacun; il ne pourroit autrement obferver les *proportions :* cette pratique eft impropofable.

Les loix fomptuaires, toutes les loix de défenfes qui portent des amendes certaines, renferment la même injuftice & le même inconvénient. Cherchons des moyens pour les rendre moindres, s'il eft poffible.

Philippe le Bel avoit fait une ordonnance fur la fuperfluité des banquets : elle fixoit une amende pour les ducs, les comtes & les prélats; une moindre pour les fimples gentilshommes, les doyens & les prieurs, ainfi de fuite. On voit dans cet ordre une *proportion* qui pourroit être imitée, & la peine ne feroit pas regardée comme un fimple épouventail. La peine eft femblable pour tous, elle n'eft égale que pour les égaux; c'eft la *proportion* harmonique. On n'y retrouve pas à la vérité la juf-teffe du calcul fcrupuleux; on en approche autant que les circonftances & les pofitions le permettent.

Cet ufage feroit le même que celui

Tome XI.

qu'on obferve pour la taxe des dépens de voyage & de féjour; on y fuit la *proportion* des rangs certains & des facultés fuppofées. Le témeraire plaideur ne fupporte pas précifément la dépenfe qu'il a occafionnée, mais celle qui convenoit à l'état de celui auquel il a intenté un procès mal à propos. Une juftice plus exacte rencontreroit des difficultés infurmontables dans la pratique.

La même *proportion* que l'on peut établir pour les peines, doit avoir lieu dans les récompenfes. Les arts libéraux, les profeffions nobles peuvent exiger un falaire relatif à la perfonne qui exerce, & à celle qui en reçoit l'avantage. La même opération de chirurgie doit être plus récompenfée par le riche que par le pauvre, & doit valoir plus ou moins, à *proportion* de l'habileté de celui qui opere. Il en devroit être de même du jurifconfulte.

Un fervice rendu par celui duquel on n'a aucun droit d'en exiger, mérite plus ou moins de libéralité, felon l'état & la qualité de celui qui l'a reçu.

Les juges auxquels les réglemens d'un Etat permettent de prendre un falaire, doivent fe regler fur des *proportions.* Il eft ignoble, fur-tout à ceux du premier ordre, de fe taxer felon leur travail & leur tems, comme de vils mercénaires. Si l'ufage & la vénalité des charges veulent que l'on s'abaiffe, on peut mettre quelque dignité dans l'abaiffement même.

La mefure du tems peut encore être injufte en elle-même; elle conduit à faire abforber par des frais, la valeur de ce que la juftice donne à celui qui la reclame. C'eft fur cette valeur que le juge doit proportionner l'émolument que l'on veut qu'il reçoive, ou fur la fortune de ceux qu'il a jugés, lorfque la chofe litigieufe n'a qu'une valeur arbi-

T t t

traire, comme les honneurs , en obfervant auffi leur importance.

Le grand nombre penfe que la juftice devroit être rendue gratuitement. C'eft une vérité qui ne doit fouffrir aucun doute dans la fpéculation. Seroit-elle avantageufe dans la pratique ? La chicane ou l'amour des procès eft une paffion ; elle eft de toutes la plus à charge au repos de la fociété. Si elle n'étoit point reprimée par la crainte de la dépenfe & le défaut de pouvoir y fournir, elle deviendroit trop importune , même infupportable au genre humain. On prétendra plus , à mefure qu'il en coûtera moins pour prétendre ; on difputera tout , s'il en coûte peu pour difputer : il ne feroit plus permis d'être poffeffeur tranquille.

On pourroit peut-être retrancher de la dépenfe , la gratification que les juges perçoivent ; mais ce feroit toujours un mal de retrancher ; il faut tout dire : aucune confidération ne doit faire taire une vérité décifive. On doit craindre du côté des juges , comme du côté des plaideurs. Souvent la juftice ne feroit pas expédiée, fi fon expédition n'étoit fuivie d'une récompenfe. Si on pefe attentivement ces raifons , il en réfultera que l'on doit tolérer un inconvénient, lorfqu'il eft léger en comparaifon des maux qui feroient la fuite du parti contraire.

Les *proportions* conduifent à la juftice, parce qu'elles tendent à l'égalité effentielle. Le même genre de mort n'eft pas égal pour tous les hommes. Le fupplice auquel l'opinion a attaché plus d'infamie , ajoute au déshonneur qui fuit le crime, le déshonneur du genre de la mort. Il ôte doublement ce que l'opinion a appellé l'*honneur*.

Ainfi par-tout où l'égalité fera abfolue, il eft inutile de chercher des *pro-*

portions. Juftinien , dans fes loix des ufures, ordonne que les nobles prendront cinq pour cent ; les marchands , huit ; les corps & colleges, dix ; & le refte des citoyens, fix. Ces loix font injuftes, parce que les hommes, en qualité de prêteurs ou bien d'emprunteurs, font entierement égaux , & que la valeur de l'argent eft égale pour tous. Les *proportions* dès-lors deviennent une injuftice.

Si le noble prête au marchand , celui-ci profitera de huit fur la chofe qui ne produira que cinq à celui auquel elle appartient. Si le noble emprunte du marchand , il payera huit , tandis que d'autres marchands, fes débiteurs ne lui donneront que cinq.

Cette loi faite en faveur des marchands , blefferoit aujourd'hui le commerce. Si le noble ne peut retirer que cinq & le roturier fix , tout autant que l'un & l'autre auront à prêter , le négociant ne pourra faire valoir fes fonds qu'en marchandifes; & tout autant qu'il trouvera à prêter, il ne fera plus d'autre commerce. Il eft jufte que l'on trouve dans fes propres befoins le même avantage que l'on procure, lorfqu'on foulage ceux des autres.

Les conventions introduifent une égalité parfaite entre les perfonnes qui s'engagent , eu égard à l'objet de l'engagement refpectif. C'eft par cette raifon que le noble, ni le riche, ne doivent pas plus de falaire à l'ouvrier, au domeftique, que le moins noble & le moins riche, quoiqu'ils doivent plus de libéralité au fervice qui n'eft pas ftipulé.

Les *proportions* gardées rapprochent de l'égalité abfolue , les grandeurs arbitraires & d'opinion. *v.* PEINE. (D. F.)

PROPRE, adj. , *Jurifpr.* On entend par ce terme un bien qui eft affecté à la famille en général , ou à une ligne par préférence à l'autre.

On dit quelquefois un bien ou un héritage *propre* ; quelquefois on dit un *propre* simplement.

Dans quelques coutumes, au lieu de *propre* on dit *héritage*, ou *ancien*, *biens avitins*, &c.

Les Romains n'ont pas connu les *propres* tels qu'ils font en usage parmi nous : ils en ont pourtant eu quelqu'idée ; & il n'y a guere de nation qui n'ait établi quelques regles pour la conservation des biens de patrimoine dans les familles.

En effet, quelqu'étendue que fût chez les Romains la liberté de disposer de ses biens, soit entre vifs ou par testament, il y avoit dans les successions *ab intestat* quelque préférence accordée aux parens d'un côté ou d'une ligne, sur l'autre côté ou sur une autre ligne.

Aussi plusieurs tiennent-ils que la regle *paterna paternis*, *materna maternis*, que l'on applique aux *propres*, tire son origine du droit civil.

M. Cujas, sur la *novelle* 84, pense qu'elle vient de la loi *de emancipatis cod. de leg. hæred.* qui défere aux freres du côté du pere les biens qui procédent de son côté, & aux freres du côté de la mere, ceux qui procédent du côté de la mere seulement ; & telle est l'opinion la plus commune de ceux qui ont écrit sur cette regle.

M. Jacques Godefroi en tire l'origine de plus loin ; elle descend, selon lui, du code Théodosien, sous le titre de *maternis bonis & materni generis*, *& cretione sublatâ*. Par la *loi* 4. de ce titre, l'empereur établit (contre la disposition de l'ancien droit) que si l'enfant qui a succédé à sa mere ou à ses autres parens maternels, vient à décéder, son pere, quoique cet enfant fût en sa puissance, ne lui succede pas en ce genre de biens, la loi les défere *ad proximos* ; ce qui mar-

que que ce n'est pas seulement aux freres, suivant la loi *de emancipatis*, mais que cela comprend aussi les collatéraux plus éloignés.

Dans le cas où l'enfant auroit succédé à son pere & à ses autres parens du côté paternel, la loi ordonne la même chose en faveur des plus proches du côté du pere.

Ces dispositions établissent bien la distinction des lignes ; & ce qui peut encore faire adopter cette origine pour les *propres*, c'est qu'il est certain que le *code théodosien* a été pendant plusieurs siecles le droit commun observé en Europe.

Pontanus, *ad tit. de succeff.* croit que cette maniere de partage qui défere les héritages propres aux collatéraux des enfans à l'exclusion de leurs peres, s'est introduite à l'exemple de ce qui se pratiquoit pour les fiefs. Il est constant que l'ancienne formule des investitures étoit qu'on donnoit le fief au vassal pour lui & ses descendans, au moyen de quoi le pere en étoit exclus, & à défaut d'enfans du vassal, le fief passoit aux collatéraux.

Il est certain en effet que l'héritage appellé *alode* ou *aleu* dans la loi salique, n'étoit autre chose qu'un ancien bien de famille, *alode* signifiant en cette occasion *hereditas aviatica*.

Dans la loi des Frisons, l'aleu est nommé *proprium*, *tit. viij. liv. II.*

Les anciennes constitutions de Sicile distinguent les *propres* des fiefs.

Dans les partages, un bien paternel mis dans un lot au lieu d'un bien maternel, devient *propre* maternel. Il en est de même lorsque l'héritier des *propres* a pris dans son lot un *propre* d'une autre ligne.

Un héritage *propre* échu à un cohéritier par licitation ou à la charge d'une soute & retour de partage, lui est *propre* pour le tout.

Ttt 2

Quand on donne à rente un héritage *propre*, la rente est de même nature.

Les deniers provenans du réméré d'un *propre*, appartiennent à l'héritier qui avoit recueilli ce *propre*.

Enfin, il y a subrogation quand un *propre* est vendu pour le remplacer par un autre bien, & qu'il en est fait mention dans le contrat de vente & dans celui de la nouvelle acquisition, que ces deux contrats se font suivis de fort près, & qu'il est bien constant que la nouvelle acquisition a été faite des deniers provenans du prix du *propre* vendu.

Un acquêt est fait *propre* par accession & consolidation, lorsque sur un héritage *propre*, on a construit une maison ou fait quelques augmentations, réparations, embellissemens & autres impenses; de même lorsqu'une portion d'héritage est accrûe par alluvion au corps de l'héritage, elle devient de même nature.

Quand un fief servant est réuni au fief dominant suivant la condition de l'inféodation; ou que l'héritage qui avoit été donné à titre d'emphytéose revient en la main du bailleur, soit par l'expiration du bail, soit par la résolution de ce bail faute de payement, l'héritage reprend la même nature qu'il avoit au tems de la concession.

Mais dans le cas de la confiscation pour cause de désaveu, ou félonie, ou pour autre crime, ou dans le cas ou de succession par deshérence ou bâtardise, l'héritage échet au seigneur comme un acquêt. Il en est de même quand le seigneur achete le fief de son vassal, ou qu'il le retire par retrait féodal.

Dans les successions *ab intestat*, les *propres* appartiennent à l'héritier des *propres* à l'exclusion de l'héritier des meubles & acquêts, quoique celui-ci fût plus proche en degré que l'héritier des *propres*.

En ligne directe, les *propres* ne remontent point, c'est-à-dire, que les enfans & petits-enfans du défunt, & même les collatéraux, sont préférés à ses pere & mere; ceux-ci succedent seulement par le droit de retour aux choses par eux données.

En ligne directe descendante, les enfans ou petits-enfans par représentation de leurs peres ou meres, succedent à tous les *propres* de quelque côté & ligne qu'ils viennent. Ainsi la regle *paterna paternis*, *materna maternis*, n'est d'aucun usage par la ligne directe.

Il n'en est pas de même en collatérale; pour succéder au *propre*, il faut être le plus proche parent du côté & ligne d'où le *propre* lui est advenu & échu.

La disposition des *propres* est bien moins libre que celle des acquêts; il n'y a guere de coutumes qui ne contiennent quelque limitation sur la disposition des *propres*.

La plupart permettent bien de disposer entre-vifs de ses *propres*, mais par testament elles ne permettent d'en donner que le quint; d'autres ne permettent d'en donner que le quart, d'autres le tiers, d'autres la moitié.

Quelques-unes défendent toute disposition des *propres* par testament, & ne permettent d'en donner entre-vifs que le tiers.

On ne peut même dans quelques coutumes disposer de ses *propres*, sans le consentement de son héritier apparent, ou sans une nécessité jurée.

Pour fixer la quotité des *propres* dont on peut disposer par testament, on considere les biens en l'état qu'ils étoient au jour du décès du testateur.

Tous héritiers peuvent demander la réduction du legs ou de la donation des *propres*, lorsque la disposition excede ce que la coutume permet de donner ou léguer, encore que l'héritier ne fût pas du côté ou de la ligne d'où procede le *propre*.

Les héritiers des *propres*, même ceux qui n'ont que les referves coutumieres, contribuent aux dettes comme les autres héritiers & fucceffeurs à titre univerfel, à proportion de l'émolument.

Outre les *propres* réels & ceux qui font réputés tels, il y a encore une autre forte de *propre* qu'on appelle *propres fictifs* ou conventionnels ; on les appelle auffi quelquefois *propres de communauté*, lorfque la convention par laquelle on les ftipule *propres*, a pour objet de les exclure de la communauté.

Ces ftipulations de *propre* ont différens degrés, favoir *propre* au conjoint, *propre* à lui & aux fiens de fon côté & ligne. La premiere claufe n'a d'autre effet que d'exclure les biens de la communauté ; la feconde opere de plus que les enfans fe fuccedent les uns aux autres à ces fortes de biens ; la troifieme opere que les biens font réputés *propres* jufqu'à ce qu'ils foient parvenus aux collatéraux.

Ces ftipulations de *propres* n'empêchent pas les conjoints & autres qui recueillent ces *propres* fictifs, d'en difpofer felon qu'il eft permis par la coutume, à-moins que l'on n'eût ftipulé que la qualité de *propre* aura fon effet, même pour les donations & difpofitions.

Toutes ces ftipulations font des fictions qu'il faut renfermer dans leurs termes ; elles ne peuvent être étendues d'une perfonne à une autre, ni d'un cas à un autre, ni d'une chofe à une autre.

On ne peut faire de telles ftipulations de *propres* que par contrat de mariage, par donation entre-vifs ou teftamentaire, ou par quelqu'autre acte de libéralité.

Les conjoints ou leurs pere & mere peuvent faire ces fortes de ftipulations par contrat de mariage.

Les ftipulations ordinaires font fuppléées en faveur des mineurs, lefquelles ont été omifes dans leur contrat de mariage, & qu'ils en fouffrent un préjudice notable.

Les effets de la ftipulation des *propres* ceffent, 1°. par le payement de la fomme ftipulée *propre*, fait au conjoint, ou à fes enfans majeurs ; 2°. par la confufion qui arrive par le concours de deux hérédités dans une même perfonne majeure ; 3°. par la ceffion ou tranfport de la fomme ou de la chofe ftipulée *propre*, faite au profit d'une tierce perfonne, car la fiction ceffe à fon égard ; enfin elle ceffe par l'accompliffement de divers degrés de ftipulation, lorfque la fiction a produit tout l'effet pour lequel elle avoit été admife.

Les *propres* reçoivent encore différentes qualifications, que l'on va expliquer dans les fubdivifions fuivantes.

Propres d'acceffion ou *de confolidation*. L'acceffion eft une union corporelle d'un corps avec un autre ; telle eft, par exemple, la conftruction d'un bâtiment fur un terrein. La confolidation au contraire, eft l'union civile ou incorporelle d'une chofe avec une autre, comme du fief avec l'arriere fief. A l'égard du fief fervant réuni & confolidé au dominant, la maxime générale eft que le fief fervant réuni au dominant par l'expiration du tems de la conceffion, ou du bail emphytéotique, fuit la nature du fief dominant ; & fi le fief dominant eft *propre*, le fervant devient *propre* auffi. Mais fi la confolidation ou la réunion fe fait par confifcation, defhérence ou bâtardife, par commife, par acquifition, ou par la voie du retrait féodal, le fief fervant eft toujours acquêt. En effet, ce retour n'eft point opéré comme dans le premier cas, en vertu de la claufe appofée dans le contrat d'inféodation, mais il vient d'une caufe nouvelle qui eft furvenue.

Le *propre ameubli*, eft celui que l'on répute meuble par fiction, pour le faire entrer en la communauté. *v.* AMEUBLISSEMENT & COMMUNAUTÉ.

Le *propre ancien* eft un immeuble qui nous vient de nos ancêtres, & qui a déja fait fouche dans la famille, c'eft-à-dire, qui avoit déja la qualité de *propre* avant qu'il échût à celui qui recueille en cette qualité; le *propre ancien* eft oppofé au *propre* naiffant. Voyez ci-après *propre naiffant*.

Les *propres d'anticipation* ou *de donation*, font des immeubles donnés par les pere & mere & autres afcendans à leurs defcendans. Suivant la coutume de Paris, art. 258. les immeubles donnés par pere ou mere à leurs enfans, font réputés donnés en avancement d'hoirie, ou pour leur en tenir lieu. Ces biens leur font donc *propres*, foit que dans la fuite ils acceptent la fucceffion, foit qu'ils y renoncent. A l'égard de la donation en ligne collatérale, ce qui eft donné à l'héritier même préfomptif eft acquêt en fa perfonne par le droit le plus commun du pays coutumier. Nous difons le droit le plus commun, parce qu'il y a des coutumes qui ont une difpofition contraire, comme Nivernois, Anjou, Maine, Blois, Amiens. Il faut encore excepter de la regle générale la donation faite à l'héritier préfomptif pour lui être *propre*, parce que le donateur peut impofer cette condition à fa libéralité.

Le *propre de communauté*, eft tout bien mobilier ou immobilier qui appartient à l'un des conjoints, & qui n'entre pas dans la communauté de biens; on l'appelle *propre*, parce que relativement

à la communauté, cette fiction opere le même effet que fi le bien étoit véritablement *propre*; tous les biens que l'on ftipule, qui n'entrent point en communauté, ou qui font donnés aux conjoints à cette condition, font *propres de communauté*, c'eft-à-dire, que la communauté n'y a aucun droit, mais ils ne deviennent pas pour cela de véritables *propres* de fucceffion & de difpofition.

Le *propre contractuel*, eft celui qui tire cette qualité d'un contrat. Voyez ci-après *propre conventionnel*.

Le *propre conventionnel*, eft un bien mobilier ou immobilier que les futurs conjoints ftipulent *propre* par leur contrat de mariage, quoiqu'il ne le foit pas en effet; les *propres conventionnels* ne font donc que des *propres* fictifs & des *propres* de communauté, c'eft-à-dire, que relativement à la communauté.

Le *propre de côté & ligne*, eft un *propre* réel de fucceffion & de difpofition qui eft affecté à toute une famille, comme du côté & ligne maternelle, ou du côté paternel.

On ftipule auffi quelquefois par contrat de mariage, qu'un bien qui n'eft pas réellement *propre*, fera & demeurera *propre* au conjoint, & même quelquefois à lui & aux fiens de fon côté & ligne. Cette ftipulation de *propre* renferme trois degrés, le premier *propre* à lui n'a d'autre effet que d'exclure le bien de la communauté; le fecond degré *propre* aux fiens a deux effets, l'un d'exclure le bien de la communauté, l'autre eft que le bien eft tellement affecté & deftiné aux enfans & autres defcendans du conjoint qui a fait la ftipulation de *propre*, qu'arrivant le décès de quelques-uns des enfans & autres defcendans, ils fe fuccedent les uns les autres en ces fortes de *propres*, à l'exclufion de l'autre conjoint leur pere, mere, ayeul ou ayeule, &c. de maniere que ceux-ci n'y peuvent rien prétendre, tant qu'il y refte un feul enfant ou autre defcendant.

Le troifieme degré de ftipulation de *propre* qui eft *à lui, aux fiens de fon côté & ligne*, outre les deux effets dont on vient de parler en produit encore un troifieme, qui eft qu'au défaut des enfans & autres defcendans du conjoint qui a fait la ftipulation, le bien eft affecté aux héritiers collatéraux du même conjoint, à l'exclufion de l'autre conjoint & de fes héritiers ; mais ces *propres* fictifs ne deviennent pas pour cela des vrais *propres* de fucceffion ni de difpofition, de maniere que le conjoint qui a fait la ftipulation peut en difpofer comme d'un acquèt, & que dans fa fucceffion ils ne font pas affectés aux héritiers des *propres*, mais au plùs proche parent, comme font les meubles & acquèts.

Le *propre de difpofition*, eft celui dont on ne peut difpofer que fuivant qu'il eft permis par la coutume ; c'eft une qualification que l'on donne aux *propres* réels pour les diftinguer des *propres* fictifs, lefquels font réputés *propres* à l'effet d'y faire fuccéder certaines perfonnes, mais ne font pas *propres de difpofition.*

Le *propre d'eftoc & ligne*, font ceux qui font venus à quelqu'un de l'eftoc ou fouche'dont il eft iffu.

Les *propres fictifs*, font les biens qui ne font *propres* que par fiction. Cette fiction procéde de la convention des parties ou de la loi. Les premiers font appellés *propres conventionnels.*

Cette efpece de *propre* a principalement lieu dans les contrats de mariage. On y ftipule que des effets mobiliers demeureront *propres* pour empêcher qu'ils n'entrent en communauté. On les a ap-

pellés pour cette raifon *propres de communauté.* Cette ftipulation faite en faveur de l'un des conjoints ne conferve le mobilier ftipulé *propre* qu'à ce conjoint feulement. Pour tranfmettre le même droit à fes enfans, il faut ajouter *propre à lui & aux fiens* ; & fi on veut étendre l'effet de la claufe aux collatéraux du conjoint, il faut encore ajouter *de fon côté & ligne.* Les notaires fe font fait une habitude de cette derniere claufe, & ne manquent guere de l'inférer.

Il y a une autre efpece de *propres* qui forment une claffe à part, ce font ceux que quelques auteurs ont appellés *propres réputés réels* ; de ce nombre font les rentes foncieres & conftituées, les offices.

Les *propres* réels ont trois caracteres qui les diftinguent des autres biens. Le premier, d'être affectés à la ligne d'où ils procédent ; le fecond, qu'il n'eft permis d'en difpofer qu'avec les limitations réglées par les coutumes ; le troifieme, qu'ils font fujets au retrait lignager, à l'exclufion des acquèts dans la plupart des coutumes. Il n'y a point de *propre* fictif, ni même de *propre* réputé réel qui réuniffe ces trois caracteres.

Les *propres* font affectés à la ligne, d'où ils procédent fuivant ce principe du droit coutumier *paterna paternis, materna maternis.* Cette maxime néanmoins, quoique commune à toute la France coutumiere, y eft pratiquée fort différemment. Il y a des coutumes dans lefquelles, pour fuccéder à un *propre*, il faut néceffairement être defcendu de celui qui a le premier acquis l'héritage, & qui l'a mis dans fa famille. Ces coutumes font appellées pour cette raifon *coutumes foucheres.* Dans les autres coutumes nommées *coutumes d'eftoc & ligne* ou *de côté & ligne*, comme celle de

Paris, il n'est pas nécessaire d'être descendu de l'acquéreur pour succéder au *ropre*, mais il faut être parent du côté & ligne de l'acquéreur. Il y a encore d'autres coutumes appellées *de simple côté*, parce qu'il suffit dans ces coutumes d'être parent paternel ou maternel pour recueillir les *propres* de succession.

Un autre principe de droit coutumier, est que *propre ne remonte*. Ce principe avoit originairement été adopté pour les fiefs, lorsqu'ils devinrent héréditaires. Il falloit que le fief fût servi, & un ayeul ou un grand oncle auroient été de mauvais vassaux à donner au seigneur dominant.

Lorsque les pere & mere & autres ascendans sont du côté & ligne, d'où sont échus les immeubles, & qu'ils se trouvent les plus proches parens, ils succédent à ces immeubles & excluent les collatéraux. Lorsque les parens de la ligne manquent, les *propres* appartiennent au plus proche habile à succéder de l'autre côté & ligne, en quelque degré que ce soit.

Un dernier principe du droit coutumier, que nous citerons, est qu'une personne usante de ses droits, ne peut disposer par testament que de la cinquieme partie de tous ses *propres* héritages. Les quatre autres quints sont réservés aux héritiers comme une espece de légitime. Il y a néanmoins des *propres* dont on peut disposer pour le tout. C'est pourquoi on peut distinguer ici les *propres* de succession & les *propres* de disposition, qui sont ceux dont un testateur ne peut disposer que du quint, tels sont les immeubles échus par succession, tant en ligne directe, qu'en ligne collatérale, ceux qui nous viennent par anticipation ou donation en ligne directe. Les *propres* au contraire qui ne le sont que de succession, & non pas de disposition

testamentaire, sont ceux dont on peut disposer pour le tout par derniere volonté, mais qui dans la succession de celui qui les possede, sont considérés comme *propres*, tels sont les *propres* de communauté, les immeubles qu'un testateur légue à quelqu'un qui ne lui est point parent, à condition qu'ils demeureront *propres* au légataire & aux siens de son côté & ligne. Ces immeubles sont par fiction des *propres*, mais de succession seulement, & non des *propres* de disposition.

Dans la plupart des coutumes, il n'y a que la vente des *propres* qui donne lieu au retrait. *v.* RETRAIT LIGNAGER.

Le *propre de ligne*, est celui qui est affecté à une certaine ligne d'héritiers, comme à la ligne paternelle ou à la ligne maternelle, ou à ceux qui sont parens du défunt du côté & ligne du premier acquéreur de ce bien devenu *propre*.

Le *propre sans ligne*, est un bien qui vient d'une succession collatérale, ou qui est donné par quelqu'un autre qu'un ascendant, à condition qu'il sera *propre* au donataire ; un tel bien ne peut devenir *propre* de ligne qu'après avoir fait souche en directe.

Le *propre à lui*, cela se dit en parlant d'un bien qui est stipulé *propre* pour le conjoint ; on ajoute quelquefois ces mots, *& aux siens de son côté & ligne*, dont on a donné l'explication au mot *propre de communauté*.

Le *propre maternel*, est celui qui vient du côté de la mere de celui *de cujus* ; dans les coutumes de simple côté, on ne distingue les *propres* qu'en paternels & maternels ; dans les coutumes de côté & ligne il ne suffit pas d'être parent du côté d'où vient le *propre*, il faut aussi être parent du côté & ligne du premier acquéreur.

Le

Le *propre naissant*, est celui qui est possédé pour la premiere fois comme *propre*; le bien qui étoit acquêt en la personne du défunt, devient *propre naissant* en la personne de l'héritier. Voyez *propre ancien*.

Le *propre naturel*, est un immeuble qui acquiert naturellement la qualité de *propre*, à la différence de celui qui ne l'est que par fiction & par convention.

Le *propre originaire*, est celui qui tire cette qualité de son origine, & non de la convention des parties.

Les *propres de partages*, sont les immeubles de succession échus à l'un des cohéritiers au-delà de sa part héréditaire par le partage ou la licitation faite avec ses cohéritiers. Ces immeubles lui sont *propres*, puisqu'il les acquiert en vertu d'un droit qu'il y avoit déja par le titre même de la succession. On jugeoit néanmoins autrefois que ce qui excéde la portion héréditaire étoit acquêt; mais la jurisprudence a changé à cet égard.

Le *propre paternel*, est celui qui vient du côté du pere. Voyez ci-devant *propre maternel*.

Le *propre réel*, est un immeuble qui a acquis par succession ou par donation le caractere de *propre*.

Les *propres de représentation*, sont les immeubles dont nous sommes devenus propriétaires en vertu de l'action pour les demander, qui nous est échue par succession d'un de nos parens. Si celui par conséquent dont je suis héritier, a vendu une maison sous faculté de remeré, & que j'exerce le remeré, la maison me sera *propre*.

Le *propre de retrait*, est un immeuble qui est *propre* à tous égards, & même sujet au retrait lignager en cas de vente: on appelle ainsi ces sortes de *propres* pour les distinguer de cer-

Tome XI.

tains immeubles qui sont susceptibles de la qualité de *propres de succession* & de *disposition* sans être *propres de retrait*, comme sont les offices & les rentes constituées.

Les *propres de reversion*, sont les immeubles que l'héritier avoit aliénés, & dans lesquels il est rentré, en vertu d'une cause nécessaire & inhérente au titre primordial de l'aliénation qu'il en avoit faite. Un donateur, par exemple, à qui il est survenu des enfans depuis la donation, rentre dans l'héritage donné par la survenance de ces enfans. Ce donateur n'acquiert point cet héritage en vertu d'un nouveau titre, il ne fait que recommencer à le posséder comme auparavant. C'est pourquoi si cet héritage lui étoit propre, il reprend en ses mains la même qualité de *propre*.

Le *propre aux siens*, c'est un bien que l'un des conjoints exclud de la communauté de biens, & qu'il stipule *propre*, de maniere que ses enfans & descendans doivent se succeder les uns aux autres à ce bien, à l'exclusion de l'autre conjoint. Voy. *Propre de communauté*.

Le *propre de succession*, est celui qui dans la succession de quelqu'un, doit passer comme *propre* à certaines personnes; ces sortes de *propres* ont trois caracteres distinctifs; le premier, d'être affectés à la ligne dont ils procedent; le second, qu'il n'est permis d'en disposer qu'avec certaines limitations reglées par les coutumes; le troisieme, d'être sujet au retrait lignager: les *propres* réels ou réputés tels sont *propres de succession*; ces *propres* fictifs sont aussi en quelque maniere *propres de succession*, en ce que la qualité de *propre* que l'on y a imprimée, y fait succéder certaines personnes, qui cessant cette qualité, n'y auroient pas succédé;

mais ils ne font pas vraiment *propres*, n'étant pas affectés aux héritiers des *propres*, plutôt qu'aux héritiers des acquêts.

Le *propre de fucceffion & de difpofition*, eft un *propre* réel dont on ne peut difpofer que fuivant qu'il eft permis par la coutume, & qui dans la fucceffion de celui auquel il appartient fe regle comme *propre*.

Le *propre à tous égards*, eft un immeuble qui a tous les caracteres de *propre* réel, c'eft-à-dire qui eft confidéré comme propre, tant pour le retrait qu'en fait de difpofition & de fucceffion.

PROPRETÉ, f. f., *Morale*, foin d'entretenir foit fon propre corps, foit ceux des perfonnes du foin defquelles on eft chargé, foit auffi les lieux & les chofes, dans un état qui les rende agréables à la vue, & qui les préferve de plufieurs inconvéniens que la malpropreté traine à fa fuite. Et d'abord, par rapport au corps humain, une des conditions les plus néceffaires à la fanté, eft la libre tranfpiration qui fe fait par les pores dont toute fa furface eft remplie. Quand donc ces pores font enduits de matieres propres à les boucher, il doit en réfulter des embarras, des obftructions, qui produifent tantôt des éruptions cutanées, tantôt un reflux fur quelque vifcere ou autre organe effentiel. Le corps des enfans étant beaucoup plus délicat & plus rempli d'humeurs auxquelles il faut ménager une iffue, la *propreté* leur eft encore plus néceffaire qu'à des gens robuftes qui, par la véhémence de leurs travaux, viennent à bout de faciliter les excrétions. Rien de plus digne de compaffion par conféquent que ces enfans mal foignés, qui croupiffent & pourriffent dans un berceau infect, ou qu'on laif-

fe fe veautrer dans la fange, comme des animaux immondes. Auffi en périt il un nombre prodigieux de cette maniere, fur-tout lorfque la dentition, la petite vérole & les autres maladies de l'enfance demandent des attentions plus particulieres.

Le défaut de *propreté* eft encore nuifible par les exhalaifons des matieres impures dont on eft environné, & comme continuellement abreuvé. En s'infinuant dans le corps par la refpiration ou par d'autres voies, elles y caufent les plus grands défordres; c'eft un vrai miafme, une contagion habituelle. Si, par exemple, la malpropreté a lieu dans la préparation des alimens, l'eftomac devient une efpece de bourbier, de cloaque. Si ce font les habits, le linge, &c. où elle réfide, le corps qui en éprouve l'attachement continuel, en eft d'autant moins difpos & habile aux diverfes fonctions qui lui conviennent.

Enfin, la malpropreté excite le dégoût, prévient contre les perfonnes qui fe préfentent fous cet afpect, leur ferme l'entrée de plufieurs maifons ou compagnies, & les prive de quantité d'avantages dans le cours de la vie. Mais il faut avouer que ces dernieres obfervations regardent immédiatement la forme de nos fociétés. Il y a fur la face de la terre des nations entieres, hideufes non feulement par leur figure, mais par la craffe où elles font comme enfevelies. Qu'on life quelque relation des Hottentots: ils pourront fervir d'échantillon & de preuve. Avec cela, cette efpece d'habitude innée rend la malpropreté moins préjudiciable à leur fanté.

L'ufage fi général des bains prouve combien les nations policées en ont fait de cas. Quand on lit les volumes entiers qui ont été écrits fur ces édifices, où plusieurs empereurs se sont proposés de laisser les monumens les plus durables de leur magnificence, on voit à regret cet usage si déchu de nos jours, qu'il n'existe plus de bains qu'en petit nombre dans des maisons particulieres ; car ceux des sources minérales sont à proprement parler des remedes.

La *propreté* simple & nette differe de la parure ; mais elle est la plus grande de toutes les parures, pour peu qu'il s'y joigne d'élégance. (F.)

PROPRÉTEUR, *Droit Rom.* v. PRO-CONSUL.

PROPRIÉTAIRE, s. m., *Jurispr.*, est celui qui a le domaine d'une chose mobiliaire ou immobiliaire, corporelle ou incorporelle, qui a droit d'en jouir & d'en faire ce que bon lui semble, même de la dégrader & détruire, autant que la loi le permet, à moins qu'il n'en soit empêché par quelque convention ou disposition qui restraigne son droit de propriété.

Le droit du *propriétaire* est bien plus étendu que celui de l'usufruitier ; car celui-ci n'a que la simple jouissance, au lieu que le *propriétaire* peut *uti & abuti re suâ quatenùs juris ratio patitur*.

Ainsi le *propriétaire* d'un héritage peut changer l'état des lieux, couper les bois de haute-futaie, démolir les bâtimens, en faire de nouveaux, & fouiller dans l'héritage si avant qu'il juge à propos, pour en tirer de la marne, de l'ardoise, de la pierre, du plâtre, du sable, & autres choses semblables. *v.* PROPRIÉTÉ.

PROPRIÉTÉ, s. f., *Droit Naturel & Politique* ; c'est le droit que chacun des individus dont une société civile est composée, a sur les biens qu'il a acquis légitimement.

Il n'y a rien qui affecte si généralement l'imagination, & qui attache si fort le cœur de l'homme, que la *propriété* ; rien qui le touche davantage que l'empire despotique qu'il exerce sur les choses qui lui appartiennent, à l'exclusion de tous les autres. Mais il y en a bien peu qui prennent la peine d'examiner & de connoître quelle est l'origine de ce droit de *propriété*, & sur quoi il est fondé. On diroit que, satisfaits de jouir de notre possession, nous craignons de connoître la maniere dont nous l'avons acquise, & que nous ayons quelque appréhension de trouver des défauts dans les titres qui nous l'assurent.

Nous nous contentons d'avoir pour nous le suffrage de la loi, sans vouloir examiner quelles sont les raisons sur lesquelles ces mêmes loix ont été formées. Nous croyons aussi qu'il doit nous suffire de tenir notre *propriété* du consentement des premiers propriétaires, & que ce soient nos ancêtres qui nous aient transmis leurs droits, ou par don ou par testament. Nous nous gardons bien de considérer qu'un tel droit n'est ni dans la nature, ni conforme à ces loix, qui ne pouvant admettre que quelques mots écrits sur un morceau de parchemin, donnent la possession d'un morceau de terre ; & qu'en vertu de ce parchemin, le fils puisse exclure de cette terre qu'a possédée son pere, d'autres créatures que lui ; ni même que quand le possesseur de cette même terre, ou d'un bijou quelconque, se trouvant au lit de la mort, & se voyant au moment d'être dépouillé de sa possession, il puisse donner le droit d'en jouir après lui à qui bon lui semble. Mais quelques sûrs que soient ces principes, ces recherches, il est vrai, seroient assez inutiles, & même inquiétantes dans la vie ordinaire. Il suffit que tous les hommes obéissent aux loix établies, sans qu'ils examinent les raisons qui les ont fait établir. Cependant quand les loix doivent être considérées non-seulement du côté de la pratique, mais aussi de celui de la théorie, il ne sauroit être inutile d'examiner les fondemens sur lesquels ont été établies les constitutions primitives & positives de la société.

L'écriture nous apprend que le Créateur de l'homme lui a donné une domination générale sur tout ce qui étoit sur la terre ; & ce don établit certainement son droit de possession sur toutes les choses qui sont hors de lui. Il est vrai que tant que la terre a manqué d'habitans, tout ce qu'elle produisoit étoit en commun, & que chaque individu prenoit dans la masse publique, ce qui étoit nécessaire à ses besoins.

Des connoissances générales de *propriété* suffisoient alors aux hommes, & elles auroient toujours suffi, s'ils fussent restés dans ce premier état de simplicité. Plusieurs nations Américaines qui l'ont conservé, en font la preuve ; ainsi que la maniere de vivre des premiers européens eux-mêmes. Ces tems heureux étoient ce que les poëtes ont appellé depuis, l'*âge d'or*, & les historiens des tems plus postérieurs, tout fabuleux qu'ils sont, nous fournissent la preuve que cela a subsisté encore long-tems après : *erant omnia communia & indivisa omnibus, veluti unum cunctis patrimonium esset.* Malgré cela, cette communauté ne s'étendoit pas généralement sur tout ; car, suivant la loi de la nature & de la raison, celui qui le premier se servoit d'une chose, acquéroit par-là une espece de *propriété* passagere, qui duroit aussi long-tems que l'usage qu'il faisoit de la chose. Et pour parler avec plus de précision, son droit de possession subsistoit pour tout

le tems seulement qu'il la possédoit ; le fond restoit toujours à la communauté, & personne n'avoit une *propriété* permanente en particulier. Le terrein que chacun occupoit, étoit pour lui, ce qu'est un navire pour celui qui l'occupe ; du moment qu'il le quitte, il cesse de lui appartenir ; & il auroit été injuste & contraire à la loi de nature, d'employer la force pour l'en chasser ; mais à l'instant qu'il cessoit d'occuper ce terrein & d'en faire usage, un autre pouvoit s'en emparer.

C'est ainsi qu'un sep de vigne, ou un autre arbre, pouvoit être réputé appartenir à la communauté, & que tous les hommes pouvoient également avoir droit à leurs fruits : cependant celui qui cueilloit ce fruit, dont il faisoit son repas, en étoit véritablement le propriétaire. C'est en partant delà que Ciceron compare la terre entiere dans les premiers tems qu'elle fut habitée, à un grand théâtre, appartenant au public, & dont chaque place devient pour celui qui l'occupe sa *propriété* : *Quemadmodum theatrum cum commune sit, recte tamen dici potest, ejus esse eum locum quem quisque occuparit.* De fin. lib. 3. cap. 20.

Mais lorsque les hommes se multiplierent, qu'ils devinrent plus industrieux & plus ambitieux, il fut indispensable de rendre les possessions permanentes, & que chaque individu eût non-seulement l'usage immédiat des choses, mais encore la *propriété*. Sans cela point d'ordre, point de paix, point de tranquillité ; chacun se feroit occupé des moyens de s'emparer le premier de ce qui auroit été à sa bienséance, & en auroit disputé la possession à ceux qui en jouissoient. Plus le monde a vieilli, plus ses habitans sont devenus rusés. Les commodités de la vie se font multipliées pour rendre leur vie plus aifée & plus agréable ; il a fallu que leurs habitations fuffent plus propres pour leur fûreté & pour les défendre des injures de l'air ; qu'ils euffent des vêtemens plus chauds pour l'hyver & plus légers pour l'été. Si les hommes n'euffent eu alors qu'une *propriété* ufufruitiere, ils n'auroient pu s'occuper avec ardeur des moyens de fe procurer leurs aifances par le travail, puifqu'ils euffent rifqué de s'en voir dépouiller dans l'inftant même. Celui qui feroit forti de fa tente, ou auroit quitté fon vètement, auroit trouvé à fon retour l'un & l'autre dans la poffeffion du premier étranger qui s'en feroit emparé, & qui auroit eu le droit de continuer d'en jouir. Il eft bon d'obferver, quant à l'habitation, que celle des brutes mêmes, chez qui toutes les autres chofes font en commun, leur eft en quelque forte donnée par la nature en vraie *propriété*, fpécialement pour la confervation de leurs petits : de façon que les oifeaux facrifient même leur vie pour préferver leurs nids de toutes invafions, & que les bêtes féroces, lorfqu'elles fortent des cavernes où elles fe font retirées, & qu'elles y reviennent, font les plus grands efforts pour en chaffer les ufurpateurs. Les hommes, primitivement, n'eurent que des hutes & des cabanes qu'ils tranfportoient avec eux dans les différens endroits où ils alloient, & dont l'ufage principal étoit deftiné à procréer leurs femblables & à mettre leur perfonne en fûreté. Ils les conftruifoient facilement, & en confervoient fans allarmes la *propriété*. De cette continuité de poffeffion dut néceffairement s'établir la poffeffion permanente de la terre fur laquelle ils habitoient, lorfqu'elle fut mife en valeur par leur travail.

Comme la fubfiftance de chaque individu le regardoit plus particulierement, celui qui ne la trouvoit pas fuffifante dans les fruits de la terre, la chercha dans la chair des animaux ; & pour fe la procurer il s'adonnoit à la chaffe. Mais comme ce moyen de fubfiftance n'étoit pas toujours bien affuré, les hommes réunirent enfemble les animaux auxquels ils remarquerent plus de propenfion à s'apprivoifer. C'eft ainfi que s'établit la *propriété* permanente des troupeaux, & que l'homme fe procura une fubfiftance moins précaire. Pour la confervation de ces troupeaux, l'eau devint de la plus grande importance pour leur propriétaire. Auffi voyons-nous dans le livre de la Genefe, (le monument le plus refpectable que nous ayons de l'antiquité, confideré même feulement comme hiftoire) que la poffeffion des puits étoit une fource perpétuelle de difputes & de violences. La *propriété* exclufive de ces puits dut d'abord paroître appartenir à celui qui en fouillant la terre, découvrit une fource d'eau, quand bien même cette terre & l'herbe qui la couvroit euffent été en commun. Abraham, qui n'étoit qu'un étranger, exigea le ferment d'Abimelec pour lui affurer la poffeffion d'un puits qu'il avoit creufé fur une terre qui ne lui appartenoit point. Et, quatre-vingts-dix ans après, Ifaac réclama une *propriété* femblable, dont fon pere avoit joui auparavant.

Le fol de la terre & les pâturages reftoient encore en commun, quoique la jouiffance en appartînt à chaque poffeffeur, excepté cependant peut-être dans le voifinage des villes, où, pour l'encouragement de l'agriculture, la *propriété* exclufive des terres s'étoit établie. De maniere que, quand les hommes & les beftiaux avoient confumé tout ce qui fe trouvoit fur la terre, ils fe croyoient en droit d'aller ailleurs chercher leur fubfiftance.

C'eft même ce qui s'eft toujours pratiqué chez les nations fauvages & parmi les peuples non civilifés, tels que les Tartares & autres; qui, ayant un territoire très-vafte, continuent encore cette vie errante & vagabonde, qui étoit celle que menoient les hommes dans les premiers âges du monde, & que Tacite dit avoir encore fubfifté chez les Germains : *colunt difcreti diverfi ; ut fons, ut campus, ut nemus placuit. De mor. Germ.* 16. Lorfqu'Abraham fut obligé de fe féparer de fon neveu Loth, avec lequel il avoit des difputes continuelles, il lui dit : *toute la terre n'eft - elle pas devant toi ? Si tu veux prendre à main gauche, je prendrai à main droite. Si, au contraire, tu prends à droite, je me porterai fur la gauche.*

De ce difcours il s'enfuit que l'un & l'autre avoit le droit d'occuper les terres, qui n'étoient point occupées par d'autres familles. Loth, dit l'Ecriture, „leva les yeux & contempla toute la plaine du Jourdain, que ce fleuve arrofoit de toutes parts, la choifit & alla en Orient, tandis qu'Abraham fe porta dans le pays de Canaan ''. C'eft fur le même principe que fut fondé le droit des émigrations, ou d'envoyer des colonies pour trouver de nouvelles habitations. Les Phéniciens, les Grecs, & parmi les peuples modernes, les Germains, les Grecs & autres peuples du Nord, en envoyerent plufieurs dans les contrées defertes & inhabitées, où ces premiers colons vécurent fous la loi de nature. Mais depuis, combien fut contraire à cette même nature, à la raifon & au chriftianifme, l'ufage d'envoyer des colonies dans les contrées déja peuplées, d'en chaffer les habitans, & de

les maffacrer, par la feule raifon qu'ils différoient de leurs ufurpateurs en langage, en religion, en coutumes, en gouvernement, & fouvent même, parce qu'ils étoient d'une couleur différente ? La terre devenue plus peuplée, il fut plus difficile aux hommes de fe procurer des habitations, fans empiéter fur les poffeffions des autres. Les mêmes hommes occupant toujours la même place, confumant les fruits de la terre qu'ils occupoient, fans avoir des provifions fuffifantes pour leurs fucceffeurs ; il fallut trouver un moyen d'affurer pour l'avenir & fa propre fubfiftance & celle de fes defcendans. De cette néceffité vint l'avancement & l'encouragement de l'agriculture, & delà s'introduifit l'ufage des *propriétés* permanentes ; ufage qui feul pouvoit affurer à l'homme la continuation de la jouiffance des fruits de la terre, qui ne peut en produire fans le fecours du labourage. Mais ce même labourage n'auroit pû fubfifter long-tems, fi la *propriété* permanente de la terre n'eût point été établie. Car qui auroit voulu prendre la peine de labourer fon champ, fi un autre eût pû librement faifir le moment favorable, de s'emparer du fruit & de l'induftrie du cultivateur ? Ainfi fi les hommes n'euffent point eu des *propriétés* féparées, la terre feroit reftée inculte, le monde n'eût été qu'un vafte défert, & les hommes des animaux de proye, tels qu'ils l'étoient, fuivant plufieurs philofophes dans l'état de pure nature. Aujourd'hui, grace à la divine Providence, les devoirs de l'homme & fon bonheur font liés enfemble ; l'efpece humaine a dû à la néceffité fa perfection ; les facultés rationnelles de l'homme ont été perfectionnées par fes befoins, & ce font ces mêmes befoins qui ont fait établir le droit de *propriété.*

Mais pour assurer & rendre solide cette *propriété*, il a fallu qu'elle fût suivie de l'établissement de la société civile, qui a produit les Etats, le gouvernement, les loix, les punitions, & l'établissement d'un culte religieux. Alors il s'est trouvé, qu'une partie de la société seulement pouvant suffire par son travail à la subsistance du reste, les autres ont joui de la liberté de cultiver leur esprit; delà l'invention graduelle des arts utiles & les premieres notions des sciences de tout genre, que les suites ont perfectionnées.

Nous avons ci-devant observé que la possession d'un terrein donna le droit d'en jouir à ceux qui en faisoient usage, & le droit de la *propriété* permanente n'a été que la suite de ce même usage. Mais les auteurs qui ont écrit du droit naturel, ne font point d'accord entr'eux sur la véritable cause de l'investiture que chaque particulier a reçue de sa possession. Grotius & Puffendorf prétendent que ce droit de possession est fondé sur un consentement tacite & implicite de tout le genre humain, que le premier possesseur deviendroit le véritable propriétaire. Barbeyrac, Titius, Locke, & autres, rejettent ce consentement, & prétendent qu'il n'a pas été nécessaire, pour assurer la possession, & qu'il n'a fallu que le travail corporel, pour donner au possesseur un titre suffisant pour conserver sa possession. Ils prétendent même, que cela est fondé sur la justice naturelle. Mais comme les uns & les autres conviennent que la possession est le titre primordial de la *propriété*, il est naturel de croire que chaque individu s'étant saisi de la terre qu'il occupoit, & qu'il trouvoit la plus agréable & la plus commode, il la conserva, d'autant plus aisément qu'il ne l'avoit

point trouvée occupée par d'autres.

La *propriété* de la terre étant acquise par le premier qui s'en est emparé, & les travaux qu'elle lui coûta pour la rendre propre à son usage étant pour lui un titre suffisant pour lui en assurer la jouissance, il dût conserver cette jouissance jusqu'au moment qu'il fit quelque acte qui prouvoit qu'il l'abandonnoit. C'est ainsi que le possesseur d'un bijou, qu'il jette dans la mer ou sur un grand chemin, l'abandonne à celui qui sera assez heureux pour le trouver. Au lieu que si le possesseur cache le bijou dans la terre, celui qui l'y trouve n'acquiert sur cet effet aucun droit de *propriété*; attendu que le propriétaire, par le soin qu'il a pris de le cacher, a marqué que son intention étoit de le garder, & non pas de l'abandonner. Mais s'il le perd ou l'oublie par accident, il peut le redemander à celui qui l'a trouvé.

Si en théorie, il est possible qu'un homme abandonnant sa *propriété*, un autre s'en saisisse, & en jouisse, il n'en est pas de même en pratique. Dans l'origine des sociétés civiles, cela auroit pu être praticable, mais a cessé de pouvoir l'être depuis l'établissement des gouvernemens. Car depuis cette époque on a senti que ce qui devenoit incommode & pouvoit être inutile à un homme, pouvoit être utile & commode à un autre, qui pour se le procurer, devoit être tenu de donner quelque équivalent au premier propriétaire. Ainsi la commodité réciproque a introduit un trafic de *propriété*, qui se fait par transport ou par vente : ce qui peut être considéré comme une continuité de la jouissance de la *propriété*, ou comme un abandon de cette même *propriété* par le possesseur actuel. L'abandon volontaire du propriétaire, en rendant un autre individu propriétaire comme lui, eft un tranfport réel qu'il lui fait de fa *propriété*, par lequel il déclare que fon intention n'étant plus de garder la chofe poffedée par lui, il la tranfporte au nouvel acquéreur. Ou, fi l'on veut confidérer la chofe fous une autre face : fi je conviens de partager avec Titius un acre de terre que je poffède, la convention que j'en fais avec lui, eft un acte évident de la volonté que j'ai de me défaifir de ma *propriété* ; ce qui lui donne un droit réel contre moi, au cas que je vouluffe continuer de poffèder cette partie de terre ; de même qu'il en a un contre tous ceux qui voudroient lui difputer cette poffeffion.

La maniere la plus univerfelle & la plus effectuée d'abandonner une *propriété*, eft par la mort du poffeffeur ; car, naturellement parlant, auffi-tôt qu'un homme ceffe d'être, il ceffe auffi d'avoir aucune poffeffion : attendu que s'il avoit le droit de difpofer de fes acquifitions feulement un moment au-delà de fa vie, il auroit également celui d'en difpofer pour un million d'âges après lui ; ce qui feroit abfurde & impraticable. C'eft pourquoi toute *propriété* doit ceffer au moment de la mort, fi on confidere les hommes comme des individus abfolus & fans aucune connexité avec la fociété civile ; car le plus prochain occupant devroit entrer en poffeffion de tout ce que le mort lui-mème auroit poffédé.

Mais comme dans les gouvernemens civilifés, qui ont tous été calculés pour la paix du genre humain, cette maniere de tranfmettre les *propriétés* après la mort du poffeffeur, feroit fujette à des inconvéniens infinis, la loi univerfelle de prefque toutes les nations (qui eft une efpece de fecond droit de nature,) a établi que le propriétaire mourant pût

tranfmettre fa *propriété* par un acte volontaire, & qu'au cas qu'il négligeât de difpofer de fa *propriété*, ou qu'il n'eût la liberté de difpofer que d'une partie, la loi municipale en devînt la gardienne, & déclarât qui feroit le fucceffeur repréfentatif ou l'héritier du mort ; & que celui que la loi auroit nommé, auroit auffi le droit exclufif d'entrer dans la poffeffion vacante. *v.* TESTAMENT. Par ce moyen toutes les efpeces de confufions qui euffent pu naître de la rentrée des biens vacans dans la maffe commune, s'eft trouvée prévenue. En forte que, dans le cas même où il n'y auroit ni teftament, ni héritier ; & où la poffeffion feroit dans celui de rentrer encore dans la maffe, on a trouvé le moyen de l'empêcher, en accordant au fouverain le droit d'aubaine, au moyen duquel il devient héritier du mort, & fuccede à tous les héritages que, faute de titres, perfonne ne peut réclamer. *v.* AUBAINE.

Le droit d'héritage a été en ufage avant celui de pouvoir difpofer par teftament ; car celui qui a la nature de fon côté, a pour lui le premier des droits. Cependant nous prenons fouvent pour naturel ce que nous trouvons établi depuis très-long-tems dans les coutumes : car, dans le vrai, le droit permanent de la *propriété*, n'eft pas un droit naturel, mais purement un droit civil. Il eft vrai que le but de la tranfmiffion de la poffeffion aux defcendans, a été de faire des membres utiles à la fociété ; de mettre les hommes en état de diriger leurs paffions du côté de leur devoir ; de les exciter à bien mériter du public ; en leur faifant envifager que les récompenfes qu'ils auront reçues de leurs fervices, ne cefferont point d'exifter ainfi qu'eux-mêmes, & qu'elles feront tranfmifes à ceux avec lefquels ils

font

font liés par les plus cheres & les plus tendres affections. Mais quelque raisonnable qu'il soit de penser que ce soient là les raisons qui ont fait établir le droit d'héritage, il est plus probable de croire qu'il a dû son origine à des circonstances toutes naturelles, qui ont produit le même effet que si c'eût été le bien public qui eût fait établir ce droit. Les enfans d'un homme, ou ses plus proches parens, l'ont entouré au lit de la mort; ils ont été témoins de son décès, ils se sont ensuite emparés de sa possession. Plusieurs autres ayant fait de même, avec le tems il s'est élevé des contestations sur cette maniere de prise de possession. La loi alors en a établi l'usage, en établissant le droit d'héritage. Dans les premiers tems, au défaut d'enfans, les serviteurs nés sous le même toît que le maître, devenoient ses héritiers, attendu qu'ils étoient eux-mêmes en possession, lorsque leur maître étoit venu à mourir.

Tant que la *propriété* ne fut acquise que pour la vie, les testamens furent inutiles, on n'en connoissoit point l'usage, & l'héritage passoit irrévocablement à l'héritier : de maniere que le pere ne pouvoit en exclure ni ses enfans, ni ses héritiers. Il arrivoit delà, que des enfans ou des héritiers désobéissans, opiniâtres, & ne se conformant point aux desirs de leur pere, frustroient ses créanciers de leurs justes créances. Sur quoi, la crainte qu'en eurent quelques peres, les engagea à faire de leur vivant des dispositions pour que cela n'arrivât point. L'usage alors s'en introduisit insensiblement, & devint bientôt général : les peres disposerent d'une partie de leur *propriété* par testament. Cet usage, il est vrai, s'est introduit plus tard dans certaines contrées que dans d'autres. En Angleterre, par exemple, un homme anciennement, ne disposoit que du tiers du mobilier de sa femme & de ses enfans, & ne pouvoit disposer d'aucun bien-fond. Sous le regne d'Henri VIII. on accorda au pere la disposition d'une certaine portion de fonds, & avant la restauration l'usage de diviser la *propriété* héréditaire, n'étoit point si généralement suivi qu'il l'est à présent.

Ainsi l'usage des testamens, ainsi que le droit d'héritage & de succession, ont été également établis par les loix civiles & municipales. Tout ce qui les concerne a été réglé par elles, & les formes requises pour rendre un testament valable, varierent suivant les contrées; de même que le droit d'héritage fut aussi différemment établi chez différentes nations. C'est pourquoi toutes prétentions à un héritage sont vaines, quand elles ne sont point réglées par les loix positives de l'Etat. Le pere succede à ses enfans dans les biens propres, mais dans les biens d'héritage, il ne peut jamais être l'héritier immédiat de son fils que dans des cas rares; le fils aîné hérite seul de certains biens dans des pays; dans d'autres, le fils cadet a certaines parts qui lui sont propres; il est des biens où tous les enfans ont un droit égal; les mâles sont préférés aux filles pour les biens-fonds; dans les biens mobiliers les filles sont également admises avec les mâles, & tous droits de primogéniture sont exclus.

Il reste encore une question à examiner, savoir, si l'établissement de la *propriété* des biens est avantageux au genre humain, ou s'il auroit mieux valu pour les hommes qu'ils demeurassent dans la communauté primitive? Je réponds, que depuis la multiplication du genre humain, l'établissement de la *propriété* des biens étoit absolument nécessaire au bonheur des particuliers, au repos & à la tranquillité publique. Car 1°. une communauté universelle des biens, qui auroit pu avoir lieu entre des hommes parfaitement équitables & libres de toute paffion déréglée, ne fauroit être qu'injufte, chimérique, & pleine d'inconvéniens entre des hommes faits comme ils le font. 2°. Dans une communauté de toutes chofes, chacun étant obligé de rapporter à la maffe commune tout le fruit de fon induftrie & de fon travail, il y auroit des difputes fans nombre fur l'égalité du travail, & de ce que chacun confumeroit pour fon ufage. 3°. Si chacun pouvoit trouver dans le fond commun ce qu'il lui faut pour fa fubfiftance, la plupart des hommes comptant fur le travail d'autrui, fe livreroient à la pareffe & à l'oifiveté; & ainfi on manqueroit bientôt du néceffaire & de l'utile. 4°. Si tout étoit commun, il n'y auroit plus de befoins; & s'il n'y a plus de befoins, il n'y aura plus d'arts, plus de fciences, plus d'inventions. 5°. Suppofez au contraire la *propriété*, chacun prend foin de ce qui lui appartient; tous font excités au travail, & les avantages que chacun retire de fon application & de fon induftrie, donnent la naiffance aux arts, aux fciences, aux inventions les plus utiles & les plus commodes. 6°. Enfin la communauté produifant une égalité de poffeffions & de richeffes, elle établit auffi une égalité entiere dans les conditions. Mais cela banniroit toute fubordination, réduiroit les hommes à fe fervir eux-mêmes, & à ne pouvoir être fecourus les uns des autres. Ainfi tariroit la principale fource du commerce mutuel d'offices & de fervices; & les hommes fe trouveroient dans une telle indépendance les uns des autres, qu'il n'y auroit prefque plus de fociété entr'eux.

La *propriété* produit encore un plus grand avantage, je veux dire celui de nous mettre à portée de fatisfaire les plus nobles affections de l'ame. Si les dons de la fortune étoient communs, quelle occafion la générofité, la bienfaifance, la charité, auroient-elles de fe fignaler? Les nobles principes manquant d'objets fur lefquels ils puffent s'exercer, refteroient à jamais dans l'inaction. Or, que feroit l'homme fans eux? Une vile créature, diftinguée à la vérité des brutes par fa conformation extérieure, mais d'une nature peu relevée au-deffus de celle de ces mêmes brutes. La reconnoiffance & la compaffion pourroient agir quelquefois; mais dans l'état préfent des chofes, ces fentimens ont beaucoup plus d'activité. Les principes de l'homme font adaptés avec une fageffe infinie aux circonftances extérieures de fa condition, & ces principes réunis forment une conftitution reguliere, où l'harmonie regne dans toutes les parties.

Rien n'étoit donc plus conforme à la droite raifon, & par conféquent au droit naturel, que l'établiffement de la *propriété* des biens, puifque fans cela il auroit été impoffible que les hommes véuffent dans une fociété paifible, commode & agréable.

Malgré toutes ces raifons, Platon, Thomas Morus & Thomas Campanelle ont voulu introduire la communauté des biens, quoiqu'ils penfaffent à une communauté pofitive, le premier dans fa *République*; le fecond dans fon *Utopie*; & le troifieme dans fa *République du foleil*. Mais il eft facile d'imaginer & de fuppofer des hommes parfaits: la queftion eft d'en trouver de tels qui exiftent réellement. On a beau dire que le *mien* & le *tien* font la caufe de toutes les guerres; il eft certain au contraire, que le mien & le tien ont été introduits pour éviter les contestations. D'où vient que Platon lui-même appelle la pierre qui marque les limites du champ, une chose sacrée qui sépare l'amitié & l'inimitié ; *De Leg. lib. viij.* Mais ce qui donne lieu à une infinité de querelles & de divisions, c'est l'avarice & l'avidité des hommes, qui les portent à franchir sans retenue les bornes du mien & du tien, reglées ou par des conventions particulieres, ou par des loix. (D.F.)

PRORATA, f. m., *Jurisprud.*, sont deux mots latins que l'on écrit comme s'ils n'en faisoient qu'un, & on les a adoptés dans le style de pratique françois ; on sous-entend le mot *parte* ; ainsi ces mots signifient *à proportion* ; c'est en ce sens que l'on dit des héritiers, donataires & légataires universels, qu'ils contribuent entr'eux aux dettes chacun au *prorata* de l'émolument.

PROROGATION DE LA GRACE ou DU REMERÉ, *Jurisp.*, c'est lorsque l'acheteur qui a acquis sous faculté de rachat jusqu'à un certain tems, après ce tems fini, consent de prolonger encore le délai. *v.* REMERÉ.

La *prorogation de compromis*, est l'extension du tems fixé par le compromis aux arbitres pour décider le différend.

Le tems du compromis ne peut être prorogé que par les parties ou par leurs fondés de procuration spéciale, ou par les arbitres eux-mêmes, supposé que le pouvoir leur en ait été donné par le compromis.

La peine portée par le compromis n'auroit pas lieu après la *prorogation*, si en continuant ainsi le compromis, on ne rappelloit pas aussi expressément la clause qui contient la peine. Voyez ci-devant COMPROMIS, DÉLAI, & ci-après RACHAT, REMERÉ.

PROSCRIPTION, f. f., *Droit rom.*, publication faite par le gouvernement, ou par un chef de parti, par laquelle on décerne une peine contre ceux qui y sont désignés. Il y en avoit de deux sortes chez les Romains ; l'une interdisoit au proscrit le feu & l'eau jusqu'à une certaine distance de Rome, plus ou moins éloignée, selon la sévérité du décret, avec défense à qui que ce fût, de lui donner retraite dans toute l'étendue de la distance marquée. On affichoit ce décret, afin que personne ne l'ignorât : le mot d'*exil* n'y étoit pas même exprimé sous la république ; mais il n'en étoit pas moins réel, par la nécessité où l'on étoit de se transporter hors les limites de ces interdictions.

L'autre *proscription* étoit celle des têtes, ainsi nommée, parce qu'elle ordonnoit de tuer la personne proscrite, partout où on la trouveroit. Il y avoit toujours une récompense attachée à l'exécution de cette *proscription*. On affichoit aussi ce décret, qui étoit écrit sur des tables pour être lu dans des places publiques ; & l'on trouvoit au bas les noms de ceux qui étoient condamnés à mourir, avec le prix décerné pour la tête de chaque proscrit.

Marius & Cinna avoient massacré leurs ennemis de sang froid, mais ils ne l'avoient point fait par *proscription*. Sylla fut le premier auteur & l'inventeur de cette horrible voie de *proscription*, qu'il exerça avec la plus indigne barbarie & la plus grande étendue. Il fit afficher dans la place publique les noms de quarante sénateurs, & de seize cents chevaliers qu'il proscrivoit. Deux jours après, il proscrivit encore quarante autres sénateurs, & un nombre infini des plus riches citoyens de Rome. Il déclara infâmes & déchus du droit de bourgeoisie les fils & les petits-fils des proscrits. Il ordonna que ceux qui au-

roient fauvé un profcrit, ou qui l'auroient retiré dans leur maifon, feroient
profcrits en fa place. Il mit à prix la
tête des profcrits, & fixa chaque meurtre à deux talens. Les efclaves qui
avoient affaffiné leurs maîtres, recevoient cette récompenfe de leur trahifon ; l'on vit des enfans dénaturés, les
mains encore fanglantes, la demander
pour la mort de leurs propres peres
qu'ils avoient maffacrés.

Lucius Catilina, qui pour s'emparer
du bien de fon frere, l'avoit fait mourir
depuis long-tems, pria Sylla, auquel il
étoit attaché, de mettre ce frere au
nombre des profcrits, afin de couvrir
par cette voie l'énormité de fon crime.
Sylla lui ayant accordé fa demande,
Catilina, pour lui en marquer fa reconnoiffance, alla tuer au même moment Marcus Marius, & lui en apporta
la tête.

Le même Sylla, dans fa *profcription*,
permit à fes créatures & à fes officiers
de fe vanger impunément de leurs ennemis particuliers. Les grands biens devinrent le plus grand crime. Quintus
Aurelius, citoyen paifible, qui avoit
toujours vécu dans une heureufe obfcurité, fans être connu ni de Marius,
ni de Sylla, appercevant fon nom dans
les tables fatales, s'écria avec douleur :
*malheureux que je fuis, c'eft ma belle
maifon d'Albe qui me fait mourir ;* & à
deux pas de-là, il fut affaffiné par un
meurtrier.

Dans cette défolation générale, il n'y
eut que C. Metellus, qui fut affez hardi
pour ofer demander à Sylla, en plein
fénat, quel terme il mettroit à la mifere
de fes concitoyens : nous ne te demandons pas, lui dit-il, que tu pardonnes
à ceux que tu as réfolu de faire mourir ; mais délivre-nous d'une incertitude pire que la mort, & du moins ap-

prens-nous ceux que tu veux fauver :
Sylla, fans paroître s'offenfer de ce difcours, lui répondit froidement, qu'il
ne s'étoit pas encore déterminé. Enfin,
comme dit Salufte, *neque priùs jugu-
landi fuit finis quàm Sylla omnes fuos di-
vitiis explevit.*

Les triumvirs Lépide, Octave & Antoine renouvellerent les *profcriptions*.
Comme ils avoient befoin de fommes
immenfes pour foutenir la guerre, &
que d'ailleurs ils laiffoient à Rome &
dans le fénat des républicains toujours
zélés pour la liberté, ils réfolurent avant
que de quitter l'Italie, d'immoler à leur
fûreté, & de profcrire les plus riches
citoyens. Ils en dreffèrent un rôle. Chaque triumvir y comprit fes ennemis
particuliers, & même les ennemis de
fes créatures. Ils pouffèrent l'inhumanité jufqu'à s'abandonner l'un à l'autre
leurs propres parens, & même les plus
proches. Lépidus facrifia fon frere Paulus à l'un de fes collégues ; Antoine, de
fon côté, abandonna au jeune Octave
le propre frere de fa mere ; & celui-ci
confentit qu'Antoine fît mourir Ciceron, quoique ce grand homme l'eût
foutenu de fon crédit contre Antoine
même. La tête du fauveur de l'Etat fut
mife à prix pour la fomme de 8000
livres fterlings. Il mourut la victime de
fon mérite & de fes talens.

*Largus & exundans lætho dedit in-
genii fons,*
Ingenio manus eft & cervix cæfa.
Juvenal.

Enfin on vit dans ce rôle funefte
Thoranius, tuteur du jeune Octave,
celui-là même qui l'avoit élevé avec
tant de foin ; Plotius défigné conful,
frere de Plancus, un des lieutenans
d'Antoine, & Quintus, fon collégue
au confulat, eurent le même fort,
quoique ce dernier fût beau-pere d'A-

finius Pollio, partifan zélé du triumvirat.

En un mot, les droits les plus facrés de la nature furent violés. Trois cents fénateurs, & plus de deux mille chevaliers furent enveloppés dans cette affreufe *profcription*. Toutes ces horreurs, inconnues dans les fiecles les plus barbares, & aux nations les plus féroces, fe font paffées dans des tems éclairés, & par l'ordre des hommes les plus polis de leur tems. Elles ont été les fruits fanglans de ces défordres civils, & de ces vapeurs inteftines qui étouffent les cris de l'humanité.

Les *profcriptions* chez les Grecs fe faifoient avec les plus grandes formalités ; un héraut publioit par ordre du fouverain qu'on récompenferoit d'une certaine fomme, appellée ἐπικηρυσσόμενα χρήματα, quiconque apporteroit la tête du profcrit. De plus, afin qu'on fe dévouât fans peine à faire le coup, & que le vengeur de la patrie fût où prendre la récompenfe dès qu'il l'auroit méritée, on dépofoit publiquement fur l'autel d'un temple la fomme promife par le héraut. C'eft ainfi que les Athéniens mirent à prix la tête de Xerxès ; & il ne tint pas à eux qu'elle leur coutât cent talens.

PROSCRIT, adj., *Jurifprud.* On entendoit quelquefois par-là chez les Romains celui dont la tête étoit mife à prix, mais plus communément ceux qui étoient condamnés à quelque peine, emportant mort naturelle ou civile. Le *tit. xlix.* du *liv. ix.* du code, eft intitulé *de bonis profcriptorum. v.* CONFISCATION.

PROSPÉRITÉ, f. f., *Morale*, état oppofé à celui qu'on nomme *adverfité*, & qui confifte dans une fuite d'événemens favorables, propres à augmenter le bien-être de celui à qui ils arrivent. Il y a, pour ainfi dire, une *profpérité*

vifible, & une *profpérité* réelle, qui peuvent différer. La premiere confifte dans l'affemblage de tout ce qui frappe & flatte les fens. Voilà pourquoi l'on dit, *heureux ou content comme un roi* ; parce que de tous les mortels, les rois font ceux qui ont le plus de biens temporels à leur difpofition. Mais ce feroit rebattre un lieu commun, trop ufé, que de montrer combien cet éclat eft ou peut être trompeur, & quelle cohorte de maux remplit fouvent les palais.

Non domus & fundus, &c.

L'épée invifible, fufpendue au-deffus de la tête de ceux qui font affis aux tables les plus fomptueufes, eft un des emblèmes les plus fignificatifs du fort de la plûpart des heureux du fiecle. Ainfi, tournons nos regards fur la *profpérité* réelle, la feule eftimable, la feule digne des vœux du fage. Elle réfulte du concours des avantages auxquels on eft fenfible, de la durée d'un Etat doux & paifible, où l'on fait modérer fes defirs, & diminuer fes befoins. Alors la petite récolte que l'honnête laboureur ferre dans fa grange, lui fait plus de plaifir que n'en font au mauvais-riche, les immenfes amas dont fes greniers régorgent. Cincinnatus dépofe la dictature pour retourner à fa charrue ; Lucullus nage au milieu des délices. Quel eft le plus heureux ? quel eft celui dont la *profpérité* court le moins de rifques ?

De-là viennent tous les éloges donnés à la médiocrité, qui font à la vérité fondés, mais quelquefois outrés. Un gros héritage, qui furvient à l'improvifte, peut faire le bonheur ou le malheur de celui à qui il échoit. Ce dernier cas aura lieu, fi l'héritier eft un prodigue, ou un avare. Mais, fi c'eft un fage économe, qui foit en même tems généreux & charitable, il

         P R O

jouira d'une véritable *profpérité*, par l'exercice de la bienfaifance principalement, mais auffi en fe procurant des agrémens, des plaifirs innocens, dont il étoit auparavant privé. Ainfi le fond de la *profpérité* réfide dans l'homme & non dans les chofes; il en eft comme d'une épée entre les mains d'un brave guerrier, ou d'un furieux.

Il y a des gens à qui tout réuffit, qui profpérent dans toutes leurs entreprifes. Cela peut venir quelquefois d'une combinaifon fortuite de circonftances : & alors il y aura réciproquement des gens que l'infortune femblera perfécuter, en vertu d'une combinaifon oppofée.

Cependant, il arrive fouvent de porter des jugemens téméraires à cet égard. L'envie, par exemple, a voulu rabaiffer les fuccès de certains généraux, en difant qu'ils étoient heureux, & pallier les difgraces des autres, en difant qu'ils étoient malheureux. Villars paffoit pour être du nombre des premiers; le roi Guillaume étoit rangé parmi les feconds. Je crois cependant qu'un examen fuivi de leur conduite changeroit, ou du moins modifieroit ces affertions. Villars avoit les qualités effentielles des grands généraux, le coup-d'œil & la célérité. La France lui dut fon falut à Denain. Guillaume avoit une profonde intelligence de l'art de la guerre, fupérieure, fi l'on veut, à celle de Villars; mais malgré cela, il ne favoit pas faifir les momens, & fut prefque toujours battu. Il y a un mot plaifant de Luxembourg à ce fujet. Le monarque outré de plufieurs revers que ce grand général lui avoit fait effuyer, dit d'un ton de dépit: „ rencontrerai-je par-tout ce d. „ de boffu? " Luxembourg, à qui on le rapporta, répondit froidement: „ &

„ qu'en fait-il? m'a-t-il jamais vu „ le dos? " Jules-Céfar fera toujours le modele des capitaines, dont la valeur & la prudence fembloient avoir enchaîné la fortune; heureux, s'il eût fû auffi bien regner que combattre !

Nous n'infifterons pas fur les préceptes de la morale, par rapport à l'ufage de la *profpérité*. Elle eft bien plus dangereufe que les adverfités: elle énerve, amollit, fait perdre de vue les caufes de cet état, & fur-tout la premiere caufe, & conduit à l'illufion où fe trouvoit Belfatzar, lorfqu'une main invifible écrivit fa condamnation fur le mur. On ne peut qu'avoir pitié de ceux qui s'oublient ainfi; & comme la tête leur tourne, il eft aifé de prévoir leur chûte, d'autant plus rude qu'ils ont été plus élevés.

In altum tolluntur, ut cafu graviori
       ruant.

L'hiftoire ancienne fournit entr'autres exemples celui de Séjan, & l'hiftoire moderne celui du maréchal d'Ancre. C'eft dans de pareils miroirs qu'il faut confidérer la *profpérité* apparente fous fon véritable point de vue. On a vu au contraire dans le refpectable Stanislas le bon ufage des adverfités conduire à la *profpérité* la plus complette peut-être qui ait jamais exifté. (F.)

PROSTITUTION, f. f., *Morale*, abandon du fexe à toutes les voluptés & à toutes les efpeces de débauche. Le penchant réciproque des deux fexes eft le plus fort de tous ceux que nous tenons de la nature; auffi s'en fert-elle pour nous conduire à fon principal but, à la propagation & à la confervation de l'efpece; mais l'abus & l'excès produifent des effets tout contraires. La fociété tant domeftique que civile ne fauroit fe foutenir, fi l'impétuofité de ce penchant n'eft bridée par certaines loix. Ces loix font arbitraires jufqu'à un certain point : auffi ont-elles extrèmement varié fuivant les tems & les lieux. Le mariage, le concubinage, la polygamie, les degrés de parenté, ne puifent aucune de leurs déterminations dans la nature : mais leurs convenances font fondées fur la raifon, ou rélatives à la législation, au climat & à d'autres circonftances. D'immenfes ferrails font peut-être auffi révoltans en eux-mêmes, que la pluralité des amans de Laïs ou de Ninon Lenclos. Il eft même moins poffible à un homme de fe fervir d'autant de femmes qu'en avoit Salomon, qu'à une femme de fervir aux plaifirs, & de fubvenir aux befoins de plufieurs hommes. Dans l'un & dans l'autre cas, le but de la nature eft manqué : ces femmes amoncelées, pour ainfi dire, auroient pû être enlevées comme les Sabines, & diftribuées à plufieurs propriétaires qui les auroient mifes en valeur : ces adorateurs de l'ancienne ou de la moderne Léontium auroient pû avoir chacun leur femme, ou leur maîtreffe, avec lefquelles, comme le bon abbé de St. Pierre, ils auroient augmenté le nombre des citoyens. Si l'ancienne loi a toléré ces ufages, ils ne fauroient être intrinféquement mauvais ; & la morale évangelique ne doit être regardée à cet égard que comme une doctrine perfective, par laquelle les hommes font appellés à régler & à modérer leurs appétits.

Mais, dans le même tems & dans les mêmes lieux où l'on a fait de cette morale un code pénal, les obftacles aux mariages font fi nombreux & fi forts que la population en fouffre manifeftement, & que le plus grand nombre des individus, eft réduit à un état de gène que la plûpart d'entr'eux font

incapables de fupporter. De-là les adulteres, les fornications & les *proftitutions*. Les adulteres, quoique les plus criminels, ne produifent aucune fenfation, aucun défordre dans la fociété, tant qu'ils demeurent enfévelis dans le fecret. „Quand on l'ignore, ce n'eft „rien." Les fornications au contraire produifent le fcandale, deshonorent & fouvent perdent ceux dont les liaifons éclatent, & coûtent la vie à une foule d'enfans, détruits dans les entrailles de leurs meres, ou en naiffant. Quel eft le remede à ces maux? Il eft difficile à trouver. Les princes fages, en laiffant à l'Evangile la pureté de fes maximes, ne permettent cependant pas aux eccléfiaftiques un rigorifme qu'ils n'ont que trop de penchant à rendre exceffif; ils leur interdifent des inquifitions, des citations, & fur-tout de foudroyantes excommunications, qui aggravent le mal & le rendent irrémédiable. Ce n'eft déja que trop d'encourir l'opprobre dans la fociété; & cet épouvantail fuffit pour porter aux actions défefpérées. L'unique moyen qui refte pour fauver la vie aux fruits de ces commerces, ce font des maifons d'enfans trouvés, où l'on puiffe, fans s'expofer le moins du monde, dépofer ceux dont le fardeau eft à charge.

Quant aux *proftitutions* proprement dites, perfonne n'ignore qu'il y a eu des courtifannes de tout tems, & que la politique les a fouvent comme adoptées & prifes fous fa protection. Leur métier eft fans doute honteux, infâme ; mais elles ne laiffent pas d'être la fauvegarde d'une multitude d'honnêtes femmes & d'honnêtes filles. Le nombre prodigieux de célibataires, volontaires ou forcés, rempliroit toutes les maifons d'adverfaires de la chafteté, aux efforts ou aux artifices defquels il feroit prefque impoffible de réfifter. Les courtifannes font l'office du bouc Hazazel, elles portent le fardeau de toutes ces iniquités, & en délivrent leurs concitoyennes. L'une des plus fages républiques n'a point d'autre digue à oppofer à la fureur brutale des matelots qui reviennent des voyages de long cours. Le chef de l'églife vifible va plus loin, & fait de ces établiffemens néceffaires dans des climats chauds des mines d'un bon rapport. Tout cela paroît fondé fur l'axiome que „ de deux maux, il faut éviter le „ pire; " mais cela répugne à celui qui défend „ de faire un mal, afin qu'il „ en arrive un bien." Ce conflict d'axiomes, prouve qu'il y a quelque vice effentiel dans le fyftème focial; & cette queftion vaudroit bien la peine d'être propofée, comme un fujet dont l'explication folide feroit recompenfée par un prix très-confidérable. Ce feroit le moyen de fe débarraffer d'une efpece de mendians, plus nombreufe encore & plus importune que celle des miférables qui demandent l'aumône. (F.)

PROTECTEUR, f. m., *Droit publ.*, celui qui prend en main la défenfe des foibles & des affligés. v. PATRON.

Dieu & les magiftrats font les *protecteurs* de la veuve & de l'orphelin. Parmi les payens, Minerve étoit regardée comme la protectrice des beaux-arts.

Chaque nation catholique, chaque ordre de religieux a un cardinal-*protecteur* à Rome, que l'on appelle *cardinal protecteur*. Les villes, les bourgs, les villages ont auffi des *protecteurs* dans le ciel, qu'on appelle plus communément *patrons*. v. PATRON.

On donne auffi quelquefois le nom de *protecteur* à celui qui gouverne un royaume pendant la minorité d'un prince. Cromwel prit le titre de *protecteur de la république d'Angleterre.*

C'eft l'ufage en Angleterre que le régent du royaume dans une minorité prenne le titre de *protecteur*. On en a un exemple fous la minorité d'Edouard VI.

PROTECTION, f. f., *Droit polit.*, défenfe, appui, autorité qu'on employe pour défendre & conferver les intérèts des foibles, des miférables ou de ceux pour qui on a quelque affection particuliere. La *protection* active, c'eft-à-dire, confidérée dans le protecteur, fuppofe dans celui qui protége, de la puiffance, de l'autorité, du crédit, de l'appui, de la faveur & de la bonne volonté. Au contraire, la *protection* paffive fuppofe dans le protégé de la foibleffe, du befoin, de la dépendance, v. CLIENT, PATRON. Le peuple vit fous la *protection* des loix contre la violence des tyrans.

Le devoir du fouverain qui tient de plus près à la fin de l'établiffement de la fociété, & qui en forme le lien le plus étroit, c'eft la *protection* qu'il doit à fes fujets. Ce fut en vue de cette *protection* contre les attaques internes & externes, que les hommes furent principalement déterminés à s'unir en fociété; c'eft cette *protection* qui nous affure la paifible jouiffance de nos droits; c'eft elle qui nous affure nos vies, nos biens, notre honneur: c'eft elle qui dicta cette réponfe noble & jufte d'une femme qui demandoit le troupeau qu'on lui avoit enlevé pendant fon fommeil: *vous dormiez donc bien profondément*, lui dit le magiftrat. *Oui*, répond cette femme intrépide, *parce que je croyois que vous veilliez pour moi*: c'eft elle qui donne le droit à tout citoyen offenfé de dire à fon fouverain:

jo

je suis offensé ; & peut-être je serois déja vengé, si vous ne m'aviez lié les mains avec vos loix : je ne m'en plains pas ; moi-même j'y ai consenti, mais sous la condition que vous prendriez ma place, en déployant pour ma défense toute la force publique. J'ai rempli mon engagement, & je n'ai point agi ; c'est à vous d'exécuter le vôtre en agissant pour moi ; chaque moment perdu est une violation de vos sermens, & il seroit affreux de m'avoir ôté les forces de l'état de nature, pour me livrer sans défense aux maux de l'état civil. La *protection* que le souverain doit à ses sujets est tellement identifiée pour ainsi dire avec la souveraineté, que sans *protection*, la souveraineté n'existe plus. Un souverain qui ne protege pas ses sujets dans toutes les occasions, est indigne de ce nom : & les sujets abandonnés, sont censés délivrés des engagemens de la société civile, & remis à leur état primitif, par la loi de la conservation, qui non-seulement leur rend leur liberté, mais qui les y oblige de la maniere la plus forte. La balance des devoirs & des droits réciproques qui fait la base de l'état naturel, ne fait pas moins celle de l'état civil. Si le droit du souverain est que ses sujets lui obéissent, son devoir est aussi d'assurer la vie, l'honneur, les biens de ses sujets : c'est parce qu'il doit *protection* & sûreté, qu'on lui doit obéissance & partage dans les récoltes. Le territoire de Zug, attaqué par les Suisses en 1352, envoya au duc d'Autriche son souverain, pour en obtenir du secours : ce prince imbécille daigna à peine écouter les députés. Ce peuple abandonné, entra dans la confédération Helvétique. La ville de Zurich s'étoit vue dans le même cas, une année auparavant. Attaquée par des citoyens rebelles soutenus de la noblesse des en-

Tome XI.

virons, & par la maison d'Autriche, elle s'adressa au chef de l'Empire. Mais Charles IV. pour lors empereur, déclara à ses députés, qu'il ne pouvoit la défendre. Zurich entra & trouva son salut dans l'alliance des Suisses. C'est ce devoir encore qui forme proprement le souverain, & qui en affermit le trône. C'est ce devoir enfin qui fait briller tous les autres aux yeux de la nation, & qui même souvent lui empêche de sentir que le souverain néglige ou foule aux pieds les autres. Cromwel étoit un usurpateur bien odieux. Il avoit forcé la religion d'être sa complice. Il avoit souillé l'Angleterre du sang le plus précieux. Il avoit volé la couronne, & n'osant la mettre sur sa tête, il se faisoit obéir en la portant à sa main. Il étoit cruel, sans foi, voluptueux : il avoit l'ame de Néron, avec le cœur d'Attila : mais il respectoit le droit des particuliers : il faisoit rendre la justice avec une impartialité sévere : en un mot, il protégeoit les Anglois, qui l'honorerent du titre flatteur de *protecteur*. Il mourut paisible dans son lit, & les larmes non suspectes honorerent son convoi.

Tibere, Louis XI. Ferdinand le catholique, &c. étoient certainement des princes détestables. Ils se jouoient, au moins les deux premiers, de la vie des hommes, & tous les trois de la sainteté des sermens. Ils sacrifioient tout à l'augmentation de leur pouvoir. Cependant on trouve dans leurs histoires peu de regnes aussi fortunés. Pourquoi ? C'est parce qu'avec leur cruauté & leur perfidie, ils protégeoient leurs sujets contre les attaques du dedans & du dehors : les propriétés de chacun étoient sacrées, au milieu des ordres sanguinaires qu'ils donnoient.

Des princes d'un caractere bien su-

Y y y

périeur, les souverains adorés avec raison de tous ceux qui les approchoient, ont été les victimes des plus funestes révolutions, faute d'avoir été les protecteurs de leurs peuples & d'avoir eu cette sévérité rigide, qui est la premiere vertu de leur rang, & qui leur convient beaucoup mieux que ce qu'on appelle en eux la *bonté*. De pareils souverains seroient des particuliers très-estimables, mais ils font des souverains très-dangereux; ils ressemblent aux statues faites pour être placées dans les lieux élevés à une grande distance de l'œil du spectateur. Si les traits en sont trop doux, elles présentent une physionomie basse, elles n'ont aucune beauté, ou plutôt elles paroissent très-désagréables. Pour qu'elles y brillent avec majesté, il faut que le sculpteur ait soin de leur donner des traits mâles, rudes & grossiers. C'est cette rudesse choquante de près, qui en fait la grandeur & la beauté dans l'éloignement.

Il y a une autre espece de *protection*, qui est celle dont un Etat puissant, honore un autre foible. L'usage des *protections* a été fréquent, tandis que l'on a pensé que la politique & la la bonne foi pouvoient sympathiser. Mais l'expérience a appris que cette conduite a souvent été funeste. Rome acquit une autorité infinie à l'ombre de ces *protections*: les principaux d'entre les sénateurs prirent même des villes sous leur *protection*: étoit ce avec ce même désintéressement qui faisoit briller les commencemens de la république? Il étoit réservé à Rome de nourrir dans son sein des citoyens d'une grandeur aussi distinguée. L'antiquité ne fournit nulle part de pareils exemples; & s'il est permis d'assurer l'avenir sur les conjectures que peut fournir le présent, la postérité n'en verra

jamais de semblables. C'est par ce moyen que Rome se rendit maitresse de la plus grande partie de la Grece. Ces républiques étoient considérables autrefois: mais à mesure que des puissances supérieures les environnerent de plus près, leur grandeur s'éclipsa. Pressées par les rois de Macédoine, de Pont & d'Egypte, elles regarderent les Romains comme les protecteurs de la liberté; elles leur livrerent leurs citadelles comme à des amis pour les défendre. La Grece introduisit chez elle son plus dangereux ennemi.

Cette *protection* n'est pas rare aujourd'hui. Hambourg, ville souveraine, est sous la *protection* des ducs de Holstein. Aix-la-Chapelle, Ratisbonne, Lubeck, & les autres villes, que l'on nomme *impériales*, sont sous la *protection* de l'empereur qui est leur protecteur né; mais d'un autre côté, elles contribuent aux charges publiques de l'empire Germanique, dont elles font partie, absolument parlant. Mais elles y ont un crédit si médiocre, leurs voix sont si peu écoutées dans les dietes, qu'elles ne doivent être considérées que comme des villes protégées par l'Empire, en fournissant le prix de la *protection*. La *protection* accordée à la ville de Dantzig, n'est pas d'une nature équivoque. Le souverain est dans l'usage de la lui faire payer assez cherement, pour qu'elle puisse être rangée dans l'ordre des *protections* achetées.

Celle-ci peut encore être regardée ou comme privée, ou comme publique. La *protection* privée n'a ni loix ni réglemens: elle est clandestine, elle n'ose s'avouer. Que pourroit-on en dire de particulier? On peut assurer en général que de tous les maux qui affligent une république, il n'en est point de plus considérable: elle fait céder le mérite à la faveur : elle pofe une barriere entre la vertu & les dignités. C'eft à l'ombre de fon aîle que le vice eft en honneur & que le crime s'affure l'impunité ; c'eft la boëte de Pandore. Les hommes peuvent faire des réglemens pour la défendre ; mais comment peuvent-ils les faire exécuter ? Il n'y a que les perfonnes accréditées qui puiffent être fes inftrumens.

Lorfqu'une nation n'eft pas capable de fe garantir d'elle-même d'infulte & d'oppreffion, elle peut fe ménager la *protection* d'un Etat plus puiffant. Si elle l'obtient en s'engageant feulement à certaines chofes, même à payer un tribut, en reconnoiffance de la fûreté qu'on lui procure, à fournir des troupes à fon protecteur, & jufqu'à faire caufe commune avec lui, dans toutes fes guerres, fe réfervant du refte le droit de fe gouverner à fon gré ; c'eft un fimple traité de *protection*, qui ne déroge point à la fouveraineté, & qui ne s'éloigne des traités d'alliances ordinaires, que par la différence qu'il met dans la dignité des parties contractantes.

Mais on va quelquefois plus loin, & bien qu'une nation doive conferver précieufement la liberté & l'indépendance qu'elle tient de la nature, lorfqu'elle ne fe fuffit pas à elle-même, & qu'elle fe fent hors d'état de réfifter à fes ennemis, elle peut légitimement fe foumettre à une nation plus puiffante, à de certaines conditions, dont elles conviendront ; & le pacte ou traité de foumiffion fera dans la fuite la mefure & la regle des droits de l'une & de l'autre. Car celle qui fe foumet cédant un droit qui lui appartient, & le tranfportant à l'autre, elle eft abfolument la maîtreffe de mettre à ce tranfport telles conditions qu'il lui plaît, & l'autre en acceptant la foumiffion fur ce pied, s'engage à

en obferver réligieufement toutes les claufes.

Cette foumiffion peut varier à l'infini, fuivant la volonté des contractans : ou elle laiffera fubfifter en partie la fouveraineté de la nation inférieure, la reftreignant feulement à certains égards ; ou elle l'anéantira totalement, enforte que la nation fupérieure deviendra fouveraine de l'autre ; ou enfin la moindre fera incorporée dans la plus grande, pour ne former déformais avec elle qu'un feul & même Etat, & alors fes citoyens auront les mêmes droits que ceux auxquels ils s'uniffent. L'hiftoire romaine nous fournit des exemples de ces trois efpeces de foumiffion : 1°. Les alliés du peuple Romain, tels que furent long tems les Latins, qui dépendoient de Rome à divers égards, & du refte, fe gouvernoient fuivant leurs loix & par leurs propres magiftrats. 2°. Les pays réduits en province Romaine, comme Capoue, dont les habitans fe foumirent abfolument aux Romains. 3°. Enfin les peuples à qui Rome accordoit le droit de bourgeoifie. Les empereurs donnerent dans la fuite ce droit à tous les peuples foumis à l'empire, & transformerent ainfi tous les fujets en citoyens.

Dans le cas d'un véritable affujettiffement à une puiffance étrangere, les citoyens qui n'approuvent pas ce changement, ne font pas obligés de s'y foumettre ; on doit leur permettre de vendre leurs biens & de fe retirer ailleurs. Car pour être entré dans une fociété, je ne fuis point obligé de fuivre fon fort, lorfqu'elle fe diffout elle-même, pour fe foumettre à une domination étrangere. Je me fuis foumis à la fociété telle qu'elle étoit, pour vivre dans cette fociété, & non dans une autre, pour être membre d'un Etat fouverain ;

je dois lui obéir tant qu'elle demeure société politique ; lorſqu'elle ſe dépouille de cette qualité, pour recevoir la loi d'un autre État, elle rompt les nœuds qui uniſſent ſes membres, & les délie de leurs engagemens.

Quand une nation s'eſt miſe ſous la *protection* d'une autre plus puiſſante, ou même s'eſt aſſujettie à elle, dans la vue d'en être protégée ; ſi celle-ci ne la protege pas effectivement dans l'occaſion, il eſt manifeſte que manquant à ſes engagemens, elle perd tous les droits que la convention lui avoit acquis, & que l'autre, dégagée de l'obligation qu'elle avoit contractée, rentre dans tous ſes droits, & recouvre ſon indépendance ou ſa liberté. Il faut remarquer que cela a lieu même dans le cas où le protecteur ne manque point à ſes engagemens par mauvaiſe foi, mais par pure impuiſſance. Car la nation plus foible ne s'étant ſoumiſe que pour être protégée ; ſi l'autre ne ſe trouve point en état de remplir cette condition eſſentielle, le pacte eſt anéanti ; la plus foible rentre dans ſes droits, & peut, ſi elle le juge à propos, recourir à une *protection* plus efficace. C'eſt ainſi que les ducs d'Autriche, qui avoient acquis un droit de *protection*, & en quelque ſorte de ſouveraineté ſur la ville de Lucerne, ne voulant, ou ne pouvant pas la protéger efficacement ; cette ville fit alliance avec les trois premiers cantons : & les ducs ayant porté leurs plaintes à l'empereur, les Lucernois répondirent, *qu'ils avoient uſé du droit naturel & commun à tous les hommes, qui permet à un chacun de chercher ſa propre ſûreté, quand il eſt abandonné de ceux qui ſont obligés de le ſecourir.*

La loi eſt égale pour les deux contractans : ſi le protégé ne remplit pas

ſes engagemens avec fidélité, le protecteur eſt déchargé des ſiens ; il peut refuſer la *protection* dans la ſuite, & déclarer le traité rompu, au cas qu'il le juge à propos pour le bien de ſes affaires.

En vertu du même principe, qui délie l'un des contractans, quand l'autre manque à ſes engagemens ; ſi la puiſſance ſupérieure veut s'arroger ſur la foible plus de droit, que le traité de *protection*, ou de ſoumiſſion ne lui en donne, celle-ci peut regarder le traité comme rompu, & pourvoir à ſa ſûreté ſuivant ſa prudence. S'il en étoit autrement, la nation inférieure trouveroit ſa perte dans une convention, à laquelle elle ne s'eſt réſolue que pour ſon ſalut ; & ſi elle étoit encore liée par ſes engagemens, lorſque ſon protecteur en abuſe & viole ouvertement les ſiens, le traité deviendroit un piége pour elle. Cependant comme quelques-uns prétendent, qu'en ce cas, la nation inférieure a ſeulement le droit de réſiſter & d'implorer un ſecours étranger ; comme ſur-tout les foibles ne peuvent prendre trop de précautions contre les puiſſans, habiles à colorer leurs entrepriſes ; le plus ſûr eſt d'inſérer dans cette eſpece de traité une clauſe commiſſoire, qui le déclare nul, dès que la puiſſance ſupérieure voudra s'arroger plus de droit que le traité ne lui en donne expreſſément.

Mais ſi la nation protégée, ou ſoumiſe à certaines conditions, ne réſiſte point aux entrepriſes de celle qui a recherché l'appui ; ſi elle n'y fait aucune oppoſition ; ſi elle garde un profond ſilence, quand elle devroit & pourroit parler ; ſa patience, après un tems conſidérable, forme un conſentement tacite, qui légitime le droit de l'uſurpateur. Il n'y auroit rien de ſtable parmi les hommes, & fur-tout entre les nations, fi une longue poffeffion, accompagnée du filence des intéreffés, ne produifoit pas un droit certain. Mais il faut bien obferver, que le filence, pour marquer un confentement tacite, doit être volontaire. Si la nation inférieure prouve, que la violence & la crainte ont étouffé les témoignages de fon oppofition, on ne peut rien conclure de fon filence, & il ne donne aucun droit à l'ufurpateur.

Protection attachée aux fiefs. Les loix des fiefs ont fait pendant long-tems une partie confidérable du droit public de l'Europe, & le principe de la conftitution de quelques-uns de fes Etats. C'eft d'elles que dépendoient leur force & leur première police; elles régloient le fervice militaire & la diftribution de la juftice. Les tems ont défiguré ces anciens ufages; cependant il en refte des veftiges remarquables dans l'empire Germanique & dans la France; cette matière mérite qu'on s'y arrête un moment.

On doit diftinguer dans les fiefs deux perfonnes protégées, mais différentes l'une de l'autre : le vaffal & le cenfitaire. Le vaffal, quoique fous la *protection* du fuzerain, tient les cenfitaires fous la fienne. Il repréfente un homme libre, & le cenfitaire tient la place du ferf. Le vaffal rend un hommage, le cenfitaire paye un tribut.

Quelques auteurs ont prétendu que les fiefs nous venoient des Romains; d'autres plus fuivis les ont fait dériver des loix des Lombards, ou, fi l'on veut, des peuples Germains en général. Ces deux fentimens qui paroiffent fi oppofés, fe peuvent accorder : la diftinction qui vient d'être pofée, fait tout l'éclairciffement; elle fait remarquer deux parties diffemblables, dans le même fief, le vaffelage & la cenfive.

Lorfque les Romains commencèrent à remporter des victoires fur les peuples qu'ils ne deftinoient pas à faire avec eux un même corps de république, ils acquirent un grand nombre d'efclaves. Ils cefferent de travailler leurs campagnes; ils les remplirent de ces étrangers dont ils s'étoient enrichis. Pour les rendre plus affidus à la culture, on intéreffa dans les récoltes les plus entendus, & on leur donna une infpection fur les travaux.

Dans la fuite l'économie la plus appliquée donna une part des fruits à chaque efclave dans le champ qu'il travailloit lui-même. Les efpeces d'argent étant devenues plus communes à Rome par de nouvelles conquêtes, plufieurs Romains prirent de leurs efclaves une fomme certaine à la place des fruits, pour une année, peut-être pour plufieurs à la manière des fermes.

On apperçoit aifément que, peu-à-peu, ces efclaves, libres dans leur travail, nourris à leurs frais, ne furent plus regardés comme des efclaves de rigueur : ce fut en effet un milieu entre l'efclavage & la liberté. Ils furent préfumés affranchis fous la condition de ne point abandonner la glebe qu'ils travailloient.

On les nomma *Adfcriptitii.* Ils étoient cenfés vendus & légués, lorfque le fonds étoit vendu ou légué, quoiqu'il n'en fût fait aucune mention : l'acquéreur ne pouvoit les chaffer pour faire travailler ces terres par fes propres efclaves. Ils étoient plutôt efclaves du fonds qu'ils ne l'étoient du maître. Ils ne pouvoient fe rédimer de leur attachement, ni eux, ni leur poftérité, par aucun efpace de tems, que lorfqu'ils avoient vécu pendant trente ans libres de redevances, au vu & au fu du maître. Telle eft la rité au point de les regarder comme

préfcription que nous admettons encore aujourd'hui en faveur du cenfitaire :
A die contradictionis.

Dans la fuite, les baux à tems furent
changés en baux perpétuels. Il arriva
encore que l'efclave ayant fait des profits, le maître ayant eu des befoins,
il prit un capital en argent & diminua
le tribut. Ceux qui, fans ces changemens & en qualité de partiaires, continuoient à donner une portion des
fruits croiffans, furent toujours connus fous le nom de *coloni.* Ceux qui
payoient une quantité de fruits toujours égale, ou une quotité d'argent
déterminée, furent connus fous le nom
de *cenfiti.*

La même loi, qui défend d'exiger de
l'argent des colons, le permet dans les
lieux où c'eft l'ufage du fonds, & diftingue par conféquent le fimple cultivateur du cenfitaire.

Celui qui payoit un tribut au maître du fonds (c'eft l'expreffion de la
loi) ne pouvoit plaider contre fon feigneur que pour fait de furcharge. Voilà clairement, dans tous fes points, la
reffemblance du cenfitaire & du feigneur de fief ; il ne manque que le nom
du dernier, & voilà ce qui fe trouve
dans le texte de *Agricolis, Cenfitis &*
Colonis fervis, & dans un nombre d'autres titres répandus dans le code & le
digefte.

Enfin, il n'eft ignoré de perfonne
que lorfque les premiers Romains agran-
diffoient leur territoire, ils donnoient
des terres aux pauvres citoyens fous
une redevance annuelle.

Les Romains avoient conquis les
Gaules ; plufieurs d'entr'eux s'y étoient
établis : ils y avoient de grandes poffeffions. Il feroit bien fingulier que ce
peuple impérieux n'y eût point porté
fes coutumes & fes loix ; de forte que

l'on ne peut douter que, lorfque les
Francs envahirent les Gaules, ils trouverent cette partie de la matiere féodale
établie & en ufage.

Il eft évident qu'elle a pu fubfifter,
& a réellement exifté, indépendamment
de la fuzeraineté. Que l'on affranchiffe
l'efclave fous la condition de demeurer attaché à une glebe, comme il n'eft
pas douteux que l'on ne l'ait fait, on
verra les tenanciers tels qu'ils étoient
encore en France, il y a moins de quatre cents ans, ferfs & queftaux ; fans
autre charge d'ailleurs que les redevances annuelles ; & le feigneur de ces ferfs
& de ces terres ne devoit rien à perfonne avant l'invafion des Francs. Nous
allons voir à préfent la partie fupérieure
entierement détachée de celle-ci.

Lorfque les Francs s'établirent dans
les Gaules, ils n'en chafferent point
les habitans que leurs loix appellent
Romains. Ils prirent le tiers des terres
& leur laifferent le refte, fans rien changer à leur ancienne maniere de poffé-
der. Mais leur code militaire obligea
ceux qui avoient des poffeffions un peu
confidérables de fervir à la guerre &
d'y mener des foldats : celui qui poffédoit quatre manoirs ne pouvoit fe difpenfer de ce devoir.

L'auteur de l'*Efprit des loix* trouve
la fource de la fuzeraineté, tout au
moins, chez les Francs, même avant
la conquête. Il apperçoit des vaffaux
dans les perfonnes que les princes s'attachoient, qui les entouroient dans le
combat, qui vivoient & mouroient avec
eux, & que Tacite appelle *comites.*

On ne voit nulle part ces comtes
conduifant fous eux d'autres foldats :
leur fonction, au contraire, paroît fe
réduire à être les compagnons, les fideles du prince, les gardiens de fon corps ;
& l'*Efprit des loix* reconnoît cette vé-

des *vaſſaux ſans fiefs*, ce ſont ſes termes. Je n'examinerai point la ſolidité de cette idée; ſi elle étoit juſte, il en réſulteroit que le vaſſelage, & par conſéquent la ſuzeraineté exiſtoit ſans le fief ſubalterne.

J'avoue que mes yeux n'apperçoivent juſques ici, pas plus de vaſſelage que de cenſive : mais lorſqu'après la conquête, je vois ces fideles, ces comtes, prépoſés dans les différens diſtricts des provinces, pour mener à la guerre les maitres des quatre manoirs, & pour recevoir d'eux le ſerment de fidélité, je commence à entrevoir des ſuzerains; je remarque des cenſitaires ſoumis aux poſſeſſeurs des manoirs, & ceux-ci prêtant la foi, & obéiſſant à des ſupérieurs; c'eſt une image bien rapprochée de l'intégrité des fiefs.

Cette eſpece de ſuzerains étoit amovible à la vérité; & c'eſt préciſément ce qui caractériſe une partie du fief, détachée de l'autre.

Cet état dura pendant la premiere & la ſeconde race des rois François, dont la domination embraſſoit les Gaules, l'Allemagne & l'Italie; & lorſque, ſous la troiſieme race, les fiefs d'honneur devinrent héréditaires, ceux qui devoient marcher à la guerre & qui prétoient le ſerment, furent liés invariablement à ceux qui n'exigeoient auparavant ces devoirs, que comme commiſſaires.

Alors les deux parties intimément conſolidées, formerent les fiefs tels qu'on les a vus dans les ſuites, compoſés du cenſitaire, du ſeigneur de fief, & du ſuzerain reſſortiſſant à la couronne.

La compilation des uſages des fiefs, & Cujas ſur cette compilation, nous diſent que dans les tems les plus reculés, les ſeigneurs donnoient les fiefs pour quelque tems, même pour une ſeule année, & les reprenoient enſuite. Ceci s'explique par ma diſtinction, & même la confirme.

Les propriétaires n'avoient pas inféodé toutes leurs terres; cet uſage doit s'entendre de celles qui reſtoient ſous leur main; ils les donnoient à tems, ce n'eſt qu'acenſer : le bail à perpétuité eſt néceſſaire pour l'inféodation. On a dû remarquer cette perpétuité dès le tems des Romains : il étoit auſſi peu permis de chaſſer celui qui étoit *adſcriptitius glebæ*, qu'à lui de ſortir.

On trouve à la vérité des fiefs entiers amovibles, vaſſaux, terres & ſerfs; l'intelligence de ce fait eſt bien ſimple; c'eſt ce qui ſe paſſe encore ſous nos yeux. Lorſqu'après la conquête, les terres furent partagées, le partage du domaine royal fut proportionné à ſa dignité. Les rois en eurent aſſez pour en donner à leurs fideles : ces fiefs ainſi donnés, ſont appellés *fiſcalia beneficia*, & le don étoit à tems ou à vie. Telles ſont aujourd'hui des terres qui n'entrent point dans les terres du domaine, ou qu'on en exime, & dont les rois diſpoſent pour la vie de ceux qu'ils en veulent gratifier. C'eſt le ſeul exemple du fief entier amovible, & ce n'eſt, à proprement parler, que le donner en uſufruit.

Ceux qui ont enviſagé les fiefs ſeulement comme juriſconſultes, voyant la cenſive connue des Romains, régie par leurs loix, n'y appercevant d'autre changement que celui cauſé par l'abolition de toute idée d'eſclavage, en ont attribué l'origine aux Romains; & à cet égard, ils l'ont fait avec raiſon. Mais regardant la partie qui concerne le vaſſal & le ſuzerain, uniquement du côté de l'intérèt, & enyvrés de la beauté du droit romain, ils ont cru que tout devoir devroit s'y rapporter : ils ont eu tort.

Les autres au contraire qui , comme politiques ou historiens , n'ont considéré les fiefs que par le côté le plus noble, ont dit qu'ils nous venoient des Lombards ; & je les crois fondés dans cette partie.

Je trouve dans Bodin, que les Hongrois vinrent s'établir en Germanie , dans la province qui porte encore leur nom. Ce peuple forti de la Tartarie afiatique , n'avoit jamais connu d'autre efpece de fouverain, que des defpotes. Conquérans , ils voulurent établir le feul gouvernement dont ils euffent l'idée. Mais il ne faut pas regarder les conquêtes de ces tems reculés, comme celles qui fe font faites de nos jours. Tout eft plein aujourd'hui : le vainqueur ne peut trouver de place qu'en chaffant le vaincu. Autrefois la terre peu cultivée préfentoit de vaftes forêts , des champs étendus qui ne fervoient qu'au pâturage , où fe pouvoient placer de nouveaux habitans.

On doit encore diftinguer le conquérant qui ne veut que fubjuguer , d'avec celui qui cherche à s'établir & à réfider. Quoique ce dernier demande & obtienne l'hofpitalité l'épée à la main, il eft de fon intérêt de ménager les anciens peuples de fa conquête ; fon Etat en devient plus affuré, plus puiffant & plus tranquille.

Dans cette fituation , les Hongrois ne trouverent pas dans l'Europe un génie fait à la fervitude , comme celui de leur patrie. Ils craignirent une réfiftance, un foulevement, qui auroit mis dans l'embarras un peuple qui fouhaitoit principalement un domicile. Le vaincu ne l'étoit pas au point d'être méprifé : il fe fit un accord ; on trouva la diftinction du domaine direct & du domaine utile. La vanité du conquérant & l'idée qu'il avoit du gou-

vernement, comme defpotique, furent fatisfaites fans qu'il en coûtât beaucoup au vaincu, de reconnoître qu'il tenoit du vainqueur une terre , dont on lui laiffa la propriété & les profits , & de lui en faire hommage.

Il eft naturel que les Germains , témoins de cet exemple , s'y foient conformés lorfqu'ils ont conquis : le fupérieur faifit autant d'avantages qu'il lui eft poffible. Le vainqueur a dit au vaincu : ,, reconnoiffez que vous tenez de ,, notre grace, ces terres que nous vous ,, laiffons ''. Le vaincu auquel on laiffe fes dieux & fes foyers , n'eft pas bien difficile. Voilà ce dont on trouve les premieres traces dans les loix des Lombards.

Je demande que l'on remarque encore ici la partie fupérieure du fief, fubfiftante feule , & fans la partie la plus fubalterne. Les naturels du pays purent reconnoître tenir des Hongrois , des terres qu'ils ne leur ôtoient pas , fans avoir fous eux des cenfitaires.

Ce trait d'hiftoire me paroît d'autant plus conforme à la vérité , que fi je cherche l'efprit des loix des fiefs , c'eft dans l'efprit du defpotifme que je le découvre. Que l'on examine la progreffion des reconnoiffances & des hommages ; le cenfitaire reconnoît tenir fa terre du feigneur de fief ; celui-ci reconnoît tenir le fief du fuzerain , & lui dénombre les terres qui le compofent. Si le fuzerain immédiat n'eft pas la derniere main , il fait la même déclaration à fon fupérieur ; & par cette gradation, tout aboutit au fouverain, duquel il paroît que tout dérive.

Mais je remarque en même tems que cet arrangement, fatisfaifant pour la vanité, donne des bornes naturelles au pouvoir exorbitant du defpotifme ; il le mitige & le réduit aux termes de la monarchie

monarchie modérée. C'est à ces Etats que conviennent les fiefs; ils s'éloignent de l'esprit de la république.

L'auteur de l'*Esprit des loix* a fait aussi peu d'attention que les autres à la division des deux parties du fief : elle auroit été cependant bien utile à éclaircir la confusion dans laquelle il s'est trouvé embarraffé. Il a établi l'esclavage de la glebe dans les Gaules, avant l'irruption des Francs; mais il n'a pas considéré la nature de cet esclave avec affez de détail, pour y remarquer le cenfitaire.

Occupé de plus grandes idées, & de la réputation des fystèmes du comte de Boulainvilliers, & de l'abbé Dubos, tout ce qu'il dit, fait fentir & appuye cette diftinction; mais il n'a fait que rouler autour. Cherchant une route nouvelle, il a laiffé derriere lui les Romains & les Lombards ; & fe fondant fur des paffages peu précis de Céfar & de Tacite, il a cru trouver le vaffelage où il convient qu'il ne voit pas de fief.

Ce fystème n'a pas befoin d'être combattu; il est l'effet de la féduction d'une idée neuve : je dirai feulement que fi on vouloit attribuer l'origine primitive & reculée des fiefs, à l'attachement perfonnel des leudes ou comtes aux feigneurs puiffants, il étoit inutile d'aller chercher dans la Germanie, des ufages déja établis dans les Gaules.

Lorfque Jules - Céfar parle des chefs ou princes gaulois, il parle auffi de leurs comtes. Il nous repréfente ces fideles plus foumis, plus vaffaux, fi on peut l'être fans fief, & d'une maniere plus précife que ne fait Tacite dans l'Allemagne. On peut comparer les deux textes.

Mais je ne m'arrèterai point à une differtation de curiofité frivole. Je ne faurois regarder d'un autre œil, la re-

cherche de toute vérité, dont la découverte n'apporte aucun bien réel à la fociété.

Je n'entends pas placer dans ce rang la difcuffion des particularités du gouvernement qui fut établi lors de la naiffance de la monarchie. Cet article est intéreffant; il fert à faire connoître quels font les droits de la couronne, & quels font les droits des fujets. On doit un fentiment de reconnoiffance aux foins de l'auteur de l'*Esprit des loix*. Il a fait fentir les excès dans lefquels tomboient les deux fystèmes donnés au public dans notre fiecle. Il falloit une étude auffi profonde, des lumieres auffi perçantes, pour développer le faux de l'un & de l'autre. Lui feul y pouvoit allier ces traits d'efprit & de feu qui le caractérifent, & qui diffipent la féchereffe & l'ennui de ces matieres. Je rends avec joie ce témoignage à un auteur, dont je ne ceffe d'admirer le génie. (D. F.)

PROTEST, f. m., *Jurifpr.* Le *protest* est un acte folemnel fait à la requête du propriétaire de la lettre de change ou du porteur de la lettre, au nom & comme procureur du propriétaire, pour conftater le refus que fait celui fur qui est tirée, de l'accepter ou de payer. Il y a donc deux *protest* ; l'un faute d'accepter, l'autre faute de payer.

Le *protest* doit être fait par deux notaires ou par un notaire affifté de deux témoins, ou par un huiffier ou fergent, affifté pareillement de deux témoins, lefquels doivent fe tranfporter au domicile de celui fur qui la lettre eft tirée, pour y faire l'acte de *protest*, dont ils doivent lui laiffer une copie.

Cet acte contient, 1°. une fommation qui est faite par le porteur de la lettre à celui fur qui elle est tirée, de payer ladite lettre, ou de l'accepter, fi c'est feulement *protest* faute d'acceptation. 2°. Une mention de la réponse, ou du silence de celui à qui elle est faite, qu'on prend pour refus, & une protestation de la part du porteur de la lettre de se pourvoir en conséquence de ce refus contre qui il appartiendra pour ses dommages & intérêts, même de prendre à change & rechange la somme portée par la lettre.

La lettre de change avec les ordres doit être transcrite dans l'acte de *protest*. S'il y a des signatures en blanc au dos de la lettre, il en doit être fait mention. Il est nécessaire que l'accepteur ait connoissance de toutes ces choses pour savoir quelle est la lettre dont on lui demande le paiement; & à qui elle est payable.

L'acte doit aussi contenir le nom & le domicile des témoins qui doivent signer avec l'huissier ou le notaire, l'acte de *protest*. On doit laisser à la partie une copie de tout, signée de l'huissier & des recors.

Quelquefois le tireur de la lettre de change indique, à défaut de paiement par celui sur qui elle est tirée, une autre personne du même lieu qui l'acquittera; ce qui se fait par ces termes qui se mettent au bas de la lettre : *en cas de besoin, chez un tel*; on demande si en ce cas le porteur est tenu de faire le *protest* de la lettre, non-seulement à celui sur qui elle est tirée, mais encore à la personne indiquée, ou du moins de constater par quelque acte qu'il s'est présenté chez elle? Il me semble que c'est à ceux par qui le tireur a déclaré que la lettre seroit payée; ce qui comprend la personne indiquée en cas de besoin, aussi-bien que celle sur qui la lettre est tirée. Si le tireur s'oblige à faire compter la somme, le porteur s'oblige de son côté de l'aller recevoir, puisque cette dette est une dette requé-

rable; & il est évident que le porteur ne remplit pas en entier son obligation de requérir le paiément de la lettre, lorsque deux personnes lui ayant été indiquées pour recevoir le paiement, & le paiement lui ayant été refusé par l'une de ces personnes, il ne s'est pas présenté à l'autre. Par la nature de la lettre de change, le tireur ne s'oblige à la garantie de la lettre qu'au cas où il ne dépendroit pas du porteur de la recevoir : or on ne peut pas dire qu'il n'a pas dépendu de lui, tant qu'il ne s'est pas présenté à la personne qui lui a été indiquée.

Lorsqu'après un *protest* faute d'acceptation de la lettre de la part de celui sur qui la lettre est tirée, un tiers est intervenu qui a accepté la lettre pour l'honneur du tireur ou de quelque endosseur, tous conviennent qu'à l'échéance du terme de grace, le *protest* doit se faire non-seulement à celui sur qui la lettre est tirée, qui a refusé de l'accepter, mais encore au tiers qui l'a acceptée par honneur. On m'a allégué une mauvaise raison de différence, qui est que celui qui a accepté par honneur, s'est rendu débiteur de la lettre; au lieu que celui qui a été indiqué pour en recevoir de lui le paiement, n'en est pas débiteur. Cette raison est mauvaise; car lorsque je fais à quelqu'un un *protest* de ma lettre de change, ce n'est qu'en sa seule qualité de personne indiquée pour me la payer, & non pas en la qualité de débiteur de la lettre que je lui fais ce *protest*. Celui sur qui la lettre est tirée, lorsqu'il ne l'a pas acceptée, n'est pas envers moi débiteur de la lettre de change, ce n'est que dans la seule qualité qu'il a de personne indiquée pour la payer, que mon *protest* lui est fait.

Le *protest* se fait, soit que celui sur

qui la lettre eft tirée refufe de l'accepter, foit qu'après l'avoir acceptée, il refufe à l'échéance de la payer.

Le *proteft* qui fe fait faute d'acceptation, fe fait avant l'échéance de la lettre; celui fur qui elle eft tirée, n'eft pas à la vérité tenu de payer avant l'échéance, mais il eft tenu d'accepter, s'il y a des fonds appartenans au tireur, ou s'il s'eft engagé envers le tireur de l'accepter.

Le *proteft* faute de paiement fe fait lorfque celui fur qui la lettre eft tirée refufe de la payer à fon échéance. Le porteur doit en ce cas faire ce *proteft*, foit que la lettre ait été acceptée, foit qu'elle ne l'ait pas été, & quoiqu'il l'ait déja fait faute d'acceptation.

Sur le tems auquel ce *proteft* doit être fait, il faut diftinguer les différentes efpeces de lettres de change.

Lorfque la lettre a une échéance, comme lorfqu'il eft dit: *Vous payerez le* 10 *Octobre prochain*, ou bien, *à une ufance*, *à deux ufances*, &c. ou bien lorfqu'il eft dit, *à tant de jours de vue*, en ces cas, *les porteurs de lettres feront tenus de les protefter dans dix jours après celui de l'échéance*. Le jour de l'échéance de la lettre n'eft pas compté dans ces dix jours. Au refte, ce tems de dix jours eft continu, & les jours de dimanches & de fêtes qui s'y rencontrent y font compris.

Lorfque le dixieme jour fe trouve être un jour de dimanche ou de fête, même folemnelle, fût-ce le jour de Pàques, on peut faire le *proteft* ce jour, nonobftant la révérence du jour: on permet auffi en ce cas de le faire la veille; & fi la réponfe au *proteft* porte un refus abfolu de payer, ou fi celui à qui la lettre eft proteftée n'eft pas trouvé chez lui, le porteur n'eft pas obligé de retourner chez lui; mais s'il répond

qu'il payera le lendemain, ou même s'il répond qu'il attend nouvelle pour fe décider, le porteur doit y retourner le lendemain, jour de l'échéance; & s'il paie, le *proteft* qui lui a été fait la veille de l'échéance fera aux frais du porteur; car il doit jouir du tems entier des dix jours, & il n'eft pas en retard lorfqu'il paie le jour de l'échéance. Lorfque le porteur, fur la réponfe faite au *proteft* de la veille, eft retourné le lendemain jour de l'échéance, fans avoir été payé, il eft d'ufage qu'il faffe ce jour un fecond *proteft* pour conftater qu'il eft retourné, & le refus de payer.

Suivant les loix de plufieurs Etats d'Allemagne, lorfque le jour auquel doit être fait le *proteft* fe trouve être un jour de dimanche, on ne peut le faire que le lendemain.

Cet ufage qu'on ne puiffe faire le *proteft* que le dernier des dix jours, a été favorablement établi en faveur du tireur & de l'accepteur; afin que le tireur en faifant remettre des fonds, & l'accepteur en trouvant de l'argent pendant ce tems, puiffent éviter le *proteft*; c'eft pourquoi ce terme de dix jours eft appellé un terme de faveur & de grace.

Quoique la lettre n'ait été endoffée au porteur que depuis fon échéance, dans le tems des dix jours de grace, le jour auquel fe doit faire le *proteft* n'eft pas pour cela prorogé.

A l'égard des lettres payables à vue, il n'y a aucune loi qui regle le tems dans lequel le porteur eft tenu de les préfenter & de protefter faute de paiement. Il paroîtroit équitable qu'il dût le faire dans un tems qui feroit laiffé à l'arbitrage du juge, & qu'il ne devroit pas, en tardant un trop longtems, faire courir au tireur les rifques de l'infolvabilité qui peut furvenir dans celui fur qui la lettre eft tirée.

Si par quelque force majeure & imprévue, le *proteft* n'avoit pu fe faire le jour auquel il doit être fait, le défaut de *proteft* dans ledit jour ne feroit pas déchoir le propriétaire de la lettre de fes actions en garantie; car on ne peut jamais être obligé à l'impoffible, *impoffibilium nulla obligatio eft. L.* 185. *ff. de R. J.* Il n'eft néanmoins relevé de ce défaut, qu'à la charge que le *proteft* foit fait depuis, dans un tems dans lequel le juge eftimera qu'il a pu depuis être fait, lequel tems doit être laiffé à l'arbitrage du juge.

Il ne fuffit pas d'avoir fait le *proteft*, il faut pourfuivre en conféquence le tireur & les endoffeurs.

Si le débiteur étoit affez mal-honnête homme pour dire que la lettre ne lui a pas été renvoyée, ou qu'elle ne l'a été qu'après les délais expirés, il eft dans l'ufage en ce cas d'admettre la preuve du renvoi de la lettre par les livres de la partie qui a renvoyé la lettre.

Ce qui me paroit fouffrir beaucoup de difficulté, car il peut fort bien arriver que le porteur de la lettre, à qui je l'ai endoffée, ait écrit fur fon livre qu'il m'a renvoyé un tel jour la lettre de change, parce qu'il comptoit effectivement me la renvoyer, & que néanmoins par oubli il ne me l'ait pas renvoyée : eft-il jufte que n'ayant pas reçu la lettre, & n'ayant pu par conféquent faire de mon côté mes diligences contre le tireur ou le précédent endoffeur, je fouffre de la négligence du porteur de la lettre à laquelle je n'ai pu parer? Au lieu que dans le cas auquel ce feroit moi qui nierois contre la vérité avoir reçu la lettre, le porteur doit s'imputer d'avoir fuivi ma foi en me renvoyant la lettre & le *proteft* dans

une miffive, au lieu de me le dénoncer judiciairement.

Lorfqu'on en vient à l'affignation, elle doit être faite à la requête du propriétaire de la lettre de change; elle ne feroit pas valablement faite à la requête du porteur de la lettre, mandataire de ce propriétaire, quoiqu'il puiffe faire le *proteft* pour le propriétaire de la lettre.

Le tems dans lequel on agit en garantie eft de quinzaine, lorfque les perfonnes font domiciliées dans les dix lieues de l'endroit où la lettre étoit payable; & lorfque leur domicile en eft plus éloigné, on ajoute au délai de quinzaine, un jour par cinq lieues au-delà des dix lieues pour lefquelles le délai de quinzaine eft donné.

Les délais à l'égard des perfonnes domiciliées en Angleterre, Flandre ou Hollande, font de deux mois; de trois pour l'Italie, l'Allemagne & la Suiffe; de quatre pour l'Efpagne, & de fix pour le Portugal, la Suede & le Danemarck. Ce délai eft compté du lendemain du *proteft* jufqu'au jour de l'action en garantie inclufivement.

La peine du propriétaire de la lettre de change lorfque lui ou le porteur fon mandataire a manqué d'en faire le *proteft* dans le tems réglé par la loi, ou lorfqu'après l'avoir fait, il a manqué d'agir en garantie contre le tireur & les endoffeurs dans le tems fixé par la loi, eft de porter lui-même l'infolvabilité de la perfonne fur qui la lettre eft tirée, & en conféquence d'être déchu de l'action qu'il a contre le tireur & les endoffeurs, pour la répétition de la fomme qu'il a donnée pour la lettre de change.

Cette peine eft une fuite de l'obligation que contracte le porteur à qui la lettre eft fournie envers le tireur qui la lui fournit, de préfenter la lettre à l'échéance à celui fur qui elle eft tirée, & d'avertir le tireur du refus qu'on fait de la payer, afin que le tireur puiffe prendre fes mefures pour la faire ac-quitter. Le porteur qui manque à cette obligation, eft tenu des dommages & intérêts qu'en fouffre le tireur : ces dommages & intérêts confiftent en ce que le tireur fouffre de l'infolvabilité de celui fur qui la lettre eft tirée, par rap-port aux fonds qu'il lui avoit remis pour l'acquittement de la lettre de chan-ge qu'il auroit peut-être pû retirer, s'il eût été averti. La réparation de ces dommages & intérêts confifte à faire porter au propriétaire de la lettre cette infolvabilité à la place du tireur, en lui déniant tout recours contre le ti-reur pour la valeur de la lettre, fauf à s'en faire payer comme il pourra par celui fur lequel la lettre eft tirée, contre lequel il exercera les droits du tireur.

Pour que cette peine ait lieu, & pour que le tireur & les endoffeurs foient admis dans la fin de non recevoir con-tre la demande du propriétaire de la lettre réfultante du défaut de *proteft* ou de pourfuites dans le tems, il faut qu'ils juftifient dans le tems qui leur fera fixé par le juge, que celui fur qui la lettre étoit tirée, avoit provifion au tems auquel la lettre a dû être proteftée, ou leur étoit alors redevable du montant de la lettre.

La raifon eft que le tireur qui n'a point remis de fonds, & n'eft point créancier de celui fur qui la lettre eft tirée, ne pouvant rien fouffrir de fon infolvabi-lité, ni par conféquent du défaut de *proteft*, ou de dénonciation de *proteft*, il ne peut pas fe plaindre de ce défaut; ni, fous prétexte de ce défaut dont il n'a rien fouffert vis-à-vis de celui fur qui la lettre eft tirée, fe difpenfer de

rendre la valeur de fa lettre qui n'a point été acquittée.

Cette décifion a lieu, foit que celui fur qui la lettre eft tirée, l'ait accepté ou non; car par fon acceptation, il fe rend bien débiteur envers ceux à qui la lettre eft payable, mais non envers le ti-reur qui ne lui en a pas remis les fonds.

Lorfque la lettre n'a pas été acceptée, les endoffeurs, pour pouvoir tirer une fin de non-recevoir du défaut de *pro-teft*, ou de dénonciation de *proteft* con-tre l'action de garantie du propriétaire de la lettre, font pareillement tenus de juftifier qu'au tems auquel la lettre a dû être proteftée, celui fur qui elle étoit tirée avoit des fonds qui lui avoient été remis, foit par le tireur, foit par eux, ou qu'il leur étoit redevable ; faute de pouvoir juftifier cela, les endoffeurs qui n'auroient pu en ce cas avoir d'action contre celui fur qui la lettre eft tirée, pour l'obliger à acquitter la dette, ne peuvent rien fouffrir de fon infolvabilité ; & par conféquent ils ne peuvent alléguer que le défaut de *pro-teft* ou de dénonciation de *proteft*, leur ait fait aucun préjudice. Ils font de même que ceux qui tranfportent une créance, obligés de garantir le ceffion-naire, *debitum fubeffe*.

Je penfe qu'il en feroit autrement fi la lettre avoit été acceptée ; car celui fur qui elle eft tirée, s'en étant rendu, par fon acceptation, débiteur envers tous ceux à qui elle eft payable ; quoique le tireur ne lui eût pas remis de fonds, il ne laiffoit pas d'être redevable de cette lettre envers les endoffeurs à qui elle a été payable; lefquels ont par con-féquent action contre lui pour la faire acquitter, & avoient conféquemment intérêt que le refus de paiement leur fût dénoncé, pour pouvoir prendre con-tre lui leurs mefures. (P.O.)

PROTESTATION, f. f., *Jurifp.*, eft une déclaration que l'on fait par quelque acte contre la fraude, l'oppreffion ou la violence de quelqu'un, ou contre la nullité d'une procédure, jugement, ou autre acte ; par laquelle déclaration on protefte que ce qui a été fait ou qui feroit fait au préjudice d'icelle, ne pourra nuire ni préjudicier à celui qui protefte, lequel fe réferve de fe pourvoir en tems & lieu contre ce qui fait l'objet de fa *proteftation*.

Les *proteftations* fe font quelquefois avant l'acte dont on fe plaint, & quelquefois après.

Par exemple, un enfant que fes pere & mere contraignent à entrer dans un monaftere pour y faire profeffion, peut faire d'avance fes *proteftations*, à l'effet de reclamer un jour contre fes vœux.

On peut auffi protefter contre toute obligation que l'on a contractée, foit par crainte révérentielle, foit par force, ou par la fraude du créancier.

La *proteftation*, pour être valable, doit être faite auffi-tôt que l'on a été en liberté de la faire, ou que la fraude a été connue.

Une *proteftation* qui n'eft que verbale, ne fert de rien, à moins qu'elle ne foit faite en préfence de témoins.

Les *proteftations* que l'on fait chez un notaire, & que l'on tient fecrettes, méritent peu d'attention, à moins qu'elles ne foient appuyées de preuves qui juftifient du contenu aux *proteftations*.

On regarde comme inutiles celles qui font faites par quelqu'un qui avoit la liberté d'agir autrement qu'il n'a fait.

Par une fuite du même principe, toute *proteftation* & referve contraire à la fubftance même de l'acte où elle eft contenue, n'eft d'aucune confidération.

PROTHIMISEOS, *le droit de*, **D**roit *féodal*, étoit chez les Grecs, ce qu'a été chez les Romains, le *jus-gentilitium* : ce droit qui compétoit aux patriciens, aux perfonnes les plus qualifiées, de retirer & revendiquer les héritages qui avoient été poffédés & aliénés par ceux de leurs parens qui portoient le même nom, quel que fût le degré de confanguinité, & ce à l'exclufion du fils même : ce droit fe rapportoit uniquement à l'agnation.

Il eft donc différent de ce que nous avons appellé depuis *le traité lignager* : ce n'eft pas non plus le retrait féodal, que le roi, ou autre feigneur haut-jufticier, peut exercer en France, pour revendiquer les héritages vendus dans fa cenfive ou mouvance ; mais c'eft un droit que l'empereur Fréderic a rendu propre aux fiefs, & qu'il a accordé aux agnats, pour les mettre à portée de retirer un fief aliéné, auquel ils ont droit, même du vivant du vaffal vendeur, en rembourfant néanmoins l'acheteur. Cette conftitution a eu en vue la confervation des fiefs, & celle des familles nobles enfemble.

Lors donc que l'agnat exerce le droit de *prothimifeos*, il faut fe fouvenir qu'il eft obligé de reftituer à l'acquéreur le prix de fon acquifition, & par conféquent qu'il retire le fief du vivant du vaffal : le contrat de vente n'eft point anéanti ; il ne fe fait fuivant Balde, qu'un changement de perfonne : l'agnat eft fubftitué à la place du tiers acquéreur ; au lieu que fi l'agnat attend la mort du vaffal vendeur, par le droit qui lui compéte, il anéantit la vente totalement : le tiers acquéreur eft cenfé n'avoir jamais eu un droit réel : il n'a donc point de reftitution de prix à demander ; & c'eft par cette raifon, que le texte cité diftingue le cas où

Titius mourroit fans délaiffer d'enfans mâles, du cas où il en auroit; & celui où la reftitution du prix eft de droit, de celui où elle n'eft pas due: & conclut que, pour que l'agnat puiffe exercer le droit de retirer le fief fans reftitution de prix, il eft néceffaire que Titius foit mort, & qu'il ne délaiffe point d'enfans; car tant que Titius vit, fon droit exclut le droit de l'agnat; & s'il meurt délaiffant des enfans mâles, ceux-ci excluent de même l'agnat, dont le droit demeure encore en fufpens & fans activité.

Le texte ajoute enfuite que, fi Titius a des enfans, l'agnat peut retirer le fief en rendant le prix, foit qu'il vive, ou qu'il foit mort.

Ce texte paroît donc fe réfoudre en ces trois propofitions.

1°. Pour que l'agnat puiffe retirer le fief aliéné, *jure proprio*, & fans rendre le prix de la vente, il faut que le vaffal aliénant foit mort fans enfans: pendant fa vie, le contrat a toute fa force; fon droit n'eft encore dévolu à perfonne.

2°. L'agnat peut retirer le fief du vivant du vaffal aliénant, *jure prothimifeos*, par le bénéfice de la loi, en rendant le prix.

3°. Il peut exercer le même droit, fi le vaffal aliénant délaiffe des enfans mâles, qui n'exercent pas eux-mêmes le droit de révocation, foit qu'ils aient confenti à l'aliénation, foit qu'ils ne veulent point contrevenir aux difpofitions de leur pere.

Cette interprétation du texte cité, paroît conforme au fentiment de Cujas, qui dit: „ Le tiers acquéreur d'une „ portion de fief la poffédera *optimo* „ *jure*, pendant la vie du vaffal alié- „ nant: à la mort de celui-ci, le plus „ proche agnat la récupere contre l'ac-

quéreur de plein droit, & fans refti- „ tution de prix; fi le vaffal vendeur „ a un fils, l'agnat pourra exercer fon „ droit pendant la vie de ce fils"; il ne pourra donc dans ce dernier cas, qu'exercer le droit de *prothimifeos*, & reftituer le prix. *v.* RÉVOCATION.

Il ne fuffiroit pas à l'agnat de donner des gages ou des cautions: il faut offrir précifément la même fomme d'argent, que celle qui a été réellement payée: autrement l'acquéreur feroit doublement puni, par l'obligation où il feroit de déguerpir le fief, & par la privation de fes deniers; ce qui feroit injufte & contraire à toutes fortes de loix, à moins cependant qu'il n'y ait eu collufion entre le vaffal vendeur & l'acquéreur du fief, comme fi, par une vente fimulée, celui-ci paroiffoit avoir acheté le fief à un prix exhorbitant, afin d'éloigner les agnats, par l'impoffibilité où ils feroient d'en faire le rembourfement; auquel cas il faut avoir recours au juge, qui, en connoiffance de caufe, ordonne l'eftimation.

Mais fi le fief avoit été aliéné par le vaffal poffeffeur, à un titre purement lucratif pour l'acquéreur, c'eft-à-dire, fi le vaffal en avoit fait un don entrevifs, ou à caufe de mort, &c. dans ce cas, il femble que l'agnat ne feroit point recevable à exercer le droit de *prothimifeos*, lequel, par le texte féodal, paroît reftraint à la feule vente à prix d'argent, puifqu'il oblige expreffément l'agnat à une reftitution de prix: lors donc que le fief eft aliéné à un titre purement lucratif, l'agnat n'eft point fondé à le révoquer pendant la vie du vaffal aliénant; il faut qu'il attende fa mort.

Le droit de *prothimifeos*, ainfi reftraint à un feul genre d'aliénation, qui eſt la vente, doit être exercé dans l'an & le jour; paſſé lequel tems, l'action eſt preſcrite. Mais de quel jour cette année doit-elle courir ? Eſt-ce du jour du contrat, ou de celui de la tradition ? Comme l'action du retrait, qualifié de *prothimiſeos*, eſt accordée, par le bénéfice de la loi, à l'agnat, au moment même où l'acte de vente a été ſouſcrit, il paroît juſte & conſéquent que l'année du retrait coure auſſi de cet inſtant même : *Æquum enim eſt, ut ab eo tempore curſus computetur, à quo agendi facultas alicui conceditur*, dit la loi 1.. §. *Final. Cod. de Annal. except.* Cependant il eſt juſte auſſi que l'année du retrait ou du *prothimiſeos* ne ſoit continue, ſi l'agnat n'a pas pu avoir une connoiſſance certaine de la vente; ce qui ſe préſume des circonſtances, & dépend de l'arbitrage des juges : néanmoins, quoique l'ignorance ait été invincible, il n'eſt plus reçu, après trente ans, d'intenter l'action qui lui compéte en vertu de ce droit.

L'année, à commencer du jour du contrat, ne court pas non plus contre le pupile; mais elle court contre le mineur, quoique, pour cauſe de léſion, celui-ci puiſſe être reſtitué : cette propoſition a pour garant Balde, & ceux des docteurs qui ont ſuivi ſon opinion.

La preſcription dont il s'agit ici, peut-elle être interrompue par un acte extra-judiciaire ? Faut-il une aſſignation ? Ou même la litiſpendance eſt-elle néceſſaire ?

Pour interrompre la preſcription qui a lieu contre les actions annales, un ſimple acte extra-judiciaire ne ſuffit pas ; la règle eſt certaine : une aſſignation ſemble devoir produire plus d'effet; cependant il faut encore diſtinguer entre celles de ces actions qui ſont tem-

porelles par leur nature, & celles qui ne le ſont pas. Nous appellons avec Balde, une action temporelle par ſa nature, celle dont la durée eſt fixée par la loi même qui a introduit l'action; telle eſt l'action qui réſulte du droit du *prothimiſeos*, qui eſt reſtrainte à une année par la loi même qui l'a établi : c'eſt une action temporelle *ſui naturâ*, qui s'éteint au bout de l'année, ſi elle n'a pas été judiciairement intentée : il faut donc une litis-conteſtation pour interrompre la preſcription, qui eſt acquiſe de droit contre cette action, par le laps & le ſilence d'une année.

Mais le droit de *prothimiſeos* eſt-il déféré à tous les agnats ſucceſſivement & graduellement, c'eſt-à-dire, aux plus éloignés, à défaut des plus proches ? Ce qu'on appelle en droit *ſucceſſorium edictum*, a-t-il lieu entr'eux ? Si le plus proche agnat ne veut ou ne peut uſer de ce droit, eſt-il déféré à celui qui eſt d'un degré plus éloigné, & ainſi de ſuite ? Pluſieurs feudiſtes célébres ont été de ce ſentiment, fondés ſur différens textes féodaux, qui leur ſemblent clairs à cet égard, & en particulier ſur la conſtitution de l'empereur Fréderic, rapportée par Cujas *in fin. liv. 5. Juris Feud.* Cependant comme, en matiere féodale, il eſt permis d'avoir recours au raiſonnement, à défaut d'une diſpoſition claire, & que ce n'eſt pas ici le cas de dire *erubeſcimus ſine lege loqui*, nous oſons combattre cette opinion par un raiſonnement qui paroît ſans replique. Il eſt indubitable que le plus proche agnat, quand même il ne voudroit pas exercer, du vivant du vaſſal vendeur, ſon droit de retrait ou de *prothimiſeos*, en rembourſant le prix de la vente, auroit après la mort de ce vaſſal vendeur, un autre droit de révocation à exercer, qui lui compéte par le droit d'agnation, d'agnation, fans être tenu à aucune reftitution de prix : fi donc, à fon défaut, un autre agnat d'un degré plus éloigné, exerçoit, du vivant du vaffal vendeur, le droit de retrait ou de *prothimifeos*, & qu'après la mort de celui-ci, l'agnat le plus prochain révoquoit le fief en vertu de fon droit d'agnation, quel avantage auroit eu l'agnat le plus éloigné ? Le droit de retrait ne lui tomberoit-il pas en pure perte ? Il auroit rembourfé le prix de la vente, ce qui eft indifpenfable en matiere de retrait, par droit de *prothimifeos*, ainfi qu'il a été obfervé, & fe verroit privé du fief, fans avoir aucune action à exercer pour la reftitution de ce prix. Le droit de *prothimifeos*, qui eft un privilége introduit en faveur de l'agnat le plus prochain, deviendroit donc une loi pénale & onéreufe pour l'agnat le plus éloigné : ce feroit une loi abfurde, & par conféquent elle eft impoffible. Ce privilége, ce droit, eft donc néceffairement reftraint à la perfonne du plus proche agnat ; en quoi il differe encore notablement du retrait lignager, pour lequel le *fuccefforium edictum* a lieu, & qui eft déféré au parent plus éloigné, fi le plus proche refufe de l'exercer. (P.O.)

PROTOCOLE, f. m., *Jurifpr.*, chez les Romains étoit une écriture qui étoit à la tête de la premiere page du papier, dont les tabellions de Conftantinople étoient obligés de fe fervir pour écrire leurs actes. Ce *protocole* devoit contenir le nom du comte des facrées largeffes, *comes facrarum largitionum*, qui étoit comme les intendans des finances. On marquoit auffi dans ce *protocole* le tems où le papier avoit été fabriqué, & quelques autres chofes femblables. Il étoit défendu aux tabellions par la nouvelle 44, de couper ces *protocoles*,

Tome XI.

& enjoint à eux de les laiffer en leur entier.

Aujourd'hui on entend généralement par *protocole* les regiftres dans lefquels les notaires tranfcrivent leurs notes ou minutes.

On appelle auffi *protocole*, mais improprement, les ftyles & modeles d'actes de pratique. *v.* MINUTE *&* NOTAIRE.

PROTONOTAIRE, f. m., *Jurifp. & Droit can.*, fignifie proprement le *premier des notaires* ou fecrétaires d'un prince ou du pape. C'eft ainfi qu'on appelloit autrefois le premier des notaires des empereurs.

Les *protonotaires* apoftoliques font des officiers de cour de Rome qui ont un degré de prééminence fur les autres notaires ou fecrétaires de la chancellerie romaine ; ils furent établis par le pape Clément I. pour écrire la vie des martyrs. Il y a un college de douze *protonotaires* qu'on appelle *participans*, parce qu'ils participent aux droits des expéditions de la chancellerie ; ils font mis au rang des prélats, & précedent même tous les prélats non confacrés. Mais Clément II. régla qu'ils n'auroient rang qu'après les évèques & les abbés : cependant les notaires participans ont rang devant les abbés ; ils affiftent aux grandes cérémonies, & ont rang & féance en la chapelle du pape ; ils portent le violet, le rochet & le chapeau, avec le cordon & bord violet ; ils portent fur leur écu le chapeau, d'où pendent deux rangs de houpes de finople une & deux. Leur fonction eft d'expédier dans les grandes caufes les actes que les fimples notaires apoftoliques expédient dans les petites, comme les procès-verbaux de prife de poffeffion du pape ; ils affiftent à quelques confiftoires, & à la canonifation des faints, & rédigent par écrit ce qui fe fait & fe dit

A a a a

dans ces affemblées; ils peuvent créer des docteurs & des notaires apoftoliques, pour exercer hors de la ville. Ceux qui ne font pas du corps des participans portent le même habit, mais ne jouiffent pas des mêmes privileges.

Il y a auffi un *protonotaire* de Conftantinople, qui eft le premier des notaires ou fecrétaires du patriarche. Voyez le *Gloffaire* de Ducange, au mot *notarius*.

PROTUTEUR, f. m., *Jurifpr.*, eft celui qui n'étant pas tuteur d'un pupille ou mineur, a geré & adminiftré fes affaires en qualité de tuteur, foit qu'il crût être chargé de tutelle, ou qu'il fût ne l'être pas.

Celui qui époufe une veuve tutrice de fes enfans, devient leur *protuteur*.

Cette queftion produit les mêmes actions refpectives que la tutelle. Voyez au digefte, *l. XXVII. tit.* 5.

PROVÉDITEUR, f. m., *Droit public de Venife*, magiftrat de la république de Venife. Il y a deux fortes de *provéditeurs* dans cette république; le *provéditeur* commun, & le *provéditeur* général de mer. Le *provéditeur commun* eft un magiftrat affez femblable dans fes fonctions à l'édile des Romains. Le *provéditeur de mer* eft un officier dont l'autorité s'étend fur la flotte lorfque le général eft abfent. Il manie particulierement l'argent, & paie les foldats & les matelots, dont il rend compte à fon retour au fénat. Sa charge ne dure que deux ans, & fa puiffance eft partagée de telle forte avec le capitaine général de la marine, que le *provéditeur* a l'autorité fans la force, & le général a la force fans l'autorité.

PROVENCE, *Droit public*, en latin. *Provincia, Gallo-Provincia*; province de France, bornée au nord par le Dauphiné; au nord-eft par le Piémont; à

l'eft par le Var & le comté de Nice; au fud par la mer Méditerranée; & à l'oueft par le Rhône qui la fépare du Languedoc. Sa longueur, depuis le Var jufqu'à l'extrêmité de la Camargue, eft de 43 grandes lieues, & fa largeur, depuis les ifles d'Hiers jufqu'au village de Sauze, de 34; ce qui peut être évalué, d'après les cartes de l'académie des fciences de Paris, à 800 grandes lieues quarrées. Sa forme eft affez irréguliere; & fon nom vient de deux mots latins *pro* & *victa* (*pour vaincue*) qui défignent la dépendance, ou le joug que les Romains impofoient aux pays qu'ils avoient fubjugués par les armes, en les affujettiffant aux loix de la république, au tribut, &c. ce qui s'appelloit *réduire en forme de province*. Mais la Gaule Narbonnoife, dont ce gouvernement faifoit la meilleure partie, fut fimplement dite *Provincia*, tant pour la diftinguer de la Gaule cis-alpine dite *Togata*, que parce que c'étoit la province par excellence, chérie des Romains, qui la regardoient comme une autre Italie, fuivant l'expreffion de Pline, liv. 3. chap. 4.

Le gouvernement de *Provence* eft compofé des comtés réunis de *Provence* & de Forcalquier, du comté Venaiffin, & de ce qu'on appelle *terres adjacentes*, difperfées par tout le pays, & poffédées jadis par des feigneurs particuliers, qui n'aïant point voulu dépendre des comtes de *Provence*, relevoient immédiatement de l'Empire; ce qui fait, qu'encore aujourd'hui elles ne font point partie des Etats du pays; & le roi, dans fes lettres à cette province, prend le titre de *comte de Provence, de Forcalquier & des terres adjacentes*.

Pour l'adminiftration de la juftice, il y a dans ce gouvernement un parlement érigé à Aix en 1501, par lettres patentes du roi Louis XII. & compofé d'une grand'chambre , d'une chambre de la tournelle, d'une chambre des enquêtes & requêtes du palais , d'une chambre des eaux & forêts , & d'une chancellerie; douze sénéchaussées royales siégeantes à Aix , Draguignan , Digne, Forcalquier, Arles , Marseilles , Hières , Toulon , Grasse , Brignolles , Sisteron, Castellane, & ressortissantes nuement & sans moyen au parlement, ainsi que les six jurisdictions d'Appeaux de Carces, Grignan , Grimauld , le Martigues , les Beaux & Sault; 2 jurisdictions de prud'hommes , qui jugent souverainement & sans appel, l'une à Marseilles & l'autre à Toulon ; & 26 judicatures royales, établies dans les villes ou bourgs d'Apt , Annot, Antibes, Aulps, Barcellonnette, Barjols, Barème , Colmars , Correns , Cuers Entrevaux, Fréjuls, Gardane , Guilleaume , Lorgues , le Martigues , les Mees , Moutiers, Pertuis , Peyruis , Seillon, Seyne , St. Maximin , St. Paul-de-Vence , S. Remy & Tarascon : l'appel en est porté en premiere instance à l'une ou à l'autre des 12 sénéchaussées ; & dans toute l'étendue de ces divers tribunaux, on juge les procès selon les ordonnances des rois de France , & selon les loix romaines.

Pour la finance & l'administration économique, ce pays est réparti en 25 districts , la plûpart connus sous le nom de *vigueries*, du mot latin *vicaria* ou *vicarius* , *viguier* proprement prévôt ordinaire, chatelain ou vicomte ; & ces districts sont les vigueries d'Aix, Annot, Apt, Aulps , Barjols , Brignolles , Castellane , Colmars , Digne , Draguignan , Forcalquier , Grasse , Hieres , Lorgues , Moustiers , Seyne , Sisteron, S. Maximin , S. Paul, Tarascon & Toulon ; les vallées de Barcelonnette & de Barreme, les terres adjacentes & le comté de Sault. La *Provence* avoit d'ailleurs,

ci-devant , ses Etats particuliers , composés des trois ordres , du clergé , de la noblesse & du tiers-Etat , qui s'assembloient régulierement tous les ans , pour délibérer & statuer sur le répartition des deniers publics , & l'acquittement des charges & impôts; mais leur derniere tenue, convoquée à Aix en 1639 , ayant occasionné du tumulte, S.M. donna ses ordres pour que déformais ils fussent suspendus , jusqu'à ce qu'elle trouveroit à propos de les rétablir. Dèslors on a suppléé à leurs défauts par des assemblées - générales , qui sont convoquées toutes les années par ordre du roi, & qui se tiennent, depuis quelque tems , dans la ville de Lambesc , à 3 grandes lieues d'Aix. Elles sont également compoées des 3 ordres de la province, le clergé représenté par 2 évêques, qui ont la qualité de procureurs-joints du pays pour le clergé ; la noblesse, dont la classe est très considérable, représentée par 2 gentils - hommes , qui ont la qualité de procureurs-joints du pays pour la noblesse ; le tiers-Etat représenté par les députés tant des cheflieux des vigueries, que de 15 autres communautés, qui y ont voix & suffrage. Ces assemblées ne peuvent avoir lieu qu'en présence d'un commissaire, nommé par le roi pour les autoriser ; & l'archevêque d'Aix y préside, ou en son absence le plus ancien des prélats. Quand une fois il y a été statué sur les deniers du roi & sur ceux du pays, chaque ville, chaque village, chaque communauté fait librement son imposition particuliere, sur les contribuables de son ressort, sans l'intervention d'aucune commission, ni d'aucun commissaire, & à raison de tant par feu , & par florin, qui est une fraction de feu. Le roi ne prend aucune connoissance de ce que la province impose , pourvû qu'on lui accorde ce qu'il de-

Aaaa 2

mande ; & le tréforier ne rend jamais fes comptes , qu'aux affemblées générales , qui ont toute l'autorité néceffaire , pour juger du bon & du mauvais emploi , qu'il a fait des revenus publics ; au lieu que dans plufieurs autres pays d'Etats , les receveurs font tenus de rendre compte au roi. Outre les affemblées générales , il en eft d'intermédiaires , qui ont lieu , quand il arrive des affaires imprevues , auxquelles il eft néceffaire de pourvoir promptement par une autorité fuffifante.

Pour la police , il y a en *Provence* un intendant & 36 fubdélégations, qui contiennent les unes plus , les autres moins de communautés ; & pour le fpirituel , on y compte 16 diocefes, qui ont pour chefs-lieux Aix , Apt , Arles , Avignon , Carpentras , Cavaillon , Digne , Fréjuls, Glandèves , Graffe , Marfeille , Riez , Senès , Sifteron , Toulon & Vence , indépendamment des paroiffes dépendantes des diocefes de Die , Embrun , Gap , Orange & S. Paul-trois-chateaux, dont les fiéges refpectifs font en Dauphiné. (D. G)

PROVIDENCE, f. f. , *Morale*. On entend par ce mot l'acte par lequel Dieu conferve le monde , & en dirige tous les événemens d'une maniere conforme aux vues pour lefquelles il a fait exifter les êtres qui le compofent. On a diftingué deux actes dans la *Providence*, quand on a voulu donner la théorie de cet objet, l'un eft celui qui conferve l'exiftence de cet univers ; l'autre eft celui qui regle les mouvemens particuliers des individus qui le compofent. Par le premier, l'univers continue d'être ce qu'il fut au commencement; les corps céleftes continuent à fe mouvoir felon les regles auxquelles ils furent affujettis à cet égard , au moment de leur création; les faifons fe fuivent dans un ordre fixe, qui réfulte de ce mouvement reglé des af-

tres; les générations des végétaux & des animaux fe fuccedent fans interruption; les claffes, les genres, les efpeces des êtres fubfiftent fans extinction; & chaque forte d'être en général conferve fes qualités, fes facultés, fes rapports, & fes mouvemens propres : ainfi tout continue à exifter dans la fucceffion réguliere des êtres & des événemens. Par le fecond des actes de la *Providence*, les êtres pris individuellement, foit moraux, foit phyfiques , mais dépendans de l'action des êtres moraux , ou pouvant influer fur eux, font dirigés dans leurs actions particulieres , de maniere à ne jamais troubler l'ordre général , & à ne jamais empêcher que chaque individu ne rempliffe tôt ou tard fa deftination, & ne contribue felon fa nature au plus grand bien des êtres perfectibles.

Telle eft la théorie commune du dogme de la *Providence*. On diftingue en conféquence cet acte de Dieu en *Providence générale* , & en *Providence particuliere*. La premiere ne s'occupe qu'à maintenir le fyftême général du monde, envifagé comme un compofé purement phyfique , & empêche qu'il ne s'y introduife quelque défordre, qui feroit une fource de deftruction. La feconde s'occupe de la perfection & du bonheur des êtres moraux , en dirigeant tous les événemens particuliers de la maniere la plus propre à conduire à la perfection & au bonheur des êtres intelligens, pour lefquels feuls les êtres corporels ont reçu l'exiftence ; mais elle dirige ces événemens de façon à ne jamais contredire la nature effentielle des agens capables de moralité , comme feroit par exemple un acte de la *Providence* qui détruiroit la liberté des êtres raifonnables , qui les affujettiroit à un méchanifme incompatible avec le choix & les déterminations libres de la volonté.

Quoique les personnes les plus sensées se servent du langage que nous venons d'employer, en parlant de la *Providence*, pour exprimer ce qu'elles pensent de cet acte de Dieu ; ce n'est pas que ceux d'entre les hommes les plus éclairés aient réellement dans l'esprit que la *Providence* générale & la *Providence* particuliere soient deux actes de Dieu, effectivement distincts & séparés, qui puissent subsister l'un sans l'autre. Dans l'esprit infini, il n'y a point d'abstraction ; le général pour lui n'est que la réunion de tous les individus ; chacun d'eux lui est présent, & c'est le concours de tous les individus qui constitue la généralité. Une loi générale est une loi à laquelle il a soumis chaque individu pris à part, puisqu'il n'en existe aucun qui soit tel être en général ; mais chaque être particulier est un tout existant, qui n'agit que selon les regles particulieres qui lui sont appliquées expressément, personnellement, individuellement ; regles qui dans chaque être sont modifiées par sa nature, son état, ses relations & sa destination : or cette nature, cet état, ces relations, cette destination, sont variées & différentes dans chaque individu ; chacun d'eux est déterminé à être lui-même, & non un autre : il ne sauroit donc y avoir de *Providence* générale, si son action ne s'applique pas à chaque individu en particulier ; elle seroit une *Providence* en idées, qui ne s'appliqueroit à rien. Il est impossible de concevoir ce que les philosophistes, ou philosophes modernes, ennemis de la religion, entendent par cette *Providence* générale, qui exclut la *Providence* particuliere, & comment Dieu se bornant à régler le monde en général, ne fait nulle attention aux individus, & ne leur fait nulle application particuliere des regles auxquelles il a

dû vouloir les assujettir, en leur assignant leur destination, & en déterminant leurs relations.

S'il est une *Providence*, elle est certainement l'acte par lequel Dieu dirige tous les événemens d'une maniere qui tende de près ou de loin, à ce que chaque être individuel remplisse sa destination, & parvienne tôt ou tard au but de son existence, d'une maniere assortie à sa nature & à ses relations.

Qu'il y ait une *Providence*, c'est ce qui découle nécessairement de l'existence d'une cause premiere, intelligente & parfaite. Quelle perfection, quelle sagesse découvririons-nous dans la cause premiere, qui n'auroit fait que créer le monde, pour l'abandonner ensuite à une aveugle impulsion, sans y prendre plus aucun intérêt ? Il paroîtroit que la création n'a été en Dieu qu'un acte nécessité & involontaire, tel que l'accouchement d'une femelle enceinte, qui se décharge d'un poids incommode, & qui craignant des soins pénibles trop considérables pour sa paresse ou son impuissance, abandonne avec cruauté son fruit. Si c'est là le Dieu des philosophistes, ils ont raison de ne lui rendre aucun culte, de lui refuser leurs hommages ; autant vaudroit pour eux qu'il n'existât pas. Mais le Dieu du philosophe, ayant amené à l'existence des êtres divers, assujettis les uns aux autres, capables par la combinaison de leurs mouvemens & de leurs actions, de produire différens effets, il les conduit & les dirige chacun d'une maniere assortie à leur nature propre : des causes physiques agissent sur les êtres physiques ; des causes morales sont adaptées à la nature des êtres moraux, pour déterminer leurs actions sans détruire leur liberté. Le Créateur agit envers eux comme un Pere, un Conseiller, un souverain Juge ; c'est là ce qui feul rend intéreffante l'exiftence d'un Dieu; c'eft là ce qui feul porte le fage à aimer la religion, & qui en même-tems détermine le philofophifte orgueilleux & rebelle à la rejetter avec audace. *v.* ATHÉE.

Si parmi ceux qui nient une *Providence,* il y en a qui paroiffent ne pas être déterminés par le vice de leur cœur à prendre ce parti, ils le prennent par la fuite d'une erreur affez commune, qui confifte à croire que Dieu a de la peine quand il gouverne le monde; & qu'aimant le repos, il ne veut pas fe fatiguer par l'attention & les foins qu'exigeroit le gouvernement de ce monde. Ils ont mieux aimé fe figurer que le Créateur a conftruit ce monde comme une machine faite pour aller toute feule quand une fois elle eft montée, afin qu'on n'ait pas la peine faftidieufe d'y jetter fouvent un coup-d'œil & d'en diriger l'action. De la réalité de ce fyftème, il réfulteroit que ce monde feroit foumis à une marche, dans toutes fes parties, auffi méchanique, auffi invariable & uniforme dans chaque révolution fucceffive, auffi néceffaire & deftructive de toute liberté & de tout choix, que l'eft la marche d'une pendule, ou de tout autre mouvement d'horlogerie affujetti à l'impulfion d'un reffort : mais peut-on fuivre avec un peu d'attention le détail fucceffif des événemens intéreffans de ce monde, fans appercevoir la fauffeté de cette fuppofition? Peut-on réfléchir fur les perfections effentielles à la caufe première, & ne pas fentir la fauffeté de l'idée de ceux qui penfent que Dieu ne peut fans fatigue, faire attention à l'état & aux befoins des individus moraux, ni fans peine diriger les événemens d'une maniere affortie à fes vues fur eux ? S'il exifte un Dieu, il eft l'Etre tout-parfait, intelligent,

préfent par-tout, tout-puiffant, fouverainement fage; il eft notre Créateur, notre Confervateur, notre Bienfaiteur, notre Légiflateur, & fera notre Juge. Ce font ces divers actes qui annoncent ces rapports divers avec nous, qui conftituent les actes de la *Providence.* Que la fecte philofophifte de nos jours, prouve qu'il feroit indigne de Dieu & contradictoire avec les perfections de la caufe première, que cet Etre fuprème remplît ces diverfes fonctions; qu'ils prouvent qu'il eft faux que Dieu les ait remplies, les rempliffe, & les veuille remplir dans la fuite ; alors convaincus par l'évidence de leurs démonftrations, nous dirons avec eux, que Dieu n'eft ni l'Etre parfait, ni le Confervateur, ni le Bienfaiteur, ni le Légiflateur des hommes, & qu'il ne fera jamais leur Juge; nous nierons avec eux la *Providence,* & comme eux nous regarderons la religion comme une fable politique : mais en attendant le fuccès, vainement tenté à cet égard par la tourbe philofophifte, nous croirons une *Providence,* telle qu'on peut & qu'on doit l'attendre d'un Etre infiniment parfait, préfent à tous les êtres, au pouvoir duquel rien ne met des bornes, qui a eu un but dans tout ce qu'il a fait exifter; & qui n'ayant pas dédaigné de créer tant d'êtres, de fixer leur nature, leurs rapports, leur deftination, ne dédaigne pas d'en prendre foin, & d'agir comme étant leur Créateur, leur Confervateur, leur Bienfaiteur, leur Légiflateur & leur Juge.

Plufieurs avouent ces propofitions; mais par une fuite de cette curiofité indifcrette, qui porte l'homme à vouloir pénétrer dans des myfteres au-deffus de fa portée, & pour l'examen defquels il eft dépourvu de moyens, plufieurs veulent déterminer le comment de cette *Providence,* expliquer la maniere dont

Dieu dirige les événemens de ce monde vers le but qu'il s'eft propofé.

Partant d'une propofition dont le fens n'eft pas bien déterminé, favoir, que *Dieu eft immuable*, ils concluent que Dieu n'agit point fucceffivement fur les êtres créés ; mais qu'ayant tout prévu dès le commencement avant que de rien faire exifter, il a tout préordonné dès l'inftant de la création ; enforte que tout fe trouve arrangé, pour fe trouver dans toute la fuite des fiecles, toujours accommodé aux circonftances encore contingentes des individus, aux déterminations libres de la volonté des êtres moraux : fans doute Dieu a pu tout prévoir, au moins ne faurions-nous prouver le contraire ; il a pu préordonner tout en conféquence de cette prévifion ; mais ce fyftème fuppofé n'entraine-t-il point après lui une néceffité fatale ? eft-il compatible avec les déterminations libres des êtres actifs, intelligens & moraux ? Nous n'affirmons rien fur ce fujet ; mais auffi, nous le demandons, ce fyftème ne fait-il pas naître des difficultés infolubles ? Pourquoi fuppofer incompatibles avec la nature de Dieu, des volontés particulieres, qui fe fuccedent comme les circonftances qu'amenent les événemens fucceffifs de ce monde ? Pourvu qu'on fe fouvienne toujours que Dieu a un but infiniment fage, qu'il y tend toujours par les voyes les mieux afforties à la nature des êtres, à leur état, à leurs rélations, & à la deftination qu'il leur a affignée, ce n'eft pas perdre fon immutabilité que d'approuver une créature qui rentre dans la route du devoir, après l'avoir défapprouvée pendant qu'elle en étoit écartée ; de donner des marques d'approbation à celui qui fait bien ; d'accorder des fecours au foible qui a de bonnes intentions ; des ré-

compenfes à celui qui a rempli fes obligations felon toute l'étendue de fes forces, après lui avoir infligé des châtimens pendant qu'il faifoit mal, & que fa volonté étoit déréglée : ce n'eft pas là être changeant & variable ; & rien dans cette conduite n'eft incompatible avec la fouveraine perfection de Dieu.

L'autre objection que l'on a faite contre ces actes fucceffifs de la *Providence*, eft tirée de je ne fai quelle inflexibilité, qu'on fuppofe dans l'engrainage des parties de cet univers, depuis les plus grands corps céleftes jufques aux plus petits atômes matériels, dont les corps terreftres font compofés. Aucun de ces atômes, dit-on, ne peut être déplacé fans que toute la machine ne foit dérangée. J'avoue que je ne comprends pas pourquoi, fans un bouleverfement univerfel, une volonté particuliere de Dieu ne pourroit pas enlever dans les vaiffeaux de mon corps qui y conduifent les fluides vitaux, une obftruction qui m'auroit caufé la mort ; pourquoi fans déranger le monde, Dieu ne pourroit pas, par une volonté particuliere, retarder de quelques heures la chûte d'une maifon, pour fauver la vie à des perfonnes qui y font logées ?

Quoiqu'il en foit de ces deux fyftèmes, de celui qui admet pour *Providence* un premier mouvement imprimé lors de la création à toute la machine de l'univers, & combiné felon la prévifion de tous les faits, pour produire à point nommé l'effet préféré, dans ce cas prévu, par la fageffe fuprême ; ou de celui qui fuppofe qu'après la création, Dieu laiffant les êtres moraux agir avec liberté, remplit fucceffivement à leur égard les fonctions de Pere tendre, de Gouverneur jufte, de Légiflateur fage, de Juge équitable, dirige les hommes vers la perfection, & fait fervir à ce but les scenes variées du monde qu'il procure, qu'il accélere, qu'il retarde, qu'il augmente, qu'il diminue, selon que le bien de ses créatures le demande ; quoiqu'il en soit, dis-je, de ces deux systêmes, le fait reste toujours le même ; Dieu est toujours le Créateur à qui nous appartenons en propre, & qui est notre Maître absolu ; le Conservateur & le Bienfaiteur, à qui nous devons la continuation de notre existence, & la jouissance de tous les biens qui rendent notre vie agréable ; le Pere éclairé & sage, qui nous afflige pour nous sanctifier ; le Législateur, qui nous prescrit tous nos devoirs, nous ordonne ce qu'il veut que nous fassions, ou nous interdit ce qu'il veut que nous évitions ; nous retient par des menaces, nous arrête par des châtimens, nous encourage par des promesses, nous anime par des bénédictions ; enfin le Juge, qui rendra à chacun de nous selon nos œuvres.

De cet exposé de la doctrine de la *Providence*, naissent par des conséquences nécessaires tous les devoirs moraux de l'homme envers Dieu.

1°. Puisqu'il est l'Etre tout-parfait, nous lui devons l'hommage de notre adoration respectueuse, notre estime, nos louanges ; la vénération profonde que tout doit exprimer chez nous, soit dans nos gestes, soit dans nos discours, soit dans nos actions, dès que nous nous occupons de lui.

2°. Puisqu'il est notre Créateur, nous lui appartenons, & lui devons l'hommage de la résignation la plus entiere à tout ce qu'il ordonne de nous ; résignation d'autant plus naturelle dans tous les cas, qu'à son droit absolu de souveraineté, il joint une souveraine perfection qui fonde notre confiance, en nous persuadant que jamais le caprice, l'ignorance, l'impuissance, le manque de

sagesse ou la bonne volonté, n'influent de sa part sur rien de ce qu'il détermine par rapport à nous.

3°. Puisqu'il est notre Conservateur, nous lui devons tout ce que nous trouvons de bon sur la terre : *tout ce qu'il y a de bon, tout don parfait vient d'enhaut, & descend du Pere des lumieres.* C'est donc à lui que nous en sommes redevables ; nous lui devons donc l'hommage de notre reconnoissance, hommage qui s'exprime & dans nos discours, par les actions de grace, aussi-bien que par les prieres que nous lui adressons, comme à la source de tout bien, pour en obtenir les faveurs dont nous sentons le besoin ; & dans nos actions, par un usage de ses bienfaits, conforme à leur destination. Par la même raison, nous devons être persuadés que les maux de cette vie sont tous destinés aussi à notre bien, & sont, soit des secours pour amortir nos passions, pour nous faire rentrer en nous-mêmes, pour nous examiner & nous corriger ; soit des occasions d'exercer les vertus essentielles de la patience & de la résignation ; soit des moyens pour nous détacher du monde, en nous faisant sentir qu'il n'est pas le séjour du bonheur, mais le passage pour entrer dans une autre carriere, pour laquelle nous devons nous rendre dignes en nous perfectionnant.

4°. Puisqu'il est notre Législateur, qui nous donne des loix & nous prescrit des regles de conduite, nous lui devons l'hommage de notre soumission à sa volonté & de notre obéissance ; hommage que nous lui rendons, soit d'abord en étudiant ses loix, & en faisant tous nos efforts pour les bien connoître, & nous les rendre familieres & présentes à l'esprit ; soit dans notre conduite, en ne nous permettant rien qui y soit contraire ; soit dans notre culte, en lui promettant

mettant notre obéiffance, & en reconnoiffant combien juftement nous la lui devons.

5°. Puifqu'il eft notre Juge, & qu'il rendra à chacun felon fes œuvres, que cependant il eft un Juge qui pardonne quand on fe corrige, nous lui devons l'hommage de notre crainte, en appréhendant de lui déplaire; celui de notre répentance, en lui demandant pardon de nos fautes, en ayant du regret de les avoir commifes; celui de notre amendement, en nous corrigeant dès que nous découvrons que nous fommes coupables, & en faifant tout ce qui eft en notre pouvoir, pour réparer le mal que nous avons fait.

Il paroit par ce que nous venons de dire, que c'eft la doctrine de la *Providence* qui eft la bafe de toute religion, le fondement de nos obligations, la fource de tout ce qui rend la religion intéreffante; c'eft auffi là ce qui la rend haïffable aux incrédules, ce qui porte les philofophiftes à la nier. Suppofer un Dieu qui ne fe mêle pas du monde, qui ne donne point de loi comme Légiflateur, qui ne punit jamais les vicieux comme Juge, ils accorderont tout le refte. (G. M.)

PROVINCE, f. f., *Droit Rom.* Le terme de *province* défignoit à Rome une région, ou une étendue de pays, dont les Romains s'étoient emparés, foit par droit de conquête, foit à quelqu'autre titre; & dans laquelle ils envoyoient un magiftrat, pour la gouverner au nom de la république. Feftus V. *Provincia.* Ifidor. *Orig. Lib. XIV. C. 5.* Sigon. *de Ant. Jur. Prov. Lib. I. c. 1. v.* Pighii *Annal. Tom. I. p.* 108. Ainfi l'Italie ne fut jamais une *province*, quoiqu'elle formât une des plus belles parties de l'empire Romain: la Gaule Cifalpine ne devint une *province* Romaine que près

Tome XI.

de deux fiecles après qu'elle eut été conquife; & la Macédoine, après que Paul Émile en eut fait la conquête, conferva encore pendant plus de vingt ans fes loix & fa liberté, avant qu'elle fût réduite en *province* proprement dite. Un pays qui, quoique foumis aux Romains, confervoit fes loix & fon gouvernement, & ne recevoit des ordres que du fénat & des magiftrats ordinaires de la république, n'étoit point une *province* proprement dite. Il ne le devenoit que, lorfque dépouillé de fes loix & de fes privileges, il étoit foumis à l'autorité d'un magiftrat envoyé de Rome pour le gouverner.

Le terme de *province* a fouvent auffi une fignification beaucoup plus étendue, & défigne toute région ou pays, dans lequel un général Romain commandoit une armée. Ainfi les deux confuls eurent pour *province* l'Italie, c'eft-à-dire, la commiffion de commander les armées fur les frontieres de l'Italie. Liv. *lib. XXXIII. c.* 25. & *lib. XXXIV. c.* 43. & *XXXV.* 20. Le fénat décrete pour *province* à un des confuls la Macédoine, c'eft-à-dire, le commandement de l'armée deftinée contre Philippe, roi de Macédoine, à qui on déclaroit la guerre. *Id. lib. XXXI. c.* 5. & 6. De même pendant la feconde guerre punique, un des préteurs eut pour *province* Lucérie, un autre Sueffula, & un troifieme Ariminum; *Id. lib. XXIV. c.* 44. & *lib. XXV. c.* 3. ce qui n'étoit autre chofe que le commandement des armées que la république plaçoit pour fa fûreté aux environs de ces villes. En général, on fe fervoit de ce terme pour défigner toute autre commiffion ou département de quelque magiftrat que ce fût. Suétone nous dit que „ le fénat, „ voyant Jules-Céfar élevé au confu- „ lat malgré lui, avoit réfolu de décréter

Bbbb

„ aux confuls des *provinces* (c'eſt-à-
„ dire, de leur donner des commiſ-
„ ſions) de la plus petite importance,
„ comme l'intendance des forêts & des
„ chemins qui les traverſoient ". *In* Jul.
c. 19. Ciceron appelle *province* conſu-
laire le département de Verrès, qui faiſoit les fonctions de queſteur ſous le
conſul Carbon. *In* Verr. *lib. I. c.* 13. Le
département d'un des queſteurs ordinaires étoit à Oſtie ; & Ciceron le nomme de même *provincia Oſtienſis*. *Pro* Mu-
ræna. *c.* 8. Les poëtes comiques em-
ploient ſouvent le même terme pour déſigner les fonctions particulieres, dont
chaque eſclave étoit chargé dans la maiſon de ſon maître. Plaut. *Pſeud. act. I.*
Sc. II. ỹ. 45. Hich. act. V. Sc. IV. ỹ.
16. Terent. *Phorm. act. I. Sc. II. ỹ.* 22.

Les Romains, après avoir ſubjugué
toute l'Italie, ne ſongerent point à la
diviſer en gouvernemens ſoumis à des
magiſtrats envoyés de Rome. Les différens peuples de l'Italie conſerverent
leur gouvernement & leurs loix, & ne
furent aſtreints qu'à fournir un certain
contingent en troupes, dépendant immédiatement du ſénat & des magiſtrats
ordinaires de Rome. Après que les Romains eurent porté leurs armes en Sicile, & eurent ſoumis cette partie de l'iſle, qui avoit appartenu aux Carthaginois, & que ceux-ci leur céderent par
la paix, conclue en l'an de Rome 511,
ils ne ſongerent pas encore à en former
un gouvernement particulier. Polyb.
lib. I. c. 62. Ce ne fut qu'en l'an 526,
qu'ayant extorqué la Sardaigne aux
Carthaginois, ils penſerent à faire des
gouvernemens particuliers de ces deux
iſles. Juſqu'alors on n'avoit créé tous
les ans que deux préteurs, qui reſtoient
à Rome pour y adminiſtrer la juſtice.
On augmenta leur nombre juſqu'à quatre, & deux d'entr'eux furent envoyés

tous les ans, l'un pour gouverner la
Sardaigne, l'autre la partie de la Sicile,
qui appartenoit aux Romains ; car une
grande partie de cette iſle appartenoit
encore à Hiéron, roi de Syracuſe. Depuis ce tems-là, ils commencerent à aſ-
ſujettir les conquêtes, qu'ils faiſoient
hors de l'Italie, à des magiſtrats envoyés
de Rome, & le nom de *province* fut mis
en uſage dans le ſens que j'en traite dans
cet article.

Les Carthaginois employerent une
partie de l'intervalle, qu'il y eut entre
la premiere & la ſeconde guerre punique à étendre leurs conquêtes en Eſpagne, & en ſoumirent une grande partie. Ce fut avec l'armée qu'il y avoit
formée & aguerrie, qu'Annibal ſe mit
en marche pour aller attaquer les Romains, en Italie. Ceux-ci jugerent qu'il
étoit de la derniere importance pour
eux d'arracher cette conquête aux Carthaginois, & y envoyerent d'abord les
deux Scipions avec une armée, & après
la défaite & la mort des Scipions, ils y
envoyerent le jeune Scipion, fils de l'un
des précédens, & à qui ſes victoires en
Afrique mériterent depuis le ſurnom
d'*Africain*. Il étendit beaucoup les conquêtes des Romains en Eſpagne, & en
chaſſa entierement les Carthaginois, qui
furent forcés de la céder aux Romains
par la paix, qui termina la ſeconde
guerre punique. Ils y continuerent la
guerre, & y entretinrent des armées,
mais ils n'en firent des gouvernemens
fixes que quatre ans après cette paix,
ſavoir en l'an de Rome 556. On en fit
deux gouvernemens ſous les noms d'Eſpagne citérieure, & d'Eſpagne ultérieure ; & on y envoya tous les ans deux
préteurs pour les gouverner au nom du
peuple Romain. Liv. *lib. XXXII. c.* 27.
Ces *provinces* fournirent matiere à de
fréquens triomphes, car les Romains y

eurent des guerres continuelles à soutenir. L'Espagne ne fut même entierement soumise que sous le regne d'Auguste, qui en acheva la conquête, en
forçant les Cantabres & les Asturiens
à subir le joug, comme le reste. Ce fut
aussi lui qui partagea l'Espagne en trois
gouvernemens, ajoûtant celui de la
Lusitanie aux deux anciens gouvernemens.

Pendant tout le reste du sixieme siecle de Rome, le sénat ne songea point
à établir de nouvelles *provinces*. On ne
peut assez admirer sa modération à cet
égard; car ce fut pendant cet espace
de tems que les Romains remporterent
les victoires les plus brillantes sur deux
puissans princes, Philippe, roi de Macédoine, & Antiochus, roi de Syrie.
Il leur eût été facile de dépouiller ces
princes, & d'ajoûter de vastes *provin-*
ces à leur empire; mais ils montrerent
dans ces occasions un désintéressement
& une modération des plus rares. Il
semble que le sénat ait senti alors plus
que jamais, le danger qu'il y avoit de
multiplier le nombre des *provinces*, qui
l'obligeoient de revêtir des particuliers
d'une autorité si étendue, qu'il étoit
bien difficile de n'en pas abuser. Non-
seulement, après avoir vaincu Philippe & Antiochus, les Romains ne s'approprierent aucune de leurs dépouilles,
mais même après que Paul Emile eut
pris Persée, & fait la conquête de toute la Macédoine, ils la déclarerent libre,
& lui laisserent ses loix & son gouvernement particulier. Liv. *lib. XXV. c.*
29. Ce ne fut qu'après qu'elle se fut ré-
voltée, & eut proclamé roi Andriscus,
qui se disoit fils de Persée, que Metellus, surnommé le Macédonique, après
avoir vaincu cet usurpateur, la réduisit en *province* Romaine; de maniere cependant que ceux qui n'avoient pas

trempé dans la révolte conserverent
leur liberté.

Ce fut à-peu-près dans le même
tems qu'on ajoûta deux autres *provin-*
ces à l'empire Romain, l'Achaïe & l'A-
frique. L. Mummius, consul en 607.
ayant vaincu les Achéens & pris Corin-
the, mit fin à la liberté de la Grece, &
réduisit ce pays en *province* romaine
sous des conditions fort dures. Pausan.
Achaïc. p. 188. Scipion l'Africain, fils
de Paul Emile, ajouta dans le même
tems une autre *province* à l'empire par
la destruction de Carthage. Cette *pro-*
vince fut nommée *Afrique*, quoiqu'elle
ne contînt que le territoire de Carthage. Appiani. *Libyc. p.* 188.

L'Asie, ou plutôt le royaume de Per-
game, pouvoit devenir un des domaines de la république, acquis au plus
juste titre, puisqu'Attale, le dernier de
ses rois, avoit donné sa succession au
peuple Romain, en l'instituant héritier
universel par son testament. Ce prince
mourut en l'an 620. de Rome; mais le
sénat usant encore de son ancienne modération, déclara libres & indépendans
tous les pays de la domination de ce
prince. Liv. *Epit. LIX*. Mais un certain
Andronicus, fils naturel d'Attale, les
ayant entraînés dans la révolte, & s'é-
tant fait proclamer roi, il fut vaincu,
fait prisonnier, & le royaume d'Attale réduit en *province* romaine en l'an
624. Strabo. *lib. XIII. p.* 926. *lib. XIV.*
p. 957. Justin. *lib. XXXVI. c.* 4.

Les Romains ayant poussé leurs conquêtes jusqu'au-delà des Alpes, remporterent plusieurs victoires sur les Vo-
contiens, les Salluviens & les Allobro-
ges, peuples qui habitoient les Alpes,
le Dauphiné & la Provence, & qui fournirent matiere à divers triomphes, qui
se trouvent marqués dans les tables du
Capitole. Après les victoires de Domi-

tius Ahenobarbus, & de Fabius Maximus, sur Bituit, roi d'Auvergne, on forma des conquêtes qu'on avoit faites au-delà des Alpes, une nouvelle *province*, qui comprenoit le Dauphiné, la Provence & le Languedoc. Ce fut en l'an 633 de Rome. Q. Marcius Rex, consul en 635, y établit une colonie Romaine, qui devint la capitale, & qui donna son nom à la *province*, qui fut nommée la *Gaule Narbonoise*.

La Libye Cyrénaïque fut léguée au peuple Romain, de même que l'Asie, par le testament d'Apion, fils naturel de Ptolémée Physcon, qui la lui avoit donnée en appanage : ce fut en l'an de Rome 657 ; & le sénat, au lieu d'en prendre possession, la déclara libre & indépendante. Liv. *Epit. LXX.* Dans la suite, plusieurs petits tyrans s'étant emparés de la souveraineté dans diverses villes, Lucullus y fut envoyé pour y remettre l'ordre, & la réduisit en *province* romaine. Plutarch. *in* Lucullo. *p.* 492. L'isle de Crete, qui fut soumise par Metellus, & à qui cette conquête mérita le surnom de *Crétique*, fut depuis jointe à ce gouvernement. Strabo. *lib. XVII. in fine.*

Il est difficile de déterminer au juste l'année où la Cilicie devint *province* romaine. Plutarque dit que Sylla en avoit le gouvernement en l'an 661 ; *In* Sylla. *p.* 453 ; mais il étoit à croire qu'il étoit proprement gouverneur de l'Asie, avec ordre d'avoir l'œil à ce qui se passoit dans la Cilicie, qui étoit frontiere de son gouvernement. Il est sûr que la plus grande partie de ce pays n'étoit pas encore soumise aux Romains, & fut conquise depuis par divers de leurs généraux. Servilius Vatia, consul en l'an 774, en soumit la plus grande partie ; Oros. *lib. V. c.* 23 ; & il y a bien de l'apparence que ce ne fut qu'après que Pom-

pée eut vaincu Mithridate, & ajoûté une grande étendue de pays à l'empire Romain, que la Cilicie commença à former un gouvernement particulier, qui comprenoit la Cilicie propre, la Pamphylie, l'Isaurie & la Lycaonie, auquel on donna encore plus d'étendue, en y ajoûtant quelques dioceses de la *province* d'Asie, où l'on n'envoyoit qu'un propréteur, au lieu que la Cilicie fut toujours gouvernée par un proconsul. L'isle de Chypre fut depuis incorporée à ce gouvernement.

Nicomede étant mort sans postérité en 680, laissa par son testament le royaume de Bithynie aux Romains, qui en prirent possession, & en formerent une *province*, Liv. *epit.* XCIII. Eutrop. *lib. VI. c. vj.* à laquelle depuis fut ajoûtée cette partie du royaume de Pont, qui fut conquise sur Mithridate.

Le royaume de Syrie, fondé par Seleucus, un des successeurs d'Alexandre, après avoir duré environ deux siecles & demi, devint aussi la proie des Romains. Ce royaume, déchiré par des guerres intestines entre les princes Séleucides, étoit tombé entre les mains de Tigrane, roi d'Arménie. Lucullus, après l'avoir vaincu, le dépouilla de la Syrie, qu'il rendit à Antiochus, surnommé l'Asiatique, à qui elle appartenoit de droit. Mais Pompée, successeur de Lucullus, en déposséda de nouveau Antiochus, & en fit une *province* romaine, en établissant Æmilius Scaurus pour la gouverner, en l'an de Rome 690. Justin. *lib. XL. c. ij.* Appian. *Mithridat. p.* 404.

Jules-César, après son consulat en 694, obtint les gouvernemens de la Gaule Cisalpine & de la Narbonoise, & étendit beaucoup les frontieres de l'empire romain de ce côté-là. Il pousfà fes conquêtes jufqu'à l'Océan & jufqu'au Rhin, & ajoûta trois grandes *provinces* à l'Empire, l'Aquitaine, la Celtique & la Belgique.

Comme Juba, roi de Numidie, avoit affifté de toutes fes forces Scipion Metellus, beau-pere de Pompée, qui, après la bataille de Pharfale, s'efforçoit de relever ce parti en Afrique, où il avoit raffemblé les débris de la défaite de Pharfale, Jules-Céfar, après les avoir vaincus, confifqua le royaume de Juba, & en établit pour premier gouverneur Salluftele fameux hiftorien.

Après la mort de Bocchus, roi de Mauritanie, Augufte, qui partageoit encore l'empire avec Marc-Antoine, & dans le département duquel étoit l'Afrique, fit de ce royaume une *province* Romaine. Dio Caff. *lib. XLIX. p.* 477. Mais depuis fe voyant feul maître de tout l'empire, il donna à Juba, fils de celui que Céfar avoit vaincu & dépouillé de fon royaume, celui de Mauritanie, y ajoûtant une partie du royaume de fon pere. Dio Caff. *lib. LIV. p.* 589. Juba tranfmit ce royaume à fon fils Ptolémée, que Caligula, qui étoit fon proche parent, fit venir à Rome, où il le fit mourir pour s'emparer de fes tréfors, Dio Caff. *LIX. p.* 578. & la Mauritanie devint *province* Romaine. Augufte ajoûta encore l'Egypte à toutes ces *provinces.* Mais je n'irai pas plus loin, n'ayant pas deffein de m'étendre au-delà des tems de la république.

Je n'ai point parlé de cette partie de l'Italie, qu'on appelloit *Gaule Cifalpine,* & dont les Romains avoient déja conquis une partie avant la feconde guerre punique. Il paroît qu'elle fut long-tems gouvernée fur le même pied que le refte de l'Italie, & que ce ne fut qu'affez tard qu'elle fut réduite en forme de *pro-*

vince. Il eft vrai que l'on voit affez fouvent dans l'hiftoire de Tite-Live, que le fénat décrete la Gaule pour *province,* tantôt à un préteur, tantôt à un conful, & quelquefois même aux deux confuls; mais c'eft dans le fens que j'ai dit ci-deffus, qu'un préteur avoit pour *province* Ariminum, un autre Lucérie, &c. Ce qui ne marquoit point qu'ils étoient gouverneurs de ces endroits, mais fimplement qu'ils commandoient les armées, que la république trouvoit à propos de placer, pour fa fûreté, dans ces contrées. Il en fut de même de la Gaule Cifalpine. Cette partie de l'Italie coûta aux Romains beaucoup plus d'un fiecle pour la foumettre entierement, & fournit matiere à bien des triomphes. Car quoiqu'ils en euffent conquis une bonne partie dès avant la feconde guerre punique, ils employerent encore plus d'un fiecle à dompter les peuples, qui habitoient les Alpes & l'Apennin, & particulierement les Liguriens. Cela les obligea d'entretenir toujours des armées dans ces contrées, & le commandement de ces armées fut la plûpart du tems le département des confuls, comme généraux nés de la république, à moins que quelqu'autre guerre n'obligeât de les employer ailleurs. Dans ces cas-là, on n'y employoit qu'un des confuls, ou fi le befoin de la république obligeoit de les employer tous deux ailleurs, on prolongeoit le commandement à ceux qui fortoient de charge, ou l'on y envoyoit un ou deux préteurs. Ainfi la Gaule Cifalpine n'étoit pas réduite en forme de *province,* comme les deux Efpagnes, la Sardaigne & la Sicile; mais comme elle étoit frontiere, & environnée de peuples belliqueux, qui faifoient de fréquentes courfes dans les terres des Romains, ils étoient contraints d'y avoir toujours des armées, que commandoient la plûpart du tems les confuls. Elle n'étoit donc pas une *province*, proprement ainfi dite, mais feulement un département. Auffi Tite-Live ne la défigne-t-il pas d'une maniere uniforme, difant une fois, que le fénat donna pour département aux deux confuls l'Italie, une autre fois la Gaule, une autre fois les Liguriens; ce qui défigne toujours la même contrée, favoir la Gaule Cifalpine. Tantôt à l'un des confuls la Ligurie, à l'autre la Gaule ou l'Italie, & ainfi du refte.

Mais fi la Gaule Cifalpine n'étoit pas encore une *province* proprement dite, vers le milieu du feptieme fiecle de Rome, il eft fûr qu'elle l'étoit à la fin de ce fiecle, fans qu'on puiffe pourtant bien déterminer en quelle année elle fut réduite en *province*. Le marquis Maffei conjecture, *Verona illuftrata*, p. 71. avec beaucoup de vraifemblance, à ce qu'il me femble, que ce fut après l'invafion des Cimbres, que les confuls Marius & Catulus défirent entierement en l'an de Rome 651. Il étoit ordinaire aux Romains de traiter en pays de conquête les anciens fujets de la république, s'ils s'étoient révoltés & ligués avec les ennemis. Il paroît en effet que ce fut le cas où fe trouverent les peuples de la Gaule Cifalpine, après la victoire de Marius, & que la plûpart de leurs terres furent confifquées, comme cela fe voit par la propofition que fit L. Apuleius Saturninus, tribun du peuple, en 653, de partager aux pauvres citoyens de Rome les terres que Marius avoit reconquifes fur les Cimbres. Appian. *Civil. lib. I. p.* 625. Il y a toute apparence que nombre de ces Gaulois, ayant favorifé les Cimbres, furent, après leur défaite, dépouillés de leurs privileges, & leur pays réduit en *province* romaine; car, depuis ce tems-là, on voit qu'elle forma un des principaux gouvernemens.

Tel étoit l'état des *provinces* de l'empire Romain, lorfqu'Augufte, après avoir vaincu Marc-Antoine, fe vit feul maître de donner la loi dans Rome. Il fit un partage de ces *provinces* avec le fénat, & fe réferva toutes celles qui, étant frontieres, fe trouvoient expofées aux invafions de l'ennemi, ou qui n'étoient pas encore bien foumifes, & où, par conféquent, il falloit entretenir des armées. Dio Caff. *lib. LIII. p.* 576. Sueton. *in Aug. c.* 47. Par ce moyen, il reftoit toujours maître de toutes les forces de l'empire, quoiqu'il feignît de ne s'en charger que pour foulager le fénat, auquel il remit les *provinces*, qui jouiffoient de la plus entiere tranquillité. Celles du fénat furent donc l'Afrique, la Numidie, la Grece avec l'Epire, l'Afie, la Dalmatie, la Macédoine, la Sicile, l'ifle de Crete & de Cyrene, la Bythinie & le Pont, la Sardaigne & la Bétique, ou l'Efpagne ultérieure. Augufte fe réferva le refte de l'Efpagne, favoir la citérieure & la Lufitanie; toute la Gaule divifée en quatre provinces, la Narbonnoife, la Lyonnoife, l'Aquitaine & la Belgique, avec toutes leurs dépendances, la haute & la baffe Germanie, la Syrie, la Phénicie, la Cilicie, l'ifle de Chypre & l'Egypte. Il fe fit depuis divers changemens dans cette divifion, de maniere que des provinces qui avoient été du département du fénat, rentrerent dans celui de l'empereur, qui, en revanche, en céda d'autres au fénat. Il faut ajoûter que toutes celles qui fe conquirent depuis, furent toutes du département des empereurs.

Lorfque le fénat fe déterminoit à faire une *province* de fa nouvelle conquête,

c'eſt-à-dire, de la ſoumettre à un goù-
verneur envoyé de Rome, la publication
s'en faiſoit avec quelques formalités. Le
général convoquoit de même les Etats
du pays, & ; avec les commiſſaires que
le ſénat lui avoit ajoints, il examinoit
la conduite différente que les villes &
les peuples de ces contrées avoient tenue à l'égard des Romains, avant &
durant la guerre. Il confirmoit les privileges aux uns, augmentoit quelquefois leur territoire, leur accordoit la
liberté, la diminution, ou l'exemption totale du tribut, ſelon qu'ils avoient
rendu des ſervices plus ou moins importans. Ceux qui s'étoient ouvertement révoltés contre leurs princes, &
qui avoient pris le parti des Romains,
étoient ſûrs d'être récompenſés libéra-
lement. Le reſte de la *province* étoit
dépouillé de tous ſes privileges, chargé
d'un tribut, & ſoumis à l'autorité d'un
magiſtrat envoyé de Rome. Liv. *lib. XXV.
c. xl.* Ainſi les habitans d'une même
province étoient ſouvent de conditions
très-différentes, ſelon les divers privileges qu'ils avoient obtenus. C'eſt ainſi
que Pline nous le prouve, en parlant
de la Bétique, ou de l'Eſpagne ultérieure. *Hiſt. nat. lib. III. c. j.* „ Cette
„ *province*, dit-il, contient cent qua-
„ tre-vingt cinq villes, entre leſquel-
„ les il y a neuf colonies, dix-huit vil-
„ les municipales, vingt-neuf qui jouiſ-
„ ſent des privileges des Latins, ſix vil-
„ les libres, trois villes alliées, & cent
„ vingt ſoumiſes au tribut ". Parlant
enſuite de l'Eſpagne citérieure, *ibid.*
c. iij. il dit que cette *province* contient
„ cent ſoixante-dix-neuf villes, dont
„ douze colonies romaines, treize vil-
„ les municipales, dix-huit latines, une
„ ville alliée, & cent trente-cinq tribu-
„ taires ".
  Il y avoit donc dans la même *pro-*

vince, 1°. quelquefois des colonies romaines, ce qui fut très-rare ſous la république, mais devint très-fréquent
depuis Jules-Céſar. 2°. Des villes municipales, qui étoient apparemment celles qui, par leur fidélité & leurs ſervices, avoient mérité d'être aſſociées au
droit de bourgeoiſie romaine; ce qui
encore fut très-rare ſous la république,
hors de l'Italie. 3°. Il y avoit des villes qui jouiſſoient des privileges des Latins. 4°. Des villes libres, & des villes
alliées.
  Quoique, ſous la république il n'y
eût preſque point de villes municipales, ou de colonies romaines dans les
provinces, ſi ce n'eſt dans la Gaule
Ciſalpine, il s'y trouvoit cependant
grand nombre de citoyens Romains,
que divers intérêts y attiroient. Il y
en avoit beaucoup qui y trafiquoient,
d'autres qui y faiſoient valoir leur argent, en le prêtant à uſure, ſoit à
des particuliers, ſoit à des communautés, lorſqu'elles ne pouvoient fournir
aux taxes qui leur avoient été impoſées, ſans avoir recours à des emprunts.
Ceux qui y formoient le plus grand
nombre, étoient les ſociétés, qui af-
fermoient les domaines & les autres revenus de la république, & qu'on nommoit *publicains.* Ceux-ci étoient la plûpart chevaliers, mais employoient ſous
eux un grand nombre d'autres citoyens
d'un grade inférieur. Le nombre de ces
citoyens Romains, répandus dans toutes les *provinces* de l'empire, devoit
être prodigieux, ſi l'on en juge par celui qui ſe trouva dans la ſeule *province*
d'Aſie, lorſque Mithridate en fit faire
un maſſacre général. Selon Memnon,
C. XXXIX. & Valere-Maxime, *lib. IX.
c. xj. n. 3. Ext.* on en égorgea quatre-
vingt mille. Plutarque en met preſque
le double. Mais en ſe tenant au nom-

bre que j'ai marqué, & fuppofant qu'il y en avoit proportionnellement dans les autres *provinces* de l'empire, on diroit que l'Italie devoit être dépeuplée.

Tous ces citoyens Romains, répandus dans les provinces, étoient autant de petits tyrans, qui abufoient des prérogatives attachées au droit de bourgeoifie romaine, & le gouverneur ne pouvoit être trop attentif à réprimer leurs injuftices, s'il ne vouloit voir ruiner la *province*. D'un côté les publicains, en levant les impôts qu'ils avoient pris à ferme, pouvoient commettre bien des exactions, qui demandoient que le gouverneur veillât de près fur leur conduite. D'un autre côté, leur profeffion les rendoit odieux aux fujets, & fi l'intérêt particulier leur faifoit commettre bien des injuftices, il y avoit d'autres occafions où l'intérêt de la république demandoit qu'ils fuffent protégés. La pofition étoit affez délicate pour un gouverneur, Cic. *ad. Quint. lib. I. Ep. I. N. 11.* qui, en les favorifant trop, expofoit la *province* à une ruine totale, & qui, en s'oppofant à leurs vexations, s'attiroit la haine de tout l'ordre des chevaliers, qui tenoit par des alliances à toutes les grandes maifons de Rome. Les citoyens Romains, qui trafiquoient, ou faifoient valoir leur argent dans la *province*, étoient encore fujets à avoir de fréquens démêlés avec les naturels du pays, & fe figuroient que leur bourgeoifie romaine les autorifoit à implorer la protection du gouverneur dans les cas, où ils la méritoient le moins. L'autorité du gouverneur fur tous ces citoyens, étoit à-peu-près la même que celle des magiftrats à Rome, c'eft-à-dire, qu'elle étoit purement civile, & qu'il n'avoit pas le droit du glaive, que le peuple Romain s'étoit réfervé. Pour ce qui étoit des citoyens Romains, qui

étoient de fa fuite, ou qui fervoient dans fon armée, il avoit fur eux tout le pouvoir que la république confioit à fes généraux, & qui étoit prefque defpotique. (H. M.)

PROVINCES *eccléfiaftiques*, *Droit can.* On appelle *province eccléfiaftique*, le reffort d'une métropole ou fiege d'un archevèque, confiftant en différens diocefes.

Pour bien comprendre la matiere de ce mot, il faut entrer dans un certain détail qui, en nous faifant voir l'origine des diocefes & des *provinces eccléfiaftiques*, nous apprenne auffi celle des patriarchats, exarcats, vicariats & primaties.

L'on voit fous les mots EVÊCHÉ, EVÈQUE, comment fe formerent les évèques & les évèchés dans la naiffance de l'églife. Nous ne parlons là que du fiege mème, ou de la dignité de l'epifcopat; il s'agit ici du diocefe, qui eft autre chofe, puifqu'on n'entend par ce mot qu'une certaine étendue de pays plus ou moins grande, fuivant les différentes acceptions du terme.

Dans le commencement de l'églife on ne voyoit point encore de temples ou des églifes à l'honneur de Jefus-Chrift, que dans les villes où réfidoient les prêtres & les évèques. Ce ne fut que lorfque la prédication de l'évangile eut fait un grand nombre de chrétiens, que l'on en conftruifit autant que les perfécutions pouvoient le permettre, dans les bourgs & villages. L'évèque de la ville plus voifine y envoyoit un de fes prêtres pour enfeigner & adminiftrer les faints myfteres. C. *Epifcopi*, *dift.* 80. Les befoins fpirituels de ces nouveaux chrétiens, rendirent fans doute néceffaire le féjour de ces prêtres envoyés, & de-là l'origine de ces paroiffes, où fuivant le canon du pape S. Denis, il

n'étoit

n'étoit pas permis à des prêtres étrangers de faire aucune fonction curiale, *nullus alterius parochiæ terminos, aut jus invadat.*

Le nombre de ces villages & bourgs formerent respectivement le diocese de l'évêque, qui avoit donné la million canonique à ceux qui en étoient curés. Mais on n'étoit point encore dans l'usage de donner le nom de diocese au ressort d'un évêché; si peu que ce nom grec *dioicesis*, signifioit alors un grand gouvernement, où étoient comprises plusieurs *provinces*, dont chacune avoit sa métropole. On donnoit donc plutôt au territoire soumis à la jurisdiction d'un seul évêque, le nom de *paroicia*, c'est-à-dire, *voisinage*, dont nous avons fait le mot *paroisse*. Le trente-troisieme des canons des apôtres, recueillis sur la fin du troisieme siecle, ne désigne le métropolitain, que par la qualité de premier & de chef dans la *province* : *Episcopus uniuscujusque gentis nosse oportet eum, qui in eis est primus & existimans ut caput.*

Le concile d'Antioche renouvellant ce canon, donne le nom de *métropolitain* au premier évêque de chaque *province.*

Parmi les Latins on le nommoit aussi, avec la même simplicité, l'évêque du premier siege. En effet, le pere Thomassin dit que le titre de métropolitain *à metropoli*, qui veut dire *mere ville*, fut le premier qu'on ajouta à celui d'évêque, comme étant le plus simple & le plus modeste pour désigner l'évêque de la ville, qui étoit la métropole & la premiere de la *province*, selon la disposition civile réglée par les empereurs; c'est-à-dire, que la métropole civile fut aussi honorée d'une pareille primauté dans la police ecclésiastique, à cause de la plus grande facilité qu'il y avoit pour

Tome XI.

les évêques de la *province*, de s'assembler & de conférer souvent avec celui qui étoit comme leur chef & supérieur. Thomass. *part. I. liv. I. ch. 3.*

Ces grandes villes furent aussi choisies pour pouvoir mieux répandre de-là les lumieres de l'évangile : d'où il résulte, dit encore l'auteur cité, que si les métropoles civiles sont devenues aussi les métropoles ecclésiastiques, c'est principalement parce que l'église de la ville métropole a été effectivement la mere & la fondatrice de toutes les autres églises de la *province*, de même que l'église cathédrale de chaque cité a donné naissance à toutes les autres églises des villages voisins, & s'est acquise par-là un juste titre d'une domination paternelle.

Le concile de Nicée confirma aux métropolitains tous leurs pouvoirs, sans nommer aucun titre d'une dignité supérieure, quoiqu'il parle des évêques de Rome, d'Alexandrie, d'Antioche & de Jérusalem. Ce qui prouve que ceux qu'on appella depuis ou archevêques ou exarques ou patriarches, n'étoient encore nommés que métropolitains, quoiqu'ils eussent alors les mêmes droits : car ce métropolitain d'Afrique à qui le concile de Nicée donna, suivant l'ancienne coutume, à l'exemple de l'évêque de Rome, les mêmes pouvoirs sur les églises de l'Egypte, de la Lybie & de la Pentapole, avoit d'autres métropolitains sous lui. Le pere Thomassin remarque, que comme ce furent les évêques d'Alexandrie, dont les pouvoirs furent le plus contestés par les métropolitains de leur ressort, ou par les évêques de chaque *province* qui vouloient avoir un métropolitain particulier, ils affecterent aussi les premiers de se distinguer, des autres métropolitains par le titre d'*archevêque* : titre qui fit dire à

Cccc

S. Auguftin dans le troifieme concile de Carthage, que le nom d'archevèque, ou de prince des évèques & de fouverain prêtre, reffentoit plus le fafte & la domination du fiecle, que l'humilité & la modeftie eccléfiaftique. Mais comme ce n'eft que la nouveauté qui fait naître les fâcheufes interprétations des noms, les idées de faint Auguftin ne furent pas long-tems retenues, & le titre d'archevèque ne parut pas plus fignifier que celui d'évèque du premier fiege ou de pape qui fe donnoit alors à tous les évèques. Celui d'exarque fignifioit plus : on n'appella de ce nom que les évèques des principales villes d'Orient qui avoient fous leur jurifdiction, plufieurs moindres métropolitains & plufieurs *provinces* dont l'affemblage fous un même chef formoit un grand gouvernement qui, comme nous avons dit, s'appelloit *diocefe.*

L'empereur Conftantin avoit réglé ces gouvernemens d'une maniere que le concile de Nicée ne fuivit point ; mais celui de Conftantinople en 381. les imita, ou les fuppofa établis dans la police eccléfiaftique. Il fit un canon où il ajouta trois diocefes nouvelles aux anciennes. (Le pere Thomaffin fait ici ces diocefes féminins, pour les diftinguer du territoire des évèques, que nous appellons auffi *diocefe.*) Ces trois anciennes diocefes étoient donc Rome, Alexandrie & Antioche, les trois nouvelles furent l'Afie, le Pont & la Thrace. *Can.* 2. *Can. provincia, dift.* 99.

Quoique ce canon n'exprime pas la diocefe de Rome ; le fuivant le fait affez entendre, lorfqu'il donne à l'églife de Conftantinople la préféance fur les autres, après celle de l'ancienne Rome.

Jufqu'au concile de Nicée toutes les affaires eccléfiaftiques s'étoient terminées dans les conciles de chaque *province* ; ce qui fait que ce concile ne parle que des conciles provinciaux, où il veut que toutes les affaires fe décident. Ayant été reconnu dans la fuite, que ces conciles ne fuffifoient pas pour terminer les grandes conteftations, & qu'on avoit recours dans les cas d'indécifion & d'oppofitions à l'autorité des empereurs, le concile d'Antioche ordonna que les évèques, les prêtres & les diacres qui auroient été condamnés par le concile de la *province*, pourroient recourir à un plus grand concile d'évèques, que convoqueroit le métropolitain ; le concile de Sardique tenu vers le même tems en Occident renvoya ces appels au pape comme à celui à qui Jefus-Chrift avoit confié toute l'autorité néceffaire pour mettre la paix & l'union dans l'églife.

Le concile de Calcédoine ne fuivit ni l'un ni l'autre de ces réglements, lorfqu'il ordonna que fi un eccléfiaftique, ou un évèque même, avoit quelque différend avec fon métropolitain, il pourroit le faire juger à l'exarque de la diocefe : *petat exarchum diæcefeos.* Quel étoit cet exarque ? Le même auteur que nous fuivons, dit que dans la divifion de l'empire par diocefes, du tems de Conftantin, on diftinguoit les métropoles, & parmi celles-ci les villes encore plus confidérables.

Les évèques de ces dernieres villes, qui étoient auffi métropolitains, tenoient un rang diftingué, & on leur donna une certaine jurifdiction fur toute la *province*, avec le titre d'exarque, qu'on avoit d'abord donné à ceux qu'on a depuis nommés *patriarches.* Le premier de ces exarques réfidoit à Ephefe, & les deux autres à Céfarée en Capadoce, & à Héraclée en Thrace.

L'autorité des patriarches fit difparoître ces trois exarcats ; c'eſt-à-dire, que les métropolitains d'Antioche, d'A-lexandrie, de Conſtantinople, de Jé-ruſalem, ſans parler du pape, s'arro-gerent en Orient tous les droits de ſu-périorité & de primatie ſur les autres évêques, qu'ils prétendoient être dùs à leur ſiege. On vit dans la ſuite en Occident pluſieurs évêques de grands ſieges réclamer les mêmes droits, ou les obtenir par privilege du pape, à qui, in-dépendamment de la primauté & de la qualité de chef de toute l'égliſe, on don-na encore la qualité de patriarche d'Oc-cident.

Or, ſuivant ce qui vient d'être rap-porté, l'empire d'Orient étoit diviſé en cinq ou ſix dioceſes ou grands gou-vernemens. Les métropolitains, qui dans l'ordre eccléſiaſtique préſidoient à chaque *province*, étoient eux-mêmes ſous la juriſdiction de l'évêque de la ville capitale de l'un de ces dioceſes, qui avoit le nom d'exarque où de pa-triarche.

L'empire d'Occident étoit auſſi di-viſé en ſept ou huit dioceſes ou grands gouvernemens ; ſavoir, l'Italie, l'Illirie, l'Afrique, les Gaules, l'Eſpagne & les deux Bretagnes. Ces dioceſes ou gou-vernemens étoient gouvernés dans l'or-dre civil par les préfets d'Italie & des Gaules, & quelques-uns reconnoiſ-ſoient l'évêque de Rome pour patriar-che.

Le P. Thomaſſin, *part. 2. liv. 1. ch. 4.* dit que les rois d'Italie, Goths & Lombards donnoient la qualité de *pa-triarche* aux métropolitains de leurs Etats ; & que c'eſt de-là qu'eſt venu ce titre d'honneur aux évêques d'Aquilée, dont il eſt tant parlé dans l'hiſtoire. Quelques évêques de l'égliſe de France furent auſſi honorés de ce titre. Il fut donné à Priſcus & Nicctius, arche-

vêques de Lyon, ancienne capitale du royaume de Gontran ; à Rodolphe, ar-chevêque de Bourges, capitale des trois Aquitaniques. Ces patriarchats diſpa-rurent avec les royaumes, dont les mé-tropoles qui y étoient ſoumiſes, furent démembrées ; mais ce ne fut point ſans quelques oppoſitions de la part de ces nouveaux patriarches.

On vit à-peu-près dans le même tems les titres de primats & de vicaires apoſtoliques, donnés par le pape à diffé-rens métropolitains de l'Occident. Sim-plicius donna le vicariat du St. ſiege à l'évêque de Seville en Eſpagne, avec la qualité de primat catholique & or-thodoxe, ce qui paſſa dans la ſuite à l'é-vêque de Tolede. L'évêque d'Arles & celui de Vienne ont long-tems diſpu-té ſur la qualité de métropolitain ; le pa-pe Zozime ſe déclara pour l'archevêque d'Arles ; mais Caliſte II. qui étoit de la maiſon de Bourgogne, & qui avoit été archevêque de Vienne ſoumit à ce der-nier les métropoles de Bourges, de Bor-deaux, d'Auch, de Narbonne, d'Aix & d'Ambrun ; l'archevêque de Vienne ſe donna même la qualité de primat des primats, parce qu'il étoit au-deſſus de l'archevêque de Bourges, primat d'A-quitaine, & de celui de Narbonne, à qui Urbain II. avoit donné la primatie ſur l'archevêché d'Aix. Le pape Jean VIII. avoit déja donné le vicariat apoſ-tolique ſur les Gaules & l'Allemagne à Anſegiſe, archevêque de Sens ; mais l'on ne voit pas dans l'hiſtoire que tous ces titres aient eu leurs effets ; il n'en reſte à ceux à qui ils fúrent donnés qu'une ſtérile qualification. La réſiſtance des évêques, dit le P. Thomaſſin, a rendu ſouvent inutiles les décrets qu'ont faits les papes pour changer l'ordre établi dans l'égliſe. *Can. Conqueſtus. 9. q. 3. c. 1. de offic. Leg.* (D. M.)

PROVINCES - UNIES, *Droit public Belgique*, c'est le nom qu'on a donné à sept provinces des Pays - Bas, qui firent entr'elles une confédération au mois de Janvier 1579, pour la défense de leur liberté contre Philippe II. roi d'Espagne. Ces provinces qui composent aujourd'hui une république florissante, sont le duché de Gueldre, dans lequel est compris le comté de Zutphen, les comtés de Zélande & de Hollande, les seigneuries d'Utrecht, de Frise, d'Overissel & de Groningue.

Outre ces sept provinces qui composent l'Etat, la république possede plusieurs villes conquises depuis l'union d'Utrecht, ou qui se sont incorporées dans les *Provinces - Unies*, & que l'on appelle *le pays de la généralité*, parce qu'elles dépendent immédiatement des États Généraux, & non d'aucune province particuliere.

Ces places sont situées dans le Brabant, dans le pays de Limbourg, en Flandre & dans le haut quartier de Gueldre. Le pays de Drenthe qui est une province souveraine, située entre la Westphalie, Groningue, Frise & Overissel, fait aussi partie de la république, & paye un pour cent pour contribuer aux frais de la généralité : aussi cette province prétend - elle avoir droit d'entrée dans l'assemblée des Etats - Généraux ; mais on lui a toujours donné l'exclusion.

Les *Provinces - Unies* & les pays de leur domination, sont situés entre le 24 & le 26ᵉ. degré de longitude, & entre le 51 & le 54ᵉ. degré de latitude septentrionale. Ces pays sont contigus les uns aux autres, & bornés au midi par la Flandre, le Brabant, l'évêché de Liege, la Gueldre Prussienne & Autrichienne ; au levant par les duchés de Cleves & de Juliers, l'évêché de Munster, le comté de Bentheim, & par le pays d'Ost-Frise ; la mer du nord ou d'Allemagne les baignent au septentrion & au couchant. On donne à toutes ces provinces environ 48 lieues de longueur depuis l'extrèmité du Limbourg Hollandois jusqu'à celle de la seigneurie de Groningue. Leur largeur depuis l'extrèmité de la Hollande méridionale jusqu'à celle de l'Overissel, est d'environ 40 lieues.

Les Etats - Généraux représentent les sept *Provinces - Unies*, mais ils n'en sont point les souverains, comme la plupart des étrangers se l'imaginent, & leur assemblée a quelque rapport à la diete de Ratisbonne, qui représente tout le corps Germanique. Quoiqu'ils paroissent revètus du pouvoir souverain, ils ne sont que les députés ou plénipotentiaires de chaque province, chargés des ordres des Etats leurs principaux ; & ils ne peuvent prendre de résolution sur aucune affaire importante, sans avoir eu leur avis & leur consentement. D'ailleurs, on peut considérer l'union des sept provinces, comme celle de plusieurs princes qui se liguent pour leur sureté commune, sans perdre leur souraineté ni leurs droits en entrant dans cette confédération. Ainsi, quoique ces provinces forment ensemble un même corps, il n'y en a pas une seule qui ne soit souveraine & indépendante des autres, & qui ne puisse faire de nouvelles loix pour sa conservation, mais sans pouvoir en imposer aux autres.

On donne à ceux qui composent l'assemblée des Etats - Généraux le titre de *hauts & puissans seigneurs*, à la tète des lettres qui leur sont écrites, des mémoires & des requêtes qui leur sont présentés ; & on les qualifie dans ces mêmes écrits *de leurs hautes Puissances*: tous les souverains leur donnent aujourd'hui ce titre, *v.* HAUTES-PUISSANCES.

Le nombre des députés n'est ni fixé, ni égal : chaque province en envoye autant qu'elle juge à propos, & se charge de les payer. On ne compte pas les suffrages des députés, mais ceux des provinces; de sorte qu'il n'y a que sept voix, quoique le nombre des députés de toutes les provinces présens ou absens , monte environ à cinquante personnes, dont il y en a entr'autres dix-huit de Gueldre.

Chaque province préside à son tour, & sa présidence dure une semaine entiere, depuis le dimanche à minuit jusqu'à la même heure de la semaine suivante. Tous les députés sont assis suivant le rang de leur province, autour d'une longue table, au milieu de laquelle est le fauteuil du président. A sa droite sont assis les députés de Gueldre, à sa gauche ceux de Hollande, & ainsi des autres suivant le rang des provinces, qui est ainsi , Gueldre, Utrecht, Hollande, Frise, Zélande, Overissel, Groningue.

Tous ceux qui possedent des charges militaires ne peuvent prendre séance dans l'assemblée des Etats-Généraux ; le capitaine-général n'est pas même exempt de cette loi ; il peut seulement entrer dans l'assemblée pour y faire des propositions, & il est obligé de se retirer , lorsqu'il s'agit de délibérer sur ce qu'il a proposé. Quelque grand que soit le nombre des députés, il n'y a que six chaises pour chaque province, & tous les surnuméraires sont obligés de se tenir debout.

La plupart des députés ne sont que pour trois ou six ans dans l'assemblée des Etats-Généraux, à moins que leur commission ne soit renouvellée. Il en faut excepter la province de Hollande ,

qui y députe un membre de ses nobles pour toute sa vie, & celle d'Utrecht qui envoye un député du corps ecclésiastique, & un autre du corps de la noblesse qui y sont à vie. Il en est encore de même des députés de Zélande qui sont ordinairement au nombre de quatre.

Outre les députés ordinaires , tous ceux qui sont chargés d'une ambassade, ou de quelque négociation importante dans les pays étrangers , ont une commission pour entrer dans l'assemblée des Etats-Généraux.

Le conseiller pensionnaire de Hollande assiste tous les jours à cette assemblée, en qualité de député ordinaire, & c'est lui qui y fait les propositions de la part de cette province. Il est le seul avec le député de la noblesse de Hollande, qui ait l'avantage de paroître tous les jours dans ce sénat. Tous les autres députés de cette province sont obligés par une résolution de l'an 1653, d'avoir une commission pour y assister ; deux conseillers députés de Hollande y prennent aussi séance tous les jours tour-à-tour.

La charge de greffier ou sécrétaire des Etats-Généraux, est une des plus importantes & des plus onéreuses de l'Etat; il est obligé d'assister tous les jours à l'assemblée des Etats-Généraux, d'écrire toutes les résolutions qu'ils prennent, toutes les lettres & instructions qu'on adresse aux ministres dans les pays étrangers. Il assiste aussi aux conférences que l'on tient avec les ministres étrangers, & y donne sa voix; c'est lui qui expédie & scelle toutes les commissions des officiers généraux, des gouverneurs & commandans des places, les placards, les ordonnances des Etats-Généraux & autres actes. Il est nommé à cette charge par les Etats-Généraux; il a sous lui un premier commis, avec un grand nombre de clercs ou d'écrivains qui travaillent tous les jours au greffe, qui eſt proprement ce qu'on appelle dans d'autres pays la *ſécrétairerie d'Etat.*

Il y a des députés des Etats-Généraux qui ſont envoyés en commiſſion pour changer ou renouveller les magiſtrats, ou pour quelqu'autre affaire. Ils ont dix florins par jour pendant tout le tems de leurs commiſſions, outre les frais de leurs voyages. Les Etats-Généraux envoyent auſſi tous les deux ou trois ans deux députés à Maſtricht, avec le titre de *commiſſaires déciſeurs*, pour terminer avec les commiſſaires du prince de Liege, les procès & les autres affaires, & leur jugement eſt ſans appel.

Le conſeil d'Etat a ſon tour pour nommer les commiſſaires déciſeurs, qui ſont auſſi chargés du renouvellement des magiſtrats de la ville de Maſtricht & des juges des environs. En tems de guerre, les Etats-Généraux envoyent deux députés à l'armée, & le conſeil d'Etat en envoye un autre; ils ont chacun 70 florins par jour. Le général en chef ne peut livrer bataille, ni former un ſiege, ni faire aucune entreprise d'éclat, ſans leur avis & conſentement.

Comme par l'union d'Utrecht, les ſept provinces ſe ſont réservé l'autorité ſouveraine, leurs députés qui forment l'aſſemblée des Etats-Généraux, ne peuvent rien conclure dans les affaires importantes; ils ne peuvent faire la guerre ou la paix ſans un conſentement unanime de toutes les provinces, que l'on conſulte auparavant. Le même conſentement eſt néceſſaire pour lever des troupes; leurs loix doivent être approuvées par les provinces: ils ne peuvent révoquer les anciens réglemens, ni élire un ſtadhouder, & chaque province a la diſpoſition de tous les régimens & des officiers de ſon reſſort.

Outre l'aſſemblée ordinaire des Etats-Généraux, il s'en eſt tenu quelquefois une extraordinaire, qu'on nomme la *grande aſſemblée*, parce qu'elle eſt compoſée d'un plus grand nombre de députés de toutes les provinces que la premiere. Cette aſſemblée n'eſt jamais convoquée que du conſentement unanime de toutes les provinces, pour délibérer ſur des affaires de la derniere importance pour la république: elle eſt ſupérieure à celle des Etats-Généraux. Cependant les députés qui la compoſent, ne peuvent rien conclure, ſans l'avis & le conſentement de leurs provinces.

Le conſeil d'Etat ne ſe mêle que des affaires militaires & de l'adminiſtration des finances. Il eſt compoſé de douze conſeillers ou députés des provinces qui ſont un de Gueldre, trois de Hollande, deux de Zélande, un d'Utrecht, deux de Friſe, un d'Ovériſſel, & deux de Groningue & des Ommelandes. De ces douze députés, il n'y en a que trois qui ſoyent à vie; ſavoir celui qui eſt nommé par le corps des nobles de Hollande, & les deux de Zélande. Les autres n'y ſont ordinairement que pour trois ans. Après avoir été nommés par leurs provinces, ils prêtent le ſerment aux Etats-Généraux, & ils reçoivent leurs commiſſions de leurs Hautes-Puiſſances.

Il n'en eſt pas de même du conſeil d'Etat que de l'aſſemblée des Etats-Généraux, car on y compte les ſuffrages des députés, & non ceux des provinces, & la préſidence qui eſt d'une ſemaine, roule tour-à-tour entre les députés ſuivant leur rang. Outre ces députés, le tréſorier général a le titre de *conſeiller d'Etat.* C'eſt un officier à vie, & il a séance au conseil d'Etat : il est en quel-que maniere le contrôleur général des finances ; il a inspection sur la conduite du conseil d'Etat ; mais plus particulie-rement sur l'administration du receveur général, & des autres receveurs subal-ternes de la généralité ; il ne peut s'ab-senter de la Haye sans la permission des Etats - Généraux.

La chambre des comptes de la géné-ralité fut établie en 1607, du consente-ment des sept provinces, pour soulager le conseil d'Etat dans la direction des finances. Cette chambre est composée de deux députés de chaque province, qui font le nombre de quatorze, & qui ordinairement changent de trois en trois ans, suivant le bon plaisir des provinces. Les fonctions de ce college consistent à examiner & arrêter les comptes du re-ceveur général, des autres receveurs de la généralité & de tous les comptables. On donne aux députés qui composent cette chambre les titres de *Nobles & Puissans Seigneurs.*

La chambre des finances de la géné-ralité a été établie avant celle des comp-tes, & est composée de quatre commis, & d'un sécrétaire qui font nommés par les Etats - Généraux. Il y a aussi un clerc ou écrivain. Cette chambre est chargée de régler tous les comptes qui regardent les frais de l'armée, de tous les Hauts & bas officiers, de ceux de l'ar-tillerie des chevaux, des bateaux, des chariots, &c. comme aussi de ceux qui ont soin des munitions, des vivres de l'armée, & de tout ce qui sert à son en-tretien & à sa subsistance.

Toutes les provinces, en s'unissant pour former entr'elles une seule répu-blique, se font réservé le droit de battre monnoie, comme une marque essentielle de leur souveraineté particuliere ; mais elles font convenues en même tems que la monnoie de chaque province, qui au-roit cours dans toute l'étendue de la ré-publique, seroit d'une même valeur in-trinséque. Pour l'observation d'un si juste réglement, on établit à la Haye une chambre des monnoies de la géné-ralité, composée de trois conseillers ins-pecteurs généraux, d'un sécrétaire & d'un essayeur général. Cette chambre a inspection générale sur toute la mon-noie frappée au nom des Etats - Géné-raux ou des Etats des provinces par-ticulieres, de même que sur toutes les especes étrangeres.

Par le réglement des Etats - Géné-raux en 1597. l'amirauté des *Provinces-Unies* a été partagée en cinq colleges ; savoir, trois en Hollande, qui font ceux de Rotterdam, d'Amsterdam, Horn & Enkuisen alternativement, un à Mid-delbourg en Zélande, & un à Harlin-gue en Frise ; & les droits d'entrée & de sortie, font levés au profit du corps en-tier de la république pour l'entretien des vaisseaux de guerre, & autres fraix de la marine. Chacun de ces colleges est composé de plusieurs députés, tirés en partie des provinces où les colleges font établis, & en partie des provinces voi-sines. Il n'y a point d'appel de leurs sentences pour ce qui concerne les frau-des des droits d'entrée & de sortie, & les différends sur les prises faites par mer, non plus qu'à l'égard des causes criminelles ; mais dans les causes civiles où il s'agit d'une somme au delà de 600 florins, on peut demander revision de la sentence aux Etats - Généraux.

Lorsque les Etats - Généraux, de l'a-vis ou conseil d'Etat, ont résolu de faire un armement naval, & qu'ils font dé-terminés sur le nombre & la qualité des vaisseaux, le conseil d'Etat en ex-pédie l'ordre à tous les colleges qui ar-ment séparément à proportion de leur

contingent. Celui d'Amſterdam fait toujours la troiſieme partie de tous les ar-
memens, & les autres une ſixieme partie chacun.

La charge d'amiral général a été unie
à celle de ſtadhouder à perpétuité depuis le 4 Mai 1747, *v.* STATHOUDER. *
* La confédération des *Provinces-
Unies* fut l'effet du traité fait en 1579,
connu ſous le nom d'*Union d'Utrecht.*
Cette union célebre eſt un des objets
les plus intéreſſans que préſentent les
annales de la liberté & de la juriſprudence des nations. Les effets de cette
union ont répondu à l'eſprit de ſageſſe
& de vigueur qui en fut le principe; ils
ont été merveilleux à pluſieurs égards.
C'eſt par là qu'une nation peu conſidérable par ſon territoire, par ſes moyens
& par le nombre de ſes habitans, a tenu
tète, pendant une guerre de 80 ans, à
la monarchie la plus riche & la plus
puiſſante de l'Europe, en ſortit victo-
rieuſe, & força ſon oppreſſeur à reconnoître ſon indépendance.

Les circonſtances qui ont amené cette union mémorable; l'eſprit du traité
qui lui donna ſa forme & ſa conſiſtance;
un précis des chefs contenus dans ce
traité, ſont les trois objets qui doivent
nous occuper ſucceſſivement dans cet
article.

I. Lorſque les troupes Eſpagnoles
eurent été chaſſées des provinces de
Hollande & de Zélande, Guillaume I.
l'immortel fondateur de la liberté Belgique, employa tous les efforts de ſon zele
& de ſa ſageſſe, à former une liaiſon
étroite entre ces deux provinces & les
autres des Pays-Bas. La pacification
de Gand, conclue en 1576, rempliſſoit
juſqu'à un certain point, un objet ſi dé-
ſirable & ſi important. Mais l'union
formée par ce traité, qui avoit pour but
l'éloignement des troupes étrangeres

des Pays-Bas, ne pouvoit être de longue durée. Auſſi s'affoibliſſoit-elle de
jour en jour, par des intérèts oppoſés,
qu'il étoit difficile de concilier, & par la
diſcorde que la cour d'Eſpagne ne manqua pas de ſemer parmi les provinces
confédérées. Le traité conclu avec Don
Jean d'Autriche & celui de Bruxelles,
qui étoit deſtiné à maintenir la foi catholique, y portoient atteinte, & la dé-
ſertion, enfin, des provinces Wallon-
nes qui ſe retirerent de cette union,
acheva de rendre la pacification de
Gand inſuffiſante pour le but qu'on s'y
étoit propoſé. Le grand prince qui forma cette confédération, en avoit bien
prévu les défauts & l'inſtabilité. Pour
y remédier & pour empêcher que tout
le poids de la guerre ne retombât de nouveau ſur la Hollande & ſur la Zélande,
il travailla d'avance à une union ultérieure & plus étroite entre les provinces, qui étoient les plus voiſines les unes
des autres, & le plus à portée de ſe ſecourir mutuellement, ſavoir, la Hollande, la Zélande, la Gueldre, Utrecht,
la Friſe, Groningue avec ſon diſtrict,
(les Ommelandes), le pays de Drenthe & le comté de Lingen. Quoique
Guillaume donnât & le fond & la forme à ce grand ouvrage, il n'y parut
pas d'abord ouvertement: il avoit à
ménager les Brabançons, & ſur-tout
l'archiduc Matthias, qu'il ne convenoit
pas de mêler dans cette affaire, & dont
il étoit cependant le Stadhouder: la
crainte auſſi d'exciter la défiance des
Etats, & de paroître affoiblir l'union
générale, en recherchant une union
particuliere, l'obligeoit de ſe tenir à l'é-
cart, & d'agir ſous le nom de Jean,
comte de Naſſau ſon frere, qu'il avoit
établi Stadhouder en Gueldre.

La formation, cependant, de cette
union ultérieure, n'étoit pas l'ouvrage
d'un

d'un jour; elle ne s'avançoit même que lentement. Comme on y levoit le bouclier contre le roi d'Espagne avec moins de ménagement encore que dans la pacification de Gand, & qu'on s'ôtoit par là toute espérance de reconciliation avec ce despote féroce & atrabilaire, il ne falloit pas y entrer avec trop de précipitation. Les confédérés devoient avant tout, pourvoir à deux choses. D'un côté, il leur importoit de trouver le moyen de justifier aux yeux de l'Europe une démarche, qui alloit rompre toute liaison entre des sujets & leur souverain, & de l'autre ils avoient à se munir d'un système politique, qui pût cimenter leur union & soutenir leur indépendance. La fureur intolérante de Philippe II. leur fournit suffisamment le moyen d'atteindre le premier de ces objets, & le célebre traité dont il est question dans cet article, réunissant les sept Provinces sous un intérêt commun, assura l'autre. Une assemblée composée des députés de ces provinces, fut convoquée à Utrecht pour le 10 de Janvier 1579, pour mettre la derniere main à ce traité, qui fut conclu & publié le 29 du même mois sous le titre de *l'union d'Utrecht*.

Toutes les provinces n'accederent pas d'abord à cette union. La Gueldre fit bien des difficultés avant d'y entrer, & plusieurs villes dans différentes provinces prétendirent mettre des conditions à leur consentement. Mais toutes ces difficultés s'applanirent avec le tems; & le prince d'Orange voyant la plus grande partie des provinces entrées dans la confédération, la signa lui même le 3 de Mai 1579. Les villes de Gand, Bruges, Ypres, Anvers, Tournai, &c. s'unirent d'abord aux confédérés; mais elles s'en séparerent presque aussitôt, & l'union ne subsista, à proprement parler, qu'entre les sept provinces.

Tome XI.

Lorsque le traité de l'union fut conclu, on établit un comité, composé des députés des provinces confédérées, avec pouvoir de regler les affaires qui intéressoient l'union, à moins qu'elles ne fussent trop importantes, auquel cas les provinces devoient être convoquées conformément au XIXe article du traité. Ce conseil ou comité qui devoit faire rapport de tout aux provinces & à Jean de Nassau, paroit avoir donné lieu à la formation de l'assemblée de Leurs Hautes Puissances, les Etats-Généraux des *Provinces-Unies*. Voyez l'article ETATS-GÉNÉRAUX.

II. L'esprit donc & l'intention de ce célebre traité avoient pour objet de lier sept puissances souveraines, indépendantes l'une de l'autre, dans une confédération perpétuelle & sacrée, qui fait qu'elles ne forment qu'un seul corps dans l'exécution de plus d'une partie du pouvoir souverain. Ce traité par conséquent, distingue les *Provinces-Unies* des puissances, qui ne sont alliées qu'en conséquence d'intérêts passagers & de raisons accidentelles; puisque, selon ses termes aussi-bien que son esprit, il unit les sept provinces comme si elles n'en formoient qu'une seule, en conservant néanmoins, à chaque membre de l'union, le suprême pouvoir dans sa province. Quel plan hardi! & de combien de difficultés & d'inconvéniens n'auroit-il pas dû paroître hérissé à ceux qui eurent l'ame assez élevée & l'esprit assez entreprenant pour en concevoir l'idée? Que d'habiles gens ayent remarqué des endroits foibles, des expressions vagues, des objets mal définis dans l'acte d'union, il n'y a pas là de quoi nous surprendre. Mais ce qui est admirable, c'est que ces imperfections mêmes, loin de déroger à la gloire de ceux qui dresserent cet acte, fournis-

D d d d

fent au contraire, une preuve fenfible de leur capacité & de leur prudence : elles montrent le coup d'œil jufte avec lequel ils ont difcerné l'efpace qu'il falloit à un grand corps pour fe mouvoir librement, & pour éviter les chocs qui pourroient en affoiblir la confiftance ou en détraquer le méchanifme. Pour parler fans figure, lorfqu'il eft queftion d'unir pour un intérèt commun, preffant & durable, différens corps politiques, dont il eft impoffible de concilier dans tous les tems, les intérèts particuliers & refpectifs, foit préfens, foit futurs & poffibles, comment faut-il s'y prendre ? Il faut, pour ainfi dire, fermer volontairement les yeux fur bien des objets : il faut éviter les détails qui peuvent faire naître des craintes, des foupçons ou des divifions : il faut s'exprimer en termes vagues, & laiffer beaucoup aux tems, aux circonftances & quelque chofe au défintéreffement & au zele pour le bien général, ou facrifier l'intérèt commun & renoncer à l'efpérance d'une union durable. Le parti le plus fage dans cette alternative fut pris en effet. Les auteurs de l'union voyoient bien, fans doute, les inconvéniens qui pouvoient réfulter de l'indépendance refpective de fes membres, & les efforts & les prétextes que l'intérèt particulier pouvoit employer, pour plier la confédération à fes vues. Des cas fâcheux & poffibles devoient fe préfenter à leur fagacité, dont la perfpective étoit propre à allarmer : deux provinces pourront fe brouiller entr'elles : une feule pourra s'élever contre tous les alliés, ou bien une moitié de l'union pourra fe foulever contre l'autre : des difputes pourront naître fur les droits particuliers des villes & des provinces, fur les loix fondamentales de l'union, ou fur les changemens & les modifications,

qu'on croiroit peut-être devoir y apporter dans la fuite des tems. Tous ces inconvéniens & les dangers qui devoient en réfulter, ne pouvant échapper aux auteurs de l'union, que leur reftoit-il à faire ? Vouloir cacher & paffer fous filence ce qui fautoit aux yeux, auroit été une efpece de charlatanerie indigne de ces habiles gens : mais de l'autre côté il y auroit eu de l'imprudence & de la témérité à détailler tous ces cas, tous ces inconvéniens, & à les mettre dans tout leur jour, puifque par-là ils auroient effarouché les efprits, & [ne feroient jamais venu à bout de l'affaire principale. Ces fages politiques prirent donc un milieu. Sans affecter de dérober entierement leurs inquiétudes aux yeux du public, ils les montrerent avec rapidité & fous un voile de gaze. Sachant de plus que les hommes font bien autrement affectés des maux préfens, que des maux futurs & éloignés, & que les expédiens les plus certains les raffurent à peine dans les uns, tandis que des chimeres plaufibles les contentent dans les autres, ils agirent en conféquence de cette fage maxime. Pour calmer dans l'efprit de ceux qui devoient agir dans le moment, l'anxieté qui pouvoit naître de la perfpective des différends pour l'avenir, ils indiquerent des moyens d'accommodement, dont la plupart étoient plutôt des fubterfuges & des palliatifs, que des remedes & des expédiens. Les différends devoient être conciliés par les juges ordinaires, qui n'étoient que des êtres de raifon, ou par des arbitres appellés *Goede Mannen*, êtres auffi imaginaires que les précédens, ou bien les difputes devoient fe terminer à l'amiable; grands mots qui ne difent rien : il n'y avoit que le recours à l'arbitrage des provinces, & en cas de fon infuffifance, à celui du Stadhouderat, centre naturel de l'union, dans l'esprit de ceux qui ont composé le traité, qui présenta un moyen clair & positif de terminer les différends. Enfin, soit que le traité de l'union ne fût dressé que provisionnellement & pour le moment, soit qu'il fût destiné à être la pierre fondamentale des *Provinces - Unies* dans tous les tems, ses auteurs ont jugé à propos de le laisser sur plusieurs sujets, vague, imparfait & indécis dans les détails. Un tel traité étoit le but où ils devoient tendre, & l'objet dont ils devoient se contenter alors, & l'événement a justifié la sagesse de leur conduite à cet égard. L'expérience qui vaut mieux que tous les raisonnemens du monde, la concorde durable & peu interrompue des confédérés, les efforts inutiles qu'on a faits successivement, dans les années 1584, 1651, 1716 & 1717, pour corriger les imperfections du traité, sont des preuves sans replique de la profonde sagesse de ses auteurs, & l'union d'Utrecht servira toujours d'exemple frappant de la différence, que d'habiles politiques sont souvent obligés de mettre entre la spéculation & la pratique.

III. L'acte même de l'union, consiste en un préambule & vingt - six articles. Dans le premier les confédérés déclarent leur intention de fortifier par ce traité, l'union générale, de prévenir les divisions & de se mieux défendre contre l'ennemi commun. Quant aux articles qui doivent servir à cimenter cette confédération illustre, en voici le précis & l'essentiel.

L'article premier comprend la forme & les conditions de l'union. Il y est dit que les sept provinces s'unissent par ce traité à perpétuité, de la même maniere que si elles ne formoient qu'une seule province, sans préjudice, cependant, des privileges, des immunités, des usa-

ges & des droits de chaque province & des villes qui la composent; lesquels privileges les confédérés s'obligent à maintenir aux dépends de leurs biens & de leurs vies. Il est encore décidé par ce premier article, que les différends qui pourroient survenir entre les provinces, villes ou membres de l'union, sur les susdits droits, privileges, &c. seront décidés ou par les juges ordinaires, ou par des arbitres, ou par un arrangement à l'amiable, sans que les autres provinces ou villes puissent s'en mêler autrement que par voye d'accommodement.

L'article II. engage „ les confédérés „ à se secourir mutuellement contre „ tout acte de violence, que le roi d'Es- „ pagne ou ses adhérens pourroient fai- „ re, soit au sujet de la pacification de „ Gand, soit à celui de la réception de „ l'archiduc Matthias, soit pour intro- „ duire & rétablir la religion catholi- „ que, ou pour se venger, en un mot, „ de ce qui se seroit fait par les confé- „ derés, ou par quelqu'un d'entr'eux, „ depuis l'année 1558. ”

L'article III. oblige les confédérés à se secourir pareillement contre toute attaque de princes ou Etats étrangers, & laisse à la généralité ou au corps de l'union, à déterminer les secours que chacune fournira dans une telle occasion.

Les articles IV. & V. jusqu'à VIII. inclusivement, regardent les moyens de contribuer à la défense commune des confédérés, la construction & l'entretien des forteresses, la maniere de fournir par des taxes & des impôts aux frais qu'exigent le maintien de l'union, l'érection des milices, &c.

Il est décidé par le IXe. article, qui, avec le suivant, renferme les principes essentiels de l'union, qu'on ne conclurra ni paix ni trève, qu'on n'entreprendra pas de guerre, qu'on n'établira ni impôts, ni contributions, qui intéressent le corps général de la confédération, que du consentement unanime des provinces : dans toutes les autres affaires, qui concernent l'union, on se tiendra à ce qui sera résolu à la pluralité des voix des provinces ; reglement qui s'observera jusqu'à ce qu'il soit ordonné autrement par la totalité des confédérés. Il est encore arrêté par le IXe. article, que les différends qui pourront survenir entre les provinces, sur la paix, la guerre, la trève ou les impôts seront décidés provisionnellement par les stadhouders actuels des provinces, & que ceux-ci, lorsque leurs avis seront partagés, prendront des asseeurs impartiaux pour venir à une décision, à laquelle les parties seront obligées de se conformer.

Il est expressément déclaré dans le Xe. article qu'aucune province ou ville ne pourra conclurre de confédération ou d'alliance avec aucun seigneur ou pays voisin, sans le consentement des confédérés.

L'article XI. regarde l'admission d'Etats étrangers dans la confédération, moyennant le consentement unanime des provinces.

Le XIIe. renferme les reglemens qu'il faut suivre par rapport à la monnoie.

Le XIIIe. qui concerne les affaires de la religion, porte, ,, que la Hollande & ,, la Zélande se conduiront à cet égard, ,, comme elles trouveront à propos ; ,, que les autres provinces seront tenues ,, de se conformer à la paix de religion ,, projettée par l'archiduc Matthias & ,, son conseil, de l'avis des Etats - Gé-,, néraux, ou qu'elles se conduiront de ,, la maniere qu'elles jugeront la plus ,, propre à maintenir la tranquillité & ,, le bien-être de chaque province ou

,, ville, & à mettre en sûreté les droits, ,, tant des ecclésiastiques que des laïcs, ,, sans qu'ils y puissent être empêchés ,, par aucune autre province ; bien en-,, tendu, toujours, que chacune con-,, servera la liberté de conscience, & ,, qu'on ne recherchera ni ne poursui-,, vra personne pour cause de religion, ,, conformément à ce qui a été déja sta-,, tué par la pacification de Gand ''.

Comme cet article fit naître des difficultés & fit croire à plusieurs qu'on ne vouloit admettre dans la confédération, que ceux qui souscriroient à la paix de religion, ou qui accorderoient une tolérance aux deux religions, la catholique & la réformée, on y ajouta par voye d'interprétation, ,, qu'on n'avoit pas ,, intention d'exclurre de la confédéra-,, tion les provinces qui ne voudroient ,, admettre que la religion catholique, ,, & dans lesquelles les réformés n'a-,, voient pas le nombre, qui, par la ,, paix de religion, autorisoit l'exercice ,, de leur culte, mais qu'au contraire, ,, on étoit prêt à les y recevoir, pourvû ,, qu'elles se conformassent aux articles ,, de l'union & qu'elles montrassent des ,, sentimens patriotiques ; l'intention ,, des confédérés n'étant pas qu'une pro-,, vince se mêlât de la conduite des au-,, tres dans l'affaire de religion ''. Cet article subit un changement considérable dans l'assemblée des Etats-Généraux, convoquée à Middlebourg dans l'année 1583, lorsque la religion réformée fut reçue dans toutes les *Provinces-Unies*. Il y fut arrêté ,, que cette reli-,, gion seroit maintenue & que l'exer-,, cice public d'aucun autre culte ne ,, seroit permis dans ces provinces ; ,, bien entendu cependant, que les vil-,, les où pays, qui accéderoient à l'a-,, venir au traité de l'union, conserve-,, roient la liberté de se conduire, sur

„ l'article de la religion, comme ils ju-
„ geroient à-propos ".

Les articles XIV. & XV. contiennent des reglemens rélatifs aux biens des eccléfiaftiques & des religieux, & à l'entretien de ceux qui auroient quitté leurs couvens pour caufe de religion.

Le XVIe. article roule fur un objet de la derniere importance, favoir, les différends qui pourroient s'élever entre les provinces. Il porte, „ que lorfque „ ces différends regarderont quelques „ provinces en particulier, ils feront „ décidés par les autres provinces ou „ par leurs députés; que fi toutes les „ provinces font intéreffées dans ces „ différends, on s'en rapportera aux „ ftadhouders, ainfi qu'il eft dit dans le „ IXe article, dont la décifion fera pro-„ noncée dans le terme d'un mois, & au „ jugement defquels les parties feront „ obligées à fe foumettre, fans avoir re-„ cours à aucune autre voye de droit.

Le XVIIe article engage les confédérés à éviter avec foin de s'attirer la guerre de la part des puiffances étrangeres.

Le XVIII. défend à toute province ou ville d'établir des impôts au préjudice d'une autre, fans le confentement de la généralité, ou de charger les voifins plus que fes propres fujets.

Les articles XIX. & XX. ont rapport aux formalités, qui doivent être obfervées dans la convocation & dans les délibérations de l'affemblée des confédérés.

Par l'article XXI. il eft arrêté que „ l'interprétation de ce qui pourra pa-„ roître ambigu ou obfcur dans ce trai-„ té, fera laiffée aux confédérés; & en „ cas qu'ils ne s'accordent pas là-def-„ fus, on aura recours aux ftadhouders „ de la maniere expliquée ci-deffus ".

L'article XXII. déclare, „ qu'on ne

„ pourra augmenter ni changer aucun „ des articles de l'union, ou y en ajou-„ ter de nouveaux, fans convoquer „ pour cet effet, une affemblée générale „ de tous les confédérés, & fans que le „ changement propofé foit confirmé „ par leur confentement unanime ".

Par l'article XXIII. les provinces s'engagent à maintenir les fufdits articles, déclarant comme nul & non avenu, tout ce qui pourroit être fait au contraire; y foumettant leurs biens, leurs tribunaux, leurs magiftrats, & leurs habitans, renonçant à toute voye de droit pour fe fouftraire à leur obfervation.

Les articles XXIV, V. & VI. roulent fur des formalités. Il y eft queftion entr'autres, de l'obligation impofée aux ftadhouders, tant préfens que futurs, aux magiftrats & aux officiers civils des provinces particulieres, des villes, &c. de prêter ferment fur les articles de l'union.

Le précis que nous venons de donner des articles de l'union, fera toucher au doigt la vérité de ce que nous avons dit ci-deffus, de l'efprit & de l'intention de ce célebre traité. Au furplus, fi le coup-d'œil pénétrant d'un critique exact trouve dans ce traité des chofes vagues & imparfaitement définies, il y verra en même tems, un remede efficace aux inconvéniens qui pourroient en réfulter. Ce remede eft le recours aux provinces, & à leur défaut, aux ftadhouders, comme arbitres de tout différend, qui ne pourra pas fe terminer à l'amiable ou par les voyes ordinaires. Ce recours au ftadhouderat n'eft pas feulement marqué expreffément dans l'acte de l'union, mais on y revient même jufqu'à trois fois dans les IX. XVI. & XXIe articles de cet acte. C'eft, fi nous ne nous trompons pas, déclarer formellement que le traité de l'union ne sauroit s'exécuter, ni l'union même subsister dans sa vigueur sans le stadhouderat, & les prérogatives qui y sont attachées. Car enfin, s'il n'y a d'autre maniere de décider les différends en dernier ressort & d'empêcher que l'union ne soit ébranlée par chaque contestation, qui pourroit s'élever parmi les provinces, la conclusion paroît toute simple, que sans le stadhouderat la pierre angulaire manque à l'édifice politique. On doit donc attendre du gouvernement stadhouderien, cette force d'association dans les *Provinces - Unies* qui leur donne au - dehors la vigueur d'une monarchie, sans leur faire perdre au-dedans la liberté d'une république. *v.* STADHOUDER. (M.)

PROVISION, s. f., *Jurisprud.* Ce terme signifie en général un *acte*, par lequel on pourvoit à quelque chose.

Provision se prend quelquefois pour *possession*, comme quand on dit que l'on adjuge la *provision* à celui qui a le droit le plus apparent, c'est-à-dire, que la possession que l'on adjuge n'est pas irrévocable, mais seulement en attendant que le fond soit jugé.

Provision se prend aussi pour exécution provisoire, comme quand on dit que la *provision* est dûe au titre, c'est-à-dire, qu'entre deux contendans celui qui est fondé en titre doit par *provision* être maintenu, sauf à juger autrement en définitive si le titre est contesté.

Provision est aussi une somme de deniers que l'on adjuge à quelqu'un pour servir à sa subsistance, & pour fournir aux frais d'un procès, en attendant que l'on ait statué sur le fond des contestations.

Pour obtenir une *provision*, il faut être fondé en titre ou qualité notoire.

Par exemple, une veuve qui plaide pour son douaire peut obtenir une *provision*.

Il en est de même en cas de partage d'une succession directe, un héritier qui n'a encore rien reçu, soit entre - vifs ou autrement, est bien fondé à demander une *provision*, lorsque le partage ne peut être fait promptement.

Un enfant qui est en possession de sa filiation peut aussi demander une *provision* à celui qui refuse de le reconnoître pour son pere.

Un tuteur qui n'a pas encore rendu compte étant réputé débiteur, peut de même être condamné à payer une *provision* à son mineur, lorsque le compte n'est pas prêt.

Une femme qui plaide en séparation, peut demander une *provision* sur les biens de son mari, une partie saisie sur les biens saisis réellement; une personne blessée en obtient aussi sur un rapport en chirurgie, pour ses alimens & médicamens, mais on ne peut pas en accorder aux deux parties.

Les *provisions* peuvent être adjugées en tout état de cause, même en cas d'appel. Elles sont arbitraires, & plus ou moins fortes, selon la qualité des parties, les biens & autres circonstances.

Il y a des cas où l'on peut obtenir jusqu'à deux ou trois *provisions* successivement; cela dépend aussi des circonstances.

Lorsque les *provisions* sont pour alimens, elles se prennent par préférence à toutes autres créances.

La *provision alimentaire*, est une somme de deniers qui est accordée à quelqu'un à titre d'alimens.

La *provision en fait de bénéfice*, est une lettre-patente du collateur, par laquelle il déclare qu'il confere à un tel un tel bénéfice vacant de telle maniere.

Il y a différentes fortes de *provifions*, les unes accordées par le fouverain, ou par quelqu'autre collateur laïc; les autres qui font accordées par des collateurs eccléfiaftiques.

Le fouverain donne des *provifions* en régale, par droit de joyeux avénement & par droit de ferment de fidélité, il en donne aufli comme plein collateur de certains bénéfices.*v.*SERMENT *de fidélité.*

Quelques feigneurs, & même de fimples particuliers, donnent aufli des *provifions* de certains bénéfices dont ils ont la pleine collation. *v.* COLLATION, PATRONAGE.

La *provifion canonique*, eft celle qui eft conforme aux canons, foit pour la capacité du collateur, foit pour les qualités & capacités du pourvu, foit pour la forme en laquelle elle eft expédiée.

La *provifion colorée*, eft celle qui a la couleur & l'apparence d'un titre légitime, laquelle pourroit être arguée de nullité pour quelques défauts qui s'y rencontrent, mais qui font couverts par la poffeffion paifible & triennale, pourvu qu'elle n'ait point été prife & retenue par force & par violence.

La *provifion en commende*, eft celle par laquelle un bénéfice régulier eft conféré à un régulier pour le tenir en commende.

Le pape feul peut conférer en commende, ou ceux auxquels il en a donné le pouvoir par des indults. *v.* COMMENDE.

La *provifion de cour de Rome*, eft celle qui eft expédiée par les officiers de la chancellerie romaine, pour les bénéfices qui font à la collation du pape.

On n'entend ordinairement par le terme de *provifions de cour de Rome*, que celles qui font expédiées pour les bénéfices ordinaires; celles que le pape donne pour les bénéfices confiftoriaux font appellées *bulles. v.* BÉNÉFICES, BULLES.

Pour obtenir des *provifions de cour de Rome*, il faut s'adreffer à un banquier expéditionnaire, qui doit mettre fur fon régiftre la date des procurations, concordats, & autres pieces, avec le nom des notaires & des témoins pour en délivrer l'extrait en cas de compulfoire.

L'expéditionnaire envoie enfuite à Rome fon mémoire avec les pieces juftificatives.

Son folliciteur correfpondant à Rome dreffe un mémoire pour retenir la date, & porte ce mémoire chez l'officier des petites dates, ou chez fon fubftitut.

Quand le courier, porteur du mémoire & des pieces, arrive avant minuit, l'impétrant a la date du jour de l'arrivée du courier; mais fi le mémoire n'eft porté qu'après minuit, on n'a la date que du lendemain.

La date étant mife fur le mémoire par le préfet des dates, le banquier correfpondant dreffe la fupplique, tant fur la procuration du réfignant, fi c'eft une réfignation, que fur le mémoire qu'on lui a envoyé.

Quand le S. fiege eft vacant, on ne retient point de date, mais les *provifions* de Rome font préfumées datées du jour de l'élection du pape, & non du jour de fon couronnement.

Les *provifions de cour de Rome* font tenues pour expédiées, & ont effet du jour de l'arrivée du courier, au lieu que les bulles pour les bénéfices confiftoriaux ne font datées que du jour que le pape accorde la grace.

Il y a des *provifions* fur dates retenues, d'autres fur dates courantes.

La *provifion de cour de Rome* contient la fupplique & la fignature: la fupplique de l'impétrant commence en ces termes: *Beatiffime pater fupplicat humiliter fanc-*

titati veſtra devotus illius orator N . . .

Elle a quatre parties ; la premiere énonce le bénéfice que l'on demande , les qualités exprimées au vrai , les genres de vacance, & le diocefe où le bénéfice eſt ſitué : la ſeconde partie comprend la ſupplication de l'impétrant , ſon diocefe , ſes qualités , les bénéfices qu'il poſſede , ou ſur leſquels il a un droit qui eſt venu à ſa connoiſſance : la troiſieme partie énonce le troiſieme genre de vacance qui eſt exprimé , & les genres de vacance généraux ſous leſquels l'impétrant demande le bénéfice au pape par une ampliation de grace , comme *per obitum*, & *aut alio quovis modo*; & la quatrieme contient les difpenſes & dérogations qu'il faut demander ; autrement on ne les accorderoit point , & néanmoins on peut en avoir beſoin dans quelques occaſions.

La clauſe *aut aliquo quovis modo* , que l'on met dans la ſupplique, eſt une clauſe générale qui produit une extenſion d'un cas à un autre, & ſupplée au défaut de la cauſe particuliere lorſqu'elle ſe trouve fauſſe.

La réponſe ou ſignature eſt en ces termes : *fiat ut petitur* , quand c'eſt le pape qui ſigne ; ou bien *conceſſum ut petitur* , quand c'eſt le préfet de la ſignature.

Les *proviſions* que donne le pape ſont auſſi appellées *ſignatures* , parce qu'on donne à l'acte le nom de la plus noble partie , qui eſt la ſouſcription.

L'expreſſion du bénéfice & des qualités de l'impétrant doit être faite au vrai dans la ſupplique, autrement il y auroit obreption ou ſubreption , ce qui rendroit la grace nulle , quand même l'impétrant feroit de bonne foi.

Les religieux doivent exprimer dans leur ſupplique non ſeulement les bénéfices dont ils ſont pourvus , mais auſſi les penſions qu'ils ont ſur les bénéfices ; au lieu que les féculiers ne ſont pas obligés d'exprimer les penſions, à moins qu'il ne fût queſtion d'en impoſer une ſeconde ſur un bénéfice qui en feroit déja chargé d'une ; & cela quand même les deux penſions enſemble n'excéderoient pas la troiſieme partie des fruits.

On eſt auſſi obligé dans les *proviſions de cour de Rome* , d'exprimer tous les bénéfices dont l'impétrant eſt pourvu , & ce, à peine de nullité ; tellement que le défaut d'expreſſion du plus petit bénéfice , & même d'un bénéfice litigieux , rendroit les *proviſions* nulles & ſubreptices , ſans qu'on pût les valider en rejettant la faute ſur le banquier , ni réparer l'omiſſion en exprimant depuis le bénéfice omis.

L'impétrant doit déſigner le bénéfice qu'il demande , de telle maniere qu'il n'y ait point d'équivoque ; & s'il s'agit d'un canonicat ou prébende qui n'ait point de nom particulier , il faut exprimer le nom du dernier titulaire ; & s'il y en a deux du même nom dans cette égliſe , il faut déſigner celui dont il s'agit , de façon qu'on ne puiſſe s'y méprendre.

Deux *proviſions* données par le pape à deux perſonnes différentes ſur un même genre de vacance, ſe détruiſent mutuellement , quand même une des deux feroit nulle , & obtenue par une courſe ambitieuſe, à moins que ce ne fût d'une nullité intrinſeque ; car en ce cas , la *proviſion* ne donneroit pas lieu au concours.

Une ſignature par le *fiat* , & une autre par le *conceſſum* , ſe détruiſent auſſi mutuellement , quand elles ſont de même date pour le même bénéfice , & ſur le même genre de vacance, quoique l'une ſoit du pape , & l'autre ſeulement du préfet de la ſignature.

Pour

Pour éviter le concours dans les vacances par mort & par dévolut, on rétient ordinairement plusieurs dates, dans l'espérance qu'il se trouvera à la fin quelque *provision* sans concours.

On ne marque point l'heure dans les *provisions de cour de Rome*, mais on tient registre de l'arrivée du courier.

Les *provisions* sont écrites sur le protocole, qui est le livre des minutes ; on les enregistre non pas suivant la priorité du tems auquel elles ont été accordées, mais indifféremment, & à mesure qu'elles sont portées au registre par les expéditionnaires.

Lorsque les *provisions de cour de Rome* peuvent être déclarées nulles par rapport à quelque défaut, on obtient un rescrit du pape, appellé *perinde valere*, quand il s'agit de bulles ; mais si c'est une simple signature, on la rectifie par une autre, appellée *cui prius*.

Les *provisions* des bénéfices consistoriaux s'expédient par bulles. *v.* BULLES.

PROVISIONNEL, adj., *Jurispr.*, se dit de ce qui est relatif à quelque chose de provisoire, comme un partage *provisionnel*, une sentence *provisionnelle*. *v.* PARTAGE, PROVISOIRE & SENTENCE.

PROVISOIRE, adj., *Jurispr.*, se dit des choses qui requierent célérité, & qui doivent être réglées par provision ; les alimens, les réparations sont des matieres *provisoires*. On dit quelquefois un *provisoire* simplement, pour exprimer une matiere *provisoire*.

PROXIMITÉ, s. f., *Jurispr.*, est un terme usité en fait de parenté pour exprimer la position de quelqu'un qui est plus proche qu'un autre, soit du défunt, s'il s'agit de succession, soit du vendeur, s'il s'agit de retrait lignager dans les coutumes où le plus proche parent est préféré. *v.* DEGRÉ, LIGNE, PARENTÉ, RETRAIT, SUCCESSION.

Tome XI.

PRUDENCE, s. f., *Morale*, c'est la vertu qui consiste 1°. à prévoir toutes les conséquences d'une démarche, les raisons qui encouragent à la faire ou à l'éviter, les difficultés qu'on peut rencontrer en agissant, les moyens qu'il faut mettre en œuvre pour s'assurer le succès désiré, pour écarter les obstacles, & prévenir les inconvéniens qui pourroient résulter de ce qu'on entreprend; elle consiste 2°. à agir d'une maniere exactement assortie aux conséquences de ce qu'on a prévu, soit en renonçant à une entreprise dont on prévoit que les suites sont plus fâcheuses que ce qu'on recherche n'est avantageux, que les périls qui l'accompagnent, sont plus à craindre, que ne sont sûrs les moyens de s'en mettre à couvert, & que ne seroient profitables les effets du succès désiré. Au lieu de cette description détaillée, on pourroit définir la *prudence* en moins de mots, en disant qu'elle consiste *à faire usage de toute l'attention de notre esprit, pour prévenir le repentir en chacune des démarches ou des entreprises de la vie*. Or, pour prévenir ce repentir, il faut réaliser le détail des traits par lesquels nous avons d'abord décrit la *prudence*. 1°. Son premier acte consiste à bien peser la légitimité de l'entreprise ou de la démarche dont on voudroit s'occuper ; la premiere suite d'une action illégitime est le remords, la désapprobation de soi-même, le mépris de tous les êtres intelligens, qui ont le sentiment de la droiture ; & quel peut être, au milieu même des plus grands succès, le bonheur de celui qui porte toujours au dedans de lui-même un témoin qu'il ne peut contraindre au silence, & qui chaque instant lui fait entendre ces accens déchirans, *tu es un homme malhonnête, un méchant, un criminel?* Il fait que tous les cœurs des humains qui le connois-

E e e e

fent, prononcent contre lui une fentence, qui le condamne à la haine & au mépris, dans le tems même que l'adulation brule de l'encens à fon honneur. Il fait que ceux, au préjudice defquels il a réuffi dans fes deffeins, ne cherchent que l'occafion de fe venger, & de lui rendre les maux qu'il leur a fait éprouver. 2°. Affuré de la légitimité de fon entreprife, l'homme prudent en pefe enfuite les avantages & les défavantages. Le produit du fuccès équivaut-il les peines, les foins, les dépenfes qu'il exige néceffairement? Qui ne taxera pas d'imprudence celui qui, pour contenter une envie qu'il a, facrifie des biens plus effentiels & de plus de valeur, que ceux qu'il recueillera après le fuccès? C'eft la faute commune dans laquelle nous font tomber les paffions. Il eft peu de perfonnes qui, conduites par ces guides trompeurs, & qui, après avoir atteint le but propofé, venant à fe demander, fi ce qu'elles ont acquis valoit la peine qu'a couté fon acquifition, ne foient forcées de convenir, qu'elles l'ont acheté beaucoup au-deffus de fa valeur réelle, & fi elles y penfent férieufement, ne regrettent les facrifices trop confidérables qu'elles ont fait à un bien de beaucoup moindre valeur.

3°. Après l'examen des facrifices qu'exige néceffairement l'acquifition d'un bien defiré, l'homme prudent doit auffi tenir compte des rifques accidentels, qu'il peut courir dans la pourfuite de fon entreprife, par une fuite des circonftances qui peuvent furvenir, des obftacles qu'y mettront certaines perfonnes, de l'inftabilité de mille chofes fur la fölidité defquelles on ne peut pas compter. Oui, votre démarche feroit prudente, fi vous pouviez être affuré que tout fe trouvera arrangé & difpofé, comme il faut le fuppofer, pour fe promettre un

heureux fuccès; mais fi quelqu'une de ces circonftances manque, fi les chofes tournent tout autrement que vous ne l'avez efpéré; fi ce, fur quoi vous avez le plus compté, change totalement, quelles feront les fuites de ce mécompte? Il eft poffible que vous en foyez quitte dans quelques cas pour le fimple manque de fuccès qui, après vos vains efforts, vous laiffe au même point où vous étiez auparavant; mais on n'en eft pas toujours quitte pour fi peu de chofe; & le manque de fuccès eft le moindre des maux auxquels vous devez vous attendre; fouvent on y perd fa vie, fon honneur, fa fortune, on s'ouvre des fources intariffables de chagrins & de défagrémens. Ces fuites ne font pas toujours certaines, mais il fuffit qu'elles foient vraifemblables, qu'on n'ait aucune certitude, aucune probabilité affez forte qu'elles n'auront pas lieu, pour que l'homme prudent ne fe permette pas de s'y expofer, à moins qu'il n'ait en main des moyens fuffifans de parer à ces inconvéniens.

4°. Comme il n'y a rien dans ce monde fur la ftabilité de quoi on puiffe compter avec une certitude immanquable; que l'état préfent des chofes, tout favorable qu'il paroiffe à nos vues, peut changer en peu de tems, l'homme prudent doit prévoir les accidens & les obftacles, & prendre d'avance toutes les mefures propres à parer aux inconvéniens qui peuvent réfulter du changement des circonftances, à lever les obftacles qui peuvent fe rencontrer fur la route, à réparer les dommages que les accidens, qu'on n'a pas pu prévenir, auront fait effuyer. Il n'y a que l'imprudent qui s'expofe fans précaution aux coups du fort, qui ne prévoit aucun accident, & qui ne prend contr'eux aucune mefure. La *prudence* prévoit tout, fuppofe comme pouvant arriver, tout ce qu'elle fait être poffible, fur-tout les accidens que l'expérience du paffé & la connoiffance de la nature des chofes, lui apprennent être fréquens & vraifemblables, & elle fe prémunit contr'eux.

5°. Comme la volonté des autres hommes peut être un obftacle ou un aide au fuccès de nos deffeins, l'homme prudent aura foin de découvrir d'avance de quelle maniere les perfonnes qui peuvent influer fur fes entreprifes, envifageront fes démarches : il s'inftruira de leur caractere, de leurs goûts, pour ne rien dire & ne rien faire qui puiffe les rendre contraires à fes vues ; & fournir à ceux qui ne lui veulent pas du bien des occafions, des motifs & des moyens de lui nuire.

6°. Souvent une action en elle-même eft bonne ; mais elle eft accompagnée quelquefois aux yeux de ceux qui n'en connoiffent pas les raifons, de circonftances équivoques, qui donnent lieu de foubçonner du mal où il n'y en a point, & qui indifpofent contre celui qui agit ceux qui ont des foubçons défavantageux. La *prudence* exige donc qu'on ait foin d'éviter tout ce qui pourroit faire mal juger de nos vues, rendre nos démarches fufpectes, & indifpofer contre nous les témoins de notre conduite.

7°. Il arrive même affez fréquemment que des gens font intéreffés à nuire au fuccès de nos deffeins, quelque juftes qu'ils foient ; que fans aucun droit, mais par envie, par jaloufie, ils voudroient s'approprier les avantages que nous recherchons, ou au moins que fans plus de droit que nous n'en avons à y prétendre, ils s'efforcent de nous fupplanter, dès qu'ils connoiffent nos deffeins. La *prudence* exige qu'autant que cela fe peut fans fauffeté, nous leur cachions nos deffeins & nos démarches ;

de-là vient la néceffité de la difcrétion chez l'homme prudent, l'obligation fous peine d'être accufé d'imprudence de favoir garder fon fecret, & de ne confier fes idées qu'à gens fur la fidélité & la difcrétion de qui il puiffe compter.

Ne confondons pas ici la *prudence* avec la pufillanimité, la rufe & la fauffeté. La premiere, à force de prévoir les difficultés, n'ofe rien entreprendre, parce qu'elle ne voit pas les remedes, parce qu'elle craint la peine de les mettre en œuvre, & qu'elle redoute les moindres revers. L'homme prudent doit être actif & courageux, & favoir courir des rifques, lorfque les probabilités & les vraifemblances les plus fortes font en faveur du fuccès, & que fon habileté à prendre des mefures, lui met en main des reffources contre les revers inattendus. L'homme prudent ceffe de mériter ce titre honorable, lorfque c'eft à la rufe, à la fourberie qu'il doit les moyens de réuffir. La *prudence* eft une vertu, elle ne fe permet rien contre la vérité & la droiture ; elle laiffe ignorer à fes antagoniftes, ce que fon devoir n'exige pas qu'elle leur faffe connoître ; mais elle ne les jette jamais dans l'erreur par aucun menfonge. Le prudent fait fe taire, mais il ne fe permet jamais de mentir.

On l'a dit avec raifon dans l'Encyclopédie au mot PRUDENCE, cette qualité eft tellement la compagne des autres vertus, que fans elle elles perdent leur nom & leur nature ; elle prépare leur route pour les faire marcher plus fûrement, elle la prépare lentement pour les faire avancer plus vite vers le but eftimable qu'elles fe propofent ; de-là naît une derniere regle.

8°. Dans les actes même les plus vertueux, l'homme prudent ne fe contente pas du témoignage de fa confcience fur

la pureté de fes intentions, fur la légitimité de fes vues, fur la réalité de fes
obligations. Il fe fait la loi de n'agir
même dans ces cas où fon devoir commande, qu'avec toutes les précautions,
les mefures & la retenue qui affurent
un fuccès plus certain à fes démarches,
avec le moins de dommage & de défagrémens pour ceux que fon action intéreffe : la maladreffe, la brufquerie,
le manque d'égards, la choquante inflexibilité, ne font point les compagnes
néceffaires de la vertu. En un mot,
l'homme prudent ne dit rien, ne fait
rien, fans en prévoir les conféquences,
fans calculer les circonftances où il fe
trouve, & les rapports des chofes, &
il fait & dit tout, de la maniere & dans
le tems le plus convenable pour produire le plus de bien & le moins de mal.
(G. M.)

PRUDERIE, f. f., *Morale*. On nomme ainfi un défaut qui confifte à imiter d'une maniere outrée, minutieufe
& grimaciere, le caractere & le ton de
la pudeur & de la chafteté ; c'eft l'affectation trop marquée de l'éloignement
pour tout ce qui peut avoir quelque
rapport prochain ou éloigné, réel ou
imaginaire avec les plaifirs de l'amour.
La *pruderie* eft chez les femmes l'effet du
defir de paffer pour très-chaftes. La prude outre les précautions de la décence,
dans l'habillement, dans les actions,
dans les difcours, dans les manieres.

La *pruderie* eft ordinairement la fuite d'une éducation mal-adroite, quelquefois auffi de l'hypocrifie qui, pour
cacher fes défordres fecrets, veut fe parer des déhors d'une délicateffe exceffive, pour tout ce qui peut tenir à la
pureté des mœurs, des penfées & des
fentimens.

Dans une éducation fimple & fenfée,
on fe contente de donner aux filles les
regles communes de la décence, telles
qu'elles font reçues dans la fociété pour
les geftes, les difcours & les actions.
On leur laiffe ignorer jufques à l'âge de
puberté, tout ce qui a trait au commerce des deux fexes ; & lorfque l'on
juge convenable, à un certain âge, de
les tirer de cette ignorance, qui pouffée
trop loin, peut devenir dangereufe ; on
fe borne à leur faire connoître les faits
effentiels, fans entrer dans des détails
que l'expérience feule doit leur apprendre, & dont la théorie ne ferviroit qu'à
enflammer leur imagination ; ou, au
moins fi on entre dans quelque détail,
on s'interdit tout badinage, tout jeu
de mot, tout tableau licencieux, on n'en
parle que comme de faits phyfiques que
la fageffe permet de connoître hiftori-
quement, mais dont l'expérience n'eft
permife que felon les loix, & qui chez
les perfonnes fages ne fervent jamais de
fujet à aucune converfation amufante,
à aucun badinage libertin : tout cela fe
dit fans affectation, fans myftérieufe
réticence. Par ce moyen, on n'allumera
pas l'imagination d'une jeune fille, on
ne l'habituera pas à trouver en tout des
rapports avec les plaifirs illégitimes de
l'amour, à découvrir avec une fagacité
trop pénétrante, des images deshonnêtes, dans des difcours qui, aux yeux
d'une perfonne qui ne fait que ce qu'il
lui eft permis de favoir, ne préfentent
qu'un fens honnête & fans allufion li-
centieufe. Les objets naturels ne réveil-
leront dans fon ame que l'idée pure de
ce qu'ils préfentent, fans aucun cortege de fuppofitions indécentes. Une fille
ainfi élevée ne trouvera rien de propre
à la faire rougir dans des difcours ou
des actions qui n'auront en eux-mèmes
rien de contraire à la décence des mœurs,
à la pureté des penfées, & à la fageffe de
la conduite, felon les ufages reçus dans

les fociétés qu'elle fréquente. Si au contraire par des précautions outrées de décence dans l'habillement, les geftes, les termes, les difcours, les lectures & les objets que l'on voit, on fait croire à ces jeunes cervelles qu'il y a du mal, un myftere honteux, des conféquences dangereufes; on met en jeu leur imagination, on excite leur curiofité, elles veulent favoir quel eft ce mal qu'on couvre d'un voile féducteur, elles queftionnent, elles s'informent, elles fe font donner des leçons & des explications, elles les cherchent en fecret dans les livres; leur imagination va plus loin que la nature, leur efprit s'exerce à percer ces myfteres, elles trouvent des rapports avec ces objets jufques dans les objets les plus éloignés; les actes les plus naturels & les plus fimples, réveillent dans leur ame des penfées dont elles rougiffent, elles craignent qu'on ne les pénetre; de-là leur inquiétude dès qu'elles voyent des chofes, ou entendent des difcours dont elles ont affocié l'idée avec celle des indécences, dont on leur a fait un crime de s'occuper; de-là leurs fcrupules exceffifs, leurs précautions outrées. Il eft mille chofes dont on n'oferoit parler en leur préfence, mille démarches qu'elles s'interdifent, quelque légitimes qu'elles foient, parce qu'elles fuppofent qu'on en tireroit des conféquences au défavantage de leur vertu : le badinage le plus innocent, devient à leurs yeux une entreprife téméraire, le difcours le moins fufceptible de fens deshonnête leur paroît le langage infultant du libertinage; la lecture la plus férieufe, fi elle a quelque rapport à la réproduction de l'homme, avec quelque fageffe que tout y foit exprimé, n'eft plus qu'un recueil de faletés; on ne fait bientôt plus quel langage employer avec elles,

& comment s'exprimer pour ne pas bleffer cette fageffe farouche & fcrupuleufe : tout devient pour elles matiere de fcandale; elles font prudes.

Si par cette délicateffe outrée, les prudes penfent donner une plus haute idée de leur pureté, elles fe trompent ordinairement beaucoup, & donnent au contraire la plus mauvaife idée de l'honnêteté de leur cœur aux perfonnes fages & décentes, dont elles ont blâmé comme deshonnêtes les difcours qu'elles ont tenu en leur préfence, fans aucune intention de choquer leur pudeur, fans employer de termes, & fans préfenter d'idée dont la plus exacte fageffe pût avoir à rougir. Que prouve en effet cet excès de délicateffe qui trouve du mal à ce qui n'en renferme point? Rien autre, finon que l'imagination de la prude eft échauffée par l'habitude de s'occuper en fecret d'idées, de penfées, de defirs & d'images incompatibles avec la pureté qu'elle affecte; qu'elle a plus de favoir, relativement au phyfique de l'amour, qu'on ne peut en foubçonner chez une perfonne réellement chafte dans le fait & dans l'intention.

Une femme réellement chafte & vertueufe prouve par fa conduite réguliere qu'elle n'eft occupée que de fes devoirs; laiffe juger par fes démarches, fon extérieur, fes geftes, fon maintien, fes difcours, même dans fes badinages familiers, que l'innocence regne dans fon cœur, que la fageffe de fon efprit ne permet jamais d'écarts licentieux à fon imagination, que feule ou en compagnie, des penfées de libertinage, ou des images luxurieufes ne l'occupent jamais; que dans aucun cas elle n'en fera un fujet de plaifanterie, & que dans tous les inftans de fa vie, elle pourroit, fans rougir, laiffer voir le fond de chacune de fes penfées, parce qu'elle n'en a jamais une qui foit illégitime. Si fon état & fon âge lui permettent de paroître inftruite des myfteres légitimes de l'amour, elle ne fe choquera pas d'un badinage poli qui y a rapport, avec des perfonnes avec qui elle eft familiere; mais ce ne fera jamais fans indignation qu'elle entendra des difcours fales & groffiers, qu'elle verra l'impudence paffer les barrieres de l'honnèteté & de la décence; elle ne blâmera que ce qui en foi-même eft blâmable. (G. M.)

* Le judicieux & favant auteur de cet article voudra bien me permettre quelques remarques.

Dans une éducation fimple & fenfée, dit-il, on fe contente de donner aux filles les regles communes de la décence, telles qu'elles font reçues dans la fociété. Eft-ce à la fociété à nous donner des regles de décence? N'eft-ce pas à la morale à donner des regles à la fociété? Nous ne voyons que trop de fociétés frivoles, indécentes, mème libertines. Eft-ce fuivant le code de ces fociétés que nous éleverons nos enfans à la décence? Les libertés les plus dangereufes & les plus capables d'enflammer les paffions, font-elles des regles de décence à donner à nos enfans, parce qu'on les tolere dans certaines fociétés, & qu'on les envifage comme des *ufages du monde*, auxquels manquer, c'eft ètre réputé pour une perfonne fans ufages, fans éducation?

On laiffe ignorer, continue l'auteur, jufqu'à l'âge de puberté, tout ce qui a trait au commerce des deux fexes; & lorfque l'on juge convenable à un certain âge, de les tirer de l'ignorance, qui pouffée trop loin, pourroit devenir dangereufe, on fe borne à leur faire connoître les faits effentiels, fans entrer dans les détails que l'expérience feule doit leur apprendre, & dont la théorie

ne ferviroit qu'à enflammer leur imagination. Mais pourquoi cacher la morale à ceux pour qui elle eft faite? Pourquoi ne pas former de bonne heure les habitudes des enfans à la décence, par la crainte, & fe réferver de les affermir par une théorie de morale, lorfque l'âge le permettra? Faut-il entendre toujours cette pitoyable maxime, que pour éloigner les hommes du vice, il faut leur en dérober l'idée? Quel mérite aurai-je de m'abftenir d'une méchante action dont je n'ai point d'idée? Ne diroit-on pas que la morale perd à ètre connue dans tous fes détails, ou que l'homme eft fait pour vivre ifolé dans les folitudes de la Thébaïde? D'ailleurs, la fociété n'étant qu'une fuite de détails, fi nous n'apprenons pas de bonne heure à la jeuneffe les dangers de ces détails, pourrons-nous nous flatter qu'elle les évitera, ou qu'elle en fortira innocente? N'attribuons pas trop à l'ignorance, parce qu'elle ne fauroit produire que l'erreur, fatale en fait de morale. Défions-nous de la prétendue pureté du cœur d'une perfonne, qui fe permet des difcours & des actions propres à exciter des idées que la décence & la pudeur condamnent. La bouche ne parle, le corps n'agit que conformément aux affections du cœur, qui eft la caufe des paroles & des actions; un cœur pareil, ou il eft affecté fenfiblement de ce qu'il dit & de ce qu'il opere, ou il eft pervers en cherchant d'entraîner les autres. (D. F.)

PRUDHOMME, f. f., *Jurifp.*, fignifie celui qui eft expert en quelque chofe.

On donnoit anciennement ce titre aux gens de loi, que les juges appelloient pour leur donner confeil; c'étoient à-peu-près la mème chofe que ces jurifconfultes que les Romains appelloient *prudentes*.

PRUSSE, *Droit public*, contrée d'Europe à titre de royaume, située entre les 34 & 42 degrés de longitude, & les 53 & 55 degrés de latitude, ayant au septentrion la mer Baltique & la Samogitie; à l'orient, la Samogitie encore avec la Lithuanie, & la Podlachie; au midi, la Mazovie, & la Posnanie; & à l'occident, le Brandebourg & la Poméranie. Dans ces bornes sont comprises l'une & l'autre *Prusse*, l'occidentale & l'orientale, toutes deux possédées par la maison de Brandebourg, la seconde depuis deux siecles, & la premiere depuis deux ans.

Parmi les petits peuples qui ont habité la *Prusse*, les plus remarquables étoient les *sudaviens*, les *galindiens* & les *schalavoniens*. Le nom de *Prussiens*, dont l'origine est incertaine, n'est connu que depuis le dixieme siecle. Les anciens varioient dans la maniere de l'écrire; car nous trouvons qu'ils ont employé les mots *Pruci*, *Prucci*, *Pruzi*, *Pruti*, *Brutii* ou *Bruchii*. Il en est qui pensent que le sentiment le plus vraisemblable est, que les anciens habitans ont été appellés *Porusses*, c'est-à-dire contigus à la Russie, à cause de leur voisinage avec cette province. En effet, dans l'ancien langage prussien, *po*, signifie autant qu'*auprès*, *à côté*: l'histoire de ce pays commence à s'éclaircir vers ce tems-là. Les rois de Pologne se donnerent des peines infinies, & employerent même la force des armes pour convertir les Prussiens idolâtres au christianisme. Boleslas I. en donna l'exemple, en châtiant les Prussiens pour avoir en 997 massacré S. Adelbert ou Albert, qui leur avoit été donné pour les instruire. Les successeurs de Boleslas eurent beaucoup à démêler avec ces peuples. Boleslas IV. ravagea à la vérité la *Prusse*, en l'année 1148; mais en revanche les Prussiens le battirent en 1163. Ces mêmes peuples dévasterent au treizieme siecle Culm, la Cujavie & la Mazovie, & pousserent les choses au point que Conrad, duc de Mazovie, fut obligé d'appeller à son secours les princes ses parens & ses alliés. On donnoit une croix pour marque distinctive à ceux qui devoient marcher contr'eux, comme contre des ennemis du nom chrétien. Mais comme malgré ces secours, les Prussiens tinrent toujours ferme, le même duc Conrad eut recours aux chevaliers Teutons, & les chargea de la défense de ses frontieres. Il leur abandonna d'abord en 1230 les districts de Culm & de Dobrin pour vingt ans, au bout desquels ils les acquirent à perpétuité, avec tout ce qu'ils pourroient conquerir dans la suite sur les Prussiens. Ces guerriers secondés par les chevaliers porte-glaives réduisirent en moins de cinquante-trois ans tout le pays sous leur puissance. Les grands maîtres de leur ordre établirent en 1309 leur résidence à Marienbourg. La guerre avec les Lithuaniens fit également verser beaucoup de sang. Ces succès engagerent les chevaliers Teutons à donner un libre cours à leur orgueil & à leur cruauté: mais ils perdirent beaucoup de la considération qu'ils s'étoient acquise, lorsque les Polonois les défirent à la bataille qu'ils leur livrerent en 1410 proche Tannenberg & Grünwald. En effet, les Polonois firent à cette sanglante bataille un carnage épouvantable de ces chevaliers. En 1454 la moitié de la *Prusse* se souleva contre l'ordre Teutonique, & se soumit à Casimir III. roi de Pologne; & après plusieurs troubles, il fut enfin décidé en 1466, que la partie de la *Prusse* appellée du depuis *Prusse polonoise*, seroit désormais libre sous la protection du roi de Pologne, & que l'autre partie demeureroit foumife aux chevaliers & grand maître de l'ordre teutonique; il fallut même que l'ordre s'engageât à ne tenir cette derniere partie que comme un fief de la Pologne. Les chevaliers effayerent, à la vérité, dans la fuite de fe dégager de ce lien féodal; mais leurs tentatives furent fans fuccès. Ils crurent mieux réuffir par la voie des armes que par celle de la négociation; en conféquence la guerre fut déclarée en 1519. Elle dura fix ans, & la paix fuccéda en 1525. Le traité conclu pour cet effet à Cracovie, changea la qualité du marggrave Albert grand - maître de l'ordre teutonique, en l'établiffant duc féculier & héréditaire de la *Pruffe* ultérieure. Les conditions de ce changement furent que le nouveau duc tiendroit cette partie de la *Pruffe* en fief de la Pologne; qu'elle pafferoit par droit de fucceffion à fes defcendans mâles; qu'au défaut de ceux ci elle appartiendroit à fes freres & à fes defcendans en ligne mafculine. Ainfi finit en *Pruffe* le regne de l'ordre Teutonique, après avoir duré trois cents ans. Le nouveau duc de *Pruffe* introduifit la doctrine de Luther dans fes Etats, & fonda en 1544 l'univerfité de Königsberg. L'électeur Joachim Fréderic fit entrer le duché de *Pruffe* dans la maifon électorale de Brandebourg, avec laquelle elle a depuis ce tems conftamment été unie. La *Pruffe* eut beaucoup à fouffrir des Suédois pendant la durée de la guerre de trente ans, au commencement de laquelle elle étoit gouvernée par l'électeur George Guillaume. Son fils & fucceffeur, le puiffant électeur Fréderic Guillaume, avoit d'abord embraffé le parti de la Suede; mais il lui tourna bientôt le dos, & fe rangea du côté des Polonois. Il n'eut pas lieu de fe repentir de ce

changement. En effet, Jean Cafimir, roi de Pologne le dégagea par les traités de Wehlau & de Bromberg de 1657, du lien féodal envers fa couronne, & le déclara lui & fes defcendans en ligne mafculine, feigneur fouverain & indépendant de la partie de la *Pruffe* qui compofoit fon fief. Qutre cet avantage, Fréderic - Guillaume obtint encore les feigneuries de Lauenbourg & de Bülow, aux mêmes conditions qu'elles avoient été poffédées par les ducs de Poméranie; augmenta encore la puiffance de fa maifon par d'autres poffeffions, & acquit le furnom de grand.

Fréderic, fils & fucceffeur du grand électeur, érigea le duché de *Pruffe* en royaume; fe couronna lui - même, & mit la couronne fur la tête de fon époufe à Königsberg, le 18 Janvier 1701. Ce prince fut bientôt après reconnu roi par les autres princes chrétiens. La république de Pologne avoit été jufqu'à préfent la feule puiffance qui n'eût point reconnu la dignité royale de l'électeur de Brandebourg: mais elle imita l'exemple du refte de l'Europe, en reconnoiffant ce titre à la diete de convocation de 1764. Le roi Fréderic-Guillaume, qui monta fur le trône en 1713, peupla fes Etats en recevant au nombre de fes fujets plufieurs milliers de colons étrangers, & fit en général un grand nombre d'établiffemens utiles & glorieux. Il eut en 1740 pour fucceffeur le roi Fréderic II. Ce prince a relevé le commerce maritime dans fes Etats; il changea en 1747 l'ordre & l'arrangement de fes finances. En 1751 il établit neuf colleges de juftice à la place des grands bailliages; il mit en même tems une grande réforme dans l'adminiftration de la juftice, & établit en 1752 dix confeils provinciaux.En 1757 la petite Lithuanie fut envahie par une

armée

armée confidérable de troupes Ruffes, qui y firent beaucoup de dégât. Ces troupes occuperent même tout le royaume de *Pruffe*, depuis 1758 jufqu'en 1762, tems auquel il fut évacué & remis entre les mains du roi.

Les armes royales de *Pruffe* font, au champ d'argent, un aigle noir éployé, ayant une couronne d'or fur la tête. La puiffance du gouvernement de *Pruffe* eft abfolue.

L'ordre de l'aigle noir, que Fréderic I. fonda la veille de fon couronnement à Königsberg, a pour marque une croix d'or émaillée en bleu & femblable à la croix de Malthe. D'un côté & au milieu de la croix eft un chifre qui repréfente les deux premieres lettres du nom du roi (F. R.). Les quatre angles du milieu font occupés par autant d'aigles noirs éployés. Les chevaliers portent cette croix de gauche à droite : elle eft fufpendue à un large cordon de foie couleur d'orange. Sur la poitrine gauche ils ont une croix ou étoile brodée en argent; au milieu de cette étoile eft un aigle noir éployé, tenant d'une griffe une couronne de laurier, & de l'autre un foudre avec cette légende : *Suum cuique.* Le roi eft toujours grand-maître de cet ordre, dont le nombre des chevaliers eft fixé à trente, fans compter les princes de la maifon royale. Outre cet ordre, le roi Fréderic II. créa en 1740 l'ordre du mérite, dont la marque diftinctive eft une étoile d'or de figure octogone émaillée en bleu, avec cette légende : *Pour le mérite.* Il fe porte au col & eft attaché à un cordon noir bordé d'argent.

La place de gouverneur de la *Pruffe* eft remplie par le commandant-général de toutes les troupes du royaume, lequel préfide ordinairement à toutes les affaires militaires du royaume, & eft

Tome XL.

en même tems gouverneur des trois forts. Le principal college eft la régence royale de Königsberg, qui tient la place du roi & gouverne tout le royaume, tant pour les affaires d'Etat que pour les affaires civiles, les gratifications, les affaires eccléfiaftiques, féculieres, académiques & féodales : mais elle ne fe mêle point des affaires contentieufes des particuliers. On compte parmi les membres qui compofent ce college un grand-burggraf, un grand-maréchal & un chancelier. Les affaires concernant les finances & les domaines font adminiftrées par deux chambres royales de la guerre & des domaines, dont l'une eft établie à Königsberg & l'autre à Gumbinnen. Ces chambres ont l'infpection des biens domaniaux, de l'accife, des manufactures & des magafins, qui font au nombre de onze. Elles ont auffi dans leur dépendance les officiers & employés royaux, les fermiers-généraux, les prépofés & employés à la perception des revenus de la couronne, les infpecteurs royaux des bâtimens & autres officiers & employés de la chambre. Il faut y ajouter les officiers & prépofés à la perception des impôts, de l'accife & autres, établis dans les différentes villes du royaume. Les affaires qui concernent les forêts font adminiftrées par deux grands maîtres des forêts. En confidérant le royaume de *Pruffe* relativement à la marche des troupes & aux contributions des biens nobles, il fut divifé en dix cercles en 1752, à chacun defquels préfide un confeiller provincial d'extraction noble. La juftice fe rend dans le plat-pays & les bailliages royaux du domaine, auxquels appartiennent les terres de Kölm, par des officiers de juftice qui tiennent leurs audiences dans de certains tems, & qui jugent les différends

F ffff

concernant les héritages & autres affaires contentieuses des particuliers. Il y a dans la plûpart des terres nobles, de ces justices subalternes, qui connoissent des procès survenus entre les sujets & les vassaux de ces terres. Dans les villes, la justice est administrée par des tribunaux particuliers, & dans quelques-unes seulement par des magistrats. Toutes ces jurisdictions particulieres ressortissent aux neuf colleges de justice érigés en 1751, lesquels ont été substitués aux anciens grands-bailliages, & connoissent par appel de toutes les affaires contentieuses, civiles, criminelles & ecclésiastiques. Chacun de ces colleges est composé d'un directeur ou président, d'un conseil de justice & d'un greffier tiré de la noblesse. Quant aux grands bailliages nobles & héréditaires de Gerdauan, Deutsch Eylau, Schönberg & Gilgenbourg, ils ont conservé leur ancienne forme & constitution. Les colleges de justice ressortissent au conseil aulique de Königsberg, duquel on peut encore appeller à la justice ou au tribunal suprème, & de celui-ci au tribunal suprème des appels, lequel confirme ou change les jugemens dont est appel. Après les décisions du tribunal suprème, on peut encore recourir à la personne du roi. Quant aux affaires pénales, on a établi un college de justice criminelle, dont les jugemens doivent être confirmés par le roi. Les affaires du commerce sont réglées par le college du commerce, & celles qui concernent la marine & les péages, sont du ressort de l'amirauté royale. Ces deux tribunaux sont fixés à Königsberg.

Les principales sources des revenus du roi sont, les biens du domaine royal, qu'on afferme ordinairement pour six ans; les contributions ordinaires & fixes des biens nobles & de ceux de

Kölm; l'accise & les gabelles établies dans les villes, les revenus des biens domaniaux des villes: le produit des forêts & ce qui y a rapport; les droits qui se perçoivent sur le sel de Halle; les péages établis tant sur la terre que sur les eaux, & le produit des postes. Le rapport de ces différents objets est versé dans la caisse générale des impositions & des revenus provinciaux établie à Königsberg & à Gumbinnen, dans la caisse du sel & dans la caisse des accises. Les revenus des postes, les amendes & l'argent des recrues, sont envoyés à Berlin. On suppute en général tous les revenus annuels du royaume de *Prusse* à la somme totale d'environ un million & demi d'écus d'empire, ce qui fait environ 6,490,000 livres monnoie de France. Comme les impositions sont fortes, il est de nécessité que le bourgeois aussi-bien que le paysan soit actif & industrieux pour se tirer d'affaire avec les siens. C'est en effet ce qui arrive: aussi le commerce est-il en vigueur en *Prusse*.

PRYN *ou* PRYNE, *Guillaume, Hist. Litt.*, jurisconsulte Anglois, s'éleva avec tant de violence contre les épiscopaux, qu'il fut condamné en 1647, à avoir les oreilles coupées. Ce traitement le fit regarder comme un martyr de la bonne cause. On le choisit pour être un des membres de la chambre des communes, dans le parlement assemblé contre le roi. Après avoir pendant quelque tems fait paroître beaucoup d'animosité contre ce prince, il rougit de sa phrénésie & de celle des Anglois, & fut mis en prison. Il y composa un petit livre pour détourner le parlement de faire le procès au roi. Il mourut en 1669, âgé de 69 ans. Outre l'ouvrage dont nous venons de parler, & qui se trouve dans le *Sylloge variorum Tracta-*

tuum, imprimé en 1649, on a de *Pryn*: 1°. *Remarques sur les Institutes des rois Jean, Henri III. & Edouard I. in-folio* en anglois. Il y défend le pouvoir suprême des rois, après l'avoir attaqué long-tems. 2°. L'*Histoire de Guillaume Laud*, archevêque de Cantorbéry, *infol.* en anglois. 3°. Plusieurs ouvrages de théologie & de controverse, où il y a beaucoup d'érudition & peu de jugement.

PRYTANE, s. m., *Droit des Grecs*. On nommoit *prytanes* chez les Athéniens, cinquante sénateurs tirés successivement par mois de chaque tribu, pour présider dans le conseil de la dite tribu. Ils convoquoient l'assemblée, les proëdres en exposoient le sujet, & l'épistate demandoit les avis.

On ouvroit l'assemblée par un sacrifice à Cérès, & par une imprécation. L'on sacrifioit à cette déesse un jeune porc pour purifier le lieu que l'on arrosoit du sang de la victime; l'imprécation mêlée aux vœux se faisoit en ces mots : „Périsse maudit des dieux, lui, „ & sa race, quiconque agira, parlera, „ ou pensera contre la république. “ C'étoit trop que de porter l'imprécation jusques sur la pensée, dont l'homme n'est pas le maître.

Les *prytanes* avoient l'administration de la justice en chef, la distribution des vivres, la police générale de l'Etat & particuliere de la ville, la déclaration de la guerre, la conclusion & publication de la paix, la nomination des tuteurs & des curateurs, & enfin le jugement de toutes les affaires, qui après avoir été instruites dans les tribunaux subalternes, ressortissoient à ce conseil.

Le tems de leur exercice se nommoit *prytanie*. Ce tems duroit d'abord trente-cinq ou trente six jours pour remplir l'année, mais le nombre des citoyens

s'étant considérablement accru, & chaque tribu devant gouverner pendant un mois, on joignit aux dix tribus anciennes les tribus antigonides & démétriades; pour lors le nombre des *prytanes* qui avoit été de cinq cents par année, fut porté à six cents, & la durée des *prytanies*, dont le rang se tiroit au sort, fut réduite à trente jours. Les jours surnuméraires pour remplir l'année solaire, se passoient à recevoir le compte de l'administration des *prytanes*, & à donner la récompense dûe à ceux qui dans cet exercice avoient bien mérité de la république.

Les *prytanes* tenoient toujours leurs assemblées au prytanée, où ils avoient un repas de fondation, mais un repas simple & frugal, soit afin que par leur exemple ils prêchassent aux autres citoyens la tempérance, soit afin qu'en cas d'accidens inopinés, ils fussent en état de prendre sur le champ des résolutions convenables. Ce fut dans un de ces repas, dit Démosthenes, que les *prytanes* reçurent la nouvelle de la prise d'Elatée par Philippe.

Dans les tems difficiles de la république, les *prytanes*, après avoir assemblé le peuple, & lui avoir exposé les besoins pressans de la patrie, exhortoient chaque citoyen à vouloir bien se cottiser pour y subvenir. Le citoyen zélé se présentoit au *prytane*, & disoit: *je me taxe à tant*. Le citoyen avare ne disoit mot, ou se déroboit de l'assemblée. Phocus, homme plongé dans une vie molle & voluptueuse, se levant un jour dans une assemblée pareille, s'avisa de dire en bon citoyen : ἐπὶ δἑδωμι Καγῳ, moi je contribue aussi du mien: oui, s'écria tout d'une voix le peuple malin & spirituel, oui, εἰς ἀκολασίαν.

Toutes les grandes villes greeques avoient, à l'exemple d'Athenes, plu-

sieurs *prytanes* qu'on tiroit successivement des différentes tribus. L'histoire
nous a conservé le nom de Luccius Vac-
cius Labéon, premier *prytane* de Cume,
à qui cette ville décerna des honneurs
extraordinaires; mais les *prytanes* de Cyzique sont encore plus célebres dans
l'histoire : leur conseil devoit être composé de six cents membres. Il paroît
qu'ils étoient tirés d'une tribu, & quelquefois de deux tribus pour chaque
mois, d'où il résulteroit que les tribus
cyzicéniennes étoient en plus grand
nombre que les tribus athéniennes.
Nous connoissons six tribus de Cyzique,
& nous devons cette connoissance aux
inscriptions des marbres.

Le lieu de l'assemblée des *prytanes*
étoit appellé *Prytanée*. C'étoit là qu'on
faisoit le procès aux fleches, javelots,
pierres, épées, & autres choses inani-
mées qui avoient contribué à l'exécution d'un crime; on en usoit ainsi, lorfque le coupable s'étoit sauvé; & nous
gardons encore parmi nous quelque
chose de cet usage, lorsque pour faire
plus d'horreur d'un parricide, & d'un
affassinat énorme, on comprend dans
les suites du supplice, l'anéantissement
des poignards ou des couteaux qui ont
été les instrumens du crime.

C'étoit dans une salle du *prytanée* que
mangeoient les *prytanes* avec ceux qui
avoient l'honneur d'être admis à leur
repas; & Pausanias observe que cette
salle où se donnoient les repas, étoit
appellée ϑόλος. Les loix de Solon étoient
affichées dans cette salle, pour en perpétuer le souvenir. Les statues des divinités tutélaires d'Athenes, Vesta, la
Paix, Jupiter, Minerve, &c. y étoient
posées pour agréer les sacrifices qui se
faisoient avant l'ouverture des assemblées publiques & particulieres. Dans la
même salle étoient les statues des grands

hommes qui avoient donné leur nom
aux tribus de l'Attique, celle du fameux
Antolique y étoit aussi, & celles de
Thémistocles & de Miltiades servirent
dans la suite à la flatterie des Athéniens,
qui par une inscription postérieure, en
firent honneur à un Romain ou à un
Thrace.

On y recevoit les ambassadeurs dont
on étoit content, le jour qu'ils avoient
rendu compte à la république de leurs
négociations. On y admettoit aussi le
jour de leur audience, les ministres
étrangers qui venoient de la part des
princes, ou des peuples alliés, ou amis
de la république d'Athenes. Les ambassadeurs des Magnésiens furent admis à
ce repas, lorsqu'ils eurent renouvellé
le traité d'alliance avec le peuple de
Smyrne.

C'étoit un honneur singulier que d'ê-
tre admis au repas des prytanées hors
des tems de la fonction des sénateurs,
& les Athéniens dans les commencemens
fort réservés à cet égard, n'accorderent
une distinction aussi flatteuse, que pour
reconnoissance des services importans
rendus à la république, ou pour d'autres grands motifs. Les hommes illustres
qui avoient rendu des services signalés
à l'Etat, y étoient nourris eux & leur
postérité aux dépens du public. Quand
les juges de Socrate lui demanderent selon l'ordonnance quelle peine il croyoit
avoir méritée, il répondit qu'il croyoit
avoir mérité qu'on lui décernât l'honneur d'être nourri dans le prytanée aux
dépens de la république. Par une considération particuliere pour le mérite
de Démosthene, on lui fit ériger une
statue dans le prytanée; son fils aîné,
& successivement d'aîné en aîné, jouirent du droit de pouvoir y prendre leur
repas.

L'idée que l'on avoit de l'honneur

que les vainqueurs aux jeux olympiques faifoient à leur patrie, détermina l'État à leur accorder la faveur d'affifter aux diftributions & aux repas des *prytanes*; & c'eft ce qui fonde le reproche fait aux Athéniens du jugement injufte qu'ils avoient porté contre Socrate, qui méritoit à bien plus jufte titre la diftinction honorable d'être nourri dans le prytanée, qu'un homme qui aux jeux olympiques avoit le mieux fu monter à cheval, ou conduire un char; mais on n'avoit rien à objecter à la faveur accordée aux orphelins dont les peres étoient morts au fervice de l'Etat, d'être nourris dans le prytanée, parce que ces orphelins entroient fous la tutelle fpéciale du fage tribunal des *prytanes*.

Il paroît de ce détail quel étoit l'ufage d'une partie des vivres que l'on mettoit dans les magafins du prytanée. L'autre partie fervoit aux diftributions reglées qui fe faifoient à certains jours aux familles qu'une pauvreté fans reproche mettoit hors d'état de pouvoir fubfifter fans ce fecours, qui par autorité publique étoit diftribué proportionnellement au nombre de tètes qui les compofoient.

Callifthenes rapporte dans Plutarque que Polycrite, petite fille d'Ariftide, à la confidération de cet illuftre ayeul, fut employée fur l'état des *prytanes*, pour recevoir chaque jour trois oboles, ne pouvant à caufe de l'exclufion donnée à fon fexe, prendre fes repas dans l'enceinte du prytanée.

La plus grande partie des villes de la Grece & de l'orient avoient des *prytanes*, & un prytanée. Il y en avoit à Mégare, à Olympie dans l'Elide, à Lacédémone, &c. Denys d'Halycarnaffe a fait une comparaifon affez fuivie des tribunaux des Romains répandus dans les différentes villes de la république, avec les tribunaux des Grecs établis dans les différentes villes de l'enceinte de la Grece. Le lecteur peut voir la lifte des prytanées de la Grece dans les *mémoires de littérature*. Il feroit facile, d'après les médailles & les infcriptions, d'y ajouter les noms de quelques-uns qui ont été omis; mais je me contenterai d'obferver que le prytanée de Cyzique paffoit, après celui d'Athenes, pour le plus fuperbe de tous: il renfermoit dans fon enceinte quantité de portiques dans lefquels étoient placées les tables des feftins publics. Il fut ordonné par le décret du fénat & du peuple de Cyzique rapporté par Spon, que la ftatue d'Apollodore de Paros feroit placée près les tables du premier portique dorique. Tite-Live, *l. XLI. c.* 20. rapporte que Perfée, dernier roi de Macédoine, fit préfent d'un fervice d'or pour une des tables du prytanée de cette ville.

Enfin, il ne faut pas oublier de remarquer que comme on confervoit le feu de Vefta fur un autel particulier qui étoit dans le prytanée d'Athenes, & dont le foin étoit commis à des femmes veuves appellées *prytanitides*, il arriva dans la fuite du tems, qu'on appella du nom de *prytanée* tous les lieux où l'on confervoit un feu facré & perpétuel.

PRYTANÉE, f.m., *Droit des Grecs*, πρυτανεῖον, vafte édifice d'Athenes & d'autres villes de la Grece, deftiné aux affemblées des prytanes, au repas public & à d'autres ufages. *v.* PRYTANE.

P U

PUBERTÉ, f.f., *Jurifp.*, âge où l'on eft réputé capable de contracter mariage. Le droit romain, fuivi prefque généralement dans cette difpofition, a fixé

cet âge à quatorze ans pour les mâles &
à douze ans pour les filles.

PUBLIC, adj., *Jurisprud.* Ce terme se prend quelquefois pour le corps
politique que forment entr'eux tous
les sujets d'un Etat, quelquefois il ne
se réfere qu'aux citoyens d'une même
ville.

Le bien *public* ou l'intérêt *public* est
la même chose que si on disoit l'intérêt
du *public*, ce qui est avantageux au
public ou à la société ; comme quand on
dit que le *public* a intérêt que les villes
soient remplies d'une race légitime.

Lorsque l'intérêt *public* se trouve en
concurrence avec celui d'un ou plusieurs particuliers, l'intérêt *public* est
préférable. Ainsi lorsque le bien *public*
demande que l'on dresse un chemin, &
que pour le faire il faut abattre la maison de quelque particulier, cette maison doit être abattue de l'autorité du
souverain, de quelque utilité que cette
maison pût être à celui qui en étoit propriétaire ; sauf néanmoins à l'indemniser s'il y échet.

La conservation de l'intérêt *public* est
confiée au souverain, & aux officiers
qui sous ses ordres sont chargés de ce
dépôt.

Dans les affaires qui intéressent le
public, il faut des conclusions du ministere *public* ; autrement, & s'il n'y en
avoit point eu dans un arrêt rendu en
pareil cas, ce seroit un moyen de requête civile.

Ce terme *public* est aussi quelquefois
joint à d'autres termes, pour désigner
des choses qui ont rapport au *public* ;
comme un chemin *public*, un dépôt *public*, le ministere *public*, un officier
public, un passage *public*, une place
publique.

PUBLICATION, s. f., *Droit civil
& canonique.* La *publication* est l'acte

par lequel on rend une chose publique. Régulierement une loi civile, ou
ecclésiastique, n'oblige qu'après sa *publication*. Quant aux loix civiles, *v.*
l'article LOI.

A l'égard des loix ecclésiastiques, la
publication en est également nécessaire,
mais la forme n'en est pas tout-à-fait
la même, que pour les loix civiles ; ou
du moins l'on distingue les décrets qui
regardent la foi, d'avec ceux qui n'ont
pour objet que la discipline. Les premiers sont d'un concile général, ou du
pape.

Dans le premier cas il suffit que les
fideles en aient connoissance, pour qu'ils
se trouvent obligés d'y souscrire ; parce
que cette décision ne fait que déclarer
ce qui est de foi : *non introducit jus novum, sed ipsum declarat.*

A l'égard des bulles dogmatiques du
pape, nous n'avons rien à ajouter à ce
qui est dit à ce sujet sous le même mot
CANON.

On voit aussi en cet endroit l'autorité & la forme de *publication* des canons sur la discipline, soit qu'ils éma-
nent d'un concile général ou particulier, soit qu'il s'agisse des décrets & bulles des papes.

Lorsque les loix ecclésiastiques ont
pour objet des choses qui regardent les
simples fideles, il est d'usage de les publier aux prônes des messes paroissiales
sur les mandemens des évêques. On
les affiche aussi ordinairement aux portes des églises. On les publie encore
dans les synodes, lorsque les évêques
en assemblent ; & on se contente même
quelquefois de cette *publication*, quand
les loix ne concernent que les ministres
de l'église. (D. M.)

PUDEUR, s. f., *Morale.* On nomme ainsi cette vertu qui fait que la personne en qui elle se trouve, ne peut ja-

mais fans peine fe préfenter dans un état, faire des actions, voir des objets, tenir ou entendre des difcours, qui donneroient lieu de penfer qu'elle manque de chafteté, qu'elle cherche à faire naître, & qu'elle autorife des defirs auxquels la fageffe ne lui permet pas de condefcendre, ou qui feulement pourroient réveiller des idées rélatives aux plaifirs phyfiques de l'amour.

On pourroit diftinguer deux fortes de *pudeur*, l'une enfantine, pur effet de l'habitude, & fuite non-réfléchie de l'éducation ; c'eft celle qui confifte dans ces précautions de bienféance en ufage dans la fociété, rélativement à des actions & des démarches innocentes & non-morales par elles-mêmes. C'eft elle qui apprend aux enfans à ne pas fe découvrir le corps en préfence de témoins, à fe retirer hors de la vue des autres perfonnes pour fatisfaire à certains befoins de la nature ; à ne pas nommer même les parties du corps qu'on leur apprend à ne jamais laiffer ni voir ni toucher. Quelque dépourvue de moralité que foit dans les enfans cette *pudeur*, cette décence machinale & non-réfléchie, elle n'eft point une chofe indifférente, & qu'on puiffe fans inconvénient négliger d'inculquer aux enfans, & de tourner en habitude ineffaçable, puifqu'elle devient le germe de la *pudeur* réelle, chez les perfonnes devenues capables de cette vertu ; qu'elle eft pendant long-tems la fauvegarde de leur pureté, & la barriere qui les défend contre les attaques de ceux qui voudroient abufer de l'ignorance de la jeuneffe fur les conféquences de trop de familiarité dans fes badinages. Ces badinages, contraires aux regles ftrictes de la bienféance, même entre les perfonnes de même fexe, ces libertés trop grandes que les

jeunes gens peuvent fe donner, quand ils font débarraffés de témoins incommodes, font fouvent une fource d'abus dangereux, d'autant plus à craindre qu'on ne s'en défie pas ; & ils feroient mauvais, lors même que nul abus ne les accompagneroit, par cela feul que les jeunes gens fe familiarifent avec des regards & des attouchemens trop licencieux, que par-là, ils fe mettent dans le cas de n'être point affez fur leurs gardes, dans les circonftances où la *pudeur* peut être effentiellement attaquée ; qu'ils laifferont aller les chofes beaucoup trop loin, fans s'allarmer des entreprifes d'un téméraire, & fans éprouver cette crainte, cette émotion falutaire qui conftitue la *pudeur*, & qui les porte à fe mettre en garde contre un mal dont ils n'ont encore aucune idée claire. Combien de jeunes perfonnes novices fe font allarmées des entreprifes, fe font défiées des intentions, & fe font défendues avec feu & avec fuccès contre les tentatives d'un impudique, fans avoir d'autre guide pour fe conduire que l'habitude bien formée de cette décence, de cette *pudeur* enfantine qui regardoit comme une infulte les efforts qu'on faifoit pour découvrir & pour toucher des parties de leur corps qu'on les avoit accoûtumées dès l'enfance à dérober fcrupuleufement aux regards & aux attouchemens de qui que ce foit ? Une jeune fille ou un jeune garçon à qui on a fait prendre l'habitude de regarder comme déshonorant pour eux, de laiffer voir ou toucher ces parties de leur corps que l'ufage nous apprend à couvrir, à n'en même jamais parler fans une néceffité indifpenfable, auront dans cette difpofition machinale un préfervatif beaucoup plus fort contre les actions licencieufes à faire ou à fouf-

frir, que ne feroient tous les raifonnemens par lefquels on voudra leur infpirer pour elles de l'éloignement.

Il vient un tems avec l'âge, qui demande d'apporter quelque modification
à cette *pudeur* enfantine & machinale; on y joint l'idée d'une moralité, on
envifage comme vertu les précautions
qu'elle nous a mis dans l'habitude de
prendre, on fe rend raifon de ces attentions bienféantes, de ces regles de
décence; c'eft qu'alors on connoît les
conféquences des démarches qu'on fe
permet ou qu'on s'interdit, on a appris par les difcours qu'on entend, par
les actions qu'on voit faire aux autres, par les rélations nouvelles qu'on
voit s'établir dans la fociété, par les
loix particulieres dont on acquiert la
connoiffance, & plus encore peut-être
par certains fentimens naturels qu'on
éprouve, par certains defirs qui s'élevent fans qu'on fache trop comment,
par certaines peintures que fe trace l'i-
magination; on apprend, dis-je, par
tous ces moyens, qu'il eft un ufage particulier & intéreffant qu'on peut faire
de ces parties fecrettes du corps, qu'on
eft habitué de voiler avec foin; que
cet ufage, fource de conféquences très-
importantes, eft affujetti à des regles
qu'on ne peut violer fans de grands
rifques; que cet ufage, légitime dans
certains cas, l'eft fi peu dans d'autres,
qu'il peut expofer ceux qui fe le permettent contre les regles, à tous les
défavantages du blâme public & du des-
honneur le plus défefpérant. Un fecret penchant au plaifir, follicite à fe
fervir de ces parties du corps, comme
d'organes de la volupté, mais un autre
penchant devenu habituel, met un frein
à ce defir, par la crainte du mépris qui
en feroit la fuite; on a l'habitude de
la *pudeur*, tout ce qui l'attaque paroît

d'abord une infulte qu'on ne fauroit
fouffrir fans fe déshonorer, & aux yeux
de celui qui fe permet ces attaques, &
aux yeux de ceux qui favent qu'on les a
permifes, fansy oppofer toute la réfiftance dont on étoit capable. Cependant
il eft des cas où cette réfiftance eft blâmable, où c'eft un devoir de vaincre
cette répugnance en faveur de certaines perfonnes; dès-lors la *pudeur* devient une vertu morale & réfléchie,
affujettie à des regles.

On a beaucoup difputé fur l'origine de ce fentiment : les uns le regardent comme étant naturel, & indépendant de toute éducation, & affirment
qu'il fe trouvera chez tous les humains
en qui on n'a pas cherché à l'effacer;
d'autres prétendent qu'il n'eft que le
fruit de l'éducation, des ufages & des
loix. Si nous agitons cette queftion,
ce n'eft pas que fa décifion puiffe influer réellement fur la qualification de
la *pudeur* pour en faire une vertu, ou
un fimple ufage arbitraire; ni changer
les obligations des humains à cet égard,
pour leur donner le droit de s'affranchir, fous le prétexte que ce fentiment
n'eft pas dû à la nature, mais aux inftitutions humaines. Il fuffira toujours
que dans l'état actuel des chofes, le
plus grand bien de l'humanité en faffe
une loi, pour que le manque de *pudeur* foit un vice déshonorant. Ce n'eft
pas fans doute de l'état naturel & primitif des hommes que naiffent diverfes de nos rélations, telles que celle de
propriétaire d'un bien quelconque; là
où il n'y a point de propriété, il n'y
a point de vol. Dira-t-on que le lar-
cin n'eft pas un crime, parce qu'originairement il n'y avoit pas lieu au vol
parmi les hommes, n'y ayant pas de
propriété, de vente, d'achat, d'héritage, lorfque tout étoit en commun?

La

La décision de cette question dans son sens précis n'intéresse donc pas essentiellement la morale ; nous ne nous en occuperions pas même dans cet article, si les détails, où cette décision nous fera entrer, ne servoient à développer la théorie morale de la *pudeur*, les fondemens de la nécessité de cette vertu, & les regles de sa pratique.

Pour bien juger de la nature & du principe de ce sentiment, qu'on nous permette de supposer des personnes élevées dans un état de parfaite ignorance, sur tout ce qui peut intéresser la *pudeur*, d'un caractere innocent, & à qui on n'a donné dès leur naissance aucune de ces regles de bienséance auxquelles les enfans sont accoûtumés parmi nous, & qui sont, chez bien des individus, l'unique source de leur *pudeur*. Je suppose que ces personnes, qui ignorent absolument tout ce que la théorie & la pratique peuvent leur apprendre, sur tout ce qui se passe entre personnes de sexe different, depuis les plus simples caresses jusqu'aux dernieres faveurs de l'amour, habitent un climat chaud qui les a dispensés de porter des vêtemens, ensorte qu'ils ont toujours paru nuds ; nous pourrions trouver parmi nous plusieurs jeunes personnes, élevées avec tant de circonspection, qu'elles sont dans une entiere ignorance sur les rapports des sexes ; parmi les gens du peuple qui vivent dans des habitations solitaires, & reculées dans les bois & les montagnes, on trouve des jeunes gens qui n'ont aucune idée des regles de la bienséance. Il est en Afrique & en Amérique des peuples, parmi lesquels la jeunesse ne porte nulle couverture sur son corps. Je ne fais donc ici aucune supposition hors de la possibilité. Des jeunes gens dans le cas dont il s'agit,

Tome XI.

ne seroient-ils pas jusques à l'âge de puberté au moins, dans l'état où sont les enfans, sans aucune teinte de *pudeur* ? ils laisseront voir tout leur corps à nud sans la moindre émotion, comme nous laissons voir nos mains & notre visage ; & nous avons tout lieu de croire, que si nous ne mettions pas d'habits à nos enfans, si par les censures que nous leur adressons, quand ils se découvrent, nous ne les accoûtumions pas à regarder cette action comme une faute, si, par les précautions qu'on veut qu'ils prennent, quand quelque nécessité exige qu'ils se découvrent, nous ne donnions pas un air de mystere à ces parties cachées, & n'excitions pas naturellement leur curiosité, ils parviendroient à l'adolescence complette sans savoir ce que c'est que la *pudeur* : la fille la plus modeste & la plus timide paroîtroit nue devant les hommes sans rougeur & sans embarras ; vraisemblablement même la puberté entiere précéderoit les premiers mouvemens de la *pudeur*, pourvu que cet état eût précédé toute théorie sur les plaisirs de l'amour, & l'usage des sexes.

Je ne nierai pas cependant qu'à cette époque intéressante de la vie humaine, une jeunesse vive, d'un tempérament ardent & vigoureux, ne sentît des besoins, n'éprouvât des desirs, dont elle n'auroit qu'une idée confuse, mais dont, malgré son ignorance, diverses sensations involontaires, lui feroient soubçonner le siege & les organes ; la présence des deux sexes exciteroit chez l'un & l'autre des mouvemens inconnus, des émotions vives, qu'ils chercheroient à calmer sans savoir comment. Ils éprouveroient une pente à se rapprocher, à laquelle ils ne se livreroient néanmoins qu'avec crainte, parce que par-là ils augmentent leur émo-

Gggg

tion, & qu'ils ne favent ce qui pourroit en arriver. Infenfiblement l'habitude de fe voir, la confiance, l'amitié, met une plus grande familiarité dans leurs manieres & leurs difcours; on fe fait des confidences réciproques de ce qu'on éprouve à la vue l'un de l'autre; quelques careffes faites au hafard, & fans gêne, comme fans prévoyance, allumeroient dans leur fang un feu incommode, mettroient du trouble dans leur fens, & cauferoient des révolutions nouvelles & frappantes; une ardeur impétueufe, délicieufe, quoiqu'accompagnée de trouble, rendroit leurs careffes plus actives, & fans autre guide que cette impulfion aveugle, mais avec autant de crainte que d'impatience, ils viendroient à bout de frapper au terme que la nature fe propofe, & d'éteindre ainfi ce feu auffi voluptueux que pénible. Que dans ce moment critique, il furvienne un tiers, je doute qu'alors ils euffent honte, mais je crois que la préfence de ce témoin qui, détournant leur attention, interrompt le cours des fentimens qu'ils éprouvent, leur déplaît fort, mais uniquement, parce qu'il les diftrait d'un fentiment auquel ils fe livroient tout entiers. D'où viendroit chez eux la honte, ils n'ont violé aucune loi qui leur foit connue, ils n'ont nui à aucun de leurs camarades, ils fe font occupés à fe prouver par tous les moyens poffibles leur tendre attachement?

Au moment de leurs tranfports amoureux, ils n'avoient nulle idée de faute ou d'irrégularité dans leur conduite; mais après que cette yvreffe eft paffée, que penferont-ils? que fentiront-ils? dans quel état ont-ils été plongés? de quel anéantiffement eft-ce qu'ils fortent? dans quel oubli d'eux-

mêmes ont-ils été enveloppés? ils fe font devenus plus chers l'un à l'autre; ils ont découvert une fource nouvelle de plaifirs dont auparavant ils n'avoient nulle idée: ne leur arriveroit-il point de regarder cette découverte, comme une conquête dont eux feuls font propriétaires, & qu'ils veulent réferver pour eux feuls, dans la crainte d'en diminuer le prix en la partageant avec d'autres? C'eft un tréfor précieux dont eux feuls ont la clef; D'ailleurs, la préfence du témoin qui eft furvenu, leur a procuré une interruption de plaifirs qu'ils ont trouvée douloureufe; ils fe mettront donc déformais à l'abri des regards incommodes & loin des témoins qui les diftraifent: de-là des précautions myftérienfes, des fignes cachés d'intelligence, & tout ce petit manége, fait pour tromper les yeux des témoins qu'on veut fuir, mais auxquels on n'en impofe qu'autant qu'eux-mêmes ignorent encore ce dont il s'agit; premier germe de la *pudeur*, fans être encore la *pudeur* même.

Il refte cependant aux deux jeunes difciples de l'amour quelque fource d'inquiétude. L'état violent dans lequel ils fe font trouvés, ce trouble qu'ils ont reffenti, leurs plaifirs étoient prefque des douleurs; ne fe font-ils point fait de mal réel? Ils s'examinent, ils éprouvent en eux un changement d'état qui leur étoit inconnu, & une fource d'émotions indéfiniffables, dont ils n'avoient nulle idée avant cela. Peut-être cette révolution aura pour eux des fuites fâcheufes: dès-lors au moins, ils ne peuvent voir ces organes de fentimens fi vifs, fans fentir fe rallumer ce feu, ces émotions qu'ils ont éprouvées; ce n'eft pas fans crainte qu'ils fe livreront derechef à leurs tranfports, ce n'eft pas non plus fans peine qu'ils s'y refufent. Ces objets tentatifs n'étant plus préfens, les fens fe calment, les deux fexes reftent tranquilles. Le moyen le plus naturel de prévenir le retour trop fréquent de ces mouvemens auffi redoutés que defirés, qui deviennent à charge, & auxquels on craint de fe livrer encore, feroit de fe féparer; mais les charmes tranquilles de la fociété, les attraits de l'amitié, le plaifir de voir ce qu'on aime & de lui parler, s'oppofent à cette féparation : il ne refte donc que la précaution de couvrir ces objets fi propres à émouvoir le fpectateur inftruit de leur propriété : celui des deux fexes qui, par plus de fenfibilité & de délicateffe, aura plus vivement reffenti la violence de ces convulfions, & qui en aura acheté les délices par plus de douleurs, en verra fans doute les inftrumens avec plus d'émotions, fe fentira plus agité à la feule idée que s'en retracera fon imagination, elle en redoutera plus efficacement la vue, la fuira avec plus de promptitude; fon fang en mouvement fe portera avec plus de force vers les parties les plus fouples, & fi, comme dans le vifage, les vaiffeaux fanguins font en plus grand nombre, & recouverts d'une peau plus tranfparente, on y verra à l'inftant une rougeur qui décéle l'émotion intérieure, l'agitation de la fenfibilité, l'effort de la crainte, & quelquefois le feu d'un defir qu'on fe croit avoir des raifons très-fortes de réprimer. Ici c'eft la *pudeur* elle-mème, c'eft la retenue naturelle au fexe le plus délicat, le plus fenfible.

Cette crainte fi vive dans les commencemens, & après les premieres expériences, s'efface en partie, lorfque de nouvelles épreuves ont familiarifé deux perfonnes qui s'aiment avec les caufes de ces émotions; & qu'elles penfent pouvoir, fans en redouter des fuites fâcheufes, s'y livrer dans l'occafion, & faire de leur complaifance réciproque à s'y prêter, un moyen de fe prouver plus fortement un amour fans réferve. Cependant, lors mème qu'on veut bien dans ce cas faire taire cette crainte qu'on nomme *pudeur*, en faveur de la perfonne avec qui on a fait les premieres épreuves, & avec qui on confent de partager les tranfports de l'amour, toute perfonne qui ne s'y eft pas livrée avec excès, n'en prévoit jamais les approches, fans une émotion plus ou moins pénible, mais qui va toujours en diminuant par l'habitude, fruit des actes réitérés. Mais quelque familiarifées que foient deux perfonnes liées enfemble, avec ces preuves d'une confiance fans réferve, cette crainte, cette *pudeur*, reprend toute fa force, tout fon empire, quand il feroit queftion de perfonnes avec lefquelles on n'a jamais eu de familiarité; cette confiance, cette amitié vive, cette habitude de fe voir, qui ont enfin conduit les deux amans jufques aux derniers gages d'un amour fans réferve, ne fubfiftent pas entre l'un des deux, & une autre perfonne étrangere; rien alors ne contrebalance la crainte qu'infpire fur-tout au fexe le plus foible, l'approche de ces momens convulfifs de plaifir; il rédoute cet état qui fera nouveau pour lui : de-là des craintes, des inquiétudes, des obftacles, la défenfe, la fuite. Inftruit, comme il eft, par les premieres expériences, de ce qui eft un acheminement à ce qu'on defire ces plaifirs, à ce qu'on y prétende de la part de l'autre fexe, à ce qu'on foit difpofé à les goûter, ou même à les ravir, & enfin à ce qu'on s'y livre; la femme qui ne voudra point exciter ces mouvemens chez l'homme, aura soin d'éviter tout ce qui en pourroit reveiller l'idée, & porter quelqu'un à former sur elle des prétentions qu'elle est résolue à ne pas favoriser. Dans cette vue, elle cachera aux hommes, & prétendra qu'ils cachent aussi tout ce qui de près ou de loin, pourroit par sa présence allumer des feux qu'elle ne veut pas éteindre, exciter des desirs qu'elle est résolue à ne pas satisfaire; moins de précautions à cet égard l'exposeroit à des demandes qu'elle auroit peine peut être à ne pas accorder.

Pour cette sorte de *pudeur*, qui naît de la crainte d'allumer des desirs chez ceux avec qui on ne veut pas les satisfaire, elle ne sauroit être connue de deux amans qui n'ont jamais de témoins qu'eux-mêmes. Adam & Eve ne l'eurent pas, tant qu'ils furent les seuls humains sur la terre; celle qu'ils éprouverent, n'eut pour but d'un côté que de se précautionner contre le retour trop fréquent de leur propre ardeur; c'est contr'eux-mêmes qu'ils veulent se tenir en garde: d'un autre côté, il est vraisemblable, qu'après ce qu'ils avoient ressenti, ils eurent peur que, laissant ces parties à découvert, leur Créateur ne connût le nouvel état dans lequel ils s'étoient mis, & que la vue de ce nouvel état ne déposât contre eux, des transports auxquels ils s'étoient livrés indiscretement: aussi Dieu leur dit, *comment auriez-vous su que vous étiez nuds, si vous n'aviez pas fait ce que je vous ai défendu?*

Si la *pudeur*, qui prend des précautions contre les entreprises de ceux qu'on ne veut pas favoriser, ne peut être connue de deux amans qui se croient seuls dans le monde; elle le sera certainement de toutes les personnes sensibles qui vivent dans une société, lors même que nulle loi positive ne leur aura prescrit quelque regle à cet égard, & qu'elles n'auront de guide que la seule nature non-dépravée. Je crois fermement que la nature dans sa pureté nous inspire l'amour, qui fait qu'un homme s'attache par préférence à une femme, & que celle-ci s'attache à lui seul exclusivement; que le mariage, qui consiste dans cette union de deux individus, est demandé par la nature des choses, que le bien de l'humanité l'exige, & fait une loi de la chasteté, que par conséquent c'est la nature qui donne aux femmes cette *pudeur*, qui est le gardien le plus sûr de la chasteté. Si la nature toute seule, indépendamment des loix sociales, des usages des peuples, & des préceptes réligieux aux deux sexes, fait une loi de la *pudeur*; si, comme nous l'avons remarqué, elle la rend plus efficace & plus puissante chez le sexe le plus foible & le plus sensible, combien ne devra-t-elle pas se trouver plus forte encore dans les sociétés policées, où les loix civiles & réligieuses, les mœurs, les usages communs, les habitudes de l'enfance, les préjugés même se joignent à la nature pour exiger la *pudeur*, & en faire un devoir très-important, parce que c'est la plus puissante barriere à l'impudicité & à la débauche!

* La *pudeur* a donc pour fondement crainte des passions. Ceux qui bravent les passions, doivent avoir banni toute *pudeur*; & au contraire ceux en qui on ne voit point de *pudeur*, ne connoissent point de frein à leurs passions: de-là point de modestie dans leur maintien, point de décence dans leurs discours, dans leurs actions.

Il n'y a point de *pudeur* sans mœurs;

& il n'y a point de bonnes mœurs pour les femmes hors d'une vie retirée & domeſtique. Si je dis que les paiſibles ſoins de la famille & du ménage ſont leur partage, que la dignité de leur ſexe eſt dans ſa modeſtie, que la honte & la *pudeur* ſont en elles inſéparables de l'honnèteté, que rechercher les regards des hommes, c'eſt déja s'en laiſſer corrompre, & que toute femme qui ſe montre, ſe déshonore; ſi j'avance cette morale, à l'inſtant va s'élever contre moi cette philoſophie d'un jour qui naît & meurt dans le coin d'une ville, & veut étouffer de-là le cri de la nature & la voix unanime du genre humain.

Préjugés populaires! me crie-t-on. Petites erreurs de l'enfance! Tromperie des loix & de l'éducation! La *pudeur* n'eſt rien. Elle n'eſt qu'une invention des loix ſociales pour mettre à couvert les droits des peres & des époux, & maintenir quelque ordre dans les familles. Pourquoi rougirions-nous des beſoins que nous donna la nature? Pourquoi trouverions-nous un motif de honte dans un acte auſſi indifférent en ſoi, & auſſi utile dans ſes effets que celui qui concourt à perpétuer l'eſpece? Pourquoi les deſirs étant égaux des deux parts, les démonſtrations en ſeroient-elles différentes? Pourquoi l'un des ſexes ſe refuſeroit-il plus que l'autre aux penchans qui leur ſont communs? Pourquoi l'homme auroit-il ſur ce point d'autres loix que les animaux?

Tes pourquoi, dit le Dieu, ne finiroient
jamais.

Mais ce n'eſt pas à l'homme, c'eſt à ſon Auteur qu'il les faut adreſſer. N'eſt-il pas plaiſant qu'il faille dire pourquoi j'ai honte d'un ſentiment naturel, ſi cette honte ne m'eſt pas moins naturelle que ce ſentiment même? Autant vaudroit me demander auſſi pourquoi j'ai ce ſentiment. Eſt-ce à moi de rendre compte de ce qu'a fait la nature? Par cette maniere de raiſonner, ceux qui ne voyent pas pourquoi l'homme eſt exiſtant, devroient nier qu'il exiſte.

J'ai peur que ces grands ſcrutateurs des conſeils de Dieu n'ayent un peu légerement peſé ſes raiſons. Moi qui ne me pique pas de les connoître, j'en crois voir qui leur ont échappé. Quoiqu'ils en diſent, la honte qui voile aux yeux d'autrui les plaiſirs de l'amour, eſt quelque choſe. Elle eſt la ſauvegarde commune que la nature a donnée aux deux ſexes, dans un état de foibleſſe & d'oubli d'eux-mêmes, qui les livre à la merci du premier venu; c'eſt ainſi qu'elle couvre leur ſommeil des ombres de la nuit, afin que durant ce tems de ténebres, ils ſoyent moins expoſés aux attaques les uns des autres; c'eſt ainſi qu'elle fait chercher à tout animal ſouffrant la retraite & les lieux déſerts, afin qu'il ſouffre & meure en paix, hors des atteintes qu'il ne peut plus repouſſer.

A l'égard de la *pudeur* du ſexe en particulier, quelle arme plus douce eût pu donner cette même nature à celui qu'elle deſtinoit à ſe défendre? Les deſirs ſont égaux! Qu'eſt-ce à dire? Y a-t-il de part & d'autre mèmes facultés de les ſatisfaire? Que deviendroit l'eſpece humaine, ſi l'ordre de l'attaque & de la défenſe étoit changé? L'aſſaillant choiſiroit au haſard des tems où la victoire ſeroit impoſſible; l'aſſailli ſeroit laiſſé en paix, quand il auroit beſoin de ſe rendre, & pourſuivi ſans relâche, quand il ſeroit trop foible pour ſuccomber; enfin le pouvoir & la volonté toujours en diſcorde ne laiſſant jamais partager les deſirs, l'amour ne ſeroit plus le ſoutien de la nature, il en ſeroit le deſtructeur & le fléau.

Si les deux sexes avoient également fait & reçu les avances, la vaine importunité n'eût point été sauvée; des feux toujours languissans dans une ennuyeuse liberté ne se fussent jamais irrités, le plus doux de tous les sentimens eût à peine effleuré le cœur humain, & son objet eût été mal rempli. L'obstacle apparent qui semble éloigner cet objet, est au fond ce qui le rapproche. Les desirs voilés par la honte n'en deviennent que plus séduisans; en les gênant, la *pudeur* les enflamme: ses craintes, ses détours, ses réserves, ses timides aveux, sa tendre & naïve finesse, disent mieux ce qu'elle croit taire que la passion ne l'eût dit sans elle: c'est elle qui donne du prix aux faveurs & de la douceur aux refus. Le véritable amour possède en effet ce que la seule *pudeur* lui dispute; ce mélange de foiblesse & de modestie le rend plus touchant & plus tendre; moins il obtient, plus la valeur de ce qu'il obtient en augmente, & c'est ainsi qu'il jouit à la fois de ses privations & de ses plaisirs.

Pourquoi, disent-ils, ce qui n'est pas honteux à l'homme, le seroit-il à la femme? Pourquoi l'un des sexes se feroit-il un crime de ce que l'autre se croit permis? Comme si les conséquences étoient les mêmes des deux côtés! comme si tous les austeres devoirs de la femme ne dérivoient pas de cela seul qu'un enfant doit avoir un pere! Quand ces importantes considérations nous manqueroient, nous aurions toujours la même réponse à faire, & toujours elle feroit sans réplique: ainsi l'a voulu la nature, c'est un crime d'étouffer sa voix. L'homme peut être audacieux, telle est sa destination: il faut bien que quelqu'un se déclare. Mais toute femme sans *pudeur* est coupable & dépravée, parce qu'elle foule aux pieds un sentiment naturel à son sexe.

Comment peut-on disputer la vérité de ce sentiment? Toute la terre n'en rendit-elle pas l'éclatant témoignage? la seule comparaison des sexes suffiroit pour la constater. N'est-ce pas la nature qui pare les jeunes personnes de ces traits si doux qu'un peu de honte rend plus touchans encore? N'est-ce pas elle qui met dans leurs yeux ce regard timide & tendre auquel on résiste avec tant de peine? N'est-ce pas elle qui donne à leur teint plus d'éclat, & à leur peau plus de finesse, afin qu'une modeste rougeur s'y laisse mieux appercevoir? N'est-ce pas elle qui les rend craintives, afin qu'elles fuyent, & foibles, afin qu'elles cédent? A quoi bon leur donner un cœur plus sensible à la pitié, moins de vitesse à la course, un corps moins robuste, une stature moins haute, des muscles plus délicats, si elle ne les eût destinées à se laisser vaincre? Assujetties aux incommodités de la grossesse & aux douleurs de l'enfantement, ce surcroit de travail exigeoit-il une diminution de forces? Mais pour les réduire à cet état pénible, il les falloit assez fortes pour ne succomber qu'à leur volonté, & assez foibles pour avoir toujours un prétexte de se rendre. Voilà précisément le point où les a placées la nature.

Passons du raisonnement à l'expérience. Si la *pudeur* étoit un préjugé de la société & de l'éducation, ce sentiment devroit augmenter dans les lieux où l'éducation est plus soignée, & où l'on rafine incessamment sur les loix sociales; il devroit être plus foible par-tout où l'on est resté plus près de l'état primitif. C'est tout le contraire. Dans nos montagnes, les femmes sont timides & modestes, un mot les fait rougir, elles n'osent lever les yeux sur les hommes

& gardent le silence devant eux. Dans les villes la *pudeur* est ignoble & basse ; c'est la seule chose dont une femme bien élevée auroit honte, parce qu'elle se croiroit déshonorée dans les assemblées qu'elle fréquente, où elle seroit regardée comme une personne qui manque d'usages ; & l'honneur d'avoir fait rougir un honnète homme, n'appartient qu'aux femmes du meilleur air.

L'argument tiré de l'exemple des bètes ne conclud point, & n'est pas vrai. L'homme n'est point un chien ni un loup. Il ne faut qu'établir dans son espece les premiers rapports de la société, pour donner à ses sentimens une moralité toujours inconnue aux bètes. Les animaux ont un cœur & des passions : mais la simple image de l'honnète & du beau n'entra jamais que dans le cœur de l'homme.

Malgré cela, où a-t-on pris que l'instinct ne produit jamais dans les animaux des effets semblables à ceux que la honte produit parmi les hommes ? Je vois tous les jours des preuves du contraire. J'en vois se cacher dans certains besoins, pour dérober aux sens un objet de dégoût : je les vois ensuite, au lieu de fuir, s'empresser d'en couvrir les vestiges. Que manque-t-il à ces soins pour avoir un air de décence, d'honnèteté & de *pudeur*, sinon d'être pris par des hommes ? Dans leurs amours, je vois des caprices, des choix, des refus concertés, qui tiennent de bien près à la maxime d'irriter la passion par des obstacles. A l'instant même où j'écris ceci, j'ai sous les yeux un exemple qui le confirme. Deux jeunes pigeons, dans l'heureux tems de leurs premieres amours, m'offrent un tableau bien différent de la sotte brutalité que leur prètent nos apologistes de l'effronterie. La blanche colombe va, sui-

vant pas à pas son bien aimé, & prend chasse elle-même aussi-tôt qu'il se retourne. Reste-t-il dans l'inaction ? de légers coups de bec le réveillent ; s'il se retire, on le poursuit ; s'il se défend, un petit vol de six pas l'attire encore ; l'innocence de la nature ménage les agaceries & la molle résistance, avec un art qu'auroit à peine la plus habile coquette. Non, la folâtre Galatée ne faisoit pas mieux, & Virgile eût pu tirer d'un colombier l'une de ses plus charmantes images.

Quand on pourroit nier qu'un sentiment particulier de *pudeur* fût naturel aux femmes, en seroit-il moins vrai que, dans la société, leur partage doit être une vie domestique & retirée, & qu'on doit les élever dans des principes qui s'y rapportent ? Si la timidité, la *pudeur*, la modestie qui leur sont propres, sont des inventions sociales, il importe de les cultiver en elles, & toute femme qui les dédaigne, offense les bonnes mœurs. Y a-t-il au monde un spectacle aussi touchant, aussi respectable que celui d'une mere de famille entourée de ses enfans, réglant les travaux de ses domestiques, procurant à son mari une vie heureuse, & gouvernant sagement la maison ? c'est là qu'elle se montre dans toute la dignité d'une honnète femme ; c'est là qu'elle impose vraiment du respect, & que la beauté partage avec honneur les hommages rendus à la vertu. Une maison dont la maîtresse est absente, est un corps sans ame, qui bientôt tombe en corruption : une femme hors de sa maison perd son plus grand lustre, & dépouillée de ses vrais ornemens, elle se montre avec indécence. Si elle a un mari, que cherche-t-elle parmi les hommes ? si elle n'en a pas, comment s'expose-t-elle à rebuter, par un maintien peu modeste, celui qui feroit tenté de le devenir ? quoiqu'elle puiſſe faire , on ſent qu'elle n'eſt pas à ſa place en public , & ſa beauté même, qui plaît, ſans intéreſſer, n'eſt qu'un tort de plus que le cœur lui reproche. Que cette impreſſion nous vienne de la nature ou de l'éducation, elle eſt commune à tous les peuples du monde ; par-tout on conſidere les femmes à proportion de leur modeſtie ; par-tout on eſt convaincu qu'en négligeant les manieres de leur ſexe, elles en négligent les devoirs ; par-tout on voit qu'alors tournant en effronterie la mâle & ferme aſſurance de l'homme, elles s'aviliſſent par cette odieuſe imitation, & deshonorent à la fois leur ſexe & le nôtre. (D.F.)

Nous n'avons pas, je penſe, trop prêté à la nature, en ne lui attribuant que la *pudeur* telle que nous l'avons décrite, ſans y faire entrer encore, ce qui certainement la caractériſe chez les peuples civiliſés, l'idée du mépris auquel le manque de *pudeur* expoſe l'un & l'autre ſexe, mais ſur-tout celui qui, par ſa foibleſſe & ſa ſenſibilité, eſt principalement appellé à plus de réſerve & de retenue. Chez les peuples dont les mœurs ſont fort ſimples , où l'ambition & l'intérêt ne font pas les mariages, ces unions ſe font avec facilité, elles y ſont nombreuſes, ſe contractent de bonne heure ; il n'y a de célibataires que ceux qui ne ſont pas capables d'aimer ; chez ces peuples, les amours illicites ſont preſque inconnues : les prétentions d'un homme ſur une femme qui n'eſt pas la ſienne, ſont des extravagances rares , qui ne s'offrent preſque jamais à l'eſprit : là ſans doute les précautions de la *pudeur* ſont peu recherchées , & leur abſence cauſe rarement des émotions ; les ſens ſatisfaits ſans peine & légitimement, ne ſont guere ſuſceptibles de mouvemens irréguliers, capables de fai-

re agir contre les loix : par cette raiſon, plus chez de tels peuples, les mœurs ſont ſimples & pures, moins la *pudeur* eſt ſévere & ſcrupuleuſe ; on ſe contente d'être chaſte. Il n'en eſt plus de même , ſi chez ce peuple les mœurs ſe corrompent ; alors le manque habituel de réſerve dans les manieres & les diſcours, fournit un élément à la débauche. Il n'y a que les cœurs vertueux, délicats, qui connoiſſent l'amour & non la débauche, qui donnent leur cœur uniquement à un objet de préférence excluſive, & qui ſans le cœur ne livrent jamais leur corps ; il n'y a que ces perſonnes là chez qui les commencemens de la dépravation produiſent cet effet, d'augmenter leur *pudeur* , de la rendre plus ſcrupuleuſe, & d'accroître les précautions qu'elle eſt diſpoſée à prendre contre tout ce qui réveille dans l'ame des autres, des penſées & des déſirs rélatifs à une paſſion, que la perſonne ne veut en rien autoriſer ni favoriſer. On comprend que c'eſt principalement pour ne pas dire uniquement chez les femmes, que ces effets ont lieu ; comme ce ne ſont pas elles qui font les avances, & qu'en général les hommes n'aiment pas en faire là où ils n'ont à attendre que des refus ; c'eſt au plus ou moins de *pudeur* & de réſerve, qu'ils apperçoivent dans les manieres & les diſcours d'une femme, qu'ils connoiſſent juſques à quel point ils peuvent ſe promettre d'obtenir d'elle des faveurs qu'elle ne doit pas accorder.

Chez les peuples civiliſés , comme nous le ſommes en Europe, au moins parmi les gens qui ne ſont pas du commun , il en eſt généralement de même ; ſeulement les dehors de la *pudeur* varient à quelques égards ſelon le tems, les lieux , & les circonſtances particulieres.

culieres. Quoique les mœurs européen-
nes au fujet de la chafteté, ne foient
pas des plus régulieres, cependant on
n'en eft pas encore parvenu au point,
qu'une fille galante & une femme liber-
tine, ne foient pas méprifées par tous
ceux qui ne font pas les complices de
leurs déréglemens. Il n'eft point de pere
qui ne regardât comme un affront fan-
glant la féduction d'une de fes filles ;
point de mari non méprifable & non
méprifé, qui ne regardât une infidélité
de fa femme comme un crime capital ;
aucun homme délicat qui voulût prendre pour époufe une fille foupçonnée
feulement de libertinage ; ou qui mari
d'une femme en qui il fe fie, voulût lui
permettre de fe lier familierement avec
une femme foupçonnée d'être infidele
à fon mari. Toute fille & toute femme dans ce cas font l'objet du mépris
de toutes les perfonnes honnêtes ; mais
comme on ne prend guere de témoins,
quand on veut fe rendre coupable de
ces défordres, que le befoin d'être eftimées engage en particulier les femmes,
tant foit peu foigneufes de leur honneur,
à prendre toutes les précautions poffibles, pour envelopper des ombres du
plus profond myftere leurs déreglemens,
ce n'eft guere que par l'indifcrétion de
leurs galans, & par leur peu de *pudeur*,
ou leur *pudeur* trop facile, qu'on en
juge : celles qui font fages, ne fût-ce
même qu'extérieurement, ont dû fentir, & ont fenti en effet, combien les
dehors de la *pudeur* la plus févere font
effentiels à la confervation de leur honneur, & pour prévenir les mauvais jugemens que le manque de ces précautions qu'exige la retenue, met en droit
de porter fur leur compte.

De ces obfervations, il eft facile à
toute femme fage de déduire quelle conduite elle doit tenir, pour prévenir

Tome XI.

d'un côté des defirs, des demandes, des
prétentions illégitimes qu'elle ne veut
ni ne doit vouloir favorifer, & pour
écarter d'elle tout foupçon injurieux à
fon honneur : & ici nous entendons par
l'honneur des femmes, le droit réel ou
fuppofé qu'elles ont à prétendre être
dignes de l'amour, de l'eftime & de la
confiance des hommes délicats, & l'e-
xemption de toute tache faite à leur innocence, & pour laquelle on auroit le
droit de les méprifer ou de les eftimer
moins. Nous difons que l'honneur eft
le droit à l'amour, à l'eftime, & à la
confiance ; ces trois chofes font effentielles : c'eft par les graces, foit du
corps, par lequel elles plaifent aux
fens, foit du cœur, ou du caractere moral, la fenfibilité, la douceur, la préve-
nance, la complaifance, la bonté, par
où elles plaifent à l'ame, qu'elles fe concilient l'amour ; c'eft par les vertus,
c'eft-à-dire par le goût décidé pour tous
leurs devoirs, foit communs aux deux
fexes, foit particuliers aux femmes par
leur fincerité, leur affiduité au travail,
leur amour pour l'ordre & pour une
fage œconomie, leur piété, leur décence, la dignité de leurs difcours, la gravité de leurs démarches, leur charité,
leur juftice, leur retenue, leur modeftie, qu'elles fe concilient l'eftime ; c'eft
enfin par leur fermeté à ne jamais céder aux motifs de mal faire ou aux
tentations, par la fincérité de leurs difcours, la franchife de leurs procédés,
leur conftance dans leur amour pour
celui à qui elles ont donné leur cœur,
que les femmes gagnent la confiance ;
or le manque de *pudeur* leur fait perdre tous ces précieux avantages, ces
droits qui confervés dans leur entier,
conftituent leur honneur. Toute femme fans *pudeur* eft, ou une perfonne
d'une froideur ftupide, d'une rebutan-

Hhhh

te infenfibilité, qui ne fauroit infpirer de l'amour, ou le conferver là où la premiere apparence l'avoit allumé ; ou bien, c'eft une perfonne qui, à force de s'être livrée fans retenue au libertinage, s'eft familiarifée avec les dehors même les plus honteux de la débauche, & qui ne rougit plus de rien ; celle-ci ne fauroit plus plaire qu'à de crapuleux débauchés ; & peut-on ne pas porter ce jugement d'une femme qui fe laiffe voir découverte à d'autres, qu'à celui à qui fon cœur & fon corps appartiennent, qui permet des libertés indécentes à ceux qui n'ont aucun droit fur elle, qui foutient fans s'irriter qu'on faffe en fa préfence des actions deshonnêtes, ou qu'on tienne des difcours licentieux, qui prend part à des converfations libres & fales ?

Quelle eftime fe conciliera une femme, qui dans notre fiecle fe permet avec les hommes des badinages, des jeux de mains, & des familiarités qui néceffairement conduifent à des familiarités plus grandes ; une femme qui à l'air de chercher la vue & les regards des autres hommes, qui permet à ceux qui la voyent un peu plus fouvent, de lui donner des baifers, de l'embraffer, de porter les mains fur fon corps, de les avancer même fur la gorge, & d'exciter en elle des fenfations plus ou moins voluptueufes ? Que toute femme fe fouvienne qu'il n'eft point d'homme un peu expérimenté, qui ne juge, que celle qui permet ces familiarités qu'elle veut qu'on croye innocentes, en permettroit de bien plus grandes encore,

(a) L'eftime pour une femme doit être une fuite naturelle de la *pudeur* & de la modeftie : qu'elle ne fe faffe donc point d'illufion, c'eft la marque la plus fûre qu'elle eft méprifée, lorfqu'elle voit qu'on veut fe permettre fur elle des libertés, qui font les modes des libertins ; qu'elle montre alors par un air d'indi-

& n'en interdiroit point, fi elle étoit affurée d'en dérober la connoiffance à ceux dont elle redoute le mépris, & que par là, elle perd toute l'eftime à laquelle elle voudroit prétendre (a) ; & combien plus une fille qui porte jufques là le manque de retenue, ne fe fait-elle pas de tort dans l'efprit de ceux qui auroient penfé peut-être à en faire leur époufe, mais qui voyant en elle fi peu de réferve, la regardent comme une perfonne en qui le goût de la volupté domine trop, pour que jamais elle réfifte à la tentation, quand elle fe préfentera affez favorablement pour qu'elle fe flatte de pouvoir impunément y fuccomber !

Enfin, quelle confiance un amant peut-il donner à une maîtreffe, dont il voudroit faire fa femme ? quelle confiance un mari peut-il avoir en fon époufe, lorfqu'il voit qu'il n'eft pas le feul dont on recherche les regards, dont on veut captiver le cœur ; mais qu'on a d'autres objets, aux yeux de qui on fe permet d'étaler des charmes fecrets, à qui on laiffe la liberté de voir, de toucher, de folâtrer, de faire des careffes flatteufes, autant pour celui qui les fait que pour celle qui les reçoit, en qui on cherche à exciter des defirs, & à qui on n'interdit pas des chofes propres à en faire naître ? Si on fe fouvient que l'amour eft un fentiment de préférence abfolument exclufive, on comprendra qu'une conduite qui annonce que l'on a enlevé l'exclufion de cette préférence, eft le poifon de l'amour, & ne peut fubfifter avec lui.

gnation que ce n'eft que l'être qui infulte à fa *pudeur*, qui eft le feul méprifable. Tout ménagement chez la femme expofée à ces mépris, eft méprifable, parce qu'elle fe rend par-là criminelle. En fait de *pudeur*, rien n'eft innocent, ni même faute légere.

La *pudeur* réelle rendra une femme extrèmement réservée dans fes regards, dans ce qu'elle entend, dans fes difcours, dans fes lectures, dans fes plaifirs, dans fes manieres, & dans fes vètemens. Dans fes regards, elle les détournera de tout objet, qui ne fauroit exciter en elle que des idées libidineufes, & dont elle n'oferoit faire confidence à un étranger fans rougir ; dans ce qu'on dit en fa préfence, elle fe gardera bien de prêter l'oreille à des difcours qu'une perfonne qui la refpecteroit réellement & qui l'eftimeroit, n'oferoit lui adreffer ; dans ce qu'elle dit, elle fe gardera bien de mêler rien qui ait trait aux plaifirs de l'amour, fur-tout en préfence des hommes, jamais même cela ne feroit pardonnable à une jeune fille, même en préfence des femmes. Un homme qui a reçu de l'éducation, ne fe permettra jamais non plus de tels difcours, excepté avec fa femme, dès qu'il fera en préfence de femmes pour lefquelles il a de la confidération & de l'eftime, fi ces femmes elles-mêmes ne l'y autorifent.

Quant à fes lectures, une femme doit être d'autant plus en garde contre celles qui font licentieufes, que fourniffant ample matiere à l'imagination, elles ne font propres qu'à la dépraver, en lui donnant un feu trop vif, & une pente trop forte pour s'en occuper. J'en excepte les livres purement phyfiques, d'hiftoire naturelle, d'anatomie ou de phyfiologie, dont à certains égards la lecture dans certains cas pourroit être utile, pour diffiper une trop profonde ignorance. Une femme, dans fes plaifirs même, doit conferver de la *pudeur* : s'il ne n'agit que de l'amufement, comme la danfe, la promenade, la mufique, une femme qui a foin de fa réputation, ne s'y livrera qu'avec une re-

tenúe qui n'autorife perfonne à lui manquer de refpect, elle ne fe livrera réellement, ni n'affectera de fe livrer aux plaifirs publics avec cet air de volupté, de fenfibilité indolente qui annonce fi clairement le defir d'être féduite, & la difpofition à céder à la féduction. Je dis plus, lors même qu'elle s'abandonne à la volupté, une abfence entiere de *pudeur* ne peut que lui nuire dans l'efprit de celui qui partage légitimement avec elle fes plaifirs, parce qu'il eft certain qu'on cherche de vendre ce qu'on étale. Plus d'une femme imprudente s'eft faite du tort par une méthode contraire : tels font les hommes, s'ils font délicats, ils n'aiment que les plaifirs qu'on partage avec eux, mais ils s'en dégoutent quand on paroît les rechercher & en jouir avec plus de vivacité & de fureur qu'eux ; cet excès leur donne de la défiance, & ce n'eft pas fans raifon.

Dans fes manieres, une femme qui a de la *pudeur*, fans y mettre jamais de rudeffe ni de mauvaife grace, y confervera toujours de la dignité ; affable & prévenante, elle ne fera jamais effrontée ; gaye fans étourderie, badinant fans indécence, fe livrant avec modération à la joie innocente dans l'occafion, mais ne s'y montrant jamais inconfiderée & n'oubliant point ce qu'elle fe doit à elle-même, à fon mari & à la fociété : réfervée fans être timide, elle n'aura pas plus l'air de chercher les hommes, que de les craindre, comme fi elle fe fentoit incapable de réfifter à leurs prétentions, & de fe refufer à leurs defirs. Une jeune fille pouffera naturellement plus loin la timidité en préfence d'une affemblée d'hommes, & on ne l'en blâmera pas.

Enfin dans fes habillemens, une femme qui a de la *pudeur*, fe gardera bien

Hhhh 2

d'en affecter aucun, qui annonce que son but est d'étaler des charmes destinés à allumer des defirs, & que l'usage général ne l'appelle pas à laisser à découvert, & à laisser voir. Ici fans doute il faut consulter l'usage ; ce qui est indécent dans un tems, cesse de l'être dans un autre ; il n'y a pas si long-tems que de mettre du rouge étoit une enseigne d'un manque de mœurs ; aujourd'hui dans certains pays l'usage en est si général que n'en pas mettre, c'est, en pure perte, affecter une modestie dont les plus sages même ne tiennent aucun compte. Nous avons vu la mode de paroître dans les grandes assemblées avec la gorge, les épaules & une partie du dos absolument découvertes ; les premieres qui se piquerent de montrer à nud tant de parties de leur corps, ne craignirent pas de blesser une *pudeur* à laquelle elles avoient renoncé, mais il est étonnant que des femmes qui avoient cette vertu, aient pû se résoudre à rompre à cet égard la barriere que, jusques alors la sagesse avoit respectée ; mais le desir de prouver qu'elles ne cédoient pas en beauté à celles qui ne montroient leur gorge que pour en mettre en vente les charmes, fut un motif qui l'emporta sur toute autre considération ; & une fois que l'usage a été général, cette indécence a été d'une conséquence moins dangereuse. Il y a pourtant une considération qui auroit dû retenir les personnes sensibles, c'est que plus on porte ces charmes secrets à découvert, moins on dérobe au public la vue de ces beautés secretes, & plus on diminue la somme des plaisirs légitimes, dont la jouissance secrete fait le bonheur des vrais amans. Que dois-je à celle qui me fait partager avec tout le public, la faveur d'admirer ses appas ? *(a)* Il y a cependant ici une observation qui m'a frappé

plus d'une fois, c'est qu'une femme réservée qui étant parée, s'est montrée en public la gorge excessivement découverte, fans en rougir, fans s'en faire de peine, peut-être même en s'en faisant gloire, auroit rougi vivement, si à sa toilette elle avoit été surprise par un homme dans un deshabillé qui en eût laissé voir feulement la moitié de ce qu'elle en avoit étalé aux yeux de tout le monde, dans un cercle de cent personnes ; elle auroit cru faire une indécence blâmable ; & elle avoit raison : dans le grand monde, au milieu de la société, elle se regardoit comme un personnage qui représente sur un théatre respectable, où qui que ce soit n'auroit osé manquer d'égard ; mais dans son cabinet, dans son deshabillé elle étoit une femme, & une femme qui ne pouvoit pas impunément paroître étaler librement ses charmes & exciter des defirs ; elle auroit paru autoriser à les manifester dans une circonstance où les regards du public ne la gênoient pas ; ainsi ce qui feroit d'usage, & qu'on ne sauroit plus blâmer en public, ne seroit plus sage dans le particulier. Ici une femme qui se respecte & qui veut être respectée, ne sauroit être trop réservée à chacun des égards dont nous venons de parler *(b)*. Les peintures dont elle orne son appartement, les lectures qu'elle y fait, les discours qu'elle y tient, les manieres qu'elle y prend,

(a) Si les charmes secrets d'une femme sont faits pour exciter à la jouissance de l'union conjugale, dès que ces charmes sont publics, ils ne seront plus pour le mari un appas assez fort ; & ce sera où il en admirera le plus, qu'il se sentira naturellement porté.

(b) La moindre faute de sa part, la moindre complaisance, le moindre ménagement lui attireront le mépris public ; sa réputation deviendra équivoque, & sa perte ne sera pas moins certaine.

les habillemens qu'elle y porte, tirent tous à conféquence pour les jugemens qu'on fait de fa *pudeur* & de fes mœurs. (M. D. B.)

PUFFENDORFF, *Samuel*, *Hiſt. Litt.*, né d'Elie *Puffendorff*, à Fleh, dont Elie étoit miniſtre, village près de la ville de Chemnitz dans la Miſnie, province de la haute Saxe, en 1631, mourut à Berlin dans le Brandebourg en 1694. Il fut ſucceſſivement précepteur des enfans de Pierre Coyet, lequel étoit alors envoyé de Suede à la cour de Danemarck, & depuis en Hollande, profeſſeur en droit naturel & des gens à Heydelberg dans le Palatinat, où une chaire de ce droit fut établie à ſon occaſion en 1661; (c'eſt la premiere de cette eſpece qu'il y ait eu en Allemagne) profeſſeur du même droit à Lunden, dans la province ſuédoiſe de Schonen, conſeiller & hiſtoriographe de Charles XI. roi de Suede, & enfin conſeiller & hiſtoriographe de Guillaume, électeur de Brandebourg. Il fut décoré du titre de baron par Charles XI. ou par Léopold, empereur d'Allemagne, car c'eſt un point indécis. Il s'appliqua d'abord à l'étude de la juriſprudence, & il ſe donna enſuite tout entier à celle du droit public, où il s'eſt rendu célebre.

1°. Le premier ouvrage qu'il ait publié, c'eſt celui qui a pour titre : *Elementorum Juriſprudentiæ univerſalis libri duo*, qu'il fit imprimer à la Haye en 1660, *in-8°.* & qui le fut auſſi à Yene en 1669, dans le même format, ouvrage médiocre dont l'auteur reconnut lui-même dans la ſuite les défauts, fruit précoce d'un jeune homme qui ſe hâta trop de ſe produire.

2°. *Severini de Monzambano Veronenſis, de ſtatu Imperii Germanici ad Læſium fratrem Dominum Trezolani, liber unus*. *Genevæ, apud Petrum Columeſium* 1667.

L'édition eſt d'Amſterdam, & a 216 pages. C'eſt un petit *in-8°.* Il y en a une autre édition, *Veronæ*, (*Amſtelodami*) 1668, auſſi petit *in-8°.* de 275 pages, & il en a été fait pluſieurs autres en divers lieux. Nous en avons deux traductions françoiſes. La plus ancienne a pour titre : *L'Etat de l'Empire d'Allemagne, compoſé par Severin de Monzambane, envoyé à ſon frere Læſius, ſeigneur de Trezolane, & traduit par le ſieur François Savinien d'Alquié.* Amſterdam, Jean Schipper, 1669, *in-12.* La nouvelle eſt de 1728, & a été imprimée à Straſbourg, & faite par Spon, d'abord avocat à Colmar, en Alface, alors référendaire au petit ſénat de la ville de Straſbourg, & décoré du titre de baron par l'empereur Charles VII. au ſervice duquel il étoit entré.

Il n'y a jamais eu d'auteur à Verone ni ailleurs, qui ſe ſoit appellé *Severinus de Monzambano*, & cet ouvrage a été compoſé par *Puffendorff*, à qui les dernieres éditions latines l'attribuent. Ce n'eſt pas qu'on ne trouve dans l'ouvrage même pluſieurs paſſages qui ſembleroient devoir faire douter de ce fait. L'auteur, parlant des titres de docteur & de ſavant, dit que tous les Allemands deſirent paſſionnément ces titres, *au lieu que nous*, ajoute-t-il, *nous ne nous en ſoucions pas beaucoup*. *Puffendorff* étoit luthérien, & il a donné dans tous ſes ouvrages des marques de ſon emportement contre la religion catholique. Ici, au contraire, l'auteur parle de ſa vénération pour le ſaint ſiege, à qui il ſoumet ſon ouvrage. Il appelle les proteſtans, héretiques & partiſans du démon. Il donne de grands éloges à Grégoire VII. & aux autres papes qui ont excommunié les empereurs, & il ne veut pas rapporter les impoſtures que des bouches infernales ont débitées contre les pasteurs & les prélats d'Allemagne. Enfin, les droits des électeurs ecclésiastiques, & en général ceux des princes catholiques, y sont par-tout exaltés aux dépens de ceux des protestans : le moyen d'attribuer à un luthérien, & à un luthérien tel que *Puffendorff*, l'ouvrage d'un catholique si passionné ! Il est pourtant de lui, & les écrivains Allemands nous l'assurent d'une maniere à ne nous pas permettre d'en douter. Les passages que je viens de rapporter, prouvent donc simplement le soin particulier que l'auteur a pris de se masquer ; & il s'étoit si bien masqué qu'on ne l'a connu qu'après sa mort.

Ce livre est distribué en huit chapitres, & chaque chapitre en plusieurs paragraphes. Voici les titres des chapitres. 1°. De l'origine de l'Empire d'Allemagne. 2°. Des membres dont cet Empire est composé. 3°. De l'origine des Etats de l'Empire, & par quels degrés ils sont parvenus à ce haut point de puissance. 4°. Du chef de l'Empire, de son élection & des électeurs. 5°. De la puissance de l'empereur limitée par les dietes, par les loix & par les coutumes de l'empire. 6°. De la forme de l'Empire. 7°. Des forces & des défauts de l'Empire. 8°. Des remedes qu'on peut trouver à tous ces défauts.

Au sentiment de l'auteur, & ce sentiment est fondé, l'Allemagne est un corps irrégulier ; il s'en faut peu que ce ne soit un monstre en politique, & l'on ne sait, si c'est un royaume ou une république, parce qu'il renferme quelque chose de toutes les diverses constitutions de l'Etat.

L'auteur a eu raison de ne pas confondre l'Empire d'Allemagne avec l'ancien Empire romain. Ce seroit, dit-il, commettre une faute d'écolier que d'i-

maginer que l'Empire d'Allemagne fût aux droits de l'Empire des Césars, & que la monarchie germanique ne soit qu'une continuation de la monarchie romaine. Il s'est, en effet, écoulé trop de siecles entre le renversement de l'empire romain, & l'établissement de la république germanique, & ils sont trop différens pour penser que l'une soit la continuation de l'autre.

La traduction françoise de cet ouvrage qui parut en 1669, est mauvaise en tout point. Elle est peu exacte, fort mal écrite, & pleine de fautes d'impression. Le traducteur n'avoit aucune connoissance des affaires d'Allemagne. Je ne puis rien dire de celle de 1728 que je n'ai point vue, si ce n'est que la plupart des exemplaires en furent saisis chez l'imprimeur à Strasbourg, par l'ordre de la cour de France, à la priere de celle de Vienne, à cause que le traducteur ayant joint à l'ouvrage de *Puffendorff*, la matricule de l'Empire, la pragmatique sanction de Vienne, & des mémoires concernant les différends du roi de Danemarck & du duc de Holstein, la succession de Bergues & de Juliers, celle de Deux Ponts, & celle de Monbelliard, avoit accompagné sa traduction de notes peu agréables à l'empereur Charles VI. & qui n'étoient pas toujours exactes. J'ai vu une lettre écrite de la Haye à Strasbourg par le traducteur lui-même, dans le mois de Mai 1741, par laquelle il reconnoissoit que son ouvrage fait en six mois & avec précipitation, est plein de fautes.

Plusieurs écrivains s'éleverent contre cette dissertation de l'Etat de l'Empire, & un des plus célebres fut Pierre André d'Oldenbourg qui se cacha sous le nom de *Pacificus à Lapide*. Le Monzambano & le *Pacificus à Lapide* ont été plusieurs fois imprimés conjointement.

3°. *Recherches fur la république irréguliere.* C'eft une efpece de commentaire que *Puffendorff* fit fur le quatrieme chapitre de fon *Etat de l'Empire.*

4°. *De jure naturæ & gentium , libri 8. Londini Scanorum,* 1672. in-4°. *Francofurti ad Mœnum,* 1684. in-4°. *Amftelodami,* 1688. in-4°. *Francofurti ad Mœnum,* 1706. in-4°. *Amftelodami,*1715. in-4°. *& Francofurti ad Mœnum,* 1716. *in*-4°. L'auteur dédia cet ouvrage à Charles XI. roi de Suede.

Cet ouvrage a été traduit en françois, en allemand & en anglois. La traduction françoife que nous en avons, eft très-bonne, & cette copie, accompagnée d'un excellent commentaire, eft préférable à l'original.

C'eft un vrai traité de morale & de droit public. L'auteur fe propofe d'expliquer comment l'homme fe doit conduire, & par rapport à lui & par rapport aux autres. Il traite d'abord des actions humaines, & enfuite des loix en général; il pofe pour inconteftable que tous les hommes qui ont l'ufage de la raifon font en état de comprendre les préceptes généraux qui conduifent à une vie honnête & tranquille; il parle de la confcience, puis de l'erreur vincible ou invincible; &c. il expofe les devoirs de la fociété humaine, felon les diverfes formes de gouvernement; il traite des devoirs d'un pere & d'un maître, & réciproquement des devoirs de ceux qui leur font foumis, puis de la fouveraineté, du fouverain, des loix civiles, des droits de vie & de mort, du pouvoir de faire ou la guerre ou des alliances, &c.

Je ne crains pas de mettre ce livre au-deffus de celui du *droit de la guerre & de la paix* de Grotius. Il eft plus étendu & plus complet, & *Puffendorff* a profité des lumieres de Grotius, &

de tous ceux qui l'ont précédé depuis Grotius, fans s'y affujettir. Si celui-ci avoit eu un pareil fecours, lorfqu'il compofa le *droit de la guerre & de la paix,* fans doute il fût allé plus loin que n'a été *Puffendorff*; mais fi l'on a obligation à Grotius d'avoir établi par principes la fcience du droit public, on doit être obligé à *Puffendorff* d'avoir rangé les matieres dans un ordre plus naturel, de les avoir mieux développées, & d'avoir plus approché de la perfection.

L'efprit géométrique a quelquefois manqué à *Puffendorff*, quoiqu'il fût géometre; & cet auteur qui n'a pas toujours bien raifonné, a été moins heureux dans l'économie des matériaux de chaque chapitre, que dans la difpofition générale de fon ouvrage. Il l'a chargé d'ailleurs de beaucoup de chofes inutiles, après l'avoir commencé par beaucoup de remarques métaphyfiques qui n'étoient guere plus néceffaires. Le premier, le fecond & le dernier chapitre de fon premier livre pourroient être retranchés de fon ouvrage, fans qu'on perdit rien à ce retranchement. Il eft plein de divifions fcholaftiques peu exactes, & les idées les plus juftes n'y font pas toujours bien liées. Le ftyle eft dur jufqu'à la barbarie; mais les fruits qu'on tire de fon livre méritent bien d'être cherchés fous les feuilles qui les couvrent.

On peut encore reprocher à *Puffendorff* de s'être échappé à de grandes libertés contre la religion catholique, & d'être forti de cette exacte modération qu'on doit garder dans des ouvrages deftinés à être mis entre les mains de tout le monde, & où il n'eft pas queftion de controverfe. Luthérien zélé, il a eu en vue de fervir fa religion, & de juftifier fa féparation d'avec l'églife catholique. Quel rapport cela a-t-il au droit de la nature & des gens ? En entrant dans la carriere où Grotius a paru avec tant d'éclat, *Puffendorff* devoit imiter la modération dont ce grand homme lui avoit donné l'exemple. Grotius n'a pas parlé un langage catholique, car il étoit proteftant auffi bien que *Puffendorff*; mais le fage Hollandois n'a pas affecté comme le paffionné Allemand, de ramener à tout moment les ufages des catholiques pour les blâmer.

Ce livre eut le fort de la plupart des bons ouvrages. Il fut critiqué par d'autres profeffeurs & par des théologiens luthériens qui n'épargnerent pas les injures à *Puffendorff*. Celui-ci répondit à fes cenfeurs, & fes réponfes furent extrèmement vives. Il publia un recueil qui a pour titre : *Eris Scandicâ quâ adverfus libros de jure naturali & gentium objecta diluuntur. Francofurti ad Mænum* 1686, *in*-4°. A ce recueil, fes ennemis en oppoferent un autre intitulé : *Eros Leypficus in quo Eris Scandica Samuelis Puffendorfii*, &c. A Leipfik en 1687. Quelques-unes des pieces de ces deux recueils fur la querelle de Scanie, ont été imprimées féparément.

On publia en Allemagne une nouvelle édition latine de ce traité du *droit de la nature & des gens*, intitulé : *Sam. L. B. à Puffendorff de jure Naturæ & gentium, libri octo, cum integris commentariis virorum illuftrium Joan. Nicolai Hertii atque Joannis Barbeyraci. Accedit Eris Scandica. Recenfuit & animadverfionibus illuftravit Gotfridus Manovius. Lipfiæ, ex officinâ Knochianâ.* 1744. *in*-4°. 2 vol. L'éditeur rapporte les obfervations & les commentaires de ceux qui ont travaillé fur la même matiere, & en particulier de Barbeyrac & de Hertius, à quoi il a joint des remar-

ques. Il donne un texte plus châtié qu'on ne le trouve dans les diverfes éditions qu'on a faites de ce traité, & marque foigneufement les citations des auteurs.

5°. Une année après la publication de ce grand ouvrage de *Puffendorff*, il en donna un abrégé fous ce titre : *De officio hominis & civis juxta legem naturalem, libri duo. Londini Scanorum,* 1673. *in*-8°. *Holmiæ,* 1689. *in*-12. *Francofurti ad Mœnum,* 1714. *in*-8°. *Edimburgi,* 1724. *in*-8°.

Cet ouvrage a été traduit en françois, en allemand & en anglois, auffi bien que celui dont il eft l'abrégé, & nous en avons auffi une très-bonne traduction françoife de la même main que le précédent.

6°. Parmi plufieurs ouvrages hiftoriques, compofés par *Puffendorff*, il en eft un qui a pour titre : *Introduction à l'Hiftoire* des principaux royaumes & Etats de l'Europe. Il parut en Allemagne à Francfort fur le Mein, *in*-8°, fous ce titre. Il en fut fait une traduction latine, une flamande & une mauvaife traduction françoife, laquelle eft de Claude Rouffel, & fut imprimée à Utrecht chez Jean Ribbius en 1685 en 4 vol. *in*-12. & réimprimée au mois d'Août 1710, auffi en 4 vol. *in*-12. Dans la même année 1710, il parut une autre édition françoife des deux premiers volumes, imprimée à Leyde chez Vander-Aa, où l'on avoit corrigé quelques mots.

Cet ouvrage n'avoit été fait que pour des jeunes gens, & n'étoit que comme l'ébauche des leçons que *Puffendorff* devoit donner à fes écoliers. Il étoit par conféquent très-imparfait, & il y avoit d'ailleurs deux défauts confidérables ; l'un étoit une differtation *fur la Monarchie* (eccléfiaftique) du pape, qui
affurément

affurément ne devoit point trouver de place dans un tel ouvrage ; l'autre étoit une paffion trop marquée contre la couronne de France.

Un auteur Allemand continua cet ouvrage de *Puffendorff* dans la même langue allemande ; & Bruzen de la Martiniere a non-feulement traduit en françois l'ouvrage de *Puffendorff* & celui du continuateur allemand, mais il y a fait des changemens, il y a mis une fuite & des notes, avec l'hiftoire des fouverains dont *Puffendorf* & fon continuateur n'avoient point parlé. A l'ancien titre, la Martiniere qui a ajouté ce qu'il a pu au fujet des Etats de l'Afie, de l'Afrique & de l'Amérique, a fubftitué celui-ci. *Introduction à l'hiftoire générale & politique de l'univers, où l'on voit l'origine, les révolutions, l'état préfent, & les intérêts des fouverains.* Amfterdam, 1722 & 1732, & la Haye, 1743, & encore Amfterdam 1752. Celle-ci eft plus ample & la feule complette. Elle contient fept volumes *in*-12, favoir cinq pour l'Europe, & deux pour les trois autres parties du monde.

Cet ouvrage, la production de deux ou trois plumes différentes, eft beaucoup moins mauvais que n'étoit le premier ; mais il eft encore affez imparfait, & il feroit à defirer qu'on le refondît en entier. C'eft un vœu que la Martiniere lui-même a fait. Quoiqu'il en foit, les auteurs expliquent l'origine & la fuite des changemens qui font arrivés dans les monarchies. Ils donnent d'abord une légere idée des quatre empires, des Affyriens, des Perfes, des Macédoniens & des Romains. Ils racontent comment des débris de celui-ci fe font formés prefque tous les Etats. Ils rapportent enfuite féparément les principaux faits hiftoriques qui regardent chaque Etat particulier. Après

Tome XI.

avoir marqué féparément le tems où chaque Etat a commencé, & quels ont été fes progrès & fes révolutions, les auteurs ont tâché de faire connoître les maximes & les intérêts actuels de chaque gouvernement. Quelques articles ne font pas exacts, & quelques autres font fort éloignés de l'étendue qui convenoit au deffein des auteurs.

Avant de terminer cet article de *Puffendorff*, je dois remarquer qu'on a imprimé fous fon nom un ouvrage qui n'eft pas de lui. Il a pour titre : *Differtation de M. de* Puffendorff *fur les alliances entre la France & la Suede, avec un avis de quelques fénateurs, préfenté au roi de Suede en* 1671, *touchant le traité qu'on alloit conclure avec la France contre la Hollande.* Traduit du latin, la Haye, chez T. Johnfon, 1709. Cet ouvrage contient mille faits faux ; l'auteur s'y propofe uniquement de prouver que la France n'a jamais exécuté de bonne foi les alliances que la Suede a eues avec elles. Cette feule circonftance ne fuffiroit peut être point pour juger que l'ouvrage n'eft pas de *Puffendorff* ; car il étoit fort indifpofé contre la France, ainfi que je l'ai remarqué ; mais ni les auteurs de fa vie, ni les éditeurs de fes ouvrages, ni aucun autre écrivain ne le lui ont jamais attribué. La préfomption, & l'état où étoient alors les Hollandois & leurs alliés avec la France, ne permettent pas de douter que ce livre n'ait été la production d'une plume vénale & ennemie de cette couronne.

PUISSANCES, *hautes,* & HAUTS ET PUISSANTS SEIGNEURS, *Droit public,* titre que l'on donne aux Etats-Généraux des Provinces-Unies. Dans le traité de la garantie de la trève fait & conclu à la Haye, le 17. Juin 1609, par les ambaffadeurs de France & d'An-

gleterre avec les Etats - Généraux ; ces
derniers se qualifient, sans aucune contradiction, *députés des illustres, hauts*
& puissants Seigneurs. Quelques auteurs
ont dit avec raison, que depuis l'établissement de la souveraineté des Provinces-Unies par le traité conclu à Munster
en 1648. les rois d'Angleterre & du Nord,
& les électeurs & princes de l'Empire ont
donné aux Etats - Généraux le titre de
Hautes - Puissances ; mais les mêmes auteurs ont dit sans raison que les rois de
France en traitant avec les Hollandois,
les ont autrefois qualifiés d'*Etats-Géné-*
raux, & leur donnent maintenant les titres de *Seigneurs Etats-Généraux* (*); car
on trouve dans les archives des États-
Généraux à la Haye, un acte de ratification & de confirmation de Louis XIII.
roi de France, passé en 1610, dans lequel les Etats - Généraux sont nommés
Hauts & Puissants Seigneurs, & dans le
texte, *Hautes-Puissances.* Il est vrai que
depuis, on voit dans des traités faits
avec la France, qu'on ne leur donne que
le titre de *Seigneurs des Etats des Provin-*
ces-unies, & que dans plusieurs actes de
ratification & des lettres, où le roi lui-
même parle, il ne les qualifie autrement
que de *Seigneurs Etats-Généraux.* Mais
il est vrai aussi, que les Etats soutinrent
en plusieurs occasions, & particulierement par une résolution prise le 23 Janvier 1653. & une autre en 1656. leur titre de *Hauts & Puissants Seigneurs*, &
il est connu que dans l'année 1717. à la
conclusion de la triple alliance entre la
France, la grande Bretagne, & les Etats-
Généraux, les ambassadeurs de France
passerent un acte par lequel le roi, leur
maître, s'engagea lui-même & aussi ses
successeurs à donner aux Etats - Généraux le titre de *Hauts & Puissants - Sei-*

(*) Voyez l'*Encyclopédie*, édit. de Paris,
T. XIII. p. 563. col. 2.

gneurs dans tous les traités qu'ils feroient
avec la république, dans les mémoires
& lettres des ambassadeurs & dans les
actes publics. On trouve aussi que dès
l'année 1709. l'empereur leur accorda
le même titre, & l'Espagne en fit de
même dans un article séparé du traité de
Seville conclu en 1729. (M.)

PUISSANCE *paternelle*, *v.* POUVOIR
paternel.

PUISSANCE *maritale*, *v.* POUVOIR
marital.

PUISSANCE *publique*, *v.* POUVOIR
législatif & exécutif.

PUNIR, *droit de*, *v.* PEINE & POU-
VOIR *législatif & exécutif.*

PUNITION, s. f., *Jurispr.*, est l'action de punir quelqu'un. La *punition*
des crimes & délits appartient au juge
criminel ; celle des faits de police aux
officiers de police ; celle des contraven-
tions à la loi en matiere civile appartient aux juges civils.

On appelle *punition exemplaire* celle qui
emporte quelque peine severe qui s'exécute en public pour servir d'exemple.
v. PEINE & PROPORTION, *Droit polit.*

PUNITOIRE, *intérêt*, *Jurispr.* *v.*
INTÉRÊT.

PUPILLAIRE, adj., *Jurispr.*, se dit
de ce qui appartient à un pupille, comme des deniers *pupillaires.* *v.* DENIERS
& TUTEUR.

Substitution pupillaire, *v.* SUBSTI-
TUTION.

PUPILLARITÉ, s. f., *Jurispr.*, est
l'état d'une pupille ; cet état dure depuis la naissance jusqu'à l'âge de puberté, qui est de quatorze ans pour les mâles & douze ans pour les filles. Voyez
ci-après PUPILLE, *Jurispr.*

PUPILLE, s. f., *Jurispr.*, suivant
le droit romain, est un fils ou une fille
qui n'a pas encore atteint l'âge de puberté, & qui est en tutelle.

On diftingue fuivant le droit romain, les *pupilles* d'avec les mineurs. On n'entend par ceux-ci que les enfans qui ont paffé l'âge de puberté, mais qui n'ont pas encore atteint celui de majorité.

Une autre différence effentielle entre les *pupilles* & les mineurs, c'eft que les *pupilles* ne pouvant fe conduire à caufe de la foibleffe de leur âge, font néceffairement fous la puiffance d'un tuteur qui a autorité fur leur perfonne & fur leurs biens: au lieu que les mineurs puberes n'ont point de tuteurs; la tutelle finiffant à l'âge de puberté, on leur donne feulement un curateur pour gérer & adminiftrer leurs biens, encore faut-il qu'ils le demandent, car ils peuvent gérer leurs biens eux-mêmes, & n'ont befoin de curateur que pour être en jugement, ou lorfqu'il s'agit de faire quelque acte qui excede la fimple adminiftration, & qui touche le fond.

Le tuteur ne peut pas époufer fa *pupille*; ni la faire époufer à fon fils, fi ce n'eft du confentement du pere de la *pupille*, cette prohibition faite par rapport au mariage des *pupilles*, s'entend auffi du mariage des mineures.

Au furplus toutes les incapacités de s'obliger, de vendre ou aliéner qui fe trouvent en la perfonne des mineurs, à caufe de la foibleffe de leur âge, ont lieu à plus forte raifon en la perfonne des *pupilles*, puifqu'ils font dans un âge encore plus tendre que les mineurs. *v.* CURATEUR, EMANCIPATION, MINEUR, TUTEUR.

PUR, adj., *Jurifpr.*, fignifie *abfolu* & fans reftriction, comme un billet *pur* & fimple; c'eft-à-dire, celui dont l'obligation ne dépend d'aucun événement ni condition; de même une quittance *pure* & fimple, eft celle qui eft donnée fans réferve ni proteftation. Une main-levée *pure* & fimple eft celle qui eft ac-

cordée fans aucune condition. Une chofe qui demeure en *pure* perte pour quelqu'un, c'eft lorfqu'il n'en retire rien & qu'il n'a point de recours. *v.* BILLET, QUITTANCE, &c.

PURETÉ, f. f., *Morale*. La *pureté*, felon l'idée générale qu'on s'en forme, peut être confidérée fous deux faces différentes, ou par oppofition au mèlange, & alors elle eft contraire à l'hypocrifie, *v.* HYPOCRISIE, SINCÉRITÉ; ou par rapport à la fouillure, & alors elle exclud l'*impureté*. Au premier égard, c'eft *fimplicité* & *fincerité*; au dernier, c'eft ce qu'on appelle *fainteté* dans les penfées, & *chafteté* dans les intentions. Enforte que felon le fens que nous voulons préfentement donner à cette expreffion, elle défigne ceux qui reglent non feulement leur conduite extérieure, mais même leur façon de penfer & leur intérieur, leurs actions, leur volonté & leurs defirs, leur cœur & leurs intentions fur les principes d'une morale faine & religieufe; ceux qui ne fouffrent pas qu'il s'éleve dans leur cœur aucun mouvement irrégulier, ou qui l'étouffent auffitôt, qui ne fe plaifent point à retracer dans leur fouvenir les fâles images de leurs plaifirs paffés, mais qui s'éloignent du vice de tout leur poffible, qui réfiftent à fes premieres attaques, & qui, autant que cela dépend d'eux, s'abftiennent de la moindre apparence du mal.

Une ame *pure* a des idées diftinctes de tout ce qui doit entrer dans le plan d'une vie morale, & appartient à la chaîne d'actions dont une femblable vie eft formée. Un cœur *pur* n'eft fenfible qu'aux plaifirs innocens, ne defire que la poffeffion des vrais biens, & ne fe livre jamais aux impreffions des fens, à la fougue des paffions & aux attraits trompeurs des objets propres à l'égarer.

Une conduite *pure* est l'effet d'une conscience sans reproche devant Dieu & devant les hommes : si l'imperfection naturelle, la foiblesse inhérente à l'humanité, ne permet pas qu'elle soit exempte de tout défaut, ni même à l'abri de tout péché, un prompt retour au bien efface la trace d'un égarement passager, & affermit d'autant plus dans la droite voie celui qui en étoit sorti. On a raison de dire, que le plus beau spectacle pour le ciel est celui d'un mortel dont la vertu se conserve *pure*, au milieu de la corruption universelle ; comme le plus agréable est celui d'un pécheur repentant.

En s'inculquant les maximes & en suivant les préceptes qui font éviter l'impureté, on parviendra au degré de *pureté* qui convient à un homme vertueux & à un vrai chrétien. Ces maximes sont à la vérité austeres, ces préceptes d'une pénible exécution aux yeux du monde. Les voluptés charnelles, qui font la source de l'impureté, nous assiégent, pour ainsi dire, de toutes parts ; les organes des sens sont des portes continuellement ouvertes, auxquelles des objets séduisans se présentent ; les premieres émotions sont inévitables, & pour peu qu'on néglige de les reprimer, leurs progrès sont rapides, & la catastrophe infaillible. De-là vient que de tous les conseils le plus salutaire, de tous les moyens le plus efficace, c'est la fuite. Celui qui aime le danger, périra dans le danger. Le bienheureux Robert d'Arbrisselles qui, pour s'assurer de sa chasteté, couchoit avec de jeunes filles, étoit aussi fou que celui qui prétendroit empoigner un fer ardent sans se brûler. (F.)

PURGATION, s. f., *Jurisp.* On entend par ce terme, les différentes formes dont on usoit anciennement pour se justifier de quelque fait dont on étoit prévenu.

Il y avoit deux sortes de *purgation*, celle qu'on appelloit *purgation vulgaire*, & la *purgation canonique*.

La *purgation* vulgaire consistoit en des épreuves superstitieuses, par l'eau froide, par l'eau bouillante, par le feu, par le fer ardent, par le combat en champ clos, par la croix, l'eucharistie, & par le pain d'orge & le fromage de brebis ; l'ignorance & la crédulité des peuples fit introduire ces épreuves, & les juges peu éclairés eux-mêmes les adopterent ; elles acquirent tant d'autorité, qu'on les appella *jugemens de Dieu*. Voyez *ci-devant* COMBAT, DUEL & EPREUVE.

La *purgation* canonique fut ainsi appellée, parce qu'elle étoit autorisée par les canons.

La *purgation canonique*, est une cérémonie très-usitée depuis le huitieme jusqu'au douzieme siecle, pour se justifier, par serment, de quelqu'accusation en présence d'un nombre de personnes dignes de foi, qui affirmoient de leur côté, qu'ils croyoient le serment véritable.

On l'appelloit *purgation canonique*, parce qu'elle se faisoit suivant le droit canonique, & pour la distinguer de la *purgation* qui se faisoit par le combat, ou par les épreuves de l'eau & du feu. *v.* COMBAT & EPREUVE.

PURGER, v. act. *Jurispr.* Ce mot est usité dans plusieurs phrases. On dit :

Un décret purge les hypotheques ; c'est-à-dire qu'il les éteint, les anéantit.

Se purger par serment, se libérer en prêtant serment en justice.

Purger un décret d'ajournement personnel, faire la comparution requise.

Purger une contumace ; c'est en matieres criminelles se rendre dans les prisons du juge qui a instruit la contumace, à l'effet de faire mettre cette contumace au néant. *v.* C O N T U M A C E.

Purger la mémoire d'un défunt, prouver qu'il n'étoit point coupable du crime dont il a été accusé ou pour lequel il a été condamné.

PUSILLANIMITÉ, f. f., *Morale*; c'eft une foibleffe d'efprit, qui diminue dans des occafions périlleufes le courage ordinaire ; je dis le courage ordinaire, parce que celui qui manque de courage à l'ordinaire, eft foible, lâche, &c. Les hommes les plus intrépides donnent fouvent des marques de *pufillanimité*; car comme elle eft l'effet d'une foibleffe d'efprit, les hommes les plus forts y font fujets. L'efprit le plus fort eft pufillanime dans une maladie férieufe, dans un tremblement de terre, & en général à toute apparence de mort. Il y a des médecins très-habiles qui perdent toute idée des maladies, lorfqu'eux-mêmes en font affectés. Les plus grands hommes donnent affez fouvent les marques les moins équivoques de *pufillanimité : Summi funt*, difoit très-bien Ciceron. *homines tamen*.

Je regarde, au refte, la *pufillanimité* comme un bienfait de la Providence pour la nature humaine. L'homme averti par cette foibleffe d'efprit que fa nature eft foible, malgré fes efforts pour fe furmonter, il s'humilie devant fon Créateur, & conferve un cœur difpofé à tendre une main fecourable à fes femblables dans les mêmes circonftances. S'il y avoit des hommes à l'abri de toute *pufillanimité*, ils feroient des ames féroces, & point fenfibles aux foibleffes & aux malheurs de l'humanité.

Mais quelles font les bornes de la *pufillanimité* & de la foibleffe ? Si les cas de *pufillanimité* font plus fréquens que ceux de courage, la *pufilanimité* eft une véritable foibleffe ; mais fi au contraire les cas de valeur, de courage & d'intrépidité font plus fréquens que ceux de *pufillanimité*, l'homme eft alors pufillanime. (D. F.)

PUTATIF, adj., *Jurifpr.*, fe dit de celui qui eft réputé avoir une qualité qu'il n'a pas réellement ; ainfi pere *putatif* eft celui que l'on croit être le pere d'un enfant, quoiqu'il ne le foit pas en effet.

PUY, *Pierre du, Hift. Litt.*, né à Paris en 1578, fut élevé avec un foin extrême par fon peré. Il perfectionna les talens dont la nature l'avoit doué, par un voyage dans la Hollande, où il accompagna l'ambaffadeur de France. A fon retour, il travailla avec une ardeur infatigable à la recherche des droits du roi & à l'inventaire du tréfor des chartres. Tant de pieces rares qui avoient paffé fous fes yeux, lui donnerent une fi grande connoiffance de toutes les parties de l'hiftoire de France, que peu de perfonnes y ont fait d'auffi heureufes découvertes. Le roi ayant des droits à faire valoir fur des dépendances des évêchés de Metz, Toul & Verdun, que le duc de Lorraine avoit ufurpées, *du Puy* fut chargé de cette commiffion avec le Bret & de l'Orme. Il en porta lui feul tout le poids & dreffa toutes les pieces néceffaires pour cette grande affaire. Reçu confeiller au parlement, & garde de la bibliotheque du roi, il fe fignala dans ces deux charges, par fon amour pour la patrie & pour les lettres. Il s'intéreffoit pour tous les favans qui travailloient, & leur communiquoit ce qu'il avoit de plus curieux & de plus rare, dans un vafte recueil de *Mémoires* qu'il avoit amaffé pendant 50 ans. Son caractere obligeant, fes mœurs douces le firent aimer de toutes les perfonnes de mérite, entr'autres du préfident de Thou, qui le regardoit comme un autre lui-même. Cet homme illuftre mourut à Paris en 1651, âgé de 69 ans. Ses principaux ouvrages font, 1°. *Traité touchant les droits du roi fur plufieurs Etats & feigneuries poffédées par plufieurs princes voifins, & recherches pour montrer que plufieurs provinces & villes du royaume font du domaine du roi*, in-fol. 1670. Le cardinal de Richelieu chargea de cet ouvrage intéreffant Théodore Godefroy, qui y travailla de concert avec *du Puy*. Le mérite de cette collection juftifia le choix du cardinal. 2°. *Preuve des libertés de l'églife gallicane*. Cet ouvrage déplut à la cour de Rome, il empêcha Urbain VIII. de faire du bien à *Chriftophe du Puy*, frere de l'auteur. 3°. *Hiftoire véritable de la condamnation de l'ordre des templiers*, in-4°. & *in-12*, 2 vol. collection trèscurieufe & très - intéreffante. Il réfulte de ce recueil qu'il y avoit quelques coupables dans cet ordre ; mais que la condamnation de l'ordre entier, & le fupplice de tant de chevaliers furent une des plus horribles injuftices qui ayent jamais été commifes.4°. *Hiftoire générale du fchifme* qui a été dans l'églife, depuis 1378 jufqu'en 1428. 5°. *Mémoire de la provifion aux prélatures de l'églife.* 6°. *Différend entre le faint fiege & les empereurs pour les inveftitures.* 7°. *Hiftoire du différend entre le pape Boniface VIII. & le roi Philippe le Bel.* 8°. *Traité de la loi falique.* 9°. *Hiftoire des favoris.* 10°. *Du Concordat de Bologne*, entre le pape Léon X. & le roi François I. 11°. *Traité des régences & majorités des rois de France.* 12°. *Traité des contributions que les eccléfiaftiques doivent au roi, en cas de néceffité.* 13°. *Mémoire du droit d'aubaine.* 14°. *Traité de l'interdit eccléfiaftique.* 15°. *Mémoire & inftruction pour fervir à juftifier l'innocence de meffire François-Augufte de Thou.* 16°. *Apologie de l'hiftoire de M. le préfident de Thou*, &c. Nicolas Rigault, fon ami, a écrit fa

vie ; elle fait honneur à l'un & à l'autre.

P Y

PYLÉE, *Hift. Litt.*, natif de Monza, village du Milanès, acheva l'abrégé du code, commencé par Placentin. Il expliqua d'abord le droit à Boulogne ; mais les prieres des Modenois, l'offre qu'ils lui firent du droit de bourgeoifie, & leur argent, l'engagerent depuis à aller l'enfeigner dans leur ville. Ce jurifconfulte défendoit un jour en juftice des machiniftes, qui avoient frappé un paffant en lançant des pierres, après l'avoir néanmoins averti de prendre garde ; mais ces machiniftes n'avoient aucun témoin pour eux. Le préteur les ayant interrogés & voyant qu'ils gardoient le filence, fe tourne vers *Pylée* pour lui en demander la raifon. *Ils font muets*, répond celui-ci. Pour lors leur accufateur s'écrie, *point du tout : je les ai entendus moi-même avertiffant à haute voix de prendre garde. Qu'ils foient donc abfous*, dit alors Pylée: *on eft point tenu, en pareil cas, de reparer le préjudice.* Notre jurifconfulte obtint du préteur, ce qu'il demandoit.

Pylée fit un livre fur l'ordre des jugemens, & quelques notes fur les livres des fiefs. Il a écrit les queftions *Sabbatines*, à l'occafion des difputes qui avoient lieu pour & contre, tous les famedis, & leur a donné le nom qu'elles ont. Cet exercice donna lieu aux *Brocardiques*, ou propofitions qui ont un double ufage, & dont *Pylée* a fait un livre particulier. (D. F.)

PYRMONT, *comté de, Droit publ.*, comté d'Allemagne ; fes bornes font au nord & au levant le bailliage d'Erzen, principauté de Calenberg ; au midi & au couchant le bailliage d'Ottenftein, territoire de Wolfenbuttel, le bailliage de

Polle, principauté de Calenberg, ceux de Schwalenberg, Schieder & Barendorf au comté de la Lippe, & la banlieue de Lüde dépendante de Paderborn : son étendue eſt de trois lieues en tout ſens.

Ce comté connu au XIIᵉ ſiecle ſous le nom de *Perremunt*, *Piremunt* & *Piromunt* appartenoit aux comtes de Schwalenberg. Maurice, le dernier de ſes titulaires, étant mort en 1495, il paſſa aux fils de ſa ſœur, Frédéric & Maurice, comtes de Spiegelberg, dont l'aîné le réunit enfin tout entier, & le laiſſa à ſon fils Philippe mort en 1557, ſans autre héritier que ſes ſœurs Marie, Urſule & Walpurge, dont la ſeconde porta le dit comté de Pyrmont en dot à Hermann Simon, comte de la Lippe, d'où il paſſa à Philippe, ſon fils, décédé en 1583. La comteſſe Walpurge, douairiere de Gleichen, en prit alors poſſeſſion, & s'y affermit à l'aide de Philippe, duc de Brunſwic-Grubenhagen. Ses fils s'y maintinrent contre les prétentions de l'évêché de Paderborn, & le comte Jean Louis de Gleichen ſe voyant ſans eſpérance de poſtérité, le légua en 1625, & le tranſmit à ſes couſins Chriſtian & Walrad, comtes de Waldeck, avec leſquels il avoit fait un pacte de confraternité & de ſucceſſion, que la maiſon de Brunſwic ratifia en les inveſtiſſant. L'évêché de Paderborn renouvelloit cependant ſes prétentions qui ne ceſſerent qu'en 1698, en ſuite d'accommodement portant : que le *comté de Pyrmont* reſteroit à la maiſon de Waldeck à titre d'héritage & de propriété avec voix & ſéance aux dietes de l'empire, ſans être chargé d'aucune mouvance ni redevance quelconque ; mais que le droit de ſucceſſion en demeureroit à l'évêché, qui pourroit le réunir à ſon patrimoine, en cas d'extinction de la tige mâle des dits ſeigneurs de Waldeck, aux filles du dernier deſquels il payeroit alors une ſomme de 20,000 rixdales. On lui aſſura en outre la ſeigneurie ou le bailliage de Lügde ou Lüde.

Ce comté porte d'argent à la croix recercelée de gueules. Il donne à ſon poſſeſſeur voix & ſéance tant aux dietes de l'empire qu'à celles du cercle, où il ſiege entre Rietberg & Gronsfeld. Selon ſa matricule actuelle, corrigée dès 1692, il paye 14 florins par mois romain, outre 17 rixdales 67 $\frac{43}{48}$ kr. pour ſon contingent à l'entretien de la chambre impériale.

Les revenus annuels du comté, provenants en grande partie de ſes eaux minérales & de ſes ſalines, ſont évalués à 30,000 écus d'empire environ. (*D. G.*)

PYRRHONISME, ſ. m., *Morale*, ſecte qui tire ſon nom de *Pyrrhon*, ſon auteur, & dont le dogme eſt un doute univerſel qui détruit tous les fondemens de la certitude. C'eſt une choſe bien triſte pour les hommes, qui s'appliquent depuis tant de ſiecles à la recherche de la vérité, & qui n'ont rien négligé pour la trouver, ſi la route qui y conduit eſt impraticable, & s'il n'y a aucun moyen aſſuré & infaillible de la connoître.

Ces génies vaſtes & lumineux, qui ont approfondi ſoigneuſement les principes de la morale, & qui en ont déduit les conſéquences préciſes & juſtes, qui ſervent de regles à la conduite des particuliers & de ſoutien à la ſocieté, ne ſont, ſelon ce ſyſtème, que d'abſurdes rêveurs qui courent après des chimeres, puiſqu'ils ont fondé leur doctrine ſur des ſuppoſitions ſans réalité ; ſur le juſte & l'injuſte, l'honnête & l'utile, les obligations & les devoirs, qui ſont de vrais liens de paille. La religion elle-même, cette auguſte & reſpectable maîtreſſe, qui nous enseigne où nous pouvons trouver la vraie félicité, le souverain bien, & par quelle route nous pouvons y arriver, fera une conductrice aveugle; ses enseignemens ne mériteront pas notre attention, ni ses promesses notre créance; en un mot, s'il n'y a rien de certain, plus de préceptes, plus de devoirs, plus de relations mutuelles, & par conséquent plus de societé, de bonne foi & d'union entre les hommes.

Ceux qui s'efforcent à produire un pareil bouleversement, qui prennent à tâche de rompre des liens aussi sacrés, quand même ils croiroient être bien fondés, & qu'une fausse persuasion leur tiendroit lieu de conviction, devroient cependant être regardés comme des perturbateurs du repos & de la tranquillité, dont les hommes jouissent à l'abri des loix & dans le sein de la religion. Mais de quel œil les considérerons-nous, s'ils soutiennent une opinion qu'ils ne croient pas ? & quel nom leur donnerons-nous ? Leur attentat commis de gayeté de cœur, est sans contredit inexcusable. Cependant il est difficile de se persuader que le *pyrrhonisme* proprement dit, qui enveloppe toutes les vérités dans une proscription égale & absolue, eût jamais existé que dans la chaleur des disputes, ou dans des écrits dictés par l'amour du paradoxe. Le cœur a toujours démenti la langue & la plume de ceux qui ont déclaré le plus hautement qu'ils n'admettoient ni vérité ni vraisemblance. Voyez ce que nous avons dit sur ce sujet au mot CERTITUDE.

Il ne faut pas confondre le *pyrrhonisme* avec le scepticisme sage & prudent, qui suspend son jugement sur les vérités dont il n'a aucune démonstration. Celui-ci ne differe point de la saine philosophie, de la bonne logique. Bien loin que cette disposition soit condamnable, c'est

la marque d'un esprit judicieux, qui ne prend pas les apparences de la vérité, pour la vérité même. Ces grands hommes, qui ont porté leurs découvertes aussi loin que la portée de l'esprit humain semble le permettre, ont pour la plupart commencé par douter de tout. Il n'est que trop ordinaire aux hommes vulgaires de prendre un ton décisif, & de prononcer hardiment sur des sujets dont ils connoissent à peine la superficie. L'orgueil, fécond en chimeres, est surtout le pere de l'infaillibilité. C'est cette témérité & cette précipitation de jugement qui ont déplu à plusieurs esprits solides, & leur ont fait naître des doutes bien fondés. Lorsqu'ils ont eu assez de lumieres, de pénétration & de circonspection, pour éviter ces écueils, sans aller échouer contre ceux qui leur sont diamétralement opposés, rien de plus raisonnable & de plus louable que leur conduite. C'est à eux qu'appartient le droit d'assigner les limites du vrai & du faux. Mais comme on n'évite presque jamais une extrèmité que pour aller se jetter dans une autre, ceux qui étant assez habiles pour remarquer l'insuffisance & le peu de justesse de plusieurs opinions communément reçues, n'ont cependant pas été capables de les rectifier, & d'y substituer des notions distinctes, ont pris le parti de demeurer flottans dans l'incertitude; ils ont fait un systême pour prouver la fausseté de tous les systêmes; ils ont voulu démontrer qu'il ne sauroit y avoir de démonstration. Rien ne feroit plus utile qu'une telle secte, renfermée dans de justes bornes, pour tenir en bride les philosophes & les théologiens, qui raisonnent à tort & à travers, & pour leur faire étouffer dès le berceau tant de chimeres qu'ils nourrissent & soutiennent, en dépit du bon sens. Qu'on attaque quantité de

dogmes

dogmes particuliers des stoïciens, des péripatéticiens, des épicuriens; qu'on en fasse sentir le ridicule; jusques-là, le scepticisme exerce des droits légitimes; il fait la même fonction que les censeurs des républiques. Qu'on demeure en suspens, de nos jours, lorsqu'on voit les théologiens, & même les philosophes, avancer & affirmer comme vraies claires & certaines, des choses très-obscures & très-douteuses, qu'on prenne une dose de scepticisme; il n'y a point d'antidote plus excellent contre les préjugés & l'esprit de parti. Mais s'attaquer aux axiomes des mathématiciens, aux démonstrations métaphysiques & morales, & sur-tout aux vérités que l'esprit de Dieu a mises dans une si grande évidence; c'est une espece de rage. Voilà les traits auxquels les pyrrhoniens sont reconnoissables: il est bon de les caractériser, afin de ne pas confondre un doute raisonnable avec un doute aveugle & opiniâtre.

Nous n'entrerons pas ici dans le détail des raisons qui servent à réfuter le système absurde du *pyrrhonisme*. Nous avons suffisamment traité ce sujet à l'article CERTITUDE, que nous venons déja de citer, & auquel nous renvoyons nos lecteurs. Nous nous contenterons de présenter historiquement des détails abrégés de cette controverse, & des partisans de ce système absurde.

On peut faire un ample catalogue des adversaires de l'évidence. L'évêque d'Avranches s'est chargé de cette tâche dans son traité *de la foiblesse de l'esprit humain*, ouvrage indigne de l'auteur *de la démonstration évangelique*, & propre à flétrir tous les lauriers qu'il avoit pu acquérir par une longue carriere dignement fournie. Ce fils posthume avilit en quelque sorte & deshonore tous ses aînés. Si rien n'est certain, toutes les démonstrations

Tome XI.

que le docte prélat a employées dans des ouvrages de la derniere importance, tombent & se réduisent à rien. La plus grande preuve de la foiblesse de l'esprit humain, c'est celle qu'il a fournie lui-même en composant cet ouvrage, où le *decorum* du *pyrrhonisme* n'est pas seulement gardé. M. Huet semble se faire un rempart de tous les noms fameux qu'il allegue; mais, en examinant le sentiment de la plupart de ces personnages, on voit qu'ils se sont tenus dans les bornes de ce doute sage & prudent dont nous avons parlé. Mais, quand au lieu de l'autorité de cinquante philosophes dont il se munit, nous lui en accorderions cent, qu'est-ce que cela prouveroit, sinon ce qu'on a dit, qu'il n'y a point de sentiment si absurde, qui n'ait été fortement soutenu par quelque philosophe? Argumenter sur ce petit nombre contre tous les défenseurs de l'évidence, & les récuser par-là, c'est comme si un fou entreprenoit de prouver à tout le monde qu'il faut devenir fou, parce qu'il y en a une trentaine d'autres renfermés avec lui.

Le *pyrrhonisme* remonte à un chef peu propre à lui faire honneur; c'est Pyrrhon, natif de la ville d'Elide, qui, après avoir lu les livres de Démocrite & de Metrodore, suivit Anaxarque dans les Indes, où il eut des conférences avec les mages & les gymnosophistes; & étant de retour dans son pays, proposa un genre plus parfait d'acatalepsie, ou d'incompréhensibilité; importante découverte, s'il en fût jamais! Il n'a rien laissé par écrit; mais ses disciples ont eu soin de rédiger sa doctrine. Sextus, dit l'Empirique entr'autres, l'a exposée dans ses *Institutions Pyrrhoniennes*, qui sont parvenues jusqu'à nous, aussi-bien que ses *Hypotiposes*, dont on a une traduction françoise, faite par un Genevois, nommé *Huart*. Cette feule expofition eft prefque une refutation ; car on fent d'abord ce qu'elle a de choquant & d'infoutenable. Donnons-en le précis en deux mots.

Les pyrrhoniens n'admettoient aucune regle de vérité, nul raifonnement, nulle marque diftinctive du vrai ; ils ne définiffoient, ne jugeoient, ni n'affirmoient quoique ce foit ; ils ne croyoient point qu'une chofe fût plutôt ceci que cela ; quelques raifons qu'on leur propofât, ils en trouvoient de la même force pour foutenir le parti contraire ; ils ne préféroient aucune preuve à une autre ; ils foutenoient qu'il n'y avoit rien de vrai, & que tout fe faifoit par coûtume ; & lors même qu'ils avançoient toutes ces propofitions, ils ne les donnoient pas comme affurées, mais ils le faifoient feulement par efprit de contradiction. En combattant tous les dogmes des autres fectes, Pyrrhon n'exemptoit pas de cette loi fes propres fentimens, qu'il ne croyoit pas plus certains, ni plus recevables ; & quand il difoit qu'il ne pouvoit rien comprendre, il ne prétendoit pas avoir compris cela même, qui étoit également incompréhenfible. C'eft pourquoi, de fa propofition univerfelle, que *rien n'étoit certain*, il n'exceptoit pas cette propofition même ; la comparant à un remede purgatif, qui ne chaffe pas feulement de notre corps les matieres fécantes & fuperflues, mais qui en fort avec elles. Enfin, il s'arrêtoit aux feules apparences qui, felon lui, étoient le *criterium*, ou la regle de la vérité ; mais cela ne regardoit que l'ufage de la vie, dans lequel il vouloit qu'on fe contentât de fuivre les loix & les coûtumes, ou de s'en rapporter aux impulfions naturelles, fans former aucun jugement, ni adopter aucune opinion.

Voilà l'effentiel de la doctrine pyrrhonienne, conçu dans les propres termes de la fecte, & dans lequel il n'y a rien d'exagéré. Pour y répondre, le feul argument des ftoïciens, quoique ce ne foit qu'une raillerie, fuffiroit. ,, Si vous ,, pouvez démontrer, leur difoient-ils, ,, qu'il n'y a point de démonftrations, ,, vous prouvez par-là qu'il y en a une ; ,, & fi votre raifonnement n'eft pas dé- ,, monftratif, la démonftration fubfifte ,, & conferve tous fes droits. Ainfi, foit ,, que vous raifonniez bien ou mal, il ,, y a une démonftration. ,, En effet, la propofition qui fert de bafe au fcepticifme, renferme une contradiction manifefte ; *Il eft vrai que tout eft faux, fans en excepter la propofition qui l'affirme.* Mais il ne feroit pas jufte de fe borner à une feule réponfe, & de paffer fous filence les prétendues preuves de l'incertitude univerfelle des chofes. Ainfi, nous en rapporterons trois ou quatre des plus fortes.

1°. La premiere eft prife des erreurs de nos fens qui nous trompent fouvent, & qui fe contredifent même quelquefois l'un l'autre. La peinture par exemple, fait paroître à nos yeux quelques endroits enfoncés, & d'autres relevés ; mais l'attouchement nous convaint du contraire. Le miel déplaît à la vue, & plaît au goût. Bien plus, les mêmes objets agiffent différemment fur nous, fuivant la difpofition de nos organes & de notre corps. Les gens en fanté & les malades ne trouvent pas la même faveur à ce qu'ils mangent. Les jeunes gens & les vieillards ne prennent pas plaifir aux mêmes divertiffemens. Les perfonnes paffionnées, & violemment agitées, voyent les objets tout autrement que celles qui font tranquilles & fans émotion. La même eau paroît chaude, froide ou tiede, felon la difpofition des membres qu'on y plonge. Les fituations, les lieux, les diftances diverfifient les mêmes objets, & les font paroitrefous diverfes faces. Telle eft la premiere objection contre la certitude. Il faut avouer que les fens nous trompent fouvent ; & fi nous voulions en difconvenir, l'expérience nous démentiroit ; il n'y a que lire ce que le P. Malebranche a écrit là-deffus, pour achever de s'en convaincre. Mais, de ce que nous reconnoiffons les erreurs des fens dans certaines occafions, il ne s'enfuit pas qu'elles foient univerfelles & conftantes ; tout au contraire, c'eft une preuve que nous pouvons les rectifier par d'autres fenfations, de la fidélité defquelles nous fommes affurés. Le but auquel les fens font deftinés, c'eft la confervation de notre machine : c'eft à cette fin que le fage Auteur de la nature les a rapportés. Il eft donc néceffaire qu'ils nous faffent connoître les objets, principalement par rapport à ce qu'ils ont d'utile ou de nuifible pour nous. Nous pouvons nous fier à eux à cet égard là. Il n'en eft pas tout-à-fait de même, lorfqu'il s'agit de la vérité abfolue des chofes. Comme ils ne nous en font pas connoître toutes les qualités, nous aurions tort de vouloir fonder fur leur rapport des définitions complettes. Mais nous ne pouvons, d'un autre côté, refufer notre créance à ce que tous nos fens adoptent unanimement. Lorfque nous fommes à portée d'un objet, que nous le voyons, que nous le fentons, que nous le touchons, que nous prenons toutes fes dimenfions, nous ne faurions révoquer en doute qu'il exifte fous telle ou telle forme, & revêtu de telles ou telles qualités. Un pyrrhonien pourroit-il nier la longueur & la dureté du bâton dont il auroit fenti le poids & la mefure ? Tout fon fyftème échoueroit contre cet argument.

2°. L'imagination ne fournit pas un champ moins vafte aux partifans du doute. Ses écarts & fes illufions font pour eux un fujet de triomphe. Toutes ces opinions populaires, ces terreurs paniques, ces contes puériles, que le peuple croit comme articles de foi, ne leur échappent pas, ils en font le dénombrement avec exactitude. Mais comme nous ne parlons, ni des vifionnaires & des fous, ni de la lie du peuple, nous leur abandonnons volontiers ces dignes appuis de leur fecte. Nous ne nous arrèterons qu'à un de leurs raifonnemens fur cette matiere, qui eft le plus fpécieux ; c'eft que l'imagination de tous les hommes n'étant pas frappée de la même maniere par les mêmes objets, nous ne favons pas qui font ceux pour qui l'imagination eft un miroir fidele, & repréfente les objets tels qu'ils font. Il faut s'en rapporter à tous les hommes, difent ils, ou à quelques-uns d'entr'eux. Les confulter tous, c'eft une entreprife ridicule & chimérique. Se borner à quelques-uns ne fuffit pas. Et encore à qui s'arrêter ? Chaque fecte vous dira que la raifon eft de fon côté ; & elles s'attribueront tout gain de caufe. Mais je réponds que ni le plus grand nombre, ni un philofophe préférablement à un autre, ne doivent point être la régle de nos idées ; c'eft à la raifon qu'il faut recourir ; c'eft à fes lumieres qu'il faut acquiefcer, lorfqu'elles font portées à un degré de clarté auquel nous ne pouvons réfifter. C'eft ce qui fe trouve dans les opérations de l'arithmétique & de la géométrie. Où eft l'homme dans le monde, qui après les avoir comprifes, puiffe refufer de bonne foi de fe rendre ? Pour toutes les chofes qui font moins claires, nous reconnoiffons qu'il ne faut leur donner fon confentement qu'à proportion de leur vraifemblance.

3°. La diverfité des ufages, des coutumes , des loix , des opinions , cette prodigieuse variété qui regne parmi les sentimens des hommes , & qui va si loin que vous n'en trouverez pas deux qui soient parfaitement d'accord en toutes choses , est un troisieme motif d'incertitude que les pyrrhoniens font valoir. Cette considération se rapporte principalement à la morale. En effet, à ne jetter que superficiellement la vue sur tous les rôles différens qui se jouent sur le grand théatre, & du premier coup-d'œil, on est surpris de voir ce chaos apparent, ces diversités entre les peuples, qui les distinguent & les caractérisent. C'est ce qu'un excellent esprit du siecle passé a si heureusement exprimé, que je ne puis m'empêcher de rapporter ici ses propres termes. ,,On ne voit, dit Pascal, dans ,, ses *pensées*, presque rien de juste & ,, d'injuste qui ne change de qualité ,, en changeant de climat. Trois de- ,, grés d'élévation du pôle renversent ,, toute la jurisprudence. Un méridien ,, décide de la vérité; peu d'années ,, de possessions rendent légitime ce qui ,, est injuste en soi. Les loix fondamen- ,, tales changent : le droit a ses épo- ,, ques. Plaisante justice qu'une riviere ,, ou une montagne borne! vérité au- ,, deçà des Pyrénées , erreur au - delà." Mais le fonds de ce passage existe déja dans Montagne.

Ces raisonnemens tous spécieux qu'ils sont, ne sauroient donner gain de cause à nos adversaires. Au milieu de cette diversité, on voit régner une unité qui nous est favorable. On voit certains principes immuables, dont la justice a toujours été reconnue, & qui ont servi de base & de regle constante à la conduite des hommes. Quand on entre dans le détail & qu'on remonte à l'origine de toutes ces coutumes, les unes bizarres, les autres mêmes vicieuses, on re-

connoît pourtant que ce sont des applications & des conséquences des principes naturels, mais des applications fausses, des conséquences mal déduites. On rencontre des tiges communes, mais dont quelques branches ont dégénéré. On trouve des sources générales qui ont cessé d'être pures, & se sont chargées de limon & de fange, en passant par des conduits sales & bourbeux. Ces tiges, ces sources nous suffisent pour détruire l'objection que nous combattons. Ajoutons qu'il est facile de recueillir une foule d'opinions, & de les opposer les unes aux autres; mais il ne l'est pas de montrer qu'elles sont toutes également bonnes & mauvaises, & qu'il ne sauroit y en avoir qui méritent la préférence, comme plus conformes à la raison ou plus avantageuses à la société.

Enfin les ennemis de l'évidence viennent nous attaquer jusques dans nos propres retranchemens, & prétendent nous prouver que la vérité ne porte avec elle aucune marque assurée, aucun *criterium* sur lequel on puisse porter un jugement décisif. ,,S'il y a une telle marque, di- ,, sent-ils, elle sera vraie ou fausse. Si ,, elle est fausse, on ne peut pas s'y fier; ,, si l'on dit qu'elle ne sauroit tromper, ,, qu'on le prouve. Mais par où connoî- ,, tra - t - on que la démonstration allé- ,, guée pour preuve est bonne? porte-t- ,, elle sa preuve avec elle, ou la tire-t- ,, elle d'ailleurs ? Si l'on a recours à la ,, marque du vrai, on commet un cer- ,, cle vicieux, en prouvant une chose ,, par la marque du vrai, & en disant ,, que cette marque tire sa force de la ,, vérité à laquelle elle sert de preuve." Voilà le précis de l'objection : voici la réponse. Si l'on s'en tient à la notion vague de l'évidence, elle jettera sans doute dans cet embarras ; mais il faut se rappeller ce que nous avons déja dit, en parlant de la certitude métaphyſique & logique, & de l'intuition qui doit accompagner cette évidence, & faire diſtinctement appercevoir dans la notion du ſujet dont on affirme ou l'on nie quelque choſe, la raiſon ſuffiſante de cette affirmation ou de cette négation. Par-tout où cette intuition a lieu, ſoit dans un axiome, ſoit dans une définition, ſoit dans une démonſtration, on eſt aſſuré de ne pas ſe tromper, & la certitude eſt à l'abri de toute conteſtation. *v.* CERTITUDE. Le ſyſtème de Pyrrhon fut celui d'une partie des académiciens Grecs.

Après ces réponſes générales aux anciens pyrrhoniens, paſſons aux modernes. Ils s'y ſont pris tout autrement. Ils ont bien ſenti le ridicule qu'il y avoit à bâtir un ſyſtème; ils ont vu qu'ils fourniroient toujours des armes contr'eux-mêmes, tant qu'ils feroient des traités didactiques & des ſyllogiſmes en forme, contre la certitude & l'évidence.

Il y a une méthode bien plus délicate & plus dangereuſe d'établir le *pyrrhoniſme.* C'eſt de le répandre, de le ſemer, de le diſperſer dans ſes écrits; d'ébranler, non les fondemens de la certitude en général, mais les fondemens particuliers des vérités, qui ont paſſé pour les plus inconteſtables, & de profiter des occaſions que préſentent tous les ſujets qu'on traite, pour répandre les germes du doute. Le lecteur n'eſt point en garde contre de pareils écrivains. Sans penſer au *pyrrhoniſme,* dont on ne lui parle point, & dont on n'a garde de lui propoſer le ſyſtème, il s'apperçoit aujourd'hui qu'une propoſition dont il ne s'étoit jamais aviſé de douter, eſt ſujette à de grandes exceptions; demain, il fait la même découverte à l'égard d'une autre; le voilà dans la défiance, il ne marche bientôt plus qu'en tâtonnant;

& à la fin, il ſe trouve transformé en pyrrhonien, ſans s'en être à peine apperçu. Montagne & la Mothe le Vayer, ont écrit dans ce goût; mais jamais perſonne n'égalera M. Bayle dans cet art funeſte. Quand ce fameux écrivain auroit eu les intentions les plus pures, il ſeroit toujours inexcuſable d'avoir écrit en langue vulgaire & d'une maniere ſi ſéduiſante, un ouvrage de cette nature. Il avoit trop de pénétration pour n'en pas voir les effets; & c'eſt juger charitablement que de croire qu'il ne les a pas ſouhaités.

M. de Crouſaz a publié un volume *in-folio* ſous le titre d'*Examen du Pyrrhoniſme;* mais s'étant laiſſé aller à l'intempérance de ſa plume, il a enfanté un ouvrage informe qui eſt mort en naiſſant. Il en exiſte un abrégé par M. Formey, dont la traduction allemande faite par M. de Hâller, a paru avant l'original, en 1751, ſous le titre de *Prüfung der ſecte die an allem zweifelt.* Cet illuſtre ſavant a mis à la tête de ce volume un excellent diſcours préliminaire dont M. Seigneur de Correvon, magiſtrat de Lauſanne, diſtingué par ſes lumieres & ſon zele, a donné une traduction françoiſe. M. Formey a fait imprimer ſon abrégé à Berlin en 1756, & l'a intitulé, *le Triomphe de l'évidence.*

PYTHAGORISME, ſ. m. *Mor.* Pythagore naquit à Samos, entre la quarante-troiſieme & la cinquante-troiſieme olympiade; il parcourut la Grece, l'Egypte, l'Italie; il s'arrêta à Crotone, où il fit un ſéjour fort long. Il épouſa Théano, qui préſida dans ſon école après ſa mort; il eut d'elle Mnéſarque & Thélauge, & pluſieurs filles; Aſtrée & Zamolxis le légiſlateur des Grecs, furent deux de ſes eſclaves; mais il paroît que Zamolxis eſt fort antérieur à Pythagore: ce philoſophe mourut entre la ſoixante huitieme & la foixante & dix-feptieme olympiade. Les peuples qui font toujours ftupides, jaloux & méchans, offenfés de la fingularité de fes mœurs & de fa doctrine, lui rendirent la vie pénible & confpirerent l'extinction de fon école. On dit que ces féroces Crotoniates qui l'égorgerent à l'àge de cent quatre ans, le placerent enfuite au rang des dieux, & firent un temple de fa maifon. La condition de fage eft bien dangereufe : il n'y a prefque pas une nation qui ne fe foit fouillée du fang de quelquesuns de ceux qui l'ont profeffée. Que faire donc ? Faut-il être infenfé avec les infenfés ? Non ; mais il faut être fage en fecret, c'eft le plus fûr. Cependant fi quelque homme a montré plus de courage que nous ne nous en fentons, & s'il a ofé pratiquer ouvertement la fageffe, décrier les préjugés, prècher la vérité au péril de fa vie, les blàmerons-nous ? Non ; nous conformerons dès cet inftant notre jugement à celui de la poftérité, qui rejette toujours fur les peuples l'ignominie dont ils ont prétendu couvrir leurs philofophes. Vous lifez avec indignation la maniere avec laquelle les Athéniens en ont ufé avec Socrate, les Crotoniates avec Pythagore ; & vous ne penfez pas que vous exciterez un jour la mème indignation, fi vous exercez contre leurs fucceffeurs la mème barbarie.

Pythagore profeffa la double doctrine, & il eut deux fortes de difciples ; il donna des leçons publiques, & il en donna de particulieres ; il enfeigna dans les gymnafes, dans les temples, & fur les places ; mais il enfeigna auffi dans l'intérieur de fa maifon. Il éprouvoit la difcrétion, la pénétration, la docilité, le courage, la conftance, le zele de ceux qu'il devoit un jour initier à fes connoiffances fecretes, s'ils le méritoient,

par l'exercice des actions les plus pénibles ; il exigeoit qu'ils fe réduififfent à une pauvreté fpontanée ; il les obligeoit au fecret par le ferment ; il leur impofoit un filence de deux ans, de trois ans, de cinq, de fept, felon que le caractere de l'homme le demandoit. Un voile partageoit fon école en deux efpaces, & déroboit fa préfence à une partie de fon auditoire. Ceux qui étoient admis en-deçà du voile l'entendoient feulement ; les autres le voyoient & l'entendoient ; fa philofophie étoit énigmatique & fymbolique pour les uns ; claire, expreffe, & dépouillée d'obfcurités & d'énigmes pour les autres. On paffoit de l'étude des mathématiques, à celle de la nature, & de l'étude de la nature à celle de la théologie, qui ne fe profeffoit que dans l'intérieur de l'école, au-delà du voile ; il y eut quelques femmes à qui ce fanctuaire fut ouvert ; les maîtres, les difciples, leurs femmes, & leurs enfans, vivoient en commun ; ils avoient une regle à laquelle ils étoient affujettis ; on pourroit regarder les Pythagoriciens comme une efpece de moines payens d'une obfervance très-auftere ; leur journée étoit partagée en diverfes occupations ; ils fe levoient avec le foleil ; ils fe difpofoient à la férénité par la mufique & par la danfe ; ils chantoient, en s'accompagnant de la lyre ou d'un autre inftrument, quelques vers d'Héfiode ou d'Homere ; ils étudioient enfuite, ils fe promenoient dans les bois, dans les temples, dans les lieux écartés & déferts ; par-tout où le filence, la folitude, les objets facrés, imprimoient à l'ame le frémiffement, la touchoient, l'élevoient & l'infpiroient. Ils s'exerçoient à la courfe ; ils conféroient enfemble ; ils s'interrogeoient ; ils fe répandoient ; ils s'oignoient ; ils fe baignoient ; ils fe raffembloient autour de tables fervies de pain, de fruits, de miel, & d'eau; jamais on n'y buvoit du vin; le soir on faisoit des libations; on lisoit, & l'on se retiroit en silence.

Un vrai pythagoricien s'interdisoit l'usage des viandes, des poissons, des œufs, des féves, & de quelques autres légumes; & n'usoit de sa femme que très-modérément, & après des préparations relatives à la santé de l'enfant.

Il ne nous reste presque aucun monument de la doctrine de Pythagore; Lysis & Archyppus, les seuls qui étoient absens de la maison, lorsque la faction cylonienne l'incendia, & fit périr par les flammes tous les autres disciples de Pythagore, n'en écrivirent que quelques lignes de réclame. La science se conserva dans la famille, se transmit des peres & meres aux enfans, mais ne se répandit point. Les commentaires abrégés de Lysis & d'Archyppus, furent supprimés & se perdirent; il en restoit à peine un exemplaire au tems de Platon, qui l'acquit de Philolaüs. On attribua dans la suite des ouvrages & des opinions à Pythagore; chacun interpreta comme il lui plut, le peu qu'il en savoit; Platon & les autres philosophes corrompirent son systême; & ce systême obscur par lui même, mutilé, défiguré, s'avilit & fut oublié. Voici ce que des auteurs très-suspects nous ont transmis de la philosophie pratique de Pythagore.

La sagesse & la philosophie sont deux choses fort différentes.

La sagesse est la science réelle.

La science réelle est celle des choses immortelles, éternelles, efficientes par elles-mêmes.

Les êtres qui participent seulement de ces premiers, qui ne sont appellés *êtres* qu'en conséquence de cette participation, qui sont matériels, corporels, sujets à génération & à corruption, ne

font pas proprement des êtres, ne peuvent être ni bien connus, ni bien définis, parce qu'ils sont infinis & momentanés dans leurs états, & il n'y a point de sagesse relative à eux.

La science des êtres réels entraîne nécessairement la science des êtres équivoques. Celui qui travaille à acquérir la premiere, s'appellera *philosophe*.

Le philosophe n'est pas celui qui est sage, mais celui qui est ami de la sagesse.

La philosophie s'occupe donc de la connoissance de tous les êtres, entre lesquels les uns s'observent en tout & partout; les autres souvent, certains seulement en des cas particuliers. Les premiers sont l'objet de la science générale ou philosophie premiere; les seconds sont l'objet des sciences particulieres.

Celui qui sait résoudre tous les êtres en un seul & même principe, & tirer alternativement de ce principe un & seul, tout ce qui est, est le vrai sage, le sage par excellence.

La fin de la philosophie est d'élever l'ame de la terre vers le ciel, de connoître Dieu, & de lui ressembler.

On parvient à cette fin par la vérité, ou l'étude des êtres éternels, vrais & immuables.

Elle exige encore que l'ame soit affranchie & purgée, qu'elle s'amende, qu'elle aspire aux choses utiles & divines, que la jouissance lui en soit accordée, qu'elle ne craigne point la dissolution du corps, que l'éclat des incorporels ne l'éblouisse pas, qu'elle n'en détourne pas sa vue, qu'elle ne se laisse pas enchaîner par les liens des passions, qu'elle lutte contre tout ce qui tend à la déprimer & à la ramener vers les choses corruptibles & de néant, & qu'elle soit infatigable & immuable dans sa lutte.

On n'obtiendra ce degré de perfection que par la mort philosophique, ou la ceffation du commerce de l'ame avec le corps, état qui fuppofe qu'on fe connoît foi-même, qu'on eft convaincu que l'efprit eft détenu dans une demeure qui lui eft étrangere, que fa demeure & lui font des êtres diftinctifs, qu'il eft d'une nature tout-à-fait diverfe ; qu'on s'exerce à fe recueillir ou à féparer fon ame de fon corps, à l'affranchir de fes affections & de fes fenfations, à l'élever au-deffus de la douleur, de la colere, de la crainte, de la cupidité, des befoins, des appétits, & à l'accoutumer tellement aux chofes analogues à fa nature, qu'elle agiffe, pour ainfi dire, féparément du corps, l'ame étant toute à fon objet, & le corps fe portant d'un mouvement automate & méchanique fans la participation de l'ame ; l'ame ne confentant ni ne fe refufant à aucun de fes mouvemens vers les chofes qui lui font propres.

Cette mort philofophique n'eft point une chimere. Les hommes accoutumés à une forte contemplation l'éprouvent pendant des intervalles affez longs. Alors ils ne fentent point l'exiftence de leur corps ; ils peuvent être bleffés fans s'en appercevoir ; ils ont bû & mangé fans le favoir ; ils ont vécu dans un oubli profond de leur corps & de tout ce qui l'environnoit, & qui l'eût affecté dans une fituation diverfe.

L'ame affranchie par cet exercice habituel exiftera en elle ; elle s'élevera vers Dieu ; elle fera toute à la contemplation des chofes éternelles & divines.

Il paroît par cet axiome que Pythagore, Socrate, & les autres contemplateurs anciens, comparoient le géometre, le moralifte, le philofophe profondément occupé de fes idées, &, pour ainfi dire, hors de ce monde, à Dieu dans fon immenfité ; avec cette feule différence, que les concepts du philofophe s'éteignoient en lui, & que ceux de Dieu fe réalifoient hors de lui.

On ne s'éleve point au-deffus de foi, fans le fecours de Dieu & des bons génies.

Il faut les prier ; il faut les invoquer, fur-tout fon génie tutélaire.

Celui qu'ils auront exaucé ne s'étonnera de rien ; il aura remonté jufques aux formes & aux caufes effentielles des chofes.

Le philofophe s'occupe ou des vérités à découvrir, ou des actions à faire, & fa fcience eft ou théorique, ou pratique.

Il faut commencer par la pratique des vertus. L'action doit précéder la contemplation.

La contemplation fuppofe l'oubli & l'abftraction parfaite des chofes de la terre.

Le philofophe ne fe déterminera pas inconfidérément à fe mèler des affaires civiles.

La philofophie confidérée relativement à fes éleves eft ou exotérique, ou efotérique. L'exotérique propofe les vérités fous des fymboles, les enveloppe, ne les démontre point. L'éfotérique les dépouille du voile, & les montre nues à ceux dont les yeux ont été difpofés à les regarder.

Il y a deux fortes de vertus. Des vertus privées qui font relatives à nous-mêmes ; des vertus publiques qui font relatives aux autres.

Ainfi, la philofophie morale eft pédeutique ou politique.

La pédeutique forme l'homme à la vertu, par l'étude, le filence, l'abftinence des viandes, le courage, la tempérance & la fagacité.

L'occupation véritable de l'homme eft la perfection de la nature humaine en lui.

Il

Il se perfectionne par la raison, la force & le conseil; la raison voit & juge; la force retient & modere; le conseil éclaire, avertit.

L'énumération des vertus & la connoissance de la vertu en général dépendent de l'étude de l'homme. L'homme a deux facultés principales; par l'une il connoît, par l'autre il desire. Ces facultés sont souvent opposées. C'est l'excès ou le défaut qui excite & entretient la contradiction.

Lorsque la partie qui raisonne, commande & modere, la patience & la continence naissent. Lorsqu'elle obéit, la fureur & l'impatience s'élevent. Si elles sont d'accord, l'homme est vertueux & heureux.

Il faut considerer la vertu sous le même point de vue que les facultés de l'ame. L'ame a une partie raisonnable & une partie concupiscible. De-là naissent la colere & le desir. Nous nous vengeons, & nous nous défendons. Nous nous portons aux choses qui sont convenables à nos aises ou à notre conservation.

La raison fait la connoissance; la colere dispose de la force; le desir conduit l'appétit. Si l'harmonie s'établit entre ces choses, & que l'ame soit une, il y a vertu & bon sens. S'il y a discorde, & que l'ame soit double, il y a vice & malheur.

Si la raison domine les appétits, qu'il y ait tolérance & continence, on sera constant dans la peine, modéré dans le plaisir.

Si la raison domine les appétits, & qu'il y ait tempérance & courage, on sera borné dans son ressentiment.

S'il y a vertu ou harmonie en tout, il y aura justice.

La justice discerne les vertus & les vices. C'est par elle que l'ame est une,

ou que l'homme est parfait & content.

Il ne faut se pallier le vice ni à soi-même, ni aux autres. Il faut le gourmander par-tout où il se montre, sans ménagement.

L'homme a ses âges, & chaque âge a ses qualités & ses défauts.

L'éducation de l'enfant doit se diriger à la probité, à la sobriété & à la force. Il faut en attendre les deux premieres vertus dans son enfance. Il montrera la seconde dans son adolescence & son état viril.

On ne permettra point à l'homme de faire tout ce qui lui plaît.

Il faut qu'il ait à côté de lui quelqu'un qui le commande, & à qui il obéisse, delà la nécessité d'une puissance légitime & décente qui soumette tout citoyen.

Le philosophe ne se promettra aucun de ces biens qui peuvent arriver à l'homme, mais qui ne sont point à sa discrétion. Il apprendra à s'en passer.

Il est défendu de quitter son poste sans la volonté de celui qui commande. Le poste de l'homme est la vie.

Il faut éviter l'intempérance dans les choses nécessaires à la conservation; l'excès en tout.

La tempérance est la force de l'ame; l'empire sur les passions fait sa lumiere. Avoir la continence, c'est être riche & puissant.

La continence s'étend aux besoins du corps & à ses voluptés, aux alimens & à l'usage des femmes. Réprimez tous les appétits vains & superflus.

L'homme est mort dans l'ivresse du vin. Il est furieux dans l'ivresse de l'amour.

Il faut s'occuper de la propagation de l'espece en hyver ou au printems. Cette fonction est funeste en été, & nuisible en tout tems.

Quand l'homme doit-il approcher de la femme ? Lorſqu'il s'ennuyera d'être fort.

La volupté eſt la plus dangereuſe des enchantereſſes. Lorſqu'elle nous ſollicite, voyons d'abord ſi la choſe eſt bonne & honnête ; voyons enſuite ſi elle eſt utile & commode. Cet examen ſuppoſe un jugement qui n'eſt pas commun.

Il faut exercer l'homme dans ſon enfance à fuir ce qu'il devra toujours éviter, à pratiquer ce qu'il aura toujours à faire, à deſirer ce qu'il devra toujours aimer, à mépriſer ce qui le rendra en tout tems malheureux & ridicule.

Il y a deux voluptés, l'une commune, baſſe, vile & générale ; l'autre grande, honnête & vertueuſe. L'une a pour objet les choſes du corps ; l'autre les choſes de l'ame.

L'homme n'eſt en ſûreté que ſous le bouclier de la ſageſſe, & il n'eſt heureux que quand il eſt en ſûreté.

Les points les plus importans de la politique ſe réduiſent au commerce général des hommes entr'eux, à l'amitié, au culte des dieux, à la piété envers les morts, & à la légiſlation.

Le commerce d'un homme avec un autre eſt ou agréable, ou fâcheux, ſelon la diverſité de l'âge, de l'état, de la fortune, du mérite, & de tout ce qui différentie.

Qu'un jeune homme ne s'irrite jamais contre un vieillard. Qu'il ne le menace jamais.

Qu'aucun n'oublie la diſtinction que les dignités mettent entre lui & ſon ſemblable.

Mais comment preſcrire les regles relatives à cette variété infinie d'actions de la vie ? Qui eſt-ce qui peut définir l'urbanité, la bienſéance, la décence & les autres vertus de détail.

Il y a une amitié de tous envers tous.

Il faut bannir toute prétention de l'amitié, ſur-tout de celle que nous devons à nos parens, aux vieillards, aux bienfaiteurs.

Ne ſouffrons pas qu'il y ait une cicatrice dans l'ame de notre ami.

Il n'y aura ni bleſſure, ni cicatrice dans l'ame de notre ami, ſi nous ſavons lui céder à propos.

Que le plus jeune le céde toujours au plus âgé.

Que le vieillard n'uſe du droit de reprendre la jeuneſſe qu'avec ménagement & douceur. Qu'on voye de l'intérèt & de l'affection dans ſa remontrance. C'eſt-là ce qui la rendra décente, honnête, utile & douce.

La fidélité que vous devez à votre ami eſt une choſe ſacrée, qui ne ſouffre pas même la plaiſanterie.

Que l'infortune ne vous éloigne point de votre ami.

Une méchanceté ſans reſſource eſt le ſeul motif pardonnable de rupture. Il ne faut garder de haine invincible que pour les méchans. La haine qu'on porte au méchant doit perſéverer autant que ſa méchanceté.

Ne vous en rapportez point de la converſion du méchant à ſes diſcours ; mais ſeulement à ſes actions.

Evitez la diſcorde. Prévenez-en les ſujets.

Une amitié qui doit être durable ſuppoſe des loix, des conventions, des égards, des qualités, de l'intelligence, de la décence, de la droiture, de l'ordre, de la bienfaiſance, de la fermeté, de la fidélité, de la pudeur, de la circonſpection.

Fuyez les amitiés étrangeres.

Aimez votre ami juſqu'au tombeau.

Rapportez les devoirs de l'amitié aux loix de la nature humaine, & de la liaiſon de Dieu & de l'homme.

Toute la morale se rapporte à Dieu. La vie de l'homme est de l'imiter.

Il est un Dieu qui commande à tout. Demandez-lui le bien. Il l'accorde à ceux qu'il aime.

Croyez qu'il est, qu'il veille sur l'homme, & qu'un animal enclin au mal a besoin de sa verge & de son frein.

Un être qui sent la vicissitude de sa nature, cherchera à établir quelque principe de constance en lui-même, en se proposant l'être immuable pour modele.

Ne prêtez point votre ressemblance aux dieux. Ne leur attachez point de figures. Regardez-les comme des puissances diffuses, présentes à tout, & n'ayant d'autre limite que l'univers.

Honorez-les par des initiations & des lustrations, par la pureté de l'ame, du corps & des vêtemens.

Chantez des hymnes à leur gloire, cherchez leur volonté dans les divinations, les sorts & toutes sortes de présages que le hasard vous offrira.

Vous n'immolerez point d'animaux. Posez sur leurs autels de l'encens, de la farine, & du miel.

La piété envers les dieux & la religion sont dans le cœur.

Vous n'égalerez point dans votre hommage les héros aux dieux.

Purifiez-vous par les expiations, les lustrations, les aspersions & les abstinences prescrites par ceux qui président aux mysteres.

Le serment est une chose juste & sacrée. Il y a un Jupiter jurateur.

Soyez lent à faire le serment, soyez prompt à l'accomplir.

Ne brûlez point les corps des morts.

Après Dieu & les génies, que personne ne vous soit plus respectable sous le ciel que vos parens; que votre obéissance soit de cœur & non d'apparence.

Soyez attaché aux loix & aux coutumes de votre pays. Ce n'est pas l'utilité publique que les innovateurs ont en vue.

QUA

QUADRIENNAL, adj., *Jurifpr.*, fe dit d'un office qui ne s'exerce que de 4 en 4 ans. Exercice *quadriennal*, eft l'année où s'exerce cet office.

La plupart des offices alternatifs, triennaux & *quadriennaux*, ont été réunis aux anciens offices, & font exercés par le même titulaire.

QUALITÉ, f. f., *Morale*, c'eft toute difpofition bonne ou mauvaife de l'ame ou du corps relativement aux actions morales.

Des qualités utiles à nous-mêmes. Le fentiment qu'on a de fon propre mérite ou la fatisfaction qui réfulte de l'examen de notre propre conduite, eft fondé fur des *qualités* telles que le courage, la capacité, l'induftrie & la probité, auffibien que fur un grand nombre d'autres perfections de notre ame. D'un autre côté, n'eft-on pas toujours mortifié en réfléchiffant à fes extravagances & à fes déreglemens paffés; & ne reffent-on pas un déplaifir fecret & de la honte, quand la mémoire retrace des circonftances dans lefquelles on s'eft conduit d'une mànière abfurde & ridicule? eft-il rien que nous cachions aux autres avec plus de foin, ou fur quoi nous redoutions plus la raillerie & la fatyre que nos erreurs, nos foibleffes & nos petiteffes? notre bravoure & notre favoir, notre efprit, notre éducation, notre éloquence, notre adreffe, notre goût & nos talens ne font-ils pas les principales fources de notre vanité? nous prenons plaifir d'étaler ces chofes, fouvent avec oftentation, & communément nous marquons plus d'ambition d'y exceller même que dans les vertus fociales, quoiqu'elles foient infiniment plus recom-

mandables. La bonté & fur-tout la probité font des *qualités* fi indifpenfables que la violation des devoirs qu'elles impofent s'attire la cenfure la plus févere; cependant la pratique ordinaire de ces vertus n'eft point accompagnée de grandes louanges, quoiqu'elle foit effentielle au maintien de la fociété.

Le rôle qu'un homme joue dans la fociété, la maniere dont il eft reçu dans les cercles, l'eftime que lui témoignent ceux qui le connoiffent, font des avantages qui dépendent autant de fon efprit & de fes talens, que d'aucune autre partie de fon caractere. Un homme qui auroit les meilleures intentions du monde, qui feroit le plus éloigné de toute violence & de toute injuftice, n'acquerra jamais d'eftime fans avoir au moins une certaine portion d'efprit & de dons naturels.

Si le bon fens & le courage, la tempérance & l'induftrie, l'efprit & les connoiffances forment une partie confidérable du mérite perfonnel; fi un homme qui poffède ces *qualités*, a plus de raifons que celui qui en eft privé, d'être content de lui-même, & plus de titres pour mériter la bienveillance, l'eftime & les bons offices des autres; en un mot, fi les fentimens que ces *qualités* s'attirent, font les mêmes que ceux qu'infpirent les vertus fociales, quelles raifons aurions-nous pour ne pas leur donner le nom de *vertu?* Eft-ce parce que le fentiment d'approbation qu'elles excitent, eft moins fort que celui que font naitre la juftice & l'humanité? mais cette raifon ne doit pas fuffire pour les ranger dans des claffes entierement différentes & pour leur donner des noms différens. L'approbation qui accompagne les talens, la tempérance, l'industrie peut différer en quelque chose de celle que nous accordons aux vertus sociales, sans que ces deux sortes de vertus soient pour cela d'une nature totalement différente. Achæus, prince prudent & sage, tomba dans un piege fatal qui lui couta la couronne & la vie, quoiqu'il eût pris toutes les précautions raisonnables pour s'en garantir. Polibe remarque que ce prince n'en est pas moins digne d'estime & de compassion, & que les perfides seuls dont il a été la victime, méritent le mépris & la haine.

Ciceron donne beaucoup d'étendue à l'idée de la vertu, & comprend sous ce nom honorable, toutes les *qualités* estimables de l'esprit. Dans les *Offices* il dit que la prudence est une sagacité qui conduit à la découverte de la vérité & qui met en garde contre l'erreur. La grandeur d'ame, la tempérance, la décence y sont analisées de la même maniere, & cet éloquent moraliste, en admettant la division alors reçue des quatre vertus cardinales, ne fait des devoirs de la société qu'un point de division.

On n'a qu'à lire les titres des chapitres de la morale d'Aristote pour se convaincre qu'il met au rang des vertus le courage, la tempérance, la magnificence, la grandeur d'ame, la modestie, la prudence, & la liberté mâle aussi-bien que la justice & l'amitié. *Soutenir* & *s'abstenir*, c'est-à-dire, être patient & moderé, ont été regardés par quelques anciens, comme l'abregé de la morale.

Plutarque n'est pas plus systématique dans sa philosophie que dans son histoire. Lorsqu'il compare les grands hommes de la Grece & de Rome, il expose également leurs vices & leurs vertus; & n'omet rien de ce qui peut déprimer ou exalter leur caractere. Ses discours moraux renferment une censure libre des hommes & des mœurs.

Quoique Tite-Live parle d'Annibal avec partialité, il ne laisse pas de lui accorder des vertus éminentes. Dans le portrait que Guichardin fait du pape Alexandre VI. il met au nombre de ses vertus, sa promptitude & sa dextérité dans toutes les affaires importantes, son jugement & sa capacité, sa prudence & son talent pour persuader.

Polybe reproche à Timée d'avoir parlé d'une façon trop passionnée d'Agathocle, qu'il regardoit pourtant lui-même comme le plus cruel & le plus odieux des tyrans.

Une *tache*, une *faute*, un *vice*, un *crime*, sont des expressions pour indiquer différens degrés de censure ou de blâme. En expliquant un de ces termes, nous concevrons facilement les autres.

Lorsque nous examinons une *qualité* ou une habitude, si elle paroit à certains égards préjudiciable à la personne qui la posséde, & qu'elle la rende incapable d'une affaire ou d'une action, nous la mettons au nombre de ses fautes & de ses imperfections. L'indolence, la négligence, le manque d'ordre, l'opiniâtreté, la légereté, la précipitation, la crédulité, n'ont jamais été regardés comme choses indifférentes dans un homme, encore moins comme vertus louables: nos yeux sont frappés sur le champ du préjudice qui en résulte, il excite en nous du déplaisir & s'attire notre censure.

On convient qu'il n'y a point de *qualité* qui soit digne de louange ou de blâme sans restriction: tout dépend du degré. La promptitude & l'expédition dans les affaires sont estimables; sans elles on ne parvient à l'exécution d'aucun projet : pouſſez cette promptitude de trop loin, elle vous engagera dans des meſures précipitées & mal concertées. Ce ſont des conſidérations de cette eſpece qui nous aident à fixer le juſte milieu dans toutes les recherches de la morale & de la prudence ; elles nous empêchent de perdre de vue, les avantages qui réſultent d'un caractere ou d'une façon d'être : or comme la perſonne douée d'un tel caractere, jouit ſeule de ſes avantages, il paroît évident que ce n'eſt pas l'amour de nous-mêmes qui captive dans ce cas, notre eſtime & notre approbation, & qui nous en rend le coup d'œil ſi agréable, à nous qui ne ſommes que ſpectateurs.

Suppoſons un homme conſtitué de façon à ne prendre aucun intérêt à ſes ſemblables, & à regarder le bonheur & le malheur de tous les êtres ſenſibles, avec autant d'indifférence que deux nuances contigues d'une même couleur. Suppoſons que, ſi, d'un côté étoit la proſpérité des nations, & d'un autre leur ruine, & qu'on lui dît de choiſir, il demeureroit incertain & irréſolu entre deux motifs égaux. Je crois qu'on peut conclure juſtement qu'un homme de ce caractere, ne prenant nul intérêt au bien-être d'une ſociété ou à l'utilité particuliere des autres, regarderoit toute *qualité*, quelque pernicieuſe & quelque avantageuſe qu'elle pût être, avec autant d'indifférence, que l'objet le moins fait pour intéreſſer.

Mais ſi à la place de ce monſtre idéal, nous ſuppoſons un homme qui puiſſe former un jugement ou ſe déterminer en conſéquence, il aura une raiſon de préférence toute ſimple. Toutes choſes d'ailleurs égales, avec quelque froideur qu'il ſe décide, lorſqu'il n'eſt point animé par ſon propre intérêt, ou que les perſonnes intéreſſées ne le touchent point,

il ne laiſſera pas de faire un choix & de diſtinguer ce qui eſt utile de ce qui eſt nuiſible. Mais cette diſtinction eſt préciſément la même que la diſtinction morale dont on a ſi ſouvent & ſi inutilement cherché l'origine. Les mêmes *qualités* de l'eſprit excitent & nos ſentimens moraux & ceux de l'humanité : le même homme eſt ſuſceptible d'éprouver fortement & les uns & les autres ; & lorſque leur objet change, qu'il ſe rapproche de nous, & qu'il ſe lie à nos intérêts, nos ſentimens en reçoivent ſeulement plus de force & de vivacité. Ainſi ſuivant toutes les regles de la philoſophie, nous ſommes obligés de conclure que ces deux ſortes de ſentimens ſont les mêmes dans leur principe, puiſque dans chaque circonſtance, même la plus légere, ils ſuivent les mêmes loix & ſont excités par les mêmes objets.

Quelques exemples prouveront que toutes les *qualités* utiles à ceux qui les poſſédent, ſont approuvées, & que les *qualités* contraires ſont blâmées.

La diſcrétion eſt une des *qualités* les plus néceſſaires pour les ſuccès de toutes les entrepriſes. Dans un Cromwel, dans un cardinal de Retz, la diſcrétion eût pu paroître une vertu bourgeoiſe, incompatible avec les vaſtes deſſeins qui occupoient leur ambition & leur courage; peut-être cette *qualité* eût été en eux un défaut & une imperfection ; mais dans le cours ordinaire de la vie, il n'y a point de vertu qui ſoit plus néceſſaire pour réuſſir & pour écarter les obſtacles.

Qu'eſt-il beſoin de vanter les avantages de l'induſtrie, & de faire voir combien elle eſt utile pour acquérir du pouvoir & des richeſſes, ou pour ce qu'on appelle *faire fortune ?* l'apologue nous dit que la tortue par une marche non interrompue, remporta le prix de

la courfe, fur le lievre qui couroit cependant, lorfqu'elle ne faifoit que fe
trainer.

Il eft conftant que tous les hommes
defirent également le bonheur; mais ils
ne réuffiffent pas également dans leurs
recherches. Une des principales caufes
du mauvais fuccès eft le défaut de cette
force d'efprit, qui nous mettroit en
état de réfifter à la féduction d'un plaifir préfent pour des avantages éloignés.
Nos penchans, d'après un coup d'œil
général jetté fur ce qui eft defirable, fe
forment des regles de conduite & des
mefures de préférence des uns fur les
autres : ce code contient les déterminations de nos paffions paifibles & cal-
mes, qui feules peuvent nous faire décider fi un objet eft digne de notre attachement ou de notre averfion ; mais
lorfqu'enfuite un objet vient à fe rapprocher de nous, & à fe préfenter fous
un point de vue plus favorable, il faifit
notre imagination, le fyftème général
de nos réflexions eft renverfé, nous
donnons la préférence à une jouiffance
paffagere, fouvent nous nous couvrons
d'ignominie, & nous attirons fur nous
une longue fuite de chagrins pour des
plaifirs, qui, éloignés n'avoient pu mériter notre attention. Un homme ferme
& décidé tient fortement à fes réfolutions générales, il n'eft pas féduit par
l'appas des plaifirs, ni troublé par les
menaces de la douleur, il ne perd jamais de vue les objets éloignés, & par-
là il affure fon honneur & fa félicité.

Le contentement de foi-même eft un
avantage dont, à certains égards, le fage & l'infenfé jouiffent également; mais
c'eft le feul bien qu'ils partagent enfemble & je n'en connois point qui leur
foit commun d'ailleurs. Un fot n'eft
propre ni aux affaires, ni à la converfation, ni à la lecture, & à moins que

fon état ne le condamne aux travaux
les plus groffiers, il eft un fardeau inutile à la terre. C'eft pour cela que les
hommes font fi jaloux de leur réputation fur ce point; nous avons un grand
nombre d'exemples qu'on ait fouffert
des reproches de perfidie & de fcéléra-
teffe ; mais nous n'avons jamais vu
qu'on fouffrît patiemment les reproches
d'ignorance & de ftupidité.

Des coutumes & des mœurs particulieres, changent l'utilité des *qualités*,
& en changent auffi le mérite; des accidens & des fituations particulieres peuvent produire le même effet jufqu'à un
certain point ; on accordera toujours
plus d'eftime à un homme qui poffede
les talens convenables à fon état & à fa
profeffion, qu'à celui que la fortune a
mis dans une place où il ne devoit point
être : à cet égard, les vertus privées font
plus arbitraires que les vertus publiques
& fociales; à d'autres égards elles font
peut-être moins fujettes au doute & à
la difpute.

Les *qualités* qui tendent fimplement à
l'avantage de celui qui les poffede fans
aucun rapport à nous ou à la fociété,
ne laiffent pas d'être eftimées, & comment s'y prendra-t-on pour chercher la
fource de ce fentiment dans l'amour-
propre ? Il faut donc avouer que le bonheur & l'infortune des autres, ne font
point des fpectacles indifférens pour
nous, & que fans aller plus loin, la vue
du bonheur fait fur nous l'effet d'un
beau jour, & de cette joie fecrette
qu'infpire l'afpect d'un payfage bien
cultivé, & que la vue du malheur femblable à un nuage épais qui nous offuf-
que, ou à un payfage inculte & ftérile,
afflige notre imagination. Lorfqu'on
fera convenu de ces faits, il n'y aura
plus de difficulté, & l'on pourra fe flatter que les fpéculatifs adopteront une

maniere plus naturelle d'expliquer les phénomenes de la conduite des hommes.

Il semble que c'est ici le lieu d'examiner les effets qu'operent sur nous les *qualités* du corps & les avantages de la fortune, de considérer comment ils excitent notre estime, & de voir si ces phénomenes fortifieront ou affoibliront notre système.

Il est évident que ce qui constitue principalement la beauté dans tous les animaux, est l'avantage qu'ils retirent de la conformation & de la disposition de leurs membres, relativement aux usages auxquels ils sont destinés. Les proportions que Virgile & Xénophon ont données du cheval, sont encore aujourd'hui la regle de nos maquignons, parce qu'elles sont fondées sur l'expérience de leur utilité. On veut dans un homme des épaules larges, le corps souple, des jointures fermes, des jambes fines; toutes ces choses sont des beautés, parce qu'elles annoncent de la vigueur. Les idées d'utile & de nuisible, ne suffisent point entierement pour déterminer ce qui est beau ou difforme; mais elles sont certainement la source d'une partie considérable de notre approbation ou de notre aversion.

A quel mépris & à quelles railleries l'impuissance n'est-elle pas exposée de la part des deux sexes? La victime infortunée qui en souffre, est regardée comme privée du plus grand des plaisirs de la vie, qu'elle est encore incapable de faire partager aux autres. La stérilité dans les femmes, étant une espece d'inutilité, est pareillement un sujet de reproche; mais bien moins grave. La raison en est simple dans notre système. Il n'y a pas de regle plus indispensable dans la peinture ou dans la sculpture que celle de donner des attitudes vraies à ses figures, & de les placer d'a-

plomb; c'est-à-dire précisément sur leur centre de gravité. Une figure mal placée est hideuse, parce qu'elle nous présente les idées désagréables de gêne, de chûte, de blessure & de douleur.

Si nous cherchons un système qui rende raison de l'estime que l'on a pour un homme riche & puissant, nous n'en trouverons de plausible que celui qui la placera dans la jouissance que procure la vue de la prospérité, du bonheur, de l'aisance, de l'abondance, du pouvoir, de la possibilité de satisfaire ses desirs. On voit donc clairement que l'amour-propre, que quelques-uns affectent de regarder comme la source de tout sentiment moral, ne peut expliquer celle-ci. Un homme qui a une fortune honnête, entre dans une compagnie d'étrangers : il traite naturellement chacun d'entr'eux avec différens degrés de respect & d'égards, suivant l'état & la fortune de chacun, quoiqu'on ne puisse pas dire qu'il forme sur le champ des projets d'intérêt, ou qu'il voulût accepter d'aucun d'eux le moindre avantage de cette espece. En un mot, les richesses contribuent beaucoup à régler les égards parmi les hommes; tant pour ceux qui sont au-dessus de nous, que pour ceux qui nous sont inférieurs; tant pour nos connoissances que pour les étrangers. Que reste-t-il donc à conclure, sinon que comme nous ne souhaitons posséder des richesses que pour satisfaire nos desirs présens ou avenir; elles s'attirent l'estime des autres uniquement, parce qu'elles ont cet effet, & cela est de leur nature & de leur essence, par le rapport qu'elles ont avec l'aisance, les commodités & les plaisirs de la vie : sans cela une lettre de change sur un banquier qui auroit fait banqueroute, une grande quantité d'or dans une isle déserte, nous seroient également précieuses.

Un

Un homme qui est parvenu à se guérir de l'absurdité de ses préjugés, & qu'une expérience sage, autant que la philosophie, a convaincu que la différence qui se trouve dans la fortune des hommes, n'en met pas dans leur bonheur autant que le vulgaire s'imagine ; un tel homme ne regle point son estime sur les rentes de ceux qu'il connoît ; il peut, à l'extérieur, marquer plus d'égards à un seigneur qu'à son vassal, parce que les richesses sont la maniere la plus commode, comme la plus fixe & la plus déterminée pour distinguer les hommes : mais ses sentimens intérieurs se regleront plutôt sur le caractere des personnes, que sur le caprice & sur les faveurs accidentelles de la fortune.

Des qualités qui sont immédiatement agréables à nous-mêmes. A l'arrivée d'un homme de bonne humeur, la conversation s'anime, & la gayeté se répand rapidement sur tous les visages & dans tous les propos ; la gayeté est donc une chose fort estimable, & mérite notre affection & notre bienveillance. Il n'y a point de *qualité* qui se communique plus promptement, parce qu'il n'y en a point qu'on soit plus disposé à montrer dans la conversation ; cette flamme légere gagne bien vite tout le cercle, & souvent les personnes les plus graves & les plus tristes ne peuvent s'empêcher d'en sentir les impressions.

Par ce double effet que la gayeté a de se communiquer aux autres & de s'attirer leur approbation, nous voyons qu'il est des *qualités* qui, sans autre utilité & sans avoir pour but le bien-être de la société, ni même celui de la personne qui les possede, ne laissent pas de se concilier l'estime & l'amitié des autres, par le plaisir qu'elles causent à tous ceux qui les voyent en jeu. Comme nous ne pouvons nous empêcher d'ai-

mer tout ce qui nous plaît, il s'éleve en nous un mouvement favorable pour la personne qui nous communique sa gaieté. Le spectacle de son humeur enjouée nous anime, sa présence répand sur nous la joie & la sérénité ; notre imagination captivée par ses sentimens & par son caractere, est remuée d'une façon plus agréable que lorsqu'une personne grave, soucieuse & mélancholique se présente à nos regards. Delà naît l'affection que l'on porte à l'homme gai, l'aversion & le dégoût avec lesquels nous voyons l'homme triste. Dans toutes les nations policées, & dans tous les âges, on a toujours regardé comme un mérite, le goût des plaisirs décens & modérés, même dans les plus grands hommes ; il devient bien plus nécessaire encore aux personnes d'un rang & d'un génie inférieur.

On est toujours singulierement frappé à la vue d'un exemple éclatant de grandeur d'ame, de dignité dans le caractere, de noblesse dans les sentimens, de mépris pour l'esclavage & de cette fierté qui naît dans une belle ame, de la conscience de ses vertus. Longin dit que le sublime n'est souvent que l'écho ou l'image de la grandeur d'ame, & quand un homme possede cette *qualité*, son silence même peut exciter notre admiration & ravir nos applaudissemens. Delà, l'effet du fameux silence d'Ajax dans l'*Odissée*, de la réponse d'Alexandre à Parménion, la harangue de ce héros à ses soldats qui vouloient l'abandonner ; la réponse de Phocion à un des compagnons de son supplice ; le mot de *Vitellius* insulté par un tribun.

Dans la société & dans le commerce de la vie, nous n'excusons jamais un manque total de grandeur d'ame & de dignité dans le caractere, l'oubli parfait de ce que l'on se doit à soi-même ; c'est ce défaut qui conftitue ce que nous appellons *baffeffe* ; c'eft lorfqu'un homme, pour réuffir dans fes projets, peut fubir la fervitude la plus honteufe, fe réfoudre à careffer ceux qui l'outragent, & à fe dégrader par des liaifons déshonorantes avec des hommes infâmes ou au-deffous de lui. Cette portion de fierté noble ou d'eftime de foi-même, eft fi néceffaire, que l'abfence de ce fentiment dégrade un homme & le rend auffi hideux qu'un vifage qui feroit privé d'un œil, ou d'un nez, ou d'un des organes les plus effentiels.

L'utilité dont le courage eft tant pour le public que pour la perfonne qui en eft douée, eft le fondement de l'eftime qu'on y attache ; mais en confidérant cette *qualité* avec attention, on trouvera qu'elle tire fon luftre plus encore d'elle-même & de l'idée de grandeur qui en eft inféparable ; chaque trait de cette efpece, repréfenté par le peintre ou par le poète, annonce quelque chofe de fublime, on y trouve une audace qui frappe l'œil du fpectateur, qui faifit fon amour, & qui infpire, comme par fympathie, un fentiment auffi élevé.

Cette tranquillité philofophique, que rien ne trouble, qui met au-deffus de la douleur, des chagrins, des inquiétudes & de tous les coups de la fortune, peut être mife, ainfi que le courage, au rang des vertus. Le fage, fuivant les philofophes, avec la confcience de fa vertu, s'éleve au-deffus de tous les accidens de la vie, & placé tranquillement dans le temple de la fageffe, il jette delà les yeux fur ces mortels qui font à fes pieds & qui courent après les honneurs, les richeffes, la renommée & tant d'autres biens frivoles. Il eft certain que ces prétentions, pouffées trop loin, peuvent devenir trop vaftes pour la nature humaine, cependant elles préfentent une idée de grandeur qui faifit & qui caufe de l'admiration : & plus nous approcherons dans la pratique de cette fublime & tranquille indifférence, qu'il faut bien diftinguer d'une infenfibilité ftupide ; plus nous trouverons de jouiffance affurée au-dedans de nous-mêmes, plus auffi les hommes nous accorderont d'élévation. La tranquillité philofophique peut être regardée comme un des attributs d'une grande ame.

On a vu que le mérite de la bienveillance confifte dans fon utilité, en ce qu'elle tend au bien de l'humanité, & que c'eft là la fource d'une grande partie de l'eftime qui lui eft univerfellement accordée. Mais on conviendra que la douceur & la tendreffe de ce fentiment, fes charmes féducteurs, fes expreffions tendres, fes attentions délicates, cette eftime & cette confiance qui entrent dans les attachemens de l'amour & de l'amitié, font autant de fenfations délicieufes par elles-mêmes, & qu'elles doivent néceffairement fe communiquer à ceux qui en font témoins, & les difpofer à en éprouver de pareilles. Les larmes nous viennent aux yeux, lorfque nous éprouvons des émotions de cette efpece ; notre cœur palpite, tous les organes fenfibles font affectés, & nous fentons la joie la plus douce & la plus pure.

Une preuve certaine que la bienveillance ne tire pas tout fon mérite de fon utilité, c'eft que nous en blâmons l'excès avec indulgence : nous difons d'un homme *qu'il eft trop bon*, lorfqu'il pouffe trop loin fes attentions pour les autres. C'eft ainfi que nous difons qu'un homme a l'imagination trop vive, qu'il eft trop courageux, qu'il eft trop indifférent fur fa fortune ; reproches qui, dans le fond marquent plus d'eftime que les plus grands éloges.

On peut remarquer qu'un des plus grands charmes de la poéfie, confifte dans la peinture des paffions fublimes, telles que la grandeur d'ame, la valeur, le mépris de la fortune, ou dans celle des fentimens tendres, tels que l'amour & l'amitié qui échauffent le cœur & s'y communiquent. Quoique par un méchanifme de la nature, qui n'eft pas aifé à expliquer, toutes les paffions, même les plus défagréables, telles que le chagrin & la colere, nous donnent du plaifir, quand elles font ornées du coloris de la poéfie ; cependant les paffions élevées & tendres ont fur nous un pouvoir plus fort, & nous plaifent par beaucoup plus d'endroits ; fans compter que ce font les feules qui nous intéreffent en faveur des perfonnages qu'on nous repréfente, & qui nous infpirent de l'eftime & de l'affection pour leur caractere.

Comment pourroit-on douter que le talent que les poëtes ont d'exciter les paffions, de peindre ce pathétique, ce fublime de fentiment, ne foit un très-grand mérite ? Ce mérite augmente par fon extrême rareté ; & peut élever l'homme qui le poffede, au-deffus de tous fes contemporains. La prudence, la politique, l'adreffe, l'art de regner qu'avoit Augufte, accompagnés de la fplendeur de la naiffance & de l'éclat de l'empire, le laiffent pour la renommée, beaucoup au-deffous de Virgile qui n'a rien à mettre de l'autre côté de la balance, que la beauté de fon génie poétique.

Voilà donc des exemples de *qualités* que l'on loue par le plaifir immédiat qu'elles donnent à la perfonne qui les poffede ; il n'entre aucune vue d'utilité ou d'avantages perfonnels dans ce fentiment d'approbation ; il reffemble cependant beaucoup à celui qui réfulte de la vue d'utilité publique ou particuliere.

Des qualités agréables aux autres. L'amour-propre, les différens intérêts oppofés entr'eux, les difcuffions qui en réfultent dans la fociété, ont obligé les hommes à établir les loix de la juftice, afin de conferver les avantages d'une affiftance & d'une protection mutuelles. De même dans un autre genre, les contradictions continuelles dans le monde, caufées par l'orgueil & l'attachement que chacun a pour fes propres idées, ont forcé à introduire les regles de la bienféance ou de la politeffe, afin de faciliter le commerce de l'efprit & de la converfation. Parmi les perfonnes bien nées, on fe témoigne une déférence mutuelle, on diffimule le mépris qu'on a pour les autres. On ne laiffe point appercevoir fes avantages : on prête attention à chacun tour-à-tour, & par ces moyens on foutient la converfation fans s'interrompre, fans s'impatienter réciproquement, fans chercher à briller préférablement aux autres, & fans fe permettre aucun air de fupériorité. Ces égards & ces attentions ne font pas eftimés par l'utilité ou le bonheur qui en réfulte pour la fociété générale, mais ils font immédiatement agréables aux autres, & fe concilient leur affection en rendant plus précieux celui qui regle fa conduite fur de telles maximes.

La plus grande partie des formalités de la politeffe, font arbitraires ; mais elles fignifient toujours la même chofe. Un Efpagnol fort de fa maifon, lorfque quelqu'un lui fait vifite. C'eft pour marquer qu'il le rend maître de tout ce qu'il poffede : dans d'autres pays, le maître de la maifon fort le dernier, & c'eft ainfi qu'il marque fes égards & fa déférence à ceux qui viennent le voir.

Pour être propre à la bonne compagnie, il faut avoir de l'esprit aussi-bien que de la politesse. Cette *qualité* développe le sentiment & le goût, & s'attire notre affection & notre approbation par le plaisir qu'elle nous cause.

Dans les pays où l'on passe tout son tems en conversations, en visites, en assemblées, les vertus de société sont infiniment estimées, & forment la principale partie du mérite personnel. Dans les pays au contraire où l'on mene une vie plus domestique & plus retirée, où les hommes sont occupés ou plus concentrés dans le petit cercle de leurs connoissances, on donne la préférence aux *qualités* solides. La premiere question des François sur un étranger, c'est *est-il aimable, a-t-il de l'esprit ?* Au lieu que le premier éloge que l'Anglois donne, c'est de dire, *c'est un homme très-sensé & d'un très-bon naturel.*

Les hommes qui content longuement & les faiseurs de belles phrases sont insupportables ; la vivacité de la conversation plait même à ceux qui ne songent point à y prendre part ; chacun veut parler à son tour, & l'on regarde de mauvais œil, un bavard qui nous prive d'un droit dont nous sommes naturellement jaloux.

L'éloquence, le génie, & même le bon sens & la raison portés à un degré éminent, ou appliqués à de grands sujets, & qui exigent un discernement délicat, font des *qualités* qui paroissent nous causer un plaisir immédiat & sans égard à leur utilité. La rareté qui augmente si fort le prix de toutes choses, doit aussi hausser le prix des grands talens de l'esprit humain.

La modestie peut se prendre en différens sens ; on peut la concevoir, abstraction faite de la chasteté. Quelquefois on entend par ce mot, cet honneur délicat & tendre, cette appréhension du blâme, cette timidité & cette crainte d'incommoder ou de déplaire, cette pudeur qui est le gardien de toutes les vertus & un préservatif sûr contre le vice & la corruption. Mais le sens dans lequel la modestie se prend le plus communément, c'est l'opposé de l'arrogance & de l'effronterie : alors elle annonce une défiance de son propre jugement, & une déférence convenable pour celui des autres ; cette *qualité* est, dans les jeunes gens sur-tout, un signe certain d'esprit & de sens, qu'elle leur fournit les moyens d'augmenter, parce qu'elle leur fait prêter l'oreille à l'instruction, & qu'ils peuvent acquérir par-là de nouvelles perfections ; mais indépendamment de toutes ces réflexions, la modestie a des attraits très-puissans pour ceux qui en sont les spectateurs, parce qu'elle flatte leur vanité, en leur offrant l'image d'une discipline docile qui reçoit avec attention & avec respect, les préceptes qu'ils veulent bien lui donner.

Le desir de la réputation, loin de mériter du blâme, paroît inséparable de la vertu, du génie, des talens & d'un caractere généreux & élevé. Il faut pour réussir dans la société, de l'attention jusques dans les moindres choses ; mais en quoi consiste la vanité que l'on regarde à si juste titre comme un défaut & comme une imperfection ? Il paroît que c'est dans un étalage si immodéré de ses propres avantages, de ses talens & de ses *qualités*, dans une prétention si décidée & si importune à la louange & à l'admiration qu'elle ne peut qu'offenser les autres en choquant sans mesure leur ambition & leur vanité secrette. Outre cela, c'est une marque certaine qu'on manque de cette vraie dignité & d'élévation d'esprit si propres à embellir le caractere d'un homme.

La décence, ou l'observation des égards dûs à l'âge, au sexe, à l'état & au caractere d'une personne, peut être mise au nombre des *qualités* qui sont agréables aux autres, & qui par cette raison méritent d'être louées & approuvées. Une conduite effeminée dans un homme, des manieres rudes dans une femme, font des choses désagréables, parce qu'elles sont contraires à l'idée du caractere que nous nous formons de l'un & de l'autre; c'est comme si une tragédie étoit remplie des beautés du genre comique, où qu'une comédie renfermât des beautés tragiques. Les défauts de proportion choquent l'œil & excitent dans ceux qui les voyent, un sentiment désagréable, & qui devient ensuite la source du blâme & de la censure, c'est-là *l'indecorum* que Ciceron a expliqué dans ses *offices*.

Indépendamment de toutes les *qualités* agréables, de la beauté desquelles nous pouvons rendre raison jusqu'à un certain point, il reste toujours quelque chose de mystérieux & d'inexplicable, qui cause une sorte de plaisir immédiat à ceux qui les apperçoivent, sans qu'on puisse déterminer comment ni pourquoi cela arrive. Il y a des hommes qui ont par-dessus les autres, un air, une grace, une dextérité, un *je ne sais quoi*, qui differe de la beauté, & qui nous fait une impression presqu'aussi prompte & aussi forte. Quoique les effets de ces choses se manifestent particulierement dans la passion entre les deux sexes, où son pouvoir magique est aisé à expliquer, il est constant qu'elles influent beaucoup généralement dans tous les jugemens que nous portons, & qu'elles font une partie considérable du mérite personnel. Il faut donc confier la pratique de toutes les vertus de cette classe à l'instinct sûr, quoiqu'aveugle,

du sentiment & du goût; & il faut regarder cette partie de la morale, comme un moyen dont la nature se sert pour reprimer & mortifier l'orgueil de la philosophie, & pour lui faire voir les bornes étroites, & la foiblesse de ses lumieres.

Nous louons un homme, de son esprit, de sa politesse, de sa modestie, de sa décence, de toutes les *qualités* agréables qu'il possede, quoiqu'il ne soit point de notre connoissance, & qu'il ne nous ait jamais procuré aucun plaisir par ces agrémens; l'idée que nous nous formons de leur effet sur ceux qui en jouissent, fait sur notre imagination, une impression agréable, & excite en nous un sentiment d'approbation; & ce principe entre dans tous les jugemens que nous portons en morale.

Tout ce qui est estimable se range si naturellement dans la classe de l'agréable ou de l'utile, qu'on ne conçoit point pourquoi l'on remonteroit à d'autres principes, ou ce qui obligeroit d'embarrasser cette question de raisonnemens épineux & déliés. Et comme tout ce qui est utile ou agréable doit l'être ou par rapport à nous-mêmes ou relativement aux autres, il semble que l'idée & la peinture du mérite, se forment aussi naturellement que l'ombre est produite par le soleil, ou qu'une image est projettée sur les eaux; & si le terrein sur lequel l'ombre va se porter est uni & égal, si la surface des eaux qui doit refléchir l'image, n'est point troublée ou agitée, l'objet s'y représente sur le champ, sans qu'il soit besoin d'art ou de science pour l'appercevoir. Il faut croire que les systèmes & les hypotheses ont perverti & corrompu notre entendement; puisqu'une théorie aussi simple & aussi naturelle, a pu échapper si long-tems aux recherches des hommes.

Mais quels qu'ayent été les sentimens

des philofophes, les principes dont il s'agit, ont toujours été admis implicitement dans la vie commune, & lorfqu'il eft queftion de louer ou de blâmer une action ou la conduite d'un homme, c'eft à eux qu'on a recours. Obfervons les hommes dans toutes leurs occupations, dans leurs amufemens, dans leurs propos, nous ne les trouverons embarraffés que fur les bancs.

Comme toute *qualité* qui eft utile ou agréable foit aux autres foit à nous-mêmes, eft appellée *vertu* ou *mérite perfonnel*, jamais on ne fe trompera fur cette dénomination, en jugeant d'après la raifon naturelle.

Notre fyftème ne nous jette point dans cette difpute vulgaire fur les différens degrés de bienveillance ou d'amour-propre, qui déterminent les actions humaines. Il fuffit qu'on ne puiffe pas nous refufer que nous éprouvons audedans de nous-mêmes de la bienveillance, quelque légere qu'elle foit, & que nous nous fentons quelques étincelles d'amitié pour le genre humain; il entre dans notre compofition, quelque chofe du caractere de la tourterelle, quoique alliée avec celui du loup & du ferpent. Quelque foibles que foient ces fentimens, ils ne laiffent pas de déterminer les difpofitions de notre ame, & lorfque toutes chofes feront d'ailleurs égales, dans le cas où nous n'aurons ni paffions ni préjugés, ils nous feront donner la préférence à ce qui eft utile à l'humanité, fur ce qui lui eft nuifible. Ici la diftinction morale commence; il naît un fentiment général de blâme ou d'approbation; il fe forme un penchant quoique foible, vers les objets qui produifent l'un de ces fentimens, & une averfion proportionnée pour ceux qui produifent l'autre. Ceux qui foutiennent avec tant d'opiniâtreté que c'eft l'amour-propre qui prévaut dans toutes nos actions, n'auront pas lieu de fe fcandalifer, fi on leur dit que le fentiment des vertus premieres eft foible; au contraire, ils doivent préférablement embraffer cette opinion; leur génie qui paroît moins dépravé que fatyrique, doit naturellement combiner l'un & l'autre de ces fyftèmes qui ont réellement entr'eux une liaifon très-grande & indiffoluble.

L'avarice, l'ambition, la vanité & toutes les paffions que le commun des hommes regarde improprement comme les effets de l'amour-propre, ne font point pris dans notre fyftème pour la caufe du fentiment moral; non que ces paffions foient trop foibles, mais parce qu'elles ne tendent point directement à fatisfaire l'amour-propre. L'idée du terme *moral* renferme un fentiment commun à tous les hommes, il faut qu'ils éprouvent un objet généralement, & que chaque homme, ou du moins le plus grand nombre, s'accorde dans l'opinion & dans le jugement qu'il en porte. Il faut encore que ce fentiment foit affez univerfel pour s'étendre à toute l'humanité, & qu'il rende les actions ou la conduite des hommes même les plus éloignés de nous, eftimables ou blâmables à nos yeux, felon qu'elles font conformes ou oppofées à la regle de juftice qui eft établie. Or ces deux circonftances fe trouvent dans le principe de l'humanité fur lequel notre fyftème eft établi. Les autres paffions excitent bien dans tous les cœurs des fentimens très forts de defir ou d'averfion, mais ces fentimens ne font point affez univerfels.

Lorfque quelqu'un appelle un homme, fon *ennemi*, fon *rival*, fon *adverfaire*, fon *antagonifte*, on fent qu'il parle le langage de l'amour-propre, &

qu'il exprime des fentimens perfonnels ; mais lorfqu'il donne à ce même homme les épithétes de *vicieux*, d'*odieux*, de *dépravé*, on fent tout de fuite qu'il parle un autre langage, & qu'il exprime des fentimens qu'il veut faire partager à ceux qui l'écoutent ; il faut donc pour lors qu'il quitte fa pofition perfonnelle, & qu'il choififfe un point de vue qui lui foit commun avec tous les autres : il faut qu'il mette en mouvement quelque reffort univerfel de la nature humaine, & qu'il touche une corde qui foit à l'uniffon de tous les cœurs : ainfi s'il a envie de faire voir que cet homme a des *qualités* qui tendent au malheur de la fociété, il choifira cette circonftance, comme un point de vue commun, il touchera le principe de l'humanité fur lequel tous les hommes font d'accord entr'eux. Quoiqu'on ne regarde pas peut-être cet amour de l'humanité, comme une paffion auffi forte que la vanité ou que l'ambition, comme il eft commun à tous les hommes, il doit être le fondement de la morale ou de tout fyftème général fur les mœurs. L'ambition d'un homme n'eft point celle d'un autre ; mais l'humanité d'un homme eft celle de tous les autres.

Cependant les fentimens qui naiffent de l'humanité, font non-feulement les mêmes dans tous les hommes ; & produifent la même approbation ou le même blâme, mais ils regardent encore tout le genre humain ; enforte qu'il n'y a perfonne dont la conduite ou le caractere ne devienne, par leur moyen, un fujet de louange ou de cenfure pour les autres. Il n'en eft pas ainfi des deux autres paffions de l'amour-propre dont nous venons de parler : elles produifent dans chaque individu des fentimens tout différens ; fuivant fa pofition particuliere, fans aucun égard ni ménage-

ment pour le refte des hommes. Quiconque a beaucoup d'attention & d'eftime pour moi, flatte ma vanité ; quiconque me marque du mépris, me mortifie & me déplait : mais comme la fphere de mes connoiffances eft très-bornée, il n'y aura qu'un petit nombre de perfonnes à partager cette paffion, & à exciter pour elle mon affection ou mon averfion. Mais fi vous avez à peindre une puiffance tyrannique, infolente & barbare dans tel pays ou tel âge du monde que vous voudrez, auffi-tôt je fonge aux fuites fâcheufes, aux effets terribles de cette tyrannie, & je fuis faifi d'horreur & d'indignation. Une *qualité* avantageufe à la fociété ou feulement à la perfonne qui la poffede, fera toujours préférée. Ainfi toute action & toute *qualité* qui concerne l'humanité entiere, doit par-là, être placée dans une claffe ou défignée par une dénomination qui exprime la cenfure ou l'approbation générale.

Que pouvons-nous donc demander de plus pour diftinguer les fentimens de l'humanité, de ceux de la paffion ? Toute conduite qui m'affecte agréablement par un fentiment d'humanité, emporte le fuffrage de tous les hommes, parce qu'elle fait fur eux la même fenfation ; mais ce qui fatisfait mon avarice ou mon ambition, ne plaît qu'à ces paffions qui font en moi, & ne flatte point l'avarice, ni l'ambition du refte des hommes. La différente efpece de ces fentimens, une fois reconnue, il faut que le langage s'y accommode, & l'on eft obligé d'inventer des termes propres à exprimer ces fentimens univerfels d'approbation ou de blâme, qui naiffent de l'humanité ; c'eft-à-dire des vues de l'utilité générale & de fon contraire. Alors on diftingue le vice & la vertu ; alors on fe fait une idée de la

morale, on se forme des notions générales des actions, on attend des hommes telle conduite dans telles positions,
on prononce qu'une action est conforme à la regle abstraite que nous nous
sommes fait, & qu'une autre la contredit, & les mouvemens particuliers
de l'amour-propre sont souvent étouffés
ou modérés par ces principes universels.

L'exemple des émeutes populaires,
des séditions, des révoltes, des factions,
des terreurs paniques, & de toutes les
passions qui sont le partage de la multitude, nous apprend combien l'esprit
de parti contribue à allumer & à entretenir les passions des hommes. Solon,
quoique peut-être législateur injuste,
n'étoit point trop cruel de punir ceux
qui ne prenoient aucun parti dans les
guerres civiles. Je crois que peu de
gens, en pareil cas, encourroient la
peine décernée par la loi; car quel est
l'amour-propre assez fort, ou la philosophie assez insensible pour réfroidir
un homme au point d'être alors d'une
indifférence totale? Il faut être fort au-
dessus ou fort au-dessous de l'humanité,
pour ne point entrer dans une conspira-
tion générale. Est-il donc surprenant
que les sentimens moraux aient tant
d'influence sur les mœurs, quoiqu'ils
partent de ressorts qui semblent, au premier coup d'œil, foibles & incapables
de produire de si grands effets? Mais
nous devons observer que ces principes
sont universels dans la société. Ils forment, pour ainsi dire, la ligue du genre humain contre le vice & le désordre,
ses ennemis; comme cet esprit de bienveillance est plus ou moins répandu
parmi les hommes, quoique le même
dans tous, il fait très souvent la matiere
de la conversation; il est entretenu par
la société. C'est ainsi que le blâme &
l'approbation sortent de l'état de léthar-
gie où ils resteroient probablement dans
une nature isolée & grossiere.

L'amour de la gloire & de la réputation, est un autre ressort qui donne
beaucoup de force au sentiment moral; c'est la passion des grandes ames,
& c'est le premier mobile de leurs actions & de leurs entreprises. Curieux
de nous faire un nom, & de nous acquérir de la réputation dans le monde,
nous examinons souvent notre conduite, & nous considérons comment elle
doit paroître aux yeux de ceux qui
nous approchent, & qui en sont les témoins. Cette habitude constante de veiller sur nous-mêmes, tient en action
tous les sentimens d'équité & de justice, & fait que ceux qui pensent noble-
ment, ont un certain respect pour eux-
mêmes comme pour les autres. Ce respect est le gardien le plus sûr de toutes
les vertus.

Telle est l'idée que nous nous formons de la perfection morale; voilà
comment on peut expliquer la force
d'un grand nombre de sympathies; mais
pour écarter, s'il est possible, toute
obscurité, supposons que tous ces raisonnemens soient faux; supposons que
ce soit une erreur de rapporter à des
sentimens de sympathie & d'humanité,
le plaisir que produisent les vues d'utilité: avouons pour un moment qu'il
faut trouver une autre cause du suffrage général que l'on accorde à tous les
êtres animés & raisonnables, lorsque
nous remarquons qu'ils contribuent au
bien commun de l'humanité. Quelque
difficulté qu'il y ait à concevoir qu'une
chose puisse être approuvée, parce qu'elle a pour fin un objet déterminé; mais
totalement indifférent de lui-même:
passons & voyons quelles en seront les
conséquences. La définition que nous
avons donnée de la vertu, sera toujours

jours la même; il faudra toujours avouer que toute *qualité* de l'esprit, qui fera utile ou agréable à la personne qui la possede, ou aux autres, causera du plaisir à ceux qui en feront témoins; attirera leur estime, & recevra d'eux le nom de *vertu* ou de *mérite*. N'estime-t-on pas la justice, la fidélité, la droiture, l'honneur, la chasteté, &c. parce que ces *qualités* ont pour but le bien de la société? N'est-ce pas là où tendent l'humanité, la bienveillance, la douceur, la générosité, la reconnoissance, la modération, la tendresse, l'amitié, & les autres vertus sociales? Peut-on douter que l'industrie, la discrétion, la frugalité, l'ordre, la persévérance, la prévoyance, le jugement & une infinité d'autres *qualités* dont l'énumération seroit trop longue; peut-on douter, dis-je, que le but où tendent ces vertus, c'est-à-dire, l'avantage & l'intérêt de celui qui les possede, ne soit l'unique fondement de leur mérite? Qui est-ce qui pourra nier qu'une ame qui se maintient dans une sérénité constante, qui jouit d'une gayeté inaltérable, qui conserve toujours sa dignité & sa noblesse, qui répand des marques de sa bienfaisance sur tout ce qui l'environne, ne présente un spectacle plus agréable & plus touchant qu'une ame abattue par la mélancholie, agitée par des inquiétudes, enflammée par la colere, ou qui languit dans l'avilissement? A l'égard des *qualités* agréables aux autres, elles parlent pour elles-mêmes, & il faut être bien malheureusement né pour n'avoir jamais été frappé des charmes de l'enjouement, de l'affabilité, de la modestie délicate & des manieres prévenantes.

Après avoir rendu raison de l'approbation morale qui accompagne la vertu, il ne reste plus qu'à examiner comment notre intérêt personnel nous invite à la pratique; nous verrons si tout homme qui a son bien-être à cœur, ne trouve pas son plus grand avantage dans sa fidélité aux devoirs de la morale; si cela peut être démontré d'après le système que nous venons d'établir, nous aurons la satisfaction de penser que nous avons posé des principes non-seulement à l'épreuve du raisonnement, mais capables aussi de rendre les hommes meilleurs & de perfectionner en eux les vertus sociales. Quoique la vérité philosophique ne dépende pas essentiellement du bien qui en résulte pour la société, un homme ne laisseroit pas d'avoir mauvaise grace, s'il donnoit un système qui, quoique vrai, seroit pourtant de son propre aveu, d'une pratique funeste & dangereuse. Pourquoi tirer la peste des souterrains où elle est renfermée? On admirera la sagacité de vos recherches; mais votre système sera détesté; les hommes, s'ils ne peuvent refuter vos idées, s'accorderont du moins à les ensevelir dans un oubli éternel.

Mais quelles vérités philosophiques peuvent être plus utiles à la société, que celles qu'on vient d'exposer? Elles représentent la vertu sous ses traits les plus aimables, avec ses charmes les plus touchans; elles nous invitent à l'aborder avec confiance, familiarité, affection; elle est pleine de bonté, d'humanité, de bienveillance & d'affabilité.

Il seroit inutile de prouver que les vertus utiles ou agréables à celui qui les possede, sont desirables en vue de son propre intérêt, & les moralistes pourroient s'épargner la peine qu'ils se donnent pour en recommander la pratique. A quoi bon rassembler cent argumens pour prouver que la tempérance est avantageuse, & que l'excès des plaifirs eft nuifible ? Ne voit-on pas que le nom d'*excès* en marque déja la malignité ?

Il paroît tout auffi inutile de faire voir que les *qualités* fociables telles que l'efprit, la politeffe, la décence font plus défirables que leurs contraires. La vanité feule, fans autre confidération, eft un motif fuffifant pour nous faire fouhaiter ces perfections. Jamais homme n'a volontairement manqué par ces endroits. Nos défauts, en ce genre, viennent tous d'une mauvaife éducation, de notre incapacité, ou d'un naturel dépravé & indomptable. Comme il n'y a point de vrai plaifir, s'il n'eft partagé plus ou moins avec un certain nombre de perfonnes; de même auffi la fociété n'a point d'agrémens pour un homme qui fent que fa préfence y eft importune, & qui ne voit, dans ceux qui l'entourent, que des marques de dégoût & d'antipathie.

Pourquoi la grande communauté des hommes fe régleroit-elle autrement que les cercles ou les fociétés particulieres ? pourquoi feroit-il plus douteux que les vertus étendues de l'humanité, telles que la générofité & la bienfaifance, foient moins défirables dans la vue de notre utilité perfonnelle, & pour notre propre bonheur, que l'efprit ou la politeffe ? craignons-nous que ces affections fociales ne compromettent plus immédiatement nos intérèts particuliers que les autres *qualités*, & qu'elles exigent de trop grands facrifices de notre part, ceux de notre honneur ou de nos biens ? fi c'eft là notre idée, il faut que nous connoiffions bien peu la nature des paffions humaines.

Quelque contrariété que l'on fuppofe communément entre les vertus fociales & l'amour-propre, ces chofes ne font pas réellement plus oppofées que l'a-

mour-propre & l'ambition, que l'amour-propre & la vengeance, que l'amour-propre & la vanité. Il faut toujours qu'il y ait un penchant de quelque genre qu'il foit, qui ferve de bafe à l'amour-propre, & qui donne du goût pour les objets qu'il recherche, il n'y en a pas de plus propre à produire cet effet que la bienveillance ou l'humanité. Les biens de la fortune doivent fervir à quelque plaifir, à l'un ou à l'autre indifféremment. L'avare qui accumule fon revenu & qui prète à ufure, employe fon argent à fatisfaire fa cupidité; & il feroit difficile de prouver pourquoi un homme perdroit plus par une action généreufe que par toute autre forte de dépenfe; puifque le plus haut point où il puiffe atteindre par l'amour-propre le plus raffiné, eft de contenter quelqu'une de fes affections.

Si la vie fans paffion doit ètre infipide & fatiguante, fuppofons qu'un homme maître de fon fort à cet égard, délibere fur le genre de defir qu'il choifira pour en faire le fondement de fon bonheur; il obfervera que ces affections, lorfqu'elles ont été fatisfaites, donnent un plaifir proportionné à leur vivacité; mais outre cet avantage, qui eft commun à toutes les affections, la fenfation immédiate de bienveillance, de l'amitié & de l'humanité, eft douce, tendre & agréable, même indépendamment du fort & des événemens de la vie. Ces vertus font accompagnées d'une fatisfaction intérieure & d'un fouvenir flateur, elles nous mettent bien avec nous-mêmes ainfi qu'avec les autres; le témoignage qu'on fe rend au fond du cœur d'avoir rempli fes devoirs envers la fociété, eft toujours délicieux. Les hommes marquent de la jaloufie des fuccès de l'ambition ou de l'avarice; mais tant que nous marchons dans les fentiers de la vertu, tant que nous nous occupons de vues utiles & d'actions généreufes, nous fommes affurés de leur bienveillance & de leurs éloges; Mais nous voyons que les hommes ne font pas eux - mêmes affez convaincus de ces vérités. S'ils manquent aux devoirs de la fociété, ce n'eft pas qu'ils ne defirent d'être généreux, humains & bienfaifans, c'eft qu'ils n'y font pas difpofés.

En traitant le vice avec la plus grande impartialité & avec le plus d'indulgence qu'il eft poffible, nous fommes obligés de reconnoître qu'il n'y a jamais d'exemple où l'on puiffe lui donner la moindre préférence fur la vertu, même dans la vue de fon propre intérèt ; à moins que ce ne fût dans le cas , où en envifageant les chofes d'un certain côté, un homme paroîtroit peut - être perdre quelque chofe par fon intégrité. Quoique l'on foit forcé d'avouer que la fociété ne peut fubfifter, fi l'on n'a égard à la propriété, cependant par l'imperfection des chofes humaines, un malhonnête homme qui aura de l'efprit, penfera en de certaines circonftances , qu'une injuftice augmentera confidérablement fa fortune, fans faire un tort confidérable à la fociété univerfelle. En général la probité eft la meilleure politique ; cette regle peut bien fouffrir des exceptions ; mais autant qu'on en peut juger, la conduite la plus fage fera toujours d'obferver le principe général, & de tirer parti de toutes les exceptions.

Je crois qu'on aura de la peine à trouver une réponfe fatisfaifante à ce raifonnement, s'il en exige une. Si le cœur ne fe révolte point contre des maximes pernicieufes ; s'il fe familiarife fans répugnance avec des penfées injuftes ou baffes, il eft certain qu'il a perdu un des plus puiffans motifs de la vertu. Nous avons lieu d'attendre que fa conduite fera conforme à fa théorie. Mais dans les ames bien nées, il fe trouve une antipathie trop forte contre la fraude & la perfidie, pour pouvoir être contre-balancée par des vues d'intérêt & de profit. La tranquillité intérieure, le témoignage d'une bonne confcience, des mœurs fans reproche, une vie pure & innocente font des chofes effentielles à notre bonheur : elles feront cheres à tout honnête homme qui en fentira l'importance.

Un tel homme aura fouvent le plaifir de voir les fripons, malgré leur adreffe, être dupes de leurs propres maximes, & tandis qu'ils cherchent à tromper en fecret, il fe préfente une occafion délicate, ils font tentés, la nature eft foible, elle fuccombe, ils donnent dans un piége d'où ils ne peuvent fe tirer qu'en perdant leur réputation & la confiance de la fociété. Mais leurs crimes euffent-ils tout le fuccès qu'ils defirent, puffent-ils être éternellement ignorés ; l'honnête homme avec une teinture légere de philofophie ou par des réflexions fimples & les obfervations les plus communes , découvrira que les méchans font au fond , les plus grandes dupes, & qu'ils ont facrifié le bonheur de jouir, du moins au - dedans d'eux-mèmes, au plaifir d'être vertueux, pour acquérir des bagatelles de nulle valeur. Qu'il faut peu de chofe pour fatisfaire aux befoins de la nature ! Quelle comparaifon y a-t-il entre les plaifirs de la fociété, de la converfation, de l'étude, de la fanté même & des biens ordinaires de la nature , que l'on n'achete point à prix d'argent , & par - deffus tout cela, de la fatisfaction que donne le fouvenir voluptueux de fa bonne conduite ; quelle comparaifon, dis-je, y a-t-il entre ces chofes & les vains amufemens que procurent le luxe & la dépenfe ? en vérité ces plaifirs naturels n'ont point de prix , pour deux raifons. Ils ne coutent rien à acquérir, & leur jouiffance eft au-deffus de tous les tréfors.(G. M.)

QUALITÉ, *Jurifpr.*, eft un titre perfonnel qui rend habile à exercer quelque droit.

Pour intenter une action , il faut avoir *qualité*, c'eft-à-dire, avoir droit de le faire.

QUALITÉS, *Droit canon*. Nous prenons ici le mot de *qualités*, pour ce qui forme en général l'aptitude des eccléfiaftiques aux ordres, offices & bénéfices ; ce que nous allons déduire fous ces trois objets.

1°. Les qualités pour les ordres font différentes felon l'efpece d'ordre dont il s'agit : on doit voir à ce fujet le mot ORDRE, & obferver en même tems que l'irrégularité eft un vice exclufif de tous les ordres, ou du moins de toutes les fonctions des ordres en général, felon qu'elle eft furvenue avant ou après l'ordination. *v.* IRRÉGULARITÉ.

2°. Pour favoir les qualités requifes pour les offices eccléfiaftiques, l'on n'a qu'à lire l'article des offices eccléfiaftiques fous le mot OFFICE, & fuivre les diftinctions qui s'y trouvent.

3°. Quant aux *qualités* que demandent les bénéfices, comme les fonctions des ordres y font néceffairement attachées , *beneficium propter officium* ; & que de plus ils donnent aujourd'hui un rang & des droits dans l'églife, qu'on n'obtenoit autrefois que par la voie de l'ordination ; il faut, pour en être capables, non-feulement être exempts des défauts qui excluent des ordres, mais avoir aufli certaines *qualités* que le droit,

la nature du bénéfice ou la fondation requierent : ce qui eft expliqué fous le mot INCAPACITÉ, & fous le nom de chaque bénéfice en particulier. On voit aufli fous le mot TITRE, en quel tems il faut avoir les ordres, vu les grades & autres qualités requifes, pour la poffeffion des bénéfices. Si c'eft au tems de la provifion ou de la prife de poffeffion, voyez aufli pour l'expreffion des *qualités* requifes dans l'impétration des bénéfices le mot SUPPLIQUE.

Nous obferverons feulement ici d'une maniere générale, que tout collateur peut non-feulement examiner, fi celui qu'il fe propofe de pourvoir, a les *qualités* perfonnelles, requifes pour poffeder le bénéfice, mais qu'il eft même tenu de le faire, fans diftinguer, à l'égard d'un collateur évêque, fi la collation eft libre ou forcée.

En Italie, dit M. Brunet, en fon *Not. Apoftol. liv. I. chap. xx.* on a des formules de politeffes ou de qualification, pour toutes fortes de perfonnes, ce qui doit être également pratiqué dans toute églife catholique dans les occafions, mais fur-tout dans les actes publics. (D. M.)

QUARTE, f. f., *Jurifp.*, fe dit de la quatrieme partie de quelque chofe ; il y a en droit plufieurs fortes de *quartes*.

Quarte, fuivant l'ancien droit romain, étoit la légitime de droit ; elle étoit ainfi appellée, parce qu'elle confiftoit en la quatrieme partie de la fucceffion ; ce qui fut changé depuis. *v.* LÉGITIME.

Quarte de l'authentique præterea, eft le quart de la fucceffion du conjoint prédécédé, que les loix romaines accordent au conjoint furvivant, lorfqu'il eft pauvre, & qu'il n'a point d'autres reprifes à exercer fur les biens du prédécédé, ou qu'elles ne fuffifent pas pour le faire subsister suivant sa condition.

Ce droit a été établi par les novelles 53 & 54 de Justinien, dont Junerius a tiré l'authentique *præterea*, qu'il a insérée au code *unde vir & uxor*.

Cette portion appartient au survivant en toute propriété, lorsqu'il n'y a point d'enfans communs, & en usufruit lorsqu'il y a des enfans.

Quand il y a plus de trois enfans, le conjoint survivant, au lieu de la *quarte*, n'a que sa part afférente.

La *quarte falcidie*, qu'on appelle aussi *falcidie* simplement, est le quart que l'héritier a droit de retenir sur les legs suivant le droit romain. *v*. FALCIDIE & LÉGITIME.

Quarte de la femme pauvre, est le quart que la femme pauvre prend sur les biens de son mari. Ce quart, suivant la disposition du droit romain, doit lui être donné en propriété, s'il y a des enfans, en usufruit s'il n'y en a point.

Cette espece de précéput introduit par Justinien, en faveur des veuves qui se trouvent sans ressource, mérite d'être adoptée, pour les pays de droit écrit. Dans ces pays il n'y a point de communauté de biens entre mari & femme : ainsi il peut arriver que la veuve d'un homme riche sera très-pauvre & souvent réduite à la mendicité.

La *quarte trébellianique* est la quatrieme partie de la succession que l'héritier institué a droit de retenir, lorsqu'il est grevé de fidei-commis, soit pour le tout ou pour partie; cette *quarte* tire son nom du senatus-consulte trébellien, par lequel elle fut établie.

Ce qui y donna lieu, fut que l'hérédité étoit souvent abandonnée par l'héritier institué, lorsqu'il voyoit que la succession étoit embarrassée, & qu'il n'y avoit point de profit pour lui. Cette ab-dication de l'héritier entrainoit l'extinction des fidei-commis.

Il fut pourvu à cet inconvénient d'abord par le S. C. trébellien, qui ordonna d'abord que si l'héritier étoit chargé de rendre moins des trois quarts de la succession, les actions seroient dirigées tant contre l'héritier grevé, que contre le fideicommissaire, chacun à proportion de leurs émolumens.

Mais si l'héritier étoit chargé de rendre plus des trois quarts, ou la totalité, le senatus consulte Pégasien lui donnoit le droit de retenir le quart : avec cette différence seulement, que s'il avoit accepté la succession volontairement, on interposoit des stipulations pour le faire contribuer aux charges à proportion de l'émolument; si c'étoit comme contraint, tout le bénéfice & les charges passoient au fidei-commissaire.

Justinien, pour simplifier les choses, donna toute l'autorité au senatus-consulte trébellien, qu'il amplifia, en ordonnant que l'héritier grevé de fidei-commis, soit qu'il eût le quart plus ou moins, suivant le testament, auroit toujours le quart, ou ce qui s'en défaudroit, & que les actions des créanciers se dirigeroient contre lui & contre le fidei-commissaire au prorata de l'émolument.

La *quarte trébellianique* contribue donc aux dettes; mais elle ne contribue pas aux legs & fidei-commis particuliers.

La détraction de cette *quarte* se fait sur le fidei-commis universel, & non sur les legs & fidei-commis particuliers.

Du reste la trébellianique se retient sur tous les corps héréditaires, à moins que le testateur n'ait assigné à l'héritier grevé un corps certain pour sa trébellianique, ou que cela n'ait été convenu entre l'héritier & le fidéi-commissaire, auxquels cas il doit se contenter de cet effet, pourvu qu'il foit fuffifant pour le remplir du quart des biens, les dettes payées.

L'héritier ne peut pas retenir la *quarte trébellianique* fur ce que le défunt a deftiné pour être employé ès œuvres pies, ni fur les chofes qu'il a défendu d'aliéner.

Celui qui a détourné des effets, n'y prend point la *quarte trébellianique*.

Il n'en eft pas dû non plus à celui qui n'a accepté l'hérédité, que comme contraint, & aux rifques, périls & fortunes du fidéi-commiffaire.

Le défaut d'inventaire n'empêche pas l'héritier de retenir la *quarte trébellianique*.

Il peut la retenir avec la falcidie, & même avec la légitime du droit ; mais le teftateur peut défendre de cumuler ces différens droits, pour que la prohibition foit expreffe.

Quoiqu'il y ait plufieurs degrés de fubftitutions établis par le teftament, la *quarte trébellianique* ne fe retient qu'une feule fois.

Tout ce que l'héritier grevé tient du défunt à titre d'héritier, s'impute fur la trébellianique.

La *quarte trébellianique* n'a pas lieu dans les pays coutumiers, fi ce n'eft dans les coutumes qui defirent une inftitution d'héritier pour la validité du teftament, ou qui fe referent au droit écrit pour les cas non exprimés. Voyez au code le *tit. ad S. C. trebellianum*, *l'ordonnance des teftamens*, celle *des fubftitutions*, le *recueil de queft.* de Bretonnier, le *tr. des teftamens* de Furgoles, *tome IV*. & les mots FIDEI-COMMIS, HÉRITIER, SUBSTITUTION, TESTAMENT.

QUARTE CANONIQUE *ou* FUNÉRAIRE, *Droit can.* On diftingue deux fortes de *quarte canonique* : celle qui eft dûe à l'évêque, & que les canoniftes appellent *portion canonique épifcopale* ; & celle qui eft dûe au curé, appellée *portion canonique paroiffiale*. On donne à l'une & à l'autre de ces portions canoniques le nom de *quarte*, parce que tant au regard de l'évêque que du curé, la portion canonique n'eft autre chofe que la quatrieme partie de certains biens délaiffés à l'églife par chaque défunt. D'où vient la dénomination générale de *quarte funéraire*.

La portion canonique épifcopale, prife dans le fens que nous venons de lui donner, n'eft pas le feul droit utile que les canons attribuent à l'évêque ; il leur eft dû encore le cens cathédratique ou fynodatique, la *quarte* des oblations & décimes que plufieurs confondent avec la *quarte funéraire*, parce qu'elle eft appellée auffi dans plufieurs canons, *portion canonique*, & même *légitime*, le fubfide charitatif & le droit de procuration. Nous nous bornerons ici à la *quarte funéraire* épifcopale.

On entend donc par cette *quarte*, une certaine portion de tous les legs & biens qui font laiffés à l'églife & lieux pieux du diocefe pour le bien de l'ame du défunt.

Tous les textes du droit fondent cette rétribution de l'évêque fur la fupériorité de l'épifcopat, l'affinité de l'églife épifcopale avec les autres églifes du diocefe, & la reconnoiffance que l'on doit aux foins paftoraux de l'évêque. Il eft furprenant qu'avec de fi bons fondemens, ce droit puiffe être prefcrit par la coutume ou un privilege contraire, fuivant les mêmes canons qui l'établiffent.

Le droit n'a point déterminé précifément la valeur de cette portion ; la coutume fert donc à cet égard de regle. Mais communément on la fixe à la quatrieme portion ; fur l'exemple des anciens partages ; d'où vient le nom de *quarte*. Elle est dûe généralement à tous ceux qui ont droit de jurisdiction comme épiscopale.

Ce droit n'a pas lieu dans les pays où on l'a prescrit par le non-usage ; il n'a pas lieu quand les legs sont faits à des églises exemptes, à des pauvres ou à des parens, *intuitu pietatis*, aux confrairies de laïcs, aux hôpitaux qui ne sont pas proprement sous l'autorité de l'évèque, ni quand le legs est destiné à des œuvres pies, comme à fournir la fabrique, d'ornemens ou de luminaire, à réparer des églises, ni quand la donation a été faite entre-vifs, ni enfin lorsque l'évèque a reçu personnellement un legs équivalent à son profit. C'est ce que nous enseignent les canonistes des pays où cette *quarte* est encore en usage. Barbosa, *de jur. ecclef. lib. III. cap. xviij.* nous apprend que les évèques de certains sieges d'Espagne, jouissent dans les dioceses, où la *quarte funéraire* n'a pas lieu, d'un certain droit de dépouille sur les bénéfices, qu'on appelle *portio luctuosa*.

La France est un de ces pays dont il a été parlé, où la *quarte canonique épiscopale*, telle que nous l'entendons ici, ne se paye point à l'évèque. S'il est encore quelques dioceses où l'on paye à l'évèque quelque droit sous cette dénomination, il faut l'entendre de la portion des dixmes.

La portion canonique paroissiale est celle qui est dûe au curé de la paroisse ou à son église, sur les legs pieux faits par les paroissiens décédés, ou sur les frais funéraires de leur enterrement.

La *quarte* paroissiale se paye par les paroissiens à la paroisse ou au curé, en considération des sacremens & autres choses spirituelles qu'ils en reçoi-

vent. Sur ce principe la *quarte paroissiale* est dûe, *ex causa onerosa*, à l'église où le paroissien décédé avoit coutume d'entendre la parole divine, & de recevoir les sacremens. *C. cum quis, de sepult. in* 6°. Sur quoi les canonistes font ces hypotheses : si le paroissien entendoit la parole divine dans une église, & recevoit les sacremens dans une autre, celle-ci auroit la *quarte* ; *ex c. I. de sepult.* Si le défunt étoit mort sur une autre paroisse que celle où il a son domicile ordinaire, par un accident, comme de peste ou de guerre, qui l'eût obligé d'en sortir, dans le dessein d'y revenir, *cessante obstaculo*, la *quarte* est toujours dûe à l'ancienne paroisse. *Abb. in c. de his, de sepult.* De même, si dans la maladie dont il est mort, il s'est donné à un monastere avec tous ses biens. *C. de his de sepult.* Si le défunt a choisi sa sépulture ailleurs que dans sa paroisse, *c. 2. de sepult. in* 6°. à moins que l'église que le défunt a choisie pour sa sépulture, n'ait prescrit l'exemption du payement de cette *quarte* par 40 ans ou par privilege expressément dérogatoire à la Clém. *dudum de sepult.*

Les canonistes ont voulu éclaircir le vrai sens du mot *quarte funéraire*, pour savoir en quoi consistoit le droit du curé, & sur quelle sorte de biens il devoit être perçu ; & l'opinion commune, fondée sur les textes du droit, & principalement sur les décisions de la congrégation des évèques & des réguliers, est, que la portion canonique paroissiale ne peut être réglée que par l'usage des lieux, *c. antiquos* 10. *q.* I. *c. certificari, de sepultur.* mais que régulierement la *quarte funéraire* doit comprendre la quatrieme portion de tout ce qui est délaissé & offert le jour de l'enterrement ou à son occasion : *Quar-*

ta funeralis, feu canonica portio debetur de omnibus quæ obveniunt ratione funeris, fcilicet in die funeris. Funeralia igitur dicuntur, quæ ratione fepulturæ obveniunt. C. cum liberum, c. noftra, de fepult. Ce jour des funérailles, que Pie V. a marqué dans une de fes bulles, *incip. & fi mendicantium*, a été interprèté en telle forte, que tous les services pieux qui se font en mémoire du défunt dans l'efpace de trente jours, & même au-delà, donnent lieu à la *quarte* en faveur du curé : *Sive antequam corpus fit in terra conditum, five poft & ufque ad trigefimum diem, & quandiu fit memoria de funere.* Covarruvias, *in c. ult. de teftam.* n. 6. Barbofa, *de jur. ecclef. lib. III. cap. xxix.* n. 37.

La *quarte* ne se paye point des cierges & torches que portent chacun de ceux qui affiftent au convoi : *Has enim deferentes fibi quærunt* : mais elle eft dûe des cierges qui brûlent à l'entour du corps ; de ceux qui font offerts ; ainfi que de tous les autres legs & oblations faits à l'églife où le teftateur a choifi fa fépulture ; ce qui, foit par les privileges, la prefcription, les tranfactions & autres voies, dont parlent les canoniftes, & particulierement Barbofa, *loc. cit.* fe réduit prefque par-tout aux cierges ou à quelque chofe de plus, fuivant l'ufage & la poffeffion.

Tout ce que nous venons de dire, ne détruit pas la difpofition des conciles & des anciennes ordonnances des princes chrétiens, qui défendent d'exiger de l'argent pour le lieu de la fépulture, & qui permettent feulement aux parens ou héritiers du défunt d'en donner volontairement. *C. abolendæ de fepult.* Ces préfens volontaires font néanmoins devenus des droits établis par la coutume. (*D.M.*)

QUARTENIER, f. m., *Droit polit.* eft un officier municipal qui eft prépofé fur un des quartiers d'une ville, pour y faire exécuter les ordonnances & mandemens du bureau de la ville, & y exercer certaines fonctions de police.

Le titre de *quartenier* vient de *quartier*, & de ce qu'anciennement la ville de Rome étoit divifée en quatre parties ou quartiers ; & néanmoins lorfque le nombre de ces divifions a été augmenté, on leur a confervé le nom primitif de *quartier*, & à l'officier prépofé fur chaque divifion le titre de *quartenier*.

L'établiffement des *quarteniers* eft conforme à l'ufage de toutes les nations policées qui ont toujours eu l'attention de divifer ainfi les villes en plufieurs régions ou quartiers, & de prépofer fur chacun certains officiers pour maintenir le bon ordre, & y faire exécuter les mandemens du magiftrat : tel étoit l'ufage des Hébreux, des Grecs & des Romains.

Rome & les autres villes qui en dépendoient, étoient divifées en plufieurs régions ; & ceux qui étoient prépofés fur chacune de ces divifions, s'appelloient *curatores regionum, adjutores præfecti urbis*, ce qui revient très-bien aux *quarteniers*, lefquels font auffi des aides du prévôt des marchands, dont l'office a beaucoup de rapport à celui que les Romains appelloient *préfet de la ville.*

QUASI-CASTRENSE, f. m., *Jurifp.* Voyez *Pécule quafi-caftrenfe*, à la fuite du mot PÉCULE.

QUASI-CONTRAT, f. m., *Jurifprud.* Voyez au mot CONTRAT.

QUASI-DÉLIT, *Jurifpr.*, dommage que l'on caufe à quelqu'un fans avoir deffein de nuire. Lorfque, par exemple, on jette fur un chemin public quelque chofe qui bleffe un paffant.

Le

Le *quasi-délit* engendre une action en vertu de laquelle celui qui a occasionné le dommage, eſt obligé de le réparer. *v.* DOMMAGE.

QUEDLINBOURG, *Droit public*, Etat eccléſiaſtique & proteſtant d'Allemagne, à titre d'abbaye libre & de principauté immédiate du S. Empire Romain, ſituée dans le cercle de haute-Saxe, aux confins des pays d'Anhalt, de Brunſwic & de Halberſtadt, & renfermant une ville de ſon nom, le bourg de Ditfurt, & quelques villages.

L'abbaye impériale & ſéculiere de *Quedlinbourg* fut fondée par le roi Henri I. dans les années 932 juſqu'en 936; l'impératrice Mechtilde, ſon épouſe, continua cette fondation, & l'empereur Otton I. y ajoûta des donations en 937 & dans les années ſuivantes. En 1539, cette abbaye embraſſa la doctrine luthérienne, qui lui fut aſſurée dans la capitulation, dans la convention de 1574, ainſi que dans le récès de concorde de 1685, & par pluſieurs traités & des ſermens réitérés. Cette abbaye eſt compoſée de nos jours de quatre dames de condition, qui ſont l'abbeſſe, la prévôte, la doyenne & une chanoineſſe. L'abbeſſe eſt princeſſe d'empire, & a en cette qualité voix & ſéance aux dietes dans le college des princes ſur le banc des prélats du Rhin, de même qu'aux aſſemblées circulaires de la haute-Saxe. L'on évalue ſes revenus à environ 20000 écus. Sa taxe matriculaire eſt de 52 fl. & elle paye 81 rixdallers 18 kr. pour l'entretien de la chambre. Les armes de l'abbaye ſont champ de gueule à deux couteaux d'or poſés en croix à manches d'or, qui dérivent originairement des deux épées croiſées dans les armes de Saxe. La maiſon d'Aſcanie ou d'Anhalt poſſédoit anciennement à titre de fief, relevant

Tome XI.

de l'abbaye, la charge de prévôt de *Quedlimbourg;* mais à l'extinction des électeurs de cette même maiſon, arrivée en 1420, la ville ſe mit de ſon autorité privée ſous la protection de l'évêque de Halberſtadt; l'abbeſſe Hedwige força cette ville en 1477 à rentrer dans ſon obéiſſance, par l'entremiſe de l'électeur Erneſte & du duc Albert de Saxe, ſes freres; ce fut auſſi pour cette raiſon qu'elle leur donna à titre de fief maſculin le droit de protection & celui de la haute juſtice. La prévôté héréditaire de cette abbaye demeura à la maiſon électorale de Saxe juſqu'en 1697, qu'elle fut abandonnée à celle de Brandebourg pour une ſomme de 300000 rixdallers, enſorte que le droit de baſſe juſtice fut le ſeul qui reſta à l'abbeſſe. Suivant un traité conclu en 1574, il fut convenu entre l'électeur Auguſte & l'abbeſſe Eliſabeth, qu'aucune abbeſſe, ni autre perſonne de l'abbaye, ne pourroit être élue ſans la participation, & même ſans le conſentement du protecteur. La prévôté, telle qu'elle eſt établie actuellement par le roi de Pruſſe & l'électeur de Brandebourg, eſt compoſée d'un prévôt, d'un ſécretaire & d'un greffier; leurs fonctions ſe réduiſent à veiller ſur les droits du protecteur & ſur ceux de l'abbaye. Le roi nomme également aux offices, qui forment la juſtice prévôtale & le directoire ſupérieur des ſubſides; l'abbeſſe de ſon côté pourvoit aux charges de la chancellerie & de ſon conſiſtoire, & de la juſtice municipale de la ville.

La ville ſituée ſur la riviere de Bode, qui ſépare la vieille ville de la ville neuve, doit ſon exiſtence à Henri I. il commença à la faire bâtir & à la fortifier en 920 dès la premiere année de ſon regne. L'empereur Otton I. fit

O o o o

préfent à l'abbaye de *Quedlinbourg* en 937, tant de cette ville que du château, qui jufqu'alors avoit fervi de demeure aux empereurs ; mais cela n'empêcha point que la vieille ville ne fe mit de fon autorité privée fous la protection de l'évêque de Halberftadt en 1326, & que contre la volonté de l'abbeffe, elle ne foit entrée en confédération avec les villes anféatiques, cherchant ainfi, par le moyen des fecours étrangers, à fe féparer entierement du chapitre ; elle cherchoit à contrebalancer le pouvoir de l'abbaye, & même à avoir la prépondérance fur elle, en fe prévalant de la prévôté qu'elle avoit obtenue des comtes de Rheinftein, & puis de l'abbaye même en 1396, à titre d'engagement ; mais affiégée & prife en 1477 par l'électeur Ernefte & le duc Albert de Saxe, elle fut forcée à rentrer fous l'obéiffance de l'abbeffe, & à fouffrir qu'on changeât fa conftitution. (D.G.)

QUERELLE, fubft. fém., *Morale*, démêlé de vive voix ou par écrit, qui conduit à des excès plus ou moins confidérables ceux qui s'y livrent. La fréquence des *querelles* prouvé un naturel querelleur, qui tient à l'organifation ou à l'éducation. Ceux dont les fibres font fort fenfibles, ou le fang fort agité, éprouvent plus vivement que d'autres des émotions, des fecouffes, qui les mettent hors de leur affiette naturelle, & les irritent pour des fujets dont d'autres s'apperçoivent à peine. L'éducation entre auffi pour beaucoup dans l'origine & les progrès de ce caractere. Si l'on ne veille pas foigneufement fur les enfans, ils font difpofés à fe harceler, à fe faire des niches, qui engendrent des débats, des criailleries, auxquelles les enfans une fois accoutumés fe laiffent aller dans la fuite de leur vie,

& dans le cours des affaires pour les moindres bagatelles. C'eft ce qui a furtout lieu parmi le bas peuple ; c'eft ce qui a rendu fameufes les *querelles* des harangeres. Mais de toutes les efpeces de querelleurs, la plus fameufe & la plus dangereufe, a été pendant long-tems celle des bretteurs, dont la race n'eft pas encore bien éteinte. Toujours prêts à mettre flamberge au vent, le moindre prétexte leur fuffifoit, témoin Cyrano de Bergerac, qui ayant une balafre au nez, prétendoit que le regarder fixement, c'étoit lui faire un affront, dont il fe mettoit auffi-tôt en devoir d'obtenir fatisfaction.

Les *querelles* des gens de lettres font auffi anciennes que les lettres mêmes ; mais l'imprimerie leur a donné des facilités qui en ont fait un vrai torrent bourbeux, dont le débordement continuel défole des campagnes qui pourroient être riantes & fertiles. L'abbé Irail, neveu de M. de Voltaire, a fait un gros ouvrage fur ce fujet ; mais on n'y trouve aucune précifion. L'hiftoire de fon oncle auroit pu feule lui fuffire pour épuifer la matiere. On a peine à comprendre comment l'étude, l'amour des fciences & des lettres, qui devroient adoucir les efprits, les innondent de fiel, & produifent les fcenes les plus ridicules, les plus violentes, les plus honteufes pour ceux qui les donnent.

Tantæne animis cœleftibus iræ!

On a tort de faire l'application de ce mot aux feuls théologiens : l'acharnement n'eft pas moindre dans les autres facultés ou claffes de favans : les beauxefprits même, quoiqu'il en refte fort peu de nos jours, s'y font tellement livrés, que leurs noms pafferont à la poftérité tout fouillés des ordures dont ils fe font réciproquement couverts. La

fureur de déterrer des anecdotes fcanda-
leufes, de remonter même à l'extraction
de ceux qu'on attaque , & de leur reprocher des horreurs pour l'ordinaire inventées par la plus affreufe calomnie ;
voilà un art moderne dont l'inventeur
eft trop connu pour le nommer. (F.)

QUERELLE D'INOFFICIOSITÉ, *Jurifprudence*, plainte que forme l'enfant
exhérédé contre le teftament qui le prive de fa légitime. *v.* INOFFICIOSITÉ.

QUERFURT, *Droit public*, ville
d'Allemagne , dans le cercle de haute-
Saxe, & dans la portion de la Thuringe
qui appartient à la maifon électorale de
Saxe. C'eft la capitale d'un Etat compofé de quatre bailliages, dont deux
font fitués dans la Thuringe , & deux
aux confins de la baffe Luface & de la
marche électorale de Brandebourg: ceux-
ci font Jüterbock & Dahme ; & ceux-
là *Querfurt* & Heldrungen. Chacun de
ces bailliages renferme une ville de fon
nom , & tous enfemble comprennent
quarante villages.

Cette principauté fut formée en la
maniere fuivante : l'empereur Ferdinand II. fe trouvant en guerre avec Jean
George I. électeur de Saxe, il fut fait un
traité de paix à Prague en 1635, par lequel ce dernier eut les feigneuries, les
bailliages & les villes de *Querfurt* , de
Jüterbock, de Dahme & de Bourg , qui
jufqu'alors avoient fait partie de l'archevêché de Magdebourg ; conceffion,
qui fut ratifiée par le traité de paix d'Os-
nabrück de 1648 , à condition cependant que lui électeur de Saxe en acquit-
teroit les fubfides tant à l'empire qu'au
cercle , ainfi que la taxe matriculaire,
qui en feroit faite pour l'un & pour l'autre. Ces quatre bailliages formerent de
cette forte une principauté de l'empire ,
que l'électeur Jean George I. donna en
toute propriété au duc Augufte , fon fe-

cond fils, fouche de la branche de Weiffenfels, & qui pour raifon de cette principauté chercha en 1633 , à avoir féance
& droit de fuffrage aux dietes de l'empire dans le college des princes; il en obtint l'agrément de l'empereur , & même
des lettres de recommandation , qui cependant demeurerent fans effet jufqu'à
préfent. La fupériorité territoriale fur
la principauté de *Querfurt* forma poftérieurement un fujet de difficulté en ce
que Fréderic Guillaume , électeur de
Brandebourg , la contefta au duc Jean
Adolphe de Saxe-Weiffenfels, & prétendit fe l'arroger, vu que dans le traité
de paix , elle n'avoit point été accordée
en termes formels à la maifon électorale de Saxe. Toutefois cette conteftation fut-elle fuivie d'un accommodement en 1687 ; l'électeur de Brandebourg renonça à toutes fes prétentions
fur les bailliages de *Querfurt* , de Jüterbock & de Dahme , & les dégagea de
toute connexion qu'ils pouvoient avoir
avec le duché de Magdebourg ; il confentit auffi que le duc de Saxe-Weiffenfels eût voix & féance tant aux dietes de l'empire qu'aux affemblées circulaires de la haute Saxe ; mais il s'appropria en révanche le bailliage de Bourg ,
& fe chargea d'acquitter au duc de Saxe-
Merfebourg une fomme de 34,452 rixdales, pour laquelle le bailliage de Weiffenfels lui étoit hypothéqué. Ce fut
alors que le duc Jean Adolphe de Saxe-
Weiffenfels ajouta à la principauté de
Querfurt les bailliages de Heldrungen ,
de Wendelftein & de Sittichenbach ;
mais cette branche de la maifon de Saxe
s'étant éteinte par la fuite , & tant cette
principauté que toutes les autres terres,
qu'elle avoit poffedées , étant échues à
la maifon électorale, on en détacha les
bailliages de Wendelftein & de Sittichenbach. Elle n'eft plus compofée au-

jourd'hui par conféquent que des bailliages de *Querfurt*, de Jüterbock, de Dahme & de Heldrungen, & eft regardée comme faifant partie du cercle de la Thuringe de l'électorat de Saxe.

Le prince de *Querfurt* parvint en 1664 à avoir voix & féance dans les affemblées circulaires de la haute-Saxe ; mais fon rang ayant été contefté, demeura indécis pendant un tems affez confidérable. Le député de cette principauté fiégea & figna le récès de l'affemblée tenue à cette époque avant ceux des princes de Saxe ; mais en révanche, il fiégea & figna le dernier de ceux de tous les princes de la maifon de Saxe lors des affemblées tenues en 1665 & 1672. Il fut convenu poftérieurement, que les députés de Saxe-*Querfurt* & des ducs de Saxe de la branche Erneftine alterneroient à l'avenir. Ceux qui conteftèrent le rang de la maifon de Saxe-*Querfurt*, furent le duc de la Poméranie antérieure, le prince d'Anhalt & l'abbaye de Quedlinbourg. La fomme au furplus, que cette principauté eft tenue de payer pour l'entretien de la chambre, fe monte à la fomme de 42 rixdales 7 kr.

Le bailliage de *Querfurt* eft entouré du comté de Mansfeld, de l'évêché de Merfebourg, des bailliages de Fribourg, de Wendelftein & d'Eckartsberga, qui dépendent du cercle de la Thuringe, & enfin du bailliage d'Alftedt, dépendant de la principauté d'Eifenach.

La ville forma anciennement une feigneurie avec fes dépendances, que les nobles de *Querfurt* poffederent, & dont Bruno X. mort en 1496, fut le dernier rejetton. Le fief devenu vacant par-là échut à l'archevêché de Magdebourg, duquel il dépendoit à l'exception néanmoins de quelques pieces, qui relevoient de la maifon de Saxe, & qu'Al-

bert, duc de Saxe, s'appropria. Les comtes de Mansfeld étoient à la vérité de la même famille que les nobles de *Querfurt* ; ils jouiffoient même d'une union d'hérédité entr'eux, & cependant ils ne furent point habiles à leur fuccéder en ce fief, attendu que l'inveftiture, qui en avoit été donnée aux nobles de *Querfurt*, ne leur avoit point été commune. Les comtes de Schlick furent inveftis de cette feigneurie dans le XVIIᵉ fiecle. (D. G.)

QUESNEL, *Pafquier*, *Hift. Litt.*, né à Paris en 1634, d'une famille honnête, fit fon cours de théologie en Sorbonne avec beaucoup de diftinction. Après l'avoir achevé, il entra dans la congrégation de l'oratoire en 1657. Beaucoup de talens & beaucoup de vertus le firent bientôt connoître de fes fupérieurs. Confacré tout entier à l'étude de l'Ecriture & des peres, il compofa de bonne heure des livres de piété, qui lui mériterent, dès l'âge de 28 ans, la place de premier directeur de l'inftitution de Paris. Ce fut pour l'ufage des jeunes éleves confiés à fes foins, qu'il compofa fes *Réflexions morales*. Ce n'étoit d'abord que quelques penfées fur les plus belles maximes de l'évangile. Le marquis de Laigue, ayant goûté cet effai, en fit un grand éloge à Felix de Vialart, évêque de Châlons-fur-Marne, qui réfolut de l'adopter pour fon diocefe. L'oratorien flatté de ce fuffrage, augmenta beaucoup fon livre, & il fut imprimé à Paris en 1671, chez Pralard, avec un mandement de l'évêque de Châlons & l'approbation des docteurs. *Quefnel* travailloit alors à une nouvelle édition des œuvres de S. Léon pape, fur un ancien manufcrit apporté de Venife, qui avoit appartenu au cardinal Grimani. Elle parut à Paris en 1675, en deux volumes *in-4°*. & fut réimprimée à Lyon, *in - fol.* en 1700. C'eft fans contredit la meilleure édition qu'on ait de Saint Léon ; le texte y eft revu avec beaucoup de foin, & accompagné de notes & de differtations, qui font honneur au fa-voir & au difcernement de l'éditeur. Le repos dont il avoit joui jufqu'alors fut troublé peu de tems après. L'archevê-que de Paris, Harlai, inftruit de fon at-tachement aux nouveaux difciples de S. Auguftin, & de fon oppofition à la bulle d'Alexandre VII. l'obligea de quit-ter la capitale, & de fe retirer à Orléans en 1681 ; mais il n'y refta pas long-tems. On avoit dreffé dans l'affemblée générale de l'oratoire, tenue à Paris en 1678, un certain formulaire de doctri-ne, qui défendoit à tous les membres de la congrégation, d'enfeigner le jan-fénifme & le cartéfianifme. Dans l'af-femblée de 1684, il fallut figner ce for-mulaire, ridicule du moins dans ce qui regardoit les opinions philofophiques, ou quitter ce corps. Cet air de defpo-tifme dans un Etat qui fe difoit libre, révolta les républiquains. La congré-gation fut à la veille de fa ruine ; quel-ques-uns fe foumirent, d'autres s'ab-fenterent pour un tems ; un grand nom-bre quitta l'oratoire, & *Quefnel* fut de ce nombre. Il triompha fur le mêlange abfurde de philofophie & de théologie qu'on avoit fait dans ce formulaire. Pourquoi m'engagerois-je, difoit-il, à renoncer à la raifon, à l'évidence, à ma liberté, fi je trouve les opinions de Defcartes meilleures que les autres en philofophie ? Ce fut à Bruxelles que le pere *Quefnel* acheva fes réflexions mo-rales fur les *Actes* & les *Epitres* des apô-tres. Il les joignit aux réflexions fur les quatre Evangiles, auxquelles il don-na plus d'étendue. L'ouvrage ainfi com-plet, parut en 1693 & 1694. Le cardi-nal de Noailles, alors évêque de Châ-

lons, fucceffeur de Vialart, invita par un mandement, en 1695, fon clergé & fon peuple à le lire. Il le propofa aux fideles comme le pain des forts & le lait des foibles. Les jéfuites, voyant qu'on multiplioit les éditions de ce livre, y foupçonnerent un poifon caché, & n'eu-rent pas de peine à l'y trouver. Le fi-gnal de la guerre fe donna en 1696. Noailles, devenu archevêque de Paris, publia une inftruction paftorale fur la prédeftination, qui occafionna une mau-vaife brochure du jéfuite Doucin ; & cette brochure, dans laquelle il étoit parlé du livre des *Réflexions morales*, donna lieu à examiner ce livre. Le car-dinal de Noailles y fit faire quelques corrections ; l'ouvrage ainfi corrigé, parut à Paris en 1699. On prétend que le grand Boffuet, indigné des tracaffe-ries que les *Réflexions morales* occafion-noient, en fit la juftification ; apologie publiée en 1710, & qui fervit à l'édi-tion de 1699. Les jéfuites ne le per-doient pas de vue, ils découvrirent fa retraite à Bruxelles, & ils prirent des mefures pour l'y faire enlever. Philippe V. que ces peres gouvernoient, donna un ordre pour l'arrêter. L'archevêque de Malines, Humbert de Precipiano, le fit exécuter. On le transféra dans les prifons de fon archevêché, d'où il fut tiré par une voie inefpérée le 13 Sep-tembre 1703. Sa délivrance fut l'ou-vrage d'un gentilhomme Efpagnol, em-ployé par le marquis d'Aremberg, qui perça les murs de la prifon & brifa fes chaînes. *Quefnel* remis en liberté s'en-fuit en Hollande, d'où il décocha plu-fieurs brochures contre l'archevêque de Malines fon perfécuteur. Cependant dès le 15 Octobre de cette année, Fo-refta de Colongue, évêque d'Apt, prof-crivit les *Réflexions morales.* L'année fuivante on dénonça l'auteur au public

QUE

comme hérétique & comme séditieux. C'étoit les titres qu'on lui donnoit dans deux libelles publiés par quelques théologiens jésuites. Le pere *Quesnel* se défendit; mais ses apologies n'empêcherent pas que ses *Réflexions morales* ne fussent condamnées par un décret de Clément XI. en 1708, supprimées par un arrêt du conseil en 1711, proscrites par le cardinal de Noailles en 1713; enfin solemnellement anathématisées par la constitution *Unigenitus*, publiée à Rome le 8 Septembre de la même année sur les instances de Louis XIV. Cette bulle fut acceptée le 25 Janvier 1714, par les évêques assemblés à Paris, enrégistrée en Sorbonne le 5 Mars, & reçue ensuite dans l'univers catholique par le corps épiscopal, à l'exception de quelques françois qui en appellerent au futur concile. De ce nombre étoient le cardinal de Noailles, la Broue évêque de Mirepoix, Soanen évêque de Senez, Colbert évêque de Montpellier, & de Langle évêque de Boulogne. *Quesnel* survécut peu à ces événemens. Après avoir consacré sa vieillesse à former à Amsterdam quelques églises janfénistes, il mourut dans cette ville en 1719. âgé de 86 ans. La maniere dont il s'expliqua dans ces derniers momens est remarquable. Il déclara dans une profession de foi, qu'il vouloit mourir comme il avoit toujours vécu, dans le sein de l'église catholique; qu'il croyoit toutes les vérités qu'elle enseigne; qu'il condamnoit toutes les erreurs qu'elle condamne; qu'il reconnoissoit le souverain pontife pour le premier vicaire de Jesus-Christ, & le siege apostolique pour le centre de l'unité. Ce fut dans le cours de cette derniere maladie que le pere *Quesnel* dit à une personne qui étoit auprès de lui : ,, je dois vous déclarer, avant de mourir, un secret que

,, je n'ai dit à qui que ce soit durant ,, ma vie; c'est au sujet des calomnies ,, de Louvain où je suis accusé de corruption. Dès l'âge de dix-huit ans, ,, je fis vœu de chasteté perpétuelle, & ,, depuis ce tems là, par la miséricorde ,, de Dieu, non-seulement je n'ai rien ,, fait, non plus qu'auparavant, contre ,, mon vœu, mais même j'ai été pré ,, fervé du vice contraire. " Il est certain que ses mœurs étoient pures; & fans décider s'il fut bon catholique ou non, il est manifeste qu'il eût pu être meilleur citoyen. Quelques pages feulement, quelques lignes de son livre, fupprimées ou changées, eussent rendu la paix à sa patrie & à l'église. Je ne parle point des projets criminels qu'on lui fuppofa. Lorsqu'il fut arrêté, on trouva dans ses papiers moins de complots que de chimeres. On a de lui, 1°. Dix *Lettres contre les nudités, adressées aux religieuses qui ont foin de l'éducation des filles,* in-12. 1686. 2°. *L'idée du facerdoce & du facrifice de Jesus-Christ,* dont la feconde partie est du pere de Coudren, fecond fupérieur général de l'oratoire; on a plusieurs éditions de cet ouvrage, qui est in-12. 3°. *Les trois confécrations, la confécration baptifmale, facerdotale & la confécration religieufe,* in-18. 4°. *Elévation à J. C. N. S. fur fa paffion & fa mort, &c.* in-18. 5°. *Jefus pénitent,* in-12. 6°. *Du bonheur de la mort chrétienne,* in-12. 7°. *Prieres chrétiennes avec des pratiques de piété,* 2 vol. in-12. 8°. *Office de Jefus avec des Réflexions.* 9°. *Priere à N. S. J. C. au nom des jeunes gens & de ceux qui défirent de lire la parole de Dieu, & fur-tout l'évangile,* brochure in-12. 10°. *Eloge hiftorique de* M. Defmahis, chanoine d'Orléans, au-devant de la vérité de la religion catholique, &c. de ce chanoine. Tous ces ouvrages ont été fouvent réimprimés. 11°. *Recueil de lettres spirituelles sur divers sujets de morale & de piété, in - 12.* trois volumes, à Paris, chez Barois, en 1721. 12°. *Tradition de l'église romaine sur la prédestination des saints & sur la grace efficace*, à Cologne en 1687, quatre volumes *in-* 12. fous le nom du fieur Germain, docteur en théologie. Outre une longue analyfe de l'Epître de S. Paul aux Romains, on trouve dans cet ouvrage la doctrine de l'église depuis le commencement jufqu'au concile de Trente, la doctrine de ce concile, l'hiftoire de la congrégation *de Auxiliis*, une partie de fes actes originaux, les principaux canons & décrets fur cette matiere, &c. 13°. *La difcipline de l'église, tirée du Nouveau Teftament & de quelques anciens conciles*, deux volumes *in-* 4°. en 1689 à Lyon. Ce ne font que des mémoires imparfaits, fruits des conférences fur la difcipline qu'il avoit été engagé de faire par fes fupérieurs. 14°. *Caufa Arnaldina, in - 8°.* en 1699, en Hollande. On voit dans cet ouvrage le zele d'un ami, & la chaleur qu'infpire une caufe liée à la fienne. 15°. *Entretiens fur le décret de Rome contre le Nouveau Teftament de Châlons, accompagnés de réflexions morales.* 16°. Un grand nombre d'ouvrages fur les conteftations dans lefquelles il s'étoit engagé, dont il eft inutile de donner la lifte. Le petit nombre des lecteurs qui voudront les connoître, en trouveront le catalogue dans la derniere édition de *Moreri*. La meilleure édition des *Œuvres de S. Léon*, par cet auteur, eft celle de Rome, en trois volumes *in - fol.* plus ample que celle de Paris, en deux volumes *in - 4°.* celle des *Réflexions morales*, d'Amfterdam, en huit volumes *in-*12. eft préférée par plufieurs à l'*in - 8°.* à caufe de fa commodité.

QUESTEURS, f. m. pl. *Droit Rom.* Le nom de *quefteur* fe dérive du mot latin *quærere*, chercher, Varro *de LL. lib. IV. c. 14.* tant parce qu'une de leurs principales fonctions étoit la recherche des revenus de la république, que parce qu'on en créoit quelquefois pour la recherche de certains crimes. Il y avoit de trois fortes de *quefteurs* : les *quefteurs* de la ville ou du tréfor (*Quæftores urbani* ou *ærarii*,) qu'on croit avoir été les mêmes, & que nous pourrions appeler *tréforiers* : les *quefteurs* militaires ou provinciaux qui accompagnoient les confuls, les proconfuls & les propréteurs dans les provinces, & qui avoient foin de la recette des deniers, & de diftribuer la paye aux troupes : les *quefteurs* du parricide ou des crimes capitaux (*Quæftores parricidii* ou *rerum capitalium*). Ces derniers étoient des commiffaires établis par les fuffrages du peuple pour la recherche de certains crimes, toutes les fois que le cas l'exigeoit. Je renvoie à parler des *quefteurs* provinciaux à l'endroit où je traite du gouvernement des provinces. *v.* PROVINCE.

Il y a des auteurs qui font remonter l'origine de cette charge jufqu'à Romulus ou à Numa. C'étoit l'opinion de Junius Gracchanus, cité par Ulpien, qui cependant regarde cette opinion comme très - incertaine. *Leg. Un. D. de offic. quæftoris.* Il croit pourtant qu'il y a eu des *quefteurs* à Rome dès le regne de Tullus Hoftilius. Tacite dit auffi que cette charge étoit établie du tems des rois, & qu'elle fut confirmée par Brutus, après qu'il eut détroné Tarquin. *Ann. lib. XI. c. 22.* Il ajoute que les confuls en difpofoient eux - mêmes, & que ce ne fut que foixante-trois ans après le premier confulat, que le peuple commença à la conférer par fes fuffra-

ges. Plutarque rapporte le premier établissement des *questeurs* à Publicola, qui,
ne voulant point se charger lui-même de
l'administration des finances, de peur
de se rendre suspect au peuple, & ne
voulant pas non plus se rendre responsable de la conduite de ceux à qui il auroit pu la confier, fit créer par les suffrages du peuple deux *questeurs*, qui furent préposés à la garde du trésor public, & devoient rendre compte des deniers qui y rentroient ou en sortoient.
In Poplicola. *p.* 103. *C.* Denis d'Halicarnasse & Tite-Live ne disent rien de
l'établissement de cette charge, si ce
n'est que le premier parle des *questeurs*
dès le tems que Porsenna mit le siege devant Rome. *Lib. V. pag.* 303. Pour Tite-
Live, il n'en fait mention qu'en l'an
269 de Rome. *Lib. II. c.* 41. Selon Tacite, les premiers *questeurs* étoient destinés à accompagner les consuls dans
leurs expéditions militaires, & ce ne
fut que long-tems après qu'on en établit deux autres pour la garde du trésor public. En quoi il est contredit par
Plutarque, comme on vient de le voir,
& par Tite-Live, qui place en l'an 333
de Rome l'établissement des *questeurs*
militaires. *Lib. IV. c.* 43. Il n'y a guere d'apparence non plus que les *questeurs*
ayent été à la nomination des consuls
jusqu'à l'an 307, puisqu'on voit par Denis d'Halicarnasse, que dès-lors ils
avoient le droit de convoquer le peuple,
non en comices, ce qui n'appartenoit
qu'aux consuls, aux préteurs, en l'absence des consuls, & aux tribuns du peuple, mais seulement pour le haranguer.
Lib. VIII. p. 544.

Il n'y en eut d'abord que deux, & ce
ne fut, selon Tite-Live, qu'en l'an 333,
qu'on en ajouta deux autres chargés
d'accompagner les consuls à la guerre,
&] de fournir aux troupes ce qui leur

étoit nécessaire. *Liv. ibid.* Les premiers
se nommoient *questeurs* de la ville, &
étoient chargés de la garde du trésor &
du maniment des finances : & les seconds *questeurs* militaires. En l'an de
Rome 488, les Romains ayant soumis
toute l'Italie, la partagerent en quatre
régions, l'Ostienne, la Caléne, l'Ombrie
& la Calabre. *V.* Pigh. *ad An.* 488. &
doublerent le nombre des *questeurs*, dont
il y en eut quatre employés à lever &
à administrer les revenus de ces quatre
provinces, chacun selon son département. *Liv. Epit. XV.* On ne trouve pas
que ce nombre ait été augmenté avant
Sylla, bien que le nombre des provinces
soumises à l'empire romain dans cet intervalle, & qui demandoient chacune
leur *questeur*, doive le faire croire. Ce
qu'il y a de certain, c'est que Sylla régla
qu'on en créeroit vingt tous les ans ;
Tacit. *An. lib. XI. c.* 22. & Jules César, afin de gratifier un plus grand nombre de ses créatures, en fit monter le
nombre jusqu'à quarante. Dio Cass. *lib.
XLIII. p.* 268. *E.* Il en nommoit lui-
même une partie, & laissoit l'élection libre des autres au peuple. Suéton. *in*
Jul. *c.* 41. On ne sait combien on élisoit de *questeurs* tous les ans sous les
empereurs, leur nombre étant devenu
tout-à-fait arbitraire.

C'étoit le sort qui décidoit de leurs
différens départemens. Deux d'entr'eux
restoient dans la ville ; d'autres avoient
les départemens que j'ai nommés, &
d'autres accompagnoient les proconsuls & les propréteurs à l'armée & dans
leurs gouvernemens. Cette charge, de
même que toutes les autres, fut d'abord
affectée aux seuls patriciens, & même
dans les commencemens on la vit exercée par un consulaire. Dion. *Hal. lib.
X. p.* 650. Lorsqu'on eut augmenté le
nombre des *questeurs*, il fut permis au
peuple

peuple de les choifir indifféremment entre les patriciens, ou entre les plébéïens.
Liv: *lib. IV. c.* 43.

La premiere & la principale fonction
des *quefteurs* de la ville étoit la garde
du tréfor public, appellé *ærarium*, qui
étoit dans le temple de Saturne. Afcon.
in Verr. *lib. I. c.* 4. Suéton. *in* Claud.
c. 24. Ils avoient foin d'y faire rentrer
les revenus de la république, & le provenu de la vente du butin fait fur les
ennemis. C'étoient eux qui délivroient
aux magiftrats toutes les fommes que la
république leur avoit affignées fur le
tréfor : mais ils ne pouvoient leur remettre aucune fomme qu'ils n'y fuffent
autorifés par un fénatus - confulte, fi ce
n'eft aux confuls, qui étant les fouverains magiftrats de la république, pouvoient fe faire délivrer telles fommes
qu'ils jugeoient à propos. Polyb. *lib.
VI. c.* 11. Les *quefteurs* étoient tenus
à rendre compte, tant des fommes qui
étoient entrées dans le tréfor, que de
celles qu'ils avoient débourfées. Ils faifoient vendre à l'encan le butin fait fur
l'ennemi, Dion. *Hal. lib. VII. p.* 468.
lib. VIII. p. 459. *lib. X. p.* 648. & les
biens confifqués, & en portoient le pro-
venù au tréfor. *Id. lib. XI. pag.* 726.
Gell. *lib. XIII. c.* 24. Quand on étoit
prêt à entrer en campagne, ils délivroient aux confuls les enfeignes des lé-
gions qui fe gardoient dans le tréfor.
Liv. *lib. III. c.* 69. *lib. VII. c.* 23.

La république les chargeoit encore
du foin de recevoir les ambaffadeurs des
nations étrangeres, qui venoient à Rome, *Id. lib. XXVIII. c.* 39. *lib. XXX.
c.* 17. *lib. XLV. c.* 20. de les loger, & de
les défrayer pendant leur féjour. Plutarch. *Quæft. Rom. p.* 275. Le grand
concours d'envoyés, tant des nations
étrangeres, que de celles qui, fous le titre d'*alliés*, étoient réellement foumifes

Tome XI.

aux Romains, caufoit des frais fi confidérables, que le fénat ordonna qu'à l'a-
venir, en arrivant, ils iroient toùt de
fuite au temple de Saturne y faire enrégiftrer leurs noms, & que le fénat exa-
mineroit enfuite s'il trouvoit à propos
de les défrayer ou non. C'étoit de même un des *quefteurs* de la ville, que le
fénat chargeoit du foin de recevoir les
rois étrangers qui venoient à Rome. Le
fénat averti de la venue de Prufias, roi
de Bithynie, donna ordre à Lucius Scipion, *quefteur* de la ville, d'aller au devant de lui jufqu'à Capoue, & d'avoir
foin de lui préparer une maifon commode à Rome. Liv. *lib. XLV. c.* 44.
Val. Max. *lib. V. e.* 1. *n.* 1. Il eut de
même ordre de l'accompagner par-tout,
de le reconduire jufqu'à Brindes, & de
le défrayer lui & toute fa fuite. Ptolémée, roi d'Egypte, détrôné par fon
frere, vint à Rome avec peu de fuite,
& fans qu'on eût été averti de fa venue. Dès que le fénat fut informé de
fon arrivée, il envoya le complimenter,
& lui faire excufe de ce qu'il ne l'avoit
pas reçu felon fa dignité, de ce qu'il
n'avoit pas envoyé felon fa coutume,
un des *quefteurs* au devant de lui, & de
ce qu'il n'avoit pas fait préparer une
maifon pour fa réception. Val. Max,
ibid.

Les *quefteurs* de la ville étoient encore
chargés du foin des funérailles, qui par
ordre du fénat fe faifoient aux frais de
la république, *Id. ib.* Dion. *Hal. lib. XI.
p.* 416. de même que de faire élever des
ftatues à ceux que le fénat avoit jugés
dignes de cet honneur. Cic. *Phil. IX.
c.* 7. Les généraux qui, après quelque
victoire fignalée, demandoient le triomphe, étoient obligés de faire ferment entre les mains du *quefteur*, que la rélation qu'ils avoient envoyée au fénat
du nombre des morts, tant du côté des

ennemis que du côté des Romains, étoit fidele & exacte. Val. Max. *lib. II. c.* 8. *n.* 1.

En conséquence de la garde du tréfor, ils avoient encore l'intendance fur les monnoies, du moins avant l'établiffement des triumvirs de la monnoie (*Triumviri monetales*); d'où vient auffi que leurs noms fe trouvent fouvent fur les médailles. Spanh. *de Ufu & Pr. Num. T. II. diff. X. p.* 160. Leur jurifdiction ne s'étendoit guere que fur les greffiers, & autres gens qui travailloient fous eux. Gell. *lib. XIII. c.* 12. Auffi n'avoient - ils ni le droit d'ajourner à comparoître devant eux, ni celui de faire faifir quelqu'un, n'ayant ni licteurs ni huiffiers.

La quefture étoit le premier degré par où l'on s'élevoit à la dignité fénatoriale, & à toutes les autres dignités de la république. *Leg. Un. D. de Offic. Quæft.* On montoit par la quefture au tribunat du peuple, & du tribunat à l'édilité; enfuite à la préture, & enfin fuivoit le confulat qui étoit le comble des honneurs. Comme on ne pouvoit être élevé à aucune magiftrature qu'on n'eût fait dix campagnes, Polyb. *lib. VI. c.* 17. il paroît qu'on ne pouvoit guere prétendre à celle - ci qu'on n'eût paffé vingtfix ans. Pour commencer le fervice militaire, il falloit avoir feize ans accomplis ; ainfi on ne pouvoit parvenir à la quefture qu'on ne fût du moins dans la vingt - feptieme année. Tant que les *quefteurs* étoient en charge, ils avoient entrée au fénat, quoiqu'ils ne fuffent pas encore infcrits dans le rôle des fénateurs , & affiftoient à fes délibérations. Mais après être fortis de charge , il falloit encore qu'ils fuffent nommés par les cenfeurs pour y conferver féance. Depuis , par le réglement de Sylla , les *quefteurs* devinrent fénateurs par le droit de leur charge, & étant fortis de charge, conferverent voix & féance dans le fénat. Comme l'âge de trente ans étoit requis pour devenir fénateur, il fallut auffi depuis avoir atteint cet âge pour parvenir à la quefture. Augufte ayant permis qu'on devînt fénateur à l'âge de vingt - cinq ans, le même âge fut auffi requis pour la quefture. *Voyez* Liv. II. *ch.* 1. *n.* 1.

Il fe fit de fi grands changemens dans les fonctions des *quefteurs* fous le gouvernement des empereurs, qu'il eft bien difficile de les marquer au jufte. Jules Céfar leur ôta la garde du tréfor, & la donna aux édiles , Dio Caff. *lib. XLIII. p.* 269. *D.* & depuis Augufte confia ce foin à des préteurs ou à des perfonnes qui avoient exercé la préture. *Id. lib. LIII. p.* 568. *E.* Suéton. *in Aug. c.* 36. D'un autre côté, Augufte donna aux *quefteurs* la garde des fénatus - confultes, dont les édiles & les tribuns du peuple avoient été chargés jufqu'alors , mais dont ils s'étoient acquittés avec beaucoup de négligence. *Id. lib. LIV. p.* 625. *C.* Tacite parle fous Tibere des préteurs du tréfor. *Ann. lib. I. c.* 75. Cependant Claude en rendit l'adminiftration aux *quefteurs*, & voulut que ceux qui auroient cette commiffion, l'exerçaffent pendant trois ans. Suéton. *in Claud. c.* 24. Dio Caff. *lib. LX. p.* 782. *E.* Néron ôta derechef la garde du tréfor aux *quefteurs*, pour la donner à des préfets particuliers, qui ordinairement fe choififfoient entre ceux qui avoient exercé la préture. Tacit. *Ann. lib. XIII. c.* 28. Le tréfor refta affez long - tems fous la garde de ces officiers, & fous les empereurs fuivans, il eft fouvent fait mention des préfets du tréfor. Plin. *lib. III. Ep.* 4. Capitol. *in Marco. c.* 9. *& in* Gordian. *c.* 4. Les *quefteurs* étoient alors chargés de donner des fpectacles au peuple. Ils avoient été obligés de se quotifer, & de fournir une certaine somme, qui devoit s'employer à l'entretien des rues ; mais Claude ordonna que cette somme fût employée à des jeux de gladiateurs, Tacit. *Ann. lib. XI. c.* 22. Suét. *in* Claud. *c.* 24. ce qui fut encore confirmé par Domitien, *Id. in* Domat. *c.* 4. & continua sous les autres empereurs. Lamprid. *in* Alex. *c.* 43.

Il se forma sous les empereurs une nouvelle espece de *quefteurs* appellés *quæftores*, ou *candidati Augufti*, ou *principis, Leg. Un. D. de Offic. Quæft.* Gruteri. *Infcr. p. CCCLII. n.* 5. dont la principale fonction étoit de lire dans le sénat les propositions que l'empereur y faifoit. Augufte lui - mème se fervit quelquefois du miniftere de son *quefteur* pour cela ; Suéton. *in* Aug. *c.* 65. & Suétone rapporte que Titius, du vivant de son pere, lifoit ses lettres au sénat, y portoit ses ordres, & faifoit toutes les fonctions de *quefteur. In* Titio. *c.* 6. *Vide* Tac. *An. lib. XVI. c.* 27. Le prince se choififfoit lui-mème ce *quefteur, D. l. D. de Offic. Quæft.* au lieu que les autres départemens dépendoient du fort. Comme la dignité de ces *quefteurs* ou candidats du prince, étoit un effet de la faveur des empereurs, ils furent bientôt diftingués des autres *quefteurs*, & l'on voit que fous Alexandre Sévere, d'abord après avoir fini le tems de leur quefture, ils étoient tout de fuite élevés à la préture, & envoyés pour gouverner une province. Lamprid. *in* Alex. *c.* 43. Depuis on les nomma *quæftores palatii* ou *facri palatii*, *quefteurs du palais, Leg.* 32. *cod. de Apellat.* & leur dignité prit un nouvel éclat fous Conftantin & fes fucceffeurs, & devint une des premieres de l'empire. On voit par Symmaque, *Lib. I. Ep.* 17. & par Caffiodore, *Variar. lib. VI. Ep.* 5. que ce

quefteur étoit le premier confeiller du prince, que c'étoit par fa bouche que le prince fignifioit fes ordres & dictoit fes loix ; enfin que leurs fonctions étoient à - peu - près les mèmes que le font de nos jours celles des grands chanceliers, & de ceux que, dans la cour de Conftantinople, on nommoit grand logothètes.

Il y avoit encore fous la république, des officiers établis pour la garde du tréfor, qui étoient apparemment fubordonnés aux *quefteurs.* On les nommoit *tribuns du tréfor (tribuni ærarii).* Ce n'étoit point une magiftrature, & il ne paroît pas que cette charge dépendit des fuffrages du peuple. *Vide* Grucch. *de Comit. lib. II. c.* 2 *&* 4. Il eft difficile de dire en quoi confiftoient leurs fonctions. Varron dit que c'étoit à eux que fe remettoient les fommes deftinées à la folde des armées, *De L L. lib. IV.* 36. & Afconius dit que c'étoient eux qui remettoient ces fommes aux *quefteurs. In* Verr. *p.* 79. *Ed. Elz.* Ils étoient en affez grand nombre, puifque la loi d'Aurelius Cotta les joignit dans les tribunaux à l'ordre des fénateurs & à celui des chevaliers, ce qui prouve en mème tems qu'ils étoient les plus confidérables de l'ordre du peuple. *Id. pag.* 19 *&* 167. On ne peut rien dire de certain non plus fur l'origine de cette charge, fi ce n'eft qu'elle étoit établie dans le fixieme fiecle de Rome. Gell. *lib. VII. c.* 10. (H. M.)

QUESTION, f. f., *Jurifp.*, se dit dans la pratique d'un fait ou d'un point de droit qui donne lieu à une conteftation, ou du moins à un éclairciffement.

Suivant cette définition, on doit diftinguer les *queftions* de fait, & les *queftions* de droit. Il y a auffi des *queftions* qui font en mème tems de fait & de droit, parce qu'elles doivent fe décider par les principes du droit fur les preuves d'un fait.

Ces *queftions* font la fource de tous les procès. La décifion des premieres fe tire des circonftances particulieres de l'affaire , & il eft facile d'y parvenir ; mais il n'en eft pas de même des *queftions* de droit. L'obfcurité de plufieurs de nos loix , les différentes interprétations qui en ont été faites , leur oppofition, leurs omiffions donnent naiffance à une multitude de conteftations dont nos tribunaux retentiffent tous les jours.

Queftion agitée , eft celle qui eft débattue par les auteurs ou par les parties.

Queftion appointée , eft lorfque dans une caufe d'audience les parties ont été appointées à écrire & produire.

Queftion controverfée , eft celle fur laquelle les parties, les juges , ou les auteurs font partagés.

Queftion départagée, eft celle où il y a eu partage d'opinions entre les juges, lefquels ont depuis pris un parti à la pluralité des voix.

Queftion de droit , eft celle qui roule fur un point de droit , comme quand il s'agit d'expliquer le fens d'une loi dont on fait l'application à la caufe , ou de déterminer quel eft le droit d'une partie dans telle ou telle circonftance.

Queftion de droit public , eft celle où le public fe trouve intéreffé , & qui doit fe décider par les principes du droit public.

Queftion d'Etat, eft celle qui concerne l'état d'une perfonne , c'eft-à-dire, fa liberté , les droits de fa naiffance , tels que fa filiation, fa légitimité , la validité de fon mariage.

Queftion étrangere , eft celle qui n'a point de rapport à celle qui fait le véritable objet de la conteftation.

Queftion de fait , eft celle dont la dé-

cifion ne dépend que de la difcuffion des faits.

Queftion indécife , eft celle qui eft encore pendante devant le juge , & foumife à fa décifion.

Queftion majeure, eft celle qui intéreffe directement ou indirectement beaucoup de perfonnes; on l'appelle *majeure*, parce qu'elle eft plus importante que les *queftions* ordinaires.

Queftion mixte , eft celle qui naît de la contrariété des loix , coutumes, ftatuts & ufages de deux pays différens ; par exemple , lorfque la coutume du domicile répute un homme majeur à 20 ans, & que celle du lieu où les biens font fitués ne répute majeur qu'à 25 ans; dans ce cas , il s'agit de favoir , fi on doit fe regler par la coutume du domicile , ou par celle de la fituation des biens , c'eft une *queftion mixte* , parce qu'il fe trouve deux loix différentes , qui font pour ainfi dire, mêlées enfemble fur les *queftions mixtes*.

Queftion mue , eft celle qui eft déja élevée , à la différence de celle qui n'eft pas encore née.

Queftion partagée, eft celle fur laquelle les opinions des auteurs ou des juges font partagées, de maniere qu'il s'en trouve autant pour foutenir un parti que pour l'autre. v. *Queftion départagée*.

Queftion pendante , eft celle qui eft actuellement foumife à la décifion du juge.

Queftion de pratique , eft celle qui ne roule que fur quelque point d'ufage de la pratique judiciaire.

Queftion problématique, eft celle fur laquelle il y a des raifons & des autorités pour & contre , tellement que l'on eft embarraffé à la décider.

Queftion de procédure, eft celle qui ne touche que l'ordre de la procédure & l'inftruction.

Queſtion triviale, eſt celle qui eſt déja rebattue, & dont la déciſion eſt notoire & connue de tout le monde. *v.* CAUSE, CONTESTATION, INSTANCES, PROCÈS.

QUESTION, *Juriſpr.* C'eſt une voye que l'on employe dans les procédures criminelles, ou pour tirer de l'accuſé l'aveu du crime, ou pour éclaircir les contradictions dans leſquelles il eſt tombé, ou pour le forcer à déclarer ſes complices, ou pour découvrir d'autres crimes dont il n'eſt pas accuſé & dont il pourroit être coupable, ou pour je ne ſais quelle néceſſité métaphyſique & difficile à comprendre, de purger l'infamie.

Nous préſenterons d'abord quelques raiſons générales qui montreront l'injuſtice & la barbarie de cette coutume, & nous ferons voir enſuite l'inſuffiſance des motifs qui l'ont fait établir.

Un homme ne peut être regardé comme criminel avant la ſentence du juge; & la ſociété ne peut lui retirer la protection publique, qu'après qu'il a été prouvé qu'il a violé les conditions auxquelles elle lui avoit été accordée. Quel autre droit que celui de la force peut autoriſer un juge à infliger une peine à un citoyen, lorſqu'on doute encore s'il eſt innocent ou coupable? Ce n'eſt pas un dilemme bien difficile à ſaiſir que celui-ci: le délit eſt certain ou incertain. S'il eſt certain, il ne doit être puni que de la peine fixée par la loi, & la torture eſt inutile, parce que la confeſſion même du coupable eſt inutile auſſi. Si le délit eſt incertain, on ne doit pas tourmenter l'accuſé, par la raiſon qu'on ne doit pas tourmenter un innocent, & que ſelon les loix, celui-là eſt innocent, dont le crime n'eſt pas prouvé.

La fin politique de l'établiſſement des peines eſt d'inſpirer la terreur aux au-

tres hommes par la force de l'exemple. *v.* PEINE. Il faut donc qu'elles ſoient publiques. Mais d'après ce principe, que peut-on penſer de ces boucheries ſecrettes établies dans l'obſcurité des priſons, & de ces tourmens que la tyrannie de l'uſage inflige aux coupables & aux innocens?

Il eſt important ſans doute qu'aucun crime connu ne demeure impuni. Mais il eſt inutile de découvrir l'auteur d'un crime caché dans les ténèbres. Un crime déja commis, auquel il n'y a plus de remede ne peut être puni par la ſociété politique, que pour empêcher que d'autres hommes n'en commettent de ſemblables par l'eſpérance de l'impunité. S'il eſt vrai, comme on n'en peut douter, que parmi les hommes le plus grand nombre eſt de ceux qui reſpectent les loix par crainte ou par vertu; le riſque de tourmenter un innocent eſt continuel, parce qu'il eſt plus probable, toutes choſes égales d'ailleurs, que l'accuſé les a plutôt reſpectées que violées.

C'eſt vouloir confondre tous les rapports, que d'exiger qu'un homme ſoit lui-même ſon accuſateur. Or c'eſt ce qu'on fait par l'uſage de la *queſtion*. La loi qui autoriſe la torture eſt une loi qui dit: „ hommes, réſiſtez à la dou- „ leur; la nature vous a donné un „ amour invincible de votre être, & „ un droit inaliénable à votre propre „ défenſe; mais je crée en vous un ſen- „ timent entierement oppoſé à celui-là, „ une haine héroïque de vous-mêmes, „ je vous ordonne de vous accuſer & „ de dire la vérité qui vous ſera funeſ- „ te, même au milieu du déchirement „ de vos muſcles, & du briſement de „ vos os ".

Examinons maintenant les motifs qu'on a eus d'établir l'uſage de la *queſtion.*

Le premier eſt qu'on a penſé que la douleur étoit un moyen de découvrir le crime, un critere de vérité; comme ſi ce critere devoit être tiré des muſcles & des fibres d'un malheureux qu'on déchire dans les tourmens. Ce moyen infâme de découvrir la vérité, eſt un monument encore ſubſiſtant de cette légiſlation barbare où les épreuves du feu, de l'eau bouillante, & l'incertitude des combats étoient appellés les *jugemens de Dieu*: comme ſi les anneaux de cette chaîne éternelle dont l'origine eſt dans le ſein de Dieu, pouvoient ſe déſunir à chaque inſtant pour les frivoles établiſſemens des hommes. La ſeule différence qu'on puiſſe aſſigner entre les épreuves de la torture, d'une part, & celles du feu & de l'eau bouillante, eſt que le ſuccès de la premiere dépend de la volonté de l'accuſé, & le ſuccès de celle-ci, d'un fait phyſique & extérieur. Mais cette différence eſt plus apparente que réelle. L'accuſé mis à la *queſtion* eſt auſſi peu le maître de dire la vérité au milieu des tourmens, qu'il l'étoit autrefois d'empêcher ſans fraude les effets du feu & de l'eau bouillante.

Tout acte de notre volonté eſt toujours proportionné à la force de l'impreſſion ſenſible qui en eſt la cauſe: & la ſenſibilité de tout homme eſt bornée. L'impreſſion de la douleur peut donc croître à un tel degré, qu'en occupant l'ame toute entiere, elle ne lui laiſſe aucune liberté, aucune activité à exercer, que de prendre au moment même la voie la plus courte pour écarter la douleur. Alors la réponſe de l'accuſé ſera néceſſaire, comme l'impreſſion du feu & de l'eau. Alors l'innocent criera qu'il eſt coupable pour faire ceſſer ſes tourmens; & le même moyen employé pour diſtinguer l'innocent & le criminel, fera évanouir toute différence entr'eux.

La torture eſt donc plutôt un ſûr moyen de condamner les innocens foibles, & d'abſoudre les ſcélérats robuſtes. Voilà les terribles inconvéniens de l'uſage qu'on veut faire de ce prétendu critere de vérité, uſage digne des cannibales.

De deux hommes également innocens ou coupables, le robuſte & le courageux ſera abſous, le foible & le timide condamné en conſéquence de ce beau raiſonnement-ci: moi, juge, il faut que je trouve un coupable; toi qui as de la vigueur, tu as réſiſté à la douleur, & pour cela je t'abſous: toi plus foible, tu as cédé à la force des tourmens, ainſi je te condamne; je ſens que la confeſſion qui t'a été arrachée, n'a aucune force; mais ſi tu ne confirmes pas ce que tu as confeſſé, je te ferai tourmenter de nouveau.

Le réſultat de la *queſtion* eſt donc une affaire de calcul & de tempérament, qui doit varier dans chaque homme, ſelon les différentes proportions de ſa force & de ſa ſenſibilité; de ſorte que le problème de découvrir la vérité par cette voie ſeroit mieux réſolu par un mathématicien que par un juge, & voici comment on pourroit l'exprimer: *étant données la force des muſcles & la ſenſibilité des fibres d'un innocent, trouver le degré de douleur qui le fera confeſſer qu'il eſt coupable d'un crime donné.*

Si la vérité ſe démêle ſi difficilement dans l'air, le geſte & la phyſionomie d'un homme tranquille, on la découvrira bien moins dans des traits altérés par les convulſions de la douleur. Toute action violente confond & fait diſparoître les petites différences des mouvemens par leſquels on diſtingue quelquefois le menſonge de la vérité.

On n'a pas aſſez remarqué un effet néceſſaire de l'uſage de la *queſtion*; c'eſt de mettre l'innocent dans une condition pire que celle du coupable; l'un & l'autre étant appliqués à la torture, le premier a toutes les combinaisons contre lui : en effet, s'il avoue le crime qu'il n'a pas commis, il est condamné : s'il est déclaré innocent, il a souffert une peine qu'il ne méritoit pas. Le coupable, au contraire, a un cas en sa faveur, puisque s'il résiste aux tourmens avec fermeté, il est absous; il a gagné au change, en subissant une peine plus légere que celle dont il étoit menacé. Ainsi l'innocent ne peut que perdre, & le criminel peut gagner.

L'insuffisance de ce prétendu moyen de découvrir la vérité a été sentie, bien que confusément, par les légiflateurs eux-mêmes. La confession faite durant les tourmens est nulle, si elle n'est confirmée avec serment après la cessation de la torture. Il est vrai que si l'accusé ne confirme son aveu, il est de nouveau tourmenté. Quelques jurisconsultes & quelques nations ne permettent cette infâme pétition de principe, que jusqu'à trois fois; d'autres docteurs & d'autres nations abandonnent la chose à la discrétion du juge.

Il feroit inutile de confirmer ces réflexions par les exemples sans nombre d'innocens qui se font reconnus coupables dans les tourmens. Il n'y a point de nation & point de siecle qui ne cite les siens. Mais les hommes ne changent point, & ne tirent point de conséquence, ni des faits qu'ils connoissent, ni des principes qu'ils adoptent. Il n'y a point d'homme ayant porté ses idées un peu au-delà des premiers besoins de la vie, qui, rappellé par la voix sourde & secrette de la nature, ne soit tenté de revenir à elle, & de se rejetter entre ses bras. Mais l'usage, ce tyran des ames, l'épouvante & le retient.

2°. On applique un accusé à la *question* pour éclaircir, dit-on, les contradictions dans lesquelles il tombe dans les interrogatoires qu'on lui fait subir : comme si la crainte du supplice, l'incertitude & l'appareil du jugement, la majesté du juge, l'ignorance même commune aux innocens & aux coupables, ne devoient pas faire tomber en contradiction, & la timide innocence, & le crime qui cherche à se cacher ; comme si les contradictions, si ordinaires à l'homme tranquille, ne devoient pas se multiplier dans le trouble de l'ame absorbée toute entiere dans la pensée de se sauver d'un danger imminent.

3°. Donner la torture pour découvrir si un coupable a commis d'autres crimes que celui dont il est convaincu, c'est se conduire d'après le raisonnement suivant, que le juge peut être supposé faire à l'accusé : tu ès coupable d'un crime; donc il est possible que tu en ayes commis cent autres. Ce doute m'inquiete & me pese. Je veux m'en éclaircir avec mon critere de vérité. Les loix te feront tourmenter non-seulement parce que tu ès coupable, mais parce que tu peux être plus coupable.

4°. On donne la torture à un coupable pour découvrir ses complices. Mais si nous avons prouvé qu'elle n'est pas un moyen de connoître la vérité, comment servira-t-elle à faire connoître les complices, connoissance qui est une des vérités qu'on cherche? Certainement celui qui s'accuse lui-même, accusera les autres encore plus facilement. D'ailleurs est-il juste de tourmenter un homme pour le crime d'un autre ? Ne découvrira-t-on pas les complices par l'examen des témoins, du criminel, des preuves, du corps du délit, & enfin par tous les moyens qui ont servi à constater le crime de l'accusé ?

Ordinairement les complices fuient, lorfque leur camarade eft prifonnier. L'incertitude de leur fort les condamne à l'exil, & délivre la fociété du danger d'en recevoir de nouveaux dommages, tandis que la peine du coupable qu'elle a entre les mains, fert à éloigner les autres hommes du crime par la terreur de l'exemple.

5°. Il nous refte à examiner un autre motif ridicule de l'ufage de la *queftion*, la prétendue néceffité de purger l'accufé d'infamie. En vérité une coutume fi barbare ne devroit pas être tolérable au dix-huitieme fiecle. La douleur eft une fenfation qui ne fauroit influer fur un rapport entierement moral, tel que l'infamie. La *queftion* eft-elle un creufet, & l'infamie une matiere impure & hétérogene qu'on veuille féparer d'un corps auquel elle eft mêlée ?

L'infamie n'eft réglée ni par les loix, ni par la raifon. Elle eft toujours l'ouvrage de l'opinion. La torture même rend infâme celui qui en eft la victime, & cette méthode répandroit l'infamie fur celui qu'on veut laver d'infamie.

Il n'eft pas difficile de remonter à l'origine de cette loi ridicule, parce que les abfurdités adoptées par une nation entiere, ont toujours quelque rélation à d'autres idées établies & refpectées dans la même nation. Cet ufage femble dériver des pratiques de la religion qui ont tant d'influence fur les efprits des hommes de tous les fiecles & de tous les pays. La foi nous enfeigne que les taches contractées par l'humaine foibleffe, & qui n'ont pas mérité la colere éternelle de l'Etre fuprème, font purgées dans une autre vie par un feu incompréhenfible. L'infamie eft une tache, & puifque la douleur & le feu du purgatoire emportent les taches fpirituelles, pourquoi les tourmens de la *queftion* ne feroient-ils pas difparoître la tache civile de l'infamie ? La confeffion du coupable qu'on exige dans certains tribunaux comme effentielle pour la condamnation, paroît avoir une origine femblable, & s'être établie d'après le modele du tribunal myftérieux de la pénitence, où la confeffion des péchés eft une partie effentielle du facrement. C'eft ainfi que les hommes abufent des lumieres les plus certaines de la révélation. C'eft ainfi que dans les fiecles d'ignorance les hommes ont recours à la religion qui feule demeure fubfiftante, & qu'ils font de fes principes & de fes pratiques les plus abfurdes applications.

Les vérités que nous avons expofées ont été connues des légiflateurs Romains, qui n'établirent la *queftion* que pour les efclaves, efpece d'hommes à qui il ne reftoit aucune perfonnalité civile. Elles ont été reconnues & mifes en pratique en Angleterre, nation qui juftifie la bonté de fes loix par fes progrès dans les fciences, par fa fupériorité dans le commerce, & dans les richeffes & la puiffance qui en font les fuites, & par les modeles qu'elle donne de courage & de vertu. Elles ont été connues en Suede, où la torture a été abolie : elles ont été connues par un des plus fages monarques de l'Europe, qui ayant fait affeoir la philofophie fur le trône, légiflateur bienfaifant de fes fujets, les a rendu égaux & libres fous la dépendance des loix, feule liberté & feule égalité que des hommes raifonnables puiffent exiger dans l'état préfent des chofes. Enfin la torture n'a point été regardée comme néceffaire par les loix militaires, dans ces armées compofées de la lie des nations, où elle fembleroit devoir être établie plus que par tout ailleurs : phénomene bien étonnant

pour

pour celui qui n'a pas considéré avec assez d'attention combien est grande la tyrannie de l'usage; des hommes endurcis aux meurtres, & familiarisés avec le sang, enseignant l'humanité aux législateurs d'un peuple en paix. *Statutum est*, disoit Ulpien, *non semper fidem tormentis, nec tamen numquam adhibendam fore. Etenim res est fragilis, quæstio & periculosa, veritatem fallat; nam plerique patientiâ, sive duritiâ tormentorum, ita tormenta contemnunt, ut exprimi ei veritas, nullo modo possit: alii tantâ sunt impatientiâ, ut quævis mentiri, quam pati tormenta velint. Ita fit, ut etiam vario modo fateantur ut non tantùm se, verùm etiam alios criminentur.* (D. F.)

QUESTIONNAIRE, s. m., *Jurisprud.*, est celui qui donne la question ou torture aux accusés.

On se sert aussi du *questionnaire* pour faire fustiger ceux qui sont condamnés à avoir le foüet sous la custode, & auxquels on ne veut pas imprimer de note d'infamie.

Dans les endroits où il n'y a pas de *questionnaire* en titre, c'est l'exécuteur de la haute-justice qui donne la question. *Voyez* ci-devant QUESTION.

QUESTURE, s. f., *Droit Rom.* La *questure* ainsi que l'édilité, étoit une magistrature qui servoit à parvenir à de plus élevées; elle étoit annuelle comme celle de consul, & elle ne s'obtenoit, à ce qu'il paroît, qu'à 25 ans au plus tôt. De là il est facile de conclure qu'on ne pouvoit avoir entrée en sénat avant cet âge, puisque pour y entrer, il falloit avoir obtenu *questure*, ou exercer quelqu'autre charge. *Voyez* Sigonius, *de antiq. juris rom.* Celui qui étoit honoré de la *questure* s'appelloit *questeur*. *v.* QUESTEUR.

Tome XI.

QUIDAM, s. m., *Jurisprud.*, terme purement latin adopté dans la pratique pour exprimer une certaine personne inconnue & que l'on ne peut nommer; on fait ordinairement le signalement d'un *quidam*, en le désignant par les traits de son visage, la couleur de ses cheveux, par sa taille, par ses habits & autres choses qui peuvent servir à le faire reconnoître.

On rend plainte contre un *quidam*, & l'on permet aussi d'informer contre lui; on le decrete & on fait contre lui toute la procédure nécessaire, & finalement on le juge par contumace, & on le condamne s'il y a lieu, & l'exécution se fait contre lui de même que contre les autres contumax.

QUIÉTISME, s. m., *Morale*, ou mysticisme; doctrine dont le principal point est que l'on doit s'anéantir soi-même pour s'unir à Dieu, & demeurer ensuite dans une parfaite quiétude, c'est-à-dire, dans une simple contemplation sans faire aucune réflexion, & sans se troubler en aucune sorte de ce qui peut arriver dans le corps. Molinos, Michel, né dans le diocese de Sarragosse en 1627 alla s'établir à Rome, où il s'acquit une grande considération, & répandit cette doctrine dans plusieurs livres, entr'autres dans celui qu'il intitula, *la conduite spirituelle*, ainsi que dans son oraison *de quietudine*; delà vint qu'on nomma sa doctrine *quiétisme*, & ses disciples *quiétistes*.

Il avoit déja beaucoup de sectateurs en 1680; leurs opinions qui sont comme tant d'autres, si humiliantes pour la raison humaine, firent grand bruit à Rome, où ces sortes de contestations sont méprisées pour le fond, & jugées avec beaucoup de solemnité pour la forme. Molinos étoit grand directeur de conscience, & qui plus est, homme de bien, felon la juftice que lui rendit le pape, deux titres pour avoir beaucoup d'ennemis. Ceux qui étoient jaloux de gouverner les confciences, ne manquerent pas de voir un hérétique dangereux dans un homme, dont les idées fur la fpiritualité étoient plus dignes de pitié que d'indignation.

Chriftine, foit par compaffion naturelle, foit par haine contre les perfécuteurs de Molinos, foit peut-être par le defir de jouer un rôle remarquable dans une affaire dont la chrétienté étoit alors occupée, prit très-hautement le parti du prêtre efpagnol, & peu s'en fallut qu'on ne fît un crime à cette princeffe, de remplir envers un malheureux prêtre les devoirs de l'humanité. Le repos fpirituel qu'il prêchoit, & qui étoit alors l'objet de toute l'attention du faint office, fit dire à Pafquin affez plaifamment. ,, Si nous parlons, les ,, galeres; fi nous écrivons, le gibet; ,, fi nous nous tenons en repos, le faint ,, office: que faire donc?"

Mais enfin les ennemis de Molinos étoient fi puiffans, & pourfuivoient fi vivement fa condamnation, qu'elle fut prononcée en 1687, par le pape Innocent XI. alors affis fur le fiege pontifical. Les livres de Molinos furent brûlés, & lui-même pour fauver fa vie, fut obligé de faire abjuration de fes erreurs fur un échafaud, dreffé dans l'églife des dominicains en préfence du facré college. On le condamna enfuite à une prifon perpétuelle, où il mourut le 29 Decembre 1689.

Dans cette conjonéture, la doétrine du *quiétifme* caufoit en France une divifion, au milieu des querelles du janfénifme, preuve que l'efprit humain n'avoit pas encore fait affez de progrès philofophiques.

La difpute du *quiétifme* qui s'éleva dans ce royaume, eft une de ces intempérances d'efprit, & de ces fubtilités théologiques qui n'auroient laiffé aucune trace dans la mémoire des hommes, fans les noms des deux illuftres rivaux qui combattirent. Une femme, fans crédit, fans véritable efprit, & qui n'avoit qu'une imagination échauffée, mit aux mains les deux plus grands hommes qui fuffent alors dans l'églife gallicane; fon nom étoit *Bouvieres de la Motte*. Elle étoit née à Montargis en 1648, où elle avoit époufé le fils de Guion, entrepreneur du canal de Briare. Devenue veuve dans une affez grande jeuneffe, avec du bien, de la beauté, & un efprit fait pour le monde, elle s'entêta de ce qu'on appelle la *fpiritualité*. Un barnabite du pays de Geneve nommé *Lacombe*, fut fon diréteur. Cet homme connu par un mélange affez ordinaire de paffions & de religion, & qui eft mort fou, plongea l'efprit de fa pénitente dans les rèveries myftiques dont elle étoit déja atteinte. L'envie d'être une fainte Therefe en France, ne lui permit pas de voir combien le génie françois eft oppofé au génie efpagnol, & la fit aller beaucoup plus loin que fainte Therefe. L'ambition d'avoir des difciples, la plus forte peut-être de toutes les ambitions, s'empara toute entiere de fon cœur. Elle alla avec fon diréteur dans le petit pays où l'évêque titulaire de Geneve fait fa réfidence; elle s'y donna de l'autorité par fa profufion en aumônes; elle tint des conférences; elle fit des profelytes, & fut chaffée par l'évêque, ainfi que fon diréteur. Ils fe retirerent à Grenoble; elle y répandit un petit livre intitulé: *Le moyen court*, & un autre fous le nom des *torrens*, écrits du ftyle dont elle parloit, & fut encore obligée de fortir de Grenoble.

Alors elle fe rendit à Paris, conduite par fon directeur, & l'un & l'autre ayant dogmatifé en 1687, l'archevêque obtint un ordre du roi pour faire enfermer Lacombe, comme un féducteur, & pour mettre dans un couvent madame Guion, qui s'étoit déja fait de grandes protections. Ses amis & amies fe plaignirent hautement, que M. de Harlay, connu pour aimer trop les femmes, perfécutât une femme qui ne parloit que de l'amour de Dieu. En particulier, la protection toute-puiffante de madame de Maintenon, rendit la liberté à madame Guion, qui vint à Verfailles pour le remercier, s'introduifit dans S. Cyr, & affifta aux conférences dévotes que faifoit M. l'abbé de Fénelon. Il étoit alors précepteur des enfans de France.

Né avec un cœur tendre, fon efprit s'étoit nourri de la fleur des belles-lettres. Plein de goût & de graces, il préferoit dans la théologie tout ce qui a l'air touchant & fublime, à ce qu'elle a de fombre & d'épineux; fon imagination s'échauffoit par la candeur & par la vertu, comme les autres s'enflamment par leurs paffions. La fienne étoit d'aimer Dieu pour lui-même, il ne vit dans madame Guion qu'une ame éprife du même goût que lui, & fe lia fans fcrupule avec elle. Ainfi madame Guion, affurée & fiere d'un tel partifan, continua de répandre dans S. Cyr toutes fes idées. L'évêque de Chartres s'en plaignit, l'archevêque de Paris menaça de recommencer fes pourfuites. Madame de Maintenon ne penfoit qu'à faire de S. Cyr un féjour de paix, & qui n'avoit en vûe que fon crédit & fon repos, rompit tout commerce avec madame Guion. Enfin, l'abbé de Fénelon lui-même confeilla à fon amie, de s'en rapporter aux lumieres du célebre Boffuet, regardé comme un pere de l'églife. Elle le fit, communia de la main de ce prélat, & lui donna fes écrits à examiner.

Cependant M. de Fénelon ayant été élevé à l'archevêché de Cambrai en 1695, Boffuet devenu jaloux de la réputation & du crédit de fon difciple, exigea qu'il condamnât madame Guion avec lui, & foufcrivit à fes inftructions paftorales. M. de Fénelon ne voulut lui facrifier ni fes fentimens, ni fon amie; mais au contraire, en partant pour fon diocefe, il fit imprimer à Paris fon livre des *maximes des Saints*, ouvrage dans lequel il crut rectifier tout ce qu'on reprochoit à madame Guion, & développer les idées orthodoxes des pieux contemplatifs qui s'élevent au-deffus des fens, & qui tendent à un état de perfection, où les ames ordinaires n'afpirent guere. M. de Meaux & fes amis fe fouleverent contre ce livre, & le dénoncerent au roi, comme s'il eût été auffi dangereux qu'il étoit peu intelligible. Madame Guion accufée de dogmatifer toujours, fut mife en prifon à Vincennes, où elle compofa un volume de vers myftiques : on la transféra à la baftille.

M. Boffuet écrivit contre M. de Fénelon; & leurs écrits partagerent la cour & la ville : tous deux envoyerent leurs ouvrages au pape Innocent XII. & s'en remirent à fa décifion. Les circonftances n'étoient nullement favorables à l'auteur du livre *des Maximes*; le pere de la Chaife n'ofa foutenir M. de Cambrai auprès du roi fon pénitent, & madame de Maintenon l'abandonna. Louis XIV. écrivit au pape Innocent XII. qu'on lui avoit déféré le livre de l'archevêque de Cambrai, comme un ouvrage pernicieux; qu'il l'avoit fait remettre aux mains du nonce, & qu'il preffoit fa fainteté de juger.

La congrégation du saint office nomma pour instruire le procès, un dominicain, un jésuite, un bénédictin, deux cordeliers, un feuillant, & un augustin ; c'est ce qu'on appelle à Rome les *consulteurs*. Les cardinaux & les prélats laissent d'ordinaire à ces moines l'étude de la théologie, pour se livrer à la politique, à l'intrigue, ou aux douceurs de l'oisiveté. Les consulteurs examinerent pendant trente-sept conférences trente-sept propositions, les jugerent erronées à la pluralité des voix ; & le pape, à la tête d'une congrégation de cardinaux, les condamna par un bref, qui fut publié & affiché dans Rome le 13 Mars 1699.

L'évêque de Meaux triompha ; mais l'archevêque de Cambrai tira un plus beau triomphe de sa défaite ; il se soumit sans restriction & sans réserve. Il monta lui-même en chaire à Cambrai, pour condamner son propre livre ; il empêcha ses amis de le défendre. Cet exemple unique de la docilité d'un savant qui pouvoit se faire un grand parti par la persécution même ; cette candeur, & cette simplicité, lui gagnerent tous les cœurs, & firent presque haïr celui qui avoit remporté la victoire ; il vécut toujours depuis dans son diocese en digne archevêque, en homme de lettres. La même année 1699, madame Guion sortit de la bastille, & se retira à Blois, où elle mourut douze ans après, le 9 Juin 1717, dans les sentimens de la spiritualité la plus tendre.

Le *quiétisme* n'est point une idée nouvelle imaginée par Molinos : cette doctrine a la plus grande conformité avec l'origénisme spirituel qui s'étendit dans tout le monde, & dont les sectateurs, selon saint Epiphane, étoient irréprochables du côté de la pureté. Evagrius,

diacre de l'église de Constantinople, s'étant confiné dans un désert, publia, dit S. Jérôme, un livre de *maximes*, par lesquelles il prétendoit ôter à l'homme tout sentiment de passions : voilà justement la prétendue perfection des quiétistes.

Si nous passons en Orient, nous y trouverons des mystiques, qui de tems immémorial, ont enseigné la transformation de toutes choses en Dieu, & qui ont réduit les créatures à une espece de néant, c'est-à-dire, d'inaction ; autre opinion des quiétistes. Les brachmanes ou les bramines poussent si loin l'apathie ou l'indifférence à laquelle ils rapportent toute la sainteté, qu'il faut devenir pierre ou statue, pour en acquérir la perfection. C'est, disent-ils, ce profond assoupissement de l'esprit, ce repos de toutes les puissances, cette continuelle suspension des sens, qui fait le bonheur de l'homme, & le rend parfaitement semblable au dieu Fo.

Il paroît aussi que cette indifférence parfaite des bramines, est le dogme favori des quiétistes, & que, selon eux, la vraie béatitude consiste dans le néant. » Alors dans ce triple silence de paro- » les, de pensées, & de desirs, se trou- » vant dans un sommeil spirituel, dans » une ivresse mystique, ou plutôt dans » une mort mystique, toutes les puis- » sances suspendues sont rappellées de » la circonférence au centre : Dieu qui » est ce centre, se fait sentir à l'ame » par des goûts, par des illaps, par » des suavités ineffables. Ses affec- » tions étant ainsi émues, elle les laisse » repofer doucement...... & trouve » un délicieux repos qui l'établit au- » dessus des délices, au-dessus des extases, » au-dessus des plus belles manifesta- » tions, des notions, & des spécula- » tions divines : on ne sait ce qu'on

„ fent; on ne fait ce qu'on eft". N'allez pas vous imaginer que M. de la Bruyere dans les paroles qu'on vient de lire, (*dialogue ij. fur le Quiétifme, page 33.*) s'eft fervi d'amplifications : vous verrez fon livre muni de preuves. Vous y trouverez ce paffage de Molinos : „ C'eft „ alors que le divin époux fufpendant „ fes facultés, l'endort d'un fommeil „ doux & tranquille : c'eft dans cet „ affoupiffement qu'elle jouit avec un „ calme inconcevable, fans favoir en „ quoi confifte fa jouiffance".

Vous y trouverez „ qu'une ame fpi- „ rituelle doit être indifférente à tou- „ tes chofes, foit pour le corps, foit „ pour l'ame, ou pour les biens tem- „ porels & éternels : laiffer le paffé dans „ l'oubli, & l'avenir à la providence „ de Dieu, & lui donner le préfent; „ & que l'abandon de l'ame doit aller „ jufqu'à agir fans connoiffance, ainfi „ qu'une perfonne qui n'eft plus. Que „ l'ame ne fe fent plus, ne fe voit „ plus; elle ne voit rien de Dieu, „ n'en comprend rien, n'en diftingue „ rien; il n'y a plus d'amour, de lu- „ miere, ni de connoiffance.... Que „ cette ame ne fe fentant pas, n'eft pas „ en peine de chercher, ni de rien faire; „ elle demeure comme elle eft; cela lui „ fuffit; mais que fait-elle? rien, rien, „ & toujours rien. Que l'indifféren- „ ce de cette amante eft fi grande, „ qu'elle ne peut pencher ni du côté „ de la jouiffance, ni du côté de la „ privation. La mort & la vie lui font „ égales; & quoique fon amour foit „ incomparablement plus fort qu'il n'a „ jamais été, elle ne peut néanmoins „ defirer le paradis, parce qu'elle de- „ meure entre les mains de fon époux „ comme les chofes qui ne font point. „ Ce doit être l'effet de l'anéantiffement „ le plus profond. Que l'oraifon par-

„ faite de contemplation met l'homme „ hors de foi, le délivre de toutes les „ créatures, le fait mourir & entrer „ dans le repos de Dieu; il eft en ad- „ miration de ce qu'il eft uni avec „ Dieu; fans douter qu'il foit diftin- „ gué de Dieu : il eft réduit au néant, „ & ne fe connoît plus; il vit & ne „ vit plus; il opere & n'opere plus; „ il eft & n'eft plus ". *Dialog. v. vj. & vij.*

Plufieurs écrivains fe font attachés à refuter éloquemment ces folles vifions, qui ne méritent que la compaffion, & qui ne renferment qu'un jargon inintelligible.

QUINT, f. m., *Droit féodal*, eft la cinquieme partie du prix de la vente d'un fief.

En quelques pays on l'appelle *vente* ou *droit de ventes ou lods*, de même que le droit qui eft dû pour les rotures.

Le *quint* fe prend fur le prix de la vente, comme de 100000 livres 20000 livres.

On compte dans le prix non-feulement la fomme payée au vendeur, mais auffi celle que l'acheteur s'eft obligé de payer en fon acquit.

Mais on ne compte point dans le prix ni les frais du contrat, ni les loyaux-coûts, ni les frais extraordinaires des criées, ni ceux du decret, parce que cela ne tourne point au profit du vendeur; on fuit à cet égard les mêmes regles que pour la fixation des lods & ventes *v.* ci-devant Lods.

Ce droit dérive de la conftitution des fiefs, après qu'ils furent devenus héréditaires & patrimoniaux. Lorfque les premieres loix féodales étoient dans toute leur vigueur, le vaffal étoit dans une fi grande dépendance de fon feigneur, qu'il ne pouvoit pas faire la moindre aliénation dans fon fief, &

encore moins le vendre tout entier sans sa permission ; mais souvent les seigneurs affectoient quantité de difficultés pour accorder cette permission , & avoir occasion de la vendre plus cher ; quelquefois même par mauvaise humeur ils refusoient de la donner ; il se pouvoit faire encore que le seigneur ne voulût pas perdre un vassal dont il étoit content. Il est sensible que toutes ces tracasseries gènoient extrêmement le commerce des fiefs ; pour le rendre plus libre, les seigneurs se sont relâchés peu-à-peu de l'ancienne rigueur. D'abord l'usage s'introduisit, ensuite il fut établi par les coutumes que le vassal pourroit vendre son fief sans la permission de son seigneur, en lui payant un droit qu'on a communément fixé au cinquieme du prix de la vente, & c'est ce droit qu'on appelle *quint*. Quelques coutumes l'appellent aussi *rachat*, ce qui cause qu'on y confond souvent le rachat dû pour la vente, avec le rachat dû en succession collatérale, qui sont deux droits fort différens.

Le droit de *quint* n'est dû qu'en deux sortes de mutations ; 1°. en cas de vente, ou d'acte équipollent à vente. 2°. En rente rachetable à prix d'argent, & cela sans attendre le rachat de la rente, parce qu'on a estimé ce contrat équipollent à vente. Le *quint* s'y regle à raison du sort principal pour lequel la rente est stipulée rachetable, ou au denier vingt s'il n'y est point réglé.

C'est ordinairement à l'acquéreur à payer le *quint*, à moins qu'il n'y ait stipulation contraire ; & alors l'acquéreur, dans certaines coutumes, outre le *quint*, doit encore le cinquieme du montant du *quint*, ainsi que nous le dirons ci-après.

Le droit de *quint* est général dans presque toutes les coutumes en cas de vente de fief ; il n'y en a que très-peu d'exceptées.

Quand le fief est vendu par vente pure & simple, le *quint* est dû sans doute ; mais la difficulté est de savoir quand il est dû par contrat équipollent à vente, & de le bien connoître. Comme le *quint* est, par rapport aux fiefs, ce que les lods & ventes sont par rapport aux censives, les principes & les régles sont les mêmes ; ainsi on peut voir le mot Lods & Ventes, & on y trouvera tous les actes qui, suivant l'usage & le sentiment des meilleurs auteurs, sont réputés équipollens à vente.

Il y a quelques cas dans lesquels il se trouve aliénation effective du fief à prix d'argent, & où néanmoins le droit de *quint* n'est pas dû ; on en distingue entr'autres de six sortes.

La premiere est le partage fait entre co-héritiers en directe, même avec retour de deniers. On répute partage tout premier acte passé entre freres après le decès du pere.

La seconde est la licitation faite en justice entre co-héritiers aussi en directe, où l'un d'eux est adjudicataire ; si c'étoit un étranger, le droit seroit dû.

La troisieme est l'acquisition faite par un seigneur d'un héritage relevant de lui en fief ou en censive. Il n'y a pas de difficulté que le seigneur ne se doit pas des droits à lui-même : mais ceci regarde le fermier général d'une seigneurie, dans le bail duquel seroient compris les profits féodaux & censuels ; il n'en peut prétendre lorsque le seigneur acquiert ce qui relève de lui.

La quatrieme, quand l'acquéreur a été contraint de déguerpir le fief à cause des hypothéques, il n'est dû qu'un seul droit de *quint*, tant pour l'acquisition que pour le décret fait après le déguerpissement.

La cinquieme eft quand l'acquéreur fait décreter l'héritage fur foi-même, pour en purger les hypothéques, il n'eft encore dû qu'un feul droit de *quint*, tant pour la premiere acquifition que pour le décret.

La fixieme eft le privilege de certaines perfonnes qui font exemptes de tous droits feigneuriaux pour les acquifitions qu'elles font d'héritages relevant du prince en plein fief ou cenfive.

Les *quints & requints* d'un fief payés par le vendeur, fi le contrat a depuis été réfolu par la faute de l'acheteur, en vertu d'une claufe inférée au contrat de vente, laquelle cet acheteur ne fatisfait pas, doivent être reftitués par l'acheteur au vendeur.

Quint & requint. Le *quint*, comme nous l'avons dit, eft la cinquieme partie du prix de la vente d'un fief, le *requint* eft aufli la cinquieme partie du montant du *quint*; ainfi lorfque le *quint* monte à 1000 livres, le *requint* fera de 200 livres.

Le *quint* eft dû pour tout contrat contenant vente de fief, ou pour tout autre acte équipollent à vente; mais quand, dans le contrat, il eft expreffément dit que la vente eft faite francs-deniers au vendeur, ce qui fe fait lorfque l'acquéreur fe charge de payer les droits feigneuriaux, alors dans quelques coutumes, outre le *quint*, il eft dû le *requint*.

Le *requint*, comme on voit, n'eft point un droit général; ainfi pour l'exiger, il faut qu'il foit établi ou par la coutume, ou par le titre d'inféodation. Quelques coutumes même exemptent expreffément du *requint*.

Quint en montant, eft celui qui fe fait par rapport au prix de la vente du fief, en l'augmentant d'un cinquie-me qui appartient par droit de *quint* au feigneur féodal.

Ainfi quand un fief eft vendu 80000 livres, le *quint* eft de 20000 livres, de maniere que le droit du feigneur eft un augment d'un cinquieme du prix qui lui appartient par fon droit de *quint*.

Quint hérédital ou *viager*, eft la cinquieme partie des fiefs que l'aîné doit à fes puînés dans quelques coutumes qui donnent à l'aîné tous les fiefs, à la charge d'en délivrer un *quint* aux puînés; ce *quint* eft appellé *naturel & coutumier*, & eft ou viager ou hérédital.

Le viager eft le droit de jouir en ufufruit par les héritiers puînés leur vie durant feulement, & par le furvivant d'eux du *quint* du fief ou fiefs échus de fucceffion à leur co-héritier aîné, foit fils ou fille, par le trépas de leurs pere & mere.

Le *quint hérédital* contraire au viager, eft celui qui, par la difpofition de la coutume, demeure aux puînés en propriété, auquel leurs enfans fuccédent, fans néanmoins fortir de la ligne directe.

Ces coutumes font plus favorables aux puînés, en ce qu'étant faits propriétaires de leurs portions de *quint*, ils en peuvent difpofer; mais ces coutumes donnent à l'aîné la faculté de récompenfer le *quint* des puînés, foit en héritages roturiers, foit en argent.

Entre l'un & l'autre *quint*, il ne fe trouve de différence qu'en la durée. L'un & l'autre n'a lieu qu'entre freres & fœurs feulement, fans repréfentation, & n'eft dû aucun *quint* en fucceffion collatérale. Il y a même quelques coutumes qui reftreignent ce droit aux fucceffions des peres & meres feulement.

Ce droit d'aineffe qui donne les fiefs à l'aîné, à la charge du *quint* pour les puînés, ne fe peut étendre aux coutumes qui n'ont point de dispositions semblables.

Ces coutumes n'ayant donné le *quint* aux puînés que comme héritiers, & ce *quint* étant une portion de la succession, il oblige les puînés de contribuer, pour leur part & portion, aux charges anciennes & autres qui étoient dues sur les fiefs; comme aussi de contribuer aux menues réparations & entretenemens nécessaires des héritages & gages des officiers.

Quant au partage qui se fait du *quint*, tous les puînés y ont autant l'un que l'autre.

Quint datif, est la cinquieme partie des héritages que possede un particulier, dont il peut faire, dans quelques coutumes, don ou legs, même en propriété, à un étranger de la famille; & ce *quint* est préféré au *quint* naturel & coutumier dont nous venons de parler.

On ne peut quinter qu'une fois ses héritages, ce qui a été ainsi établi, afin qu'une personne, pendant sa vie, ne puisse, en quintant plusieurs fois, épuiser les fiefs qu'il possede, pour ne laisser à son héritier qu'un titre vain & infructueux; lequel, au lieu d'avoir toute la succession, non-seulement des fiefs, mais de tous les biens, auroit une moindre part qu'un étranger ou un de ses puînés, s'il étoit permis de quinter plusieurs fois.

C'est à quoi la coutume de Ponthieu en France, a remédié, & la défense qu'elle fait de quinter plus d'une fois ses héritages, peut servir de regle générale pour les coutumes qui ne donnent aux puînés qu'un *quint* dans les héritages ou dans les fiefs, parce que sans cette restriction, les aînés pourroient être frustrés des avantages que les coutumes leur donnent. (R.)

QUINTAINE, s. f., *Jurispr.*, est un exercice du corps ou jeu que certaines personnes sont obligées de faire pour le divertissement du seigneur.

Balzamon prétend que ce jeu a été ainsi appellé, parce qu'un nommé *Quintus* en fut l'inventeur, ce qui paroît appuyé sur la loi 1. au *code de aleatoribus*.

Pancirole, *I. var. cap. jv.* prétend qu'il a été nommé à *Quintanâ viâ quæ castris romanis in Quintanam portam exibat.*

Du Cange, en sa *Dissertation sur Joinville*, tient que ce terme vient de ce que ce devoir s'acquittoit dans les banlieues appellées *Quintes* ou *Quintaines*, parce qu'elles s'étendoient à 5000 pas hors de la ville.

On plaçoit ordinairement vers l'extrêmité de la banlieue un pal ou poteau que l'on appelloit le *pal de la quintaine*, & ce pal servoit pour le jeu ou exercice dont il s'agit, qui a aussi été appellé *la quintaine*, du nom de la banlieue où il se faisoit, & du pal de la banlieue où il servoit.

Anciennement les paysans, dans les campagnes, s'amusoient à cet exercice aux jours de fêtes; & comme alors les seigneurs demeuroient tous dans leurs terres, leurs justiciables, pour les amuser, alloient prendre le divertissement de la *quintaine* sous les fenêtres du château; les jeunes seigneurs laïcs ou ecclésiastiques se mêloient dans la foule, & prenoient sans façon, sur-tout avec les jeunes mariées, des libertés publiques que la décence des mœurs a proscrites dans la suite.

Il y a toujours des seigneurs plus avides que les autres: ceux-ci, d'une déférence volontaire, se font fait un droit qu'ils ont exigé dans la suite par force; les justiciables, à certains jours

de

de l'année, ont été contraints, sous peine d'amende, d'aller divertir monseigneur.

Il y a des seigneuries où, à chaque mutation de seigneur ou de vassal, le vassal, pour tout devoir féodal, doit tirer la *quintaine*, ou chanter la chanson à la dame, ou porter la bûche au feu, la nuit de noël, ou danser habillé en pantalon devant le seigneur, quand il fait sa première entrée dans la seigneurie. Tous ces droits prouvent quel étoit le goût des anciens seigneurs, & quels étoient leurs amusemens dans leurs terres. Les seigneurs d'aujourd'hui ont presque tous converti ces gothiques divertissemens en redevances pécuniaires. (R.)

QUINTER *son fief*, *Droit féod.* ; c'est disposer de la cinquieme partie de son fief. Voyez l'article QUINT comment on le peut faire. (R.)

QUINZAIN, s. m., *Dr. can.*, c'est une espece de droit vis-à-vis du pape, comme celui qui se paie aux seigneurs par la main-morte, sous le nom & à titre d'indemnité, *v.* INDEMNITÉ. Paul II. en fut le premier instituteur ; mais il ne le fut que de la nouvelle forme de son paiement, car on le payoit auparavant & d'aussi loin que les annates ont été en usage ; parce qu'en aucun tems les officiers de chancellerie n'ont laissé perdre leurs droits.

En effet, dans l'idée que les annates & autres taxes pareilles se paient au pape en signe de son suprême & souverain domaine des biens de l'église, comme le dit Amydenius, *in recognitionem universalis Dominii*, il étoit difficile que l'indemnité du *quinzain* leur échappât, à l'imitation du droit seigneurial appellé par les feudistes, *jus indemnisationis* : il se payoit donc dès avant la bulle de Pie II. quoique dans

Tome XI.

une autre forme. Amydenius dit que les parties s'accommodoient comme on fait pour les lods ; ce que les papes ont voulu fixer invariablement par le *quinzain*, auquel, suivant le même auteur, les monasteres de filles, les hôpitaux & les paroisses auxquelles on a fait des unions, ne sont point soumis ; quelques-uns exceptent aussi avec peine les séminaires, mais toutes les autres églises ou bénéfices de par-tout le monde, doivent payer le *quinzain*, suivant les termes de ladite constitution d'Urbain VIII. *Quindemnia debentur pro unione quorumcumque beneficiorum in quâlibet mundi parte existentium.* Ce qui ne comprend point les legs pies, comme n'exclut pas aussi les bénéfices de récente fondation, non plus que les bénéfices unis & incorporés : *In solutione quindemnii, non solùm consideratur damnum cameræ apostolicæ, & officialium cancellariæ ex jure de præterito, sed etiam utile ex jure de futuro* ; adeò ut quemadmodum solvitur annata pro beneficiis recenter fundatis, ita etiam pro beneficiis annexis & incorporatis, si tunc fructus eorum 24 ducatos excedant.* Cette taxe de 24 ducats sert de regle à Rome pour le paiement de l'annate & des autres droits qui en dépendent, pour la distribution même qui s'en fait ; car des bénéfices taxés à cette somme & au-delà, il en revient un tiers au college des cardinaux, & les deux autres tiers pour les officiers de la chancellerie, tandis que tout est pour ces derniers des bénéfices qui ne vont pas à 24 ducats de revenu.

Le paiement du *quinzain* est absolument inconnu en France, à moins qu'on ne dise qu'il est fondé dans la somme qui s'y paie sous le nom d'*annate*, pour les provisions aux bénéfices consistoriaux. *v.* ANNATE. Quand les officiers de la chancellerie ont tenté de faire payer le quinzain pour des unions faites en France, leurs peines ont toujours été inutiles; il est arrivé même que des communautés religieufes ayant paru vouloir s'en libérer, MM. les gens du roi s'y font oppofés. (D.M.)

QUITTANCE, f. f., Jurifpr., est un acte par lequel le créancier tient fon débiteur quitte de quelque chofe qu'il lui devoit, foit en argent ou en grains, volailles ou autres preftations que le debiteur étoit obligé de faire.

Une quittance fuppofe ordinairement le payement; cependant le créancier peut valablement donner quittance fans avoir reçu; il peut, fans exprimer aucune caufe, déclarer qu'il tient fon débiteur quitte de ce qu'il lui devoit; en quoi la quittance differe de l'obligation, laquelle eft nulle s'il n'y a aucune caufe exprimée.

Le terme de quittance femble annoncer que le créancier tient fon débiteur entierement quitte; il y a cependant des quittances qui ne font qu'à compte, & d'autres qui font finales.

Une quittance peut être donnée fous feing privé, ou par devant notaire. Celle qui eft fous feing privé, libere auffi-bien que celle qui eft devant notaire, fi ce n'eft que la quittance devant notaire eft authentique, & fait plus pleinement foi, fur-tout lorfque le payement eft fait à la vue des notaires & témoins.

Comme la quittance refte entre les mains du débiteur, & que le créancier a quelquefois intérêt de juftifier le payement qui lui a été fait, foit pour empêcher une prefcription ou pour quelqu'autre caufe en ce cas, fi la quittance eft fous feing privé, le créancier peut fe faire donner une contre-quittance, c'eft-à-dire un écrit par lequel le débi-teur reconnoît qu'il a payé; fi la quittance eft devant notaire, le créancier peut en faire délivrer une expédition, & s'il n'y en a pas de minutes, on la peut faire en brevet double.

Les quittances des trois dernieres années d'arrérages d'une rente emportent la libération des précédentes années, quand même on n'en rapporteroit pas de quittance.

La loi 14, au code de non numera-tâ pecuniâ, ne donne au créancier que 30 jours pour fe plaindre du défaut de numération du contenu en la quittance.

La novelle 100 donne dix ans pour propofer l'exception non numeratæ pe-cuniæ contre la quittance de dot donnée par le mari.

Cette exception eft reçue dans les pays de droit écrit & dans quelques coutumes; mais dans l'ufage commun elle n'a pas lieu. v. DOT & EXCEPTION.

On peut pendant 30 ans obliger un adjudicataire ou fes héritiers, de rapporter la quittance de confignation.

Pour qu'une quittance foit valable, il faut qu'elle foit donnée par le véritable créancier, & qui ait droit de recevoir, ou par fon fondé de procuration.

Un mineur ne peut donner quittance d'un remboursement, ou du prix de la vente d'un fond, fans être affifté de fon tuteur ou curateur.

Une femme mariée ne peut en pays coûtumier donner quittance fans être autorifée de fon mari, à moins qu'elle ne foit marchande publique, ou qu'elle ne foit féparée de biens d'avec fon mari, & qu'il ne foit queftion que de fommes mobiliaires, mais quand il s'agit de dettes immobiliaires, la femme, quoique féparée, ne peut donner quittance valable, fans être autorifée de fon mari, ou par juftice à fon refus.

Toute *quittante* donnée en fraude d'un tiers, ou au préjudice de quelque opposition faite entre les mains du débiteur, est nulle.

Une *quittance* fait foi de ce qu'elle contient, contre le créancier qui l'a donnée, ses héritiers ou autres successeurs, soit qu'elle soit passée devant notaire, soit qu'elle soit passée sous la signature privée du créancier.

Il y a même certains cas dans lesquels une *quittance* est valable & fait foi sans qu'elle ait été passée devant notaire, ni signée du créancier.

Les *quittances*, ou expriment la somme qui a été payée, sans exprimer la cause de la dette ; ou elles expriment la cause de la dette, sans exprimer la somme payée ; ou elles n'expriment ni la somme qui a été payée, ni la cause de la dette ; ou elles expriment l'une & l'autre.

Les *quittances* qui expriment la somme qui a été payée, quoiqu'elles n'expriment pas la cause de la dette, ne laissent pas d'être valables ; comme lorsqu'elles font ainsi conçues : *J'ai reçu d'un tel la somme de tant, fait tel jour*, *&c.* & en ce cas lorsque le créancier qui l'a donnée avoit au tems de la *quittance* plusieurs créances contre le débiteur à qui il l'a donnée, ce débiteur en peut faire l'imputation sur celle qu'il avec le plus d'intérêt d'acquitter.

Les *quittances* qui n'expriment que la cause de la dette, sans exprimer la somme qui a été payée, font pareillement valables ; & elles font foi de paiement de tout ce qui étoit dû pour la cause exprimée par la *quittance* au tems de la *quittance*. Par exemple, si elle est ainsi conçue, *j'ai reçu d'un tel ce qu'il me doit, pour le vin de ma maison de Bonvillard, que je lui ai vendu* : telle *quittance* fait foi du paiement de ce

qu'il me devoit pour le prix du vin de cette maison, soit du total, s'il me devoit le total, soit de ce qui en restoit dû.

Mais cette *quittance* ne s'étend pas à ce qui m'est dû pour d'autres causes, que celle qui est exprimée, & il n'est pas besoin que j'en fasse une réserve expresse. Par exemple, la *quittance* que je vous aurois donnée, telle qu'elle est conçue dans l'espece ci-dessus proposée, ne renferme que ce que vous me devez pour le prix du vin de ma maison de Bonvillard, & vous ne pouvez pas l'opposer contre mes créances, pour le prix du vin de mes autres maisons, que je vous aurois pareillement vendu.

Lorsque la dette dont la cause est exprimée par la *quittance*, est une dette qui consiste en arrérages, rentes, loyers ou fermes, elle fait foi du paiement de tout ce qui a couru jusqu'au dernier terme d'échéance qui a précédé la date de la *quittance*, mais elle ne s'étend pas à ce qui a couru depuis. Par exemple, si vous êtes le locataire d'une maison qui m'appartient, dont les loyers se paient à la saint Jean, ou débiteur envers moi d'une rente payable par chacun an à la saint Jean, la *quittance* que je vous aurai donnée en ces termes : *J'ai reçu d'un tel ce qu'il me doit pour loyers* ; ou bien *ce qu'il me doit pour arrérages des rentes*. Fait ce 10 Avril 1778, est valable pour tous les arrérages ou loyers courus jusqu'au terme de la saint Jean 1778 ; mais elle ne s'étend pas à ce qui en a couru depuis.

Mais si la *quittance* n'étoit pas datée, le défaut de date empêchant en ce cas qu'on puisse savoir en quel tems la *quittance* a été donnée, le débiteur ne peut prouver par cette *quittance* quel est le terme qui a précédé le tems de la *quittance*, & jusqu'auquel il a payé ; dans cette incertitude, cette *quittance* ne prouve autre chofe finon que le débiteur a payé au moins un terme ; & par conféquent, il ne peut la faire valoir que pour un terme. Si c'étoit l'héritier du créancier qui eût donné la *quittance*, elle vaudroit pour tous les termes échus du vivant du défunt ; car il n'eft pas douteux que ces termes ont précédé le tems de la *quittance*, l'héritier n'ayant pu la donner que depuis qu'il eft devenu héritier, & par conféquent depuis la mort du défunt.

Lorfque la dette dont la caufe eft exprimée par la *quittance*, eft la dette d'une fomme partagée en plufieurs termes de paiement ; comme lorfque mon beau-pere m'a promis pour la dot de fa fille, que j'ai époufée, une dot 20000 liv. payable en quatre paiemens, d'année en année, la *quittance* que je lui donne fans expreffion de fomme en ces termes : *J'ai reçu de mon beau-pere ce ce qu'il me doit pour la dot de ma femme*, ne doit pareillement comprendre que les termes qui étoient échus lors de la *quittance*, & ne doit pas s'étendre à ceux qui ne l'étoient pas encore ; car quoiqu'une fomme, dont le terme de paiement n'eft pas encore échu, ne laiffe pas d'être due dans un fens très-véritable, néanmoins dans le fens du langage ordinaire, qui eft celui dans lequel la *quittance* doit être entendue, ces termes, *ce qu'il doit*, ne s'entendent que de ce qui peut s'exiger, & dont le terme de paiement eft échu ; & c'eft en ce fens qu'on dit vulgairement *qui a terme ne doit rien*, Loyfel. D'ailleurs, on ne préfume pas qu'un débiteur paie avant le terme.

Il y auroit beaucoup plus de difficulté, fi la *quittance* étoit conçue en ces termes : *j'ai reçu la dot de ma femme* ; cer termes généraux & indéfinis paroif-

fent comprendre toute la dot, & par conféquent même les portions dont les termes de paiement n'étoient pas encore échus au tems de la *quittance*.

Lorfque la *quittance* n'exprime ni la fomme qui a été payée, ni la caufe de la dette qui a été acquittée ; comme lorfqu'elle eft conçue en ces termes : *J'ai reçu d'un tel ce qu'il me doit. Fait*, &c. cette *quittance* eft une *quittance* générale, qui comprend toutes les différentes dettes qui étoient dues au tems de cette *quittance* à celui qui l'a donnée, par celui à qui elle a été donnée. Si entre ces dettes, il y en avoit qui fuffent exigibles au tems de la date de la *quittance*, & d'autres dont le terme de paiement ne fût pas encore échu, la *quittance* ne s'étendroit pas à celles-ci, par les raifons que nous avons déja déduites ci-deffus.

A plus forte raifon, la *quittance* ne doit pas s'étendre aux principaux des rentes dues par le débiteur ; elle ne comprend que les arrérages échus jufqu'au dernier terme, qui a précédé la dette de la *quittance*.

On doit encore excepter de cette *quittance* les dettes, dont le créancier qui l'a donnée n'avoit pas encore vraifemblablement de connoiffance. Par exemple, fi au tems de la *quittance*, vous étiez, de votre chef, mon créancier de certaines fommes, & d'autres fommes comme héritier de Pierre dont la fucceffion vous étoit déja échue, mais dont l'inventaire n'étoit pas encore fait, la *quittance* générale que vous m'avez donnée en ces termes : *j'ai reçu d'un tel ce qu'il me doit*, ne comprend pas ce que je dois à la fucceffion de Pierre ; car comme dans le tems de votre *quittance*, vous n'aviez pas encore connoiffance des effets de la fucceffion de Pierre, quoiqu'elle vous fût déja échue ;

vous ne devez pas être cenfé avoir compris dans cette *quittance* la dette que je vous devois en votre qualité d'héritier de Pierre, dont vraifemblablement vous n'aviez pas connoiffance.

Si je vous devois certaines fommes de mon chef, & d'autres, comme caution d'une autre perfonne, ces termes de la *quittance* que vous m'avez donnée, *j'ai reçu d'un tel ce qu'il me doit*, comprennent-ils les fommes que je vous devois comme caution? La raifon de douter eft, que ces termes, *ce qu'il me doit*, pris littéralement dans leur généralité, femblent les comprendre; car je dois véritablement ce que je dois comme caution; néanmoins je penfe qu'on doit préfumer que vous n'avez entendu par ces termes, *ce qu'il me doit*, que ce que je dois *proprio nomine*, & non ce que je vous devois comme caution: 1°. parce que pouvant me défendre de payer ce que je vous devois comme caution, jufqu'après la difcuffion des principaux débiteurs, je ne le devois pas en quelque façon, & dans le fens du langage ordinaire, avant la difcuffion & au tems de la *quittance*: 2°. parce qu'ayant un recours à exercer pour ce que je vous aurois payé pour ceux que j'ai cautionnés, il n'eft pas préfumable qu'en payant pour eux, je n'euffe pas tiré des *quittances* particulieres des fommes que je payois pour eux, & que je me fuffe contenté d'une *quittance* auffi générale.

Si parmi les fommes que je vous devois au tems de la *quittance* générale que vous m'avez donnée, il y en avoit une portée par un billet qui fût refté en votre poffeffion, y feroit-elle comprife? La raifon de douter fe tire de la rétention du billet, que vous m'auriez dû rendre, & qui n'auroit pas dû refter pardevers vous, fi je l'euffe acquitté; la raifon de décider qu'elle y eft

comprife, fe tire de la généralité de ces termes, *ce qu'il me doit*, qui comprennent toutes les dettes que je vous devois alors: il peut fe faire que me fiant à ma *quittance* générale, j'aie négligé de retirer mon billet, que vous aviez peut-être alors égaré.

La quatrieme efpece de *quittance*, eft celle dans laquelle on a exprimé, tant la fomme qui a été payée, que la caufe de la dette acquittée: celle-ci ne peut guere donner lieu à aucune difficulté. Si la fomme payée excédoit celle qui étoit due pour la caufe exprimée par la *quittance*, le débiteur fuppofé qu'il ne dût rien autre chofe, auroit la répétition de cet excédant, *per conditionem indebiti*.

Il faut que la *quittance* foit fignée du créancier, quand il fait & peut figner; autrement il faut qu'elle foit donnée devant notaire; une *quittance* fous feing privé non fignée, ne feroit pas une preuve fuffifante du payement, mais le débiteur feroit admis à le prouver par témoins, s'il s'agiffoit d'une fomme au-deffous de 100 livres.

L'effet d'une *quittance* eft d'éteindre l'obligation tellement que le créancier ne peut pas obliger le débiteur d'affirmer; cependant s'il y avoit des faits de dol & de violence allégués de la part du créancier, il dépend de la prudence du juge d'en admettre la preuve, & d'ordonner l'affirmation. *v.* OBLIGATION, REMBOURSEMENT, INSCRIPTION DE FAUX.

QUITTANCÉ, adj., *Jurifp.*, fe dit de quelque acte obligatoire, comme une promeffe ou billet fur lequel on a donné quittance, foit au dos ou au bas du billet. *v.* BILLET, OBLIGATION, PROMESSE, QUITTANCE.

QUITTE, *Jurifpr.*, fe dit de celui qui eft libéré de quelque charge ou dette té. Le créancier, en recevant son dû, tient le débiteur *quitte*. *v.* QUITTANCE.

Dans les contrats de vente, le vendeur déclare ordinairement l'héritage *franc & quitte* du passé jusqu'à ce jour ; c'est-à-dire, qu'il n'est dû aucuns arrérages de cens, rentes ou autres charges. *v.* ARRÉRAGES, CENS.

Un homme qui se marie ou qui s'oblige, se déclare aussi quelquefois lui-même *franc & quitte* : ce qui signifie qu'il ne doit rien.

QUOTE *ou* QUOTE-PART, *Jurisp.*, du latin *quota pars*, signifie la part & portion que chacun doit supporter de quelque charge ; on dit & on écrit *quo-te-part* des dettes, en matiere de tailles ; on dit & on écrit *quote* simplement, ce qui vient aussi par corruption de *quote-part*.

QUOTISATION, s. f., *Jurispr.*, que l'on écrit aussi *quottisation*, signifie l'imposition de quelqu'un pour raison d'une somme dont il doit payer sa quorepart, comme la *quotisation* au rôle des tailles. *v.* TAILLES, IMPOSITION, SUBSIDES, &c.

QUOTITÉ, s. f., *Jurispr.*, signifie la proportion dans laquelle on doit regler quelque chose, comme à la moitié, au tiers ou au quart d'une certaine somme ou d'une certaine quantité de grains, ou autre espece.

FIN DU TOME XI.

www.ingramcontent.com/pod-product-compliance
Lightning Source LLC
Chambersburg PA
CBHW071131270326
41929CB00012B/1712